Livius | Ab urbe condita

Titus Livius
Ab urbe condita

Libri I–V

Römische Geschichte

1.–5. Buch

Lateinisch / Deutsch

Aus dem Lateinischen übersetzt von Robert Feger,
Ludwig Fladerer und Marion Giebel
Herausgegeben, kommentiert und mit einem
Nachwort versehen von Marion Giebel

Reclam

RECLAMS UNIVERSAL-BIBLIOTHEK Nr. 18871
2015 Philipp Reclam jun. GmbH & Co. KG,
Siemensstraße 32, 71254 Ditzingen
Gestaltung: Cornelia Feyll, Friedrich Forssman
Druck und Bindung: Esser printSolutions GmbH,
Untere Sonnenstraße 5, 84030 Ergolding
Printed in Germany 2024
RECLAM, UNIVERSAL-BIBLIOTHEK und
RECLAMS UNIVERSAL-BIBLIOTHEK sind eingetragene Marken
der Philipp Reclam jun. GmbH & Co. KG, Stuttgart
ISBN 978-3-15-018871-2

www.reclam.de

Ab urbe condita

Libri I–V

Römische Geschichte

1.–5. Buch

Praefatio

(1) Facturusne operae pretium sim si a primordio urbis res populi Romani perscripserim nec satis scio nec, si sciam, dicere ausim, (2) quippe qui cum veterem tum volgatam esse rem videam, dum novi semper scriptores aut in rebus certius aliquid allaturos se aut scribendi arte rudem vetustatem superaturos credunt. (3) Vtcumque erit, iuvabit tamen rerum gestarum memoriae principis terrarum populi pro virili parte et ipsum consuluisse; et si in tanta scriptorum turba mea fama in obscuro sit, nobilitate ac magnitudine eorum me qui nomini officient meo consoler. (4) Res est praeterea et immensi operis, ut quae supra septingentesimum annum repetatur et quae ab exiguis profecta initiis eo creverit ut iam magnitudine laboret sua; et legentium plerisque haud dubito quin primae origines proximaque originibus minus praebitura voluptatis sint, festinantibus ad haec nova quibus iam pridem praevalentis populi vires se ipsae conficiunt: (5) ego contra hoc quoque laboris praemium petam, ut me a conspectu malorum quae nostra tot per annos vidit aetas, tantisper certe dum prisca tota illa mente repeto, avertam, omnis expers curae quae scribentis animum, etsi non flectere a vero, sollicitum tamen efficere posset. (6) Quae ante conditam condendamve urbem poeticis magis

Vorrede

(1) Ob ich etwas tun werde[1], das der Mühe wert ist, wenn ich die Geschichte des römischen Volkes vom Ursprung der Stadt an niederschreibe, weiß ich nicht recht; ich würde es auch – selbst wenn ich es wüsste – nicht zu behaupten wagen, weil (2) ich sehe, dass dergleichen eine alte und weitverbreitete Übung ist: Immer neue Schriftsteller glauben ja doch, sie könnten zu den Fakten etwas Gewisseres beitragen oder durch stilistische Raffinesse eine weniger gebildete frühere Zeit übertreffen. (3) Wie dem auch immer sein mag – mir wird es jedenfalls Genugtuung bereiten, zum Tatenruhm des auf dem Erdkreis führenden Volkes auch selbst beigetragen zu haben. Und wenn in einem so großen Schwarm von Schriftstellern[2] mein eigener Name untergeht, will ich mich doch trösten mit dem Rang[3] und der Bedeutung derer, die meinen Namen in den Schatten stellen werden. (4) Überdies fordert die Aufgabe auch einen unermesslichen Arbeitsaufwand, weil es um die Vergegenwärtigung von mehr als 700 Jahren geht und weil der aus so geringen Anfängen hervorgegangene Staat zu solcher Größe angewachsen ist, dass er mittlerweile selbst darunter leidet. Außerdem wird zweifellos den meisten Lesern die Urgeschichte und das ihr Zunächstliegende weniger Genuss bieten, da sie auf das Gegenwärtige und Neue begierig sind, in dem sich die Kräfte des vordem so mächtigen Volkes selber aufzehren. (5) Ich dagegen werde auch dies als Lohn für meine Mühe anstreben, dass ich mich vom Anblick der Übel, die unsere Zeit schon so viele Jahre lang hat mitansehen müssen, abwenden kann, solange jedenfalls, wie ich mir die alten Zeiten mit aller Bildkraft wieder vorstelle – und das gänzlich frei von sorgenvoller Rücksicht auf die Gegenwart, die das Gemüt des Schreibenden wenn nicht vom Wahren abbringen, so doch beunruhigen könnte. (6) Was aus den Zeiten vor der Gründung

decora fabulis quam incorruptis rerum gestarum monumentis traduntur, ea nec adfirmare nec refellere in animo est. (7) Datur haec venia antiquitati ut miscendo humana divinis primordia urbium augustiora faciat; et si cui populo licere oportet consecrare origines suas et ad deos referre auctores, ea belli gloria est populo Romano ut cum suum conditorisque sui parentem Martem potissimum ferat, tam et hoc gentes humanae patiantur aequo animo quam imperium patiuntur. (8) Sed haec et his similia utcumque animadversa aut existimata erunt haud in magno equidem ponam discrimine: (9) ad illa mihi pro se quisque acriter intendat animum, quae vita, qui mores fuerint, per quos viros quibusque artibus domi militiaeque et partum et auctum imperium sit; labente deinde paulatim disciplina velut desidentes primo mores sequatur animo, deinde ut magis magisque lapsi sint, tum ire coeperint praecipites, donec ad haec tempora quibus nec vitia nostra nec remedia pati possumus perventum est. (10) Hoc illud est praecipue in cognitione rerum salubre ac frugiferum, omnis te exempli documenta in inlustri posita monumento intueri; inde tibi tuaeque rei publicae quod imitere capias, inde foedum inceptu foedum exitu quod vites. (11) Ceterum aut me amor negotii suscepti fallit, aut nulla unquam res publica nec maior nec sanctior nec bonis exemplis ditior fuit, nec in quam civitatem tam serae avaritia luxuriaque

der Stadt geschah und zu ihr hinführte und mehr in dichterisch ausgeschmückten Sagen als in unbestechlichen historischen Belegen überliefert wird, das zu bestätigen oder zurückzuweisen habe ich nicht im Sinn. (7) Man sieht es dem Altertum gerne nach, dass es die Anfänge der Städte durch Vermischung von Menschlichem und Göttlichem erhabener macht. Und wenn es einem Volk gestattet wäre, seine Urgeschichte ins Heilige zu erheben und seine Begründer als Götter hinzustellen, so besitzt das römische Volk einen solchen Kriegsruhm, dass – wenn es als seinen und des Stadtgründers Vater eben den Mars nennt – die Völker der Erde dies mit ebenso viel Gleichmut hinnehmen, wie sie seine Herrschaft ertragen. (8) Doch wie man dies und ähnliches auch einschätzen mag, darauf werde ich freilich kein großes Gewicht legen: (9) Aber darauf richte mir ein jeder seine Aufmerksamkeit: wie das Leben, wie die Sitten waren;[4] durch welche Männer und mit welchen Künsten[5] zu Hause und im Krieg die Herrschaft errungen und gemehrt wurde; sodann, bei allmählichem Niedergang der Ordnung, soll er in Gedanken die Lebensführung nachverfolgen, wie sie erst absank, dann mehr und mehr zerfiel, dann völlig zusammenzustürzen begann – bis es endlich zu den gegenwärtigen Zeiten kam, da wir weder unsere Gebrechen noch die Heilmittel ertragen können.[6] (10) Das eine ist ja gerade bei der Betrachtung der Geschichte so heilkräftig und fruchtbringend: dass du nämlich vorbildhafte Beispiele aller Art an einem anschaulichen Mahnmal vor Augen hast; an ihnen magst du für dich und dein Gemeinwesen lernen, was du nachahmen, an ihnen, was du – weil schändlich schon in seinem Beginn, schändlich in seinem Ausgang – meiden sollst. (11) Im übrigen: Entweder täuscht mich meine Hinneigung zu der übernommenen Aufgabe – oder es war niemals ein Gemeinwesen größer, ehrwürdiger, an ehrenhaften Vorbildern reicher, oder es gab niemals eine Stadt, in die so spät Habgier und Üppigkeit

immigraverint, nec ubi tantus ac tam diu paupertati ac parsimoniae honos fuerit. (12) Adeo quanto rerum minus, tanto minus cupiditatis erat: nuper divitiae avaritiam et abundantes voluptates desiderium per luxum atque libidinem pereundi perdendique omnia invexere. Sed querellae, ne tum quidem gratae futurae cum forsitan necessariae erunt, ab initio certe tantae ordiendae rei absint: (13) cum bonis potius ominibus votisque et precationibus deorum dearumque, si, ut poetis, nobis quoque mos esset, libentius inciperemus, ut orsis tantum operis successus prosperos darent.

eingedrungen sind,[7] nie eine, wo Mäßigkeit und Sparsamkeit so lange so hoch in Ansehen standen: Man begehrte umso weniger, je weniger man besaß. (12) Erst vor noch nicht langer Zeit hat Reichtum die Habsucht, haben die überreich einströmenden Genüsse das Verlangen eingeführt, durch Üppigkeit und Ausschweifung zugrunde zu gehen und alles zugrunde zu richten. Indes sollen Klagen – sie werden ja nicht angenehm sein, auch wenn sie vielleicht einmal nötig sind – zu Beginn eines so gewichtigen Unternehmens keinen Platz finden: (13) Viel eher möchten wir mit guten Wünschen, Gelübden und Gebeten zu Göttern und Göttinnen – wenn das wie bei den Dichtern auch bei uns der Brauch wäre – den Anfang machen, damit sie dem Beginn eines so gewaltigen Unternehmens den erwünschten Erfolg verleihen.

Liber I

1 (1) Iam primum omnium satis constat Troia capta in ceteros saevitum esse Troianos, duobus, Aeneae Antenorique, et vetusti iure hospitii et quia pacis reddendaeque Helenae semper auctores fuerant, omne ius belli Achivos abstinuisse; (2) casibus deinde variis Antenorem cum multitudine Enetum, qui seditione ex Paphlagonia pulsi et sedes et ducem rege Pylaemene ad Troiam amisso quaerebant, venisse in intimum maris Hadriatici sinum, (3) Euganeisque qui inter mare Alpesque incolebant pulsis Enetos Troianosque eas tenuisse terras. Et in quem primo egressi sunt locum Troia vocatur pagoque inde Troiano nomen est: gens universa Veneti appellati. (4) Aeneam ab simili clade domo profugum sed ad maiora rerum initia ducentibus fatis, primo in Macedoniam venisse, inde in Siciliam quaerentem sedes delatum, ab Sicilia classe ad Laurentem agrum tenuisse. Troia et huic loco nomen est. (5) Ibi egressi Troiani, ut quibus ab immenso prope errore nihil praeter arma et naves superesset, cum praedam ex agris agerent, Latinus rex Aboriginesque qui tum ea tenebant loca ad arcendam vim advenarum armati ex urbe atque agris concurrunt. (6) Duplex inde fama est. Alii proelio victum Latinum pacem cum Aenea, deinde adfinitatem iunxisse tradunt: (7) alii, cum instructae

1. Buch

1 (1) Schon von allem Anfang an steht zur Genüge fest, dass nach Troias Einnahme gegen die Troianer allgemein grausam vorgegangen wurde. Nur zweien gegenüber – dem Aeneas und dem Antenor[1] – hätten die Achiver auf das Kriegsrecht verzichtet: einmal wegen eines alten Gastrechts, dann auch, weil sie stets für Frieden und die Rückgabe der Helena gestimmt hatten. (2) Nach mancherlei Schicksalen sei Antenor dann mit einer Schar Eneter, die, durch Unruhen aus Paphlagonien vertrieben, Siedlungsraum und – ihren König Pylaemenes hatten sie vor Troia verloren – einen Führer suchten, in die entlegenste Bucht des Adriatischen Meeres gekommen; (3) nach Vertreibung der Euganeer, die zwischen Meer und Alpen saßen, hätten die Eneter und Troianer jene Länder besetzt. Und in der Tat wird auch der Ort, wo sie zuerst an Land gingen, Troia genannt – und der Gau heißt danach der Troianische; das Volk insgesamt wurde Veneter genannt. (4) Aeneas, durch ein ähnliches Unglück von daheim vertrieben, aber vom Schicksal zur Gründung eines größeren Staatswesens bestimmt, sei zuerst nach Makedonien gelangt, von dort auf der Suche nach Wohnsitzen nach Sizilien geraten und habe von Sizilien aus mit seiner Flotte das Gebiet von Laurentum erreicht; auch dieser Ort hat den Namen Troia. (5) Als die dort gelandeten Troianer – es waren ihnen ja am Ende der unermesslich weiten Irrfahrt nichts weiter als Waffen und Schiffe geblieben – aus dem Gebiet Beute zusammenrafften, eilten König Latinus und die Aborigines, die Ureinwohner, die damals jene Marken innehatten, zur Abwehr der Eindringlinge in Waffen aus der Stadt und aus dem Land herbei. (6) Von jetzt an bietet die Tradition zwei Versionen: Einige berichten, Latinus habe, im Kampf besiegt, Frieden mit Aeneas geschlossen, sodann sich verwandtschaftlich verbündet. (7) Andere sagen, Latinus sei, als die Schlacht-

acies constitissent, priusquam signa canerent processisse Latinum inter primores ducemque advenarum evocasse ad conloquium; percontatum deinde qui mortales essent, unde aut quo casu profecti domo quidve quaerentes in agrum Laurentinum exissent, (8) postquam audierit multitudinem Troianos esse, ducem Aeneam filium Anchisae et Veneris, cremata patria domo profugos, sedem condendaeque urbi locum quaerere, et nobilitatem admiratum gentis virique et animum vel bello vel paci paratum, dextra data fidem futurae amicitiae sanxisse. (9) inde foedus ictum inter duces, inter exercitus salutationem factam. Aeneam apud Latinum fuisse in hospitio; ibi Latinum apud penates deos domesticum publico adiunxisse foedus filia Aeneae in matrimonium data. (10) Ea res utique Troianis spem adfirmat tandem stabili certaque sede finiendi erroris. Oppidum condunt; Aeneas ab nomine uxoris Lavinium appellat. (11) Brevi stirpis quoque virilis ex novo matrimonio fuit, cui Ascanium parentes dixere nomen.

2 (1) Bello deinde Aborigines Troianique simul petiti. Turnus rex Rutulorum, cui pacta Lavinia ante adventum Aeneae fuerat, praelatum sibi advenam aegre patiens simul Aeneae Latinoque bellum intulerat. (2) Neutra acies laeta ex eo certamine abiit: victi Rutuli: victores Aborigines Troianique ducem Latinum

reihen schon geordnet standen und noch bevor die Zeichen zum Angriff ertönten, inmitten der Vornehmsten vorgetreten und habe den Führer der Eindringlinge zur Unterredung herausgerufen; er habe dann ausgeforscht, wer sie seien und woher und aus welchem Anlass sie aus ihren Wohnsitzen aufgebrochen und in welcher Absicht sie im Gebiet der Laurenter an Land gegangen seien. (8) Als er hörte, die Schar bestünde aus Troianern, ihr Führer Aeneas sei ein Sohn des Anchises und der Venus, Heimstatt und Haus seien ihnen verbrannt, sie selbst flüchtig und auf der Suche nach einer Wohnstatt und einem Ort zur Gründung einer Stadt – da habe er aus Bewunderung für die vornehme Herkunft des Volkes und des Mannes und für ihren zu Krieg oder Frieden gleicherweise bereiten Sinn die Rechte geboten als Pfand künftiger Freundschaft. (9) Sodann sei zwischen den Führern ein Bund geschlossen worden, und die Heere hätten sich begrüßt. Aeneas sei von Latinus gastfreundlich aufgenommen worden. Da eben habe Latinus dem Bund der Völker noch ein vor den heimischen Göttern geschlossenes familiäres Bündnis beigefügt, indem er seine Tochter dem Aeneas zur Frau gab. (10) Dieses Ereignis besonders bestärkte die Troianer in der Hoffnung, sie könnten endlich an einem festen und sicheren Wohnsitz ihre Irrfahrt beenden. Sie bauen eine Stadt; (11) Aeneas nennt sie nach dem Namen seiner Gattin Lavinium.[2] Bald gab es auch einen männlichen Nachkommen für die junge Ehe, dem die Eltern den Namen Ascanius zusprachen.

2 (1) In der Folge wurden Ureinwohner und Troianer gleichzeitig kriegerisch angegriffen. Turnus, König der Rutuler, dem vor der Ankunft des Aeneas Lavinia versprochen gewesen war, hatte aus Ärger darüber, dass ein Eingewanderter ihm vorgezogen worden war, Aeneas und Latinus gleichzeitig mit Krieg heimgesucht. (2) Beide Heere zogen unfroh aus dem Treffen ab: Die Rutuler waren besiegt, die Ureinwohner und die Troia-

amisere. (3) Inde Turnus Rutulique diffisi rebus ad florentes opes Etruscorum Mezentiumque regem eorum confugiunt, qui Caere opulento tum oppido imperitans, iam inde ab initio minime laetus novae origine urbis et tum nimio plus quam satis tutum esset accolis rem Troianam crescere ratus, haud gravatim socia arma Rutulis iunxit. (4) Aeneas adversus tanti belli terrorem ut animos Aboriginum sibi conciliaret nec sub eodem iure solum sed etiam nomine omnes essent, Latinos utramque gentem appellavit; (5) nec deinde Aborigines Troianis studio ac fide erga regem Aeneam cessere. Fretusque his animis coalescentium in dies magis duorum populorum Aeneas, quamquam tanta opibus Etruria erat ut iam non terras solum sed mare etiam per totam Italiae longitudinem ab Alpibus ad fretum Siculum fama nominis sui implesset, tamen cum moenibus bellum propulsare posset in aciem copias eduxit. (6) Secundum inde proelium Latinis, Aeneae etiam ultimum operum mortalium fuit. Situs est, quemcumque eum dici ius fasque est super Numicum flumen: Iovem indigetem appellant.

3 (1) Nondum maturus imperio Ascanius Aeneae filius erat; tamen id imperium ei ad puberem aetatem incolume mansit; tantisper tutela muliebri – tanta indoles in Lavinia erat – res Latina et regnum avitum paternumque puero stetit. (2) Haud am-

ner verloren ihren Führer Latinus. (3) Darauf nahmen Turnus und die Rutuler, an ihren Aussichten zweifelnd, ihre Zuflucht zu der bedeutenden Macht der Etrusker und zu deren König Mezentius, der in Caere, einer damals mächtigen Stadt, herrschte und schon von Anfang an über die Gründung der neuen Stadt sehr wenig erfreut war und nun glaubte, es wüchse sich die troianische Macht allzu sehr gegen die Sicherheit der Umwohner aus; er vereinigte also kurzerhand seine Streitkräfte mit den Rutulern. (4) Aeneas nun nannte angesichts eines so schrecklichen Krieges, um die Gemüter der Ureinwohner zu gewinnen, damit sie nicht nur gleichem Recht unterstünden, sondern auch dem Namen nach geeint seien, beide Volksteile Latiner. (5) Und wirklich standen die Ureinwohner den Troianern an Eifer und Ergebenheit gegenüber dem König Aeneas nicht nach. Und im Vertrauen auf diese Gesinnung der sich von Tag zu Tag inniger verschmelzenden beiden Völker führte Aeneas – obgleich Etrurien so reich an Macht war, dass es nicht nur allein die Länder, sondern auch das Meer entlang von den Alpen bis zur Sikulischen Meerenge mit dem Ruhm seines Namens erfüllt hatte –, dennoch seine Mannschaften in die Feldschlacht hinaus, obwohl er von den Verschanzungen aus den Angriff hätte abschlagen können. (6) Günstig verlief das Treffen für die Latiner, für Aeneas allerdings war es die letzte Tat unter den Sterblichen: Er liegt – wie auch immer man ihn nach menschlichem und göttlichem Recht nun nennen soll – am Ufer des Flusses Numicus begraben: Sie heißen ihn den einheimischen Iuppiter.[3]

3 (1) Noch war Ascanius, des Aeneas Sohn, nicht reif zur Herrschaft; doch blieb sein Herrschaftsanspruch bis zu seiner Mannbarkeit unangetastet. Inzwischen wurde dem Jüngling durch weibliche Vormundschaft – so großes Geschick besaß Lavinia – der latinische Staat samt der Herrschaft des Großvaters wie des Vaters erhalten. (2) Ich möchte nicht darüber

bigam – quis enim rem tam veterem pro certo adfirmet? – hicine fuerit Ascanius an maior quam hic, Creusa matre Ilio incolumi natus comesque inde paternae fugae, quem Iulum eundem Iulia gens auctorem nominis sui nuncupat. (3) Is Ascanius, ubicumque et quacumque matre genitus – certe natum Aenea constat – abundante Lavinii multitudine florentem iam ut tum res erant atque opulentam urbem matri seu novercae relinquit, novam ipse aliam sub Albano monte condidit quae ab situ porrectae in dorso urbis Longa Alba appellata. (4) Inter Lavinium et Albam Longam coloniam deductam triginta ferme interfuere anni. Tantum tamen opes creverant maxime fusis Etruscis ut ne morte quidem Aeneae nec deinde inter muliebrem tutelam rudimentumque primum puerilis regni movere arma aut Mezentius Etruscique aut ulli alii accolae ausi sint. (5) Pax ita convenerat ut Etruscis Latinisque fluvius Albula, quem nunc Tiberim vocant, finis esset. (6) Silvius deinde regnat Ascani filius, casu quodam in silvis natus; (7) is Aeneam Silvium creat; is deinde Latinum Silvium. Ab eo coloniae aliquot deductae, Prisci Latini appellati. Mansit Silviis postea omnibus cognomen, qui Albae regnarunt. (8) Latino Alba ortus, Alba Atys, Atye Capys, Capye Capetus, Capeto Tiberinus, qui in traiectu Albulae amnis submersus celebre ad posteros nomen flumini dedit. (9) Agrippa inde Tiberini filius, post Agrippam Romulus Silvius a patre accepto imperio regnat.

streiten[4] – wer könnte sich denn auch in einer so weit zurückliegenden Angelegenheit festlegen –, ob es dieser Ascanius gewesen ist oder ein älterer, der von Creusa, während Ilion noch bestand, geboren, dann seines Vaters Fluchtgefährte, den das iulische Geschlecht Iulus nennt und als Stifter seines Namens für sich beansprucht. (3) Dieser Ascanius – wo und von welcher Mutter er auch geboren sein mag (dass er der Sohn des Aeneas war, steht fest) – verlässt die blühende und für jene Zeiten schon mächtige Stadt seiner Mutter oder Stiefmutter, da die Bevölkerung in Lavinium zu groß wurde, und gründete eine andere, neue am Fuße des Albanergebirges, die man nach ihrer langgestreckten Lage an der Bergflanke Longa Alba nannte. (4) Zwischen der Gründung von Lavinium und jener der Pflanzstadt Alba Longa lagen etwa dreißig Jahre. Dennoch war ihre Macht so gewachsen, vor allem durch die Niederwerfung der Etrusker, dass nicht einmal beim Tod des Aeneas und auch in der Folge nicht, während der Vormundschaft einer Frau und solange der Jüngling die Anfangsgründe des Regierens lernte, Mezentius und die Etrusker oder andere Umwohner die Waffen zu rühren wagten. (5) In einem Friedensvertrag hatte man sich dahin geeinigt, dass zwischen Etruskern und Latinern der Fluss Albula, den sie jetzt Tiber nennen, die Grenze sein solle. (6) Silvius regiert anschließend, des Ascanius Sohn, durch irgendeinen Zufall in den Wäldern geboren; (7) er zeugt den Aeneas Silvius; der sodann den Latinus Silvius; von ihm sind einige Siedlungen angelegt worden, deren Bewohner man Altlatiner (*Prisci Latini*) nannte. Es blieb der Beiname Silvius in der Folge allen, die zu Alba König waren. (8) Von Latinus stammt Alba, von Alba Atys, von Atys Capys, von Capys Capetus, von Capetus Tiberinus, der beim Durchschreiten des Albulaflusses ertrank und dadurch dem Fluss seinen bis in die Nachwelt hinein berühmten Namen gab. (9) Danach besaß Agrippa, des Tiberinus Sohn, nach Agrippa Romulus Silvius

Aventino fulmine ipse ictus regnum per manus tradidit. Is sepultus in eo colle qui nunc pars Romanae est urbis, cognomen colli fecit. Proca deinde regnat. (10) Is Numitorem atque Amulium procreat; Numitori, qui stirpis maximus erat, regnum vetustum Silviae gentis legat. Plus tamen vis potuit quam voluntas patris aut verecundia aetatis: pulso fratre Amulius regnat. (11) Addit sceleri scelus: stirpem fratris virilem interemit, fratris filiae Reae Silviae per speciem honoris cum Vestalem eam legisset perpetua virginitate spem partus adimit.

4 (1) Sed debebatur, ut opinor, fatis tantae origo urbis maximique secundum deorum opes imperii principium. (2) Vi compressa Vestalis cum geminum partum edidisset, seu ita rata seu quia deus auctor culpae honestior erat, Martem incertae stirpis patrem nuncupat. (3) Sed nec di nec homines aut ipsam aut stirpem a crudelitate regia vindicant: sacerdos vincta in custodiam datur, pueros in profluentem aquam mitti iubet. (4) Forte quadam divinitus super ripas Tiberis effusus lenibus stagnis nec adiri usquam ad iusti cursum poterat amnis et posse quamvis languida mergi aqua infantes spem ferentibus dabat. (5) Ita velut defuncti regis imperio in proxima alluvie ubi nunc ficus Ruminalis est – Romularem vocatam ferunt – pueros exponunt. (6) Vastae tum in his locis solitudines erant. Te-

das vom Vater ererbte Regiment. Vom Blitz tödlich getroffen, gab er die Herrschaft durch Erbfolge an Aventinus weiter. Dieser liegt begraben auf dem Hügel, der jetzt ein Teil der Römerstadt ist, und gab ihm so seinen Namen. Dann herrscht Proca; (10) er zeugt den Numitor und den Amulius; dem Numitor, der des Stammes Ältester war, vermacht er den alten Thron des silvischen Geschlechts. Indessen vermochte Gewalt mehr als Vaterwille oder Achtung vor dem Erstgeborenen: Nach Vertreibung des Bruders herrscht Amulius. (11) Er häuft Verbrechen auf Verbrechen: Die männliche Nachkommenschaft des Bruders brachte er um; der Tochter des Bruders, Rea Silvia, nahm er, indem er sie unter dem Schein der Ehrung zur Vestalin bestimmte, durch lebenslange Jungfrauschaft die Hoffnung auf Nachkommenschaft.

4 (1) Indessen verdankt man, wie ich glaube, dem Schicksal den Ursprung einer Stadt von solcher Größe und die Gründung des gewaltigsten Reiches nächst dem Machtbereich der Götter: (2) Als die Vestalin vergewaltigt Zwillinge geboren hatte, gab sie – sei es, weil sie es glaubte, sei es, weil es ehrenvoller erschien, wenn ein Gott der Urheber des Fehltritts war – den Mars als Vater der fragwürdigen Nachkommenschaft an.[5] (3) Doch weder Götter noch Menschen schützen sie und ihre Söhne vor des Königs Grausamkeit: Die Priesterin wird gefesselt in Haft gebracht, die Knaben befiehlt er in den Fluss zu werfen. (4) Durch göttliche Fügung war der Tiber aber gerade über seine Ufer getreten und hatte seichte Randtümpel gebildet, so dass man nirgendwo an den eigentlichen Flusslauf kommen konnte und für die Bringer der Kinder nur die Aussicht blieb, sie auch im seichten Wasser zu ertränken. (5) Demnach setzen sie also in Ausführung des königlichen Befehls in der nächsten Lache – dort, wo jetzt der ruminalische Feigenbaum steht (man soll ihn den Romularischen genannt haben) – die Knaben aus. (6) Damals gab es in diesen Gegenden noch

net fama cum fluitantem alveum, quo expositi erant pueri, tenuis in sicco aqua destituisset, lupam sitientem ex montibus qui circa sunt ad puerilem vagitum cursum flexisse; eam submissas infantibus adeo mitem praebuisse mammas ut lingua lambentem pueros magister regii pecoris invenerit – (7) Faustulo fuisse nomen ferunt – ab eo ad stabula Larentiae uxori educandos datos. Sunt qui Larentiam volgato corpore lupam inter pastores vocatam putent; inde locum fabulae ac miraculo datum. (8) Ita geniti itaque educati, cum primum adolevit aetas, nec in stabulis nec ad pecora segnes venando peragrare saltus. (9) Hinc robore corporibus animisque sumpto iam non feras tantum subsistere sed in latrones praeda onustos impetus facere pastoribusque rapta dividere et cum his crescente in dies grege iuvenum seria ac iocos celebrare.

5 (1) Iam tum in Palatio [monte] Lupercal hoc fuisse ludicrum ferunt, et a Pallanteo, urbe Arcadica, Pallantium, dein Palatium montem appellatum; (2) ibi Euandrum, qui ex eo genere Arcadum multis ante tempestatibus tenuerit loca, sollemne allatum ex Arcadia instituisse ut nudi iuvenes Lycaeum Pana venerantes per lusum atque lasciviam currerent, quem Romani deinde vocarunt Inuum. (3) huic deditis ludicro cum sollemne notum esset insidiatos ob iram praedae amissae latrones, cum Romulus vi se defendisset, Remum cepisse, captum regi Amu-

weite Einöden. Die Sage behauptet, es habe, als die dahintreibende Wanne, in der die Knaben ausgesetzt waren, in seichtem Wasser auf Grund gelaufen war, eine durstige Wölfin aus den nahen Bergen ihren Lauf auf das Kinderweinen hin gelenkt; sie habe den Kindern so mitleidig ihre Zitzen dargeboten, dass der Hirt der Königsherde sie dabei angetroffen habe, wie sie die Knaben mit der Zunge leckte – (7) er soll Faustulus geheißen haben –, und sie seien von ihm zu seiner Frau Larentia auf den Hof zum Aufziehen gebracht worden. Es gibt auch Leute, die glauben, Larentia sei unter den Hirten »Wölfin« genannt worden, weil sie ihren Leib wahllos preisgab, und da liege der Ursprung der wunderlichen Sage. (8) So erzeugt und so erzogen wuchsen sie auf, und schon im Knabenalter waren sie rührig, auf der Weide beim Vieh und besonders im Durchstreifen der Wälder beim Jagen. (9) So gewannen sie Kraft an Leib und Seele und widerstanden nicht allein wilden Tieren, sondern griffen auch beutebeladene Räuber an und verteilten den Raub unter die Hirten und trieben mit ihnen, während die Schar der Jungmänner von Tag zu Tag größer wurde, Ernstes und Heiteres.

5 (1) Man berichtet, dass schon damals auf dem palatischen Berg das jetzige Fest der Lupercalien[6] begangen und der Berg nach Pallanteum, einer Stadt in Arkadien, der pallantische, dann der palatische genannt wurde; (2) hier habe Euander, aus eben jenem arkadischen Stamm, der vor langen Zeiten diese Landstriche beherrschte, die aus Arkadien eingebrachte Feierlichkeit angeordnet, dass junge Männer in übermütigem Spiel zu Ehren des lycäischen Pan, den die Römer später Inuus nannten, nackt herumliefen. (3) Während sie sich diesem Spiel hingaben, hätten ihnen die Räuber – der Tag des Festes war ja bekannt – aus Zorn über den Verlust ihrer Beute aufgelauert; während Romulus sich ihrer wirkungsvoll erwehrte, hätten sie den Remus gefangen, den Gefangenen dem König Amulius

lio tradidisse, ultro accusantes. (4) Crimini maxime dabant in Numitoris agros ab iis impetum fieri; inde eos collecta iuvenum manu hostilem in modum praedas agere. Sic Numitori ad supplicium Remus deditur. (5) Iam inde ab initio Faustulo spes fuerat regiam stirpem apud se educari; nam et expositos iussu regis infantes sciebat et tempus quo ipse eos sustulisset ad id ipsum congruere; sed rem immaturam nisi aut per occasionem aut per necessitatem aperiri noluerat. (6) Necessitas prior venit: ita metu subactus Romulo rem aperit. Forte et Numitori cum in custodia Remum haberet audissetque geminos esse fratres, comparando et aetatem eorum et ipsam minime servilem indolem, tetigerat animum memoria nepotum; sciscitandoque eodem pervenit ut haud procul esset quin Remum agnosceret. Ita undique regi dolus nectitur. (7) Romulus non cum globo iuvenum – nec enim erat ad vim apertam par – sed aliis alio itinere iussis certo tempore ad regiam venire pastoribus ad regem impetum facit; et a domo Numitoris alia comparata manu adiuvat Remus. Ita regem obtruncat.

6 (1) Numitor inter primum tumultum, hostes invasisse urbem atque adortos regiam dictitans, cum pubem Albanam in arcem praesidio armisque obtinendam avocasset, postquam iuvenes perpetrata caede pergere ad se gratulantes vidit, ex-

übergeben und ihn dazu noch verklagt. (4) Hauptpunkt der Anklage war, dass die beiden in die Marken des Numitor eingefallen seien; sodann, dass sie mit einer Schar Jungmänner nach Feindesart Beute suchten. So wird Remus dem Numitor zur Hinrichtung übergeben. (5) Doch schon von jeher hatte Faustulus die Vermutung genährt, Sprösslinge aus königlichem Haus bei sich aufzuziehen; er wusste, dass die Kinder auf Befehl des Königs ausgesetzt worden waren, und auch, dass der Zeitpunkt, an dem er sie zu sich genommen hatte, damit übereinstimmte; indessen hatte er den Sachverhalt nicht früher kundtun wollen, als bis Gelegenheit oder Notwendigkeit es forderten. (6) Die Notwendigkeit kam zuerst: So entdeckt er denn, von Angst überwältigt, die Sache dem Romulus. Wie es der Zufall wollte, hatte aber auch den Numitor, als er den Remus in Haft hielt und hörte, dass es sich um Zwillingsbrüder handle, und bei der Erwägung ihres Alters und ihrer keineswegs knechtischen Natur die Erinnerung an die Enkel angerührt; durch Nachfragen kam er denn auch zum gleichen Punkt, wo er nicht mehr weit davon entfernt war, den Remus zu erkennen. So spinnt sich denn von allen Seiten das Netz der Täuschung um König Amulius. (7) Romulus macht, nicht mit einer Rotte von Jungmännern – denn zu offener Gewalt war er nicht stark genug –, sondern, indem er die Hirten einzeln je auf anderem Weg zu bestimmtem Zeitpunkt zum Königshaus kommen hieß, einen Überfall auf den König; und vom Haus des Numitor her kommt mit einer anderen Schar Remus zu Hilfe. So macht er den König nieder.

6 (1) Numitor hatte schon beim ersten Kampfeslärm mit der Begründung, es seien Feinde in die Stadt eingedrungen und hätten das Königshaus überfallen, die Mannschaft der Albaner auf die Burg abgezogen, um sie zu besetzen und mit Waffengewalt zu halten; als er die jungen Männer nach dem Ende des Gemetzels freudig auf sich zueilen sieht, beruft er sogleich die

templo advocato concilio scelera in se fratris, originem nepotum, ut geniti, ut educati, ut cogniti essent, caedem deinceps tyranni seque eius auctorem ostendit. (2) Iuvenes per mediam contionem agmine ingressi cum avum regem salutassent, secuta ex omni multitudine consentiens vox ratum nomen imperiumque regi efficit.

(3) Ita Numitori Albana re permissa Romulum Remumque cupido cepit in iis locis ubi expositi ubique educati erant urbis condendae. Et supererat multitudo Albanorum Latinorumque; ad id pastores quoque accesserant, qui omnes facile spem facerent parvam Albam, parvum Lavinium prae ea urbe quae conderetur fore. (4) Intervenit deinde his cogitationibus avitum malum, regni cupido, atque inde foedum certamen coortum a satis miti principio. Quoniam gemini essent nec aetatis verecundia discrimen facere posset, ut di quorum tutelae ea loca essent auguriis legerent qui nomen novae urbi daret, qui conditam imperio regeret, Palatium Romulus, Remus Aventinum ad inaugurandum templa capiunt.

7 (1) Priori Remo augurium venisse fertur, sex voltures; iamque nuntiato augurio cum duplex numerus Romulo se ostendisset, utrumque regem sua multitudo consalutaverat: tempore illi praecepto, at hi numero avium regnum trahebant. (2) In-

Volksversammlung ein und eröffnet ihr die Freveltaten seines Bruders gegen ihn sowie die Abkunft seiner Enkel: wie sie geboren, wie sie erzogen, wie sie entdeckt worden; dann die Ermordung des Tyrannen und seine Urheberschaft daran. (2) Als die Jungmänner in geordnetem Marsch mitten durch die Versammlung einzogen und dem Großvater als König huldigten, da bestätigte der aus der ganzen Volksmenge einhellig kommende Zuruf dem König Anerkennung, Namen und Herrschaft.

(3) Als Romulus und Remus auf diese Weise dem Numitor die Herrschaft von Alba überlassen hatten, kam bei ihnen der Wunsch auf, in eben der Gegend, wo sie ausgesetzt und aufgezogen worden waren, eine Stadt zu gründen. Auch war die Zahl der Albaner und Latiner übergroß, hinzu kamen noch die Hirten: Alle zusammen berechtigten deshalb sehr wohl zu der Hoffnung, klein werde Alba, klein Lavinium sein im Vergleich zu der Stadt, die gegründet werden sollte. (4) Es stellte sich in der Folge aber all diesen Plänen das [vom Großonkel Amulius] ererbte Verhängnis – die Herrschsucht – entgegen, und ein unheilvoller Streit erhob sich aus einer ganz friedlichen Übereinkunft: Da sie nun einmal Zwillinge seien und Rücksicht auf Alter den Ausschlag nicht geben könne, sollten die Götter, unter deren Schutz diese Landstriche stünden, durch Vogelzeichen[7] bestimmen, wer der neuen Stadt ihren Namen geben und wer sie nach ihrer Gründung herrscherlich regieren solle; das Palatium nimmt Romulus, Remus den Aventin als Bezirk für die Vogelschau.

7 (1) Zuerst sei dem Remus ein Vorzeichen gekommen, sagt man, nämlich sechs Geier; kaum war die Beobachtung gemeldet, als sich die doppelte Anzahl dem Romulus gezeigt habe; und beide hatte ihre Anhängerschaft schon als König begrüßt: Jene folgerten die Königsherrschaft aus dem früheren Zeitpunkt, diese aus der Zahl der Vögel. (2) Hieraus kamen sie zum

de cum altercatione congressi certamine irarum ad caedem vertuntur; ibi in turba ictus Remus cecidit. Volgatior fama est ludibrio fratris Remum novos transiluisse muros; inde ab irato Romulo, cum verbis quoque increpitans adiecisset, »Sic deinde, quicumque alius transiliet moenia mea«, interfectum. (3) Ita solus potitus imperio Romulus; condita urbs conditoris nomine appellata.

Palatium primum, in quo ipse erat educatus, muniit. Sacra dis aliis Albano ritu, Graeco Herculi, ut ab Euandro instituta erant, facit. (4) Herculem in ea loca Geryone interempto boves mira specie abegisse memorant, ac prope Tiberim fluvium, qua prae se armentum agens nando traiecerat, loco herbido ut quiete et pabulo laeto reficeret boves et ipsum fessum via procubuisse. (5) Ibi cum eum cibo vinoque gravatum sopor oppressisset, pastor accola eius loci, nomine Cacus, ferox viribus, captus pulchritudine boum cum avertere eam praedam vellet, quia si agendo armentum in speluncam compulisset ipsa vestigia quaerentem dominum eo deductura erant, aversos boves eximium quemque pulchritudine caudis in speluncam traxit. (6) Hercules ad primam auroram somno excitus cum gregem perlustrasset oculis et partem abesse numero sensisset, pergit ad proximam speluncam, si forte eo vestigia ferrent. Quae ubi omnia foras versa vidit nec in partem aliam ferre, confusus at-

Wortwechsel und wandten sich in erbittertem Streit zum Mord; dabei fällt Remus, im Getümmel niedergehauen. Verbreiteter allerdings ist die Überlieferung, Remus sei dem Bruder zum Spott über dessen neue Mauern gesprungen und deswegen von dem erzürnten Romulus umgebracht worden, der seinen Scheltworten hinzugefügt habe: »So geschehe in Zukunft jedem, der meine Mauern überspringt!« (3) So errang Romulus die Alleinherrschaft; die neugegründete Stadt wurde nach dem Namen des Gründers genannt.

Das Palatium, wo er aufgezogen worden, ummauerte er zuerst. Die Opfer an die Götter vollzieht er nach dem Brauch von Alba, nach griechischen nur die für Hercules, wie das von Euander eingerichtet war. (4) Hercules soll ja – so erinnert man sich –, nachdem er den Geryon überwunden hatte, dessen prachtvolle Rinder in diese Gegend getrieben haben. Er hatte selbst, die Herde vor sich hertreibend, am Tiber schwimmend übergesetzt – an einer Stelle mit üppigem Graswuchs, um die Rinder durch Ruhe und kräftiges Futter wiederherzustellen – und hatte sich dort, von der Wanderung erschöpft, niedergelassen. (5) Als ihn, von Essen und Wein beschwert, dort der Schlaf übermannte, da kam ein in der Gegend ansässiger Hirte mit Namen Cacus, auf seine Stärke vertrauend, ganz hingerissen von der Schönheit der Rinder, in der Absicht, die Herde als Beute zu entführen, und zog sie, rückwärts gehend – und gerade die schönsten –, an den Schwänzen in seine Höhle;[8] hätte er die Herde vor sich her bloß in die Höhle getrieben, würden ihre Spuren den Besitzer auf der Suche dorthin geführt haben. (6) Als Hercules, bei der ersten Morgenröte aus dem Schlaf erwacht, die Herde gemustert und das Fehlen einer Anzahl von Tieren festgestellt hatte, dringt er gegen die nächstgelegene Höhle vor, ob die Spuren vielleicht dorthin führten. Als er jedoch alle nach außen gewendet und sonst nirgendwo hinführen sieht, beginnt er, bestürzt und unsicher geworden, die Her-

que incertus animi ex loco infesto agere porro armentum occepit. (7) Inde cum actae boves quaedam ad desiderium, ut fit, relictarum mugissent, reddita inclusarum ex spelunca boum vox Herculem convertit. Quem cum vadentem ad speluncam Cacus vi prohibere conatus esset, ictus clava fidem pastorum nequiquam invocans morte occubuit. (8) Euander tum ea, profugus ex Peloponneso, auctoritate magis quam imperio regebat loca, venerabilis vir miraculo litterarum, rei novae inter rudes artium homines, venerabilior divinitate credita Carmentae matris, quam fatiloquam ante Sibyllae in Italiam adventum miratae eae gentes fuerant. (9) Is tum Euander concursu pastorum trepidantium circa advenam manifestae reum caedis excitus postquam facinus facinorisque causam audivit, habitum formamque viri aliquantum ampliorem augustioremque humana intuens rogitat qui vir esset. (10) Vbi nomen patremque ac patriam accepit, »Iove nate, Hercules, salve«, inquit; »te mihi mater, veridica interpres deum, aucturum caelestium numerum cecinit, tibique aram hic dicatum iri quam opulentissima olim in terris gens maximam vocet tuoque ritu colat.« (11) Dextra Hercules data accipere se omen impleturumque fata ara condita ac dicata ait. (12) Ibi tum primum bove eximia capta de grege sacrum Herculi, adhibitis ad ministerium dapemque

de aus der unheimlichen Gegend weiterzutreiben. (7) Als darauf einige der weggetriebenen Rinder, wie's zu geschehen pflegt, aus Verlangen nach den zurückgelassenen brüllten, brachte das antwortende Muhen der eingeschlossenen Rinder aus der Höhle den Hercules dazu, umzukehren. Als Cacus den zur Höhle Schreitenden mit Gewalt zurückzuhalten suchte, sank er – vergebens rief er den Beistand der Hirten an – von der Keule getroffen in den Tod. (8) Damals regierte Euander, ein Flüchtling aus der Peloponnes, mehr durch sein Ansehen als durch Herrschermacht über jene Gegenden, ein verehrenswerter Mann wegen seiner Schreibkunst,[9] einer bei diesen rauhen Menschen ganz neuen Fertigkeit – verehrenswürdiger noch wegen des Glaubens an die Göttlichkeit der Carmenta, seiner Mutter, die von diesen Völkern vor dem Auftreten der Sibylle in Italien als Schicksalskünderin Bewunderung fand. (9) Als dieser Euander nun, durch das Zusammenlaufen der aufgeregten Hirten um den des offensichtlichen Totschlags schuldigen Ankömmling aufmerksam geworden, die Straftat sowie deren Ursache vernommen hatte, erkennt er Haltung und Gestalt als doch etwas großartiger und erhabener als die eines Menschen und fragt den Mann, wer er sei. (10) Sobald er Namen, Vater und Vaterland erfahren, spricht er: Sohn Iuppiters, Hercules, sei gegrüßt! Von dir hat meine Mutter, die wahrsprechende Dolmetscherin der Götter, mir geweissagt, du werdest der Himmlischen Zahl vermehren und man werde dir an dieser Stelle einen Altar errichten, den das dereinst mächtigste Volk des Erdkreises den »größten« nennen und nach deinem Brauche ehren solle. (11) Hercules reicht ihm die Rechte und sagt, er nehme die Weissagung an und wolle durch Errichten und Weihen des Altars den Spruch des Schicksals erfüllen. (12) Dort und damals zum ersten Mal wurde ein ausnehmend schönes Rind aus der Herde gegriffen und dem Hercules ein Opfer dargebracht; zum heiligen Dienst und zum Mahl wurden die Poti-

Potitiis ac Pinariis, quae tum familiae maxime inclitae ea loca incolebant, factum. (13) Forte ita evenit ut Potitii ad tempus praesto essent iisque exta apponerentur, Pinarii extis adesis ad ceteram venirent dapem. Inde institutum mansit donec Pinarium genus fuit, ne extis eorum sollemnium vescerentur. (14) Potitii ab Euandro edocti antistites sacri eius per multas aetates fuerunt, donec tradito servis publicis sollemni familiae ministerio genus omne Potitiorum interiit. (15) Haec tum sacra Romulus una ex omnibus peregrina suscepit, iam tum immortalitatis virtute partae ad quam eum sua fata ducebant fautor.

8 (1) Rebus divinis rite perpetratis vocataque ad concilium multitudine quae coalescere in populi unius corpus nulla re praeterquam legibus poterat, iura dedit; (2) quae ita sancta generi hominum agresti fore ratus, si se ipse venerabilem insignibus imperii fecisset, cum cetero habitu se augustiorem, tum maxime lictoribus duodecim sumptis fecit. (3) Alii ab numero avium quae augurio regnum portenderant eum secutum numerum putant: me haud paenitet eorum sententiae esse quibus et apparitores hoc genus ab Etruscis finitimis, unde sella curulis, unde toga praetexta sumpta est, et numerum quoque ipsum ductum placet, et ita habuisse Etruscos quod ex duo-

tier und Pinarier berufen, hochberühmte Familien, die damals die Gegend bewohnten. (13) Wie es das Schicksal wollte, waren die Potitier zur Zeit gerade da, und so wurden ihnen die Eingeweide vorgelegt, die Pinarier kamen aber erst nach dem Verzehren der Eingeweide zur Restmahlzeit an. Hieraus erhielt sich der Brauch, dass die Pinarier – solange das Geschlecht bestand – von den Eingeweiden dieser Festopfer nichts essen durften. (14) Die Potitier, von Euander unterwiesen, sind die Vorsteher dieses heiligen Dienstes durch viele Menschenalter hindurch gewesen, bis sie das Liturgenamt ihrer Familie an Staatssklaven übertrugen und das ganze Geschlecht der Potitier unterging. (15) Dies waren zu jenem Zeitpunkt die einzigen fremden Opferhandlungen, die Romulus übernahm: Schon damals war er Verehrer einer durch Mannestaten erworbenen Unsterblichkeit, zu der ihn dann ja auch sein eigenes Geschick führen sollte.

8 (1) Nachdem er den Götterdienst in gehöriger Weise eingerichtet und die Volksmenge, die durch nichts anderes als durch Gesetze zu einem einzigen Volkskörper zusammenwachsen konnte, zu einer Versammlung einberufen hatte, setzte er Rechtsnormen fest; (2) in der Überzeugung, diese würden dem ungeschliffenen Menschenschlag nur dann heilig sein, wenn er selbst sich durch Abzeichen der Herrschaft achtenswerter darstelle, machte er sich durch ein Zeremoniell verehrungswürdiger, vor allem aber dadurch, dass er sich mit zwölf Liktoren[10] umgab. (3) Einige glauben, er habe diese Zahl angesetzt nach der Anzahl der Vögel, die ihm durch ihren weissagenden Flug die Königsherrschaft angezeigt hatten; ich jedoch bin nicht abgeneigt, der Meinung jener beizustimmen, nach denen die Staatsdiener dieser Art von den etruskischen Nachbarn herstammen – woher ja auch der kurulische Sessel, woher auch die purpurgesäumte Toga übernommen wurde und auch die Dienerzahl selbst herrühren soll: Die Etrusker, meinen sie, hätten

decim populis communiter creato rege singulos singuli populi lictores dederint. (4) Crescebat interim urbs munitionibus alia atque alia appetendo loca, cum in spem magis futurae multitudinis quam ad id quod tum hominum erat munirent. (5) Deinde ne vana urbis magnitudo esset, adiciendae multitudinis causa vetere consilio condentium urbes, qui obscuram atque humilem conciendo ad se multitudinem natam e terra sibi prolem ementiebantur, locum qui nunc saeptus escendentibus inter duos lucos est asylum aperit. (6) Eo ex finitimis populis turba omnis sine discrimine, liber an servus esset, avida novarum rerum perfugit, idque primum ad coeptam magnitudinem roboris fuit. (7) Cum iam virium haud paeniteret consilium deinde viribus parat. Centum creat senatores, sive quia is numerus satis erat, sive quia soli centum erant qui creari patres possent. Patres certe ab honore patriciique progenies eorum appellati.

9 (1) Iam res Romana adeo erat valida ut cuilibet finitimarum civitatum bello par esset; sed penuria mulierum hominis aetatem duratura magnitudo erat, quippe quibus nec domi spes prolis nec cum finitimis conubia essent. (2) Tum ex consilio patrum Romulus legatos circa vicinas gentes misit qui societatem conubiumque novo populo peterent: (3) urbes quoque, ut cetera, ex infimo nasci; dein, quas sua virtus ac di

es so gehalten, weil sie ihrem gemeinsam aus zwölf Stämmen erwählten König aus jedem je einen Liktor zuteilen wollten. (4) Inzwischen wuchs die Stadt, da man eine Örtlichkeit nach der andern in die Ummauerung einbezog, wobei man mehr auf Zuwachs für eine kommende Bevölkerung als für die damalige Menschenzahl baute. (5) Sodann eröffnete Romulus – damit die Größe der Stadt auch Sinn hätte und um Massen anzulocken – nach dem uralten Konzept aller Städtegründer, die in Menge Gelichter und minderwertiges Volk an sich zogen und dann gewöhnlich vorgaben, es sei ihnen aus der Erde Nachwuchs entstanden, an der Stelle, die jetzt umzäunt ist, wenn man durch die Straße »Zwischen den beiden Hainen« hinuntergeht, eine Freistatt.[11] (6) Dorthin flüchtet sich nun alles haufenweise ohne Unterschied, ob einer frei war oder Sklave, wer immer auf ein besseres Leben aus war: Und dies ist der ursprüngliche Kern der nun anhebenden Größe Roms gewesen. (7) Jetzt, da er sich seiner Stärke nicht mehr zu schämen brauchte, richtet Romulus in der Folge eine beratende Instanz für diese Kräfte ein: Er wählt hundert Senatoren aus – sei's, weil diese Zahl ausreichte, sei's, weil nur hundert da waren, die man zu Vätern wählen konnte. »Väter« sind sie gewiss nach ihrem Ehrenamt genannt worden, ihre Nachkommen aber »Väternachkommen« (Patrizier).[12]

9 (1) Jetzt war der römische Staat schon so stark, dass er jedem beliebigen Nachbarvolk im Krieg gewachsen war; indessen konnte diese Stärke aus Mangel an Frauen nur ein Menschenalter lang dauern, hatten sie doch weder Hoffnung auf Nachkommenschaft im eigenen Haus, noch gab es Heiraten mit den Nachbarn. (2) Da schickte Romulus auf Rat der Väter Gesandte zu den Völkerschaften ringsum, die Bündnis und Eheverbindung mit dem neuen Volk erreichen sollten: (3) Auch Städte wüchsen wie alles übrige von unten her; die, denen eigene Kraft und die Götter beistünden, würden sich große

iuvent, magnas opes sibi magnumque nomen facere; (4) satis scire, origini Romanae et deos adfuisse et non defuturam virtutem; proinde ne gravarentur homines cum hominibus sanguinem ac genus miscere. (5) Nusquam benigne legatio audita est: adeo simul spernebant, simul tantam in medio crescentem molem sibi ac posteris suis metuebant. Ac plerisque rogitantibus dimissi ecquod feminis quoque asylum aperuissent; id enim demum compar conubium fore. (6) Aegre id Romana pubes passa et haud dubie ad vim spectare res coepit. Cui tempus locumque aptum ut daret Romulus aegritudinem animi dissimulans ludos ex industria parat Neptuno equestri sollemnes; Consualia vocat. (7) Indici deinde finitimis spectaculum iubet; quantoque apparatu tum sciebant aut poterant, concelebrant ut rem claram exspectatamque facerent. (8) Multi mortales convenere, studio etiam videndae novae urbis, maxime proximi quique, Caeninenses, Crustumini, Antemnates; (9) iam Sabinorum omnis multitudo cum liberis ac coniugibus venit. Invitati hospitaliter per domos cum situm moeniaque et frequentem tectis urbem vidissent, mirantur tam brevi rem Romanam crevisse. (10) Vbi spectaculi tempus venit deditaeque eo mentes cum oculis erant, tum ex composito orta vis signoque dato iuventus Romana ad rapiendas virgines discurrit. (11) Magna pars forte in quem quaeque inciderat raptae: quasdam forma excellentes, primoribus patrum destinatas, ex ple-

Macht und einen großen Namen schaffen; (4) er wisse genau, dass die Götter dem Ursprung Roms günstig gewesen und dass eigene Kraft nicht fehlen würde – deswegen sollten sie sich nicht weigern, als Menschen mit Menschen Blut und Geschlecht zu mischen. (5) Nirgends hörte man die Botschaft mit Wohlwollen, so sehr verachteten und fürchteten die Nachbarn gleichermaßen die in ihrer Mitte aufstrebende Macht ihret- und ihrer Nachkommen wegen. Den Anfragenden wurde beim Abschied meist die Frage gestellt, ob sie nun auch für Frauen eine Freistatt eröffnet hätten – das ergäbe doch schließlich Ehen in rechtem Verhältnis. (6) Die römische Jungmannschaft nahm das übel auf, und die Sache fing an, auf Gewaltmaßnahmen hinauszulaufen. Um dafür Zeit und Ort zu bieten, verbirgt Romulus seine Missstimmung und setzt mit Absicht feierliche Spiele für den rosseliebenden Neptun an; er nennt sie Consualien.[13] (7) Dann lässt er den Nachbarn das Schauspiel ankündigen; mit dem größten Aufwand, den man damals kannte und zu leisten vermochte, richten sie das Fest aus, um das Schauspiel möglichst glänzend und spannungsvoll zu machen. (8) Viele Menschen strömten zusammen, auch aus Begierde, die neue Stadt zu sehen, vor allem die zunächst Wohnenden: die Leute aus Caenina, Crustumeria, Antemnae; (9) bald kam auch eine ganze Menge Sabiner mit Kindern und Frauen. Sie wurden gastfreundlich in die Häuser eingeladen und wunderten sich, als sie die Lage der Stadt, die Mauern und die zahlreichen Wohnstätten gesehen hatten, wie schnell doch Rom gewachsen sei. (10) Als die Zeit des Schauspiels kam und ihre Aufmerksamkeit wie ihre Augen darauf gerichtet waren, brach wie verabredet die Gewalt aus, und auf ein gegebenes Zeichen sprengt die römische Jungmannschaft auseinander, um Jungfrauen zu rauben. (11) Ein Großteil wurde aufs Geratewohl geraubt, in wessen Hände eine gerade gefallen war; ein paar von besonders gefälliger Erscheinung – den Führern der

be homines quibus datum negotium erat domos deferebant. (12) Vnam longe ante alias specie ac pulchritudine insignem a globo Thalassi cuiusdam raptam ferunt multisque sciscitantibus cuinam eam ferrent, identidem ne quis violaret Thalassio ferri clamitatum; inde nuptialem hanc vocem factam.

(13) Turbato per metum ludicro maesti parentes virginum profugiunt, incusantes violati hospitii foedus deumque invocantes cuius ad sollemne ludosque per fas ac fidem decepti venissent. (14) Nec raptis aut spes de se melior aut indignatio est minor. Sed ipse Romulus circumibat docebatque patrum id superbia factum qui conubium finitimis negassent; illas tamen in matrimonio, in societate fortunarum omnium civitatisque et quo nihil carius humano generi sit liberum fore; (15) mollirent modo iras et, quibus fors corpora dedisset, darent animos; saepe ex iniuria postmodum gratiam ortam; eoque melioribus usuras viris quod adnisurus pro se quisque sit ut, cum suam vicem functus officio sit, parentium etiam patriaeque expleat desiderium. (16) Accedebant blanditiae virorum, factum purgantium cupiditate atque amore, quae maxime ad muliebre ingenium efficaces preces sunt.

10 (1) Iam admodum mitigati animi raptis erant; at raptarum parentes tum maxime sordida veste lacrimisque et querellis

Väter bestimmt – schafften Leute aus dem Volk, die dazu Auftrag hatten, in deren Häuser. (12) Ein Mädchen, das sich weit vor allen andern durch Gestalt und Schönheit auszeichnete, soll vom Haufen eines gewissen Thalassius geraubt worden sein; als viele fragten, wem sie sie zuführten, habe man immer wieder ausgerufen: dem Thalassius! – damit sie keiner behellige: Und hieraus sei dann ein hochzeitlicher Zuruf geworden.[14]

(13) Nachdem das Schauspiel so durch Furcht und Schrecken gestört ist, flüchten die Eltern der geraubten Mädchen voll Kummer, klagen laut über die Verletzung des Gastrechts und rufen den Gott an, zu dessen Feier und Spielen sie gekommen seien, wider Treu und Glauben getäuscht. (14) Auch unter den Geraubten war die Hoffnung bezüglich der eigenen Lage nicht größer und die Entrüstung nicht geringer. Indessen ging Romulus selbst herum und suchte sie zu belehren, es sei dies wegen ihrer Väter Stolz geschehen, die ihren Nachbarn die Eheverbindung verweigert hätten; sie seien jedoch rechtmäßige Ehefrauen und würden alle Güter, auch das Bürgerrecht und – was dem Menschengeschlecht das Teuerste sei – die Kinder in der Ehegemeinschaft mitbesitzen; (15) sie sollten also ihren Zorn besänftigen und denen, welchen das Schicksal ihre Leiber überantwortet, auch ihre Herzen schenken; schon oft sei aus Unrecht später Einverständnis entstanden; sie würden auch umso bessere Ehemänner haben, als jeder sich nach seinem Vermögen anstrengen werde, ihre Sehnsucht nach Eltern und Heimat – sobald er seinerseits seine Pflicht [als Gatte] erfüllt habe – ebenfalls zu stillen. (16) Hinzu kamen die Schmeicheleien der Männer, die ihre Tat mit heißer Verliebtheit entschuldigten: Bitten, die auf das weibliche Gemüt besonders starken Eindruck machen.

10 (1) Schon waren die Gemüter der Geraubten also ziemlich besänftigt; die Eltern der Geraubten aber versetzten zu diesem Zeitpunkt durch Trauerkleidung, Tränen und Klagen die Ge-

civitates concitabant. Nec domi tantum indignationes continebant sed congregabantur undique ad T. Tatium regem Sabinorum, et legationes eo quod maximum Tati nomen in iis regionibus erat conveniebant. (2) Caeninenses Crustuminique et Antemnates erant ad quos eius iniuriae pars pertinebat. Lente agere his Tatius Sabinique visi sunt: ipsi inter se tres populi communiter bellum parant. (3) Ne Crustumini quidem atque Antemnates pro ardore iraque Caeninensium satis se impigre movent; ita per se ipsum nomen Caeninum in agrum Romanum impetum facit. (4) Sed effuse vastantibus fit obvius cum exercitu Romulus levique certamine docet vanam sine viribus iram esse. Exercitum fundit fugatque, fusum persequitur: regem in proelio obtruncat et spoliat: (5) duce hostium occiso urbem primo impetu capit. Inde exercitu victore reducto, ipse cum factis vir magnificus tum factorum ostentator haud minor, spolia ducis hostium caesi suspensa fabricato ad id apte ferculo gerens in Capitolium escendit; ibique ea cum ad quercum pastoribus sacram deposuisset, simul cum dono designavit templo Iovis fines cognomenque addidit deo: (6) »Iuppiter Feretri« inquit, »haec tibi victor Romulus rex regia arma fero, templumque his regionibus quas modo animo metatus sum dedico, sedem opimis spoliis quae regibus ducibusque hostium caesis me auctorem sequentes posteri ferent.« (7) Haec

meinden in Aufregung. Und sie beschränkten die Äußerungen ihrer Entrüstung nicht nur auf die heimische Umgebung, sondern scharten sich auch von allen Seiten her um T. Tatius, den König der Sabiner, und es trafen bei ihm Gesandtschaften ein, weil in jenen Gegenden der Name des Tatius am meisten galt. (2) Die Caeninenser, Crustuminer und Antemnaten nun gehörten zu den von der Rechtsverletzung Betroffenen; ihnen schienen Tatius und die Sabiner zu langsam zu reagieren. So rüsteten die drei Völkerschaften für sich gemeinsam zum Krieg. (3) Allein auch die Crustuminer und die Antemnaten rühren sich für den flammenden Zorn der Caeninenser allzu lässig. So macht denn alles, was zu den Caeninensern gehört, für sich allein einen Einfall in die römische Mark. (4) Doch den ordnungslos Brandschatzenden tritt Romulus mit geübtem Heer entgegen und belehrt sie in einem leichten Treffen, dass Wut ohne Kampfkraft nutzlos sei: Er schlägt und zerstreut ihr Heer und verfolgt das geschlagene; ihren König macht er im Kampf nieder und nimmt ihm die Rüstung; (5) nach dem Fall des Führers nimmt er die Stadt der Feinde im ersten Ansturm. Dann führt er sein Heer als Sieger zurück: ein großartiger Mann seinen Taten nach, nicht minder jedoch ein Mann, der seine Taten zur Geltung bringt: Er hängt die Rüstung des erschlagenen feindlichen Führers an einer eigens dazu gefertigten Tragstange auf und trägt sie auf das Kapitol; dort legte er sie bei der den Hirten heiligen Eiche nieder, umgrenzte zugleich mit der Gabenweihung den Platz für einen Iuppitertempel und gab dem Gott auch einen Beinamen: (6) »Iuppiter Feretrius«, sprach er, »diese königliche Waffenrüstung bringe ich, König Romulus, dir als Sieger dar und weihe dir einen Tempel in den Maßen, die ich eben im Grundriss abgeschritten habe, als Stätte für die Waffenrüstungen, die unsere Nachkommen, meinem Vorbild folgend, feindlichen Königen und Führern abnehmen werden.«[15] – (7) Dies ist der Ursprung des ersten von allen

templi est origo quod primum omnium Romae sacratum est. Ita deinde dis visum nec inritam conditoris templi vocem esse qua laturos eo spolia posteros nuncupavit nec multitudine compotum eius doni volgari laudem. Bina postea, inter tot annos, tot bella, opima parta sunt spolia: adeo rara eius fortuna decoris fuit.

11 (1) Dum ea ibi Romani gerunt, Antemnatium exercitus per occasionem ac solitudinem hostiliter in fines Romanos incursionem facit. Raptim et ad hos Romana legio ducta palatos in agris oppressit. (2) Fusi igitur primo impetu et clamore hostes, oppidum captum; duplicique victoria ovantem Romulum Hersilia coniunx precibus raptarum fatigata orat ut parentibus earum det veniam et in civitatem accipiat: ita rem coalescere concordia posse. Facile impetratum. (3) Inde contra Crustuminos profectus bellum inferentes. Ibi minus etiam quod alienis cladibus ceciderant animi certaminis fuit. Vtroque coloniae missae: (4) plures inventi qui propter ubertatem terrae in Crustuminum nomina darent. Et Romam inde frequenter migratum est, a parentibus maxime ac propinquis raptarum.

(5) Novissimum ab Sabinis bellum ortum multoque id maximum fuit; nihil enim per iram aut cupiditatem actum est, nec ostenderunt bellum prius quam intulerunt. (6) Consilio etiam

Tempeln, die in Rom geweiht wurden. Den Göttern allerdings schien es in der Folge gut, dass weder der Spruch des Erbauers dieses Tempels ohne Erfüllung bliebe – dass nämlich die Nachfahren hierhin die erbeuteten Rüstungen bringen sollten – noch dass durch eine Menge von Nachahmern die Achtung vor solcher Weihgabe schwände: Nur noch zweimal wurden später – und das im Verlauf so vieler Jahre, während so vieler Kriege – Beuterüstungen erstritten:[16] So selten spielte das Schicksal diesen ehrenvollen Erfolg zu.

11 (1) Während die Römer damit beschäftigt sind, nutzt ein Heer der Antemnaten die Gelegenheit und macht einen feindlichen Einfall in die unbesetzten römischen Marken. Eilends wird die römische Legion auch gegen diese geführt und trifft sie auf dem Land umherstreifend an. (2) So wurden also die Feinde schon beim ersten Angriff und Feldgeschrei geschlagen, ihre Stadt eingenommen. Als Romulus nach seinem Doppelsieg feierlich in die Stadt einzieht, bittet ihn seine Frau Hersilia, von den geraubten Frauen mit ihren Bitten unablässig bestürmt, er möge gegenüber deren Eltern Nachsicht walten lassen und sie in die Bürgerschaft aufnehmen; so könne sich die Gemeinde in Eintracht festigen. Das wurde gern bewilligt. (3) Dann marschierte Romulus gegen die Crustuminer, die den Krieg begonnen hatten. Hierbei musste noch weniger gekämpft werden, da ihnen die Niederlage der Nachbarn den Mut genommen hatte. So wurden nach beiden Seiten Siedler ausgesandt; (4) es fanden sich dabei mehr, die sich für das crustuminische Gebiet meldeten, weil es fruchtbarer war. Auch nach Rom übersiedelten von da an viele, vor allem Eltern und Verwandte der geraubten Frauen.

(5) Zuallerletzt fingen die Sabiner Krieg an, und der war bei weitem der schlimmste; nichts geschah nämlich in Zorn oder Leidenschaft, und sie ließen den Krieg nicht früher erkennen, als bis sie ihn ins Land trugen. (6) Zur Planung kam überdies

additus dolus. Sp. Tarpeius Romanae praeerat arci. Huius filiam virginem auro corrumpit Tatius ut armatos in arcem accipiat; aquam forte ea tum sacris extra moenia petitum ierat. (7) Accepti obrutam armis necavere, seu ut vi capta potius arx videretur seu prodendi exempli causa ne quid usquam fidum proditori esset. (8) Additur fabula, quod volgo Sabini aureas armillas magni ponderis brachio laevo gemmatosque magna specie anulos habuerint, pepigisse eam quod in sinistris manibus haberent; eo scuta illi pro aureis donis congesta. (9) Sunt qui eam ex pacto tradendi quod in sinistris manibus esset derecto arma petisse dicant et fraude visam agere sua ipsam peremptam mercede.

12 (1) Tenuere tamen arcem Sabini; atque inde postero die, cum Romanus exercitus instructus quod inter Palatinum Capitolinumque collem campi est complesset, non prius descenderunt in aequum quam ira et cupiditate reciperandae arcis stimulante animos in adversum Romani subiere. (2) Principes utrimque pugnam ciebant ab Sabinis Mettius Curtius, ab Romanis Hostius Hostilius. Hic rem Romanam iniquo loco ad prima signa animo atque audacia sustinebat. (3) Vt Hostius cecidit, confestim Romana inclinatur acies fusaque est. Ad veterem portam Palati Romulus et ipse turba fugientium actus, arma ad caelum tollens, (4) »Iuppiter, tuis« inquit »iussus avibus

noch List. Sp. Tarpeius war der Befehlshaber der römischen Burg. Dessen jungfräuliche Tochter wurde von Tatius mit Gold bestochen, dass sie Bewaffnete in die Burg einließ; sie war gerade aus der Befestigung gegangen, um Wasser für Opferfeiern zu holen.[17] (7) Die Eingelassenen hieben sie mit ihren Schilden tot zu Boden, sei's, dass die Burg mit Gewalt eingenommen erschiene, sei's, um ein Beispiel dafür zu geben, dass ein Verräter in keinem Fall auf Treu und Glauben zählen dürfe. (8) Die Sage fügt hinzu: Weil die Sabiner am linken Arm gewöhnlich goldene Armreife von großem Gewicht und großartig anzusehende edelsteinbesetzte Spangen getragen hätten, habe sich jenes Mädchen als Lohn das ausbedungen, was sie an der linken Hand trügen; so seien statt der goldenen Geschenke Schilde über sie gehäuft worden. (9) Es gibt auch Leute, die sagen, sie habe gemäß der Übereinkunft die Übergabe dessen erheischt, was sie am linken Arm trügen, nämlich die Schilde, und sei dann – weil man das als Hinterlist angesehen – durch den selbst ausbedungenen Lohn zu Tode gekommen.

12 (1) Jedenfalls hielten die Sabiner die Burg besetzt; und sie stiegen von da am nächsten Tag, als das römische Heer in Gefechtsordnung das ganze Gelände zwischen dem Palatinischen und dem Capitolinischen Hügel ausfüllte, nicht früher in die Ebene hinab, als bis die Römer, angespornt vom wütenden Drang nach Wiedereinnahme der Burg, von unten her angriffen. (2) Vorkämpfer begannen auf beiden Seiten das Gefecht: auf der Seite der Sabiner Mettius Curtius, auf römischer Hostius Hostilius. Dieser hielt in vorderster Reihe mit Mut und Kühnheit trotz ungünstigem Gelände die römische Front. (3) Als Hostius fiel, wurde die römische Kampflinie alsbald eingedrückt und gesprengt. Bis an das alte Tor des Palatiums zurückgedrängt, noch dazu von einem Schwarm Flüchtiger mitgerissen, rief Romulus, die Waffen zum Himmel erhebend: (4) »Iuppiter, von deinen Vögeln angewiesen, habe ich hier auf

hic in Palatio prima urbi fundamenta ieci. Arcem iam scelere emptam Sabini habent; inde huc armati superata media valle tendunt; (5) at tu, pater deum hominumque, hinc saltem arce hostes; (6) deme terrorem Romanis fugamque foedam siste. Hic ego tibi templum Statori Iovi, quod monumentum sit posteris tua praesenti ope servatam urbem esse, voveo.« (7) Haec precatus, veluti sensisset auditas preces, »Hinc« inquit, »Romani, Iuppiter optimus maximus resistere atque iterare pugnam iubet.« Restitere Romani tamquam caelesti voce iussi: ipse ad primores Romulus provolat. (8) Mettius Curtius ab Sabinis princeps ab arce decucurrerat et effusos egerat Romanos toto quantum foro spatium est. Nec procul iam a porta Palati erat, clamitans: »Vicimus perfidos hospites, imbelles hostes; iam sciunt longe aliud esse virgines rapere, aliud pugnare cum viris.« (9) In eum haec gloriantem cum globo ferocissimorum iuvenum Romulus impetum facit. Ex equo tum forte Mettius pugnabat; eo pelli facilius fuit. Pulsum Romani persequuntur; et alia Romana acies, audacia regis accensa, fundit Sabinos. (10) Mettius in paludem sese strepitu sequentium trepidante equo coniecit; averteratque ea res etiam Sabinos tanti periculo viri. Et ille quidem adnuentibus ac vocantibus suis favore multorum addito animo evadit: Romani Sabinique in media con-

dem Palatium die ersten Fundamente zu einer Stadt gelegt. Die Burg, durch Verrat eingenommen, haben die Sabiner in der Hand; von dort dringen sie nach Inbesitznahme der Talmitte hierher vor; (5) du aber, Vater der Götter und Menschen, wehre doch wenigstens von hier die Feinde ab. (6) Nimm den Römern ihre Furcht und bring ihre schändliche Flucht zum Stehen! Hier gelobe ich dir, als Iuppiter Stator (Standgeber), einen Tempel, der den Nachkommen ein Denkmal dafür sein soll, dass durch deinen mächtigen Schutz die Stadt gehalten wurde.« (7) So sprach er betend, und als ob er fühlte, dass seine Bitten erhört seien, rief er: »Von jetzt an, ihr Römer, befiehlt Iuppiter, der Beste und Größte, Widerstand zu leisten und den Kampf wieder aufzunehmen!« Und es kamen die Römer wieder zum Stehen, als hätte ein Ruf aus dem Himmel es befohlen; Romulus selbst eilt in die vorderste Linie. (8) Mettius Curtius war den Sabinern voran von der Burg herabgeeilt und hatte die flüchtenden Römer über das Forum getrieben, soweit nur Platz war. Schon war er nicht mehr weit vom Tor des Palatiums und rief: »Wir haben sie besiegt, die treulosen Gastgeber, die feigen Feinde; jetzt wissen sie, dass Mädchenrauben *ein* Ding ist, mit Männern zu fechten aber ein ganz anderes!« (9) Während er sich noch so rühmt, greift Romulus ihn mit einer Schar der kämpferischsten römischen Jungmänner an. Mettius kämpfte gerade zu Ross und war deshalb umso leichter zum Weichen zu bringen. Die Römer verfolgen den Abgeschlagenen, und eine andere römische Abteilung schlägt, vom Mut ihres Königs angesteckt, die Sabiner zurück. (10) Mettius stürzte, da sein Pferd vor dem Lärmen der Verfolger scheute, in einen Sumpf; dass ein so wichtiger Mann in Gefahr war, hatte auch die Sabiner herangezogen. Tatsächlich arbeitet er sich unter Zuwinken und Zuruf der Seinen, durch die Anteilnahme der Menge von neuem Mut beseelt, wieder heraus. Die Römer und die Sabiner nehmen in der zwischen den beiden Bergen

valle duorum montium redintegrant proelium; sed res Romana erat superior.

13 (1) Tum Sabinae mulieres, quarum ex iniuria bellum ortum erat, crinibus passis scissaque veste, victo malis muliebri pavore, ausae se inter tela volantia inferre, ex transverso impetu facto dirimere infestas acies, dirimere iras, (2) hinc patres, hinc viros orantes, ne sanguine se nefando soceri generique respergerent, ne parricidio macularent partus suos, nepotum illi, hi liberum progeniem. (3) »Si adfinitatis inter vos, si conubii piget, in nos vertite iras; nos causa belli, nos volnerum ac caedium viris ac parentibus sumus; melius peribimus quam sine alteris vestrum viduae aut orbae vivemus.« (4) Movet res cum multitudinem tum duces; silentium et repentina fit quies; inde ad foedus faciendum duces prodeunt. Nec pacem modo sed civitatem unam ex duabus faciunt. Regnum consociant: imperium omne conferunt Romam. (5) Ita geminata urbe ut Sabinis tamen aliquid daretur Quirites a Curibus appellati. Monumentum eius pugnae, ubi primum ex profunda emersus palude equus Curtium in vado statuit, Curtium lacum appellarunt.

(6) Ex bello tam tristi laeta repente pax cariores Sabinas viris ac parentibus et ante omnes Romulo ipsi fecit. Itaque cum populum in curias triginta divideret, nomina earum curiis impo-

liegenden Senke den Kampf wieder auf; indessen stand die Sache der Römer besser.

13 (1) Zu diesem Zeitpunkt wagten es die sabinischen Frauen, aus deren Entehrung der Krieg entstanden war, das Haar gelöst und die Gewänder zerrissen – ihr Unglück hatte über weibliche Furcht den Sieg davongetragen –, sich in die Flugbahn der Geschosse zu begeben, von der Seite her einzudringen, die feindlichen Linien zu trennen, die Wütenden zu scheiden, (2) hier die Väter, hier die Männer anflehend, sich nicht frevelhaft mit dem Blut des Schwiegervaters, des Schwiegersohnes zu bespritzen, nicht durch Mord an Verwandten ihre Kinder in Schande zu bringen: die Nachkommen der Enkel die einen, die der Kinder die anderen. (3) »Wenn die gegenseitige Verwandtschaft, wenn der Ehebund euch zuwider ist, so richtet euer Wüten gegen uns! Wir ja sind die Ursache für den Krieg, wir der Wunden und des Mordens Anlass für unsere Männer und Väter! Lieber wollen wir zugrunde gehen als ohne die einen oder die andern von euch als Witwen oder Waisen weiterleben!« – (4) Der Vorgang bewegt die Menge ebenso wie die Anführer; es wird still und plötzlich ganz ruhig; dann treten, einen Vertrag zu schließen, die Anführer vor. Und sie machen nicht nur Frieden, sondern einen einzigen Staat aus zweien: Sie vergemeinschaften die Königswürde; die gesamte Regierung verlegen sie nach Rom. (5) Damit in der Zwillingsstadt doch auch den Sabinern etwas eingeräumt würde, nannte man sie Quiriten, nach der sabinischen Stadt Cures. Zum Gedächtnis dieses Kampfes nannten sie die Stelle, wo sich das Pferd des Curtius wieder aus dem Sumpf herausarbeitete und ihn wieder auf festen Boden brachte, den See des Curtius.

(6) Der aus einem so traurigen Krieg unversehens hervorgegangene frohe Friede machte die Sabinerinnen ihren Männern und Vätern und vor allem dem Romulus selbst nur noch teurer. Deshalb gab er, als er das Volk in dreißig Kurien[18] einteilte,

suit. (7) Id non traditur, cum haud dubie aliquanto numerus maior hoc mulierum fuerit, aetate an dignitatibus suis virorumve an sorte lectae sint, quae nomina curiis darent. (8) Eodem tempore et centuriae tres equitum conscriptae sunt. Ramnenses ab Romulo, ab T. Tatio Titienses appellati: Lucerum nominis et originis causa incerta est. Inde non modo commune sed concors etiam regnum duobus regibus fuit.

14 (1) Post aliquot annos propinqui regis Tati legatos Laurentium pulsant; cumque Laurentes iure gentium agerent, apud Tatium gratia suorum et preces plus poterant. (2) Igitur illorum poenam in se vertit; nam Lavinii, cum ad sollemne sacrificium eo venisset, concursu facto interficitur. (3) Eam rem minus aegre quam dignum erat tulisse Romulum ferunt, seu ob infidam societatem regni seu quia haud iniuria caesum credebat. Itaque bello quidem abstinuit; ut tamen expiarentur legatorum iniuriae regisque caedes, foedus inter Romam Laviniumque urbes renovatum est.

(4) Et cum his quidem insperata pax erat: aliud multo propius atque in ipsis prope portis bellum ortum. Fidenates nimis vicinas prope se convalescere opes rati, priusquam tantum roboris esset quantum futurum apparebat, occupant bellum facere. Iuventute armata immissa vastatur agri quod inter urbem ac Fidenas est; (5) inde ad laevam versi quia dextra Tiberis

diesen ihre Namen. (7) Nicht überliefert aber ist, ob – die Anzahl der Frauen war sicher viel größer als die der Kurien – nach Alter, eigenem Rang oder dem des Mannes oder durch Los die ausgewählt wurden, die den Kurien den Namen geben sollten. (8) Zur selben Zeit sind auch drei berittene Centurien gebildet worden. Man nannte sie Ramnenser nach Romulus, nach T. Tatius Titienser; der Grund für die Namengebung Lucerer ist ungewiss. Von jetzt an lag eine nicht nur gemeinsame, sondern auch einträchtige Herrschaft in den Händen von zwei Königen.

14 (1) Ein paar Jahre danach vergriffen sich Verwandte des Königs Tatius an Gesandten der Laurenter; als die Laurenter nach dem Völkerrecht klagten, hatten bei Tatius das gute Einvernehmen mit den Seinen und deren Bitten mehr Gewicht. (2) Darum trifft die Strafe jener ihn selbst: Er wird zu Lavinium, wohin er zu feierlichem Opfer gekommen war, in einem Volksauflauf getötet. (3) Diesen Vorfall habe Romulus, wie es heißt, weniger schwer genommen, als er es verdiente, sei's wegen der unzuverlässigen Partnerschaft im Regiment, sei's, weil er seine Tötung für nicht ganz unberechtigt hielt. Jedenfalls hielt er sich vom Krieg zurück; damit aber die Misshandlung der Gesandten und der Mord am König doch ihre Sühne fänden, wurde das Bündnis zwischen den Städten Rom und Lavinium [mit Sühneopfern] erneuert.

(4) Und so blieb es denn – wenngleich unverhofft – beim Frieden mit diesen Leuten; doch brach ein anderer Krieg aus, viel näher und beinahe vor den Toren: Die Fidenaten, überzeugt davon, dass ihre nahen Nachbarn allzu mächtig werden würden, wollten ihnen im Krieg zuvorkommen, bevor diese Macht so stark würde, wie man es für die Zukunft erwartete. Ihre Jungmannschaft fällt bewaffnet ein und verwüstet die Feldmark, die zwischen der Stadt und Fidenae liegt; (5) dann wenden sie sich nach links, weil rechts der Tiber sie

arcebat, cum magna trepidatione agrestium populantur, tumultusque repens ex agris in urbem inlatus pro nuntio fuit. (6) Excitus Romulus – neque enim dilationem pati tam vicinum bellum poterat – exercitum educit, castra a Fidenis mille passuum locat. (7) Ibi modico praesidio relicto, egressus omnibus copiis partem militum locis circa densa obsita virgulta obscuris subsidere in insidiis iussit: cum parte maiore atque omni equitatu profectus, id quod quaerebat, tumultuoso et minaci genere pugnae adequitando ipsis prope portis hostem excivit. Fugae quoque, quae simulanda erat, eadem equestris pugna causam minus mirabilem dedit. (8) Et cum, velut inter pugnae fugaeque consilium trepidante equitatu, pedes quoque referret gradum, plenis repente portis effusi hostes impulsa Romana acie studio instandi sequendique trahuntur ad locum insidiarum. (9) Inde subito exorti Romani transversam invadunt hostium aciem; addunt pavorem mota e castris signa eorum qui in praesidio relicti fuerant. Ita multiplici terrore perculsi Fidenates prius paene, quam Romulus quique avehi cum eo visi erant circumagerent frenis equos, terga vertunt; (10) multoque effusius, quippe vera fuga, qui simulantes paulo ante secuti erant oppidum repetebant. (11) Non tamen eripuere se hosti: haerens in tergo Romanus, priusquam fores portarum obicerentur, velut agmine uno inrumpit.

hindert, und plündern, zum großen Schrecken der Landleute; der plötzliche Kriegslärm wurde vom Land in die Stadt getragen und brachte selbst die Nachricht des Krieges. (6) Ohne Verzug führt Romulus – ein in der Nähe ausgebrochener Krieg konnte ja kein Zögern dulden – das Heer hinaus und schlägt tausend Schritt von Fidenae entfernt das Lager auf. (7) Er lässt es mit mäßiger Bedeckung zurück, rückt mit dem Gros aus und heißt einen Teil der Krieger sich ringsum im dichten Gesträuch an verborgenen Stellen in den Hinterhalt legen; mit der Hauptmacht und mit der ganzen Reiterei rückte er vor und lockte – und gerade das bezweckte er – mit seiner geräuschvollen und drohenden Kampfesweise, bis unmittelbar an die Tore heransprengend, den Feind ins Freie. Auch wirkte für die Flucht, die vorzutäuschen war, der Angriff mit der Reiterei weniger auffällig. (8) Und als auch das Fußvolk zurückweicht, während die Reiterei zwischen dem Entschluss zu kämpfen oder zu fliehen zu schwanken scheint, strömen plötzlich die Feinde gedrängt aus den Toren, drücken die römische Hauptkampflinie ein und lassen sich im Eifer des Nachsetzens und der Verfolgung bis zur Stelle des Hinterhalts treiben. (9) Dort brechen die Römer unversehens vor und greifen die Kampflinie der Feinde in der Flanke an. Zusätzlichen Schrecken verbreiten die aus dem Lager anrückenden Trupps, die dort als Reserve zurückgelassen worden waren. So wenden sich denn die Fidenaten, ringsum in Schrecken versetzt, fast früher noch, als Romulus und seine Begleiter zu Pferd ihre Rosse zügeln und wenden konnten, zur Flucht; (10) und noch viel ungeordneter strebten sie, die kurz zuvor noch den scheinbar Fliehenden nachgesetzt hatten, in nun wirklicher Flucht zur Stadt zurück. (11) Dennoch retteten sie sich nicht vor dem Feind: Die Römer folgten ihnen auf dem Fuße und brachen, bevor die Torflügel zugeworfen werden konnten, wie in einem einzigen Schwall herein.

15 (1) Durch die nahe Berührung mit dem fidenatischen

15 (1) Belli Fidenatis contagione inritati Veientium animi et consanguinitate – nam Fidenates quoque Etrusci fuerunt – et quod ipsa propinquitas loci, si Romana arma omnibus infesta finitimis essent, stimulabat. In fines Romanos excucurrerunt populabundi magis quam iusti more belli. (2) Itaque non castris positis, non exspectato hostium exercitu, raptam ex agris praedam portantes Veios rediere. Romanus contra postquam hostem in agris non invenit, dimicationi ultimae instructus intentusque Tiberim transit. (3) Quem postquam castra ponere et ad urbem accessurum Veientes audivere, obviam egressi ut potius acie decernerent quam inclusi de tectis moenibusque dimicarent. (4) Ibi viribus nulla arte adiutis, tantum veterani robore exercitus rex Romanus vicit; persecutusque fusos ad moenia hostes, urbe valida muris ac situ ipso munita abstinuit, agros rediens vastat, ulciscendi magis quam praedae studio; (5) eaque clade haud minus quam adversa pugna subacti Veientes pacem petitum oratores Romam mittunt. Agri parte multatis in centum annos indutiae datae.

(6) Haec ferme Romulo regnante domi militiaeque gesta, quorum nihil absonum fidei divinae originis divinitatisque post mortem creditae fuit, non animus in regno avito reciperando, non condendae urbis consilium, non bello ac pace fir-

Krieg wurden auch die Vejenter aufgestört, einerseits wegen der Blutsverwandtschaft mit jenen – denn die Fidenaten waren ebenfalls Etrusker –, andererseits weil die örtliche Nähe sie an sich schon beunruhigte, wenn die römischen Waffen alle nächsten Nachbarn bedrohten. Sie brachen also in die römischen Marken ein, doch mehr plündernd als in der Art eines richtigen Krieges. (2) Und so schlugen sie kein Lager auf, warteten das feindliche Heer nicht ab, sondern kehrten bepackt mit der aus dem Land geraubten Beute nach Veji zurück. Die Römer dagegen setzen, als sie den Feind nicht mehr im freien Feld antreffen, zum Entscheidungskampf gerüstet und entschlossen, über den Tiber. (3) Als die Vejenter hörten, dass die Römer ein Lager errichteten und im Anmarsch gegen die Stadt seien, rückten sie aus, ihnen entgegen, um lieber in offener Feldschlacht die Entscheidung zu suchen, als eingeschlossen um ihre Häuser und Mauern zu kämpfen. (4) Dort siegte der römische König, ohne dass eine Kriegslist seine Kräfte hätte unterstützen müssen, allein durch die Kampfkraft seines erprobten Heeres; er verfolgte die geschlagenen Feinde bis vor ihre Mauern, griff aber die starke, durch Mauern und schon durch ihre Lage geschützte Stadt nicht an, verwüstet abziehend die Felder, mehr zur Rache als aus Gier nach Beute; (5) die Vejenter, durch diesen Schaden nicht weniger als durch die verlorene Schlacht mürbe gemacht, schicken ihre Gesandten mit der Bitte um Frieden nach Rom. Sie büßten mit Abtretung eines Teils ihrer Mark, und man vereinbarte Waffenruhe auf hundert Jahre.

(6) Dies ungefähr sind die Geschehnisse im Innern und im Feld während der Regierung des Romulus; nichts davon stand im Widerspruch zu der Überzeugung von seiner göttlichen Herkunft und von seiner Vergöttlichung, an die man nach seinem Tode glaubte: nicht sein Mut bei der Rückgewinnung der großväterlichen Herrschaft, nicht seine Besonnenheit bei der Gründung der Stadt und bei ihrer Festigung in Krieg und Frie-

mandae. (7) Ab illo enim profecto viribus datis tantum valuit ut in quadraginta deinde annos tutam pacem haberet. (8) Multitudini tamen gratior fuit quam patribus, longe ante alios acceptissimus militum animis; trecentosque armatos ad custodiam corporis quos Celeres appellavit non in bello solum sed etiam in pace habuit.

16 (1) His immortalibus editis operibus cum ad exercitum recensendum contionem in campo ad Caprae paludem haberet, subito coorta tempestas cum magno fragore tonitribusque tam denso regem operuit nimbo ut conspectum eius contioni abstulerit; nec deinde in terris Romulus fuit. (2) Romana pubes sedato tandem pavore postquam ex tam turbido die serena et tranquilla lux rediit, ubi vacuam sedem regiam vidit, etsi satis credebat patribus qui proximi steterant sublimem raptum procella, tamen velut orbitatis metu icta maestum aliquamdiu silentium obtinuit. (3) Deinde a paucis initio facto, deum deo natum, regem parentemque urbis Romanae saluere universi Romulum iubent; pacem precibus exposcunt, uti volens propitius suam semper sospitet progeniem. (4) Fuisse credo tum quoque aliquos qui discerptum regem patrum manibus taciti arguerent; manavit enim haec quoque sed perobscura fama; illam alteram admiratio viri et pavor praesens nobilitavit. (5) Et consilio etiam unius hominis addita rei dicitur fides. Namque

den. (7) Sie war ja durch die ihr von ihm verliehenen Kräfte tatsächlich so stark, dass sie in der Folge vierzig Jahre lang sicheren Frieden genoss. (8) Beim Volk war Romulus beliebter als bei den Vätern, am liebsten gesehen war er bei den Soldaten; dreihundert Bewaffnete hatte er als Leibwache, die er Schnelle Truppen nannte, und zwar nicht nur im Krieg, sondern auch im Frieden.

16 (1) Als er diese unsterblichen Taten vollbracht hatte und gerade zur Musterung des Heeres eine Volksversammlung auf dem Feld beim Ziegensumpf [auf dem Marsfeld] abhielt, brach plötzlich mit großem Getöse und Donner ein Unwetter los, hüllte den König in eine so dichte Wolke ein, dass sie der Versammlung seinen Anblick entzog; und danach befand sich Romulus nicht mehr auf Erden.[19] (2) Die römische Jungmannschaft glaubte zwar – nachdem sich schließlich die Furcht gelegt hatte und nach einem so stürmischen Tag heiter und ruhig das Sonnenlicht wiederkehrte –, als sie den Königsstuhl leer sieht, den Vätern, die ganz in der Nähe gestanden hatten, einigermaßen, er sei vom Sturm in die Höhe entführt worden, verharrte aber, wie von Furcht vor Verwaisung geschlagen, eine Zeitlang in schweigender Trauer. (3) Dann aber, als ein paar den Anfang gemacht, beschließen sie insgesamt, den Romulus als Gott und Sohn eines Gottes, als König und Vater der Stadt Rom zu grüßen; sie erflehen in Gebeten seine Huld, dass er immer gern und gnädig seine Nachfahren behüten möge. (4) Es gab damals auch einige, glaube ich, die im Geheimen behaupteten, der König sei damals von den Vätern mit bloßen Händen zerrissen worden;[20] denn auch dieses doch sehr unglaubwürdige Gerücht breitete sich damals aus; jenem ersten haben jedoch Bewunderung für den Mann und der Schrecken des Augenblicks zu Ansehen verholfen. (5) Auch wurde der Angelegenheit durch das kluge Auftreten eines Mannes noch mehr Glaubwürdigkeit gezollt, sagt man: Denn als die Bürgerschaft

Proculus Iulius, sollicita civitate desiderio regis et infensa patribus, gravis, ut traditur, quamvis magnae rei auctor in contionem prodit. (6) »Romulus« inquit, »Quirites, parens urbis huius, prima hodierna luce caelo repente delapsus se mihi obvium dedit. Cum perfusus horrore venerabundusque adstitissem petens precibus ut contra intueri fas esset, (7) ›Abi, nuntia‹ inquit ›Romanis, caelestes ita velle ut mea Roma caput orbis terrarum sit; proinde rem militarem colant sciantque et ita posteris tradant nullas opes humanas armis Romanis resistere posse.‹ (8) Haec« inquit »locutus sublimis abiit.« Mirum quantum illi viro nuntianti haec fidei fuerit, quamque desiderium Romuli apud plebem exercitumque facta fide immortalitatis lenitum sit.

17 (1) Patrum interim animos certamen regni ac cupido versabat; necdum ad singulos, quia nemo magno opere eminebat in novo populo, pervenerat: factionibus inter ordines certabatur. (2) Oriundi ab Sabinis, ne quia post Tati mortem ab sua parte non erat regnatum, in societate aequa possessionem imperii amitterent, sui corporis creari regem volebant: Romani veteres peregrinum regem aspernabantur. (3) In variis voluntatibus regnari tamen omnes volebant, libertatis dulcedine nondum experta. (4) Timor deinde patres incessit ne civitatem sine imperio, exercitum sine duce, multarum circa civitatium

aus Sehnsucht nach dem König unruhig und den Vätern feindlich gesinnt war, tritt – wie überliefert wird – Proculus Iulius als gewichtiger Zeuge für einen so ungewöhnlichen Vorgang vor die Versammlung: (6) »Quiriten«, sagt er, »heute bei Tagesanbruch ist mir Romulus, der Vater dieser Stadt, plötzlich vom Himmel herab erschienen und stand vor mir. Als ich ganz und gar von Schrecken erfüllt und voller Ehrfurcht dastand und inständig bat, ihm ins Angesicht schauen zu dürfen, sprach er: (7) ›Geh und künde den Römern, die Himmlischen wollten, dass mein Rom die Hauptstadt des Erdkreises sei; deshalb sollen sie das Kriegswesen pflegen und sollen wissen und dies den Nachkommen weitergeben, dass keine menschliche Macht den römischen Waffen widerstehen könne.‹ (8) So sprach er«, sagte Iulius, »dann entschwand er in die Höhe.« Es ist erstaunlich, wie viel Glauben man dem Mann schenkte, der so berichtete,[21] und wie sehr sich bei Volk und Heer die Sehnsucht nach Romulus durch den Glauben an seine Unsterblichkeit besänftigt hat.

17 (1) Inzwischen erregte der Streit um die Herrschaft und die Begierde danach die Gemüter der Väter; die Sache war aber noch nicht an bestimmte einzelne gekommen, weil in dem neuen Volk keiner besonders hervorragte; innerhalb der Stände war man in Parteien zerstritten. (2) Die von den Sabinern Stammenden wollten einen König aus ihrer Mitte gewählt wissen, damit sie in einer gleichberechtigten Gemeinschaft die Anwartschaft auf das Regiment nicht verlören; hatte doch seit dem Tod des Tatius von ihrer Seite keiner mehr die Königsherrschaft innegehabt: Die ursprünglichen Römer wollten von einem fremdstämmigen König nichts wissen. (3) Trotz der verschiedenen Meinungen wollten doch alle von einem König regiert werden; den Reiz der Freiheit hatten sie noch nicht erfahren. (4) Weiterhin kam bei den Vätern die Furcht auf, es könnte bei der gereizten Stimmung in den Gemeinden ringsum eine

inritatis animis, vis aliqua externa adoriretur. Et esse igitur aliquod caput placebat, et nemo alteri concedere in animum inducebat. (5) Ita rem inter se centum patres, decem decuriis factis singulisque in singulas decurias creatis qui summae rerum praeessent consociant. (6) Decem imperitabant: unus cum insignibus imperii et lictoribus erat: quinque dierum spatio finiebatur imperium ac per omnes in orbem ibat, annuumque intervallum regni fuit. Id ab re quod nunc quoque tenet nomen interregnum appellatum. (7) Fremere deinde plebs multiplicatam servitutem, centum pro uno dominos factos; nec ultra nisi regem et ab ipsis creatum videbantur passuri. (8) Cum sensissent ea moveri patres, offerendum ultro rati quod amissuri erant, ita gratiam ineunt summa potestate populo permissa ut non plus darent iuris quam detinerent. (9) Decreverunt enim ut cum populus regem iussisset, id sic ratum esset si patres auctores fierent. Hodie quoque in legibus magistratibusque rogandis usurpatur idem ius, vi adempta: priusquam populus suffragium ineat, in incertum comitiorum eventum patres auctores fiunt. (10) Tum interrex contione advocata, »Quod bonum, faustum felixque sit« inquit, »Quirites, regem create: ita patribus visum est. Patres deinde, si dignum qui secundus ab

auswärtige Macht den unregierten Staat und das führungslose Heer angreifen. Sie fanden es also zwar gut, irgendein Oberhaupt zu haben, doch kam es keinem in den Sinn, dem andern nachzugeben. (5) So kamen die hundert Väter denn unter sich überein, man solle Zehnerabteilungen (Dekurien) bilden und für die einzelnen Zehnerabteilungen jeweils einen Mann wählen; die sollten dann die höchste Regierungsgewalt innehaben. (6) Zehn also hatten zu befehlen, nur einer aber führte die Abzeichen der höchsten Gewalt und hatte Liktoren. Das Regiment war auf einen Zeitraum von fünf Tagen beschränkt und kam reihum an alle, und auf diese Weise ruhte die Königsherrschaft ein Jahr lang. Man nannte das von der Sache her Interregnum, Zwischenregierung, eine Bezeichnung, die auch heute noch gebräuchlich ist.[22] (7) Es murrte jedoch das Volk, auf diese Weise sei die Knechtschaft nur noch vervielfacht, es gäbe jetzt hundert Herren statt eines einzigen, und sie würden künftig nur *einen* König, und zwar nur einen von ihnen selbst gewählten, dulden. (8) Als die Väter merkten, was im Gange war, glaubten sie von sich aus anbieten zu sollen, was zu verlieren sie ohnedies im Begriff waren, und setzten sich dadurch in Gunst, dass sie die höchste Gewalt dem Volk überließen, so dass sie nicht mehr an Recht abgaben, als sie behielten. (9) Sie beschlossen nämlich für den Fall, dass das Volk einen König gewählt hätte, solle die Wahl nur gültig sein, wenn die Väter sie bestätigten. Noch heute ist bei Gesetzesanträgen und Beamtenwahlen dasselbe Recht in Übung – wenngleich es seine Kraft eingebüßt hat: Bevor das Volk zur Abstimmung schreitet, bestätigen die Väter schon das noch ungewisse Ergebnis der Versammlung des Gesamtvolks. (10) Damals nun berief der Zwischenkönig die Versammlung ein und sprach: »Heil, Glück und Segen![23] Quiriten, wählt einen König! So nämlich schien es den Vätern gut. Die Väter werden sodann, wenn ihr einen gewählt habt, der würdig ist, als zweiter nach Romulus ge-

Romulo numeretur creariitis, auctores fient.« (11) Adeo id gratum plebi fuit ut, ne victi beneficio viderentur, id modo sciscerent iuberentque ut senatus decerneret qui Romae regnaret.

18 (1) Inclita iustitia religioque ea tempestate Numae Pompili erat. Curibus Sabinis habitabat, consultissimus vir, ut in illa quisquam esse aetate poterat, omnis divini atque humani iuris. (2) Auctorem doctrinae eius, quia non exstat alius, falso Samium Pythagoram edunt, quem Servio Tullio regnante Romae centum amplius post annos in ultima Italiae ora circa Metapontum Heracleamque et Crotona iuvenum aemulantium studia coetus habuisse constat. (3) Ex quibus locis, etsi eiusdem aetatis fuisset, quae fama in Sabinos? Aut quo linguae commercio quemquam ad cupiditatem discendi excivisset? Quove praesidio unus per tot gentes dissonas sermone moribusque pervenisset? (4) Suopte igitur ingenio temperatum animum virtutibus fuisse opinor magis instructumque non tam peregrinis artibus quam disciplina tetrica ac tristi veterum Sabinorum, quo genere nullum quondam incorruptius fuit. (5) Audito nomine Numae patres Romani, quamquam inclinari opes ad Sabinos rege inde sumpto videbantur, tamen neque se quisquam nec factionis suae alium nec denique patrum aut civium quemquam praeferre illi viro ausi, ad unum omnes Numae Pompilio regnum deferendum decernunt. (6) Accitus,

wählt zu werden, diesen bestätigen.« (11) Das war dem Volk so willkommen, dass sie – um nicht an Gefälligkeit übertroffen zu erscheinen – nur hierfür stimmten und festlegten, der Senat habe zu entscheiden, wer zu Rom König sein solle.

18 (1) Rühmlich bekannt waren zu dieser Zeit Gerechtigkeit und frommer Sinn des Numa Pompilius. Er wohnte im sabinischen Cures, ein Mann von größten Kenntnissen – soweit einer das in diesem Zeitalter sein konnte – im gesamten göttlichen und menschlichen Recht. (2) Als Förderer seiner Gelehrsamkeit gibt man, weil kein anderer zur Hand ist, Pythagoras von Samos an: zu Unrecht, denn es steht fest, dass dieser erst zu der Zeit, da Servius Tullius in Rom König war – also mehr als hundert Jahre später –, an der südlichsten Küste Italiens, in der Gegend von Metapontum, in Heraclea und Croton, Ansammlungen von jungen Leuten um sich hatte, die eifrig ihren Studien nachgingen. (3) Wie wäre – selbst wenn er zur gleichen Zeit gelebt hätte – aus jenen Gegenden Kunde von ihm zu den Sabinern gekommen? Oder durch welchen sprachlichen Austausch hätte er bei einem [der Sabiner] die Lust, bei ihm zu lernen, erregen können? Unter wessen Schutz hätte ein einzelner durch so viele in Sprache und Lebensgewohnheiten verschiedene Stämme bis zu ihm vordringen können? (4) Folglich war sein Wesen aus eigener Anlage – so vermute ich – in höherem Maße mit Fähigkeiten ausgestattet und nicht einmal so sehr durch fremde Künste geformt als vielmehr durch die strenge und harte Zucht der alten Sabiner, eines Volksschlags, der einst zu den am wenigsten verdorbenen gehörte. (5) Als die Väter den Namen Numa vernommen hatten, wagte indessen keiner – obwohl, nähme man den König aus den Sabinern, diese offensichtlich das Übergewicht bekämen –, sich selbst oder einen aus seiner Partei noch schließlich einen der Väter oder der Bürger vorzuziehen; und sie beschließen einstimmig, dem Numa Pompilius die Königsgewalt zu übertragen. (6) Als man

sicut Romulus augurato urbe condenda regnum adeptus est, de se quoque deos consuli iussit. Inde ab augure, cui deinde honoris ergo publicum id perpetuumque sacerdotium fuit, deductus in arcem, in lapide ad meridiem versus consedit. (7) Augur ad laevam eius capite velato sedem cepit, dextra manu baculum sine nodo aduncum tenens, quem lituum appellarunt. Inde ubi prospectu in urbem agrumque capto deos precatus regiones ab oriente ad occasum determinavit, dextras ad meridiem partes, laevas ad septentrionem esse dixit; (8) signum contra quo longissime conspectum oculi ferebant animo finivit; tum lituo in laevam manum translato, dextra in caput Numae imposita, ita precatus est: (9) »Iuppiter pater, si est fas hunc Numam Pompilium cuius ego caput teneo regem Romae esse, uti tu signa nobis certa adclarassis inter eos fines quos feci.« (10) Tum peregit verbis auspicia quae mitti vellet. Quibus missis declaratus rex Numa de templo descendit.

19 (1) Qui regno ita potitus urbem novam conditam vi et armis, iure eam legibusque ac moribus de integro condere parat. (2) Quibus cum inter bella adsuescere videret non posse – quippe efferari militia animos –, mitigandum ferocem populum armorum desuetudine ratus, Ianum ad infimum Argiletum indicem pacis bellique fecit, apertus ut in armis esse civitatem,

ihn herbeigerufen, befahl er – so wie Romulus bei der Stadtgründung erst nach Beobachtung des Vogelflugs die Königswürde erlangt habe –, auch über seine Person die Götter zu befragen. Demnach wurde er von einem Vogeldeuter [Augur], der von da an dieses Priestertum als öffentliches Ehrenamt und auf Lebenszeit innehatte, auf die Burg geführt und setzte sich, nach Süden gewendet, auf einen Stein. (7) Der Vogeldeuter nahm mit verhülltem Haupt zu seiner Linken Platz und hielt in der rechten Hand einen astlosen, oben einwärtsgebogenen Stock, den sie Krummstab [*lituus*] nannten. Sobald er von da Ausblick auf Stadt und Feldmark genommen und zu den Göttern gebetet hatte, grenzte er die Landstriche ab vom Aufgang bis zum Niedergang; die Bezirke rechts bestimmte er als zum Mittag [Süden], die links als zum Norden gehörig; (8) sich gegenüber merkte er sich, so weit entfernt wie seine Blicke reichten, einen Punkt; dann nahm er den Krummstab in die linke Hand, legte die rechte dem Numa aufs Haupt und betete so: (9) »Vater Iuppiter, wenn es der Wille des Schicksals ist, dass dieser Numa Pompilius, dessen Haupt ich halte, König von Rom wird, so weise uns doch sichere Zeichen dafür innerhalb der Grenzen, die ich bestimmt habe!« (10) Dann erörterte er in Worten die Zeichen, die er gesandt haben wollte. Als diese eintrafen,[24] stieg Numa als erklärter König vom Platz der Ausschau herab.

19 (1) Auf diese Weise zur Herrschaft gekommen, macht er sich daran, die junge, auf Waffenmacht gegründete Stadt durch Recht, Gesetze und Bräuche neu zu gründen. (2) Als er sah, dass sie sich hieran nicht [leicht] gewöhnen würden – es verwildern ja die Gemüter durch den Kriegsdienst –, glaubte er, das rauhe Volk durch Entwöhnung vom Waffendienst gesitteter machen zu sollen, und errichtete ganz unten am Argiletum den Ianusbogen als Anzeiger für Krieg und Frieden: Geöffnet sollte er anzeigen, dass die Bürgerschaft unter Waffen stehe;

clausus pacatos circa omnes populos significaret. – (3) Bis deinde post Numae regnum clausus fuit, semel T. Manlio consule post Punicum primum perfectum bellum, iterum, quod nostrae aetati di dederunt ut videremus, post bellum Actiacum ab imperatore Caesare Augusto pace terra marique parta. – (4) Clauso eo cum omnium circa finitimorum societate ac foederibus iunxisset animos, positis externorum periculorum curis, ne luxuriarent otio animi quos metus hostium disciplinaque militaris continuerat, omnium primum, rem ad multitudinem imperitam et illis saeculis rudem efficacissimam, deorum metum iniciendum ratus est. (5) Qui cum descendere ad animos sine aliquo commento miraculi non posset, simulat sibi cum dea Egeria congressus nocturnos esse; eius se monitu quae acceptissima dis essent sacra instituere, sacerdotes suos cuique deorum praeficere. (6) Atque omnium primum ad cursus lunae in duodecim menses discribit annum; quem quia tricenos dies singulis mensibus luna non explet desuntque sex dies solido anno qui solstitiali circumagitur orbe, intercalariis mensibus interponendis ita dispensavit, ut vicesimo anno ad metam eandem solis unde orsi essent, plenis omnium annorum spatiis dies congruerent. (7) Idem nefastos dies fastosque fecit quia aliquando nihil cum populo agi utile futurum erat.

20 (1) Tum sacerdotibus creandis animum adiecit, quam-

geschlossen, dass man mit allen Völkern ringsum in Frieden lebe. (3) Nur zweimal war er denn auch nach der Herrschaft des Numa geschlossen, nämlich einmal während des Konsulats von Titus Manlius nach dem Ende des Ersten Punischen Krieges, zum anderen Mal – was die Götter unserem eigenen Zeitalter geschenkt haben, damit wir es erleben – nach dem Krieg von Actium, als durch den Imperator Caesar Augustus zu Land und Meer Friede geschaffen war.[25] (4) Als Numa durch Bündnis und Verträge das Vertrauen der Nachbarn ringsum erworben hatte, wurde der Tempel geschlossen; damit nun aber nicht – da alle Sorge vor Gefahren von außen sich gelegt hatte – diejenigen in Sorglosigkeit erschlafften, welche die Furcht vor dem Feind und militärische Zucht kräftig erhalten hatten, da glaubte er, ihnen zuallererst das für die unerfahrene und in jenen Zeiten noch rohe Menge Wirksamste beibringen zu sollen: die Furcht vor den Göttern. (5) Und weil diese nicht ohne die Erfindung eines Wunders[26] in die Herzen eingehen konnte, gibt er vor, mit der Göttin Egeria nächtliche Zusammenkünfte zu haben; auf ihre Mahnung ordne er die heiligen Bräuche an, wie sie den Göttern am meisten genehm seien, und stelle er jeder Gottheit die ihr gehörenden Priester. (6) Aber zuallererst teilt er das Jahr nach dem Mondlauf in zwölf Monate ein;[27] weil aber der Mond in einem Monat keine dreißig Tage ausfüllt und sechs Tage zu einem vollständigen, dem Sonnenjahr entsprechenden Jahr fehlen, richtete er es durch Einschub von Schaltmonaten so ein, dass jeweils wieder im zwanzigsten Jahr die Tage mit dem Standpunkt der Sonne übereinstimmten, von dem sie ausgegangen, wenn die Zeiträume aller Jahre erfüllt sind. (7) Desgleichen setzte er Tage fest, an denen Staatsangelegenheiten verhandelt werden durften, und solche, an denen nicht, weil es in Zukunft manchmal gut sein könnte, dass nicht mit dem Volk verhandelt würde.[28]

20 (1) Danach richtete er sein Augenmerk auf die Wahl von

quam ipse plurima sacra obibat, ea maxime quae nunc ad Dialem flaminem pertinent. (2) Sed quia in civitate bellicosa plures Romuli quam Numae similes reges putabat fore iturosque ipsos ad bella, ne sacra regiae vicis desererentur flaminem Iovi adsiduum sacerdotem creavit insignique eum veste et curuli regia sella adornavit. (3) Huic duos flamines adiecit, Marti unum, alterum Quirino, virginesque Vestae legit, Alba oriundum sacerdotium et genti conditoris haud alienum. His ut adsiduae templi antistites essent stipendium de publico statuit; virginitate aliisque caerimoniis venerabiles ac sanctas fecit. (4) Salios item duodecim Marti Gradivo legit, tunicaeque pictae insigne dedit et super tunicam aeneum pectori tegumen; caelestiaque arma, quae ancilia appellantur, ferre ac per urbem ire canentes carmina cum tripudiis sollemnique saltatu iussit. (5) Pontificem deinde Numam Marcium Marci filium ex patribus legit eique sacra omnia exscripta exsignataque attribuit, quibus hostiis, quibus diebus, ad quae templa sacra fierent, atque unde in eos sumptus pecunia erogaretur. (6) Cetera quoque omnia publica privataque sacra pontificis scitis subiecit, ut esset quo consultum plebes veniret, ne quid divini iuris neglegendo patrios ritus peregrinosque adsciscendo turbare-

Priestern, obwohl er die wichtigsten Kulthandlungen selbst vollzog, vor allem die, die jetzt dem Sonder- oder Eigenpriester [*flamen*] des Iuppiter zustehen. (2) Aber weil er glaubte, es werde in dem kriegerischen Staatswesen mehr dem Romulus als dem Numa ähnliche Könige geben, solche, die selbst in den Krieg ziehen würden, setzte er – damit die dem König obliegenden Opferhandlungen nicht unterblieben – für den Iuppiterdienst einen ständig amtierenden Eigenpriester ein und stattete ihn mit königlichem Gewand und königlichem Stuhl aus. (3) Er gab ihm noch zwei Sonderpriester bei, einen für Mars, den andern für Quirinus; auch wählt er Jungfrauen für Vesta aus, ein aus Alba stammendes und der Familie des Gründers nicht fremdes Priesteramt.[29] Ihnen setzt er – damit stets Vorsteherinnen für den Tempel da wären – ein Gehalt aus öffentlichen Mitteln aus; durch Verpflichtung zur Jungfrauschaft und durch andere Weihungen machte er sie verehrungswürdig und unantastbar. (4) Ebenso wählte er für Mars den Vorkämpfer zwölf Salier aus, gab ihnen als Auszeichnung einen bestickten Leibrock und über den Leibrock einen bronzenen Panzer für die Brust; sie wies er an, die himmlischen Schilde zu tragen, die man Ancilien nennt, und unter Liedgesang im Dreierschritt und feierlichem Tanz durch die Stadt zu ziehen.[30] (5) Zum Pontifex (*maximus*), Oberpriester,[31] wählt er aus den Vätern den Numa Marcius, den Sohn des Marcus, aus und überantwortet ihm sämtliche heiligen Handlungen, wobei er genau und Punkt für Punkt beschrieb, mit welchen Tieren, an welchen Tagen und bei welchen Tempeln die Opfer darzubringen seien und woher das Geld zu diesen Ausgaben genommen werden solle. (6) Auch alle übrigen heiligen Bräuche, öffentliche wie private, unterwarf er den Beschlüssen des Oberpriesters, damit jemand da wäre, zu dem das einfache Volk um Rat kommen könne und damit keines der geheiligten Rechte der Götter durch Missachtung heimischer oder Übernahme frem-

tur; (7) nec caelestes modo caerimonias, sed iusta quoque funebria placandosque manes ut idem pontifex edoceret, quaeque prodigia fulminibus aliove quo visu missa susciperentur atque curarentur. Ad ea elicienda ex mentibus divinis Iovi Elicio aram in Aventino dicavit deumque consuluit auguriis, quae suscipienda essent.

21 (1) Ad haec consultanda procurandaque multitudine omni a vi et armis conversa, et animi aliquid agendo occupati erant, et deorum adsidua insidens cura, cum interesse rebus humanis caeleste numen videretur, ea pietate omnium pectora imbuerat ut fides ac ius iurandum proximo legum ac poenarum metu civitatem regerent. (2) Et cum ipsi se homines in regis velut unici exempli mores formarent, tum finitimi etiam populi, qui antea castra non urbem positam in medio ad sollicitandam omnium pacem crediderant, in eam verecundiam adducti sunt, ut civitatem totam in cultum versam deorum violari ducerent nefas. (3) Lucus erat quem medium ex opaco specu fons perenni rigabat aqua. Quo quia se persaepe Numa sine arbitris velut ad congressum deae inferebat, Camenis eum lucum sacravit, quod earum ibi concilia cum coniuge sua Egeria essent. (4) Et [soli] Fidei sollemne instituit. Ad id sacrarium flamines bigis curru arcuato vehi iussit manuque ad digitos usque involuta rem di-

der Bräuche angetastet würde; (7) und es sollte der gleiche Oberpriester nicht nur über den Dienst der Himmlischen, sondern auch über die Leichenbegängnisse und über die Versöhnung der Totengeister belehren, sowie auch darüber, welche Vorzeichen – durch Blitze oder irgendeine andere Erscheinung gegeben – angenommen und gesühnt werden müssten. Um dies dem Ratschluss der Götter zu entlocken, weihte er dem Iuppiter Blitzelenker (Elicius) einen Altar auf dem Aventin und befragte den Gott durch Vogelschau, was unternommen werden solle.

21 (1) Indem die Volksmenge insgesamt durch diese Beratungen und Besorgungen von Gewalttat und Waffengang abgelenkt wurde, waren die Gemüter doch mit etwas beschäftigt, und es hatte diese ständige Rücksichtnahme auf die Götter – da denn doch eine himmlische Macht an den Dingen der Menschen Anteil zu nehmen schien – die Herzen aller mit solch frommer Scheu erfüllt, dass Redlichkeit und Eidschwur weit mehr als Furcht vor Gesetzen und Strafen die Bürgerschaft regierten. (2) Und da die Leute sich von selbst nach der Lebensführung ihres Königs als eines einzigartigen Mannes richteten, so wurden auch die Nachbarvölker – die vorher geglaubt hatten, es sei in ihrer Mitte ein Kriegslager und nicht eine Stadt gegründet worden, um ihrer aller Frieden zu stören – zu solcher Hochachtung bewogen, dass sie es für Frevel hielten, eine ganz dem Götterdienst zugewandte Völkerschaft zu verletzen. (3) Es gab da einen Hain, den ein aus schattiger Grotte quellender, nie versiegender Bach mitten durchfloss. Weil sich Numa sehr häufig ohne Zeugen dorthin begab – wie zum Stelldichein mit einer Göttin –, weihte er diesen Hain den Camenen, weil sich diese dort mit seiner Gattin Egeria träfen. (4) Auch für Fides richtete er einen Jahrtag ein. Zu ihrem Heiligtum hieß er die Sonderpriester zweispännig auf einem von Bogen überspannten Wagen fahren und mit bis auf die Finger verhüllter

vinam facere, significantes fidem tutandam sedemque eius etiam in dexteris sacratam esse. (5) Multa alia sacrificia locaque sacris faciendis quae Argeos pontifices vocant dedicavit. Omnium tamen maximum eius operum fuit tutela per omne regni tempus haud minor pacis quam regni. (6) Ita duo deinceps reges, alius alia via, ille bello, hic pace, civitatem auxerunt. Romulus septem et triginta regnavit annos, Numa tres et quadraginta. Cum valida tum temperata et belli et pacis artibus erat civitas.

22 (1) Numae morte ad interregnum res rediit. Inde Tullum Hostilium, nepotem Hostili, cuius in infima arce clara pugna adversus Sabinos fuerat, regem populus iussit; patres auctores facti. (2) Hic non solum proximo regi dissimilis sed ferocior etiam quam Romulus fuit. Cum aetas viresque tum avita quoque gloria animum stimulabat. Senescere igitur civitatem otio ratus undique materiam excitandi belli quaerebat. (3) Forte evenit ut agrestes Romani ex Albano agro, Albani ex Romano praedas in vicem agerent. (4) Imperitabat tum Gaius Cluilius Albae. Vtrimque legati fere sub idem tempus ad res repetendas missi. Tullus praeceperat suis ne quid prius quam mandata agerent; satis sciebat negaturum Albanum; ita pie bellum indici posse. (5) Ab Albanis socordius res acta; excepti hospitio ab Tullo blande ac benigne, comiter regis convivium celebrant.

Hand die heilige Handlung vollziehen; dadurch sollten sie anzeigen, dass die Treue zu bewahren und ihr Sitz in der rechten Hand geheiligt sei. (5) Noch viele andere Opfer und Orte zur Darbringung von Opfern – die Oberpriester nennen sie die argeischen[32] – hat er gewidmet. Indessen war es die größte aller seiner Taten, dass er während seiner ganzen Regierungszeit ebenso sehr ein Schirmer des Friedens wie der Herrschaft war. (6) Auf diese Weise haben zwei aufeinanderfolgende Könige, jeder auf seine Art – der eine durch Frieden, der andere durch Krieg –, den Staat gefördert. Romulus hat 37, Numa 43 Jahre regiert. Der Staat war damals stark, doch hielt er Maß in allen Maßnahmen des Krieges und des Friedens.

22 (1) Durch den Tod Numas kam es wieder zu einer Zwischenherrschaft. Dann wollte das Volk den Tullus Hostilius – den Enkel jenes Hostilius, der am Fuß der Burg so ruhmvoll gegen die Sabiner gefochten hatte – als König; die Väter bestätigten die Wahl. (2) Tullus war aber dem letzten König nicht nur unähnlich, sondern sogar noch ungestümer als Romulus. Jugend und Kraft, aber auch der vom Großvater überkommene Ruhm erhitzten sein Gemüt. Überzeugt davon, dass die Bürgerschaft durch Ruhe ihre Kraft verlöre, suchte er allenthalben nach einem Anlass, einen Krieg auszulösen. (3) Nun begab es sich zufällig, dass römische Bauern aus albanischem Gebiet, gleichzeitig aber auch albanische aus römischem Beute wegschleppten. (4) Zu Alba herrschte damals Gaius Cluilius. Von beiden Seiten wurden fast zur selben Zeit Gesandte geschickt, um die Güter zurückzuholen. Tullus hatte die seinen angewiesen, zuallererst ihren Auftrag auszurichten; er wusste recht wohl, dass die Albaner sich weigern würden; so könne man mit gutem Recht den Krieg erklären. (5) Von Seiten der Albaner wurde die Sache sorgloser betrieben; von Tullus wohlwollend und gütig als Gastfreunde aufgenommen, speisten sie heiter und feierlich am Tisch des Königs. Inzwischen hatten aber die

Tantisper Romani et res repetiverant priores et neganti Albano bellum in tricesimum diem indixerant. Haec renuntiant Tullo. (6) Tum legatis Tullus dicendi potestatem quid petentes venerint facit. Illi omnium ignari primum purgando terunt tempus: se invitos quicquam quod minus placeat Tullo dicturos, sed imperio subigi; res repetitum se venisse; ni reddantur bellum indicere iussos. (7) Ad haec Tullus »Nuntiate« inquit, »regi vestro regem Romanum deos facere testes, uter prius populus res repetentes legatos aspernatus dimiserit, ut in eum omnes expetant huiusce clades belli.«

23 (1) Haec nuntiant domum Albani. Et bellum utrimque summa ope parabatur, civili simillimum bello, prope inter parentes natosque, Troianam utramque prolem, cum Lavinium ab Troia, ab Lavinio Alba, ab Albanorum stirpe regum oriundi Romani essent. (2) Eventus tamen belli minus miserabilem dimicationem fecit, quod nec acie certatum est et tectis modo dirutis alterius urbis duo populi in unum confusi sunt. (3) Albani priores ingenti exercitu in agrum Romanum impetum fecere. Castra ab urbe haud plus quinque milia passuum locant, fossa circumdant; fossa Cluilia ab nomine ducis per aliquot saecula appellata est, donec cum re nomen quoque vetustate abolevit. (4) In his castris Cluilius Albanus rex moritur; dictatorem Albani Mettium Fufetium creant. Interim Tullus ferox,

römischen Gesandten sowohl Genugtuung gefordert wie auch, da die Albaner sich weigerten, den Krieg innerhalb dreißig Tagen angesagt. Dies berichten sie dem Tullus. (6) Nun gibt Tullus den Gesandten die Möglichkeit zu sagen, mit welchen Forderungen sie gekommen seien. Die wissen von allem nichts und vertun die Zeit mit Entschuldigungen: Sie würden ungern etwas sagen, was dem Tullus weniger gefallen möchte; allein sie stünden unter Befehl. Sie seien gekommen, um Wiedererstattung zu verlangen; werde sie nicht gewährt, seien sie angewiesen, den Krieg zu erklären. (7) Darauf erwidert Tullus: Berichtet eurem König, der römische König rufe die Götter zu Zeugen dafür an: Welches der beiden Völker die Wiedergutmachung fordernden Gesandten zuerst mit Verachtung weggeschickt habe, dieses sollte alles Unheil des künftigen Krieges treffen.

23 (1) Dies melden die Albaner zu Hause. Also rüstet man auf beiden Seiten mit aller Macht zu einem Krieg, der einem Bürgerkrieg höchst ähnlich war, fast wie zwischen Eltern und Kindern: Beide Völker stammten ja von Troia her, da Lavinium von Troia, von Lavinium Alba und vom Königsgeschlecht von Alba die Römer ihren Ursprung hatten. (2) Der Ausgang des Krieges freilich machte die Auseinandersetzung weniger beklagenswert, da es zu keiner Schlacht kam, weil nur die Häuser der einen Stadt niedergelegt wurden und die zwei Völker schließlich zu einem verschmolzen. (3) Zuerst machten die Albaner mit einem großen Aufgebot einen Einfall in die römische Mark. Nicht mehr als 5000 Schritte von der Stadt entfernt schlagen sie ihr Lager auf und umziehen es mit einem Graben; noch einige Jahrhunderte lang wurde er nach dem Namen des Heerführers der cluilische Graben genannt, dann fiel mit der Sache auch der Name der Vergessenheit anheim. (4) In diesem Lager stirbt der Albanerkönig Cluilius; die Albaner wählen den Mettius Fufetius zum Diktator. Tullus inzwischen, kühn ge-

praecipue morte regis, magnumque deorum numen ab ipso capite orsum in omne nomen Albanum expetiturum poenas ob bellum impium dictitans, nocte praeteritis hostium castris, infesto exercitu in agrum Albanum pergit. (5) Ea res ab stativis excivit Mettium. Ducit quam proxime ad hostem potest; inde legatum praemissum nuntiare Tullo iubet priusquam dimicent opus esse conloquio; si secum congressus sit, satis scire ea se allaturum quae nihilo minus ad rem Romanam quam ad Albanam pertineant. (6) Haud aspernatus Tullus, tamen si vana adferantur in aciem educit. Exeunt contra et Albani. Postquam instructi utrimque stabant, cum paucis procerum in medium duces procedunt. (7) Ibi infit Albanus: »Iniurias et non redditas res ex foedere quae repetitae sint, et ego regem nostrum Cluilium causam huiusce esse belli audisse videor, nec te dubito, Tulle, eadem prae te ferre; sed si vera potius quam dictu speciosa dicenda sunt, cupido imperii duos cognatos vicinosque populos ad arma stimulat. (8) Neque, recte an perperam, interpretor. Fuerit ista eius deliberatio qui bellum suscepit: me Albani gerendo bello ducem creavere. Illud te, Tulle, monitum velim: Etrusca res quanta circa nos teque maxime sit, quo propior es Tuscis hoc magis scis. Multum illi terra, plurimum mari pollent. (9) Memor esto, iam cum signum pugnae dabis, has

macht besonders durch den Tod des Königs und immer wieder versichernd, das machtvolle Walten der Götter – es habe ja schon mit dem Haupt begonnen – werde den ganzen albanischen Stamm wegen des ungerechtfertigten Kriegs mit Strafen heimsuchen, marschiert zur Nachtzeit am Lager der Feinde vorbei und rückt mit gefechtsbereitem Heer ins Albanergebiet ein. (5) Das trieb den Mettius aus seiner Stellung. Er geht an den Feind so nah wie möglich heran; dann schickt er einen Unterhändler vor, den lässt er dem Tullus melden, es sei eine Unterredung nötig, bevor sie kämpften; wenn Tullus mit ihm zusammenträfe, so würde er etwas vorbringen, das – er wisse es genau – das römische Interesse ebenso wie das albanische berühre. (6) Tullus lehnt das nicht ab, doch lässt er für den Fall, dass nur nutzlose Vorschläge gemacht würden, das Heer aufmarschieren. Auf der Gegenseite rücken auch die Albaner heran. Als beide Fronten sich formiert hatten, treten die Führer in Begleitung einiger Vornehmer in die Mitte. (7) Da beginnt der Albaner: »Kränkungen und verweigerte Rückgabe von Gütern, die laut Vertrag hätten zurückgegeben werden sollen, seien der Anlass dieses Krieges, wie ich von unserem König Cluilius glaube gehört zu haben; andererseits zweifle ich nicht, dass du, Tullus, das gleiche vorbringen möchtest; doch wenn man lieber die Wahrheit sagen soll als Dinge, die nur im Aussprechen gut klingen, so stachelt nur der Machttrieb unsere beiden verwandten und benachbarten Völker zum Krieg auf. (8) Ich will auch gar nicht entscheiden, ob zu Recht oder nicht; das wäre die Entscheidung dessen gewesen, der diesen Krieg angefangen hat. Mich jedenfalls haben die Albaner zu ihrem Führer in diesem Feldzug gewählt. An eines aber, Tullus, möchte ich dich doch gemahnt haben: Wie groß die Macht der Etrusker um uns und besonders um dich herum ist, das weißt du umso besser, weil du ihr näher bist. Jene sind mächtig zu Land, mächtiger noch zur See. (9) Bedenke, dass unsere beiden Auf-

duas acies spectaculo fore ut fessos confectosque simul victorem ac victum adgrediantur. Itaque si nos di amant, quoniam non contenti libertate certa in dubiam imperii servitiique aleam imus, ineamus aliquam viam qua utri utris imperent sine magna clade, sine multo sanguine utriusque populi decerni possit.« (10) Haud displicet res Tullo quamquam cum indole animi tum spe victoriae ferocior erat. Quaerentibus utrimque ratio initur cui et fortuna ipsa praebuit materiam.

24 (1) Forte in duobus tum exercitibus erant trigemini fratres, nec aetate nec viribus dispares. Horatios Curiatiosque fuisse satis constat, nec ferme res antiqua alia est nobilior; tamen in re tam clara nominum error manet, utrius populi Horatii, utrius Curiatii fuerint. Auctores utroque trahunt; plures tamen invenio qui Romanos Horatios vocent; hos ut sequar inclinat animus. (2) Cum trigeminis agunt reges ut pro sua quisque patria dimicent ferro; ibi imperium fore unde victoria fuerit. Nihil recusatur; tempus et locus convenit. (3) Priusquam dimicarent foedus ictum inter Romanos et Albanos est his legibus ut cuiusque populi cives eo certamine vicissent, is alteri populo cum bona pace imperitaret. Foedera alia aliis legibus, ceterum eodem modo omnia fiunt. (4) Tum ita factum ac-

gebote, wenn du nur erst das Zeichen zur Schlacht gegeben haben wirst, ihnen eine Augenweide sein und sie die Ermüdeten und Erschöpften – Sieger wie Besiegte – angreifen werden. Deswegen lasst uns – wenn die Götter uns noch lieben –, da wir nun einmal nicht mit unserer sicheren Freiheit zufrieden sind und das zweifelhafte Würfeln um Herrschaft oder Knechtschaft angehen, irgendeinen Weg beschreiten, durch den ohne große Niederlage, ohne großes Blutvergießen des einen oder des andern Volkes entschieden werden kann, wer wem befehlen soll!« (10) Das missfällt dem Tullus nicht, obwohl er seiner Natur nach wie durch die Hoffnung auf Sieg recht kampfbegierig war. Und wie sie nach allen Seiten hin erwägen, keimt ein Plan auf, dem sogar die Schicksalsgöttin eine Chance bot.

24 (1) Zufällig waren damals in beiden Aufgeboten Drillingsbrüder, an Jahren wie an Kräften ungefähr gleich. Dass es die Horatier und die Curiatier gewesen, steht zur Genüge fest, und kaum eine andere Begebenheit aus der Vorzeit ist bekannter; dennoch bleibt es bei doch klarem Sachverhalt hinsichtlich der Namen ungewiss, welchem Volk die Horatier und welchem die Curiatier angehörten. Die Geschichtsschreiber sind geteilter Meinung; ich indessen finde, die Mehrheit bezeichne die Horatier als Römer, und neige dazu, ihr zu folgen. (2) Mit diesen Drillingen verhandeln die Könige, sie sollten doch mit dem Schwert jeweils für ihr Vaterland fechten; dort, wo der Sieg wäre, würde auch die Herrschaft sein. Keinerlei Weigerung, man einigt sich über Zeit und Ort. (3) Bevor sie zum Kampf antraten, wurde zwischen Römern und Albanern ein Vertrag zu folgenden Bedingungen geschlossen: Wessen Volkes Bürger in diesem Gefecht die Oberhand behielten, das solle das andere Volk in ehrenhaftem Frieden beherrschen. Noch andere Abkommen wurden zu anderen Bedingungen geschlossen, aber alle unter gleichen Formalitäten. (4) So ging es

cepimus, nec ullius vetustior foederis memoria est. Fetialis regem Tullum ita rogavit: »Iubesne me, rex, cum patre patrato populi Albani foedus ferire?« Iubente rege, »Sagmina« inquit, »te, rex, posco.« Rex ait: »Pura tollito.« (5) Fetialis ex arce graminis herbam puram attulit. Postea regem ita rogavit: »Rex, facisne me tu regium nuntium populi Romani Quiritium, vasa comitesque meos?« Rex respondit: »Quod sine fraude mea populique Romani Quiritium fiat, facio.« (6) Fetialis erat M. Valerius; is patrem patratum Sp. Fusium fecit, verbena caput capillosque tangens. Pater patratus ad ius iurandum patrandum, id est, sanciendum fit foedus; multisque id verbis, quae longo effata carmine non operae est referre, peragit. (7) Legibus deinde recitatis, »Audi« inquit, »Iuppiter; audi, pater patrate populi Albani; audi tu, populus Albanus. Vt illa palam prima postrema ex illis tabulis cerave recitata sunt sine dolo malo, utique ea hic hodie rectissime intellecta sunt, illis legibus populus Romanus prior non deficiet. (8) Si prior defexit publico consilio dolo malo, tum illo die, Diespiter, populum Romanum sic ferito ut ego hunc porcum hic hodie feriam; tantoque magis ferito quanto magis potes pollesque.« (9) Id ubi dixit porcum saxo silice percussit. Sua item carmina Albani suumque ius iurandum per suum dictatorem suosque sacerdotes peregerunt.

damals vor sich, wie wir vernommen haben, und dies ist die älteste Kunde von einem Vertrag. Der Zeremonienpriester[33] fragte den König Tullus so: »Heißest du, König Tullus, mich mit dem Vertragspriester des albanischen Volkes einen Vertrag schließen?« Als der König es befahl, sprach er: »Aufgeschossenes Gras[34] fordere ich dir ab, König.« Der König sprach: »Hole reines Gras!« (5) Der Zeremonienpriester holte reines Gras von der Burg. Dann fragte er den König so: »König, machst du mich zum königlichen Boten des römischen Volkes der Quiriten? Samt meinem Gerät und meinen Begleitern?« Der König antwortet: »Soweit es ohne Nachteil für mich und für das römische Volk geschehen mag, tue ich es.« (6) Zeremonienpriester war M. Valerius; er macht zum Vertragspriester den Sp. Fusius, indem er ihm Haupt und Haar mit den Kräutern berührt. Ein Vertragspriester wird gewählt, um einen Eid zu bezeugen, das heißt um einem Vertrag die bestätigende Weihe zu geben; er tut das mit vielen, in langer Formel hergesagten Sprüchen, was hier wiederzugeben nicht der Mühe wert ist. (7) Nachdem er sodann die Vertragsbedingungen vorgelesen, spricht er: »Höre, Iuppiter! Höre, Vertragspriester des albanischen Volks! Höre, Albanervolk! Wie das offen, von Anfang bis zum Ende, von jenen Wachstafeln abgelesen worden, ohne Trug und Bosheit, und wie das hier und heute sehr wohl verstanden worden, so wird das Römervolk von jenen Bedingungen nicht als erstes abweichen. (8) Wenn es zuerst davon abgehen sollte, auch auf allgemeinen Beschluss, aus Trug und Bosheit, dann sollst du, Iuppiter, am gleichen Tage das Römervolk so schlagen, wie ich dieses Schwein hier und heute schlagen werde; und du sollst es umso mehr schlagen, je mehr Macht und Stärke du hast.« (9) Als er das gesagt hatte, schlug er auf das Schwein mit einem rohen Kieselstein.[35] In gleicher Weise sprachen auch die Albaner ihre Eidesformeln und ihren Eid durch ihren Diktator und durch ihre Priester.

25 (1) Foedere icto trigemini, sicut convenerat, arma capiunt. Cum sui utrosque adhortarentur, deos patrios, patriam ac parentes, quidquid civium domi, quidquid in exercitu sit, illorum tunc arma illorum intueri manus, feroces et suopte ingenio et pleni adhortantium vocibus in medium inter duas acies procedunt. (2) Consederant utrimque pro castris duo exercitus, periculi magis praesentis quam curae expertes; quippe imperium agebatur in tam paucorum virtute atque fortuna positum. Itaque ergo erecti suspensique in minime gratum spectaculum animo incenduntur. (3) Datur signum infestisque armis velut acies terni iuvenes magnorum exercituum animos gerentes concurrunt. Nec his nec illis periculum suum, publicum imperium servitiumque obversatur animo futuraque ea deinde patriae fortuna quam ipsi fecissent. (4) Vt primo statim concursu increpuere arma micantesque fulsere gladii, horror ingens spectantes perstringit et neutro inclinata spe torpebat vox spiritusque. (5) Consertis deinde manibus cum iam non motus tantum corporum agitatioque anceps telorum armorumque sed volnera quoque et sanguis spectaculo essent, duo Romani super alium alius, volneratis tribus Albanis, exspirantes corruerunt. (6) Ad quorum casum cum conclamasset gaudio Albanus exercitus, Romanas legiones iam spes tota, nondum tamen cura deseruerat, exanimes vice unius quem tres Curiatii circumsteterant. (7) Forte is integer fuit, ut universis solus ne-

25 (1) Sowie der Vertrag geschlossen ist, nehmen die Drillinge wie vereinbart die Waffen auf. Während die Ihrigen sie daran mahnen, dass die heimatlichen Götter, das Vaterland und die Eltern, alles, was an Bürgern zu Haus und was davon im Heer sei, auf ihre Waffen, auf ihre Hände schaue, treten sie, trotzig von Natur, aber auch angefeuert von den Zurufen der sie Antreibenden, vor in den Raum zwischen den Fronten. (2) Beide Heere hatten sich vor ihren Lagern niedergelassen, eher befreit von augenblicklicher Gefahr als von Besorgnis: Es ging ja um die Herrschaft, und die lag jetzt in der Schlagkraft und im Glück dieser wenigen. So wenden sie denn erregt und bang ihren Sinn dem ganz und gar nicht willkommenen Schauspiel zu. (3) Man gibt das Zeichen, und mit kampfbereiten Waffen stürmen die zweimal drei Jungmänner mit dem Schwung der Kampflinien großer Aufgebote gegeneinander an. Den einen wie den andern schwebt nicht die eigene Gefährdung vor Augen, sondern die Herrschaft und Knechtschaft des Gemeinwesens und dass des Vaterlands Schicksal so sein werde, wie sie es ihm jetzt bereiteten. (4) Wie beim ersten Zusammenprall sogleich die Rüstungen klirrten und blinkend die Schwerter blitzten, durchläuft die Zuschauer ein gewaltiger Schauder, und solange sich keiner Seite das Glück zuneigte, stockten Stimme und Atem. (5) Als es dann aber zum Nahkampf kam und nicht mehr die Bewegung der Körper und das Hin und Her von Wurf und Abwehr allein, sondern auch Wunden und Blut das Schauspiel bildeten, da fielen zwei Römer, der eine über den andern, und hauchten ihren Geist aus; die drei Albaner waren verwundet. (6) Als die Römer fielen, schrie das Albanerheer vor Freude auf; die römischen Legionen aber hatte die Hoffnung völlig, doch nicht die Sorge verlassen; sie waren beklommen wegen des Schicksals des noch übrigen einzigen, den die drei Curiatier umstellt hatten. (7) Zum Glück war dieser unverletzt und, wenngleich als einzelner allen zu-

quaquam par, sic adversus singulos ferox. Ergo ut segregaret pugnam eorum capessit fugam, ita ratus secuturos ut quemque volnere adfectum corpus sineret. (8) Iam aliquantum spatii ex eo loco ubi pugnatum est aufugerat, cum respiciens videt magnis intervallis sequentes, unum haud procul ab sese abesse. (9) In eum magno impetu rediit; et dum Albanus exercitus inclamat Curiatiis uti opem ferant fratri, iam Horatius caeso hoste victor secundam pugnam petebat. Tunc clamore qualis ex insperato faventium solet Romani adiuvant militem suum; et ille defungi proelio festinat. (10) Prius itaque quam alter – nec procul aberat – consequi posset, et alterum Curiatium conficit; (11) iamque aequato Marte singuli supererant, sed nec spe viribus pares. Alterum intactum ferro corpus et geminata victoria ferocem in certamen tertium dabat: alter fessum volnere, fessum cursu trahens corpus victusque fratrum ante se strage victori obicitur hosti. Nec illud proelium fuit. (12) Romanus exsultans »Duos« inquit, »fratrum manibus dedi; tertium causae belli huiusce, ut Romanus Albano imperet, dabo.« Male sustinenti arma gladium superne iugulo defigit, iacentem spoliat. (13) Romani ovantes ac gratulantes Horatium accipiunt, eo mai-

sammen nicht gewachsen, so doch kampfesmutig einem einzelnen gegenüber. Um also den Kampf mit ihnen aufzuteilen, ergriff er die Flucht in der Annahme, sie würden ihm nachsetzen und das so, wie es einem jeden sein durch die Verwundung geschwächter Körper erlaubte. (8) Schon war er eine gute Strecke von dem Platz, wo gekämpft wurde, weggelaufen, als er sie beim Zurückschauen in großen Abständen nachkommen sieht – einen nicht weit von ihm weg. (9) Gegen diesen wandte er sich in kräftigem Ansturm zurück; und während das Albanerheer den Curiatiern zuschreit, sie sollten dem Bruder zu Hilfe kommen, hat der Horatier schon den Feind gefällt und nimmt – siegreich – bereits den nächsten Waffengang an. Da unterstützen die Römer – wie es die Anhänger bei Kampfspielen bei unverhofftem Umschlag gewöhnlich tun – ihren Kämpfer durch Zurufe; und dieser strengt sich an, den Kampf zu beenden. (10) Bevor ihn also der andere – er war nicht mehr weit entfernt – erreichen konnte, hieb er auch den zweiten Curiatier nieder; (11) und nun stand der Kampf gleich; es waren nur noch zwei einzelne übrig, die aber weder an Zuversicht noch an Kräften ebenbürtig waren. Den einen machte sein noch nicht vom Eisen versehrter Leib und der Doppelsieg mutig für den dritten Zweikampf; der andere schleppt sich, erschöpft durch die Wunde, erschöpft vom Lauf und gelähmt durch den Tod seiner Brüder vor seinen Augen, dahin und wirft sich einem siegreichen Feind entgegen. Doch es kam nicht mehr zu einem Kampf. (12) Der Römer rief frohlockend: »Zwei habe ich den Totenseelen meiner Brüder geweiht, den dritten werde ich dem Anlass dieses Krieges weihen, damit der Römer über den Albaner herrsche!« – Er stößt dem Gegner, der kaum mehr seinen Schild halten kann, das Schwert von oben her in die Kehle und zieht dem Hingestreckten die Rüstung aus. (13) Unter Jubel und Glückwünschen empfangen die Römer den Horatier, und ihre Freude war umso größer, je mehr

ore cum gaudio, quo prope metum res fuerat. Ad sepulturam inde suorum nequaquam paribus animis vertuntur, quippe imperio alteri aucti, alteri dicionis alienae facti. (14) Sepulcra exstant quo quisque loco cecidit, duo Romana uno loco propius Albam, tria Albana Romam versus sed distantia locis ut et pugnatum est.

26 (1) Priusquam inde digrederentur, roganti Mettio ex foedere icto quid imperaret, imperat Tullus uti iuventutem in armis habeat: usurum se eorum opera si bellum cum Veientibus foret. Ita exercitus inde domos abducti. (2) Princeps Horatius ibat, trigemina spolia prae se gerens; cui soror virgo, quae desponsa uni ex Curiatiis fuerat, obvia ante portam Capenam fuit, cognitoque super umeros fratris paludamento sponsi quod ipsa confecerat, solvit crines et flebiliter nomine sponsum mortuum appellat. (3) Movet feroci iuveni animum comploratio sororis in victoria sua tantoque gaudio publico. Stricto itaque gladio simul verbis increpans transfigit puellam. (4) »Abi hinc cum immaturo amore ad sponsum«, inquit, »oblita fratrum mortuorum vivique, oblita patriae. Sic eat quaecumque Romana lugebit hostem.« (5) Atrox visum id facinus patribus plebique, sed recens meritum facto obstabat. Tamen raptus in ius ad regem. Rex ne ipse tam tristis ingratique ad volgus iudicii ac secundum iudicium supplicii auctor esset, concilio populi advocato »Duumviros« inquit, »qui Horatio perduellionem iudi-

das Geschehen Anlass zu Furcht gegeben hatte. Dann wenden sich beide Völker der Beisetzung der Ihrigen zu, doch keineswegs mit gleichen Gefühlen: Die einen sahen sich in größerer Machtfülle, die anderen unter fremder Botmäßigkeit. (14) Die Gräber sind dort, wo ein jeder fiel, noch zu sehen: Die zwei römischen beisammen auf Alba, die drei albanischen auf Rom zu, aber voneinander entfernt, wie es die Kampfsituation ergeben hatte.[36]

26 (1) Bevor sie von dort abmarschierten, gibt Tullus dem Mettius, als er gemäß dem Vertrag fragt, was er befehle, den Auftrag, die Jungmannschaft unter Waffen zu halten: er werde sie brauchen, wenn es Krieg mit den Vejentern geben sollte. Hierauf wurden die Aufgebote nach Hause geführt. (2) Voraus ging der Horatier, die drei Beuterüstungen stolz vor sich tragend. Da begegnete ihm vor dem capenischen Tor seine jungfräuliche Schwester, die mit einem der Curiatier verlobt war, und erkannte den Waffenrock auf den Schultern ihres Bruders, weil sie ihn selbst verfertigt hatte; sie löst ihre Haare und ruft klagend den Namen des toten Verlobten. (3) Den ungestümen jungen Mann erbittert das Wehklagen der Schwester in seinem Sieg und bei so großer allgemeiner Freude. Er zieht daher das Schwert und durchbohrt das Mädchen, zugleich mit den strafenden Worten: (4) »Fahre hin samt deiner unpassenden Liebe zu deinem Verlobten«, sagt er, »weil du deine toten Brüder und den lebenden vergessen, vergessen das Vaterland! So soll jede dahinfahren, die als Römerin um einen Feind trauern wird!« (5) Grässlich erschien diese Untat den Vätern und dem Volk, doch das eben erst erworbene Verdienst stand gegen die Tat. Dennoch wurde er sogleich zum Gericht vor den König geführt. Der König aber berief – um nicht selbst Sprecher eines so harten und beim Volk nicht beliebten Urteils und Vollstrecker der urteilsgemäßen Strafe sein zu müssen – die Volksversammlung ein und sagte: »Ich setze Zweimänner ein, die den

cent, secundum legem facio.« (6) Lex horrendi carminis erat: »Duumviri perduellionem iudicent; si a duumviris provocarit, provocatione certato; si vincent, caput obnubito; infelici arbori reste suspendito; verberato vel intra pomerium vel extra pomerium.« (7) Hac lege duumviri creati, qui se absolvere non rebantur ea lege ne innoxium quidem posse, cum condemnassent, tum alter ex iis »Publi Horati, tibi perduellionem iudico« inquit. »I, lictor, colliga manus.« (8) Accesserat lictor iniciebatque laqueum. Tum Horatius auctore Tullo, clemente legis interprete, »Provoco« inquit. Itaque provocatione certatum ad populum est. (9) Moti homines sunt in eo iudicio maxime P. Horatio patre proclamante se filiam iure caesam iudicare; ni ita esset, patrio iure in filium animadversurum fuisse. Orabat deinde ne se quem paulo ante cum egregia stirpe conspexissent orbum liberis facerent. (10) Inter haec senex iuvenem amplexus, spolia Curiatiorum fixa eo loco qui nunc Pila Horatia appellatur ostentans, »Huncine« aiebat, »quem modo decoratum ovantemque victoria incedentem vidistis, Quirites, eum sub furca vinctum inter verbera et cruciatus videre potestis? quod vix Albanorum oculi tam deforme spectaculum ferre possent. (11) I, lictor, colliga manus, quae paulo ante armatae imperium populo Romano pepererunt. I, caput obnube liberatoris urbis

Horatier wegen eines öffentlich begangenen Mordes[37] aburteilen sollen, gemäß dem Gesetz.« (6) Das Gesetz hatte den schaurigen Wortlaut: »Zweimänner sollen über Totschlag urteilen. Wenn der Angeklagte von den Zweimännern an das Volk appelliert,[38] soll er mit der Berufung den Rechtsstreit führen; sind sie siegreich,[39] soll man ihm das Haupt verhüllen; ans Schandholz soll er mit dem Strick gehängt werden;[40] er soll ausgepeitscht werden, innerhalb oder außerhalb der Bannmeile.« (7) Als ihn die nach Gesetz gewählten Zweimänner – sie glaubten, ihn auf Grund dieses Gesetzes, selbst wenn man ihn als unschuldig ansähe, nicht freisprechen zu dürfen – verurteilt hatten, sprach der eine von ihnen: »Publius Horatius, ich spreche dich des Totschlags schuldig. Geh, Liktor, fessele ihm die Hände!« (8) Der Liktor war herzugetreten und legte ihm den Strick um. Da sagte der Horatier auf Veranlassung des Tullus, der das Gesetz mild auslegen wollte: »Ich lege Berufung ein.« So kam durch Berufung die Sache zur Entscheidung an das Volk. (9) In diesem Prozess ließen sich die Leute am stärksten durch die Erklärung des Vaters P. Horatius bestimmen, er halte seine Tochter für zu Recht getötet; wäre dem nicht so, wäre er nach Vaterrecht gegen seinen Sohn eingeschritten. Darauf bat er, die ihn kurze Zeit zuvor noch in blühender Nachkommenschar gesehen hätten, möchten ihn doch nicht kinderlos machen. (10) Mit diesen Worten umarmte der alte Mann den jungen und zeigte auf die erbeuteten Rüstungen der Curiatier – sie waren an der Stelle aufgehängt, die man heutzutage den horatischen Pfeiler nennt. »Den da«, sagte er, »den ihr eben noch geehrt und jubelnd daherkommen saht, Quiriten, den vermöchtet ihr, ans gegabelte Holz gefesselt, gegeißelt und gemartert sehen? Selbst Albaneraugen könnten ein so widerwärtiges Schauspiel kaum ertragen. (11) Geh, Liktor, fessele die Hände, die eben erst – aber bewaffnet – dem römischen Volk die Herrschaft errungen haben! Geh, verhülle dem Befreier

huius; arbore infelici suspende; verbera vel intra pomerium, modo inter illa pila et spolia hostium, vel extra pomerium, modo inter sepulcra Curiatiorum; quo enim ducere hunc iuvenem potestis ubi non sua decora eum a tanta foeditate supplicii vindicent?« (12) Non tulit populus nec patris lacrimas nec ipsius parem in omni periculo animum, absolveruntque admiratione magis virtutis quam iure causae. Itaque ut caedes manifesta aliquo tamen piaculo lueretur, imperatum patri ut filium expiaret pecunia publica. (13) Is quibusdam piacularibus sacrificiis factis quae deinde genti Horatiae tradita sunt, transmisso per viam tigillo, capite adoperto velut sub iugum misit iuvenem. Id hodie quoque publice semper refectum manet; sororium tigillum vocant. (14) Horatiae sepulcrum, quo loco corruerat icta, constructum est saxo quadrato.

27 (1) Nec diu pax Albana mansit. Invidia volgi quod tribus militibus fortuna publica commissa fuerit, vanum ingenium dictatoris corrupit, et quoniam recta consilia haud bene evenerant, pravis reconciliare popularium animos coepit. (2) Igitur ut prius in bello pacem, sic in pace bellum quaerens, quia suae civitati animorum plus quam virium cernebat esse, ad bellum palam atque ex edicto gerundum alios concitat populos, suis per speciem societatis proditionem reservat. (3) Fidenates,

unserer Stadt das Haupt! Häng ihn an den Schandbaum! Geißle ihn innerhalb der Bannmeile – aber dann bei den Pfeilern und den Rüstungen der Feinde! – oder außerhalb, dann aber neben den Gräbern der Curiatier! Denn wohin könnt ihr diesen jungen Mann führen, wo ihn nicht seine Ehrentaten von der Schande einer solchen Strafe reinwaschen würden?« (12) Das Volk hielt weder den Tränen des Vaters stand noch dem in jeder Gefahr gleichbleibenden Mut des Horatiers: Sie sprachen ihn frei – mehr aus Bewunderung für seinen Mannesmut als nach dem Recht seines Prozesses. Damit aber der offenkundige Mord doch durch irgendeine Sühnung abgebüßt würde, wurde dem Vater auferlegt, den Sohn auf Staatskosten zu entsühnen. (13) Nachdem er nun einige Sühnopfer dargebracht, die in der Folge dem horatischen Geschlecht zur Besorgung aufgetragen blieben, legte er einen Balken quer über die Straße und schickte den jungen Mann mit verhülltem Haupt wie unter einem Joch darunter durch.[41] Dieser Balken ist, auf Staatskosten immer wieder erneuert, noch heute erhalten; sie nennen ihn den Schwesterbalken. (14) Der Horatierin wurde an der Stelle, wo sie tödlich getroffen zusammengebrochen war, ein Grabmal aus Quadersteinen errichtet.

27 (1) Nicht lange indessen dauerte der Friede mit Alba. Der Unwille des Volkes darüber, dass nur drei Kämpfern das Schicksal des Staates anvertraut gewesen, verführte den wankelmütigen Sinn des Dictators [Mettius Fufetius], und da ja ehrliche Beschlüsse nicht zum Guten ausgeschlagen waren, begann er durch unehrliche die Herzen seiner Volksgenossen wiederzugewinnen. (2) Wie er vordem im Krieg den Frieden gesucht hatte, so suchte er nun im Frieden den Krieg, und weil er erkannte, dass seine Bürgerschaft mehr Tatendrang als Kampfkraft besaß, hetzt er andere Völker offen auf und erklärt auch, Krieg zu führen; für seine Leute behält er sich unter dem Schein eines Bündnisses den Verrat vor. (3) Die Einwohner von

colonia Romana, Veientibus sociis consilii adsumptis, pacto transitionis Albanorum ad bellum atque arma incitantur. (4) Cum Fidenae aperte descissent, Tullus Mettio exercituque eius ab Alba accito contra hostes ducit. Vbi Anienem transiit, ad confluentes conlocat castra. Inter eum locum et Fidenas Veientium exercitus Tiberim transierat. (5) Hi et in acie prope flumen tenuere dextrum cornu; in sinistro Fidenates propius montes consistunt. Tullus adversus Veientem hostem derigit suos, Albanos contra legionem Fidenatium conlocat. Albano non plus animi erat quam fidei. Nec manere ergo nec transire aperte ausus sensim ad montes succedit; (6) inde ubi satis subisse sese ratus est, erigit totam aciem, fluctuansque animo ut tereret tempus ordines explicat. Consilium erat qua fortuna rem daret, ea inclinare vires. (7) Miraculo primo esse Romanis qui proximi steterant ut nudari latera sua sociorum digressu senserunt; inde eques citato equo nuntiat regi abire Albanos. Tullus in re trepida duodecim vovit Salios fanaque Pallori ac Pavori. (8) Equitem clara increpans voce ut hostes exaudirent, redire in proelium iubet: Nihil trepidatione opus esse; suo iussu circumduci Albanum exercitum ut Fidenatium nuda terga invadant; idem imperat ut hastas equites erigerent. (9) Id fac-

Fidenae, einer römischen Pflanzstadt, ziehen die Vejenter als Genossen ihres Plans ins Vertrauen und lassen sich durch die Zusage der Albaner, sie würden zu ihnen übergehen, zu Krieg und Kampf gegen Rom aufreizen. (4) Als Fidenae offen abgefallen war, zieht Tullus [Hostilius] den Mettius und sein Aufgebot von Alba her an sich und marschiert gegen den Feind. Er setzt über den Anio und schlägt bei dessen Mündung das Lager auf. Zwischen diesem Punkt und Fidenae war das Aufgebot der Vejenter über den Tiber gegangen. (5) Diese hielten auch, in der Kampflinie an den Fluss angelehnt, den rechten Flügel; auf dem linken, näher zum Berg hin, stehen die Fidenaten. Tullus setzt seine Leute gegen den Feind aus Veji an, den Albanern weist er die Stellung gegenüber der Truppe der Fidenaten zu. Der Albaner hatte nicht mehr Mut als Treue. Da er also weder Widerstand zu leisten noch offen überzugehen wagt, setzt er sich allmählich zum Gebirge hin ab; (6) sobald er sich ihm nah genug glaubt, lässt er das ganze Aufgebot hinaufmarschieren und entfaltet die Truppe, immer noch unschlüssig, nur um Zeit zu gewinnen. Sein Plan war, ebenjener Seite, der das Schicksal den Sieg gäbe, seine Kräfte zuzuführen. (7) Anfangs wunderten sich die den Anschluss bildenden Römer, als sie ihre Flanke durch das Abrücken der Bundesgenossen entblößt sahen; gleich darauf kommt in gestrecktem Galopp ein Reiter an und meldet dem König, die Albaner zögen ab. Tullus gelobt in dieser misslichen Lage, zwölf neue Priesterämter der Salier zu stiften und außerdem den Schlachtendämonen, den Göttern der Furcht und des Schreckens, je einen heiligen Bezirk. (8) Den Reiter schilt er mit lauter Stimme, damit die Feinde es hörten, und befiehlt ihm, ins Gefecht zurückzureiten; zu Beunruhigung sei kein Anlass; auf seinen Befehl schwenke das albanische Aufgebot ab, um den Fidenaten in den ungesicherten Rücken zu fallen; desgleichen gibt er den Reitern den Befehl, die Lanzen aufrecht zu halten. (9) Die Ausführung dieses

tum magnae parti peditum Romanorum conspectum abeuntis Albani exercitus intersaepsit; qui viderant, id quod ab rege auditum erat rati, eo acrius pugnant. Terror ad hostes transit; et audiverant clara voce dictum, et magna pars Fidenatium, ut quibus coloni additi Romani essent, Latine sciebant. (10) Itaque ne subito ex collibus decursu Albanorum intercluderentur ab oppido, terga vertunt. Instat Tullus fusoque Fidenatium cornu in Veientem alieno pavore perculsum ferocior redit. Nec illi tulere impetum, sed ab effusa fuga flumen obiectum ab tergo arcebat. (11) Quo postquam fuga inclinavit, alii arma foede iactantes in aquam caeci ruebant, alii dum cunctantur in ripis inter fugae pugnaeque consilium oppressi. Non alia ante Romana pugna atrocior fuit.

28 (1) Tum Albanus exercitus, spectator certaminis, deductus in campos. Mettius Tullo devictos hostes gratulatur; contra Tullus Mettium benigne adloquitur. Quod bene vertat, castra Albanos Romanis castris iungere iubet; sacrificium lustrale in diem posterum parat. (2) Vbi inluxit, paratis omnibus ut adsolet, vocari ad contionem utrumque exercitum iubet. Praecones ab extremo orsi primos excivere Albanos. Hi novitate etiam rei moti ut regem Romanum contionantem audirent proximi constitere. (3) Ex composito armata circumdatur Romana legio; centurionibus datum negotium erat ut sine mora imperia exse-

Befehls benahm einem großen Teil der römischen Infanterie die Sicht auf die abrückenden albanischen Truppen; die den Abzug beobachtet hatten, kämpften – weil sie den Worten des Königs glaubten – umso verbissener. Jetzt war das Erschrecken an den Feinden; sie hatten die laute Rede gehört, und ein Großteil der Fidenaten verstand Lateinisch, da es bei ihnen römische Siedler gab. (10) Um daher nicht, falls die Albaner unerwartet von den Hügeln herabgestürzt kamen, von ihrer Stadt abgeschnitten zu werden, setzen sie sich ab. Tullus drängt nach, zerschlägt den Außenflügel der Fidenaten und wendet sich mit noch größerer Heftigkeit wieder zurück gegen die von ungekanntem Entsetzen ergriffenen Vejenter. Auch sie hielten dem Angriff nicht stand, doch hinderte sie der Fluss in ihrem Rücken an offener Flucht. (11) Nachdem sich die Flucht aber dorthin gewandt hatte, warfen die einen schmählich die Waffen weg und stürzten sich blindlings in den Fluss, die anderen wurden im Ufergelände überwältigt, während sie noch überlegten, ob sie fliehen oder fechten sollten. Kein früheres Gefecht der Römer ist grässlicher gewesen.

28 (1) Jetzt rückte das Albaneraufgebot – es hatte dem Gefecht zugesehen – wieder in die Ebene herab. Mettius wünscht dem König Glück zur völligen Niederwerfung des Feindes; Tullus seinerseits spricht freundlich mit Mettius. Er sagte, die Albaner sollten unter göttlichem Schutz zusammen mit den Römern das Lager aufschlagen; für den nächsten Tag setzt er ein Sühneopfer an.[42] (2) Sobald es hell und alles nach Gewohnheit gerüstet ist, lässt er beide Aufgebote zur Versammlung rufen. Die Herolde fingen beim äußeren Lager an und riefen die Albaner zuerst auf. Sie stellten sich, auch erregt von dem Ungewohnten, ganz vorn auf, um die Rede des römischen Königs hören zu können. (3) Wie ausgemacht, umringt sie bewaffnet die römische Truppenmacht: Die Hauptleute waren angewiesen, Befehle des Feldherrn ohne Verzögerung auszuführen.

querentur. (4) Tum ita Tullus infit: »Romani, si unquam ante alias ullo in bello fuit quod primum dis immortalibus gratias ageretis, deinde vestrae ipsorum virtuti, hesternum id proelium fuit. Dimicatum est enim non magis cum hostibus quam, quae dimicatio maior atque periculosior est, cum proditione ac perfidia sociorum. (5) Nam ne vos falsa opinio teneat, iniussu meo Albani subiere ad montes, nec imperium illud meum sed consilium et imperii simulatio fuit, ut nec vobis, ignorantibus deseri vos, averteretur a certamine animus, et hostibus, circumveniri se ab tergo ratis, terror ac fuga iniceretur. (6) Nec ea culpa quam arguo omnium Albanorum est: ducem secuti sunt, ut et vos, si quo ego inde agmen declinare voluissem, fecissetis. Mettius ille est ductor itineris huius, Mettius idem huius machinator belli, Mettius foederis Romani Albanique ruptor. Audeat deinde talia alius, nisi in hunc insigne iam documentum mortalibus dedero.« (7) Centuriones armati Mettium circumsistunt; rex cetera ut orsus erat peragit: »Quod bonum faustum felixque sit populo Romano ac mihi vobisque, Albani, populum omnem Albanum Romam traducere in animo est, civitatem dare plebi, primores in patres legere, unam urbem, unam rem publicam facere; ut ex uno quondam in duos populos divisa Albana res est, sic nunc in unum redeat.« (8) Ad haec Albana pubes, inermis ab armatis saepta, in variis voluntatibus communi tamen metu cogente, silentium tenet. (9) Tum Tul-

(4) Da beginnt Tullus so: »Ihr Römer, wenn je zuvor in irgendeinem Krieg Anlass bestand, zuerst den unsterblichen Göttern, sodann aber eurer eigenen Tapferkeit zu danken, so ist es das gestrige Gefecht gewesen. Es ist nämlich weniger mit Feinden gekämpft worden als mit Verrat und Treulosigkeit der Bundesgenossen; und das ist ein schwererer und gefährlicherer Kampf. (5) Denn damit ihr nicht in falschem Wahn befangen bleibt: Nicht auf meine Weisung marschierten die Albaner zum Gebirge, und es war nicht mein Befehl, sondern aus List tat ich so, als sei er's; damit ihr, in Unwissenheit darüber, dass ihr im Stich gelassen wart, den Mut zum Kämpfen nicht verlieren solltet, und damit die Feinde im Glauben, sie würden im Rücken umgangen, in Schrecken und Flucht gestürzt würden. (6) Doch zeihe ich nicht die Albaner insgesamt dieser Schuld: Sie sind ihrem Führer gefolgt, wie auch ihr es getan hättet, wenn ich die Marschkolonne von jenem Punkt an hätte abschwenken lassen wollen. Mettius dort ist der Führer dieses Marsches, der gleiche Mettius der Anstifter dieses Krieges, Mettius der Zerstörer des Bundes zwischen Römern und Albanern. So mag künftig ein anderer ähnliches wagen, wenn ich nicht vor allen Menschen an diesem ein warnendes Beispiel vollziehe!« (7) Die Hauptleute umstellen bewaffnet den Mettius; der König aber führt, wie er begonnen, weiter aus: »Heil, Segen und Glück dem römischen Volk und mir und euch, Albaner! Ich gedenke das ganze albanische Volk nach Rom umzusiedeln, dem gemeinen Volk das Bürgerrecht zu geben, die Vornehmen unter die Väter aufzunehmen und eine einzige Stadt, ein einziges Gemeinwesen zu schaffen; wie sich einst der Albanerstaat in zwei Völker gespalten hat, so werde er jetzt wieder zu einem!« (8) Hierzu bewahrte die Jungmannschaft von Alba, waffenlos von Bewaffneten umstellt, Stillschweigen; obwohl anderer Meinung, hielt doch die allgemeine Furcht sie gefangen. (9) Dann sagte Tullus: »Mettius Fufetius,

lus »Metti Fufeti« inquit, »si ipse discere posses fidem ac foedera servare, vivo tibi ea disciplina a me adhibita esset; nunc quoniam tuum insanabile ingenium est, at tu tuo supplicio doce humanum genus ea sancta credere quae a te violata sunt. Vt igitur paulo ante animum inter Fidenatem Romanamque rem ancipitem gessisti, ita iam corpus passim distrahendum dabis.« (10) Exinde duabus admotis quadrigis, in currus earum distentum inligat Mettium; deinde in diversum iter equi concitati, lacerum in utroque curru corpus, qua inhaeserant vinculis membra, portantes. (11) Avertere omnes ab tanta foeditate spectaculi oculos. Primum ultimumque illud supplicium apud Romanos exempli parum memoris legum humanarum fuit: in aliis gloriari licet nulli gentium mitiores placuisse poenas.

29 (1) Inter haec iam praemissi Albam erant equites qui multitudinem traducerent Romam. Legiones deinde ductae ad diruendam urbem. (2) Quae ubi intravere portas, non quidem fuit tumultus ille nec pavor qualis captarum esse urbium solet, cum effractis portis stratisve ariete muris aut arce vi capta clamor hostilis et cursus per urbem armatorum omnia ferro flammaque miscet; (3) sed silentium triste ac tacita maestitia ita defixit omnium animos, ut prae metu obliti quid relinquerent, quid secum ferrent deficiente consilio rogitantesque alii alios, nunc in liminibus starent, nunc errabundi domos suas ultimum illud visuri pervagarentur. (4) Vt vero iam equitum cla-

wenn du lernen könntest, Treue und Verträge zu halten, hätte ich dir noch zu deinen Lebzeiten darin Unterricht gegeben; da dein Charakter aber nun einmal unverbesserlich ist, so lehre du selbst durch deinen Tod das Menschengeschlecht, heilig zu halten, was du verletzt hast! Wie du also vor kurzem noch zwischen der Sache Fidenaes und der Sache Roms geschwankt hast, so wirst du jetzt deinen Leib zum Zerreißen nach allen Seiten hin hergeben müssen.« (10) Hierauf lässt er zwei Viererzüge holen und den Mettius ausgestreckt an die Wagen binden; dann wurden die Pferde in entgegengesetzter Richtung getrieben und schleiften von dem zerrissenen Körper an den Wagen mit fort, was von den Gliedern gerade in den Stricken hängen geblieben war. (11) Alle wandten von einem so grässlichen Schauspiel die Augen ab. Es war dies das erste und letzte Beispiel einer Hinrichtung bei den Römern, bei der die Gesetze der Menschlichkeit so missachtet wurden. Im übrigen dürfen wir uns rühmen, dass kein anderes Volk mildere Strafen verhängt hat.[43]

29 (1) Unterdessen waren nach Alba schon Reiter vorausgeschickt worden, um die Bevölkerung nach Rom umzusiedeln. Sodann wurden Fußtruppen zur Schleifung der Stadt abgestellt. (2) Als sie durch die Tore einrückten, war da zwar weder Getümmel noch Entsetzen, wie es eingenommene Städte gewöhnlich befällt, wenn nach dem Aufbrechen der Tore, nach dem Niederwerfen der Mauern mit dem Sturmbock oder nach Erstürmung der Burg Kriegsgeschrei und das Rasen von Bewaffneten mit Eisen und Feuer alles in Verwirrung stürzt; (3) wohl aber drückten trauervolles Schweigen und stummer Gram die Gemüter aller so nieder, dass sie aus Angst vergaßen, was sie zurücklassen, was sie mitnehmen sollten, und dass sie einander völlig ratlos befragten, jetzt auf den Schwellen verharrten, bald wie irrend durch ihre Häuser streiften, um sie ein letztes Mal zu sehen. (4) Wie aber schon das Rufen der Reiter

mor exire iubentium instabat, iam fragor tectorum quae diruebantur ultimis urbis partibus audiebatur pulvisque ex distantibus locis ortus velut nube inducta omnia impleverat, raptim quibus quisque poterat elatis, cum larem ac penates tectaque in quibus natus quisque educatusque esset relinquentes exirent, (5) iam continens agmen migrantium impleverat vias, et conspectus aliorum mutua miseratione integrabat lacrimas, vocesque etiam miserabiles exaudiebantur, mulierum praecipue, cum obsessa ab armatis templa augusta praeterirent ac velut captos relinquerent deos. (6) Egressis urbe Albanis Romanus passim publica privataque omnia tecta adaequat solo, unaque hora quadringentorum annorum opus quibus Alba steterat excidio ac ruinis dedit. Templis tamen deum – ita enim edictum ab rege fuerat – temperatum est.

30 (1) Roma interim crescit Albae ruinis. Duplicatur civium numerus; Caelius additur urbi mons, et quo frequentius habitaretur eam sedem Tullus regiae capit ibique habitavit. (2) Principes Albanorum in patres ut ea quoque pars rei pulicae cresceret legit, Iulios, Servilios, Quinctios, Geganios, Curiatios, Cloelios; templumque ordini ab se aucto curiam fecit quae Hostilia usque ad patrum nostrorum aetatem appellata est. (3) Et ut omnium ordinum viribus aliquid ex novo populo adiceretur equitum decem turmas ex Albanis legit, legiones et veteres eodem supplemento explevit et novas scripsit. (4) Hac fiducia virium Tullus Sabinis bellum indicit, genti ea tempestate secundum

immer drängender wurde, die den Räumungsbefehl gaben, und wie man schon aus den Außenbezirken der Stadt das Krachen der eingerissenen Häuser hörte und wie sich an verschiedenen Stellen Staub erhob und wie eine Wolke alles überzogen und angefüllt hatte und jeder hinausgetragen, was er in der Eile konnte; als sie den Lar[44] und die Penaten und die Häuser, in denen ein jeder geboren und aufgezogen worden, verlassen mussten, um auszuziehen – (5) da hatte bereits ein endloser Zug von Aussiedlern die Straßen gefüllt, und der Anblick der anderen weckte durch gegenseitiges Mitleid erneut die Tränen; auch hörte man klagende Stimmen, vor allem von Frauen, als sie an den von Bewaffneten besetzten ehrwürdigen Tempeln vorüberzogen und ihre Götter wie Gefangene zurücklassen mussten. (6) Nach dem Auszug der Albaner aus ihrer Stadt machen die Römer alle öffentlichen und privaten Gebäude dem Erdboden gleich, und eine einzige Stunde gab das Werk der vierhundert Jahre, die Alba bestanden, der Vernichtung und Zerstörung preis. Man verschonte jedoch – so war vom König befohlen worden – die Tempel der Götter.

30 (1) Rom indessen wächst durch Albas Zerstörung. Verdoppelt wird die Zahl der Bürger; der Caeliushügel wird in die Stadt einbezogen, und damit er genügend besiedelt würde, nimmt ihn Tullus zum Königssitz und wohnte dort. (2) Die Vornehmen der Albaner – die Iulier, Servilier, Quinctier, Geganier, Curiatier, Cloelier – nimmt er unter die Väter auf, damit auch dieser Teil des Gemeinwesens wachsen sollte; dem von ihm verstärkten Stand erstellte er ein geweihtes Gebäude als Rathaus, das bis auf die Zeit unserer Väter das hostilische genannt wurde.[45] (3) Und damit die Bedeutung aller Stände aus dem neuen Volk etwas erhöht würde, stellte er zehn Reiterschwadronen aus Albanern zusammen, füllte aus der gleichen Quelle die alten Truppen auf und hob neue aus. (4) Im Vertrauen auf diese Streitkräfte erklärt Tullus den Sabinern, dem zu

Etruscos opulentissimae viris armisque. Vtrimque iniuriae factae ac res nequiquam erant repetitae. (5) Tullus ad Feroniae fanum mercatu frequenti negotiatores Romanos comprehensos querebatur, Sabini suos prius in lucum confugisse ac Romae retentos. Hae causae belli ferebantur. (6) Sabini haud parum memores et suarum virium partem Romae ab Tatio locatam et Romanam rem nuper etiam adiectione populi Albani auctam, circumspicere et ipsi externa auxilia. (7) Etruria erat vicina, proximi Etruscorum Veientes. Inde ob residuas bellorum iras maxime sollicitatis ad defectionem animis voluntarios traxere, et apud vagos quosdam ex inopi plebe etiam merces valuit: publico auxilio nullo adiuti sunt valuitque apud Veientes – nam de ceteris minus mirum est – pacta cum Romulo indutiarum fides. (8) Cum bellum utrimque summa ope pararent vertique in eo res videretur utri prius arma inferrent, occupat Tullus in agrum Sabinum transire. (9) Pugna atrox ad silvam Malitiosam fuit, ubi et peditum quidem robore, ceterum equitatu aucto nuper plurimum Romana acies valuit. (10) Ab equitibus repente invectis turbati ordines sunt Sabinorum, nec pugna deinde illis constare nec fuga explicari sine magna caede potuit.

der Zeit nächst den Etruskern an Mannschaft und Bewaffnung mächtigsten Stamm, den Krieg. Von beiden Seiten waren Ungesetzlichkeiten verübt und ohne Erfolg Genugtuung gefordert worden. (5) Tullus führte Klage darüber, dass anlässlich des gutbesuchten Marktes beim Tempel der Feronia römische Händler verhaftet worden seien; die Sabiner [sagten], es seien Leute von ihnen, die sich schon früher in den Hain geflüchtet hätten, gleichwohl in Rom zurückgehalten worden.[46] Diese Dinge wurden als Gründe für den Krieg vorgebracht. (6) Die Sabiner waren sich sehr wohl bewusst, dass einerseits ein Teil ihrer eigenen Volkskraft von Tatius nach Rom verpflanzt und dass andererseits das römische Gemeinwesen erst neulich durch die Angliederung des Albanervolkes vergrößert worden sei; so sahen sie sich denn auch selbst nach Hilfe von auswärts um. (7) Etrurien lag nahe; die zunächst wohnenden Etrusker waren die Vejenter. Von dort, wo die Gemüter wegen des tiefsitzenden Grolls über die Kriege sehr stark zum Abfall gereizt waren, zogen sie Freiwillige heran, und bei manchen Streunern aus dem dürftigen Volk wirkte auch der Sold. Von Staats wegen wurden sie nicht unterstützt; bei den Vejentern – denn bei den übrigen ist das weniger verwunderlich[47] – hielt man sich redlich an die mit Romulus vereinbarte Waffenruhe. (8) Als man nun auf beiden Seiten [bei Römern und Sabinern] unter größter Anstrengung zum Krieg rüstete – es schien nur darauf anzukommen, wer den andern zuerst angriffe –, da eröffnet Tullus die Feindseligkeiten und stößt ins Sabinerland vor. (9) Es kam zu dem blutigen Gefecht am Räuberwald, wo sich das römische Heer glänzend behauptete, zwar auch durch die Schlagkraft des Fußvolks, im übrigen aber durch die jüngst verstärkte Reiterei: (10) Durch plötzlich attackierende Reiter wurden die Reihen der Sabiner zersprengt, und von da an konnten sie weder im Gefecht Widerstand leisten noch sich ohne große Blutopfer im Rückzug entfalten.

31 (1) Devictis Sabinis cum in magna gloria magnisque opibus regnum Tulli ac tota res Romana esset, nuntiatum regi patribusque est in monte Albano lapidibus pluvisse. (2) Quod cum credi vix posset, missis ad id visendum prodigium in conspectu haud aliter quam cum grandinem venti glomeratam in terras agunt crebri cecidere caelo lapides. (3) Visi etiam audire vocem ingentem ex summi cacuminis luco ut patrio ritu sacra Albani facerent, quae velut dis quoque simul cum patria relictis oblivioni dederant, et aut Romana sacra susceperant aut fortunae, ut fit, obirati cultum reliquerant deum. (4) Romanis quoque ab eodem prodigio novendiale sacrum publice susceptum est, seu voce caelesti ex Albano monte missa – nam id quoque traditur – seu haruspicum monitu; mansit certe sollemne ut quandoque idem prodigium nuntiaretur feriae per novem dies agerentur.

(5) Haud ita multo post pestilentia laboratum est. Vnde cum pigritia militandi oreretur, nulla tamen ab armis quies dabatur a bellicoso rege, salubriora etiam credente militiae quam domi iuvenum corpora esse, donec ipse quoque longinquo morbo est implicitus. (6) Tunc adeo fracti simul cum corpore sunt spiritus illi feroces ut qui nihil ante ratus esset minus regium quam sacris dedere animum, repente omnibus magnis parvisque superstitionibus obnoxius degeret religionibusque etiam

31 (1) Als nach der Niederwerfung der Sabiner das Königtum des Tullus und der ganze römische Staat in großer Herrlichkeit und Machtfülle dastand, wurde dem König und den Vätern gemeldet, auf dem Albanerberg habe es Steine geregnet. (2) Da dies kaum glaubhaft schien, wurden Leute hingeschickt, die das Wunder prüfen sollten; vor deren Augen fielen zahlreiche Steine vom Himmel, nicht anders, als wenn die Stürme dichten Hagel in Schwaden über die Erde treiben. (3) Sie glaubten auch von dem Hain auf dem Gipfel her eine donnernde Stimme zu hören, die Albaner sollten den Götterdienst nach heimischem Brauch verrichten, den sie in Vergessenheit hatten geraten lassen, als ob sie mit dem Vaterland gleichzeitig auch die Götter aufgegeben hätten; sie hätten entweder den römischen Götterdienst übernommen oder, wie es so geschieht, ihrem Schicksal zürnend, den Götterdienst überhaupt aufgegeben. (4) Die Römer nahmen denn auch auf Grund dieses Wunders von Staats wegen ein neuntägiges Opfer auf sich, sei's wegen des vom Albanerberg gekommenen himmlischen Anrufs – denn auch das wird berichtet –, sei's auf die Mahnung der Opferschauer[48] hin; jedenfalls ist es Gewohnheit geblieben, immer dann, wenn das gleiche Wunderzeichen gemeldet wurde, neun Tage hindurch Götterfeiern abzuhalten.

(5) Nicht eben viel später kam man durch eine Seuche in Not. Als aus diesem Grund sich Unlust gegenüber dem Kriegsdienst regte, gewährte der kriegerische König dennoch keinen Urlaub vom Waffendienst; er glaubte, die jungen Männer seien im Feld körperlich viel gesünder als zu Hause – bis er selbst von einer langwierigen Krankheit befallen wurde. (6) Da wurde ihm zugleich mit dem Körper der trotzige Sinn so gebrochen, dass er, der vordem nichts für unköniglicher gehalten hatte, als sich mit den Vorschriften des Götterdienstes abzugeben, sich plötzlich voller Angst im großen und im kleinen ganz und gar dem Aberglauben ergab und mit seiner Frömmelei

populum impleret. (7) Volgo iam homines eum statum rerum qui sub Numa rege fuerat requirentes, unam opem aegris corporibus relictam si pax veniaque ab dis impetrata esset credebant. (8) Ipsum regem tradunt volventem commentarios Numae, cum ibi quaedam occulta sollemnia sacrificia Iovi Elicio facta invenisset, operatum his sacris se abdidisse; sed non rite initum aut curatum id sacrum esse, nec solum nullam ei oblatam caelestium speciem sed ira Iovis sollicitati prava religione fulmine ictum cum domo conflagrasse. Tullus magna gloria belli regnavit annos duos et triginta.

32 (1) Mortuo Tullo res, ut institutum iam inde ab initio erat, ad patres redierat hique interregem nominaverant. Quo comitia habente Ancum Marcium regem populus creavit; patres fuere auctores. Numae Pompili regis nepos filia ortus Ancus Marcius erat. (2) Qui ut regnare coepit et avitae gloriae memor et quia proximum regnum, cetera egregium, ab una parte haud satis prosperum fuerat aut neglectis religionibus aut prave cultis, longe antiquissimum ratus sacra publica ut ab Numa instituta erant facere, omnia ea ex commentariis regiis pontificem in album elata proponere in publico iubet. Inde et civibus otii

auch das Volk ansteckte. (7) Allgemein wünschten die Menschen sich den Stand der Dinge zurück, wie er unter König Numa gewesen war, und glaubten, es sei nur noch eine einzige Hilfe für die siechen Leiber übrig: wenn man nämlich von den Göttern Friede und Vergebung erflehe. (8) Der König selbst soll – so wird berichtet – als er beim Nachschlagen in den Kultvorschriften des Numa darin etwas über die Darbringung feierlicher und geheimer Opfer für Iuppiter den Blitzelenker fand, diese im Verborgenen dargebracht haben; allein diese Feier sei nicht richtig begonnen und abgehalten worden, und es sei ihm nicht nur kein bestätigendes Zeichen von den Himmlischen zugekommen, sondern er sei von dem erzürnten und wegen des verkehrten Gottesdienstes erbosten Iuppiter durch einen Blitz erschlagen worden und samt seinem Hause verbrannt.[49] Tullus hat bei großem Kriegsruhm 32 Jahre regiert.

32 (1) Nach dem Tod des Tullus war die Regierungsgewalt, wie es schon von Anfang an Brauch gewesen, an die Väter zurückgefallen, und sie hatten einen Zwischenkönig benannt. Dieser hielt die Volksversammlung ab, und das Volk wählte den Ancus Marcius zum König; die Väter bestätigten die Wahl. Ancus Marcius war ein Enkel des Numa Pompilius von dessen Tochter. (2) Sobald er die Regierung angetreten, hielt er, eingedenk des großväterlichen Ruhms und weil die letzte, in den übrigen Dingen vorzügliche Regierung doch in einem Punkt nicht gedeihlich genug gewesen war – der Götterdienst war entweder vernachlässigt oder nicht ordnungsgemäß ausgeführt worden –, es für das allerwichtigste, die öffentlichen Gottesdienste so zu feiern, wie sie von Numa eingesetzt worden waren, und beauftragt den Oberpriester, all diese Dinge aus den Aufzeichnungen jenes Königs zu erheben, auf eine weiße Tafel zu schreiben und dem Volk vorzulegen. Dadurch keimte bei den Ruhe und Frieden liebenden Bürgern wie bei

cupidis et finitimis civitatibus facta spes in avi mores atque instituta regem abiturum. (3) Igitur Latini cum quibus Tullo regnante ictum foedus erat sustulerant animos, et cum incursionem in agrum Romanum fecissent repetentibus res Romanis superbe responsum reddunt, desidem Romanum regem inter sacella et aras acturum esse regnum rati. (4) Medium erat in Anco ingenium, et Numae et Romuli memor; et praeterquam quod avi regno magis necessariam fuisse pacem credebat cum in novo tum feroci populo, etiam quod illi contigisset otium sine iniuria id se haud facile habiturum; temptari patientiam et temptatam contemni temporaque esse Tullo regi aptiora quam Numae. (5) Vt tamen, quoniam Numa in pace religiones instituisset, a se bellicae caerimoniae proderentur, nec gererentur solum sed etiam indicerentur bella aliquo ritu, ius ab antiqua gente Aequicolis quod nunc fetiales habent descripsit, quo res repetuntur. (6) Legatus ubi ad fines eorum venit unde res repetuntur, capite velato filo – lanae velamen est – »Audi, Iuppiter« inquit; »audite, fines« – cuiuscumque gentis sunt, nominat –; »audiat fas. Ego sum publicus nuntius populi Romani; iuste pieque legatus venio, verbisque meis fides sit.« Peragit deinde postulata. (7) Inde Iovem testem facit: »Si ego

den Nachbargemeinden die Hoffnung auf, der König werde sich nach den Grundsätzen und Einrichtungen seines Großvaters richten. (3) Die Latiner freilich, mit denen während der Regierung des Tullus ein Vertrag geschlossen worden war, hatten daraufhin wieder Mut gefasst und geben, als sie einen Einfall in die römische Mark gemacht, den Genugtuung heischenden Römern eine überhebliche Antwort in dem Wahn, der römische König werde zwischen Tempeln und Altären seine Regierung müßig zubringen. (4) Die Denkart des Ancus aber hielt die Mitte: Er dachte ebenso an Numa wie an Romulus; und außerdem glaubte er, im Königreich seines Großvaters sei der Friede nötiger gewesen für ein junges, damals noch wildes Volk, und er werde die Ruhe, die Numa damals herzustellen gelungen war, wohl kaum erreichen, ohne Unrecht erleiden zu müssen; man werde seine Geduld auf die Probe stellen und dann verwerfen; und die Zeiten passten besser zu einem Tullus als König als zu einem Numa. (5) Es sollten aber – da Numa nun einmal den Götterdienst für den Frieden eingerichtet hatte – von ihm, Ancus, wiederum die Zeremonien für den Kriegsfall festgelegt und die Kriege nicht nur geführt, sondern auch nach bestimmtem Ritus angesagt werden. Daher übernahm er von den Aequicolern, einem alten Stamm, die Rechtsordnung, die jetzt die Fetialen, die Bundes- und Vertragspriester, haben und mit der sie Genugtuung fordern: (6) Sowie der Gesandte an die Grenze derer kommt, von denen Genugtuung gefordert wird, verhüllt er sein Haupt mit einer Binde – die Verhüllung ist aus Wolle[50] – und spricht: »Höre, Iuppiter, hört, ihr Grenzen der« – und nun nennt er den Stamm, dem sie gehören –, »hören soll auch das göttliche Recht: Ich bin der offizielle Bote des römischen Volkes; nach Recht und göttlichem Gesetz komme ich als Gesandter; meinen Worten soll man Glauben schenken!« – Dann bringt er seine Forderungen vor. (7) Weiter macht er Iuppiter zum Zeugen: »Wenn ich zu Un-

iniuste impieque illos homines illasque res dedier mihi exposco, tum patriae compotem me nunquam siris esse.« (8) Haec, cum fines suprascandit, haec, quicumque ei primus vir obvius fuerit, haec portam ingrediens, haec forum ingressus, paucis verbis carminis concipiendique iuris iurandi mutatis, peragit. (9) Si non deduntur quos exposcit diebus tribus et triginta – tot enim sollemnes sunt – peractis bellum ita indicit: »Audi, Iuppiter, et tu, Iane Quirine, dique omnes caelestes, vosque terrestres vosque inferni, audite; (10) ego vos testor populum illum« – quicumque est, nominat – »iniustum esse neque ius persolvere; sed de istis rebus in patria maiores natu consulemus, quo pacto ius nostrum adipiscamur.« Cum ... nuntius Romam ad consulendum redit. (11) Confestim rex his ferme verbis patres consulebat: »Quarum rerum litium causarum condixit pater patratus populi Romani Quiritium patri patrato Priscorum Latinorum hominibusque Priscis Latinis, quas res nec dederunt [nec solverunt] nec fecerunt, quas res dari fieri [solvi] oportuit, dic« inquit ei quem primum sententiam rogabat, »quid censes?« (12) Tum ille: »Puro pioque duello quaerendas censeo, itaque consentio consciscoque.« Inde ordine alii rogabantur; quandoque pars maior eorum qui aderant in eandem sententiam ibat, bellum erat consensum. Fieri solitum ut fetialis hastam ferratam aut praeustam sanguineam ad fines eorum ferret et non minus tribus puberibus praesentibus dice-

recht und gegen göttliches Gesetz besagte Menschen und besagte Dinge mir auszuliefern verlange, so lasse mich niemals mehr meiner Heimat teilhaft werden!« (8) Dies sagt er, wenn er die Grenze überschreitet; dies zu dem Mann, dem er als erstem begegnet; dies, wenn er durch das Tor geht; dies beim Betreten des Marktplatzes, wobei er nur wenige Worte der Formel und des Eidschwurs ändert. (9) Wenn ihm die, die er fordert, nicht ausgeliefert werden, so sagt er über 33 Tage – so viele sind nämlich üblich – den Krieg so an: »Höre, Iuppiter, und du, Ianus Quirinus, und ihr Götter alle im Himmel, ihr Götter auf Erden und unter der Erde, hört! (10) Ich rufe euch zu Zeugen dafür auf, dass dieses Volk« – er nennt es jedes Mal beim Namen – »ungerecht ist und nicht leistet, was rechtens ist; doch wollen wir über diese Dinge zu Hause unsere Alten befragen, auf welche Weise wir zu unserem Recht gelangen möchten.« Nachdem der Bote [dies gesagt,] kehrt er zur Beratung nach Rom zurück. (11) Alsbald ging der König die Väter mit ungefähr diesen Worten um Rat an: »In den Sachen, Streitigkeiten und Angelegenheiten, über die der Vertragspriester des römischen Volks der Quiriten mit dem Vertragspriester der Altlatiner und mit den altlatinischen Männern übereingekommen ist, welche Dinge jene nicht gegeben, nicht eingelöst, nicht getan haben, die sie hätten geben, tun und einlösen müssen – sprich«, sagte er zu dem, dessen Meinung er zuerst forderte, »was hältst du davon?« (12) Darauf sagte jener: »In gerechtem und gottgefälligem Krieg soll man die Dinge zurückholen, so meine ich, so bin ich im Einverständnis, und so entscheide ich.« – Dann wurden der Reihe nach die anderen befragt; und wenn die Mehrzahl der Anwesenden dem Meinungsspruch beitrat, war der Krieg beschlossen. Sodann pflegte der Zeremonienpriester (Fetiale) eine eisenbeschlagene oder an der Spitze feuergehärtete und in Blut getauchte Lanze an die Grenzen jener zu tragen und im Beisein von mindestens drei Erwachsenen zu sa-

ret: (13) »Quod populi Priscorum Latinorum hominesque Prisci Latini adversus populum Romanum Quiritium fecerunt deliquerunt, quod populus Romanus Quiritium bellum cum Priscis Latinis iussit esse senatusque populi Romani Quiritium censuit consensit conscivit ut bellum cum Priscis Latinis fieret, ob eam rem ego populusque Romanus populis Priscorum Latinorum hominibusque Priscis Latinis bellum indico facioque.« (14) Id ubi dixisset, hastam in fines eorum emittebat. Hoc tum modo ab Latinis repetitae res ac bellum indictum, moremque eum posteri acceperunt.

33 (1) Ancus demandata cura sacrorum flaminibus sacerdotibusque aliis, exercitu novo conscripto profectus, Politorium, urbem Latinorum, vi cepit; secutusque morem regum priorum, qui rem Romanam auxerant hostibus in civitatem accipiendis, multiudinem omnem Romam traduxit. (2) Et cum circa Palatium, sedem veterum Romanorum, Sabini Capitolium atque arcem, Caelium montem Albani implessent, Aventinum novae multitudini datum. Additi eodem haud ita multo post, Tellenis Ficanaque captis, novi cives. (3) Politorium inde rursus bello repetitum quod vacuum occupaverant Prisci Latini, eaque causa diruendae urbis eius fuit Romanis ne hostium semper receptaculum esset. (4) Postremo omni bello Latino Medulliam compulso, aliquamdiu ibi Marte incerto, varia victoria pugnatum est; nam et urbs tuta munitionibus praesidioque firmata valido erat, et castris in aperto positis aliquotiens exer-

gen: (13) »Weil die Völker der Altlatiner und die altlatinischen Leute gegen das römische Volk der Quirlten gehandelt und gefrevelt haben und weil das römische Volk der Quiriten Krieg mit den Altlatinern angeordnet hat und weil der Senat des römischen Volkes der Quiriten der Meinung war, übereinstimmte und beschlossen hat, dass Krieg mit den Altlatinern sein solle: Aus diesem Grunde sage ich und das römische Volk den Völkern der Altlatiner Krieg an und mache ihn!« (14) Nachdem er das gesagt, warf er die Lanze in ihre Marken hinein. Auf diese Weise ist damals von den Latinern Genugtuung gefordert und ihnen Krieg angesagt worden, und die Nachfahren haben dieses Ritual übernommen.[51]

33 (1) Ancus nun übertrug die Besorgung der heiligen Bräuche den zuständigen Priestern und anderen, rückte mit einem neu ausgehobenen Heere aus und nahm Politorium, eine Stadt der Latiner; der Gewohnheit früherer Könige folgend, die den römischen Staat dadurch vergrößert hatten, dass sie die Feinde in die Bürgerschaft aufnahmen, siedelt er die gesamte Einwohnerschaft um nach Rom. (2) Weil nun aber rings um das Palatium, den Wohnsitz der Altrömer, die Sabiner das Kapitol und die Burg, den Berg Caelius die Albaner besiedelt hatten, wurde der neuen Bevölkerung der Aventin überlassen. Nach der Einnahme von Tellenae und Ficana wenig später kamen weitere Neubürger an den gleichen Platz. (3) Politorium wurde später noch einmal vom Krieg heimgesucht, weil die Altlatiner die leere Stadt besetzt hatten; das gab den Römern Anlass zur Zerstörung der Stadt, damit sie keinen Schlupfwinkel für die Feinde mehr böte. (4) Schließlich zog sich der ganze latinische Krieg nach Medullia hinüber, wo eine Zeitlang ohne Entscheidung und ohne Sieg gestritten wurde, denn die Stadt war nicht nur durch Befestigungen gesichert und mit starker Besatzung versehen, sondern es lagerte auch im offenen Gelände davor ein latinisches Heer; es hatte auch schon mehrmals mit Rö-

citus Latinus comminus cum Romanis signa contulerat. (5) Ad ultimum omnibus copiis conisus Ancus acie primum vincit; inde ingenti praeda potens Romam redit, tum quoque multis milibus Latinorum in civitatem acceptis, quibus, ut iungeretur Palatio Aventinum, ad Murciae (aram) datae sedes. (6) Ianiculum quoque adiectum, non inopia loci sed ne quando ea arx hostium esset. Id non muro solum sed etiam ob commoditatem itineris ponte sublicio, tum primum in Tiberi facto, coniungi urbi placuit. (7) Quiritium quoque fossa, haud parvum munimentum a planioribus aditu locis, Anci regis opus est. (8) Ingenti incremento rebus auctis, cum in tanta multitudine hominum, discrimine recte an perperam facti confuso, facinora clandestina fierent, carcer ad terrorem increscentis audaciae media urbe imminens foro aedificatur. (9) Nec urbs tantum hoc rege crevit sed etiam ager finesque. Silva Maesia Veientibus adempta usque ad mare imperium prolatum et in ore Tiberis Ostia urbs condita, salinae circa factae, egregieque rebus bello gestis aedis Iovis Feretri amplificata.

34 (1) Anco regnante Lucumo, vir impiger ac divitiis potens, Romam commigravit cupidine maxime ac spe magni honoris, cuius adipiscendi Tarquiniis – nam ibi quoque peregrina stirpe oriundus erat – facultas non fuerat. (2) Demarati Corinthii fili-

mern Gefechtsberührung gehabt. (5) Zu guter Letzt zieht Ancus alle seine Truppen zusammen und siegt ein erstes Mal in offener Feldschlacht, darauf kehrt er mit ungeheurer Beute nach Rom zurück. Damals wurden ebenfalls viele Tausende von Latinern ins Bürgerrecht aufgenommen, denen beim Altar der Murcia Wohnsitze angewiesen wurden, damit das Aventinum mit dem Palatium verbunden würde. (6) Auch das Ianiculum wurde einbezogen – nicht, als ob es an Platz gefehlt hätte, sondern damit nicht ein Feind dort eine Burg errichten könnte. Man beschloss sogar, es nicht nur durch eine Mauer mit der Stadt zu verbinden, sondern auch, zur Erleichterung des Verkehrs, durch eine Pfahlbrücke[52] – damals die erste über den Tiber. (7) Auch der Quiritengraben, eine nicht unbedeutende Schutzwehr gegen den Zugang von der Ebene her, ist eine Schöpfung des Königs Ancus. (8) Als aber infolge des großen Wachstums und der Vermehrung des Staates bei einer solchen Menschenmasse sich die Unterscheidung von Recht und Unrecht verwischte und heimlich Verbrechen verübt wurden, erbaut man zur Abschreckung der überhandnehmenden Frechheit dicht beim Marktplatz mitten in der Stadt ein Gefängnis.[53] (9) Aber nicht nur die Stadt wuchs unter diesem König, sondern auch Feldmark und Gebiet: Der maesische Wald wurde den Vejentern abgenommen, das Reich bis zum Meer ausgedehnt und an der Tibermündung die Stadt Ostia gegründet, beiderseits des Tiber Salzwerke angelegt und nach außerordentlichen Kriegstaten der Tempel des Iuppiter Feretrius erweitert.

34 (1) Unter der Regierung des Ancus Marcius zog Lucumo, ein rühriger und wegen seiner Reichtümer vielvermögender Mann, in Rom zu, vor allem in dem Bestreben und in der Hoffnung, sich hohe Ehren zu erwerben, wozu er in Tarquinii – denn auch dort war er nur ein Abkömmling von Auswärtigen – keine Gelegenheit gehabt hatte. (2) Er war der Sohn eines Ko-

us erat, qui ob seditiones domo profugus cum Tarquiniis forte consedisset, uxore ibi ducta duos filios genuit. Nomina his Lucumo atque Arruns fuerunt. Lucumo superfuit patri bonorum omnium heres: Arruns prior quam pater moritur uxore gravida relicta. (3) Nec diu manet superstes filio pater; qui cum, ignorans nurum ventrem ferre, immemor in testando nepotis decessisset, puero post avi mortem in nullam sortem bonorum nato ab inopia Egerio inditum nomen. (4) Lucumoni contra, omnium heredi bonorum, cum divitiae iam animos facerent, auxit ducta in matrimonium Tanaquil, summo loco nata et quae haud facile iis in quibus nata erat humiliora sineret ea quo innupsisset. (5) Spernentibus Etruscis Lucumonem exsule advena ortum, ferre indignitatem non potuit, oblitaque ingenitae erga patriam caritatis dummodo virum honoratum videret, consilium migrandi ab Tarquiniis cepit. (6) Roma est ad id potissima visa: in novo populo, ubi omnis repentina atque ex virtute nobilitas sit, futurum locum forti ac strenuo viro; regnasse Tatium Sabinum, arcessitum in regnum Numam a Curibus, et Ancum Sabina matre ortum nobilemque una imagine Numae esse. (7) Facile persuadet ut cupido honorum et cui Tarquinii materna tantum patria esset. (8) Sublatis itaque rebus amigrant Romam. Ad Ianiculum forte ventum erat; ibi ei carpento sedenti cum uxore aquila suspensis demissa leviter alis pille-

rinthers namens Demaratus, der wegen Zwistigkeiten aus der Heimat geflohen, sich zufällig in Tarquinii niedergelassen hatte, dort eine Frau heimführte und zwei Söhne zeugte. Sie hießen Lucumo und Arruns. Lucumo überlebte den Vater und wurde Erbe des gesamten Vermögens, Arruns stirbt noch vor dem Vater und hinterlässt eine schwangere Frau. (3) Der Vater aber überlebt den Sohn nicht lange; da dieser aber nicht wusste, dass die Schwiegertochter schwanger war, und er, ohne in seinem Vermächtnis des Enkels zu gedenken, gestorben war, wurde dem nach dem Tod des Großvaters geborenen Knaben, der keinen Anspruch auf das Vermögen hatte, von seiner Armut her der Name Egerius [der Bedürftige] gegeben. (4) Dem Alleinerben Lucumo hingegen, dem sein Reichtum schon den Kamm schwellen ließ, steigerte sein Selbstgefühl noch die Heirat mit Tanaquil, die von höchster Abkunft war und nicht dulden wollte, dass die Verhältnisse, in die sie eingeheiratet hatte, niedriger seien als die, in denen sie geboren war.[54] (5) Da die Etrusker den Lucumo als den Sohn eines eingewanderten Verbannten verachteten, konnte sie diese unwürdige Behandlung nicht ertragen, vergaß die angeborene Liebe zu ihrem Vaterland und fasste – wenn sie nur ihren Mann in Ehren sah – den Entschluss, von Tarquinii wegzuziehen. (6) Rom schien hierfür am geeignetsten: In einem jungen Volk, wo aller Adel noch neu und nur durch eigene Tüchtigkeit erworben würde, sei der Platz für einen tapferen und tüchtigen Mann; Tatius der Sabiner sei dort König gewesen, Numa sei dorthin von Cures zur Königsherrschaft berufen worden, und Ancus sei von einer sabinischen Mutter geboren und adelig nur durch das eine Ahnenbild des Numa. (7) Leicht überredet sie ihren Mann, ehrbegierig wie er war, und da ihm Tarquinii nur von seiner Mutter her Heimat war. (8) Sie nehmen also ihre Habe und wandern nach Rom ab. Gerade waren sie beim Ianiculus angekommen, da entführt ihm – er saß neben seiner Frau auf dem

um aufert, superque carpentum cum magno clangore volitans rursus velut ministerio divinitus missa capiti apte reponit; inde sublimis abiit. (9) Accepisse id augurium laeta dicitur Tanaquil, perita ut volgo Etrusci caelestium prodigiorum mulier. Excelsa et alta sperare complexa virum iubet: eam alitem ea regione caeli et eius dei nuntiam venisse; circa summum culmen hominis auspicium fecisse; levasse humano superpositum capiti decus ut divinitus eidem redderet. (10) Has spes cogitationesque secum portantes urbem ingressi sunt, domicilioque ibi comparato L. Tarquinium Priscum edidere nomen. (11) Romanis conspicuum eum novitas divitiaeque faciebant; et ipse fortunam benigno adloquio, comitate invitandi beneficiisque quos poterat sibi conciliando adiuvabat, donec in regiam quoque de eo fama perlata est. (12) Notitiamque eam brevi apud regem liberaliter dextereque obeundo officia in familiaris amicitiae adduxerat iura, ut publicis pariter ac privatis consiliis bello domique interesset et per omnia expertus postremo tutor etiam liberis regis testamento institueretur.

35 (1) Regnavit Ancus annos quattuor et viginti, cuilibet superiorum regum belli pacisque et artibus et gloria par. Iam filii prope puberem aetatem erant. Eo magis Tarquinius instare ut quam primum comitia regi creando fierent. (2) Quibus indictis

Wagen – ein auf ausgebreiteten Schwingen sanft niedergleitender Adler die Filzkappe[55], kreist unter lautem Geschrei über dem Wagen und setzt sie ihm, als sei er von den Göttern zu diesem Dienst gesandt, geschickt wieder auf; dann schwang er sich davon in die Lüfte. (9) Tanaquil, sagt man, nahm dieses Vorzeichen freudig wahr; sie war ja, wie die Etrusker allgemein, eine mit überirdischen Erscheinungen vertraute Frau. Sie umarmt ihren Mann und heißt ihn Erhabenes und Hohes hoffen: Ein solcher Vogel, aus solcher Himmelsrichtung, eines solchen Gottes Bote sei gekommen; rings um das Haupt ihres Mannes habe er sein Zeichen gegeben; er habe die dem Menschenhaupt aufgesetzte Zierde aufgenommen, um sie ihm aber wie auf Götterweisung wieder zurückzugeben! (10) Solche hoffnungsfrohen Gedanken hegend, fuhren sie in die Stadt ein, beschafften sich dort eine Wohnung und gaben als Namen L. Tarquinius Priscus an. (11) Bei den Römern weckte er Interesse dadurch, dass er neu und reich war; aber er half auch selbst seinem Glück nach, indem er durch freundliche Anrede, höfliche Einladung und Gefälligkeiten für sich einnahm, wen er nur konnte, bis Kunde von ihm auch in den Königspalast drang. (12) Diese Bekanntheit beim König hatte er binnen kurzem durch Freigebigkeit und durch Gewandtheit im Leisten von Gefälligkeiten zu den Rechten vertrauter Freundschaft gesteigert, so dass er an den öffentlichen wie auch an internen Beratungen in Krieg und Frieden teilnahm und, als in allen Dingen erprobt, zuletzt im Testament des Königs zum Vormund für dessen Kinder eingesetzt wurde.

35 (1) Ancus hatte 24 Jahre regiert, jedem der früheren Könige nach seinen Fähigkeiten und nach seinem Ruhm in Krieg und Frieden ebenbürtig. Seine Söhne standen schon kurz vorm Erreichen des Mannesalters. Umso mehr drang Tarquinius darauf, dass möglichst bald die Volksversammlung abgehalten würde, um einen König zu wählen. (2) Als sie einberufen

sub tempus pueros venatum ablegavit. Isque primus et petisse ambitiose regnum et orationem dicitur habuisse ad conciliandos plebis animos compositam: (3) [cum] se non rem novam petere, quippe qui non primus, quod quisquam indignari mirarive posset, sed tertius Romae peregrinus regnum adfectet; et Tatium non ex peregrino solum sed etiam ex hoste regem factum, et Numam ignarum urbis, non petentem, in regnum ultro accitum: (4) se ex quo sui potens fuerit Romam cum coniuge ac fortunis omnibus commigrasse; maiorem partem aetatis eius qua civilibus officiis fungantur homines, Romae se quam in vetere patria vixisse; (5) domi militiaeque sub haud paenitendo magistro, ipso Anco rege, Romana se iura, Romanos ritus didicisse; obsequio et observantia in regem cum omnibus, benignitate erga alios cum rege ipso certasse. (6) Haec eum haud falsa memorantem ingenti consensu populus Romanus regnare iussit. Ergo virum cetera egregium secuta, quam in petendo habuerat, etiam regnantem ambitio est; nec minus regni sui firmandi quam augendae rei publicae memor centum in patres legit qui deinde minorum gentium sunt appellati, factio haud dubia regis cuius beneficio in curiam venerant.

(7) Bellum primum cum Latinis gessit et oppidum ibi Apiolas vi cepit; praedaque inde maiore quam quanta belli fama fuerat revecta ludos opulentius instructiusque quam priores

war, schickte er die Jünglinge zur fraglichen Zeit auf die Jagd. Und man sagt, er habe sich als erster förmlich um die Königswürde beworben und eine Rede gehalten, die darauf angelegt war, die Herzen des Volkes zu gewinnen: (3) Er erstrebe nichts Neues, da er nicht als erster – worüber sich jemand vielleicht entrüsten oder wundern würde –, sondern als dritter Auswärtiger das Königtum in Rom anstrebe; Tatius gar sei nicht nur als Auswärtiger, sondern sogar als Feind zum König gemacht worden; auch Numa sei, ohne in der Stadt bekannt zu sein und ohne dass er danach strebte, aus freien Stücken zum König gemacht worden: (4) Er jedoch sei, sobald er sein eigener Herr gewesen, mit Frau und aller Habe in Rom zugezogen; er habe einen größeren Teil der Zeit, die Männer dem öffentlichen Dienst widmen sollten, in Rom verbracht als in seiner alten Heimat; (5) er habe im Frieden wie im Krieg unter einem nicht zu verachtenden Meister, nämlich unter König Ancus selbst, römisches Recht und römische Zeremonien gelernt; in Gehorsam und Respekt gegenüber dem König sei er mit allen, im Wohlwollen gegen andere sogar mit dem König im Wettstreit gestanden. (6) Solches brachte er vor, was nicht unbegründet war, und das römische Volk bestellte ihn mit großer Einstimmigkeit zum König. Und so folgte dem im übrigen vortrefflichen Mann der Ehrgeiz, den er beim Streben nach dem Thron bewiesen hatte, auch dorthin. Ebenso um seine Königsmacht zu festigen wie bestrebt, das Gemeinwesen zu fördern, wählt er hundert Männer zu Vätern, die in der Folge Väter von zweitem Rang genannt wurden; sie bildeten die zuverlässige Partei des Königs, durch dessen Gunst sie ins Rathaus gekommen waren.

(7) Seinen ersten Krieg hat er mit den Latinern geführt und dort die Stadt Apiolae im Sturm genommen; mit der von dort abgeführten Kriegsbeute – sie war größer, als man es bei diesem Krieg erwartet hatte – richtete er reicher und besser ausge-

reges fecit. (8) Tum primum circo qui nunc maximus dicitur designatus locus est. Loca divisa patribus equitibusque ubi spectacula sibi quisque facerent; fori appellati; (9) spectavere furcis duodenos ab terra spectacula alta sustinentibus pedes. Ludicrum fuit equi pugilesque ex Etruria maxime acciti. Sollemnes deinde annui mansere ludi, Romani magnique varie appellati. (10) Ab eodem rege et circa forum privatis aedificanda divisa sunt loca; porticus tabernaeque factae.

36 (1) Muro quoque lapideo circumdare urbem parabat cum Sabinum bellum coeptis intervenit. Adeoque ea subita res fuit ut prius Anienem transirent hostes quam obviam ire ac prohibere exercitus Romanus posset. (2) Itaque trepidatum Romae est; et primo dubia victoria, magna utrimque caede pugnatum est. Reductis deinde in castra hostium copiis datoque spatio Romanis ad comparandum de integro bellum, Tarquinius equitem maxime suis deesse viribus ratus ad Ramnes, Titienses, Luceres, quas centurias Romulus scripserat, addere alias constituit suoque insignes relinquere nomine. (3) Id quia inaugurato Romulus fecerat, negare Attus Navius, inclitus ea tempestate augur, neque mutari neque novum constitui nisi aves addixissent posse. (4) Ex eo ira regi mota; eludensque artem ut

stattete Spiele aus als frühere Könige. (8) Damals ist auch zuerst der Platz für die Rennbahn abgesteckt worden, die jetzt die »große« [*Circus maximus*] heißt. Für Väter und Ritter wurden Plätze abgeteilt, wo sie sich Einzeltribünen errichten konnten – man nannte sie Abteile; (9) die Sitze waren zwölf Fuß hoch über dem Erdboden und ruhten auf gegabelten Stützen. Die Spiele wurden bestritten von Pferden und Faustkämpfern, zumeist aus Etrurien hergeholt. In der Folge blieb die jährliche Feier dieser Spiele in Übung; sie wurden abwechselnd die »Römischen« und die »Großen« genannt. (10) Vom selben König wurden auch rings um den Marktplatz Bauplätze zur Errichtung von Privatgebäuden zugeteilt; auch Hallen und Läden wurden errichtet.

36 (1) Auch mit einer Steinmauer wollte Tarquinius die Stadt umgeben, da kam dem Unternehmen ein Krieg mit den Sabinern dazwischen. Und das geschah so plötzlich, dass die Feinde über den Anio setzten, bevor das römische Aufgebot ihnen entgegenmarschieren oder sie aufhalten konnte. (2) Daher war man in Rom schon sehr bestürzt; zuerst wurde denn auch mit wechselndem Ausgang und unter großen Verlusten auf beiden Seiten gekämpft. Als dann der Feind seine Truppen ins Lager zurückgeführt hatte und den Römern eine Pause vergönnt war, um den Krieg von Grund auf vorzubereiten, beschloss Tarquinius – überzeugt, es fehle seinen Streitkräften vor allem an Reiterei –, den Centurien der Ramner, Titienser und Lucerer, die Romulus ausgehoben hatte, weitere anzuschließen und, mit seinem Namen ausgezeichnet, sich damit ein Andenken zu hinterlassen. (3) Weil Romulus dies aber erst nach Befragung der Vögel getan hatte, stellte Attus Navius, ein zur damaligen Zeit berühmter Vogelschauer, fest, es dürfe nur etwas geändert oder neu bestimmt werden, wenn die Vögel zustimmten. (4) Das erregt den Zorn des Königs; und seine Kunst verspottend, wie man berichtet, sagt er zu ihm: »Nun

ferunt, »Age dum« inquit, »divine tu, inaugura fierine possit quod nunc ego mente concipio.« Cum ille augurio rem expertus profecto futuram dixisset, »Atqui hoc animo agitavi« inquit, »te novacula cotem discissurum. Cape haec et perage quod aves tuae fieri posse portendunt.« Tum illum haud cunctanter discidisse cotem ferunt. (5) Statua Atti capite velato, quo in loco res acta est in comitio in gradibus ipsis ad laevam curiae fuit; cotem quoque eodem loco sitam fuisse memorant ut esset ad posteros miraculi eius monumentum. (6) Auguriis certe sacerdotioque augurum tantus honos accessit ut nihil belli domique postea nisi auspicato gereretur, concilia populi, exercitus vocati, summa rerum, ubi aves non admisissent, dirimerentur. (7) Neque tum Tarquinius de equitum centuriis quicquam mutavit; numero alterum tantum adiecit, ut mille et octingenti equites in tribus centuriis essent. (8) Posteriores modo sub iisdem nominibus qui additi erant appellati sunt; quas nunc quia geminatae sunt sex vocant centurias.

37 (1) Hac parte copiarum aucta iterum cum Sabinis confligitur. Sed praeterquam quod viribus creverat Romanus exercitus, ex occulto etiam additur dolus, missis qui magnam vim lignorum, in Anienis ripa iacentem, ardentem in flumen conicerent; ventoque iuvante accensa ligna et pleraque in ratibus impacta sublicisque cum haererent, pontem incendunt. (2) Ea

denn, du Weissager, befrage deine Vögel, ob geschehen kann, was ich eben jetzt im Kopf habe!« Als jener die Vogelschau angestellt und gesagt hatte, es werde ganz gewiss geschehen, sagt der König: »Nun, ich hatte dies im Sinn: Du wirst einen Schleifstein mit dem Rasiermesser durchschneiden! Hier hast du beides: Tu nun, was deine Vögel als möglich verkündet haben!« Darauf habe jener ohne Zögern einen Schleifstein durchschnitten, heißt es. (5) Ein Standbild des Attus mit verhülltem Haupt befand sich an der Stelle, wo dies geschehen war, auf dem Versammlungsplatz, und zwar unmittelbar auf der Treppe links vom Rathaus; auch der Schleifstein sei an der gleichen Stelle aufbewahrt worden, sagt die Überlieferung, um für die Nachkommen ein Zeichen der Erinnerung an jenes Wunder zu sein. (6) Jedenfalls erwuchs der Vogelschau und dem priesterlichen Stand der Vogelschauer eine solche Verehrung, dass in der Folge nichts im Krieg und im Frieden geschehen konnte, wenn vorher keine Vogelschau angestellt wurde: Volksversammlungen, Heeresaufgebot, Entscheidungen über die wichtigsten Fragen – all das wurde vertagt, wenn die Vögel es nicht gestattet hatten. (7) Tarquinius änderte damals auch nichts an den Reitercenturien; er fügte nur noch einmal die gleiche Zahl hinzu, so dass in den drei Centurien 1800 Reiter standen. (8) Indessen wurden die, welche unter demselben Namen angegliedert worden waren, die »Späteren« genannt; jetzt heißen sie, weil sie verdoppelt wurden, die »Sechs Centurien«.

37 (1) Als dieser Truppenteil vermehrt war, schlug man sich ein zweites Mal mit den Sabinern. Abgesehen davon, dass das römische Aufgebot an Stärke gewonnen hatte, wandte man auch noch heimlich eine List an: Man schickte Leute, die einen am Ufer des Anio liegenden Holzhaufen anzündeten und in den Fluss stießen; der Wind stand günstig, das Holz, zumeist auf Flößen aufgeschichtet, brannte, und da es am Brückenpfahlwerk hängenblieb, setzte es die Brücke in Brand. (2) Das

quoque res in pugna terrorem attulit Sabinis, et fusis eadem fugam impedit; multique mortales cum hostem effugissent in flumine ipso periere, quorum fluitantia arma ad urbem cognita in Tiberi prius paene quam nuntiari posset insignem victoriam fecere. (3) Eo proelio praecipua equitum gloria fuit; utrimque ab cornibus positos, cum iam pelleretur media peditum suorum acies, ita incurrisse ab lateribus ferunt, ut non sisterent modo Sabinas legiones ferociter instantes cedentibus, sed subito in fugam averterent. (4) Montes effuso cursu Sabini petebant, et pauci tenuere: maxima pars, ut ante dictum est, ab equitibus in flumen acti sunt. (5) Tarquinius, instandum perterritis ratus, praeda captivisque Romam missis, spoliis hostium – id votum Volcano erat – ingenti cumulo accensis, pergit porro in agrum Sabinum exercitum inducere; (6) et quamquam male gesta res erat nec gesturos melius sperare poterant, tamen, quia consulendi res non dabat spatium, ire obviam Sabini tumultuario milite; iterumque ibi fusi, perditis iam prope rebus pacem petiere.

38 (1) Collatia et quidquid citra Collatiam agri erat Sabinis ademptum; Egerius – fratris hic filius erat regis – Collatiae in praesidio relictus. Deditosque Collatinos ita accipio eamque deditionis formulam esse: rex interrogavit: (2) »Estisne vos legati oratoresque missi a populo Collatino ut vos populumque

jagte den Sabinern schon während des Gefechts Schrecken ein, und als sie geschlagen waren, hinderte es ihre Flucht: Viele Männer kamen, wiewohl dem Feind entronnen, im Fluss ums Leben, und die im Tiber treibenden, in der Stadt erkennbaren Rüstungen meldeten dort beinahe früher einen herrlichen Sieg, bevor Boten das tun konnten. (3) In diesem Gefecht erntete besonderen Ruhm die Reiterei: Auf den Flanken eingesetzt sei sie, berichtet man, als die aus dem Fußvolk gebildete Mitte der eigenen Kampflinie eingedrückt wurde, von den Flanken her so ungestüm vorgeprescht, dass sie nicht nur die sabinischen Kampfabteilungen, die den Weichenden heftig nachdrängten, zum Stehen brachte, sondern sie unvermutet zur Flucht zwang. (4) In ungeordnetem eiligem Rückzug strebten die Sabiner dem Gebirge zu, aber nur wenige erreichten es: Die Masse wurde, wie vorhin schon gesagt, von den Reitern in den Fluss getrieben. (5) Tarquinius glaubte nun die in Panik Fliehenden verfolgen zu müssen, schickte Beute und Gefangene nach Rom, verbrannte die Rüstungen der Feinde in gewaltigen Haufen – so hatte er es dem Volcanus gelobt – und führt auf der Verfolgung die Truppe weiter in die sabinische Mark hinein; (6) und obwohl das Gefecht für die Sabiner schlecht stand und sie nicht hoffen konnten, sich besser zu behaupten, so gehen sie dennoch – die Lage duldete weitere Beratung nicht – mit hastig zusammengerafften Kräften zum Gegenstoß vor; dabei ein zweites Mal geschlagen, baten sie, fast völlig vernichtet, um Frieden.

38 (1) Collatia und was die Sabiner diesseits von Collatia an Land besaßen, wurde ihnen abgenommen; Egerius – er war der Neffe des Königs – wurde mit einer Besatzung in Collatia zurückgelassen. Die Collatiner hätten sich ergeben, so habe ich festgestellt, und die Formel der Übergabe sei diese: (2) Der König fragte: »Seid ihr als Gesandte und Sprecher vom collatinischen Volk ausgeschickt, um euch und das collatinische Volk

Collatinum dederetis?« – »Sumus.« – »Estne populus Collatinus in sua potestate?« – »Est.« – »Deditisne vos populumque Collatinum, urbem, agros, aquam, terminos, delubra, utensilia, divina humanaque omnia, in meam populique Romani dicionem?« – »Dedimus.« – »At ego recipio.«

(3) Bello Sabino perfecto Tarquinius triumphans Romam redit. (4) Inde Priscis Latinis bellum fecit; ubi nusquam ad universae rei dimicationem ventum est, ad singula oppida circumferendo arma omne nomen Latinum domuit. Corniculum, Ficulea vetus, Cameria, Crustumerium, Ameriola, Medullia, Nomentum, haec de Priscis Latinis aut qui ad Latinos defecerant, capta oppida. (5) Pax deinde est facta. Maiore inde animo pacis opera incohata quam quanta mole gesserat bella, ut non quietior populus domi esset quam militiae fuisset. (6) Nam et muro lapideo, cuius exordium operis Sabino bello turbatum erat, urbem qua nondum munierat cingere parat, et infima urbis loca circa forum aliasque interiectas collibus convalles, quia ex planis locis haud facile evehebant aquas, cloacis fastigio in Tiberim ductis siccat, (7) et aream ad aedem in Capitolio Iovis quam voverat bello Sabino, iam praesagiente animo futuram olim amplitudinem loci, occupat fundamentis.

39 (1) Eo tempore in regia prodigium visu eventuque mirabile fuit. Puero dormienti, cui Servio Tullio fuit nomen, caput

zu übergeben?« »Wir sind es.« »Hat das collatinische Volk politische Selbständigkeit?« »Ja.« »Übergebt ihr euch und das collatinische Volk, Stadt, Marken, Gewässer, Grenzen, Heiligtümer, Gerät, alle göttlichen und menschlichen Dinge, in meine und des römischen Volkes Botmäßigkeit?« »Wir übergeben.« »Also nehme ich euch an.«

(3) Nach Abschluss des sabinischen Feldzugs kehrt Tarquinius im Triumph nach Rom zurück. (4) Dann bekriegte er die Altlatiner, wobei es nirgendwo zu einer entscheidenden Schlacht kam; indem er aber die Städte einzeln mit seiner Waffenmacht einschloss, zwang er schließlich alles nieder, was Latinisch hieß. Corniculum, Alt-Ficulea, Cameria, Crustumerium, Ameriola, Medullia, Nomentum – diese Städte nahm er den Altlatinern oder denen, die zu den Latinern übergegangen waren, ab. (5) Hierauf wurde Frieden geschlossen. Mit noch größerem Eifer als bei seinen Anstrengungen im Kriege warf er sich nun auf Unternehmungen des Friedens, so dass das Volk nun im Frieden nicht mehr Ruhe hatte als im Krieg. (6) Er schickt sich nämlich an, die Stadt dort, wo sie noch nicht befestigt war, mit einer Steinmauer zu umgeben – dieses Unternehmen war schon bei Beginn durch den sabinischen Krieg unterbrochen worden – und legt die Niederungen der Stadt rings um den Marktplatz sowie die anderen Täler zwischen den Hügeln trocken, indem er Abzugskanäle mit Gefälle zum Tiber hin bauen lässt, weil man aus dem ebenen Gelände die Abwässer nicht ganz leicht abführen konnte; (7) auch befestigt er den Platz auf dem Kapitol, den er im Sabinerkrieg zu einem Tempel für Iuppiter bestimmt hatte, durch Stützmauern [in solchem Umfang], als hätte er eine Vorahnung von der dereinst kommenden Herrlichkeit des Ortes.

39 (1) Zu dieser Zeit ereignete sich in der Königsburg ein Vorzeichen, nach Anblick und Ausgang staunenswert: Man erzählt, einem schlafenden Buben, der Servius Tullius hieß, habe

arsisse ferunt multorum in conspectu; (2) plurimo igitur clamore inde ad tantae rei miraculum orto excitos reges, et cum quidam familiarium aquam ad restinguendum ferret, ab regina retentum, sedatoque eam tumultu moveri vetuisse puerum donec sua sponte experrectus esset; mox cum somno et flammam abisse. (3) Tum abducto in secretum viro Tanaquil »Videsne tu puerum hunc« inquit, »quem tam humili cultu educamus? Scire licet hunc lumen quondam rebus nostris dubiis futurum praesidiumque regiae adflictae; proinde materiam ingentis publice privatimque decoris omni indulgentia nostra nutriamus.« (4) Inde puerum liberum loco coeptum haberi erudirique artibus quibus ingenia ad magnae fortunae cultum excitantur. Evenit facile quod dis cordi esset: iuvenis evasit vere indolis regiae nec, cum quaereretur gener Tarquinio, quisquam Romanae iuventutis ulla arte conferri potuit, filiamque ei suam rex despondit. (5) Hic quacumque de causa tantus illi honos habitus credere prohibet serva natum eum parvumque ipsum servisse. Eorum magis sententiae sum qui Corniculo capto Ser. Tulli, qui princeps in illa urbe fuerat, gravidam viro occiso uxorem, cum inter reliquas captivas cognita esset, ob unicam nobilitatem ab regina Romana prohibitam ferunt servitio partum Romae edidisse Prisci Tarquini in domo; (6) inde tanto beneficio et inter mulieres familiaritatem auctam et pue-

der Kopf im Beisein vieler Leute in Flammen gestanden, (2) das laute Geschrei über dieses große Wunder lockte auch das Königspaar herbei; und als einer vom Hausgesinde Wasser zum Löschen brachte, sei er von der Königin zurückgehalten worden; sie gebot Ruhe und verbot, den Buben zu bewegen, bis er von selbst aufgewacht sei; bald sei mit dem Schlaf auch die Flamme verschwunden. (3) Darauf führte Tanaquil ihren Mann beiseite und sprach zu ihm: »Siehst du diesen Buben, den wir in solcher Niedrigkeit aufziehen? Du sollst wissen, dass er dereinst, wenn unsere Dinge einmal zweifelhaft stehen, uns ein Licht sein wird und ein Schutz für die heimgesuchte Königsburg; darum wollen wir den Träger so hoher Ehre für die Öffentlichkeit wie für unsere Familie mit aller uns möglichen Sorgfalt großziehen.« (4) Von da an sei der Knabe wie ein Königskind gehalten und in allen Fertigkeiten unterwiesen worden, durch die der Geist zur Bildung für einen höheren Stand befähigt wird. Dies geschah leicht, weil es den Göttern am Herzen lag: Es wurde aus ihm ein junger Mann von wahrhaft königlichem Charakter, und als Tarquinius nach einem Schwiegersohn suchte, konnte sich keiner aus der römischen Jungmannschaft in irgendeiner Fertigkeit mit ihm vergleichen, und so verlobte ihm der König seine Tochter. (5) Aus welchem Grund auch immer ihm diese hohe Ehre zuteil geworden ist – sie verbietet jedenfalls die Annahme, er sei von einer Sklavin geboren und als Knabe selber Sklave gewesen.[56] Ich bin eher der Meinung jener, die sagen, nach der Einnahme von Corniculum sei die schwangere Frau des Servius Tullius, der in jener Stadt der Fürst gewesen war, nach der Tötung ihres Gatten, als sie unter den übrigen Frauen erkannt worden war, wegen ihres einzigartigen Adels durch die römische Königin vor dem Sklavenlos bewahrt worden und habe zu Rom im Haus des Priscus Tarquinius den Knaben geboren; (6) aus diesem Gunsterweis sei zwischen den Frauen so große Freundschaft entstanden

rum, ut in domo a parvo eductum, in caritate atque honore fuisse; fortunam matris, quod capta patria in hostium manus venerit, ut serva natus crederetur fecisse.

40 (1) Duodequadragesimo ferme anno ex quo regnare coeperat Tarquinius, non apud regem modo sed apud patres plebemque longe maximo honore Ser. Tullius erat. (2) Tum Anci filii duo etsi antea semper pro indignissimo habuerant se patrio regno tutoris fraude pulsos, regnare Romae advenam non modo vicinae sed ne Italicae quidem stirpis, tum impensius iis indignitas crescere si ne ab Tarquinio quidem ad se rediret regnum, (3) sed praeceps inde porro ad servitia caderet, ut in eadem civitate post centesimum fere annum quam Romulus deo prognatus deus ipse tenuerit regnum donec in terris fuerit, id servus serva natus possideat. cum commune Romani nominis tum praecipue id domus suae dedecus fore, si Anci regis virili stirpe salva non modo advenis sed servis etiam regnum Romae pateret. (4) Ferro igitur eam arcere contumeliam statuunt; sed et iniuriae dolor in Tarquinium ipsum magis quam in Servium eos stimulabat, et quia gravior ultor caedis, si superesset, rex futurus erat quam privatus; tum Servio occiso, quemcumque alium generum delegisset, eundem regni heredem facturus videbatur; ob haec ipsi regi insidiae parantur. (5) Ex

und habe der Knabe, von Kindheit an im Hause aufgezogen, Liebe und Ehre genossen; nur das Schicksal der Mutter – weil sie nach der Einnahme ihrer Vaterstadt in feindliche Hände gefallen – habe bewirkt, dass man ihn für den Sohn einer Sklavin hielt.

40 (1) Es war etwa 38 Jahre her, seit Tarquinius zu regieren begonnen hatte, und Servius Tullius stand nicht nur beim König, sondern auch bei den Vätern und beim Volk seit langem in höchstem Ansehen. (2) Zwar hatten es die beiden Söhne des Ancus bislang schon für höchst ehrenrührig gehalten, dass sie durch den Betrug ihres Vormunds aus dem ererbten Herrschaftsanspruch verdrängt worden waren; dass in Rom ein Hergelaufener, ein nicht nur nicht aus der Nachbarschaft, sondern nicht einmal aus Italien Stammender herrsche; doch steigerte sich ihre Entrüstung jetzt, da das Regiment nicht einmal von Tarquinius auf sie zurückkommen, (3) sondern jählings und unversehens Sklavenvolk zufallen sollte, so dass im gleichen Staat, kaum hundert Jahre, nachdem Romulus, ein Göttersohn und selbst ein Gott, die Herrschaft in Händen gehabt, solange er auf Erden weilte, sie nun ein Sklave, von einer Sklavin geboren, besitzen sollte. Es sei sowohl für alles, was römischen Namens sei, wie auch besonders für das eigene Haus eine Schande, wenn noch zu Lebzeiten der Nachkommenschaft des Königs Ancus das Herrschen über Rom nicht nur Zugezogenen, sondern sogar Sklaven offenstünde. (4) Sie beschließen also, diesen Schimpf mit dem Schwert abzuwenden; indessen reizte sie der Schmerz über das Unrecht mehr gegen Tarquinius selbst als gegen Servius auf, und auch weil der König, bliebe er am Leben, ein gewichtigerer Rächer des Mordes sein würde als ein Privatmann; weiter, dass er auch nach einem Mord an Servius jeden, den er zum Schwiegersohn erwählte, vermutlich auch zum Erben der Herrschaft machen würde. Aus diesen Gründen rüsten sie zu einem Anschlag auf den König selbst:

pastoribus duo ferocissimi delecti ad facinus, quibus consueti erant uterque agrestibus ferramentis, in vestibulo regiae quam potuere tumultuosissime specie rixae in se omnes apparitores regios convertunt; inde, cum ambo regem appellarent clamorque eorum penitus in regiam pervenisset, vocati ad regem pergunt. (6) Primo uterque vociferari et certatim alter alteri obstrepere; coerciti ab lictore et iussi in vicem dicere tandem obloqui desistunt; unus rem ex composito orditur. (7) Cum intentus in eum se rex totus averteret, alter elatam securim in caput deiecit, relictoque in volnere telo ambo se foras eiciunt.

41 (1) Tarquinium moribundum cum qui circa erant excepissent, illos fugientes lictores comprehendunt. Clamor inde concursusque populi, mirantium quid rei esset. Tanaquil inter tumultum claudi regiam iubet, arbitros eiecit. Simul quae curando volneri opus sunt, tamquam spes subesset, sedulo comparat, simul si destituat spes, alia praesidia molitur. (2) Servio propere accito cum paene exsanguem virum ostendisset, dextram tenens orat ne inultam mortem soceri, ne socrum inimicis ludibrio esse sinat. (3) »Tuum est« inquit, »Servi, si vir es, regnum, non eorum qui alienis manibus pessimum facinus fecere. Erige te deosque duces sequere qui clarum hoc fore caput divino quondam circumfuso igni portenderunt. Nunc te illa caelestis excitet flamma; nunc expergiscere vere. Et nos pere-

(5) Aus den Hirten wurden zwei besonders tollkühne für die Tat ausgewählt; beide ziehen nun, ihr gewöhnliches ländliches Eisengerät bei sich, im Vorhof des Königshauses durch einen vorgetäuschten Streit und unter möglichst großem Lärmen alle königlichen Diener zu sich hin; als sie dann beide den König anriefen und ihr Geschrei bis ins Innere des Königshauses gedrungen war, wurden sie vor den König gerufen und gehen hinein. (6) Anfangs schrien sie beide gleichzeitig und redeten um die Wette aufeinander ein; vom Liktor zurechtgewiesen und belehrt, sie sollten nacheinander reden, hören sie schließlich mit den Widerreden auf; einer fing – wie verabredet – an, die Sache vorzutragen. (7) Als sich der König diesem ganz aufmerksam zuwandte, hob der andere sein Beil und hieb es ihm in den Kopf; die Waffe bleibt in der Wunde stecken und beide stürzen ins Freie.

41 (1) Den sterbenden Tarquinius fangen die Umstehenden auf, die flüchtenden Täter greifen die Liktoren. Nun Geschrei und Volksauflauf; man fragt verwundert, was es gäbe. Tanaquil lässt noch während des Tumults das Königshaus schließen und schickt alle Zeugen hinaus. Gleichzeitig richtet sie alles, was zur Versorgung der Wunde nötig ist, emsig her, als wenn noch Hoffnung sei; sie trifft daneben aber auch für den Fall, dass die Hoffnung trog, ihre Sicherheitsmaßnahmen: (2) Servius wird schnell herbeigeholt, und als sie ihm ihren schon fast ausgebluteten Mann gewiesen, ergreift sie seine Rechte und bittet ihn, den Tod des Schwiegervaters nicht ungerächt, die Schwiegermutter nicht zum Gespött der Feinde werden zu lassen. (3) »Dein ist«, sagt sie, »die Königsherrschaft, Servius, wenn du ein Mann bist, nicht derer, die durch fremde Hand diese abscheuliche Tat vollbracht. Ermanne dich, folge der Führung der Götter, die einst durch die Strahlen von göttlichem Feuer auf deinem Haupt deinen Ruhm schon angekündigt haben! Jetzt wecke dich jene himmlische Flamme! Jetzt

grini regnavimus; qui sis, non unde natus sis reputa. Si tua re subita consilia torpent, at tu mea consilia sequere.« (4) Cum clamor impetusque multitudinis vix sustineri posset, ex superiore parte aedium per fenestras in Novam viam versas – habitabat enim rex ad Iovis Statoris – populum Tanaquil adloquitur. (5) Iubet bono animo esse; sopitum fuisse regem subito ictu; ferrum haud alte in corpus descendisse; iam ad se redisse; inspectum volnus absterso cruore; omnia salubria esse; confidere propediem ipsum eos visuros; interim Ser. Tullio iubere populum dicto audientem esse; eum iura redditurum obiturumque alia regis munia esse. (6) Servius cum trabea et lictoribus prodit ac sede regia sedens alia decernit, de aliis consulturum se regem esse simulat. Itaque per aliquot dies cum iam exspirasset Tarquinius celata morte per speciem alienae fungendae vicis suas opes firmavit; tum demum palam factum est comploratione in regia orta. Servius praesidio firmo munitus, primus iniussu populi, voluntate patrum regnavit. (7) Anci liberi iam tum comprensis sceleris ministris ut vivere regem et tantas esse opes Servi nuntiatum est, Suessam Pometiam exsulatum ierant.

42 (1) Nec iam publicis magis consiliis Servius quam privatis munire opes, et ne, qualis Anci liberum animus adversus Tar-

erwache in Wahrheit! Auch wir haben als Fremde die Herrschaft in Händen gehabt; erwäge also, wer du bist, nicht woher du stammst! Wenn der plötzliche Schrecken dir deine Überlegung lähmt, dann folge der meinen!« (4) Als das Geschrei und der Andrang der Menge kaum mehr auszuhalten waren, redet Tanaquil von einem Fenster der Palastobergeschosse, die auf die Neue Straße gingen – der König wohnte ja beim Tempel des Iuppiter Stator –, das Volk an. (5) Man solle guten Mutes sein, befiehlt sie; nur betäubt worden sei der König durch den plötzlichen Schlag; das Eisen sei nicht tief in den Körper eingedrungen; schon sei er wieder zu sich gekommen; man habe das Blut abgewaschen und die Wunde besehen; es stehe alles gut; sie sei überzeugt, dass sie ihn in den nächsten Tagen selbst sehen könnten; unterdessen befehle er dem Volk, dem Servius Tullius Gehorsam zu leisten; der werde Recht sprechen und die anderen Geschäfte des Königs versehen. (6) Servius tritt im Königsgewand und mit den Liktoren auf und entscheidet auf dem Königsstuhl sitzend einige Fälle; wegen anderer, gab er vor, wolle er den König befragen. Und so festigte er in den paar Tagen, während derer der Tod des Königs verhehlt wurde – Tarquinius war ja schon längst gestorben –, seine Macht unter dem Schein, an Stelle eines anderen zu handeln; hierauf endlich wurde das Ereignis bekannt gemacht und im Königshaus die Klage angestimmt.[57] Servius, gestützt auf eine starke Schutzwache, herrschte so als erster ohne Auftrag des Volkes, nur durch dem Willen der Väter. (7) Die Söhne des Ancus waren schon zu dem Zeitpunkt, da man die Handlanger ihres Verbrechens ergriff und gemeldet wurde, der König lebe und Servius habe solche Macht, nach Suessa Pometia ins Exil gegangen.

42 (1) Jetzt aber suchte Servius weniger durch öffentliche als durch familiäre Maßnahmen seine Macht zu festigen; und damit die Gesinnung der Tarquiniussöhne nicht so wäre wie die

quinium fuerat, talis adversus se Tarquini liberum esset, duas filias iuvenibus regiis, Lucio atque Arrunti Tarquiniis iungit; (2) nec rupit tamen fati necessitatem humanis consiliis quin invidia regni etiam inter domesticos infida omnia atque infesta faceret.

Peropportune ad praesentis quietem status bellum cum Veientibus – iam enim indutiae exierant – aliisque Etruscis sumptum. (3) In eo bello et virtus et fortuna enituit Tulli; fusoque ingenti hostium exercitu haud dubius rex, seu patrum seu plebis animos periclitaretur, Romam rediit. (4) Adgrediturque inde ad pacis longe maximum opus, ut quemadmodum Numa divini auctor iuris fuisset, ita Servium conditorem omnis in civitate discriminis ordinumque quibus inter gradus dignitatis fortunaeque aliquid interlucet posteri fama ferrent. (5) Censum enim instituit, rem saluberrimam tanto futuro imperio, ex quo belli pacisque munia non viritim, ut ante, sed pro habitu pecuniarum fierent; tum classes centuriasque et hunc ordinem ex censu discripsit, vel paci decorum vel bello.

43 (1) Ex iis qui centum milium aeris aut maiorem censum haberent octoginta confecit centurias, quadragenas seniorum ac iuniorum; (2) prima classis omnes appellati; seniores ad urbis custodiam ut praesto essent, iuvenes ut foris bella gererent; arma his imperata galea, clipeum, ocreae, lorica, omnia ex aere;

der Söhne des Ancus gegenüber Tarquinius, vermählte er seine zwei Töchter den beiden Königssöhnen, den Tarquiniern Lucius und Arruntius; (2) doch vermochte er durch menschliches Planen das unabwendbare Geschick nicht zu durchbrechen, dass nämlich Neid und Missgunst um die Herrschaft sogar unter Hausgenossen überall Untreue und Unfrieden schufen.

Als sehr gelegen für die Erhaltung der gegenwärtigen Ruhe wurde der Krieg mit den Vejentern – die Waffenruhe war abgelaufen – und mit anderen Etruskern wieder aufgenommen. (3) In diesem Krieg strahlten Tapferkeit und Glück des Servius; er schlug eine große feindliche Armee und kehrte unangefochten als König – nun konnte er es auf die Gesinnung der Väter oder des Volkes ankommen lassen – nach Rom zurück. (4) Jetzt schreitet er zum weitaus größten Friedenswerk, damit die Nachkommen – wie Numa der Stifter des göttlichen Rechts gewesen – in gleicher Weise den Servius als den Gründer der Gliederung innerhalb der Bürgerschaft und der auf Stufung von Verdienst und Vermögen beruhenden Stände rühmen sollten. (5) Er führte nämlich den Census ein, die Schätzung, eine für das künftige Großreich sehr nützliche Einrichtung, wonach im Krieg und im Frieden die Auflagen nicht wie vorher nach der Kopfzahl, sondern nach dem Vermögensstand festgesetzt werden sollten; dann schrieb er auf Grund der Schätzung Klassen und Centurien (Hundertschaften) und folgende für den Krieg wie für den Frieden passende Ordnung vor:

43 (1) Aus denen, die 100 000 As oder ein noch größeres Vermögen besaßen,[58] stellte er achtzig Centurien zusammen, je vierzig der älteren und der jüngeren; (2) alle zusammen hießen die erste Klasse; die älteren sollten für den Schutz der Stadt zur Verfügung stehen, die jüngeren sollten im Feld Kriegsdienst leisten; sie hatten an Rüstung zu stellen Helm, Rundschild, Beinschienen, Brustpanzer – alles aus Erz, das sollten die

haec ut tegumenta corporis essent: tela in hostem hastaque et gladius. (3) Additae huic classi duae fabrum centuriae quae sine armis stipendia facerent; datum munus ut machinas in bello ferrent. (4) Secunda classis intra centum usque ad quinque et septuaginta milium censum instituta, et ex iis, senioribus iunioribusque, viginti conscriptae centuriae; arma imperata scutum pro clipeo et praeter loricam omnia eadem. (5) Tertiae classis in quinquaginta milium censum esse voluit; totidem centuriae et hae eodemque discrimine aetatium factae; nec de armis quicquam mutatum, ocreae tantum ademptae. (6) In quarta classe census quinque et viginti milium, totidem centuriae factae, arma mutata: nihil praeter hastam et verutum datum. (7) Quinta classis aucta; centuriae triginta factae; fundas lapidesque missiles hi secum gerebant; in his accensi cornicines tubicinesque in duas centurias distributi; undecim milibus haec classis censebatur. (8) Hoc minor census reliquam multitudinem habuit; inde una centuria facta est, immunis militia. Ita pedestri exercitu ornato distributoque, equitum ex primoribus civitatis duodecim scripsit centurias; (9) sex item alias centurias, tribus ab Romulo institutis, sub iisdem quibus inauguratae erant nominibus fecit. Ad equos emendos dena milia aeris ex publico data, et, quibus equos alerent, viduae attributae quae bina milia aeris in annos singulos penderent. Haec omnia in dites a pauperibus inclinata onera. (10) Deinde est honos additus. Non enim, ut ab Romulo traditum ceteri serva-

Schutzwaffen des Körpers sein; als Waffen gegen den Feind Lanze und Schwert. (3) Dieser Klasse wurden zwei Centurien Werkleute beigestellt, die ohne Waffe dienen sollten; sie hatten die Aufgabe, im Krieg das Gerät zu betreuen.[59] (4) Die zweite Klasse wurde festgesetzt auf ein Vermögen zwischen 100 000 und 75 000 As, und aus ihnen – aus den älteren und jüngeren zusammen – wurden zwanzig Centurien gebildet; an Waffen hatten sie zu stellen einen Langschild statt des runden und sonst außer dem Panzer alles gleich. (5) Die dritte Klasse sollte ein Vermögen bis zu 50 000 As haben; auch sie wurde in ebenso viele Centurien und nach dem Alter unterschiedlich eingeteilt, an der Bewaffnung wurde nichts geändert, nur die Beinschienen wurden weggelassen. (6) In der vierten Klasse bestand das Vermögen aus 25 000 As; es wurden ebenso viele Centurien gebildet, aber die Bewaffnung geändert: Sie führten lediglich Lanze und Wurfspieß. (7) Die fünfte Klasse war stärker; man formierte sie in dreißig Centurien; sie führten Schleudern und Wurfsteine; ihnen wurden die Hornisten und Trompeter angegliedert, auf zwei Centurien verteilt; diese Klasse wurde auf 11 000 As eingeschätzt. (8) Eine noch geringere Einschätzung hatte die übrige Menge; aus ihr wurde eine Centurie gebildet, die vom Kriegsdienst befreit war. Nachdem Tullius das Fußvolk auf diese Weise gerüstet und eingeteilt hatte, hob er aus den Vornehmeren der Bürgerschaft zwölf Centurien Reiter aus; (9) des weiteren formierte er aus den von Romulus gebildeten drei Centurien sechs andere, unter Beibehaltung ihrer durch Vogelschau gestifteten Namen. Zum Ankauf von Pferden wurde jedem 10 000 As aus der Staatskasse gegeben; bezüglich des Unterhalts der Pferde wurden die Witwen besteuert, die 2000 As jährlich für jeden Reiter zahlen sollten.[60] Alle diese Lasten wurden von den Armen auf die Reichen abgewälzt. (10) Dafür erhielten diese mehr politische Rechte, denn es wurde nicht mehr – wie es von Romulus her überlie-

verant reges, viritim suffragium eadem vi eodemque iure promisce omnibus datum est; sed gradus facti, ut neque exclusus quisquam suffragio videretur et vis omnis penes primores civitatis esset; (11) equites enim vocabantur primi, octoginta inde primae classis centuriae; ibi si variaret – quod raro incidebat – secundae classis; nec fere unquam infra ita descenderunt ut ad infimos pervenirent. (12) Nec mirari oportet hunc ordinem qui nunc est post expletas quinque et triginta tribus, duplicato earum numero centuriis iuniorum seniorumque, ad institutam ab Ser. Tullio summam non convenire. (13) Quadrifariam enim urbe divisa regionibus collibusque qui habitabantur, partes eas tribus appellavit, ut ego arbitror, ab tributo; nam eius quoque aequaliter ex censu conferendi ab eodem inita ratio est; neque eae tribus ad centuriarum distributionem numerumque quicquam pertinuere.

44 (1) Censu perfecto quem maturaverat metu legis de incensis latae cum vinculorum minis mortisque, edixit ut omnes cives Romani, equites peditesque, in suis quisque centuriis, in campo Martio prima luce adessent. (2) Ibi instructum exercitum omnem suovetaurilibus lustravit, idque conditum lustrum appellatum, quia is censendo finis factus est. Milia octoginta eo lustro civium censa dicuntur; adicit scriptorum antiquissimus Fabius Pictor, eorum qui arma ferre possent eum

fert war und wie es die nachfolgenden Könige beibehalten hatten – jedem Mann ohne Unterschied ein Stimmrecht von gleichem Gewicht und gleichem Rang verliehen, sondern es wurden Abstufungen gemacht derart, dass zwar keiner vom Recht auf Abstimmung ausgeschlossen erschien, jedoch die Einflussnahme gänzlich den Vornehmen der Bürgerschaft blieb: (11) Die Ritter nämlich wurden zuerst aufgerufen, dann die achtzig Centurien der ersten Klasse; ergab sich hier Stimmenungleichheit – was selten der Fall war –, dann die der zweiten Klasse; und fast nie mussten sie so weit hinuntergehen, dass sie zu den untersten Schichten kamen. (12) Man darf sich jedoch nicht wundern, dass die Ordnung, wie sie heute besteht, nach der Vermehrung der Bezirke (*tribus*) auf 35 und der Verdoppelung ihrer Zahl durch Centurien der Älteren und Jüngeren mit der von Servius Tullius eingesetzten Zahl nicht mehr übereinstimmt. (13) Er hatte die Stadt nämlich nach den Bezirken und Hügeln, die bewohnt waren, nur in vier Teile eingeteilt und nannte diese Teile *tribus* – wie ich meine, nach dem Wort *tributum* [Steuer];[61] denn auch eine gleichbleibende Besteuerung nach dem Vermögen geschah auf seine Veranlassung, und diese Steuerbezirke hatten mit der Gliederung in Centurien und mit deren zahlenmäßiger Stärke nichts mehr zu tun.

44 (1) Nachdem die Steuerveranlagung durchgeführt war – er hatte sie beschleunigt durch die Furcht vor einem Gesetz, das allen, die sich nicht schätzen lassen wollten, mit Gefängnis und Tod drohte –, sagte er an, alle römischen Bürger, Reiter und Fußvolk, jeder in seiner Centurie, sollten bei Tagesanbruch auf dem Marsfeld antreten. (2) Dort stellte er das ganze Heer in Ordnung auf und entsühnte es durch das Opfer der Suovetaurilien; es wurde Gründungsopfer genannt, weil damit die Veranlagung beendet wurde.[62] 80 000 Bürger sollen bei diesem Opfer gezählt worden sein; Fabius Pictor, der älteste der Geschichtsschreiber, fügt hinzu, dies sei die Anzahl der

numerum fuisse. (3) Ad eam multitudinem urbs quoque amplificanda visa est. Addit duos colles, Quirinalem Viminalemque; Viminalem inde deinceps auget Esquiliis; ibique ipse, ut loco dignitas fieret, habitat; aggere et fossis et muro circumdat urbem; ita pomerium profert. (4) Pomerium verbi vim solam intuentes postmoerium interpretantur esse; est autem magis circamoerium, locus quem in condendis urbibus quondam Etrusci qua murum ducturi erant certis circa terminis inaugurato consecrabant, ut neque interiore parte aedificia moenibus continuarentur, quae nunc volgo etiam coniungunt, et extrinsecus puri aliquid ab humano cultu pateret soli. (5) Hoc spatium quod neque habitari neque arari fas erat, non magis quod post murum esset quam quod murus post id, pomerium Romani appellarunt; et in urbis incremento semper quantum moenia processura erant tantum termini hi consecrati proferebantur.

45 (1) Aucta civitate magnitudine urbis, formatis omnibus domi et ad belli et ad pacis usus, ne semper armis opes adquirerentur, consilio augere imperium conatus est, simul et aliquod addere urbi decus. (2) Iam tum erat inclitum Dianae Ephesiae fanum; id communiter a civitatibus Asiae factum fama ferebat. Eum consensum deosque consociatos laudare mire Servius inter proceres Latinorum, cum quibus publice privatimque hospitia amicitiasque de industria iunxerat. Saepe

waffenfähigen Bürger gewesen. (3) Im Hinblick auf diese Volksmenge erschien auch eine Stadterweiterung nötig. Servius Tullius fügt ihr also noch zwei Hügel bei, den Quirinal und den Viminal; den Viminal vergrößert er darauf durch die Esquilien; dort wohnt er selbst, damit die Gegend Ansehen bekäme; mit Wall, Gräben und Mauer umzieht er die Stadt; so schiebt er die Stadtgrenze weiter hinaus. (4) Die lediglich auf die Bedeutung des Wortes *pomerium* sehen, deuten es als »Streifen hinter der Mauer«; es ist aber eher ein Streifen beiderseits der Mauer, den einst die Etrusker bei Stadtgründungen dort, wo sie die Mauer aufführen wollten, ringsum unter Vogelbefragung absteckten und weihten, damit im inneren Teil keine Häuser mit den Mauern in Berührung kamen – wie das jetzt gemeinhin geschieht – und damit auch außerhalb ein von menschlicher Hand unberührter Raum bliebe. (5) Diesen Streifen, der weder bebaut noch bepflügt werden durfte, nannten die Römer – ebenso weil er hinter der Mauer wie auch weil die Mauer hinter ihm lag – *pomerium*;[63] und beim Wachsen der Stadt wurden diese geweihten Grenzen immer so weit vorgeschoben, als die Mauern vorrücken sollten.

45 (1) Als die Bürgerschaft mit der Größe der Stadt angewachsen und im Innern alles für Kriegs- und Friedenszwecke geordnet war, versuchte Servius – damit nicht immer nur durch Waffengewalt Macht zugewonnen würde –, durch einen klugen Plan sein Gebiet zu mehren und zugleich der Stadt einiges Ansehen zu geben. (2) Schon damals war das Heiligtum der Diana von Ephesus berühmt; es sei von den Stadtgemeinden Kleinasiens gemeinsam erbaut worden, lautet die Kunde. Diese Übereinstimmung und Gemeinsamkeit im Götterdienst hob Servius besonders lobend hervor unter den Vornehmen der Latiner, mit denen er öffentlich und privat intensiven geselligen Verkehr und Freundschaften angeknüpft hatte. Indem er den gleichen Gedanken öfters immer wieder vorbrachte,

iterando eadem perpulit tandem, ut Romae fanum Dianae populi Latini cum populo Romano facerent. (3) Ea erat confessio caput rerum Romam esse, de quo totiens armis certatum fuerat. Id quamquam omissum iam ex omnium cura Latinorum ob rem totiens infeliciter temptatam armis videbatur, uni se ex Sabinis fors dare visa est privato consilio imperii reciperandi. (4) Bos in Sabinis nata cuidam patri familiae dicitur miranda magnitudine ac specie; fixa per multas aetates cornua in vestibulo templi Dianae monumentum ei fuere miraculo. (5) Habita, ut erat, res prodigii loco est, et cecinere vates cuius civitatis eam civis Dianae immolasset, ibi fore imperium; (6) idque carmen pervenerat ad antistitem fani Dianae Sabinusque ut prima apta dies sacrificio visa est, bovem Romam actam deducit ad fanum Dianae et ante aram statuit. Ibi antistes Romanus, cum eum magnitudo victimae celebrata fama movisset, memor responsi Sabinum ita adloquitur: »Quidnam tu, hospes, paras?« inquit, »inceste sacrificium Dianae facere? Quin tu ante vivo perfunderis flumine? infima valle praefluit Tiberis.« (7) Religione tactus hospes, qui omnia, ut prodigio responderet eventus, cuperet rite facta, extemplo descendit ad Tiberim; interea Romanus immolat Dianae bovem. Id mire gratum regi atque civitati fuit.

46 (1) Servius quamquam iam usu haud dubie regnum possederat, tamen quia interdum iactari voces a iuvene Tarquinio

setzte er es schließlich durch, dass die latinischen Völker gemeinsam mit dem römischen Volk in Rom ein Heiligtum der Diana errichteten. (3) Das galt als Bestätigung dafür, dass Rom ihre gemeinsame Hauptstadt sei, worüber so oft mit Waffengewalt gestritten worden war. Schien dieser Anspruch indessen – wurde nicht allzu oft erfolglos versucht, ihn mit dem Schwert durchzusetzen? – nicht mehr im Blickfeld der Latiner insgesamt zu liegen, so schien jetzt einem aus den Sabinern die Gelegenheit gegeben, aus eigenem Entschluss die Herrschaft wiederzugewinnen. (4) Im Sabinischen wurde nämlich einem Hausvater ein Rind von wunderbarer Größe und Schönheit geboren, so sagt man; seine Hörner, viele Generationen lang im Vorhof des Dianatempels angebracht, gaben Zeugnis von jenem Wundergeschöpf. (5) Die Sache wurde mit Recht als eine Art Vorzeichen angesehen, und die Seher raunten, dem Staat, aus dem ein Bürger diese Kuh der Diana opfere, winke die Herrschaft. (6) Dieser Spruch nun war bis zum Vorsteher des Dianatempels gedrungen. Der Sabiner nun trieb am ersten Tag, der für ein Opfer geeignet schien, besagtes Rind nach Rom, führte es zum Dianaheiligtum und brachte es vor den Altar. Dort spricht der römische Vorsteher, da ihn die vom Gerücht gerühmte mächtige Gestalt des Opfertieres aufmerksam gemacht hatte, des Spruches eingedenk, den Sabiner so an: »Was denn, Gastfreund? Was hast du vor? Unrein der Diana ein Opfer darbringen? Warum reinigst du dich nicht vorher im rinnenden Wasser? Da unten im Tal fließt der Tiber!« (7) Der von heiliger Scheu erfasste Fremde, der alles richtig zu machen wünschte, damit das Ergebnis der Prophezeiung entspräche, steigt sogleich zum Tiber hinab; währenddessen opfert der Römer der Diana das Rind. Das ist dem König und der Bürgerschaft hochwillkommen gewesen.[64]

46 (1) Servius hatte nun zwar die Königsherrschaft unangefochten durch Gewohnheit inne; weil er jedoch manchmal aus

audiebat se iniussu populi regnare, conciliata prius voluntate plebis agro capto ex hostibus viritim diviso, ausus est ferre ad populum vellent iuberentne se regnare; tantoque consensu quanto haud quisquam alius ante rex est declaratus. (2) Neque ea res Tarquinio spem adfectandi regni minuit; immo eo impensius quia de agro plebis adversa patrum voluntate senserat agi, criminandi Servi apud patres crescendique in curia sibi occasionem datam ratus est, et ipse iuvenis ardentis animi et domi uxore Tullia inquietum animum stimulante. (3) Tulit enim et Romana regia sceleris tragici exemplum, ut taedio regum maturior veniret libertas ultimumque regnum esset quod scelere partum foret. (4) Hic L. Tarquinius – Prisci Tarquini regis filius neposne fuerit parum liquet; pluribus tamen auctoribus filium ediderim – fratrem habuerat Arruntem Tarquinium mitis ingenii iuvenem. (5) His duobus, ut ante dictum est, duae Tulliae regis filiae nupserant, et ipsae longe dispares moribus. Forte ita inciderat ne duo violenta ingenia matrimonio iungerentur fortuna, credo, populi Romani, quo diuturnius Servi regnum esset constituique civitatis mores possent. (6) Angebatur ferox Tullia nihil materiae in viro neque ad cupiditatem neque ad audaciam esse; tota in alterum aversa Tarquinium

Äußerungen des jungen Tarquinius hörte, er regiere ohne Gutheißen des Volkes, so wagte er es denn, dem Volk die Frage vorzulegen, ob sie wollten und guthießen, dass er König sei; zuvor hatte er allerdings die Gunst des Volkes dadurch gewonnen, dass er das dem Feind abgenommene Ackerland Mann für Mann an sie verteilte. So wurde er denn mit einer Einstimmigkeit wie kein anderer vor ihm zum König erklärt. (2) Indessen minderte auch diese Tatsache für Tarquinius die Hoffnung nicht, die Herrschaft zu gewinnen; er glaubte vielmehr, es sei ihm jetzt eine nur zu gute Gelegenheit geboten, den Servius bei den Vätern zu verleumden und selber im Rathaus Einfluss zu gewinnen, weil er nämlich der gegen den Willen der Väter erfolgten Landverteilung auf die Spur gekommen war;[65] er selbst war ein junger Mann mit brennendem Ehrgeiz, dessen unsteten Geist zu Hause seine Gattin Tullia noch anstachelte. (3) Denn auch das römische Königshaus bot ein Beispiel tragischen Verbrechens, damit aus Abscheu vor Königen die Freiheit früher anbräche und dieser Thronbesitz der letzte würde, der durch Frevel errungen war. (4) Dieser L. Tarquinius – ob er ein Sohn oder ein Enkel des alten Königs Tarquinius gewesen, ist nicht ganz klar, doch möchte ich ihn der Mehrzahl der Geschichtsschreiber folgend für seinen Sohn ausgeben – hatte einen Bruder Arruns Tarquinius, einen jungen Mann von sanftem Gemüt. (5) Diesen beiden waren die zwei Tullien, die Königstöchter, vermählt worden; und auch sie waren sich im Charakter völlig unähnlich. Durch Zufall war es dahin gekommen, dass nicht zwei gewalttätige Gemüter ehelich verbunden wurden, zum Segen für das römische Volk, glaube ich, damit die Herrschaft des Servius länger dauere und sich die Sitten und Gebräuche des Staates festigen könnten. (6) Die ungestüme Tullia grämte sich, dass in ihrem Mann keine Anlage zu Ehrgeiz und Kühnheit war; sie wandte sich ganz dem anderen Tarquinius zu, bewunderte ihn, nannte ihn einen Mann und

eum mirari, eum virum dicere ac regio sanguine ortum: spernere sororem, quod virum nacta muliebri cessaret audacia. (7) Contrahit celeriter similitudo eos, ut fere fit: malum malo aptissimum; sed initium turbandi omnia a femina ortum est. Ea secretis viri alieni adsuefacta sermonibus nullis verborum contumeliis parcere de viro ad fratrem, de sorore ad virum; et se rectius viduam et illum caelibem futurum fuisse contendere, quam cum impari iungi ut elanguescendum aliena ignavia esset; (8) si sibi eum quo digna esset di dedissent virum, domi se propediem visuram regnum fuisse quod apud patrem videat. (9) Celeriter adulescentem suae temeritatis implet; Arruns Tarquinius et Tullia minor prope continuatis funeribus cum domos vacuas novo matrimonio fecissent, iunguntur nuptiis, magis non prohibente Servio quam adprobante.

47 (1) Tum vero in dies infestior Tulli senectus, infestius coepit regnum esse; iam enim ab scelere ad aliud spectare mulier scelus. Nec nocte nec interdiu virum conquiescere pati, ne gratuita praeterita parricidia essent: (2) non sibi defuisse cui nupta diceretur, nec cum quo tacita serviret; defuisse qui se regno dignum putaret, qui meminisset se esse Prisci Tarquini filium, qui habere quam sperare regnum mallet. (3) »Si tu is es cui nuptam esse me arbitror, et virum et regem appello; sin minus, eo nunc peius mutata res est quod istic cum ignavia est scelus.

aus königlichem Blut gezeugt; sie verachtete ihre Schwester, weil diese – obwohl im Besitz eines solchen Mannes – als seine Frau es an kühner Tatkraft fehlen lasse. (7) Rasch brachte ähnliche Veranlagung beide zusammen, wie das so zu gehen pflegt: Böses passt zu Bösem ja am besten. Indessen kam der Anstoß zum Umsturz von der Frau: An heimliche Treffen mit dem Mann der anderen gewöhnt, sparte sie nicht mit Schmähungen über ihren Mann dessen Bruder gegenüber und über ihre Schwester vor deren Mann; sie versicherte, besser wäre sie gattenlos und jener unvermählt geblieben, als dass sie beide – mit ungleichen Partnern verbunden – durch die Lässigkeit anderer ebenfalls in Erschlaffung versänken; (8) wenn ihr die Götter den Mann gegeben hätten, dessen sie würdig sei, so würde sie demnächst die Königskrone, die sie beim Vater sähe, im eigenen Hause sehen. (9) Schnell steckte sie den jungen Mann mit ihrer Verwegenheit an; als Arruns Tarquinius und Tullia die Jüngere durch ihren fast gleichzeitig erfolgten Tod[66] die Häuser für neue Heirat freigemacht hatten, verbinden sie diese – mehr weil Servius es nicht hindern mochte, als weil er es billigte.

47 (1) Von nun an wurde jedenfalls das Alter des Tullius von Tag zu Tag gefährdeter, gefährdeter seine Herrschaft, denn die Frau schaute von einer Untat bereits zur nächsten aus. Tag und Nacht ließ sie ihrem Mann keine Ruhe, damit die geschehenen Geschwistermorde nicht vergeblich wären: (2) Es habe ihr nicht an einem Mann gefehlt, dessen Frau sie hieße, um in Schweigen und Knechtschaft bei ihm auszuharren; gefehlt habe ihr einer, der sich für würdig der Herrschaft hielte; der sich daran erinnerte, dass er des Tarquinius Priscus Sohn sei; der lieber die Herrschaft in Händen halten wollte, als sie zu erhoffen. (3) »Wenn du der bist, dessen Frau ich zu sein glaube, so nenne ich dich Mann und nenne dich König; wo nicht, ist die Sache nun dadurch schlimmer geworden, dass sich hier Ver-

Quin accingeris? (4) Non tibi ab Corintho nec ab Tarquiniis, ut patri tuo, peregrina regna moliri necesse est: di te penates patriique et patris imago et domus regia et in domo regale solium et nomen Tarquinium creat vocatque regem. (5) Aut si ad haec parum est animi, quid frustraris civitatem? quid te ut regium iuvenem conspici sinis? Facesse hinc Tarquinios aut Corinthum; devolvere retro ad stirpem, fratri similior quam patri.« (6) His aliisque increpando iuvenem instigat, nec conquiescere ipsa potest si, cum Tanaquil, peregrina mulier, tantum moliri potuisset animo ut duo continua regna viro ac deinceps genero dedisset, ipsa regio semine orta nullum momentum in dando adimendoque regno faceret. (7) His muliebribus instinctus furiis Tarquinius circumire et prensare minorum maxime gentium patres; admonere paterni beneficii ac pro eo gratiam repetere; allicere donis iuvenes; cum de se ingentia pollicendo tum regis criminibus omnibus locis crescere. (8) Postremo ut iam agendae rei tempus visum est, stipatus agmine armatorum in forum inrupit. Inde omnibus perculsis pavore, in regia sede pro curia sedens patres in curiam per praeconem ad regem Tarquinium citari iussit. (9) Convenere extemplo, alii iam ante ad hoc praeparati, alii metu ne non venisse fraudi esset, novitate

brechen mit Tatenlosigkeit verbindet. Warum reißt du dich nicht zusammen? (4) Du hast es nicht nötig, wie dein Vater von Korinth oder von den Tarquiniern her einen fremden Thron zu erstreben: Dich bestimmen und berufen die Götter deines Hauses, deines Vaters Ahnenbild, der Königspalast und im Palast der königliche Thron, und dein Name Tarquinius zum König. (5) Wenn es dir dazu an Mut fehlt, warum täuschst du dann die Bürgerschaft? Weshalb lässt du dich als Königssohn ansehen? Heb dich weg von hier – zu den Tarquiniern oder nach Korinth; sinke in deinen Ursprung zurück, deinem Bruder ähnlicher als deinem Vater!« (6) Mit diesen und anderen Worten herrscht sie den jungen Mann an und reizt ihn auf und konnte sich selbst darüber nicht beruhigen, dass sie selber – obwohl königlichem Geblüt entsprossen – keinen Einfluss auf Geben und Ergreifen der Krone nehmen konnte, während Tanaquil, eine fremde Frau, durch ihren Mut so Großes habe bewirken können, dass sie unmittelbar hintereinander zwei Kronen vergeben konnte: erst an ihren Mann, dann an den Schwiegersohn. (7) Von solcher weiblichen Raserei angespornt, machte Tarquinius die Runde und sprach vor allem die Väter aus den jüngeren Geschlechtern an; er erinnerte sie an seines Vaters Wohltat und verlangte Dankbarkeit dafür; die jungen Männer lockte er durch Geschenke an; indem er einerseits gewaltige Versprechungen machte, andererseits den König verleumdete, wuchs allenthalben sein Einfluss. (8) Als ihm schließlich der Zeitpunkt zur Tat gekommen schien, drang er, von einer Rotte Bewaffneter umgeben, auf den Marktplatz ein. Dann – alles war von Furcht gelähmt – ließ er, auf dem Königsstuhl vor dem Rathaus sitzend, die Väter zum Rathaus und vor König Tarquinius rufen. (9) Sie kamen sogleich zusammen – die einen, weil sie vorher schon darauf vorbereitet waren, die andern aus Furcht, ein Nichterscheinen würde ihnen übel ausgelegt werden –, von dem unerwarteten und unglaubli-

ac miraculo attoniti et iam de Servio actum rati. (10) Ibi Tarquinius maledicta ab stirpe ultima orsus: servum servaque natum post mortem indignam parentis sui, non interregno, ut antea, inito, non comitiis habitis, non per suffragium populi, non auctoribus patribus, muliebri dono regnum occupasse. (11) ita natum, ita creatum regem, fautorem infimi generis hominum ex quo ipse sit, odio alienae honestatis ereptum primoribus agrum sordidissimo cuique divisisse; (12) omnia onera quae communia quondam fuerint inclinasse in primores civitatis; instituisse censum ut insignis ad invidiam locupletiorum fortuna esset et parata unde, ubi vellet, egentissimis largiretur.

48 (1) Huic orationi Servius cum intervenisset trepido nuntio excitatus, extemplo a vestibulo curiae magna voce »Quid hoc« inquit, »Tarquini, rei est? qua tu audacia me vivo vocare ausus es patres aut in sede considere mea?« (2) Cum ille ferociter ad haec – se patris sui tenere sedem; multo quam servum potiorem filium regis regni heredem; satis illum diu per licentiam eludentem insultasse dominis –, clamor ab utriusque fautoribus oritur et concursus populi fiebat in curiam, apparebatque regnaturum qui vicisset. (3) Tum Tarquinius necessitate iam et ipsa cogente ultima audere, multo et aetate et viribus validior, medium arripit Servium elatumque e curia in inferiorem partem per gradus deiecit; inde ad cogendum senatum in

chen Auftritt erschüttert und weil sie glaubten, es sei um Servius bereits geschehen. (10) Da begann Tarquinius mit seinen Schmähungen, angefangen mit seiner niedrigen Abkunft: Ein Sklave und Sohn einer Sklavin, habe er nach dem unwürdigen Tod seines Vaters, ohne dass wie früher ein Zwischenkönigtum eingetreten, ohne Abhaltung von Wahlversammlungen, ohne Abstimmung durch das Volk, ohne Bestätigung durch die Väter, nur aus der Schenkung einer Frau die Königsherrschaft an sich gerissen. (11) So geboren, so zum König gemacht, ein Gönner der untersten Hefe des Volkes, aus der er selber stamme, habe er aus Hass gegen das Ansehen anderer den Vornehmen ihr Land entrissen und es an den Abschaum verteilt; (12) all die Lasten, die ehemals gemeinsam waren, habe er auf die Vornehmen in der Bürgerschaft abgewälzt; er habe die Vermögensschätzung eingeführt, damit das Vermögen der Reicheren dem Neid ausgesetzt sei und er genügend bereit hätte, um davon nach Belieben an die Habenichtse auszuteilen.

48 (1) Als sich Servius, von einem eilenden Boten aufgeschreckt, während dieser Rede eingefunden hatte, rief er schon vom Vorraum des Rathauses her mit lauter Stimme: »Was ist das, Tarquinius? Wie konntest du es wagen, noch zu meinen Lebzeiten die Väter zu berufen und auf meinem Stuhl Platz zu nehmen?« (2) Als jener darauf trotzig entgegnete, er habe nur seines Vaters Sitz eingenommen; mit mehr Recht als ein Sklave sei der Sohn des Königs Erbe der Herrschaft; lang genug habe jener sich frech aufgespielt und seine Herren verhöhnt – da erhebt sich Geschrei aus den Reihen der Anhänger beider, das Volk läuft beim Rathaus zusammen, und es hatte den Anschein, es würde der König sein, der hier den Sieg davontrage. (3) Da wagte Tarquinius – die Notwendigkeit zwang ihn dazu – das äußerste, er packte als der dem Alter und den Kräften nach weitaus Stärkere den Servius um die Mitte, trug ihn aus dem Rathaus und warf ihn die Stufen hinunter; dann kehrte er ins

curiam rediit. (4) Fit fuga regis apparitorum atque comitum; ipse prope exsanguis cum sine regio comitatu domum se reciperet ab iis qui missi ab Tarquinio fugientem consecuti erant interficitur. (5) Creditur, quia non abhorret a cetero scelere, admonitu Tulliae id factum. Carpento certe, id quod satis constat, in forum invecta nec reverita coetum virorum evocavit virum e curia regemque prima appellavit. (6) A quo facessere iussa ex tanto tumultu cum se domum reciperet pervenissetque ad summum Cyprium vicum, ubi Dianium nuper fuit, flectenti carpentum dextra in Vrbium clivum ut in collem Esquiliarum eveheretur, restitit pavidus atque inhibuit frenos is qui iumenta agebat iacentemque dominae Servium trucidatum ostendit. (7) Foedum inhumanumque inde traditur scelus monumentoque locus est – Sceleratum vicum vocant – quo amens, agitantibus furiis sororis ac viri, Tullia per patris corpus carpentum egisse fertur, partemque sanguinis ac caedis paternae cruento vehiculo, contaminata ipsa respersaque, tulisse ad penates suos virique sui, quibus iratis malo regni principio similes propediem exitus sequerentur.

(8) Ser. Tullius regnavit annos quattuor et quadraginta ita ut bono etiam moderatoque succedenti regi difficilis aemulatio esset; ceterum id quoque ad gloriam accessit quod cum illo si-

Rathaus zurück, um den Senat beisammenzuhalten. (4) Es kommt zur Flucht der Begleiter des Königs und seines Gefolges; er selbst wird, als er sich bereits halbtot ohne seine königliche Begleitung in sein Haus retten wollte, von Leuten, die Tarquinius geschickt und die ihn auf seiner Flucht eingeholt hatten, niedergemacht. (5) Man nimmt an – weil es ja zur übrigen Freveltat sehr wohl passt –, es sei auf Anraten der Tullia geschehen. Jedenfalls fuhr sie, was zur Genüge gesichert ist, mit ihrem Wagen auf den Platz, und ohne Scheu vor der Männerversammlung rief sie ihren Mann aus dem Rathaus heraus und begrüßte ihn als erste als König. (6) Als sie, von ihm aufgefordert, sich aus einem solchen Getümmel zu entfernen, auf ihrem Rückweg nach Hause bis ans Ende der Cyprischen Gasse gelangt war – an die Stelle, wo bis vor kurzem noch ein Dianaheiligtum gewesen – und den Wagen nach rechts in die Urbische Steige einbiegen ließ, um den esquilinischen Hügel hinaufzufahren –, da verhielt der Mann, der die Zugtiere trieb, angstvoll, zog die Zügel an und wies seiner Herrin den dort liegenden niedergestreckten Servius. (7) Und nun wird eine grässliche und unmenschliche Freveltat berichtet – die Örtlichkeit ist Zeugnis dafür, denn man nennt sie die Frevelgasse: Dort habe Tullia, wird gesagt, gänzlich von Sinnen, von den Rachegöttinnen ihrer Schwester und ihres Mannes getrieben, den Wagen über ihres Vaters Leichnam gelenkt und so ihren Anteil am blutigen Mord ihres Vaters, mit dem blutbesudelten Wagen und selbst befleckt und bespritzt, zu ihren und ihres Mannes Hausgöttern heimgebracht; durch deren Zorn sollte dem üblen Beginn der Herrschaft in der Zukunft sehr bald ein ähnliches Ende folgen.

(8) Servius Tullius hat 44 Jahre so regiert, dass es selbst für einen guten und gemäßigten Nachfolger hätte schwer sein müssen, ihm gleichzukommen; im übrigen erhöhte seinen Ruhm noch der Umstand, dass mit ihm zugleich auch das

mul iusta ac legitima regna occiderunt. (9) Id ipsum tam mite ac tam moderatum imperium tamen quia unius esset deponere eum in animo habuisse quidam auctores sunt, ni scelus intestinum liberandae patriae consilia agitanti intervenisset.

49 (1) Inde L. Tarquinius regnare occepit, cui Superbo cognomen facta indiderunt, quia socerum gener sepultura prohibuit, Romulum quoque insepultum perisse dictitans, (2) primoresque patrum, quos Servi rebus favisse credebat, interfecit; conscius deinde male quaerendi regni ab se ipso adversus se exemplum capi posse, armatis corpus circumsaepsit; (3) neque enim ad ius regni quicquam praeter vim habebat ut qui neque populi iussu neque auctoribus patribus regnaret. (4) Eo accedebat ut in caritate civium nihil spei reponenti metu regnum tutandum esset. Quem ut pluribus incuteret cognitiones capitalium rerum sine consiliis per se solus exercebat, (5) perque eam causam occidere, in exsilium agere, bonis multare poterat non suspectos modo aut invisos sed unde nihil aliud quam praedam sperare posset. (6) Praecipue ita patrum numero imminuto statuit nullos in patres legere, quo contemptior paucitate ipsa ordo esset minusque per se nihil agi indignarentur. (7) Hic enim regum primus traditum a prioribus morem de omnibus

recht- und gesetzmäßige Königtum dahinging. (9) Und selbst diese so mild und maßvoll ausgeübte Herrschaft soll er bestimmten Schriftstellern zufolge niederzulegen im Sinn gehabt haben, weil sie die eines einzelnen sei – wenn ihm nicht das Verbrechen im eigenen Haus bei seinem Vorhaben, das Vaterland frei zu machen, in den Weg getreten wäre.

49 (1) So übernahm denn L. Tarquinius die Regierung [554]; seine Untaten verschafften ihm den Beinamen »der Stolze, Hochmütige«,[67] weil er, der Schwiegersohn, seinem Schwiegervater das Begräbnis verweigerte mit den wiederholten Worten, auch Romulus sei unbegraben dahingegangen; (2) weil er die Vornehmsten der Väter, die er für Anhänger des Servius hielt, umbrachte; und weil er sich endlich – wohl wissend, man könnte sich an der üblen Weise, mit der er sich der Herrschaft bemächtigt hatte, zu seinem Schaden ein Beispiel nehmen – zum Schutz seiner Person mit einer bewaffneten Leibgarde umgab; (3) er hatte nämlich keinen Rechtsanspruch auf den Thron außer Gewalt, weil er weder auf Geheiß des Volkes noch mit Bestätigung der Väter herrschte. (4) Hinzu kam, dass er seine Herrschaft durch Furcht sichern musste, da er auf die Wertschätzung der Bürger keine Hoffnung setzen konnte. Um diese Angst möglichst vielen einzujagen, führte er die Untersuchungen von Kapitalverbrechen ganz allein selber und ohne Beiräte durch. (5) Aus diesem Grund konnte er morden, in die Verbannung treiben, am Vermögen strafen, und zwar nicht nur Verdächtige und Verhasste, sondern auch solche, von denen er nichts weiter als Beute erhoffen konnte. (6) Nachdem er so vor allem die Zahl der Väter verringert hatte, beschloss er, keine neuen Väter mehr zuzuwählen, damit ihr Stand durch die schwache Besetzung an sich schon umso verächtlicher werde und sich weniger darüber entrüsten könne, dass er keinen Einfluss auf das politische Geschehen mehr habe. (7) Als erster der Könige hob er die von den Vorfahren überkommene Gewohn-

senatum consulendi solvit; domesticis consiliis rem publicam administravit; bellum, pacem, foedera, societates per se ipse, cum quibus voluit, iniussu populi ac senatus, fecit diremitque. (8) Latinorum sibi maxime gentem conciliabat ut peregrinis quoque opibus tutior inter cives esset, neque hospitia modo cum primoribus eorum sed adfinitates quoque iungebat. (9) Octavio Mamilio Tusculano – is longe princeps Latini nominis erat, si famae credimus, ab Vlixe deaque Circa oriundus – ei Mamilio filiam nuptum dat, perque eas nuptias multos sibi cognatos amicosque eius conciliat.

50 (1) Iam magna Tarquini auctoritas inter Latinorum proceres erat, cum in diem certam ut ad lucum Ferentinae conveniant indicit: esse, quae agere de rebus communibus velit. (2) Conveniunt frequentes prima luce: ipse Tarquinius diem quidem servavit, sed paulo ante quam sol occideret venit. Multa ibi toto die in concilio variis iactata sermonibus erant. (3) Turnus Herdonius ab Aricia ferociter in absentem Tarquinium erat invectus: haud mirum esse Superbo inditum Romae cognomen. – Iam enim ita clam quidem mussitantes, volgo tamen eum appellabant. – an quicquam superbius esse quam ludificari sic omne nomen Latinum? (4) principibus longe ab domo excitis, ipsum, qui concilium indixerit, non adesse. temptari profecto patientiam ut, si iugum acceperint, obnoxios

heit auf, über alles den Senat zu befragen; er lenkte das Gemeinwesen nach den Ratschlägen seiner Umgebung; Krieg, Frieden, Verträge, Bündnisse schloss er aus eigener Machtvollkommenheit, mit wem er wollte, und löste sie wieder, ohne Auftrag des Volkes oder des Senats. (8) Besonders mit dem Stamm der Latiner freundete er sich an, um auch durch fremde Macht sicherer unter seinen Bürgern zu sein, und knüpfte mit ihrem Adel nicht nur Gastfreundschaften, sondern auch Verwandtschaften. (9) Dem Tusculaner Octavius Mamilius – er war der weitaus Vornehmste von allen, die sich Latiner nannten, und stammte, wenn wir der Sage Glauben schenken wollen, von Ulixes [Odysseus] und der Göttin Circe ab –, diesem Mamilius gibt er seine Tochter zur Ehe und bindet durch diese Heirat dessen zahlreiche Verwandte und Freunde an sich.

50 (1) Das Ansehen des Tarquinius bei den Vornehmen der Latiner war schon groß, als er sie auf einen bestimmten Tag entbietet, beim Hain der Ferentina zusammenzukommen: Es gehe darum, dass er mit ihnen über gemeinsame Angelegenheiten reden wolle. (2) Sie kommen zahlreich beim ersten Morgenlicht; Tarquinius selbst hielt zwar den Tag ein, kam aber erst kurz vor Sonnenuntergang. Vielerlei war dort den ganzen Tag über in der Versammlung in Rede und Gegenrede besprochen worden. (3) Turnus Herdonius aus Aricia hatte heftig wider den abwesenden Tarquinius gesprochen: Kein Wunder, dass ihm in Rom der Beiname »der Hochfahrende« zugelegt worden sei. So nannten sie ihn nämlich schon, zwar im Geheimen und flüsternd, aber doch allgemein. – Oder gäbe es etwas Anmaßenderes, als das ganze Latinische Volk so zum Gespött zu machen? (4) Von weit her seien die Führer des Volkes aus ihrer Heimat herbeigerufen worden, aber der die Versammlung angesetzt habe, der sei selber nicht anwesend. Wahrhaftig, der stelle ihre Geduld auf die Probe, um sie, wenn sie erst das Joch auf sich genommen hätten, als Unterworfene nieder-

premat. cui enim non apparere, adfectare eum imperium in Latinos? (5) quod si sui bene crediderint cives, aut si creditum illud et non raptum parricidio sit, credere et Latinos quamquam ne sic quidem alienigenae debere: (6) sin suos eius paeniteat, quippe qui alii super alios trucidentur exsulatum eant bona amittant, quid spei melioris Latinis portendi? si se audiant, domum suam quemque inde abituros neque magis observaturos diem concilii quam ipse qui indixerit observet. (7) Haec atque alia eodem pertinentia seditiosus facinorosusque homo hisque artibus opes domi nactus cum maxime dissereret, intervenit Tarquinius. (8) Is finis orationi fuit; aversi omnes ad Tarquinium salutandum. Qui silentio facto monitus a proximis ut purgaret se quod id temporis venisset, disceptatorem ait se sumptum inter patrem et filium cura reconciliandi eos in gratiam moratum esse, et quia ea res exemisset illum diem, postero die acturum quae constituisset. (9) Ne id quidem ab Turno tulisse tacitum ferunt; dixisse enim nullam breviorem esse cognitionem quam inter patrem et filium paucisque transigi verbis posse: ni pareat patri, habiturum infortunium esse.

51 (1) Haec Aricinus in regem Romanum increpans ex concilio abiit. Quam rem Tarquinius aliquanto quam videbatur

zudrücken. Wem sei denn nicht klar, dass er die Herrschaft über die Latiner erstrebe? (5) Wenn seine eigenen Bürger ihm die Herrschaft nach dem Recht anvertraut hätten oder wenn sie ihm überhaupt anvertraut und nicht vielmehr durch Verwandtenmord errungen worden sei, dann sollten auch die Latiner sie ihm anvertrauen, obwohl sie ihm das als einem Fremdstämmigen keinesfalls schuldig seien. (6) Wenn seine eigenen Leute mit ihm unzufrieden seien, da sie ja einer nach dem andern niedergemacht würden, in die Verbannung gehen müssten und ihre Güter verlören – welche bessere Aussicht bestünde da für die Latiner? Wenn sie auf *ihn* hören wollten, gingen sie jetzt alle nach Hause und scherten sich um den Versammlungstag nicht mehr, als sich der darum schere, der ihn angesetzt habe. (7) Während der aufsässige und verwegene Mann, der in seiner Heimat vor allem durch solche Künste Einfluss erlangt hatte, dies und anderes der gleichen Richtung erörterte, trat Tarquinius unter sie. (8) Das setzte der Rede ein Ende: Alle wandten sich ab, um Tarquinius zu begrüßen. Dieser wurde, als Stille eingetreten war, von den Zunächststehenden aufgefordert, sich darüber zu rechtfertigen, weshalb er erst zu dieser Tageszeit erscheine; er sagte, er sei zum Schlichter zwischen einem Vater und dessen Sohn eingesetzt worden und habe sich verspätet bei dem Bemühen, die beiden in Güte wieder zusammenzubringen, und weil diese Angelegenheit den Tag aufgebraucht habe, wolle er am nächsten Tag über das verhandeln, was er sich vorgenommen habe. (9) Das habe jedoch Turnus nicht schweigend hingenommen, wie berichtet wird; er soll nämlich gesagt haben, nichts brauche weniger Zeit, als zwischen Vater und Sohn zu vermitteln, und das könne mit wenigen Worten abgetan werden: Wenn der Sohn dem Vater nicht gehorche, werde es ihm schlecht ergehen.

51 (1) Unter solchen Scheltworten ging der Ariciner aus der Versammlung weg. Tarquinius nahm dieses Vorkommnis er-

aegrius ferens confestim Turno necem machinatur, ut eundem terrorem quo civium animos domi oppresserat Latinis iniceret. (2) Et quia pro imperio palam interfici non poterat, oblato falso crimine insontem oppressit. Per adversae factionis quosdam Aricinos servum Turni auro corrupit, ut in deversorium eius vim magnam gladiorum inferri clam sineret. (3) Ea cum una nocte perfecta essent, Tarquinius paulo ante lucem accitis ad se principibus Latinorum quasi re nova perturbatus, moram suam hesternam velut deorum quadam providentia inlatam ait saluti sibi atque illis fuisse. (4) ab Turno dici sibi et primoribus populorum parari necem ut Latinorum solus imperium teneat. adgressurum fuisse hesterno die in concilio; dilatam rem esse, quod auctor concilii afuerit quem maxime peteret. (5) inde illam absentis insectationem esse natam quod morando spem destituerit. non dubitare, si vera deferantur, quin prima luce, ubi ventum in concilium sit, instructus cum coniuratorum manu armatusque venturus sit. (6) dici gladiorum ingentem esse numerum ad eum convectum. id vanum necne sit, extemplo sciri posse. rogare eos ut inde secum ad Turnum veniant. (7) Suspectam fecit rem et ingenium Turni ferox et oratio he-

heblich schwerer, als er sich den Anschein gab, und betreibt sofort den Tod des Turnus, um den gleichen Schrecken, durch den er zu Hause die Bürger unterjocht hatte, auch den Latinern einzujagen. (2) Und weil er den Schuldlosen nicht kraft eines Herrschaftstitels öffentlich hinrichten lassen konnte, brachte er ihn in Bedrängnis, indem er ihm fälschlicherweise ein Verbrechen anhängte: Durch Vermittlung einiger Ariciner von der Gegenpartei bestach er einen Sklaven des Turnus mit Gold, damit der zuließ, dass heimlich eine große Anzahl Schwerter in die Herberge des Turnus gebracht würde. (3) Als dies in einer einzigen Nacht bewerkstelligt worden war, berief Tarquinius kurz vor Tagesanbruch die Führer der Latiner zu sich und sagte, als sei er über ein unerwartetes Ereignis bestürzt, seine Verspätung am Tag zuvor sei wie vom fürsorglichen Walten der Götter ins Werk gesetzt worden und für ihn wie für sie zum Heil gewesen. (4) Man spräche davon, dass durch Turnus gegen ihn und die Häupter der Latiner ein Mordanschlag vorbereitet werde, damit er allein die Herrschaft über die Latiner innehätte. Er habe am gestrigen Tag in der Versammlung schon angreifen wollen; die Sache sei aber verschoben worden, weil der Veranlasser der Zusammenkunft, dem es vor allem gelte, nicht dagewesen sei. (5) Aus diesem Grund sei es zu jener Schmähung gegen ihn in seiner Abwesenheit gekommen, weil er durch seine Verspätung den Plan vereitelt habe. Er zweifle nicht daran – sofern man ihm die Wahrheit berichtete –, dass Turnus beim ersten Tageslicht, sobald man zur Versammlung gegangen sei, gerüstet und bewaffnet mit einer Schar Verschworener kommen werde. (6) Man sagt, eine riesige Anzahl von Schwertern sei bei ihm zusammengetragen worden. Ob das Lüge sei oder nicht, könne man sogleich in Erfahrung bringen. Er verlange von ihnen, dass sie vom Fleck weg mit ihm zu Turnus gingen. (7) Verdächtig machte die Sache sowohl die aggressive Einstellung des Turnus wie auch dessen Rede am Tag

sterna et mora Tarquini, quod videbatur ob eam differri caedes potuisse. Eunt inclinatis quidem ad credendum animis, tamen, nisi gladiis deprehensis, cetera vana existimaturi. (8) Vbi est eo ventum, Turnum ex somno excitatum circumsistunt custodes; comprehensisque servis qui caritate domini vim parabant, cum gladii abditi ex omnibus locis deverticuli protraherentur, enimvero manifesta res visa iniectaeque Turno catenae; et confestim Latinorum concilium magno cum tumultu advocatur. (9) Ibi tam atrox invidia orta est gladiis in medio positis, ut indicta causa, novo genere leti, deiectus ad caput aquae Ferentinae crate superne iniecta saxisque congestis mergeretur.

52 (1) Revocatis deinde ad concilium Latinis Tarquinius conlaudatisque qui Turnum novantem res pro manifesto parricidio merita poena adfecissent, ita verba fecit: (2) posse quidem se vetusto iure agere, quod, cum omnes Latini ab Alba oriundi sint, in eo foedere teneantur, quo sub Tullo res omnis Albana cum colonis suis in Romanum cesserit imperium; (3) ceterum se utilitatis id magis omnium causa censere ut renovetur id foedus, secundaque potius fortuna populi Romani ut participes Latini fruantur quam urbium excidia vastationesque agrorum, quas Anco prius, patre deinde suo regnante perpessi sint, semper aut exspectent aut patiantur. (4) Haud difficulter persua-

zuvor wie auch die Verspätung des Tarquinius, weil es den Anschein hatte, als sei möglicherweise die Mordtat deswegen aufgeschoben worden. – Sie gehen also hin, zwar im Herzen geneigt, der Anklage Glauben zu schenken, aber doch willens, falls die Schwerter sich nicht finden ließen, auch das übrige für Erfindung zu halten. (8) Sobald man dorthin gekommen war, reißen sie den Turnus aus dem Schlaf, und Wachen umstellen ihn; die Sklaven, die sich aus Anhänglichkeit gegenüber ihrem Herrn zum Widerstand anschickten, werden ergriffen, und als die versteckten Schwerter aus allen möglichen Winkeln der Herberge hervorgezogen wurden, schien die Sache freilich klar, und Turnus wurde in Ketten gelegt. Und sofort wird unter großem Auflauf zur Versammlung der Latiner gerufen. (9) Dort entstand, als die Schwerter in der Mitte niedergelegt worden waren, eine so wilde Erbitterung, dass er ohne Verhandlung in einer neuen Art der Hinrichtung in die Quelle des Ferentinabachs gestürzt, mit Flechtwerk zugedeckt und, mit Steinen beschwert, ertränkt wurde.

52 (1) Hierauf berief Tarquinius die Latiner erneut zur Versammlung ein, lobte sie insgesamt, weil sie den auf Umsturz sinnenden Turnus wegen seines offenkundigen Hochverrats nach Verdienst bestraft hätten, und hielt folgende Rede: (2) Zwar könnte er nach einem alten Recht vorgehen, weil alle Latiner – als von Alba entsprossen – in jenen Vertrag einbezogen seien, nach dem unter Tullus [Hostilius] das gesamte albanische Gemeinwesen samt seinen Pflanzstädten unter römische Oberhoheit gekommen sei; (3) im übrigen stelle er um des Vorteils für alle willen den Antrag, dass jener Vertrag erneuert werden und die Latiner Anteil am Wohlergehen des römischen Volkes haben sollten, statt ständig die Zerstörung ihrer Städte und die Verwüstung ihrer Marken befürchten oder dulden zu müssen, wie sie das erst unter der Herrschaft des Ancus, dann seines Vaters erlitten hätten. (4) Ohne Mühe ließen sich die La-

sum Latinis, quamquam in eo foedere superior Romana res erat; ceterum et capita nominis Latini stare ac sentire cum rege videbant, et Turnus sui cuique periculi, si adversatus esset, recens erat documentum. (5) Ita renovatum foedus, indictumque iunioribus Latinorum ut ex foedere die certa ad lucum Ferentinae armati frequentes adessent. (6) Qui ubi ad edictum Romani regis ex omnibus populis convenere, ne ducem suum neve secretum imperium propriave signa haberent, miscuit manipulos ex Latinis Romanisque ut ex binis singulos faceret binosque ex singulis; ita geminatis manipulis centuriones imposuit.

53 (1) Nec ut iniustus in pace rex, ita dux belli pravus fuit; quin ea arte aequasset superiores reges ni degeneratum in aliis huic quoque decori offecisset. (2) Is primus Volscis bellum in ducentos amplius post suam aetatem annos movit, Suessamque Pometiam ex iis vi cepit. (3) Vbi cum divendita praeda quadraginta talenta argenti refecisset, concepit animo eam amplitudinem Iovis templi quae digna deum hominumque rege, quae Romano imperio, quae ipsius etiam loci maiestate esset; captivam pecuniam in aedificationem eius templi seposuit.

(4) Excepit deinde lentius spe bellum, quo Gabios, propinquam urbem, nequiquam vi adortus, cum obsidendi quoque urbem spes pulso a moenibus adempta esset, postremo mini-

tiner dies einreden, obwohl in einem solchen Vertrag der römische Staat die Oberhand hatte; im übrigen sahen sie die Häupter des Latinervolks auf Seiten des Königs stehen und ihm zustimmen, und außerdem war das Schicksal des Turnus für jeden, der sich etwa widersetzte, ein warnendes Beispiel für seine eigene Gefährdung. (5) So wurde der Vertrag erneuert und der Jugend der Latiner bedeutet, sie sollten vertragsgemäß an einem bestimmten Tag im Hain der Ferentina zahlreich in Waffen erscheinen. (6) Als sie gemäß dem Befehl des römischen Königs aus allen Stämmen zusammengekommen waren, stellte er – damit sie keinen eigenen Führer, keine gesonderte Befehlsgewalt und keine eigenen Feldzeichen hätten – aus Latinern und Römern gemischte Kompanien zusammen derart, dass er aus je zweien eine und je zwei aus einer bildete; den so verdoppelten Kompanien setzte er seine eigenen Hauptleute an die Spitze.

53 (1) War er also ein ungerechter König im Frieden, so doch kein schlechter Führer im Krieg; ja, er hätte in dieser Beziehung an die früheren Könige heranreichen können, wenn nicht seine Entartung in den übrigen Bereichen auch diesen Ruhm verdunkelt hätte. (2) Er begann den Krieg gegen die Volsker, der noch 200 Jahre nach ihm andauern sollte, und nahm ihnen Suessa Pometia mit Gewalt ab. (3) Als er dort aus dem Verkauf der Beute vierzig Talente Silber erlöst hatte, fasste er den Entschluss zum Bau eines Iuppitertempels von einer Majestät, wie sie des Königs der Götter und Menschen, des römischen Reiches und auch der Erhabenheit der Stätte würdig sein sollte; das erbeutete Geld legte er für den Bau dieses Tempels zurück.

(4) Dann unternahm er einen Krieg, der langwieriger war als erwartet, und in dem er Gabii, eine benachbarte Stadt, erst erfolglos mit Macht berannte und dann, als ihm – erfolglos von den Mauern zurückgeschlagen – auch die Hoffnung auf eine

me arte Romana, fraude ac dolo, adgressus est. (5) Nam cum velut posito bello fundamentis templi iaciendis aliisque urbanis operibus intentum se esse simularet, Sextus filius eius, qui minimus ex tribus erat, transfugit ex composito Gabios, patris in se saevitiam intolerabilem conquerens: (6) iam ab alienis in suos vertisse superbiam et liberorum quoque eum frequentiae taedere, ut quam in curia solitudinem fecerit domi quoque faciat, ne quam stirpem, ne quem heredem regni relinquat. (7) se quidem inter tela et gladios patris elapsum nihil usquam sibi tutum nisi apud hostes L. Tarquini credidisse. nam ne errarent, manere iis bellum quod positum simuletur, et per occasionem eum incautos invasurum. (8) quod si apud eos supplicibus locus non sit, pererraturum se omne Latium, Volscosque se inde et Aequos et Hernicos petiturum donec ad eos perveniat qui a patrum crudelibus atque impiis suppliciis tegere liberos sciant. (9) forsitan etiam ardoris aliquid ad bellum armaque se adversus superbissimum regem ac ferocissimum populum inventurum. (10) Cum si nihil morarentur infensus ira porro inde abiturus videretur, benigne ab Gabinis excipitur. Vetant mirari si, qualis in cives, qualis in socios, talis ad ultimum in liberos esset; (11) in se ipsum postremo saeviturum, si alia desint. sibi vero gratum adventum eius esse, futurumque credere brevi ut

Belagerung genommen war, schließlich durch eine ganz und gar nicht römische Kunst, nämlich durch Betrug und List, zu gewinnen suchte. (5) Denn während er so tat, als habe er den Krieg aufgegeben und sei mit der Grundsteinlegung des Tempels und anderen städtischen Unternehmungen beschäftigt, ging sein Sohn Sextus – er war der jüngste von dreien – wie verabredet als Überläufer nach Gabii und beklagte sich dort über die unerträgliche Strenge seines Vaters gegen ihn: (6) Schon habe dieser sein überhebliches Wüten von Fremden ab und gegen die Seinigen gewendet; auch verdrieße ihn die Zahl seiner Kinder, um, wie er das Rathaus öde gemacht, das auch in seinem Hause zu tun, damit er keinen Nachkommen, keinen Thronerben übriglasse. (7) Er selbst jedenfalls habe sich, den Pfeilen und Schwertern des Vaters entronnen, nirgendwo sicherer geglaubt als bei den Feinden des L. Tarquinius. Sie sollten sich nur nicht täuschen: Für sie dauere der Krieg an, den jener nur zum Schein aufgegeben, und bei günstiger Gelegenheit werde er sie überfallen, wenn sie nicht auf der Hut wären. (8) Gäbe es bei ihnen für Schutzflehende keine Stätte, so wolle er ganz Latium durchirren, dann zu den Volskern, den Aequern, den Hernikern gehen, bis er zu Leuten käme, welche Söhne vor den grausamen und ruchlosen Mordanschlägen ihrer Väter zu schützen wüssten. (9) Vielleicht träfe er ja auch auf glühende Begeisterung für Krieg und Waffentat gegen den allerselbstherrlichsten König und das allerwildeste Volk. (10) Da es den Anschein hatte, als würde er von da sofort zornentflammt weitergehen, falls man ihn nicht aufhalte, wird er von den Gabiniern wohlwollend aufgenommen. Er solle sich nicht wundern, meinen sie, dass sich Tarquinius wie gegen die Bürger, wie gegen die Bundesgenossen, so auch schließlich gegen seine Kinder verhalte; (11) zuletzt werde er, wenn nichts anderes mehr übrig sei, noch gegen sich selbst wüten. Ihnen aber war seine Ankunft willkommen, und sie glaubten fest daran,

illo adiuvante a portis Gabinis sub Romana moenia bellum transferatur.

54 (1) Inde in consilia publica adhiberi. Vbi cum de aliis rebus adsentire se veteribus Gabinis diceret quibus eae notiores essent, ipse identidem belli auctor esse et in eo sibi praecipuam prudentiam adsumere quod utriusque populi vires nosset, sciretque invisam profecto superbiam regiam civibus esse quam ferre ne liberi quidem potuissent. (2) Ita cum sensim ad rebellandum primores Gabinorum incitaret, ipse cum promptissimis iuvenum praedatum atque in expeditiones iret et dictis factisque omnibus ad fallendum instructis vana adcresceret fides, dux ad ultimum belli legitur. (3) Ibi cum, inscia multitudine quid ageretur, proelia parva inter Romam Gabiosque fierent quibus plerumque Gabina res superior esset, tum certatim summi infimique Gabinorum Sex. Tarquinium dono deum sibi missum ducem credere. (4) Apud milites vero obeundo pericula ac labores pariter, praedam munifice largiendo tanta caritate esse ut non pater Tarquinius potentior Romae quam filius Gabiis esset. (5) Itaque postquam satis virium conlectum ad omnes conatus videbat, tum ex suis unum sciscitatum Romam ad patrem mittit quidnam se facere vellet, quando quidem ut omnia unus Gabiis posset ei di dedissent. (6) Huic nuntio, quia, credo, dubiae fidei videbatur, nihil voce responsum est; rex velut deliberabundus in hortum aedium transit sequente

dass mit seiner Hilfe der Krieg in Kürze von den Toren Gabiis unter die Mauern von Rom getragen werden könne.

54 (1) Von jetzt an wird er zu den öffentlichen Beratungen zugezogen. Dort stimmte er in anderen Dingen den älteren Gabiniern bei, indem er sagte, sie seien damit vertrauter; selbst aber riet er wiederholt zum Krieg und nimmt in dieser Frage besondere Einsicht für sich in Anspruch, weil er die Streitkräfte beider Völker kenne und auch wisse, dass die hochfahrende Art des Königs, die nicht einmal seine Kinder hätten ertragen können, den Bürgern in der Tat verhasst sei. (2) Indem er so die Vornehmen der Gabinier allmählich zur Wiederaufnahme des Krieges aufreizte, mit besonders entschlossenen Jungmännern selber zu Beutestreifzügen ausrückte und ihm durch seine Worte und Taten, die allesamt auf Täuschung zielten, ein unbegründetes Vertrauen zuwuchs, wird er zuletzt zum Kriegsfeldherrn gewählt. (3) Als nun – ohne dass die große Menge wusste, was gespielt wurde – zwischen Rom und Gabii kleinere Gefechte ausgetragen wurden, in denen die gabinische Seite meist die Oberhand behielt, da wetteiferten zu Gabii hoch und nieder in der Meinung, Sextus Tarquinius sei ihnen als Geschenk der Götter zum Führer gesandt. (4) Bei den Soldaten war er dadurch, dass er Gefahr und Mühe wie sie selbst auf sich nahm und ihnen großzügig die Beute überließ, so beliebt, dass der Vater Tarquinius in Rom nicht mächtiger war als zu Gabii der Sohn. (5) Nachdem er genügend Streitkräfte zu jedem Wagnis gesammelt zu haben glaubte, schickt er einen seiner Leute nach Rom zum Vater mit der Frage, was er tun solle, da ihm nun einmal die Götter verliehen hätten, dass er als einziger zu Gabii alles beherrsche. (6) Diesem Boten wurde, weil er von zweifelhafter Verlässlichkeit schien, glaube ich, keine mündliche Antwort gegeben; der König ging, wie um nachzudenken, in den Garten des Palastes, und der Bote seines Sohnes folgte ihm; dort soll Tarquinius in wortlosem Auf- und

nuntio filii; ibi inambulans tacitus summa papaverum capita dicitur baculo decussisse. (7) Interrogando exspectandoque responsum nuntius fessus, ut re imperfecta, redit Gabios; quae dixerit ipse quaeque viderit refert; seu ira seu odio seu superbia insita ingenio nullam eum vocem emisisse. (8) Sexto ubi quid vellet parens quidve praeciperet tacitis ambagibus patuit, primores civitatis criminando alios apud populum, alios sua ipsos invidia opportunos interemit. Multi palam, quidam in quibus minus speciosa criminatio erat futura clam interfecti. (9) Patuit quibusdam volentibus fuga, aut in exsilium acti sunt, absentiumque bona iuxta atque interemptorum divisui fuere. (10) Largitiones inde praedaeque; et dulcedine privati commodi sensus malorum publicorum adimi, donec orba consilio auxilioque Gabina res regi Romano sine ulla dimicatione in manum traditur.

55 (1) Gabiis receptis Tarquinius pacem cum Aequorum gente fecit, foedus cum Tuscis renovavit. Inde ad negotia urbana animum convertit; quorum erat primum ut Iovis templum in monte Tarpeio monumentum regni sui nominisque relinqueret: Tarquinios reges ambos patrem vovisse, filium perfecisse. (2) Et ut libera a ceteris religionibus area esset tota Iovis templique eius quod inaedificaretur, exaugurare fana sacellaque statuit quae aliquot ibi, a Tatio rege primum in ipso discrimine adversus Romulum pugnae vota, consecrata inaugurataque

Abgehen mit seinem Stab immer die höchsten Mohnköpfe abgeschlagen haben. (7) Des Fragens und Harrens auf Antwort müde, kehrte der Bote wie ohne Ergebnis nach Gabii zurück; er berichtet, was er selbst gesagt und was er gesehen; aus Zorn oder Hass oder aus in seinem Wesen liegendem Hochmut habe jener kein Wort geäußert.[68] (8) Als dem Sextus klar wurde, was sein Vater wünschte und was er ihm mit seinen wortlosen Andeutungen vorschreiben wollte, schaffte er die Vornehmen der Bürgerschaft beiseite, indem er die einen beim Volk verdächtigte, die anderen, da sie durch selbst zugezogenen Hass dafür reif waren. Viele wurden öffentlich hingerichtet – manche, bei denen der Anschein für eine Beschuldigung weniger ausreichte, wurden heimlich ermordet. (9) Manchen stellte man es frei zu fliehen, oder sie wurden in die Verbannung getrieben; die Güter der Abwesenden wurden wie die der Hingerichteten verteilt. (10) Die Beute wurde verschenkt; die Annehmlichkeit persönlichen Vorteils verdrängte das Gefühl für das gemeinschaftliche Unglück – bis die Stadt Gabii rat- und hilflos dem römischen König ohne Kampf in die Hände gespielt wird.

55 (1) Nach der Einnahme von Gabii schloss Tarquinius Frieden mit dem Stamm der Aequer und erneuerte den Vertrag mit den Etruskern. Dann richtete er seine Aufmerksamkeit auf städtische Angelegenheiten; das erste war, auf dem tarpeischen Berg den Iuppitertempel als Denkmal seiner Herrschaft und seines Namens zu hinterlassen: Zwei Tarquinier, Könige beide, hätten ihn errichtet: der Vater ihn versprochen, der Sohn vollendet. (2) Und damit der Platz von den übrigen Götterdiensten frei sei und ganz dem Iuppiter und seinem Tempel gehöre, der darauf erbaut werden sollte, beschloss er, durch Vogelorakel einige heilige Stätten und Kapellen dort zu entwidmen, die von König Tatius auf dem Höhepunkt des Kampfes gegen Romulus erst gelobt, später geheiligt und die nach dem Ritus der Vogelschau eingeweiht worden waren.

postea fuerant. (3) Inter principia condendi huius operis movisse numen ad indicandam tanti imperii molem traditur deos; nam cum omnium sacellorum exaugurationes admitterent aves, in Termini fano non addixere; (4) idque omen auguriumque ita acceptum est non motam Termini sedem unumque eum deorum non evocatum sacratis sibi finibus firma stabiliaque cuncta portendere. (5) Hoc perpetuitatis auspicio accepto, secutum aliud magnitudinem imperii portendens prodigium est: caput humanum integra facie aperientibus fundamenta templi dicitur apparuisse. (6) Quae visa species haud per ambages arcem eam imperii caputque rerum fore portendebat; idque ita cecinere vates quique in urbe erant quosque ad eam rem consultandam ex Etruria acciverant.

(7) Augebatur ad impensas regis animus; itaque Pometinae manubiae, quae perducendo ad culmen operi destinatae erant, vix in fundamenta suppeditavere. (8) Eo magis Fabio, praeterquam quod antiquior est, crediderim quadraginta ea sola talenta fuisse, quam Pisoni, (9) qui quadraginta milia pondo argenti seposita in eam rem scribit, summam pecuniae neque ex unius tum urbis praeda sperandam et nullius ne horum quidem operum fundamenta non exsuperaturam.

56 (1) Intentus perficiendo templo, fabris undique ex Etruria accitis, non pecunia solum ad id publica est usus sed operis et-

(3) Da sollen schon bei Beginn der Gründung dieses Bauwerks die Götter, so wird überliefert, einen Wink gegeben haben, um die Riesengröße des Reiches anzukünden: Während die Vögel nämlich die Entwidmung aller Kapellen zuließen, stimmten sie beim Heiligtum des [Grenzgottes] Terminus nicht zu; (4) dieses Vogelvorzeichen wurde so ausgelegt: Dass der Grenzgott seinen Sitz nicht habe verlegen und sich als einziger der Götter nicht aus dem ihm geweihten Bezirk habe herausrufen lassen, verheiße Sicherheit und Bestand für das Ganze. (5) Als man diese Voraussagen für ein dauerhaftes Bestehen vernommen hatte, folgte eine zweite, die die Größe des Reiches ankündigte: Es soll, als die Arbeiter die Fundamente für den Tempel aushoben, ein menschlicher Kopf mit unversehrtem Antlitz zum Vorschein gekommen sein. (6) Diese Erscheinung kündete ganz unzweideutig an, dass hier die Burg des Reiches und das Haupt der Welt sein werde; so nämlich prophezeiten die Seher, sowohl die in der Stadt wie diejenigen, die sie zur Beratung über jene Angelegenheit aus Etrurien berufen hatten.

(7) Der König wurde in seinem Vorhaben bestärkt, keine Ausgaben zu scheuen, und so reichte die Beute aus Pometia, die zur Aufführung des Baues bis zum First bestimmt war, kaum für die Fundamente. (8) Umso mehr möchte ich eher dem Fabius [Pictor] glauben – außerdem, weil er der ältere Schriftsteller ist –, sie habe nur vierzig Talente betragen, als dem Piso; (9) der schreibt, es seien 40 000 Pfund Silber zu besagtem Zweck zurückgelegt worden – eine Geldsumme, die als Beute damals aus einer einzigen Stadt nicht zu erwarten war und die auch die Kosten für die Grundmauern der heutigen Gebäude nicht überstiegen hätte.

56 (1) Auf die Vollendung des Tempels bedacht, berief er Werkleute aus allen Gegenden Etruriens[69] und setzte nicht nur die öffentlichen Gelder ein, sondern auch das niedere Volk

iam ex plebe. Qui cum haud parvus et ipse militiae adderetur labor, minus tamen plebs gravabatur se templa deum exaedificare manibus suis (2) quam postquam et ad alia, ut specie minora, sic laboris aliquanto maioris traducebantur opera, foros in circo faciendos cloacamque maximam, receptaculum omnium purgamentorum urbis, sub terra agendam; quibus duobus operibus vix nova haec magnificentia quicquam adaequare potuit. (3) His laboribus exercita plebe, quia et urbi multitudinem, ubi usus non esset, oneri rebatur esse et colonis mittendis occupari latius imperii fines volebat, Signiam Circeiosque colonos misit, praesidia urbi futura terra marique.

(4) Haec agenti portentum terribile visum: anguis ex columna lignea elapsus cum terrorem fugamque in regia fecisset, ipsius regis non tam subito pavore perculit pectus quam anxiis implevit curis. (5) Itaque cum ad publica prodigia Etrusci tantum vates adhiberentur, hoc velut domestico exterritus visu Delphos ad maxime inclitum in terris oraculum mittere statuit. (6) Neque responsa sortium ulli alii committere ausus, duos filios per ignotas ea tempestate terras, ignotiora maria in Graeciam misit. (7) Titus et Arruns profecti; comes iis additus L. Iunius Brutus, Tarquinia, sorore regis, natus, iuvenis longe

zum Frondienst. Obwohl diese gar nicht leichte Arbeit noch zum Kriegsdienst hinzukam, beschwerte sich das Volk dennoch weniger darüber, dass es mit eigenen Händen die Tempel der Götter erbauen musste, (2) als später darüber, dass es auch zu anderen, dem äußeren Anschein nach geringeren, aber mit ziemlich größerem Arbeitsaufwand verbundenen Vorhaben herangezogen wurde, nämlich die Zuschauerbänke im Zirkus zu errichten und den großen Abzugskanal, den Sammelbehälter allen Unrats der Stadt, im Boden zu verlegen – zwei Unternehmen, mit denen sich nicht einmal unsere neueren Prunkbauten vergleichen können.[70] (3) Er hatte das Volk mit solchen Arbeiten ausreichend beschäftigt, glaubte aber, die Volksmenge sollte, wenn sie nicht mehr gebraucht würde, der Stadt nicht zur Last fallen, und außerdem wollte er, dass durch Entsendung von Siedlern die Grenzen seines Herrschaftsbereichs weiter vorgeschoben würden – deshalb schickte er Siedler nach Signia und Circei, als künftige Schutzwehr für die Stadt nach der Land- und der Seeseite hin.

(4) Während er mit diesen Dingen beschäftigt war, zeigte sich ein schreckliches Vorzeichen: Als aus einer hölzernen Säule eine Schlange geschlüpft war und Schrecken und fluchtartige Unruhe im Königspalast erregt hatte, versetzte das den König weniger in plötzliches Erschrecken, sondern erfüllte ihn vielmehr mit beängstigender Sorge. (5) Daher beschloss er – nur bei Vorzeichen, die das Gemeinwesen betrafen, wurden ja etruskische Seher zugezogen –, erschreckt von der doch wohl seinem Hause geltenden Erscheinung,[71] nach Delphi als dem berühmtesten Orakel der Welt zu schicken. (6) Und weil er nicht wagte, die Antworten auf die Vorzeichen irgendeinem anderen anzuvertrauen, schickte er zwei seiner Söhne durch damals noch unbekannte Länder und noch weniger bekannte Meere nach Griechenland. (7) Titus und Arruns reisten ab; als Begleiter war ihnen L. Iunius Brutus beigegeben, ein Sohn der

alius ingenii quam cuius simulationem induerat. Is cum primores civitatis, in quibus fratrem suum, ab avunculo interfectum audisset, neque in animo suo quicquam regi timendum neque in fortuna concupiscendum relinquere statuit contemptuque tutus esse ubi in iure parum praesidii esset. (8) Ergo ex industria factus ad imitationem stultitiae, cum se suaque praedae esse regi sineret, Bruti quoque haud abnuit cognomen ut sub eius obtentu cognominis liberator ille populi Romani animus latens opperiretur tempora sua. (9) Is tum ab Tarquiniis ductus Delphos, ludibrium verius quam comes, aureum baculum inclusum corneo cavato ad id baculo tulisse donum Apollini dicitur, per ambages effigiem ingenii sui. (10) Quo postquam ventum est, perfectis patris mandatis cupido incessit animos iuvenum sciscitandi ad quem eorum regnum Romanum esset venturum. Ex infimo specu vocem redditam ferunt: imperium summum Romae habebit qui vestrum primus, o iuvenes, osculum matri tulerit. (11) Tarquinii ut Sextus, qui Romae relictus fuerat, ignarus responsi expersque imperii esset, rem summa ope taceri iubent; ipsi inter se uter prior, cum Romam redisset, matri osculum daret, sorti permittunt. (12) Brutus alio ratus spectare Pythicam vocem, velut si prolapsus cecidisset, terram osculo contigit, scilicet quod ea communis ma-

Tarquinia, der Schwester des Königs, ein junger Mann von ganz anderer Einstellung, als die Maske zeigte, die er angelegt hatte. Nachdem dieser gehört hatte, dass die Vornehmen der Bürgerschaft, unter ihnen auch sein Bruder, von seinem Oheim umgebracht worden waren, beschloss er, dem König weder von seinem Verstand her etwas zu fürchten zu geben noch seiner Habsucht etwas an Vermögen übrig zu lassen, sondern da in der Verachtung sicher zu sein, wo das Recht nicht genug Schutz gewährte. (8) Deshalb gab er sich mit Absicht dazu her, den Dummen zu spielen, indem er sich und sein Vermögen dem König als Beute überließ, sich den Beinamen »der Blöde«[72] gefallen ließ, damit unter dem Schutz dieses Übernamens der Geist, der das römische Volk befreien würde, in Verborgenheit seine Zeit abwarten könne. (9) Dieser Mann, von den Tarquiniern mehr zum Zeitvertreib denn als Begleiter nach Delphi mitgenommen, soll einen in einem ausgehöhlten Kirschbaumast verborgenen goldenen Stab als Geschenk für Apollo mitgebracht haben, als verstecktes Gleichnis für seine Gesinnung. (10) Als man nach Delphi gekommen und als die Aufträge des Vaters ausgeführt waren, bekamen die jungen Leute Lust, in Erfahrung zu bringen, an wen von ihnen wohl die Königsherrschaft über Rom fallen werde. Da soll aus der Tiefe der Höhle eine Stimme gekommen sein: Die oberste Gewalt in Rom wird der haben, der als erster von euch jungen Männern der Mutter einen Kuss geben wird. (11) Die Tarquinier befehlen strengstes Stillschweigen über die Sache, damit Sextus, der in Rom zurückgelassen worden war, von der Antwort nichts erfahre und von der Herrschaft ausgeschlossen sei; wer von ihnen beiden, wenn er nach Rom zurückgekehrt sei, der Mutter zuerst den Kuss geben solle, überlassen sie dem Los. (12) Brutus aber, überzeugt davon, dass der Spruch der Pythia in eine andere Richtung ziele, berührt – als sei er ausgeglitten und hingefallen – die Erde mit einem Kuss, weil sie ja die ge-

ter omnium mortalium esset. (13) Reditum inde Romam, ubi adversus Rutulos bellum summa vi parabatur.

57 (1) Ardeam Rutuli habebant, gens, ut in ea regione atque in ea aetate, divitiis praepollens; eaque ipsa causa belli fuit, quod rex Romanus cum ipse ditari, exhaustus magnificentia publicorum operum, tum praeda delenire popularium animos studebat, (2) praeter aliam superbiam regno infestos etiam quod se in fabrorum ministeriis ac servili tam diu habitos opere ab rege indignabantur. (3) Temptata res est, si primo impetu capi Ardea posset: ubi id parum processit, obsidione munitionibusque coepti premi hostes. (4) In his stativis, ut fit longo magis quam acri bello, satis liberi commeatus erant, primoribus tamen magis quam militibus; (5) regii quidem iuvenes interdum otium conviviis comisationibusque inter se terebant. (6) Forte potantibus his apud Sex. Tarquinium, ubi et Collatinus cenabat Tarquinius, Egeri filius, incidit de uxoribus mentio. Suam quisque laudare miris modis; (7) inde certamine accenso Collatinus negat verbis opus esse: paucis id quidem horis posse sciri quantum ceteris praestet Lucretia sua. »Quin, si vigor iuventae inest, conscendimus equos invisimusque praesentes nostrarum ingenia? id cuique spectatissimum sit quod necopinato viri adventu occurrerit oculis.« (8) Incaluerant vino; »Age sane« omnes; citatis equis avolant Romam. Quo cum

meinsame Mutter der Sterblichen sei.[73] (13) Von da kehrten sie nach Rom zurück, wo man mit aller Kraft für den Krieg gegen die Rutuler rüstete.

57 (1) Ardea gehörte den Rutulern, einem Stamm, der in jenen Breiten und jenem Zeitalter durch Reichtum hervorragte, und ebendas war der Anlass zum Krieg; denn der römische König – seine Mittel waren erschöpft durch die öffentlichen Prunkbauten – strebte danach, zum einen sich selbst zu bereichern, dann aber auch durch Beute die Gemüter seiner Untertanen zu besänftigen, (2) die seiner Herrschaft nicht nur wegen seines hochfahrenden Wesens feind waren, sondern sich auch darüber entrüsteten, dass sie so lange schon vom König zu Handwerkerarbeiten und zu Sklavendiensten missbraucht worden seien. (3) Man versuchte Ardea im ersten Sturm zu nehmen; als das nicht gelang, begann man die Feinde durch Belagerungswerke zu bedrängen. (4) Im Standlager dort gab es – wie das in einem mehr langen als heftigen Krieg zu sein pflegt – viel freien Verkehr [zwischen Rom und dem Lager], jedoch mehr für die Vornehmen als für die Mannschaft; (5) die jungen Prinzen vertrieben sich bisweilen die Langeweile gemeinsam bei Gastereien und mit nächtlichem Herumschwärmen. (6) Als sie einmal bei Sextus Tarquinius zechten, wo auch der Collatiner Tarquinius speiste, der Sohn des Egerius, da kommt die Rede auch auf die Frauen. Jeder lobt die seine über die Maßen; (7) als sich darüber ein hitziger Streit erhebt, sagt Collatinus, es bedürfe da keiner Worte: In wenigen Stunden könne man in Erfahrung bringen, wie sehr seine Lucretia die übrigen übertreffe: »Wenn wir die Kraft der Jugend in uns haben, weshalb steigen wir nicht zu Pferd und prüfen die Gesinnung unserer Frauen an Ort und Stelle? Für einen jeden soll ausschlaggebend sein, was ihm als Ehemann bei seiner unvermuteten Ankunft vor Augen kommt!« (8) Sie waren vom Wein erhitzt: »Auf denn, gut!«, riefen alle, und im Galopp jagen sie

primis se intendentibus tenebris pervenissent, pergunt inde Collatiam, (9) ubi Lucretiam haudquaquam ut regias nurus, quas in convivio luxuque cum aequalibus viderant tempus terentes sed nocte sera deditam lanae inter lucubrantes ancillas in medio aedium sedentem inveniunt. Muliebris certaminis laus penes Lucretiam fuit. (10) Adveniens vir Tarquiniique excepti benigne; victor maritus comiter invitat regios iuvenes. Ibi Sex. Tarquinium mala libido Lucretiae per vim stuprandae capit; cum forma tum spectata castitas incitat. (11) Et tum quidem ab nocturno iuvenali ludo in castra redeunt.

58 (1) Paucis interiectis diebus Sex. Tarquinius inscio Collatino cum comite uno Collatiam venit. (2) Vbi exceptus benigne ab ignaris consilii cum post cenam in hospitale cubiculum deductus esset, amore ardens, postquam satis tuta circa sopitique omnes videbantur, stricto gladio ad dormientem Lucretiam venit sinistraque manu mulieris pectore oppresso »Tace, Lucretia« inquit; »Sex. Tarquinius sum; ferrum in manu est; moriere, si emiseris vocem.« (3) Cum pavida ex somno mulier nullam opem, prope mortem imminentem videret, tum Tarquinius fateri amorem, orare, miscere precibus minas, versare in omnes partes muliebrem animum. (4) Vbi obstinatam videbat et ne mortis quidem metu inclinari, addit ad metum dedecus: cum mortua iugulatum servum nudum positurum ait, ut in

nach Rom. Als sie gleich nach Anbruch der Dunkelheit dort angekommen waren, reiten sie weiter nach Collatia, (9) wo sie Lucretia vorfanden, aber durchaus nicht wie die Schwiegertöchter des Königs, die sie bei üppigem Mahl sich mit ihren Standesgenossinnen hatten die Zeit vertreiben sehen, sondern noch zu später Nachtzeit mit Wolle beschäftigt, unter ihren noch bei Licht arbeitenden Mägden, inmitten des Hauses sitzend.[74] (10) Im Wettstreit der Frauen fiel Lucretia der Preis zu. Der ankommende Ehemann und die Tarquinier wurden freundlich aufgenommen; der siegreiche Gatte lädt die königlichen Prinzen höflich zum Mahl ein. Da erfasst den Sextus Tarquinius die schändliche Lust, Lucretia Gewalt anzutun; ihre Schönheit reizt ihn ebenso dazu wie ihre anerkannte Keuschheit. (11) Für diesmal freilich kehren sie von ihrem nächtlichen Jungmännerabenteuer ins Lager zurück.

58 (1) Wenige Tage später kommt Sextus Tarquinius ohne Wissen des Collatinus mit nur einem Gefährten nach Collatia. (2) Als er dort von den Hausgenossen, die von seinem Plan nichts ahnten, freundlich aufgenommen und nach dem abendlichen Mahl in ein Gastzimmer geführt worden war, drang er glühend vor Liebesverlangen, sobald es ihm ringsum genügend sicher und alle in tiefem Schlaf zu liegen schienen, mit gezücktem Schwert zu der schlafenden Lucretia vor, drückt seine Linke der Frau auf die Brust und sagt: »Sei still, Lucretia! Ich bin Sextus Tarquinius; in meiner Hand ist ein Schwert; du stirbst, wenn du einen Laut von dir gibst!« (3) Als die Frau, erschreckt aus dem Schlaf auffahrend, nirgendwo Hilfe, aber den Tod ganz nah drohen sieht, da gesteht ihr Tarquinius seine Liebe, bittet, mischt Drohungen mit Bitten und setzt dem Gemüt der Frau von allen Seiten zu. (4) Als er sie unbeugsam sah und nicht einmal durch Todesangst zu bewegen, fügt er zur Angst noch die Schande hinzu; er werde, wenn sie tot sei, einem Sklaven die Kehle durchschneiden und ihn nackt neben sie le-

sordido adulterio necata dicatur. (5) Quo terrore cum vicisset obstinatam pudicitiam velut vi victrix libido, profectusque inde Tarquinius ferox expugnato decore muliebri esset, Lucretia maesta tanto malo nuntium Romam eundem ad patrem Ardeamque ad virum mittit, ut cum singulis fidelibus amicis veniant; ita facto maturatoque opus esse; rem atrocem incidisse. (6) Sp. Lucretius cum P. Valerio Volesi filio, Collatinus cum L. Iunio Bruto venit, cum quo forte Romam rediens ab nuntio uxoris erat conventus. (7) Lucretiam sedentem maestam in cubiculo inveniunt. Adventu suorum lacrimae obortae, quaerentique viro »Satin salve?« »Minime« inquit; »quid enim salvi est mulieri amissa pudicitia? Vestigia viri alieni, Collatine, in lecto sunt tuo; ceterum corpus est tantum violatum, animus insons; mors testis erit. Sed date dexteras fidemque haud impune adultero fore. (8) Sex. est Tarquinius qui hostis pro hospite priore nocte vi armatus mihi sibique, si vos viri estis, pestiferum hinc abstulit gaudium.« (9) Dant ordine omnes fidem; consolantur aegram animi avertendo noxam ab coacta in auctorem delicti: mentem peccare, non corpus, et unde consilium afuerit culpam abesse. (10) »Vos« inquit »videritis quid illi debeatur: ego me etsi peccato absolvo, supplicio non libero; nec ulla deinde impudica Lucretiae exemplo vivet.« (11) Cultrum, quem sub veste abditum habebat, eum in corde defigit, prolapsaque

gen, damit man sagen würde, sie sei bei schimpflichem Ehebruch getötet worden. (5) Als durch solche gewaltsame Einschüchterung die Brunst über beharrliche Keuschheit sozusagen gewaltsam gesiegt hatte und Tarquinius abgereist war, stolz auf die Eroberung weiblicher Ehre, schickt Lucretia, tiefbetrübt über diese Schurkentat, einen und denselben Boten nach Rom zum Vater und nach Ardea zum Gatten, sie sollten mit je einem treuen Freund kommen; es sei nötig, dies zu tun und sich zu eilen; Schreckliches sei vorgefallen. (6) Es kamen Sp. Lucretius mit P. Valerius, dem Sohn des Volesus, Collatinus mit L. Iunius Brutus, mit dem er zufällig auf dem Rückweg nach Rom war, als er von dem Boten seiner Gattin erreicht wurde. (7) Sie finden Lucretia tiefbetrübt in ihrem Schlafgemach sitzen. Bei der Ankunft der Ihren bricht sie in Tränen aus und auf die Frage ihres Mannes »Steht alles gut?«[75] antwortet sie: »Keineswegs. Wie könnte es auch gut stehen um eine Frau, die ihre Ehrbarkeit verloren hat! Die Spuren eines fremden Mannes sind in deinem Bett, Collatinus; doch ist mir nur der Leib entehrt, das Herz ist schuldlos; mein Tod wird dafür Zeugnis ablegen! Doch gebt mir Hand und Wort, dass der Schänder nicht straflos ausgehen wird! (8) Sextus Tarquinius ist es, der sich als Feind und nicht als Gast letzte Nacht mit Gewalt und bewaffnet hier eine mir und – wenn ihr Männer seid – auch ihm Verderben bringende Freude genommen hat.« (9) Sie alle geben ihr der Reihe nach ihr Wort; sie trösten sie in ihrem Herzeleid und wälzen die Schuld von der Genötigten auf den Urheber des Verbrechens ab: Der Geist sündige, nicht der Leib, und wo die Absicht gefehlt habe, sei auch keine Schuld.[76] (10) »Ihr«, sagt sie, »mögt darauf sehen, was jenem gebührt; ich aber befreie mich, auch wenn ich mich von Schuld freispreche, nicht von der Strafe; es soll künftig keine Schamlose unter Berufung auf Lucretia leben dürfen!« (11) Und sie stößt sich das Messer, das sie unter dem Gewand verborgen gehabt, ins

in volnus moribunda cecidit. (12) Conclamat vir paterque; 59 (1) Brutus illis luctu occupatis cultrum ex volnere Lucretiae extractum, manantem cruore prae se tenens, »Per hunc« inquit »castissimum ante regiam iniuriam sanguinem iuro, vosque, di, testes facio me L. Tarquinium Superbum cum scelerata coniuge et omni liberorum stirpe ferro igni quacumque dehinc vi possim exsecuturum, nec illos nec alium quemquam regnare Romae passurum.« (2) Cultrum deinde Collatino tradit, inde Lucretio ac Valerio, stupentibus miraculo rei, unde novum in Bruti pectore ingenium. Vt praeceptum erat iurant; totique ab luctu versi in iram, Brutum iam inde ad expugnandum regnum vocantem sequuntur ducem.

(3) Elatum domo Lucretiae corpus in forum deferunt, concientque miraculo, ut fit, rei novae atque indignitate homines. Pro se quisque scelus regium ac vim queruntur. (4) Movet cum patris maestitia, tum Brutus castigator lacrimarum atque inertium querellarum auctorque quod viros, quod Romanos deceret, arma capiendi adversus hostilia ausos. (5) Ferocissimus quisque iuvenum cum armis voluntarius adest; sequitur et cetera iuventus. Inde patre praeside relicto Collatiae ad portas custodibusque datis ne quis eum motum regibus nuntiaret, ceteri armati duce Bruto Romam profecti. (6) Vbi eo ventum

Herz, fällt nach vorn auf die Wunde hin und sank sterbend nieder. (12) Gemeinsam erheben Gatte und Vater die Klage.

59 (1) Brutus aber zog, indes sie sich der Trauer hingaben, das Messer aus Lucretias Wunde, hielt es bluttriefend vor sich hin und sprach: »Bei diesem vor der königlichen Freveltat heilig reinen Blut schwöre ich und rufe euch, ihr Götter, zum Zeugen dafür an, dass ich L. Tarquinius den Hochfahrenden samt seinem verbrecherischen Weib und seiner ganzen Kinderbrut mit Schwert, Feuer und welcher Macht ich immer kann, verfolgen und nicht zulassen werde, dass jene oder irgendein anderer als König zu Rom herrscht!« (2) Er übergibt das Messer dem Collatinus, dann dem Lucretius und dem Valerius, die über das Wunder staunten, woher dieser neue Geist in die Brust des Brutus komme. Wie er ihnen vorgesprochen, schwören sie; und von der Trauer ganz und gar zum Rachezorn übergehend, folgen sie dem Brutus, der sie aufruft, jetzt gleich das Königtum niederzukämpfen, als ihrem Führer.

(3) Sie tragen Lucretias Leichnam aus dem Haus und bahren ihn auf dem Marktplatz [von Collatia] auf und bringen die Leute zusammen, wie sich denken lässt, durch das Aufsehenerregende und Empörende an dem unerhörten Geschehen. Jeder klagt je nach seiner Einstellung über das königliche Verbrechen und über die Gewalttat. (4) Erschütternd wirkt die Trauer des Vaters, ebenso aber auch Brutus, der den Tränen und unnützen Klagen wehrt und auffordert, nach Männer- und Römerweise die Waffen gegen die zu ergreifen, die solche Feindseligkeiten gewagt hätten. (5) Die Tatkräftigsten der jungen Männer stellen sich mit ihren Waffen freiwillig ein; die übrige Jungmannschaft folgt. Dann wurde unter der Führung des Vaters zu Collatia eine Schutzmannschaft zurückgelassen und Wachen für die Tore bestellt, damit niemand der Königsfamilie den Aufruhr melden könne; die übrigen Bewaffneten marschierten unter Führung des Brutus nach Rom. (6) Als sie dort ankom-

est, quacumque incedit armata multitudo, pavorem ac tumultum facit; rursus ubi anteire primores civitatis vident, quidquid sit haud temere esse rentur. (7) Nec minorem motum animorum Romae tam atrox res facit quam Collatiae fecerat; ergo ex omnibus locis urbis in forum curritur. Quo simul ventum est, praeco ad tribunum celerum, in quo tum magistratu forte Brutus erat, populum advocavit. (8) Ibi oratio habita nequaquam eius pectoris ingeniique quod simulatum ad eam diem fuerat, de vi ac libidine Sex. Tarquini, de stupro infando Lucretiae et miserabili caede, de orbitate Tricipitini cui morte filiae causa mortis indignior ac miserabilior esset. (9) Addita superbia ipsius regis miseriaeque et labores plebis in fossas cloacasque exhauriendas demersae; Romanos homines, victores omnium circa populorum, opifices ac lapicidas pro bellatoribus factos. (10) Indigna Ser. Tulli regis memorata caedes et invecta corpori patris nefando vehiculo filia, invocatique ultores parentum di. (11) His atrocioribusque, credo, aliis, quae praesens rerum indignitas haudquaquam relatu scriptoribus facilia subicit, memoratis incensam multitudinem perpulit ut imperium regi abrogaret exsulesque esse iuberet L. Tarquinium cum coniuge ac liberis. (12) Ipse iunioribus qui ultro nomina dabant lectis armatisque, ad concitandum inde adversus regem exerci-

men, erregt die Menge Bewaffneter, wo sie auch auftritt, Schrecken und Tumult; andererseits glauben sie, da sie die Vornehmen der Bürgerschaft voranschreiten sehen, es geschähe nichts ohne Grund. (7) In Rom löste das schändliche Vorkommnis keine geringere Bewegung aus, als es das in Collatia getan hatte; also lief man von allen Enden der Stadt auf den Marktplatz. Sobald alles dort zusammengekommen war, rief der Herold das Volk vor den Oberst der Reiterei; dieses Amt hatte damals Brutus gerade inne.[77] (8) Er hielt dort eine Rede – und zwar keineswegs von jener Gesinnung und in jenem Geist, die er bis zu diesem Tag vorgetäuscht hatte – über die Gewalttat und Lüsternheit des Sex. Tarquinius, über die unerhörte Schändung und den beklagenswerten Tod der Lucretia, über die Kinderlosigkeit des [Lucretius] Tricipitinus, für den noch schimpflicher und bejammernswerter als der Tod seiner Tochter die Ursache dieses Todes sei. (9) Er erwähnte weiter Hochmut und Willkür des Königs selbst sowie die Leiden und Mühsal des Volkes, das unter die Erde getrieben wurde, um Gräben und Abwasserkanäle auszuheben; römische Männer, Sieger über alle Völker ringsum, seien aus Kriegern zu Handwerkern und Steineklopfern gemacht worden. (10) Er erinnerte auch an den schändlichen Mord an König Ser. Tullius und an die Tochter, die mit ihrem Wagen gottlos über die Leiche des Vaters gefahren sei, und rief die [unterirdischen] Götter an, den Verwandtenmord zu rächen. (11) Durch Erwähnung solcher und, glaube ich, anderer noch üblerer Dinge, welche die Entrüstung des Augenblicks eingibt – wobei es für die Geschichtsschreibung gar nicht leicht ist, sie angemessen wiederzugeben –, brachte er die erregte Menge dazu, dem König die Herrschaft abzusprechen und den L. Tarquinius samt Frau und Kindern zu verbannen. (12) Er selbst wählte jüngere Männer aus, die sich freiwillig stellten, bewaffnete sie und begab sich nach Ardea ins Lager, um das Heer gegen den König aufzuwie-

tum Ardeam in castra est profectus: imperium in urbe Lucretio, praefecto urbis iam ante ab rege instituto, relinquit. (13) Inter hunc tumultum Tullia domo profugit exsecrantibus quacumque incedebat invocantibusque parentum furias viris mulieribusque.

60 (1) Harum rerum nuntiis in castra perlatis cum re nova trepidus rex pergeret Romam ad comprimendos motus, flexit viam Brutus – senserat enim adventum – ne obvius fieret; eodemque fere tempore, diversis itineribus, Brutus Ardeam, Tarquinius Romam venerunt. (2) Tarquinio clausae portae exsiliumque indictum: liberatorem urbis laeta castra accepere, exactique inde liberi regis. Duo patrem secuti sunt qui exsulatum Caere in Etruscos ierunt. Sex. Tarquinius Gabios tamquam in suum regnum profectus ab ultoribus veterum simultatium, quas sibi ipse caedibus rapinisque concierat, est interfectus.

(3) L. Tarquinius Superbus regnavit annos quinque et viginti. Regnatum Romae ab condita urbe ad liberatam annos ducentos quadraginta quattuor. (4) Duo consules inde comitiis centuriatis a praefecto urbis ex commentariis Ser. Tulli creati sunt, L. Iunius Brutus et L. Tarquinius Collatinus.

geln; die Befehlsgewalt in der Stadt überlässt er dem Lucretius, der schon früher vom König zum Stadtkommandanten eingesetzt worden war.[78] (13) Während dieses Tumults flieht Tullia aus dem Haus, und wohin sie kam, verfluchten sie Männer und Frauen und riefen die Rachegeister ihrer Familie an.

60 (1) Als Nachrichten über diese Ereignisse ins Lager gelangt waren und der König, besorgt über die Revolte, nach Rom eilte, um die Bewegung zu unterdrücken, wechselte Brutus – er hatte dessen Annäherung bemerkt – seine Marschrichtung, um nicht mit ihm zusammenzustoßen; zu ungefähr gleicher Zeit kamen sie auf verschiedenen Wegen an: Brutus in Ardea, Tarquinius in Rom. (2) Für Tarquinius blieben die Tore geschlossen, und es wurde ihm Verbannung angesagt. Den Befreier der Hauptstadt empfing das Lager freudig; die Söhne des Königs aber wurden daraus vertrieben. Zwei folgten dem Vater und gingen nach Caere zu den Etruskern ins Exil. Sex. Tarquinius ging nach Gabii als seinem Königreich und wurde von Rächern, deren Feindschaft er sich selbst durch seine früheren Mordtaten und Räubereien zugezogen hatte, umgebracht.

(3) L. Tarquinius Superbus hat 25 Jahre lang regiert. Die Königsherrschaft in Rom dauerte von der Gründung bis zur Befreiung der Stadt 244 Jahre.[79] (4) Jetzt wurden in einer nach Centurien einberufenen Volksversammlung durch den Stadtkommandanten gemäß den Vorschriften des Ser. Tullius zwei Konsuln gewählt: L. Iunius Brutus und L. Tarquinius Collatinus.

Liber II

1 (1) Liberi iam hinc populi Romani res pace belloque gestas, annuos magistratus, imperiaque legum potentiora quam hominum peragam. (2) Quae libertas ut laetior esset proximi regis superbia fecerat. Nam priores ita regnarunt ut haud immerito omnes deinceps conditores partium certe urbis, quas novas ipsi sedes ab se auctae multitudinis addiderunt, numerentur; (3) neque ambigitur quin Brutus idem qui tantum gloriae superbo exacto rege meruit pessimo publico id facturus fuerit, si libertatis immaturae cupidine priorum regum alicui regnum extorsisset. (4) Quid enim futurum fuit, si illa pastorum convenarumque plebs, transfuga ex suis populis, sub tutela inviolati templi aut libertatem aut certe impunitatem adepta, soluta regio metu agitari coepta esset tribuniciis procellis, (5) et in aliena urbe cum patribus serere certamina, priusquam pignera coniugum ac liberorum caritasque ipsius soli, cui longo tempore adsuescitur, animos eorum consociasset? (6) Dissipatae res nondum adultae discordia forent, quas fovit tranquilla moderatio imperii eoque nutriendo perduxit ut bonam frugem libertatis maturis iam viribus ferre possent.

2. Buch

1 (1) Von den Taten des nunmehr freien Römervolkes in Frieden und Krieg, von seinen jährlich wechselnden Beamten und der Herrschaft der Gesetze – mächtiger als die der Menschen – will ich nun berichten. (2) Dass man diese Freiheit umso freudiger begrüßte, war der Willkürherrschaft des letzten Königs zuzuschreiben. Die früheren Könige hatten nämlich so regiert, dass sie alle, einer wie der andere, nicht unverdient als Gründer bezeichnet werden können. Das gilt zumindest für die Stadtregionen, die sie als neue Wohnsitze zusätzlich geschaffen haben für eine unter ihrer Regierung ständig vermehrte Bevölkerung. (3) Es besteht kein Zweifel, dass sich Brutus, indem er einen tyrannischen König vertrieb, großen Ruhm erworben hat. Aber er hätte der Bürgerschaft mit seiner Tat einen äußerst schlechten Dienst erwiesen, wenn er, aus Begierde nach unzeitiger Freiheit, einem der früheren Könige die Herrschaft entrissen hätte. (4) Denn was wäre die Folge gewesen, wenn die damalige Volksmenge aus Hirten und Zugewanderten, die ihren eigenen Volksstämmen entlaufen waren und nur im Schutz eines unverletzlichen Heiligtums die Freiheit oder wenigstens Straflosigkeit erlangt hatten – wenn sie nun, ledig aller Furcht vor der Macht eines Königs, der stürmischen Agitation der Volkstribunen ausgesetzt gewesen wären? (5) Und wenn sie in einer ihnen noch fremden Stadt den Streit mit den Vätern[1] begonnen hätten, bevor noch eine Bindung an Frau und Kinder sowie die Liebe zum heimischen Boden, die Zeit und Gewöhnung braucht, sie zu einer Gemeinschaft verschmolzen hätte? (6) Den noch nicht zur Reife gelangten Staat hätte die Zwietracht aufgerieben. Die friedliche, maßvolle Herrschaft[2] aber begünstigte sein Wachstum und ließ ihn unter ihrer Pflege so gedeihen, dass er die edle Frucht der Freiheit in bereits gereiftem, gekräftigtem Zustand tragen konnte.[3]

(7) Libertatis autem originem inde magis quia annuum imperium consulare factum est quam quod deminutum quicquam sit ex regia potestate numeres. (8) Omnia iura, omnia insignia primi consules tenuere; id modo cautum est ne, si ambo fasces haberent, duplicatus terror videretur. Brutus prior, concedente collega, fasces habuit; qui non acrior vindex libertatis fuerat quam deinde custos fuit. (9) Omnium primum avidum novae libertatis populum, ne postmodum flecti precibus aut donis regiis posset, iure iurando adegit neminem Romae passuros regnare. (10) Deinde quo plus virium in senatu frequentia etiam ordinis faceret, caedibus regis deminutum patrum numerum primoribus equestris gradus lectis ad trecentorum summam explevit, (11) traditumque inde fertur ut in senatum vocarentur qui patres quique conscripti essent; conscriptos videlicet appellabant lectos. Id mirum quantum profuit ad concordiam civitatis iungendosque patribus plebis animos.

2 (1) Rerum deinde divinarum habita cura; et quia quaedam publica sacra per ipsos reges factitata erant, necubi regum desiderium esset, regem sacrificulum creant. (2) Id sacerdotium pontifici subiecere, ne additus nomini honos aliquid libertati,

(7) Die Freiheit selbst muss man eher darin begründet sehen, dass die Amtsgewalt der Konsuln auf ein Jahr befristet wurde, als dass etwa die von den Königen stammende Machtvollkommenheit irgendwie gemindert worden wäre. (8) Die ersten Konsuln besaßen alle Rechte und alle Auszeichnungen der Könige.[4] Man trug lediglich Vorsorge, nicht zweimal den Anblick von Furcht und Schrecken zu bieten, wenn nämlich beiden Konsuln die Rutenbündel vorausgetragen würden. Brutus erhielt die Rutenbündel mit Einwilligung seines Kollegen als erster; er war nun ein ebenso eifriger Bewahrer der Freiheit, wie er ihr Begründer gewesen war. (9) Zuallererst verpflichtete er das Volk, solange es noch begierig nach der neuerworbenen Freiheit war, durch einen Eid, nie mehr einen König in Rom zu dulden, damit es auch später nicht durch Bitten oder Geschenke eines Königs umgestimmt werden könnte. (10) Dann wollte er dem Senat durch eine Anhebung der Mitgliederzahl mehr Einfluss verschaffen. Die Zahl der Väter war durch die Todesurteile des Königs [Tarquinius Superbus] zusammengeschmolzen, und Brutus fügte ihnen nun die vornehmsten Männer aus dem Ritterstand hinzu und brachte den Senat dadurch wieder auf die volle Zahl von 300 Mitgliedern. (11) Daher kommt es, so sagt man, dass bei der Einberufung des Senats jeweils »Väter« und »Beigeordnete« gesondert berufen werden. Beigeordnete nannte man nämlich die nachgewählten Mitglieder.[5] Dies war für die Eintracht in der Bürgerschaft und die Verbundenheit zwischen den Vätern und dem Volk von außerordentlicher Wirkung.

2 (1) Dann sorgte man für den Götterdienst. Da es einzelne Opfer gab, die von den Königen selbst regelmäßig dargebracht worden waren, wählte man einen Opferkönig[6], damit keinerlei Anlass bestünde, nach einem König zu verlangen. (2) Dieses Priesteramt wurde dem Pontifex Maximus unterstellt, denn die Ehre, die mit diesem Namen verbunden war, sollte der

cuius tunc prima erat cura, officeret. Ac nescio an nimis undique eam minimisque rebus muniendo modum excesserint. (3) Consulis enim alterius, cum nihil aliud offenderit, nomen invisum civitati fuit: nimium Tarquinios regno adsuesse; initium a Prisco factum; regnasse dein Ser. Tullium; ne intervallo quidem facto oblitum, tamquam alieni, regni, Superbum Tarquinium velut hereditatem gentis scelere ac vi repetisse; pulso Superbo penes Collatinum imperium esse. Nescire Tarquinios privatos vivere; non placere nomen, periculosum libertati esse. (4) Hinc primo sensim temptantium animos sermo per totam civitatem est satus, sollicitamque suspicione plebem Brutus ad contionem vocat. (5) Ibi omnium primum ius iurandum populi recitat neminem regnare passuros nec esse Romae unde periculum libertati foret; id summa ope tuendum esse, neque ullam rem quae eo pertineat contemnendam. Invitum se dicere hominis causa, nec dicturum fuisse ni caritas rei publicae vinceret: (6) non credere populum Romanum solidam libertatem reciperatam esse; regium genus, regium nomen non solum in civitate sed etiam in imperio esse; id officere, id obstare libertati. (7) »Hunc tu« inquit »tua voluntate, L. Tarquini, remove metum. Meminimus, fatemur: eiecisti reges; absol-

Freiheit keinen Abbruch tun; ihr galt damals die Hauptsorge. Aber ich meine fast, man ging damals zu weit, indem man die Freiheit auch in Nebensächlichkeiten rings wie mit einem Bollwerk umgab. (3) So war bei dem anderen Konsul [L. Tarquinius Collatinus], an dem es sonst nichts auszusetzen gab, den Bürgern allein schon der Name unerträglich: Die Tarquinier seien gar zu sehr ans Herrschen gewöhnt. Priscus habe den Anfang gemacht, danach sei zwar Servius Tullius König geworden, aber Tarquinius Superbus habe während dieses Zwischenregiments keineswegs seinen Anspruch auf die Herrschaft aufgegeben, als ob sie ihn nichts angehe. Er habe das Königtum wie einen erblichen Besitz seiner Familie mit verbrecherischer Gewalt wieder an sich gerissen. Nach der Vertreibung des Superbus sei die Macht nun in die Hände des Collatinus gelangt. Die Tarquinier könnten einfach nicht als Privatleute leben. Der bloße Name errege Missfallen und sei eine Gefahr für die Freiheit. (4) Solche Ansichten wurden von Leuten, die erst einmal unter der Hand die Stimmung erkunden wollten, in der ganzen Stadt verbreitet. Als die Bürger durch die Verdächtigungen in Unruhe geraten waren, berief Brutus eine Volksversammlung ein. (5) Hier las er als erstes den Eid vor, den das Volk geschworen hatte: Es werde keinen König dulden noch sonst etwas, das in Rom die Freiheit bedrohen könne. Darauf sei alle Aufmerksamkeit zu richten, und es dürfe nichts Diesbezügliches außer acht gelassen werden. Nur ungern bringe er die Rede auf diesen Mann, und er würde es auch nicht tun, wenn in ihm selbst nicht seine Liebe zum Gemeinwesen den Sieg davongetragen hätte. (6) Das römische Volk glaubt, es habe die Freiheit noch nicht vollständig errungen. Der Königsstamm, der Königsname befinde sich noch in der Stadt, ja in der Regierung. Das sei ein Hemmnis, ein Hindernis für die Freiheit. (7) »Nimm freiwillig diese Furcht von uns, Lucius Tarquinius!«, sagte Brutus. »Wir erinnern uns wohl, wir geben es zu: Du hast die Könige

ve beneficium tuum, aufer hinc regium nomen. Res tuas tibi non solum reddent cives tui auctore me, sed si quid deest munifice augebunt. Amicus abi; exonera civitatem vano forsitan metu; ita persuasum est animis cum gente Tarquinia regnum hinc abiturum.« (8) Consuli primo tam novae rei ac subitae admiratio incluserat vocem; dicere deinde incipientem primores civitatis circumsistunt, eadem multis precibus orant. (9) Et ceteri quidem movebant minus: postquam Sp. Lucretius, maior aetate ac dignitate, socer praeterea ipsius, agere varie rogando alternis suadendoque coepit ut vinci se consensu civitatis pateretur, (10) timens consul ne postmodum privato sibi eadem illa cum bonorum amissione additaque alia insuper ignominia acciderent, abdicavit se consulatu rebusque suis omnibus Lavinium translatis civitate cessit. (11) Brutus ex senatus consulto ad populum tulit ut omnes Tarquiniae gentis exsules essent; collegam sibi comitiis centuriatis creavit P. Valerium, quo adiutore reges eiecerat.

3 (1) Cum haud cuiquam in dubio esset bellum ab Tarquiniis imminere, id quidem spe omnium serius fuit; ceterum, id quod non timebant, per dolum ac proditionem prope libertas amissa est. (2) Erant in Romana iuventute adulescentes aliquot, nec ii tenui loco orti, quorum in regno libido solutior fuerat,

verjagt. Kröne dein Verdienst, nimm auch den Königsnamen von uns! Dein Eigentum werden dir deine Mitbürger herausgeben, dafür will ich Sorge tragen, ja sie werden dich großzügig ausstatten, wenn es dir an etwas fehlen sollte. Geh als Freund! Befreie die Bürger von ihrer wohl grundlosen Furcht. Sie sind nun einmal überzeugt, dass mit dem Tarquinierstamm auch das Königtum endgültig die Stadt verlassen werde.« (8) Bei diesem seltsamen und unvermittelten Ansinnen war der Konsul vor Verwunderung zunächst einmal sprachlos. Als er dann anfangen wollte zu reden, drängten sich die führenden Männer des Staates um ihn mit der gleichen eindringlichen Bitte. (9) Sie konnten ihn freilich weniger beeindrucken, aber dann begann Sp. Lucretius, älter und würdiger als sie und obendrein noch sein Schwiegervater, ihm auf alle mögliche Art zuzusetzen, bald mit Bitten, bald mit gutem Zureden: Er solle es hinnehmen, einem einhelligen Beschluss der Bürger unterlegen zu sein. (10) Da befürchtete der Konsul, es könne ihm dasselbe später als Privatmann widerfahren, und man würde dann seine Güter einziehen und ihm überdies noch Schimpf und Schande antun. Deshalb legte er das Konsulat nieder, brachte seine ganze Habe nach Lavinium und verließ die Stadt. (11) Brutus beantragte aufgrund eines Senatsbeschlusses beim Volk, alle Angehörigen der Tarquinier zu Verbannten zu erklären. Er hielt eine Wahlversammlung ab und ließ P. Valerius [Publicola] als Mitkonsul wählen, der ihm geholfen hatte, die Königsfamilie zu vertreiben.

3 (1) Niemand zweifelte daran, dass von den Tarquiniern ein Krieg drohe. Dennoch brach er später aus, als alle vermutet hatten. Aber was man gar nicht befürchtete: Beinahe wäre die Freiheit durch List und Verrat verlorengegangen. (2) Es gab unter den jungen Männern Roms einige, und zwar aus den besten Familien, die während der Königsherrschaft mehr Ungebundenheit bei ihrem freizügigen Leben genossen hatten. Als Al-

aequales sodalesque adulescentium Tarquiniorum, adsueti more regio vivere. (3) Eam tum, aequato iure omnium, licentiam quaerentes, libertatem aliorum in suam vertisse servitutem inter se conquerebantur: regem hominem esse, a quo impetres, ubi ius, ubi iniuria opus sit; esse gratiae locum, esse beneficio; et irasci et ignoscere posse; inter amicum atque inimicum discrimen nosse; (4) leges rem surdam, inexorabilem esse, salubriorem melioremque inopi quam potenti; nihil laxamenti nec veniae habere, si modum excesseris; periculosum esse in tot humanis erroribus sola innocentia vivere. (5) Ita iam sua sponte aegris animis legati ab regibus superveniunt, sine mentione reditus bona tantum repetentes. Eorum verba postquam in senatu audita sunt, per aliquot dies ea consultatio tenuit, ne non reddita belli causa, reddita belli materia et adiumentum esset. (6) Interim legati alia moliri; aperte bona repetentes clam reciperandi regni consilia struere; et tamquam ad id quod agi videbatur ambientes, nobilium adulescentium animos pertemptant. (7) A quibus placide oratio accepta est, iis litteras ab Tarquiniis reddunt et de accipiendis clam nocte in urbem regibus conloquuntur.

4 (1) Vitelliis Aquiliisque fratribus primo commissa res est. Vitelliorum soror consuli nupta Bruto erat, iamque ex eo ma-

tersgenossen und Gefährten der jungen Tarquinier hatten sie sich an ein fürstliches Dasein gewöhnt. (3) Diese Ungebundenheit vermissten sie nun, da alle gleiches Recht besaßen. Sie beklagten sich untereinander, dass die Freiheit der anderen ihnen ein Sklavendasein eingebracht habe. Ein König sei schließlich ein Mensch; man könne von ihm bekommen, was man gerade brauche, ob es nun Recht oder Unrecht sei; man könne Gnade erlangen, Gunst gewinnen, und er vermöge zu zürnen und zu verzeihen und wisse zwischen Freund und Feind zu unterscheiden. (4) Die Gesetze aber seien für alle Bitten taub; sie brächten dem Armen eher Heil und Nutzen als dem Reichen. Bei ihnen gebe es weder Schonung noch Gnade, wenn man einmal über die Stränge geschlagen habe. Der Mensch sei so vielen Verirrungen ausgesetzt, dass es ein Wagnis sei, in völliger Unbescholtenheit leben zu wollen. (5) In solch missmutiger Stimmung waren die jungen Leute schon von sich aus, als nun dazu noch die Gesandten von der königlichen Familie kamen, die lediglich die Herausgabe der Güter forderten, ohne eine Rückkehr zu erwähnen. Nachdem man sie im Senat angehört hatte, beriet man sich mehrere Tage. Gab man die Besitztümer nicht zurück, bot man einen Anlass zum Krieg. Tat man es aber, dienten sie als Ausrüstungs- und Hilfsgüter zum Krieg. (6) Inzwischen spannen die Gesandten ihre Fäden: Nach außen hin ging es ihnen nur um die Rückgabe der Güter; im geheimen aber schmiedeten sie Pläne, um den Thron wiederzugewinnen. Und während sie angeblich nur in ihrem Auftrag unterwegs waren, forschten sie die Gesinnungen der jungen Leute aus. (7) Denjenigen, die ihnen bereitwillig Gehör schenkten, überreichten sie Briefe von den Tarquiniern und besprachen sich mit ihnen darüber, wie man des Nachts die königliche Familie heimlich in die Stadt einlassen könne.

4 (1) Die Brüder Vitellius und Aquilius waren die ersten, die in die Sache eingeweiht wurden. Eine Schwester der Vitellier

trimonio adulescentes erant liberi, Titus Tiberiusque; eos quoque in societatem consilii avunculi adsumunt. (2) Praeterea aliquot nobiles adulescentes conscii adsumpti, quorum vetustate memoria abiit. (3) Interim cum in senatu vicisset sententia quae censebat reddenda bona, eamque ipsam causam morae in urbe haberent legati quod spatium ad vehicula comparanda a consulibus sumpsissent quibus regum asportarent res, omne id tempus cum coniuratis consultando absumunt, evincuntque instando ut litterae sibi ad Tarquinios darentur: (4) nam aliter qui credituros eos non vana ab legatis super rebus tantis adferri? Datae litterae ut pignus fidei essent manifestum facinus fecerunt. (5) Nam cum pridie quam legati ad Tarquinios proficiscerentur cenatum forte apud Vitellios esset, coniuratique ibi, remotis arbitris, multa inter se de novo, ut fit, consilio egissent, (6) sermonem eorum ex servis unus excepit, qui iam antea id senserat agi, sed eam occasionem, ut litterae legatis darentur quae deprehensae rem coarguere possent, exspectabat. Postquam datas sensit, rem ad consules detulit. (7) Consules ad deprehendendos legatos coniuratosque profecti domo sine tumultu rem omnem oppressere; litterarum in primis habita cura ne interciderent. Proditoribus extemplo in vincla coniectis, de legatis paululum addubitatum est; et quamquam

war mit dem Konsul Brutus verheiratet. Aus dieser Ehe gab es zwei herangewachsene Söhne, Titus und Tiberius. Ihre Onkel zogen sie in das Komplott hinein. (2) Außerdem machten sie noch einige andere junge Adlige zu Mitwissern, deren Namen nach so langer Zeit in Vergessenheit geraten sind. (3) Inzwischen hatte sich im Senat die Meinung durchgesetzt, man solle die Güter zurückgeben. Das benutzten die Gesandten als Vorwand, um ihren Aufenthalt in der Stadt zu verlängern: Sie hätten sich von den Konsuln eine Zeit ausbedungen, um Fahrzeuge bereitzustellen, auf denen sie das Hab und Gut der Königsfamilie abtransportieren könnten. Diese ganze Zeit aber verwandten sie auf Beratungen mit den Verschwörern. Sie setzten es mit ihrem Drängen durch, dass man ihnen Briefe an die Tarquinier mitgab. (4) Wie sollten diese denn sonst sicher sein, dass ihnen die Gesandten in einer solch wichtigen Angelegenheit nicht nur leere Versprechungen überbrachten? Diese Briefe[7] aber, die als Treuepfand übergeben wurden, brachten das Verbrechen an den Tag. (5) Denn am Abend vor ihrer Rückreise zu den Tarquiniern speisten die Gesandten gerade bei den Vitelliern. Dort besprachen sich die Verschwörer ohne Zeugen, wie man sich denken kann, ausführlich über ihren kürzlich gefassten Plan. (6) Ein Sklave aber hörte ihr Gespräch an. Er hatte schon früher gemerkt, was da vorging, wartete aber den Zeitpunkt ab, da die Briefe an die Gesandten ausgehändigt wurden. Denn wenn man diese hätte, könnte man die Sache beweisen. Nachdem er sich der Übergabe vergewissert hatte, meldete er alles den Konsuln. (7) Die Konsuln machten sich auf, um die Gesandten und die Verschwörer festzunehmen, und sie brachten die gesamte Angelegenheit ohne jegliches Aufsehen zu Ende. Dabei waren sie vor allem darauf bedacht, dass die Briefe nicht verlorengingen. Die Verräter wurden unverzüglich ins Gefängnis gebracht. Wegen der Gesandten war man eine Weile unschlüssig. Sie hatten sich zwar offensicht-

visi sunt commisisse ut hostium loco essent, ius tamen gentium valuit.

5 (1) De bonis regiis, quae reddi ante censuerant, res integra refertur ad patres. Ibi victi ira vetuere reddi, vetuere in publicum redigi. (2) Diripienda plebi sunt data, ut contacta regia praeda spem in perpetuum cum iis pacis amitteret. Ager Tarquiniorum qui inter urbem ac Tiberim fuit, consecratus Marti, Martius deinde campus fuit. (3) Forte ibi tum seges farris dicitur fuisse matura messi. Quem campi fructum quia religiosum erat consumere, desectam cum stramento segetem magna vis hominum simul immissa corbibus fudere in Tiberim tenui fluentem aqua, ut mediis caloribus solet. Ita in vadis haesitantes frumenti acervos sedisse inlitos limo; (4) insulam inde paulatim et aliis quae fert temere flumen eodem invectis factam; postea credo additas moles manuque adiutum, ut tam eminens area firma templis quoque ac porticibus sustinendis esset.

(5) Direptis bonis regum damnati proditores sumptumque supplicium, conspectius eo quod poenae capiendae ministerium patri de liberis consulatus imposuit, et qui spectator erat amovendus, eum ipsum fortuna exactorem supplicii dedit. (6) Stabant deligati ad palum nobilissimi iuvenes; sed a ceteris, velut ab ignotis capitibus, consulis liberi omnium in se aver-

lich so schuldig gemacht, dass man sie als Feinde betrachten musste, aber man ließ dann doch das Völkerrecht gelten.

5 (1) Über die königlichen Güter, deren Rückgabe man zuvor genehmigt hatte, wurde nun im Senat von neuem verhandelt. Voller Zorn verboten die Senatoren die Rückgabe, sie verboten auch eine Übernahme in den Staatsschatz. (2) Man überließ alles dem Volk zur Plünderung. Mit dem Raub an den Königsgütern belastet, sollte den Bürgern für alle Zeit die Aussicht genommen sein, sich mit den Tarquiniern auszusöhnen. Der Landbesitz der Tarquinier zwischen der Stadt und dem Tiber wurde dem Mars geweiht und heißt seitdem das Marsfeld. (3) Man erzählt, es habe damals dort erntereifes Getreide gestanden. Da man religiöse Bedenken hatte, den Ertrag dieses Feldes zu verwenden,[8] schickte man eine große Menge Leute dorthin, um das Korn mit dem Halm zu schneiden und es körbeweise in den Tiber zu schütten. Dieser hatte, wie gewöhnlich im Hochsommer, einen recht niedrigen Wasserstand. So setzten sich die Getreideladungen im Schlamm auf dem seichten Grund nach und nach ab. (4) Es bildete sich daraus allmählich eine Insel, wozu noch all das kam, was der Fluss so mit sich führte und was sich dort gestaut hatte. Später baute man wohl zusätzlich noch einen Damm, so dass der nun erhöhte Platz auch genügend Festigkeit besaß, um sogar Tempel und Säulenhallen zu tragen.

(5) Nach der Plünderung des königlichen Besitzes wurden die Verräter verurteilt und mit dem Tode bestraft. Dadurch entstand besonderes Aufsehen, weil das Konsulamt es einem Vater auferlegte, die Strafe an den eigenen Söhnen zu vollziehen. Der Mann, den man nicht einmal als Zuschauer hätte zulassen dürfen, gerade der war nun vom Schicksal zum Vollstrecker der Todesstrafe ausersehen. (6) Da standen, an Pfähle angebunden, junge Männer aus den vornehmsten Familien. Von den übrigen aber, die dagegen wie Unbekannte wirkten, hat-

terant oculos, miserebatque non poenae magis homines quam sceleris quo poenam meriti essent: (7) illos eo potissimum anno patriam liberatam, patrem liberatorem, consulatum ortum ex domo Iunia, patres, plebem, quidquid deorum hominumque Romanorum esset, induxisse in animum ut superbo quondam regi, tum infesto exsuli proderent. (8) Consules in sedem processere suam, missique lictores ad sumendum supplicium. Nudatos virgis caedunt securique feriunt, cum inter omne tempus pater voltusque et os eius spectaculo esset, eminente animo patrio inter publicae poenae ministerium. (9) Secundum poenam nocentium, ut in utramque partem arcendis sceleribus exemplum nobile esset, praemium indici pecunia ex aerario, libertas et civitas data. Ille primum dicitur vindicta liberatus; (10) quidam vindictae quoque nomen tractum ab illo putant; Vindicio ipsi nomen fuisse. Post illum hoc servatum ut qui ita liberati essent in civitatem accepti viderentur.

6 (1) His sicut acta erant nuntiatis incensus Tarquinius non dolore solum tantae ad inritum cadentis spei sed etiam odio iraque, postquam dolo viam obsaeptam vidit, bellum aperte moliendum ratus circumire supplex Etruriae urbes; (2) orare

ten sich die Augen aller abgewendet und auf die Söhne des Konsuls gerichtet. Beklagenswert erschien den Menschen aber nicht so sehr die Strafe, als vielmehr das Verbrechen, durch das sie diese Strafe verdient hatten: (7) Sie hätten es über sich gebracht, gerade in diesem Jahr das befreite Vaterland, ihren Vater und Befreier, das aus dem iunischen Hause hervorgegangene Konsulat sowie die Väter, das Volk, ja Roms Götter und Menschen, an den König zu verraten, der früher ihr Tyrann gewesen, jetzt aber als Vertriebener ihr Erzfeind sei. (8) Die Konsuln schritten vor zu ihrem Tribunal, die Liktoren wurden entsandt, um die Strafe zu vollstrecken. Sie entkleideten die Verurteilten, peitschten sie mit Ruten und enthaupteten sie mit dem Beil. Während der ganzen Zeit war der Vater, waren sein Gesichtsausdruck und Mienenspiel allgemeiner Aufmerksamkeit ausgesetzt, und es zeigte sich ganz deutlich, wie ihm als Vater zumute war, während er den öffentlichen Strafvollzug leitete.[9] (9) Um nach beiden Seiten hin ein denkwürdiges Beispiel zur Verhinderung von Verbrechen zu bieten, belohnte man nach der Hinrichtung der Schuldigen den Mann, der die Tat angezeigt hatte, mit Geld aus der Staatskasse sowie mit der Freiheit und dem Bürgerrecht. (10) Dieser Mann soll der erste gewesen sein, der durch den Lösestab[10] freigegeben wurde. Einige meinen auch, der Name des Lösestabs stamme von ihm; er hieß nämlich Vindicius. Seitdem war es Brauch, dass alle, die auf diese Weise die Freiheit erlangt hatten, auch als Bürger galten.

6 (1) Auf die Nachricht von diesen Ereignissen geriet Tarquinius in große Erregung. Es schmerzte ihn nicht nur, dass sein hoffnungsvoller Plan gescheitert war, er war auch von Hass und Zorn erfüllt. Und nachdem er einsehen musste, dass der List alle Wege abgeschnitten waren, entschloss er sich zum offenen Krieg. Als Hilfesuchender zog er durch die Städte Etruriens. (2) Vor allem wandte er sich mit seinen Bitten an die Ein-

maxime Veientes Tarquiniensesque, ne se ortum ex Etruscis eiusdem sanguinis, extorrem, egentem ex tanto modo regno cum liberis adulescentibus ante oculos suos perire sinerent: alios peregre in regnum Romam accitos: se regem, augentem bello Romanum imperium, a proximis scelerata coniuratione pulsum. (3) Eos inter se, quia nemo unus satis dignus regno visus sit, partes regni rapuisse; bona sua diripienda populo dedisse, ne quis expers sceleris esset. patriam se regnumque suum repetere et persequi ingratos cives velle. ferrent opem, adiuvarent; suas quoque veteres iniurias ultum irent, totiens caesas legiones, agrum ademptum. (4) Haec moverunt Veientes, ac pro se quisque Romano saltem duce ignominias demendas belloque amissa repetenda minaciter fremunt. Tarquinienses nomen ac cognatio movet: pulchrum videbatur suos Romae regnare.

(5) Ita duo duarum civitatium exercitus ad repetendum regnum belloque persequendos Romanos secuti Tarquinium. Postquam in agrum Romanum ventum est, obviam hosti consules eunt. (6) Valerius quadrato agmine peditem ducit: Brutus ad explorandum cum equitatu antecessit. Eodem modo primus eques hostium agminis fuit; praeerat Arruns Tarquinius filius regis, rex ipse cum legionibus sequebatur. (7) Arruns ubi

wohner von Veji und Tarquinia. Er sei doch schließlich ein Etrusker, ihr Blutsverwandter, mittellos aus einem großen Königreich vertrieben, und sie sollten ihn doch nicht samt seinen erwachsenen Söhnen vor ihren Augen im Elend zugrunde gehen lassen. Andere seien aus der Fremde nach Rom auf den Thron berufen worden, er aber sei als König, der Roms Macht gerade in einem Krieg mehrte, von seinen nächsten Angehörigen durch eine verbrecherische Verschwörung vertrieben worden. (3) Da offenbar keiner allein der Herrschaft würdig sei, hätten sie nun die Königsmacht wie einen Raub unter sich aufgeteilt. Seine Güter hätten sie dem Volk zur Plünderung überlassen, damit keiner von der Teilnahme an dem Verbrechen ausgeschlossen sei. Nun wolle er sein Vaterland und sein Reich zurückerobern und die undankbaren Bürger bestrafen. Sie sollten ihm dazu Beistand und Hilfe leisten. Dabei könnten sie sich auch für früheres Unrecht rächen – für so viele Niederlagen ihrer Heere und für den Verlust ihrer Ländereien. (4) Das letztere überzeugte die Vejenter. Sie äußerten jeder für sich grimmig und drohend: Mit einem Römer als Führer müsse man doch die Schmach auslöschen und alles im Krieg Verlorene wiedergewinnen können. Die Tarquinier aber ließen sich vom Namen und der Blutsverwandtschaft bewegen. Es erschien ihnen als glänzende Aussicht, wenn ihre Landsleute in Rom Könige wären. (5) So folgten zwei Heere aus zwei Städten dem Tarquinius, um ihm die Königsherrschaft zurückzugewinnen und die Römer mit Waffengewalt zu strafen. Nachdem sie römisches Gebiet erreicht hatten, zogen die Konsuln dem Feind entgegen. (6) Valerius führte das Fußvolk in Schlachtordnung an, Brutus zog mit der Reiterei voraus, um den Feind auszukundschaften. Ebenso bildete bei den Feinden die Reiterei die Spitze des Zuges. Ihr Befehlshaber war Arruns Tarquinius, der Sohn des Königs. Dieser selbst folgte mit den Fußtruppen nach. (7) Als Arruns an den Liktoren sah, dass der

ex lictoribus procul consulem esse, deinde iam propius ac certius facie quoque Brutum cognovit, inflammatus ira »Ille est vir« inquit »qui nos extorres expulit patria. Ipse en ille nostris decoratus insignibus magnifice incedit. Di regum ultores adeste.« (8) Concitat calcaribus equum atque in ipsum infestus consulem derigit. Sensit in se iri Brutus; decorum erat tum ipsis capessere pugnam ducibus; avide itaque se certamini offert; (9) adeoque infestis animis concurrerunt, neuter dum hostem volneraret sui protegendi corporis memor, ut contrario icti per parmam uterque transfixus duabus haerentes hastis moribundi ex equis lapsi sint. (10) Simul et cetera equestris pugna coepit, neque ita multo post et pedites superveniunt. Ibi varia victoria et velut aequo Marte pugnatum est; dextera utrimque cornua vicere, laeva superata. (11) Veientes, vinci ab Romano milite adsueti, fusi fugatique: Tarquiniensis, novus hostis, non stetit solum sed etiam ab sua parte Romanum pepulit.

7 (1) Ita cum pugnatum esset, tantus terror Tarquinium atque Etruscos incessit ut omissa inrita re nocte ambo exercitus, Veiens Tarquiniensisque, suas quisque abirent domos. (2) Adiciunt miracula huic pugnae: silentio proximae noctis ex silva Arsia ingentem editam vocem; Silvani vocem eam creditam: uno plus Tuscorum cecidisse in acie; vincere bello Romanum. (3) Ita certe inde abiere, Romani ut victores, Etrusci pro victis;

Konsul heranziehe, und dann, schon mehr aus der Nähe, Brutus auch deutlicher am Gesicht erkannte, rief er zornentbrannt aus: »Das ist der Mann, der uns verbannt und aus der Heimat vertrieben hat. Da zieht er großartig einher – mit unseren Ehrenzeichen geschmückt! Ihr Götter, die ihr die Rächer der Könige seid, steht mir bei!« (8) Er spornte sein Pferd und lenkte es zum Angriff gegen den Konsul. Brutus merkte, dass der Angriff ihm galt. Damals war es noch Ehrensache für die Feldherrn, selbst an der Schlacht teilzunehmen. Daher stellte er sich begierig dem Kampf. (9) So erbittert stießen sie aufeinander, dass keiner an die eigene Deckung dachte, wenn er nur dem Feind eine Verwundung beibringen konnte. So wurden sie beide jeweils vom Stoß des Gegners durch den Schild hindurch getroffen und sanken, beiderseits von der feindlichen Lanze durchbohrt, sterbend von den Pferden. (10) Zugleich begann die übrige Reiterei die Schlacht, und kurz darauf griff auch das Fußvolk ein. Man kämpfte mit wechselndem Kriegsglück; der Ausgang der Schlacht blieb unentschieden. Auf beiden Seiten hatte der rechte Flügel gesiegt, der linke war geschlagen worden. (11) Die Vejenter, an Niederlagen durch die Römer gewöhnt, ließen sich völlig aus dem Felde schlagen. Die Tarquinier als neue Feinde aber hielten stand, ja sie schlugen sogar auf ihrer Seite die Römer.

7 (1) Als der Kampf so ausgegangen war, gerieten Tarquinius und die Etrusker in solchen Schrecken, dass sie ihren Kriegszug als gescheitert aufgaben. Beide Heere, das der Vejenter und das der Tarquinier, begaben sich in der Nacht auf den Rückzug nach Hause. (2) Man erzählte auch von einem Wunderzeichen bei dieser Schlacht. In der Stille der nächsten Nacht ertönte aus dem Walde Arsia eine gewaltige Stimme (man hielt sie für die Stimme des Silvanus): Bei den Etruskern sei ein Mann mehr gefallen, also hätten die Römer den Krieg gewonnen. (3) So zogen sie denn von hier ab, die Römer gewiss

nam postquam inluxit nec quisquam hostium in conspectu erat, P. Valerius consul spolia legit triumphansque inde Romam rediit. (4) Collegae funus quanto tum potuit apparatu fecit; sed multo maius morti decus publica fuit maestitia, eo ante omnia insignis quia matronae annum ut parentem eum luxerunt, quod tam acer ultor violatae pudicitiae fuisset.

(5) Consuli deinde qui superfuerat, ut sunt mutabiles volgi animi, ex favore non invidia modo sed suspicio etiam cum atroci crimine orta. (6) Regnum eum adfectare fama ferebat, quia nec collegam subrogaverat in locum Bruti et aedificabat in summa Velia: ibi alto atque munito loco arcem inexpugnabilem fieri. (7) Haec dicta volgo creditaque cum indignitate angerent consulis animum, vocato ad concilium populo submissis fascibus in contionem escendit. Gratum id multitudini spectaculum fuit, submissa sibi esse imperii insignia confessionemque factam populi quam consulis maiestatem vimque maiorem esse. (8) Ibi audire iussis consul laudare fortunam collegae, quod liberata patria, in summo honore, pro re publica dimicans, matura gloria necdum se vertente in invidiam, mortem occubuisset: se superstitem gloriae suae ad crimen atque invidiam superesse; ex liberatore patriae ad Aquilios se Vitel-

als Sieger, die Etrusker als Besiegte. Denn als der Tag anbrach und kein Feind mehr zu sehen war, ließ der Konsul Publius Valerius die Kriegsbeute vom Schlachtfeld sammeln und kehrte im Triumph nach Rom zurück. (4) Seinem Kollegen rüstete er ein Begräbnis mit aller Pracht, wie sie damals möglich war. Aber eine noch weit größere Ehre für den Verstorbenen war die Trauer im Volk, vor allem bei den Frauen, die um Brutus ein Jahr lang Trauer trugen wie um einen Vater, weil er ein so entschiedener Rächer der verletzten Frauenehre gewesen war.

(5) Dem überlebenden Konsul [Valerius Publicola] gegenüber aber wandelte sich die Liebe des Volkes – wankelmütig wie es ist – nicht nur in Anfeindung, ja es erhob sich sogar ein Verdacht mit einer schlimmen Beschuldigung. (6) Es verbreitete sich das Gerücht, er strebe nach der Königswürde. Er habe nämlich noch keinen Kollegen an Brutus' Stelle nachwählen lassen, und er baue sich ein Haus ganz oben auf der Velia. An diesem erhöhten und befestigten Ort werde es zu einer unbezwinglichen Burg werden.[11] (7) Der Konsul sah es mit Unwillen und Betrübnis, dass ein solches Gerücht beim Volke umging und sogar Glauben fand. Daher berief er das Volk zu einer Versammlung und ließ die Rutenbündel senken, als er vor die Menge trat. Das war ein willkommener Anblick für die Leute: Man habe vor ihnen die Insignien der Amtsgewalt gesenkt und damit zugegeben, dass die Hoheit und Macht des Volkes über der eines Konsuls stehe. (8) Der Konsul bat um Gehör und pries seinen verstorbenen Kollegen glücklich: Nach der Befreiung des Vaterlandes habe er, aufs höchste geehrt, im Kampf für das Gemeinwesen den Tod gefunden. Sein ruhmvolles Ansehen habe in voller Blüte gestanden, ohne dass der Neid an ihm zehrte. Er selbst dagegen habe seinen Ruhm überlebt und sei nur noch am Leben, um beschuldigt und angefeindet zu werden. Von einem Befreier des Vaterlandes sei er nun auf die Stu-

liosque recidisse. (9) »Nunquamne ergo« inquit »ulla adeo vobis spectata virtus erit, ut suspicione violari nequeat? Ego me, illum acerrimum regum hostem, ipsum cupiditatis regni crimen subiturum timerem? (10) Ego si in ipsa arce Capitolioque habitarem, metui me crederem posse a civibus meis? Tam levi momento mea apud vos fama pendet? Adeone est fundata leviter fides ut ubi sim quam qui sim magis referat? (11) Non obstabunt Publi Valeri aedes libertati vestrae, Quirites; tuta erit vobis Velia; deferam non in planum modo aedes sed colli etiam subiciam, ut vos supra suspectum me civem habitetis; in Velia aedificent quibus melius quam P. Valerio creditur libertas.« (12) Delata confestim materia omnis infra Veliam et, ubi nunc Vicae Potae aedes est, domus in infimo clivo aedificata.

8 (1) Latae deinde leges, non solum quae regni suspicione consulem absolverent, sed quae adeo in contrarium verterent ut popularem etiam facerent; inde cognomen factum Publicolae est. (2) Ante omnes de provocatione adversus magistratus ad populum sacrandoque cum bonis capite eius qui regni occupandi consilia inisset gratae in volgus leges fuere. (3) Quas cum solus pertulisset, ut sua unius in his gratia esset, tum deinde comitia collegae subrogando habuit. (4) Creatus Sp. Lucretius consul, qui magno natu, non sufficientibus iam viribus ad consularia munera obeunda, intra paucos dies moritur. Suffectus

fe von Aquiliern und Vitelliern herabgesunken. (9) »Wird denn bei euch«, sagte er, »die Tüchtigkeit niemals als erprobt genug gelten, um über allen Verdacht erhaben zu sein? Soll ich, der erbittertste Feind des Königtums, die Beschuldigung zu fürchten haben, dass ausgerechnet ich nach dem Thron strebe? (10) Und selbst wenn ich auf der Burg und dem Kapitol wohnte – muss ich damit rechnen, dass meine Mitbürger mich fürchten? Von einer solchen Nebensächlichkeit hängt mein Ruf bei euch ab? Steht euer Vertrauen zu mir auf so schwachen Füßen, dass es euch wichtiger ist, wo ich bin, als wer ich bin? (11) Das Haus des Publius Valerius soll eurer Freiheit aber nicht im Wege stehen, Quiriten! Die Velia soll euch sicher sein. Ich werde mein Haus nicht nur in die Ebene hinab verlegen, sondern es sogar unterhalb des Hügels erbauen, damit ihr über mir, dem verdächtigen Mitbürger, wohnt. Auf der Velia sollen diejenigen bauen, denen man die Freiheit eher anvertraut als dem Publius Valerius.« (12) Er ließ sogleich das gesamte Baumaterial von der Velia hinunterschaffen und erbaute sein Haus ganz unten am Weg zur Anhöhe, wo jetzt der Tempel der Vica Pota steht.

8 (1) Danach beantragte der Konsul Gesetze, die ihn nicht nur vom Verdacht befreiten, er strebe nach dem Thron. Sie wandten die öffentliche Meinung geradezu ins Gegenteil und machten ihn zum Liebling des Volkes. Davon erhielt er seinen Beinamen Publicola.[12] (2) Der Menge gefiel es vor allem, dass man gegen einen Spruch der Beamten an das Volk appellieren könne und dass man jeden, der nach dem Throne strebe, samt seiner Habe mit dem Fluch belegen dürfe. (3) Diese Gesetze brachte er allein durch, um auch allein dafür den Dank zu haben. Dann aber hielt er eine Versammlung zur Wahl eines Kollegen ab. (4) Es wurde Sp. Lucretius zum Konsul gewählt, ein betagter Mann, dessen Kräfte für das Amt eines Konsuls nicht mehr ausreichten. Er starb innerhalb weniger Tage. An

in Lucreti locum M. Horatius Pulvillus. (5) Apud quosdam veteres auctores non invenio Lucretium consulem; Bruto statim Horatium suggerunt; credo, quia nulla gesta res insignem fecerit consulatum, memoriam intercidisse.

(6) Nondum dedicata erat in Capitolio Iovis aedes; Valerius Horatiusque consules sortiti uter dedicaret. Horatio sorte evenit: Publicola ad Veientium bellum profectus. (7) Aegrius quam dignum erat tulere Valeri necessarii dedicationem tam incliti templi Horatio dari. Id omnibus modis impedire conati, postquam alia frustra temptata erant, postem iam tenenti consuli foedum inter precationem deum nuntium incutiunt, mortuum eius filium esse, funestaque familia dedicare eum templum non posse. (8) Non crediderit factum an tantum animo roboris fuerit, nec traditur certum nec interpretatio est facilis. Nihil aliud ad eum nuntium a proposito aversus quam ut cadaver efferri iuberet, tenens postem precationem peragit et dedicat templum.

(9) Haec post exactos reges domi militiaeque gesta primo anno.

9 (1) Inde P. Valerius iterum T. Lucretius consules facti. Iam Tarquinii ad Lartem Porsennam, Clusinum regem, perfugerant. Ibi miscendo consilium precesque nunc orabant, ne se,

die Stelle des Lucretius wurde M. Horatius Pulvillus nachgewählt. (5) Bei einigen alten Geschichtsschreibern finde ich Lucretius gar nicht als Konsul erwähnt. Sie lassen Horatius unmittelbar auf Brutus folgen. Ich glaube, sie wussten nichts mehr von ihm, weil sich sein Konsulat durch keine Amtshandlung auszeichnete.

(6) Noch immer war der Iuppitertempel auf dem Kapitol nicht eingeweiht. Die Konsuln Valerius und Horatius losten aus, wer von ihnen die Weihe vornehmen solle. Das Los traf Horatius; Publicola zog in den Krieg gegen die Vejenter. (7) Die Verwandten des Valerius waren maßlos verdrossen darüber, dass die Weihe eines so berühmten Tempels dem Horatius zufallen sollte. Sie suchten dies mit allen Mitteln zu verhindern, und nachdem so mancher Versuch vergeblich gewesen war, wollten sie den Konsul, der schon die Hand an den Torpfosten des Tempels gelegt hatte, mitten im Gebet an die Götter durch eine schreckliche Botschaft aus der Fassung bringen: Sein Sohn sei gestorben, und da er eine Leiche im Hause habe, dürfe er keine Tempelweihe vollziehen. (8) Ob er nun der Botschaft keinen Glauben schenkte oder ob er so viel Geisteskraft besaß, geht aus der Überlieferung nicht mit Sicherheit hervor und ist auch nicht leicht zu entscheiden. Er ließ sich jedenfalls von dieser Botschaft nicht weiter in seiner Tätigkeit stören, sondern gab lediglich den Auftrag, den Toten zu bestatten. Dabei behielt er die Hand am Pfosten, fuhr im Gebet fort und vollendete die Tempelweihe.

(9) Das waren die Ereignisse im Frieden und im Krieg im ersten Jahr nach der Vertreibung der Könige [509 v. Chr.].

9 (1) Darauf wurden T. Lucretius und P. Valerius – dieser zum zweiten Mal – zu Konsuln gewählt [508]. Die Tarquinier waren inzwischen zu Lar Porsenna, dem König von Clusium, geflüchtet. Hier setzten sie ihm bald mit Ratschlägen, bald mit Bitten zu: Er möge sie, Abkömmlinge der Etrusker, von gleichem

oriundos ex Etruscis, eiusdem sanguinis nominisque, egentes exsulare pateretur, (2) nunc monebant etiam ne orientem morem pellendi reges inultum sineret. satis libertatem ipsam habere dulcedinis. (3) nisi quanta vi civitates eam expetant tanta regna reges defendant, aequari summa infimis; nihil excelsum, nihil quod supra cetera emineat, in civitatibus fore; adesse finem regnis, rei inter deos hominesque pulcherrimae. (4) Porsenna cum regem esse Romae, tum Etruscae gentis regem, amplum Tuscis ratus, Romam infesto exercitu venit. (5) Non unquam alias ante tantus terror senatum invasit; adeo valida res tum Clusina erat magnumque Porsennae nomen. Nec hostes modo timebant sed suosmet ipsi cives, ne Romana plebs, metu perculsa, receptis in urbem regibus vel cum servitute pacem acciperet. (6) Multa igitur blandimenta plebi per id tempus ab senatu data. Annonae in primis habita cura, et ad frumentum comparandum missi alii in Volscos, alii Cumas. Salis quoque vendendi arbitrium, quia impenso pretio venibat, in publicum omne sumptum, ademptum privatis; portoriisque et tributo plebes liberata, ut divites conferrent qui oneri ferendo essent: pauperes satis stipendii pendere, si liberos educent. (7) Itaque haec indulgentia patrum asperis postmodum rebus in obsidione ac fame adeo concordem civitatem tenuit, ut regium nomen non summi magis quam infimi horrerent, (8) nec quisquam

Stamm und Namen, doch nicht als Verbannte im Elend schmachten lassen. (2) Dann wieder mahnten sie ihn, er dürfe diese neue Sitte, die Könige zu vertreiben, nicht ohne Vergeltung hinnehmen. Die Freiheit sei an und für sich schon verlockend genug. (3) Wenn die Könige ihre Herrschaft nicht ebenso tatkräftig verteidigten, wie die Bürgerschaft danach strebe, dann würde bald hoch und niedrig über einen Kamm geschoren. Nichts Erhabenes gäbe es mehr im Staat, nichts, was alles andere überrage. Das sei das Ende der Königsherrschaft, die doch der herrlichste Schmuck der Götter und Menschen sei. (4) Porsenna sah es als eine Ehrensache für die Etrusker an, dass in Rom ein König gebiete, vor allem aber einer aus etruskischem Geschlecht. Daher zog er mit Heeresmacht gegen Rom. (5) Noch nie zuvor war der Senat in solche Panik geraten: So mächtig war damals das Reich von Clusium und so gewaltig der Name des Porsenna. Die Senatoren fürchteten nicht nur die Feinde, sondern auch die eigenen Mitbürger: Ob das Volk von Rom nicht, ganz kopflos vor Furcht, die königliche Familie in die Stadt einlasse und sich mit der Sklaverei seinen Frieden erkaufe? (6) Daher erhielt das Volk vom Senat damals eine Menge Zugeständnisse. Man sorgte besonders für die Getreidevorräte und schickte Leute zum Ankauf von Korn zu den Volskern und nach Cumae. Der Salzhandel wurde den privaten Händlern entzogen, da sie zu hohe Preise verlangten, und kam unter staatliche Aufsicht. Das Volk wurde von Zöllen und Abgaben befreit, so dass diese nun von den Reichen aufgebracht werden mussten, die solche Lasten tragen konnten. Die Armen, meinte man, steuerten genügend bei, wenn sie Kinder aufzögen.[13] (7) Aus diesen Vergünstigungen von Seiten der Väter erwuchs daher für die folgende bittere Zeit der Belagerung und Hungersnot eine solche Eintracht in der Bevölkerung, dass bei hoch und nieder gleicher Abscheu vor dem Königsnamen herrschte. (8) Ja, es konnte sich später kein einzelner auch mit

unus malis artibus postea tam popularis esset quam tum bene imperando universus senatus fuit.

10 (1) Cum hostes adessent, pro se quisque in urbem ex agris demigrant; urbem ipsam saepiunt praesidiis. Alia muris, alia Tiberi obiecto videbantur tuta: (2) pons sublicius iter paene hostibus dedit, ni unus vir fuisset, Horatius Cocles; id munimentum illo die fortuna urbis Romanae habuit. (3) Qui positus forte in statione pontis cum captum repentino impetu Ianiculum atque inde citatos decurrere hostes vidisset trepidamque turbam suorum arma ordinesque relinquere, reprehensans singulos, obsistens obtestansque deum et hominum fidem testabatur nequiquam deserto praesidio eos fugere; (4) si transitum pontem a tergo reliquissent, iam plus hostium in Palatio Capitolioque quam in Ianiculo fore. Itaque monere, praedicere ut pontem ferro, igni, quacumque vi possint, interrumpant: se impetum hostium, quantum corpore uno posset obsisti, excepturum. (5) Vadit inde in primum aditum pontis, insignisque inter conspecta cedentium pugnae terga obversis comminus ad ineundum proelium armis, ipso miraculo audaciae obstupefecit hostes. (6) Duos tamen cum eo pudor tenuit, Sp. Larcium ac T. Herminium, ambos claros genere factisque. (7) Cum his primam periculi procellam et quod tumultuosissimum pugnae erat parumper sustinuit; deinde eos quoque ip-

Verführungskünsten solche Zuneigung beim Volk erwerben, wie sie der gesamte Senat damals aufgrund seines tüchtigen Regiments besaß.

10 (1) Als die Feinde heranrückten, zog die gesamte Landbevölkerung in die Stadt. Rund um die Stadt stellte man Posten auf. An einigen Stellen schienen die Mauern, an anderen wieder der Tiber genügend Schutz zu bieten. (2) Aber beinahe hätte die Pfahlbrücke den Feinden das Eindringen ermöglicht, wäre nicht der eine Mann dagewesen: Horatius Cocles.[14] An diesem Tag war er das Bollwerk für Roms Geschick. (3) Er befehligte gerade den Posten auf der Brücke und sah, wie die Feinde in einem Blitzangriff das Ianiculum eingenommen hatten und von dort herabstürmten und wie seine Leute in Verwirrung gerieten und ihre Waffen und ihren Posten im Stich ließen. Da hielt er sie einen nach dem andern fest, stellte sich ihnen in den Weg und beschwor sie, indem er Götter und Menschen zu Zeugen anrief: Sobald sie erst einmal ihren Posten aufgegeben hätten, sei die Flucht sinnlos. (4) Wenn sie die Brücke frei zum Übergang hinter sich ließen, seien bald mehr Feinde auf dem Palatin und dem Kapitol als jetzt auf dem Ianiculum. So fordere er sie eindringlich auf, die Brücke mit Brecheisen, Feuer und aller Gewalt einzureißen. Er selbst werde den Ansturm der Feinde auffangen, soweit ein einzelner dies vermöge. (5) Dann schritt er nach vorn an den Aufgang zur Brücke und fiel schon dadurch in die Augen, weil er allein seine Waffen zum Angriff gegen den Feind richtete, während die anderen aus dem Kampf fliehend den Rücken boten. Staunend sahen die Feinde ein solches Wunder an Kühnheit. (6) Nur zwei Mann waren bei ihm, die ihr Ehrgefühl festhielt: Sp. Larcius und T. Herminius, beide berühmt durch ihre Herkunft und ihre Waffentaten. (7) Mit ihnen hielt er dem ersten gefahrvollen Ansturm und dem heftigsten Kampfgewühl eine Zeitlang stand. Dann hieß er auch sie, sich in Sicherheit zu begeben.

sos exigua parte pontis relicta revocantibus qui rescindebant cedere in tutum coegit. (8) Circumferens inde truces minaciter oculos ad proceres Etruscorum nunc singulos provocare, nunc increpare omnes: servitia regum superborum, suae libertatis immemores alienam oppugnatum venire. (9) Cunctati aliquamdiu sunt, dum alius alium, ut proelium incipiant, circumspectant; pudor deinde commovit aciem, et clamore sublato undique in unum hostem tela coniciunt. (10) Quae cum in obiecto cuncta scuto haesissent, neque ille minus obstinatus ingenti pontem obtineret gradu, iam impetu conabantur detrudere virum, cum simul fragor rupti pontis, simul clamor Romanorum, alacritate perfecti operis sublatus, pavore subito impetum sustinuit. (11) Tum Cocles »Tiberine pater«, inquit, »te sancte precor, haec arma et hunc militem propitio flumine accipias.« Ita sic armatus in Tiberim desiluit multisque superincidentibus telis incolumis ad suos tranavit, rem ausus plus famae habituram ad posteros quam fidei. (12) Grata erga tantam virtutem civitas fuit; statua in comitio posita; agri quantum uno die circumaraverit, datum. (13) Privata quoque inter publicos honores studia eminebant; nam in magna inopia pro domesticis copiis unusquisque ei aliquid, fraudans se ipse victu suo, contulit.

Von der Brücke stand nur noch ein kleiner Teil, und die Soldaten, die sie abbrachen, riefen schon zum Rückzug. (8) Finster und drohend blickte er nun umher auf die Führer der Etrusker. Bald reizte er sie einzeln, dann schalt er sie alle zusammen: Sklaven der Tyrannenkönige seien sie, die ihre eigene Freiheit vergessen hätten und nun hierherkämen, um die Freiheit anderer zu bekämpfen. (9) Sie zögerten eine Weile, während einer zum andern blickte, wer wohl den Kampf beginnen würde. Ihr Ehrgefühl trieb sie schließlich zum Vorrücken, sie erhoben das Feldgeschrei und warfen von allen Seiten ihre Speere auf den einen Gegner. (10) Die Geschosse blieben sämtlich im Schild des Horatius stecken, er aber stellte sich dessen ungeachtet in breiter Schrittstellung hin und behauptete weiter die Brücke. Nun wollten sie durch einen Sturmangriff den Mann von der Brücke stoßen, gleichzeitig aber hörte man das Krachen der zusammenbrechenden Brücke und das Freudengeschrei, das die Römer anstimmten, weil ihnen ihr Werk so rasch geglückt war. Die Gegner gerieten sogleich in Bestürzung und hielten mit dem Angriff inne. (11) Da rief Cocles: »Vater Tiberinus, in frommer Gesinnung bitte ich dich, nimm diesen Soldaten mit seinen Waffen gnädig in deine Fluten auf!« Und so sprang er in voller Rüstung in den Tiber und schwamm in einem Geschoßhagel, aber unversehrt zu seinen Kameraden hinüber. Seine kühne Tat sollte bei der Nachwelt eher Bewunderung als Glauben finden. (12) Die Bürgerschaft zeigte sich für eine solche Heldentat dankbar. Sie ließ ihm auf dem Platz der Volksversammlung eine Statue errichten. Auch teilte man ihm Ackerland zu, und zwar so viel, wie er an einem Tag mit dem Pflug umziehen konnte. (13) Neben diesen öffentlichen Ehrungen zeigte sich die Bevölkerung auch noch privat erkenntlich: Trotz der großen Not brachte ihm jeder etwas, das er sich, seinen Vorräten entsprechend, vom Munde abgespart hatte.

11 (1) Porsenna primo conatu repulsus, consiliis ab oppugnanda urbe ad obsidendam versis, praesidio in Ianiculo locato, ipse in plano ripisque Tiberis castra posuit, (2) navibus undique accitis et ad custodiam ne quid Romam frumenti subvehi sineret, et ut praedatum milites trans flumen per occasiones aliis atque aliis locis traiceret; (3) brevique adeo infestum omnem Romanum agrum reddidit ut non cetera solum ex agris sed pecus quoque omne in urbem compelleretur, neque quisquam extra portas propellere auderet. (4) Hoc tantum licentiae Etruscis non metu magis quam consilio concessum. Namque Valerius consul intentus in occasionem multos simul et effusos improviso adoriundi, in parvis rebus neglegens ultor, gravem se ad maiora vindicem servabat. (5) Itaque ut eliceret praedatores, edicit suis postero die frequentes porta Esquilina, quae aversissima ab hoste erat, expellerent pecus, scituros id hostes ratus, quod in obsidione et fame servitia infida transfugerent. (6) Et sciere perfugae indicio; multoque plures, ut in spem universae praedae, flumen traiciunt. (7) P. Valerius inde T. Herminium cum modicis copiis ad secundum lapidem Gabina via occultum considere iubet, Sp. Larcium cum expedita iuventute ad portam Collinam stare donec hostis praetereat;

11 (1) Porsennas erster Vorstoß war also abgewiesen worden. Er änderte seinen Plan und ging vom Angriff zur Belagerung über. Er legte eine Besatzung auf das Ianiculum und schlug im ebenen Gelände am Tiberufer sein Lager auf. (2) Von überallher hatte er Schiffe kommen lassen, um sicherzustellen, dass Rom keinerlei Getreidezufuhr erhielt, und außerdem sollten seine Soldaten, wenn am anderen Ufer Gelegenheit zum Beutemachen sei, an verschiedenen Stellen den Fluss überqueren können. (3) In kurzer Zeit hatte er das gesamte römische Gebiet so unsicher gemacht, dass man nicht nur alles übrige Hab und Gut, sondern sogar sämtliches Vieh vom Land in die Stadt brachte. Niemand wagte es mehr, die Herden vor die Stadt zu treiben. (4) Dass man den Etruskern so viel Spielraum ließ, geschah freilich nicht aus Furcht, sondern mit Absicht. Der Konsul Valerius wartete nämlich auf eine Gelegenheit, um möglichst viele frei umherschweifende Feinde unvermutet anzugreifen. So verzichtete er darauf, geringfügige Übergriffe zu ahnden, und behielt sich einen Vergeltungsschlag im großen vor. (5) Um Plünderer aus dem Lager zu locken, befahl er daher seinen Leuten folgendes: Am nächsten Tag sollten möglichst viele von ihnen Vieh aus dem esquilinischen Tor ins Freie treiben. Dieses Tor lag am weitesten von den Feinden entfernt. Der Konsul war sicher, dass die Feinde dies erfahren würden, denn es gab bei der Belagerung und Hungersnot treulose Sklaven, die zu ihnen überliefen. (6) Tatsächlich erfuhren es die Feinde auch durch den Hinweis eines Überläufers. In der Hoffnung, alles an sich raffen zu können, setzten sie in ziemlich großer Zahl über den Fluss. (7) P. Valerius befahl daraufhin dem T. Herminius, sich mit einer nicht zu großen Truppe am zweiten Meilenstein an der Gabinischen Straße in den Hinterhalt zu legen. Sp. Larcius sollte mit einer schlagkräftigen Jungmannschaft am Collinischen Tor halten, bis der Feind vorüberzöge. Dann sollte er sich ihm entgegenwerfen, um ihm den

inde se obicere ne sit ad flumen reditus. (8) Consulum alter T. Lucretius porta Naevia cum aliquot manipulis militum egressus; ipse Valerius Caelio monte cohortes delectas educit, hique primi apparuere hosti. (9) Herminius ubi tumultum sensit, concurrit ex insidiis, versisque in Valerium Etruscis terga caedit; dextra laevaque, hinc a porta Collina, illinc ab Naevia, redditus clamor; (10) ita caesi in medio praedatores, neque ad pugnam viribus pares et ad fugam saeptis omnibus viis. Finisque ille tam effuse vagandi Etruscis fuit.

12 (1) Obsidio erat nihilo minus et frumenti cum summa caritate inopia, sedendoque expugnaturum se urbem spem Porsenna habebat, (2) cum C. Mucius, adulescens nobilis, cui indignum videbatur populum Romanum servientem cum sub regibus esset nullo bello nec ab hostibus ullis obsessum esse, liberum eundem populum ab iisdem Etruscis obsideri quorum saepe exercitus fuderit – (3) itaque magno audacique aliquo facinore eam indignitatem vindicandam ratus, primo sua sponte penetrare in hostium castra constituit; (4) dein metuens ne si consulum iniussu et ignaris omnibus iret, forte deprehensus a custodibus Romanis retraheretur ut transfuga, fortuna tum urbis crimen adfirmante, senatum adit. (5) »Transire Tiberim«, inquit, »patres, et intrare, si possim, castra hostium volo, non

Rückzug zum Fluss abzuschneiden. (8) Der andere Konsul T. Lucretius zog mit einer Anzahl Fußsoldaten aus dem Naevischen Tor. Valerius selbst rückte mit einer Elitetruppe vom Berg Caelius an; sie kamen zuerst ins Blickfeld der Feinde. (9) Sobald Herminius Waffenlärm hörte, brach er aus dem Hinterhalt hervor und fiel den Etruskern, die sich gegen Valerius gewandt hatten, in den Rücken. Von rechts wie von links ertönte Kampfgeschrei, hier vom Collinischen, dort vom Naevischen Tor her. (10) So wurden die Plünderer von beiden Seiten eingeschlossen und niedergehauen. Ihre Kräfte reichten nicht aus zur Gegenwehr, und sämtliche Fluchtwege waren ihnen abgeschnitten. So fanden die ausgedehnten Streifzüge der Etrusker ein Ende.

12 (1) Dennoch ging die Belagerung weiter. Getreide gab es kaum noch, selbst zu Wucherpreisen, und Porsenna war zuversichtlich, durch bloßes Dableiben die Stadt einnehmen zu können. (2) Aber Gaius Mucius, ein vornehmer junger Mann, sah diese Lage mit Empörung: Die Römer – einst in ihrer Knechtschaft unter den Königen in keinem Krieg und von keinem Feind belagert – wurden jetzt als freies Volk von ebendiesen Etruskern belagert, deren Heere sie so oft geschlagen hatten. (3) Er meinte daher, man müsse dieser Schmach und Schande durch eine kühne Tat ein Ende machen. Zunächst beschloss er, auf eigene Faust ins feindliche Lager einzudringen. (4) Dann kamen ihm jedoch Bedenken: Wenn er ohne Befehl der Konsuln ginge und ohne jemand eingeweiht zu haben, würde er vielleicht von den römischen Wachen ergriffen und als Überläufer zurückgebracht, ein Verdacht, der bei der gegenwärtigen Lage der Stadt durchaus berechtigt war. Deshalb wandte er sich an den Senat. (5) »Ich will über den Tiber gehen, ihr Väter«, sagte er, »und wenn ich kann, ins Lager der Feinde eindringen. Ich will aber keine Beute machen und ihnen auch nicht ihre Plünderungen vergelten. Mit der Hilfe der Götter

praedo nec populationum in vicem ultor; maius si di iuvant in animo est facinus.« Adprobant patres; abdito intra vestem ferro proficiscitur. (6) Ubi eo venit, in confertissima turba prope regium tribunal constitit. (7) Ibi cum stipendium militibus forte daretur et scriba cum rege sedens pari fere ornatu multa ageret eum [que] milites volgo adirent, timens sciscitari uter Porsenna esset, ne ignorando regem semet ipse aperiret quis esset, quo temere traxit fortuna facinus, scribam pro rege obtruncat. (8) Vadentem inde qua per trepidam turbam cruento mucrone sibi ipse fecerat viam, cum concursu ad clamorem facto comprehensum regii satellites retraxissent, ante tribunal regis destitutus, tum quoque inter tantas fortunae minas metuendus magis quam metuens, (9) »Romanus sum« inquit »civis; C. Mucium vocant. Hostis hostem occidere volui, nec ad mortem minus animi est quam fuit ad caedem; et facere et pati fortia Romanum est. (10) Nec unus in te ego hos animos gessi; longus post me ordo est idem petentium decus. Proinde in hoc discrimen, si iuvat, accingere, ut in singulas horas capite dimices tuo, ferrum hostemque in vestibulo habeas regiae. Hoc tibi iuventus Romana indicimus bellum. Nullam aciem, nullum proelium timueris; (11) uni tibi et cum singulis res erit.« (12) Cum rex simul ira incensus periculoque conterritus circumdari ignes minitabundus iuberet nisi expromeret propere

plane ich eine größere Tat.« Die Väter gaben ihre Zustimmung, Mucius steckte einen Dolch in sein Gewand und machte sich auf den Weg.[15] (6) Dort angekommen, mischte er sich in die Menschenmenge, die dichtgedrängt den erhöhten Sitz des Königs umstand. (7) Es wurde gerade der Sold an die Soldaten ausgezahlt. Ein Schreiber saß neben dem König; er trug fast das gleiche Prunkgewand wie dieser und war sehr geschäftig. Die Soldaten traten einer nach dem anderen vor ihn hin. Mucius hatte Bedenken, sich zu erkundigen, welcher von beiden Porsenna sei, um sich nicht dadurch zu verraten, dass er den König nicht kannte. So ließ er sich vom Schicksal die Hand führen und tötete statt des Königs den Schreiber. (8) Mit dem blutigen Dolch bahnte er sich den Weg durch die erschrocken zurückweichende Menge. Auf deren Geschrei hin gab es einen Auflauf, die königliche Leibwache ergriff Mucius und brachte ihn zurück. Sie ließen ihn vor den Sitz des Königs treten, er aber wirkte auch jetzt noch, angesichts seines drohenden Schicksals, eher furchterweckend als furchtsam. (9) »Ich bin ein römischer Bürger«, sagte er, »man nennt mich Gaius Mucius. Als Feind wollte ich einen Feind töten. Aber zum Sterben habe ich nicht weniger Mut als zum Töten. Tapfer zu sein im Handeln wie im Leiden zeichnet den Römer aus. (10) Ich habe auch nicht als einzelner diesen Anschlag auf dich geplant. Nach mir kommt eine lange Reihe junger Männer, die nach der gleichen Heldentat begierig sind. Also wappne dich, wenn es dir beliebt, gegen diese Gefahr, in jeder Stunde dein Leben aufs Spiel zu setzen und gewärtig zu sein, dass Dolch und Mord im Vorraum deines Königszeltes lauern. Wir, die Jugend von Rom, erklären dir diesen Krieg. (11) Du brauchst keine Schlacht, kein Gefecht zu fürchten. Du wirst es stets ganz allein nur mit einem einzelnen zu tun haben.« (12) Der König war von Zorn entbrannt und erschrocken über die Gefahr; er befahl drohend, Mucius mit Brandfackeln zu umstellen, wenn er nicht sogleich

quas insidiarum sibi minas per ambages iaceret, (13) »en tibi«, inquit, »ut sentias quam vile corpus sit iis qui magnam gloriam vident«; dextramque accenso ad sacrificium foculo inicit. Quam cum velut alienato ab sensu torreret animo, prope attonitus miraculo rex cum ab sede sua prosiluisset amoverique ab altaribus iuvenem iussisset, (14) »tu vero abi«, inquit, »in te magis quam in me hostilia ausus. Iuberem macte virtute esse, si pro mea patria ista virtus staret; nunc iure belli liberum te, intactum inviolatumque hinc dimitto.« (15) Tunc Mucius, quasi remunerans meritum, »quando quidem« inquit »est apud te virtuti honos, ut beneficio tuleris a me quod minis nequisti, trecenti coniuravimus principes iuventutis Romanae ut in te hac via grassaremur. (16) Mea prima sors fuit; ceteri ut cuiusque ceciderit primi quoad te opportunum fortuna dederit, suo quisque tempore aderunt.«

13 (1) Mucium dimissum, cui postea Scaevolae a clade dextrae manus cognomen inditum, legati a Porsenna Romam secuti sunt; (2) adeo moverat eum et primi periculi casus, ⟨a⟩ quo nihil se praeter errorem insidiatoris texisset, et subeunda dimicatio totiens quot coniurati superessent, ut pacis condiciones ultro ferret Romanis. (3) Iactatum in condicionibus nequiquam de Tarquiniis in regnum restituendis, magis quia id negare ipse

die drohenden Anschlagspläne näher erkläre, auf die er in dunklen Andeutungen hingewiesen habe. Da erwiderte Mucius: (13) »Schau her, damit du erkennst, wie wertlos der Körper für die ist, die großen Ruhm vor Augen haben.« Und er streckte die rechte Hand in das Feuer, das in einem Opferbecken brannte. Mit einer Festigkeit, als ob er keinerlei Empfindung habe, ließ er die Hand verbrennen. Da sprang der König, fast außer sich über diese unglaubliche Tat, von seinem Sitz auf, ließ den jungen Mann vom Opferfeuer wegreißen und sprach: (14) »Geh du nur; du bist feindlicher gegen dich als gegen mich gewesen. Ich würde dich wahrhaftig zu deiner Tapferkeit beglückwünschen, wenn sie meinem Vaterland diente. Nun spreche ich dich frei vom Kriegsrecht und entlasse dich unangetastet und ungekränkt von hier.« (15) Darauf entgegnete Mucius, als wolle er sich für die ehrenvolle Behandlung erkenntlich zeigen: »Da du die Tapferkeit ehrst, sollst du zum Dank von mir erfahren, was du mit Drohungen nicht erreichen konntest. Wir sind 300 adlige junge Männer in Rom, die sich verschworen haben, auf diese Weise gegen dich vorzugehen. (16) Das erste Los fiel auf mich. Die übrigen werden sich – ganz gleich, wie es dem ersten ergangen sein mag – jeder zu seiner Zeit einfinden, bis dich das Schicksal einem von ihnen in die Hand gibt.«

13 (1) Mucius – er erhielt später wegen seiner verlorenen rechten Hand den Namen Scaevola [Linkshand] – wurde entlassen, und Gesandte Porsennas folgten ihm nach Rom. (2) Die Lebensgefahr, aus der ihn beim ersten Mal nur der Irrtum des Attentäters gerettet hatte und die so oft bestehen blieb, wie es Verschwörer gab, hatte den König derart beeindruckt, dass er von sich aus den Römern Friedensbedingungen unterbreiten ließ.[16] (3) In den Verhandlungen brachte er ohne Erfolg die Wiedereinsetzung der Tarquinier zur Sprache. Er tat dies mehr aus dem Grunde, weil er es den Tarquiniern nicht abschlagen

nequiverat Tarquiniis quam quod negatum iri sibi ab Romanis ignoraret. (4) De agro Veientibus restituendo impetratum, expressaque necessitas obsides dandi Romanis, si Ianiculo praesidium deduci vellent. His condicionibus composita pace, exercitum ab Ianiculo deduxit Porsenna et agro Romano excessit. (5) Patres C. Mucio virtutis causa trans Tiberim agrum dono dedere, quae postea sunt Mucia prata appellata.

(6) Ergo ita honorata virtute, feminae quoque ad publica decora excitatae, et Cloelia virgo una ex obsidibus, cum castra Etruscorum forte haud procul ripa Tiberis locata essent, frustrata custodes, dux agminis virginum inter tela hostium Tiberim tranavit, sospitesque omnes Romam ad propinquos restituit. (7) Quod ubi regi nuntiatum est, primo incensus ira oratores Romam misit ad Cloeliam obsidem deposcendam: alias haud magni facere. (8) Deinde in admirationem versus, supra Coclites Muciosque dicere id facinus esse, et prae se ferre quemadmodum si non dedatur obses, pro rupto foedus se habiturum, sic deditam ⟨intactam⟩ inviolatamque ad suos remissurum. (9) Utrimque constitit fides; et Romani pignus pacis ex foedere restituerunt, et apud regem Etruscum non tuta solum sed honorata etiam virtus fuit, laudatamque virginem parte obsidum se donare dixit; ipsa quos vellet legeret. (10) Productis omnibus elegisse impubes dicitur; quod et virginitati decorum

konnte, als dass er sich über die Ablehnung der Römer nicht im klaren gewesen wäre. (4) Seine Forderung, das den Vejentern abgenommene Land wieder zurückzugeben, erfüllte man. Für die Römer ergab sich die Notwendigkeit, Geiseln zu stellen, wenn sie wollten, dass der König seine Besatzung vom Ianiculum abzöge. Unter diesen Bedingungen wurde der Friede geschlossen.[17] Porsenna zog seine Truppen vom Ianiculum ab und räumte das römische Gebiet. (5) Die Väter schenkten Gaius Mucius für seine Tapferkeit ein Stück Land jenseits des Tibers, das später die »Mucische Wiese« genannt wurde.

(6) Da nun die Tapferkeit so geehrt worden war, fühlten sich auch die Frauen zu einer glänzenden Tat im Dienst des Staates aufgerufen. Die Jungfrau Cloelia, eine der Geiseln, täuschte die Wachen,[18] als die Etrusker ihr Lager gerade nahe am Tiberufer hatten, und schwamm an der Spitze der Mädchen im Hagel der Geschosse durch den Tiber. Sie brachte alle ihre Gefährtinnen wohlbehalten nach Rom zu ihren Familien. (7) Als dies dem König gemeldet wurde, geriet er zunächst in Zorn und schickte Gesandte nach Rom, um Cloelia als Geisel zurückzufordern. Auf die anderen lege er keinen so großen Wert. (8) Dann aber erfasste ihn Bewunderung: Diese Tat gehe noch über die eines Cocles und Mucius hinaus, sagte er und gab zu erkennen, dass er es als Bruch des Vertrages ansehen würde, falls man ihm die Geisel nicht zurücksende. Wenn man sie ihm aber bringe, werde er sie unberührt und unverletzt zu den Ihren zurücksenden. (9) Auf beiden Seiten hielt man Wort: Die Römer gaben dem Vertrag entsprechend das Friedensunterpfand zurück, und beim Etruskerkönig war die Tugend nicht nur in guter Hut, sie wurde sogar geehrt. Er lobte das Mädchen und sagte, er mache ihr einen Teil der Geiseln zum Geschenk; sie dürfe sich selbst aussuchen, wen sie mitnehmen wolle. (10) Nachdem alle vorgeführt worden waren, soll sie die ganz Jungen ausgewählt haben. Dies gereichte ihrer Jungfräulichkeit zur Zierde, und auch

et consensu obsidum ipsorum probabile erat eam aetatem potissimum liberari ab hoste quae maxime opportuna iniuriae esset. (11) Pace redintegrata Romani novam in femina virtutem novo genere honoris, statua equestri, donavere; in summa Sacra via fuit posita virgo insidens equo.

14 (1) Huic tam pacatae profectioni ab urbe regis Etrusci abhorrens mos traditus ab antiquis usque ad nostram aetatem inter cetera sollemnia manet, bona Porsennae regis vendendi. (2) Cuius originem moris necesse est aut inter bellum natam esse neque omissam in pace, aut a mitiore crevisse principio quam hic prae se ferat titulus bona hostiliter vendendi. (3) Proximum vero est ex iis quae traduntur Porsennam discedentem ab Ianiculo castra opulenta, convecto ex propinquis ac fertilibus Etruriae arvis commeatu, Romanis dono dedisse, inopi tum urbe ab longinqua obsidione; (4) ea deinde, ne populo immisso diriperentur hostiliter, venisse, bonaque Porsennae appellata, gratiam muneris magis significante titulo quam auctionem fortunae regiae quae ne in potestate quidem populi Romani esset.

(5) Omisso Romano bello Porsenna, ne frustra in ea loca exercitus adductus videretur, cum parte copiarum filium Arruntem Ariciam oppugnatum mittit. (6) Primo Aricinos res necopinata perculerat; arcessita deinde auxilia et a Latinis po-

die Geiseln mussten ihr einstimmig beipflichten, denn sie befreite gerade diejenigen aus der Hand der Feinde, die ihrem Alter entsprechend einer Entehrung am meisten ausgesetzt waren. (11) Nachdem der Friede wiederhergestellt war, belohnten die Römer die für eine Frau ungewöhnliche Tapferkeit mit einer ungewöhnlichen Ehrung, nämlich mit einer Reiterstatue. Am höchsten Punkt der Heiligen Straße wurde das Denkmal einer Jungfrau zu Pferde errichtet.

14 (1) Mit diesem friedlichen Abzug des Etruskerkönigs von der Stadt steht ein Brauch im Widerspruch, der sich von alters her bis in unsere Zeit zusammen mit anderen altertümlichen Sitten erhalten hat, nämlich ›die Güter des Königs Porsenna zum Verkauf anzubieten‹. (2) Dieser Brauch muss entweder im Krieg aufgekommen sein und wurde dann im Frieden beibehalten, oder er entstand aus einem freundlicheren Anlass, als es der Ausdruck ›feindliche Güter verkaufen‹ andeutet. (3) Unter den verschiedenen Überlieferungen kommt diese der Wahrheit am nächsten: Als Porsenna vom Ianiculum abzog, machte er die reichen Vorräte seines Lagers, mit der Getreidezufuhr aus den nahen fruchtbaren Feldern Etruriens, den Römern zum Geschenk.[19] (4) Die Stadt litt ja damals Mangel durch die lange Belagerung. Diese Vorräte seien dann zum Verkauf gekommen, damit das Volk nicht darüber herfalle und sie wie Feindesgut plündere. Man habe sie Güter des Porsenna genannt; die Bezeichnung deutet also eher auf ein Geschenk in gutem Einvernehmen als auf eine Versteigerung königlicher Güter, die zudem gar nicht in der Hand der Römer waren.

(5) Porsenna hatte den Krieg gegen Rom aufgegeben. Um seinen Feldzug in jenes Gebiet aber nicht als völlig ergebnislos erscheinen zu lassen, entsandte er seinen Sohn Arruns mit einem Teil der Truppen zu einem Angriff auf die Stadt Aricia. (6) Sein unerwartetes Eintreffen versetzte die Ariciner zunächst in Verwirrung, dann aber erhielten sie Hilfstruppen

pulis et a Cumis tantum spei fecere, ut acie decernere auderent. Proelio inito, adeo concitato impetu se intulerant Etrusci ut funderent ipso incursu Aricinos: (7) Cumanae cohortes arte adversus vim usae declinavere paululum, effuseque praelatos hostes conversis signis ab tergo adortae sunt. Ita in medio prope iam victores caesi Etrusci. (8) Pars perexigua, duce amisso, quia nullum propius perfugium erat, Romam inermes et fortuna et specie supplicum delati sunt. Ibi benigne excepti divisique in hospitia. (9) Curatis volneribus, alii profecti domos, nuntii hospitalium beneficiorum: multos Romae hospitum urbisque caritas tenuit. His locus ad habitandum datus quem deinde Tuscum vicum appellarunt.

15 (1) P. Lucretius inde et P. Valerius Publicola consules facti. Eo anno postremum legati a Porsenna de reducendo in regnum Tarquinio venerunt; quibus cum responsum esset missurum ad regem senatum legatos, missi confestim honoratissimus quisque ex patribus. (2) non quin breviter reddi responsum potuerit non recipi reges, ideo potius delectos patrum ad eum missos quam legatis eius Romae daretur responsum, sed ut in perpetuum mentio eius rei finiretur, neu in tantis mutuis beneficiis in vicem animi sollicitarentur, cum ille peteret quod

von den Latinern und aus Cumae. Dadurch fassten sie wieder so viel Mut, dass sie eine Schlacht wagten. Zu Beginn des Gefechts brachen die Etrusker mit einem solchen Ansturm los, dass sie die Ariciner sogleich im ersten Angriff in die Flucht schlugen. (7) Die Truppen aus Cumae aber gebrauchten gegen den Ansturm eine List. Sie unternahmen eine leichte Schwenkung und ließen den Feind in ungeordnetem Zug an sich vorbeistürmen. Dann machten sie Front, fielen ihm in den Rücken und griffen ihn an. So wurden die Etrusker, dem Sieg schon nahe, eingekreist und niedergehauen. (8) Nur ganz wenige retteten sich nach Rom – einen näheren Zufluchtsort hatten sie nicht –, und zwar ohne Feldherrn, ohne Waffen, ihrem Zustand wie ihrem Aussehen nach als Schutzflehende. Hier nahm man sie freundlich auf und verteilte sie auf Gastquartiere. (9) Als ihre Wunden versorgt waren, zogen einige nach Hause und berichteten, wie gastfreundlich sie behandelt worden waren. Viele aber blieben aus Liebe zu ihren Gastgebern und zur Stadt selbst in Rom. Ihnen wies man einen Wohnort an, der später Vicus Tuscus hieß.

15 (1) Hierauf wurden P. Lucretius und P. Valerius Publicola zu Konsuln gewählt. In diesem Jahr [507] kamen zum letzten Mal Gesandte von Porsenna, um über die Wiedereinsetzung der Tarquinier zu verhandeln. Man gab ihnen zur Antwort, der Senat werde selbst Gesandte zum König schicken. Sogleich wurden auch die angesehensten Männer unter den Vätern entsandt. (2) Sie legten folgendes dar: Zwar habe man sehr wohl kurz und bündig erklären können, man nehme die Königsfamilie nicht auf, aber man habe lieber einige der Väter ausgewählt und zu ihm geschickt, anstatt seinen Gesandten in Rom Bescheid zu geben, um die Sache ein für allemal zu Ende zu bringen. Bei einem so guten gegenseitigen Einvernehmen sollte es hüben wie drüben keinen Anlass zur Beunruhigung mehr geben, indem nämlich der König etwas fordere, was sich gegen

contra libertatem populi Romani esset, Romani, nisi in perniciem suam faciles esse vellent, negarent cui nihil negatum vellent. (3) non in regno populum Romanum sed in libertate esse. ita induxisse in animum, hostibus potius quam portas regibus patefacere; ea esse vota omnium ut qui libertati erit in illa urbe finis, idem urbi sit. (4) proinde si salvam esse vellet Romam, ut patiatur liberam esse orare. (5) Rex verecundia victus »Quando id certum atque obstinatum est«, inquit, »neque ego obtundam saepius eadem nequiquam agendo, nec Tarquinios spe auxilii, quod nullum in me est, frustrabor. Alium hinc, seu bello opus est seu quiete, exsilio quaerant locum, ne quid meam vobiscum pacem distineat.« (6) Dictis facta amiciora adiecit; obsidum quod reliquum erat reddidit; agrum Veientem, foedere ad Ianiculum icto ademptum, restituit. (7) Tarquinius spe omni reditus incisa exsulatum ad generum Mamilium Octavium Tusculum abiit. Ita Romanis pax fida cum Porsenna fuit.

16 (1) Consules M. Valerius P. Postumius. Eo anno bene pugnatum cum Sabinis; consules triumpharunt. Maiore inde mole Sabini bellum parabant. (2) Adversus eos et ne quid simul ab Tusculo, unde etsi non apertum, suspectum tamen bellum erat, repentini periculi oreretur, P. Valerius quartum T. Lucretius iterum consules facti. (3) Seditio inter belli pacisque aucto-

die Freiheit des römischen Volkes richte, und die Römer – nur zu ihrem Schaden könnten sie ja nachgeben – dem Mann etwas abschlagen müssten, dem sie gern gefällig wären. (3) Das römische Volk lebe nicht unter einer Königsherrschaft, sondern in Freiheit. So sei es entschlossen, lieber Feinden die Tore zu öffnen als den Königen. Es sei der heilige Wunsch aller, dass das Ende der Freiheit zugleich das Ende der Stadt sein solle. (4) Wenn der König Roms Heil wünsche, dann müsse er, so sagten sie, auch Roms Freiheit dulden. (5) Voller Hochachtung gab der König nach: »Wenn dies nun fest und unerschütterlich beschlossen ist, dann will ich euch nicht mehr behelligen, indem ich immer wieder vergeblich mein Anliegen vorbringe. Ich will aber auch die Tarquinier nicht mit der Hoffnung auf eine Hilfe täuschen, die ich nicht leisten kann. Sie sollen sich, ob sie nun Krieg führen oder friedlich bleiben wollen, einen anderen Exilort suchen, damit mein Friede mit euch nicht gestört wird.« (6) Diesen Worten ließ er noch einen größeren Freundschaftsbeweis in der Tat folgen: Er lieferte die restlichen Geiseln aus und gab das Vejenterland, das er durch den Vertrag beim Ianiculum erhalten hatte, wieder zurück. (7) Tarquinius musste nun alle Hoffnung auf eine Rückkehr aufgeben; er zog sich zu seinem Schwiegersohn Mamilius Octavius ins Exil nach Tusculum zurück. So hatten die Römer einen sicheren Frieden mit Porsenna.

16 (1) Konsuln wurden jetzt M. Valerius und P. Postumius. In diesem Jahr [505] kämpfte man siegreich gegen die Sabiner; die Konsuln hielten einen Triumph ab. Darauf rüsteten die Sabiner mit noch größerer Anstrengung zum Krieg. (2) Man wählte nun P. Valerius zum vierten Mal und T. Lucretius zum zweiten Mal zu Konsuln [504], sowohl gegen die Sabiner wie auch gegen einen unerwarteten Angriff aus Tusculum. Hier war der Krieg zwar noch nicht offen erklärt, man rechnete aber mit ihm. (3) Bei den Sabinern entstand ein Zwist zwischen den Be-

res orta in Sabinis aliquantum inde virium transtulit ad Romanos. (4) Namque Attius Clausus, cui postea Appio Claudio fuit Romae nomen, cum pacis ipse auctor a turbatoribus belli premeretur nec par factioni esset, ab Regillo, magna clientium comitatus manu, Romam transfugit. (5) His civitas data agerque trans Anienem; Vetus Claudia tribus, additis postea novis tribulibus qui ex eo venirent agro, appellata. Appius inter patres lectus haud ita multo post in principum dignationem pervenit. (6) Consules infesto exercitu in agrum Sabinum profecti cum ita vastatione, dein proelio adflixissent opes hostium ut diu nihil inde rebellionis timere possent, triumphantes Romam redierunt.

(7) P. Valerius, omnium consensu princeps belli pacisque artibus, anno post Agrippa Menenio P. Postumio consulibus moritur, gloria ingenti, copiis familiaribus adeo exiguis, ut funeri sumptus deesset; de publico est datus. Luxere matronae ut Brutum. (8) Eodem anno duae coloniae Latinae, Pometia et Cora, ad Auruncos deficiunt. Cum Auruncis bellum initum; fusoque ingenti exercitu, qui se ingredientibus fines consulibus ferociter obtulerat, omne Auruncum bellum Pometiam compulsum est. (9) Nec magis post proelium quam in proelio caedibus temperatum est; et caesi aliquanto plures erant quam capti, et captos passim trucidaverunt; ne ab obsidibus quidem,

fürwortern des Krieges und denen des Friedens, ein Zwist, der Rom einen bedeutenden Kräftezuwachs einbrachte. (4) Denn Attius Clausus, der später in Rom den Namen Appius Claudius führte, wurde als Befürworter des Friedens von den Kriegstreibern verfolgt und konnte dieser Partei keinen Widerpart leisten. Deshalb flüchtete er von Regillum mit einer großen Anzahl seiner Gefolgsleute nach Rom. (5) Sie erhielten das Bürgerrecht und Ackerland jenseits des Anio. Der Bezirk hieß später der Alte Claudische, als noch neue Mitglieder aus jener Gegend hinzugekommen waren. Appius wurde unter die Väter aufgenommen und gehörte schon bald zu den angesehensten Männern des Gemeinwesens. (6) Die Konsuln rückten zu einem Kriegszug ins Sabinerland aus. Sie verwüsteten das Land, schlugen dann auch eine Schlacht und schwächten dadurch die Macht des Feindes so sehr, dass für lange Zeit kein Einfall mehr zu befürchten war. Dann kehrten sie im Triumph nach Rom zurück.

(7) Im folgenden Jahr [503], unter den Konsuln Menenius Agrippa und P. Postumius, starb P. Valerius. Er war nach der Überzeugung aller der erste Mann im Krieg und Frieden.[20] Sein Ruhm war gewaltig, sein Vermögen aber so gering, dass es nicht für die Bestattungskosten ausreichte. Er wurde auf Staatskosten beigesetzt. Die Frauen betrauerten ihn wie Brutus. (8) Im gleichen Jahr gingen zwei latinische Kolonien, Pometia und Cora, zu den Aurunkern über. Gegen die Aurunker zog man in den Krieg, und ihr gewaltiges Heer, das sich den anrückenden Konsuln kampfesmutig zur Schlacht gestellt hatte, wurde geschlagen. Der gesamte Aurunkerkrieg verlagerte sich nach Pometia. (9) Nach dem Gefecht mäßigte man sich im Blutvergießen ebenso wenig wie in der Schlacht. Es waren weit mehr Feinde gefallen, als gefangen genommen wurden, und man machte allenthalben auch die Gefangenen nieder. Nicht einmal vor den Geiseln, von denen 300 genommen wor-

qui trecenti accepti numero erant, ira belli abstinuit. Et hoc anno Romae triumphatum.

17 (1) Secuti consules Opiter Verginius Sp. Cassius Pometiam primo vi, deinde vineis aliisque operibus oppugnarunt. (2) In quos Aurunci magis iam inexpiabili odio quam spe aliqua aut occasione coorti, cum plures igni quam ferro armati excucurrissent, caede incendioque cuncta complent. (3) Vineis incensis, multis hostium volneratis et occisis, consulum quoque alterum – sed utrum auctores non adiciunt – gravi volnere ex equo deiectum prope interfecerunt. (4) Romam inde male gesta re reditum; inter multos saucios consul spe incerta vitae relatus. Interiecto deinde haud magno spatio, quod volneribus curandis supplendoque exercitui satis esset, cum ira maiore, tum viribus etiam auctis Pometiae arma inlata. (5) Et cum vineis refectis aliaque mole belli iam in eo ⟨res⟩ esset ut in muros evaderet miles, deditio est facta. (6) Ceterum nihilo minus foeda, dedita urbe, quam si capta foret, Aurunci passi; principes securi percussi, sub corona venierunt coloni alii, oppidum dirutum, ager veniit. (7) Consules magis ob iras graviter ultas quam ob magnitudinem perfecti belli triumpharunt.

18 (1) Insequens annus Postumum Cominium et T. Larcium consules habuit. (2) Eo anno Romae, cum per ludos ab Sabinorum iuventute per lasciviam scorta raperentur, concursu ho-

den waren, machte die Kriegswut Halt. Auch in diesem Jahr wurde in Rom ein Triumph abgehalten.

17 (1) Die folgenden Konsuln Opiter Verginius und Sp. Cassius [502] suchten Pometia erst im Sturmangriff zu nehmen, dann mit Hilfe von Schirmdächern und anderem Belagerungsgerät. (2) Die Aurunker gingen zum Gegenschlag über, mehr aus unversöhnlichem Hass als mit irgendeiner Hoffnung auf Erfolg oder aus einer günstigen Gelegenheit heraus. Da sie bei ihrem Ausfall mehr Feuerbrände als Schwerter einsetzten, erfüllten sie alles mit Mord und Brand. (3) Sie zündeten die Schutzdächer an und verwundeten und töteten viele ihrer Feinde; den einen Konsul – welcher es war, erwähnen die Geschichtsschreiber nicht – stießen sie schwerverwundet vom Pferd und töteten ihn beinahe. (4) Nach diesem unglücklichen Ausgang kehrte man nach Rom zurück. Zusammen mit zahlreichen Verwundeten brachte man auch den Konsul heim; es war ungewiss, ob er überleben würde. Nach nur kurzer Zeit, die man zur Heilung der Wunden und zur Ergänzung des Heeres brauchte, griff man Pometia mit noch größerer Erbitterung und mit einer verstärkten Streitmacht erneut an. (5) Die Schirmdächer waren erneuert und das übrige Belagerungsgerät ebenso, und es war soweit, dass die Soldaten die Mauern ersteigen konnten: Da ergab sich die Stadt. (6) Aber dennoch mussten die Aurunker Schlimmes erleiden, als ob die Stadt nicht übergeben, sondern erobert worden sei. Die führenden Männer wurden enthauptet, die anderen Bürger der Kolonie als Sklaven verkauft, die Stadt zerstört, die Ländereien zum Verkauf gebracht. (7) Die Konsuln erhielten einen Triumph, wohl eher, weil sie so grimmige Rache genommen hatten, als weil der beendete Krieg so gewaltig gewesen war.

18 (1) Im folgenden Jahr [501] waren Postumus Cominius und T. Larcius Konsuln. (2) Als in diesem Jahr bei den öffentlichen Spielen in Rom junge Männer der Sabiner aus Mutwillen sich

minum rixa ac prope proelium fuit, parvaque ex re ad rebellionem spectare res videbatur. (3) Supra belli Latini metus quoque accesserat, quod triginta iam coniurasse populos concitante Octavio Mamilio satis constabat. (4) In hac tantarum exspectatione rerum sollicita civitate, dictatoris primum creandi mentio orta. Sed nec quo anno nec quibus consulibus quia ex factione Tarquiniana essent – id quoque enim traditur – parum creditum sit, nec quis primum dictator creatus sit, satis constat. (5) Apud veterrimos tamen auctores T. Larcium dictatorem primum, Sp. Cassium magistrum equitum creatos invenio. Consulares legere; ita lex iubebat de dictatore creando lata. (6) Eo magis adducor ut credam Larcium, qui consularis erat, potius quam M'. Valerium Marci filium Volesi nepotem, qui nondum consul fuerat, moderatorem et magistrum consulibus appositum; (7) qui si maxime ex ea familia legi dictatorem vellent, patrem multo potius M. Valerium spectatae virtutis et consularem virum legissent.

(8) Creato dictatore primum Romae, postquam praeferri secures viderunt, magnus plebem metus incessit, ut intentiores essent ad dicto parendum; neque enim ut in consulibus qui pari potestate essent, alterius auxilium neque provocatio erat neque ullum usquam nisi in cura parendi auxilium. (9) Sabinis

Dirnen raubten, kam es bei einem Volksauflauf zum Streit und beinahe zu einer bewaffneten Auseinandersetzung. Aus einer so geringfügigen Sache schien sich ein neuer Krieg zu entwickeln. (3) Dazu kam noch die Furcht vor einem Latinerkrieg, denn man wusste mit Sicherheit, dass sich schon dreißig Städte unter der Führung des Octavius Mamilius gegen Rom verschworen hatten.[21] (4) In der Erwartung entscheidender Ereignisse kam bei der besorgten Bevölkerung erstmals der Gedanke auf, einen Diktator[22] zu ernennen. Aber in welchem Jahr dies geschah, welchen Konsuln man zu wenig vertraute, weil sie zur Anhängerschaft der Tarquinier gehörten – das ist nämlich auch überliefert –, und wer als erster zum Diktator ernannt wurde, das alles steht nicht fest. (5) Doch finde ich bei den ältesten Schriftstellern[23] die Angabe, T. Larcius sei als erster zum Diktator, Sp. Cassius aber zum Reiteroberst ernannt worden. Man nahm ehemalige Konsuln; so bestimmte es das Gesetz über die Einsetzung eines Diktators. (6) Deshalb glaube ich auch eher, es sei Larcius gewesen, ein Konsular, dem man die Lenkung und Aufsicht an der Seite der Konsuln übertragen habe, und nicht der Sohn des M. Valerius und Enkel des Volesus, M' Valerius, der noch nicht Konsul gewesen war. (7) Wenn man unbedingt den Diktator aus dieser Familie wählen wollte, dann hätte man doch wohl viel eher den Vater M. Valerius genommen, einen Mann von bewährter Tüchtigkeit und einen ehemaligen Konsul.

(8) Es war nun zum ersten Mal in Rom ein Diktator ernannt worden, und als das Volk sah, wie ihm die aufgesteckten Beile vorangetragen wurden, geriet es in große Furcht, so dass es williger war, aufs Wort zu gehorchen. Denn hier gab es nicht, wie bei den Konsuln, die beide die gleiche Macht besaßen, jeweils Hilfestellung vom andern oder die Berufung ans Volk – es gab kein anderes Hilfsmittel als nur eifrigen Gehorsam. (9) Auch den Sabinern flößte der in Rom ernannte Diktator

etiam creatus Romae dictator, eo magis quod propter se creatum crediderant, metum incussit. Itaque legatos de pace mittunt. (10) Quibus orantibus dictatorem senatumque ut veniam erroris hominibus adulescentibus darent, responsum ignosci adulescentibus posse, senibus non posse qui bella ex bellis sererent. (11) Actum tamen est de pace, impetrataque foret si, quod impensae factum in bellum erat, praestare Sabini – id enim postulatum erat – in animum induxissent. Bellum indictum: tacitae indutiae quietum annum tenuere.

19 (1) Consules Ser. Sulpicius M'. Tullius. Nihil dignum memoria actum. (2) T. Aebutius deinde et C. Vetusius. His consulibus Fidenae obsessae, Crustumeria capta; Praeneste ab Latinis ad Romanos descivit, nec ultra bellum Latinum, gliscens iam per aliquot annos, dilatum. (3) A. Postumius dictator, T. Aebutius magister equitum, magnis copiis peditum equitumque profecti, ad lacum Regillum in agro Tusculano agmini hostium occurrerunt, (4) et quia Tarquinios esse in exercitu Latinorum auditum est, sustineri ira non potuit quin extemplo confligerent. (5) Ergo etiam proelium aliquanto quam cetera gravius atque atrocius fuit. Non enim duces ad regendam modo consilio rem adfuere, sed suismet ipsi corporibus dimicantes miscuere certamina, nec quisquam procerum ferme hac aut illa ex acie sine volnere praeter dictatorem Romanum excessit. (6) In Postumium prima in acie suos adhortantem instruentemque Tarquinius Superbus, quamquam iam aetate et viribus erat gravior, equum infestus admisit, ictusque ab latere con-

Furcht ein, zumal da sie überzeugt waren, er sei ihretwegen ernannt worden. Daher schickten sie Friedensunterhändler. (10) Sie baten den Diktator und den Senat, man möge den jungen Leuten ihre Übergriffe verzeihen, und erhielten zur Antwort, man könne den Jungen verzeihen, aber nicht den Alten, die einen Krieg an den andern reihten. (11) Es wurde dennoch über den Frieden verhandelt, und man hätte ihn auch erreicht, wenn die Sabiner sich bereitgefunden hätten, die schon entstandenen Kriegskosten zu erstatten. Das war nämlich gefordert worden. Man gab eine Kriegserklärung ab, es herrschte aber stillschweigend das ganze Jahr über Waffenruhe.

19 (1) Nun waren Ser. Sulpicius und M.' Tullius Konsuln [500]. Es geschah nichts, was der Erinnerung wert war. (2) Darauf folgten T. Aebutius und C. Vetusius [499]. In ihrem Konsulat wurde Fidenae belagert und Crustumeria eingenommen. Praeneste ging von den Latinern zu den Römern über, und der Latinische Krieg, der schon seit einigen Jahren schwelte, wurde nun nicht länger aufgeschoben. (3) Der Diktator A. Postumius und der Reiteroberst T. Aebutius zogen mit einer großen Streitmacht von Fußsoldaten und Reitern ins Feld. Beim See Regillus im Gebiet von Tusculum trafen sie auf den Feind, (4) und als man hörte, die Tarquinier seien im Heer der Latiner, konnte man sich in der Erbitterung nicht länger vom Kampf zurückhalten. (5) So wurde das Gefecht weit härter und grausamer geführt als gewöhnlich. Die Feldherren waren nämlich nicht nur dabei, um die Schlacht nach ihren taktischen Plänen zu lenken, sie schonten auch ihr Leben nicht und trafen selbst im Kampf aufeinander. Fast keiner der Anführer auf beiden Seiten kam unverwundet aus der Schlacht zurück, außer dem römischen Diktator. (6) Als Postumius gerade in vorderster Linie seine Leute ermunterte und ordnete, ritt Tarquinius Superbus, obwohl er seinem Alter und seinen Kräften nach nicht mehr so gewandt war, im feindlichen Ansturm gegen ihn los.

cursu suorum receptus in tutum est. (7) Et ad alterum cornu Aebutius magister equitum in Octavium Mamilium impetum dederat; nec fefellit veniens Tusculanum ducem, contra quem et ille concitat equum. (8) Tantaque vis infestis venientium hastis fuit ut brachium Aebutio traiectum sit, Mamilio pectus percussum. (9) Hunc quidem in secundam aciem Latini recepere; Aebutius cum saucio brachio tenere telum non posset, pugna excessit: (10) Latinus dux nihil deterritus volnere proelium ciet et quia suos perculsos videbat, arcessit cohortem exsulum Romanorum, cui L. Tarquini filius praeerat. Ea quo maiore pugnabat ira ob erepta bona patriamque ademptam, pugnam parumper restituit.

20 (1) Referentibus iam pedem ab ea parte Romanis, M. Valerius Publicolae frater, conspicatus ferocem iuvenem Tarquinium ostentantem se in prima exsulum acie, domestica etiam gloria accensus ut cuius familiae decus eiecti reges erant, eiusdem interfecti forent, (2) subdit calcaria equo et Tarquinium infesto spiculo petit. (3) Tarquinius retro in agmen suorum infenso cessit hosti: Valerium temere invectum in exsulum aciem ex transverso quidam adortus transfigit, nec quicquam equitis volnere equo retardato, moribundus Romanus labentibus super corpus armis ad terram defluxit. (4) Dictator Postumius postquam cecidisse talem virum, exsules ferociter citato

Tarquinius wurde von einem Stoß in die Seite getroffen und von den Seinen in Sicherheit gebracht. (7) Auf dem anderen Flügel aber hatte der Reiteroberst Aebutius einen Angriff auf Octavius Mamilius unternommen. Der Feldherr von Tusculum sah ihn kommen, spornte sein Pferd und ritt gegen ihn an. (8) Sie trafen mit stoßbereiter Lanze mit solcher Wucht aufeinander, dass dem Aebutius der Arm durchstochen und Mamilius in die Brust getroffen wurde. (9) Die Latiner zogen ihn ins zweite Glied zurück; Aebutius aber, der mit seinem verwundeten Arm keine Waffe mehr führen konnte, verließ das Treffen. (10) Der latinische Feldherr ließ sich durch seine Verwundung nicht abschrecken. Er lenkte weiterhin die Schlacht, und weil er sah, wie seine Reihen ins Wanken gerieten, ließ er die Abteilung heranrücken, die aus verbannten Römern bestand und vom Sohn des L. Tarquinius angeführt wurde. Diese kämpften, da sie ihrer Güter und ihres Vaterlandes beraubt waren, mit umso größerer Erbitterung und stellten das Treffen für kurze Zeit wieder her.

20 (1) Schon wichen die Römer auf dieser Seite zurück, als M. Valerius, der Bruder des Publicola, den kampflustigen jungen Tarquinius erblickte, wie er sich herausfordernd in der ersten Reihe der Verbannten zeigte. Valerius ließ sich vom Ruhm seines Hauses entflammen: Seine Familie sollte sich nicht nur der Vertreibung, sondern auch der Tötung von Königen rühmen können. (2) So gab er seinem Pferd die Sporen und ritt mit stoßbereiter Lanze auf Tarquinius los. (3) Vor dem erbitterten Feind wich Tarquinius in die Reihen der Seinen zurück. Als Valerius blindlings in die Heerschar der Verbannten eindrang, griff ihn einer von der Seite her an und durchbohrte ihn. Sein Pferd ließ sich durch die Verwundung seines Reiters im Lauf nicht aufhalten, und der Römer sank sterbend zu Boden, während ihm die Waffen vom Leib glitten. (4) Der Diktator Postumius musste sehen, dass solch ein tapferer Mann gefallen war,

agmine invehi, suos perculsos cedere animadvertit, (5) cohorti suae, quam delectam manum praesidii causa circa se habebat, dat signum ut quem suorum fugientem viderint, pro hoste habeant. Ita metu ancipiti versi a fuga Romani in hostem et restituta acies. (6) Cohors dictatoris tum primum proelium iniit; integris corporibus animisque fessos adorti exsules caedunt. (7) Ibi alia inter proceres coorta pugna. Imperator Latinus, ubi cohortem exsulum a dictatore Romano prope circumventam vidit, ex subsidiariis manipulos aliquot in primam aciem secum rapit. (8) Hos agmine venientes T. Herminius legatus conspicatus, interque eos insignem veste armisque Mamilium noscitans, tanto vi maiore quam paulo ante magister equitum cum hostium duce proelium iniit, (9) ut et uno ictu transfixum per latus occiderit Mamilium et ipse inter spoliandum corpus hostis veruto percussus, cum victor in castra esset relatus, inter primam curationem exspiraverit. (10) Tum ad equites dictator advolat, obtestans ut fesso iam pedite descendant ex equis et pugnam capessant. Dicto paruere; desiliunt ex equis, provolant in primum et pro antesignanis parmas obiciunt. (11) Recipit extemplo animum pedestris acies, postquam iuventutis proceres aequato genere pugnae secum partem periculi sustinentes vidit. Tum demum impulsi Latini perculsaque inclinavit acies. (12) Equiti admoti equi, ut persequi hostem posset;

die Verbannten aber im Kampfeseifer eilends heranrückten, während seine eigenen Truppen mutlos zurückwichen. (5) Da gab er seiner Kohorte, die ihn als Elite- und Schutztruppe umgab, den Befehl, jeden eigenen Mann, den sie auf der Flucht sähen, als Feind zu behandeln. Nach beiden Seiten hin in Furcht, wandten sich die Römer von der Flucht gegen den Feind und stellten sich wieder in Reih und Glied auf. (6) Jetzt griff die Truppe des Diktators zum ersten Mal in den Kampf ein. Mit frischer Kraft und ungebrochenem Kampfgeist stürzte sie sich auf die ermatteten Verbannten und hieb sie nieder. (7) Hier trafen wieder zwei Heerführer im Kampf aufeinander. Als der latinische Feldherr die Truppen der Verbannten vom römischen Diktator fast eingekreist sah, zog er rasch eine Anzahl Soldaten aus den Reservetruppen an sich und warf sich mit ihnen in die vorderste Reihe. (8) Der Legat T. Herminius sah sie in geschlossenem Zug heranrücken und erkannte unter ihnen den Mamilius an seiner hervorstechenden Kleidung und seinen Waffen. Mit noch größerer Wucht als zuvor der Reiteroberst begann er das Gefecht mit dem feindlichen Führer, (9) so dass er Mamilius mit einem einzigen Stoß tödlich in die Seite traf. Er selbst wurde, als er dem Feind die Rüstung abzog, von einem Wurfspieß durchbohrt. Als Sieger trug man ihn ins Lager zurück, und er starb, während man gerade begann, seine Wunden zu versorgen. (10) Daraufhin eilte der Diktator zur Reiterei und beschwor die Reiter, da die Fußtruppen erschöpft seien, abzusitzen und die Front zu stützen. Die Reiter gehorchten seinen Worten, sprangen von den Pferden, eilten nach vorn und deckten die erste Reihe mit ihren Schilden.[24] (11) Sogleich fassten die Fußsoldaten wieder Mut, als sie sahen, wie adlige junge Männer sich wie sie dem Kampf stellten und mit ihnen die Gefahr teilten. Da wurden die Latiner endlich zum Weichen gebracht, die Reihen kamen ins Wanken und wandten sich zur Flucht. (12) Die Reiterei saß wieder auf, um den Feind verfol-

secuta et pedestris acies. Ibi nihil nec divinae nec humanae opis dictator praetermittens aedem Castori vovisse fertur ac pronuntiasse militi praemia, qui primus, qui secundus castra hostium intrasset; (13) tantusque ardor fuit ut eodem impetu quo fuderant hostem Romani castra caperent. Hoc modo ad lacum Regillum pugnatum est. Dictator et magister equitum triumphantes in urbem rediere.

21 (1) Triennio deinde nec certa pax nec bellum fuit. Consules Q. Cloelius et T. Larcius, inde A. Sempronius et M. Minucius. (2) His consulibus aedes Saturno dedicata, Saturnalia institutus festus dies. A. deinde Postumius et T. Verginius consules facti. (3) Hoc demum anno ad Regillum lacum pugnatum apud quosdam invenio; A. Postumium, quia collega dubiae fidei fuerit, se consulatu abdicasse; dictatorem inde factum. (4) Tanti errores res implicant temporum, aliter apud alios ordinatis magistratibus, ut nec qui consules secundum quos, nec quid quoque anno actum sit, in tanta vetustate non rerum modo sed etiam auctorum digerere possis.

(5) Ap. Claudius deinde et P. Servilius consules facti. Insignis hic annus est nuntio Tarquini mortis. Mortuus Cumis, quo se post fractas opes Latinorum ad Aristodemum tyrannum contulerat. (6) Eo nuntio erecti patres, erecta plebes; sed patribus

gen zu können, und die Fußtruppen rückten nach. Hier soll der Diktator, um weder eine göttliche noch eine menschliche Hilfe außer acht zu lassen, dem Castor einen Tempel gelobt[25] und Preise ausgesetzt haben für den, der als erster, und den, der als zweiter ins Lager der Feinde eindringen würde. (13) Nun wurde der Kampf so hitzig, dass die Römer im gleichen Ansturm, in dem sie den Feind schlugen, auch sein Lager eroberten. So kämpfte man am See Regillus. Der Diktator und der Reiteroberst kehrten im Triumph nach Rom zurück.

21 (1) In den nächsten drei Jahren gab es weder sicheren Frieden noch offenen Krieg. Konsuln waren Q. Cloelius und T. Larcius [498], danach A. Sempronius und M. Minucius [497]. (2) Unter ihrem Konsulat wurden der Saturntempel geweiht und die Saturnalien als Fest eingeführt. Darauf wählte man A. Postumius und T. Verginius zu Konsuln [496]. (3) Bei einigen Autoren finde ich die Schlacht am See Regillus erst für dieses Jahr angegeben. A. Postumius habe, da Zweifel an der Zuverlässigkeit seines Mitkonsuls bestanden, sein Konsulat niedergelegt. Daraufhin sei er zum Diktator ernannt worden. (4) Solche Unsicherheiten erschweren die Geschichtsschreibung: Man findet die Jahresbeamten hier so und dort anders angeführt. Auf diese Weise kann man, da nicht nur die Ereignisse, sondern auch die überliefernden Autoren einer weit zurückliegenden Zeit entstammen, weder angeben, wie jeweils die Konsuln aufeinander folgten, noch was in welchem Jahr geschehen ist.

(5) Anschließend wurden Ap. Claudius und P. Servilius zu Konsuln gewählt [495]. Das besondere Ereignis dieses Jahres war die Nachricht vom Tode des Tarquinius. Er starb in Cumae; dort hatte er sich, nachdem die Macht der Latiner gebrochen war, unter den Schutz des Tyrannen Aristodemos begeben. (6) Diese Nachricht weckte Hochstimmung bei den Vätern wie beim Volk. Bei den Vätern führte diese Freude jedoch

nimis luxuriosa ea fuit laetitia; plebi, cui ad eam diem summa ope inservitum erat, iniuriae a primoribus fieri coepere. (7) Eodem anno Signia colonia, quam rex Tarquinius deduxerat, suppleto numero colonorum iterum deducta est. Romae tribus una et viginti factae. Aedes Mercuri dedicata est idibus Maiis.

22 (1) Cum Volscorum gente Latino bello neque pax neque bellum fuerat; nam et Volsci comparaverant auxilia quae mitterent Latinis, ni maturatum ab dictatore Romano esset, et maturavit Romanus ne proelio uno cum Latino Volscoque contenderet. (2) Hac ira consules in Volscum agrum legiones duxere. Volscos consilii poenam non metuentes necopinata res perculit; armorum immemores obsides dant trecentos principum a Cora atque Pometia liberos. Ita sine certamine inde abductae legiones. (3) Nec ita multo post Volscis levatis metu suum rediit ingenium. Rursus occultum parant bellum, Hernicis in societatem armorum adsumptis. (4) Legatos quoque ad sollicitandum Latium passim dimittunt; sed recens ad Regillum lacum accepta clades Latinos ira odioque eius, quicumque arma suaderet, ne ab legatis quidem violandis abstinuit; comprehensos Volscos Romam duxere. Ibi traditi consulibus indicatumque est Volscos Hernicosque parare bellum Romanis. (5) Relata re ad senatum adeo fuit gratum patribus ut et captivorum sex milia Latinis remitterent et de foedere, quod prope

zu Übermut: Während sie dem Volk bis zu diesem Tage die allergrößten Gefälligkeiten erwiesen hatten, erlaubten sich die Adligen von jetzt an Willkürhandlungen gegen das Volk. (7) In diesem Jahr wurden auch neue Siedler nach Signia geschickt, einer von König Tarquinius angelegten Kolonie, um die Zahl der dortigen Einwohner zu ergänzen. In Rom wurde die Anzahl der Tribus auf 21 erhöht. Am 15. Mai weihte man den Tempel des Merkur ein.

22 (1) Mit den Volskern hatte man während des Latinerkrieges weder Frieden noch offenen Krieg gehabt. Die Volsker hatten nämlich Hilfstruppen ausgerüstet, die sie zu den Latinern geschickt hätten, wenn der römische Diktator nicht seinerseits zur Eile gedrängt hätte. Und die Römer beeilten sich, um nicht in einer Schlacht gegen Latiner und Volsker zugleich kämpfen zu müssen. (2) Erzürnt darüber rückten die Konsuln mit den Legionen ins volskische Gebiet ein. Die Volsker hatten für eine bloße Absicht keine Strafaktion befürchtet; der unerwartete Einmarsch versetzte sie in Panik. Ohne an Gegenwehr zu denken, gaben sie als Geiseln 300 Kinder der führenden Männer von Cora und Pometia. So zogen die Legionen ohne Blutvergießen wieder ab. (3) Kaum waren die Volsker von ihrer Furcht befreit, kehrten sie wieder zu ihrer früheren Sinnesart zurück. Sie rüsteten im Geheimen abermals zum Krieg und schlossen Waffenbrüderschaft mit den Hernikern. (4) Auch schickten sie Gesandte überallhin, um Latium aufzuwiegeln. Die Latiner aber waren nach der gerade erlittenen Niederlage am See Regillus so zornig und erbittert gegen jeden, der zum Krieg riet, dass sie sich sogar an den Gesandten vergriffen. Sie nahmen die Volsker fest und schickten sie nach Rom. Hier wurden sie den Konsuln vorgeführt und gaben an, dass Volsker und Herniker zum Krieg gegen Rom rüsteten. (5) Als die Sache vor den Senat kam, zeigten sich die Väter so zufrieden, dass sie den Latinern 6000 Gefangene zurückgaben und die Verhandlungen

in perpetuum negatum fuerat, rem ad novos magistratus traicerent. (6) Enimvero tum Latini gaudere facto; pacis auctores in ingenti gloria esse. Coronam auream Iovi donum in Capitolium mittunt. Cum legatis donoque qui captivorum remissi ad suos fuerant, magna circumfusa multitudo venit. (7) Pergunt domos eorum apud quem quisque servierant; gratias agunt liberaliter habiti cultique in calamitate sua; inde hospitia iungunt. Nunquam alias ante publice privatimque Latinum nomen Romano imperio coniunctius fuit.

23 (1) Sed et bellum Volscum imminebat et civitas secum ipsa discors intestino inter patres plebemque flagrabat odio, maxime propter nexos ob aes alienum. (2) Fremebant se, foris pro libertate et imperio dimicantes, domi a civibus captos et oppressos esse, tutioremque in bello quam in pace et inter hostes quam inter cives libertatem plebis esse; invidiamque eam sua sponte gliscentem insignis unius calamitas accendit. (3) Magno natu quidam cum omnium malorum suorum insignibus se in forum proiecit. Obsita erat squalore vestis, foedior corporis habitus pallore ac macie perempti; (4) ad hoc promissa barba et capilli efferaverant speciem oris. Noscitabatur tamen in tanta deformitate, et ordines duxisse aiebant, aliaque militiae decora

über ein Bündnis, das man ihnen sozusagen für immer und ewig verweigert hatte, nur bis zur Wahl der neuen Beamten aufschoben. (6) Umso erfreuter waren die Latiner nun über ihr Vorgehen; die Befürworter des Friedens ernteten großen Ruhm. Man schickte einen goldenen Kranz als Geschenk für Iuppiter auf das Kapitol. Mit den Gesandten und dem Geschenk kam eine große Zahl der ehemaligen Gefangenen, die man damals zu ihren Angehörigen entlassen hatte. (7) Sie suchten nun die Häuser derjenigen auf, bei denen sie gedient hatten, und bedankten sich für die freundliche Behandlung und Pflege in ihrem Unglück. Daraufhin schlossen sie Gastfreundschaft miteinander. Noch nie zuvor war – ob von Staats wegen oder privat – der Stamm der Latiner so eng mit Rom verbunden.

23 (1) Aber noch drohte der Krieg mit den Volskern, und in der Bürgerschaft herrschte Zwietracht. Es war eine Feindschaft entbrannt zwischen Vätern und Volk, vor allem wegen der Bürger, die in Schuldhaft geraten waren. (2) Diese empörten sich darüber, dass sie auf dem Schlachtfeld für die Freiheit und Herrschaft Roms ihr Leben aufs Spiel gesetzt hätten, zu Hause aber von den eigenen Mitbürgern in Haft und Banden gehalten würden.[26] Die Freiheit des Volkes sei im Krieg sicherer als im Frieden, unter Feinden eher als unter den eigenen Mitbürgern. Dieser ohnehin schon lange schwelende Groll wurde durch das besonders auffallende unglückliche Schicksal eines einzelnen zur offenen Flamme der Empörung angefacht. (3) Ein älterer Mann kam mit deutlichen Zeichen all seines Unglücks auf das Forum gestürzt. Seine Kleider starrten vor Schmutz, noch kläglicher aber war der Anblick seines bleichen und ausgemergelten Körpers. (4) Sein lang herabhängender Bart und sein Haar gaben ihm noch dazu ein verwildertes Aussehen. Man erkannte ihn trotz seines entstellenden Äußeren; es hieß, er sei Hauptmann gewesen, und man erzählte voller Mitleid im

volgo miserantes eum iactabant; ipse testes honestarum aliquot locis pugnarum cicatrices adverso pectore ostentabat. (5) Sciscitantibus unde ille habitus, unde deformitas, cum circumfusa turba esset prope in contionis modum, Sabino bello ait se militantem, quia propter populationes agri non fructu modo caruerit, sed villa incensa fuerit, direpta omnia, pecora abacta, tributum iniquo suo tempore imperatum, aes alienum fecisse. (6) Id cumulatum usuris primo se agro paterno avitoque exuisse, deinde fortunis aliis; postremo velut tabem pervenisse ad corpus; ductum se ab creditore non in servitium sed in ergastulum et carnificinam esse. (7) Inde ostentare tergum foedum recentibus vestigiis verberum. Ad haec visa auditaque clamor ingens oritur. Non iam foro se tumultus tenet, sed passim totam urbem pervadit. (8) Nexi, vincti solutique, se undique in publicum proripiunt, implorant Quiritium fidem. Nullo loco deest seditionis voluntarius comes; multis passim agminibus per omnes vias cum clamore in forum curritur. (9) Magno cum periculo suo qui forte patrum in foro erant in eam turbam inciderunt; (10) nec temperatum manibus foret, ni propere consules, P. Servilius et Ap. Claudius, ad comprimendam seditionem intervenissent. At in eos multitudo versa ostentare vincula sua deformitatemque aliam. (11) Haec se meritos dicere, exprobrantes suam quisque alius alibi militiam;

Volk, was er für Heldentaten im Krieg vollbracht habe. Der Mann selbst wies seine Narben auf der Brust vor als Zeichen so mancher ruhmvoller Kämpfe. (5) Auf die Frage, warum er so heruntergekommen und entstellt sei, antwortete er der Menge, die ihn wie bei einer Volksversammlung umringte, er sei Soldat im Sabinerkrieg gewesen. Bei den Verwüstungen auf dem Lande habe er nicht nur seine Ernte eingebüßt. Auch sein Hof sei abgebrannt, all seine Habe geplündert, sein Vieh weggetrieben worden. Zu dieser für ihn so ungünstigen Zeit sei die Kriegssteuer eingefordert worden, und er habe Schulden machen müssen. (6) Durch die Zinsen seien diese immer mehr angewachsen und hätten ihm zuerst sein väterliches und großväterliches Besitztum geraubt, dann all sein übriges Hab und Gut. Schließlich sei er selbst wie von einer Seuche davon ergriffen worden. Er sei von seinem Gläubiger nicht als Sklave genommen, sondern in ein Arbeitshaus[27] gesteckt und dort gefoltert worden. (7) Dann zeigte er seinen Rücken, der mit frischen Peitschenstriemen einen schrecklichen Anblick bot. Als man dies alles sah und hörte, erhob sich ein gewaltiges Geschrei. Der Lärm blieb nicht auf das Forum beschränkt, sondern durchlief die ganze Stadt. (8) Alle Schuldpflichtigen mit und ohne Fesseln stürzten von allen Seiten ins Freie und erflehten den Schutz ihrer Mitbürger. Überall schloss man sich bereitwillig dem allgemeinen Aufruhr an. Scharen von Menschen liefen schreiend auf allen Straßen zum Forum. (9) Für die Senatoren, die sich gerade dort befanden, bedeutete es Lebensgefahr, in diese Menge hineinzugeraten. (10) Sie hätte sich wohl an ihnen vergriffen, wenn die Konsuln P. Servilius und Ap. Claudius nicht eilends eingeschritten wären, um den Aufruhr zu dämpfen. Nun wandte sich die Menge an die Konsuln und wies ihre Fesseln vor und die anderen Zeichen ihrer schlimmen Behandlung. (11) Das sei also ihr Dank, sagten sie und zählten vorwurfsvoll auf, wo sie überall Kriegsdienst ge-

postulare multo minaciter magis quam suppliciter ut senatum vocarent; curiamque ipsi futuri arbitri moderatoresque publici consilii circumsistunt. (12) Pauci admodum patrum, quos casus obtulerat, contracti ab consulibus; ceteros metus non curia modo sed etiam foro arcebat, nec agi quicquam per infrequentiam poterat senatus. (13) Tum vero eludi atque extrahi se multitudo putare, et patrum qui abessent, non casu, non metu, sed impediendae rei causa abesse, et consules ipsos tergiversari, nec dubie ludibrio esse miserias suas. (14) Iam prope erat ut ne consulum quidem maiestas coerceret iras hominum, cum, incerti morando an veniendo plus periculi contraherent, tandem in senatum veniunt. Frequentique tandem curia non modo inter patres sed ne inter consules quidem ipsos satis conveniebat. (15) Appius vehementis ingenii vir, imperio consulari rem agendam censebat; uno aut altero arrepto, quieturos alios: Servilius, lenibus remediis aptior, concitatos animos flecti quam frangi putabat cum tutius tum facilius esse.

24 (1) Inter haec maior alius terror: Latini equites cum tumultuoso advolant nuntio Volscos infesto exercitu ad urbem oppugnandam venire. Quae audita – adeo duas ex una civitate discordia fecerat – longe aliter patres ac plebem adfecere. (2) Exsultare gaudio plebes; ultores superbiae patrum adesse dicere

leistet hatten. Mehr drohend als bittend verlangten sie eine Einberufung des Senats. Sie umstellten die Kurie, um die Beschlüsse des Senats selbst zu überwachen und mitzubestimmen. (12) Die Konsuln konnten nur wenige der Väter, die der Zufall hergeführt hatte, zur Versammlung einberufen. Die übrigen hielt die Furcht nicht nur von der Kurie, sondern überhaupt vom Forum fern. So war der Senat wegen seiner geringen Zahl nicht beschlussfähig. (13) Nun glaubte die Menge erst recht, man wolle ausweichen und sie hinhalten. Die abwesenden Väter seien nicht durch Zufall und nicht aus Furcht ferngeblieben, sondern um die Sache zu verhindern. Die Konsuln selbst würden nur Ausflüchte machen – sicher spotte man gar noch über ihr Elend. (14) Fast hätten sogar die Konsuln mit ihrer Amtswürde die erbitterten Menschen nicht mehr im Zaum halten können, da erschienen endlich die Väter im Senat, obwohl sie nicht sicher waren, ob ihr Fernbleiben oder ihre Anwesenheit für sie gefährlicher war. Als nun das Gremium endlich beschlussfähig war, konnten sich weder die Väter untereinander, noch selbst die beiden Konsuln einigen. (15) Appius, ein Mann von leidenschaftlichem Charakter, riet dazu, die Sache mit konsularischer Amtsgewalt zu Ende zu bringen. Man solle den einen oder anderen aus der Menge herausgreifen, dann würden sich die übrigen schon beruhigen. Servilius, der mehr zu milderen Maßnahmen neigte, hielt es für sicherer und auch leichter, den Groll der Menge zu besänftigen statt zu unterdrücken.

24 (1) Währenddessen entstand ein noch größerer Schrecken. Latinische Reiter kamen mit der aufsehenerregenden Meldung herangesprengt, ein Heer der Volsker rücke zum Sturm gegen die Stadt heran. Diese Nachricht hatte auf die Väter eine ganz andere Wirkung als auf das Volk; so sehr hatte die Zwietracht die Bürgerschaft schon in zwei Lager gespalten. (2) Das Volk jubelte vor Freude: Die Götter seien da, sagten sie,

deos; alius alium confirmare ne nomina darent; cum omnibus potius quam solos perituros; patres militarent, patres arma caperent, ut penes eosdem pericula belli, penes quos praemia, essent. (3) At vero curia, maesta ac trepida ancipiti metu et ab cive et ab hoste, Servilium consulem, cui ingenium magis populare erat, orare ut tantis circumventam terroribus expediret rem publicam. (4) Tum consul misso senatu in contionem prodit. Ibi curae esse patribus ostendit ut consulatur plebi; ceterum deliberationi de maxima quidem illa sed tamen parte civitatis metum pro universa re publica intervenisse; (5) nec posse, cum hostes prope ad portas essent, bello praeverti quicquam, nec, si sit laxamenti aliquid, aut plebi honestum esse, nisi mercede prius accepta, arma pro patria non cepisse, neque patribus satis decorum per metum potius quam postmodo voluntate adflictis civium suorum fortunis consuluisse. (6) Contioni deinde edicto addidit fidem quo edixit ne quis civem Romanum vinctum aut clausum teneret, quo minus ei nominis edendi apud consules potestas fieret, neu quis militis, donec in castris esset, bona possideret aut venderet, liberos nepotesve eius moraretur. (7) Hoc proposito edicto, et qui aderant nexi profiteri extemplo nomina, et undique ex tota urbe proripien-

um den Hochmut der Väter zu strafen. Einer bestärkte den anderen, sich nicht zu den Fahnen zu melden. Sie wollten lieber mit dem ganzen Staat als allein zugrunde gehen. Die Väter sollten nun Kriegsdienst tun, die Väter sollten zu den Waffen greifen – wer die Kriegsbeute bekomme, der solle gleichermaßen auch die Gefahren zu tragen haben. (3) In der Kurie war man dagegen niedergeschlagen und ängstlich. Man fürchtete die Mitbürger ebenso wie die Feinde und bat den Konsul Servilius, der von seiner Wesensart her eher auf das Volk einzuwirken verstand, er solle den Staat aus seiner schrecklichen Bedrängnis erretten. (4) Daraufhin entließ der Konsul den Senat und trat vor die Volksversammlung. Hier erklärte er, die Väter seien sehr wohl darauf bedacht, dem Volk zu helfen. Ihre Beratung über den größten Teil der Bürgerschaft – aber doch nur über einen Teil! – sei nun aber durch die Furcht um das Bestehen des ganzen Gemeinwesens unterbrochen worden. (5) Wenn der Feind fast vor den Toren stehe, könne unmöglich etwas anderes wichtiger sein als der Krieg. Selbst wenn noch eine Atempause bliebe, so würde es doch dem Volk keine Ehre machen, wenn es nur gegen Belohnungen im voraus die Waffen fürs Vaterland ergriffen habe. Und auch für die Väter sei es wenig ehrenhaft, wenn sie eher aus Furcht statt später aus eigenem Entschluss ihren Mitbürgern in ihrer bedrängten Lage geholfen hätten. (6) Er bekräftigte seine Rede noch durch folgendes Edikt: Niemand dürfe einen römischen Bürger in Fesseln oder in Gewahrsam halten, so dass dieser außerstande sei, sich bei den Konsuln zum Kriegsdienst zu melden. Auch dürfe niemand das Hab und Gut eines Soldaten, solange dieser im Krieg sei, in Besitz nehmen oder verkaufen, noch gegen dessen Kinder oder Enkel Ansprüche stellen. (7) Nach der Verkündigung dieses Edikts ließen sich nicht nur die gerade anwesenden Schuldpflichtigen sogleich zum Kriegsdienst einschreiben. Von überallher aus der ganzen Stadt machten sie sich eilends

tium se ex privato, cum retinendi ius creditori non esset, concursus in forum ut sacramento dicerent fieri. (8) Magna ea manus fuit, neque aliorum magis in Volsco bello virtus atque opera enituit. Consul copias contra hostem educit; parvo dirimente intervallo castra ponit.

25 (1) Proxima inde nocte Volsci, discordia Romana freti, si qua nocturna transitio proditiove fieri posset, temptant castra. Sensere vigiles; excitatus exercitus; signo dato concursum est ad arma; ita frustra id inceptum Volscis fuit. (2) Reliquum noctis utrimque quieti datum. Postero die prima luce Volsci fossis repletis vallum invadunt. (3) Iamque ab omni parte munimenta vellebantur, cum consul, quamquam cuncti undique et nexi ante omnes ut signum daret clamabant, experiendi animos militum causa parumper moratus, postquam satis apparebat ingens ardor, dato tandem ad erumpendum signo militem avidum certaminis emittit. (4) Primo statim incursu pulsi hostes; fugientibus, quoad insequi pedes potuit, terga caesa; eques usque ad castra pavidos egit. Mox ipsa castra legionibus circumdatis, cum Volscos inde etiam pavor expulisset, capta direptaque. (5) Postero die ad Suessam Pometiam quo confugerant hostes legionibus ductis, intra paucos dies oppidum capitur; captum praedae datum. Inde paulum recreatus egens

aus ihrem Gewahrsam auf, da ihre Gläubiger nun kein Recht mehr hatten, sie zurückzuhalten. Alle kamen aufs Forum gelaufen, um den Fahneneid zu leisten. (8) Sie bildeten eine große Streitmacht, und im Volskerkrieg überstrahlten sie mit ihrer Tapferkeit und Einsatzbereitschaft alle anderen. Der Konsul rückte mit den Truppen gegen den Feind aus und schlug in geringer Entfernung von ihm sein Lager auf.

25 (1) In der folgenden Nacht unternahmen die Volsker einen Angriff auf das Lager. Im Vertrauen auf die inneren Zwistigkeiten der Römer rechneten sie im Schutz der Nacht mit Überläufern oder mit Verrat. Die Wachen merkten es, und das Heer wurde alarmiert. Als das Signal gegeben wurde, griff man zu den Waffen. So wurde das Unternehmen der Volsker vereitelt. (2) Den Rest der Nacht über herrschte auf beiden Seiten Ruhe. Am folgenden Tag warfen die Volsker beim ersten Morgenlicht die Gräben zu und stürmten gegen den Wall. (3) Schon rissen sie von allen Seiten die Verschanzungen nieder, aber der Konsul wollte, obwohl alle und besonders die Schuldpflichtigen allenthalben laut das Signal forderten, noch ein wenig warten, um den Kampfgeist seiner Soldaten zu erproben. Als ihr Eifer genügend entbrannt schien, gab er endlich das Kommando zum Ausfall und schickte die Soldaten hinaus, die schon begierig auf die Schlacht waren. (4) Gleich im ersten Ansturm wurden die Feinde geschlagen. Die Fußtruppen verfolgten die Fliehenden, so weit sie konnten, und hieben von hinten auf sie ein. Die Reiterei trieb sie in angstvoller Flucht bis in ihr Lager zurück. Bald war auch das Lager von Truppen umstellt, und nachdem die Volsker vor Schrecken auch von hier geflohen waren, wurde es eingenommen und geplündert. (5) Am folgenden Tag rückten die Legionen vor Suessa Pometia. Dorthin hatten sich die Feinde geflüchtet. Innerhalb weniger Tage war die Stadt erobert. Sie wurde zur Plünderung freigegeben, dadurch konnten die Ärmeren unter den Soldaten ihre Verhält-

miles; (6) consul cum maxima gloria sua victorem exercitum Romam reducit. Decedentem Romam Ecetranorum Volscorum legati, rebus suis timentes post Pometiam captam, adeunt. His ex senatus consulto data pax, ager ademptus.

26 (1) Confestim et Sabini Romanos territavere; tumultus enim fuit verius quam bellum. Nocte in urbem nuntiatum est exercitum Sabinum praedabundum ad Anienem amnem pervenisse; ibi passim diripi atque incendi villas. (2) Missus extemplo eo cum omnibus copiis equitum A. Postumius, qui dictator bello Latino fuerat; secutus consul Servilius cum delecta peditum manu. (3) Plerosque palantes eques circumvenit, nec advenienti peditum agmini restitit Sabina legio. Fessi cum itinere tum populatione nocturna, magna pars in villis repleti cibo vinoque, vix fugae quod satis esset virium habuere.

(4) Nocte una audito perfectoque bello Sabino, postero die in magna iam spe undique partae pacis, legati Aurunci senatum adeunt, ni decedatur Volsco agro bellum indicentes. (5) Cum legatis simul exercitus Auruncorum domo profectus erat; cuius fama haud procul iam ab Aricia visi tanto tumultu concivit Romanos ut nec consuli ordine patres nec pacatum responsum arma inferentibus arma ipsi capientes dare possent.

nisse ein wenig aufbessern. (6) Ruhmgekrönt führte der Konsul sein siegreiches Heer nach Rom zurück. Auf seinem Rückmarsch kamen Gesandte aus der volskischen Stadt Ecetra zu ihm. Nach der Eroberung von Pometia fürchteten sie für sich selber. Durch einen Senatsbeschluss wurde ihnen der Friede zugesichert, ein Stück Land aber genommen.

26 (1) Gleich darauf versetzten die Sabiner die Römer wieder in Schrecken. Es war freilich eher ein Kriegslärm als ein wirklicher Krieg. Bei Nacht kam die Meldung in die Stadt, ein Heer der Sabiner sei auf einem Beutezug bis zum Anio gekommen. Dort würden überall die Gehöfte geplündert und in Brand gesteckt. (2) Sogleich entsandte man A. Postumius, den ehemaligen Diktator im Latinerkrieg, mit der gesamten Reiterei dorthin. Ihm folgte der Konsul Servilius mit einer Elitetruppe Fußsoldaten. (3) Die Reiterei überwältigte eine große Anzahl Sabiner bei ihren Streifzügen, und dem geschlossen heranrückenden Fußvolk konnten die sabinischen Truppen keinen Widerstand entgegensetzen. Sie waren von ihren nächtlichen Beutezügen ermüdet; viele hatten sich in den Gehöften mit Essen und Trinken überladen und hatten kaum noch Kraft zu fliehen.

(4) In der gleichen Nacht, in der man vom Krieg mit den Sabinern hörte, war er auch schon beendet, und man war recht zuversichtlich, sich nun allerseits Ruhe geschaffen zu haben. Da kamen am folgenden Tag Gesandte der Aurunker in den Senat. Sie erklärten den Römern den Krieg, falls sie nicht das Volskerland räumten.[28] (5) Zugleich mit den Gesandten war ein Heer der Aurunker von daheim aufgebrochen. Die Kunde, man habe die Truppen schon in der Nähe von Aricia gesehen, versetzte die Römer in eine solche Aufregung, dass die Väter dem Konsul nicht ordnungsgemäß ihre Stimme abgeben konnten, noch konnten die Römer, die selbst dabei waren, zu den Waffen zu greifen, den anderen, die bereits die Waffen er-

(6) Ariciam infesto agmine itur; nec procul inde cum Auruncis signa conlata, proelioque uno debellatum est.

27 (1) Fusis Auruncis, victor tot intra paucos dies bellis Romanus promissa consulis fidemque senatus exspectabat, cum Appius et insita superbia animo et ut collegae vanam faceret fidem, quam asperrime poterat ius de creditis pecuniis dicere. Deinceps et qui ante nexi fuerant creditoribus tradebantur et nectebantur alii. (2) Quod ubi cui militi inciderat, collegam appellabat. Concursus ad Servilium fiebat; illius promissa iactabant; illi exprobrabant sua quisque belli merita cicatricesque acceptas. Postulabant ut aut referret ad senatum, aut ut auxilio esset consul civibus suis, imperator militibus. (3) Movebant consulem haec, sed tergiversari res cogebat; adeo in alteram causam non collega solum praeceps erat sed omnis factio nobilium. Ita medium se gerendo nec plebis vitavit odium nec apud patres gratiam iniit. (4) Patres mollem consulem et ambitiosum rati, plebes fallacem, brevique apparuit aequasse eum Appi odium. (5) Certamen consulibus inciderat, uter dedicaret Mercuri aedem. Senatus a se rem ad populum reiecit: utri eorum

griffen hatten, eine friedliche Antwort geben. (6) Man rückte kampfbereit nach Aricia aus, und nicht weit davon entfernt kam es zum Gefecht mit den Aurunkern. In einer einzigen Schlacht wurde der Krieg entschieden.

27 (1) Nach der Niederlage der Aurunker waren die Römer innerhalb weniger Tage zu Siegern über so viele Feinde geworden und erwarteten nun, dass der Konsul sein Versprechen und der Senat seine Zusicherungen wahr machte. Aber Appius bestätigte mit äußerster Härte das Recht der Gläubiger in Schuldklagen – einmal aus seiner starrsinnigen Wesensart heraus, zum andern aber, um seinen Mitkonsul um das Vertrauen des Volkes zu bringen. In der Folge wurden nicht nur die bisherigen Schuldpflichtigen wieder ihren Gläubigern übergeben, es wurden auch andere in die Schuldknechtschaft gebracht. (2) Wenn dies einen Soldaten traf, appellierte er an den anderen Konsul. Eine Menge Leute liefen bei Servilius zusammen; sie beriefen sich auf seine Versprechungen, wiesen vorwurfsvoll auf ihre Verdienste im Krieg hin und auf die Narben, die sie davongetragen hatten. Sie forderten, er solle die Angelegenheit entweder vor den Senat bringen oder als Konsul seinen Mitbürgern, als Feldherr seinen Soldaten Beistand leisten. (3) Der Konsul war bewegt, die Umstände zwangen ihn jedoch zur Zurückhaltung. Nicht nur sein Mitkonsul, sondern die gesamte Adelspartei war Hals über Kopf zur Gegenseite übergegangen. So steuerte er einen mittleren Kurs, entging damit aber weder dem Hass des Volkes, noch gewann er sich das Wohlwollen der Väter. (4) Diese hielten ihn für einen nachgiebigen und parteiischen Konsul, das Volk aber sah sich von ihm betrogen. In kurzer Zeit erwies er sich als ebenso verhasst wie Appius. (5) Es war nämlich ein Streit zwischen den Konsuln entbrannt, wer den Tempel des Merkur weihen solle. Der Senat lehnte eine Entscheidung ab und verwies die Angelegenheit an die Volksversammlung. Er bestimmte aber folgendes:

dedicatio iussu populi data esset, eum praeesse annonae, mercatorum collegium instituere, sollemnia pro pontifice iussit suscipere. (6) Populus dedicationem aedis dat M. Laetorio, primi pili centurioni, quod facile appareret non tam ad honorem eius cui curatio altior fastigio suo data esset factum quam ad consulum ignominiam. (7) Saevire inde utique consulum alter patresque; sed plebi creverant animi et longe alia quam primo instituerant via grassabantur. (8) Desperato enim consulum senatusque auxilio, cum in ius duci debitorem vidissent, undique convolabant. Neque decretum exaudiri consulis prae strepitu et clamore poterat, neque cum decresset quisquam obtemperabat. (9) Vi agebatur, metusque omnis et periculum libertatis, cum in conspectu consulis singuli a pluribus violarentur, in creditores a debitoribus verterant. (10) Super haec timor incessit Sabini belli; dilectuque decreto nemo nomen dedit, furente Appio et insectante ambitionem collegae, qui populari silentio rem publicam proderet et ad id quod de credita pecunia ius non dixisset, adiceret ut ne dilectum quidem ex senatus consulto haberet; (11) non esse tamen desertam omnino rem publicam neque proiectum consulare imperium; se unum et suae et patrum maiestatis vindicem fore. (12) Cum circumstaret cottidiana multitudo licentia accensa, arripi unum

Wer vom Volk mit der Weihe beauftragt werde, der solle auch die Aufsicht über die Getreideversorgung übernehmen, eine Kaufmannsgilde einrichten sowie als Stellvertreter des Pontifex die Feierlichkeiten vornehmen. (6) Das Volk übertrug die Tempelweihe dem M. Laetorius, einem Hauptmann von erstem Rang.[29] Man konnte leicht sehen, dass dies keine Ehrung für einen Mann sein sollte, dem man ein Amt weit über seiner Stellung aufgebürdet hatte, sondern eine Kränkung für die Konsuln.

(7) Nun gerieten vor allem der andere Konsul wie auch die Väter in heftige Erregung, das Volk aber hatte Mut gefasst und schlug einen ganz anderen Kurs ein als zu Anfang. (8) Auf die Hilfe der Konsuln und des Senats hofften sie nämlich nicht mehr. Sobald sie also sahen, dass ein Schuldpflichtiger vor Gericht geführt wurde, strömten sie von allen Seiten herbei. Sie schrien und lärmten so laut, dass man den Spruch des Konsuls nicht hören konnte. Und wenn er seinen Spruch gefällt hatte, gehorchte keiner der Entscheidung. (9) Es kam dabei zu Gewalttätigkeiten; alle Angst und die Gefahr, die Freiheit einzubüßen, waren nun nicht mehr auf Seiten der Schuldner, sondern der Gläubiger, von denen einzelne vor den Augen des Konsuls von der Menge misshandelt wurden. (10) Dazu kam noch die Angst vor einem Sabinerkrieg. Bei den Truppenaushebungen meldete sich niemand. Appius geriet in Wut und beschuldigte seinen Mitkonsul, er strebe nach der Volksgunst. Indem er in seiner volksfreundlichen Art stillhalte, verrate er den Staat. Erst habe er in den Schuldklagen kein Recht gesprochen, nun führe er überdies nicht einmal die vom Senat beschlossenen Truppenaushebungen durch. (11) Aber der Staat sei noch nicht ganz und gar verlassen und die konsularische Gewalt noch nicht preisgegeben. Er, Appius, werde ganz allein seine Amtswürde und die der Väter wahren. (12) Und als sich wie tagtäglich eine aufgereizte Menge um seinen Richterstuhl

insignem ducem seditionum iussit. Ille cum a lictoribus iam traheretur provocavit; nec cessisset provocationi consul, quia non dubium erat populi iudicium, nisi aegre victa pertinacia foret consilio magis et auctoritate principum quam populi clamore; adeo supererant animi ad sustinendam invidiam. (13) Crescere inde malum in dies, non clamoribus modo apertis sed, quod multo perniciosius erat, secessione occultisque conloquiis. Tandem invisi plebi consules magistratu abeunt, Servilius neutris, Appius patribus mire gratus.

28 (1) A. Verginius inde et T. Vetusius consulatum ineunt. Tum vero plebs incerta quales habitura consules esset, coetus nocturnos, pars Esquiliis, pars in Aventino facere, ne in foro subitis trepidaret consiliis et omnia temere ac fortuito ageret. (2) Eam rem consules rati, ut erat, perniciosam ad patres deferunt, sed delatam consulere ordine non licuit; adeo tumultuose excepta est clamoribus undique et indignatione patrum, si quod imperio consulari exsequendum esset, invidiam eius consules ad senatum reicerent: (3) profecto si essent in re publica magistratus, nullum futurum fuisse Romae nisi publicum concilium; nunc in mille curias contionesque dispersam et dissipatam esse rem publicam. (4) unum hercule virum – id enim plus esse quam consulem – qualis Ap. Claudius fuerit, mo-

drängte, befahl er, einen der lautesten Rädelsführer herauszugreifen. Schon schleppten die Gerichtsdiener ihn hinweg, da appellierte er an das Volk. Der Konsul hätte der Berufung nicht stattgegeben – es war ja klar, wie das Volk entscheiden würde –, wenn sein Starrsinn nicht doch noch mit Mühe besiegt worden wäre, und zwar mehr durch Zureden und Einflussnahme der Väter als durch das Geschrei des Volkes. Appius hatte Mut mehr als genug, um dem Volkszorn die Stirn zu bieten. (13) Das Übel wuchs nun von Tag zu Tag, nicht nur in offenen Tumulten, sondern, was weitaus gefährlicher war, durch Parteiungen und geheime Zusammenkünfte. Endlich legten die beim Volk so verhassten Konsuln ihr Amt nieder. Servilius war überall unbeliebt, Appius aber erfreute sich außerordentlicher Wertschätzung bei den Vätern.

28 (1) A. Verginius und T. Vetusius traten nun das Konsulat an [494]. Die Bürger waren sich noch nicht im klaren, was sie für Konsuln an ihnen haben würden, und hielten nächtliche Zusammenkünfte ab. Sie taten dies teils auf dem Esquilin, teils auf dem Aventin, damit sie auf dem Forum nicht in ihrer Verwirrung unvorbereitet Beschlüsse fassen müssten und alles übereilt und auf gut Glück abgehandelt werde.[30] (2) Die Konsuln hielten dies für gefährlich, verständlicherweise, und brachten die Sache vor den Senat. Aber es war nicht möglich, darüber ordnungsgemäß zu beraten, so geräuschvoll ging es dabei zu. Von allen Seiten äußerten die Väter mit Geschrei ihre Entrüstung: Was mit konsularischer Amtsgewalt auszuführen sei, das hätten die Konsuln, da es Grund zur Anfeindung bot, auf den Senat abgeschoben. (3) Wenn der Staat wirklich noch leitende Beamte hätte, dann gäbe es in Rom nur die von Staats wegen einberufene Volksversammlung. Nun aber sei das Gemeinwesen in tausenderlei Kurien und Volksversammlungen aufgesplittert und aufgespalten. (4) Ein einziger Mann – bei Gott, dies heiße mehr als ein Konsul – wie Ap. Claudius hätte

mento temporis discussurum illos coetus fuisse. (5) Correpti consules cum, quid ergo se facere vellent – nihil enim segnius molliusve quam patribus placeat acturos – percontarentur, decernunt ut dilectum quam acerrimum habeant: otio lascivire plebem. (6) Dimisso senatu consules in tribunal escendunt; citant nominatim iuniores. Cum ad nomen nemo responderet, circumfusa multitudo in contionis modum negare ultra decipi plebem posse; (7) nunquam unum militem habituros ni praestaretur fides publica; libertatem unicuique prius reddendam esse quam arma danda, ut pro patria civibusque, non pro dominis pugnent. (8) Consules quid mandatum esset a senatu videbant, sed eorum, qui intra parietes curiae ferociter loquerentur, neminem adesse invidiae suae participem; et apparebat atrox cum plebe certamen. (9) Prius itaque quam ultima experirentur senatum iterum consulere placuit. Tum vero ad sellas consulum prope convolare minimus quisque natu patrum, abdicare consulatum iubentes et deponere imperium, ad quod tuendum animus deesset.

29 (1) Utraque re satis experta tum demum consules: »Ne praedictum negetis, patres conscripti, adest ingens seditio. Postulamus ut hi qui maxime ignaviam increpant adsint nobis

diese Zusammenrottungen in einem Augenblick auseinandergesprengt. (5) Auf diesen scharfen Tadel hin fragten die Konsuln, was sie denn tun sollten. Sie wollten ja keineswegs nachgiebiger und milder verfahren, als es die Väter verlangten. Man beschloss also, sie sollten mit aller Strenge eine Truppenaushebung veranstalten: Das Nichtstun mache das Volk so übermütig. (6) Der Senat wurde entlassen, die Konsuln bestiegen das Tribunal und riefen die Wehrfähigen namentlich auf. Niemand antwortete auf seinen Namen, und die Menge, die wie bei einer Volksversammlung das Tribunal umstand, rief, das Volk lasse sich nicht länger hinters Licht führen. (7) Wenn die Konsuln ihr öffentlich gegebenes Wort nicht hielten, würden sie keinen einzigen Soldaten bekommen. Zunächst müssten sie jedem einzelnen seine Freiheit wiedergeben, bevor sie ihm Waffen in die Hand drückten, damit er für das Vaterland und die Mitbürger – aber nicht für seine Herren! – kämpfe. (8) Die Konsuln sahen, was ihnen vom Senat aufgetragen worden war; von denen aber, die sich hinter den sicheren Wänden der Kurie dafür so stark gemacht hatten, sahen sie nun keinen einzigen, der sich mit ihnen gemeinsam dem Volkszorn stellen wollte. Dabei drohte ganz offensichtlich ein blutiger Zusammenstoß mit dem Volk. (9) Bevor sie aber zu den äußersten Mitteln griffen, wollten sie noch einmal den Senat befragen. Dort drängten sich ja fast alle von den Jüngeren unter den Vätern um die Sitze der Konsuln und forderten sie auf, das Konsulat niederzulegen und ihre Befehlsgewalt abzugeben: Sie besäßen ja keinen Mut, um sie zu behaupten.

29 (1) Nun hatten die Konsuln die Stimmung beiderseits deutlich kennengelernt. Schließlich sprachen sie: »Sagt nicht, versammelte Väter, wir hätten euch nicht gewarnt. Es droht ein großer Aufruhr. Wir fordern, dass diejenigen, die uns am lautesten der Feigheit beschuldigen, uns bei der Truppenaushebung zur Seite stehen. Wir wollen den Kurs auch des

habentibus dilectum. Acerrimi cuiusque arbitrio, quando ita placet, rem agemus.« (2) Redeunt in tribunal; citari nominatim unum ex iis qui in conspectu erant dedita opera iubent. Cum staret tacitus et circa eum aliquot hominum, ne forte violaretur, constitisset globus, lictorem ad eum consules mittunt. (3) Quo repulso, tum vero indignum facinus esse clamitantes qui patrum consulibus aderant, devolant de tribunali ut lictori auxilio essent. (4) Sed ab lictore nihil aliud quam prendere prohibito cum conversus in patres impetus esset, consulum intercursu rixa sedata est, in qua tamen sine lapide, sine telo plus clamoris atque irarum quam iniuriae fuerat. (5) Senatus tumultuose vocatus tumultuosius consulitur, quaestionem postulantibus iis qui pulsati fuerant, decernente ferocissimo quoque non sententiis magis quam clamore et strepitu. (6) Tandem cum irae resedissent, exprobrantibus consulibus nihilo plus sanitatis in curia quam in foro esse, ordine consuli coepit. Tres fuere sententiae. (7) P. Verginius rem non volgabat; de iis tantum qui fidem secuti P. Servili consulis Volsco Aurunco Sabinoque militassent bello, agendum censebat. (8) T. Larcius, non id tempus esse ut merita tantummodo exsolverentur; totam plebem aere alieno demersam esse, nec sisti posse ni omnibus

Strengsten unter euch befolgen, wenn ihr es einmal so beschlossen habt.« (2) Sie kehrten zum Tribunal zurück und ließen mit Absicht einen von denen namentlich aufrufen, die ihnen am nächsten standen. Dieser blieb stehen und antwortete nicht; eine Menge anderer stellte sich im Kreis um ihn herum, damit man ihn nicht mit Gewalt fortreißen könne. Da schickten die Konsuln einen Gerichtsdiener zu ihm hin. (3) Als man diesen wegjagte, riefen die Väter, die als Beisitzer bei den Konsuln waren, das sei wahrhaftig eine Schmach und Schande. Sie eilten vom Tribunal herab dem Gerichtsdiener zu Hilfe. (4) Diesen hatte man bisher nur daran gehindert, den Mann festzunehmen, jetzt aber wandte man sich zum Angriff gegen die Väter. Die Konsuln traten dazwischen und machten dem Streit ein Ende. Es hatte dabei freilich, ohne Steinwürfe und ohne Gebrauch von Waffen, mehr Geschrei und zornige Erbitterung als Tätlichkeiten gegeben. (5) Mit viel Lärm wurde der Senat einberufen, und mit noch mehr Lärm tagte er. Die Senatoren, die einige Püffe abbekommen hatten, drängten auf eine Untersuchung, und die am meisten erbittert waren, gaben ihre Meinung nicht durch ein Votum, sondern eher durch lärmende Zurufe kund. (6) Als endlich auf die tadelnde Bemerkung der Konsuln, es gäbe in der Kurie ebenso wenig Vernunft und Besonnenheit wie auf dem Forum, die aufgeregten Gemüter sich wieder beruhigt hatten, begann man mit der ordnungsgemäßen Stimmabgabe. Es gab drei verschiedene Meinungen. (7) P. Verginius machte eine Einschränkung: Hilfsmaßnahmen sollten nur denjenigen zugutekommen, die auf das Versprechen des Konsuls P. Servilius hin am Krieg gegen die Volsker, Aurunker und Sabiner teilgenommen hätten. (8) T. Larcius meinte, es sei nicht an der Zeit, nur Verdienste zu belohnen. Die gesamte Bürgerschaft gehe unter in einem Meer von Schulden, und man könne diesem Übel nur Einhalt gebieten, wenn man allen Hilfe zukommen lasse. Im Gegenteil: Wenn man den ei-

consulatur; quin si alia aliorum sit condicio, accendi magis discordiam quam sedari. (9) Ap. Claudius, et natura immitis et efferatus hinc plebis odio, illinc patrum laudibus, non miseriis ait sed licentia tantum concitum turbarum et lascivire magis plebem quam saevire. (10) id adeo malum ex provocatione natum; quippe minas esse consulum, non imperium, ubi ad eos qui una peccaverint provocare liceat. (11) »Agedum«, inquit, »dictatorem, a quo provocatio non est, creemus; iam hic quo nunc omnia ardent conticescet furor. (12) Pulset tum mihi lictorem qui sciet ius de tergo vitaque sua penes unum illum esse cuius maiestatem violarit.«

30 (1) Multis, ut erat, horrida et atrox videbatur Appi sententia, rursus Vergini Larcique exemplo haud salubres; utique Larci putabant sententiam ⟨eam esse⟩ quae totam fidem tolleret. Medium maxime et moderatum utroque consilium Vergini habebatur; (2) sed factione respectuque rerum privatarum, quae semper offecere officientque publicis consiliis, Appius vicit, ac prope fuit ut dictator ille idem crearetur; (3) quae res utique alienasset plebem periculosissimo tempore, cum Volsci Aequique et Sabini forte una omnes in armis essent. (4) Sed curae fuit consulibus et senioribus patrum, ut imperium sua vi vehemens mansueto permitteretur ingenio: (5) M'. Valerium

nen so und den andern anders behandle, dann werde die Zwietracht mehr geschürt als eingedämmt. (9) Ap. Claudius, schon von Natur aus schroff, war durch die Anfeindung des Volkes wie durch die Lobsprüche der Väter in solch grimmigem Hochmut, dass er sagte, nicht das Elend des Volkes, sondern sein Übermaß an Freiheit sei an diesen Unruhen schuld. Das Volk sei eher zügellos als erbittert. (10) Das ganze Übel sei nur aus dem Berufungsrecht erwachsen; die Konsuln könnten ja nur drohen und keine Strafgewalt ausüben, solange ein Übeltäter bei seinen Mittätern Berufung einlegen könne. (11) »Wir wollen also«, sagte er, »einen Diktator wählen, unter dem es kein Berufungsrecht gibt. Diese Wut, die nun alles in Brand setzt, wird dann schon wieder verrauchen. (12) Dann soll sich mir nur einmal einer am Gerichtsdiener vergreifen, wenn er weiß, dass die Strafe für Leib und Leben bei dem einen liegt, dessen Amtswürde er verletzt hat.«

30 (1) Vielen erschien die Meinung des Appius streng und unbarmherzig, wie sie es tatsächlich war, die Meinungen des Verginius und Larcius aber hielten sie für nachteilig, weil dadurch ein Präzedenzfall geschaffen werde. Das galt besonders für den Vorschlag des Larcius, der jegliches Kreditwesen aufhebe.[31] Am ehesten schien Verginius mit seinem Vorschlag einen Mittelweg und nach beiden Seiten hin eine maßvolle Lösung zu bieten. (2) Aber Parteigeist und Eigennutz, wie sie immer im Widerstreit mit dem öffentlichen Interesse standen und stehen werden, verhalfen Appius zum Sieg. Und er wäre sogar beinahe selbst zum Diktator ernannt worden. (3) Doch dies hätte das Volk zu sehr aufgebracht, zumal die Lage gerade äußerst gefährlich war. Denn die Volsker, die Aequer und die Sabiner standen gerade alle zugleich unter Waffen. (4) Die Konsuln und die Älteren unter den Vätern sorgten jedoch dafür, dass ein Amt mit einer solch strengen Befehlsgewalt in mildere Hände kam: (5) Sie ernannten M'. Valerius, den Sohn

dictatorem Volesi filium creant. Plebes etsi adversus se creatum dictatorem videbat, tamen cum provocationem fratris lege haberet, nihil ex ea familia triste nec superbum timebat; (6) edictum deinde a dictatore propositum confirmavit animos, Servili fere consulis edicto conveniens; sed et homini et potestati melius rati credi, omisso certamine nomina dedere. (7) Quantus nunquam ante exercitus, legiones decem effectae; ternae inde datae consulibus, quattuor dictator usus.

(8) Nec iam poterat bellum differri. Aequi Latinum agrum invaserant. Oratores Latinorum ab senatu petebant ut aut mitterent subsidium aut se ipsos tuendorum finium causa capere arma sinerent. (9) Tutius visum est defendi inermes Latinos quam pati retractare arma. Vetusius consul missus est; is finis populationibus fuit. Cessere Aequi campis, locoque magis quam armis freti summis se iugis montium tutabantur. (10) Alter consul in Volscos profectus, ne et ipse tereret tempus, vastandis maxime agris hostem ad conferenda propius castra dimicandumque acie excivit. (11) Medio inter castra campo ante suum quisque vallum infestis signis constitere. (12) Multitudine aliquantum Volsci superabant; itaque effusi et contemptim pugnam iniere. Consul Romanus nec promovit aciem, nec clamorem reddi passus defixis pilis stare suos iussit: ubi ad manum venisset hostis, tum coortos tota vi gladiis rem gerere.

des Volesus, zum Diktator. Zwar sahen die Bürger, dass die Ernennung eines Diktators gegen sie gerichtet war, aber da sie das Berufungsrecht dem Bruder des Diktators verdankten, befürchteten sie von dieser Familie keine Kränkung oder Willkür. (6) Das bald darauf vom Diktator erlassene Edikt bestärkte sie in ihrer Zuversicht. Es war fast gleichlautend mit dem des Konsuls Servilius, sie waren aber überzeugt, diesem Mann und seinem Amt größeres Vertrauen schenken zu können. Daher gaben sie den Streit auf und meldeten sich zu den Waffen. (7) Es kam ein größeres Heer zusammen als je zuvor, mit zehn Legionen: drei erhielt jeder Konsul und vier der Diktator.

(8) Der Krieg ließ sich nun nicht länger aufschieben. Die Aequer waren in latinisches Gebiet eingefallen. Gesandte der Latiner forderten vom Senat, Rom solle entweder Hilfstruppen entsenden oder ihnen selbst gestatten, zum Schutz ihrer Grenzen die Waffen zu ergreifen. (9) Es erschien sicherer, die Latiner unbewaffnet zu lassen und sie zu verteidigen, als zu dulden, dass sie sich wieder bewaffneten. Man entsandte den Konsul Vetusius, und damit hörten die Raubzüge auf. Die Aequer räumten das flache Land; sie setzten mehr Vertrauen auf eine sichere Stellung als in ihre Streitmacht und zogen sich daher in den Schutz der Bergeshöhen zurück. (10) Der andere Konsul war gegen die Volsker ins Feld gezogen, und um seinerseits keine Zeit zu verlieren, nötigte er den Feind, vor allem durch Verwüstung der Äcker, sein Lager näher heranzurücken und die Schlacht anzunehmen. (11) In der Mitte zwischen beiden Lagern standen die Heere gefechtsbereit vor ihren Wällen. (12) Die Volsker waren erheblich in der Überzahl; daher begannen sie weit auseinandergezogen und lässig mit dem Angriff. Der römische Konsul aber ließ weder das Heer vorrücken noch das Feldgeschrei erwidern. Er befahl den Soldaten, bei ihren aufgepflanzten Wurfspießen stehen zu bleiben. Sobald der Feind in Reichweite gekommen sei, sollten sie mit voller

(13) Volsci cursu et clamore fessi cum se velut stupentibus metu intulissent Romanis, postquam impressionem sensere ex adverso factam et ante oculos micare gladios, haud secus quam si in insidias incidissent, turbati vertunt terga; et ne ad fugam quidem satis virium fuit, quia cursu in proelium ierant. (14) Romani contra, quia principio pugnae quieti steterant, vigentes corporibus, facile adepti festos, et castra impetu ceperunt et castris exutum hostem Velitras persecuti uno agmine victores cum victis in urbem inrupere; (15) plusque ibi sanguinis promiscua omnium generum caede quam in ipsa dimicatione factum. Paucis data venia, qui inermes in deditionem venerunt.

31 (1) Dum haec in Volscis geruntur, dictator Sabinos, ubi longe plurimum belli fuerat, fundit fugatque; exuit castris. (2) Equitatu immisso mediam turbaverat hostium aciem, qua, dum se cornua latius pandunt, parum apte introrsus ordinibus aciem firmaverant; turbatos pedes invasit. Eodem impetu castra capta debellatumque est. (3) Post pugnam ad Regillum lacum non alia illis annis pugna clarior fuit. Dictator triumphans urbem invehitur. Super solitos honores locus in circo ipsi posterisque ad spectaculum datus; sella in eo loco curulis posita. (4) Volscis devictis Veliternus ager ademptus; Velitras coloni ab

Kraft den Angriff mit den Schwertern führen. (13) Die Volsker waren, vom Lauf und vom Geschrei schon ermattet, auf die scheinbar von Furcht gelähmten Römer losgegangen. Als sie nun merkten, wie sich auf der Gegenseite der Widerstand formierte, und sie vor ihren Augen Schwerter blitzen sahen, da wandten sie sich in Verwirrung zur Flucht, als seien sie in einen Hinterhalt geraten. Und selbst zum Fliehen hatten sie nicht genügend Kraft, da sie in vollem Lauf ins Gefecht gestürmt waren. (14) Die Römer aber, die zu Beginn der Schlacht ruhig gestanden hatten, waren noch bei frischen Kräften. Sie holten die Erschöpften mühelos ein, nahmen das Lager im Sturmangriff, jagten den Feind aus dem Lager und verfolgten ihn bis nach Velitrae. In einem Zug drangen Sieger und Besiegte zugleich in die Stadt ein. (15) Hier gab es, weil unterschiedslos alles niedergemacht wurde, mehr Blutvergießen als in der Schlacht selbst. Man verschonte nur wenige, die sich unbewaffnet ergeben hatten.

31 (1) Während dies bei den Volskern geschah, errang der Diktator einen vollständigen Sieg über die Sabiner, die bei weitem die stärksten Kriegsgegner gewesen waren. Er schlug sie in die Flucht und nahm ihr Lager ein. (2) Er hatte die Reiterei gegen die Feinde geschickt und ihr Zentrum ins Wanken gebracht. Dort hatten sie, bei einer zu weiten Ausdehnung auf den Flügeln, die Glieder nach innen hin nicht genügend verstärkt. Wo sie ins Wanken geraten waren, brach das römische Fußvolk durch. Im gleichen Ansturm wurde das Lager eingenommen, und der Feldzug war beendet. (3) Seit der Schlacht am See Regillus hatte es in jenen Jahren kein Gefecht gegeben, das so glänzend ausgegangen war. Der Diktator zog im Triumph in Rom ein. Zu den üblichen Ehren erhielt er für sich und seine Nachkommen noch einen Ehrenplatz im Zirkus bei den Spielen. Man stellte auf diesem Platz einen kurulischen Sessel[32] auf. (4) Den besiegten Volskern wurde das Gebiet von

urbe missi et colonia deducta. Cum Aequis post aliquanto pugnatum est, invito quidem consule quia loco iniquo subeundum erat ad hostes; (5) sed milites extrahi rem criminantes ut dictator priusquam ipsi redirent in urbem magistratu abiret inritaque, sicut ante consulis, promissa eius caderent, perpulere ut forte temere in adversos montes agmen erigeret. (6) Id male commissum ignavia hostium in bonum vertit, qui, priusquam ad coniectum teli veniretur, obstupefacti audacia Romanorum, relictis castris quae munitissimis tenuerant locis, in aversas valles desiluere; ibi satis praedae et victoria incruenta fuit.

(7) Ita trifariam re bello bene gesta, de domesticarum rerum eventu nec patribus nec plebi cura decesserat: tanta cum gratia tum arte praeparaverant feneratores quae non modo plebem sed ipsum etiam dictatorem frustrarentur. (8) Namque Valerius post Vetusi consulis reditum omnium actionum in senatu primam habuit pro victore populo, rettulitque quid de nexis fieri placeret. (9) Quae cum reiecta relatio esset, »Non placeo« inquit »concordiae auctor. Optabitis, mediusfidius, propediem, ut mei similes Romana plebes patronos habeat. Quod ad me attinet, neque frustrabor ultra cives meos neque ipse frustra dictator ero. (10) Discordiae intestinae, bellum externum fecere, ut hoc magistratu egeret res publica: pax foris parta est,

Velitrae abgenommen. Man schickte von Rom aus Siedler dorthin und machte es zu einer Kolonie. Mit den Aequern kam es erst später zur Schlacht. Nur ungern ließ sich der Konsul darauf ein, da man den Feind in ungünstigem Gelände von unten her angreifen musste. (5) Die Soldaten warfen dem Konsul jedoch Verzögerungstaktik vor: Der Diktator könne, bevor sie nach Rom zurückgekehrt seien, sein Amt niederlegen, und die Versprechungen, die er ihnen gemacht habe, blieben dann unerfüllt, ebenso wie zuvor die des Konsuls. Dadurch brachten sie ihn so weit, dass er sie auf gut Glück in die Berge hinaufmarschieren ließ. (6) Das unüberlegte Unternehmen ging durch die Feigheit der Feinde gut aus: Denn bevor man noch auf Wurfweite herangekommen war, gaben die Aequer, ganz verstört durch die Kühnheit der Römer, ihr Lager auf, das ihnen eine äußerst sichere Stellung geboten hatte, und stiegen eilends hinab in die rückwärtigen Täler. Da gab es genügend Beute und einen unblutigen Sieg.

(7) Nach drei Seiten hin war der Krieg erfolgreich geführt worden, die Sorgen im Innern aber ließen Väter und Volk nicht los. Die Geldverleiher hatten nämlich all ihren Einfluss und ihre Geschäftstüchtigkeit aufgeboten, um nicht nur die Erwartungen des Volkes, sondern sogar die des Diktators zunichtezumachen. (8) Nach der Rückkehr des Konsuls Vetusius stellte Valerius nämlich im Senat sogleich den ersten Antrag zugunsten des siegreichen Volkes; er forderte eine Entscheidung über die Behandlung der Schuldpflichtigen. (9) Als sein Antrag abgewiesen wurde, sagte er: »Ich finde keine Zustimmung als Befürworter der Eintracht. Ihr werdet bei Gott[33] nächstens noch wünschen, dass das römische Volk solche Fürsprecher hat, wie ich es bin. Was mich betrifft, so werde ich weder meinen Mitbürgern länger vergebliche Hoffnungen machen noch selbst vergebens Diktator sein. (10) Innere Zwietracht und auswärtiger Krieg haben dazu geführt, dass der Staat dieses Amt nötig

domi impeditur; privatus potius quam dictator seditioni intereo.« Ita curia egressus dictatura se abdicavit. (11) Apparuit causa plebi, suam vicem indignantem magistratu abisse; itaque velut persoluta fide, quoniam per eum non stetisset quin praestaretur, decedentem domum cum favore ac laudibus prosecuti sunt.

32 (1) Timor inde patres incessit ne, si dimissus exercitus foret, rursus coetus occulti coniurationesque fierent. Itaque quamquam per dictatorem dilectus habitus esset, tamen quoniam in consulum verba iurassent sacramento teneri militem rati, per causam renovati ab Aequis belli educi ex urbe legiones iussere. Quo facto maturata est seditio. (2) Et primo agitatum dicitur de consulum caede, ut solverentur sacramento; doctos deinde nullam scelere religionem exsolvi, Sicinio quodam auctore iniussu consulum in Sacrum montem secessisse. Trans Anienem amnem est, tria ab urbe milia passuum. (3) Ea frequentior fama est quam cuius Piso auctor est, in Aventinum secessionem factam esse. (4) Ibi sine ullo duce vallo fossaque communitis castris quieti, rem nullam nisi necessariam ad victum sumendo, per aliquot dies neque lacessiti neque lacessentes sese tenuere. (5) Pavor ingens in urbe, metuque mutuo suspensa erant omnia. Timere relicta ab suis plebes violentiam

hatte. Den Frieden nach außen haben wir erreicht, im Innern verhindert man ihn. So will ich, wenn ich einen Aufruhr miterleben muss, lieber Privatmann als Diktator sein.« Mit diesen Worten verließ er die Kurie und legte die Diktatur nieder. (11) Den Bürgern war es klar, dass er aus Entrüstung über ihre Lage sein Amt niedergelegt hatte. Deshalb gaben sie ihm mit Beifall und Lob das Geleit nach Hause, so als ob er sein Versprechen eingelöst hätte. Denn es sei ja nicht seine Schuld gewesen, dass es unerfüllt geblieben war.

32 (1) Nun gerieten die Väter in Furcht, es könne nach der Entlassung des Heeres wieder zu geheimen Versammlungen und Verschwörungen kommen. Obwohl der Diktator die Truppenwerbung durchgeführt hatte, erklärten sie daher die Soldaten weiterhin für zum Kriegsdienst verpflichtet, da sie ja den Fahneneid vor den Konsuln abgelegt hätten. Mit der Begründung, die Aequer hätten erneut Krieg angefangen, gaben sie den Legionen den Befehl, aus der Stadt abzumarschieren. Das brachte die Empörung beschleunigt zum Ausbruch. (2) Zuerst soll man darüber beraten haben, sich durch die Ermordung der Konsuln vom Fahneneid zu befreien. Als die Bürger aber belehrt wurden, man könne eine religiöse Verpflichtung nicht durch ein Verbrechen lösen, seien sie auf den Rat eines gewissen Sicinius ohne Befehl der Konsuln auf den heiligen Berg hinausgezogen. Dieser liegt jenseits des Flusses Anio, drei Meilen von der Stadt entfernt. (3) Diese Angabe findet sich öfter als die von Piso überlieferte, wonach der Auszug auf den Aventin erfolgt sei.[34] (4) Hier schlugen sie ohne jeden Anführer ein festes Lager mit Wall und Graben auf. Mehrere Tage hielten sie sich ruhig dort auf, nahmen sich nichts als das Nötigste zum Lebensunterhalt, wurden von niemand angegriffen und griffen auch selbst keinen an. (5) In der Stadt herrschte gewaltiger Schrecken; alles schwebte in gegenseitiger Furcht. Die Bürger fürchteten, von den Ihrigen verlassen, Gewaltmaßnah-

patrum; timere patres residem in urbe plebem, incerti manere eam an abire mallent: (6) quamdiu autem tranquillam quae secesserit multitudinem fore? quid futurum deinde si quod externum interim bellum exsistat? (7) Nullam profecto nisi in concordia civium spem reliquam ducere; eam per aequa, per iniqua reconciliandam civitati esse.

(8) Sic placuit igitur oratorem ad plebem mitti Menenium Agrippam, facundum virum et, quod inde oriundus erat, plebi carum. Is intromissus in castra prisco illo dicendi et horrido modo nihil aliud quam hoc narrasse fertur: (9) tempore quo in homine non ut nunc omnia in unum consentiant, sed singulis membris suum cuique consilium, suus sermo fuerit, indignatas reliquas partes sua cura, suo labore ac ministerio ventri omnia quaeri, ventrem in medio quietum nihil aliud quam datis voluptatibus frui; (10) conspirasse inde ne manus ad os cibum ferrent, nec os acciperet datum, nec dentes conficerent. hac ira, dum ventrem fame domare vellent, ipsa una membra totumque corpus ad extremam tabem venisse. (11) inde apparuisse ventris quoque haud segne ministerium esse, nec magis ali quam alere eum, reddentem in omnes corporis partes hunc quo vivimus vigemusque, divisum pariter in venas maturum

men von Seiten der Väter, die Väter fürchteten sich vor den in der Stadt zurückgebliebenen Bürgern. Sie wussten nicht, was sie lieber wollten: Sollten diese bleiben oder auch abziehen? (6) Wie lange würde die Volksmenge, die fortgezogen war, sich noch ruhig verhalten? Was würde dann geschehen, wenn inzwischen ein auswärtiger Krieg ausbrechen sollte? (7) Die einzige Hoffnung schien ihnen in der Eintracht unter den Bürgern zu bestehen; sie müsse man dem Staat wiedergewinnen, koste es, was es wolle.

(8) Man beschloss also, Menenius Agrippa als Unterhändler zum Volk zu schicken. Er war ein redegewandter Mann und, weil er selbst aus dem Volk stammte, bei diesem beliebt. Er wurde ins Lager eingelassen und soll in der altertümlich-schlichten Art von damals einfach folgendes erzählt haben: (9) Einst, als im Menschen noch nicht wie heute alles einheitlich verbunden war, als jedes der einzelnen Glieder des Körpers seinen Willen, seine eigene Sprache hatte, empörten sich die übrigen Glieder, dass sie ihre Sorge und Mühe und ihre Dienste nur aufwendeten, um alles für den Magen herbeizuschaffen. Der Magen aber liege träge mittendrin und tue nichts anderes, als sich an den dargebotenen Genüssen zu sättigen. (10) Sie verschworen sich also folgendermaßen: Die Hände sollten keine Speise mehr zum Munde führen, der Mund nichts Angebotenes mehr annehmen, die Zähne nichts mehr zerkleinern. Während sie nun in ihrer Erbitterung den Magen durch Aushungern bezwingen wollten, kamen die einzelnen Glieder alle zugleich mit dem ganzen Körper an den Rand völliger Entkräftung. (11) Da sahen sie ein, dass sich auch die Aufgabe des Magens durchaus nicht in faulem Nichtstun erschöpfte, dass er ebenso sehr andere ernähre, wie er selbst ernährt werde. Er bringe ja das Blut, das durch die Verarbeitung der Speisen gebildet wird und durch das wir leben und bei Kräften bleiben, gleichmäßig auf die Adern verteilt in alle Glieder des

confecto cibo sanguinem. (12) Comparando hinc quam intestina corporis seditio similis esset irae plebis in patres, flexisse mentes hominum.

33 (1) Agi deinde de concordia coeptum, concessumque in condiciones ut plebi sui magistratus essent sacrosancti quibus auxilii latio adversus consules esset, neve cui patrum capere eum magistratum liceret. (2) Ita tribuni plebei creati duo, C. Licinius et L. Albinius; hi tres collegas sibi creaverunt. In his Sicinium fuisse, seditionis auctorem; de duobus, qui fuerint, minus convenit. (3) Sunt qui duos tantum in Sacro monte creatos tribunos esse dicant, ibique sacratam legem latam.

Per secessionem plebis Sp. Cassius et Postumus Cominius consulatum inierunt. (4) Iis consulibus cum Latinis populis ictum foedus. Ad id feriendum consul alter Romae mansit: alter ad Volscum bellum missus Antiates Volscos fundit fugatque; compulsos in oppidum Longulam persecutus moenibus potitur. (5) Inde protinus Poluscam, item Volscorum, cepit; tum magna vi adortus est Coriolos. Erat tum in castris inter primores iuvenum Cn. Marcius, adulescens et consilio et manu promptus, cui cognomen postea Coriolano fuit. (6) Cum subito exercitum Romanum Coriolos obsidentem atque in oppidanos quos intus clausos habebat intentum, sine ullo metu extrinsecus imminentis belli, Volscae legiones profectae ab Antio invasissent, eodemque tempore ex oppido erupissent hostes,

Körpers.[35] (12) Indem er durch den Vergleich zeigte, wie dieser Aufruhr im Körper Ähnlichkeit hatte mit der Erbitterung des Volkes gegen die Väter, soll er die Gemüter umgestimmt haben.

33 (1) Man begann nun, über eine Aussöhnung zu verhandeln, und es wurden den Bürgern eigene Beamte zugestanden. Diese sollten unverletzlich sein und das Recht zur Hilfeleistung gegen die Konsuln besitzen. Keiner der Väter dürfe dieses Amt übernehmen. (2) So wurden zwei Volkstribunen gewählt, C. Licinius und L. Albinius; diese wieder wählten sich noch drei Amtskollegen. Unter diesen soll auch Sicinius gewesen sein, der zum Auszug aus der Stadt geraten hatte. Wer die beiden anderen waren, darüber ist man sich nicht recht einig. (3) Es heißt auch, man habe auf dem heiligen Berg nur zwei Tribunen gewählt, und es sei dort auch ein feierlich beschworenes Gesetz gegeben worden.[36]

Während das Volk auf den heiligen Berg ausgezogen war, hatten Sp. Cassius [Vecellinus] und Postumus Cominius das Konsulat angetreten [493]. (4) Unter diesen Konsuln wurde ein Bündnis mit den Völkern Latiums abgeschlossen.[37] Zum Vertragsschluss blieb einer der Konsuln in Rom, der andere wurde zum Feldzug gegen die Volsker entsandt. Er schlug die Volsker von Antium vernichtend, verfolgte die Geschlagenen bis nach Longula und eroberte die Stadt. (5) Darauf nahm er Polusca ein, ebenfalls eine Stadt der Volsker. Dann sammelte er alle Kraft zum Angriff auf Corioli. Unter der adligen Jungmannschaft im Lager befand sich damals Cn. Marcius, ein junger Mann, rasch entschlossen zu Rat und Tat, der später den Beinamen Coriolanus erhielt.[38] (6) Das römische Heer, das Corioli belagerte, richtete all seine Aufmerksamkeit auf die in der Stadt eingeschlossenen Feinde und fürchtete keinerlei Angriffe von außen her. Da wurden sie plötzlich von einem Volskerheer aus Antium angegriffen, und zum gleichen Zeitpunkt machten auch die

forte in statione Marcius fuit. (7) Is cum delecta militum manu non modo impetum erumpentium rettudit, sed per patentem portam ferox inrupit caedeque in proxima urbis facta ignem temere arreptum imminentibus muro aedificiis iniecit. (8) Clamor inde oppidanorum mixtus muliebri puerilique ploratu ad terrorem, ut solet, primum ortus et Romanis auxit animum et turbavit Volscos utpote capta urbe qui ad ferendam opem venerant. (9) Ita fusi Volsci Antiates, Corioli oppidum captum: tantumque sua laude obstitit famae consulis Marcius ut, nisi foedus cum Latinis ⟨in⟩ columna aenea insculptum monumento esset ab Sp. Cassio uno, quia collega afuerat, ictum, Postumum Cominium bellum gessisse cum Volscis memoria cessisset.

(10) Eodem anno Agrippa Menenius moritur, vir omni vita pariter patribus ac plebi carus, post secessionem carior plebi factus. (11) Huic interpreti arbitroque concordiae civium, legato patrum ad plebem, reductori plebis Romanae in urbem sumptus funeri defuit; extulit eum plebs sextantibus conlatis in capita.

34 (1) Consules deinde T. Geganius P. Minucius facti. Eo anno cum et foris quieta omnia a bello essent et domi sanata discor-

Feinde aus der Stadt einen Ausfall. Dort stand Marcius gerade auf Posten. (7) Mit einer ausgewählten Mannschaft schlug er nicht nur den Ausfall der Feinde zurück, sondern drang in seinem Kampfeseifer sogar durch das offenstehende Tor in die Stadt ein. Er richtete in den nächstgelegenen Stadtteilen ein Blutbad an, dann riss er im Vorübereilen einen Feuerbrand an sich und warf ihn in die Häuser an der Mauer. (8) Darauf erhob sich ein Geschrei unter den Stadtbewohnern, in das sich das Jammern von Frauen und Kindern mischte, wie dies im ersten Schrecken gewöhnlich geschieht. Dies stärkte den Mut der Römer, die Volsker aber gerieten in Bestürzung, war doch die Stadt, die sie retten wollten, bereits erobert. (9) So wurden die Volsker von Antium geschlagen und die Stadt Corioli erobert. Marcius stellte durch seine Ruhmestat den Konsul völlig in den Schatten. Man wüsste jetzt gar nicht mehr, dass Postumus Cominius den Krieg mit den Volskern geführt hat, wenn das Bündnis mit den Latinern nicht in einer Inschrift auf einer ehernen Säule festgehalten worden wäre. Dort heißt es, Sp. Cassius habe dieses Bündnis allein abgeschlossen, weil sein Kollege im Feld war.

(10) Im gleichen Jahr starb Agrippa Menenius, ein Mann, der während seines ganzen Lebens bei den Vätern wie beim Volk gleichermaßen geschätzt wurde. Nach dem Auszug des Volkes genoss er noch größere Liebe beim Volk. (11) Er hatte die Eintracht unter den Bürgern befürwortet und vermittelt, er war Abgesandter der Väter an das Volk gewesen, hatte das römische Volk wieder in die Stadt zurückgeführt – und nun hinterließ er nicht einmal genügend Geld für sein Leichenbegängnis. Die Bürger bestatteten ihn auf ihre Kosten, wobei jeder sein Scherflein beitrug.

34 (1) Darauf wurden T. Geganius und P. Minucius zu Konsuln gewählt [492]. In diesem Jahr hatte man von auswärtigen Kriegen überall Ruhe, und im Innern waren die Wunden der

dia, aliud multo gravius malum civitatem invasit, (2) caritas primum annonae ex incultis per secessionem plebis agris, fames deinde, qualis clausis solet. (3) Ventumque ad interitum servitiorum utique et plebis esset, ni consules providissent dimissis passim ad frumentum coemendum, non in Etruriam modo dextris ab Ostia litoribus laevoque per Volscos mari usque ad Cumas, sed quaesitum in Siciliam quoque; adeo finitimorum odia longinquis coegerant indigere auxiliis. (4) Frumentum Cumis cum coemptum esset, naves pro bonis Tarquiniorum ab Aristodemo tyranno, qui heres erat, retentae sunt; in Volscis Pomptinoque ne emi quidem potuit; periculum quoque ab impetu hominum ipsis frumentatoribus fuit; ex Tuscis frumentum Tiberi venit; (5) eo sustentata est plebs. Incommodo bello in tam artis commeatibus vexati forent, ni Volscos iam moventes arma pestilentia ingens invasisset. (6) Ea clade conterritis hostium animis, ut etiam, ubi ea remisisset, terrore aliquo tenerentur, et Velitris auxere numerum colonorum Romani, et Norbam in montes novam coloniam, quae arx in Pomptino esset, miserunt.

(7) M. Minucio deinde et A. Sempronio consulibus magna vis frumenti ex Sicilia advecta, agitatumque in senatu quanti plebi daretur. (8) Multi venisse tempus premendae plebis pu-

Zwietracht geheilt – da traf das Gemeinwesen ein anderes, weit schlimmeres Übel: (2) zunächst eine Verteuerung der Lebensmittel, da die Äcker während des Auszugs des Volkes nicht bebaut worden waren, und dann eine Hungersnot, wie man sie nur von Belagerungen her kennt. (3) Die Sklaven und auch Teile des Volkes wären sicherlich umgekommen, wenn die Konsuln nicht vorgesorgt und überall Abgesandte hingeschickt hätten, um Getreide aufzukaufen, und zwar nicht nur nach Etrurien, längs der Küste rechts von Ostia hin, und ins Volskerland links am Meer[39] bis hin nach Cumae, ja man fragte sogar in Sizilien nach. Die Feindschaft mit den nächsten Nachbarn zwang sie, so weit entfernt Hilfe zu suchen. (4) Als man in Cumae Getreide gekauft hatte, beschlagnahmte der Tyrann Aristodemos die Schiffe als Ersatz für das Vermögen der Tarquinier, deren Erbe er war. Bei den Volskern und im pomptinischen Gebiet gestattete man erst gar keinen Ankauf; ja es drohte den Getreideaufkäufern Gefahr, von der Menge tätlich angegriffen zu werden.[40] Aus Etrurien kam Getreide den Tiber hinab; (5) dadurch wurde der Lebensunterhalt der Bürger gesichert. Sie hätten bei dieser knappen Versorgung auch noch sehr zur Unzeit einen Krieg zu erleiden gehabt, wenn bei den Volskern, die schon rüsteten, nicht eine schwere Seuche ausgebrochen wäre. (6) Dieses Unglück verstörte die Feinde so sehr, dass sie auch, als die Seuche nachgelassen hatte, weiterhin in Schrecken lebten. So konnten die Römer die Zahl ihrer Siedler in Velitrae vermehren und auf den Höhen von Norba eine neue Kolonie einrichten, die wie eine Burg das pomptinische Gebiet beherrschen sollte.

(7) Unter den nun folgenden Konsuln M. Minucius und A. Sempronius [491] traf eine große Menge Getreide aus Sizilien ein. Im Senat verhandelte man darüber, zu welchem Preis man es den Bürgern abgeben sollte. (8) Viele hielten nun den Zeitpunkt für gekommen, Druck auf die Bürgerschaft auszuüben

tabant reciperandique iura quae extorta secessione ac vi patribus essent. In primis Marcius Coriolanus, hostis tribuniciae potestatis,(9) »Si annonam« inquit »veterem volunt, ius pristinum reddant patribus. Cur ego plebeios magistratus, cur Sicinium potentem video, sub iugum missus, tamquam ab latronibus redemptus? (10) Egone has indignitates diutius patiar quam necesse est? Tarquinium regem qui non tulerim, Sicinium feram? Secedat nunc; avocet plebem; patet via in Sacrum montem aliosque colles; rapiant frumenta ex agris nostris, quemadmodum tertio anno ⟨ante⟩ rapuere. Utantur annona quam furore suo fecere. (11) Audeo dicere hoc malo domitos ipsos potius cultores agrorum fore quam ut armati per secessionem coli prohibeant.« (12) Haud tam facile dictu est faciendumne fuerit quam potuisse arbitror fieri ut condicionibus laxandi annonam et tribuniciam potestatem et omnia invitis iura imposita patres demerent sibi.

35 (1) Et senatui nimis atrox visa sententia est et plebem ira prope armavit. Fame se iam sicut hostes peti, cibo victuque fraudari; peregrinum frumentum, quae sola alimenta ex insperato fortuna dederit, ab ore rapi nisi Cn. Marcio vincti dedantur tribuni, nisi de tergo plebis Romanae satisfiat; eum sibi carnifi-

und die Vorrechte wiederzugewinnen, die den Vätern durch den Auszug des Volkes und mit Gewalt abgetrotzt worden waren. Diese Ansicht vertrat vor allem Marcius Coriolanus, ein erklärter Gegner der tribunizischen Gewalt. (9) Er sagte: »Wenn sie einen Kornpreis wie früher haben wollen, dann müssen sie auch den Vätern ihre früheren Rechte zurückgeben. Warum muss ich Bürgerbeamte und einen Sicinius an der Macht sehen, während ich so gedemütigt bin[41], gleichsam von Räubern freigekauft? (10) Soll ich diese unwürdigen Zustände länger als nötig hinnehmen? Ich habe den König Tarquinius nicht ertragen können – soll ich einen Sicinius dulden? Er mag nur hinausziehen, er mag das Volk mit sich nehmen: Der Weg ist frei zum heiligen Berg und zu den anderen Hügeln. Sollen sie das Korn von unseren Feldern rauben, wie sie es vor zwei Jahren taten. Sie sollen nun die Teuerung des Getreides auskosten, die sie durch ihr Wahnsinnsunternehmen selbst herbeigeführt haben. (11) Ich bin sicher, sie werden durch dieses Übel so zahm werden, dass sie lieber wieder selbst die Äcker bebauen, als durch einen bewaffneten Auszug die Feldbestellung zu verhindern.« (12) Ob man dementsprechend hätte handeln sollen oder nicht, das ist nicht so leicht zu entscheiden. Man kann es, meine ich, aber durchaus für möglich halten, dass sich die Väter mit der Herabsetzung des Kornpreises von der tribunizischen Gewalt und allen ihnen gegen ihren Willen auferlegten Rechtsbeschränkungen hätten freikaufen können.

35 (1) Dem Senat erschien diese Meinung jedoch zu hart, und das Volk war vor Erbitterung nahe daran, zu den Waffen zu greifen. Nun wolle man sie aushungern wie Feinde, ihnen Speise und Lebensunterhalt entziehen. Das vom Ausland gesandte Getreide, dies einzige Nahrungsmittel, das ein unverhofftes Glück ihnen beschert habe, solle ihnen vom Munde weggerissen werden, wenn man dem Cn. Marcius nicht die Volkstribunen gefesselt ausliefere, wenn er sich nicht auf dem

cem novum exortum, qui aut mori aut servire iubeat. (2) In exeuntem e curia impetus factus esset, ni peropportune tribuni diem dixissent. Ibi ira est suppressa; se iudicem quisque, se dominum vitae necisque inimici factum videbat. (3) Contemptim primo Marcius audiebat minas tribunicias: auxilii, non poenae ius datum illi potestati, plebisque, non patrum tribunos esse. Sed adeo infensa erat coorta plebs ut unius poena defungendum esset patribus. (4) Restiterunt tamen adversa invidia, usique sunt qua suis quisque, qua totius ordinis viribus. Ac primo temptata res est si dispositis clientibus absterrendo singulos a coitionibus conciliisque disicere rem possent. (5) Universi deinde processere – quidquid erat patrum, reos diceres – precibus plebem exposcentes, unum sibi civem, unum senatorem, si innocentem absolvere nollent, pro nocente donarent. (6) Ipse cum die dicta non adesset, perseveratum in ira est. Damnatus absens in Volscos exulatum abiit, minitans patriae hostilesque iam tum spiritus gerens.

Venientem Volsci benigne excepere, benigniusque in dies colebant, quo maior ira in suos eminebat crebraeque nunc querellae, nunc minae percipiebantur. (7) Hospitio utebatur Atti Tulli. Longe is tum princeps Volsci nominis erat Romanisque

Rücken römischer Bürger Genugtuung verschaffen könne. Da sei ihnen ein neuer Henker erstanden, der ihnen nur die Wahl lasse zwischen Hungertod und Sklaverei. (2) Als Marcius aus der Kurie kam, hätte man ihn tätlich angegriffen, wenn nicht gerade im rechten Augenblick die Tribunen ihn vor Gericht geladen hätten. Da legte sich der Zorn; jeder fühlte sich zum Richter, zum Herrn über Leben und Tod seines Feindes ernannt. (3) Anfangs hörte Marcius die Anklagen der Tribunen[42] voller Geringschätzung an. Das Recht des Beistandes gehöre zu diesem Amt, nicht das Recht zur Bestrafung. Sie seien Tribunen des Volkes, nicht der Väter. Aber die Bürger erhoben sich mit solcher Erbitterung, dass sich die Väter nur durch die Verurteilung des einen retten konnten. (4) Dennoch leisteten sie nach Kräften Widerstand, so sehr sie sich damit auch der Anfeindung aussetzten, soweit jeder einzelne und der gesamte Stand es vermochten. Zunächst suchten sie die Anklage dadurch zu hintertreiben, dass sie durch ihre Klienten[43] die Bürger einzeln vom Besuch der Versammlungen und Zusammenkünfte abzuhalten trachteten. (5) Dann traten sie alle gemeinsam auf – man hätte sämtliche Väter für Angeklagte halten können – und forderten unter Bitten vom Volk, diesem einen Bürger, diesem einen, der zudem Senator sei, wenn sie ihn schon nicht für unschuldig erklären wollten, ihnen zuliebe die Strafe zu erlassen. (6) Als Marcius dem Gerichtstag fernblieb, verhärtete man sich im Groll. Er wurde in Abwesenheit verurteilt und ging zu den Volskern ins Exil, unter Drohungen gegen sein Vaterland und schon jetzt in feindseligem Trotz.

Die Volsker nahmen ihn bei seiner Ankunft freundlich auf und wurden von Tag zu Tag freundlicher zu ihm, je mehr er sich durch zornige Reden gegen seine Landsleute hervortat und häufig bald Klagen, bald Drohungen vernehmen ließ. (7) Er genoss die Gastfreundschaft des Attius Tullius. Dieser war damals der weitaus angesehenste Mann unter den Vols-

semper infestus. Ita cum alterum vetus odium, alterum ira recens stimularet, consilia conferunt de Romano bello. (8) Haud facile credebant plebem suam impelli posse, ut totiens infeliciter temptata arma caperent: multis saepe bellis, pestilentia postremo amissa iuventute fractos spiritus esse; arte agendum in exoleto iam vetustate odio, ut recenti aliqua ira exacerbarentur animi.

36 (1) Ludi forte ex instauratione magni Romae parabantur. Instaurandi haec causa fuerat. Ludis mane servum quidam pater familiae, nondum commisso spectaculo, sub furca ⟨virgis⟩ caesum medio egerat circo; coepti inde ludi, velut ea res nihil ad religionem pertinuisset. (2) Haud ita multo post T. Latinio, de plebe homini, somnium fuit; visus Iuppiter dicere sibi ludis praesultatorem displicuisse; nisi magnifice instaurarentur ii ludi, periculum urbi fore; iret, ea consulibus nuntiaret. (3) Quamquam haud sane liber erat religione animus, verecundia tamen maiestatis magistratuum timorem vicit, ne in ora hominum pro ludibrio abiret. (4) Magno illi ea cunctatio stetit; filium namque intra paucos dies amisit. Cuius repentinae cladis ne causa dubia esset, aegro animi eadem illa in somnis obversata species visa est rogitare, satin magnam spreti numinis haberet mercedem; maiorem instare ni eat propere ac nuntiet

kern und schon immer ein entschiedener Gegner der Römer. Da den einen also sein alter Hass, den anderen sein frischer Grimm anstachelte, schmiedeten sie gemeinsam Pläne zum Krieg gegen Rom. (8) Freilich waren sie überzeugt, dass es schwer sein würde, die Volsker nach so vielen unglücklichen Versuchen zu einem neuen Waffengang zu bewegen. In vielen Kriegen und zuletzt bei der Seuche hatten sie ihre wehrfähigen Bürger eingebüßt und damit jeden Kampfgeist verloren. Ihr Hass sei im Lauf der Zeit erloschen, und man müsse zur List greifen, um die Gemüter durch einen neuen Streitpunkt wieder in Erbitterung zu versetzen.

36 (1) In Rom war man gerade dabei, die Großen Spiele[44] zum zweiten Mal zu veranstalten. Der Grund für diese Wiederholung war folgender: Am Morgen des Festtags, vor Beginn der Veranstaltungen, hatte ein Hausvater seinen Sklaven ins Gabelkreuz[45] gesteckt und unter Schlägen mitten durch den Zirkus getrieben. Man begann die Spiele, als ob dieser Vorfall keinerlei Folgen für die heilige Feier hätte. (2) Bald darauf hatte T. Latinius, ein Mann aus dem Volk, einen Traum. Iuppiter erschien ihm und erklärte, der Vortänzer bei den Spielen habe ihm missfallen. Falls die Spiele nicht mit aller Pracht von neuem gefeiert würden, drohe der Stadt Gefahr. Der Mann solle gehen und dies den Konsuln melden. (3) Er war zwar durchaus von frommer Gesinnung, aber der Respekt vor der Würde der hohen Amtsträger war größer als seine Scheu vor den Göttern, fürchtete er doch, von der Menge verlacht zu werden. (4) Sein Zaudern kam ihn teuer zu stehen: Innerhalb weniger Tage verlor er seinen Sohn. Damit er über die Ursache seines plötzlichen Verlustes nicht im unklaren bliebe, erschien dem Mann in seiner Trauer das gleiche Traumbild abermals und fragte, ob er nun ausreichend belohnt sei für seine Missachtung des göttlichen Auftrags. Es drohe ihm noch größeres Unheil, wenn er nicht eilends zu den Konsuln gehe und ihnen das Geschehene

consulibus. (5) Iam praesentior res erat. Cunctantem tamen ac prolatantem ingens vis morbi adorta est debilitate subita. (6) Tunc enimvero deorum ira admonuit. Fessus igitur malis praeteritis instantibusque, consilio propinquorum adhibito, cum visa atque audita et obversatum totiens somno Iovem, minas irasque caelestes repraesentatas casibus suis exposuisset, consensu inde haud dubio omnium qui aderant, in forum ad consules lectica defertur. (7) Inde in curiam iussu consulum delatus, eadem illa cum patribus ingenti omnium admiratione enarrasset, ecce aliud miraculum: (8) qui captus omnibus membris delatus in curiam esset, eum functum officio pedibus suis domum redisse traditum memoriae est.

37 (1) Ludi quam amplissimi ut fierent senatus decrevit. Ad eos ludos auctore Attio Tullio vis magna Volscorum venit. (2) Priusquam committerentur ludi, Tullius, ut domi compositum cum Marcio fuerat, ad consules venit; dicit esse quae secreto agere de re publica velit. (3) Arbitris remotis, »Invitus«, inquit, »quod sequius sit, de meis civibus loquor. Non tamen admissum quicquam ab iis criminatum venio, sed cautum ne admittant. (4) Nimio plus quam velim nostrorum ingenia sunt mobilia. (5) Multis id cladibus sensimus, quippe qui non nostro merito sed vestra patientia incolumes simus. Magna hic nunc Volscorum multitudo est; ludi sunt; spectaculo intenta civitas

melde. (5) Nun war die Sache noch weit dringender. Aber der Mann zögerte dennoch und schob alles hinaus. Da befiel ihn eine heftige Krankheit mit einer plötzlichen Lähmung. (6) Nun endlich ließ er sich vom göttlichen Zorn mahnen. Erschöpft von der Last der bereits erduldeten und noch drohenden Leiden berief er einen Familienrat ein. Er erzählte, was er gehört und gesehen hatte: wie Iuppiter ihm mehrmals im Traum erschienen sei und wie sich in seinem eigenen Schicksal die drohenden Voraussagen erfüllt und der Zorn des Himmels offenbart habe. Unter einmütiger Zustimmung aller Anwesenden brachte man ihn mit einer Tragbahre aufs Forum vor die Konsuln. (7) Auf Geheiß der Konsuln wurde er in die Kurie getragen, und als er zum großen Erstaunen aller den Konsuln seine Geschichte erzählt hatte, geschah ein neues Wunder: (8) An allen Gliedern gelähmt war der Mann in die Kurie getragen worden, und nachdem er seinen Auftrag ausgeführt hatte, ging er, so wird es überliefert, selber zu Fuß wieder nach Hause.

37 (1) Der Senat beschloss, die Spiele mit größter Pracht abermals zu feiern. Zu diesen Spielen kam auf Betreiben des Attius Tullius auch eine große Menge Volsker. (2) Vor der Eröffnung der Spiele begab sich Tullius, wie er es zu Hause mit Marcius abgesprochen hatte, zu den Konsuln. Er sagte, er wolle mit ihnen allein eine politische Angelegenheit besprechen. (3) Nachdem sich alle Zeugen entfernt hatten, begann er: »Ungern sage ich etwas Nachteiliges über meine Mitbürger. Immerhin komme ich nicht, um sie wegen einer bereits begangenen Tat anzuklagen, ich will vielmehr verhüten, dass sie etwas Derartiges begehen. (4) Bei uns sind die Gemüter viel leichter erregbar, als mir lieb ist. (5) In vielen Niederlagen haben wir dies zu spüren bekommen. Es beruht ja nicht auf unserem Verdienst, sondern auf eurer Nachsicht, dass wir als Staat noch existieren. Jetzt ist eine große Menge Volsker hier, es finden Spiele statt, die gesamte Bürgerschaft blickt mit Spannung auf die Wettkämpfe.

erit. (6) Memini quid per eandem occasionem ab Sabinorum iuventute in hac urbe commissum sit; horret animus, ne quid inconsulte ac temere fiat. Haec nostra vestraque causa prius dicenda vobis, consules, ratus sum. (7) Quod ad me attinet, extemplo hinc domum abire in animo est, ne cuius facti dictive contagione praesens violer.« Haec locutus abiit. (8) Consules cum ad patres rem dubiam sub auctore certo detulissent, auctor magis, ut fit, quam res ad praecavendum vel ex supervacuo movit, factoque senatus consulto ut urbe excederent Volsci, praecones dimittuntur qui omnes eos proficisci ante noctem iuberent. (9) Ingens pavor primo discurrentes ad suas res tollendas in hospitia perculit; proficiscentibus deinde indignatio oborta, se ut consceleratos contaminatosque ab ludis, festis diebus, coetu quodam modo hominum deorumque abactos esse.

38 (1) Cum prope continuato agmine irent, praegressus Tullius ad caput Ferentinum, ut quisque veniret, primores eorum excipiens querendo indignandoque, et eos ipsos, sedulo audientes secunda irae verba, et per eos multitudinem aliam in subiectum viae campum deduxit. (2) Ibi in contionis modum orationem exorsus ⟨exsecutusque⟩ veteres populi Romani in-

(6) Ich erinnere mich, was junge Männer der Sabiner hier bei der gleichen Gelegenheit verübt haben.[46] Mich schaudert bei dem Gedanken, es könne etwas Unvernünftiges und Unüberlegtes geschehen. Meiner Ansicht nach musste ich euch, ihr Konsuln, in unserem wie in eurem Interesse vorher darauf aufmerksam machen. (7) Was mich betrifft, so bin ich entschlossen, mich augenblicklich auf den Heimweg zu machen, um nicht hier in das, was etwa in Wort und Tat geschieht, zu meinem Schaden hineingezogen zu werden.« Mit diesen Worten ging er. (8) Die Konsuln brachten diese Sache, die, so unsicher sie war, doch einen zuverlässigen Gewährsmann hatte, vor den Senat. Es war mehr die Person als die Sache selbst – wie es so geht –, was die Väter zu Vorsichtsmaßnahmen veranlasste, selbst wenn diese sich als überflüssig herausstellen sollten. Es erging ein Senatsbeschluss, dass die Volsker die Stadt zu verlassen hatten. Herolde wurden ausgeschickt, die bekanntgaben, alle hätten noch vor Anbruch der Nacht abzureisen. (9) Zuerst waren sie ungeheuer bestürzt und eilten davon, um ihre Sachen aus ihren Quartieren zu holen. Auf ihrem Weg nach Hause aber brachen sie in Entrüstung aus: Wie Verbrecher und Aussätzige habe man sie von den Spielen davongetrieben, von einer Festfeier, bei der sich doch gleichsam Götter und Menschen zusammenfänden.

38 (1) Als sie so in fast ununterbrochenem Zuge dahinwanderten, nahm Tullius – er war bis zur ferentinischen Quelle vorausgegangen – die führenden Männer, wie sie gerade ankamen, in Empfang. Er äußerte sein Bedauern und seinen Unwillen, und während sie in ihrer Erbitterung seinen Worten die entsprechende Aufmerksamkeit schenkten, führte er sie und mit ihnen die übrige Volksmenge auf einen freien Platz an der Straße. (2) Hier begann er wie in einer Volksversammlung eine Rede zu halten und erinnerte an die früheren Kränkungen durch das römische Volk und die Niederlagen des Volskerstammes.

iurias cladesque gentis Volscorum, »Ut omnia« inquit »obliviscamini alia, hodiernam hanc contumeliam quo tandem animo fertis, qua per nostram ignominiam ludos commisere? (3) An non sensistis triumphatum hodie de vobis esse? vos omnibus, civibus, peregrinis, tot finitimis populis, spectaculo abeuntes fuisse? vestras coniuges, vestros liberos traductos per ora hominum? (4) Quid eos qui audivere vocem praeconis, quid ⟨eos⟩ qui nos videre abeuntes, quid eos qui huic ignominioso agmini fuere obvii existimasse putatis nisi aliquod profecto nefas esse quo, si intersimus spectaculo, violaturi simus ludos piaculumque merituri; ideo nos ab piorum coetu concilioque abigi? (5) Quid deinde? illud non succurrit, vivere nos quod maturarimus proficisci? si hoc profectio et non fuga est. Et hanc urbem vos non hostium ducitis, ubi si unum diem morati essetis, moriendum omnibus fuit? Bellum vobis indictum est, magno eorum malo qui indixere si viri estis.« (6) Ita et sua sponte irarum pleni et incitati domos inde digressi sunt, instigandoque suos quisque populos effecere ut omne Volscum nomen deficeret.

39 (1) Imperatores ad id bellum de omnium populorum sententia lecti Attius Tullius et Cn. Marcius, exsul Romanus, in quo aliquanto plus spei repositum. (2) Quam spem nequaquam fefellit, ut facile appareret ducibus validiorem quam exercitu rem Romanam esse. Circeios profectus primum colo-

»Wenn ihr auch«, sagte er, »alles übrige vergessen wolltet – wie wollt ihr die Schmach des heutigen Tages ertragen, als sie ihre Spiele mit eurer Demütigung eröffneten? (3) Oder habt ihr nicht gespürt, dass man heute einen Triumph über euch gefeiert hat? Dass ihr allen, den Bürgern wie den Fremden, so vielen Völkern im nächsten Umkreis, mit eurem Abzug zum Schauspiel gedient habt? Eure Frauen und Kinder sind vor aller Augen abgeführt worden! (4) Was glaubt ihr denn, was sie alle gedacht haben, die die Worte des Herolds hörten, die uns abziehen sahen oder die euch hier auf eurem schmachvollen Zug begegnet sind? Was anderes als dieses: Wir müssten wohl irgendeine Freveltat begangen haben, so dass wir durch unsere Gegenwart die Spiele entweiht und ein Sühnopfer nötig gemacht hätten. Daher hätte man uns aus der Versammlung und Vereinigung der Frommen davongetrieben! (5) Und weiter: Kommt es euch gar nicht in den Sinn, dass wir nur noch leben, weil wir so rasch aufgebrochen sind? Wenn es denn ein Aufbruch war und nicht eher eine Flucht! Und ihr seht diese Stadt nicht als Feindesstadt an, in der ihr alle umgekommen wärt, falls ihr noch einen Tag gezögert hättet? Man hat euch den Krieg erklärt, aber das sollen die dafür Verantwortlichen noch bitter bereuen – wenn ihr Männer seid.« (6) So machten sie sich nun, in ihrem eigenen Groll noch mehr angestachelt, auf den Weg nach Hause. Und da jeder seine Landsleute aufwiegelte, kam es so weit, dass der gesamte Volskerstamm sich gegen Rom erhob.

39 (1) Nach dem Beschluss sämtlicher Volskerstädte wählte man als Feldherrn für diesen Krieg Attius Tullius und Cn. Marcius, den verbannten Römer, und auf ihn setzte man die weitaus größere Hoffnung. (2) Diese Hoffnung enttäuschte er auch nicht; man konnte daraus leicht erkennen, dass die Stärke der Römer mehr auf ihren Feldherrn als auf ihrer Heeresmacht beruhte. Er zog zuerst gegen Circei, vertrieb die römischen Sied-

nos inde Romanos expulit liberamque eam urbem Volscis tradidit; inde in Latinam viam transversis tramitibus transgressus, (3) Satricum, Longulam, Poluscam, Coriolos, Mugillam, haec Romanis oppida ademit; inde Lavinium recepit; (4) tunc deinceps Corbionem, Veteliam, Tolerium, Labicos, Pedum cepit. (5) Postremum ad urbem a Pedo ducit, et ad fossas Cluilias quinque ab urbe milia passuum castris positis, populatur inde agrum Romanum, custodibus inter populatores missis qui patriciorum agros intactos servarent, (6) sive infensus plebi magis, sive ut discordia inde inter patres plebemque oreretur. (7) Quae profecto orta esset – adeo tribuni iam ferocem per se plebem criminando in primores civitatis instigabant – sed externus timor, maximum concordiae vinculum, quamvis suspectos infensosque inter se iungebat animos. (8) Id modo non conveniebat quod senatus consulesque nusquam alibi spem quam in armis ponebant, plebes omnia quam bellum malebat. (9) Sp. Nautius iam et Sex. Furius consules erant. Eos recensentes legiones, praesidia per muros aliaque in quibus stationes vigiliasque esse placuerat loca distribuentes, multitudo ingens pacem poscentium primum seditioso clamore conterruit, deinde vocare senatum, referre de legatis ad Cn. Marcium mittendis coegit. (10) Acceperunt relationem patres, postquam apparuit labare plebis animos; missique de pace ad Marcium oratores atrox responsum rettulerunt: (11) si Volscis ager redderetur, posse agi de pace: si praeda belli per otium frui

ler von dort und übergab die befreite Stadt den Volskern. Von hier aus zog er auf Nebenwegen zur Via Latina (3) und nahm die Städte Satricum, Longula, Polusca, Corioli und Mugilla, [erst seit kurzem] römische Besitzungen. Dann eroberte er Lavinium. (4) Danach nahm er Corbio, Vetelia, Tolerium, Labici und Pedum ein.[47] (5) Schließlich marschierte er von Pedum aus auf Rom und schlug bei den cluilischen Gräben ein Lager auf, fünf Meilen von der Stadt entfernt. Von hier aus verwüstete er das römische Gebiet, aber er schickte den Plünderern Wachen mit, die aufpassen mussten, dass die Ländereien der Patrizier geschont würden. (6) Er tat dies entweder, weil er einen größeren Hass auf das Volk hatte, oder weil er Zwietracht zwischen den Vätern und dem Volk säen wollte.[48] (7) Das wäre ihm sicher auch gelungen – so sehr hetzten die Tribunen mit ihren Anschuldigungen das von sich aus schon erbitterte Volk gegen die führenden Männer des Staates auf. Aber die Furcht vor dem auswärtigen Feind – das stärkste Band der Eintracht – ließ sie bei allem gegenseitigen Misstrauen und Hass schließlich doch zusammenhalten. (8) Nur in einem Punkt blieben sie uneins: Der Senat und die Konsuln setzten ihre Hoffnung einzig auf die Waffen, das Volk aber wollte alles andere lieber als einen Krieg. (9) Sp. Nautius und S. Furius waren inzwischen Konsuln geworden [488]. Sie musterten die Legionen und verteilten Schutztruppen auf die Mauern und andere Stützpunkte, für die sie Posten und Wachen vorgesehen hatten. Da versetzte sie eine große Volksmenge in Schrecken, die den Frieden forderte. Zuerst veranstaltete sie ein aufrührerisches Geschrei, dann erzwang sie, dass der Senat einberufen und eine Gesandtschaft an Cn. Marcius beantragt würde (10) Die Väter nahmen den Antrag an, nachdem offenkundig war, dass das Volk den Mut verliere. Sie schickten Gesandte an Marcius, die mit einer schroffen Antwort zurückkehrten: (11) Wenn man den Volskern ihr Gebiet zurückgäbe, dann könne über einen

velint, memorem se et civium iniuriae et hospitum beneficii adnisurum, ut appareat exsilio sibi inritatos, non fractos animos esse. (12) Iterum deinde iidem missi non recipiuntur in castra. Sacerdotes quoque suis insignibus velatos isse supplices ad castra hostium traditum est; nihilo magis quam legatos flexisse animum.

40 (1) Tum matronae ad Veturiam matrem Coriolani Volumniamque uxorem frequentes coeunt. Id publicum consilium an muliebris timor fuerit, parum invenio: (2) pervicere certe, ut et Veturia, magno natu mulier, et Volumnia duos parvos ex Marcio ferens filios secum in castra hostium irent et, quoniam armis viri defendere urbem non possent, mulieres precibus lacrimisque defenderent. (3) Ubi ad castra ventum est nuntiatumque Coriolano est adesse ingens mulierum agmen, is primo, ut qui nec publica maiestate in legatis nec in sacerdotibus tanta offusa oculis animoque religione motus esset, multo obstinatior adversus lacrimas muliebres erat; (4) dein familiarium quidam qui insignem maestitia inter ceteras cognoverat Veturiam, inter nurum nepotesque stantem, »Nisi me frustrantur« inquit »oculi, mater tibi coniunxque et liberi adsunt.« (5) Coriolanus prope ut amens consternatus ab sede sua cum ferret matri ob-

Frieden verhandelt werden. Wollten die Römer aber ihren Raub aus dem Krieg behaglich genießen, dann würde er sich auf die ungerechte Behandlung durch seine Mitbürger ebenso wie auf die freundliche Aufnahme von Seiten seiner Gastfreunde besinnen. Er würde alles daransetzen, um ihnen zu beweisen, dass sein Mut durch das Exil gestählt und nicht gebrochen sei. (12) Als dieselben Gesandten ein zweites Mal abgeschickt worden waren, ließ man sie gar nicht ins Lager ein. Sogar die Priester, heißt es, zogen in feierlichem Ornat bittflehend zum Lager der Feinde. Aber sie rührten Marcius ebensowenig wie die Gesandten.

40 (1) Darauf versammelten sich viele vornehme Frauen bei Coriolans Mutter Veturia und seiner Gattin Volumnia. Ob sie dies auf öffentliches Anraten hin oder aus weiblicher Furcht taten, konnte ich nicht herausfinden.[49] (2) Jedenfalls erreichten sie es, dass Veturia – trotz ihres hohen Alters – und auch Volumnia, die beiden kleinen Söhne des Marcius an der Hand, mit ihnen zum Lager der Feinde gingen. Da die Männer die Stadt mit Waffengewalt nicht verteidigen konnten, wollten sie, die Frauen, sie nun mit ihren Bitten und Tränen verteidigen. (3) Als sie zum Lager gekommen waren, meldete man Coriolanus, ein langer Zug von Frauen sei eingetroffen. Coriolanus aber – ihn hatten ja weder die Hoheit des Staates rühren können, verkörpert in den Gesandten, noch die Heiligkeit der Religion, wie sie seinem Auge und Sinn in den Priestern entgegentrat –, er zeigte sich zunächst Frauentränen gegenüber noch viel abweisender. (4) Dann aber hatte einer seiner Freunde unter den übrigen Frauen Veturia entdeckt, die zwischen ihrer Schwiegertochter und ihren Enkeln stand und durch ihre traurige Haltung auffiel. »Wenn mich meine Augen nicht täuschen«, sagte er, »sind deine Mutter und deine Gattin mit deinen Kindern hier.« (5) Ganz betroffen und fast wie von Sinnen sprang Coriolan von seinem Sitz auf und eilte seiner Mutter

viae complexum, mulier in iram ex precibus versa »Sine, priusquam complexum accipio, sciam« inquit »ad hostem an ad filium venerim, captiva materne in castris tuis sim. (6) In hoc me longa vita et infelix senecta traxit ut exsulem te deinde hostem viderem? Potuisti populari hanc terram quae te genuit atque aluit? (7) Non tibi, quamvis infesto animo et minaci perveneras, ingredienti fines ira cecidit? Non, cum in conspectu Roma fuit, succurrit: intra illa moenia domus ac penates mei sunt, mater coniunx liberique? (8) Ergo ego nisi peperissem, Roma non oppugnaretur; nisi filium haberem, libera in libera patria mortua essem. Sed ego nihil iam pati nec tibi turpius quam mihi miserius possum, (9) nec ut sum miserrima, diu futura sum: de his videris, quos, si pergis, aut immatura mors aut longa servitus manet.« Uxor deinde ac liberi amplexi, fletusque ab omni turba mulierum ortus et comploratio sui patriaeque fregere tandem virum. (10) Complexus inde suos dimittit et ipse retro ab urbe castra movit. Abductis deinde legionibus ex agro Romano, invidia rei oppressum perisse tradunt, alii alio leto. Apud Fabium, longe antiquissimum auctorem, usque ad senectutem vixisse eundem invenio; (11) refert certe hanc saepe eum exacta aetate usurpasse vocem multo miserius seni ex-

mit ausgebreiteten Armen entgegen.[50] Sie aber gab ihre bittende Haltung auf und zeigte sich voller Zorn: »Lass mich«, sagte sie, »bevor ich mich von dir umarmen lasse, erst wissen, ob ich zum Landesfeind oder zu meinem Sohn gekommen bin, ob ich mich in deinem Lager als Mutter oder als Gefangene aufhalte. (6) Dahin hat mich also mein langes Leben und mein elendes Greisenalter gebracht, dass ich dich als Verbannten und nun als Landesfeind sehen muss? Du konntest diese Erde verwüsten, die dich gezeugt und genährt hat? (7) Wenn du auch noch so erbittert und wütend hierherkamst, musste nicht dein Zorn schwinden, als du die Grenzen überschritten hast? Kam dir beim Anblick Roms nicht der Gedanke: Hier in diesen Mauern habe ich mein Haus und meine Hausgötter, meine Mutter und Gattin, meine Kinder? (8) Hätte ich dich also nicht geboren, dann würde Rom jetzt nicht belagert; hätte ich keinen Sohn, könnte ich in Freiheit in einem freien Vaterland sterben. Aber mich kann schon nichts mehr treffen, was dir noch mehr Schande und mir noch mehr Kummer bringt. (9) Denn wie elend ich auch bin, es wird doch nicht mehr lange dauern. Schau aber auf diese hier: Wenn du so fortfährst, dann bleibt ihnen nur ein früher Tod oder eine lange Knechtschaft.« Dann umarmten ihn Gattin und Kinder, die ganze Schar der Frauen vergoss Tränen und beklagte ihr eigenes Schicksal und das des Vaterlandes. Dadurch wurde endlich der Starrsinn des Mannes gebrochen. (10) Er umarmte die Seinen und schickte sie wieder nach Hause. Dann zog er sich mit seinem Heer von der Stadt zurück. Als er darauf die Legionen gänzlich aus dem römischen Gebiet abzog, brachte ihm, so heißt es, die daraus entstandene Feindschaft den Tod.[51] Über sein Ende gibt es aber auch noch andere Berichte. Bei Fabius [Pictor], dem weitaus ältesten Gewährsmann, finde ich die Nachricht, Coriolan habe ein hohes Alter erreicht. (11) Fabius zitiert folgenden Ausspruch, den er, schon hochbetagt, oft getan habe: Für einen alten Mann sei die

silium esse. Non inviderunt laude sua mulieribus viri Romani – adeo sine obtrectatione gloriae alienae vivebatur. (12) Monumento quoque quod esset, templum Fortunae muliebri aedificatum dedicatumque est.

Rediere deinde Volsci adiunctis Aequis in agrum Romanum; sed Aequi Attium Tullium haud ultra tulere ducem. (13) Hinc ex certamine Volsci Aequine imperatorem coniuncto exercitui darent, seditio, deinde atrox proelium ortum. Ibi fortuna populi Romani duos hostium exercitus haud minus pernicioso quam pertinaci certamine confecit.

(14) Consules T. Sicinius et C. Aquilius. Sicinio Volsci, Aquilio Hernici – nam ii quoque in armis erant – provincia evenit. Eo anno Hernici devicti: cum Volscis aequo Marte discessum est.

41 (1) Sp. Cassius deinde et Proculus Verginius consules facti. Cum Hernicis foedus ictum; agri partes duae ademptae. Inde dimidium Latinis, dimidium plebi divisurus consul Cassius erat. (2) Adiciebat huic muneri agri aliquantum, quem publicum possideri a privatis criminabatur. Id multos quidem patrum, ipsos possessores, periculo rerum suarum terrebat; sed et publica patribus sollicitudo inerat largitione consulem periculosas libertati opes struere. (3) Tum primum lex agraria pro-

Verbannung ein ganz besonders elendes Schicksal. Die Männer Roms missgönnten den Frauen ihren Ruhm keineswegs. Man lebte damals durchaus ohne das Verdienst anderer zu schmälern. (12) Ja, man setzte der Tat sogar ein Denkmal, durch einen neugebauten, der Glücksgöttin der Frauen geweihten Tempel.

Kurze Zeit später drangen die Volsker zusammen mit den Aequern abermals ins römische Gebiet ein. Die Aequer wollten jedoch Attius Tullius nicht länger als ihren Führer anerkennen. (13) Daraus entwickelte sich ein Streit, ob Volsker oder Aequer den Oberbefehlshaber für das Gesamtheer stellen sollten. Es kam zu einer heftigen Auseinandersetzung und schließlich zu einem erbitterten Gefecht. Hierbei vernichtete Fortuna, die dem römischen Volk zur Seite steht, in einem ebenso mörderischen wie verbissenen Kampf gleich zwei feindliche Heere.

(14) Als Konsuln folgten nun T. Sicinius und C. Aquilius [487]. Sicinius fiel die Aufgabe zu[52], gegen die Volsker zu Felde zu ziehen, Aquilius gegen die Herniker, denn auch diese hatten sich wieder gerüstet. In diesem Jahr wurden die Herniker völlig besiegt; der Krieg gegen die Volsker blieb ohne Entscheidung.

41 (1) Darauf wurden Sp. Cassius [zum dritten Mal] und Proculus Verginius Konsuln [486]. Mit den Hernikern schloss man ein Bündnis; sie mussten zwei Drittel ihres Ackerlandes abtreten. Hiervon wollte der Konsul Cassius die eine Hälfte an die Latiner und die andere an das Volk verteilen. (2) Diese Schenkung gedachte er noch zu vergrößern durch Ländereien, die zwar Staatsland waren, aber, so lautete sein Vorwurf, von Privatleuten bewirtschaftet würden. Dadurch gerieten viele der Väter – die sich nämlich jene Ländereien angeeignet hatten – in Furcht, ihren Besitz einzubüßen. Ihre Besorgnis richtete sich aber auch auf das Gemeinwesen: dass sich der Konsul nämlich durch diese Schenkung eine Machtstellung aufbaue, die der Freiheit gefährlich werde. (3) Damals wurde zum ersten Mal

mulgata est, nunquam deinde usque ad hanc memoriam sine maximis motibus rerum agitata. (4) Consul alter largitioni resistebat auctoribus patribus nec omni plebe adversante, quae primo coeperat fastidire munus volgatum a civibus ipsis in socios; (5) saepe deinde et Verginium consulem in contionibus velut vaticinantem audiebat pestilens collegae munus esse; agros illos servitutem iis qui acceperint laturos; (6) regno viam fieri. quid ita enim adsumi socios et nomen Latinum, quid attinuisse Hernicis, paulo ante hostibus, capti agri partem tertiam reddi, nisi ut hae gentes pro Coriolano duce Cassium habeant? (7) Popularis iam esse dissuasor et intercessor legis agrariae coeperat. Uterque deinde consul, ut certatim, plebi indulgere. Verginius dicere passurum se adsignari agros, dum ne cui nisi civi Romano adsignentur: (8) Cassius, quia in agraria largitione ambitiosus in socios eoque civibus vilior erat, ut alio munere sibi reconciliaret civium animos, iubere pro Siculo frumento pecuniam acceptam retribui populo. (9) Id vero haud secus quam praesentem mercedem regni aspernata plebes; adeo propter suspicionem in animis hominum insitam regni, velut abundarent omnia, munera eius respuebantur. (10) Quem ubi primum magistratu abiit damnatum necatumque constat.

ein Ackergesetz eingebracht, und bis auf unsere Zeit ging dies niemals ohne die größten Unruhen ab.[53] (4) Der andere Konsul widersetzte sich der Schenkung. Er hatte die Väter auf seiner Seite und durchaus nicht alle Bürger gegen sich. Sie nahmen zunächst Anstoß an einem Geschenk, das nicht nur den Bürgern, sondern auch den Bundesgenossen zugutekommen sollte. (5) Sodann hörten sie auch den Konsul Verginius öfter gleichsam prophetisch in den Volksversammlungen sagen, das Geschenk seines Mitkonsuls werde ihr Verderben sein. Diese Äcker würden allen, die sie annähmen, die Knechtschaft bringen, ja sie würden den Weg zum Thron freimachen. (6) Warum würden denn sonst die Bundesgenossen und sämtliche Latiner einbezogen? Wozu gäbe man den Hernikern, die kurz zuvor noch Feinde waren, ein Drittel ihres eroberten Landes wieder – doch nur damit diese Völkerschaften anstatt des Coriolanus nun einen Cassius zum Führer hätten! (7) Allmählich fand Verginius, obwohl er gegen das Ackergesetz war und Einspruch dagegen erhob, den Beifall des Volkes. Daraufhin wetteiferten beide Konsuln, sich den Bürgern gefällig zu zeigen. Verginius erklärte sich mit der Landverteilung einverstanden, vorausgesetzt, es kämen nur römische Bürger in Betracht. (8) Cassius hatte sich bei seinem Antrag zur Ackerverteilung für die Bundesgenossen stark gemacht und dadurch bei seinen Mitbürgern an Einfluss verloren. Um ihre Gunst durch ein anderes Geschenk wiederzugewinnen, beantragte er, man solle das Geld, das man für das Getreide aus Sizilien eingenommen habe, dem Volk zurückerstatten. (9) Die Bürger wiesen dies jedoch mit Verachtung zurück, nicht anders, als ob man ihnen damit den Kaufpreis für den Thron auszahlen wolle. Das Misstrauen vor der Königsherrschaft war in ihnen so tief verwurzelt, dass sie die Geschenke des Cassius verschmähten – gerade so, als ob sie dergleichen im Überfluss hätten. (10) Es steht fest, dass Cassius, gleich nachdem er sein Amt niedergelegt hatte,

Sunt qui patrem auctorem eius supplicii ferant: eum cognita domi causa verberasse ac necasse peculiumque filii Cereri consecravisse; signum inde factum esse et inscriptum: »Ex Cassia familia datum.« (11) Invenio apud quosdam, idque propius fidem est, a quaestoribus Caesone Fabio et L. Valerio diem dictam perduellionis, damnatumque populi iudicio, dirutas publice aedes. Ea est area ante Telluris aedem. (12) Ceterum sive illud domesticum sive publicum fuit iudicium, damnatur Servio Cornelio Q. Fabio consulibus.

42 (1) Haud diuturna ira populi in Cassium fuit. Dulcedo agrariae legis ipsa per se, dempto auctore, subibat animos, accensaque ea cupiditas est malignitate patrum, qui devictis eo anno Volscis Aequisque, militem praeda fraudavere. (2) Quidquid captum ex hostibus est, vendidit Fabius consul ac redegit in publicum.

Invisum erat Fabium nomen plebi propter novissimum consulem; tenuere tamen patres ut cum L. Aemilio K. Fabius consul crearetur. (3) Eo infestior facta plebes seditione domestica bellum externum excivit. Bello deinde civiles discordiae intermissae; uno animo patres ac plebs rebellantes Volscos et Aequos duce Aemilio prospera pugna vicere. (4) Plus tamen

verurteilt und getötet worden ist. Einigen Berichten zufolge war es sein eigener Vater, der die Todesstrafe an ihm vollstreckte. Er soll zu Hause eine gerichtliche Untersuchung abgehalten haben, dann habe er ihn auspeitschen und töten lassen und das Vermögen des Sohnes der Ceres geweiht. Aus dem Ertrag habe er ein Bildnis machen lassen mit der Inschrift: »Aus dem Besitztum des Cassius.«[54] (11) Bei einigen Autoren finde ich folgendes – und das ist glaubwürdiger –: Spurius Cassius sei von den Quästoren[55] Caeso Fabius und L. Valerius wegen Hochverrats angeklagt und nach dem Spruch des Volkes verurteilt worden. Sein Haus sei auf staatlichen Befehl niedergerissen worden. Das ist der freie Platz vor dem Tempel der Tellus. (12) Mag das Gericht über ihn nun in seinem Hause oder von Staats wegen erfolgt sein, verurteilt wurde er jedenfalls unter den Konsuln Servius Cornelius und Q. Fabius [485].

42 (1) Der Hass der Bürger gegen Cassius war nicht von langer Dauer. Das Ackergesetz übte seinen eigenen Reiz auf sie aus, auch wenn ihnen der Befürworter genommen war. Ihre Begierde wurde noch verstärkt durch die missgünstige Haltung der Väter: Nach dem großen Sieg dieses Jahres über Volsker und Aequer brachten sie die Soldaten um ihren Anteil an der Beute. (2) Alles, was man den Feinden abgenommen hatte, ließ der Konsul Fabius zugunsten der Staatskasse verkaufen.

Den Bürgern war der Name der Fabier wegen des letzten Konsuls verhasst. Die Väter setzten es aber dennoch durch, dass mit L. Aemilius zusammen Caeso Fabius zum Konsul gewählt wurde [484]. (3) Die Erbitterung der Bürger steigerte sich dadurch noch mehr, und die inneren Unruhen boten Anreiz zu einem auswärtigen Krieg. Der Kriegszustand brachte eine Atempause in den inneren Zwistigkeiten; einmütig wandten sich Väter und Volk gegen Volsker und Aequer, die wieder zu den Waffen gegriffen hatten. Unter der Führung des Aemilius ging ihnen das Treffen nach Wunsch aus, und sie errangen ei-

hostium fuga quam proelium absumpsit; adeo pertinaciter fusos insecuti sunt equites. (5) Castoris aedes eodem anno idibus Quintilibus dedicata est; vota erat Latino bello ⟨a⟩ Postumio dictatore; filius eius duumvir ad id ipsum creatus dedicavit. (6) Sollicitati et eo anno sunt dulcedine agrariae legis animi plebis. Tribuni plebi popularem potestatem lege populari celebrabant; patres, satis superque gratuiti furoris in multitudine credentes esse, largitiones temeritatisque invitamenta horrebant. Acerrimi patribus duces ad resistendum consules fuere. (7) Ea igitur pars rei publicae vicit, nec in praesens modo sed in venientem etiam annum M. Fabium, Caesonis fratrem, et magis invisum alterum plebi accusatione Sp. Cassi, L. Valerium, consules dedit.

(8) Certatum eo quoque anno cum tribunis est. Vana lex vanique legis auctores iactando inritum munus facti. Fabium inde nomen ingens post tres continuos consulatus unoque velut tenore omnes expertos tribuniciis certaminibus habitum; itaque, ut bene locatus, mansit in ea familia aliquamdiu honos. (9) Bellum inde Veiens initum, et Volsci rebellarunt; sed ad bella externa prope supererant vires, abutebanturque iis inter semet ipsos certando. Accessere ad aegras iam omnium mentes

nen Sieg. (4) Doch kamen noch mehr Feinde auf der Flucht um als in der Schlacht, so hartnäckig verfolgte die Reiterei die Geschlagenen. (5) Am 15. Quintilis [Juli] desselben Jahres wurde der Tempel des Castor geweiht, den der Diktator Postumius im Latinerkrieg gelobt hatte. Sein Sohn wurde hierzu zum Duumvir[56] ernannt und weihte den Tempel. (6) Auch in diesem Jahr bot das Ackergesetz wieder lockenden Anreiz, die Gemüter der Bürger in Erregung zu versetzen. Die Volkstribunen versuchten anhand dieses volksfreundlichen Gesetzes darzutun, wie volkstümlich ihr Amt sei. Die Väter aber waren überzeugt, die Volksmasse sei auch ohne in Aussicht gestellten Lohn schon mehr als genug in Aufruhrstimmung. Schenkungen als Lockmittel zur Aufsässigkeit wiesen sie weit von sich. Den härtesten Widerstand unter den Vätern führten die Konsuln an. (7) So behielt also diese Partei im Gemeinwesen die Oberhand, und nicht nur für den gegenwärtigen Zeitpunkt, sondern auch für das kommende Jahr: mit M. Fabius, den Bruder des Caeso, und L. Valerius, der den Bürgern als Ankläger des Sp. Cassius noch mehr verhasst war, stellten sie die Konsuln [483].

(8) Auch in diesem Jahr gab es wieder Streit mit den Tribunen. Ihr Gesetzesantrag blieb erfolglos, und erfolglos blieben auch die Antragsteller, die sich eines Geschenkes rühmten, das nie zustande kam. Die Fabier aber errangen durch drei aufeinanderfolgende Konsulate großes Ansehen, und sie erwarben sich den Ruf, gleichsam alle in Reih und Glied in den Kämpfen mit den Tribunen ihre Bewährungsprobe abgelegt zu haben. Daher blieb dieses Ehrenamt, da es in guten Händen schien, noch einige Zeit in dieser Familie. (9) Nun begann der Krieg gegen Veji, und auch die Volsker standen wieder unter Waffen. Doch hatte man für auswärtige Kriege geradezu Kräfte im Übermaß, so missbrauchte man sie zu inneren Streitigkeiten. Die allgemeine Missstimmung wurde noch verstärkt durch

prodigia caelestia, prope cottidianas in urbe agrisque ostentantia minas; (10) motique ita numinis causam nullam aliam vates canebant publice privatimque nunc extis, nunc per aves consulti, quam haud rite sacra fieri; (11) qui terrores tamen eo evasere ut Oppia virgo Vestalis damnata incesti poenas dederit.

43 (1) Q. Fabius inde et C. Iulius consules facti. Eo anno non segnior discordia domi et bellum foris atrocius fuit. Ab Aequis arma sumpta; Veientes agrum quoque Romanorum populantes inierunt. Quorum bellorum crescente cura, K. Fabius et Sp. Furius consules fiunt. (2) Ortonam, Latinam urbem, Aequi oppugnabant: Veientes, pleni iam populationum, Romam ipsam se oppugnaturos minabantur. (3) Qui terrores cum compescere deberent, auxere insuper animos plebis, redibatque non sua sponte plebi mos detractandi militiam, sed Sp. Licinius tribunus plebis, venisse tempus ratus per ultimam necessitatem legis agrariae patribus iniungendae, susceperat rem militarem impediendam. (4) Ceterum tota invidia tribuniciae potestatis versa in auctorem est, nec in eum consules acrius quam ipsius collegae coorti sunt, auxilioque eorum dilectum consules habent.

(5) Ad duo simul bella exercitus scribitur; ducendus Fabio in Veientes, in Aequos Furio datur. Et in Aequis quidem nihil di-

Zeichen vom Himmel, die sich fast täglich in der Stadt wie auf dem Land drohend offenbarten. (10) Die Priester suchten auf öffentliches wie privates Anliegen hin bald mit Hilfe der Eingeweideschau, bald durch den Vogelflug den Götterzorn zu ergründen; sie konnten aber keine andere Ursache angeben als diese: Die Opfer seien nicht ordnungsgemäß vollzogen worden. (11) Die Beunruhigung ging aber doch so weit, dass man die Vestalin Oppia wegen Verletzung des Keuschheitsgelübdes verurteilte und ihrer Strafe zuführte.

43 (1) Darauf wurden Q. Fabius und C. Julius Konsuln [482]. In diesem Jahr waren die inneren Streitigkeiten keineswegs abgeflaut und die auswärtige Kriegsgefahr noch bedrohlicher. Die Aequer rüsteten sich, die Vejenter brachen sogar verheerend ins römische Gebiet ein. Während die Besorgnis über diese Kriegslage noch wuchs, traten Caeso Fabius und Sp. Furius ihr Konsulat an [481]. (2) Die Aequer bestürmten Ortona, eine latinische Stadt. Die Vejenter, die schon genug hatten vom Plündern, drohten damit, Rom selbst anzugreifen. (3) Diese Schreckensmeldungen hätten die Gemüter der Bürger eigentlich abkühlen sollen, sie erhitzten sie jedoch noch mehr. Die Bürger verfielen wieder in ihre alte Gewohnheit, den Kriegsdienst zu verweigern. Sie taten dies freilich nicht auf eigene Faust, vielmehr glaubte der Volkstribun Sp. Licinius, die Zeit sei gekommen, um den Vätern in der höchsten Not das Ackergesetz aufzuzwingen. Daher hatte er es unternommen, die Aushebung von Soldaten zu verhindern. (4) Allerdings hatte er als Anstifter den ganzen Groll gegen die Tribunengewalt allein zu tragen, denn nicht weniger hart als die Konsuln schritten seine eigenen Amtskollegen gegen ihn ein,[57] und mit ihrer Unterstützung konnten die Konsuln die Rekrutierung vornehmen.

(5) Es wurden für beide Kriege zugleich Heere aufgestellt. Den Oberbefehl gegen die Vejenter erhielt Fabius, den gegen die Aequer Furius. Bei den Aequern ereignete sich nichts Er-

gnum memoria gestum est; (6) Fabio aliquanto plus negotii cum civibus quam cum hostibus fuit. Unus ille vir, ipse consul, rem publicam sustinuit, quam exercitus odio consulis, quantum in se fuit, prodebat. (7) Nam cum consul praeter ceteras imperatorias artes, quas parando gerendoque bello edidit plurimas, ita instruxisset aciem ut solo equitatu emisso exercitum hostium funderet, insequi fusos pedes noluit; (8) nec illos, etsi non adhortatio invisi ducis, suum saltem flagitium et publicum in praesentia dedecus, postmodo periculum, si animus hosti redisset, cogere potuit gradum adcelerare aut, si aliud nihil, stare instructos. (9) Iniussu signa referunt, maestique – crederes victos – exsecrantes nunc imperatorem, nunc navatam ab equite operam, redeunt in castra. (10) Nec huic tam pestilenti exemplo remedia ulla ab imperatore quaesita sunt; adeo excellentibus ingeniis citius defuerit ars qua civem regant quam qua hostem superent. (11) Consul Romam rediit non tam belli gloria aucta quam inritato exacerbatoque in se militum odio. Obtinuere tamen patres ut in Fabia gente consulatus maneret: M. Fabium consulem creant; Fabio collega Cn. Manlius datur.

44 (1) Et hic annus tribunum auctorem legis agrariae habuit. Ti. Pontificius fuit. Is eandem viam, velut processisset Sp. Licinio, ingressus dilectum paulisper impediit. (2) Perturbatis ite-

wähnenswertes; (6) Fabius aber hatte mit seinen eigenen Mitbürgern mehr Schwierigkeiten als mit den Feinden. Dieser eine Mann, der Konsul, hielt das Staatswesen aufrecht, während das Heer in seinem Hass auf den Konsul alle Anstrengungen machte, um es dem Feind auszuliefern. (7) Als der Konsul nämlich – unter anderen Beweisen seiner Feldherrnkunst, von denen er bei der Vorbereitung und Führung dieses Krieges so viele gab – die Schlachtreihe so aufgestellt hatte, dass er allein durch einen Angriff der Reiterei das Heer des Feindes zurückschlug, da wollte das Fußvolk die Geschlagenen nicht verfolgen. (8) Weder die Ermahnung des ihnen verhassten Feldherrn, noch wenigstens der Gedanke an ihre gegenwärtige Schmach und die Schande vor aller Augen, dazu die später drohende Gefahr, sobald der Feind wieder Mut fasste – nichts konnte sie dazu bewegen, ihren Schritt zu beschleunigen oder wenigstens in Reih und Glied zu bleiben. (9) Ohne Befehl machten sie kehrt und zogen niedergeschlagen – man hätte sie für die Besiegten halten können – ins Lager zurück. Dabei fluchten sie bald auf ihren Feldherrn, bald über den Einsatz der Reiterei. (10) Und gegen ein so unheilstiftendes Beispiel fand der Feldherr keine Gegenmittel: So sind hervorragende Männer eher am Ende mit ihrer Kunst, Bürger zu lenken, als mit der, den Feind zu schlagen.[58] (11) Der Konsul kehrte nach Rom zurück. Er hatte den Kriegsruhm nicht gemehrt, vielmehr hatte er die Soldaten in ihrer Feindschaft gegen ihn noch mehr gereizt und erbittert. Dennoch setzten es die Väter durch, dass das Konsulat in der Familie der Fabier blieb. Sie wählten M. Fabius zum Konsul und gaben ihm Cn. Manlius zum Kollegen [480].

44 (1) Auch in diesem Jahr gab es einen Tribunen, der für das Ackergesetz eintrat. Es war Ti. Pontificius. Er schlug denselben Weg ein wie vorher Sp. Licinius, gerade so, als ob dieser damit Erfolg gehabt hätte, und verhinderte die Truppenaushebung,

rum patribus Ap. Claudius victam tribuniciam potestatem dicere priore anno, in praesentia re, exemplo in perpetuum, quando inventum sit suis ipsam viribus dissolvi. (3) neque enim unquam defuturum qui et ex collega victoriam sibi et gratiam melioris partis bono publico velit quaesitam; et plures, si pluribus opus sit, tribunos ad auxilium consulum paratos fore, et unum vel adversus omnes satis esse. (4) darent modo et consules et primores patrum operam ut, si minus omnes, aliquos tamen ex tribunis rei publicae ac senatui conciliarent. (5) Praeceptis Appi moniti patres et universi comiter ac benigne tribunos appellare, et consulares ut cuique eorum privatim aliquid iuris adversus singulos erat, partim gratia, partim auctoritate obtinuere ut tribuniciae potestatis vires salubres vellent rei publicae esse, (6) quattuorque tribunorum adversus unum moratorem publici commodi auxilio dilectum consules habent.

(7) Inde ad Veiens bellum profecti, quo undique ex Etruria auxilia convenerant, non tam Veientium gratia concitata quam quod in spem ventum erat discordia intestina dissolvi rem Romanam posse. (8) Principesque in omnium Etruriae populorum conciliis fremebant aeternas opes esse Romanas nisi inter semet ipsi seditionibus saeviant; id unum venenum, (9) eam labem civitatibus opulentis repertam ut magna imperia morta-

allerdings nur für kurze Zeit. (2) Als die Väter wieder in große Bestürzung gerieten, erklärte Ap. Claudius folgendes: Die tribunizische Gewalt sei im vorigen Jahr der Sache nach einmal, als Präzedenzfall gesehen aber ein für allemal besiegt worden. Man habe dabei nämlich herausgefunden, wie man sie mit ihren eigenen Waffen schlagen könne. (3) Es werde immer einen Tribunen geben, der sich wünsche, einen Sieg über seine Amtskollegen zu erringen und zum Wohl des Staates die Gunst des besseren Teils der Bürgerschaft zu gewinnen. Auch mehrere Tribunen würden, falls man mehrere brauche, zur Unterstützung der Konsuln bereit sein; dabei genüge ja schon einer gegen alle. (4) Die Konsuln und die führenden Männer unter den Vätern sollten sich nur Mühe geben, wenn nicht alle, so doch einige der Tribunen für die Sache des Staates und des Senats zu gewinnen. (5) Auf diese Vorschläge des Appius hin verkehrten die Väter insgesamt leutselig und freundlich mit den Tribunen. Und die Konsulare erreichten es teils durch ihren persönlichen Einfluss, teils durch die Autorität ihres Amtes – je nachdem wie jeder persönlich auf den einzelnen einwirken konnte –, dass sich die Träger der Tribunengewalt zum Wohl des Staates einsetzen wollten. (6) Mit der Unterstützung von vier Tribunen gegen einen, der sich dem Gemeinwohl widersetzte, führten die Konsuln die Truppenaushebung durch.

(7) Darauf brach man zum Krieg gegen die Vejenter auf. Bei ihnen waren überall aus Etrurien Hilfstruppen zusammengekommen, nicht so sehr aus Freundschaft zu den Vejentern, als vielmehr in der Hoffnung, infolge ihrer inneren Zwietracht könne man die Römer vernichten. (8) Auf allen Bundesversammlungen Etruriens erklärten die Führer mit Nachdruck, die Macht der Römer werde ewig dauern, wenn sie nicht in inneren Streitigkeiten gegeneinander wüteten. Das sei für mächtige Staatswesen das einzige Gift, (9) der Krebsschaden, durch den auch große Reiche sterblich würden. Dieses Übel hätten

lia essent. diu sustentatum id malum, partim patrum consiliis, partim patientia plebis, iam ad extrema venisse. duas civitates ex una factas; suos cuique parti magistratus, suas leges esse. (10) primum in dilectibus saevire solitos, eosdem in bello tamen paruisse ducibus. qualicumque urbis statu, manente disciplina militari sisti potuisse; iam non parendi magistratibus morem in castra quoque Romanum militem sequi. (11) proximo bello in ipsa acie, in ipso certamine, consensu exercitus traditam ultro victoriam victis Aequis, signa deserta, imperatorem in acie relictum, iniussu in castra reditum. (12) profecto si instetur, suo milite vinci Romam posse. nihil aliud opus esse quam indici ostendique bellum; cetera sua sponte fata et deos gesturos. Hae spes Etruscos armaverant, multis in vicem casibus victos victoresque.

45 (1) Consules quoque Romani nihil praeterea aliud quam suas vires, sua arma horrebant; memoria pessimi proximo bello exempli terrebat ne rem committerent eo ubi duae simul acies timendae essent. (2) Itaque castris se tenebant, tam ancipiti periculo aversi: diem tempusque forsitan ipsum leniturum iras sanitatemque animis allaturum. (3) Veiens hostis Etruscique eo magis praepropere agere; lacessere ad pugnam

die Römer lange ferngehalten, teils durch die Klugheit der Väter, teils durch die Duldsamkeit der Bürger, nun aber sei es zum äußersten gekommen. Aus einer Bürgerschaft seien zwei geworden; jede Partei habe ihre Beamten und ihre eigenen Gesetze. (10) Zuerst hätten sie sich nur bei den Truppenaushebungen immer wieder aufsässig benommen, im Kriege aber hätten sie doch ihren Feldherrn gehorcht. Mochte es in der Stadt auch schlimm zugehen, solange die militärische Disziplin bestehen blieb, habe man sich noch halten können. Jetzt aber hätten die römischen Soldaten ihre Angewohnheit, den Vorgesetzten den Gehorsam zu verweigern, auch im Feldlager beibehalten. (11) Im letzten Krieg habe das Heer, schon in Kampfstellung, schon mitten im Gefecht, von sich aus einmütig den Sieg an die bereits besiegten Aequer verschenkt. Sie hätten ihre Stellung geräumt, den Feldherrn auf dem Schlachtfeld im Stich gelassen und seien ohne Befehl ins Lager zurückgekehrt. (12) Man könne wahrhaftig, wenn man ihm nur zusetze, Rom mit seinen eigenen Truppen schlagen. Es sei nichts weiter nötig, als den Krieg zu erklären und sich im Feld sehen zu lassen; das Schicksal und die Götter würden dann schon alles weitere seinen Gang gehen lassen. In dieser Hoffnung hatten die Etrusker wieder zu den Waffen gegriffen, die so oft bei wechselndem Kriegsglück Sieger und Besiegte gewesen waren.

45 (1) Auch die römischen Konsuln schreckte nichts so sehr wie ihre eigene Streitmacht, ihr eigenes Heeresaufgebot. Die Erinnerung an das schändliche Beispiel im letzten Krieg ängstigte sie derart, dass sie es nicht so weit kommen lassen wollten, zwei Heere auf einmal fürchten zu müssen. (2) Daher blieben sie im Lager, um sich keiner Gefahr von beiden Seiten auszusetzen. Vielleicht würden Zeit und Umstände von selbst den Groll der Bürger lindern und ihnen ihren gesunden Menschenverstand wiedergeben. (3) Die Feinde aber, die Vejenter und Etrusker, waren umso eifriger bei der Sache. Sie versuchten,

primo obequitando castris provocandoque, postremo ut nihil movebant, qua consules ipsos, qua exercitum increpando: (4) simulationem intestinae discordiae remedium timoris inventum, et consules magis non confidere quam non credere suis militibus; novum seditionis genus, silentium otiumque inter armatos. Ad haec in novitatem generis originisque qua falsa, qua vera iacere. (5) Haec cum sub ipso vallo portisque streperent, haud aegre consules pati; at imperitae multitudini nunc indignatio, nunc pudor pectora versare et ab intestinis avertere malis; nolle inultos hostes, nolle successum non patribus, non consulibus; externa et domestica odia certare in animis. (6) Tandem superant externa; adeo superbe insolenterque hostis eludebat. Frequentes in praetorium conveniunt; poscunt pugnam, postulant ut signum detur. (7) Consules velut deliberabundi capita conferunt, diu conloquuntur. Pugnare cupiebant, sed retro revocanda et abdenda cupiditas erat, ut adversando remorandoque incitato semel militi adderent impetum. (8) Redditur responsum immaturam rem agi; nondum tempus pugnae esse; castris se tenerent. Edicunt inde ut abstineant pugna; si quis iniussu pugnaverit, ut in hostem animad-

die Römer zur Schlacht zu reizen. Zuerst ritten sie vor dem Lager auf und ab und forderten sie heraus. Als sie damit keinen Erfolg hatten, beschimpften sie schließlich bald die Konsuln, bald das Heer. (4) Indem sie innere Streitigkeiten vorschützten, hätten sie einen Deckmantel für ihre Feigheit gefunden, und die Konsuln misstrauten im Grunde eher dem Kampfgeist als der Treue ihrer Soldaten. Das sei eine sonderbare Art von Aufruhr, sich mit den Waffen in der Hand so still und friedlich gegeneinander zu verhalten. Dazu äußerten sie alle teils Falsches, teils Wahres über die Römer als ein Volk von Emporkömmlingen und niederer Herkunft. (5) Die Konsuln sahen es nicht ungern, dass die Feinde solche Schmähreden am Wall und vor den Lagertoren verlauten ließen. Die unerfahrene Menge aber wurde bald von Unwillen, bald von Scham erfasst und von den inneren Streitigkeiten abgelenkt. Sie wollten nicht, dass die Feinde ungestraft blieben, sie wollten aber auch den Vätern wie den Konsuln keinen Erfolg gönnen. In ihrem Innern stritten sich Hassgefühle gegen den äußeren wie gegen den inneren Feind. (6) Endlich behielt die Abneigung gegen den auswärtigen Feind die Oberhand, so übermütig und unverschämt waren die Feinde in ihrem Spott. Die Soldaten versammelten sich zahlreich vor dem Feldherrnzelt, forderten die Schlacht und verlangten das Zeichen zum Angriff. (7) Die Konsuln trafen sich im geheimen, als müssten sie sich erst beraten, und besprachen sich lange miteinander. Sie wünschten die Schlacht, durften ihren Wunsch aber nicht laut werden lassen, um gerade durch ihr Widerstreben und Zögern die schon gereizten Soldaten in ihrem Kampfeseifer noch zu bestärken. (8) Die Soldaten erhielten zur Antwort, sie seien voreilig, der richtige Zeitpunkt zur Schlacht sei noch nicht gekommen, sie sollten im Lager bleiben. Die Konsuln gaben ferner bekannt, man solle sich jeder Kampfhandlung enthalten; wer ohne Befehl kämpfe, solle als Feind behandelt werden. (9) Mit diesem

versuros. (9) Ita dimissis, quo minus consules velle credunt, crescit ardor pugnandi. Accendunt insuper hostes ferocius multo, ut statuisse non pugnare consules cognitum est: quippe impune se insultaturos; non credi militi arma; (10) rem ad ultimum seditionis erupturam, finemque venisse Romano imperio. His freti occursant portis, ingerunt probra; aegre abstinent quin castra oppugnent. (11) Enimvero non ultra contumeliam pati Romanus posse; totis castris undique ad consules curritur; non iam sensim, ut ante, per centurionum principes postulant, sed passim omnes clamoribus agunt. (12) Matura res erat; tergiversantur tamen. Fabius deinde ad crescentem tumultum iam metu seditionis collega concedente, cum silentium classico fecisset: »Ego istos, Cn. Manli, posse vincere scio: velle ne scirem, ipsi fecerunt. (13) Itaque certum atque decretum est non dare signum nisi victores se redituros ex hac pugna iurant. Consulem Romanum miles semel in acie fefellit: deos nunquam fallet.« Centurio erat M. Flavoleius, inter primores pugnae flagitator. (14) »Victor«, inquit, »M. Fabi, revertar ex acie«; si fallat, Iovem patrem Gradivumque Martem aliosque iratos invocat deos. Idem deinceps omnis exercitus in se

Bescheid wurden sie entlassen, und je weniger die Konsuln sie für kampfbereit hielten, desto mehr wuchs bei ihnen der Kampfesmut. Auch setzten ihnen die Feinde noch viel heftiger zu, sobald sie erfahren hatten, die Konsuln wollten keine Schlacht: Nun könnten sie sie ja ungestraft verhöhnen; man traue sich offenbar nicht, den Soldaten Waffen in die Hand zu geben. (10) Der Aufstand werde zum heftigsten Ausbruch führen, und dann sei das Ende der römischen Macht gekommen. In dieser Überzeugung kamen sie zu den Toren gelaufen und riefen ihre Schmähungen hinein. Sie konnten sich kaum zurückhalten, das Lager zu stürmen. (11) Nun aber vermochten die Römer die Schmach nicht länger zu ertragen; aus dem ganzen Lager liefen sie von überallher zu den Konsuln. Sie brachten ihre Forderung nicht mehr wie zuvor der Reihe nach durch Vermittlung ihrer Hauptleute vor, sondern erhoben von allen Seiten ein lautes Geschrei. (12) Die Sache war reif zur Entscheidung, dennoch zögerte man. Als dann der Tumult immer größer wurde und sein Kollege aus Furcht vor einer Meuterei schon zum Nachgeben bereit war, ließ Fabius durch ein Trompetensignal Ruhe gebieten und sprach: »Dass diese Leute siegen können, Cn. Manlius, das weiß ich. Dass ich aber nicht weiß, ob sie auch wollen, daran sind sie selber schuld. (13) Daher ist es beschlossene Sache: Das Zeichen zum Angriff wird erst gegeben, wenn sie geschworen haben, als Sieger aus dieser Schlacht zurückzukehren. Einem römischen Konsul haben die Soldaten im Feld einmal die Treue gebrochen, den Göttern gegenüber aber werden sie ihr Wort niemals brechen.« Unter denen, die am eifrigsten die Schlacht forderten, war ein Hauptmann namens M. Flavoleius. (14) Er rief: »Ich werde als Sieger aus dem Kampf zurückkehren, M. Fabius!« Für den Fall, dass er nicht Wort hielte, beschwor er den Zorn des Vaters Iuppiter, des Vorkämpfers Mars und der anderen Götter auf sein Haupt herab. Gleichermaßen verschwor sich dann das gesamte Heer,

quisque iurat. Iuratis datur signum; arma capiunt; eunt in pugnam irarum speique pleni. (15) Nunc iubent Etruscos probra iacere, nunc armati sibi quisque lingua promptum hostem offerri. (16) Omnium illo die, qua plebis, qua patrum, eximia virtus fuit; Fabium nomen maxime enituit; multis civilibus certaminibus infensos plebis animos illa pugna sibi reconciliare statuunt.

46 (1) Instruitur acies, nec Veiens hostis Etruscaeque legiones detractant. Prope certa spes erat non magis secum pugnaturos quam pugnaverint cum Aequis; maius quoque aliquod in tam inritatis animis et occasione ancipiti haud desperandum esse facinus. (2) Res aliter longe evenit; nam non alio ante bello infestior Romanus – adeo hinc contumeliis hostes, hinc consules mora exacerbaverant – proelium iniit. (3) Vix explicandi ordines spatium Etruscis fuit, cum pilis inter primam trepidationem abiectis temere magis quam emissis, pugna iam in manus, iam ad gladios, ubi Mars est atrocissimus, venerat. (4) Inter primores genus Fabium insigne spectaculo exemploque civibus erat. Ex his Q. Fabium – tertio hic anno ante consul fuerat – principem in confertos Veientes euntem ferox viribus et armorum arte Tuscus, incautum inter multas versantem hostium manus, gladio per pectus transfigit; telo extracto praeceps Fabius in volnus abiit. (5) Sensit utraque acies unius viri casum,

Mann für Mann. Nach der Eidesleistung wurde das Signal gegeben, sie griffen zu den Waffen und zogen voller Grimm und Zuversicht in den Kampf. (15) Jetzt sollten die Etrusker nur ihre Schmähreden ausstoßen, nun sollten die Feinde in ihrer Zungenfertigkeit mit ihnen einen Waffengang wagen. (16) Alle taten sich an diesem Tage durch besondere Tapferkeit hervor, die Bürger wie die Väter, am hellsten aber strahlte der Name der Fabier. Sie waren entschlossen, in dieser Schlacht die Herzen der Bürger wiederzugewinnen, deren Feindschaft sie sich in den häufigen inneren Zwistigkeiten zugezogen hatten.

46 (1) Das Heer wurde aufgestellt, und Vejenter wie Etrusker nahmen die Schlacht an. Sie waren recht zuversichtlich, dass die Römer ihnen kein größeres Treffen liefern würden als den Aequern. Und da die Gemüter so in Wallung waren und die Lage noch unentschieden, würden sie sich, so war ihnen zuzutrauen, wohl noch schlimmer aufführen. (2) Aber die Sache ging ganz anders aus: In keinem anderen Krieg zuvor gingen die Römer mit solchem Grimm in die Schlacht – so gereizt waren sie durch die Schmähreden der Feinde und die Verzögerungstaktik der Konsuln. (3) Kaum blieb den Etruskern Zeit, sich aufzustellen – die Wurfspieße waren bereits in der Hast des ersten Anlaufs mehr planlos geworfen als gezielt verschossen worden –, da ging die Schlacht schon Mann gegen Mann, es kam schon zum Kampf mit den Schwertern, wobei immer am erbittertsten gefochten wird. (4) In den vordersten Reihen boten die Fabier ihren Mitbürgern ein leuchtendes Vorbild. Einer von ihnen, Q. Fabius – er war vor drei Jahren Konsul gewesen –, stürzte sich allen voran in die dichtesten Reihen der Vejenter. Während er, ohne an seine eigene Deckung zu denken, inmitten der feindlichen Überzahl kämpfte, stieß ihm ein Tusker, ein starker und waffenerprobter Kämpfer, das Schwert in die Brust. Fabius zog sich die Waffe heraus und stürzte mit seiner Wunde tot zu Boden. (5) Auf beiden Seiten machte sich

cedebatque inde Romanus cum M. Fabius consul transiluit iacentis corpus obiectaque parma, »Hoc iurastis«, inquit, »milites, fugientes vos in castra redituros? Adeo ignavissimos hostes magis timetis quam Iovem Martemque per quos iurastis? (6) At ego iniuratus aut victor revertar aut prope te hic, Q. Fabi, dimicans cadam.« Consuli tum K. Fabius, prioris anni consul: »Verbisne istis, frater, ut pugnent, te impetraturum credis? (7) Di impetrabunt per quos iuravere; et nos, ut decet proceres, ut Fabio nomine est dignum, pugnando potius quam adhortando accendamus militum animos.« Sic in primum infensis hastis provolant duo Fabii, totamque moverunt secum aciem.

47 (1) Proelio ex parte una restituto, nihilo segnius in cornu altero Cn. Manlius consul pugnam ciebat, ubi prope similis fortuna est versata. (2) Nam ut altero in cornu Q. Fabium, sic in hoc ipsum consulem Manlium iam velut fusos agentem hostes et impigre milites secuti sunt et, ut ille gravi volnere ictus ex acie cessit, interfectum rati gradum rettulere; (3) cessissentque loco, ni consul alter cum aliquot turmis equitum in eam partem citato equo advectus, vivere clamitans collegam, se victorem fuso altero cornu adesse, rem inclinatam sustinuisset. (4) Manlius quoque ad restituendam aciem se ipse coram offert. Duorum consulum cognita ora accendunt militum ani-

das Fehlen dieses einen Mannes bemerkbar, die Römer begannen daraufhin zurückzuweichen. Da sprang der Konsul M. Fabius über den Leichnam des am Boden Liegenden hinweg, deckte ihn mit seinem Schild und rief: »Habt ihr das geschworen, Soldaten, dass ihr fliehend ins Lager zurückkehren werdet? Ihr fürchtet also diesen feigen Haufen der Feinde mehr als Iuppiter und Mars, bei denen ihr geschworen habt? (6) Ich habe nicht geschworen, aber ich werde entweder als Sieger zurückkehren oder hier neben dir, Q. Fabius, im Kampf fallen!« Dem Konsul antwortete Caeso Fabius, der Konsul des Vorjahres: »Glaubst du, Bruder, du erreichst es mit solchen Worten, dass sie kämpfen? (7) Die Götter werden es erreichen, bei denen sie geschworen haben, und auch wir wollen, wie es unserem Rang als Anführer entspricht und wie es des Fabiernamens würdig ist, lieber durch Taten als durch Worte den Kampfgeist der Soldaten entflammen.« So eilten die beiden Fabier mit stoßbereiten Lanzen im Fluge voran und rissen die ganze Front mit sich.

47 (1) Während man das Treffen auf der einen Seite wiederherstellte, war der Konsul Cn. Manlius auf dem anderen Flügel nicht weniger tatkräftig bemüht, die Soldaten zum Kampf aufzubieten. Hier nahm das Schlachtgeschehen einen ganz ähnlichen Verlauf. (2) Denn wie die Soldaten auf dem anderen Flügel dem Q. Fabius folgten, so rückten sie hier dem Konsul Manlius eifrig nach, als er die Feinde wie bereits Geschlagene vor sich hertrieb. Als er jedoch schwerverwundet das Gefecht verließ, glaubten sie, er sei tot, und wichen zurück. (3) Sie hätten das Feld geräumt, hätte nicht der andere Konsul, der mit einer Schwadron Reiter zu ihnen heransprengte und ihnen zurief, sein Kollege sei am Leben, er selbst aber Sieger auf dem anderen, gänzlich geschlagenen Flügel, die wankenden Reihen wieder zum Stehen gebracht. (4) Manlius zeigte sich ihnen, um das Treffen vollends wiederherzustellen. Der Anblick beider Konsuln verlieh den Soldaten neuen Kampfgeist. Zugleich hat-

mos. Simul et rarior iam erat hostium acies, dum abundante multitudine freti, subtracta subsidia mittunt ad castra oppugnanda. (5) In quae haud magno certamine impetu facto cum praedae magis quam pugnae memores tererent tempus, triarii Romani qui primam inruptionem sustinere non potuerant, missis ad consules nuntiis quo loco res essent, conglobati ad praetorium redeunt. (6) Et sua sponte ipsi proelium renovant et Manlius consul revectus in castra, ad omnes portas milite opposito, hostibus viam clauserat. Ea desperatio Tuscis rabiem magis quam audaciam accendit. Nam cum incursantes quacumque exitum ostenderet spes vano aliquotiens impetu issent, globus iuvenum unus in ipsum consulem insignem armis invadit. (7) Prima excepta a circumstantibus tela; sustineri deinde vis nequit; consul mortifero volnere ictus cadit, fusique circa omnes. (8) Tuscis crescit audacia; Romanos terror per tota castra trepidos agit, et ad extrema ventum foret ni legati rapto consulis corpore patefecissent una porta hostibus viam. (9) Ea erumpunt; consternatoque agmine abeuntes in victorem alterum incidunt consulem; ibi iterum caesi fusique passim.

Victoria egregia parta, tristis tamen duobus tam claris funeribus. (10) Itaque consul decernente senatu triumphum, si

ten sich auch die Reihen der Feinde gelichtet, denn im Vertrauen auf ihre Übermacht hatten sie die Reservetruppen abgezogen und sie zu einem Sturm auf das Lager entsandt. (5) Hier waren sie ohne große Gegenwehr eingebrochen und hatten dann, eher auf Beute als auf Kampf bedacht, die Zeit vertan. Die römischen Triarier[59], die dem ersten feindlichen Einbruch nicht hatten standhalten können, machten dem Konsul Meldung von ihrer Lage. Sie schlossen sich dicht zusammen und kehrten zum Feldherrnzelt zurück. (6) Auf eigene Faust erneuerten sie das Gefecht. Inzwischen hatte der Konsul Manlius bei seiner Rückkehr ins Lager alle Tore mit Posten besetzt und so den Feinden den Rückweg abgeschnitten. Ihre verzweifelte Lage entflammte die Etrusker mehr zu wütender Raserei als zu kühnen Taten. Denn nachdem sie nach allen Seiten hin, wo sich irgendeine Hoffnung auf Entkommen bot, mehrere vergebliche Angriffe unternommen hatten, stürmte ein einzelner Trupp junger Männer geradewegs auf den Konsul los, der durch seine Waffen gut zu erkennen war. (7) Der erste Geschosshagel wurde noch von den Umstehenden abgefangen, dann aber konnten sie der Gewalt des Angriffs nicht mehr widerstehen. Der Konsul fiel, tödlich getroffen, und alle Soldaten um ihn herum wurden in die Flucht geschlagen. (8) Den Tuskern wuchs der Mut, die Römer aber trieb der Schrecken kopflos im ganzen Lager umher. Es wäre zum Schlimmsten gekommen, wenn die Kommandeure nicht den Leichnam des Konsuls weggerissen und den Feinden durch ein Tor einen Ausweg eröffnet hätten. (9) Dort stürzten sie hinaus, und als sie in regellosem Zug auf dem Rückmarsch waren, stießen sie auf den anderen, den siegreichen Konsul. Da wurden sie abermals geschlagen und auseinandergesprengt.

Es war ein glänzender Sieg erfochten worden, der aber verdüstert wurde durch den Tod zweier so hervorragender Männer. (10) Als ihm der Senat einen Triumph zuerkannte, antwor-

exercitus sine imperatore triumphare possit, pro eximia eo bello opera facile passurum respondit; se familia funesta Q. Fabi fratris morte, re publica ex parte orba, consule altero amisso, publico privatoque deformem luctu lauream non accepturum. (11) Omni acto triumpho depositus triumphus clarior fuit; adeo spreta in tempore gloria interdum cumulatior redit. Funera deinde duo deinceps collegae fratrisque ducit, idem in utroque laudator, cum concedendo illis suas laudes ipse maximam partem earum ferret. (12) Neque immemor eius quod initio consulatus imbiberat, reconciliandi animos plebis, saucios milites curandos dividit patribus. Fabiis plurimi dati, nec alibi maiore cura habiti. Inde populares iam esse Fabii, nec hoc ulla re nisi salubri rei publicae arte.

48 (1) Igitur non patrum magis quam plebis studiis K. Fabius cum T. Verginio consul factus neque belli neque dilectus neque ullam aliam priorem curam agere quam, ut iam aliqua ex parte incohata concordiae spe, primo quoque tempore cum patribus coalescerent animi plebis. (2) Itaque principio anni censuit priusquam quisquam agrariae legis auctor tribunus existeret, occuparent patres ipsi suum munus facere; captivum agrum plebi quam maxime aequaliter darent; verum esse habere eos quo-

tete daher der Konsul, wenn das Heer ohne Feldherrn seinen Triumph feiern könne, dann wolle er ihm das für die großartigen Leistungen in diesem Kriege gern gestatten. Da aber seine Familie Trauer trage wegen seines gefallenen Bruders Q. Fabius und der Staat durch den Verlust des einen Konsuls zur Hälfte verwaist sei, könne er einen Lorbeerkranz nicht annehmen, der zur Familien- und Staatstrauer schlecht passe. (11) Dieser abgelehnte Triumph verschaffte ihm größere Ehre, als jeder gefeierte es getan hätte. So erhält man einen zu rechter Zeit verschmähten Ruhm bisweilen später noch reichlicher zurück. Darauf leitete Fabius das Leichenbegängnis für seinen Kollegen wie für seinen Bruder. Er hielt beiden die Leichenrede, und indem er seine eigenen Verdienste ihnen zuschrieb, trug er selbst den Hauptanteil des Lobes davon. (12) Er vergaß nicht, was er sich zu Beginn seines Konsulates vorgenommen hatte, nämlich die Herzen der Bürger wiederzugewinnen. Deshalb teilte er die verwundeten Soldaten zur Pflege den Vätern zu. Die Fabier erhielten die meisten, und nirgendwo wurden sie besser versorgt. Seitdem genossen die Fabier die Gunst des Volkes, und das nur durch ihren Einsatz für das Wohl des Staates.

48 (1) Also wurde Caeso Fabius gleichermaßen mit Unterstützung der Väter wie der Bürger zum Konsul gewählt, zusammen mit T. Verginius [479]. Er kümmerte sich vorrangig nicht um Krieg oder Truppenaushebungen oder eine sonstige Aufgabe, sondern darum, die Bürger möglichst bald mit den Vätern auszusöhnen, zumal ja schon gewisse Hoffnung auf eine Einigung bestand. (2) Daher stellte Fabius bereits zu Jahresbeginn im Senat folgenden Antrag: Noch bevor ein Tribun als Befürworter eines Ackergesetzes auftreten könne, sollten die Väter von sich aus ein solches Geschenk machen. Sie sollten das eroberte Land zu möglichst gleichen Teilen den Bürgern übergeben. Es sei nur gerecht, dass diejenigen das Land besä-

rum sanguine ac sudore partus sit. (3) Aspernati patres sunt; questi quoque quidam nimia gloria luxuriare et evanescere vividum quondam illud Caesonis ingenium.

(4) Nullae deinde urbanae factiones fuere; vexabantur incursionibus Aequorum Latini. Eo cum exercitu Caeso missus in ipsorum Aequorum agrum depopulandum transit. Aequi se in oppida receperunt murisque se tenebant; eo nulla pugna memorabilis fuit. (5) At a Veiente hoste clades accepta temeritate alterius consulis, actumque de exercitu foret, ni K. Fabius in tempore subsidio venisset. Ex eo tempore neque pax neque bellum cum Veientibus fuit; res proxime formam latrocinii venerat. (6) Legionibus Romanis cedebant in urbem; ubi abductas senserant legiones, agros incursabant, bellum quiete, quietem bello in vicem eludentes. Ita neque omitti tota res nec perfici poterat; et alia bella aut praesentia instabant, ut ab Aequis Volscisque, non diutius quam recens dolor proximae cladis transiret quiescentibus, aut mox moturos esse apparebat Sabinos semper infestos Etruriamque omnem. (7) Sed Veiens hostis, adsiduus magis quam gravis, contumeliis saepius quam periculo animos agitabat, quod nullo tempore neglegi poterat aut averti alio sinebat.

ßen, die es mit ihrem Blut und Schweiß errungen hätten. (3) Die Väter lehnten den Antrag ab, ja einige beklagten sogar, der frühere Kampfgeist des Caeso sei durch seinen übergroßen Ruhm entartet und kraftlos geworden.

(4) Sonst gab es in der Stadt keinen Parteienstreit. Die Latiner aber litten unter den Raubzügen der Aequer. Caeso wurde mit einem Heer dorthin entsandt und marschierte ins Gebiet der Aequer ein, um die Felder zu verwüsten. Die Aequer zogen sich in die Städte zurück und blieben innerhalb ihrer Mauern. So kam es zu keiner nennenswerten Kampfhandlung. (5) Vom Feind aus Veji aber musste man wegen der Unbesonnenheit des anderen Konsuls eine Niederlage hinnehmen. Es wäre um das Heer geschehen gewesen, wenn Caeso Fabius nicht noch rechtzeitig zu Hilfe gekommen wäre. Seitdem lebte man mit den Vejentern weder im Frieden noch im offenen Kriegszustand; das Ganze hatte eher die Form gegenseitiger Raubzüge angenommen. (6) Vor den römischen Legionen flüchteten die Vejenter in die Stadt; sobald sie aber gemerkt hatten, dass die Legionen abgezogen waren, fielen sie ins römische Gebiet ein. Sie machten von Mal zu Mal den Krieg durch Stillhalten, das Stillhalten aber wieder durch Krieg zunichte. So konnten die Römer diese Angelegenheit weder ganz außer acht lassen, noch ein für allemal zu Ende bringen. Dabei stand schon ein Ausbruch anderer Kriege unmittelbar bevor, einmal mit den Aequern und Volskern, die niemals länger Ruhe hielten, als bis die frischen Wunden der letzten Niederlage vernarbt waren. Zum anderen war es offensichtlich, dass sich bald die stets feindlichen Sabiner und ganz Etrurien erheben würden. (7) Der Feind aus Veji aber, der sich mehr hartnäckig als furchtbar zeigte, hielt die Römer öfter durch demütigende Übergriffe als durch ernsthafte Gefährdung in Atem. Man konnte ihn niemals völlig vernachlässigen, noch erlaubte er es, dass man sich anderen Aufgaben zuwandte.

(8) Tum Fabia gens senatum adiit. Consul pro gente loquitur: »Adsiduo magis quam magno praesidio, ut scitis, patres conscripti, bellum Veiens eget. Vos alia bella curate, Fabios hostes Veientibus date. Auctores sumus tutam ibi maiestatem Romani nominis fore. (9) Nostrum id nobis velut familiare bellum privato sumptu gerere in animo est; res publica et milite illic et pecunia vacet.« Gratiae ingentes actae. (10) Consul e curia egressus comitante Fabiorum agmine, qui in vestibulo curiae senatus consultum exspectantes steterant, domum redit. Iussi armati postero die ad limen consulis adesse; domos inde discedunt.

49 (1) Manat tota urbe rumor; Fabios ad caelum laudibus ferunt: familiam unam subisse civitatis onus; Veiens bellum in privatam curam, in privata arma versum. (2) si sint duae roboris eiusdem in urbe gentes, deposcant haec Volscos sibi, illa Aequos: populo Romano tranquillam pacem agente omnes finitimos subigi populos posse. Fabii postero die arma capiunt; quo iussi erant conveniunt. (3) Consul paludatus egrediens in vestibulo gentem omnem suam instructo agmine videt; acceptus in medium signa ferri iubet. Nunquam exercitus neque minor numero neque clarior fama et admiratione hominum per urbem incessit. (4) Sex et trecenti milites, omnes patricii, omnes unius gentis, quorum neminem ducem sperneret egregius quibuslibet temporibus exercitus, ibant, unius familiae viribus

(8) Da traten die Fabier vor den Senat. Der Konsul ergriff für seine Sippe das Wort: »Wie ihr wisst, versammelte Väter, verlangt der Krieg gegen Veji eher eine ständige als eine zahlenmäßig große Truppe zur Abwehr. Führt ihr die anderen Kriege und gebt den Vejentern die Fabier zu Gegnern. Wir verbürgen uns dafür, dass die Würde des römischen Namens dort gesichert bleibt. (9) Wir haben vor, diesen Krieg als den unseren, sozusagen als unsere Privatfehde auf eigene Kosten zu führen. Der Staat soll hierfür weder Truppen noch Geldmittel aufzuwenden haben.« Der Vorschlag wurde mit höchster Dankbarkeit angenommen. (10) Als der Konsul aus der Kurie kam, begleiteten ihn die Fabier – sie hatten im Vorhof der Kurie auf den Bescheid des Senats gewartet – in langem Zug nach Hause. Sie erhielten den Befehl, sich am nächsten Tag bewaffnet vor dem Hause des Konsuls einzufinden. Darauf gingen sie heim.

49 (1) Die Kunde hiervon verbreitete sich durch die ganze Stadt. Man erhob die Fabier in den Himmel: Eine einzige Familie, so hieß es, habe die Last auf sich geladen, die den Staat bedrückte. Der Krieg gegen Veji sei zu einer Privatsache, zu einer Privatfehde geworden. (2) Gäbe es nur noch zwei Familien von solcher Stärke in der Stadt, von denen sich die eine die Volsker, die andere die Aequer vornähme, dann könnten alle Nachbarvölker unterworfen werden, und das römische Volk dürfe Ruhe und Frieden genießen. Am nächsten Tag bewaffneten sich die Fabier und versammelten sich an dem verabredeten Platz. (3) Als der Konsul im Feldherrnmantel zu ihnen heraustrat, erblickte er im Vorhof seine ganze Sippe, zum Abmarsch gerüstet. Sie nahmen ihn in die Mitte, und er gab den Befehl zum Aufbruch. Niemals zog ein Heer durch die Stadt, das so klein an Zahl, aber so namhaft und vielbewundert war. (4) 306 Krieger, alle von Adel, alle von einem Stamm – keinen einzigen von ihnen hätte ein hervorragendes Heer gleich welcher Zeit als Feldherrn verschmäht –, zogen aus und drohten

Veienti populo pestem minitantes. (5) Sequebantur turba propria alia cognatorum sodaliumque, nihil medium, nec spem nec curam, sed immensa omnia volventium animo, alia publica sollicitudine excitata, favore et admiratione stupens. (6) Ire fortes, ire felices iubent, inceptis eventus pares reddere; consulatus inde ac triumphos, omnia praemia ab se, omnes honores sperare. (7) Praetereuntibus Capitolium arcemque et alia templa, quidquid deorum oculis, quidquid animo occurrit, precantur ut illud agmen faustum atque felix mittant, sospites brevi in patriam ad parentes restituant. In cassum missae preces. (8) Infelici via, dextro iano portae Carmentalis, profecti ad Cremeram flumen perveniunt. Is opportunus visus locus communiendo praesidio.

(9) L. Aemilius inde et C. Servilius consules facti. Et donec nihil aliud quam in populationibus res fuit, non ad praesidium modo tutandum Fabii satis erant, sed tota regione qua Tuscus ager Romano adiacet, sua tuta omnia, infesta hostium, vagantes per utrumque finem, fecere. (10) Intervallum deinde haud magnum populationibus fuit, dum et Veientes accito ex Etruria exercitu praesidium Cremerae oppugnant, et Romanae legiones ab L. Aemilio consule adductae cominus cum Etruscis dimicant acie; (11) quamquam vix dirigendi aciem spatium Veientibus fuit; adeo inter primam trepidationem, dum post signa

mit der Stärke eines einzigen Geschlechts den Vejentern die Vernichtung an. (5) Ihnen folgte eine ganze Schar, zum einen ihr eigenes Gefolge von Verwandten und Gefährten, die ihre Hoffnungen und Wünsche auf nichts Gewöhnliches richteten, sondern lauter Außergewöhnliches im Sinn hatten. Zum andern eine Volksmenge, die sich aus Sorge um den Staat aufgemacht hatte und vor staunender Begeisterung ganz außer sich war. (6) Stark und tapfer sollten sie ausziehen, so riefen alle, vom Glück begleitet, und ihr Unternehmen solle so enden, wie es begonnen habe. Konsulate und Triumphe, Auszeichnungen und Ehrenstellen aller Art könnten sie dann von ihnen erwarten. (7) Als der Zug am Kapitol, der Burg und den anderen Tempeln vorüberkam, beteten die Leute zu den Göttern, die sie gerade vor Augen hatten oder die ihnen in den Sinn kamen, sie möchten doch diesen Zug mit Glück und Segen begleiten und die Krieger bald wohlbehalten in ihr Vaterland und zu den Ihrigen zurückkehren lassen. Aber die Bitten waren vergebens. (8) Die Fabier zogen den Weg des Unheils durch den rechten Bogen des carmentalischen Tores[60] und gelangten zum Fluss Cremera. Diese Stelle schien ihnen günstig, um dort eine feste Stellung zu errichten.[61]

(9) Darauf wurden L. Aemilius und C. Servilius Konsuln [478]. Solange der Krieg nur aus Raubzügen bestand, waren die Fabier als Schutztruppe stark genug, ja sie sicherten sogar durch ihre Streifzüge hüben und drüben die gesamte Gegend, wo das etruskische ans römische Gebiet angrenzt, und machten das feindliche Land unsicher. (10) Dann wurden diese Streifzüge auf kurze Zeit unterbrochen. Die Vejenter bestürmten nämlich mit einem aus Etrurien aufgebotenen Heer den Posten am Cremera. Die römischen Legionen aber rückten unter der Führung des Konsuls L. Aemilius heran und lieferten den Tuskern eine Schlacht. (11) Man ließ den Vejentern kaum Zeit, ihre Reihen zu ordnen. Noch in der Hast des Anfangs,

ordines introeunt subsidiaque locant, invecta subito ab latere Romana equitum ala non pugnae modo incipiendae sed consistendi ademit locum. (12) Ita fusi retro ad saxa Rubra – ibi castra habebant – pacem supplices petunt. Cuius impetratae, ab insita animis levitate, ante deductum Cremera Romanum praesidium paenituit.

50 (1) Rursus cum Fabiis erat Veienti populo, sine ullo maioris belli apparatu, certamen; nec erant incursiones modo in agros aut subiti impetus incursantium, sed aliquotiens aequo campo conlatisque signis certatum, (2) gensque una populi Romani saepe ex opulentissima, ut tum res erant, Etrusca civitate victoriam tulit. (3) Id primo acerbum indignumque Veientibus est visum; inde consilium ex re natum insidiis ferocem hostem captandi; gaudere etiam multo successu Fabiis audaciam crescere. (4) Itaque et pecora praedantibus aliquotiens, velut casu incidissent, obviam acta, et agrestium fuga vasti relicti agri, et subsidia armatorum ad arcendas populationes missa saepius simulato quam vero pavore refugerunt. (5) Iamque Fabii adeo contempserant hostem ut sua invicta arma neque loco neque tempore ullo crederent sustineri posse. Haec spes provexit ut ad conspecta procul a Cremera magno campi intervallo pecora, quamquam rara hostium apparebant arma, decurrerent. (6) Et

während sie den Fahnen folgend sich aufstellten und das Hintertreffen formierten, brach plötzlich eine Schwadron römischer Reiterei von der Flanke her ein und ließ ihnen keine Stellung, um den Kampf beginnen, ja überhaupt nur standhalten zu können. (12) So wurden sie bis nach Saxa Rubra zurückgeschlagen, wo sie ihr Lager hatten. Sie baten demütig um Frieden, der ihnen auch gewährt wurde. In ihrem üblichen Wankelmut brachen sie ihn aber wieder, noch ehe der römische Posten am Cremera abgezogen war.

50 (1) Wieder hatten die Vejenter mit den Fabiern zu kämpfen, ohne dass es dabei Zurüstungen zu einem größeren Krieg gab. Doch fanden jetzt nicht nur Raubzüge ins feindliche Gebiet oder plötzliche Angriffe von Seiten der herumstreifenden Trupps statt, sondern es kam mehrmals zu regelrechten Gefechten im offenen Feld. (2) Die eine römische Sippe trug oft den Sieg davon über den für damalige Zeiten so überaus mächtigen etruskischen Stadtstaat. (3) Dies erschien den Vejentern zunächst als herbe Kränkung. Dann brachte die Sache selbst sie auf den Gedanken, den übermütigen Feind in einem Hinterhalt zu fangen. Sie freuten sich nun sogar, dass die Fabier durch ihre zahlreichen Erfolge immer waghalsiger wurden. (4) Deshalb trieben sie ihnen, wenn sie auf Beutezug waren, mehrmals Viehherden zu, auf die sie dann scheinbar zufällig stießen. Außerdem räumte die Landbevölkerung auf der Flucht das flache Land, und die zur Abwehr der Verwüstungen entsandten Schutztruppen zogen sich öfter aus scheinbarer, nicht aus wirklicher Furcht fliehend zurück. (5) Schon gingen die Fabier in ihrer Verachtung des Feindes so weit zu glauben, er könne ihren sieggewohnten Waffen nimmer und nirgends mehr standhalten. Diese Zuversicht verleitete sie, obwohl man da und dort bewaffnete Feinde sah, auf eine Viehherde loszugehen, die sie weit vom Cremera entfernt erblickt hatten und von der sie durch eine weite Ebene getrennt waren. (6) Als sie

cum improvidi effuso cursu praesidia circa ipsum iter locata superassent palatique passim vaga, ut fit pavore iniecto, raperent pecora, subito ex insidiis consurgitur; et adversi et undique hostes erant. (7) Primo clamor circumlatus exterruit, dein tela ab omni parte accidebant; coeuntibusque Etruscis, iam continenti agmine armatorum saepti, quo magis se hostis inferebat, cogebantur breviore spatio et ipsi orbem colligere, (8) quae res et paucitatem eorum insignem et multitudinem Etruscorum, multiplicatis in arto ordinibus, faciebat. (9) Tum omissa pugna, quam in omnes partes parem intenderant, in unum locum se omnes inclinant; eo nisi corporibus armisque rupere cuneo viam. (10) Duxit via in editum leniter collem. Inde primo restitere; mox, ut respirandi superior locus spatium dedit recipiendique a pavore tanto animum, pepulere etiam subeuntes, vincebatque auxilio loci paucitas, ni iugo circummissus Veiens in verticem collis evasisset. (11) Ita superior rursus hostis factus. Fabii caesi ad unum omnes praesidiumque expugnatum. Trecentos sex perisse satis convenit, unum propter impuberem aetatem relictum, stirpem genti Fabiae dubiisque rebus populi Romani saepe domi bellique vel maximum futurum auxilium.

ohne jegliche Vorsicht in regellosem Zug die am Wege aufgestellten Posten überrannt hatten, zerstreuten sie sich in alle Richtungen und raubten das Vieh, das sich wie immer, wenn es aufgescheucht wird, überallhin verlaufen hatte. Da erfolgte plötzlich ein Überfall aus dem Hinterhalt: Die Feinde umringten die Fabier von vorne und von allen Seiten. (7) Das Geschrei, das sich ringsum erhob, jagte ihnen den ersten Schrecken ein, dann kamen von überallher Geschosse geflogen. Da die Etrusker ihre Trupps vereinigten, waren die Fabier alsbald von einem Ring Bewaffneter umgeben. Je heftiger der Feind auf sie eindrang, desto mehr wurden sie gezwungen, sich auf immer engerem Raum im Kreis zusammenzuschließen. (8) Dadurch erwies sich deutlich ihre geringe Zahl und die Übermacht der Etrusker, die ihre Reihen auf dem engen Raum mehrfach staffeln konnten. (9) Daher gaben es die Fabier auf, den Kampf weiterhin nach allen Seiten hin zugleich zu führen, und sie konzentrierten sich alle gemeinsam auf eine Stelle. Nur mit dem Einsatz ihrer Körper und Waffen brachen sie im Keil dort durch und erzwangen sich den Ausweg. (10) Er führte sie auf einen leicht ansteigenden Hügel. Hier konnten sie zuerst wieder Fuß fassen. Sobald es ihnen der erhöhte Standort erlaubt hatte, Atem zu schöpfen und sich von ihrem Schrecken zu erholen, schlugen sie auch schon die von unten andrängenden Feinde zurück. Von ihrem Standort begünstigt, hätten sie trotz ihrer geringen Zahl den Sieg davongetragen, wenn die Vejenter nicht den Hügel von hinten erstiegen hätten. (11) So erhielt der Feind abermals die Oberhand. Die Fabier wurden alle bis auf den letzten Mann niedergemacht, ihre Festung wurde erobert. Es heißt übereinstimmend, dass 306 Mann gefallen sind.[62] Nur ein einziger war zurückgeblieben, da er noch ein Knabe war. Er wurde der Ahnherr des künftigen Fabiergeschlechtes, das dem römischen Volk bei Gefahren zu Hause und im Krieg so oft die stärkste Stütze werden sollte.[63]

51 (1) Cum haec accepta clades est, iam C. Horatius et T. Menenius consules erant. Menenius adversus Tuscos victoria elatos confestim missus. (2) Tum quoque male pugnatum est, et Ianiculum hostes occupavere; obsessaque urbs foret, super bellum annona premente – transierant enim Etrusci Tiberim – ni Horatius consul ex Volscis esset revocatus. Adeoque id bellum ipsis institit moenibus, ut primo pugnatum ad Spei sit aequo Marte, iterum ad portam Collinam. (3) Ibi quamquam parvo momento superior Romana res fuit, meliorem tamen militem, recepto pristino animo, in futura proelia id certamen fecit.

(4) A. Verginius et Sp. Servilius consules fiunt. Post acceptam proxima pugna cladem Veientes abstinuere acie; populationes erant, et velut ab arce Ianiculo passim in Romanum agrum impetus dabant; non usquam pecora tuta, non agrestes erant. (5) Capti deinde eadem arte sunt qua ceperant Fabios. Secuti dedita opera passim ad inlecebras propulsa pecora praecipitavere in insidias; quo plures erant, maior caedes fuit. (6) Ex hac clade atrox ira maioris cladis causa atque initium fuit. Traiecto enim nocte Tiberi, castra Servili consulis adorti sunt oppugnare. Inde fusi magna caede in Ianiculum se aegre recepere. (7) Confestim consul et ipse transit Tiberim, castra sub Ianicu-

51 (1) Als man diese Niederlage hinnehmen musste, waren bereits C. Horatius und T. Menenius Konsuln [477]. Gegen die Tusker, die durch ihren Sieg übermütig geworden waren, schickte man sogleich Menenius ins Feld. (2) Auch diesmal kämpfte man mit unglücklichem Ausgang, und die Feinde nahmen das Ianiculum ein. Ja, die Stadt, die zum Krieg auch noch Hungersnot zu ertragen hatte – die Etrusker hatten nämlich den Tiber überschritten[64] –, wäre belagert worden, wenn man nicht den Konsul Horatius aus dem Volskerland zurückgerufen hätte. Dieser Krieg rückte so dicht an die Mauern heran, dass man zuerst beim Tempel der Spes kämpfte, und zwar in einem unentschiedenen Gefecht, sodann am collinischen Tor. (3) Zwar behielten die Römer nur knapp die Oberhand, das Treffen stärkte die Soldaten aber für die kommenden Gefechte, indem sie dadurch ihren früheren Kampfgeist zurückgewannen.

(4) A. Verginius und Sp. Servilius wurden nun Konsuln [476]. Nach der Niederlage im letzten Gefecht vermieden die Vejenter ein Treffen. Doch unternahmen sie Plünderungszüge und machten vom Ianiculum aus wie von einer Burg nach allen Seiten hin Einfälle ins römische Gebiet. Nirgends war das Vieh, nirgends das Landvolk sicher. (5) Da wurden sie schließlich mit der gleichen List gefangen, mit der sie die Fabier besiegt hatten. Als sie den Viehherden folgten, die man ihnen da und dort absichtlich zugetrieben hatte, um sie anzulocken, gerieten sie unversehens in einen Hinterhalt. Je zahlreicher sie waren, umso mehr wurden auch niedergehauen. (6) Ihre grimmige Erbitterung über diese Niederlage war Anlass und Anfang einer noch größeren. Sie setzten nämlich des Nachts über den Tiber und begannen mit einem Sturmangriff auf das Lager des Konsuls Servilius. Hier wurden sie vernichtend geschlagen und retteten sich mit Mühe auf das Ianiculum. (7) Sogleich überschritt der Konsul seinerseits den Tiber und schlug unter-

lo communit. Postero die luce orta nonnihil et hesterna felicitate pugnae ferox, magis tamen quod inopia frumenti quamvis in praecipitia, dum celeriora essent, agebat consilia, (8) temere adverso Ianiculo ad castra hostium aciem erexit, foediusque inde pulsus quam pridie pepulerat, interventu collegae ipse exercitusque est servatus. (9) Inter duas acies Etrusci, cum in vicem his atque illis terga darent, occidione occisi. Ita oppressum temeritate felici Veiens bellum.

52 (1) Urbi cum pace laxior etiam annona rediit, et advecto ex Campania frumento, et postquam timor sibi cuique futurae inopiae abiit, eo quod abditum fuerat prolato. (2) Ex copia deinde otioque lascivire rursus animi et pristina mala, postquam foris deerant, domi quaerere. Tribuni plebem agitare suo veneno, agraria lege; in resistentes incitare patres, nec in universos modo sed in singulos. (3) Q. Considius et T. Genucius, auctores agrariae legis, T. Menenio diem dicunt. Invidiae erat amissum Cremerae praesidium, cum haud procul inde stativa consul habuisset; (4) ea oppressit, cum et patres haud minus quam pro Coriolano adnisi essent et patris Agrippae favor hauddum exolevisset. (5) In multa temperarunt tribuni; cum capitis anquisissent, duorum milium aeris damnato multam dixerunt. Ea in

halb des Ianiculums ein befestigtes Lager auf. Am folgenden Tag in der Frühe war er noch etwas in Hochstimmung wegen des gestrigen Sieges, noch mehr aber trieb ihn der Mangel an Getreide zu Entschlüssen, die noch so gewagt sein mochten, wenn sie nur raschen Erfolg erwarten ließen. (8) So stellte er auf gut Glück das Heer am Ianiculum vor dem feindlichen Lager zur Schlacht auf. Dort erlitt er eine noch schmählichere Niederlage, als er sie tags zuvor den Feinden beigebracht hatte. Nur das Eingreifen seines Kollegen rettete ihn und das Heer. (9) Die Etrusker gerieten dadurch zwischen zwei Fronten und wurden, während sie jeweils einer davon den Rücken kehren mussten, gänzlich niedergehauen. So ging die unbesonnene Unternehmung noch glücklich aus und führte zur Beendigung des Krieges gegen Veji.

52 (1) Mit dem Frieden gab es in der Stadt auch wieder billigeres Getreide, einmal weil die Zufuhr aus Kampanien wieder offenstand, und zum andern weil man nun ohne Furcht vor künftigem Mangel seine verborgenen Vorräte zutage förderte. (2) Aus Überfluss und Ruhe erwuchs auch wieder der Mutwille, und da man nach außen hin keine hatte, schuf man sich im Innern wieder die alten Übel. Die Tribunen brachten das Volk durch ihr Zaubermittel, das Ackergesetz, in Bewegung und hetzten es gegen die sich widersetzenden Väter auf, und zwar nicht nur gegen die gesamte Körperschaft, sondern auch gegen einzelne. (3) Q. Considius und T. Genucius, die das Ackergesetz beantragt hatten, brachten den T. Menenius vor Gericht. Sie gaben ihm die Schuld am Verlust des Postens am Cremera, da er als Konsul nicht weit davon sein Standlager gehabt habe. (4) Dieser Beschuldigung unterlag er, obwohl sich die Väter für ihn nicht weniger als für Coriolanus eingesetzt hatten und auch die Sympathien für seinen Vater [Menenius] Agrippa noch keineswegs geschwunden waren. (5) Die Tribunen zeigten sich milde, indem sie auf eine Geldstrafe erkannten. Ob-

caput vertit; negant tulisse ignominiam aegritudinemque; inde morbo absumptum esse.

(6) Alius deinde reus, Sp. Servilius, ut consulatu abiit, C. Nautio et P. Valerio consulibus, initio statim anni ab L. Caedicio et T. Statio tribunis die dicta, (7) non ut Menenius, precibus suis aut patrum sed cum multa fiducia innocentiae gratiaeque tribunicios impetus tulit. Et huic proelium cum Tuscis ad Ianiculum erat crimini. Sed fervidi animi vir ut in publico periculo ante, sic tum in suo, non tribunos modo sed plebem oratione feroci refutando exprobrandoque T. Meneni damnationem mortemque, cuius patris munere restituta quondam plebs eos ipsos quibus tum saeviret magistratus, eas leges haberet, periculum audacia discussit. (8) Iuvit et Verginius collega testis productus, participando laudes; magis tamen Menenianum – adeo mutaverunt animi – profuit iudicium.

53 (1) Certamina domi finita: Veiens bellum exortum, quibus Sabini arma coniunxerant. P. Valerius consul accitis Latinorum Hernicorumque auxiliis cum exercitu Veios missus castra Sa-

wohl sie ihn in einem Kapitalprozess angeklagt hatten, legten sie ihm nun bei seiner Verurteilung nur eine Geldbuße von zweitausend As auf.[65] Aber auch das traf ihn ins Herz; es heißt, er habe die Entehrung und den Gram nicht ertragen können und sei bald darauf krank geworden und gestorben.

(6) Einen anderen Angeklagten, den Sp. Servilius, brachten darauf die Tribunen L. Caedicius und T. Statius unter dem Konsulat des C. Nautius und P. Valerius [475] vor Gericht, und zwar wurde der Prozess gleich zu Beginn des Jahres angesetzt, als Servilius eben sein Konsulat niedergelegt hatte. (7) Er verteidigte sich nicht wie Menenius mit Bitten, die er selbst oder die Väter vortrugen, gegen die Angriffe der Tribunen, sondern zeigte vielmehr großes Vertrauen in seine Unschuld und seinen guten Namen. Auch ihn klagte man an wegen des Gefechts gegen die Etrusker am Ianiculum. Aber ebenso kühn, wie er damals in der allgemeinen Bedrohung gewesen war, zeigte er sich auch jetzt bei seiner eigenen Gefährdung. In einer leidenschaftlichen Rede wies er die Vorwürfe zurück und beschuldigte seinerseits nicht nur die Tribunen, sondern auch die Bürger wegen der Verurteilung und des Todes des Menenius. Dessen Vater hätten die Bürger es zu verdanken, dass sie damals wieder ihren Platz im Gemeinwesen erhalten hätten, dass sie die Beamten erhielten, mit deren Hilfe sie nun so wüteten, und dazu die gesetzlichen Vollmachten. So rettete er sich durch seine Kühnheit aus der Gefahr. (8) Auch stand ihm sein Amtskollege Verginius als Zeuge zur Seite und stellte ihn als Teilhaber seines Ruhmes dar. Noch mehr aber half ihm die Erinnerung an die Verurteilung des Menenius: Ein solcher Stimmungsumschwung war inzwischen eingetreten.

53 (1) Die inneren Streitigkeiten waren damit beendet, da kam es wieder zum Krieg gegen die Vejenter, denen sich die Sabiner angeschlossen hatten. Der Konsul P. Valerius berief Hilfstruppen von den Latinern und Hernikern und wurde mit

bina, quae pro moenibus sociorum locata erant, confestim adgreditur; tantamque trepidationem iniecit ut dum dispersi alii alia manipulatim excurrunt ad arcendam hostium vim, ea porta cui signa primum intulerat caperetur. Intra vallum deinde caedes magis quam proelium esse. (2) Tumultus e castris et in urbem penetrat; tamquam Veiis captis, ita pavidi Veientes ad arma currunt. Pars Sabinis eunt subsidio, pars Romanos toto impetu intentos in castra adoriuntur. (3) Paulisper aversi turbatique sunt; deinde et ipsi utroque versis signis resistunt, et eques ab consule immissus Tuscos fundit fugatque, eademque hora duo exercitus, duae potentissimae et maxime finitimae gentes superatae sunt. (4) Dum haec ad Veios geruntur, Volsci Aequique in Latino agro posuerant castra populatique fines erant. Eos per se ipsi Latini adsumptis Hernicis, sine Romano aut duce aut auxilio castris exuerunt; (5) ingenti praeda praeter suas reciperatas res potiti sunt. Missus tamen ab Roma consul in Volscos C. Nautius; mos, credo, non placebat, sine Romano duce exercituque socios propriis viribus consiliisque bella gerere. (6) Nullum genus calamitatis contumeliaeque non editum in Volscos est, nec tamen perpelli potuere ut acie dimicarent.

54 (1) L. Furius inde et C. Manlius consules. Manlio Veientes provincia evenit; non tamen bellatum; indutiae in annos qua-

einem Heer gegen Veji entsandt. Er griff sogleich das Lager an, das die Sabiner vor den Mauern ihrer Bundesgenossen errichtet hatten. Dadurch versetzte er sie in solche Verwirrung, dass er, während sie noch zerstreut in einzelnen Trupps hier und dort zur Abwehr des Feindes einen Ausfall machten, das Tor, dem sein erster Angriff gegolten hatte, einnehmen konnte. Innerhalb des Lagers gab es nun eher ein Gemetzel als ein Gefecht. (2) Der Kampfeslärm drang aus dem Lager bis in die Stadt, und die Vejenter eilten so erschrocken zu den Waffen, als sei Veji schon erobert. Ein Teil kam den Sabinern zu Hilfe, ein anderer griff die Römer an, die mit ganzer Kraft das Lager bestürmten. (3) Sie wurden für kurze Zeit zurückgedrängt und gerieten in Verwirrung. Dann aber wandten sie sich nach beiden Seiten hin und leisteten Widerstand. Der Konsul entsandte die Reiterei zum Angriff, und diese schlug die Tusker vernichtend. So wurden zur gleichen Stunde zwei Heere und die beiden mächtigsten und dazu noch eng benachbarten Völker besiegt. (4) Während dies bei Veji geschah, hatten die Volsker und Aequer im Gebiet der Latiner ihr Lager aufgeschlagen und dort geplündert. Die Latiner nahmen von sich aus die Herniker zu Hilfe und eroberten das feindliche Lager, ohne einen Feldherrn oder Hilfstruppen aus Rom anzufordern. (5) Sie machten reiche Beute und gewannen darüber hinaus ihre Ländereien zurück. Rom entsandte dennoch den Konsul C. Nautius gegen die Volsker. Man wollte es, glaube ich, nicht zur Gewohnheit werden lassen, dass die Bundesgenossen ohne römische Führung und Streitmacht mit eigenen Truppen und auf eigene Faust Kriege führten. (6) Man suchte die Volsker auf alle mögliche Art zu schädigen und zu schmähen, sie ließen sich aber dennoch nicht dazu bewegen, eine Schlacht zu schlagen.

54 (1) Darauf wurden L. Furius und C. Manlius Konsuln [474]. Die Kriegführung gegen die Vejenter fiel Manlius zu, doch kam es nicht zum Kampf. Auf ihre Bitten hin gewährte man

draginta petentibus datae frumento stipendioque imperato. (2) Paci externae confestim continuatur discordia domi. Agrariae legis tribuniciis stimulis plebs furebat. Consules, nihil Meneni damnatione, nihil periculo deterriti Servili, summa vi resistunt. Abeuntes magistratu Cn. Genucius tribunus plebis arripuit.

(3) L. Aemilius et Opiter Verginius consulatum ineunt; Vopiscum Iulium pro Verginio in quibusdam annalibus consulem invenio. Hoc anno, quoscumque consules habuit, rei ad populum Furius et Manlius circumeunt sordidati non plebem magis quam iuniores patrum. (4) Suadent monent honoribus et administratione rei publicae abstineant; consulares vero fasces, praetextam ⟨togam⟩, curulemque sellam nihil aliud quam pompam funeris putent; claris insignibus velut infulis velatos ad mortem destinari. (5) quod si consulatus tanta dulcedo sit, iam nunc ita in animum inducant consulatum captum et oppressum ab tribunicia potestate esse; consuli, velut apparitori tribunicio, omnia ad nutum imperiumque tribuni agenda esse; (6) si se commoverit, si respexerit patres, si aliud quam plebem esse in re publica crediderit, exsilium Cn. Marci, Meneni damnationem et mortem sibi proponant ante oculos. (7) His accen-

ihnen einen Waffenstillstand auf vierzig Jahre, dafür wurden ihnen Getreidelieferungen und ein Tribut auferlegt.[66] (2) Mit dem äußeren Frieden begannen sogleich wieder die Streitigkeiten im Innern. Durch die erneute Vorlage des Ackergesetzes wurde die Bürgerschaft von den Tribunen in Aufruhr versetzt. Die Konsuln ließen sich nicht beirren, weder durch die Verurteilung des Menenius noch durch die Gefährdung des Servilius, sie widersetzten sich mit aller Kraft. Sobald sie ihr Amt niederlegten, wurden sie von dem Volkstribunen Cn. Genucius gerichtlich belangt.

(3) L. Aemilius und Opiter Verginius traten nun das Konsulat an [473]. In einigen Jahrbüchern finde ich statt des Verginius einen Julius Vopiscus als Konsul. In diesem Jahr – welche Konsuln es auch gehabt haben mag – waren Furius und Manlius vor dem Volk angeklagt worden. Sie wandten sich in Trauerkleidung[67] an die Bürger und ebenso an die Jüngeren unter den Vätern. (4) Ihnen gaben sie warnend den Rat, auf Ehrenämter und auf die Verwaltung des Staates zu verzichten. Sie sollten vielmehr die konsularischen Rutenbündel, die purpurverbrämte Amtstoga und den kurulischen Sessel für nichts anderes als Prunkstücke für den Leichenzug ansehen. Mit diesen glänzenden Ehrenzeichen würden sie wie mit den Binden eines Opfertieres behängt und dem Tode geweiht. (5) Wenn das Konsulat einen so großen Reiz für sie habe, dann müssten sie sich jetzt schon klarmachen, dass das Konsulat völlig in der Hand der Tribunen sei. Der Konsul habe wie ein tribunizischer Amtsdiener in allem nur auf Wink und Befehl des Tribunen zu handeln. (6) Wenn er sich rühre, wenn er sich nach den Beschlüssen der Väter richte, wenn er glaube, im Gemeinwesen gäbe es noch anderes als nur das Volk, dann solle er sich die Verbannung des Cn. Marcius [Coriolanus], die Verurteilung und den Tod des Menenius [Agrippa] vor Augen halten. (7) Durch solche Äußerungen entflammt hielten die Väter ihre

si vocibus patres consilia inde non publica sed in privato seductaque a plurium conscientia habuere. Ubi cum id modo constaret, iure an iniuria, eripiendos esse reos, atrocissima quaeque maxime placebat sententia, nec auctor quamvis audaci facinori deerat. (8) Igitur iudicii die, cum plebs in foro erecta exspectatione staret, mirari primo quod non descenderet tribunus; dein cum iam mora suspectior fieret, deterritum a primoribus credere et desertam ac proditam causam publicam queri; (9) tandem qui obversati vestibulo tribuni fuerant nuntiant domi mortuum esse inventum. Quod ubi in totam contionem pertulit rumor, sicut acies funditur duce occiso, ita dilapsi passim alii alio. Praecipuus pavor tribunos invaserat, quam nihil auxilii sacratae leges haberent morte collegae monitos. (10) Nec patres satis moderate ferre laetitiam, adeoque neminem noxiae paenitebat, ut etiam insontes fecisse videri vellent, palamque ferretur malo domandam tribuniciam potestatem.

55 (1) Sub hac pessimi exempli victoria dilectus edicitur, paventibusque tribunis sine intercessione ulla consules rem peragunt. (2) Tum vero irasci plebs tribunorum magis silentio quam consulum imperio, et dicere actum esse de libertate sua; rursus ad antiqua reditum; cum Genucio una mortuam ac se-

Beratungen nicht mehr in der Öffentlichkeit ab, sondern in Privathäusern, wo sie vor größerer Mitwisserschaft sicher waren. Sobald man sich so weit einig war, die Angeklagten müssten – ob mit Hilfe von Recht oder Unrecht – gerettet werden, fand gerade der härteste Vorschlag den meisten Beifall, und es fehlte auch nicht der Befürworter einer noch so verwegenen Tat. (8) Als nun die Bürger am Gerichtstag in gespannter Erwartung auf dem Forum standen, wunderten sie sich anfangs, dass der Tribun nicht erschien. Nach einiger Zeit wurde ihnen sein Ausbleiben immer verdächtiger. Sie glaubten, er habe sich von den führenden Männern abschrecken lassen, und beklagten sich, er habe die Sache des Volkes verraten und verkauft. (9) Endlich brachten Leute, die sich vorm Eingang zum Haus des Tribunen aufgehalten hatten, die Nachricht, er sei daheim tot aufgefunden worden. Sobald sich diese Kunde in der gesamten Volksversammlung verbreitet hatte, lief alles nach allen Seiten hin auseinander, wie ein Heer zersprengt wird, wenn sein Führer gefallen ist. Am meisten erschrocken waren die Tribunen, da der Tod ihres Amtskollegen sie daran gemahnte, dass ihnen die feierlich beschworenen Gesetze keinerlei Schutz boten. (10) Die Väter aber legten sich in ihrer Freude keinerlei Mäßigung auf; niemanden reute die Tat, ja es wollten sogar Unbeteiligte als Mittäter erscheinen. Man sagte ganz offen, die tribunizische Gewalt müsse eben auch einmal durch verwerfliche Mittel unter Kontrolle gebracht werden.

55 (1) Unter dem Eindruck dieses Sieges, der ein so böses Beispiel gab, wurde eine Truppenaushebung angekündigt. Weil die Tribunen noch voller Furcht waren, konnten die Konsuln die Rekrutierung ohne Einspruch vornehmen. (2) Da regte sich jedoch der Zorn der Bürger, und zwar galt er mehr dem Stillschweigen der Tribunen als dem Gebot der Konsuln. Es sei vorbei mit ihrer Freiheit, sagten sie, man kehre wieder zurück zu den früheren Verhältnissen. Mit Genucius sei auch die Tri-

pultam tribuniciam potestatem. aliud agendum ac cogitandum quomodo resistatur patribus; (3) id autem unum consilium esse ut se ipsa plebs, quando aliud nihil auxilii habeat, defendat. quattuor et viginti lictores apparere consulibus et eos ipsos plebis homines; nihil contemptius neque infirmius, si sint qui contemnant; sibi quemque ea magna atque horrenda facere. (4) His vocibus alii alios cum incitassent, ad Voleronem Publilium de plebe hominem quia, quod ordines duxisset, negaret se militem fieri debere, lictor missus est a consulibus. Volero appellat tribunos. (5) Cum auxilio nemo esset, consules spoliari hominem et virgas expediri iubent. »Provoco« inquit »ad populum« Volero, »quoniam tribuni civem Romanum in conspectu suo virgis caedi malunt quam ipsi in lecto suo a vobis trucidari.« Quo ferocius clamitabat, eo infestius circumscindere et spoliare lictor. (6) Tum Volero et praevalens ipse et adiuvantibus advocatis repulso lictore, ubi indignantium pro se acerrimus erat clamor, eo se in turbam confertissimam recipit clamitans: (7) »Provoco et fidem plebis imploro. Adeste, cives; adeste, commilitones; nihil est quod exspectetis tribunos quibus ipsis vestro auxilio opus est.« (8) Concitati homines veluti ad proelium se expediunt, apparebatque omne discrimen adesse; nihil cuiquam sanctum, non publici fore, non privati iuris. (9) Huic tantae tempestati cum se consules obtulissent, facile

bunengewalt tot und begraben. Man müsse zu anderen Mitteln greifen und überlegen, wie man den Vätern Widerstand leisten könne. (3) Es gäbe nur einen Rat: Das Volk müsse sich selbst verteidigen, da es keine andere Hilfe habe. Nur 24 Gerichtsdiener ständen den Konsuln zur Verfügung, noch dazu lauter Leute aus dem Volk – ein äußerst verächtlicher und schwacher Schutz, wenn man ihn nur zu verachten bereit wäre. Was daran großartig und abschreckend sei, das bilde sich jeder nur selbst ein. (4) Als sie sich durch solche Zurufe gegenseitig Mut gemacht hatten, wurde von den Konsuln ein Gerichtsdiener zu Publilius Volero geschickt, einem Mann aus dem Volk. Er hatte behauptet, er müsse nicht als gemeiner Soldat dienen, da er schon Hauptmann gewesen sei. Volero appellierte an die Tribunen. (5) Als ihm keiner zu Hilfe kam, gaben die Konsuln den Befehl, dem Mann die Kleider herunterzureißen und die Rutenbündel zu öffnen. »Ich appelliere an das Volk«, rief Volero. »Denn die Tribunen wollen lieber zuschauen, wie ein römischer Bürger mit Ruten geschlagen wird, als sich von euch im Bett ermorden zu lassen.« Je aufgebrachter er schrie, desto gewaltsamer riss ihn der Gerichtsdiener an den Kleidern, um ihm den Rücken zu entblößen. (6) Da konnte Volero – er war ein kräftiger Mann und andere halfen ihm noch, die er herbeigerufen hatte – den Liktor von sich abwehren. Er zog sich ins dichteste Gewühl zurück, wo die Leute aus Empörung am lautesten für ihn Partei ergriffen, und rief: (7) »Ich rufe das Volk an und erflehe seinen Schutz. Herbei, ihr Mitbürger, herbei, Kameraden! Es hat keinen Zweck, auf die Tribunen zu warten. Sie haben selber eure Hilfe nötig.« (8) Die Leute rüsteten sich in ihrer Erregung wie zum Gefecht; es zeigte sich deutlich, dass es zum äußersten kommen werde. Nichts werde mehr respektiert werden, weder das Recht des Staates noch das des einzelnen. (9) Als die Konsuln gegen diese stürmischen Unruhen einschreiten wollten, erfuhren sie nur

experti sunt parum tutam maiestatem sine viribus esse. Violatis lictoribus, fascibus fractis, e foro in curiam compelluntur, incerti quatenus Volero exerceret victoriam. (10) Conticescente deinde tumultu cum in senatum vocari iussissent, queruntur iniurias suas, vim plebis, Voleronis audaciam. (11) Multis ferociter dictis sententiis, vicere seniores quibus ira patrum adversus temeritatem plebis certari non placuit.

56 (1) Voleronem amplexa favore plebs proximis comitiis tribunum plebi creat in eum annum qui L. Pinarium P. Furium consules habuit. (2) Contraque omnium opinionem, qui eum vexandis prioris anni consulibus permissurum tribunatum credebant, post publicam causam privato dolore habito, ne verbo quidem violatis consulibus, rogationem tulit ad populum ut plebeii magistratus tributis comitiis fierent. (3) Haud parva res sub titulo prima specie minime atroci ferebatur, sed quae patriciis omnem potestatem per clientium suffragia creandi quos vellent tribunos auferret. (4) Huic actioni gratissimae plebi cum summa vi resisterent patres, nec, quae una vis ad resistendum erat, ut intercederet aliquis ex collegio, auctoritate aut consulum aut principum adduci posset, res tamen suo ipsa molimine gravis certaminibus in annum extrahitur. (5) Plebs

zu bald, dass sich die Amtsgewalt ohne starken Schutz nicht behaupten könne. Die Liktoren wurden misshandelt, die Rutenbündel zerbrochen, die Konsuln selbst wurden vom Forum in die Kurie getrieben. Dabei wussten sie nicht, wie weit Volero seinen Sieg ausnützen werde. (10) Als der Tumult sich endlich legte und die Konsuln den Senat einberufen hatten, beklagten sie sich über das erlittene Unrecht, die Gewalttätigkeit des Volkes und die Verwegenheit des Volero. (11) Viele stimmten für harte Gegenmaßnahmen, es setzten sich aber doch die Älteren durch, die nicht wollten, dass die Väter in ihrer Erbitterung mit der Unbesonnenheit des Volkes wetteiferten.

56 (1) Das Volk hatte dem Volero seine ganze Gunst geschenkt und wählte ihn in der nächsten Wahlversammlung zum Tribunen. Es war das Jahr, in dem L. Pinarius und P. Furius Konsuln waren [472]. (2) Aber wider aller Erwarten – man glaubte, er werde sein Tribunat dazu verwenden, den Konsuln des Vorjahres hart zuzusetzen – galt ihm das Gemeinwohl mehr als seine persönliche Kränkung. Ohne die Konsuln auch nur mit einem Wort zu beleidigen, stellte er beim Volk den Antrag, man solle die Wahl der plebejischen Beamten in den Tributkomitien vornehmen.[68] (3) In einer solchen auf den ersten Blick ganz und gar nicht bedrohlichen Formulierung brachte er eine durchaus nicht geringfügige Neuerung vor. Damit wurde nämlich den Patriziern jede Möglichkeit entzogen, durch die Stimmen ihrer Klienten ihre Wunschkandidaten zu Tribunen wählen zu lassen. (4) Diesem dem Volk höchst willkommenen Antrag widersetzten sich die Väter mit aller Kraft. Doch konnten es weder die Konsuln noch die führenden Männer des Senats mit ihrer Autorität erreichen, dass einer aus dem Tribunenkollegium sein Veto einlegte, das einzige Mittel, das sie zur Gegenwehr hätten einsetzen können. Dennoch zog sich die Sache, die schon von der Ausführung her ihre Schwierigkeiten hatte, bis ins nächste Jahr hin. (5) Das Volk wählte

Voleronem tribunum reficit; patres, ad ultimum dimicationis rati rem venturam, Ap. Claudium Appi filium, iam inde a paternis certaminibus invisum infestumque plebi, consulem faciunt. Collega ei T. Quinctius datur.

(6) Principio statim anni nihil prius quam de lege agebatur. Sed ut inventor legis Volero, sic C. Laetorius, collega eius, auctor cum recentior tum acrior erat. (7) Ferocem faciebat belli gloria ingens, quod aetatis eius haud quisquam manu promptior erat. Is, cum Volero nihil praeterquam de lege loqueretur, insectatione abstinens consulum, ipse accusationem Appi familiaeque superbissimae ac crudelissimae in plebem Romanam exorsus, cum a patribus non consulem, (8) sed carnificem ad vexandam et lacerandam plebem creatum esse contenderet, rudis in militari homine lingua non suppetebat libertati animoque. (9) Itaque deficiente oratione, »Quando quidem non facile loquor«, inquit, »Quirites, quam quod locutus sum praesto, crastino die adeste; ego hic aut in conspectu vestro moriar aut perferam legem.« (10) Occupant tribuni templum; postero die consules nobilitasque ad impediendam legem in contione consistunt. Summoveri Laetorius iubet, praeterquam qui suffragium ineant. Adulescentes nobiles stabant nihil cedentes viatori. (11) Tum ex his prendi quosdam Laetorius iubet. Consul Appius negare ius esse tribuno in quemquam nisi in plebeium;

den Volero abermals zum Tribunen; die Väter, die mit äußerst heftigen Kämpfen rechneten, ernannten Appius Claudius, den Sohn des Appius, zum Konsul. Dieser war dem Volk verhasst und zuwider schon seit den Streitigkeiten, die es mit seinem Vater ausgetragen hatte. Als Kollegen gab man ihm den T. Quinctius [471].

(6) Gleich zu Anfang des Jahres wurde als erstes der betreffende Gesetzesantrag verhandelt. Aber wie Volero, der ihn zuerst vorgebracht hatte, verfocht ihn nun auch sein Amtskollege Laetorius, und zwar umso leidenschaftlicher, als er noch neu im Amt war. (7) Sein ungeheurer Kriegsruhm machte ihn kühn, gab es doch keinen Mann seines Alters, der ihn an Stärke im Kampf übertroffen hätte. Volero sprach ausschließlich über den Gesetzesantrag und enthielt sich jeglicher Vorwürfe gegen die Konsuln. Laetorius aber begann mit Angriffen auf Appius und dessen Familie, die sich gegen das römische Volk in höchstem Maße tyrannisch und grausam erwiesen habe. Als er sich zu der Behauptung verstieg, die Väter hätten Appius nicht zum Konsul, (8) sondern zum Schinder gewählt, um das Volk zu peinigen und zu zerfleischen, da versagten dem ungeübten Kriegsmann die Worte, um seinem Freimut Ausdruck zu geben. (9) Daher sagte er, als er in seiner Rede steckengeblieben war: »Da mir das Wortemachen nun einmal nicht so leicht fällt wie das Worthalten, Quiriten, so kommt morgen wieder her. Ich werde hier vor euren Augen entweder sterben oder das Gesetz durchbringen.« (10) Die Tribunen besetzten die Rednerbühne[69]; die Konsuln und Patrizier versammelten sich am folgenden Tag unten, um die Abstimmung über das Gesetz zu verhindern. Laetorius befahl, jeden zu entfernen, der nicht zur Abstimmung berechtigt sei. Die jungen Männer des Adels blieben stehen, ohne dem Amtsboten zu weichen. (11) Da ließ Laetorius einige von ihnen ergreifen. Der Konsul Appius erklärte, ein Tribun könne sein Recht nur gegen Leute aus dem

non enim populi sed plebis eum magistratum esse; (12) nec illam ipsam submovere pro imperio posse more maiorum, quia ita dicatur: »Si vobis videtur, discedite, Quirites.« Facile contemptim de iure disserendo perturbare Laetorium poterat. (13) Ardens igitur ira tribunus viatorem mittit ad consulem, consul lictorem ad tribunum, privatum esse clamitans, sine imperio, sine magistratu; (14) violatusque esset tribunus, ni et contio omnis atrox coorta pro tribuno in consulem esset, et concursus hominum in forum ex tota urbe concitatae multitudinis fieret. Sustinebat tamen Appius pertinacia tantam tempestatem, (15) certatumque haud incruento proelio foret, ni Quinctius, consul alter, consularibus negotio dato ut collegam vi, si aliter non possent, de foro abducerent, ipse nunc plebem saevientem precibus lenisset, nunc orasset tribunos ut concilium dimitterent; (16) darent irae spatium; non vim suam illis tempus adempturum, sed consilium viribus additurum; et patres in populi et consulem in patrum fore potestate.

57 (1) Aegre sedata ab Quinctio plebs, multo aegrius consul alter a patribus. Dimisso tandem concilio plebis senatum consules habent. (2) Ubi cum timor atque ira in vicem sententias variassent, quo magis spatio interposito ab impetu ad consul-

Volk ausüben. Er sei kein Beamter des Gesamtvolkes, sondern nur der Plebs. (12) Ja selbst diese könne er den Vätersitten gemäß kraft seiner Amtsgewalt keineswegs einfach vom Platz verweisen, denn es hieße ja: »Wenn es euch gefällig ist, so tretet ab, Quiriten!« Indem er so geringschätzig von den Rechten der Tribunen sprach, gelang es ihm leicht, Laetorius außer Fassung zu bringen. (13) Zornentbrannt sandte der Tribun einen Amtsboten zum Konsul und der Konsul einen Liktor zum Tribunen, indem er laut erklärte, dieser sei ein Privatmann, ohne Befehls- und Amtsgewalt. (14) Der Tribun wäre gewaltsam ergriffen worden, wenn sich die gesamte Volksversammlung nicht seinetwegen drohend erhoben und gegen den Konsul Partei ergriffen hätte, und wäre nicht eine aufgebrachte Menschenmenge aus der ganzen Stadt auf dem Forum zusammengeströmt. Dennoch war Appius gewillt, auch diesem Ansturm gegenüber hartnäckig standzuhalten. (15) Es wäre nicht ohne einen blutigen Streit abgegangen, hätte nicht der andere Konsul Quinctius einigen Konsularen den Auftrag gegeben, seinen Amtskollegen, wenn nötig mit Gewalt, vom Forum wegzubringen. Er selbst aber besänftigte bald die aufgebrachte Menge mit Bitten, bald ersuchte er die Tribunen, die Versammlung aufzulösen. (16) Sie sollten den Zorn erst einmal verrauchen lassen. Die Zeit werde ihre Entschlusskraft keineswegs mindern, sondern sie durch planmäßige Überlegung nur verstärken. Es würden sich aber die Väter dem Willen des Gesamtvolks fügen wie der Konsul dem der Väter.

57 (1) Mühsam wurde das Volk von Quinctius, viel mühsamer noch der andere Konsul von den Vätern beruhigt. Nachdem endlich die Volksversammlung aufgelöst worden war, beriefen die Konsuln den Senat. (2) Hier führten anfangs bald Furcht, bald Zorn zu widersprüchlichen Meinungen. Je mehr die Senatoren aber im Verlauf der Zeit vom erregten Wortwechsel zu besonnener Beratung übergingen, desto weniger

tandum advocabantur, eo plus abhorrebant a certatione animi, adeo ut Quinctio gratias agerent quod eius opera mitigata discordia esset. (3) Ab Appio petitur ut tantam consularem maiestatem esse vellet quanta esse in concordi civitate posset; dum consules tribunique ad se quisque omnia trahant, nihil relictum esse virium in medio; distractam laceratamque rem publicam; magis quorum in manu sit quam ut incolumis sit quaeri. (4) Appius contra testari deos atque homines rem publicam prodi per metum ac deseri; non consulem senatui sed senatum consuli deesse; graviores accipi leges quam in Sacro monte acceptae sint. Victus tamen patrum consensu quievit; lex silentio perfertur.

58 (1) Tum primum tributis comitiis creati tribuni sunt. Numero etiam additos tres, perinde ac duo antea fuerint, Piso auctor est. (2) Nominat quoque tribunos, Cn. Siccium, L. Numitorium, M. Duilium, Sp. Icilium, L. Maecilium.

(3) Volscum Aequicumque inter seditionem Romanam est bellum coortum. Vastaverant agros ut si qua secessio plebis fieret ad se receptum haberet; compositis deinde rebus castra retro movere. (4) Ap. Claudius in Volscos missus, Quinctio Aequi provincia evenit. Eadem in militia saevitia Appi quae domi esse, liberior quod sine tribuniciis vinculis erat. (5) Odisse plebem plus quam paterno odio: se victum ab ea; se unico consule electo adversus tribuniciam potestatem perlatam le-

wollten sie von einer kämpferischen Auseinandersetzung wissen, ja sie sprachen Quinctius ihren Dank aus, dass er durch sein Einschreiten die zerstrittenen Gemüter beruhigt habe. (3) Von Appius verlangten sie, er solle sich nur so viel Macht für das Konsulat wünschen, wie es mit der Eintracht im Gemeinwesen vereinbar sei. Indem Konsuln und Tribunen jeder für sich alle Macht an sich rissen, habe das Gemeinwesen seine innere Kraft verloren; es sei zerrissen und zerstückelt. Man kümmere sich ja mehr darum, in wessen Händen es sei, als dass es vor Schaden bewahrt bliebe. (4) Appius hingegen rief Götter und Menschen zu Zeugen an, das Gemeinwesen werde aus Furcht verraten und verkauft. Nicht der Konsul lasse den Senat im Stich, sondern umgekehrt der Senat den Konsul. Man lasse sich härtere Gesetze auferlegen als einst auf dem heiligen Berge. Doch von den Vätern überstimmt schwieg er, und das Gesetz wurde ohne Störung angenommen.

58 (1) Damals also wurden zum ersten Mal Tribunen in den Tributkomitien gewählt [471]. Wie Piso berichtet, sei die Zahl der Tribunen auch um drei vermehrt worden, es seien bis dahin nur zwei gewesen. (2) Er nennt auch die Namen der Tribunen: Cn. Siccius, L. Numitorius, M. Duilius, Sp. Icilius, L. Maecilius.

(3) Während der Streitigkeiten in Rom begannen die Volsker und Aequer wieder mit dem Krieg. Sie hatten die Ländereien verwüstet, damit das Volk, falls es auswandern wollte, zu ihnen seine Zuflucht nähme.[70] Nachdem der Streit beigelegt war, zogen sie sich wieder zurück. (4) Appius Claudius wurde gegen die Volsker entsandt, den Aequerkrieg übertrug man dem Quinctius. Appius zeigte im Feld die gleiche grausame Strenge wie daheim, ja er übte sie noch ungehinderter, da ihm kein Tribun Schranken setzte. (5) Sein Hass gegen das Volk war nicht nur väterliches Erbteil, er fühlte sich vom Volk besiegt. Einen so einzigartigen Konsul wie ihn habe man der Tribunenmacht

gem esse, quam minore conatu, nequaquam tanta patrum spe, priores impedierint consules. (6) Haec ira indignatioque ferocem animum ad vexandum saevo imperio exercitum stimulabat. Nec ulla vi domari poterat: tantum certamen animis imbiberant. (7) Segniter, otiose, neglegenter, contumaciter omnia agere; nec pudor nec metus coercebat. Si citius agi vellet agmen, tardius sedulo incedere; si adhortator operis adesset, omnes sua sponte motam remittere industriam; (8) praesenti voltus demittere, tacite praetereuntem exsecrari, ut invictus ille odio plebeio animus interdum moveretur. (9) Omni nequiquam acerbitate prompta, nihil iam cum militibus agere; a centurionibus corruptum exercitum dicere; tribunos plebei cavillans interdum et Volerones vocare.

59 (1) Nihil eorum Volsci nesciebant, instabantque eo magis, sperantes idem certamen animorum adversus Appium habiturum exercitum Romanum quod adversus Fabium consulem habuisset. (2) Ceterum multo Appio quam Fabio violentior fuit; non enim vincere tantum noluit, ut Fabianus exercitus, sed vinci voluit. Productus in aciem turpi fuga petit castra, nec ante restitit quam signa inferentem Volscum munimentis vidit foedamque extremi agminis caedem. (3) Tum expressa † vis ad pugnandum, ut victor iam a vallo submoveretur hostis, satis tamen appareret capi tantum castra militem Romanum noluis-

entgegengestellt, und dennoch sei ein Gesetz eingebracht worden, das die vorigen Konsuln, mit weniger Mühe und viel geringerer Hoffnung auf Erfolg von Seiten der Väter, hatten verhindern können. (6) Dieser Groll und Verdruss stachelte ihn in seinem Trotz dazu an, die Soldaten durch eine harte Führung zu schikanieren. Aber sie ließen sich durch keine Gewaltanwendung bändigen, so tief steckte die Widersetzlichkeit in ihnen. (7) Träge, faul, nachlässig und störrisch taten sie alles, weder Ehrgefühl noch Furcht hielt sie in Schranken. Wollte er den Marsch beschleunigen, gingen sie vorsätzlich langsamer. Ermunterte er sie bei der Inspektion ihrer Arbeiten, ließen sie alle in dem Fleiß nach, den sie zuvor von sich aus an den Tag gelegt hatten. (8) In seiner Gegenwart blickten sie weg, ging er vorüber, so fluchten sie ihm insgeheim, so dass der vom Bürgerhass ungebeugte Mann sich mitunter doch bewegt zeigte. (9) Nachdem alle Härte nichts genützt hatte, verkehrte er gar nicht mehr mit den Soldaten; er erklärte, die Hauptleute hätten das Heer verdorben. Er nannte sie bisweilen im Spott Volkstribunen und Voleronen.

59 (1) All dies blieb den Volskern nicht unbekannt, und sie verstärkten ihren Druck umso mehr, da sie hofften, das römische Heer werde gegen Appius ebenso widersetzlich sein wie seinerzeit gegen den Konsul Fabius. (2) Aber ihre Widersetzlichkeit gegen Appius äußerte sich noch weit heftiger als damals gegen Fabius.[71] Sie wollten nicht nur keinen Sieg, wie die Soldaten des Fabius, sie wollten sogar die Niederlage. Als sie in Reih und Glied vorrücken sollten, eilten sie in schmählicher Flucht wieder ins Lager zurück und hielten erst stand, als sie sahen, wie die Volsker gegen ihre Verschanzungen heranrückten und ein schreckliches Blutbad unter der Nachhut anrichteten. (3) Erst das zwang ihnen die Kraft zum Kampf ab, um den siegreichen Feind wenigstens vom Wall zu vertreiben. Aber man sah deutlich genug, dass es den römischen Soldaten nur

se, alioqui gaudere sua clade atque ignominia. (4) Quibus nihil infractus ferox Appi animus cum insuper saevire vellet contionemque advocaret, concurrunt ad eum legati tribunique, monentes ne utique experiri vellet imperium, cuius vis omnis in consensu oboedientium esset; (5) negare volgo milites se ad contionem ituros passimque exaudiri voces postulantium ut castra ex Volsco agro moveantur; hostem victorem paulo ante prope in portis ac vallo fuisse, ingentisque mali non suspicionem modo sed apertam speciem obversari ante oculos. (6) Victus tandem, quando quidem nihil praeter tempus noxae lucrarentur, remissa contione iter in insequentem diem pronuntiari cum iussisset, prima luce classico signum profectionis dedit. (7) Cum maxime agmen e castris explicaretur, Volsci, ut eodem signo excitati, novissimos adoriuntur. A quibus perlatus ad primos tumultus eo pavore signaque et ordines turbavit ut neque imperia exaudiri neque instrui acies posset. (8) Nemo ullius nisi fugae memor. Ita effuso agmine per stragem corporum armorumque evasere ut prius hostis desisteret sequi quam Romanus fugere. (9) Tandem conlectis ex dissipato cursu militibus consul, cum revocando nequiquam suos persecutus esset, in pacato agro castra posuit; advocataque contione invectus haud falso in proditorem exercitum militaris disciplinae,

darum ging, dass ihr Lager nicht erobert würde, und sie im Übrigen an ihrer schändlichen Niederlage gar noch Freude hatten. (4) Der Starrsinn des Appius wurde auch dadurch nicht gebrochen. Er gedachte, seine Wut noch mehr auszutoben, und berief eine Heeresversammlung ein. Da eilten die Legionskommandanten und höheren Offiziere herbei und mahnten ihn, seinen Oberbefehl, der doch gänzlich auf Zustimmung und Gehorsam beruhe, nicht aufs Spiel zu setzen. (5) Die Soldaten würden sich offen weigern, zur Versammlung zu kommen, und man höre allenthalben Stimmen, die forderten, den Feldzug gegen die Volsker abzubrechen. Der Feind habe vor kurzem als Sieger beinahe an den Toren und auf dem Wall gestanden, eine drohende Katastrophe sei nicht nur zu befürchten, man habe sie bereits offen vor Augen. (6) Appius gab schließlich nach – die Soldaten würden ja nichts als einen Aufschub ihrer Bestrafung gewinnen –, er ließ die Versammlung absagen, kündigte für den folgenden Tag den Aufbruch an und gab im ersten Morgenlicht das Signal zum Abmarschieren. (7) Gerade als sich der Zug aus dem Lager in Bewegung gesetzt hatte, griffen die Volsker, wie auf das gleiche Signal hin, die Nachhut an. Der daraus entstandene Tumult setzte sich bis in die vorderen Reihen fort. Alles geriet vor lauter Angst so in Verwirrung, dass man weder einen Befehl hören noch eine Schlachtordnung herstellen konnte. (8) Jeder dachte nur an Flucht. In aufgelöster Ordnung stürzten sie so über am Boden liegende Menschen und Waffenstücke hinweg, dass der Feind eher vom Verfolgen abließ als der römische Soldat von der Flucht. (9) Der Konsul sammelte die auf der Flucht zerstreuten Soldaten endlich wieder, nachdem er ihnen nachgeeilt war, ohne sie zum Stehen zu bringen. In einem vom Feind freien Gelände schlug er ein Lager auf und berief eine Heeresversammlung. Er schalt die Soldaten, und das nicht zu Unrecht, dass sie die Disziplin preisgegeben hätten und fahnenflüchtig geworden seien.

(10) desertorem signorum, ubi signa, ubi arma essent singulos rogitans, (11) inermes milites, signo amisso signiferos, ad hoc centuriones duplicariosque qui reliquerant ordines, virgis caesos securi percussit: cetera multitudo sorte decimus quisque ad supplicium lecti.

60 (1) Contra ea in Aequis inter consulem ac milites comitate ac beneficiis certatum est. Et natura Quinctius erat lenior, et saevitia infelix collegae quo is magis gauderet ingenio suo effecerat. (2) Huic tantae concordiae ducis exercitusque non ausi offerre se Aequi vagari populabundum hostem per agros passi; nec ullo ante bello latius inde actae praedae. Ea omnis militi data est. (3) Addebantur et laudes, quibus haud minus quam praemio gaudent militum animi. Cum duci, tum propter ducem patribus quoque placatior exercitus rediit, sibi parentem, alteri exercitui dominum datum ab senatu memorans.

(4) Varia fortuna belli, atroci discordia domi forisque annum exactum insignem maxime comitia tributa efficiunt, res maior victoria suscepti certaminis quam usu. (5) Plus enim dignitatis comitiis ipsis detractum est patres ex concilio submovendo, quam virium aut plebi additum est aut demptum patribus.

61 (1) Turbulentior inde annus excepit L. Valerio Ti. Aemilio consulibus, cum propter certamina ordinum de lege agraria

(10) Dabei fragte er einzelne, wo sie ihre Fahnen, ihre Waffen gelassen hätten. (11) Soldaten ohne Waffen, Fahnenträger ohne Fahne ließ er auspeitschen und enthaupten, dazu die Hauptleute und solche, die doppelten Sold bezogen[72] und ihre Posten verlassen hatten. Aus der übrigen Menge wurde jeder, den unter zehn das Los traf, mit dem Tode bestraft.[73]

60 (1) Im Aequerland hingegen wetteiferten der Konsul und die Soldaten in gegenseitiger Freundlichkeit und Gefälligkeit. Quinctius war einmal schon von Natur aus milder, zudem hatte ihn die unselige Härte seines Amtskollegen dazu gebracht, umso lieber seine eigene Wesensart hervorzukehren. (2) Auf einen Führer und ein Heer, das in solcher Eintracht verbunden war, wagten die Aequer keinen Angriff. Sie ließen es zu, dass der Feind in Streifzügen ihr Land verheerte. In keinem Krieg zuvor wurde so viel Beute von so weit her zusammengebracht. Sie wurde gänzlich den Soldaten überlassen. (3) Diese bekamen auch Lob und Anerkennung, worüber sich Soldaten nicht weniger freuen als über eine Belohnung. Zufrieden mit dem Feldherrn und wegen des Feldherrn auch zufriedener mit den Vätern kehrte das Heer heim. Die Soldaten erklärten, ihnen habe der Senat einen Vater, dem anderen Heer aber einen Tyrannen zum Führer gegeben.

(4) Dieses Jahr, das unter wechselndem Kriegsglück und schrecklichen Streitigkeiten in Rom wie beim Heer dahinging, zeichnet sich vor allem aus durch die Einführung der Wahlen in Tributkomitien. Dass man die Sache siegreich durchgefochten hat, ist freilich bemerkenswerter als das tatsächliche Ergebnis. (5) Denn indem man die Väter aus der Versammlung ausschloss, fiel der Verlust an Würde beim Wahlvorgang selbst stärker ins Gewicht als ein Machtgewinn beim Volk oder eine Einbuße bei den Vätern.[74]

61 (1) Noch turbulenter verlief das folgende Jahr unter den Konsuln L. Valerius und Ti. Aemilius [470], einmal wegen der

tum propter iudicium Ap. Claudi, (2) cui acerrimo adversario legis causamque possessorum publici agri tamquam tertio consuli sustinenti M. Duilius et Cn. Siccius diem dixere. (3) Nunquam ante tam invisus plebi reus ad iudicium vocatus populi est, plenus suarum, plenus paternarum irarum. (4) Patres quoque non temere pro ullo aeque adnisi sunt: propugnatorem senatus maiestatisque vindicem suae, ad omnes tribunicios plebeiosque oppositum tumultus, modum dumtaxat in certamine egressum, iratae obici plebi. (5) Unus ex patribus ipse Ap. Claudius et tribunos et plebem et suum iudicium pro nihilo habebat. Illum non minae plebis, non senatus preces perpellere unquam potuere, non modo ut vestem mutaret aut supplex prensaret homines, sed ne ut ex consueta quidem asperitate orationis, cum ad populum agenda causa esset, aliquid leniret atque submitteret. (6) Idem habitus oris, eadem contumacia in voltu, idem in oratione spiritus erat, adeo ut magna pars plebis Appium non minus reum timeret quam consulem timuerat. (7) Semel causam dixit, quo semper agere omnia solitus erat, accusatorio spiritu, adeoque constantia sua et tribunos obstupefecit et plebem ut diem ipsi sua voluntate prodicerent, trahi deinde rem sinerent. (8) Haud ita multum interim temporis fuit; ante tamen quam prodicta dies veniret, morbo moritur. (9) Cuius cum laudationem tribuni plebis impedire conaren-

Streitigkeiten der Stände über das Ackergesetz, zum andern durch die Anklage gegen Appius Claudius. (2) Er war der heftigste Gegner des Gesetzes und verteidigte die Sache derer, die Staatsländereien in Besitz hatten, gewissermaßen als dritter Konsul. Deshalb hatten ihn M. Duilius und Cn. Siccius unter Anklage gestellt. (3) Niemals zuvor war ein Angeklagter beim Volk vor Gericht geladen worden, den das Volk so hasste wie ihn. Er hatte ja nicht nur den Groll gegen seine eigene Person, sondern auch noch den Hass gegen seinen Vater zu tragen. (4) Aber es gab wohl auch niemanden, für den sich die Väter so eingesetzt hätten: Der Vorkämpfer des Senats, der Verteidiger seiner Würde, der sich allen von den Tribunen und vom Volk erregten stürmischen Angriffen entgegengestellt und lediglich im Streit das Maß überschritten habe – der werde jetzt dem Volkszorn preisgegeben. (5) Als einziger unter den Vätern kümmerte sich Appius Claudius selbst überhaupt nicht um die Tribunen, um das Volk oder um seinen Prozess. Ihn konnten weder die Drohungen des Volkes noch die Bitten des Senats jemals dazu bewegen, dass er ein Trauergewand anlegte oder als Bittsteller den Leuten die Hände drückte, geschweige dass er bei der Ansprache an das Volk seinen gewohnten scharfen Ton etwas milderte oder herabstimmte. (6) Er trug den Kopf so hoch wie immer, sah ebenso verachtungsvoll drein und sprach mit gleichem Hochmut, so dass ein großer Teil des Volkes den Angeklagten Appius nicht weniger fürchtete als früher den Konsul. (7) Einmal nur hielt er eine Verteidigungsrede, hochgemut wie ein Ankläger, ganz so wie er immer zu sprechen pflegte. Und er versetzte die Tribunen wie das Volk durch seine Standhaftigkeit so in Erstaunen, dass sie von sich aus die Verhandlung vertagten und es dann zuließen, dass der Fall verschleppt wurde. (8) So verging einige Zeit. Ehe der Termin nach der Verlängerungsfrist herankam, starb Appius an einer Krankheit.[75] (9) Die Tribunen versuchten zwar, die Lobrede bei

tur, plebs fraudari sollemni honore supremum diem tanti viri noluit, et laudationem tam aequis auribus mortui audivit quam vivi accusationem audierat et exsequias frequens celebravit.

62 (1) Eodem anno Valerius consul cum exercitu in Aequos profectus, cum hostem ad proelium elicere non posset, castra oppugnare est adortus. Prohibuit foeda tempestas cum grandine ac tonitribus caelo deiecta. (2) Admirationem deinde auxit signo receptui dato adeo tranquilla serenitas reddita ut velut numine aliquo defensa castra oppugnare iterum religio fuerit. Omnis ira belli ad populationem agri vertit. (3) Alter consul Aemilius in Sabinis bellum gessit. Et ibi, quia hostis moenibus se tenebat, vastati agri sunt. (4) Incendiis deinde non villarum modo sed etiam vicorum quibus frequenter habitabatur Sabini exciti cum praedatoribus occurrissent, ancipiti proelio digressi postero die rettulere castra in tutiora loca. (5) Id satis consuli visum cur pro victo relinqueret hostem, integro inde decedens bello.

63 (1) Inter haec bella manente discordia domi, consules T. Numicius Priscus A. Verginius facti. (2) Non ultra videbatur latura plebes dilationem agrariae legis, ultimaque vis parabatur, cum Volscos adesse fumo ex incendiis villarum fugaque agre-

seiner Leichenfeier zu verhindern, aber die Bürger ließen es nicht zu, dass ein so großer Mann an seinem Begräbnistag um seine letzte feierliche Ehrung gebracht würde. Sie schenkten der Lobrede auf den Toten ebenso bereitwillig Gehör wie der Anklage gegen den Lebenden und gaben seinem Leichenzug durch ihr zahlreiches Gefolge ein feierliches Gepränge.

62 (1) Im gleichen Jahr war der Konsul Valerius gegen die Aequer gezogen. Da er die Feinde nicht zur Schlacht bewegen konnte, begann er den Angriff auf ihr Lager. Dieser wurde behindert durch einen schrecklichen Wolkenbruch, der mit Hagel und unter Donnerschlägen vom Himmel herabstürzte. (2) Man wunderte sich noch mehr,[76] als auf das Rückzugssignal hin auf einmal wieder ruhiges und heiteres Wetter herrschte. So hatte man religiöse Bedenken, abermals das Lager anzugreifen, das gleichsam von einer Gottheit verteidigt werde. Alle kriegerischen Aktionen gingen nun auf die Verwüstung der Äcker. (3) Der andere Konsul Aemilius führte Krieg im Sabinerland. Weil sich der Feind innerhalb der Mauern hielt, wurden auch dort die Äcker verwüstet. (4) Indem man nicht nur einzelne Höfe, sondern die dichtbesiedelten Dörfer niederbrannte, waren die Sabiner zum Aufbruch getrieben worden und gegen den plündernden Feind vorgerückt. Nach einem unentschiedenen Treffen zogen sie sich am folgenden Tag zurück und verlegten ihr Lager in ein sichereres Gelände. (5) Dies schien dem Konsul ein ausreichender Beweis dafür zu sein, dass er den Feind als besiegt zurückließ, obwohl der Krieg bei seinem Abzug noch nicht beendet war.

63 (1) Während dieser Kriegszustände herrschte in der Stadt weiterhin Uneinigkeit. Es wurden T. Numicius Priscus und A. Verginius zu Konsuln gewählt [469]. (2) Offensichtlich wollte es das Volk nicht länger hinnehmen, dass die Landverteilung immer weiter hinausgezögert wurde, und man rüstete sich zu offener Empörung. Da erkannte man am Rauch der in Flam-

stium cognitum est. Ea res maturam iam seditionem ac prope erumpentem repressit. (3) Consules coacti extemplo ab senatu ad bellum educta ex urbe iuventute tranquilliorem ceteram plebem fecerunt. (4) Et hostes quidem nihil aliud quam perfusis vano timore Romanis citato agmine abeunt: (5) Numicius Antium adversus Volscos, Verginius contra Aequos profectus. Ibi ex insidiis prope magna accepta clade virtus militum rem prolapsam neglegentia consulis restituit. (6) Melius in Volscis imperatum est; fusi primo proelio hostes fugaque in urbem Antium, ut tum res erant opulentissimam, acti. Quam consul oppugnare non ausus Caenonem, aliud oppidum nequaquam tam opulentum, ab Antiatibus cepit. (7) Dum Aequi Volscique Romanos exercitus tenent, Sabini usque ad portas urbis populantes incessere. Deinde ipsi paucis post diebus ab duobus exercitibus, utroque per iram consule ingresso in fines, plus cladium quam intulerant acceperunt.

64 (1) Extremo anno pacis aliquid fuit, sed, ut semper alias, sollicitae pacis certamine patrum et plebis. (2) Irata plebs interesse consularibus comitiis noluit; per patres clientesque patrum consules creati T. Quinctius Q. Servilius. Similem annum priori consules habent: seditiosa initia, bello deinde externo tranquilla. (3) Sabini Crustuminos campos citato agmine transgressi cum caedes et incendia circum Anienem flumen

men stehenden Höfe und an den flüchtenden Bauern, dass die Volsker heranzogen. Das machte der schon schwelenden und dem Ausbruch nahen Empörung ein Ende. (3) Die Konsuln wurden sogleich vom Senat angehalten, mit der waffenfähigen Mannschaft aus der Stadt auszurücken. Dadurch kehrte auch bei den übrigen Bürgern wieder mehr Ruhe ein. (4) Die Feinde zogen eilends wieder ab, nachdem sie den Römern nur einen leeren Schrecken eingejagt hatten. (5) Numicius brach nach Antium auf gegen die Volsker, Verginius gegen die Aequer. Hier hätte man durch einen Angriff aus dem Hinterhalt beinahe eine schwere Niederlage erlitten, aber die Tapferkeit der Soldaten rettete die bedrohliche Lage, die durch die Fahrlässigkeit des Konsuls entstanden war. (6) Besser bewährte sich die militärische Führung im Volkskerland: Die Feinde wurden gleich im ersten Gefecht geschlagen und auf ihrer Flucht bis nach Antium getrieben, einer für die damalige Zeit sehr reichen und mächtigen Stadt. Diese wagte der Konsul nicht anzugreifen; er nahm den Antiaten aber Caeno, eine andere, freilich nicht so reiche Stadt. (7) Während die römische Heeresmacht durch die Aequer und Volsker gebunden war, kamen die Sabiner plündernd bis vor die Tore Roms. Wenige Tage später erlitten sie selbst von zwei Heeren mehr Schaden, als sie angerichtet hatten, da beide Konsuln zur Vergeltung in ihr Land einfielen.

64 (1) Am Jahresende herrschte eine kurze Zeitlang Frieden, der aber, wie sonst auch, durch die Streitigkeiten der Väter mit dem Volk gestört wurde. (2) Die erzürnten Bürger wollten nicht an den Versammlungen zu den Konsulwahlen teilnehmen. Also wählten die Väter und ihre Klienten den T. Quinctius und den Q. Servilius zu Konsuln [468]. Das Jahr verlief unter diesen Konsuln ähnlich wie das vorige: Unruhen zu Anfang, dann Ruhe infolge auswärtiger Kriege. (3) Die Sabiner hatten in raschem Zug die crustuminische Ebene durchquert und beiderseits des Flusses Anio mit Mord und Brand gewütet. Sie

fecissent, a porta prope Collina moenibusque pulsi ingentes tamen praedas hominum pecorumque egere. (4) Quos Servilius consul infesto exercitu insecutus ipsum quidem agmen adipisci aequis locis non potuit, populationem adeo effuse fecit, ut nihil bello intactum relinqueret multiplicique capta praeda rediret.

(5) Et in Volscis res publica egregie gesta cum ducis tum militum opera. Primum aequo campo signis conlatis pugnatum, ingenti caede utrimque, plurimo sanguine; (6) et Romani, quia paucitas damno sentiendo propior erat, gradum rettulissent, ni salubri mendacio consul fugere hostes ab cornu altero clamitans concitasset aciem. Impetu facto dum se putant vincere vicere. (7) Consul metuens ne nimis instando renovaret certamen, signum receptui dedit. (8) Intercessere pauci dies, velut tacitis indutiis utrimque quiete sumpta, per quos ingens vis hominum ex omnibus Volscis Aequisque populis in castra venit, (9) haud dubitans si senserint Romanos nocte abituros. Itaque tertia fere vigilia ad castra oppugnanda veniunt. Quinctius sedato tumultu quem terror subitus exciverat, cum manere in tentoriis quietum militem iussisset, (10) Hernicorum cohortem in stationem educit, cornicines tubicinesque in equos impositos canere ante vallum iubet sollicitumque hostem ad lucem tenere. (11) Reliquum noctis adeo tranquilla omnia in castris fuere ut somni quoque Romanis copia esset. Volscos

wurden zwar nahe am collinischen Tor von den Mauern zurückgetrieben, führten aber dennoch eine große Menge Menschen und Vieh als Beute mit sich fort. (4) Der Konsul Servilius, der sie mit kampfbereitem Heer verfolgte, konnte zwar den Zug selbst in freiem Feld nicht erreichen, er verwüstete aber weithin alles, so dass er nichts vom Krieg verschont zurückließ und er mit reichhaltiger Beute heimkehrte.

(5) Auch bei den Volskern wurde die Sache des römischen Staates vom Führer wie von den Soldaten glänzend verfochten. Beim ersten Zusammentreffen in offener Feldschlacht gab es auf beiden Seiten sehr viele Tote und noch mehr Verwundete. (6) Die Römer, die bei ihrer geringen Zahl mehr unter den Verlusten litten, wären zurückgewichen, hätte der Konsul nicht zu einer heilsamen Lüge gegriffen: Er rief aus, der Feind fliehe bereits auf dem anderen Flügel, und riss seine Truppen mit sich fort. Bei diesem Angriff siegten sie, weil sie den Sieg bereits in Händen glaubten. (7) Da der Konsul fürchtete, es werde bei zu nachdrücklicher Verfolgung abermals zum Kampf kommen, gab er das Signal zum Rückzug. (8) Es vergingen einige Tage, in denen man sich wie bei einem stillschweigend getroffenen Waffenstillstand beiderseits Ruhe gönnte. Während dieser Zeit kam eine gewaltige Truppenmenge aus allen Völkerschaften der Volsker und Aequer im feindlichen Lager zusammen. (9) Diese waren sicher, dass die Römer, sobald sie die Verstärkung sahen, bei Nacht abziehen würden. Also rückten sie in der dritten Nachtwache zum Sturm auf das Lager heran. Als der im ersten Schrecken entstandene Lärm gestillt war, hatte Quinctius den Soldaten befohlen, ruhig in ihren Zelten zu bleiben. (10) Dann führte er eine Kohorte Herniker auf einen Vorposten hinaus, ließ die Hornbläser und Trompeter aufsitzen und vor dem Wall blasen. Sie sollten den Feind bis zum Tagesanbruch in Unruhe halten. (11) Den Rest der Nacht über war alles im Lager so still, dass die Römer sogar ausgiebig

species armatorum peditum, quos et plures esse et Romanos putabant, fremitus hinnitusque equorum, qui et insueto sedente equite et insuper aures agitante sonitu saeviebant, intentos velut ad impetum hostium tenuit.

65 (1) Ubi inluxit, Romanus integer satiatusque somno productus in aciem fessum stando et vigiliis Volscum primo impetu perculit; (2) quamquam cessere magis quam pulsi hostes sunt, quia ab tergo erant clivi in quos post principia integris ordinibus tutus receptus fuit. Consul ubi ad iniquum locum ventum est, sistit aciem. Miles aegre teneri, clamare et poscere ut perculsis instare liceat. (3) Ferocius agunt equites; circumfusi duci vociferantur se ante signa ituros. Dum cunctatur consul virtute militum fretus, loco parum fidens, conclamant se ituros clamoremque res est secuta. Fixis in terram pilis quo leviores ardua evaderent, cursu subeunt. (4) Volscus effusis ad primum impetum missilibus telis, saxa obiacentia pedibus ingerit in subeuntes, turbatosque ictibus crebris urget ex superiore loco. Sic prope oneratum est sinistrum Romanis cornu, ni referentibus iam gradum consul increpando simul temeritatem, simul ignaviam, pudore metum excussisset. (5) Restite-

zum Schlafen kamen. Die Volsker aber wurden in Spannung gehalten, als ob ein feindlicher Angriff bevorstehe, einmal durch den Anblick des bewaffneten Fußvolks – sie glaubten, es sei viel zahlreicher und bestehe aus Römern – und dann durch das Schnauben und Wiehern der Pferde, die durch ihre ungewohnten Reiter und das aufregende Signalblasen unmittelbar an ihren Ohren äußerst unruhig waren.

65 (1) Sobald es hell wurde, stellten sich die Römer, frisch und vom Schlaf erquickt, in Schlachtordnung auf. Sie brachten die Volsker, die von ihrem Wachestehen erschöpft waren, gleich beim ersten Ansturm ins Wanken. (2) Dennoch zogen sich die Feinde eher zurück, als dass sie geschlagen waren, denn hinter ihnen lagen Hügel, und dorthin traten sie, von den vorderen Reihen gedeckt, einen geordneten und sicheren Rückzug an. Als der Konsul dieses ungünstige Gelände erreicht hatte, ließ er Halt machen. Aber die Soldaten waren kaum zu halten; sie forderten mit Geschrei die Erlaubnis, den geschlagenen Feinden nachzusetzen. (3) Noch ungestümer gebärdeten sich die Reiter: Sie umringten den Feldherrn und riefen, sie wollten den Vortrupp bilden. Während der Konsul noch unschlüssig war – er traute zwar der Tapferkeit seiner Soldaten, misstraute aber dem Gelände –, schrien alle, sie würden vorrücken, und dem Wort folgte die Tat. Sie stießen die Wurfspieße in den Boden, um die Höhe ungehinderter ersteigen zu können, und gingen im Laufschritt bergan. (4) Als die Volsker beim ersten Ansturm ihre Wurfwaffen verschossen hatten, nahmen sie die Steine, die vor ihren Füßen lagen, und warfen sie auf die Heraufsteigenden. Sie setzten sie von der Höhe herab unter starken Beschuss und brachten sie aus dem Tritt. Diese Belastung wäre für den linken Flügel der Römer fast zu viel geworden, hätte der Konsul nicht, als sie am Zurückweichen waren, bald ihre Unbesonnenheit, bald ihre Feigheit gescholten und ihnen durch den Appell an ihre Ehre die Furcht ausge-

re primo obstinatis animis; deinde ut obtinentes locum revirescebant, audent ultro gradum inferre et clamore renovato commovent aciem; tum rursus impetu capto enituntur atque exsuperant iniquitatem loci. (6) Iam prope erat ut in summum clivi iugum evaderent cum terga hostes dedere, effusoque cursu paene agmine uno fugientes sequentesque castris incidere. In eo pavore castra capiuntur: qui Volscorum effugere potuerunt, Antium petunt. (7) Antium et Romanus exercitus ductus. Paucos circumsessum dies deditur, nulla oppugnantium nova vi, sed quod iam inde ab infelici pugna castrisque amissis ceciderant animi.

trieben. (5) Zuerst hielten sie nur hartnäckig stand, dann schöpften sie neue Kraft, da es ihnen gelang, die Stellung zu halten. Sie wagten von sich aus einen zweiten Anlauf, erhoben erneut das Feldgeschrei und rückten geschlossen vor. In einem weiteren Ansturm arbeiteten sie sich empor und überwanden das steile Gelände. (6) Sie waren schon nahe daran, den höchsten Bergrücken zu ersteigen, als die Feinde die Flucht ergriffen. Außer Reih und Glied, fast wie in einem Zug, stürmten Verfolgte und Verfolger ins Lager. Im allgemeinen Schrecken wurde das Lager erobert. Wer von den Volskern entkommen konnte, suchte nach Antium zu flüchten. (7) Nach Antium zog auch das römische Heer. Nach einer Belagerung von wenigen Tagen ergab sich die Stadt, ohne dass die Belagerer eine erneute Anstrengung unternommen hätten. Seit der unglücklich verlaufenen Schlacht und dem Verlust des Lagers hatten die Volsker den Mut verloren.

Liber III

1 (1) Antio capto, Ti. Aemilius et Q. Fabius consules fiunt. Hic erat Fabius qui unus exstinctae ad Cremeram genti superfuerat. (2) Iam priore consulatu Aemilius dandi agri plebi fuerat auctor; itaque secundo quoque consulatu eius et agrarii se in spem legis erexerant, et tribuni, rem contra consules saepe temptatam adiutore utique consule obtineri posse rati, suscipiunt, et consul manebat in sententia sua. (3) Possessores et magna pars patrum, tribuniciis se iactare actionibus principem civitatis et largiendo de alieno popularem fieri querentes, totius invidiam rei a tribunis in consulem averterant. (4) Atrox certamen aderat, ni Fabius consilio neutri parti acerbo rem expedisset: T. Quincti ductu et auspicio agri captum priore anno aliquantum a Volscis esse; (5) Antium, propinquam, opportunam et maritimam urbem, coloniam deduci posse; ita sine querellis possessorum plebem in agros ituram, civitatem in concordia fore. (6) Haec sententia accepta est. Triumviros agro dando creant T. Quinctium, A. Verginium, P. Furium; iussi nomina dare qui agrum accipere vellent. (7) Fecit statim, ut fit, fastidium copia adeoque pauci nomina dedere ut ad explendum

3. Buch

1 (1) Nach der Einnahme von Antium wurden Ti. Aemilius und Q. Fabius Konsuln [467]. Letzterer war ebenjener Fabier, der als einziger von seinem am Cremera ausgelöschten Geschlecht mit dem Leben davongekommen war.[1] (2) Aemilius war schon während seines ersten Konsulates Wortführer für die Verteilung von Ackerland an das besitzlose Volk gewesen. Daher hatten auch in seinem zweiten Konsulat die Befürworter einer Landverteilung in Erwartung eines Gesetzes Mut gefasst; dazu nahmen sich die Tribunen der Sache an, weil sie meinten, was oft gegen die Konsuln versucht worden war, könne auf jeden Fall *mit* einem Konsul als Beistand durchgesetzt werden; und auch der Konsul blieb bei seiner Ansicht. (3) Die Pächter von Staatsland sowie ein Großteil der Väter hatten mit ihrer Klage, der erste Mann des Gemeinwesens schmücke sich mit dem Gebaren eines Volkstribunen und mache sich durch Verschleuderung fremder Habe beim Volk Liebkind, den Hass in der ganzen Sache von den Tribunen auf den Konsul gelenkt. (4) Eine heftige Auseinandersetzung stand bevor, hätte nicht Fabius durch einen für keine der beiden Seiten bitteren Ratschluss die Lage entschärft: Unter des T. Quinctius Führung und Auspizien sei im Vorjahr den Volskern ein ansehnliches Stück Ackerboden entrissen worden; (5) nach Antium, einer nahegelegenen und gut erreichbaren Küstenstadt, könne man Kolonisten entsenden; auf diese Weise werde das besitzlose Volk ohne Einspruch von Pächtern Ackerland übernehmen und Eintracht in der Bürgerschaft herrschen. (6) Dieser Vorschlag wurde angenommen. Als Dreierrat für die Verteilung des Bodens wählte man T. Quinctius, A. Verginius sowie P. Furius und forderte alle, die ein Grundstück übernehmen wollten, auf, ihre Namen anzugeben. (7) Doch sofort erregte der Reichtum – so geschieht es eben – Überdruss, und es lie-

numerum coloni Volsci adderentur; cetera multitudo poscere Romae agrum malle quam alibi accipere. (8) Aequi a Q. Fabio – is eo cum exercitu venerat – pacem petiere, inritamque eam ipsi subita incursione in agrum Latinum fecere.

2 (1) Q. Servilius insequenti anno – is enim cum Sp. Postumio consul fuit – in Aequos missus in Latino agro stativa habuit castra. Quies necessaria morbo implicitum exercitum tenuit. (2) Extractum in tertium annum bellum est Q. Fabio et T. Quinctio consulibus. Fabio extra ordinem, quia is victor pacem Aequis dederat, ea provincia data. (3) Qui haud dubia spe profectus famam nominis sui pacaturam Aequos, legatos in concilium gentis missos nuntiare iussit Q. Fabium consulem dicere se ex Aequis pacem Romam tulisse, ab Roma Aequis bellum adferre eadem dextera armata quam pacatam illis antea dederat. (4) quorum id perfidia et periurio fiat, deos nunc testes esse, mox fore ultores. se tamen, utcumque sit, etiam nunc paenitere sua sponte Aequos quam pati hostilia malle. (5) si paeniteat, tutum receptum ad expertam clementiam fore: sin periurio gaudeant, dis magis iratis quam hostibus gesturos bellum. (6) Haec dicta adeo nihil moverunt quemquam ut lega-

ßen sich dermaßen wenige eintragen, dass volskische Kolonisten herangezogen wurden, um die Zahl zu vervollständigen; die verbleibende Mehrheit zog es vor, in Rom Ackerland zu fordern, statt es anderswo geschenkt zu bekommen. (8) Die Aequer baten Q. Fabius – mit einem Heer war er ja dort eingerückt – um Frieden, machten diesen aber durch einen plötzlichen Einfall ins Latinerland selbst wieder zunichte.

2 (1) Q. Servilius wurde im darauffolgenden Jahr, er war nämlich zusammen mit Sp. Postumius Konsul [466],[2] gegen die Aequer geschickt und hatte sein Standlager noch auf latinischem Boden, wo das Heer von einer Krankheit befallen wurde, so dass aufgezwungene Untätigkeit es niederhielt. (2) So zog sich der Krieg ins dritte Jahr, als Q. Fabius und T. Quinctius Konsuln wurden [465]. Dem Fabius gab man dieses Einsatzgebiet ohne Rücksicht auf das herkömmliche Verfahren,[3] weil er den Aequern nach seinem Sieg Frieden gewährt hatte. (3) Dieser Mann also, der mit der festen Überzeugung losgezogen war, der Klang seines Namens werde die Aequer befrieden, sandte Unterhändler vor die Versammlung des Stammes und befahl ihnen kundzutun, der Konsul Q. Fabius erkläre, dass er den Frieden von den Aequern nach Rom gebracht habe, nun aber von Rom den Aequern Krieg bringe in derselben, jetzt allerdings bewaffneten Rechten, welche er ihnen vorher friedvoll gereicht habe. (4) Durch wessen tückischen Meineid dies geschehe, dafür seien im Augenblick die Götter Zeugen, die bald zu Rächern würden. Wie dem auch sei – ihm sei es dennoch selbst jetzt noch lieber, wenn die Aequer zur Reue fänden, als dass sie Feindseligkeiten erlitten. (5) Sollten sie Reue empfinden, gebe es sichere Zuflucht zur alterprobten Milde: Hätten sie aber ihre Freude am Meineid, würden sie eher gegen erzürnte Götter als gegen Kriegsfeinde Krieg führen. (6) Diese Worte ließen jedermann dermaßen unbeeindruckt, dass man den Unterhändlern beinahe

ti prope violati sint exercitusque in Algidum adversus Romanos missus. (7) Quae ubi Romam sunt nuntiata, indignitas rei magis quam periculum consulem alterum ab urbe excivit. Ita duo consulares exercitus ad hostem accessere acie instructa ut confestim dimicarent. (8) Sed cum forte haud multum diei superesset, unus ab statione hostium exclamat: »Ostentare hoc est, Romani, non gerere bellum. (9) In noctem imminentem aciem instruitis; longiore luce ad id certamen quod instat nobis opus est. Crastino die oriente sole redite in aciem; erit copia pugnandi; ne timete.« (10) His vocibus inritatus miles in diem posterum in castra reducitur, longam venire noctem ratus quae moram certamini faceret. Tum quidem corpora cibo somnoque curant; ubi inluxit postero die, prior aliquanto constitit Romana acies; tandem et Aequi processere. (11) Proelium fuit utrimque vehemens, quod et Romanus ira odioque pugnabat et Aequos conscientia contracti culpa periculi et desperatio futurae sibi postea fidei ultima audere et experiri cogebat. (12) Non tamen sustinuere aciem Romanam Aequi; pulsique cum in fines suos se recepissent, nihilo inclinatioribus ad pacem animis ferox multitudo increpare duces quod in aciem, qua pugnandi arte Romanus excellat, commissa res sit; (13) Aequos populationibus incursionibusque meliores esse et

Gewalt antat, obendrein noch ein Heer gegen die Römer zum Algidus entsandte. (7) Sobald das in Rom bekannt geworden war, rief eher die Empörung darüber als eine Gefahr den zweiten Konsul aus der Stadt. So rückten zwei konsularische Heere in Schlachtordnung gegen den Feind, um unverzüglich zu kämpfen. (8) Da aber der Tag gerade zur Neige ging, rief einer vom feindlichen Wachtposten herüber: »Kriegsgeprahle ist das, Römer, nicht Kriegführung! (9) Für die kurze Zeit bis zum Einbruch der Nacht richtet ihr die Schlachtordnung ein, aber für den Kampf, der bevorsteht, ist uns das Tageslicht länger vonnöten. Kehrt am morgigen Tag bei Sonnenaufgang in die Aufstellung zurück – im Überfluss wird es da zu kämpfen geben, nur keine Angst!« (10) Die von solchen Rufen aufgebrachten Soldaten wurden ins Lager zurückgeführt, um den kommenden Tag zu erwarten. Ihnen schien es, als ob eine lange Nacht bevorstehe, da sie den Kampf verzögere. Dann freilich erquickten sie sich mit Speise und Schlaf; als es aber tags darauf hell wurde, bezog das römische Treffen bedeutend früher seine Stellung; endlich rückten auch die Aequer heran. (11) Heftig war auf beiden Seiten der Kampf, weil die Römer voll Zorn und Hass fochten, andererseits zwangen das Bewusstsein, schuldhaft eine Gefahr heraufbeschworen zu haben, sowie die tiefe Verzweiflung über ihre künftige Glaubwürdigkeit die Aequer dazu, das äußerste zu wagen und zu versuchen. (12) Dennoch hielten die Aequer der römischen Schlachtreihe nicht stand; doch nachdem sie sich geschlagen in ihr Gebiet zurückgezogen hatten, schalt in einer Stimmung, die trotz allem einem Frieden nicht geneigter war, die aufgebrachte Menge ihre Führer, dass die Auseinandersetzung in offener Feldschlacht entschieden worden sei, wo doch der Römer sich gerade in dieser Kampfesweise auszeichne; (13) die Aequer hingegen seien bei Plünderungen wie auch bei Streifzügen überlegen, und eine große Zahl einzelner Verbände

multas passim manus quam magnam molem unius exercitus rectius bella gerere.

3 (1) Relicto itaque castris praesidio egressi tanto cum tumultu invasere fines Romanos, ut ad urbem quoque terrorem pertulerint. (2) Necopinata etiam res plus trepidationis fecit, quod nihil minus quam ne victus ac prope in castris obsessus hostis memor populationis esset timeri poterat; (3) agrestesque pavidi incidentes portis non populationem nec praedonum parvas manus, sed omnia vano augentes timore exercitus et legiones adesse hostium et infesto agmine ruere ad urbem clamabant. (4) Ab iis proximi audita incerta eoque vaniora ferre ad alios. Cursus clamorque vocantium ad arma haud multum a pavore captae urbis abesse. Forte ab Algido Quinctius consul redierat Romam. (5) Id remedium timori fuit; tumultuque sedato victos timeri increpans hostes, praesidia portis imposuit. (6) Vocato dein senatu cum ex auctoritate patrum iustitio indicto profectus ad tutandos fines esset Q. Servilio praefecto urbis relicto, hostem in agris non invenit. (7) Ab altero consule res gesta egregie est; qui, qua venturum hostem sciebat, gravem praeda eoque impeditiore agmine incedentem adgressus, funestam populationem fecit. (8) Pauci hostium evasere ex insidiis, praeda omnis recepta est. Sic finem iustitio, quod quadri-

führe wirksamer Krieg als die Riesenmasse eines einzelnen Heeres.

3 (1) So ließen sie also eine Besatzung im Lager, setzten sich in Marsch und fielen mit derartigem Ungestüm ins Land der Römer ein, dass sie das Entsetzen sogar bis vor die Stadt trugen. (2) Der unerwartete Vorfall erregte darüber hinaus noch mehr Bestürzung, weil man alles eher befürchten konnte, als dass ein besiegter, ja beinahe im eigenen Lager eingeschlossener Feind noch an Plünderung dächte. (3) Ferner strömte die Landbevölkerung angsterfüllt durch die Stadttore herein und schrie, in ihrer grundlosen Panik alles noch übertreibend, es gehe weder um Plünderungen noch um unbedeutende Räuberbanden, sondern Heere und Legionen der Feinde seien da, die in bedrohlichem Zug auf die Stadt losstürmten. (4) Von ihnen gaben die Nächststehenden, was sie gehört hatten, unsicher und deshalb übertrieben an andere weiter. Das Gedränge und die Stimmen derer, die zu den Waffen riefen, stand der Panik in einer eroberten Stadt nicht viel nach. Glücklicherweise war der Konsul Quinctius gerade vom Algidus nach Rom zurückgekehrt. (5) Das war ein Heilmittel gegen die Furcht; und nachdem sich der Aufruhr beruhigt hatte, verteilte er an den Toren Wachtposten, wobei er heftig tadelte, dass man sich vor besiegten Feinden fürchte. (6) Dann berief er den Senat ein, und als er nach dem gemäß der Weisung der Väter erlassenen Stillstand der Gerichte[4] aufgebrochen war, um die Grenzen zu sichern – Q. Servilius war als Stadtpräfekt zurückgeblieben –, fand er den Feind nicht mehr im Lande: (7) Der zweite Konsul hatte den Feldzug schon erfolgreich abgeschlossen. Er griff nämlich den Feind, der beutebeladen und daher in recht schwerfälliger Kolonne dahinzog, dort an, wo er seinem Wissen nach vorüberkommen musste, und bereitete seinem Raubzug ein tödliches Ende. (8) Wenige Feinde entrannen dem Hinterhalt, die Beute wurde zur Gänze zurückgewonnen. So

duum fuit, reditus Quincti consulis in urbem fecit. (9) Census deinde actus et conditum ab Quinctio lustrum. Censa civium capita centum quattuor milia septingenta quattuordecim dicuntur praeter orbos orbasque. (10) In Aequis nihil deinde memorabile actum; in oppida sua se recepere, uri sua popularique passi. Consul cum aliquotiens per omnem hostium agrum infesto agmine populabundus isset, cum ingenti laude praedaque Romam rediit.

4 (1) Consules inde A. Postumius Albus Sp. Furius Fusus. Furios Fusios scripsere quidam; id admoneo ne quis immutationem virorum ipsorum esse quae nominum est putet. (2) Haud dubium erat quin cum Aequis alter consulum bellum gereret. Itaque Aequi ab Ecetranis Volscis praesidium petiere; quo cupide oblato – adeo civitates eae perpetuo in Romanos odio certavere – bellum summa vi parabatur. (3) Sentiunt Hernici et praedicunt Romanis Ecetranum ad Aequos descisse. Suspecta et colonia Antium fuit, quod magna vis hominum inde, cum oppidum captum esset, confugisset ad Aequos; isque miles per bellum Aequicum vel acerrimus fuit; (4) compulsis deinde in oppida Aequis, ea multitudo dilapsa cum Antium redisset, sua sponte iam infidos colonos Romanis abalienavit. (5) Necdum matura re cum defectionem parari delatum ad senatum esset, datum negotium est consulibus ut principibus

bewirkte die Rückkehr des Konsuls Quinctius in die Stadt das Ende des Gerichtsstillstandes, der vier Tage gedauert hatte. (9) Hierauf wurde von Quinctius eine Volkszählung abgehalten und das abschließende Reinigungsopfer dargebracht.[5] Es sollen 104714 Bürger gezählt worden sein, Witwen und Waisen ausgeschlossen. (10) Gegen die Aequer wurde dann nichts Erwähnenswertes mehr unternommen; sie zogen sich in ihre Städte zurück und duldeten, dass man ihre Habe brandschatzte und plünderte. Als der Konsul mit seinem Heer das ganze Feindesland etliche Male plündernd durchzogen hatte, kehrte er reich an Ruhm und Beute nach Rom zurück.

4 (1) Hierauf waren A. Postumius Albus und Sp. Furius Fusus Konsuln [464]. Anstelle von »Furius« haben einige »Fusius« geschrieben;[6] ich weise deshalb darauf hin, damit niemand für eine Vertauschung der Personen hält, was nur eine Änderung der Namensformen ist. (2) Es bestand kein Zweifel, dass einer der beiden Konsuln gegen die Aequer Krieg führen würde. Daher baten die Aequer die Volsker aus Ecetra um Hilfe; diese wurde auch bereitwillig gewährt – so sehr standen diese Stämme in ihrem unauslöschlichen Hass gegen die Römer im Wettstreit – und der Feldzug wurde mit größter Energie vorbereitet. (3) Die Herniker hörten davon und benachrichtigten die Römer vom Abfall der Ecetraner zu den Aequern. Mit Argwohn betrachtete man auch die Kolonie Antium, weil bei der Eroberung dieser Stadt von dort eine große Menge Menschen zu den Aequern übergelaufen war, und ebenjene waren als Soldaten während des Aequerkrieges wohl die tapfersten gewesen; (4) als man dann die Aequer in ihre befestigten Plätze zurückgeworfen hatte, machte sich diese Gruppe aus dem Staube, kehrte nach Antium zurück und wiegelte die von sich aus schon verräterischen Kolonisten gegen die Römer auf. (5) Da man aber, noch ehe die Sache ausgereift war, dem Senat hinterbrachte, dass eine Verschwörung vorbereitet wurde, erteilte

coloniae Romam excitis quaererent quid rei esset. (6) Qui cum haud gravate venissent, introducti a consulibus ad senatum ita responderunt ad interrogata ut magis suspecti quam venerant dimitterentur.

(7) Bellum inde haud dubium haberi. Sp. Furius consulum alter cui ea provincia evenerat profectus in Aequos, Hernicorum in agro populabundum hostem invenit, ignarusque multitudinis, quia nusquam universa conspecta fuerat, imparem copiis exercitum temere pugnae commisit. (8) Primo concursu pulsus se intra castra recepit. Neque is finis periculi fuit; namque et proxima nocte et postero die tanta vi castra sunt circumsessa atque oppugnata ut ne nuntius quidem inde mitti Romam posset. (9) Hernici et male pugnatum et consulem exercitumque obsideri nuntiaverunt, tantumque terrorem incussere patribus ut, quae forma senatus consulti ultimae semper necessitatis habita est, Postumio, alteri consulum, negotium daretur videret ne quid res publica detrimenti caperet. (10) Ipsum consulem Romae manere ad conscribendos omnes qui arma ferre possent optimum visum est; pro consule T. Quinctium subsidio castris cum sociali exercitu mitti; (11) ad eum explendum Latini Hernicique et colonia Antium dare Quinctio subitarios milites – ita tum repentina auxilia appellabant – iussi.

5 (1) Multi per eos dies motus multique impetus hinc atque illinc facti, quia superante multitudine hostes carpere multifa-

man den Konsuln den Auftrag, die ersten Männer der Kolonie nach Rom zu laden und sie zu befragen, was vor sich gehe. (6) Diese kamen zwar, ohne sich zu sträuben, und wurden von den Konsuln vor den Senat geführt, gaben jedoch in einer Weise auf die Fragen Antwort, dass sie bei ihrer Entlassung unter größerem Verdacht standen als bei ihrer Ankunft.

(7) Von da an hielt man den Krieg für unvermeidlich. Sp. Furius, der eine der beiden Konsuln, dem dieses Kommando zugefallen war, rückte gegen die Aequer ab, traf im Land der Herniker auf den plündernden Feind und, über dessen Stärke im unklaren – niemals war sie als Ganzes zu sehen gewesen –, warf er sein diesen Truppen nicht gewachsenes Heer auf gut Glück in die Schlacht. (8) Beim ersten Angriff geschlagen, zog er sich ins Lager zurück. Aber auch das bedeutete nicht das Ende der Gefahr, weil in der nächsten Nacht wie auch am folgenden Tag das Lager mit solcher Macht belagert, ja berannt wurde, dass nicht einmal ein Bote von dort nach Rom geschickt werden konnte. (9) Die Herniker brachten die Kunde, dass unglücklich gekämpft worden sei und Konsul wie Heer belagert würden. Damit jagten sie den Vätern einen derartigen Schrecken ein, dass man Postumius, dem anderen Konsul, die Weisung erteilte, »er möge Vorsorge treffen, dass der Staat keinen Schaden nehme« – eine Form des Senatsbeschlusses, die stets als Zeichen der höchsten Not gewertet wurde.[7] (10) Am besten schien es, wenn der Konsul selbst in Rom bliebe, um alle Waffenfähigen auszuheben, und anstelle des Konsuls den T. Quinctius mit einem Bundesgenossenheer zum Entsatz des Lagers zu schicken. (11) Um dieses Heer zu ergänzen, wurde den Latinern, Hernikern und der Kolonie Antium aufgetragen, dem Quinctius »Eingreiftruppen« – so nannte man damals die in Eile rekrutierten Hilfstruppen – zur Verfügung zu stellen.

5 (1) Zahlreich waren in jenen Tagen die Truppenverschiebungen, zahlreich auch die Angriffe von verschiedenen Seiten,

riam vires Romanas, ut non suffecturas ad omnia, adgressi sunt; (2) simul castra oppugnabantur, simul pars exercitus ad populandum agrum Romanum missa urbemque ipsam, si qua fortuna daret, temptandam. (3) L. Valerius ad praesidium urbis relictus, consul Postumius ad arcendas populationes finium missus. (4) Nihil remissum ab ulla parte curae aut laboris; vigiliae in urbe, stationes ante portas praesidiaque in muris disposita, et, quod necesse erat in tanto tumultu, iustitium per aliquot dies servatum. (5) Interim in castris Furius consul, cum primo quietus obsidionem passus esset, in incautum hostem decumana porta erupit et, cum persequi posset, metu substitit ne qua ex parte altera in castra vis fieret. (6) Furium legatum – frater idem consulis erat – longius extulit cursus; nec suos ille redeuntes persequendi studio neque hostium ab tergo incursum vidit. Ita exclusus multis saepe frustra conatibus captis ut viam sibi ad castra faceret, acriter dimicans cecidit. (7) Et consul nuntio circumventi fratris conversus ad pugnam, dum se temere magis quam satis caute in mediam dimicationem infert, volnere accepto aegre ab circumstantibus ereptus et suorum animos turbavit et ferociores hostes fecit; (8) qui caede legati et

weil die Feinde in ihrer zahlenmäßigen Überlegenheit die römischen Kräfte oft und an verschiedenen Punkten attackierten, um sie zu zersplittern, in der Überzeugung, jene könnten nicht allem standhalten; (2) zur selben Zeit stürmten sie gegen das Lager, zur selben Zeit sandten sie eine Heeresgruppe aus, das römische Land zu verwüsten und sich an die Stadt selbst zu wagen, sollte sich nur irgendeine günstige Gelegenheit dazu bieten. (3) L. Valerius ließ man zur Verteidigung der Stadt zurück, der Konsul Postumius wurde ausgeschickt, das Land vor Plünderung zu schützen. (4) Auf keinem Gebiet ließ man es an Eifer oder Einsatz fehlen: Patrouillen waren in der Stadt, Wachtposten vor den Toren, Schutzwehren auf den Mauern eingeteilt, und wie inmitten eines solchen Aufruhrs erforderlich, wurde Gerichtsstillstand für mehrere Tage gewahrt. (5) Unterdessen stieß der Konsul Furius, der zuerst die Belagerung im Lager ruhig hingenommen hatte, vom decumanischen Tor[8] gegen den nichts argwöhnenden Feind vor, machte aber trotz der Möglichkeit einer weiteren Verfolgung halt, da er befürchtete, es könne von der anderen Seite aus zu einem Handstreich auf das Lager kommen. (6) Den Unterfeldherrn Furius – zugleich ein Bruder des Konsuls – trieb der Angriff zu weit vor: Im Eifer der Verfolgung sah er weder, wie seine eigenen Leute zurückgingen, noch, wie in seinem Rücken der Feind angriff. So abgeschnitten, fiel er verbissen kämpfend, nachdem er oft, aber vergeblich versucht hatte, sich einen Weg zum Lager zu bahnen. (7) Auch der Konsul, der aufgrund der Kunde von der Umzingelung seines Bruders in die Schlacht zurückgekehrt war, wurde verwundet, während er sich eher überstürzt als mit der nötigen Vorsicht mitten ins Kampfgetümmel begab, wodurch er, von den Umstehenden nur mit Mühe geborgen, seine eigenen Leute in Verwirrung setzte und die Feinde noch unerschrockener machte. (8) Diese waren durch den Tod des Unterfeldherrn und die Verwundung des

consulis volnere accensi nulla deinde vi sustineri potuere. Compulsi in castra Romani rursus obsiderentur, nec spe nec viribus pares, venissetque in periculum summa rerum, ni T. Quinctius cum peregrinis copiis, Latino Hernicoque exercitu, subvenisset. (9) Is intentos in castra Romana Aequos legatique caput ferociter ostentantes ab tergo adortus, simul ad signum a se procul editum ex castris eruptione facta, magnam vim hostium circumvenit. (10) Minor caedes, fuga effusior Aequorum in agro fuit Romano, in quos palatos praedam agentes Postumius aliquot locis, quibus opportuna imposuerat praesidia, impetum dedit. Hi vagi dissipato agmine fugientes in Quinctium victorem cum saucio consule revertentem incidere; (11) tum consularis exercitus egregia pugna consulis volnus, legati et cohortium ultus est caedem. Magnae clades ultro citroque illis diebus et inlatae et acceptae.

(12) Difficile ad fidem est in tam antiqua re quot pugnaverint ceciderintve exacto adfirmare numero; audet tamen Antias Valerius concipere summas: (13) Romanos cecidisse in Hernico agro quinque milia octingentos: ex praedatoribus Aequorum qui populabundi in finibus Romanis vagabantur ab A. Postumio consule duo milia et quadringentos caesos: ceteram multitudinem praedam agentem quae inciderit in Quinctium nequaquam pari defunctam esse caede: interfecta inde quattuor

Konsuls wild erregt und konnten in der Folge von keiner Macht mehr aufgehalten werden. Die Römer wurden ins Lager zurückgedrängt, an Zuversicht wie an Stärke unterlegen, neuerdings belagert, und es hätte sogar die Existenz des Staates auf dem Spiel gestanden, wenn nicht T. Quinctius mit seinen Fremdtruppen, dem Heer aus Latinern und Hernikern, zu Hilfe gekommen wäre. (9) Dieser griff die Aequer, welche das römische Lager bedrohten und das Haupt des Unterfeldherren in übermütigem Trotz zur Schau stellten, im Rücken an und umzingelte eine große Streitmacht der Feinde, da gleichzeitig auf ein von ihm aus der Entfernung gegebenes Zeichen hin ein Ausfall aus dem Lager gemacht wurde. (10) Auf römischem Gebiet waren die Verluste der Aequer recht gering, sie wurden aber auf der Flucht weiter auseinandergesprengt. Während sie ohne festes Ziel plündernd umherzogen, griff sie Postumius von einigen Plätzen aus an, die er mit entsprechenden Besatzungen belegt hatte. Verwirrt in versprengten Haufen fliehend, gerieten sie an den siegreichen Quinctius, der gerade mit dem verwundeten Konsul auf dem Rückmarsch war; (11) da rächte dann das konsularische Heer in trefflichem Kampf die Verwundung des Konsuls, aber auch den Tod des Unterfeldherrn und seiner Kohorten. Hier wie dort wurden in jenen Tagen große Verluste zugefügt und auch selbst erlitten.

(12) Schwierig ist es, bei einem so weit zurückliegenden Sachverhalt getreulich mit exakter Zahl zu belegen, wie viele da kämpften oder fielen; dennoch wagt es Valerius Antias, Gesamtzahlen anzugeben: (13) Römer seien im Gebiet der Herniker gefallen: 5800; von den räuberischen Aequern, die plündernd römische Lande durchstreiften, seien vom Konsul A. Postumius 2400 getötet worden; die restliche Schar, die auf ihrem Beutezug an Quinctius geraten sei, habe keineswegs einen so geringen Blutzoll geleistet: Er gibt an, dort seien

milia et, exsequendo subtiliter numerum, ducentos ait et triginta.

(14) Ut Romam reditum est, iustitium remissum est; caelum visum est ardere plurimo igni; portentaque alia aut obversata oculis aut vanas exterritis ostentavere species. His avertendis terroribus in triduum feriae indictae, per quas omnia delubra pacem deum exposcentium virorum mulierumque turba implebantur. (15) Cohortes inde Latinae Hernicaeque ab senatu gratiis ob impigram militiam actis remissae domos. Antiates mille milites, quia serum auxilium post proelium venerant, prope cum ignominia dimissi.

6 (1) Comitia inde habita; creati consules L. Aebutius P. Servilius. Kalendis Sextilibus, ut tunc principium anni agebatur, consulatum ineunt. (2) Grave tempus et forte annus pestilens erat urbi agrisque, nec hominibus magis quam pecori, et auxere vim morbi, terrore populationis pecoribus agrestibusque in urbem acceptis. (3) Ea conluvio mixtorum omnis generis animantium et odore insolito urbanos et agrestem confertum in arta tecta aestu ac vigiliis angebat, ministeriaque in vicem ac contagio ipsa volgabant morbos. (4) Vix instantes sustinentibus clades repente legati Hernici nuntiant in agro suo Aequos Volscosque coniunctis copiis castra posuisse, inde exercitu ingenti fines suos depopulari.

4000 und – indem er die Zahl ganz genau ausführt – 230 getötet worden.

(14) Sobald man nach Rom zurückgekommen war, wurde der Gerichtsstillstand aufgehoben; der Himmel schien ganz in Feuer zu stehen, und andere Unheilszeichen boten sich entweder den Blicken dar oder wurden von den Verängstigten, obschon nur leere Einbildung, als wirklich angesehen. Um diese Schrecknisse abzuwenden, wurden dreitägige Bittfeste anberaumt, in deren Verlauf sich alle Heiligtümer mit Scharen von Männern und Frauen füllten, die Gnade von den Göttern erflehten. (15) Danach dankte der Senat den Kohorten der Latiner und Herniker für ihren rastlosen Kriegseinsatz und entließ sie in die Heimat. Die tausend Soldaten aus Antium aber wurden beinahe mit Schimpf und Schande verabschiedet, weil sie erst nach der Schlacht verspätet zu Hilfe gekommen waren.

6 (1) Hierauf hielt man Wahlen ab; zu Konsuln wurden L. Aebutius und P. Servilius gewählt [463]. Am ersten Sextilis [August], damals der Jahresanfang, übernahmen sie das Konsulat. (2) Es war gerade zur ungesunden Jahreszeit, und ein Seuchenjahr herrschte in Stadt und Land, ebenso schlimm für Mensch und Tier. Weil man aus Furcht vor Plünderung Vieh und Landbewohner in die Stadt aufgenommen hatte, nahm die Macht der Seuche zu. (3) Dieser Schmelztiegel von Kreaturen aller Art machte infolge seiner ungewohnten Ausdünstung die Stadtleute beklommen und quälte wegen der Hitze und des Wachens in der Nacht auch den Landmann, den man in enge Behausungen gepfercht hatte; dazu verbreitete die Hilfe am Nächsten sowie der Körperkontakt selbst die Krankheiten.[9] (4) Kaum noch hielten sie ihrem gegenwärtigen Unglück stand, als ihnen unvermutet Boten der Herniker meldeten, Aequer und Volsker hätten ihre Truppen vereint und auf ihrem Gebiet ein Lager errichtet, von dem aus sie mit einem gewaltigen Heer das Land verwüsteten.

(5) Praeterquam quod infrequens senatus indicio erat sociis adflictam civitatem pestilentia esse, maestum etiam responsum tulere, ut per se ipsi Hernici cum Latinis res suas tutarentur; urbem Romanam subita deum ira morbo populari; si qua eius mali quies veniat, ut anno ante, ut semper alias, sociis opem laturos. (6) Discessere socii, pro tristi nuntio tristiorem domum referentes, quippe quibus per se sustinendum bellum erat quod vix Romanis fulti viribus sustinuissent. (7) Non diutius se in Hernico hostis continuit; pergit inde infestus in agros Romanos, etiam sine belli iniuria vastatos. Ubi cum obvius nemo ne inermis quidem fieret, perque omnia non praesidiis modo deserta sed etiam cultu agresti transirent, pervenere ad tertium lapidem Gabina via.

(8) Mortuus Aebutius erat Romanus consul; collega eius Servilius exigua in spe trahebat animam; adfecti plerique principum, patrum maior pars, militaris fere aetas omnis, ut non modo ad expeditiones quas in tanto tumultu res poscebat, sed vix ad quietas stationes viribus sufficerent. (9) Munus vigiliarum senatores, qui per aetatem ac valetudinem poterant, per se ipsi obibant; circumitio ac cura aedilium plebi erat; ad eos summa rerum ac maiestas consularis imperii venerat.

(5) Abgesehen davon, dass die schwach besuchte Senatssitzung den Bundesgenossen einen Hinweis auf die von der Seuche hart getroffene Stadt gab, nahmen sie auch die betrübliche Antwort mit, die Herniker müssten selbst und von sich aus zusammen mit den Latinern ihr Eigentum schützen; die Römerstadt werde durch der Götter jähen Zorn mit Krankheit geschlagen; sollte eine Beruhigung dieses Übels eintreten, würden sie wie im Jahr zuvor, wie sonst immer, den Bundesgenossen Hilfe bringen. (6) Die Verbündeten reisten ab und brachten im Tausch für ihre unheilvolle Nachricht eine noch unheilvollere nach Hause, da sie nun aus eigener Kraft einen Krieg durchhalten mussten, den sie selbst auf römische Streitkräfte gestützt kaum durchgestanden hätten. (7) Der Feind hielt sich nicht länger im Land der Herniker auf; von dort zog er bedrohlich gegen das Römerland, das auch ohne die Unbill des Krieges verheert war. Da sich ihnen dort niemand, nicht einmal ein Unbewaffneter, entgegenstellte, und sie Orte durchzogen, die allesamt nicht nur jedes Schutzes entblößt, sondern auch bar jeder landwirtschaftlichen Bebauung waren, kamen sie auf der gabinischen Straße bis zum dritten Meilenstein.

(8) Der römische Konsul Aebutius war tot; sein Kollege Servilius lag hoffnungslos in den letzten Zügen; die meisten führenden Persönlichkeiten, ein Großteil der Väter, ja beinahe die gesamte kriegstaugliche Generation war erkrankt, so dass die Kräfte nicht nur schwerlich für die Kriegszüge, die eine so bedrohliche Lage erforderte, sondern auch kaum für Wachtposten in Ruhe ausreichten. (9) Den Wachtdienst übernahmen die Väter persönlich, soweit sie nach Alter und Gesundheitszustand dazu in der Lage waren; Kontrollgang und Aufsicht oblagen den plebejischen Ädilen; auf sie war damals die oberste Entscheidungsgewalt und die Würde konsularischer Amtsbefugnis übergegangen.

7 (1) Deserta omnia, sine capite, sine viribus, di praesides ac fortuna urbis tutata est, quae Volscis Aequisque praedonum potius mentem quam hostium dedit. (2) Adeo enim nullam spem non potiundi modo sed ne adeundi quidem Romana moenia animus eorum cepit tectaque procul visa atque imminentes tumuli avertere mentes eorum, ut totis passim (3) castris fremitu orto quid in vasto ac deserto agro inter tabem pecorum hominumque desides sine praeda tempus tererent, cum integra loca, Tusculanum agrum opimum copiis, petere possent, signa repente convellerent transversisque itineribus per Labicanos agros in Tusculanos colles transirent. Eo vis omnis tempestasque belli conversa est.

(4) Interim Hernici Latinique pudore etiam, non misericordia solum, moti si nec obstitissent communibus hostibus infesto agmine Romanam urbem petentibus nec opem ullam obsessis sociis ferrent, coniuncto exercitu Romam pergunt. (5) Ubi cum hostes non invenissent, secuti famam ac vestigia obvii fiunt descendentibus ab Tusculano in Albanam vallem. Ibi haudquaquam aequo proelio pugnatum est, fidesque sua sociis parum felix in praesentia fuit. (6) Haud minor Romae fit morbo strages quam quanta ferro sociorum facta erat. Consul qui unus supererat moritur; mortui et alii clari viri, M. Valerius T. Verginius Rutulus augures, Ser. Sulpicius curio maximus;

7 (1) Alles, was schon aufgegeben, was führerlos, was kraftlos war, das retteten die hilfespendenden Götter und Fortuna, die Hüterin der Stadt[10], die Volskern und Aequern eher Banditen- als Feindesgesinnung schenkte. (2) Diese schöpften nämlich derart wenig Zuversicht, die römischen Stadtmauern angreifen, geschweige denn erobern zu können, und die von fern sichtbaren Gebäude sowie die hochragenden Hügel brachten sie auf so völlig andere Gedanken, (3) dass sie über das ganze Lager verbreitet unwilliges Murren erhoben, wozu sie denn in wüstem und leerem Lande, unter verwesenden Menschen und Tieren untätig ohne Beute ihre Zeit vergeudeten, obwohl sie noch unberührte Gegenden, das an Gütern reiche Land um Tusculum, erreichen könnten; so rissen sie urplötzlich ihre Feldzeichen aus dem Boden und marschierten durch das Gebiet von Labici auf die tusculanischen Hügel zu. Dorthin wandte sich die ganze vernichtende Wut des Krieges.

(4) Unterdessen ließen sich Herniker und Latiner nicht bloß von Mitleid, sondern sogar vom Gefühl der Schuld bestimmen, falls sie sich weder gemeinsamen Feinden, die in bedrohlichem Zuge auf die Römerstadt losgingen, entgegenstellen noch belagerten Bundesgenossen irgendwie Hilfe bringen würden, und sie setzten sich deshalb mit vereintem Heer nach Rom in Marsch. (5) Ohne jedoch die Feinde dort angetroffen zu haben, folgten sie mündlichen Hinweisen und Fußspuren und stießen auf sie, als diese gerade aus dem tusculanischen Gebiet in das Tal von Alba hinabstiegen. Dort schlug man sich in einem keineswegs ausgeglichenen Kampf – ihre Treue brachte den Bundesgenossen zu diesem Zeitpunkt kaum Erfolg ein. (6) In Rom starben nicht weniger Menschen an der Seuche als Bundesgenossen durch das Schwert. Es starb der Konsul, der allein noch übrig war; tot waren auch andere hervorragende Männer: die Auguren M. Valerius und T. Verginius Rutulus sowie der oberste Kurienpriester Ser. Sulpicius; (7) aber auch

(7) et per ignota capita late vagata est vis morbi, inopsque senatus auxilii humani ad deos populum ac vota vertit: iussi cum coniugibus ac liberis supplicatum ire pacemque exposcere deum. (8) Ad id quod sua quemque mala cogebant auctoritate publica evocati omnia delubra implent. Stratae passim matres, crinibus templa verrentes, veniam irarum caelestium finemque pesti exposcunt.

8 (1) Inde paulatim, seu pace deum impetrata seu graviore tempore anni iam circumacto, defuncta morbis corpora salubriora esse incipere, (2) versisque animis iam ad publicam curam, cum aliquot interregna exissent, P. Valerius Publicola tertio die quam interregnum inierat consules creat L. Lucretium Tricipitinum et T. Veturium Geminum, sive ille Vetusius fuit. (3) Ante diem tertium idus Sextiles consulatum ineunt, tam satis valida civitate ut non solum arcere bellum sed ultro etiam inferre posset. (4) Igitur nuntiantibus Hernicis in fines suos transcendisse hostes impigre promissum auxilium. Duo consulares exercitus scripti. Veturius missus in Volscos ad bellum ultro inferendum: (5) Tricipitinus populationibus arcendis sociorum agro oppositus non ultra quam in Hernicos procedit. (6) Veturius primo proelio hostes fundit fugatque: Lucretium dum in Hernicis sedet praedonum agmen fefellit supra montes Praenestinos ductum, inde demissum in campos. Vastavere

im einfachen Volk verbreitete sich weithin die Gewalt der Seuche, und der Senat, menschlicher Hilfe bar, verwies das Volk auf Götter und Gelübde: Alle wurden angehalten, mit Weib und Kind einen Bittgang zu tun und Gnade zu erflehen von den Göttern. (8) Von der staatlichen Obrigkeit dazu aufgerufen, wozu jeden schon seine eigenen Leiden trieben, bevölkerten sie sämtliche Heiligtümer. Ringsum waren die Mütter zu Boden gesunken und erbaten, mit ihrem Haar die Tempel fegend,[11] Gnade vor dem Zorn der Himmlischen und ein Ende der Seuche.

8 (1) Von da an begannen allmählich – sei es, dass man die Versöhnung mit den Göttern erwirkt hatte, sei es, dass die ungesündere Zeit des Jahres abgelaufen war – die krankheitsgeschwächten Körper zu gesunden; (2) man richtete die Gedanken bereits wieder auf die Sorge um das Gemeinwesen, und nachdem es einige Interregna gegeben hatte, ließ P. Valerius Publicola am dritten Tag seines Interregnums L. Lucretius Tricipitinus und T. Veturius (oder Vetusius) Geminus zu Konsuln wählen. (3) Sie begannen ihr Konsulat [462] am elften Sextilis [August], als die Bürgerschaft schon kräftig genug war, einen Krieg nicht nur abzuwehren, sondern ihn auch von sich aus beginnen zu können. (4) Als daher Herniker Kunde brachten, die Feinde seien auf ihr Gebiet übergewechselt, versprach man ihnen ohne Zögern Hilfe. Zwei konsularische Heere wurden ausgehoben, Veturius gegen die Volsker gesandt, um den Krieg ins gegnerische Land zu tragen: (5) Tricipitinus, damit beauftragt, das Gebiet der Bundesgenossen vor Plünderungen zu schützen, rückte nicht weiter vor als bis zu den Hernikern. Veturius zersprengte und vertrieb die Feinde beim ersten Treffen. (6) Dem Lucretius hingegen entging, während er bei den Hernikern festsaß, eine Schar von Plünderern, die über die Berge von Praeneste geführt und von dort in die Ebene hinabgeschickt worden war. Sie verwüsteten die Länder von Praeneste

agros Praenestinum Gabinumque; ex Gabino in Tusculanos flexere colles. (7) Urbi quoque Romae ingens praebitus terror, magis re subita quam quod ad arcendam vim parum virium esset. Q. Fabius praeerat urbi; is armata iuventute dispositisque praesidiis tuta omnia ac tranquilla fecit. (8) Itaque hostes praeda ex proximis locis rapta adpropinquare urbi non ausi, cum circumacto agmine redirent quanto longius ab urbe hostium abscederent eo solutiore cura, in Lucretium incidunt consulem iam ante exploratis itineribus subsidiis instructum et ad certamen intentum. (9) Igitur praeparatis animis repentino pavore perculsos adorti aliquanto pauciores multitudinem ingentem fundunt fugantque et compulsos in cavas valles, cum exitus haud in facili essent, circumveniunt. (10) Ibi Volscum nomen prope deletum est. Tredecim milia quadringentos septuaginta cecidisse in acie ac fuga, mille septingentos quinquaginta vivos captos, signa viginti septem militaria relata in quibusdam annalibus invenio; ubi etsi adiectum aliquid numero sit, magna certe caedes fuit. (11) Victor consul ingenti praeda potitus eodem in stativa rediit. Tum consules castra coniungunt, et Volsci Aequique adflictas vires suas in unum contulere. Tertia illa pugna eo anno fuit. Eadem fortuna victoriam dedit; fusis hostibus etiam castra capta.

9 (1) Sic res Romana in antiquum statum rediit, secundaeque belli res extemplo urbanos motus excitaverunt. (2) C. Terenti-

und Gabii; vom gabinischen Gebiet wandten sie sich den Hügeln von Tusculum zu. (7) Auch in der Stadt Rom entstand ein gewaltiger Schrecken, mehr aber aufgrund der Überraschung über diesen Vorfall, als dass die Kräfte zur Abwehr des Übergriffes nicht ausgereicht hätten. Q. Fabius stand an der Spitze der Stadt; er hatte die Jungmannschaft bewaffnen lassen und schuf durch die Verteilung von Wachtposten überall Sicherheit und Ruhe. (8) Trotz ihrer Raubzüge in der näheren Umgebung wagten es daher die Feinde nicht mehr, sich der Hauptstadt zu nähern, sondern sie machten kehrt und befanden sich auf dem Heimmarsch, als sie – umso sorgloser, je weiter sie sich von der Feindesstadt absetzten – auf den Konsul Lucretius stießen, der nach Erkundung ihrer Marschrouten von Hilfskorps unterstützt und bereit zum Kampf war. (9) Während die Römer innerlich vorbereitet den Angriff begannen, wurden die Feinde von jähem Entsetzen gepackt, so dass die Römer, obschon bedeutend in der Minderheit, eine gewaltige Übermacht zurückwarfen, verjagten und in enge Talschluchten trieben, wo sie den Feind aufgrund der schweren Passierbarkeit der Ausgänge umzingeln konnten. (10) Dort wurde das Volk der Volsker beinahe vernichtet. In einigen Jahrbüchern finde ich geschrieben, dass 13470 in der Schlacht und auf der Flucht gefallen, 1750 lebend gefangen und 27 Feldzeichen erbeutet wurden seien; mag man hier die Zahl auch etwas vergrößert haben,[12] so war es sicherlich ein großes Morden. (11) Der siegreiche Konsul bemächtigte sich einer gewaltigen Beute und kehrte ins Standlager an der früheren Stelle zurück. Hierauf vereinigten die Konsuln die Heerlager, und auch Volsker und Aequer sammelten ihre angeschlagenen Streitkräfte. Das gab die dritte Schlacht in diesem Jahr. Das Glück verlieh gleichermaßen den Sieg: Die Feinde wurden geschlagen, das Lager sogar erobert.

9 (1) So nahm der römische Staat seinen alten Zustand wieder an, und die Erfolge im Krieg riefen unverzüglich Unruhen

lius Harsa tribunus plebis eo anno fuit. Is consulibus absentibus ratus locum tribuniciis actionibus datum, per aliquot dies patrum superbiam ad plebem criminatus, maxime in consulare imperium tamquam nimium nec tolerabile liberae civitati invehebatur: (3) nomine enim tantum minus invidiosum, re ipsa prope atrocius quam regium esse; (4) quippe duos pro uno dominos acceptos, immoderata, infinita potestate, qui soluti atque effrenati ipsi omnes metus legum omniaque supplicia verterent in plebem. (5) quae ne aeterna illis licentia sit, legem se promulgaturum ut quinque viri creentur legibus de imperio consulari scribendis; quod populus in se ius dederit, eo consulem usurum, non ipsos libidinem ac licentiam suam pro lege habituros. (6) Qua promulgata lege cum timerent patres ne absentibus consulibus iugum acciperent, senatus a praefecto urbis Q. Fabio vocatur, qui adeo atrociter in rogationem latoremque ipsum est invectus ut nihil, si ambo consules infesti circumstarent tribunum, relictum minarum atque terroris sit: (7) insidiatum eum et tempore capto adortum rem publicam. si quem similem eius priore anno inter morbum bellumque irati di tribunum dedissent, non potuisse sisti. (8) mortuis duobus consulibus, iacente aegra civitate, in conluvione omnium re-

in der Stadt hervor. (2) C. Terentilius Harsa war in dem Jahr Volkstribun. Er meinte, während der Abwesenheit der Konsuln sei Raum für Unternehmungen vonseiten der Tribunen gegeben, und nachdem er etliche Tage hindurch den Hochmut der Väter vor dem Volk angeprangert hatte, fuhr er vor allem gegen die konsularische Amtsgewalt los, die zu ausgedehnt und für eine freie Bürgerschaft nicht tragbar sei: (3) denn nur dem Namen nach weniger hassenswert, sei sie tatsächlich beinahe noch härter als die von Königen; (4) statt des einen habe man nämlich zwei Zwingherren von unbeschränkter, grenzenloser Machtfülle hingenommen, die, selbst enthemmt und zügellos, alle Drohungen der Gesetze sowie deren Strafen zur Gänze auf den Bürgerstand abwälzten. (5) Damit ihnen diese Willkür nicht auf ewig möglich sei, werde er öffentlich ein Gesetz vorschlagen, demzufolge fünf Männer zur Abfassung von Gesetzen über die konsularische Amtsgewalt gewählt werden sollten;[13] ein Konsul werde dann nur diejenigen Rechte über die Menschen ausüben, die das Volk ihm gegeben habe, ihre schrankenlose Willkür aber würden sie selbst nicht mehr als Gesetz ansehen können. (6) Da die Väter nach Bekanntmachung des Gesetzesvorschlages fürchteten, in Abwesenheit der Konsuln unters Joch zu kommen, wurde der Senat vom Stadtpräfekten Q. Fabius einberufen, der so wild gegen Antrag und Antragsteller selbst loszog, dass darüber hinaus keine weiteren Drohungen und Einschüchterungen hätten ausgesprochen werden können, selbst wenn sich die Konsuln zu zweit feindselig gegen den Tribunen gestellt hätten: (7) Im Hinterhalt habe er gelauert, eine günstige Gelegenheit abgewartet und dann den Staat angegriffen. Wenn erzürnte Götter im Vorjahr, während Seuche und Krieg, einen ihm ähnlichen Mann zum Tribunen gemacht hätten, wäre die Situation nicht mehr zu retten gewesen. (8) Obschon beide Konsuln tot waren, die Bürgerschaft krank darniederlag, sich alles in Auflö-

rum, ad tollendum rei publicae consulare imperium laturum leges fuisse, ducem Volscis Aequisque ad oppugnandam urbem futurum. (9) quid tandem? illi non licere, si quid consules superbe in aliquem civium aut crudeliter fecerint, diem dicere, accusare iis ipsis iudicibus quorum in aliquem saevitum sit? (10) non illum consulare imperium sed tribuniciam potestatem invisam intolerandamque facere; quam placatam reconciliatamque patribus de integro in antiqua redigi mala. neque illum se deprecari quo minus pergat ut coeperit. (11) »Vos«, inquit Fabius, »ceteri tribuni, oramus, ut primum omnium cogitetis potestatem istam ad singulorum auxilium, non ad perniciem universorum comparatam esse; tribunos plebis vos creatos, non hostes patribus. (12) Nobis miserum, invidiosum vobis est, desertam rem publicam invadi. Non ius vestrum, sed invidiam minueritis. Agite cum collega ut rem integram in adventum consulum differat. Ne Aequi quidem ac Volsci, morbo absumptis priore anno consulibus, crudeli superboque nobis bello institere.« (13) Agunt cum Terentilio tribuni, dilataque in speciem actione, re ipsa sublata, consules extemplo arcessiti.

10 (1) Lucretius cum ingenti praeda, maiore multo gloria rediit. Et auget gloriam adveniens exposita omni in campo Martio praeda, ut suum quisque per triduum cognitum abduceret.

sung befand, würde er Gesetze eingebracht haben, um die konsularische Machtbefugnis im Staat abzuschaffen, wäre er den Volskern und Aequern Anführer beim Angriff auf die Stadt geworden. (9) Was wolle er denn noch? Habe er bei einem anmaßenden oder grausamen Vorgehen der Konsuln gegen irgendeinen Bürger nicht die Möglichkeit, einen Gerichtstermin zu bestimmen und sie vor ebendiesen Richtern anzuklagen, aus deren Kreis jemand Opfer eines Gewaltaktes geworden sei? (10) Er mache nicht das Amt der Konsuln, sondern die Gewalt der Tribunen verhasst und unerträglich; obwohl sich die Väter mit ihr schon ausgesöhnt und angefreundet hätten, werde sie wieder zu dem altbekannten Übel gemacht. Diesen Terentilius flehe er aber nicht mehr an, den begonnenen Weg zu verlassen. (11) »Ihr übrigen Tribunen«, sagte Fabius, »euch bitten wir, vor allem daran zu denken, dass euer Amt zum Schutze einzelner, nicht zur Vernichtung aller geschaffen wurde, dass ihr zu Tribunen des Volkes, nicht zu Feinden des Senats gewählt worden seid. (12) Uns zum Unglück, euch zur Feindschaft geschieht der Angriff auf den verwaisten Staat. Nicht euer Vorrecht, sondern den Hass gegen euch werdet ihr verringern, wenn ihr mit eurem Kollegen verhandelt, er möge die Frage ohne Vorentscheidung bis zur Ankunft der Konsuln verschieben. Nicht einmal die Aequer und Volsker setzten ihren grausamen und frevlerischen Krieg gegen uns fort, als im Vorjahr die Konsuln von der Seuche hinweggerafft worden waren«. (13) Die Tribunen besprachen sich mit Terentilius, und als sein Vorhaben dem Anschein nach nur aufgeschoben, tatsächlich aber aufgehoben war, rief man auf der Stelle die Konsuln herbei.

10 (1) Reich an Beute, viel reicher noch an Ruhm, kehrte Lucretius heim. Und er vergrößerte seinen Ruhm bei seiner Ankunft sogar noch dadurch, dass er die ganze Beute auf dem Marsfeld zur Schau stellen ließ, damit drei Tage hindurch jeder

Reliqua vendita, quibus domini non exstitere. (2) Debebatur omnium consensu consuli triumphus; sed dilata res est, tribuno de lege agente; id antiquius consuli fuit. (3) Iactata per aliquot dies cum in senatu res tum apud populum est; cessit ad ultimum maiestati consulis tribunus et destitit. Tum imperatori exercituique honos suus redditus. (4) Triumphavit de Volscis Aequisque; triumphantem secutae suae legiones. Alteri consuli datum ut ovans sine militibus urbem iniret.

(5) Anno deinde insequenti lex Terentilia ab toto relata collegio novos adgressa consules est; erant consules P. Volumnius Ser. Sulpicius. (6) Eo anno caelum ardere visum, terra ingenti concussa motu est. Bovem locutam, cui rei priore anno fides non fuerat, creditum. Inter alia prodigia et carne pluit, quem imbrem ingens numerus avium intervolitando rapuisse fertur; quod intercidit, sparsum ita iacuisse per aliquot dies ut nihil odor mutaret. (7) Libri per duumviros sacrorum aditi; pericula a conventu alienigenarum praedicta, ne qui in loca summa urbis impetus caedesque inde fierent; inter cetera monitum ut seditionibus abstineretur. Id factum ad impediendam legem

sein Hab und Gut wiedererkennen und mitnehmen könne. Der Rest, für den sich keine Besitzer fanden, wurde verkauft. (2) Nach einhelliger Auffassung war man dem Konsul einen Triumph schuldig, aber die Sache wurde zurückgestellt, weil der Tribun noch für seinen Gesetzesantrag auftrat; dies war für den Konsul vorrangig. (3) Etliche Tage besprach man die Frage im Senat wie auch vor dem Volk; schließlich wich der Tribun der Hoheit des Konsuls und gab auf. Jetzt zollte man dem Feldherrn und seinem Heer die schuldige Ehre. (4) Er feierte einen Triumph über Volsker und Aequer, und seine Legionen folgten dem Triumphwagen. Dem zweiten Konsul gestattete man, in einem kleinen Triumph[14] ohne Soldaten in die Stadt einzuziehen.

(5) Im darauffolgenden Jahr legte das gesamte Kollegium der Tribunen den Entwurf des Terentilius abermals als Antrag vor und machte damit den neuen Konsuln zu schaffen. Konsuln waren P. Volumnius und Ser. Sulpicius [461]. (6) In dem Jahr sah man den Himmel in Flammen stehen, die Erde wurde von einem gewaltigen Beben erschüttert. Eine Begebenheit, der noch ein Jahr zuvor kein Glaube geschenkt worden war, hielt man für wahr – man sagte, eine Kuh habe geredet. Neben anderen Unheilszeichen regnete es auch Fleisch; ein großer Vogelschwarm, der mitten in diesen Regen hineinflog, soll ihn als Beute weggeschnappt haben; was zu Boden fiel, sei einige Tage verstreut liegengeblieben, ohne sich im Geruch zu verändern. (7) Über die dafür zuständige Zweierkommission wurden die heiligen Bücher[15] befragt; sie kündigten Gefahren von einem Zusammenschluss Fremdgeborener an; dabei werde es zu Angriffen auf die höchsten Regionen der Stadt und von dort herab zu einem Blutbad kommen; unter anderem enthielten sie noch die Mahnung, sich des Parteienhaders zu enthalten. Die Tribunen erhoben nun die Beschuldigung, das sei nur zur Verhinderung des Gesetzesantrages unternommen worden, und schon

tribuni criminabantur, ingensque aderat certamen. (8) Ecce, ut idem in singulos annos orbis volveretur, Hernici nuntiant Volscos et Aequos, etsi abscisae res sint, reficere exercitus; Antii summam rei positam; Ecetrae Antiates colonos palam concilia facere; id caput, eas vires belli esse. (9) Ut haec dicta in senatu sunt, dilectus edicitur; consules belli administrationem inter se dispertiri iussi, alteri ut Volsci, alteri ut Aequi provincia esset. (10) Tribuni coram in foro personare, fabulam compositam Volsci belli, Hernicos ad partes paratos. iam ne virtute quidem premi libertatem populi Romani sed arte eludi. (11) quia occidione prope occisos Volscos et Aequos movere sua sponte arma posse iam fides abierit, novos hostes quaeri; coloniam fidam propinquam infamem fieri. (12) bellum innoxiis Antiatibus indici, geri cum plebe Romana, quam oneratam armis ex urbe praecipiti agmine acturi essent, exsilio et relegatione civium ulciscentes tribunos. (13) sic, ne quid aliud actum putent, victam legem esse, nisi dum in integro res sit, dum domi, dum togati sint, caveant ne possessione urbis pellantur, ne iugum accipiant. (14) si animus sit, non defore auxilium; consentire omnes tribunos. nullum terrorem externum, nullum

stand ein großer Streit bevor. (8) Doch siehe, als solle sich die Welt jahraus jahrein im gleichen Lauf drehen, brachten die Herniker die Kunde, dass Volsker und Aequer trotz der Schwächung ihrer Macht ihre Heere wieder ergänzten; Antium stelle den Mittelpunkt der Unternehmungen dar; in Ecetra hielten Kolonisten aus Antium öffentlich Kundgebungen ab; sie sei das Haupt, sie die kriegstreibenden Kräfte. (9) Wie dies im Senat vorgebracht worden war, erließ man eine Truppenaushebung; die Konsuln wurden angewiesen, sich die Führung des Feldzugs so zu teilen, dass dem einen die Volsker, dem anderen die Aequer als Einsatzbereich zufielen. (10) Lauthals und vor aller Augen verkündeten nun auf dem Forum die Tribunen, die Geschichte von einem Volskerkrieg sei ein abgekartetes Spiel, die Herniker auf ihre Rolle vorbereitet worden. Schon werde die Freiheit des römischen Volkes nicht einmal mehr mit Macht und Stärke unterdrückt, sondern in einem Ränkespiel verhöhnt. (11) Da es keinen Glauben mehr finde, dass die in blutigem Gemetzel beinahe vernichteten Volsker und Aequer von sich aus wieder ihre Waffen erheben könnten, suche man nach neuen Feinden, bringe eine treue und benachbarte Kolonie in Verruf. (12) Den unschuldigen Antiaten werde Krieg angesagt, doch geführt werde er gegen den Bürgerstand Roms, den man, mit Waffen beladen, Hals über Kopf aus der Stadt führen wolle, um sich durch Verbannung und Vertreibung der Bürger an den Tribunen zu rächen. (13) Daher – sie sollten ja nicht glauben, dass es um etwas anderes ginge – sei der Gesetzesantrag hinfällig, wenn sie nicht, solange die Sache noch nicht entschieden sei, solange sie in der Heimat, solange sie noch Bürger im Gewand der Toga seien, Vorsorge träfen, um nicht aus dem Besitz der Stadt vertrieben zu werden und Unterjochung zu erleiden. (14) Wenn sie Mut fassten, würde es ihnen an Hilfe nicht fehlen;[16] alle Tribunen seien einer Meinung. Von außen gebe es keine Bedrohung, keine Gefahr; die Götter hätten im

periculum esse; cavisse deos priore anno ut tuto libertas defendi posset. Haec tribuni.

11 (1) At ex parte altera consules in conspectu eorum positis sellis dilectum habebant. Eo decurrunt tribuni contionemque secum trahunt. Citati pauci velut rei experiundae causa, et statim vis coorta. (2) Quemcumque lictor iussu consulis prendisset, tribunus mitti iubebat; neque suum cuique ius modum faciebat sed virium spes et manu obtinendum erat quod intenderes.

(3) Quemadmodum se tribuni gessissent in prohibendo dilectu, sic patres [se] in lege, quae per omnes comitiales dies ferebatur, impedienda gerebant. (4) Initium erat rixae, cum discedere populum iussissent tribuni, quod patres se submoveri haud sinebant. Nec fere seniores rei intererant, quippe quae non consilio regenda sed permissa temeritati audaciaeque esset. (5) Multum et consules se abstinebant, ne cui in conluvione rerum maiestatem suam contumeliae offerrent. (6) Caeso erat Quinctius, ferox iuvenis qua nobilitate gentis, qua corporis magnitudine et viribus. Ad ea munera data a dis et ipse addiderat multa belli decora facundiamque in foro [exhibuerat], ut nemo, non lingua, non manu promptior in civitate haberetur. (7) Hic cum in medio patrum agmine constitisset, eminens inter alios, velut omnes dictaturas consulatusque gerens in voce

Vorjahr dafür gesorgt, dass die Freiheit jetzt in Sicherheit verteidigt werden könne. So weit die Tribunen.

11 (1) Auf der anderen Seite jedoch hatten die Konsuln in Sichtweite der Tribunen ihre Amtsstühle aufstellen lassen und wollten gerade die Rekrutierung vornehmen. Dorthin stürmten die Tribunen an der Spitze der versammelten Menge. Nur wenige wurden, gleichsam um die Lage zu sondieren, aufgerufen, und sofort brach offene Gewalt aus. (2) Wen auch immer der Liktor auf Geheiß des Konsuls verhaftete – der Tribun befahl, ihn zu entlassen; auch ließ sich keiner von einem wirklichen Rechtsanspruch, sondern nur vom Vertrauen auf seine eigene Stärke eine Grenze setzen, und mit der Faust galt es festzuhalten, was man haben wollte.

(3) Wie die Tribunen sich verhalten hatten, um die Rekrutierung zu verhindern, so betrugen sich auch die Väter bei der Unterdrückung des Gesetzesantrags, der an allen Versammlungstagen vorgelegt wurde. (4) Der Streit begann, als die Tribunen das Volk aufforderten, zur Abstimmung auseinanderzutreten,[17] die Väter aber trotz Weisung nicht Platz machten. Von den Älteren mischte sich so gut wie keiner ein, weil die Frage in ihren Augen mit kluger Überlegung nicht zu regeln, sie vielmehr tolldreister Unbesonnenheit überantwortet war. (5) Auch die Konsuln hielten sich deutlich abseits, um in dem allgemeinen Wirrwarr ihre Hoheit keiner Beleidigung auszusetzen. (6) Da gab es einen unerschrockenen jungen Mann, Caeso Quinctius, so adlig von Geburt wie hochgewachsen und stark. Diesen Gottesgaben hatte er selbst noch viele Ruhmestaten im Krieg hinzugefügt und auf dem Forum eine Beredsamkeit gezeigt, dass niemand in der Bürgerschaft – weder zum Wort noch zur Tat – für entschlossener galt. (7) Wenn er inmitten der Senatorenschar fest dastand, die anderen überragte, widerstand er ganz allein, gleichsam in Stimme und Stärke alle Diktaturen und Konsulate in sich bergend, den At-

ac viribus suis, unus impetus tribunicios popularesque procellas sustinebat. (8) Hoc duce saepe pulsi foro tribuni, fusa ac fugata plebes est; qui obvius fuerat, mulcatus nudatusque abibat, ut satis appareret, si sic agi liceret, victam legem esse. (9) Tum prope iam perculsis aliis tribunis A. Verginius, ex collegio unus, Caesoni capitis diem dicit. Atrox ingenium accenderat eo facto magis quam conterruerat; eo acrius obstare legi, agitare plebem, tribunos velut iusto persequi bello. (10) Accusator pati reum ruere invidiaeque flammam ac materiam criminibus suis suggerere; legem interim non tam ad spem perferendi quam ad lacessendam Caesonis temeritatem ferre. (11) Multa ibi saepe ab iuventute inconsulte dicta factaque in unius Caesonis suspectum incidunt ingenium. Tamen legi resistebat. (12) Et A. Verginius identidem plebi: »Ecquid sentitis iam, vos, Quirites, Caesonem simul civem et legem quam cupitis habere non posse? (13) Quamquam quid ego legem loquor? Libertati obstat; omnes Tarquinios superbia exsuperat. Exspectate dum consul aut dictator fiat, quem privatum viribus et audacia regnantem videtis.« Adsentiebantur multi pulsatos se querentes, et tribunum ad rem peragendam ultro incitabant.

12 (1) Iam aderat iudicio dies apparebatque volgo homines in

tacken der Tribunen und dem Rasen des Volkes. (8) Unter seiner Führung wurden die Tribunen oftmals vom Forum vertrieben, wurde das Volk verjagt und in die Flucht geschlagen; wer sich ihm in den Weg gestellt hatte, kam übel zugerichtet gerade mit dem nackten Leben davon; klar genug ergab sich daraus, dass es mit dem Gesetzesantrag aus und vorbei sei, wenn einer sich so verhalten dürfe. (9) Als daraufhin die anderen Tribunen schon völlig eingeschüchtert waren, lud A. Verginius, einer aus ihrem Kollegium, Caeso wegen eines Kapitalverbrechens vor Gericht.[18] Dadurch hatte er dessen wilden Sinn eher in Flammen als in Furcht gesetzt; umso leidenschaftlicher nur stellte er sich dem Gesetzesantrag entgegen, machte Jagd auf das Volk, verfolgte die Tribunen wie in einem regelrechten Krieg. (10) Der Ankläger duldete es, dass der Angeklagte in sein eigenes Verderben rannte und der Anfeindung Zündstoff sowie seinen Anschuldigungen eine Grundlage bot; indessen legte er den Gesetzesentwurf nicht so sehr in Erwartung eines Erfolges, als mit dem Ziel vor, die Verwegenheit des Caeso herauszufordern. (11) Vieles, was damals vom Jungadel unbedacht gesagt oder getan worden war, fiel nun auf die beargwöhnte Wesensart des Caeso allein zurück. Dennoch wehrte er sich weiterhin gegen den Gesetzesantrag. (12) Und A. Verginius sprach mehrere Male zum Bürgervolk: »Merkt ihr nun wohl, Römer, dass ihr einen Caeso zum Mitbürger *und* das Gesetz, nach dem ihr verlangt, nicht gleichzeitig haben könnt? (13) Und überhaupt, was spreche ich noch von einem Gesetz? Der Freiheit steht er im Weg, überragt alle Tarquinier an Hochmut. Wartet nur ab, bis er Konsul oder Diktator wird, den ihr jetzt als Privatmann mit Macht und Dreistigkeit wie einen König herrschen seht!« Viele stimmten ihm zu, klagten, misshandelt worden zu sein, und trieben überdies den Tribunen an, die Sache bis zum Ende durchzustehen.

12 (1) Schon war der Gerichtstag nahe, und es zeigte sich

damnatione Caesonis libertatem agi credere. Tum demum coactus cum multa indignitate prensabat singulos. Sequebantur necessarii, principes civitatis. (2) T. Quinctius Capitolinus, qui ter consul fuerat, cum multa referret sua familiaeque decora, (3) adfirmabat neque in Quinctia gente neque in civitate Romana tantam indolem tam maturae virtutis unquam exstitisse; suum primum militem fuisse, se saepe vidente pugnasse in hostem. (4) Sp. Furius, missum ab Quinctio Capitolino sibi eum in dubiis suis rebus venisse subsidio; neminem unum esse cuius magis opera putet rem restitutam. (5) L. Lucretius, consul anni prioris, recenti gloria nitens, suas laudes participare cum Caesone, memorare pugnas, referre egregia facinora nunc in expeditionibus, nunc in acie; suadere et monere iuvenem egregium, (6) instructum naturae fortunaeque omnibus bonis, maximum momentum rerum eius civitatis in quamcumque venisset, suum quam alienum mallent civem esse. (7) quod offendat in eo, fervorem et audaciam, aetatem cottidie magis auferre: quod desideretur, consilium, id in dies crescere. senescentibus vitiis, maturescente virtute, sinerent tantum virum senem in civitate fieri. (8) Pater inter hos L. Quinctius, cui Cincinnato cognomen erat, non iterando laudes, ne cumularet invidiam, sed veniam errori atque adulescentiae petendo, sibi qui non dicto, non facto quemquam offendisset, ut condona-

deutlich, dass nach Ansicht der Öffentlichkeit mit der Verurteilung des Caeso die Sache der Freiheit stehe und falle. Da erst sah sich Caeso gezwungen, mit großem Widerwillen, einen nach dem anderen um Hilfe zu bitten. Ihm folgten seine Angehörigen und Freunde, die ersten Männer im Staat. (2) T. Quinctius Capitolinus, der dreimal Konsul gewesen war, verwies auf seine und seiner Familie zahlreiche Ruhmestaten, (3) versicherte aber, dass weder im Geschlecht der Quinctier noch in der römischen Bürgerschaft jemals solch ein Naturell von so früh ausgeprägter mannhafter Tüchtigkeit aufgetreten sei; jener sei sein bester Soldat gewesen und habe vor seinen Augen oft gegen den Feind gefochten. (4) Sp. Furius gab an, ihm sei er, von Q. Capitolinus geschickt, in gefährlicher Lage zu Hilfe gekommen: Er habe seiner Ansicht nach wie kein einziger sonst durch seinen Einsatz die Situation gerettet. (5) L. Lucretius, der noch von neuem Ruhm umstrahlte Konsul des Vorjahres, ließ Caeso an seiner Beliebtheit teilhaben, erinnerte an Kämpfe, berichtete von trefflichen Taten bald auf Feldzügen, bald in offener Schlacht (6) und mahnte eindringlich, sie sollten einen außergewöhnlichen, mit allen Gaben der Natur und des Glücks begabten jungen Mann, der für die Belange jedes Gemeinwesens, in das er käme, von ausschlaggebender Bedeutung sein würde, doch lieber zum Mit- als zum Fremdbürger haben wollen.[19] (7) Was an ihm Anstoß errege, sein hitziges kühnes Temperament, das verringere sich ja mit jedem Tag, den er älter werde; was man vermisse, Besonnenheit, wachse von Tag zu Tag. Da seine Fehler alterten, seine Tugend reife, sollten sie einen so bedeutenden Mann in ihrem Gemeinwesen alt werden lassen. (8) Unter diesen Männern wiederholte der Vater des Caeso, L. Quinctius, der den Beinamen Cincinnatus trug, die Lobesreden nicht, um die Missgunst nicht noch zu steigern, sondern bat um Nachsicht für jugendliches Irren und flehte, sie möchten seinetwegen, der er weder durch Wort noch durch

rent filium orabat. (9) Sed alii aversabantur preces aut verecundia aut metu, alii se suosque mulcatos querentes atroci responso iudicium suum praeferebant.

13 (1) Premebat reum praeter volgatam invidiam crimen unum, quod M. Volscius Fictor, qui ante aliquot annos tribunus plebis fuerat, (2) testis exstiterat se, haud multo post quam pestilentia in urbe fuerat, in iuventutem grassantem in Subura incidisse. ibi rixam natam esse fratremque suum maiorem natu, necdum ex morbo satis validum, pugno ictum ab Caesone cecidisse; (3) semianimem inter manus domum ablatum, mortuumque inde arbitrari, nec sibi exsequi rem tam atrocem per consules superiorum annorum licuisse. Haec Volscio clamitante adeo concitati homines sunt ut haud multum afuerit quin impetu populi Caeso interiret. (4) Verginius arripi iubet hominem et in vincula duci. Patricii vi contra vim resistunt. T. Quinctius clamitat, cui rei capitalis dies dicta sit et de quo futurum propediem iudicium, eum indemnatum indicta causa non debere violari. (5) Tribunus supplicium negat sumpturum se de indemnato; servaturum tamen in vinculis esse ad iudicii diem ut, qui hominem necaverit, de eo supplicii sumendi copia populo Romano fiat. (6) Appellati tribuni medio decreto

Tat irgendjemanden gekränkt habe, den Sohn begnadigen. (9) Aber die einen verschlossen entweder aus Scheu oder aus Angst ihre Ohren den Bitten, die anderen klagten, sie selbst und ihre Angehörigen wären misshandelt worden, und nahmen mit der harten Erwiderung ihr Urteil vorweg.

13 (1) Abgesehen von der allgemeinen Unbeliebtheit belastete den Angeklagten *eine* Anschuldigung: M. Volscius Fictor, der einige Jahre zuvor Volkstribun gewesen war, (2) hatte nämlich als Zeuge ausgesagt, er sei nicht lange nachdem die Seuche in der Stadt gewütet hatte, auf eine Gruppe Jugendlicher gestoßen, die sich in der Subura herumtrieb. Dort sei es dann zu einem Handgemenge gekommen, und sein älterer, von der Krankheit noch nicht so recht wiederhergestellter Bruder sei, von einem Faustschlag des Caeso getroffen, zusammengebrochen; (3) halbtot habe man ihn auf Händen nach Hause getragen, und als Folge davon sei, so glaube er, sein Bruder gestorben; er selbst habe aber unter solchen Konsuln wie in den letzten Jahren nicht die Möglichkeit gesehen, diesen Vorfall, so schrecklich er auch sei, gerichtlich zu verfolgen. Da Volscius diese Geschichte lauthals verkündete, erregten sich die Menschen so sehr, dass nicht viel gefehlt hätte, und Caeso wäre der Empörung des Volkes zum Opfer gefallen. (4) Verginius befahl, den Mann zu verhaften und ins Gefängnis zu bringen. Die Patrizier aber erwiderten Gewalt mit Gewalt: T. Quinctius rief, wer wegen eines Kapitalverbrechens vor Gericht geladen worden sei und binnen kurzem sein Urteil zu erwarten habe, an den dürfe man, als noch unverurteilt und unangehört, nicht Hand anlegen. (5) Der Tribun erwiderte, er werde Caeso ohne Urteilsspruch nicht hinrichten lassen, doch beabsichtige er, ihn bis zum Tag der Verhandlung in sicherem Gewahrsam zu behalten, damit das römische Volk die Möglichkeit bekomme, an jemand, der einen Menschen getötet habe, die Strafe zu vollstrecken. (6) Man rief die Tribunen an, und diese übten

ius auxilii sui expediunt: in vincula conici vetant; sisti reum pecuniamque ni sistatur populo promitti placere pronuntiant. (7) Summam pecuniae quantam aequum esset promitti, veniebat in dubium; id ad senatum reicitur: reus, dum consulerentur patres, retentus in publico est. (8) Vades dari placuit; unum vadem tribus milibus aeris obligarunt; quot darentur permissum tribunis est. Decem finierunt; tot vadibus accusator vadatus est reum. Hic primus vades publico dedit. Dimissus e foro nocte proxima in Tuscos in exsilium abiit. (9) Iudicii die cum excusaretur solum vertisse exsilii causa, nihilo minus Verginio comitia habente, collegae appellati dimisere concilium. (10) Pecunia a patre exacta crudeliter, ut divenditis omnibus bonis aliquamdiu trans Tiberim velut relegatus devio quodam tugurio viveret.

14 (1) Hoc iudicium et promulgata lex exercuit civitatem: ab externis armis otium fuit. (2) Cum velut victores tribuni perculsis patribus Caesonis exsilio prope perlatam esse crederent legem, et quod ad seniores patrum pertineret cessissent possessione rei publicae, (3) iuniores, id maxime quod Caesonis sodalium fuit, auxere iras in plebem, non minuerunt animos;

kraft eines vermittelnden Entscheids ihr Recht auf Beistandsleistung aus; sie untersagten, Caeso in den Kerker zu werfen, gaben aber ihrem Willen Ausdruck, dass der Angeklagte sich zu stellen habe, und, falls er nicht vor Gericht erscheine, dem Volk ein Geldbetrag als Kaution garantiert werden müsse. (7) In welcher Höhe man die Geldsumme gerechterweise vereinbaren sollte, blieb unklar; die Sache wurde an den Senat verwiesen, der Angeklagte in öffentlichem Gewahrsam gehalten, solange die Väter berieten. (8) Sie ordneten an, es sollten Bürgen gestellt werden; jeden einzelnen Bürgen verpflichteten sie zur Zahlung von 3000 Assen; wie viele aufzubieten seien, wurde den Tribunen überlassen. Diese bestimmten zehn – durch diese Zahl von Bürgen verpflichtete der Kläger den Beklagten, vor Gericht zu erscheinen. Caeso stellte als erster der Staatskasse Bürgen. Vom Forum entlassen, ging er in der folgenden Nacht zu den Etruskern in die Verbannung. (9) Obwohl er am Tag des Gerichts damit entschuldigt wurde, er habe das Land verlassen, um in die Verbannung zu gehen, hielt Verginius dessen ungeachtet eine Volksversammlung ab, doch lösten seine Kollegen nach einer Berufung die Versammlung auf. (10) Vom Vater forderte man die Geldsumme unbarmherzig ein, so dass er all seine Habe verkaufen musste und geraume Zeit jenseits des Tibers wie ein Verbannter in einer abgelegenen Hütte lebte.[20]

14 (1) Diese Verhandlung sowie die Bekanntmachung des Gesetzesentwurfs hielt die Bürgerschaft in Atem: vor fremden Kriegen war Ruhe. (2) Während die Tribunen, Siegern gleich, nach dem Schlag, den die Väter durch Caesos Verbannung erhalten hatten, ihren Gesetzesentwurf für so gut wie durchgesetzt hielten, und die älteren unter den Vätern, soweit es auf sie ankam, vom Besitzrecht auf den Staat zurückgetreten waren, (3) steigerten die Jüngeren, vor allem die engen Freunde des Caeso, ihre Hassgefühle auf das Volk, minderten nicht ihre

sed ibi plurimum profectum est quod modo quodam temperavere impetus suos. (4) Cum primo post Caesonis exsilium lex coepta ferri est, instructi paratique cum ingenti clientium exercitu sic tribunos, ubi primum submoventes praebuere causam, adorti sunt ut nemo unus inde praecipuum quicquam gloriae domum invidiaeve ferret, mille pro uno Caesones exstitisse plebes quereretur. (5) Mediis diebus quibus tribuni de lege non agerent, nihil iisdem illis placidius aut quietius erat. Benigne salutare, adloqui plebis homines, domum invitare, adesse in foro, tribunos ipsos cetera pati sine interpellatione concilia habere, nunquam ulli neque publice neque privatim truces esse, nisi cum de lege agi coeptum esset; alibi popularis iuventus erat. (6) Nec cetera modo tribuni tranquillo peregere, sed refecti quoque in insequentem annum, ne voce quidem incommoda, nedum et ulla vis fieret. Paulatim permulcendo tractandoque mansuefecerant plebem. His per totum annum artibus lex elusa est.

15 (1) Accipiunt civitatem placidiorem consules C. Claudius Appi filius et P. Valerius Publicola. Nihil novi novus annus attulerat; legis ferendae aut accipiendae cura civitatem tenebat. (2) Quantum iuniores patrum plebi se magis insinuabant, eo

Wut; dabei erzielten sie jedoch größere Erfolge, weil sie ihre Angriffe nach einem bestimmten Plan beschränkten. (4) Als nach der Verbannung des Caeso der Gesetzesentwurf zum ersten Mal eingebracht werden sollte, fielen sie, bestens vorbereitet, mit einer Riesenschar von Gefolgsleuten über die Tribunen her, sobald diese ihnen, mit der Aufforderung auseinanderzutreten, einen Vorwand lieferten; so kam es, dass kein bestimmter Patrizier ein Mehr an Ruhm oder Hass nach Hause brachte und die Menge klagte, an die Stelle eines Caeso seien tausend neue getreten. (5) An den Zwischentagen jedoch, an denen die Tribunen nicht über das Gesetz verhandelten, gab es nichts Sanfteres, nichts Ruhigeres als ebenjene Freunde des Caeso: Wohlwollend grüßten sie, sprachen zum Mann aus dem Volk, luden ihn nach Hause, standen ihm auf dem Forum zur Verfügung, gestatteten sogar den Tribunen, ihre sonstigen Versammlungen ohne Störung abzuhalten, und waren keinem gegenüber, weder öffentlich noch privat, unfreundlich – es sei denn, sie begannen, über das Gesetz zu verhandeln; ansonsten gab sich die Adelsjugend volksfreundlich. (6) Die Tribunen erledigten nicht bloß ihre übrigen Geschäfte in aller Ruhe, sondern sie wurden sogar für das folgende Jahr wiedergewählt – und das ohne ein grobes Wort, geschweige denn, dass es zu irgendeiner Ausschreitung gekommen wäre: Durch behutsames Taktieren hatten man das Volk nach und nach versöhnlich gestimmt. Mit diesen Methoden hintertrieb man das ganze Jahr hindurch das Gesetz.

15 (1) Ein recht friedfertiges Gemeinwesen übernahmen die Konsuln C. Claudius, des Appius Sohn, und P. Valerius Publicola [460]. Nichts Neues hatte das neue Jahr gebracht; der Gedanke, den Gesetzesentwurf einbringen zu können oder bewilligen zu müssen, hielt die Bürgerschaft gefangen. (2) Je mehr die Jüngeren unter den Vätern sich bei den einfachen Bürgern einschmeichelten, desto heftiger versuchten die Tri-

acrius contra tribuni tendebant ut plebi suspectos eos criminando facerent: (3) coniurationem factam; Caesonem Romae esse; interficiendorum tribunorum, trucidandae plebis consilia inita; id negotii datum ab senioribus patrum ut iuventus tribuniciam potestatem e re publica tolleret formaque eadem civitatis esset quae ante Sacrum montem occupatum fuerat. (4) Et a Volscis et Aequis statum iam ac prope sollemne in singulos annos bellum timebatur, propiusque aliud novum malum necopinato exortum. Exsules servique, (5) ad quattuor milia hominum et quingenti, duce Appio Herdonio Sabino nocte Capitolium atque arcem occupavere. (6) Confestim in arce facta caedes eorum qui coniurare et simul capere arma noluerant: alii inter tumultum praecipites pavore in forum devolant: alternae voces »Ad arma« et »Hostes in urbe sunt« audiebantur. (7) Consules et armare plebem et inermem pati timebant, incerti quod malum repentinum, externum an intestinum, ab odio plebis an ab servili fraude, urbem invasisset; sedabant tumultus, sedando interdum movebant; nec enim poterat pavida et consternata multitudo regi imperio. (8) Dant tamen arma, non volgo, tantum ut incerto hoste praesidium satis fidum ad omnia esset. Solliciti reliquum noctis incertique qui homines, quantus numerus hostium esset, in stationibus disponendis

bunen dagegenzusteuern, um diese durch Anschuldigungen beim Volk verdächtig zu machen: (3) eine Verschwörung habe man unternommen; Caeso sei in Rom; die Ermordung der Tribunen, ein Massaker unter dem Volk seien beschlossene Sache; die älteren Senatoren hätten die Weisung ausgegeben, dass die Adelsjugend die tribunizische Amtsgewalt im Staat beseitigen und das Gemeinwesen dieselbe Verfassung bekommen solle wie vor der Besetzung des heiligen Berges. (4) Ferner fürchtete man den von Volskern und Aequern schon gewohnten und Jahr für Jahr fast zum regelmäßigen Ritual gewordenen Krieg; doch zuvor brach unerwartet ein anderes Unglück los. Verbannte und Sklaven – (5) etwa 4500 Menschen – besetzten unter Führung des Sabiners Ap. Herdonius des Nachts das Kapitol und auch die Burg.[21] (6) Sofort kam es dort zu einem Gemetzel an den Leuten in der Burg, die es abgelehnt hatten, sich mit zu verschwören und ebenfalls zu den Waffen zu greifen; andere hasteten in dem Durcheinander kopflos vor Angst hinunter auf das Forum; abwechselnd hörte man die Rufe: »Zu den Waffen!« und »Feinde sind in der Stadt!« (7) Die Konsuln hatten ebenso Bedenken, die Menge zu bewaffnen, wie sie unbewaffnet zu lassen, unschlüssig, welch jähes Unheil denn, ob von außen oder von innen, vom Hass des gemeinen Volkes oder durch die Tücke von Sklaven hervorgerufen, über die Stadt hereingebrochen wäre; sie versuchten den Aufruhr zu beruhigen, schürten ihn aber mitunter gerade durch ihre Beschwichtigungsversuche, da die ängstlich verschreckte Menge sich von der Obrigkeit nicht mehr leiten ließ. (8) Dennoch gaben sie Waffen aus, allerdings nicht an jeden, sondern gerade an so viele, um angesichts des unbekannten Feindes eine für alle Fälle ausreichende Verteidigung sicherzustellen. Voll Sorge und ohne zu wissen, um welche Art von Menschen, um welche Zahl von Feinden es sich handelte, brachten sie den Rest der Nacht mit der Verteilung von Schutzposten an geeigneten

ad opportuna omnis urbis loca egere. (9) Lux deinde aperuit bellum ducemque belli. Servos ad libertatem Appius Herdonius ex Capitolio vocabat: se miserrimi cuiusque suscepisse causam, ut exsules iniuria pulsos in patriam reduceret et servitiis grave iugum demeret; id malle populo Romano auctore fieri; si ibi spes non sit, se Volscos et Aequos et omnia extrema temptaturum et concitaturum.

16 (1) Dilucere res magis patribus atque consulibus. Praeter ea tamen quae denuntiabantur, ne Veientium neu Sabinorum id consilium esset timere et, (2) cum tantum in urbe hostium esset, mox Sabinae Etruscaeque legiones ex composito adessent, tum aeterni hostes, Volsci et Aequi, non ad populandos, ut ante, fines sed ad urbem ut ex parte captam venirent. (3) Multi et varii timores; inter ceteros eminebat terror servilis ne suus cuique domi hostis esset, cui nec credere nec non credendo, ne infestior fieret, fidem abrogare satis erat tutum; vixque concordia sisti videbatur posse. (4) Tantum superantibus aliis ac mergentibus malis nemo tribunos aut plebem timebat; mansuetum id malum et per aliorum quietem malorum semper exoriens tum quiesse peregrino terrore sopitum videbatur. (5) At id prope unum maxime inclinatis rebus incubuit. Tantus enim tribunos furor tenuit ut non bellum, sed vanam imagi-

Punkten der ganzen Stadt zu. (9) Das Tageslicht enthüllte dann Krieg und Kriegsführer. Ap. Herdonius rief vom Kapitol die Sklaven zur Freiheit auf: Er habe sich der Sache gerade der Armseligsten angenommen, um Verbannte, die rechtswidrig vertrieben worden wären, in ihr Vaterland zurückzuführen und den Sklavenstand von seinem schweren Joch zu befreien; wenn das mit Zustimmung des römischen Volkes geschehen könne, sei es ihm nur recht, sollte aber von dort nichts zu erwarten sein, werde er Volsker und Aequer aufwiegeln und das äußerste wagen.

16 (1) Allmählich klärte sich die Lage für Väter und Konsuln. Gleichwohl fürchteten sie, von diesen Drohungen abgesehen, dass dieses Unternehmen auf einen Plan der Vejenter oder Sabiner zurückgehe, dass (2) – wäre erst eine so große Zahl von Feinden in der Stadt – bald sabinische und etruskische Legionen nach Vereinbarung zur Stelle seien und dann ihre Erbfeinde, Volsker und Aequer, nicht zur Verwüstung der Feldmark wie zuvor, sondern gegen eine schon zum Teil gefallene Stadt vorrückten. (3) Vielfache und mannigfaltige Befürchtungen: Sie alle übertraf die Angst vor den Sklaven: dass jeder seinen Feind im Hause hätte, demgegenüber man weder sicher war, wenn man ihm vertraute, noch wenn man ihm misstraute und das Treueverhältnis aufkündigte, wodurch er noch gefährlicher werde. Und auch selbst bei innerer Eintracht schien man sich kaum halten zu können. (4) Deswegen fürchtete angesichts der anderen Gefahren, die überbordeten und alles zu versenken drohten,[22] niemand mehr Tribunen oder Bürgerstand; dies Übel schien harmlos und – da es immer dann auftrat, wenn Ruhe vor sonstigen Fährnissen herrschte – vom Schrecken wegen eines auswärtigen Feindes betäubt zu schlafen. (5) Aber gerade dies eine Unheil stürzte sich auf den schwer ins Wanken geratenen Staat. Die Tribunen gingen nämlich in ihrer Wut so weit, dass sie eiferten, nicht ein Krieg,

nem belli ad avertendos ab legis cura plebis animos Capitolium insedisse contenderent; patriciorum hospites clientesque si perlata lege frustra tumultuatos esse se sentiant, maiore quam venerint silentio abituros. (6) Concilium inde legi perferendae habere, avocato populo ab armis. Senatum interim consules habent, alio se maiore ab tribunis metu ostendente quam quem nocturnus hostis intulerat.

17 (1) Postquam arma poni et discedere homines ab stationibus nuntiatum est, P. Valerius, collega senatum retinente, se ex curia proripit, inde in templum ad tribunos venit. (2) »Quid hoc rei est«, inquit, »tribuni? Appi Herdoni ductu et auspicio rem publicam eversuri estis? Tam felix vobis corrumpendis fuit qui servitia non commovit auctor? Cum hostes supra caput sint, discedi ab armis legesque ferri placet?« (3) Inde ad multitudinem oratione versa: »Si vos urbis, Quirites, si vestri nulla cura tangit, at vos veremini deos vestros ab hostibus captos. Iuppiter optimus maximus, Iuno regina et Minerva, alii di deaeque obsidentur; castra servorum publicos vestros penates tenent; haec vobis forma sanae civitatis videtur? (4) Tantum hostium non solum intra muros est sed in arce supra forum curiamque;

sondern das vorgetäuschte Trugbild eines Krieges habe vom Kapitol Besitz ergriffen, veranstaltet, um die Volksseele vom Einsatz für das Gesetz abzulenken. Wenn die Freunde und Gefolgsleute der Adeligen aufgrund der Annahme des Gesetzes merkten, dass sie die Unruhen vergeblich inszeniert hätten, würden sie weitaus leiser abziehen, als sie gekommen seien. (6) Hierauf forderten sie das Volk auf, keinen Dienst mit der Waffe zu tun, und beriefen dann eine Versammlung ein, um ihr Gesetz durchzubringen. Die Konsuln hielten unterdessen eine Senatssitzung ab, da die neue Bedrohung, die von den Tribunen ausging, größer zu sein schien, als die vom Feind in der Nacht verursachte.

17 (1) Nach der Meldung, dass die Leute ihre Waffen niederlegten und die Posten verließen, stürzte P. Valerius, während sein Kollege die Senatssitzung weiterführte, aus dem Rathaus und kam von dort auf die Versammlungsstätte zu den Tribunen. (2) »Was soll denn das, Tribunen?«, sagte er. »Macht ihr euch daran, unter Führung und Leitung des Ap. Herdonius den Staat aus den Angeln zu heben? So erfolgreich war einer, euch zu verderben, der nicht einmal Sklaven beeindruckte[23] und doch ihr Rädelsführer war? Während euch die Feinde schon im Nacken sitzen, haltet ihr es für richtig, Waffen im Stich zu lassen und Gesetze einzubringen?« (3) Hierauf wandte er sich mit seiner Rede an die Menge: »Wenn euch, Römer, keine Sorge um eure Stadt und um euch selbst berührt, so habt doch Scheu vor euren Göttern, die von Feinden gefangen gehalten werden. Juppiter Optimus Maximus, Juno Regina, Minerva sowie die anderen Götter und Göttinnen werden belagert; Sklavenbanden besetzen eure Staatsheiligtümer – das steht euch als Bild eines gesunden Staatswesens vor Augen? (4) So große Feindesmacht ist nicht nur innerhalb der Stadtmauern, sondern auch auf der Burg, über Forum und Rathaus – doch zur selben Zeit finden Volksversammlungen auf dem Fo-

comitia interim in foro sunt, senatus in curia est; velut cum otium superat, senator sententiam dicit, alii Quirites suffragium ineunt. (5) Non quidquid patrum plebisque est, consules, tribunos, deos hominesque omnes armatos opem ferre, in Capitolium currere, liberare ac pacare augustissimam illam domum Iovis optimi maximi decuit? (6) Romule pater, tu mentem tuam, qua quondam arcem ab his iisdem Sabinis auro captam recepisti, da stirpi tuae; iube hanc ingredi viam, quam tu dux, quam tuus ingressus exercitus est. Primus en ego consul, quantum mortalis deum possum, te ac tua vestigia sequar.« (7) Ultimum orationis fuit, se arma capere, vocare omnes Quirites ad arma; si qui impediat, iam se consularis imperii, iam tribuniciae potestatis sacratarumque legum oblitum, quisquis ille sit, ubicumque sit, in Capitolio, in foro, pro hoste habiturum. (8) iuberent tribuni, quoniam in Appium Herdonium vetarent, in P. Valerium consulem sumi arma; ausurum se in tribunis, quod princeps familiae suae ausus in regibus esset. (9) Vim ultimam apparebat futuram spectaculoque seditionem Romanam hostibus fore. Nec lex tamen ferri nec ire in Capitolium consul potuit; nox certamina coepta oppressit; tribuni cessere nocti, timentes consulum arma. (10) Amotis inde seditionis auctoribus patres circumire plebem inserentesque se in circulos sermones tempori aptos serere; admonere ut viderent

rum, Senatssitzungen im Rathaus statt! So, wie wenn Zeit und Muße im Überfluss vorhanden sind, gibt der Senator sein Votum ab, begeben sich die übrigen Bürger zur Abstimmung. (5) Hätten nicht allesamt, Väter und einfaches Volk, Konsuln und Tribunen, Götter und Menschen, bewaffnet Hilfe bringen, auf das Kapitol stürmen und jene hochheilige Wohnstatt des Juppiter Optimus Maximus befreien und befrieden müssen? (6) Romulus, Ahnvater, schenke du deine Gesinnung, mit der du einst die von ebendiesen Sabinern mit Gold bezwungene Burg[24] wiedererobert hast, deinem Geschlecht! Lass uns den Weg beschreiten, den du, der Führer, den dein Heer beschritten hat! Wahrlich, ich, der Konsul, werde dir und deinen Spuren als erster folgen, sofern ich als ein Sterblicher einem Gott zu folgen vermag!« (7) Am Ende seiner Rede sagte er, er greife zu den Waffen und rufe alle Bürger dazu auf; sollte ihn jemand hindern, werde er augenblicklich seine Verantwortung als Konsul, die tribunizische Amtsgewalt und geheiligte Gesetze vergessen, und ihn, wer es auch sei, wo er auch sei, auf dem Kapitol oder auf dem Forum, als Staatsfeind betrachten. (8) Die Tribunen sollten nur befehlen, gegen den Konsul Valerius die Waffen zu erheben, da sie das ja gegen einen Ap. Herdonius untersagten: Er würde gegenüber Tribunen das wagen, was der Ahnherr seines Geschlechts[25] gegen Könige gewagt habe. (9) Das äußerste an Gewalt und römischer Zwist als Schauspiel für die Feinde schien sich abzuzeichnen. Dabei konnte weder der Gesetzesantrag vorgelegt werden, noch vermochte der Konsul auf das Kapitol zu gelangen; die Nacht erstickte den begonnenen Streit; aus Angst vor den Waffen der Konsuln wichen die Tribunen vor der Dunkelheit zurück. (10) Als man dann die Unruhestifter losgeworden war, gingen die Väter unter den einfachen Leuten herum, gesellten sich zu ihren Gruppen und knüpften Gespräche an, die zur Lage passten: Sie sollten doch bedenken, warnten sie, in welche Gefahr

in quod discrimen rem publicam adducerent. (11) non inter patres ac plebem certamen esse, sed simul patres plebemque, arcem urbis, templa deorum, penates publicos privatosque hostibus dedi. (12) Dum haec in foro sedandae discordiae causa aguntur, consules interim, ne Sabini neve Veiens hostis moveretur, circa portas murosque discesserant.

18 (1) Eadem nocte et Tusculum de arce capta Capitolioque occupato et alio turbatae urbis statu nuntii veniunt. (2) L. Mamilius Tusculi tum dictator erat. Is confestim convocato senatu atque introductis nuntiis magnopere censet, (3) ne exspectent dum ab Roma legati auxilium petentes veniant; periculum ipsum discrimenque ac sociales deos fidemque foederum id poscere; demerendi beneficio tam potentem, tam propinquam civitatem nunquam parem occasionem daturos deos. (4) Placet ferri auxilium; iuventus conscribitur, arma dantur. Romam prima luce venientes procul speciem hostium praebuere; Aequi aut Volsci venire visi sunt; deinde ubi vanus terror abiit, accepti in urbem agmine in forum descendunt. (5) Ibi iam P. Valerius relicto ad portarum praesidia collega instruebat aciem. (6) Auctoritas viri moverat, adfirmantis Capitolio reciperato et urbe pacata si se edoceri sissent quae fraus ab tribunis occulta in lege ferretur, memorem se maiorum suorum, me-

sie den Staat brächten. (11) Nicht zwischen Vätern und Volk gebe es einen Kampf, vielmehr würden zugleich Väter und Volk, Stadtburg, Göttertempel, Staats- und Hausgötter den Feinden preisgegeben. (12) Während man so auf dem Forum auf eine Besänftigung der Zwietracht hinarbeitete, hatten sich in der Zwischenzeit die Konsuln auf ihren Kontrollgang zu den Toren und Stadtmauern begeben, weil sie fürchteten, die Sabiner oder der Feind aus Veji könnten sich rühren.

18 (1) In derselben Nacht kamen die Nachrichten von der Einnahme der Burg, der Besetzung des Kapitols und dem sonstigen Zustand der ins Chaos gestürzten Stadt auch nach Tusculum. (2) L. Mamilius war damals Diktator in Tusculum. Er rief unverzüglich den Senat zusammen, führte die Boten vor und sprach sich entschieden dafür aus, (3) nicht zu warten, bis aus Rom Gesandte kämen, um Beistand zu erbitten. Die gefährliche und vor der endgültigen Entscheidung stehende Situation, die Bundesgötter und ihre Vertragstreue verlangten dies; niemals würden ihnen die Götter eine gleiche Gelegenheit bieten, sich durch einen Freundschaftsdienst um eine so mächtige und ihnen engverbundene Bürgerschaft verdient zu machen. (4) Man beschloss, Hilfe zu bringen; die Jungmannschaft wurde ausgehoben, Waffen ausgegeben. Als sie bei Sonnenaufgang nach Rom kamen, boten sie von ferne den Anblick von Feinden – Aequer und Volsker schienen zu kommen; später, als die unbegründete Angst gewichen war, wurden sie in die Stadt eingelassen und marschierten in Reih und Glied zum Forum. (5) Dort stellte nun gerade P. Valerius, der seinen Kollegen bei den Torposten gelassen hatte, Truppen in Reih und Glied auf. (6) Das Ansehen dieses Mannes hatte Wirkung gezeigt. Er hatte nämlich versichert, falls sie ihm nach Wiedereroberung des Kapitols und Befriedung der Stadt gestatteten, aufzuzeigen, welche von den Tribunen verborgene Tücke im Gesetzesentwurf stecke, werde er in Erinnerung an seine Vorfahren und im

morem cognominis quo populi colendi velut hereditaria cura sibi a maioribus tradita esset, concilium plebis non impediturum.

(7) Hunc ducem secuti nequiquam reclamantibus tribunis in clivum Capitolinum erigunt aciem. Adiungitur et Tusculana legio. Certare socii civesque utri reciperatae arcis suum decus facerent; dux uterque suos adhortatur. (8) Trepidare tum hostes nec ulli satis rei praeterquam loco fidere; trepidantibus inferunt signa Romani sociique. Iam in vestibulum perruperant templi cum P. Valerius inter primores pugnam ciens interficitur. (9) P. Volumnius consularis vidit cadentem. Is dato negotio suis ut corpus obtegerent, ipse in locum vicemque consulis provolat. Prae ardore impetuque tantae rei sensus non pervenit ad militem; prius vicit quam se pugnare sine duce sentiret. (10) Multi exsulum caede sua foedavere templum, multi vivi capti, Herdonius interfectus. Ita Capitolium reciperatum. De captivis, ut quisque liber aut servus esset, suae fortunae a quoque sumptum supplicium est. Tusculanis gratiae actae, Capitolium purgatum atque lustratum. (11) In consulis domum plebes quadrantes ut funere ampliore efferretur iactasse fertur.

19 (1) Pace parta, instare tum tribuni patribus, ut P. Valeri fidem exsolverent, instare [C.] Claudio, ut collegae deos manes

Bewusstsein seines Zunamens [Poplicola, Volksfreund], durch den ihm von seinen Ahnen gleichsam die erbliche Verpflichtung übertragen worden sei, das Volk zu fördern, einer Wahlversammlung des Bürgerstandes nicht im Wege stehen.

(7) Ihm folgten sie als ihrem Führer und rückten, während die Tribunen vergeblich dagegen protestierten, in Schlachtreihe den Weg zum kapitolinischen Hügel hinauf. Auch die Legion aus Tusculum schloss sich an. Bundesgenossen und Bürger wetteiferten miteinander, wem die Ehre zuteil würde, die Burg wiedererobert zu haben; beide Feldherren spornten die Ihren an. (8) Da erzitterten die Feinde und vertrauten nur noch auf ihre Stellung: Gegen ängstlich Verzagte begannen Römer und Bundesgenossen die Schlacht. Schon waren sie in die Tempelvorhalle eingedrungen, als P. Valerius, der den Kampf in vorderster Linie in Schwung brachte, getötet wurde. (9) P. Volumnius, ein ehemaliger Konsul, sah ihn fallen. Nachdem er seinen Leuten den Befehl erteilt hatte, den Leichnam zu decken, eilte er selbst zum Ersatz für den Konsul an dessen Stelle. Vor Kampfesglut kam den Soldaten ein so wichtiges Geschehnis gar nicht zu Bewusstsein: Sie siegten, noch bevor sie wahrnahmen, dass sie ohne Führer kämpften. (10) Viele der Geächteten besudelten mit ihrem Blut den Tempel, viele wurden lebend gefangen genommen, Herdonius getötet. So wurde das Kapitol zurückerobert. Über die Gefangenen verhängte man, je nachdem, ob einer ein freier Mann oder ein Sklave war, ihrem Stande gemäß die Todesstrafe.[26] Den Tusculanern sprach man den Dank aus, das Kapitol wurde gereinigt und entsühnt. (11) Das einfache Volk soll Kupfermünzen in das Haus des Konsuls geworfen haben, damit er prächtiger zu Grabe getragen werden könne.

19 (1) Friede war geschaffen, da bedrängten die Tribunen die Väter, das Versprechen des P. Valerius einzulösen, bedrängten auch C. Claudius, die Totenseele seines verstorbenen Kollegen

fraude liberaret, agi de lege sineret. Consul antequam collegam sibi subrogasset negare passurum agi de lege. (2) Hae tenuere contentiones usque ad comitia consulis subrogandi. Decembri mense summo patrum studio L. Quinctius Cincinnatus, pater Caesonis, consul creatur qui magistratum statim occiperet. (3) Perculsa erat plebes consulem habitura iratum, potentem favore patrum, virtute sua, tribus liberis, quorum nemo Caesoni cedebat magnitudine animi, consilium et modum adhibendo ubi res posceret priores erant. (4) Is ut magistratum iniit, adsiduis contionibus pro tribunali non in plebe coercenda quam senatu castigando vehementior fuit, cuius ordinis languore perpetui iam tribuni plebis, non ut in re publica populi Romani sed ut in perdita domo lingua criminibusque regnarent: (5) cum Caesone filio suo virtutem, constantiam, omnia iuventutis belli domique decora pulsa ex urbe Romana et fugata esse; loquaces, seditiosos, semina discordiarum, iterum ac tertium tribunos, pessimis artibus, regia licentia vivere. (6) »Aulus« inquit »ille Verginius, quia in Capitolio non fuit, minus supplicii quam Appius Herdonius meruit? Plus hercule aliquanto, qui vere rem aestimare velit. Herdonius, si nihil aliud, hostem se fatendo prope denuntiavit ut arma caperetis; hic

von der Beschuldigung des Betrugs freizuhalten und Verhandlungen über den Gesetzesentwurf zu gestatten. Der Konsul entgegnete, er werde es nicht dulden, dass man über das Gesetz abstimme, noch bevor er für die Nachwahl eines Kollegen gesorgt habe. (2) Diese Auseinandersetzungen hielten bis zur Volksversammlung über den neu zu wählenden Konsul an. Im Monat Dezember [460] wurde dank des außergewöhnlichen Einsatzes der Väter L. Quinctius Cincinnatus, der Vater des Caeso, zum Konsul gewählt, der das Amt sofort antreten sollte. (3) Der Bürgerstand war tief betroffen, weil ihm ein zornerfüllter Konsul bevorstand, der mächtig war durch die Gunst der Väter, durch eigene Tüchtigkeit und durch seine drei Söhne, von denen dem Caeso an hochherziger Gesinnung keiner nachstand, die aber, wenn es galt, Einsicht und Maß zu üben, sogar noch trefflicher waren. (4) Unmittelbar nach seinem Amtsantritt hielt Quinctius in unablässigen Ansprachen von der Rednerbühne herab mit der gleichen Leidenschaft die Menge im Zaum, mit der er den Senat rügte: Durch dessen Schlaffheit regierten die Volkstribunen nunmehr ohne Unterbrechung – aber nicht wie im Staat des Römervolks, sondern wie in einem verkommenen Hauswesen durch übles Gerede und Anschuldigungen. (5) Mit seinem Sohn Caeso seien edler Anstand, Standhaftigkeit und alles, was die Jugend in Krieg und Frieden auszeichne, aus der Stadt Rom vertrieben und verjagt worden; Quatschmäuler, Unruhestifter, die Keime der Zwietracht, die mit übelsten Machenschaften zum zweiten und dritten Mal gewählten Tribunen lebten in königlicher Willkür. (6) »Hat jener Aulus Verginius«, sprach er, »die Todesstrafe etwa weniger verdient als Appius Herdonius, nur weil er nicht auf dem Kapitol war? Beim Herkules, sogar noch viel eher, will man die Sache recht besehen. Herdonius hat euch – wenn schon nicht anders – doch offen zu verstehen gegeben, dass ihr zu den Waffen greifen müsst, indem er sich als Staats-

negando bellum esse arma vobis ademit nudosque servis vestris et exsulibus obiecit. (7) Et vos – C. Claudi pace et P. Valeri mortui loquar – prius in clivum Capitolinum signa intulistis quam hos hostes de foro tolleretis? Pudet deorum hominumque. Cum hostes in arce, in Capitolio essent, exsulum et servorum dux profanatis omnibus in cella Iovis optimi maximi habitaret, Tusculi ante quam Romae sumpta sunt arma. (8) In dubio fuit utrum L. Mamilius, Tusculanus dux, an P. Valerius et C. Claudius consules Romanam arcem liberarent; et qui ante Latinos ne pro se quidem ipsis, cum in finibus hostem haberent, attingere arma passi sumus, nunc, nisi Latini sua sponte arma sumpsissent, capti et deleti eramus. (9) Hoc est, tribuni, auxilium plebi ferre, inermem eam hosti trucidandam obicere? Scilicet si quis vobis humillimus homo de vestra plebe, quam partem velut abruptam a cetero populo vestram patriam peculiaremque rem publicam fecistis, si quis ex his domum suam obsessam a familia armata nuntiaret, ferendum auxilium putaretis: (10) Iuppiter optimus maximus exsulum atque servorum saeptus armis nulla humana ope dignus erat? Et hi postulant, ut sacrosancti habeantur, quibus ipsi di neque sacri neque sancti sunt? (11) At enim, divinis humanisque obruti sceleribus, legem vos hoc anno perlaturos dictitatis. Tum hercule illo die quo ego consul sum creatus, male gesta res publica

feind zu erkennen gab; dieser aber leugnete den Krieg, entriss euch die Waffen und gab euch wehrlos euren Sklaven und Verbannten preis. (7) Und ihr – C. Claudius und der tote P. Valerius mögen es mir nicht übelnehmen –, habt ihr etwa diese Feinde vom Forum entfernt, bevor ihr den Weg zum Kapitol emporgestürmt seid? Eine Schande ist's vor Göttern und Menschen. Obwohl Feinde auf Burg und Kapitol waren, der Anführer von Geächteten und Sklaven alles entweiht hatte und im Tempel des Iuppiter Optimus Maximus hauste, griff man in Tusculum früher zu den Waffen als in Rom. (8) Es blieb ungewiss, ob L. Mamilius, der tusculanische Heerführer, oder die Konsuln P. Valerius und C. Claudius die römische Burg befreien würden. Und wir, die wir vordem den Latinern nicht einmal erlaubten, zu ihrer eigenen Verteidigung Waffen anzurühren, wenn sie den Feind in ihrem Gebiet hatten, wir waren nun schon so gut wie gefangen und vernichtet, hätten die Latiner nicht aus freien Stücken zu den Waffen gegriffen. (9) Ist das, Tribunen, Hilfeleistung für das Volk, wenn man es unbewaffnet dem Feind zum Gemetzel vorwirft? Aber selbstverständlich – wenn irgendjemand, auch der geringste Kerl aus eurem Volksanhang, den ihr zu einem vom restlichen Staatsvolk gleichsam abgetrennten Teil, zu eurem Vaterland und Sonderstaat gemacht habt, wenn einer von diesen euch meldete, die eigenen Sklaven belagerten bewaffnet sein Haus, da würdet ihr es für notwendig erachten, Hilfe zu bringen: (10) Iuppiter Optimus Maximus aber, umzingelt von einer Streitmacht Geächteter und Sklaven, war keiner menschlichen Hilfe würdig? Und jene fordern, für hochheilig [sakrosankt] gehalten zu werden, denen sogar die Götter weder hoch noch heilig sind? (11) In Freveltaten gegen Götter und Menschen verstrickt, behauptet ihr aber dennoch, ihr würdet den Gesetzesentwurf noch in diesem Jahr durchbringen. Dann, beim Herkules, stand es an jenem Tag, an dem ich zum Konsul gewählt wurde,

est, peius multo quam cum P. Valerius consul periit – si tuleritis. (12) Iam primum omnium«, inquit, »Quirites, in Volscos et Aequos mihi atque collegae legiones ducere in animo est. Nescio quo fato magis bellantes quam pacati propitios habemus deos. Quantum periculum ab illis populis fuerit si Capitolium ab exsulibus obsessum scissent, suspicari de praeterito quam re ipsa experiri est melius.«

20 (1) Moverat plebem oratio consulis; erecti patres restitutam credebant rem publicam. Consul alter, comes animosior quam auctor, suscepisse collegam priorem actiones tam graves facile passus, in peragendis consularis officii partem ad se vindicabat. (2) Tum tribuni, eludentes velut vana dicta, persequi quaerendo quonam modo exercitum educturi consules essent quos dilectum habere nemo passurus esset. (3) »Nobis vero« inquit Quinctius »nihil dilectu opus est, cum, quo tempore P. Valerius ad recipiundum Capitolium arma plebi dedit, omnes in verba iuraverint conventuros se iussu consulis nec iniussu abituros. (4) Edicimus itaque, omnes qui in verba iurastis crastina die armati ad lacum Regillum adsitis.« Cavillari tum tribuni et populum exsolvere religione velle: privatum eo tempore Quinctium fuisse cum sacramento adacti sint. (5) Sed nondum haec quae nunc tenet saeculum neglegentia deum

schlecht um den Staat, weitaus übler noch als beim Tod des Konsuls P. Valerius – wenn ihr es wahrhaftig durchsetzt. (12) Vor allem anderen nun, Römer«, sagte er weiter, »haben ich und mein Kollege geplant, die Legionen gegen Volsker und Aequer zu führen. Ich weiß nicht, durch welche Schicksalsbestimmung wir eher als Krieger denn als friedfertige Menschen die Götter gewogen finden. Wie groß aber die Gefahr vonseiten jener Völkerschaften gewesen wäre, wenn sie gewusst hätten, dass das Kapitol von Verbannten besetzt war, das erschließt wohl besser jeder aus den vergangenen Ereignissen, als dass er es tatsächlich am eigenen Leib verspürt.«

20 (1) Die Rede des Konsuls hatte die Bürger betroffen gemacht, und die Väter hielten mit neuem Mut die Staatsordnung für wiederhergestellt. Der zweite Konsul, eher wackerer Gefährte als treibende Kraft, litt es zwar gerne, dass sein Mitkonsul vor ihm derart folgenschwere Maßnahmen durchgesetzt hatte, beanspruchte aber bei deren Verwirklichung seinen Anteil am konsularischen Amte. (2) Da setzten ihnen die Tribunen, höhnend, als ob das leere Worte gewesen wären, mit der Frage zu, wie sie denn als Konsuln ein Heer ins Feld führen könnten, wenn ihnen niemand eine Truppenaushebung erlaube. (3) »Wir brauchen«, sagte Quinctius, »keine Aushebung, weil zur Zeit, als P. Valerius an das Bürgervolk Waffen austeilte, um das Kapitol wiederzuerobern, alle auf die Formel geschworen haben, auf Befehl des Konsuls sich zu stellen und sich ohne seinen Befehl nicht zu entfernen.[27] (4) Hiermit sagen wir an, dass ihr alle, die ihr den Treueid geleistet habt, am morgigen Tag bewaffnet am See Regillus zugegen sein sollt!« Da machten die Tribunen Ausflüchte und wollten das Volk von seiner heiligen Pflicht entbinden: Zu besagter Zeit, als sie sich durch den Fahneneid verpflichtet hätten, sei Quinctius Privatmann gewesen. (5) Aber jene Missachtung der Götter, die unsere Epoche bestimmt, war noch nicht zum Vorschein gekom-

venerat, nec interpretando sibi quisque ius iurandum et leges aptas faciebat, sed suos potius mores ad ea accommodabat. (6) Igitur tribuni, ut impediendae rei nulla spes erat, de proferendo exercitus exitu agere, eo magis quod et augures iussos adesse ad Regillum lacum fama exierat, locumque inaugurari ubi auspicato cum populo agi posset, ut quidquid Romae vi tribunicia rogatum esset id comitiis ibi abrogaretur: (7) omnes id iussuros quod consules velint; neque enim provocationem esse longius ab urbe mille passuum, et tribunos, si eo veniant, in alia turba Quiritium subiectos fore consulari imperio. (8) Terrebant haec; sed ille maximus terror animos agitabat, quod saepius Quinctius dictitabat se consulum comitia non habiturum; non ita civitatem aegram esse ut consuetis remediis sisti possit; dictatore opus esse rei publicae, ut, qui se moverit ad sollicitandum statum civitatis, sentiat sine provocatione dictaturam esse.

21 (1) Senatus in Capitolio erat; eo tribuni cum perturbata plebe veniunt. Multitudo clamore ingenti nunc consulum, nunc patrum fidem implorant; nec ante moverunt de sententia consulem quam tribuni se in auctoritate patrum futuros esse polliciti sunt. (2) Tunc referente consule de tribunorum et plebis postulatis senatus consulta fiunt ut neque tribuni legem eo anno ferrent neque consules ab urbe exercitum educerent; in

men, auch bog sich niemand durch eigene Auslegung Schwur und Gesetze zurecht, sondern versuchte vielmehr, sein Denken und Handeln an jene anzupassen.[28] (6) Sobald also keine Hoffnung mehr bestand, die Sache zu verhindern, bemühten sich die Tribunen, den Abmarsch des Heeres hinauszuschieben – nicht zuletzt deswegen, weil das Gerücht entstanden war, auch die Vogelschauer seien zum See Regillus hinbeordert worden, um einen Ort zu weihen, wo man nach Abhaltung der Auspizien dem Volk Anträge zur Abstimmung vorlegen könne, so dass dort alles, was durch der Tribunen Gewalt in Rom eingeführt worden sei, in den dortigen Volksversammlungen abgeschafft werden dürfe: (7) Alle würden das beschließen, was die Konsuln wollten; auch gelte weiter als eine Meile von der Stadt kein Berufungsrecht, und die Tribunen wären, falls sie dorthin kämen, inmitten der übrigen Bürgerschar konsularischer Befehlsgewalt unterworfen. (8) Das machte ihnen Angst; was ihre Gemüter aber am meisten erschreckte, war, dass Quinctius wiederholt sagte, er werde keine Konsulwahlen abhalten; das Gemeinwesen sei dermaßen krank, dass es mit den gewohnten Heilmitteln nicht mehr wiederhergestellt werden könne[29] – einen Diktator habe der Staat notwendig, damit, wer sich erhebe, um die Staatsordnung zu erschüttern, zu spüren bekomme, dass eine Diktatur ohne Berufungsrecht auskomme.

21 (1) Der Senat war auf dem Kapitol versammelt; dorthin kamen die Tribunen und mit ihnen das empörte Volk. Mit gewaltigem Geschrei rief die Menge bald die Konsuln, bald die Väter um Schutz an, doch brachten sie den Konsul nicht eher von seiner Ansicht ab, bis die Tribunen versprachen, sich künftig dem Willen der Väter zu unterwerfen. (2) Nach dem Bericht des Konsuls über die Forderungen der Tribunen und des Bürgerstandes beschloss der Senat, dass in diesem Jahr weder die Tribunen den Gesetzentwurf einbringen, noch die Konsuln das Heer aus der Stadt führen sollten; für die Zukunft beurteile der

reliquum magistratus continuari et eosdem tribunos refici iudicare senatum contra rem publicam esse. (3) Consules fuere in patrum potestate: tribuni reclamantibus consulibus refecti. Patres quoque, ne quid cederent plebi, et ipsi L. Quinctium consulem reficiebant. Nulla toto anno vehementior actio consulis fuit. (4) »Mirer«, inquit, »si vana vestra, patres conscripti, auctoritas ad plebem est? Vos elevatis eam quippe qui, quia plebs senatus consultum in continuandis magistratibus solvit, ipsi quoque solutum voltis, ne temeritati multitudinis cedatis, (5) tamquam id sit plus posse in civitate, plus levitatis ac licentiae habere. Levius enim vaniusque profecto est sua decreta et consulta tollere quam aliorum. (6) Imitamini, patres conscripti, turbam inconsultam, et qui exemplo aliis esse debetis, aliorum exemplo peccate potius quam alii vestro recte faciant, dum ego ne imiter tribunos nec me contra senatus consultum consulem renuntiari patiar. (7) Te vero, C. Claudi, adhortor ut et ipse populum Romanum hac licentia arceas, et de me hoc tibi persuadeas me ita accepturum ut non honorem meum a te impeditum, sed gloriam spreti honoris auctam, invidiam quae ex continuato eo impenderet levatam putem.« (8) Communiter inde edicunt ne quis L. Quinctium consulem faceret; si quis fecisset, se id suffragium non observaturos.

Senat eine Verlängerung von Amtsperioden und eine Wiederwahl derselben Tribunen als staatsfeindliche Handlung. (3) Die Konsuln ergaben sich der Gewalt der Väter, doch ließen sich die Tribunen trotz des Einspruchs der Konsuln abermals wählen. Auch die Väter versuchten ihrerseits, L. Quinctius wieder zum Konsul zu bestimmen, um den Bürgerlichen in keiner Weise nachzugeben. Im ganzen Jahr hielt der Konsul keine leidenschaftlichere Rede als diese: (4) »Soll ich mich wundern, versammelte Väter«, sprach er, »wenn euer Einfluss auf das Volk geschwunden ist? Ihr selbst schwächt ihn ja, denn weil das Volk den Senatsentscheid über die Verlängerung von Amtsperioden aufgehoben hat, wollt ihr selbst ihn ebenso aufgehoben wissen, um der Bedenkenlosigkeit der Masse nicht nachzustehen, (5) gleichsam als ob mehr Macht im Gemeinwesen einem Mehr an Unzuverlässigkeit und Willkür gleichkäme. Leichtfertiger nämlich und wahrlich unüberlegter ist es, eigene Erlässe und Entscheidungen aufzuheben als fremde. (6) Äfft nur die unbelehrbare Menge nach, versammelte Väter, und ihr, die ihr anderen ein Vorbild sein solltet, verfehlt euch eher nach dem Beispiel der anderen, als dass andere nach dem euren recht handelten. Ich indessen will mich hüten, es den Tribunen gleichzutun und gegen einen Senatsbeschluss meine Ernennung zum Konsul zuzulassen. (7) Dich aber, C. Claudius, fordere ich auf, dass auch du das römische Volk von dieser falschen Freiheit fernhältst. Ebenfalls sollst du, was mich betrifft, zur Überzeugung gelangen, dass ich das nicht so verstehen werde, als sei meiner Ansicht nach das Ehrenamt von dir verhindert, sondern als sei mein Ruhm wegen einer zurückgewiesenen Ehre vermehrt, und die Missgunst, die aufgrund einer Amtsverlängerung drohte, beseitigt worden.« (8) Gemeinsam verfügten sie hierauf, dass niemand den L. Quinctius zum Konsul machen dürfe; sollte dies jemand tun, würden sie diese Stimme nicht anerkennen.

22 (1) Consules creati Q. Fabius Vibulanus tertium et L. Cornelius Maluginensis. Census actus eo anno; lustrum propter Capitolium captum, consulem occisum condi religiosum fuit. (2) Q. Fabio L. Cornelio consulibus principio anni statim res turbulentae. Instigabant plebem tribuni: bellum ingens a Volscis et Aequis Latini atque Hernici nuntiabant: iam Antii Volscorum legiones esse. Et ipsam coloniam ingens metus erat defecturam; aegreque impetratum a tribunis ut bellum praeverti sinerent. (3) Consules inde partiti provincias: Fabio ut legiones Antium duceret datum, Cornelius ut Romae praesidio esset, ne qua pars hostium, qui Aequis mos erat, ad populandum veniret. (4) Hernici et Latini iussi milites dare ex foedere, duaeque partes sociorum in exercitu, tertia civium fuit. Postquam ad diem praestitutum venerunt socii, consul extra portam Capenam castra locat. Inde lustrato exercitu Antium profectus haud procul oppido stativisque hostium consedit. (5) Ubi cum Volsci, quia nondum ab Aequis venisset exercitus, dimicare non ausi, quemadmodum quieti vallo se tutarentur, pararent, postero die Fabius non permixtam unam sociorum civiumque sed trium populorum tres separatim acies circa vallum hostium instruxit; ipse erat medius cum legionibus Romanis. (6) Inde signum observare iussit, ut pariter et socii rem

22 (1) Zu Konsuln wurden Q. Fabius Vibulanus zum dritten Mal und L. Cornelius Maluginensis gewählt. In diesem Jahr [459] nahm man eine Volkszählung vor; da aber das Kapitol besetzt und der Konsul gefallen war, galt es als unheilvoll, die Zählung mit einem Opfer zu beschließen.[30]

(2) Unter dem Konsulat des Q. Fabius und des L. Cornelius gerieten die Dinge gleich zu Jahresbeginn in Bewegung. Die Tribunen versuchten, die Menge aufzuwiegeln; Latiner und Herniker meldeten, vonseiten der Volsker und Aequer drohe ein gewaltiger Krieg: Die Legionen der Volsker stünden schon in Antium. Überdies hatte man gewaltige Angst, die Kolonie selbst würde abtrünnig werden; und doch bekam man von den Tribunen nur mit Mühe die Zustimmung, den Krieg vorrangig zu behandeln. (3) Dann grenzten die Konsuln ihre Einsatzgebiete ab: Aufgabe des Fabius war es, die Legionen nach Antium zu führen, Cornelius sollte Rom decken, damit nicht ein Teil der Feinde, wie es bei den Aequern Sitte war, zu Plünderungen anrücke. (4) Den Hernikern und Latinern wurde befohlen, vertragsgemäß Soldaten zu stellen, womit das Heer zu zwei Dritteln aus Bundesgenossen, zu einem Drittel aus Bürgern bestand. Nachdem die Verbündeten am vereinbarten Tag eingetroffen waren, schlug der Konsul außerhalb der Porta Capena das Lager auf. Dort musterte er das Heer, marschierte nach Antium ab und bezog nicht weit von Stadt und Feldlager der Feinde Stellung. (5) Weil die Volsker dort nicht zu kämpfen wagten – von den Aequern war nämlich noch kein Heer gekommen – und sie Vorkehrungen trafen, sich auf jedwede Weise ruhig in der Verschanzung zu bergen, stellte Fabius am nächsten Tag rings um den feindlichen Lagerwall die Bundesgenossen und Bürger auf, aber nicht in gemischter Schlachtordnung, sondern in drei Reihen nach den drei Völkern getrennt. Er selbst stand mit den römischen Legionen in der Mitte. (6) Dann befahl er, auf das Signal zu achten, damit auch die Verbündeten

inciperent referrentque pedem, si receptui cecinisset. Equites item suae cuique parti post principia conlocat. (7) Ita trifariam adortus castra circumvenit et cum undique instaret non sustinentes impetum Volscos vallo deturbat. Transgressus inde munitiones pavidam turbam inclinatamque in partem unam castris expellit. (8) Inde effuse fugientes eques, cui superare vallum haud facile fuerat, cum ad id spectator pugnae adstitisset, libero campo adeptus parte victoriae fruitur territos caedendo. (9) Magna et in castris et extra munimenta caedes fugientium fuit sed praeda maior, quia vix arma secum efferre hostis potuit; deletusque exercitus foret ni fugientes silvae texissent.

23 (1) Dum ad Antium haec geruntur, interim Aequi robore iuventutis praemisso arcem Tusculanam improviso nocte capiunt, reliquo exercitu haud procul moenibus Tusculi considunt ut distenderent hostium copias. (2) Haec celeriter Romam, ab Roma in castra Antium perlata movent Romanos haud secus quam si Capitolium captum nuntiaretur; adeo et recens erat Tusculanorum meritum et similitudo ipsa periculi reposcere latum auxilium videbatur. (3) Fabius omissis omnibus praedam ex castris raptim Antium convehit; ibi modico praesidio relicto, citatum agmen Tusculum rapit. Nihil praeter arma et quod

gleichzeitig den Kampf beginnen oder sich absetzen konnten, wenn er zum Rückzug blasen ließe. Desgleichen verteilte er die Reiter auf die entsprechenden Abschnitte hinter dem ersten Treffen. (7) So griff er von drei Seiten an, umzingelte das Lager, und da er ihnen überall hart zusetzte, warf er die Volsker, die diesem Sturmlauf nicht standhielten, vom Wall. Danach überstieg er die Schanzen und trieb die verstörte, nach einer Seite zurückweichende Menge aus dem Lager. (8) Als sie dann in Unordnung flohen, holte sie die Reiterei, für die es schwierig gewesen wäre, den Lagerwall zu überwinden, auf offenem Feld ein und erwarb sich, während sie der Schlacht bis jetzt nur als Beobachter beigewohnt hatte, ihren Anteil am Sieg, indem sie die von Entsetzen gepackten Feinde niedermachte. (9) Groß war das Morden unter den Flüchtenden im Lager, aber auch außerhalb der Befestigungen, doch größer noch die Beute, konnte der Feind ja kaum die Waffen mitnehmen; und vernichtet wäre sein Heer worden, wenn nicht Wälder den Fliehenden Schutz geboten hätten.

23 (1) Während dieser Ereignisse vor Antium eroberten nun die Aequer, die den Kern ihrer Jungmannschaft vorausgeschickt hatten, unerwartet des Nachts die Festung von Tusculum; mit dem übrigen Heer bezogen sie unweit der Stadtmauern von Tusculum Stellung, um die Truppen der Feinde voneinander zu trennen. (2) Dies drang rasch nach Rom, von Rom ins Lager nach Antium und erschütterte die Römer nicht anders, als wenn die Besetzung des Kapitols gemeldet worden wäre; so kurz lag erst die verdienstvolle Tat der Tusculaner zurück, und auch die Ähnlichkeit der Gefahr selbst schien eine Erwiderung der geleisteten Hilfe zu erfordern. (3) Fabius ließ alles stehen und liegen und brachte die Beute eilends aus dem Lager nach Antium; dort ließ er eine gerade ausreichende Besatzung zurück und hetzte mit dem Heereszug in Eilmärschen nach Tusculum. Außer seinen Waffen und dem, was an ferti-

cocti ad manum fuit cibi ferre militi licuit; commeatum ab Roma consul Cornelius subvehit. (4) Aliquot menses Tusculi bellatum. Parte exercitus consul castra Aequorum oppugnabat; partem Tusculanis dederat ad arcem reciperandam. Vi nunquam eo subire potuit: fames postremo inde detraxit hostem.

(5) Quo postquam ventum ad extremum est, inermes nudique omnes sub iugum ab Tusculanis missi. Hos ignominiosa fuga domum se recipientes Romanus consul in Algido consecutus ad unum omnes occidit. (6) Victor ad Columen – id loco nomen est – exercitu reducto castra locat. Et alter consul, postquam moenibus iam Romanis pulso hoste periculum esse desierat, et ipse ab Roma profectus. (7) Ita bifariam consules ingressi hostium fines ingenti certamine hinc Volscos, hinc Aequos populantur. Eodem anno descisse Antiates apud plerosque auctores invenio; L. Cornelium consulem id bellum gessisse oppidumque cepisse. Certum adfirmare, quia nulla apud vetustiores scriptores eius rei mentio est, non ausim.

24 (1) Hoc bello perfecto tribunicium domi bellum patres territat. Clamant fraude fieri quod foris teneatur exercitus; frustrationem eam legis tollendae esse; se nihilo minus rem susceptam peracturos. (2) Obtinuit tamen L. Lucretius praefectus urbis ut actiones tribuniciae in adventum consulum differ-

gem Proviant[31] zur Hand war, durfte der Soldat nichts mitnehmen: Den Nachschub schaffte aus Rom der Konsul Cornelius heran. (4) Etliche Monate bekriegte man sich in Tusculum. Mit einem Teil des Heeres bestürmte der Konsul das Lager der Aequer, den anderen Heeresteil hatte er den Tusculanern zur Wiedereroberung ihrer Stadtfestung überlassen. Mit Gewalt hätte man dort niemals eindringen können: Es war der Hunger, der letztlich den Feind von dort wegzog.

(5) Nachdem so das Ende gekommen war, wurden sie allesamt unbewaffnet und nackt von den Tusculanern unter das Joch geschickt.[32] Auf ihrer schmachbeladenen Flucht nach Hause holte sie der römische Konsul am Algidus ein und hieb sie bis auf den letzten Mann nieder. (6) Als Sieger zog er das Heer bis Columen – so heißt der Ort – zurück und schlug dort das Lager auf. Nachdem die Vertreibung des Feindes nun die Gefahr von den Mauern Roms gebannt hatte, setzte sich auch der zweite Konsul von Rom aus in Marsch. (7) So rückten denn die Konsuln von zwei Seiten ins Feindesland vor und verheerten in gewaltigem Ringen hier Volsker-, dort Aequerland. Bei den meisten meiner Quellenautoren finde ich, dass die Antiaten im selben Jahr abtrünnig geworden seien; der Konsul L. Cornelius soll den Krieg geführt und die Stadt eingenommen haben. Sichere Bestätigung will ich nicht wagen, da es ja bei den älteren Schriftstellern keinerlei Erwähnung dieses Sachverhaltes gibt.

24 (1) Dieser Feldzug war zu Ende, doch setzte ein innerer und von den Tribunen geführter Krieg die Väter in Schrecken: Lauthals verkündeten jene, das Heer werde aus Hinterlist vor der Stadt festgehalten; das stelle ein bewusstes Hintertreiben des Gesetzesentwurfes dar; dessen ungeachtet würden sie eine begonnene Sache zu ihrem Abschluss bringen. (2) Dennoch hielt der Stadtpräfekt L. Lucretius daran fest, dass die Unternehmungen der Tribunen bis zum Eintreffen der Konsuln

rentur. (3) Erat et nova exorta causa motus. A. Cornelius et Q. Servilius quaestores M. Volscio, quod falsus haud dubie testis in Caesonem exstitisset, diem dixerant. (4) Multis enim emanabat indiciis neque fratrem Volsci ex quo semel fuerit aeger unquam non modo in publico visum, sed ne adsurrexisse quidem ex morbo, multorumque tabe mensum mortuum; (5) nec iis temporibus in quae testis crimen coniecisset Caesonem Romae visum, adfirmantibus qui una meruerant secum eum tum frequentem ad signa sine ullo commeatu fuisse. Nisi ita esset multi privatim ferebant Volscio iudicem. (6) Cum ad iudicium ire non auderet, omnes eae res in unum congruentes haud magis dubiam damnationem Volsci quam Caesonis Volscio teste fuerat faciebant. (7) In mora tribuni erant, qui comitia quaestores habere de reo, nisi prius habita de lege essent, passuros negabant. Ita extracta utraque res in consulum adventum est. (8) Qui ubi triumphantes victore cum exercitu urbem inierunt, quia silentium de lege erat, perculsos magna pars credebant tribunos; (9) at illi – etenim extremum anni iam erat – quartum adfectantes tribunatum, in comitiorum disceptationem ab lege certamen averterant. Et cum consules nihilo minus adversus continuationem tribunatus quam si lex minuendae suae maie-

verschoben wurden. (3) Es hatte sich da auch noch ein neuer Grund zum Aufruhr ergeben: Die Quästoren A. Cornelius und Q. Servilius hatten M. Volscius mit der Anschuldigung vor Gericht geladen, er sei unzweifelhaft als falscher Zeuge gegen Caeso aufgetreten. (4) Aus vielen Aussagen ging nämlich hervor, dass der Bruder des Volscius seit seiner Erkrankung niemals in der Öffentlichkeit gesehen worden war, sondern sich nicht einmal vom Krankenbett erhoben hatte und nach mehrmonatigem Siechtum gestorben war; (5) auch war Caeso zum Zeitpunkt, auf den der Zeuge das Verbrechen veranschlagt hatte, nicht in Rom gesehen worden, wobei diejenigen, die mit ihm zusammen gedient hatten, versicherten, er habe damals ohne jeden Urlaub ständig im Feld gestanden. Viele schlugen Volscius auf eigene Verantwortung Schiedsrichter vor, um die Richtigkeit ihrer Behauptung zu beweisen.[33] (6) Weil er den Gang zu dem Richter nicht wagte, machten all diese Tatsachen, die auf den Punkt übereinstimmten, die Verurteilung des Volscius ebenso gewiss, wie es die des Caeso aufgrund der Zeugenaussage des Volscius gewesen war. (7) Die Tribunen verhinderten den Prozess mit der Begründung, sie würden es nicht dulden, dass die Quästoren wegen des Angeklagten eine Volksversammlung abhielten, wenn es nicht vorher eine über ihren Gesetzesantrag gegeben habe. Folglich vertagte man beide Fälle bis zur Ankunft der Konsuln. (8) Als diese mit siegreichem Heer triumphierend die Stadt betreten hatten, hielt die Mehrheit die Tribunen für geschlagen, weil über das Gesetz Stillschweigen herrschte. (9) Die Tribunen jedoch bewarben sich zum vierten Mal um das Tribunat – das Ende ihrer Amtszeit stand ja schon bevor – und hatten deshalb die Auseinandersetzung vom Gesetzesantrag auf die Debatte um die Wahl verlagert. Und obwohl sich die Konsuln nicht weniger gegen die Fortdauer dieses Tribunats stemmten, als wenn der angekündigte Gesetzesantrag zur Schmälerung ihrer Hoheit

statis causa promulgata ferretur tetendissent victoria certaminis penes tribunos fuit.

(10) Eodem anno Aequis pax est petentibus data. Census, res priore anno incohata, perficitur, idque lustrum ab origine urbis decimum conditum ferunt. Censa civium capita centum septendecim milia trecenta undeviginti. (11) Consulum magna domi bellique eo anno gloria fuit, quod et foris pacem peperere, et domi, etsi non concors, minus tamen quam alias infesta civitas fuit.

25 (1) L. Minucius inde et C. Nautius consules facti duas residuas anni prioris causas exceperunt. Eodem modo consules legem, tribuni iudicium de Volscio impediebant; sed in quaestoribus novis maior vis, maior auctoritas erat. (2) Cum M. Valerio Mani filio Volesi nepote quaestor erat T. Quinctius Capitolinus qui ter consul fuerat. (3) Is, quoniam neque Quinctiae familiae Caeso neque rei publicae maximus iuvenum restitui posset, falsum testem qui dicendae causae innoxio potestatem ademisset, iusto ac pio bello persequebatur. (4) Cum Verginius maxime ex tribunis de lege ageret, duum mensum spatium consulibus datum est ad inspiciendam legem ut cum edocuissent populum quid fraudis occultae ferretur, sinerent deinde suffragium inire. Hoc intervalli datum res tranquillas in urbe fecit. (5) Nec diuturnam quietem Aequi dederunt, qui rupto

durchgesetzt worden wäre, so fiel der Sieg in diesem Streit doch den Tribunen zu.

(10) Im selben Jahr gewährte man den Aequern auf deren Ansuchen hin Frieden. Die Volkszählung, ein im vorangegangenen Jahr begonnenes Unternehmen, wurde zu Ende geführt; und dies soll seit der Gründung der Stadt die zehnte mit einem Opfer beschlossene Zählung gewesen sein. An Bürgern zählte man 117319 Häupter. (11) Groß war in dem Jahr der Konsuln Ruhm in Krieg und Frieden, weil sie einerseits in der Fremde Frieden schufen, andererseits in der Heimat die Bürgerschaft wenn schon nicht einträchtig, so doch weniger zerstritten war als sonst.

25 (1) L. Minucius und C. Nautius, die hierauf Konsuln wurden [458], übernahmen die zwei noch anstehenden Fälle des Vorjahres. Auf die gleiche Art und Weise hintertrieben die Konsuln das Gesetz, die Tribunen ein Gerichtsurteil über Volscius; aber die neuen Quästoren verfügten über größere Durchschlagskraft und größeres Ansehen. (2) Mit M. Valerius, dem Sohn des Manius und Enkel des Volesus, war der dreifache Exkonsul T. Quinctius Capitolinus Quästor. (3) Weil weder der Sippe der Quinctier ihr Caeso, noch dem Staat der trefflichste seiner jungen Männer wiedergegeben werden könne, verfolgte er den falschen Zeugen, der einem Unschuldigen die Möglichkeit gestohlen habe, seine Sache zu vertreten, in rechtem und billigem Kriege. (4) Da sich die Tribunen, besonders aber Verginius, um den Gesetzesentwurf annahmen, gewährte man den Konsuln noch eine Frist von zwei Monaten für die Begutachtung des Gesetzes, damit sie das Volk davon unterrichteten, was es an geheimen Ränken mit sich bringe, und dann den Gang zur Abstimmung erlaubten. Diese bewilligte Zwischenzeit bewirkte eine Beruhigung der Lage in der Stadt. (5) Eine andauernde Ruhe aber gestatteten die Aequer nicht. Denn nach dem Bruch des Vertrages, den sie im Vorjahr

foedere quod ictum erat priore anno cum Romanis, imperium ad Gracchum Cloelium deferunt; is tum longe princeps in Aequis erat.

(6) Graccho duce in Lanuvinum agrum, inde in Tusculanum hostili populatione veniunt, plenique praedae in Algido castra locant. In ea castra Q. Fabius, P. Volumnius, A. Postumius legati ab Roma venerunt questum iniurias et ex foedere res repetitum. (7) Eos Aequorum imperator, quae mandata habeant ab senatu Romano, ad quercum iubet dicere; se alia interim acturum. Quercus ingens arbor praetorio imminebat, cuius umbra opaca sedes erat. (8) Tum ex legatis unus abiens »Et haec« inquit »sacrata quercus et quidquid deorum est audiant foedus a vobis ruptum, nostrisque et nunc querellis adsint et mox armis, cum deorum hominumque simul violata iura exsequemur.« (9) Romam ut rediere legati, senatus iussit alterum consulem contra Gracchum in Algidum exercitum ducere, alteri populationem finium Aequorum provinciam dedit. Tribuni suo more impedire dilectum, et forsitan ad ultimum impedissent; sed novus subito additus terror est.

26 (1) Vis Sabinorum ingens prope ad moenia urbis infesta populatione venit; foedati agri, terror iniectus urbi est. Tum plebs benigne arma cepit; reclamantibus frustra tribunis magni duo exercitus scripti. (2) Alterum Nautius contra Sabinos duxit, castrisque ad Eretum positis, per expeditiones parvas, ple-

mit den Römern geschlossen hatten, übertrugen sie den Oberbefehl dem Gracchus Cloelius; er war damals der weitaus bedeutendste Mann bei den Aequern.

(6) Mit Gracchus als ihrem Führer rückten sie unter feindseliger Plünderung ins Gebiet von Lanuvium, von dort in das von Tusculum und schlugen beutebeladen am Algidus ihr Lager auf. In dieses Lager begaben sich die Gesandten Roms, Q. Fabius, P. Volumnius und A. Postumius, um Klage über den Rechtsbruch zu führen und aufgrund des Vertrages Genugtuung zu fordern. (7) Ihnen befahl der Feldherr der Aequer, die Aufträge, die sie vom römischen Senat besäßen, einer Eiche zu bestellen; er selbst habe inzwischen anderes zu tun. Über das Feldherrenzelt wölbte sich ein riesiger Eichbaum, in dessen Schatten ein kühler Rastplatz lag. (8) Darauf sagte einer der Gesandten im Weggehen: »Diese heilige Eiche[34] und alle Götter sollen vernehmen, dass der Vertrag von euch gebrochen ward, sollen jetzt unseren Klagen, bald auch unseren Waffen gewogen sein, wenn wir für die zugleich verletzten Rechte der Götter und Menschen Rache nehmen.« (9) Sowie die Gesandten nach Rom zurückgekehrt waren, beauftragte der Senat den einen Konsul, ein Heer gegen Gracchus auf den Algidus zu führen, und betraute den zweiten mit der Verwüstung des Aequerlandes. Die Tribunen hintertrieben ihrer Art nach die Truppenaushebung und hätten sie vielleicht bis zuletzt verhindert – aber plötzlich trat ein ganz neues Schrecknis auf.

26 (1) Eine gewaltige Streitmacht der Sabiner rückte unter gefährlichen Plünderungen bis nahe an die Mauern Roms: Schwer verwüstet lag das freie Land; Entsetzen breitete sich über die Stadt. Da griff das Volk willig zu den Waffen; trotz des jetzt vergeblichen Widerstandes der Tribunen wurden zwei große Heere ausgehoben. (2) Eines davon führte Nautius gegen die Sabiner, schlug bei Eretum sein Lager auf und zahlte dem Sabinerland mit Hilfe kleiner Stoßtrupps – meist waren es

rumque nocturnis incursionibus, tantam vastitatem in Sabino agro reddidit ut comparati ad eam prope intacti bello fines Romani viderentur. (3) Minucio neque fortuna nec vis animi eadem in gerendo negotio fuit; nam cum haud procul ab hoste castra posuisset, nulla magnopere clade accepta castris se pavidus tenebat. (4) Quod ubi senserant hostes, crevit ex metu alieno, ut fit, audacia, et nocte adorti castra postquam parum vis aperta profecerat, munitiones postero die circumdant. Quae priusquam undique vallo obiectae clauderent exitus quinque equites inter stationes hostium emissi Romam pertulere consulem exercitumque obsideri. (5) Nihil tam necopinatum nec tam insperatum accidere potuit. Itaque tantus pavor, tanta trepidatio fuit quanta si urbem, non castra hostes obsiderent. (6) Nautium consulem arcessunt. In quo cum parum praesidii videretur dictatoremque dici placeret qui rem perculsam restitueret, L. Quinctius Cincinnatus consensu omnium dicitur.

(7) Operae pretium est audire qui omnia prae divitiis humana spernunt neque honori magno locum neque virtuti putant esse, nisi ubi effuse affluant opes. (8) Spes unica imperii populi Romani, L. Quinctius trans Tiberim, contra eum ipsum locum ubi nunc navalia sunt, quattuor iugerum colebat agrum, quae prata Quinctia vocantur. (9) Ibi ab legatis – seu fossam fodiens

nächtliche Raubzüge – die Plünderungen derart zurück, dass im Vergleich damit das Land der Römer vom Krieg beinahe unberührt schien. (3) Minucius besaß bei der Durchführung seines Unternehmens weder eine glückliche Hand noch entsprechenden Scharfsinn: Nachdem er nämlich unmittelbar in der Nähe des Feindes ein Lager errichtet hatte, hielt er sich ängstlich darin verborgen, ohne eine nennenswerte Niederlage erlitten zu haben. (4) Sobald die Feinde dies merkten, hob sich – wie das eben geschieht – angesichts der Angst der anderen ihr Kampfesmut. Sie griffen das Lager bei Nacht an und umgaben es, nachdem ein offener Handstreich nicht so recht geglückt war, am Tag darauf ringsum mit Verschanzungen. Noch bevor diese den Lagergraben von allen Seiten umgaben und jeden Fluchtweg abriegelten, wurden fünf Reiter mitten durch die Posten der Feinde nach Rom gesandt, die dort die Kunde verbreiteten, Konsul und Heer würden belagert. (5) So unvermutet, so unerwartet hätte wohl nichts anderes eintreffen können. Angst und Ratlosigkeit nahmen daher Ausmaße an, als ob die Feinde Rom und nicht ein Feldlager bedrängten. (6) Da riefen sie nach dem Konsul Nautius. Doch weil er nicht genug Schutz zu bieten schien und man übereinkam, zur Wiederherstellung des tief getroffenen Staatswesens einen Diktator zu ernennen, wurde in einmütigem Beschluss L. Quinctius Cincinnatus dazu bestimmt.[35]

(7) Für jene nun, die dem Reichtum gegenüber alle Menschenpflichten hintansetzen und hoher Geltung sowie Anständigkeit nur dort einen Platz einräumen, wo der Strom des Profits reichlich fließt, lohnt es sich, dem Bericht zu folgen. (8) Die letzte Hoffnung für das Reich des Römervolks, L. Quinctius, pflügte gerade am anderen Tiberufer, genau der Stelle der heutigen Schiffswerften gegenüber,[36] ein Feld von vier Morgen, das man jetzt die Wiesen des Quinctius nennt. (9) Ob er einen Graben zog und sich dabei gegen den Spaten

palae innixus, seu cum araret, operi certe, id quod constat, agresti intentus – salute data in vicem redditaque rogatus ut, quod bene verteret ipsi reique publicae, togatus mandata senatus audiret, admiratus rogitansque »Satin salve?« togam propere e tugurio proferre uxorem Raciliam iubet. (10) Qua simul absterso pulvere ac sudore velatus processit, dictatorem eum legati gratulantes consalutant, in urbem vocant; qui terror sit in exercitu exponunt. (11) Navis Quinctio publice parata fuit, transvectumque tres obviam egressi filii excipiunt, inde alii propinqui atque amici, tum patrum maior pars. Ea frequentia stipatus antecedentibus lictoribus deductus est domum. (12) Et plebis concursus ingens fuit; sed ea nequaquam tam laeta Quinctium vidit, et imperium nimium et virum in ipso imperio vehementiorem rata. Et illa quidem nocte nihil praeterquam vigilatum est in urbe.

27 (1) Postero die dictator cum ante lucem in forum venisset, magistrum equitum dicit L. Tarquinium, patriciae gentis, qui, cum stipendia pedibus propter paupertatem fecisset, bello tamen primus longe Romanae iuventutis habitus esset. (2) Cum magistro equitum in contionem venit, iustitium edicit, claudi tabernas tota urbe iubet, vetat quemquam privatae quicquam

stemmte oder ob er pflügte, er war jedenfalls, das ist gesichert, mit Bauernarbeit angestrengt beschäftigt, als er dort von den Abgesandten nach beidseitigem Gruß gebeten wurde, er solle sich doch mit der Toga bekleiden und die Weisungen des Senats vernehmen, was sich ihm und dem Staat zum Guten wenden möge. Da stutzte er, fragte noch ein paarmal: »Hat das seine Richtigkeit?«[37] und befahl seiner Frau Racilia, hurtig die Toga aus der Hütte zu holen. (10) Sowie er Staub und Schweiß abgewischt hatte und in die Toga gehüllt hervortrat, sprachen die Gesandten ihre Glückwünsche aus, begrüßten ihn einstimmig als Diktator, beriefen ihn nach Rom und erklärten, was für eine Panikstimmung im Heer herrsche. (11) Ein Staatsschiff war für Quinctius bereitgestellt; nach der Überfahrt nahmen ihn seine drei Söhne, die ihm entgegengekommen waren, schließlich seine Verwandten und Freunde, zuletzt aber der größere Teil der Väter in Empfang. Von solchem Menschengewühl rings umdrängt, wurde er im Gefolge seiner Liktoren nach Hause geleitet. (12) Auch das Volk lief in großer Zahl zusammen, freute sich aber doch nicht in diesem Maß über den Anblick des Quinctius, weil es die Macht des Amtes für allzu groß, besonders aber den Mann in ebendiesem Amt für zu hart hielt. In jener Nacht freilich verrichtete man vom Wachdienst abgesehen nichts mehr in der Stadt.

27 (1) Nachdem der Diktator am nächsten Tag noch vor Sonnenaufgang aufs Forum gekommen war, ernannte er L. Tarquinius [Flaccus], der aus einer patrizischen Familie stammte, zum Reiterobersten. Dieser hatte zwar aufgrund seiner Armut bei den Fußtruppen gedient, war im Krieg aber doch als der bei weitem Hervorragendste der römischen Jungmannschaft angesehen worden. (2) Der Diktator kam mit dem Reiterobersten in die Versammlung, verkündete den Stillstand der Gerichte, ordnete für die ganze Stadt die Schließung der Läden an und untersagte jedermann private Geschäfte jedweder Art. (3) Fer-

rei agere; (3) tum quicumque aetate militari essent armati cum cibariis in dies quinque coctis vallisque duodenis ante solis occasum in campo Martio adessent; (4) quibus aetas ad militandum gravior esset, vicino militi, dum is arma pararet vallumque peteret, cibaria coquere iussit. (5) Sic iuventus discurrit ad vallum petendum. Sumpsere unde cuique proximum fuit; prohibitus nemo est; impigreque omnes ad edictum dictatoris praesto fuere. (6) Inde composito agmine non itineri magis apti quam proelio si res ita tulisset, legiones ipse dictator, magister equitum suos equites ducit. In utroque agmine quas tempus ipsum poscebat adhortationes erant: (7) adderent gradum; maturato opus esse, ut nocte ad hostem pervenire posset; consulem exercitumque Romanum obsideri, tertium diem iam clausos esse; quid quaeque nox aut dies ferat incertum esse; puncto saepe temporis maximarum rerum momenta verti. (8) »Adcelera, signifer«, »sequere, miles« inter se quoque, gratificantes ducibus, clamabant. Media nocte in Algidum perveniunt et ut sensere se iam prope hostes esse, signa constituunt.

28 (1) Ibi dictator quantum nocte prospici poterat equo circumvectus contemplatusque qui tractus castrorum quaeque forma esset, tribunis militum imperavit ut sarcinas in unum conici iubeant, militem cum armis valloque redire in ordines suos. Facta quae imperavit. (2) Tum quo fuerant ordine in via, exercitum omnem longo agmine circumdat hostium castris

ner sollten alle, die im wehrfähigen Alter standen, bewaffnet sowie mit zubereitetem Proviant für fünf Tage und mit je zwölf Schanzpfählen versehen, vor Sonnenuntergang auf dem Marsfeld anwesend sein. (4) Denen das Alter den Kriegsdienst versagte, trug er auf, für einen Nachbarn, der Soldat war, die Verpflegung zu bereiten, damit dieser inzwischen seine Rüstung bereitmachen und Schanzpfähle holen könne. (5) So strömte die Jungmannschaft auseinander, um Schanzpfähle herbeizuschaffen. Diese nahm sich jeder, wo er sie zuerst fand. Niemand wurde behindert, und alle waren auf das Wort des Diktators eifrig zur Stelle. (6) Als man die Heereskolonne so eingerichtet hatte, dass sie für den Marsch ebenso wie – sollte es die Lage mit sich bringen – für den Kampf gerüstet war, führte der Diktator selbst die Legionen, der Reiteroberst seine Reiter. In beiden Heeresabteilungen hörte man Worte der Ermahnung, wie sie jene Stunde verlangte: (7) Sie sollten einen Schritt zulegen; es sei Eile geboten, um noch in der Nacht zum Feind vorstoßen zu können. Ein Konsul und ein römisches Heer würden belagert, den dritten Tag schon seien sie eingeschlossen; was jede Nacht oder jeder Tag noch bringen werde, sei ungewiss; gar oft falle in einem einzigen Augenblick die Entscheidung über die bedeutendsten Dinge. (8) »Vorwärts, Adlerträger!«, »Rück nach, Kamerad!«, riefen sie sich auch gegenseitig zu, um den Feldherren ihren Eifer zu zeigen. Um Mitternacht erreichten sie den Algidus und machten halt, sobald sie bemerkten, dass sie dem Feind schon nahe waren.

28 (1) Dort befahl der Diktator, der zu Pferd die Runde gemacht und – soweit man in der Nacht Ausschau halten konnte – Position und Art des Lagers ausgekundschaftet hatte, die Militärtribunen sollten das Gepäck an einem Ort sammeln und die Soldaten mit Waffen und Pfählen in ihre Einheiten treten lassen. Man tat, was er befohlen. (2) Hierauf führte er das gesamte Heer unter Beibehaltung der Marschordnung in

et ubi signum datum sit clamorem omnes tollere iubet; clamore sublato ante se quemque ducere fossam et iacere vallum. (3) Edito imperio, signum secutum est. Iussa miles exsequitur; clamor hostes circumsonat. Superat inde castra hostium et in castra consulis venit; alibi pavorem, alibi gaudium ingens facit. (4) Romani civilem esse clamorem atque auxilium adesse inter se gratulantes, ultro ex stationibus ac vigiliis territant hostem. (5) Consul differendum negat; illo clamore non adventum modo significari sed rem ab suis coeptam, mirumque esse ni iam exteriore parte castra hostium oppugnentur. Itaque arma suos capere et se subsequi iubet. (6) Nocte initum proelium est; legionibus dictatoris clamore significant ab ea quoque parte rem in discrimine esse. (7) Iam se ad prohibenda circumdari opera Aequi parabant cum ab interiore hoste proelio coepto, ne per media sua castra fieret eruptio, a munientibus ad pugnantes introrsum versi vacuam noctem operi dedere, pugnatumque cum consule ad lucem est. (8) Luce prima iam circumvallati ab dictatore erant et vix adversus unum exercitum pugnam sustinebant. Tum a Quinctiano exercitu, qui confestim a perfecto opere ad arma rediit, invaditur vallum. Hic instabat nova pu-

langer Kolonne um das feindliche Lager und befahl allen, auf ein bestimmtes Signal hin ein lautes Geschrei zu erheben; sobald dies verklungen wäre, sollte jeder vor sich den Graben ausheben und die Verschanzung errichten. (3) Der Befehl war ergangen, das Signal folgte. Der Soldat führte aus, was befohlen war. Kriegsgeschrei umtoste die Feinde, durchdrang dann das Feindeslager und setzte sich bis zum Lager des Konsuls fort; hier verursachte es Bestürzung, dort ungeheuren Jubel. (4) Die Römer priesen einander glücklich, dass es sich um das Feldgeschrei ihrer Landsleute handle, ja sogar Rettung gegenwärtig sei, und verbreiteten nun selbst von ihren Verschanzungen und Wachtposten aus Schrecken unter dem Feind. (5) Der Konsul lehnte jede Verzögerung ab; jenes Geschrei bezeichne nicht nur das Anrücken der eigenen Leute, sondern auch den Beginn ihres Kampfes; und überhaupt wäre es verwunderlich, wenn der äußere Lagerring der Feinde nicht bereits angegriffen werde. Somit befahl er seinen Leuten, die Waffen aufzunehmen und ihm nachzufolgen. (6) Nacht war's, als die Schlacht begann; den Legionen des Diktators gaben sie mit lautem Geschrei zu verstehen, dass auch in ihrem Abschnitt schon um die Entscheidung gekämpft werde. (7) Die Aequer versuchten gerade, ihre Umzingelung zu durchbrechen, als der eingekreiste Feind den Kampf aufnahm. Um es zu keinem Ausfall mitten durch ihr Lager kommen zu lassen, wandten sie sich von den mit dem Schanzwerk beschäftigten Belagerern wieder nach innen, den Angreifern zu und ermöglichten so während der noch verbleibenden Nacht den Römern die Arbeit am Wall. Und so kämpften sie, bis es Tag wurde, gegen den Konsul. (8) Bei Tagesanbruch waren sie vom Diktator schon völlig eingekesselt und kaum noch dem Kampf gegen ein Heer gewachsen. Hierauf brach das Heer des Quinctius, das von der fertiggestellten Schanze wieder unverzüglich zu den Waffen geschritten war, in ihren Wallring ein. Hier setzte

gna: illa nihil remiserat prior. (9) Tum ancipiti malo urgente, a proelio ad preces versi hinc dictatorem, hinc consulem orare, ne in occidione victoriam ponerent, ut inermes se inde abire sinerent. Ab consule ad dictatorem ire iussi; is ignominiam infensus addidit; (10) Gracchum Cloelium ducem principesque alios vinctos ad se adduci iubet, oppido Corbione decedi. Sanguinis se Aequorum non egere; licere abire, sed ut exprimatur tandem confessio subactam domitamque esse gentem, sub iugum abituros. (11) Tribus hastis iugum fit, humi fixis duabus superque eas transversa una deligata. Sub hoc iugum dictator Aequos misit.

29 (1) Castris hostium receptis plenis omnium rerum – nudos enim emiserat – praedam omnem suo tantum militi dedit; (2) consularem exercitum ipsumque consulem increpans »Carebis« inquit »praedae parte, miles, ex eo hoste cui prope praedae fuisti. Et tu, L. Minuci, donec consularem animum incipias habere, legatus his legionibus praeeris.« (3) Ita se Minucius abdicat consulatu iussusque ad exercitum manet. Sed adeo tum imperio meliori animus mansuete oboediens erat, ut beneficii magis quam ignominiae hic exercitus memor et coronam auream dictatori, libram pondo, decreverit et proficiscentem eum patronum salutaverit. (4) Romae a Q. Fabio praefecto

ihnen ein neues Gefecht zu, und das andere hatte noch keineswegs nachgelassen. (9) Jetzt verlegten sie sich aber, als das Unheil von beiden Seiten zupackte, vom Kämpfen aufs Bitten und flehten hier den Diktator, dort den Konsul an, sie sollten den Sieg nicht mit ihrer gänzlichen Vernichtung verbinden, sondern ihnen erlauben, unbewaffnet von dort abzuziehen. Vom Konsul wurden sie zum Diktator geschickt; der tat ihnen in seiner Erbitterung große Schmach an: (10) Er gebot, dass sie ihm den Feldherren Gracchus Cloelius mit anderen Fürsten gefesselt vorführen und die Stadt Corbio räumen sollten. An Aequerblut leide er keinen Mangel; sie könnten abziehen; damit aber zu guter Letzt das Eingeständnis der Unterwerfung und Bändigung ihres Volkes offen ausgedrückt werde, müssten sie unter dem Joch abziehen. (11) Das Joch bildete man aus drei Lanzen; zwei davon steckte man in die Erde, legte eine quer darüber und band sie fest. Unter dieses Joch schickte der Diktator die Aequer.

29 (1) Als er das mit Gütern aller Art reich versehene Lager der Feinde in Besitz genommen hatte – mit dem nackten Leben hatte er sie nämlich entlassen –, gab er die gesamte Beute lediglich seinen eigenen Soldaten; (2) das konsularische Heer, ja den Konsul selbst fuhr er hart an und sagte: »Ihr werdet, Soldaten, keinen Anteil am Beutegut jenes Feindes bekommen, dem ihr beinahe selbst zur Beute wurdet. Und du, L. Minucius, wirst diese Legionen als Unterfeldherr befehligen, bis du beginnst, die Gesinnung eines Konsuls zu zeigen!« (3) So legte Minucius sein Konsulat nieder und blieb beim Heer, wie ihm geheißen. Dermaßen willig aber fügte man sich damals dem fähigeren Befehlshaber, dass dieses Heer mehr im Bewusstsein der empfangenen Wohltat als einer schmählichen Zurücksetzung dem Diktator einen goldenen Kranz von einem Pfund Gewicht zuerkannte und ihn bei seinem Aufbruch als Schirmherr titulierte. (4) In Rom verfügte der vom Stadtpräfekten Q. Fabius ein-

urbis senatus habitus triumphantem Quinctium quo veniebat agmine urbem ingredi iussit. Ducti ante currum hostium duces; militaria signa praelata; secutus exercitus praeda onustus. (5) Epulae instructae dicuntur fuisse ante omnium domos, epulantesque cum carmine triumphali et sollemnibus iocis comisantium modo currum secuti sunt. (6) Eo die L. Mamilio Tusculano adprobantibus cunctis civitas data est. Confestim se dictator magistratu abdicasset ni comitia M. Volsci, falsi testis, tenuissent. Ea ne impedirent tribuni dictatoris obstitit metus; Volscius damnatus Lanuvium in exsilium abiit. (7) Quinctius sexto decimo die dictatura in sex menses accepta se abdicavit. Per eos dies consul Nautius ad Eretum cum Sabinis egregie pugnat; ad vastatos agros ea quoque clades accessit Sabinis. Minucio Fabius successor in Algidum missus. (8) Extremo anno agitatum de lege ab tribunis est; sed quia duo exercitus aberant, ne quid ferretur ad populum patres tenuere; plebes vicit ut quintum eosdem tribunos crearet. (9) Lupos visos in Capitolio ferunt a canibus fugatos; ob id prodigium lustratum Capitolium esse. Haec eo anno gesta.

30 (1) Sequuntur consules Q. Minucius M. Horatius Pulvillus. Cuius initio anni cum foris otium esset, (2) domi seditiones iidem tribuni, eadem lex faciebat; ulteriusque ventum fo-

berufene Senat, dass Quinctius bei seinem Triumphzug so, wie er marschierte, in die Stadt einziehen sollte. Vor dem Wagen führte man die Feldherren der Feinde, die Feldzeichen wurden vorangetragen, es folgte das beutebeladene Heer. (5) Festliche Mahlzeiten sollen vor jedermanns Haus bereitet gewesen sein, und die Speisenden folgten mit Triumphgesang und den üblichen Spottversen[38] in der Art fröhlicher Zecher dem Wagen. (6) An jenem Tag wurde unter einhelliger Zustimmung dem L. Mamilius aus Tusculum das römische Bürgerrecht verliehen. Der Diktator hätte unverzüglich sein Amt niedergelegt, wenn ihn nicht die Gerichtsversammlung wegen des falschen Zeugen M. Volscius aufgehalten hätte: Der Respekt vor dem Diktator verbot den Tribunen, dieser Verhandlung im Wege zu stehen. Volscius wurde verurteilt und ging nach Lanuvium in die Verbannung. (7) Quinctius trat am 16. Tag von der Diktatur zurück, die er für sechs Monate übernommen hatte. In diesen Tagen schlug sich der Konsul Nautius bei Eretum erfolgreich mit den Sabinern, für die zur Verwüstung ihrer Äcker auch noch diese Niederlage hinzukam. Als Nachfolger für Minucius entsandte man Fabius auf den Algidus. (8) Am Ende des Jahres wurde der Gesetzesantrag von den Tribunen vorangetrieben, aber da zwei Heere im Feld standen, hielten die Väter daran fest, dass kein Antrag der Volksversammlung vorgelegt werden könne; die Bürgerpartei setzte es durch, dass sie zum fünften Mal dieselben Tribunen wählte. (9) Auf dem Kapitol sichtete man angeblich Wölfe, die von Hunden verjagt wurden; wegen dieses Vorzeichens soll das Kapitel durch ein Reinigungsopfer entsühnt worden sein. So weit die Ereignisse dieses Jahres.

30 (1) Es folgten die Konsuln Q. Minucius und M. Horatius Pulvillus [457]. Während am Beginn dieses Jahres von auswärts Ruhe herrschte, (2) sorgten zu Hause dieselben Tribunen und dasselbe Gesetz für Parteienstreit; ja man wäre sogar noch wei-

ret – adeo exarserant animis – ni, velut dedita opera, nocturno impetu Aequorum Corbione amissum praesidium nuntiatum esset. (3) Senatum consules vocant; iubentur subitarium scribere exercitum atque in Algidum ducere. Inde posito legis certamine nova de dilectu contentio orta; (4) vincebaturque consulare imperium tribunicio auxilio cum alius additus terror, Sabinum exercitum praedatum descendisse in agros Romanos, inde ad urbem venire. (5) Is metus perculit ut scribi militem tribuni sinerent, non sine pactione tamen ut quoniam ipsi quinquennium elusi essent parvumque id plebi praesidium foret, decem deinde tribuni plebis crearentur. (6) Expressit hoc necessitas patribus: id modo excepere ne postea eosdem tribunos viderent. Tribunicia comitia, ne id quoque post bellum ut cetera vanum esset, extemplo habita. (7) Tricesimo sexto anno a primis tribuni plebis decem creati sunt, bini ex singulis classibus; itaque cautum est ut postea crearentur. (8) Dilectu deinde habito Minucius contra Sabinos profectus non invenit hostem. Horatius, cum iam Aequi Corbione interfecto praesidio Ortonam etiam cepissent, in Algido pugnat; multos mortales occidit; fugat hostem non ex Algido modo sed a Corbione Ortonaque. Corbionem etiam diruit propter proditum praesidium.

ter gegangen – so sehr standen ihre Gemüter in Flammen –, wäre nicht, fast wie auf Bestellung, die Meldung eingetroffen, nach einem nächtlichen Überfall der Aequer habe man die Garnison in Corbio eingebüßt. (3) Die Konsuln beriefen den Senat ein und bekamen den Auftrag, im Schnellverfahren ein Heer auszuheben und es auf den Algidus zu führen. Daraufhin ließ man zwar den Streit um das Gesetz ruhen, doch kam es wegen der Rekrutierung zu neuen Spannungen; (4) und schon drohte die Befehlsgewalt der Konsuln dem Beistandsrecht der Tribunen zu unterliegen, als eine andere Schreckensbotschaft eintraf: Ein Sabinerheer sei zur Plünderung in römisches Gebiet hinabgezogen und rücke von dort gegen die Stadt vor. (5) Dieser Schock bewirkte, dass die Tribunen der Aushebung von Soldaten zustimmten, allerdings nicht ohne die Bedingung, dass in Zukunft, weil man mit ihnen selbst fünf Jahre sein Spiel getrieben hätte und sie dem Volk zu wenig Schutz böten, zehn Volkstribunen gewählt werden sollten. (6) Die Notlage erpresste das von den Vätern: Sie bestanden lediglich darauf, danach nicht wieder dieselben Tribunen vor sich zu haben. Unverzüglich wurden Versammlungen zur Wahl von Tribunen abgehalten, damit nicht auch das, wie manch andere Dinge, nach dem Krieg leeres Versprechen bliebe. (7) Im 36. Jahr nach den ersten Volkstribunen wurden deren zehn gewählt, je zwei aus jeder Steuerklasse; und man bestimmte, dass auch die späteren Wahlen so vor sich gehen sollten. (8) Nach dem Abschluss der Truppenaushebung setzte sich Minucius gegen die Sabiner in Marsch, verfehlte aber den Feind; Horatius kämpfte am Algidus, als die Aequer, nachdem sie die Besatzung in Corbio niedergemacht, sogar schon Ortona eingenommen hatten; er tötete eine Menge Menschen und verjagte den Feind nicht bloß vom Algidus, sondern ebenso aus Corbio und Ortona. Und Corbio ließ er, weil man die Besatzung dem Tod preisgegeben hatte, sogar niederreißen.

31 (1) Deinde M. Valerius Sp. Verginius consules facti. Domi forisque otium fuit; annona propter aquarum intemperiem laboratum est. De Aventino publicando lata lex est. Tribuni plebis iidem refecti. (2) Insequente anno, T. Romilio C. Veturio consulibus, legem omnibus contionibus suis celebrant: pudere se numeri sui nequiquam aucti, si ea res aeque suo biennio iaceret ac toto superiore lustro iacuisset. (3) Cum maxime haec agerent, trepidi nuntii ab Tusculo veniunt Aequos in agro Tusculano esse. Fecit pudorem recens eius populi meritum morandi auxilii. Ambo consules cum exercitu missi hostem in sua sede, in Algido inveniunt. (4) Ibi pugnatum. Supra septem milia hostium caesa, alii fugati; praeda parta ingens. Eam propter inopiam aerarii consules vendiderunt. Invidiae tamen res ad exercitum fuit, eademque tribunis materiam criminandi ad plebem consules praebuit.

(5) Itaque ergo, ut magistratu abiere, Sp. Tarpeio A. Aternio consulibus dies dicta est Romilio ab C. Calvio Cicerone tribuno plebis, Veturio ab L. Alieno aedile plebis. (6) Uterque magna patrum indignatione damnatus, Romilius decem milibus aeris, Veturius quindecim. Nec haec priorum calamitas consulum segniores novos fecerat consules. Et se damnari posse aiebant, et plebem et tribunos legem ferre non posse. (7) Tum

31 (1) Daraufhin wurden M. Valerius und Sp. Verginius Konsuln [456]. Friede war zu Hause und von außen; aufgrund ungewöhnlich starker Regenfälle hatte man mit der Getreideversorgung seine Not. Ein Gesetzesantrag auf Freigabe des Aventin zum Anbau für das Volk wurde eingebracht. Abermals wählte man dieselben Volkstribunen, (2) die im folgenden Jahr unter den Konsuln T. Romilius und C. Veturius [455] auf all ihren Versammlungen für den Gesetzesentwurf warben: Sie schämten sich ihrer Zahl, die vergeblich vergrößert worden wäre, wenn dies Anliegen während ihrer zweijährigen Amtszeit ebenso unerfüllt bliebe wie in den ganzen fünf Jahren zuvor. (3) Mitten in ihren leidenschaftlichen Bemühungen kamen völlig verschreckte Boten aus Tusculum: Die Aequer stünden auf tusculanischem Gebiet. Das noch gegenwärtige Verdienst der Tusculaner ließ es als schändlich erscheinen, Hilfsmaßnahmen hinauszuschieben. Beide Konsuln wurden mit einem Heer entsandt und stießen am Algidus, seinem Stützpunkt, auf den Feind. (4) Dort kam es zur Schlacht. Mehr als 7000 Feinde wurden niedergemacht, die anderen vertrieben, gewaltige Beute gewonnen. Diese ließen die Konsuln wegen der Leere in der Staatskasse verkaufen. Dennoch rief diese Maßnahme beim Heer Unwillen hervor und bot den Tribunen Stoff, die Konsuln beim Volk anzuschwärzen.

(5) Als sie von ihrem Amt zurückgetreten waren, wurden – unter dem Konsulat des Sp. Tarpeius und des A. Aternius [454] – Romilius vom Volkstribunen C. Calvius Cicero und Veturius vom plebejischen Ädil L. Alienus vor Gericht gebracht. (6) Beide wurden unter größter Empörung der Väter verurteilt, Romilius zu 10 000, Veturius zu 15 000 Assen. Doch hatte diese Schlappe ihrer Vorgänger die neuen Konsuln keineswegs untätiger gemacht. Auch ihre Verurteilung, sagten sie, sei durchaus möglich, genauso unmöglich aber sei, dass Bürgerstand und Tribunen das Gesetz einbrächten. (7) Da ga-

abiecta lege quae promulgata consenuerat, tribuni lenius agere cum patribus: finem tandem certaminum facerent. si plebeiae leges displicerent, at illi communiter legum latores et ex plebe et ex patribus, qui utrisque utilia ferrent quaeque aequandae libertatis essent, sinerent creari. (8) Rem non aspernabantur patres; daturum leges neminem nisi ex patribus aiebant. Cum de legibus conveniret, de latore tantum discreparet, missi legati Athenas Sp. Postumius Albus, A. Manlius, P. Sulpicius Camerinus, iussique inclitas leges Solonis describere et aliarum Graeciae civitatium instituta mores iuraque noscere.

32 (1) Ab externis bellis quietus annus fuit, quietior insequens P. Curiatio et Sex. Quinctilio consulibus, perpetuo silentio tribunorum, quod primo legatorum qui Athenas ierant legumque peregrinarum exspectatio praebuit, (2) dein duo simul mala ingentia exorta, fames pestilentiaque, foeda homini, foeda pecori. Vastati agri sunt, urbs adsiduis exhausta funeribus; multae et clarae lugubres domus. (3) Flamen Quirinalis Ser. Cornelius mortuus, augur C. Horatius Pulvillus, in cuius locum C. Veturium, eo cupidius quia damnatus a plebe erat, augures legere. (4) Mortuus consul Quinctilius, quattuor tribuni plebi. Multiplici clade foedatus annus; ab hoste otium fuit.

ben die Tribunen das Gesetz auf, das sich schon im Stadium der Bekanntmachung überlebt hatte, und verhandelten mit den Konsuln umgänglicher: Sie sollten endlich ein Ende der Auseinandersetzungen herbeiführen. Wenn Gesetzesentwürfe der Volkspartei Missfallen erregten, sollten sie doch die gemeinsame Wahl von Antragstellern aus Bürger- und Adelspartei gestatten, die vorschlagen müssten, was für beide nützlich sei und der gerechten Verteilung der Freiheit diene. (8) Die Väter verwarfen den Vorschlag nicht, betonten aber, dass außer den Vätern niemand Gesetze entwerfen könne. Da man in Bezug auf die Gesetze übereinstimmte, sich lediglich über den Antragsteller uneins war, sandte man Sp. Postumius Albus, A. Manlius sowie P. Sulpicius Camerinus als Beauftragte nach Athen und wies sie an, die weithin bekannten Gesetze Solons abzuschreiben und Einrichtungen, Sitten und Rechtswesen der anderen Stadtstaaten Griechenlands in Erfahrung zu bringen.[39]

32 (1) Von auswärtigen Kriegen hatte man in dem Jahr Ruhe; friedlicher noch verlief das folgende unter den Konsuln P. Curiatius und Sex. Quinctilius [453] dank der andauernden Untätigkeit der Tribunen, die zuerst vom Warten auf die nach Athen abgegangenen Gesandten und auf die fremden Gesetze, (2) dann aber von zwei gewaltigen Übeln herrührte, die zur gleichen Zeit hereingebrochen waren – Hunger und Seuche, verderblich für Menschen, verderblich fürs Vieh. Verödet war das Ackerland, die Stadt erschöpft vom ständigen Sterben; zahlreiche, auch vornehme Häuser trauerten. (3) Tot war der Eigenpriester des Quirinus, Ser. Cornelius, und der Augur C. Horatius Pulvillus; an seine Stelle wählten die Auguren umso lieber den C. Veturius nach, weil er von der Bürgerpartei verurteilt worden war. (4) Tot waren der Konsul Quinctilius und vier Volkstribunen. Durch so vielfachen Verlust war es ein Jahr des Verderbens; vom Feind hatte man Ruhe. (5) Hierauf waren

(5) Inde consules C. Menenius P. Sestius Capitolinus. Neque eo anno quicquam belli externi fuit: domi motus orti. (6) Iam redierant legati cum Atticis legibus. Eo intentius instabant tribuni ut tandem scribendarum legum initium fieret. Placet creari decemviros sine provocatione, et ne quis eo anno alius magistratus esset. (7) Admiscerenturne plebeii controversia aliquamdiu fuit; postremo concessum patribus, modo ne lex Icilia de Aventino aliaeque sacratae leges abrogarentur.

33 (1) Anno trecentesimo altero quam condita Roma erat iterum mutatur forma civitatis, ab consulibus ad decemviros, quemadmodum ab regibus ante ad consules venerat, translato imperio. (2) Minus insignis, quia non diuturna, mutatio fuit. Laeta enim principia magistratus eius nimis luxuriavere; eo citius lapsa res est repetitumque duobus uti mandaretur consulum nomen imperiumque. (3) Decemviri creati Ap. Claudius, T. Genucius, P. Sestius, T. Veturius, C. Iulius, A. Manlius, P. Sulpicius, P. Curiatius, T. Romilius, Sp. Postumius. (4) Claudio et Genucio, quia designati consules in eum annum fuerant, pro honore honos redditus, et Sestio, alteri consulum prioris anni, quod eam rem collega invito ad patres rettulerat. (5) His proximi habiti legati tres qui Athenas ierant, simul ut pro legatione tam longinqua praemio esset honos, simul peritos legum peregrinarum ad condenda nova iura usui fore credebant. (6) Sup-

C. Menenius und P. Sestius Capitolinus Konsuln [452]. Auch in diesem Jahr gab es keinen auswärtigen Krieg: Im Inneren aber kam es zu Unruhen. (6) Die Gesandten waren nunmehr mit den attischen Gesetzen zurückgekehrt. Umso eindringlicher bestanden die Tribunen darauf, dass endlich mit der Aufzeichnung der Gesetze begonnen werde. Man kam überein, ein vom Berufungsrecht entbundenes Zehnmännerkollegium (Decemvirn) zu wählen und jedes andere Amt in diesem Jahr auszusetzen. (7) Eine Zeitlang gab es die Streitfrage, ob Bürgerliche zugezogen werden sollten; schließlich ließ man den Vätern Vorrang unter der Bedingung, dass das Gesetz des Icilius über den Aventin[40] und andere beschworene Gesetze nicht aufgehoben würden.

33 (1) Im 302. Jahre nach der Gründung Roms änderte sich zum zweiten Mal das Bild des Gemeinwesens, da die Macht wie zuvor von Königen auf Konsuln, nun von Konsuln auf Decemvirn überging [451]. (2) Der Wandel war, weil nicht auf Dauer, nicht so bedeutend. Denn nach erfolgverheißenden Anfängen entartete dieses Amt gar sehr; desto rascher verfiel es, und man kam wieder darauf zurück, zwei Männern Titel und Befugnis von Konsuln zu verleihen. (3) Zu Decemvirn wurden Ap. Claudius, T. Genucius, P. Sestius, T. Veturius, C. Iulius, A. Manlius, P. Sulpicius, P. Curiatius, T. Romilius und Sp. Postumius gewählt. (4) Weil Claudius und Genucius als Konsuln für dieses Jahr bestimmt waren, gab man ihnen dies Amt als Ersatz für das andere, dem Sestius, weil er als einer der Konsuln des Vorjahres diesen Vorschlag gegen den Willen seines Kollegen den Vätern vorgelegt hatte. (5) Unmittelbar nach ihnen reihte man die drei Gesandten, die nach Athen gegangen waren, teils, um ihnen für eine derart weite Gesandtschaftsreise ein Ehrenamt zum Lohn zu geben, teils glaubte man, in fremden Gesetzen erfahrene Männer würden für die Abfassung neuer Rechtsnormen nützlich sein. (6) Die übrigen

plevere ceteri numerum. Graves quoque aetate electos novissimis suffragiis ferunt, quo minus ferociter aliorum scitis adversarentur. (7) Regimen totius magistratus penes Appium erat favore plebis, adeoque novum sibi ingenium induerat ut plebicola repente omnisque aurae popularis captator evaderet pro truci saevoque insectatore plebis. (8) Decimo die ius populo singuli reddebant. Eo die penes praefectum iuris fasces duodecim erant: collegis novem singuli accensi apparebant. Et in unica concordia inter ipsos, qui consensus privatis interdum inutilis esset, summa adversus alios aequitas erat. (9) Moderationis eorum argumentum exemplo unius rei notasse satis erit. Cum sine provocatione creati essent, defosso cadavere domi apud L. Sestium, patriciae gentis virum, (10) invento prolatoque in contionem, in re iuxta manifesta atque atroci C. Iulius decemvir diem Sestio dixit et accusator ad populum exstitit, cuius rei iudex legitimus erat, decessitque iure suo, ut demptum de vi magistratus populi libertati adiceret.

34 (1) Cum promptum hoc ius velut ex oraculo incorruptum pariter ab iis summi infimique ferrent, tum legibus condendis opera dabatur; ingentique hominum exspectatione propositis

ergänzten die Zahl. Bei den letzten Abstimmungen sollen auch hochbejahrte Männer gewählt worden sein, damit diese sich den Maßnahmen der anderen weniger heftig widersetzten. (7) Die Leitung der ganzen Körperschaft lag dank der Gunst der Menge bei Appius, der einen so völlig anderen Charakter angenommen hatte, so dass er sich unversehens vom grimmigen und wilden Peiniger der einfachen Leute zum Volksfreund und Buhler um das wetterwendische Volk entwickelte. (8) Jeder der Decemvirn sprach an einem von zehn Tagen unter dem Volk Recht. An dem Tag standen ihm als Gerichtsvorsteher zwölf Rutenbündel zu: Jeden der neuen anderen Kollegen geleitete nur ein einzelner Amtsdiener. In ihrer ungewöhnlichen Eintracht untereinander – eine Übereinstimmung, die sonst für den Privatmann verderblich hätte sein können – lag ein außerordentliches Maß an Gerechtigkeit anderen gegenüber begründet. (9) Es dürfte genügen, als Beweis für ihr maßvolles Vorgehen einen beispielhaften Vorfall anzuführen. Obwohl sie gewählt worden waren, ohne an das Berufungsrecht gebunden zu sein, beraumte der Decemvir C. Iulius, als man im Haus des aus patrizischem Geschlecht stammenden L. Sestius (10) eine verscharrte Leiche gefunden und sie vor die Volksversammlung gebracht hatte, für Sestius trotz dieses ebenso offenkundigen wie grausamen Tatbestandes einen Gerichtstermin an, trat als Ankläger in einem Fall vor das Volk, in dem er der rechtmäßige Richter gewesen wäre, und nahm schließlich von seinem Recht Abstand, um das, was er seiner Gewalt als Amtsträger genommen hatte, der Entscheidungsgewalt des Volkes zuzuschlagen.[41]

34 (1) Wie ohne Unterschied Menschen hoher und niedriger Herkunft diese Rechtsbescheide derart rasch und unverfälscht empfingen, als ob sie von einem Orakelspruch stammten, so machte man sich auch ans Werk, Gesetze zu verfassen; und nachdem die Decemvirn die von der Öffentlichkeit mit großer

decem tabulis, (2) populum ad contionem advocaverunt et, quod bonum faustum felixque rei publicae ipsis liberisque eorum esset, (3) ire et legere leges propositas iussere: se, quantum decem hominum ingeniis provideri potuerit, omnibus, summis infimisque, iura aequasse: plus pollere multorum ingenia consiliaque. (4) versarent in animis secum unamquamque rem, agitarent deinde sermonibus, atque in medium quid in quaque re plus minusve esset conferrent. (5) eas leges habiturum populum Romanum quas consensus omnium non iussisse latas magis quam tulisse videri posset.

(6) Cum ad rumores hominum de unoquoque legum capite editos satis correctae viderentur, centuriatis comitiis decem tabularum leges perlatae sunt, qui nunc quoque, in hoc immenso aliarum super alias acervatarum legum cumulo, fons omnis publici privatique est iuris.

(7) Volgatur deinde rumor duas deesse tabulas quibus adiectis absolvi posse velut corpus omnis Romani iuris. Ea exspectatio, cum dies comitiorum adpropinquaret, desiderium decemviros iterum creandi fecit. (8) Iam plebs, praeterquam quod consulum nomen haud secus quam regum perosa erat, ne tribunicium quidem auxilium, cedentibus in vicem appellationi decemviris, quaerebat.

35 (1) Postquam vero comitia decemviris creandis in trinum nundinum indicta sunt, (2) tanta exarsit ambitio, ut primores

Spannung erwarteten zehn Tafeln ausgestellt hatten, (2) beriefen sie das Volk zur Versammlung und hielten es an – was dem Staat, ihnen selbst und ihren Kindern gut, gedeihlich und glücklich ausgehen möge – (3) hinzugehen und die angeschlagenen Gesetze zu lesen:[42] Sie hätten, soweit der Verstand von zehn Männern die Zukunft vorplanen könne, auf alle, hoch und niedrig, die Rechte gleichmäßig verteilt; mehr vermöge aber die planvolle Einsicht vieler Menschen. (4) Sie sollten jeden einzelnen Sachverhalt bei sich erwägen, dann im Gespräch erörtern und schließlich der Allgemeinheit vorlegen, was bei jedem Artikel zu viel oder zu wenig sei. (5) Das römische Volk werde nur solche Gesetze besitzen, von denen man die Ansicht vertreten könne, die Mehrheit habe sie nicht nur einmütig genehmigt, sondern selbst vorgeschlagen.

(6) Als die Anträge entsprechend den Stimmen, die öffentlich über die jeweiligen Gesetzesartikel geäußert worden waren, hinreichend verbessert schienen, wurde in den Zenturiatskomitien das Zehntafelgesetz bestätigt, das auch noch heute, trotz dieses ungeheuren Wustes verschiedener nach und nach angehäufter Gesetze, die Quelle des gesamten öffentlichen und privaten Rechtes darstellt.

(7) Daraufhin verbreitete sich die Meinung, es fehlten noch zwei Tafeln, durch deren Einbeziehung gleichsam ein vollendeter Körper des ganzen römischen Rechtes[43] geschaffen werden könne. Diese Aussicht ließ, während der Wahltag näherrückte, das Verlangen entstehen, neuerlich Decemvirn zu bestellen. (8) Schon vermisste das Volk – abgesehen davon, dass der Begriff Konsul nicht weniger verhasst war als der des Königs – nicht einmal mehr den Beistand der Tribunen, da die Decemvirn ihrem Amtsturnus nach auch das Berufungsrecht anerkannten.

35 (1) Nachdem aber die Volksversammlung für die Wahl der Decemvirn auf den dritten Markttag angesagt worden war,

quoque civitatis – metu, credo, ne tanti possessio imperii, vacuo ab se relicto loco, haud satis dignis pateret – prensarent homines, honorem summa ope a se impugnatum ab ea plebe, cum qua contenderant, suppliciter petentes. (3) Demissa iam in discrimen dignitas ea aetate iisque honoribus actis stimulabat Ap. Claudium. Nescires utrum inter decemviros an inter candidatos numerares; (4) propior interdum petendo quam gerendo magistratui erat. Criminari optimates, extollere candidatorum levissimum quemque humillimumque, ipse medius inter tribunicios, Duilios Iciliosque, (5) in foro volitare, per illos se plebi venditare, donec collegae quoque, qui unice illi dediti fuerant ad id tempus, coniecere in eum oculos, mirantes quid sibi vellet: (6) apparere nihil sinceri esse; profecto haud gratuitam in tanta superbia comitatem fore; nimium in ordinem se ipsum cogere et volgari cum privatis non tam properantis abire magistratu quam viam ad continuandum magistratum quaerentis esse. (7) Propalam obviam ire cupiditati parum ausi, obsecundando mollire impetum adgrediuntur. Comitiorum illi habendorum, quando minimus natu sit, munus consensu iniungunt. (8) Ars haec erat, ne semet ipse creare posset, quod praeter tribunos plebi – et id ipsum pessimo exemplo – nemo unquam fecisset. Ille enimvero, quod bene vertat, habi-

(2) da entstand ein so brennender Eifer nach diesem Amt, dass auch die ersten Männer des Gemeinwesens den Leuten die Hände schüttelten und von eben dem Volk, mit dem sie gekämpft hatten, ganz devot eine Würde erbaten, gegen die sie sich mit aller Macht gestemmt hatten – wie ich glaube aus Furcht, der Besitz einer derart starken Machtposition könne unwürdigen Personen offenstehen, wenn sie selbst ihren Platz geräumt hätten. (3) Die Aussicht auf diese Würde spornte in Anbetracht seines Alters und all der Ehrenämter, die er schon bekleidet hatte, den Ap. Claudius an. Man wusste nicht, ob man ihn den Decemvirn oder den Kandidaten zurechnen sollte; (4) zuweilen schien es ihm mehr daran gelegen, sich um ein Amt zu bewerben, als es auszuüben. Er verleumdete die Aristokraten, hob bewusst die unwichtigsten und niedrigsten Bewerber hervor, (5) trieb sich selbst im Kreis ehemaliger Tribunen wie Duilius und Icilius auf dem Forum herum und biederte sich mit ihrer Hilfe bei dem einfachen Volk an, bis endlich auch seine Kollegen, die ihm bis zu dem Zeitpunkt außerordentlich gewogen waren, ihre Blicke auf ihn richteten und sich verwundert fragten, was er eigentlich wolle: (6) Offenkundig sei nichts Wahres daran; bei so viel Hochmut werde die Volkstümlichkeit sicherlich nicht uneigennützig bleiben; allzusehr erniedrige er sich selbst, und mit Privatleuten gemein zu werden, kennzeichne weniger den Mann, der sich beeile, aus einem Amt zu scheiden, als einen, der einen Weg zu dessen Verlängerung suche. (7) Sie wagten nicht, diesem Ehrgeiz ganz offen entgegenzutreten, und gingen daher daran, seine Energie durch Nachgiebigkeit einzulullen. Einstimmig bürdeten sie ihm, da er der Jüngste sei, das Amt auf, die Wahlversammlung abzuhalten. (8) Der Hintergedanke dabei war, dass er sich selbst nicht wählen lassen konnte, denn außer Volkstribunen – und selbst das galt als höchst übles Beispiel – habe das noch niemand getan. Jener versprach freilich, er werde die Ver-

turum se comitia professus, impedimentum pro occasione arripuit; (9) deiectisque honore per coitionem duobus Quinctiis, Capitolino et Cincinnato, et patruo suo C. Claudio, constantissimo viro in optimatium causa, et aliis eiusdem fastigii civibus, nequaquam splendore vitae pares decemviros creat, (10) se in primis, quod haud secus factum improbabant boni quam nemo facere ausurum crediderat. (11) Creati cum eo M. Cornelius Maluginensis, M. Sergius, L. Minucius, Q. Fabius Vibulanus, Q. Poetelius, T. Antonius Merenda, K. Duilius, Sp. Oppius Cornicen, M'. Rabuleius.

36 (1) Ille [dies] finis Appio alienae personae ferendae fuit. Suo iam inde vivere ingenio coepit novosque collegas, iam priusquam inirent magistratum, in suos mores formare. (2) Cottidie coibant remotis arbitris; inde impotentibus instructi consiliis, quae secreto ab aliis coquebant, iam haud dissimulando superbiam, rari aditus, conloquentibus difficiles, ad idus Maias rem perduxere. Idus tum Maiae sollemnes ineundis magistratibus erant. (3) Initio igitur magistratus primum honoris diem denuntiatione ingentis terroris insignem fecere. Nam cum ita priores decemviri servassent ut unus fasces haberet et hoc insigne regium in orbem, suam cuiusque vicem, per omnes iret, subito omnes cum duodenis fascibus prodiere. (4) Centum viginti lictores forum impleverant et cum fascibus secures inligatas praeferebant; nec attinuisse demi securem, cum sine pro-

sammlung leiten – was gut ausgehen möge –, machte aber aus dem Hindernis schnell eine günstige Gelegenheit; (9) durch ein Bündnis mit anderen Kandidaten erreichte er, dass die zwei Quinctier, Capitolinus und Cincinnatus, sein eigener Onkel C. Claudius, ein äußerst standhafter Mann in Belangen der Aristokraten, sowie andere Bürger desselben Ranges von ihrem Ehrenamte verstoßen wurden; dann ließ er Decemvirn wählen, deren Leben weit weniger glanzvoll verlaufen war, (10) sich selbst aber an erster Stelle – eine Tat, welche die Patrioten umso mehr missbilligten, weil niemand daran gedacht hatte, dass er sie wagen würde. (11) Mit ihm wurden gewählt: M. Cornelius Maluginensis, M. Sergius, L. Minucius, Q. Fabius Vibulanus, Q. Poetelius, T. Antonius Merenda, K. Duilius, Sp. Oppius Cornicen und M'. Rabuleius.

36 (1) Jetzt war es für Appius vorbei mit dem Tragen einer fremden Maske. Von nun an begann er, seinem eigenen Naturell gemäß zu leben und seine neuen Kollegen, noch bevor sie ihr Amt antraten, nach seiner Gesinnung zu formen. (2) Täglich trafen sie sich unter Ausschluss von Zeugen; hier in seinen vermessenen Vorsätzen unterwiesen, die sie heimlich vor anderen auskochten, verhehlten sie jetzt ihren Hochmut nicht mehr, zeigten sich schwer zugänglich, im Gespräch unfreundlich und setzten dieses Verhalten bis zum 15. Mai fort. Das war damals das herkömmliche Datum zur Übernahme eines Amtes.[44] (3) Zu Beginn ihrer Tätigkeit machten sie nun den ersten Tag ihrer Regierung durch die Ankündigung einer ungeheuren Gewaltherrschaft denkwürdig. Denn während die früheren Decemvirn darauf geachtet hatten, dass einer allein die Rutenbündel besitzen, und dies Abzeichen von Königen der Reihe nach abwechselnd auf alle anderen übergehen sollte, traten plötzlich alle mit zwölf Rutenbündeln auf. (4) Hundertzwanzig Liktoren füllten das Forum und trugen die an die Ruten gebundenen Beile voran; die Decemvirn erklärten dazu, es

vocatione creati essent, interpretabantur. (5) Decem regum species erat, multiplicatusque terror non infimis solum sed primoribus patrum, ratis caedis causam ac principium quaeri, ut si quis memorem libertatis vocem aut in senatu aut apud populum misisset statim virgae securesque etiam ad ceterorum metum expedirentur. (6) Nam praeterquam quod in populo nihil erat praesidii sublata provocatione, intercessionem quoque consensu sustulerant, cum priores decemviri appellatione collegae corrigi reddita ab se iura tulissent et quaedam, quae sui iudicii videri possent, ad populum reiecissent. (7) Aliquamdiu aequatus inter omnes terror fuit; paulatim totus vertere in plebem coepit; abstinebatur a patribus; in humiliores libidinose crudeliterque consulebatur. Hominum, non causarum toti erant, ut apud quos gratia vim aequi haberet. (8) Iudicia domi conflabant, pronuntiabant in foro. Si quis collegam appellasset, ab eo ad quem venerat ita discedebat ut paeniteret non prioris decreto stetisse. (9) Opinio etiam sine auctore exierat non in praesentis modo temporis eos iniuriam conspirasse, sed foedus clandestinum inter ipsos iure iurando ictum, ne comitia haberent perpetuoque decemviratu possessum semel obtinerent imperium.

habe keinen Grund gegeben, das Beil herauszunehmen, da sie ohne Berufungsrecht gewählt worden seien.[45] (5) Es bot sich ein Bild von zehn Königen, und der Schrecken vervielfachte sich nicht bloß unter den einfachen Leuten, sondern auch bei den vornehmsten unter den Vätern, die meinten, man suche nach Vorwand und Anlass für eine Bluttat, um Ruten und Beile unverzüglich auch zur Einschüchterung der übrigen einzusetzen, wenn jemand ein an die Freiheit gemahnendes Wort vor Senat oder Volk fallenlasse. (6) Denn abgesehen davon, dass es von der Seite des Volkes nach Abschaffung der Berufung keinen Schutz mehr gab, hatten sie auch einstimmig das Einspruchsrecht aufgehoben, wogegen die früheren Decemvirn die Abänderung der von ihnen erlassenen Rechtsvorschriften nach Berufung an einen Kollegen gestattet und gewisse Fälle, die in ihre Kompetenz zu gehören schienen, wieder dem Volk übertragen hatten. (7) Eine Zeitlang herrschte der Schrecken bei allen gleichermaßen; nach und nach begann er, sich ausschließlich gegen das Volk zu wenden – die Väter blieben unangetastet: gegen die kleinen Leute aber regierte man willkürlich und grausam. Die Decemvirn richteten sich ganz nach der Person, nicht nach dem Fall, was ja nur natürlich war, denn Gunst galt bei ihnen anstelle der Gerechtigkeit. (8) Ihre Urteile schmiedeten sie zu Hause und gaben sie auf dem Forum lediglich bekannt. Falls jemand bei einem Kollegen Einspruch erhob, schied er in einer Weise von dem, den er aufgesucht hatte, dass er es bereute, sich nicht mit dem Urteil des ersten abgefunden zu haben. (9) Es war sogar das freilich unverbürgte Gerücht entstanden, sie hätten sich nicht nur für den Augenblick zur Rechtlosigkeit verschworen, sondern untereinander mit Eidschwur einen geheimen Bund besiegelt, keine Wahlversammlung abzuhalten und durch ein unbefristetes Decemvirat die einmal erworbene Herrschaft zu behaupten.

37 (1) Circumspectare tum patriciorum voltus plebeii et inde libertatis captare auram, unde servitutem timendo in eum statum rem publicam adduxerant. (2) Primores patrum odisse decemviros, odisse plebem; nec probare quae fierent, et credere haud indignis accidere; avide ruendo ad libertatem in servitutem elapsos iuvare nolle; (3) cumulare quoque iniurias, ut taedio praesentium consules duo tandem et status pristinus rerum in desiderium veniant. (4) Iam et processerat pars maior anni et duae tabulae legum ad prioris anni decem tabulas erant adiectae, nec quicquam iam supererat, si eae quoque leges centuriatis comitiis perlatae essent, cur eo magistratu rei publicae opus esset. (5) Exspectabant quam mox consulibus creandis comitia edicerentur; id modo plebes agitabat quonam modo tribuniciam potestatem, munimentum libertati, rem intermissam, repararent; cum interim mentio comitiorum nulla fieri. (6) Et decemviri, qui primo tribunicios homines, quia id populare habebatur, circum se ostentaverant plebi, patriciis iuvenibus saepserant latera. (7) Eorum catervae tribunalia obsederant; hi ferre agere plebem plebisque [cum] res tum fortunas, quasi quidquid cupitum foret, potentioris esset. Et iam ne tergo quidem abstinebatur; (8) virgis caedi, alii securi subici; et, ne gratuita crudelitas esset, bonorum donatio sequi domini supplicium. Hac mercede iuventus nobilis corrupta non modo

37 (1) Da begannen die Bürger, auf den Ausdruck in den Gesichtern der Väter zu achten, und witterten von einer Seite den Odem der Freiheit, von der sie Knechtschaft gefürchtet und dadurch den Staat in diese Lage gebracht hatten. (2) Die Führenden unter den Vätern hassten die Decemvirn, hassten das Volk; sie billigten zwar nicht, was geschah, glaubten aber, es treffe keine Unschuldigen; sie wollten Leuten, die in gieriger Jagd nach Freiheit in Knechtschaft geraten waren, keinesfalls helfen, (3) ja das Unrecht sogar noch steigern, damit man sich schließlich aus Verdruss über die Gegenwart wieder nach zwei Konsuln und dem früheren Zustand des Staates sehne. (4) Schon war der größere Teil des Jahres vergangen, zwei Gesetzestafeln waren den zehn Tafeln des Vorjahres angefügt worden, und wenn erst auch diese Gesetze von den Zenturiatkomitien genehmigt wären, bestand keine Veranlassung mehr, warum der Staat dieses Amt [der Decemvirn] noch nötig haben sollte. (5) Man war gespannt, ob nicht bald eine Volksversammlung für die Wahl von Konsuln angesagt würde; das Volk dachte lediglich daran, auf welche Weise es das Bollwerk der Freiheit, die zwischendurch abgeschaffte tribunizische Amtsgewalt, wieder einführen könne; allein – eine Wahlversammlung wurde erst gar nicht erwähnt. (6) Und die Decemvirn, die sich anfangs inmitten von ehemaligen Tribunen der Menge zur Schau gestellt hatten, weil das als volkstümlich galt, hatten sich nun mit jungen Männern aus dem Adel abgeschirmt. (7) Scharenweise belagerten diese die Podien der Richter; sie plünderten das Volk, sein Hab und Gut, als ob dem Stärkeren gehöre, was auch immer begehrenswert sei. Und schon ging es auch an Leib und Leben; (8) es hagelte Stockschläge, andere ließen sie das Beil spüren, und damit die Grausamkeit nicht ohne Profit bleibe, folgte auf die Hinrichtung des Besitzers die Vergabe seiner Güter.[46] Die von diesem Henkersgeld verdorbene adelige Jugend trat dem Unrecht nicht

non ire obviam iniuriae, sed propalam licentiam suam malle quam omnium libertatem.

38 (1) Idus Maiae venere. Nullis subrogatis magistratibus, privati pro decemviris, neque animis ad imperium inhibendum imminutis neque ad speciem honoris insignibus prodeunt. (2) Id vero regnum haud dubie videri. Deploratur in perpetuum libertas, nec vindex quisquam exsistit aut futurus videtur. Nec ipsi solum desponderant animos, sed contemni coepti erant a finitimis populis qui imperium ibi esse ubi non esset libertas indignabantur. (3) Sabini magna manu incursionem in agrum Romanum fecere; lateque populati cum hominum atque pecudum inulti praedas egissent, recepto ad Eretum quod passim vagatum erat agmine castra locant, spem in discordia Romana ponentes: eam impedimentum dilectui fore. (4) Non nuntii solum sed per urbem agrestium fuga trepidationem iniecit. Decemviri consultant quid opus facto sit, destituti inter patrum et plebis odia. Addidit terrorem insuper alium fortuna. (5) Aequi alia ex parte castra in Algido locant depopulanturque inde excursionibus Tusculanum agrum; legati ea ab Tusculo, praesidium orantes, nuntiant. (6) Is pavor perculit decemviros ut senatum, simul duobus circumstantibus urbem bellis, consulerent. Citari iubent in curiam patres, haud ignari quanta invidiae immineret tempestas: (7) omnes

nur nicht entgegen, sondern zog ganz offen die eigenen Privilegien der Freiheit aller vor.

38 (1) Es kam der 15. Mai [449]. Ohne für die Nachwahl von Beamten gesorgt zu haben, traten sie als Privatmänner und nicht mehr als Decemvirn auf, wobei sie aber weder vom Streben, ihre Macht auszuüben, noch von den Ehrenzeichen als dem Symbol für ihre Machtposition Abstand genommen hatten. (2) Das freilich sah unzweifelhaft nach Königsherrschaft aus. Der Freiheit weinte man als auf ewig verloren nach, auch stand kein Retter auf, noch zeigte sich einer für die Zukunft. Aber nicht nur hatten die Menschen selbst ihrem Mut abgeschworen, sondern nach und nach wurden sie auch von den Nachbarvölkern verachtet, die sich darüber empörten, dass von dort Macht ausgehe, wo Freiheit nicht existiere. (3) Die Sabiner unternahmen mit einer starken Truppe einen Einfall ins Römerland, und als sie nach ausgedehnten Plünderungen ungestraft Menschen und Vieh als Beute verschleppt hatten, zogen sie sich mit ihrem Heerbann, der weit ausgeschwärmt war, in die Gegend von Eretum zurück, wo sie ein Lager errichteten und auf die Uneinigkeit der Römer hofften: Sie würde ein Hemmnis für die Truppenaushebung darstellen. (4) Nicht Boten allein, sondern die mitten durch die Stadt flüchtenden Landbewohner stifteten Verwirrung. Allein gelassen zwischen dem Hass der Väter und dem des Volkes berieten die Decemvirn, was zu geschehen habe. Obendrein fügte ihnen das Schicksal einen weiteren Schlag zu. (5) Die Aequer errichteten auf der anderen Seite auf dem Algidus ein Lager und verheerten von dort auf Streifzügen das Land um Tusculum; das meldeten Gesandte aus Tusculum, die um Hilfe baten. (6) Die gespannte Lage veranlasste die Decemvirn, angesichts zweier Kriege, welche die Stadt gleichzeitig bedrohten, den Senat zu Rate zu ziehen. Sie gaben Befehl, die Väter in die Kurie zu laden, obschon sie sehr wohl wussten, was für ein Sturm der

vastati agri periculorumque imminentium causas in se congesturos; temptationemque eam fore abolendi sibi magistratus, ni consensu resisterent imperioque inhibendo acriter in paucos praeferocis animi conatus aliorum comprimerent. (8) Postquam audita vox in foro est praeconis patres in curiam ad decemviros vocantis, velut nova res, quia intermiserant iam diu morem consulendi senatus, mirabundam plebem convertit quidnam incidisset cur ex tanto intervallo rem desuetam usurparent; (9) hostibus belloque gratiam habendam quod solitum quicquam liberae civitati fieret. Circumspectare omnibus fori partibus senatorem, raroque usquam noscitare; curiam inde ac solitudinem circa decemviros intueri, (10) cum et ipsi consensu invisum imperium, et plebs, quia privatis ius non esset vocandi senatum, non convenire patres interpretarentur; iam caput fieri libertatem repetentium, si se plebs comitem senatui det et quemadmodum patres vocati non coeant in senatum, sic plebs abnuat dilectum. Haec fremunt. (11) Patrum haud fere quisquam in foro, in urbe rari erant. Indignitate rerum cesserant in agros, suarumque rerum erant amissa publica, tantum ab iniuria se abesse rati quantum a coetu congressuque impotentium dominorum se amovissent. (12) Postquam citati non con-

Entrüstung ihnen bevorstand: (7) Alle würden die Schuld für die Verwüstung des Landes und die drohenden Gefahren auf sie schieben; und das werde zum Versuch führen, ihnen ihr Amt zu nehmen, wenn sie nicht einträchtig Widerstand leisteten und durch scharfe Anwendung ihrer Befehlsgewalt gegenüber wenigen ungestümen Geistern die Versuche der anderen im Keim erstickten. (8) Als man auf dem Forum die Stimme des Herolds vernahm, der die Väter zu den Decemvirn in die Kurie rief, ließ gleichsam die Unerhörtheit des Vorfalls – schon lange hatte man ja die Gewohnheit aufgegeben, den Senat zu Rate zu ziehen – eine staunende Menge fragen, was sich denn ereignet hätte, dass man sich nach so langer Unterbrechung einer abgekommenen Gepflogenheit bediene; (9) den Feinden und dem Krieg sei es zu verdanken, dass überhaupt irgendetwas geschehe, was in einem freien Gemeinwesen üblich sei. In allen Ecken des Forums hielt man nach einem Senator Ausschau, erblickte aber nur selten irgendwo einen; dann fielen die Blicke auf die Kurie und auf die Leere um die Decemvirn; (10) während einerseits diese selbst zum Schluss kamen, dass ihre Herrschaft verhasst sei, erklärte sich andererseits das Volk das Ausbleiben der Väter damit, dass Privatleute nicht das Recht hätten, den Senat einzuberufen. Schon erstehe den Freiheitskämpfern ein Haupt, wenn sich erst die Masse dem Senat als Gefährte anschließe und die Väter trotz Ladung ebenso wenig im Senat zusammenkämen, wie die Bürgerpartei eine Rekrutierung ablehne. So wurde gemurrt. (11) Kaum einer der Väter war auf dem Forum, überhaupt wenige in der Stadt. Aus Empörung über die Zustände hatten sie sich auf ihre Güter zurückgezogen, lebten für ihre eigenen Angelegenheiten, da man ihnen die öffentlichen genommen hatte, und glaubten sich vor Übergriffen so weit gesichert, wie sie sich von Umgang und Verbindung mit maßlosen Gewaltherren entfernt hatten. (12) Als sie sich trotz Vorladung noch immer nicht versammel-

veniebant, dimissi circa domos apparitores simul ad pignera capienda sciscitandumque num consulto detractarent referunt senatum in agris esse. Laetius id decemviris accidit quam si praesentes detractare imperium referrent. (13) Iubent acciri omnes, senatumque in diem posterum edicunt; qui aliquanto spe ipsorum frequentior convenit. Quo facto proditam a patribus plebs libertatem rata, quod iis qui iam magistratu abissent privatisque si vis abesset, tamquam iure cogentibus, senatus paruisset.

39 (1) Sed magis oboedienter ventum in curiam esse quam obnoxie dictas sententias accepimus. (2) L. Valerium Potitum proditum memoriae est post relationem Ap. Claudi, priusquam ordine sententiae rogarentur, postulando ut de re publica liceret dicere, prohibentibus minaciter decemviris proditurum se ad plebem denuntiantem, tumultum excivisse. (3) Nec minus ferociter M. Horatium Barbatum isse in certamen, decem Tarquinios appellantem admonentemque Valeriis et Horatiis ducibus pulsos reges. (4) nec nominis homines tum pertaesum esse, quippe quo Iovem appellari fas sit, quo Romulum, conditorem urbis, deincepsque reges, quod sacris etiam ut sollemne retentum sit: superbiam violentiamque tum perosos regis. (5) quae si in rege uno tandem aut in filio regis feren-

ten, meldeten die Amtsdiener, die zu ihren Häusern geschickt worden waren, um die Pfandgelder[47] zu kassieren und gleichzeitig in Erfahrung zu bringen, ob sie planmäßig Obstruktion betrieben, der Senat weile auf dem Lande. Das war für die Decemvirn erfreulicher, als wenn man berichtet hätte, sie seien anwesend, widersetzten sich aber der Order. (13) Sie gaben Befehl, alle herbeikommen zu lassen, und beriefen den Senat für den nächsten Tag ein. Diese Sitzung war dann auch bedeutend besser besucht, als sie es erwartet hatten. Dadurch glaubte das Volk, die Freiheit sei von den Vätern verraten worden, weil der Senat Männern, die ihr Amt schon wieder abgegeben hatten, Privatleuten also, wenn sie ihre Macht nicht beibehielten, so gehorcht habe, wie wenn sie die Versammlung rechtmäßig einberufen hätten.

39 (1) Doch wie wir erfahren, gingen die Väter eher gehorsam in die Kurie, als dass sie unterwürfig ihre Stimme abgaben. (2) L. Valerius Potitus soll der Überlieferung zufolge nach der Berichterstattung des Ap. Claudius, noch bevor man der Reihe nach zur Abstimmung rief, gefordert haben, es müsste doch erlaubt sein, offen über die Lage des Staates zu sprechen; und als die Decemvirn das drohend abschlugen, habe er mit der Ankündigung, er werde vor das Volk treten, gehörige Empörung entfacht. (3) Nicht weniger ungestüm soll sich M. Horatius Barbatus dem Kampf gestellt haben, indem er die Decemvirn als zehn Tarquinier bezeichnete und daran erinnerte, dass die Könige unter der Führung eines Valerius und Horatius vertrieben worden wären. (4) Aber nicht eines Titels seien die Menschen damals überdrüssig gewesen, mit dem man rechtens ja auch Iuppiter, mit dem man Romulus, den Gründer der Stadt, sowie die späteren Könige benenne, und der sogar in den heiligen Riten feierlich bewahrt werde: Hochmut und Gewalttat des Königs habe man gehasst. (5) Wenn diese Dinge zuletzt bei einem einzelnen König oder Königssohn nicht zu

da non fuerint, quem laturum in tot privatis? (6) viderent ne vetando in curia libere homines loqui extra curiam etiam moverent vocem; neque se videre qui sibi minus privato ad contionem populum vocare quam illis senatum cogere liceat. (7) ubi vellent experirentur quanto fortior dolor libertate sua vindicanda quam cupiditas in iniusta dominatione esset. (8) de bello Sabino eos referre, tamquam maius ullum populo Romano bellum sit quam cum iis qui legum ferendarum causa creati nihil iuris in civitate reliquerint; qui comitia, qui annuos magistratus, qui vicissitudinem imperitandi, quod unum exaequandae sit libertatis, sustulerint; qui privati fasces et regium imperium habeant. (9) fuisse regibus exactis patricios magistratus; creatos postea post secessionem plebis plebeios; cuius illi partis essent, rogitare. populares? quid enim eos per populum egisse? optimates? qui anno iam prope senatum non habuerint, tunc ita habeant ut de re publica loqui prohibeant? (10) ne nimium in metu alieno spei ponerent; graviora quae patiantur videri iam hominibus quam quae metuant.

40 (1) Haec vociferante Horatio cum decemviri nec irae nec ignoscendi modum reperirent nec quo evasura res esset cernerent, (2) C. Claudi, qui patruus Appi decemviri erat, oratio fuit

ertragen gewesen seien, wer würde sie bei so vielen Privatleuten erdulden? (6) Sie sollten nur zusehen, dass man nicht durch das Verbot der Redefreiheit in der Kurie außerhalb der Kurie seine Stimme erhebe; auch sehe er nicht ein, warum es ihm, dem Privatmann, nicht ebenso erlaubt sei, das Volk zur Versammlung zu rufen, wie ihnen, den Senat zu versammeln. (7) Wenn sie wollten, sollten sie es doch auf die Probe ankommen lassen, wie viel energischer die grimmige Entschlossenheit sei, die eigene Freiheit zu retten, als der Ehrgeiz, in ungerechter Tyrannei zu verharren. (8) Über den Sabinerkrieg erstatteten sie Bericht – als ob es für das römische Volk überhaupt einen bedeutenderen Krieg gebe als den gegen diejenigen, die zur Schaffung von Gesetzen gewählt, vom Recht auch gar nichts im Gemeinwesen zurückgelassen, welche die Wahlversammlungen, welche die auf ein Jahr begrenzten Ämter, welche den Wechsel in der Regierung – das einzige Mittel, Freiheit gerecht zu verteilen – aufgehoben hätten und die als Privatleute Rutenbündel und die Macht von Königen besäßen. (9) Nach Vertreibung der Könige seien die Amtsträger Patrizier gewesen, nach dem Auszug der Bürger Plebejer dazu bestimmt worden: Er frage, zu welcher Gruppe sie gehörten. Zur Volkspartei? Was hätten sie denn durch das Volk ins Werk gesetzt? Zu den Aristokraten? Und das, obwohl sie schon fast ein Jahr keine Senatssitzung abgehalten hätten, sie jetzt aber in einer Weise leiteten, dass sie eine Debatte über die Lage des Staates verhinderten? (10) Sie sollten ihre Hoffnungen nur nicht allzu sehr auf die Angst der anderen setzen, weil den Menschen das gegenwärtige Leid schon drückender erscheine als das, was sie noch befürchten müssten.

40 (1) Während die Decemvirn angesichts dieses Appells des Horatius zwischen Empörung und Nachsicht kein rechtes Maß fanden und auch nicht absehen konnten, wie die Sache ausgehen werde, (2) hielt C. Claudius, ein Onkel des Decemvirn Ap-

precibus quam iurgio similior, orantis per sui fratris parentisque (3) eius manes ut civilis potius societatis in qua natus esset, quam foederis nefarie icti cum collegis meminisset. multo id magis se illius causa orare quam rei publicae; (4) quippe rem publicam, si a volentibus nequeat, ab invitis ius expetituram; sed ex magno certamine magnas excitari ferme iras; earum eventum se horrere. (5) Cum aliud praeterquam de quo rettulissent decemviri dicere prohiberent, Claudium interpellandi verecundia fuit. Sententiam igitur peregit nullum placere senatus consultum fieri. (6) Omnesque ita accipiebant privatos eos a Claudio iudicatos; multique ex consularibus verbo adsensi sunt. (7) Alia sententia, asperior in speciem, vim minorem aliquanto habuit, quae patricios coire ad prodendum interregem iubebat. Censendo enim quodcumque, magistratus esse qui senatum haberent iudicabant, quos privatos fecerat auctor nullius senatus consulti faciendi. (8) Ita labente iam causa decemvirorum, L. Cornelius Maluginensis, M. Corneli decemviri frater, cum ex consularibus ad ultimum dicendi locum consulto servatus esset, simulando curam belli fratrem collegasque eius tuebatur, (9) quonam fato incidisset mirari se dictitans ut decemviros qui decemviratum petissent – aut soli aut ii maxime – oppugnarent, (10) aut quid ita, cum per tot menses vacua

pius, eine Rede, die einem Bittgesuch ähnlicher war als einer Anklage. Er bat ihn nämlich im Namen seines verstorbenen Bruders, des Vaters des Appius, (3) sich eher auf die Gemeinschaft der Bürger, in der er geboren sei, zu besinnen, als auf einen Bund, den er frevlerisch mit seinen Kollegen geschlossen habe. (4) Darum bitte er ihn vielmehr seinetwillen als wegen des Staates, weil ja der Staat sein Recht trotz Widerstand einfordern werde, wenn er keinen Gehorsam finden könne; doch aus einer heftigen Auseinandersetzung heraus entstünden fast stets heftige Gefühle der Erbitterung, vor deren Folgen es ihm graue. (5) Obwohl die Decemvirn Wortmeldungen verboten, wenn sie sich nicht auf ihren Bericht bezogen, scheute man sich, Claudius ins Wort zu fallen. Er beendete deshalb seine Rede mit dem Vorschlag, keinen Senatsbeschluss zu fassen. (6) Das legten nun alle so aus, dass Claudius die Decemvirn zu Männern ohne Amt erklärt habe; auch viele ehemalige Konsuln stimmten seinem Worte zu. (7) Ein anderer, dem Anschein nach härterer Antrag wollte die Patrizier bewegen, sich zusammenzuschließen, um einen Zwischenkönig zu ernennen. Das zeigte aber weit weniger Wirkung, weil sie durch jeden beliebigen Antrag diejenigen, die den Senat zusammenriefen, als Amtsträger anerkannten, während der ursprüngliche Gegner jedes Senatsbeschlusses sie zu Männern ohne Amt erklärt hatte. (8) Als es so mit der Sache der Decemvirn schon bergab ging, versuchte L. Cornelius Maluginensis, ein Bruder des Decemvirn M. Cornelius, den man absichtlich als letzten Redner der ehemaligen Konsuln aufgespart hatte, seinen Bruder und dessen Kollegen in Schutz zu nehmen, indem er Sorge über den Krieg heuchelte. Er betonte nämlich seine Verwunderung darüber, (9) unter welchem Unglücksstern denn diejenigen, die sich selbst um das Decemvirat beworben hätten, darauf verfallen seien, entweder allein oder doch vorwiegend die Decemvirn zu bekämpfen, (10) oder warum sie denn, obgleich

civitate nemo iustine magistratus summae rerum praeessent controversiam fecerit, nunc demum cum hostes prope ad portas sint, civiles discordias serant, nisi quod in turbido minus perspicuum fore putent quid agatur. (11) ceterum † neminem maiore cura occupatis animis verum esse praeiudicium rei tantae † fieri. sibi placere de eo quod Valerius Horatiusque ante idus Maias decemviros abisse magistratu insimulent, bellis quae immineant perfectis, re publica in tranquillum redacta, senatu disceptante agi, (12) et iam nunc ita se parare Ap. Claudium ut comitiorum quae decemviris creandis decemvir ipse habuerit sciat sibi rationem reddendam esse utrum in unum annum creati sint, an donec leges quae deessent perferrentur. (13) in praesentia omnia praeter bellum omitti placere; cuius si falso famam volgatam, vanaque non nuntios solum sed Tusculanorum etiam legatos attulisse putent, speculatores mittendos censere qui certius explorata referant: (14) sin fides et nuntiis et legatis habeatur, dilectum primo quoque tempore haberi et decemviros quo cuique eorum videatur exercitus ducere, nec rem aliam praeverti.

41 (1) In hanc sententiam ut discederetur iuniores patrum evincebant. Ferocioresque iterum coorti Valerius Horatiusque vociferari ut de re publica liceret dicere; dicturos ad populum,

während so vieler Monate des Friedens im Staat niemand eine Diskussion darüber in Gang gebracht habe, ob die Amtsträger die höchste Verantwortung gerecht ausübten, gerade jetzt, da die Feinde beinahe vor den Toren ständen, Zwietracht unter den Bürgern säten – es sei denn, sie meinten, in bewegten Zeiten wären ihre Absichten weniger durchschaubar. (11) Des weiteren könne es wohl niemand für richtig halten, über ein so umfassendes Problem eine Vorentscheidung zu treffen, solange man mit größeren Schwierigkeiten befasst sei.[48] Seiner Meinung nach solle man also über die Anschuldigungen des Valerius und Horatius, die Decemvirn seien vor dem 15. Mai aus ihrem Amt geschieden, dann verhandeln, wenn die bevorstehenden Kriege beendet und die Stadt beruhigt sei, und dann den Senat als Richter hinzuziehen; (12) auch habe sich Ap. Claudius schon jetzt darauf einzustellen, dass er über die Versammlung, die er, selbst ein Decemvir, zur Wahl von Decemvirn abgehalten habe, Rechenschaft werde geben müssen: ob sie für nur ein Jahr oder bis zur Einbringung der noch fehlenden Gesetze gewählt seien. (13) Für den Augenblick müsse man alles dem Krieg unterordnen; wenn über ihn eine falsche Nachricht verbreitet worden sei, wenn man ferner glaube, nicht nur die Boten, sondern auch die Gesandten der Tusculaner hätten Hirngespinste erzählt, stimme er für die Aussendung von Kundschaftern, die zuverlässigere Erkundigungen übermitteln sollten: (14) Vertraue man aber sowohl Boten wie Gesandten, sei zum frühestmöglichen Zeitpunkt eine Truppenaushebung vorzunehmen, die Decemvirn müssten die Heere dorthin führen, wo es ihnen richtig scheine, und nichts anderes dürfe Vorrang haben.

41 (1) Die jüngeren unter den Vätern waren nahe daran, eine Mehrheit für diesen Antrag durchzusetzen. Da erhoben sich abermals und noch unbeugsamer Valerius und Horatius und riefen laut, es müsste erlaubt sein, über die Lage des Staates re-

si in senatu per factionem non liceat; neque enim sibi privatos aut in curia aut in contione posse obstare, neque se imaginariis fascibus eorum cessuros esse. (2) Tum Appius iam prope esse ratus ut ni violentiae eorum pari resisteretur audacia, victum imperium esset, (3) »Non erit melius«, inquit, »nisi de quo consulimus, vocem misisse«, et ad Valerium, negantem se privato reticere, lictorem accedere iussit. (4) Iam Quiritium fidem implorante Valerio a curiae limine, L. Cornelius complexus Appium, non cui simulabat consulendo, diremit certamen; factaque per Cornelium Valerio dicendi gratia quae vellet, cum libertas non ultra vocem excessisset, decemviri propositum tenuere. (5) Consulares quoque ac seniores ab residuo tribuniciae potestatis odio, cuius desiderium plebi multo acrius quam consularis imperii rebantur esse, prope malebant postmodo ipsos decemviros voluntate abire magistratu quam invidia eorum exsurgere rursus plebem: (6) si leniter ducta res sine populari strepitu ad consules redisset, aut bellis interpositis aut moderatione consulum in imperiis exercendis posse in oblivionem tribunorum plebem adduci.

(7) Silentio patrum edicitur dilectus. Iuniores cum sine provocatione imperium esset ad nomina respondent. Legionibus

den zu dürfen: Sie würden zum Volk sprechen, wenn es ihnen im Senat durch eine Partei verwehrt sei; denn weder könnten sich ihnen Privatleute, sei es in der Kurie, sei es in der Volksversammlung, entgegenstellen, noch würden sie selbst vor deren Rutenbündeln, den Ausgeburten ihrer Phantasie, weichen. (2) Da glaubte Appius, das Ende seiner Macht sei nahe, wenn er sich ihrem Ungestüm nicht mit gleicher Verwegenheit widersetze. (3) »Es wird besser sein«, sagte er daher, »nur über Dinge Worte zu verlieren, die wir zur Debatte stellen«, und als Valerius entgegnete, er werde einem Privatmann gegenüber seinen Mund nicht halten, befahl er einem Liktor, gegen ihn vorzugehen. (4) Schon rief Valerius an der Schwelle der Kurie den Schutz der Bürger an,[49] als L. Cornelius den Appius bittflehend umarmte und die Auseinandersetzung beendete, indem er diesen tatsächlich, Valerius nur dem Scheine nach unterstützte. Durch Cornelius erwirkte nun Valerius die Erlaubnis, sagen zu dürfen, was er wollte, womit die Decemvirn letztlich ihr Ziel erreichten, da die Freimütigkeit nicht über das Wort hinausgegangen war. (5) Auch die ehemaligen Konsuln sowie die älteren Senatoren sahen es infolge ihres schwelenden Hasses gegen die tribunizische Amtsgewalt, nach der sich ihrer Ansicht nach das Volk weitaus leidenschaftlicher als nach der Regierung von Konsuln sehnte, beinahe lieber, wenn die Decemvirn in näherer Zukunft freiwillig ihr Amt niederlegten, als dass sich aufgrund ihrer Unpopularität wiederum die Masse erhebe: (6) Packe man die Sache behutsam an und gehe die Regierung ohne Lärm in der breiten Öffentlichkeit auf die Konsuln über, könnten entweder durch den Einschub von Kriegen oder durch maßvolle Ausübung konsularischer Macht die Tribunen beim Volk in Vergessenheit gebracht werden.

(7) Mit dem stillen Einverständnis der Väter wurde die Truppenaushebung angeordnet. Die jüngeren Altersklassen stellten sich dem Aufruf, weil es gegenüber der Befehlsgewalt (der

scriptis, inter se decemviri comparabant quos ire ad bellum, quos praeesse exercitibus oporteret. (8) Principes inter decemviros erant Q. Fabius et Ap. Claudius. Bellum domi maius quam foris apparebat. Appi violentiam aptiorem rati ad comprimendos urbanos motus: in Fabio minus in bono constans quam navum in malitia ingenium esse. (9) Hunc enim virum, egregium olim domi militiaeque, decemviratus collegaeque ita mutaverant ut Appi quam sui similis mallet esse. Huic bellum in Sabinis, M'. Rabuleio et Q. Poetelio additis collegis, mandatum. (10) M. Cornelius in Algidum missus cum L. Minucio et T. Antonio et K. Duilio et M. Sergio. Sp. Oppium Ap. Claudio adiutorem ad urbem tuendam, aequo omnium decemvirorum imperio, decernunt.

42 (1) Nihilo militiae quam domi melius res publica administrata est. (2) Illa modo in ducibus culpa quod ut odio essent civibus fecerant: alia omnis penes milites noxia erat, qui ne quid ductu atque auspicio decemvirorum prospere usquam gereretur vinci se per suum atque illorum dedecus patiebantur. (3) Fusi et ab Sabinis ad Eretum et in Algido ab Aequis exercitus erant. Ab Ereto per silentium noctis profugi propius urbem, inter Fidenas Crustumeriamque, loco edito castra communierant; (4) persecutis hostibus nusquam se aequo certamini committentes, natura loci ac vallo, non virtute aut armis tu-

Decemvirn) keine Berufung gab. Nach der Aufstellung der Legionen vereinbarten die Decemvirn untereinander, wer in den Krieg zu ziehen, wer die Heere zu kommandieren habe. (8) Die wichtigsten Männer unter den Decemvirn waren Q. Fabius und Ap. Claudius. Der Krieg im Inneren schien wichtiger als der von außen. Jedenfalls hielten sie die Brutalität des Appius für geeigneter, innerstädtische Revolten zu unterdrücken; Fabius hingegen sei seinem Naturell nach eher unbeständig im Guten als gewandt in der Arglist. (9) Diesen vormals in Krieg und Frieden ausgezeichneten Mann hatten nämlich das Decemvirat und seine Kollegen so verwandelt, dass er lieber Appius als sich selbst gleichen wollte. Ihm wurde der Feldzug gegen die Sabiner übertragen, als Kollegen standen ihm M'. Rabuleius und Q. Poetelius zur Seite. (10) M. Cornelius sandte man mit L. Minucius, T. Antonius, K. Duilius und M. Sergius auf den Algidus. Sp. Oppius stellten sie dem Ap. Claudius als Gehilfen für die Sicherung der Stadt zur Verfügung, beide hatten die Befehlsgewalt sämtlicher Decemvirn.

42 (1) Der Staat wurde im Krieg um nichts besser geleitet als im Frieden. (2) Der Fehler der Führer bestand freilich lediglich darin, sich bei den Bürgern verhasst gemacht zu haben: Die übrige Schuld lag zur Gänze bei den Soldaten, die sich zu ihrer eigenen und der Decemvirn Schande besiegen ließen, nur damit unter deren Führung und Auspizien niemals etwas erfolgreich vonstatten gehe. (3) Die Heere waren sowohl von den Sabinern bei Eretum als auch auf dem Algidus von den Aequern in die Flucht geschlagen worden. Von Eretum waren sie in der Stille der Nacht in Richtung Rom geflohen und hatten sich zwischen Fidenae und Crustumeria auf einem hochgelegenen Platz in einem festen Lager verschanzt. (4) Als die Feinde nachsetzten, stellten sie sich ihnen nirgends zum offenen Kampf, sondern behaupteten sich durch die Beschaffenheit des Geländes und den Wall, nicht durch ihre Tapferkeit und Waffen-

tabantur. (5) Maius flagitium in Algido, maior etiam clades accepta; castra quoque amissa erant, exutusque omnibus utensilibus miles Tusculum se, fide misericordiaque victurus hospitum, quae tamen non fefellerunt, contulerat. (6) Romam tanti erant terrores allati, ut posito iam decemvirali odio patres vigilias in urbe habendas censerent, omnes qui per aetatem arma ferre possent custodire moenia ac pro portis stationes agere iuberent, (7) arma Tusculum ac supplementum decernerent, decemvirosque ab arce Tusculi degressos in castris militem habere, castra alia a Fidenis in Sabinum agrum transferri, belloque ultro inferendo deterreri hostes a consilio urbis oppugnandae.

43 (1) Ad clades ab hostibus acceptas duo nefanda facinora decemviri belli domique adiciunt. (2) L. Siccium in Sabinis, per invidiam decemviralem tribunorum creandorum secessionisque mentiones ad volgus militum sermonibus occultis serentem, prospeculatum ad locum castris capiendum mittunt. (3) Datur negotium militibus quos miserant expeditionis eius comites, ut eum opportuno adorti loco interficerent. (4) Haud inultum interfecere; nam circa repugnantem aliquot insidiatores cecidere, cum ipse se praevalidus, pari viribus animo, circumventus tutaretur. (5) Nuntiant in castra ceteri praecipitatum in insidias esse; Siccium egregie pugnantem militesque

taten. (5) Größer war die Schmach am Algidus, auch erlitt man da eine größere Niederlage; sogar das Lager war verlorengegangen, und die Soldaten hatten sich, der ganzen Ausrüstung beraubt, nach Tusculum geflüchtet, um vom Mitleid und der Loyalität ihrer Gastfreunde zu leben, was ihnen trotz allem nicht verwehrt wurde. (6) Nach Rom waren so fürchterliche Nachrichten gedrungen, dass die Väter jetzt ihren Hass auf die Decemvirn beiseite ließen und die Einrichtung eines Wachtdienstes in der Stadt anordneten, allen, die dem Alter nach Waffen tragen konnten, die Überwachung der Mauern und Dienst auf den Posten vor den Stadttoren befahlen (7) sowie Waffen und Unterstützung für Tusculum beschlossen. Ferner sollten die Decemvirn, sobald sie von der Burg in Tusculum abgezogen seien, die Truppe im Lager behalten, das andere Lager von Fidenae ins Sabinerland verlegen und die Feinde durch Ausweitung des Krieges auf das gegnerische Gebiet vom Plan eines Angriffes auf die Stadt abschrecken.

43 (1) Den Niederlagen, die sie von den Feinden eingesteckt hatten, fügten die Decemvirn im Feld und in der Stadt zwei ruchlose Verbrechen hinzu. (2) Weil L. Siccius im Sabinerland aus Hass auf die Decemvirn in geheimen Unterredungen unter dem Kriegsvolk Parolen über die Notwendigkeit einer Tribunenwahl und über eine Auswanderung ausstreute, sandten sie ihn aus, einen geeigneten Platz für ein Lager auszukundschaften. (3) Den Soldaten, die sie als Geleit für diesen Stoßtrupp mitschickten, gaben sie den Auftrag, ihn an geeigneter Stelle zu überfallen und zu töten. (4) Sie brachten ihn um, aber es sollte nicht ungerächt bleiben: denn um ihn herum fielen etliche Meuchelmörder, da er mit Heldenkraft Widerstand leistete und sich, obschon umzingelt, mit einem Mut verteidigte, der seiner Kraft gleichkam. (5) Die Überlebenden meldeten im Lager, sie seien in einen Hinterhalt geraten und hätten Siccius trotz seines äußerst tapferen Kampfes zusammen mit einigen

quosdam cum eo amissos. (6) Primo fides nuntiantibus fuit; profecta deinde cohors ad sepeliendos qui ceciderant decemvirorum permissu, postquam nullum spoliatum ibi corpus Sicciumque in medio iacentem armatum omnibus in eum versis corporibus videre, hostium neque corpus ullum nec vestigia abeuntium, profecto ab suis interfectum memorantes rettulere corpus. (7) Invidiaeque plena erant castra, et Romam ferri protinus Siccium placebat, ni decemviri funus militare ei publica impensa facere maturassent. Sepultus ingenti militum maestitia, pessima decemvirorum in volgus fama est.

44 (1) Sequitur aliud in urbe nefas, ab libidine ortum, haud minus foedo eventu quam quod per stuprum caedemque Lucretiae urbe regnoque Tarquinios expulerat, ut non finis solum idem decemviris qui regibus sed causa etiam eadem imperii amittendi esset. (2) Ap. Claudium virginis plebeiae stuprandae libido cepit. Pater virginis, L. Verginius, honestum ordinem in Algido ducebat, vir exempli recti domi militiaeque. (3) Perinde uxor instituta fuerat liberique instituebantur. Desponderat filiam L. Icilio tribunicio, viro acri et pro causa plebis expertae virtutis. (4) Hanc virginem adultam forma excellentem Appius amore amens pretio ac spe perlicere adortus, postquam omnia

anderen Soldaten verloren. (6) Zuerst glaubte man ihrer Meldung; als dann aber eine Kohorte mit der Erlaubnis der Decemvirn, die Gefallenen zu bestatten, abmarschiert war, und sie dort sahen, dass kein einziger Leichnam beraubt war, vielmehr alle mit ihrem Gesicht gegen Siccius gerichtet waren, der in seiner Rüstung in der Mitte lag, und weder ein feindlicher Gefallener noch Spuren abziehender Feinde existierten, brachten sie seine Überreste zurück und verkündeten, Siccius sei unzweifelhaft von den eigenen Leuten getötet worden. (7) Das ganze Lager war von Erbitterung erfüllt, und man hatte schon beschlossen, Siccius unverzüglich nach Rom zu bringen, hätten die Decemvirn sich nicht beeilt, ihn auf Staatskosten mit militärischen Ehren beizusetzen. Er wurde unter innigster Anteilnahme der Soldaten begraben, das Ansehen der Decemvirn unter dem einfachen Volk war auf dem Tiefpunkt.

44 (1) Es folgte hierauf in der Stadt eine andere Untat, die von triebhafter Leidenschaft herrührte und die ebenso schrecklich endete wie die Vergewaltigung und der Tod der Lucretia, der zur Vertreibung der Tarquinier von Stadt und Thron geführt hatte, so dass für Decemvirn wie für Könige nicht nur das Ende gleich, sondern auch der Grund für den Verlust der Herrschaft derselbe war. (2) Den Ap. Claudius packte das Verlangen, ein Mädchen aus dem Volk zu schänden. Der Vater des Mädchens, L. Verginius, stand gerade auf dem Algidus als ein Centurio von höherem Rang, ein Mann von beispielhafter Rechtschaffenheit in Krieg und Frieden. (3) Ebenso war die Gattin erzogen, und so erzog man auch die Kinder. Die Tochter hatte er mit dem ehemaligen Volkstribunen L. Icilius verlobt, einem energischen Mann mit erprobtem Mut für die Sache des Volkes. (4) Appius machte sich nun, vor Begierde wie von Sinnen, daran, dieses gereifte und strahlend schöne Mädchen mit Geld und Versprechungen zu verführen, doch nachdem er gemerkt hatte, dass jeder Zugang zu ihr durch Sittsamkeit und Anstand

pudore saepta animadverterat, ad crudelem superbamque vim animum convertit.

(5) M. Claudio clienti negotium dedit, ut virginem in servitutem adsereret neque cederet secundum libertatem postulantibus vindicias, quod pater puellae abesset locum iniuriae esse ratus. (6) Virgini venienti in forum – ibi namque in tabernaculis litterarum ludi erant – minister decemviri libidinis manum iniecit, serva sua natam servamque appellans; se sequi iubebat: cunctantem vi abstracturum. (7) Pavida puella stupente, ad clamorem nutricis fidem Quiritium implorantis fit concursus; Vergini patris sponsique Icili populare nomen celebrabatur. Notos gratia eorum, turbam indignitas rei virgini conciliat. (8) Iam a vi tuta erat, cum adsertor nihil opus esse multitudine concitata ait; se iure grassari, non vi. (9) Vocat puellam in ius, auctoribus qui aderant ut sequeretur: ad tribunal Appi perventum est. Notam iudici fabulam petitor, quippe apud ipsum auctorem argumenti, peragit: puellam domi suae natam furtoque inde in domum Vergini translatam suppositam ei esse; (10) id se indicio compertum adferre probaturumque vel ipso Verginio iudice, ad quem maior pars iniuriae eius pertineat; interim dominum sequi ancillam aequum esse. (11) Advocati puellae, cum Verginium rei publicae causa dixissent abesse,

verschlossen war, richtete er sein Sinnen auf eine rohe und frevelhafte Gewalttat.

(5) Er gab seinem Gefolgsmann M. Claudius den Auftrag, das Mädchen als Sklavin zu beanspruchen und denen nicht nachzugeben, die ihre vorläufige Freilassung forderten;[50] er glaubte nämlich, die Abwesenheit des Vaters biete ihm Freiraum zum Unrecht. (6) Als das Mädchen auf das Forum kam – in den dortigen Buden befanden sich nämlich die Elementarschulen[51] –, legte ihr der Scherge des wollüstigen Decemvirn die Hand auf[52] und nannte sie Tochter seiner Sklavin, also selbst Sklavin, und befahl ihr, ihm zu folgen – sträube sie sich, würde er sie gewaltsam abführen. (7) Das Mädchen erstarrte vor Entsetzen, doch führte das Geschrei ihrer Amme, welche die Bürger um Schutz anrief, zu einer großen Menschenansammlung; die dem Volk teuren Namen des Vaters Verginius und ihres Verlobten Icilius waren in aller Munde. Die Gunst, derer sie sich erfreuten, stimmte die Bekannten, die Empörung über den Vorfall die Masse dem Mädchen gewogen. (8) Schon war sie vor Gewalt sicher, als der Kläger sagte, die Aufregung der Menge sei vollkommen unangebracht, da er nach Recht, nicht nach Gewalt vorgehe. (9) Er lud das Mädchen vor Gericht, und da ihr selbst ihr Anhang riet, zu folgen, traten alle vor den Richterstuhl des Appius. Der Kläger spielte dem Richter ein bekanntes, weil von diesem selbst inszeniertes Stück vor: Das Mädchen sei in seinem Haus geboren worden, doch habe man es gestohlen, ins Haus des Verginius gebracht und diesem untergeschoben; (10) er habe das, was er vorbringe, aufgrund einer Anzeige erfahren und werde sogar dann, wenn Verginius selbst der Richter wäre, beweisen, wen dies Verbrechen mehr als andere treffe. Bis dahin sei es billig, dass die Magd ihrem Herrn folge. (11) Die Verteidiger des Mädchens brachten vor, dass sich Verginius im Dienste des Staates auswärts befinde, er nach einer Benachrichtigung in zwei Tagen zur Stelle sein

biduo adfuturum si nuntiatum ei sit, iniquum esse absentem de liberis dimicare, (12) postulant ut rem integram in patris adventum differat, lege ab ipso lata vindicias det secundum libertatem, neu patiatur virginem adultam famae prius quam libertatis periculum adire.

45 (1) Appius decreto praefatus quam libertati faverit eam ipsam legem declarare quam Vergini amici postulationi suae praetendant; (2) ceterum ita in ea firmum libertati fore praesidium, si nec causis nec personis variet. in iis enim qui adserantur in libertatem, quia quivis lege agere possit, id iuris esse: in ea quae in patris manu sit, neminem esse alium cui dominus possessione cedat. (3) placere itaque patrem arcessiri; interea iuris sui iacturam adsertorem non facere quin ducat puellam sistendamque in adventum eius qui pater dicatur promittat.

(4) Adversus iniuriam decreti cum multi magis fremerent quam quisquam unus recusare auderet, P. Numitorius puellae avunculus et sponsus Icilius interveniunt; (5) dataque inter turbam via, cum multitudo Icili maxime interventu resisti posse Appio crederet, lictor decresse ait vociferantemque Icilium submovet. (6) Placidum quoque ingenium tam atrox iniuria accendisset. »Ferro hinc tibi submovendus sum, Appi«,

könne und es ungerecht sei, wenn jemandem in seiner Abwesenheit seine Kinder streitig gemacht würden. (12) Daher forderten sie, Appius solle die ganze Angelegenheit bis zur Ankunft des Vaters vertagen, gemäß dem von ihm erlassenen Gesetz vorläufig auf Freiheit entscheiden und nicht zulassen, dass eine erwachsene Jungfrau schon eher ihren Ruf als ihre Freiheit einer Gefahr aussetze.

45 (1) Appius schickte seiner Entscheidung die Erklärung voraus, dass genau das Gesetz, welches die Freunde des Verginius zum Vorwand ihrer Forderungen nähmen, deutlich zeige, wie sehr er die Freiheit gefördert habe; (2) im übrigen werde es der Freiheit nur dann sicheren Schutz bieten, wenn es sich nicht nach Fall oder Person ändere. Dies Recht komme denen zugute, die für frei erklärt werden sollten, weil jedermann einen Prozess anstrengen könne: Doch im Fall einer Person, die unter der Rechtsgewalt des Vaters stehe, gebe es außer diesem niemanden, demgegenüber der Eigentümer von seinem Besitzrecht zurücktreten müsse. (3) Daher beschließe er, dass der Vater vorgeladen werde; in der Zwischenzeit solle der Besitzkläger, um seinen Rechtsanspruch nicht zu verlieren, das Mädchen mit sich führen und versprechen, es bei der Ankunft dessen, den man Vater nenne, vor Gericht zu bringen.

(4) Da viele gegen die Ungerechtigkeit des Urteils murrten, aber auch nicht einer den offenen Protest wagte, schritten P. Numitorius, der Großonkel des Mädchens, und ihr Verlobter Icilius ein; (5) die Menschen hatten ihnen Platz gemacht – die Menge glaubte ja, durch einen Einspruch des Icilius könne man sich Appius am ehesten widersetzen –, da verkündete ein Liktor, die Entscheidung sei gefallen, und drängte den protestierenden Icilius beiseite. (6) Eine derart bittere Kränkung hätte auch ein friedfertiges Gemüt in Flammen gesetzt. »Mit dem Schwert musst du mich von hier vertreiben, Appius«, sagte er, »damit du im Stillen erreichst, was du verheimlicht haben

inquit, »ut tacitum feras quod celari vis. Virginem ego hanc sum ducturus nuptamque pudicam habiturus. Proinde omnes collegarum quoque lictores convoca; (7) expediri virgas et secures iube; non manebit extra domum patris sponsa Icili. (8) Non si tribunicium auxilium et provocationem plebi Romanae, duas arces libertatis tuendae, ademistis, ideo in liberos quoque nostros coniugesque regnum vestrae libidini datum est. (9) Saevite in tergum et in cervices nostras: pudicitia saltem in tuto sit. Huic si vis adferetur, ego praesentium Quiritium pro sponsa, Verginius militum pro unica filia, omnes deorum hominumque implorabimus fidem, neque tu istud unquam decretum sine caede nostra referes. (10) Postulo, Appi, etiam atque etiam consideres quo progrediare. (11) Verginius viderit de filia ubi venerit quid agat; hoc tantum sciat [aliam] sibi si huius vindiciis cesserit condicionem filiae quaerendam esse. Me vindicantem sponsam in libertatem vita citius deseret quam fides.«

46 (1) Concitata multitudo erat certamenque instare videbatur. Lictores Icilium circumsteterant; nec ultra minas tamen processum est, (2) cum Appius non Verginiam defendi ab Icilio, sed inquietum hominem et tribunatum etiam nunc spirantem locum seditioni quaerere diceret. (3) non praebiturum se illi eo die materiam, sed, ut iam sciret non id petulantiae suae sed Verginio absenti et patrio nomini et libertati datum, ius eo die se non dicturum neque decretum interpositurum: a

willst! Ich werde diese Jungfrau heiraten und ich werde sie als keusche Braut besitzen! Rufe demnach alle Liktoren, auch die deiner Kollegen zusammen (7) und lass Ruten und Beile bereithalten: Des Icilius Verlobte wird nicht außerhalb des Hauses ihres Vaters bleiben! (8) Wenn ihr den Bürgern Roms auch den Beistand der Tribunen und das Berufungsrecht, die beiden Festen zum Schutze der Freiheit, genommen habt, so ist deswegen eurer Gier keine Allmacht über unsere Frauen und Kinder gegeben. (9) Wütet gegen unseren Rücken und unsere Nacken: Wenigstens die Keuschheit soll unangetastet bleiben! Falls ihr Gewalt angetan wird, so werde ich die hier versammelten Bürger für meine Braut, wird Verginius die Soldaten für seine einzige Tochter, werden alle die Götter und Menschen um Schutz anflehen, und du wirst jenes Urteil niemals durchsetzen können, ohne unser Blut zu vergießen. (10) Ich fordere, Appius, dass du deine weiteren Schritte gründlich bedenkst. (11) Verginius mag sich nach seiner Rückkehr überlegen, was er in der Sache seiner Tochter zu unternehmen hat; er soll nur das eine wissen, dass er eine andere Partie für seine Tochter suchen muss, wenn er den Ansprüchen dieses Mannes nachgibt. Solange ich die Freiheit meiner Braut fordere, wird mir eher mein Leben schwinden als meine Treue.«

46 (1) Die Menge war erregt, und ein Kampf schien bevorzustehen. Liktoren hatten Icilius schon umstellt, doch ging man über Drohungen nicht hinaus, (2) da Appius behauptete, Verginia werde von Icilius gar nicht verteidigt, sondern der friedlose und sogar jetzt noch vom Geiste der Tribunen beseelte Mann suche nach einer Möglichkeit zum Parteienkampf. (3) Er werde ihm an diesem Tag keine Gelegenheit mehr dazu bieten; damit er aber jetzt einsehe, dass er das nicht seiner Unverschämtheit, sondern der Abwesenheit des Verginius, dem Namen »Vater« und der Freiheit zu verdanken habe, wolle er an dem Tag weder Recht sprechen noch eine Entscheidung treffen: er werde

M. Claudio petiturum ut decederet iure suo vindicarique puellam in posterum diem pateretur; (4) quod nisi pater postero die adfuisset, denuntiare se Icilio similibusque Icili neque legi suae latorem neque decemviro constantiam defore; nec se utique collegarum lictores convocaturum ad coercendos seditionis auctores: contentum se suis lictoribus fore.

(5) Cum dilatum tempus iniuriae esset secessissentque advocati puellae, placuit omnium primum fratrem Icili filiumque Numitori, impigros iuvenes, pergere inde recta ad portam, et quantum adcelerari posset Verginium acciri e castris; (6) in eo verti puellae salutem, si postero die vindex iniuriae ad tempus praesto esset. Iussi pergunt citatisque equis nuntium ad patrem perferunt. (7) Cum instaret adsertor puellae ut vindicaret sponsoresque daret, atque id ipsum agi diceret Icilius, sedulo tempus terens dum praeciperent iter nuntii missi in castra, manus tollere undique multitudo et se quisque paratum ad spondendum Icilio ostendere. (8) Atque ille lacrimabundus »Gratum est«, inquit; »crastina die vestra opera utar; sponsorum nunc satis est.« Ita vindicatur Verginia spondentibus propinquis. (9) Appius paulisper moratus ne eius rei causa sedisse videretur, postquam omissis rebus aliis prae cura unius

M. Claudius bitten, von seinem Recht abzustehen und dem Mädchen bis zum nächsten Tag die Freiheit zu lassen; (4) für den Fall, dass der Vater am Tag darauf nicht zur Stelle sein sollte, prophezeie er Icilius und allen seinesgleichen, dass er als Gesetzgeber weder von seinem Gesetz, noch als Decemvir von seinem festen Standpunkt abrücken werde; auch habe er keineswegs vor, die Liktoren seiner Kollegen zusammenzurufen, um die Rädelsführer eines Aufstandes in die Schranken zu weisen: Seine eigenen würden ihm genügen.

(5) Da die Stunde der Gewalttat aufgeschoben war, zogen sich die Rechtsbeistände des Mädchens zurück; man beschloss hierauf, dass fürs erste der Bruder des Icilius und der Sohn des Numitorius, tatkräftige junge Männer, geradewegs von dort zum Stadttor aufbrechen und so schnell wie möglich Verginius aus dem Lager holen sollten: (6) Die Rettung des Mädchens hänge davon ab, ob er als ihr Beschützer vor der Unrechtstat am nächsten Tag rechtzeitig zur Stelle sei. Mit diesem Befehl brachen sie auf, gaben ihren Pferden die Sporen und brachten die Nachricht dem Vater. (7) Als der Kläger, der den Besitz des Mädchens forderte, darauf bestand, dass Icilius seine Rechte geltend machen und Bürgen stellen solle, und dieser behauptete, ebendas geschehe gerade, dabei aber absichtlich Zeit verstreichen ließ, bis die ins Lager geschickten Boten einen Vorsprung gewinnen konnten, da hob die Menge überall die Hände empor und jeder einzelne zeigte sich bereit, für Icilius Bürgschaft zu leisten. (8) Und so entgegnete jener mit Tränen in den Augen: »Habt Dank, am morgigen Tag will ich eure Hilfe beanspruchen, jetzt ist es genug der Bürgen.« So wurde Verginia auf die Bürgschaft ihrer Verwandten vorläufig freigelassen. (9) Appius brach noch nicht sofort ab, um den Anschein zu vermeiden, er habe nur wegen dieser Angelegenheit Gericht gehalten; doch als niemand mehr vortrat – aus Anteilnahme für den einen Fall hatte man alle anderen aufgeschoben –, be-

nemo adibat, domum se recepit collegisque in castra scribit, ne Verginio commeatum dent atque etiam in custodia habeant. (10) Improbum consilium serum, ut debuit, fuit et iam commeatu sumpto profectus Verginius prima vigilia erat, cum postero die mane de retinendo eo nequiquam litterae redduntur.

47 (1) At in urbe prima luce cum civitas in foro exspectatione erecta staret, Verginius sordidatus filiam secum obsoleta veste comitantibus aliquot matronis cum ingenti advocatione in forum deducit. (2) Circumire ibi et prensare homines coepit et non orare solum precariam opem, sed pro debita petere: se pro liberis eorum ac coniugibus cottidie in acie stare, nec alium virum esse cuius strenue ac fortiter facta in bello plura memorari possent: quid prodesse si, incolumi urbe, quae capta ultima timeantur liberis suis sint patienda? Haec prope contionabundus circumibat homines. (3) Similia his ab Icilio iactabantur. Comitatus muliebris plus tacito fletu quam ulla vox movebat. (4) Adversus quae omnia obstinato animo Appius – tanta vis amentiae verius quam amoris mentem turbaverat – in tribunal escendit, et ultro querente pauca petitore quod ius sibi pridie per ambitionem dictum non esset, priusquam aut ille postulatum peregeret aut Verginio respondendi daretur locus, Appius interfatur. (5) Quem decreto sermonem praetenderit, forsan aliquem verum auctores antiqui tradiderint: quia nusquam

gab er sich nach Hause und schrieb seinen Kollegen im Lager, sie sollten Verginius keinen Ausgang geben und ihn darüber hinaus unter Bewachung stellen. (10) Wie es geschehen musste, kam der schändliche Plan zu spät: Verginius hatte schon Ausgang genommen und war seit der ersten Nachtwache unterwegs, als am folgenden Morgen der Brief über seine Festnahme als gegenstandslos zugestellt wurde.

47 (1) In der Stadt dagegen stand die Bürgerschaft bei Anbruch des Tages gespannt vor Erwartung auf dem Forum; Verginius, im Gewand der Trauer, führte seine Tochter – auch sie im Büßerkleid – von etlichen ehrbaren Frauen und einer großen Zahl von Verteidigern geleitet aufs Forum hinab. (2) Dort begann er, von einem zum andern zu gehen, um die Hilfe der Menschen zu werben und Unterstützung nicht nur als Gnadenerweis zu erbitten, sondern sie als schuldig zu fordern: Er stehe für ihre Kinder und Frauen täglich in vorderster Front, und es gebe keinen anderen Mann, über dessen wackere und tapfere Kriegstaten man sich mehr erzählen könne – was nütze das, wenn seine Kinder in der gesicherten Stadt das erleiden müssten, was man in einer eroberten als das Schlimmste befürchte. (3) So beinahe im Ton eines Volksredners sprechend, trat er an die Menschen heran. Ähnliches wurde auch von Icilius vorgebracht. Die Geleitschar der Frauen rührte durch ihr stilles Weinen noch mehr als jede Rede. (4) All dem gegenüber hart im Herzen stieg Appius – des Wahnsinns eher denn der Liebe Übermacht hatte seinen Sinn verwirrt – auf die Richterbühne, und als sich der Kläger sogar noch in wenigen Sätzen darüber beschwerte, dass ihm am Vortag aus Parteilichkeit heraus nicht Recht gesprochen worden sei, schnitt er ihm das Wort ab, bevor er seine Forderung beendete oder Verginius die Gelegenheit zur Erwiderung gegeben wurde. (5) Vielleicht haben die alten Geschichtsschreiber in irgendeiner Weise wahrheitsgemäß überliefert, welche Erklärung er seinem Ur-

ullum in tanta foeditate decreti veri similem invenio, id quod constat nudum videtur proponendum, decresse vindicias secundum servitutem. (6) Primo stupor omnes admiratione rei tam atrocis defixit; silentium inde aliquamdiu tenuit. Dein cum M. Claudius, circumstantibus matronis, iret ad prehendendam virginem, lamentabilisque eum mulierum comploratio excepisset, Verginius intentans in Appium manus, (7) »Icilio« inquit, »Appi, non tibi filiam despondi et ad nuptias, non ad stuprum educavi. Placet pecudum ferarumque ritu promisce in concubitus ruere? Passurine haec isti sint nescio: non spero esse passuros illos qui arma habent.«

(8) Cum repelleretur adsertor virginis a globo mulierum circumstantiumque advocatorum, silentium factum per praeconem.

48 (1) Decemvir alienatus ad libidinem animo negat ex hesterno tantum convicio Icili violentiaque Vergini, cuius testem populum Romanum habeat, sed certis quoque indiciis compertum se habere nocte tota coetus in urbe factos esse ad movendam seditionem. (2) itaque se haud inscium eius dimicationis cum armatis descendisse, non ut quemquam quietum violaret, sed ut turbantes civitatis otium pro maiestate imperii coerceret. (3) »Proinde quiesse erit melius. I«, inquit, »lictor, submove turbam et da viam domino ad prehendendum man-

teil vorausschickte: Weil ich aber nirgendwo eine entdecke, die angesichts der abgrundtiefen Niedertracht des Urteils wahrscheinlich ist, halte ich es für notwendig, das, was feststeht, ungeschminkt vorzulegen – seine Entscheidung gemäß Unfreiheit: Der Kläger habe also das Recht auf das Mädchen als seine Sklavin. (6) Anfänglich waren alle wie erstarrt über die Unbegreiflichkeit derartiger Grausamkeit; eine Zeitlang herrschte hierauf noch Schweigen. Als dann aber M. Claudius daranging, das Mädchen aus dem Kreis der Frauen abzuführen, und ihm das klägliche Flehen der Frauen entgegenschlug, erhob Verginius seine Hände gegen Appius und rief: (7) »Dem Icilius, nicht dir, Appius, habe ich meine Tochter verlobt und sie zur Ehe, nicht zur Hurerei erzogen: Soll man sich nach Art des Viehs und der wilden Tiere ohne Unterschied lüstern auf alles Weibliche stürzen? Ob die hier das zulassen werden, weiß ich nicht; ich erwarte, dass es die nicht tun werden, die Waffen tragen.«

(8) Als der Kläger, der das Mädchen forderte, von der Schar der Frauen und der umstehenden Freunde zurückgedrängt wurde, gebot der Herold Stillschweigen.

48 (1) Der Decemvir, von wilder Leidenschaft gänzlich verblendet, erklärte, er habe nicht nur aus der gestrigen Schmährede des Icilius und dem Ungestüm des Verginius, wofür er das römische Volk zu Zeugen habe, sondern auch durch zuverlässige Aussagen in Erfahrung gebracht, dass es in der Stadt die ganze Nacht hindurch zu Zusammenrottungen gekommen sei, um einen Aufstand zu entfachen. (2) Daher sei er auf diese Auseinandersetzung sehr wohl vorbereitet mit Bewaffneten hergekommen, nicht um irgendeinem friedlichen Menschen Gewalt anzutun, sondern um gemäß der Hoheit seines Amtes die öffentlichen Ruhestörer in Schranken zu halten. »Deshalb wird es besser sein, Ruhe bewahrt zu haben. (3) Geh, Liktor«, sagte er, »dränge die Menge zurück und schaffe Weg für den

cipium.« Cum haec intonuisset plenus irae, multitudo ipsa se sua sponte dimovit desertaque praeda iniuriae puella stabat. (4) Tum Verginius ubi nihil usquam auxilii vidit, »Quaeso«, inquit, »Appi, primum ignosce patrio dolori, si quid inclementius in te sum invectus; deinde sinas hic coram virgine nutricem percontari quid hoc rei sit, ut si falso pater dictus sum aequiore hinc animo discedam.« (5) Data venia seducit filiam ac nutricem prope Cloacinae ad tabernas, quibus nunc Novis est nomen, atque ibi ab lanio cultro arrepto, »Hoc te uno quo possum«, ait, »modo, filia, in libertatem vindico.« Pectus deinde puellae transfigit, respectansque ad tribunal, »Te«, inquit, »Appi, tuumque caput sanguine hoc consecro.« (6) Clamore ad tam atrox facinus orto excitus Appius comprehendi Verginium iubet. Ille ferro quacumque ibat viam facere, donec multitudine etiam prosequentium tuente ad portam perrexit. (7) Icilius Numitoriusque exsangue corpus sublatum ostentant populo; scelus Appi, puellae infelicem formam, necessitatem patris deplorant. (8) Sequentes clamitant matronae, eamne liberorum procreandorum condicionem, ea pudicitiae praemia esse? – cetera, quae in tali re muliebris dolor, quo est maestior imbecillo animo, eo miserabilia magis querentibus subicit. (9) Virorum et maxime Icili vox tota tribuniciae potestatis ac provocationis ad populum ereptae publicarumque indignationum erat.

Herrn, damit er sein Eigentum in Besitz nehmen kann!« Als er so voll Zorn losgedonnert hatte, trat die Menge von selbst auseinander, und, verlassen, dem Unrecht als Beutestück ausgeliefert, stand das Mädchen da. (4) Jetzt, als er nirgendwo Hilfe sah, begann Verginius: »Ich bitte dich, Appius, verzeihe zuerst dem Schmerz eines Vaters, wenn ich allzu schroff gegen dich vorgegangen bin; erlaube dann, hier im Beisein des Mädchens die Amme zu befragen, was es mit der Sache auf sich hat, damit ich gelasseneren Sinnes von hier gehe, sollte ich fälschlich Vater genannt worden sein.« (5) Als er die Erlaubnis dazu erhalten hatte, führte er Tochter und Amme zu den Läden in der Nähe des Heiligtumes der Cloacina, die jetzt die »Neuen« heißen, entriss dort einem Fleischer das Messer und sprach: »Mit dem einzigen Mittel, dessen ich mächtig bin, rette ich dich, meine Tochter, in die Freiheit.« Hierauf durchbohrte er die Brust des Mädchens[53] und rief, zur Richterbühne zurückblickend: »Dich, Appius, und dein Haupt verfluche ich bei diesem Blute!« (6) Beunruhigt vom Geschrei, das sich auf die schreckliche Tat hin erhoben hatte, befahl Appius, den Verginius zu verhaften. Jener bahnte sich mit dem Messer den Weg, wo immer er ging, bis er auch durch den Schutz der nachfolgenden Menge das Stadttor erreichte. (7) Icilius und Numitorius hoben den leblosen Körper auf und zeigten ihn dem Volk; sie beklagten das Verbrechen des Appius, des Mädchens unselige Schönheit und die Zwangslage des Vaters. (8) Es folgten die Klagen der Mütter: Das seien die Verhältnisse, unter denen man Kinder aufziehen müsse, das sei der Lohn für Sitte und Anstand! Dazu all das, was der Schmerz den Klagen der Frauen in solcher Lage eingibt, die umso rührender sind, desto bitterer das Leid für ihr weicheres Gemüt ist. (9) In den Reden der Männer und vor allem denen des Icilius ging es ganz um die tribunizische Amtsgewalt, das entrissene Recht auf Berufung an das Volk und überhaupt die Empörung über die Zustände im Staat.

49 (1) Concitatur multitudo partim atrocitate sceleris, partim spe per occasionem repetendae libertatis. (2) Appius nunc vocari Icilium, nunc retractantem arripi, postremo, cum locus adeundi apparitoribus non daretur, ipse cum agmine patriciorum iuvenum per turbam vadens, in vincula duci iubet. (3) Iam circa Icilium non solum multitudo sed duces quoque multitudinis erant, L. Valerius et M. Horatius, qui repulso lictore, si iure ageret, vindicare se a privato Icilium aiebant; si vim adferre conaretur, ibi quoque se haud impares fore. (4) Hinc atrox rixa oritur. Valerium Horatiumque lictor decemviri invadit: franguntur a multitudine fasces. In contionem Appius escendit: sequuntur Horatius Valeriusque. Eos contio audit: decemviro obstrepitur. (5) Iam pro imperio Valerius discedere a privato lictores iubebat, cum fractis animis Appius, vitae metuens, in domum se propinquam foro insciis adversariis capite obvoluto recipit. (6) Sp. Oppius, ut auxilio collegae esset, in forum ex altera parte inrumpit. Videt imperium vi victum. Agitatis deinde consiliis, postquam ex omni parte adsentiendo multis auctoribus trepidaverat, senatum postremo vocari iussit. (7) Ea res, quod magnae parti patrum displicere acta decemvirorum videbantur, spe per senatum finiendae potestatis eius

49 (1) Die Menge geriet teils wegen der Abscheulichkeit der Untat, teils aus der Erwartung, durch diese Gelegenheit die Freiheit wiederzugewinnen, in wilden Aufruhr. (2) Zuerst befahl Appius, Icilius vorzuladen, dann, weil er sich sträubte, ihn zu verhaften, und da es den Staatsdienern nicht möglich war, an ihn heranzukommen, schritt er schließlich selbst mit einer Schar junger Adeliger mitten durch das Menschengewühl und befahl, Icilius in Ketten zu legen. (3) Jetzt scharte sich um Icilius nicht nur die Menge, sondern auch als deren Anführer L. Valerius und M. Horatius, die den Liktor zurückstießen und erwiderten, dass sie, sollte Appius den Rechtsweg beschreiten, die Freiheit des Icilius gegenüber einem Privatmann wahren würden; sollte er versuchen, Gewalt anzuwenden, würden sie ihm auch da nicht unterlegen sein. (4) Darauf kam es zu einer wilden Rauferei. Der Liktor des Decemvirn drang auf Valerius und Horatius ein: Die Menge zerbrach die Rutenbündel. Appius stieg auf die Rednerbühne, um zum Volk zu sprechen, Horatius und Valerius ihm nach. Ihnen schenkte die Versammlung Gehör – der Decemvir wurde überschrien. (5) Schon wies Valerius, als ob er die Befehlsgewalt dazu hätte, die Liktoren an, dem Privatmann den Gehorsam aufzukündigen, als Appius, in seinem Trotz gebrochen und um sein Leben bangend, mit verhülltem Haupt in ein Haus nahe dem Forum entwich, ohne dass seine Widersacher es merkten. (6) Um seinem Kollegen zu Hilfe zu kommen, stürmte Sp. Oppius von der anderen Seite auf das Forum. Dort musste er erkennen, dass die Staatsmacht von offener Gewalt besiegt war. Viele Ratschläge wurden Oppius erteilt, und nachdem er unschlüssig geworden war, weil er nach allen Seiten hin den zahlreichen Wortführern Recht gab, befahl er schließlich, den Senat einzuberufen. (7) Da einem Großteil der Väter die Maßnahmen der Decemvirn offensichtlich missfielen, beruhigte diese Entscheidung die Menge und ließ sie hoffen, mit Hilfe des Senats deren Herrschaft

multitudinem sedavit. (8) Senatus nec plebem inritandam censuit et multo magis providendum ne quid Vergini adventus in exercitu motus faceret.

50 (1) Itaque missi iuniores patrum in castra, quae tum in monte Vecilio erant, nuntiant decemviris ut omni ope ab seditione milites contineant.

(2) Ibi Verginius maiorem quam reliquerat in urbe motum excivit. Nam praeterquam quod agmine prope quadringentorum hominum veniens, qui ab urbe indignitate rei accensi comites ei se dederant, conspectus est, (3) strictum etiam telum respersusque ipse cruore tota in se castra convertit. Et togae multifariam in castris visae maioris aliquanto quam erat speciem urbanae multitudinis fecerant. (4) Quaerentibus quid rei esset, flens diu vocem non misit; tandem, ut iam ex trepidatione concurrentium turba constitit ac silentium fuit, ordine cuncta, ut gesta erant, exposuit. (5) Supinas deinde tendens manus, commilitones appellans orabat ne quod scelus Ap. Claudi esset sibi attribuerent neu se ut parricidam liberum aversarentur. (6) sibi vitam filiae sua cariorem fuisse, si liberae ac pudicae vivere licitum fuisset: cum velut servam ad stuprum rapi videret, morte amitti melius ratum quam contumelia liberos, misericordia se in speciem crudelitatis lapsum; (7) nec se superstitem filiae futurum fuisse, nisi spem ulcis-

zu beenden. (8) Der Senat kam aber zur Ansicht, dass die Volksmenge nicht provoziert werden dürfe und man noch weitaus sorgsamer darauf achten müsse, dass die Ankunft des Verginius bei der Truppe unter keinen Umständen zur Meuterei führe.

50 (1) Daher wurden jüngere Senatoren ins Lager gesandt, das sich damals auf dem Berg Vecilius befand, um den Decemvirn aufzutragen, sie sollten die Soldaten mit allen Mitteln von einer Rebellion abhalten.

(2) Dort entfachte Verginius einen größeren Aufruhr, als er in der Stadt zurückgelassen hatte. Denn abgesehen davon, dass man ihn mit einer Schar von beinahe 400 Männern kommen sah, die sich ihm aus Erbitterung über jene Tat von der Stadt aus angeschlossen hatten, lenkten auch noch (3) das emporgehaltene Messer und das Blut, mit dem er selbst bespritzt war, die Aufmerksamkeit des ganzen Lagers auf ihn. Dazu rief das Auftreten von togagekleideten Männern an vielen Orten im Lager den Eindruck einer bedeutend größeren Zahl von Zivilisten hervor, als tatsächlich vorhanden war. (4) Auf die Frage, was passiert sei, konnte Verginius lange vor Tränen kein Wort vorbringen; endlich, als die Menschenmenge nach dem wirren Zusammenströmen zum Stehen gekommen und Stille eingetreten war, legte er der Reihe nach alles dar, wie es geschehen war. (5) Hoch hob er dann seine Hände empor, wandte sich an seine Kameraden und bat sie, nicht ihm das Verbrechen des Ap. Claudius anzulasten oder sich von ihm als dem Mörder der eigenen Kinder abzuwenden. (6) Das Leben seiner Tochter sei ihm teurer gewesen als sein eigenes, wenn es ihr möglich gewesen wäre, frei und anständig zu leben: Als er gesehen habe, dass sie wie eine Sklavin zur Unzucht entführt wurde, habe er es für besser erachtet, seine Kinder durch Tod als durch Schande zu verlieren, so dass er aus Mitleid scheinbarer Grausamkeit verfallen sei; (7) auch würde er seine Tochter nicht überlebt ha-

cendae mortis eius in auxilio commilitonum habuisset. illis quoque enim filias sorores coniugesque esse, nec cum filia sua libidinem Ap. Claudi exstinctam esse, sed quo impunitior sit eo effrenatiorem fore. (8) aliena calamitate documentum datum illis cavendae similis iniuriae. quod ad se attineat, uxorem sibi fato ereptam, filiam, quia non ultra pudica victura fuerit, miseram sed honestam mortem occubuisse; (9) non esse iam Appi libidini locum in domo sua: ab alia violentia eius eodem se animo suum corpus vindicaturum quo vindicaverit filiae: ceteri sibi ac liberis suis consulerent.

(10) Haec Verginio vociferanti succlamabat multitudo nec illius dolori nec suae libertati se defuturos. Et immixti turbae militum togati, eadem illa querendo docendoque quanto visa quam audita indigniora potuerint videri, simul profligatam iam rem nuntiando Romae esse, (11) insecutique qui Appium prope interemptum in exsilium abisse dicerent, perpulerunt ut ad arma conclamaretur vellerentque signa et Romam proficiscerentur. (12) Decemviri simul iis quae videbant iisque quae acta Romae audierant perturbati, alius in aliam partem castrorum ad sedandos motus discurrunt. Et leniter agentibus responsum

ben, wenn er nicht die Hoffnung gehegt hätte, deren Tod mit Hilfe seiner Waffenbrüder zu rächen. Denn auch sie hätten ja Töchter, Schwestern und Ehefrauen; mit seiner Tochter sei aber die Triebhaftigkeit des Ap. Claudius nicht erloschen, sondern sie werde umso hemmungsloser wüten, je länger sie ungestraft bleibe. (8) Fremdes Unglück habe ihnen den augenscheinlichen Beweis geliefert, dass es sich vor ähnlicher Gewalttat zu hüten gelte. Was ihn angehe, so habe ihm das Schicksal die Gattin geraubt, und die Tochter sei einen beklagenswerten, aber ehrenhaften Tod gestorben, weil sie nicht länger sittsam leben durfte; (9) für des Appius Wollust gebe es in seiner Familie nun keine Gelegenheit mehr: Vor anderen Gewalttaten dieses Mannes werde er seine Person mit derselben Gesinnung schützen, mit der er die seiner Tochter geschützt habe: Die übrigen sollten auf sich selbst und ihre Kinder achten.

(10) Auf diese leidenschaftliche Rede des Verginius rief ihm die Menge zu, sie werde sein Leid nicht ungesühnt lassen noch die eigene Freiheit preisgeben. Es hatten sich auch Leute aus der Stadt unter die Schar der Soldaten gemischt, die ebendiese Geschehnisse beklagten und ihnen begreiflich machten, man habe als Augenzeuge diese Schmach weitaus mehr empfinden können als vom Hörensagen; gleichzeitig verkündeten sie, dass in Rom die Ordnung schon zusammengebrochen sei. (11) Mit den später Dazugekommenen, die erzählten, wie Appius fast sein Leben verloren habe und in die Verbannung gegangen sei,[54] brachten sie es so weit, dass man »Zu den Waffen!« rief, die Feldzeichen herausriss und den Marsch auf Rom begann. (12) Sowohl von diesem Schauspiel wie von den Berichten aus Rom außer Fassung gebracht, eilte jeder der Decemvirn in einen anderen Teil des Lagers, um die Revolte zu unterdrücken. Gingen sie sachte vor, erhielten sie keine Antwort – sooft einer seine Befehlsgewalt ausüben wollte, er-

non redditur: imperium si quis inhiberet, et viros et armatos se esse respondetur.

(13) Eunt agmine ad urbem et Aventinum insidunt, ut quisque occurrerat plebem ad repetendam libertatem creandosque tribunos plebis adhortantes. Alia vox nulla violenta audita est. (14) Senatum Sp. Oppius habet. Nihil placet aspere agi; quippe ab ipsis datum locum seditioni esse. (15) Mittuntur tres legati consulares, Sp. Tarpeius, C. Iulius, P. Sulpicius, qui quaererent senatus verbis cuius iussu castra deseruissent aut quid sibi vellent qui armati Aventinum obsedissent belloque averso ab hostibus patriam suam cepissent. (16) Non defuit quod responderetur: deerat qui daret responsum, nullodum certo duce nec satis audentibus singulis invidiae se offerre. Id modo a multitudine conclamatum est ut L. Valerium et M. Horatium ad se mitterent: his se daturos responsum.

51 (1) Dimissis legatis, admonet milites Verginius in re non maxima paulo ante trepidatum esse, quia sine capite multitudo fuerit, responsumque, quamquam non inutiliter, fortuito tamen magis consensu quam communi consilio esse; (2) placere decem creari qui summae rei praeessent militarique honore tribunos militum appellari. (3) Cum ad eum ipsum primum is honos deferretur, »Melioribus meis vestrisque rebus reservate« inquit »ista de me iudicia. (4) Nec mihi filia inulta honorem

widerten die Soldaten, sie seien Männer und bewaffnet obendrein.

(13) In geschlossenem Zug marschierten sie auf die Stadt zu und besetzten den Aventin, wobei sie jeden aus dem Bürgerstand, auf den sie stießen, ermunterten, die Freiheit wiederherzustellen und Volkstribunen zu wählen. Sonst gab es keinen Aufruf zur Gewalt zu hören. (14) Sp. Oppius hielt die Senatssitzung ab. Man kam überein, keinesfalls hart vorzugehen, weil man ja selbst die Empörung erst ermöglicht habe. (15) Als Unterhändler wurden die drei ehemaligen Konsuln Sp. Tarpeius, C. Iulius und P. Sulpicius entsandt, die im Namen des Senats fragen sollten, auf wessen Befehl sie das Lager aufgegeben hätten oder was sie bezweckten, bewaffnet den Aventin zu besetzen, den Krieg von den Feinden zu wenden und das eigene Vaterland zu erobern. (16) An einer Antwort fehlte es nicht, doch es fehlte einer, der sie hätte formulieren können, da es noch keinen unbestrittenen Anführer gab, und der einzelne nicht genug Mut aufbrachte, sich einer Anfeindung auszusetzen. Es tönte lediglich aus der Menge, dass man Valerius und Horatius zu ihnen schicken solle: Ihnen würden sie eine Erklärung abgeben.

51 (1) Nach der Entlassung der Unterhändler machte Verginius die Soldaten darauf aufmerksam, dass sie soeben schon in einer nicht entscheidenden Situation unsicher geworden seien, weil die Menge keinen Führer gehabt hätte, und dass ihre Antwort, obschon nicht nachteilig, dennoch eher einer zufälligen Übereinstimmung als einem gemeinsamen Beschluss entsprungen sei. (2) Er schlage vor, zehn Männer zu wählen, welche an der Spitze ihrer Bewegung stehen sollten, und sie mit dem soldatischen Rang eines Militärtribunen zu bezeichnen. (3) Als man ihm selbst als erstem dies Amt antrug, sagte er: »Stellt das anerkennende Urteil über mich zurück, bis die Zeiten für mich wie für euch besser sind. (4) Denn solange meine

ullum iucundum esse patitur, nec in perturbata re publica eos utile est praeesse vobis qui proximi invidiae sint. (5) Si quis usus mei est, nihilo minor ex privato capietur.« (6) Ita decem numero tribunos militares creant.

(7) Neque in Sabinis quievit exercitus. Ibi quoque auctore Icilio Numitorioque secessio ab decemviris facta est, non minore motu animorum Sicci caedis memoria renovata quam quem nova fama de virgine adeo foede ad libidinem petita accenderat. (8) Icilius ubi audivit tribunos militum in Aventino creatos, ne comitiorum militarium praerogativam urbana comitia iisdem tribunis plebis creandis sequerentur, (9) peritus rerum popularium imminensque ei potestati et ipse, priusquam iretur ad urbem, pari potestate eundem numerum ab suis creandum curat. (10) Porta Collina urbem intravere sub signis, mediaque urbe agmine in Aventinum pergunt. Ibi coniuncti alteri exercitui viginti tribunis militum negotium dederunt ut ex suo numero duos crearent qui summae rerum praeessent. (11) M. Oppium Sex. Manilium creant.

Patres solliciti de summa rerum cum senatus cottidie esset iurgiis saepius terunt tempus quam consiliis. (12) Sicci caedes decemviris et Appiana libido et dedecora militiae obiciebantur. Placebat Valerium Horatiumque ire in Aventinum. Illi negabant se aliter ituros quam si decemviri deponerent insignia

Tochter nicht gerächt ist, darf ich keine Ehre als erfreulich empfinden, auch ist es angesichts der Unruhe im Staat nicht vorteilhaft, wenn Leute an eurer Spitze stehen, die dem Hass am ehesten ausgesetzt sind. (5) Wenn ihr mich braucht, werde ich euch als Privatmann ebenso zur Verfügung stehen.« (6) So wählten sie zehn Militärtribunen.

(7) Auch das Heer im Sabinerland blieb nicht ruhig. Dort setzte man sich auf Betreiben des Icilius und Numitorius ebenfalls von den Decemvirn ab, wobei die jüngste Nachricht über die so schändlich zum Missbrauch begehrte Jungfrau die Wut in den Herzen nicht stärker anfachen konnte, als der neuerlich bewusstgewordene Tod des Siccius. (8) Als Icilius hörte, auf dem Aventin seien Militärtribunen gewählt worden, ließ er vor dem Marsch auf die Stadt eine gleich große Anzahl, die mit denselben Vollmachten ausgestattet war, aus seinen Leuten wählen, damit die städtischen Versammlungen nicht der Vorwahl der Soldatenversammlungen folgten und dieselben Männer zu Volkstribunen wählten; (9) er war nämlich auf dem Gebiet der Volkspolitik erfahren und strebte selbst nach jenem Amt. (10) In Reih und Glied marschierten sie durch die Porta Collina in Rom ein und zogen mitten durch die Stadt zum Aventin weiter. Dort vereinten sie sich mit dem zweiten Heer und wiesen die zwanzig Militärtribunen an, aus ihrer Zahl zwei zu bestimmen, die das Oberkommando übernehmen sollten. (11) Sie wählten M. Oppius und Sex. Manilius.

Die Väter waren über die allgemeine Lage des Staates beunruhigt und verbrachten, obschon es tagtäglich eine Senatssitzung gab, die Zeit eher mit Wortgefechten als mit Beratungen. (12) Wiederholt machte man den Decemvirn die Ermordung des Siccius, wie auch die Wollust des Appius und das unehrenhafte Verhalten im Feld zum Vorwurf. Es wurde entschieden, dass Valerius und Horatius auf den Aventin gehen sollten. Jene erwiderten, sie würden nur dann gehen, wenn die Decemvirn

magistratus eius quo anno iam ante abissent. (13) Decemviri querentes se in ordinem cogi, non ante quam perlatis legibus quarum causa creati essent deplocalituros imperium se aiebant.

52 (1) Per M. Duilium qui tribunus plebis fuerat certior facta plebs contentionibus adsiduis nihil transigi, in Sacrum montem ex Aventino transit, (2) adfirmante Duilio non prius quam deseri urbem videant curam in animos patrum descensuram; admoniturum Sacrum montem constantiae plebis: scituros quam sine restituta potestate redigi in concordiam res nequeant. (3) Via Nomentana, cui tum Ficulensi nomen fuit, profecti castra in monte Sacro locavere, modestiam patrum suorum nihil violando imitati. (4) Secuta exercitum plebs, nullo qui per aetatem ire posset retractante. Prosequuntur coniuges liberique, cuinam se relinquerent in ea urbe in qua nec pudicitia nec libertas sancta esset miserabiliter rogitantes.

(5) Cum vasta Romae omnia insueta solitudo fecisset, in foro praeter paucos seniorum nemo esset, vocatis utique in senatum patribus desertum apparuisset forum, plures iam quam Horatius ac Valerius vociferabantur: (6) »Quid exspectabitis, patres conscripti? Si decemviri finem pertinaciae non faciunt, ruere ac deflagrare omnia passuri estis? Quod autem istud imperium est, decemviri, quod amplexi tenetis? Tectis ac parietibus iura dicturi estis? (7) Non pudet lictorum vestrorum ma-

die Zeichen des Amtes, von dem sie schon im Vorjahr zurückgetreten seien, ablegten. (13) Da beklagten sich die Decemvirn über die Abwertung ihrer Position und sagten, sie würden nicht eher auf ihre Machtbefugnis verzichten, bis sie die Gesetze verwirklicht hätten, derentwegen sie gewählt worden seien.

52 (1) Durch den ehemaligen Volkstribunen M. Duilius benachrichtigt, dass infolge dieser ständigen Streitereien keine Fortschritte erzielt würden, übersiedelte das Volk vom Aventin auf den heiligen Berg [449]; (2) Duilius versicherte nämlich, nicht eher würden sich die Väter ernsthaft Sorgen machen, bis sie sähen, wie die Stadt verlassen werde; der heilige Berg werde sie an die Durchhaltekraft des Bürgervolks erinnern: sie verstünden dann, dass ohne eine Wiederherstellung der Tribunenmacht die Rückkehr zur staatlichen Eintracht unmöglich sei. (3) So zogen sie die Via Nomentana, die damals noch Via Fuculensis hieß, hinaus und errichteten auf dem heiligen Berg ihr Lager, wobei sie der Besonnenheit ihrer Vorväter folgten und Gewaltakte vermieden. (4) Das Volk war dem Heer gefolgt, und keiner, der seinem Alter nach imstande war zu gehen, schloss sich aus. Mit im Gefolge die Frauen mit ihren Kindern, die klagend fragten, wem sie sich denn in einer Stadt anvertrauen könnten, in der weder Sittsamkeit noch Freiheit heilig wären.

(5) Als in Rom die ungewohnte Leere alles zur Wüstenei gemacht hatte, außer wenigen Greisen niemand mehr auf dem Forum war, das sich den in den Senat berufenen Vätern gänzlich verlassen darbot, erhoben außer Horatius und Valerius schon mehrere ihre Stimmen: (6) »Worauf wollt ihr warten, versammelte Väter? Werdet ihr, wenn die Decemvirn ihrem Starrsinn kein Ende setzen, es hinnehmen, dass alles in Schutt und Asche fällt? Was ist das aber für eine Herrschaft, ihr Decemvirn, an der ihr so starr festhaltet? Habt ihr vor, für Dächer und Wände Recht zu sprechen? (7) Ist es nicht eine Schande,

iorem prope numerum in foro conspici quam togatorum aliorum? Quid si hostes ad urbem veniant facturi estis? Quid si plebs mox, ubi parum secessione moveatur, armata veniat? Occasune urbis voltis finire imperium? (8) Atqui aut plebs non est habenda aut habendi sunt tribuni plebis. Nos citius caruerimus patriciis magistratibus quam illi plebeiis. (9) Novam inexpertamque eam potestatem eripuere patribus nostris, ne nunc dulcedine semel capti ferant desiderium, cum praesertim nec nos temperemus imperiis, quo minus illi auxilii egeant.« (10) Cum haec ex omni parte iactarentur, victi consensu decemviri futuros se, quando ita videatur, in potestate patrum adfirmant. (11) Id modo simul orant ac monent ut ipsis ab invidia caveatur nec suo sanguine ad supplicia patrum plebem adsuefaciant.

53 (1) Tum Valerius Horatiusque missi ad plebem condicionibus quibus videretur revocandam componendasque res, decemviris quoque ab ira et impetu multitudinis praecavere iubentur. (2) Profecti gaudio ingenti plebis in castra accipiuntur, quippe liberatores haud dubie et motus initio et exitu rei. Ob haec iis advenientibus gratiae actae; Icilius pro multitudine verba facit. (3) Idem, cum de condicionibus ageretur, quaeren-

dass man auf dem Forum fast mehr von euren Liktoren als andere Bürger sieht? Was gedenkt ihr zu tun, wenn die Feinde bis vor die Stadt kommen? Was, wenn das Volk bald bewaffnet naht, falls wir uns von seinem Auszug zu wenig beeindrucken lassen? Wollt ihr eure Herrschaft mit dem Untergang der Stadt beenden? (8) Nun aber müssen wir uns entscheiden: Entweder wir haben keine Bürger mehr oder wir haben Volkstribunen. Wahrscheinlich können wir eher die patrizischen als sie die plebejischen Ämter entbehren. (9) Als neuartige und unbekannte Größe haben sie diese Macht von unseren Vätern erzwungen, aber sicher nicht mit dem Ziel, jetzt, wo sie einmal von ihrem süßen Reiz benommen sind, sich mit der sehnsüchtigen Erinnerung daran zufrieden zu geben, denn auch wir mäßigen uns beim Regieren ja nicht so, dass sie keine Hilfe nötig hätten.« (10) Da ihnen diese Dinge von allen Seiten vorgeworfen wurden, ließen sich die Decemvirn von dieser Geschlossenheit überwältigen und versicherten, sie würden sich künftig der Autorität der Väter unterstellen, weil man es so für gut befinde. (11) Sie stellten nur die eine Bitte und mahnten zugleich auch, dass man sie vor dem Hass der Menge schütze und durch ihr Blut die Volksmenge nicht etwa auch an die Hinrichtung von Vätern gewöhne.

53 (1) Hierauf wurden Valerius und Horatius entsandt, um das Bürgervolk zu Bedingungen, die ihnen richtig erschienen, zurückzuholen und den Streit beizulegen; ebenso trug man ihnen auf, die Decemvirn vor der Erbitterung und dem Ungestüm der Menge zu schützen. (2) Sie machten sich auf den Weg und wurden unter ungeheurem Jubel der Bürger ins Lager aufgenommen, galten sie doch am Beginn des Aufstands als auch an dessen Ende als die unbestrittenen Befreier. Dafür stattete man ihnen bei ihrem Erscheinen Dank ab, wobei Icilius für die Menge die Ansprache hielt. (3) Als man über die Vertragsbedingungen verhandelte und die Abgesandten nach den Forde-

tibus legatis quae postulata plebis essent, composito iam ante adventum legatorum consilio ea postulavit ut appareret in aequitate rerum plus quam in armis reponi spei. (4) Potestatem enim tribuniciam provocationemque repetebant, quae ante decemviros creatos auxilia plebis fuerant, et ne cui fraudi esset concisse milites aut plebem ad repetendam per secessionem libertatem. (5) De decemvirorum modo supplicio atrox postulatum fuit; dedi quippe eos aequum censebant vivosque igni concrematuros minabantur. (6) Legati ad ea: »Quae consilii fuerunt adeo aequa postulastis ut ultro vobis deferenda fuerint; libertati enim ea praesidia petitis, non licentiae ad impugnandos alios. (7) Irae vestrae magis ignoscendum quam indulgendum est, quippe qui crudelitatis odio in crudelitatem ruitis et prius paene quam ipsi liberi sitis dominari iam in adversarios voltis. (8) Nunquamne quiescet civitas nostra a suppliciis aut patrum in plebem Romanam aut plebis in patres? Scuto vobis magis quam gladio opus est. (9) Satis superque humili est, qui iure aequo in civitate vivit, nec inferendo iniuriam nec patiendo. (10) Etiam si quando metuendos vos praebituri estis, cum reciperatis magistratibus legibusque vestris iudicia penes vos erunt de capite nostro fortunisque, tunc ut quaeque causa erit statuetis: nunc libertatem repeti satis est.«

rungen der Bürgerpartei fragten, war er es auch, der gemäß einer schon vor dem Eintreffen der Unterhändler festgelegten Übereinkunft die Forderungen so stellte, dass erkennbar wurde, wie sehr man die Hoffnung eher auf die Ausgewogenheit der Bestimmungen als auf Waffengewalt setzte. (4) Sie wollten nämlich die Amtsgewalt der Tribunen und das Berufungsrecht wiederhaben, was beides vor der Wahl der Decemvirn die Schutzwehr des Volkes gewesen war, ebenso, dass niemand einen Nachteil davon haben sollte, wenn er Soldaten oder Bürgervolk veranlasst habe, durch einen Auszug die Freiheit wiederzuerlangen. (5) Lediglich die Forderung im Bezug auf die Bestrafung der Decemvirn war hart: Sie hielten ihre Auslieferung für gerecht und drohten, man würde sie lebendig verbrennen. (6) Dazu die Abgesandten: »Die Forderungen, die kluger Überlegung entstammten, waren so berechtigt, dass wir sie euch von selbst gewähren mussten; denn für die Freiheit, nicht aber für die Vollmacht, andere zu bekämpfen, wollt ihr sie als feste Wehr. (7) Eurer Erbitterung ist aber eher nachzusehen als nachzugeben, weil ihr aus Hass gegen Grausamkeit euch selbst überstürzt der Grausamkeit ergebt und beinahe, bevor ihr selbst frei seid, schon die Herren über eure Widersacher sein wollt. (8) Wird denn unser Gemeinwesen niemals vom Blutgericht der Väter über das Volk von Rom oder des Volkes über die Väter ruhen? Ihr braucht eher einen Schild als ein Schwert. (9) Genug, mehr als genug ist es für den Mann aus dem Volk, wenn er in einer Bürgerschaft unter einem gerechten Gesetz lebt und weder Unrecht tut noch leidet. (10) Auch wenn ihr einst vorhabt, euch als fürchtenswert darzustellen, sobald ihr eure Ämter und Gesetze wiedererlangt habt und die Entscheidung über unser Leben und Besitz bei euch liegt, so werdet ihr dann entscheiden, wie es jeder einzelne Fall mit sich bringt: Für jetzt aber ist es genug, die Freiheit wiederzugewinnen.«

54 (1) Facerent ut vellent permittentibus cunctis, mox redituros se legati rebus perfectis adfirmant. (2) Profecti cum mandata plebis patribus exposuissent, alii decemviri, quando quidem praeter spem ipsorum supplicii sui nulla mentio fieret, haud quicquam abnuere, (3) Appius truci ingenio et invidia praecipua odium in se aliorum suo in eos metiens odio, »Haud ignaro« inquit »imminet fortuna. (4) Video donec arma adversariis tradantur differri adversus nos certamen. Dandus invidiae est sanguis. Nihil ne ego quidem moror quo minus decemviratu abeam.« (5) Factum senatus consultum ut decemviri se primo quoque tempore magistratu abdicarent, Q. Furius pontifex maximus tribunos plebis crearet; et ne cui fraudi esset secessio militum plebisque.

(6) His senatus consultis perfectis dimisso senatu, decemviri prodeunt in contionem abdicantque se magistratu, ingenti hominum laetitia. (7) Nuntiantur haec plebi. Legatos quidquid in urbe hominum supererat prosequitur. Huic multitudini laeta alia turba ex castris occurrit. Congratulantur libertatem concordiamque civitati restitutam. (8) Legati pro contione: »Quod bonum faustum felixque sit vobis reique publicae, redite in patriam ad penates coniuges liberosque vestros; sed qua hic modestia fuistis, ubi nullius ager in tot rerum usu necessario tantae multitudini est violatus, eam modestiam ferte in ur-

54 (1) Da ihnen alle freie Hand gaben, ihren Vorstellungen gemäß zu handeln, versprachen die Gesandten, unmittelbar nach Abschluss der Verhandlungen zurückzukommen. (2) Nachdem sie sich aufgemacht und den Vätern die Forderungen der Bürgerpartei dargelegt hatten, wiesen die übrigen Decemvirn keinen einzigen Punkt zurück, da gegen ihre Erwartung von einer Bestrafung gar nicht die Rede war. (3) Appius hingegen, der seiner trotzigen Gemütsart und ungeheuren Unbeliebtheit wegen den Hass der anderen gegen sich selbst nach seinem Hass gegen sie bemaß, sagte: »Nicht unvorbereitet holt mich das Schicksal ein. (4) Ich sehe, dass der Kampf gegen uns nur so lange aufgeschoben ist, bis unseren Widersachern Waffen überlassen werden. Hass muss mit Blut bezahlt werden. Nicht einmal ich zögere noch, das Decemvirat zu aufzugeben.« (5) Der Senat beschloss, dass die Decemvirn bei erstbester Gelegenheit ihr Amt niederlegen sollten und dass der Oberpriester Q. Furius Volkstribunen wählen lassen müsse; ferner, dass für den Auszug der Soldaten und des Bürgervolks niemandem ein Nachteil entstehen dürfe.

(6) Nach dem Zustandekommen des Senatsbeschlusses und dem Ende der Sitzung traten die Decemvirn vor die Volksversammlung und gaben unter dem stürmischen Beifall der Menschen ihren Rücktritt bekannt. (7) Das meldete man dem Bürgervolk. Was sich noch an Bevölkerung in der Stadt befand, folgte den Abgesandten. Dieser Menge strömte freudig vom Lager aus eine andere Schar entgegen. Man beglückwünschte einander zur Freiheit und zur Eintracht, die für den Staat wiedergewonnen sei. (8) Vor der Versammlung sprachen die Gesandten: »Auf dass es für euch und den Staat gut, glücklich und gedeihlich ausgehen möge – kehrt heim ins Vaterland zu euren Häusern, Frauen und Kindern! Diese Mäßigung aber, die ihr hier gezeigt habt, wo trotz eines für eine so große Menschenmenge dringenden Bedarfs an Gütern keines Mannes Acker

bem. (9) In Aventinum ite, unde profecti estis; ibi felici loco, ubi prima initia incohastis libertatis vestrae, tribunos plebi creabitis. Praesto erit pontifex maximus qui comitia habeat.« (10) Ingens adsensus alacritasque cuncta adprobantium fuit. Convellunt inde signa profectique Romam certant cum obviis gaudio. Armati per urbem silentio in Aventinum perveniunt. (11) Ibi extemplo pontifice maximo comitia habente tribunos plebis creaverunt, omnium primum L. Verginium, inde L. Icilium et P. Numitorium, avunculum Verginiae, (12) auctores secessionis, tum C. Sicinium, progeniem eius quem primum tribunum plebis creatum in Sacro monte proditum memoriae est, et M. Duilium, qui tribunatum insignem ante decemviros creatos gesserat nec in decemviralibus certaminibus plebi defuerat. (13) Spe deinde magis quam meritis electi M. Titinius, M. Pomponius, C. Apronius, Ap. Villius, C. Oppius. (14) Tribunatu inito L. Icilius extemplo plebem rogavit et plebs scivit ne cui fraudi esset secessio ab decemviris facta. (15) Confestim de consulibus creandis cum provocatione M. Duilius rogationem pertulit. Ea omnia in pratis Flaminiis concilio plebis acta, quem nunc circum Flaminium appellant.

55 (1) Per interregem deinde consules creati L. Valerius M. Horatius, qui extemplo magistratum occeperunt. Quorum

verwüstet wurde, tragt sie in die Stadt. (9) Geht auf den Aventin, von dem ihr aufgebrochen seid; dort, an dem glückverheißenden Ort, wo ihr die ersten Schritte eurer Freiheit getan habt, werdet ihr dem Volk die Tribunen wählen. Der Oberpriester wird zugegen sein, um die Volksversammlung abzuhalten.« (10) Ungeheuer war der Beifall, und begeistert stimmten sie allem zu. Hierauf rissen sie ihre Feldzeichen heraus und wetteiferten auf dem Marsch nach Rom mit denen, die ihnen entgegenkamen, in Freudenkundgebungen. Bewaffnet, doch ruhig zogen sie durch die Stadt auf den Aventin. (11) Sogleich hielt dort der Oberpriester die Volksversammlung ab, und sie wählten die Volkstribunen: vor allen anderen L. Verginius, hierauf die Urheber der Auswanderung L. Icilius und P. Numitorius, den Onkel der Verginia, (12) dann C. Sicinius, einen Nachkommen des Mannes, der, wie überliefert ist, als erster Volkstribun auf dem heiligen Berg gewählt worden war, und schließlich M. Duilius, der vor der Einsetzung der Decemvirn das Tribunat ausgezeichnet versehen hatte und auch während der Auseinandersetzungen mit den Decemvirn von der Seite des Volkes nie abgewichen war. (13) Dazu wurden eher wegen der Hoffnung, die man in sie setzte, als aufgrund ihrer Verdienste M. Titinius, M. Pomponius, C. Apronius, Ap. Villius und C. Oppius gewählt. (14) Nach der Übernahme des Tribunats stellte L. Icilius sogleich vor dem Bürgervolk den Antrag, und das Volk billigte ihn, dass die Abspaltung vom Decemvirat für niemanden nachteilige Folgen haben dürfe. (15) Gleich darauf brachte M. Duilius den Antrag durch, dass die Konsuln mit dem Recht der Berufung gewählt werden sollten. All das wurde in einer Versammlung des Bürgervolks auf den flaminischen Wiesen beschlossen, das Gebiet, das man heute den flaminischen Circus nennt.

55 (1) Unter dem Vorsitz eines Zwischenkönigs wurden hierauf L. Valerius und M. Horatius zu Konsuln gewählt [449], die

consulatus popularis sine ulla patrum iniuria nec sine offensione fuit; (2) quidquid enim libertati plebis caveretur, id suis decedere opibus credebant. (3) Omnium primum, cum velut in controverso iure esset tenerenturne patres plebi scitis, legem centuriatis comitiis tulere ut quod tributim plebes iussisset populum teneret; qua lege tribuniciis rogationibus telum acerrimum datum est. (4) Aliam deinde consularem legem de provocatione, unicum praesidium libertatis, decemvirali potestate eversam, non restituunt modo, sed etiam in posterum muniunt sanciendo novam legem, (5) ne quis ullum magistratum sine provocatione crearet; qui creasset, eum ius fasque esset occidi, neve ea caedes capitalis noxae haberetur. (6) Et cum plebem hinc provocatione, hinc tribunicio auxilio satis firmassent, ipsis quoque tribunis, ut sacrosancti viderentur, cuius rei prope iam memoria aboleverat, relatis quibusdam ex magno intervallo caerimoniis renovarunt, (7) et cum religione inviolatos eos, tum lege etiam fecerunt, sanciendo ut qui tribunis plebis, aedilibus, iudicibus decemviri nocuisset, eius caput Iovi sacrum esset, familia ad aedem Cereris Liberi Liberaeque venum iret.

das Amt auf der Stelle antraten. Ihre volksfreundliche Amtsführung verlief zwar ohne Ungerechtigkeit gegenüber den Vätern, nicht aber ohne Misstöne; (2) denn was auch immer im Interesse der bürgerlichen Freiheit verfügt wurde, das hielten diese für einen Schwund ihrer eigenen Macht. (3) Als es eine Art von Rechtsstreit darüber gab, ob die Väter an die Beschlüsse des Bürgervolks gebunden seien, brachten die Konsuln gleich zu Beginn in den Zenturiatkomitien das Gesetz ein, dass die in den Stimmbezirken zustande gekommenen Beschlüsse des Bürgerstandes für das Gesamtvolk gültig seien; mit diesem Gesetz aber bekamen die Anträge der Tribunen ihre schärfste Waffe. (4) Ein anderes konsularisches Gesetz über das Berufungsrecht, den alleinigen Hort der Freiheit, das durch eine Verfügung der Decemvirn abgeschafft worden war, erneuerten sie darauf nicht nur, sondern sicherten es für die Nachwelt durch den feierlichen Erlass eines neuen Gesetzes, (5) das jedermann untersagte, einen Beamten wählen zu lassen, dem gegenüber man nicht das Recht auf Berufung habe; sollte das einer tun, könne man ihn nach Recht und Gesetz töten, und diese Bluttat würde nicht als Kapitalverbrechen gelten. (6) Nachdem sie die Bürger hier durch das Berufungsrecht, dort durch die Beistandsgewalt der Tribunen ausreichend abgesichert hatten, führten sie auch für die Tribunen selbst nach langer Unterbrechung wieder bestimmte Riten ein und machten dadurch deren Unverletzlichkeit deutlich – ein Umstand, der schon beinahe aus der Erinnerung geschwunden war. (7) Ferner machten sie diese nicht nur durch göttliches Recht, sondern vor allem auch gesetzlich unantastbar, indem sie als unverbrüchlich festsetzten, wer Volkstribunen, Ädilen und den Richtern gegen die Decemvirn Schaden zugefügt habe, dessen Haupt solle Iuppiter verfallen sein,[55] und sein Vermögen beim Heiligtum der Ceres, des Liber und der Libera verkauft werden.

(8) Hac lege iuris interpretes negant quemquam sacrosanctum esse, sed eum qui eorum cui nocuerit sacrum sanciri; (9) itaque aedilem prendi ducique a maioribus magistratibus, quod, etsi non iure fiat – noceri enim ei cui hac lege non liceat – tamen argumentum esse non haberi pro sacrosancto aedilem; (10) tribunos vetere iure iurando plebis, cum primum eam potestatem creavit, sacrosanctos esse. (11) Fuere qui interpretarentur eadem hac Horatia lege consulibus quoque et praetoribus, quia iisdem auspiciis quibus consules crearentur, cautum esse: (12) iudicem enim consulem appellari. Quae refellitur interpretatio, quod iis temporibus nondum consulem iudicem sed praetorem appellari mos fuerit.

(13) Hae consulares leges fuere. Institutum etiam ab iisdem consulibus ut senatus consulta in aedem Cereris ad aediles plebis deferrentur, quae antea arbitrio consulum supprimebantur vitiabanturque. (14) M. Duilius deinde tribunus plebis plebem rogavit plebesque scivit qui plebem sine tribunis reliquisset, quique magistratum sine provocatione creasset, tergo ac capite puniretur. (15) Haec omnia ut invitis, ita non adversantibus patriciis transacta, quia nondum in quemquam unum saeviebatur.

56 (1) Fundata deinde et potestate tribunicia et plebis libertate, tum tribuni adgredi singulos tutum maturumque iam rati, accusatorem primum Verginium et Appium reum deligunt.

(8) Rechtsgelehrte streiten es ab, dass aufgrund dieses Gesetzes irgendjemand unverletzlich sei, vielmehr werde der, welcher einem der Genannten Schaden zugefügt habe, dem Verderben geweiht; (9) demzufolge könne ein Ädil von übergeordneten Amtsträgern verhaftet und eingesperrt werden, was zwar nicht rechtmäßig geschehe – man füge nämlich jemandem Unrecht zu, dem diesem Gesetz nach keines zugefügt werden dürfe –, aber dennoch der Beweis dafür sei, dass ein Ädil *nicht* für unverletzlich gelte; (10) die Tribunen hingegen seien kraft eines alten Schwures des Bürgervolkes aus der Zeit, als es zum ersten Mal dieses Amt besetzte, unverletzlich. (11) Andere meinten, ebenjenes Gesetz des Horatius schütze neben den Konsuln auch die Prätoren, weil sie unter denselben Auspizien wie die Konsuln gewählt würden: (12) denn Konsuln nenne man ja Richter. Diese Auslegung wird aber zurückgewiesen, weil zu jener Zeit gewöhnlich nicht der Konsul, sondern der Prätor Richter genannt wurde.

(13) So weit die Gesetze der Konsuln. Auf dieselben Konsuln geht auch die Bestimmung zurück, dass Senatsbeschlüsse, die früher nach dem Gutdünken der Konsuln immer wieder zurückgehalten und verfälscht worden waren, den Volksädilen im Cerestempel ausgehändigt wurden. (14) Dann stellte der Volkstribun M. Duilius vor dem Bürgervolk den Antrag, und das billigte ihn, wer das Volk ohne Tribunen lasse und einen Amtsinhaber ohne Berufung wählen lasse, solle mit Auspeitschung und Enthauptung bestraft werden. (15) All das geschah, wenn auch gegen den Willen, so doch nicht gegen den Widerstand der Väter, weil sich die Wut noch nicht gegen eine Einzelperson richtete.

56 (1) Als hierauf die tribunizische Amtsgewalt und auch die Freiheit des Bürgerstandes wohlbegründet waren, da hielten es die Tribunen für sicher und an der Zeit, gegen einzelne vorzugehen, und erkoren zuerst Verginius zum Ankläger,

(2) Cum diem Appio Verginius dixisset et Appius stipatus patriciis iuvenibus in forum descendisset, redintegrata extemplo est omnibus memoria foedissimae potestatis, cum ipsum satellitesque eius vidissent. (3) Tum Verginius »Oratio« inquit »rebus dubiis inventa est; itaque neque ego accusando apud vos eum tempus teram, a cuius crudelitate vosmet ipsi armis vindicastis, nec istum ad cetera scelera impudentiam in defendendo se adicere patiar. (4) Omnium igitur tibi, Appi Claudi, quae impie nefarieque per biennium alia super alia es ausus, gratiam facio. Unius tantum criminis nisi [ad] iudicem dices, te ab libertate in servitutem contra leges vindicias non dedisse, in vincula te duci iubebo.« (5) Nec in tribunicio auxilio Appius nec in iudicio populi ullam spem habebat; tamen et tribunos appellavit et, nullo morante arreptus a viatore, »Provoco« inquit. (6) Audita vox una vindex libertatis, ex eo missa ore quo vindiciae nuper ab libertate dictae erant, silentium fecit. (7) Et dum pro se quisque deos tandem esse et non neglegere humana fremunt et superbiae crudelitatique etsi seras, non leves tamen venire poenas – (8) provocare qui provocationem sustulisset, et implorare praesidium populi qui omnia iura populi obtrisset, rapique in vincula egentem iure libertatis qui liberum corpus in servitutem addixisset – ipsius Appi inter contionis

Appius zum Angeklagten. (2) Nachdem Verginius den Appius vor Gericht geladen hatte und dieser, von jungen Adligen umringt, aufs Forum gekommen war, wurde in allen, sobald sie ihn und seine Spießgesellen erblickten, sofort wieder die Erinnerung an seinen schmählichen Machtgebrauch wach. (3) Da sprach Verginius: »Die Gerichtsrede wurde für unklare Fälle erdacht; daher will ich weder die Zeit vergeuden, indem ich diesen Mann, vor dessen Grausamkeit ihr euch ja selbst mit Waffengewalt gerettet habt, vor euch anklage, noch will ich es ihm gestatten, seinen übrigen Verbrechen noch die Unverschämtheit einer Selbstrechtfertigung anzufügen. (4) All das, Appius Claudius, wozu du dich zwei Jahre lang in ruchloser und frevlerischer Art immer und immer wieder erdreistet hast, lasse ich dir nach. Lediglich wegen eines einzigen Verbrechens werde ich dich in den Kerker werfen lassen, es sei denn, du bestellst einen Schiedsrichter, um zu beweisen, dass du nicht gegen die Gesetze statt auf Freiheit auf Sklaverei entschieden hast.« (5) Weder auf den Beistand der Tribunen noch auf die Entscheidung des Volkes setzte Appius irgendeine Hoffnung; dennoch rief er die Tribunen an, und weil keiner von ihnen einschritt, als er von einem Amtsdiener verhaftet wurde, sagte er: »Ich lege Berufung ein!« (6) Der Klang dieses Wortes, das der alleinige Garant der Freiheit war und dazu noch aus dem Munde dessen ertönte, der vor kurzem gegen die persönliche Freiheit entschieden hatte, ließ Stille eintreten. (7) Und während jeder sich insgeheim vorsagte, es gebe am Ende doch Götter, die das Verhalten der Menschen sehr wohl kümmere, und despotischer Grausamkeit folgten zwar späte, aber keine milden Strafen – (8) der lege Berufung ein, der das Berufungsrecht abgeschafft habe; der rufe nach dem Beistand des Volkes, der alle Rechte des Volkes mit Füßen getreten habe; der werde verhaftet und werde des Rechts auf Freiheit beraubt, der ein freies Individuum zur Sklavin bestimmt

murmur fidem populi Romani implorantis vox audiebatur: (9) maiorum merita in rem publicam domi militiaeque commemorabat, suum infelix erga plebem Romanam studium, quo aequandarum legum causa cum maxima offensione patrum consulatu abisset, suas leges, quibus manentibus lator earum in vincula ducatur. (10) ceterum sua propria bona malaque, cum causae dicendae data facultas sit, tum se experturum; in praesentia se communi iure civitatis civem Romanum die dicta postulare ut dicere liceat, ut iudicium populi Romani experiri. (11) non ita se invidiam pertimuisse, ut nihil in aequitate et misericordia civium suorum spei habeat. quod si indicta causa in vincla ducatur, iterum se tribunos plebei appellare et monere ne imitentur quos oderint. (12) quod si tribuni eodem foedere obligatos se fateantur tollendae appellationis in quod conspirasse decemviros criminati sint, at se provocare ad populum, implorare leges de provocatione et consulares et tribunicias, eo ipso anno latas. (13) quem enim provocaturum, si hoc indemnato indicta causa non liceat? cui plebeio et humili praesidium in legibus fore, si Ap. Claudio non sit? se documento futurum utrum novis legibus dominatio an libertas firmata sit, et appellatio provocatioque adversus

habe –, hörte man aus dem Raunen der versammelten Menge die Stimme des Appius selbst, der den Schutz des römischen Volkes anrief: (9) Er erinnerte an die Verdienste seiner Vorfahren um den Staat in Krieg und Frieden, an seinen unglücklichen Eifer für das einfache Volk von Rom, derentwegen er unter heftigem Widerstand der Väter das Konsulat aufgegeben hätte, um für alle gleiche Rechte zu schaffen, und an seine Gesetze, die in Kraft blieben, deren Schöpfer man aber in den Kerker bringe. (10) Im übrigen werde er dann über seine eigenen Vorzüge und Schwächen rechten, wenn ihm die Möglichkeit gegeben werde, über seinen Fall zu sprechen; für den Augenblick verlange er, sich gemäß dem allgemeinen Bürgerrecht als römischer Bürger, der unter Anklage stehe, verantworten und sich dem Urteil des römischen Volkes unterwerfen zu dürfen. (11) So sehr habe er den Hass noch nicht zu fürchten begonnen, dass er keine Hoffnung auf die Gerechtigkeit und das Mitleid seiner Landsleute setze. Wenn er nun ohne Verteidigung in den Kerker geführt werde, so rufe er noch einmal die Volkstribunen an und warne sie, diese nicht nachzuahmen, die ihnen verhasst seien. (12) Sollten aber die Tribunen zu erkennen geben, dass sie sich ebenso zur Abschaffung des Berufungsrechtes verbündet hätten wie die Decemvirn, denen sie diese Verschwörung anlasteten, so lege er dennoch beim Volk Berufung ein und flehe die erst in diesem Jahr sowohl von Konsuln als auch von Tribunen eingebrachten Gesetze über das Berufungsrecht an. (13) Denn wer würde sich überhaupt noch berufen können, wenn es einem Unverurteilten, der sich noch nicht verteidigt habe, verwehrt sei? Welcher kleine Bürger könne bei Gesetzen Schutz finden, die nicht einmal einen Ap. Claudius schützten? Er werde der Gradmesser sein, ob durch die neuen Gesetze Tyrannei oder Freiheit gefestigt worden sei und Einspruch sowie Berufung gegen den Rechtsmissbrauch von Amtsträgern lediglich in

iniuriam magistratuum ostentata tantum inanibus litteris an vere data sit.

57 (1) Contra ea Verginius unum Ap. Claudium et legum expertem et civilis et humani foederis esse aiebat: (2) respicerent tribunal homines, castellum omnium scelerum, ubi decemvir ille perpetuus, bonis, tergo, sanguini civium infestus, virgas securesque omnibus minitans, deorum hominumque contemptor, carnificibus, non lictoribus stipatus, (3) iam ab rapinis et caedibus animo ad libidinem verso virginem ingenuam in oculis populi Romani, velut bello captam, ab complexu patris abreptam ministro cubiculi sui clienti dono dederit; (4) ubi crudeli decreto nefandisque vindiciis dextram patris in filiam armaverit; ubi tollentes corpus semianime virginis sponsum avumque in carcerem duci iusserit, stupro interpellato magis quam caede motus. et illi carcerem aedificatum esse quod domicilium plebis Romanae vocare sit solitus. (5) proinde ut ille iterum ac saepius provocet, sic se iterum ac saepius iudicem illi ferre ni vindicias ab libertate in servitutem dederit; si ad iudicem non eat, pro damnato in vincula duci iubere. (6) Ut haud quoquam improbante, sic magno motu animorum, cum tanti viri supplicio suamet plebi iam nimia libertas videretur, in carcerem est coniectus; tribunus ei diem prodixit.

(7) Inter haec ab Latinis et Hernicis legati gratulatum de con-

toten Lettern zur Schau gestellt oder wahrhaft eingeführt worden seien.

57 (1) Dagegen wandte Verginius ein, Ap. Claudius stehe als einziger jenseits der Grenzen von Bürger- und Menschenrechten: (2) man möge zur Richterbühne, dieser Bastion aller Verbrechen, aufblicken, wo jener als Decemvir auf ewig gegen Besitz, Leib und Leben der Bürger wütend, allen die Peitsche und das Beil androhend, ein Verächter der Götter und Menschen, von Henkern und nicht von Liktoren umgeben, (3) sein Sinnen von Raub und Mord der Wollust zugewandt, vor den Augen des römischen Volkes ein freigeborenes Mädchen wie eine Kriegsgefangene aus den Armen des Vaters gerissen und einem Zuhälter, seinem Gefolgsmann, zum Geschenk gemacht habe; (4) wo er durch ein grausames Urteil und einen verbrecherischen Freiheitsentzug die Hand eines Vaters gegen die Tochter bewaffnet habe; wo er befohlen habe, den Verlobten und den Oheim, die den Leib des halbentseelten Mädchens aufhoben, in den Kerker zu bringen und dabei eher wegen der Störung seiner unzüchtigen Gelüste als von der Bluttat erschüttert war. Im übrigen sei auch für ihn das Gefängnis erbaut, das er gewöhnlich »Wohnstatt des römischen Pöbels« zu benennen pflegte. (5) Er solle demnach immer und immer wieder Berufung einlegen, er würde ihm immer und immer wieder einen Schiedsrichter vorschlagen, um zu klären, warum er statt auf Freiheit auf Sklaverei entschieden habe. Falls er vor dem Richter nicht erscheine, lasse er ihn wie einen Verurteilten in Ketten legen. (6) Wenn es auch niemand missbilligte, so waren die Gemüter doch sehr erregt, als er in den Kerker geworfen wurde, weil dem Bürgervolk aufgrund der harten Bestrafung eines so großen Mannes die eigene Selbstbestimmung schon als zu übertrieben erschien. Der Tribun setzte für ihn einen anderen Gerichtstermin an.

(7) Während dieser Vorgänge trafen in Rom Gesandte von

cordia patrum ac plebis Romam venerunt, donumque ob eam Iovi optimo maximo coronam auream in Capitolium tulere parvi ponderis, prout res haud opulentae erant colebanturque religiones pie magis quam magnifice. (8) Iisdem auctoribus cognitum est Aequos Volscosque summa vi bellum apparare. (9) Itaque partiri provincias consules iussi. Horatio Sabini, Valerio Aequi evenere. Cum ad ea bella dilectum edixissent, favore plebis non iuniores modo sed emeritis etiam stipendiis pars magna voluntariorum ad nomina danda praesto fuere, eoque non copia modo sed genere etiam militum, veteranis admixtis, firmior exercitus fuit. (10) Priusquam urbe egrederentur, leges decemvirales, quibus tabulis duodecim est nomen, in aes incisas in publico posuerunt. Sunt qui iussu tribunorum aediles functos eo ministerio scribant.

58 (1) C. Claudius, qui perosus decemvirorum scelera et ante omnes fratris filii superbiae infestus Regillum, antiquam in patriam, se contulerat, is magno iam natu cum ad pericula eius deprecanda redisset cuius vitia fugerat, sordidatus cum gentilibus clientibusque in foro prensabat singulos orabatque (2) ne Claudiae genti eam inustam maculam vellent ut carcere et vinculis viderentur digni. virum honoratissimae imaginis futu-

den Latinern und Hernikern ein, um zur Eintracht zwischen Vätern und Bürgerpartei ihre Glückwünsche zu überbringen. Dafür brachten sie Iuppiter Optimus Maximus als Gabe einen goldenen Kranz auf das Kapitol, dessen Gewicht gering war, so wie es ihrem bescheidenen Vermögen und den Kulten der Götter entsprach, die bei ihnen eher mit Frömmigkeit als durch Prachtentfaltung ausgeübt wurden. (8) Durch deren Bericht erfuhr man, dass sich Aequer und Volsker mit größter Energie zum Kriege rüsteten. (9) Daher wurden die Konsuln beauftragt, ihre Befehlsbereiche einzuteilen. Dem Horatius fielen die Sabiner, dem Valerius die Aequer zu. Nachdem sie die Rekrutierung für diese Feldzüge verfügt hatten, waren infolge der guten Stimmung im Volk nicht nur Jungmänner, sondern auch eine große Gruppe von Freiwilligen, deren Wehrpflicht abgelaufen war, zur Stelle, um sich namentlich zu melden; daher war das Heer nicht nur an Zahl, sondern wegen der Eingliederung von Veteranen auch durch die Wehrkraft seiner Soldaten stärker. (10) Bevor sie aus der Stadt marschierten, stellte man die in Erz gemeißelten Gesetze der Decemvirn, die man die Zwölftafelgesetze nennt, öffentlich auf. Manche schreiben, die Ädilen hätten diese Aufgabe auf Weisung der Tribunen ausgeführt.

58 (1) C. Claudius hatte sich, aus Abscheu vor den Verbrechen der Decemvirn und über den Hochmut seines Neffen mehr als die anderen erbost, nach Regillus in seine angestammte Heimat begeben. Jetzt war er, ein hochbejahrter Mann, zurückgekehrt, um durch Bitten die Gefahren von dem abzuwenden, vor dessen Schandtaten er geflohen war. Im Büßergewand ging er zusammen mit Verwandten und Gefolgsleuten jeden einzelnen auf dem Forum um Hilfe an und flehte, (2) sie sollten dem Geschlecht der Claudier nicht das eingebrannte Schandmal wünschen, als des Kerkers und der Ketten würdig zu gelten. Ein Mann, dessen Ahnenbild in der Nach-

rum ad posteros, legum latorem conditoremque Romani iuris, iacere vinctum inter fures nocturnos ac latrones, (3) averterent ab ira parumper ad cognitionem cogitationemque animos, et potius unum tot Claudiis deprecantibus condonarent quam propter unius odium multorum preces aspernarentur. (4) se quoque id generi ac nomini dare nec cum eo in gratiam redisse, cuius adversae fortunae velit succursum. virtute libertatem reciperatam esse: clementia concordiam ordinum stabiliri posse. (5) Erant quos moveret sua magis pietate quam eius pro quo agebat causa; sed Verginius sui potius ut misererentur orabat filiaeque, nec gentis Claudiae regnum in plebem sortitae sed necessariorum Verginiae trium tribunorum preces audirent, qui ad auxilium plebis creati ipsi plebis fidem atque auxilium implorarent. (6) Iustiores hae lacrimae videbantur. Itaque spe incisa, priusquam prodicta dies adesset, Appius mortem sibi conscivit.

(7) Subinde arreptus a P. Numitorio Sp. Oppius, proximus invidiae, quod in urbe fuerat cum iniustae vindiciae a collega dicerentur. (8) Plus tamen facta iniuria Oppio quam non prohibita invidiae fecit. Testis productus, qui septem et viginti enumeratis stipendiis, octiens extra ordinem donatus donaque ea gerens in conspectu populi, scissa veste, tergum laceratum virgis ostendit, nihilum deprecans quin si quam suam noxam

welt hoch geehrt sein werde, der Schöpfer von Gesetzen und Gründer des römischen Rechtes, liege gefesselt zwischen nächtlichen Dieben und Wegelagerern. (3) Sie sollten ihre Gedanken im Sinne eines gründlichen Untersuchens und Abwägens einen Augenblick vom Zorn freimachen und lieber den einen auf die Bitten so vieler Claudier begnadigen, als wegen des Hasses auf einen die Bitten von so vielen zurückweisen. (4) Auch er tue das nur für die Familie und deren Ruf, habe sich mit dem auch nicht ausgesöhnt, dem er im Unglück zu Hilfe eilen wolle. Mit Tatkraft habe man die Freiheit wiedergewonnen: Mit Nachsicht könne die Eintracht der Stände gefestigt werden. (5) So manche rührte er mehr durch seinen Sinn für die Familie als mit dem Fall dessen, für den er sprach; aber Verginius bat, sie sollten sich eher seiner und seiner Tochter erbarmen und nicht auf die Bitten des claudischen Geschlechts hören, das sich im Besitz einer Herrschaft von Königen über das einfache Volk fühle, sondern auf die der Angehörigen Verginias, dreier Volkstribunen, die zum Schutz des Bürgerstandes gewählt, ihrerseits Vertrauen und Unterstützung des Bürgerstandes erbäten. (6) Diese Tränen schienen gerechtfertigter. Noch bevor der aufgeschobene Gerichtstag herankam, gab sich Appius, dem alle Hoffnung geschwunden war, selbst den Tod.

(7) Gleich darauf wurde Sp. Oppius von P. Numitorius verhaftet. Er war jetzt das nächste Ziel der Angriffe, weil er sich in der Stadt befunden hatte, als sein Kollege den ungesetzlichen Freiheitsentzug verkündete. (8) Dennoch brachte dem Oppius ein begangenes Unrecht mehr Hass ein als das nicht verhinderte. Es wurde ein Zeuge vorgeführt, der seine 27 Dienstjahre beim Militär vorrechnete, achtmal für besondere Verdienste ausgezeichnet worden war und diese Ehrungen vor dem Volk zur Schau trug. Jetzt aber zerriss er sein Gewand und zeigte seinen von Peitschenhieben zerschundenen Rücken, wobei er um nichts anderes bat, als dass ihm der Angeklagte als Privat-

reus dicere posset, privatus iterum in se saeviret. (9) Oppius quoque ductus in vincula est, et ante iudicii diem finem ibi vitae fecit. Bona Claudi Oppique tribuni publicavere. Collegae eorum exsilii causa solum verterunt; bona publicata sunt. (10) Et M. Claudius, adsertor Verginiae, die dicta damnatus, ipso remittente Verginio ultimam poenam dimissus Tibur exsulatum abiit, (11) manesque Verginiae, mortuae quam vivae felicioris, per tot domos ad petendas poenas vagati, nullo relicto sonte tandem quieverunt.

59 (1) Ingens metus incesserat patres, voltusque iam iidem tribunorum erant qui decemvirorum fuerant, cum M. Duilius tribunus plebis, inhibito salubriter modo nimiae potestati, (2) »Et libertatis« inquit »nostrae et poenarum ex inimicis satis est; itaque hoc anno nec diem dici cuiquam nec in vincula duci quemquam sum passurus. (3) Nam neque vetera peccata repeti iam oblitterata placet, cum nova expiata sint decemvirorum suppliciis, et nihil admissum iri quod vim tribuniciam desideret spondet perpetua consulum amborum in libertate vestra tuenda cura.« (4) Ea primum moderatio tribuni metum patribus dempsit, eademque auxit consulum invidiam, quod adeo toti plebis fuissent ut patrum salutis libertatisque prior plebeio magistratui quam patricio cura fuisset, et ante inimicos satie-

mann noch einmal so hart zusetzen solle, wenn er ihm irgendeine Schuld nachweisen könne.[56] (9) Auch Oppius wurde in Fesseln gelegt und setzte seinem Leben vor dem Gerichtstag ein Ende. Die Tribunen konfiszierten die Güter des Claudius und des Oppius. Deren Kollegen verließen Grund und Boden und gingen in die Verbannung; ihre Güter wurden eingezogen. (10) Ferner wurde M. Claudius, der Verginia als seine Sklavin gefordert hatte, vor Gericht gebracht und verurteilt, doch da Verginius selbst auf die Todesstrafe verzichtete, kam er frei und ging nach Tibur in die Verbannung. (11) Auch die Geister der Verginia, die im Tod glücklicher war als im Leben, kamen endlich zur Ruhe, nachdem sie so viele Häuser heimgesucht hatten, um Sühne zu fordern, da kein Schuldiger mehr übrig war.

59 (1) Die Väter hatten gewaltige Angst bekommen, und die Tribunen zeigten schon die gleiche Miene wie einst die Decemvirn, als der Volkstribun M. Duilius dieser übergroßen Tribunenmacht ein heilsames Maß auferlegte und sagte: (2) »Sowohl unserer Freiheit als auch der Bestrafung der Gegner ist Genüge getan; daher werde ich es nicht mehr zulassen, in diesem Jahr jemanden vor Gericht zu bringen oder irgendeinen in Ketten zu legen. (3) Denn es ist nicht richtig, die alten Vergehen, die schon aus der Erinnerung gelöscht sind, wieder aufzugreifen, da die jüngsten durch die Bestrafung der Decemvirn gesühnt sind; ferner garantiert der dauernde Einsatz beider Konsuln für die Sicherheit eurer Freiheit, dass man nichts geschehen lassen wird, was das Eingreifen der Tribunen notwendig machen könnte.« (4) Diese Zurückhaltung des Tribunen nahm den Vätern anfänglich die Angst, doch vergrößerte sie ebenso ihren Unwillen gegenüber den Konsuln, die sich ihrer Ansicht nach dem Bürgerstand so völlig ergeben hatten, dass ein bürgerlicher Amtsträger sich eher um Wohlergehen und Freiheit der Väter bemüht habe als ein adeliger, und dass die Gegner der eigenen Strafmaßnahmen überdrüssig geworden

tas poenarum suarum cepisset quam obviam ituros licentiae eorum consules appareret. (5) Multique erant qui mollius consultum dicerent, quod legum ab iis latarum patres auctores fuissent; neque erat dubium quin turbato rei publicae statu tempori succubuissent.

60 (1) Consules rebus urbanis compositis fundatoque plebis statu, in provincias diversi abiere. Valerius adversus coniunctos iam in Algido exercitus Aequorum Volscorumque sustinuit consilio bellum; (2) quod si extemplo rem fortunae commisisset, haud scio an, qui tum animi ab decemvirorum infelicibus auspiciis Romanis hostibusque erant, magno detrimento certamen staturum fuerit. (3) Castris mille passuum ab hoste positis copias continebat. Hostes medium inter bina castra spatium acie instructa complebant, provocantibusque ad proelium responsum Romanus nemo reddebat. (4) Tandem fatigati stando ac nequiquam exspectando certamen Aequi Volscique, postquam concessum propemodum de victoria credebant, pars in Hernicos, pars in Latinos praedatum abeunt; relinquitur magis castris praesidium quam satis virium ad certamen. (5) Quod ubi consul sensit, reddit inlatum antea terrorem, instructaque acie ultro hostem lacessit. (6) Ubi illi, conscientia quid abesset virium, detractavere pugnam, crevit extemplo Romanis animus, et pro victis habebant paventes intra vallum.

seien, bevor die Konsuln augenscheinlich darangingen, ihrer Willkür entgegenzutreten. (5) Es gab auch viele, die sagten, die Väter seien bei ihrer Entscheidung zu nachgiebig gewesen, als sie die von den Konsuln vorgeschlagenen Gesetze bestätigt hätten; es bestand kein Zweifel, dass sie sich angesichts der verworrenen Zustände im Staat dem Geist der Zeit gebeugt hatten.

60 (1) Die städtischen Angelegenheiten waren geordnet, und die Position des Bürgerstandes war gesichert, als sich die Konsuln in ihre jeweiligen Einsatzgebiete begaben. Valerius zog bewusst den Krieg gegen die schon auf dem Algidus vereinten Heere der Aequer und Volsker hinaus; (2) angenommen, er hätte gleich auf gut Glück die Entscheidung gesucht – ich glaube fast, dass er angesichts der Stimmung, die infolge der unseligen Regentschaft der Decemvirn bei Römern und Feinden herrschte, den Kampf zu seinem großen Schaden begonnen hätte. (3) Er behielt seine Truppen in einem Lager, das er eine Meile von den Feinden entfernt errichtet hatte. Die Feinde nahmen in geordneter Schlachtreihe den Mittelraum zwischen den beiden Lagerplätzen ein, doch als sie die Römer zum Kampfe forderten, gab ihnen keiner eine Antwort. (4) Vom Stehen und nutzlosen Warten auf den Waffengang ermüdet, glaubten die Aequer und Volsker, man hätte ihnen den Sieg fast schon geschenkt, und begaben sich schließlich teils ins Gebiet der Herniker, teils ins Latinerland, um zu plündern; was zurückblieb, war eher eine Truppe zur Lagerbewachung als eine für einen Kampf ausreichende Besatzung. (5) Sobald der Konsul das wahrnahm, erwiderte er Drohung mit Gegendrohung, richtete die Schlachtreihe ein und forderte von sich aus den Feind heraus. (6) Als jene im Bewusstsein ihrer Unterlegenheit die Schlacht hinauszögerten, wuchs den Römern sofort der Mut, und sie hielten die Feinde, die sich ängstlich innerhalb ihrer Umwallung hielten, für so gut wie besiegt.

(7) Cum per totum diem stetissent intenti ad certamen, nocti cessere. Et Romani quidem pleni spei corpora curabant: haudquaquam pari hostes animo nuntios passim trepidi ad revocandos praedatores dimittunt. (8) Recurritur ex proximis locis: ulteriores non inventi. Ubi inluxit, egreditur castris Romanus, vallum invasurus ni copia pugnae fieret. Et postquam multa iam dies erat neque movebatur quicquam ab hoste, iubet signa inferri consul; motaque acie, indignatio Aequos et Volscos incessit, si victores exercitus vallum potius quam virtus et arma tegerent. Igitur et ipsi efflagitatum ab ducibus signum pugnae accepere. (9) Iamque pars egressa portis erat deincepsque alii servabant ordinem, in suum quisque locum descendentes, cum consul Romanus, priusquam totis viribus fulta constaret hostium acies, intulit signa; (10) adortusque nec omnes dum eductos nec, qui erant, satis explicatis ordinibus, prope fluctuantem turbam trepidantium huc atque illuc circumspectantiumque se ac suos, addito turbatis mentibus clamore atque impetu invadit. (11) Rettulere primo pedem hostes; deinde cum animos collegissent et undique duces victisne cessuri essent increparent, restituitur pugna.

(7) Nachdem sie den ganzen Tag zum Kampf bereit in Aufstellung geblieben waren, wichen sie der Nacht. Die Römer kümmerten sich nun voll Zuversicht um ihr leibliches Wohl. Die Feinde, die freilich ganz andere Sorgen hatten, schickten sehr beunruhigt nach allen Seiten Boten aus, um ihre plündernden Kameraden zurückzubeordern. (8) Aus den nächstgelegenen Gebieten kamen sie zurück: Die Entfernteren konnten nicht mehr aufgetrieben werden. Kaum war es hell geworden, zogen die Römer aus dem Lager, um in die Verschanzung einzudringen, wenn ihnen keine Schlacht angeboten werden sollte. Und als es schon spät am Tag war, sich beim Feind aber noch immer nichts rührte, befahl der Konsul den Angriff; sowie die Schlachtreihe in Bewegung gekommen war, machte sich unter den Aequern und Volskern Verärgerung darüber breit, dass eher ein Wall aus Palisaden als kühne Waffentaten ihre siegreichen Heere schützen sollte. Deshalb empfingen auch sie das Signal zum Kampf, das sie von ihren Führern so heftig verlangt hatten. (9) Schon hatte ein Teil die Tore durchschritten, und die anderen Abteilungen dahinter folgten in Reih und Glied, ebenso wie sie sich später aufstellen wollten, als der römische Konsul den Angriff begann, noch bevor die feindliche Linie, von der Gesamtmacht gestützt, sich festigen konnte; (10) er attackierte, als noch gar nicht alle ausgerückt waren und diejenigen, die draußen waren, ihre Linien noch nicht fertig entwickelt hatten, und drang dann mit einer Wucht und einem Gebrüll auf den wogenden Haufen von Menschen ein, die bald hierhin, bald dorthin rannten und auf ihre eigenen Trupps und auf die Ihrigen von draußen warteten, wobei sich ihre Bestürzung nur noch steigerte. (11) Anfangs gingen die Feinde schrittweise zurück; dann, als sie sich wieder ein Herz gefasst hatten und ihre Anführer sie von allen Seiten hart anfuhren, ob sie vielleicht vor Besiegten weichen wollten, wurde das Gefecht wieder hergestellt.

61 (1) Consul ex altera parte Romanos meminisse iubebat illo die primum liberos pro libera urbe Romana pugnare, sibimet ipsis victuros, non ut decemvirorum victores praemium essent. (2) non Appio duce rem geri, sed consule Valerio, ab liberatoribus populi Romani orto, liberatore ipso. ostenderent prioribus proeliis per duces non per milites stetisse ne vincerent. (3) turpe esse contra cives plus animi habuisse quam contra hostes et domi quam foris servitutem magis timuisse. (4) unam Verginiam fuisse cuius pudicitiae in pace periculum esset, unum Appium civem periculosae libidinis; at si fortuna belli inclinet, omnium liberis ab tot milibus hostium periculum fore; (5) nolle ominari quae nec Iuppiter nec Mars pater passuri sint iis auspiciis conditae urbi accidere. Aventini Sacrique montis admonebat, ut ubi libertas parta esset paucis ante mensibus, eo imperium inlibatum referrent, (6) ostenderentque eandem indolem militibus Romanis post exactos decemviros esse quae ante creatos fuerit, nec aequatis legibus imminutam virtutem populi Romani esse. (7) Haec ubi inter signa peditum dicta dedit, advolat deinde ad equites. »Agite, iuvenes«, inquit, »praestate virtute peditem ut honore atque ordine praestatis. (8) Primo concursu pedes movit hostem; pulsum vos immissis equis exigite e campo. Non sustinebunt impe-

61 (1) Auf der anderen Seite forderte der Konsul die Römer auf, daran zu denken, dass sie an diesem Tag zum ersten Mal als freie Männer für eine freie Stadt Rom kämpften, dass sie künftig für sich selbst siegen würden und nicht, um als Sieger nützliche Handlanger von Decemvirn zu werden. (2) Kein Mann wie Appius sei ihr Führer in diesem Kampf, sondern der Konsul Valerius, Nachkomme der Befreier des römischen Volkes und selbst ein Freiheitsheld. Sie sollten beweisen, dass es in den früheren Kämpfen an den Heerführern, nicht an den Soldaten gelegen habe, wenn sie sieglos geblieben waren. (3) Schändlich sei es, gegen Bürger mehr Mut als gegen Feinde besessen und Knechtschaft zu Hause mehr gefürchtet zu haben als in der Fremde. (4) Im Frieden sei es allein Verginia gewesen, für deren Keuschheit eine Gefahr bestanden habe, und Appius der einzige Bürger, dessen Triebhaftigkeit gefährlich gewesen sei – wenn sich jedoch ihr Kriegsglück neige, werde von den abertausend Feinden Gefahr für die Kinder aller drohen; (5) er wolle nicht Dinge vorhersagen, die weder Iuppiter noch Vater Mars einer unter solchen Auspizien gegründeten Stadt zustoßen lassen würden. Er erinnerte sie an den Aventin und den heiligen Berg, auf dass sie die Macht ungeschmälert dorthin zurückbrächten, wo wenige Monate zuvor die Freiheit geboren worden wäre; (6) ferner sollten sie zeigen, dass den römischen Soldaten nach der Vertreibung der Decemvirn derselbe Geist eigen sei wie vor deren Wahl und dass trotz der Gleichheit vor dem Gesetz die Tapferkeit des römischen Volkes nicht geringer geworden sei. (7) Also sprach er unter den Fahnen der Fußtruppen und eilte anschließend zu den Reitern: »Auf denn, ihr jungen Herren«, rief er, »übertrefft das Fußvolk an Tapferkeit, wie ihr es auch an Würde und Stand übertrefft! (8) Beim ersten Zusammenstoß hat die Infanterie den Feind abgedrängt; ihr sollt ihn, da er geschlagen, durch einen Angriff der Reiterei aus dem Felde jagen. Sie werden dem Angriff nicht

tum, et nunc cunctantur magis quam resistunt.« (9) Concitant equos permittuntque in hostem pedestri iam turbatum pugna, et perruptis ordinibus elati ad novissimam aciem, pars libero spatio circumvecti, iam fugam undique capessentes plerosque a castris avertunt praeterequitantesque absterrent. (10) Peditum acies et consul ipse visque omnis belli fertur in castra, captisque cum ingenti caede, maiore praeda potitur.

(11) Huius pugnae fama perlata non in urbem modo sed in Sabinos ad alterum exercitum, in urbe laetitia celebrata est, in castris animos militum ad aemulandum decus accendit. (12) Iam Horatius eos excursionibus proeliisque levibus experiundo adsuefecerat sibi potius fidere quam meminisse ignominiae decemvirorum ductu acceptae, parvaque certamina in summam totius profecerant spei. (13) Nec cessabant Sabini, feroces ab re priore anno bene gesta, lacessere atque instare, rogitantes quid latrocinii modo procursantes pauci recurrentesque tererent tempus et in multa proelia parvaque carperent summam unius belli? (14) quin illi congrederentur acie inclinandamque semel fortunae rem darent?

62 (1) Ad id, quod sua sponte satis collectum animorum erat, indignitate etiam Romani accendebantur: iam alterum exercitum victorem in urbem rediturum; sibi ultro per contumelias

standhalten, auch jetzt zaudern sie eher, anstatt Widerstand zu leisten.« (9) Sie trieben die Pferde an, sprengten auf den schon seit dem Infanteriegefecht in Auflösung befindlichen Feind los, durchbrachen seine Reihen und drangen bis zum letzten Treffen vor; ein Teil machte auf offenem Gelände eine Schwenkung und trieb die Mehrzahl derer, die sich bereits überall auf der Flucht befanden, vom Lager weg, indem sie sie durch knappes Heranreiten verscheuchten. (10) Die Schlachtreihe des Fußvolks sowie der Konsul selbst und die gesamte Streitmacht stürzten sich auf das Lager, eroberten es nach gewaltigem Morden und erwarben sich noch gewaltigere Beute.

(11) Die Kunde von dieser Schlacht, die nicht nur in die Stadt, sondern auch zum zweiten Heer ins Sabinerland gedrungen war, wurde in der Stadt freudig gefeiert, entflammte aber im Lager die Herzen der Soldaten, der Ruhmestat nachzueifern. (12) Horatius hatte sie schon durch ihre Erfahrung bei Ausfällen und leichten Scharmützeln daran gewöhnt, eher auf sich zu vertrauen, als an die unter dem Kommando der Decemvirn erlittene Schmach zu denken; und diese kleinen Gefechte hatten bewirkt, dass sie wieder auf einen erfolgreichen Ausgang hofften. (13) Aber die Sabiner, ungestüm seit dem im letzten Jahr siegreich geführten Krieg, ließen nicht davon ab, die Römer zu provozieren und ihnen mit der ständigen Frage zuzusetzen, warum sie denn wie auf einem Beutezug in geringer Zahl mit Vorstößen und Rückzügen ihre Zeit vergeudeten und den einen Krieg in viele kleine Kampfaktionen zersplitterten; (14) warum sie sich keiner offenen Feldschlacht stellten und es nicht dem Schlachtenglück überließen, die Sache mit einem Schlag zu entscheiden.

62 (1) Davon abgesehen, dass sie von sich aus genug Mut gefasst hatten, brannten die Römer auch vor Entrüstung: Das andere Heer werde schon bald siegreich in die Stadt zurückkehren; mit ihnen aber treibe der Feind in seinen Schmähreden

hostem insultare; quando autem se, si tum non sint, pares hostibus fore? (2) Ubi haec fremere militem in castris consul sensit, contione advocata, »Quemadmodum« inquit »in Algido res gesta sit, arbitror vos, milites, audisse. Qualem liberi populi exercitum decuit esse, talis fuit; consilio collegae, virtute militum victoria parta est. (3) Quod ad me attinet, id consilii animique habiturus sum, quod vos mihi feceritis, milites. Et trahi bellum salubriter et mature perfici potest. (4) Si trahendum est, ego ut in dies spes virtusque vestra crescat, eadem qua instituі disciplina efficiam: si iam satis animi est decernique placet, agite dum, clamorem qualem in acie sublaturi estis, tollite hic indicem voluntatis virtutisque vestrae.« (5) Postquam ingenti alacritate clamor est sublatus, quod bene vertat gesturum se illis morem posteroque die in aciem deducturum adfirmat. Reliquum diei apparandis armis consumptum est.

(6) Postero die simul instrui Romanam aciem Sabini videre, et ipsi, iam pridem avidi certaminis, procedunt. Proelium fuit, quale inter fidentes sibimet ambo exercitus, veteris perpetuaeque alterum gloriae, alterum nova nuper victoria elatum. (7) Consilio etiam Sabini vires adiuvere; nam cum aequassent aciem, duo extra ordinem milia quae in sinistrum cornu Romanorum in ipso certamine impressionem facerent tenuere.

sogar noch Spott; wann denn würden sie den Feinden gewachsen sein, wenn nicht jetzt? (2) Sobald der Konsul dies Murren der Soldaten im Lager wahrgenommen hatte, berief er das Heer zur Versammlung und sprach: »Wie auf dem Algidus der Kampf geführt wurde, habt ihr, Soldaten, glaube ich, gehört. Wie es sich für das Heer eines freien Volkes geziemte, so schlug es sich. Durch die Klugheit meines Kollegen und die Tapferkeit der Soldaten wurde der Sieg erworben. (3) Was mich angeht, so werde ich so klug und so wagemutig sein, wie ihr, die Soldaten, es mir erlaubt. Wir können den Krieg ebenso zu unserem Vorteil in die Länge ziehen wie ihn rasch beenden. (4) Müssen wir ihn hinziehen, werde ich auf dieselbe Art und Weise, mit der ich begonnen habe, bewirken, dass eure Zuversicht und Kampfkraft von Tag zu Tag wachsen: Habt ihr schon genug Mut und wollt ihr die Entscheidung – wohlan denn, so stimmt hier den Kriegsruf an, den ihr auch in der Schlacht erheben werdet, als Zeichen eurer Bereitschaft und Tatkraft!« (5) Nachdem sie den Schlachtruf mit ungeheurer Begeisterung angestimmt hatten, versicherte er, er werde sich, was gut ausgehen möge, nach ihnen richten und sie am nächsten Tag in die Feldschlacht führen. Den Rest des Tages verwandte man für die Instandsetzung der Waffen.

(6) Sobald die Sabiner am nächsten Tag sahen, dass sich das römische Heer zur Schlacht aufstellte, rückten auch sie aus, denn sie waren schon lange begierig auf den Kampf. Da gab es eine Schlacht wie eben zwischen zwei Heeren, die auf sich selbst vertrauen: Das eine war durchdrungen von seinem alten und ungebrochenen Ruhm, das andere ließ sich vom noch ungewohnten, jüngst errungenen Sieg mitreißen. (7) Die Sabiner erhöhten ihre Schlagkraft noch durch eine Kriegslist: Nachdem sie nämlich ihrer Front die gleiche Länge wie der römischen gegeben hatten, behielten sie zweitausend Mann als Reserve zurück, die im Verlauf der Schlacht den linken Flügel der Römer

(8) Quae ubi inlatis ex transverso signis degravabant prope circumventum cornu, equites duarum legionum, sescenti fere, ex equis desiliunt cedentibusque iam suis provolant in primum, simulque et hosti se opponunt et aequato primum periculo, pudore deinde animos peditum accendunt. (9) Verecundiae erat equitem suo alienoque Marte pugnare, peditem ne ad pedes quidem degresso equiti parem esse.

63 (1) Vadunt igitur in proelium ab sua parte omissum et locum ex quo cesserant repetunt; momentoque non restituta modo pugna, sed inclinatur etiam Sabinis cornu. (2) Eques inter ordines peditum tectus se ad equos recipit; transvolat inde in partem alteram suis victoriae nuntius; simul et in hostes iam pavidos, quippe fuso suae partis validiore cornu, impetum facit. Non aliorum eo proelio virtus magis enituit. (3) Consul providere omnia, laudare fortes, increpare sicubi segnior pugna esset. Castigati fortium statim virorum opera edebant tantumque hos pudor quantum alios laudes excitabant. (4) Redintegrato clamore undique omnes conisi hostem avertunt, nec deinde Romana vis sustineri potuit. Sabini fusi passim per agros castra hosti ad praedam relinquunt. Ibi non sociorum sic-

eindrücken sollten. (8) Als sich diese Truppen aber nach einem Flankenangriff anschickten, den beinahe umzingelten römischen Flügel niederzuringen, sprangen die Reiter der beiden Legionen – ungefähr sechshundert – von ihren Pferden, stürzten in die vorderste Reihe, aus der sich ihre Kameraden schon zurückzogen, und stellten sich dem Feind entgegen; dadurch steigerten sie den Mut der Fußtruppe, weil erstens die Gefahr für alle gleich war und sie zweitens ihr Ehrgefühl ansprachen. (9) Sie schämten sich ja, dass der Reiter nach eigener wie nach fremder Taktik kämpfte, der Fußsoldat aber nicht einmal dem vom Pferd abgesessenen Kavalleristen ebenbürtig sein sollte.[57]

63 (1) Sie gingen also wieder in die Schlacht, die sie in ihrem Abschnitt aufgegeben hatten, und stießen neuerlich zu dem Punkt vor, von dem sie sich zurückgezogen hatten. Im Nu war der Kampf nicht nur ausgeglichen, sondern bei den Sabinern geriet die Flanke sogar ins Wanken. (2) Die Reiterei zog sich gedeckt zwischen den Linien der Fußtruppen zu den Pferden zurück und eilte dann als Siegesbote zu den Kameraden auf der anderen Seite. Gleichzeitig unternahmen sie einen Angriff gegen die Feinde, die infolge der Niederlage ihres stärkeren Flügels schon entmutigt waren. In dieser Schlacht boten sie vor allen anderen das leuchtendste Beispiel von Tapferkeit. (3) Der Konsul hatte seine Augen überall, lobte die Tapferen, schalt heftig, wenn der Kampf irgendwo zu zäh vor sich ging. Die Zurechtgewiesenen zeigten auf der Stelle Taten tapferer Männer; das Ehrgefühl spornte sie ebenso an wie die anderen der Zuspruch. (4) Von neuem stimmten sie den Schlachtruf an und vertrieben mit vereinten Kräften den Feind an allen Fronten; und dann war die Römermacht nicht mehr zu halten. Die Sabiner, rings über das offene Land zerstreut, überließen dem Feind das Lager zur Plünderung. Dort eroberten die Römer nicht wie am Algidus den Besitz von Bundesgenossen zurück,

ut in Algido res, sed suas Romanus populationibus agrorum amissas recipit.

(5) Gemina victoria duobus bifariam proeliis parta, maligne senatus in unum diem supplicationes consulum nomine decrevit. Populus iniussu et altero die frequens iit supplicatum; et haec vaga popularisque supplicatio studiis prope celebratior fuit. (6) Consules ex composito eodem biduo ad urbem accessere senatumque in Martium campum evocavere. Ubi cum de rebus ab se gestis agerent, questi primores patrum senatum inter milites dedita opera terroris causa haberi. (7) Itaque inde consules, ne criminationi locus esset, in prata Flaminia, ubi nunc aedes Apollinis est – iam tum Apollinare appellabant – avocavere senatum. (8) Ubi cum ingenti consensu patrum negaretur triumphus, L. Icilius tribunus plebis tulit ad populum de triumpho consulum, multis dissuasum prodeuntibus, maxime C. Claudio vociferante de patribus, (9) non de hostibus consules triumphare velle gratiamque pro privato merito in tribunum, non pro virtute honorem peti. nunquam ante de triumpho per populum actum; semper aestimationem arbitriumque eius honoris penes senatum fuisse; (10) ne reges quidem maiestatem summi ordinis imminuisse. ne ita omnia tribuni potestatis suae implerent, ut nullum publicum consilium sinerent esse. ita demum liberam civitatem fore, ita aequatas

sondern ihren eigenen, den sie bei den Verwüstungen ihrer Felder verloren hatten.

(5) Trotz des zweifachen, in zwei unabhängigen Schlachten erworbenen Sieges ordnete der Senat in kleinlicher Gesinnung nur für einen Tag öffentliche Dankfeste im Namen der Konsuln an. Aber auch am folgenden Tag ging das Volk ohne Geheiß sehr zahlreich in die Tempel, um zu danken, wobei diese freie und volkstümliche Verehrung der Götter in ihrem frommen Eifer beinahe noch feierlicher war. (6) Die Konsuln erschienen wie vereinbart zwei Tage nacheinander vor der Stadt und bestellten den Senat auf das Marsfeld.[58] Während sie dort über ihre Taten berichteten, beklagten die führenden Männer der Väter, die Senatssitzung werde zum Zweck ihrer Einschüchterung vorsätzlich bei der Truppe abgehalten. (7) Daher verlegten die Konsuln, um Beschuldigungen keinen Raum zu bieten, die Sitzung von dort auf die flaminischen Wiesen, wo jetzt der Tempel des Apollo steht – schon damals hieß der Ort Apollinare. (8) Als dort ein Triumphzug von der großen Mehrheit der Väter abgelehnt wurde, brachte der Volkstribun L. Icilius den Antrag auf einen Triumph für die Konsuln vor die Volksversammlung, obwohl viele vortraten und davon abrieten, ganz besonders aber C. Claudius, der lauthals verkündete, (9) die Konsuln wollten über die Väter, nicht über die Feinde triumphieren; außerdem strebten sie als Gegenleistung für eine persönliche Gefälligkeit gegenüber dem Tribunen, nicht aber zum Lohn für ihre Tapferkeit diese Ehre an. Niemals zuvor sei vom Volk über einen Triumph abgestimmt worden; stets habe Erwägung und Entscheidung über diese Auszeichnung in den Händen des Senats gelegen; (10) nicht einmal die Könige hätten die Hoheit des obersten Standes geschmälert. Die Tribunen sollten mit ihrer Macht nicht so auf alle Gebiete vordringen, dass sie keine öffentliche Beratung mehr zuließen. Erst dann werde die Bürgerschaft endlich frei, dann erst die

leges, si sua quisque iura ordo, suam maiestatem teneat. (11) In eandem sententiam multa et a ceteris senioribus patrum cum essent dicta, omnes tribus eam rogationem acceperunt. Tum primum sine auctoritate senatus populi iussu triumphatum est.

64 (1) Haec victoria tribunorum plebisque prope in haud salubrem luxuriam vertit, conspiratione inter tribunos facta ut iidem tribuni reficerentur, et, quo sua minus cupiditas emineret, consulibus quoque continuarent magistratum. (2) Consensum patrum causabantur, quo per contumeliam consulum iura plebis labefactata essent. (3) quid futurum nondum firmatis legibus, si novos tribunos per factionis suae consules adorti essent? non enim semper Valerios Horatiosque consules fore, qui libertati plebis suas opes postferrent. (4) Forte quadam utili ad tempus, ut comitiis praeesset potissimum M. Duilio sorte evenit, viro prudenti et ex continuatione magistratus invidiam imminentem cernenti. (5) Qui cum ex veteribus tribunis negaret se ullius rationem habiturum, pugnarentque collegae ut liberas tribus in suffragium mitteret aut concederet sortem comitiorum collegis, habituris e lege potius comitia quam ex voluntate patrum, (6) iniecta contentione Duilius consules ad subsellia accitos cum interrogasset quid de comitiis consularibus in animo haberent, respondissentque se novos consules creaturos, auctores populares sententiae haud popularis nactus

Gesetze für alle gleich sein, wenn jeder Stand seine Rechte, seine anerkannte Würde besitze. (11) Obwohl auch von den übrigen älteren Vätern vieles im Sinne dieser Stellungnahme geäußert worden war, stimmten alle Bezirke besagtem Antrag zu. Damals feierte man das erste Mal ohne Ermächtigung durch den Senat auf Beschluss des römischen Volkes einen Triumph.

64 (1) Dieser Sieg der Tribunen und des Bürgerstandes wäre beinahe zu einem unheilsamen Machtmissbrauch ausgeartet, nachdem die Tribunen in geheimer Absprache vereinbart hatten, wieder dieselben Tribunen wählen zu lassen, und, um den eigenen Ehrgeiz zu vertuschen, auch die Amtsperiode der Konsuln zu verlängern. (2) Als Grund dafür schützten sie die Einigkeit der Väter vor, welche die Konsuln brüskiert hätten, um die Rechte des Bürgervolks zu erschüttern. (3) Was sei erst zu erwarten, wenn sie noch vor der Bestätigung der Gesetze die neuen Tribunen mit Hilfe von Konsuln aus ihrer Partei angriffen? Denn nicht immer würden Männer vom Schlag eines Valerius und Horatius Konsuln sein, die für die Freiheit des Bürgertums eigene Machtinteressen zurückstellten. (4) Durch eine in der Situation günstige Fügung fiel das Los, die Volksversammlung zu leiten, auf niemand anderen als auf M. Duilius, einen klugen Mann, der die sich aus der Verlängerung einer Amtsperiode ergebende Unzufriedenheit voraussah. (5) Als er erklärte, niemanden von den früheren Tribunen bei der Wahl zu berücksichtigen, und seine Kollegen ihn bedrängten, er solle die Bezirke frei abstimmen lassen oder den Vorsitz in der Versammlung an Kollegen abtreten, die die Wahlen eher nach dem Gesetz als nach dem Willen der Väter leiten würden, lud Duilius, (6) da eine Streitfrage entstanden war, die Konsuln zu den Sitzen der Tribunen und fragte sie, was sie bezüglich der Konsulwahlen in Sinne hätten. Als sie erwiderten, sie würden neue Konsuln wählen lassen, trat er mit ihnen vor die Versammlung, weil er in Männern aus der Volksbewegung Ver-

in contionem cum iis processit. (7) Ubi cum consules producti ad populum interrogatique, si eos populus Romanus, memor libertatis per illos receptae domi, memor militiae rerum gestarum, consules iterum faceret, quidnam facturi essent, nihil sententiae suae mutassent, (8) conlaudatis consulibus quod perseverarent ad ultimum dissimiles decemvirorum esse, comitia habuit; et quinque tribunis plebi creatis cum prae studiis aperte petentium novem tribunorum alii candidati tribus non explerent, (9) concilium dimisit nec deinde comitiorum causa habuit. Satisfactum legi aiebat, quae numero nusquam praefinito tribuni modo ut relinquerentur sanciret et ab iis qui creati essent cooptari collegas iuberet; (10) recitabatque rogationis carmen in quo [scriptum est] »Si tribunos plebei decem rogabo, si qui vos minus hodie decem tribunos plebei feceritis, tum ut i quos hi sibi collegas cooptassint legitimi eadem lege tribuni plebei sint ut illi quos hodie tribunos plebei feceritis.« (11) Duilius cum ad ultimum perseverasset negando quindecim tribunos plebei rem publicam habere posse, victa collegarum cupiditate pariter patribus plebeique acceptus magistratu abiit.

65 (1) Novi tribuni plebis in cooptandis collegis patrum voluntatem foverunt; duos etiam patricios consularesque, Sp. Tarpeium et A. Aternium, cooptavere. (2) Consules creati Sp. Herminius T. Verginius Caelimontanus, nihil magnopere

fechter seines unpopulären Antrags gefunden hatte. (7) Dort stellten sich die Konsuln dem Volk, und als sie gefragt wurden, was sie denn tun wollten, wenn das römische Volk sie in Erinnerung an die eben durch sie erlangte Freiheit, in Erinnerung an ihre Taten im Feld, neuerlich zu Konsuln machen sollte, da änderten sie ihre Ansicht in keiner Weise. (8) Dann pries Duilius die Konsuln, weil sie darauf beharrten, sich bis zuletzt von den Decemvirn zu unterscheiden, und hielt die Wahlversammlung ab. Nach der Wahl von fünf Tribunen – wegen des Ehrgeizes der neun noch fungierenden Tribunen, die sich ganz offen bewarben, konnten die anderen Kandidaten die Mehrheit der Stimmbezirke nicht auf sich vereinen[59] – (9) entließ er die Versammlung und berief auch keine mehr zwecks Tribunenwahl ein. Er erklärte, dem Gesetz sei Genüge getan, weil es, ohne eine Zahl von Tribunen im voraus zu fixieren, lediglich die Wahl von Tribunen vorsehe und bestimme, dass die Gewählten dieses Kollegium durch eine Nachwahl ergänzten. (10) Schließlich zitierte er den Gesetzestext über den Wahlvorgang, wo geschrieben steht: »Wenn ich die Wahl von zehn Volkstribunen beantragen werde, wenn ihr heute aus irgendeinem Grund weniger als zehn Volkstribunen gewählt habt, dann sollen diejenigen, welche sich die anderen als Kollegen nachwählten, nach demselben Gesetz ebenso rechtmäßige Volkstribunen sein wie diese, welche ihr heute gewählt habt.« (11) Da Duilius bis zuletzt beharrlich bestritten hatte, dass es im Staat 15 Volkstribunen geben könne, besiegte er die Machtgier seiner Kollegen und schied, von Vätern und Volk gleichermaßen anerkannt, aus dem Amt.

65 (1) Die neuen Volkstribunen unterstützten bei der Nachwahl für ihre Kollegen die Interessen der Väter, ja sie wählten sogar zwei Patrizier und ehemalige Konsuln, Sp. Tarpeius und A. Aternius, in ihr Kollegium. (2) Zu Konsuln wurden Sp. Herminius und T. Verginius Caelimontanus gewählt [448], die we-

ad patrum aut plebis causam inclinati, otium domi ac foris habuere. (3) L. Trebonius tribunus plebis, infestus patribus quod se ab iis in cooptandis tribunis fraude captum proditumque a collegis aiebat, rogationem tulit (4) ut qui plebem Romanam tribunos plebei rogaret, is usque eo rogaret dum decem tribunos plebei faceret; insectandisque patribus, unde Aspero etiam inditum cognomen, tribunatum gessit.

(5) Inde M. Geganius Macerinus et C. Iulius consules facti contentiones tribunorum adversus nobilium iuventutem ortas, sine insectatione potestatis eius conservata maiestate patrum, sedavere; (6) plebem, decreto ad bellum Volscorum et Aequorum dilectu, sustinendo rem ab seditionibus continuere, urbano otio foris quoque omnia tranquilla esse adfirmantes, (7) per discordias civiles externos tollere animos. Cura pacis concordiae quoque intestinae causa fuit. Sed alter semper ordo gravis alterius modestiae erat; quiescenti plebi ab iunioribus patrum iniuriae fieri coeptae. (8) Ubi tribuni auxilio humilioribus essent, in primis parum proderat; deinde ne ipsi quidem inviolati erant, utique postremis mensibus, cum et per coitiones potentiorum iniuria fieret et vis potestatis omnis aliquanto posteriore anni parte languidior ferme esset. (9) Iamque plebs ita in tribunatu ponere aliquid spei, si similes Icilio

der der Sache der Väter noch der des Volkes sonderlich geneigt, Frieden hielten im Inneren wie im Äußeren. (3) L. Trebonius, ein Volkstribun, der den Vätern feindlich gesinnt war, weil er von ihnen, wie er behauptete, bei der Nachwahl der Tribunen hinterlistig übervorteilt und von seinen Kollegen verraten worden sei, brachte den Antrag ein, (4) dass derjenige, welcher den römischen Bürgerstand über die Wahl von Volkstribunen abstimmen lasse, dies so lange fortsetzen müsse, bis er auf zehn Volkstribunen gekommen sei;[60] überhaupt setzte er den Vätern während seines Tribunates hart zu, weswegen ihm auch der Beiname Asper (d. h. der Harte) gegeben wurde.

(5) Die nächsten Konsuln M. Geganius Macerinus und C. Iulius [447] beruhigten die gegen die jungen Adeligen in Szene gesetzten Angriffe der Tribunen, ohne deren Machtbefugnis herabzusetzen oder die Würde der Väter zu verletzen; (6) den Bürgerstand hielten sie dadurch vom Parteikampf fern, dass sie zwar eine Truppenaushebung für den Volsker- und Aequerkrieg beschlossen, das Unternehmen aber hinausschoben und dabei versicherten, dass bei Ruhe im Inneren auch auswärts alles friedlich bleibe; (7) bei Streitigkeiten unter Bürgern aber schwelle den Feinden der Mut. So führte die Pflege des Friedens auch zur inneren Eintracht. Aber stets machte der eine Stand es dem anderen schwer, Zurückhaltung zu üben; obwohl sich das Bürgervolk friedlich verhielt, begannen die jüngeren unter den Vätern, ihm Unrecht anzutun. (8) Als die Tribunen den Schwächeren beistanden, hatte das zuerst gar wenig Wirkung; in der Folge blieben nicht einmal sie selbst verschont, besonders aber in ihren letzten Amtsmonaten, weil das Unrecht von den Cliquen der Mächtigeren ausging und andererseits jedes Amt gegen Jahresende in seiner Wirkung für gewöhnlich ziemlich erschlaffte. (9) Und schon jetzt setzte das Bürgertum nur dann noch einige Hoffnung auf das Tribunat, wenn es Tribunen vom Schlag eines Icilius hätte; aber seit zwei

tribunos haberet: nomina tantum se biennio habuisse. (10) Seniores contra patrum ut nimis feroces suos credere iuvenes, ita malle, si modus excedendus esset, suis quam adversariis superesse animos. (11) Adeo moderatio tuendae libertatis, dum aequari velle simulando ita se quisque extollit ut deprimat alium, in difficili est, cavendoque ne metuant, homines metuendos ultro se efficiunt, et iniuriam ab nobis repulsam, tamquam aut facere aut pati necesse sit, iniungimus aliis.

66 (1) T. Quinctius Capitolinus quartum et Agrippa Furius consules inde facti nec seditionem domi nec foris bellum acceperunt; sed imminebat utrumque. (2) Iam non ultra discordia civium reprimi poterat, et tribunis et plebe incitata in patres, cum dies alicui nobilium dicta novis semper certaminibus contiones turbaret. (3) Ad quarum primum strepitum, velut signo accepto, arma cepere Aequi Volscique, simul quod persuaserant iis duces, cupidi praedarum, biennio ante dilectum indictum haberi non potuisse, abnuente iam plebe imperium: eo adversus se non esse missos exercitus. (4) dissolvi licentia militandi morem, nec pro communi iam patria Romam esse. quicquid irarum simultatiumque cum externis fuerit in ipsos verti. occaecatos lupos intestina rabie opprimendi occasionem esse.

Jahren habe man sie nur mehr dem Namen nach gehabt. (10) Auf der anderen Seite hielten die älteren unter den Vätern ihre eigenen jungen Herren zwar für allzu unbändig, sahen es aber lieber, dass, wenn schon das Maß überschritten werden musste, eigenen Leuten das Temperament überschäumte als ihren Gegnern. (11) So schwierig ist es mit einem maßvollen Verhalten bei der Bewahrung der Freiheit, solange sich jeder unter dem Vorwand, nach Gleichheit zu streben, dermaßen überhebt, dass er den anderen unterdrückt, sich jeder, um der Furcht zu entgehen, selbst zu einem fürchtenswerten Menschen macht, und wir ein Unrecht, das wir von uns abgewehrt haben, anderen aufbürden, als ob es unabdingbar wäre, entweder Unrecht zu tun oder zu leiden.[61]

66 (1) Hierauf wurden T. Quinctius Capitolinus – er war es zum vierten Mal – und Agrippa Furius zu Konsuln gewählt [446], die weder Entzweiung im Inneren noch auswärts einen Krieg vorfanden; gleichwohl drohte beides. (2) Die Zwietracht unter den Bürgern ließ sich jetzt nicht mehr länger unterdrücken, weil angesichts der Erbitterung von Tribunen und Bürgerstand gegen die Väter jeder gegen irgendeinen Adeligen angestrengte Prozess mit stets neuen Streitigkeiten die Versammlungen in Aufruhr versetzte. (3) Als dabei die ersten Tumulte ausbrachen, griffen Aequer und Volsker wie auf ein gegebenes Zeichen zu den Waffen, und auch deshalb, weil ihre beutegierigen Fürsten sie überzeugt hatten, dass vor zwei Jahren die beschlossene Truppenaushebung nicht habe durchgeführt werden können, weil das römische Volk bereits den Gehorsam verweigert habe: Deswegen seien keine Heere gegen sie gesandt worden. (4) Kriegszucht löse sich in allzu großer Freiheit auf, schon gelte Rom nicht mehr als das gemeinsame Vaterland. Was es an Hass und Groll gegenüber Fremden gegeben habe, falle auf sie selbst zurück. Das sei der richtige Moment, die von selbstzerstörerischer Tollwut verblendeten

(5) Coniunctis exercitibus Latinum primum agrum perpopulati sunt; deinde postquam ibi nemo vindex occurrebat, tum vero exsultantibus belli auctoribus ad moenia ipsa Romae populabundi regione portae Esquilinae accessere, (6) vastationem agrorum per contumeliam urbi ostentantes. Unde postquam inulti, praedam prae se agentes, retro ad Corbionem agmine iere, Quinctius consul ad contionem populum vocavit.

67 (1) Ibi in hanc sententiam locutum accipio: »Etsi mihi nullius noxae conscius, Quirites, sum, tamen cum pudore summo in conspectum vestrum processi. Hoc vos scire, hoc posteris memoriae traditum iri Aequos et Volscos, vix Hernicis modo pares, T. Quinctio quartum consule ad moenia urbis Romae impune armatos venisse! (2) Hanc ego ignominiam, quamquam iam diu ita vivitur, is status rerum est ut nihil boni divinet animus, si huic potissimum imminere anno scissem, vel exsilio vel morte, si alia fuga honoris non esset, vitassem. (3) Ergo si viri arma illa habuissent quae in portis fuere nostris, capi Roma me consule potuit? Satis honorum, satis superque vitae erat; mori consulem tertium oportuit. Quem tandem ignavissimi hostium contempsere? (4) nos consules an vos Quirites? Si culpa in nobis est, auferte imperium indignis et, si id parum est, insuper poenas expetite: (5) si in vobis, nemo deorum nec hominum sit, qui vestra puniat peccata, Quirites:

Wölfe[62] unschädlich zu machen. (5) Mit vereinten Streitkräften verwüsteten sie zuerst das Latinerland. Als sich ihnen später dort niemand strafend entgegenstellte, rückten sie – ein Triumph für die Anstifter des Krieges – in Richtung auf die Porta Esquilina plündernd sogar bis gegen die Mauern Roms vor (6) und boten der Stadt wie zum Hohn die Verwüstung der Äcker zum Schauspiel dar. Nachdem sie ungestraft, die Beute vor sich hertreibend, von dort den Rückzug nach Corbio angetreten hatten, rief der Konsul Quinctius [Capitolinus] das Volk zur Versammlung.

67 (1) Meinen Quellen zufolge soll er dort dem Sinne nach gesagt haben:[63] »Obschon ich mir keiner Schuld bewusst bin, Römer, stehe ich doch ganz und gar beschämt vor euren Augen: Das würdet ihr wissen, das würde unseren Nachkommen überliefert werden, dass Aequer und Volsker, erst jüngst den Hernikern kaum ebenbürtig, straflos und bewaffnet bis vor die Mauern der Stadt Rom zogen, als T. Quinctius zum vierten Mal Konsul war! (2) Ach, hätte ich gewusst, dass eine solche Schande gerade diesem Jahr bevorstand – obwohl man schon lange das Leben so fristet, und die Lage des Staates nichts Gutes erahnen lässt –, ich wäre ihr in der Verbannung oder im Tode entkommen, sollte es sonst vor dem Amt kein Entrinnen gegeben haben. (3) Wenn also wirkliche Männer die Waffen vor unseren Toren geführt hätten, könnte Rom unter meinem Konsulat erobert worden sein? Genug der Ehren, mehr als lange genug habe ich das Leben genossen; ich hätte in meinem dritten Konsulat sterben sollen. Mit wem haben eigentlich diese feigsten unserer Feinde ihren Spott getrieben? (4) Mit uns, den Konsuln, oder mit euch Bürgern? Wenn die Schuld bei uns liegt, entzieht uns, da wir unwürdig, die Regierungsgewalt, und sollte das noch zu wenig sein, bestraft uns obendrein: (5) Liegt sie bei euch, so möge es keinen Gott und keinen Menschen geben, der euer Versagen bestraft, Römer: Ihr, nur ihr allein, sollt

vosmet tantum eorum paeniteat. Non illi vestram ignaviam contempsere nec suae virtuti confisi sunt; quippe totiens fusi fugatique, castris exuti, agro multati, sub iugum missi, et se et vos novere: (6) discordia ordinum et venenum urbis huius, patrum ac plebis certamina, dum nec nobis imperii nec vobis libertatis est modus, dum taedet vos patriciorum, nos plebeiorum magistratuum, sustulere illis animos. Pro deum fidem, quid vobis voltis? (7) Tribunos plebis concupistis; concordiae causa concessimus. Decemviros desiderastis; creari passi sumus. Decemvirorum vos pertaesum est; coegimus abire magistratu. (8) Manente in eosdem privatos ira vestra, mori atque exulare nobilissimos viros honoratissimosque passi sumus. (9) Tribunos plebis creare iterum voluistis; creastis. Consules facere vestrarum partium; etsi patribus videbamus iniquum, patricium quoque magistratum plebi donum fieri vidimus. Auxilium tribunicium, provocationem ad populum, scita plebis iniuncta patribus, sub titulo aequandarum legum nostra iura oppressa tulimus et ferimus. (10) Qui finis erit discordiarum? ecquando unam urbem habere, ecquando communem hanc esse patriam licebit? Victi nos aequiore animo quiescimus quam vos victores. (11) Satisne est nobis vos metuendos esse? Adversus nos Aventinum capitur, adversus nos Sacer occupatur mons; Esquiliasque videmus ab hoste prope captas et

darüber Reue empfinden. Jene haben nicht eure Feigheit verspottet, noch trauten sie eigener Tapferkeit, zumal sie, oftmals vertrieben und verjagt, ihrer Lagerplätze beraubt, mit Gebietsabtretung bestraft und unters Joch geschickt, sowohl sich selbst wie auch uns kennengelernt haben: (6) Die Zwietracht unter den Ständen[64] und das Gift dieser Stadt, die Rivalitäten zwischen Vätern und Bürgerstand, ließen sie Mut gewinnen, weil weder wir für das Regieren, noch ihr für das Freisein ein Maß findet, weil euch die patrizische, uns die bürgerliche Obrigkeit zuwider ist. Um Himmels willen, was wollt ihr denn eigentlich? (7) Ihr habt nach Volkstribunen verlangt – der Eintracht willen haben wir nachgegeben. Ihr habt euch Decemvirn gewünscht – wir duldeten deren Wahl. Ihr wurdet der Decemvirn überdrüssig – wir zwangen sie abzudanken. (8) Weil euer Hass gegen sie, auch als sie wieder Privatleute waren, weiter dauerte, duldeten wir Tod und Verbannung der edelsten und angesehensten Männer. (9) Abermals wolltet ihr Volkstribunen wählen – ihr habt gewählt. Ihr wolltet Konsuln haben, die eure Politik verfochten – obschon wir wussten, dass das den Vätern gegenüber unangebracht war, sahen wir zu, wie dem Bürgerstand sogar ein patrizisches Amt geschenkt wurde.[65] Das Beistandsrecht der Tribunen, die Berufung an das Volk, die den Vätern vorgesetzten Entscheide des Bürgerstandes, die unter dem Schlagwort der Gleichheit vor dem Gesetz erfolgte Schmälerung unserer Rechte haben wir getragen und tragen es noch. (10) Wie wird die Zwietracht noch enden? Wann werden wir denn eine geeinte Stadt haben, wann wird dieses Vaterland die Heimat aller sein können? Wir, obgleich besiegt, bewahren gelasseneren Sinnes Ruhe als ihr, die Sieger. (11) Reicht es euch nicht, wenn wir euch fürchten müssen? Uns zum Trotz wurde der Aventin genommen, uns zum Trotz der heilige Berg besetzt. Wir mussten miterleben, wie der Esquilin beinahe vom Feind erobert wurde, und niemand vertrieb den Volskerfeind,

scandentem in aggerem Volscum hostem nemo submovit. In nos viri, in nos armati estis.

68 (1) Agitedum, ubi hic curiam circumsederitis et forum infestum feceritis et carcerem impleveritis principibus, (2) iisdem istis ferocibus animis egredimini extra portam Esquilinam, aut, si ne hoc quidem audetis, ex muris visite agros vestros ferro ignique vastatos, praedam abigi, fumare passim incensa tecta. (3) At enim communis res per haec loco est peiore; ager uritur, urbs obsidetur, belli gloria penes hostes est. Quid tandem? privatae res vestrae quo statu sunt? Iam unicuique ex agris sua damna nuntiabuntur. (4) Quid est tandem domi unde ea expleatis? Tribuni vobis amissa reddent ac restituent? Vocis verborumque quantum voletis ingerent, et criminum in principes et legum aliarum super alias et contionum; sed ex illis contionibus nunquam vestrum quisquam re, fortuna domum auctior rediit. (5) Ecquis rettulit aliquid ad coniugem ac liberos praeter odia offensiones simultates publicas privatasque, a quibus semper non vestra virtute innocentiaque, sed auxilio alieno tuti sitis? (6) At hercules, cum stipendia nobis consulibus, non tribunis ducibus, et in castris, non in foro faciebatis, et in acie vestrum clamorem hostes, non in contione patres Romani horrebant, praeda parta agro ex hoste capto pleni fortunarum gloriaeque simul publicae simul privatae

wenn er auf den Mauerwall gestiegen wäre. Aber gegen uns seid ihr Männer, gegen uns, da seid ihr gewappnet.

68 (1) Vorwärts, sobald ihr hier die Kurie umlagert, das Forum unsicher gemacht und den Kerker mit den ersten Männern bevölkert habt, (2) dann zieht mit ebendieser Kämpfergesinnung durch die Porta Esquilina hinaus, oder wenn ihr nicht einmal dazu Mut habt, betrachtet von den Mauern aus eure von Feuer und Schwert verwüsteten Äcker, wie euer Vieh als Beute weggetrieben wird, wie allüberall gebrandschatzt die Höfe rauchen! (3) Aber, so höre ich euch sagen, nur das Gemeingut befindet sich dadurch in einem schlechteren Zustand. Das Staatsland wird verbrannt, die Stadt belagert, der Kriegsruhm ist in Feindeshand. – Doch weiter denkt ihr nicht? Wie steht es mit eurem privaten Besitz? Bald werden jedem einzelnen vom Land die Schäden an seinem privaten Eigentum berichtet werden. (4) Was habt ihr denn zu Hause, womit ihr diese Dinge ersetzen könntet? Werden euch die Tribunen das Verlorene zurückgeben und wiederbeschaffen? Tönende Worte, so viel ihr nur wollt, werden sie zustande bringen, sowie Anklagen gegen die ersten Männer, Gesetz auf Gesetz und Versammlungen; aus denen ist aber noch keiner von euch mit Gewinn für Hab und Gut oder für seine Lage nach Hause gegangen. (5) Und wer brachte etwas anderes heim zu Weib und Kind als Hass, Verdruss und Rivalität in Staat und Familie – Dinge, vor denen ihr niemals durch eure Tüchtigkeit und Redlichkeit, sondern kraft fremder Unterstützung sicher sein sollt?[66] (6) Aber beim Hercules, als ihr von uns Konsuln, nicht von Tribunen geführt, im Heerlager statt auf dem Forum Kriegsdienst tatet, und auf dem Schlachtfeld vor eurem Ruf Feinde, nicht aber in der Volksversammlung die Väter Roms erzitterten, da habt ihr Beute gewonnen, dem Feind Land genommen und seid, beladen mit Reichtum und Ruhm für den Staat wie für euch selbst, triumphierend heimgekehrt zu euren

triumphantes domum ad penates redibatis: nunc oneratum vestris fortunis hostem abire sinitis. (7) Haerete adfixi contionibus et in foro vivite: sequitur vos necessitas militandi quam fugitis. Grave erat in Aequos et Volscos proficisci: ante portas est bellum. Si inde non pellitur, iam intra moenia erit et arcem et Capitolium scandet et in domos vestras vos persequetur. (8) Biennio ante senatus dilectum haberi et educi exercitum in Algidum iussit: sedemus desides domi mulierum ritu inter nos altercantes, praesenti pace laeti nec cernentes ex otio illo brevi multiplex bellum rediturum. (9) His ego gratiora dictu alia esse scio; sed me vera pro gratis loqui, etsi meum ingenium non moneret, necessitas cogit. Vellem equidem vobis placere, Quirites; sed multo malo vos salvos esse, qualicumque erga me animo futuri estis. (10) Natura hoc ita comparatum est, ut qui apud multitudinem sua causa loquitur gratior eo sit cuius mens nihil praeter publicum commodum videt; nisi forte adsentatores publicos, plebicolas istos, qui vos nec in armis nec in otio esse sinunt, vestra vos causa incitare et stimulare putatis. (11) Concitati aut honori aut quaestui illis estis; et quia in concordia ordinum nullos se usquam esse vident, malae rei se quam nullius, turbarum ac seditionum duces esse volunt. (12) Quarum rerum si vos taedium tandem capere potest et patrum vestrosque antiquos mores voltis pro his novis sumere,

Göttern: Jetzt aber lasst ihr den Feind bepackt mit eurer Habe entkommen! (7) Lungert nur wie angenagelt in den Versammlungen herum und verbringt eure Tage auf dem Forum – das Unvermeidliche, der Kriegsdienst, dem ihr entflieht, holt euch doch ein. Es war euch zu beschwerlich, gegen Aequer und Volsker auszurücken – der Krieg steht vor den Toren. Wird er von dort nicht ferngehalten, wird er bald schon innerhalb der Mauern sein, Burg und Kapitol erklimmen und euch bis in eure Häuser verfolgen. (8) Vor zwei Jahren befahl der Senat, Truppen auszuheben und das Heer zum Algidus zu führen: Wir aber sitzen träge zu Hause, zanken nach Weiberart miteinander und erkennen in der Freude über den gegenwärtigen Frieden nicht, dass aus dieser Ruhe heraus in Kürze ein um ein Vielfaches größerer Krieg erwachsen wird. (9) Dass es angenehmer ist, über andere Dinge zu sprechen, weiß ich; aber die Not zwingt mich, Wahres statt Willkommenem zu sagen, auch wenn meine ganze Denkweise mich dazu nicht ermahnte. Ich meinerseits wollte gerne bei euch beliebt sein, ihr Bürger; aber viel lieber will ich, dass ihr wohlbehalten seid, gleichgültig, wie ihr gegen mich gesinnt sein werdet. (10) Von Natur aus ist es ja so bestellt, dass einer, der in eigenem Interesse zur Menge spricht, beliebter ist als derjenige, der nichts als den Vorteil des Ganzen im Auge hat; es sei denn, ihr meintet, die Speichellecker gegenüber dem Volk, diese sogenannten Volksfreunde, die euch sowohl den Krieg als auch den Frieden verbieten, verhetzten und ängstigten euch zu eurem Vorteil. (11) Für ihre Karriere oder ihren Profit seid ihr aufgewiegelt worden; und weil sie sehen, dass sie im Falle der Eintracht unter den Ständen keine Daseinsberechtigung mehr hätten, wollen sie lieber in einer verwerflichen Sache, bei Unruhen und Aufständen eure Führer sein als überhaupt nicht. (12) Wenn euch das alles endlich einmal gründlich zuwider ist, und ihr eure und eurer Väter alte Lebensart statt dieser neuen anneh-

(13) nulla supplicia recuso, nisi paucis diebus hos populatores agrorum nostrorum fusos fugatosque castris exuero et a portis nostris moenibusque ad illorum urbes hunc belli terrorem quo nunc vos attoniti estis transtulero.«

69 (1) Raro alias tribuni popularis oratio acceptior plebi quam tunc severissimi consulis fuit. (2) Iuventus quoque, quae inter tales metus detractationem militiae telum acerrimum adversus patres habere solita erat, arma et bellum spectabat. Et agrestium fuga spoliatique in agris et volnerati, foediora iis quae subiciebantur oculis nuntiantes, totam urbem ira implevere. (3) In senatum ubi ventum est, ibi vero in Quinctium omnes versi ut unum vindicem maiestatis Romanae intueri, et primores patrum dignam dicere contionem imperio consulari, dignam tot consulatibus ante actis, dignam vita omni, plena honorum saepe gestorum, saepius meritorum. (4) alios consules aut per proditionem dignitatis patrum plebi adulatos aut acerbe tuendo iura ordinis asperiorem domando multitudinem fecisse: T. Quinctium orationem memorem maiestatis patrum concordiaeque ordinum et temporum in primis habuisse. (5) Orare eum collegamque ut capesserent rem publicam; orare tribunos ut uno animo cum consulibus bellum ab urbe ac moenibus propulsari vellent plebemque oboedientem in re tam trepida patribus praeberent; appellare tribunos com-

men wollt, (13) werde ich mich jeder Strafe fügen, wenn ich nicht in wenigen Tagen diese Verwüster unserer Äcker verjagt und vertrieben habe, sie ihrer Lagerplätze beraubt und jenes Schreckbild des Krieges, von dem ihr nun betäubt seid, von unseren Toren und Mauern zu ihren Städten getragen habe!«

69 (1) Selten sonst kam die Rede eines im Volk beliebten Tribunen beim Volk besser an als damals die des so strengen Konsuls. (2) Auch die waffenfähigen Jahrgänge, die in solchen Krisenzeiten die Verweigerung des Militärdienstes gewöhnlich als schärfste Waffe gegen die Väter handhabten, warteten sehnlich auf Waffen und Krieg. Ferner erfüllten die Flucht der Landbewohner, die auf ihren Ländereien Ausgeplünderten und Verwundeten, die den Bürgern noch Grauenvolleres verkündeten als das, was vor ihren Augen lag, die ganze Stadt mit Erbitterung. (3) Sobald der Senat zusammengetreten war, dort aber alle ihre Blicke auf Quinctius als den einzigen Retter der Hoheit Roms richteten, priesen sogar die vornehmsten Väter seine Rede vor dem Volk der Machtvollkommenheit eines Konsuls würdig, würdig der zahlreichen Konsulate, die er schon bekleidet habe, würdig seines ganzen Lebens, das reich war an Ehrenämtern, die er oft empfangen, öfter noch verdient habe. (4) Andere Konsuln hätten entweder die Würde der Väter verraten, um dem Pöbel zu schmeicheln, oder durch die rücksichtslose Verteidigung ihrer Standesrechte mit ihrer Herrenart die Menge noch widerspenstiger gemacht: T. Quinctius hingegen habe eine Rede gehalten, die vor allem auf die Hoheit der Väter, die Eintracht der Stände sowie die gegenwärtigen Verhältnisse Bedacht genommen habe. (5) Sie baten ihn und seinen Kollegen, die Führung des Staates zu übernehmen; sie baten die Tribunen, eines Sinnes mit den Konsuln den Krieg von Stadt und Mauern abzuwenden und in solch bedenklicher Lage das Bürgervolk zum Gehorsam gegenüber den Vätern zu veranlassen: Ihr aller Vaterland rufe die Tribunen an und erfle-

munem patriam auxiliumque eorum implorare vastatis agris, urbe prope oppugnata. (6) Consensu omnium dilectus decernitur habeturque. Cum consules in contione pronuntiassent tempus non esse causas cognoscendi, omnes iuniores postero die prima luce in campo Martio adessent; (7) cognoscendis causis eorum qui nomina non dedissent bello perfecto se daturos tempus; pro desertore futurum, cuius non probassent causam – omnis iuventus adfuit postero die. (8) Cohortes sibi quaeque centuriones legerunt; bini senatores singulis cohortibus praepositi. Haec omnia adeo mature perfecta accepimus ut signa, eo ipso die a quaestoribus ex aerario prompta delataque in campum, quarta diei hora mota ex campo sint, exercitusque novus, paucis cohortibus veterum militum voluntate sequentibus, manserit ad decimum lapidem. (9) Insequens dies hostem in conspectum dedit, castraque ad Corbionem castris sunt coniuncta. (10) Tertio die, cum ira Romanos, illos, cum totiens rebellassent, conscientia culpae ac desperatio inritaret, mora dimicandi nulla est facta.

70 (1) In exercitu Romano cum duo consules essent potestate pari, quod saluberrimum in administratione magnarum rerum est, summa imperii concedente Agrippa penes collegam erat; et praelatus ille facilitati submittentis se comiter respondebat communicando consilia laudesque et aequando imparem sibi. (2) In acie Quinctius dextrum cornu, Agrippa sinistrum

he angesichts der Verwüstung des offenen Landes und der drohenden Eroberung der Stadt ihren Beistand. (6) Einstimmig wurde eine Truppenaushebung beschlossen und durchgeführt. Als die Konsuln in der Versammlung bekanntgaben, es wäre nicht an der Zeit, sich mit Dienstfreistellungsgründen zu befassen, alle Jungmänner sollten am nächsten Tag bei Sonnenaufgang auf dem Marsfeld zugegen sein, (7) der Untersuchung der Fälle jener, die sich nicht zum Kriegsdienst gemeldet hätten, würde man nach Beendigung des Krieges Zeit widmen, als Deserteur werde jeder gelten, dessen Entschuldigung sie nicht anerkannten – da erschien am folgenden Tag die Jungmannschaft vollzählig versammelt. (8) Jede Kohorte wählte sich ihre Centurionen, je zwei Senatoren standen an der Spitze einer Kohorte. Unseren Berichten zufolge waren diese Maßnahmen so früh beendet, dass am selben Tag, an dem die Quästoren die Feldzeichen aus der Schatzkammer holten und sie auf das Marsfeld brachten, die Truppen zur vierten Stunde des Tages [zehn Uhr] in Marsch gesetzt wurden, und das neue Heer, dem einige Veteranenkohorten freiwillig folgten, sogar beim zehnten Meilenstein [ca. 15 km] übernachten konnte. (9) Der folgende Tag brachte den Feind in Sichtweite, und vor Corbio grenzte Lager an Lager. (10) Am dritten Tag zögerte man den Kampf nicht mehr hinaus, denn Wut trieb die Römer an, jene aber das Bewusstsein ihrer Schuld und auch Niedergeschlagenheit, weil sie ja schon so oft Kriege begonnen hatten.

70 (1) Obwohl es im römischen Heer zwei Konsuln von gleicher Machtvollkommenheit gab, lag – was bei der Leitung großer Unternehmungen sehr vorteilhaft ist – der Oberbefehl mit Einverständnis Agrippas in der Hand seines Kollegen; der war zwar der Vorgesetzte, erwiderte aber die Umgänglichkeit des sich Unterordnenden, indem er ihn wie einen Freund an Rat und Ruhm teilhaben ließ und sich mit dem Untergebenen auf eine Stufe stellte. (2) In der Schlachtlinie übernahm Quinctius

tenuit; Sp. Postumio Albo legato datur media acies tuenda; legatum alterum P. Sulpicium equitibus praeficiunt. (3) Pedites ab dextro cornu egregie pugnavere, haud segniter resistentibus Volscis. (4) P. Sulpicius per mediam hostium aciem cum equitatu perrupit. Unde cum eadem reverti posset ad suos, priusquam hostis turbatos ordines reficeret terga impugnare hostium satius visum est; momentoque temporis in aversam incursando aciem ancipiti terrore dissipasset hostes, ni suo proprio eum proelio equites Volscorum et Aequorum exceptum aliquamdiu tenuissent. (5) Ibi vero Sulpicius negare cunctandi tempus esse, circumventos interclusosque ab suis vociferans, ni equestre proelium conixi omni vi perficerent; (6) nec fugare equitem integrum satis esse: conficerent equos virosque, ne quis reveheretur inde ad proelium aut integraret pugnam; non posse illos resistere quibus sibi conferta peditum acies cessisset. (7) Haud surdis auribus dicta. Impressione una totum equitatum fudere, magnam vim ex equis praecipitavere, ipsos equosque spiculis confodere. (8) Is finis pugnae equestris fuit. Tunc adorti peditum aciem, nuntios ad consules rei gestae mittunt, ubi iam inclinabatur hostium acies. Nuntius deinde et vincentibus Romanis animos auxit et referentes gradum perculit Aequos. (9) In media primum acie vinci coepti, qua per-

den rechten, Agrippa den linken Flügel; der Unterfeldherr Sp. Postumius Albus war für den mittleren Frontabschnitt verantwortlich; P. Sulpicius, den zweiten Unterfeldherrn, stellten sie an die Spitze der Reiter. (3) Die Fußtruppen auf dem rechten Flügel kämpften vortrefflich, obwohl die Volsker heftigen Widerstand leisteten. (4) P. Sulpicius brach mit der Reiterei mitten durch die feindliche Linie. Obgleich er von dort auf gleichem Wege zu den Seinen hätte zurückkehren können, hielt er es für richtiger, die Feinde in ihrem Rücken anzugreifen, noch bevor sie ihre zersprengten Reihen ordnen konnten; und im Nu hätte er mit dem Angriff auf die ihm abgewandte Schlachtreihe die Feinde durch diesen doppelten Schrecken auseinandergetrieben, wenn ihn die Kavallerie der Volsker und Aequer nicht durch einen Kampf Reiter gegen Reiter abgefangen und eine Zeitlang aufgehalten hätte. (5) Da aber rief Sulpicius, es bleibe keine Zeit zu zögern, sie seien umzingelt und von ihren Kameraden abgeschnitten, wenn sie nicht mit letzter Kraft das Reitergefecht durchstünden; (6) auch sei es nicht genug, die Reiter unverletzt in die Flucht zu schlagen: Sie sollten Ross und Reiter vernichten, damit von dort keiner in die Schlacht zurückreiten oder den Kampf wieder aufnehmen könne; die anderen seien nicht in der Lage, ihnen zu widerstehen, da sogar die geschlossene Reihe der Infanterie vor ihnen gewichen wäre. (7) Diese Worte stießen nicht auf taube Ohren. Mit *einer* Attacke zersprengten sie die gesamte Reiterei, warfen eine große Zahl von den Pferden, durchbohrten sie selbst aber und ihre Rosse mit den Lanzen. (8) Das war das Ende des Reiterkampfes. Hierauf griffen sie die Reihen der Fußtruppen an und schickten eine Meldung über ihre erfolgreiche Tat zu den Konsuln, wo die Front der Feinde ebenfalls schon wankte. Diese Kunde hob hierauf den siegreichen Römern den Mut und rief andererseits bei den auf dem Rückzug befindlichen Aequern völlige Bestürzung hervor. (9) Ihre Niederlage nahm

missus equitatus turbaverat ordines; (10) sinistrum deinde cornu ab Quinctio consule pelli coeptum; in dextro plurimum laboris fuit. Ibi Agrippa, aetate viribusque ferox, cum omni parte pugnae melius rem geri quam apud se videret, arrepta signa ab signiferis ipse inferre, quaedam iacere etiam in confertos hostes coepit; (11) cuius ignominiae metu concitati milites invasere hostem. Ita aequata ex omni parte victoria est. Nuntius tum a Quinctio venit victorem iam se imminere hostium castris; nolle inrumpere antequam sciat debellatum et in sinistro cornu esse: (12) si iam fudisset hostes, conferret ad se signa, ut simul omnis exercitus praeda potiretur. (13) Victor Agrippa cum mutua gratulatione ad victorem collegam castraque hostium venit. Ibi paucis defendentibus momentoque fusis, sine certamine in munitiones inrumpunt, praedaque ingenti compotem exercitum suis etiam rebus reciperatis quae populatione agrorum amissae erant reducunt. (14) Triumphum nec ipsos postulasse nec delatum iis ab senatu accipio, nec traditur causa spreti aut non sperati honoris. (15) Ego quantum in tanto intervallo temporum conicio, cum Valerio atque Horatio consulibus qui praeter Volscos et Aequos Sabini etiam belli perfecti gloriam pepererant negatus ab senatu triumphus esset, vere-

vom Zentrum des Treffens ihren Ausgang, wo die durchgebrochene Reiterei die Linien in Unordnung gebracht hatte; (10) danach wurde der linke Flügel vom Konsul Quinctius zurückgeschlagen; am härtesten ging es auf dem rechten zu: Als dort Agrippa sah, dass man in jedem Kampfabschnitt besser vorankam als bei ihm, entriss er, unbändig in seiner jugendlichen Kraft, den Bannerträgern die Feldzeichen und begann, sie eigenhändig vorauszutragen und sie teilweise sogar mitten in die dichtgedrängten Scharen der Feinde zu werfen; (11) aus Furcht, solche Beschämung über sich ergehen lassen zu müssen, drangen die Soldaten auf den Feind ein. So kam es zu einem Sieg auf allen Linien. Da langte von Quinctius die Nachricht ein, er selbst stehe schon siegreich vor dem Feindeslager, wolle aber nicht einbrechen, bevor er nicht wisse, ob man auch am linken Flügel den Kampf zu Ende gekämpft habe: (12) Hätte Agrippa die Feinde schon geworfen, solle er seine Truppen zu ihm in Marsch setzen, damit das gesamte Heer gleichzeitig von der Beute Besitz ergreifen könne. (13) Als Sieger kam Agrippa unter gegenseitigen Glückwünschen zu seinem siegreichen Kollegen vor das Lager der Feinde. Dort vertrieben sie im Nu die wenigen Verteidiger, drangen kampflos in die Befestigungen ein und führten ein mit gewaltiger Beute beladenes Heer nach Hause, nachdem sie sogar ihre eigenen Güter, die bei der Verwüstung des offenen Landes verlorengegangen waren, wiedererlangt hatten. (14) Meinen Quellen zufolge haben die Konsuln weder von sich aus einen Triumph gefordert, noch wurde er ihnen vom Senat verliehen; auch ist kein Grund überliefert, warum die Ehrung verweigert oder gar nicht erwartet wurde. (15) Soweit es in Anbetracht des gewaltigen zeitlichen Abstandes möglich ist, ziehe ich für meinen Teil folgenden Schluss: Da den Konsuln Valerius und Horatius, die sich den Ruhm erworben hatten, außer dem Volsker- und Aequerkrieg auch den gegen die Sabiner beendet zu haben, vom Senat

cundiae fuit pro parte dimidia rerum consulibus petere triumphum, ne etiamsi impetrassent magis hominum ratio quam meritorum habita videretur.

71 (1) Victoriam honestam ex hostibus partam turpe domi de finibus sociorum iudicium populi deformavit. (2) Aricini atque Ardeates de ambiguo agro cum saepe bello certassent, multis in vicem cladibus fessi iudicem populum Romanum cepere. (3) Cum ad causam orandam venissent, concilio populi a magistratibus dato magna contentione actum. Iamque editis testibus, cum tribus vocari et populum inire suffragium oporteret, consurgit P. Scaptius de plebe, magno natu, et »Si licet« inquit, »consules, de re publica dicere, errare ego populum in hac causa non patiar.« (4) Cum ut vanum eum negarent consules audiendum esse vociferantemque prodi publicam causam submoveri iussissent, tribunos appellat. (5) Tribuni, ut fere semper reguntur a multitudine magis quam regunt, dedere cupidae audiendi plebi ut quae vellet Scaptius diceret. (6) Ibi infit annum se tertium et octogesimum agere, et in eo agro de quo agitur militasse, non iuvenem, vicesima iam stipendia merentem, cum ad Coriolos sit bellatum. (7) eo rem se vetustate oblitteratam, ceterum suae memoriae infixam adferre agrum de quo ambigitur

ein Triumph verweigert worden war, scheuten sich die neuen Konsuln davor, für nur halb so wichtige Taten einen Triumph anzustreben, damit es nicht, wenn sie ihn erreicht hätten, den Anschein erwecke, als ob eher auf ihre Person als auf ihre Verdienste Rücksicht genommen worden sei.

71 (1) Der ehrenhaft über die Feinde errungene Sieg wurde in der Heimat von einem verwerflichen Volksentscheid über Grenzfragen unter den Bundesgenossen entwertet: (2) Nachdem die Leute von Aricia und die von Ardea oftmals um ein strittiges Ackerland Krieg geführt hatten, bestimmten sie, beide von zahlreichen Niederlagen erschöpft, das römische Volk zum Schiedsrichter. (3) Als sie sich eingefunden hatten, ihren Fall vorzutragen, wurde für sie von den Behörden eine Volksversammlung einberufen, auf der sie mit großer Leidenschaft ihre Sache vertraten. Und schon sollten nach der Vorführung der Zeugen die Bezirke aufgerufen werden und das Volk zur Abstimmung schreiten, als sich P. Scaptius, ein alter Mann von bürgerlicher Herkunft, erhob und sagte: »Wenn es gestattet ist, Konsuln, zu einer Frage von allgemeinem Interesse zu sprechen, so will ich das Volk in dieser Angelegenheit nicht in die Irre gehen lassen.« (4) Als die Konsuln sagten, einen Aufschneider wie ihn solle man gar nicht anhören, und ihn auf sein Geschrei hin, die Sache der Allgemeinheit werde verraten, wegbringen ließen, rief er die Tribunen an. (5) Die Tribunen, wie fast immer eher von der Masse gelenkt als deren Lenker, gaben dem hörbegierigen Volk nach, dass Scaptius sagen dürfe, was er wolle. (6) Er begann nun damit, dass er im 83. Lebensjahr sei und auf dem Land, das zur Debatte stehe, Kriegsdienst geleistet habe, allerdings nicht als junger Mann, sondern bereits in seinem zwanzigsten Dienstjahr, als man vor Corioli gekämpft habe. (7) Deshalb bringe er eine wegen der langen Zeit in Vergessenheit geratene Tatsache vor, die sich seinem Gedächtnis gleichwohl fest eingeprägt habe: Das strittige Land habe zum

finium Coriolanorum fuisse captisque Coriolis iure belli publicum populi Romani factum. mirari se quonam ore Ardeates Aricinique, cuius agri ius nunquam usurpaverint incolumi Coriolana re, eum se a populo Romano, quem pro domino iudicem fecerint, intercepturos sperent. (8) sibi exiguum vitae tempus superesse; non potuisse se tamen inducere in animum quin, quem agrum miles pro parte virili manu cepisset, eum senex quoque voce, qua una posset, vindicaret. magnopere se suadere populo ne inutili pudore suam ipse causam damnaret.

72 (1) Consules cum Scaptium non silentio modo, sed cum adsensu etiam audiri animadvertissent, deos hominesque testantes flagitium ingens fieri, patrum primores arcessunt. (2) Cum iis circumire tribus, orare ne pessimum facinus peiore exemplo admitterent iudices in suam rem litem vertendo, cum praesertim etiamsi fas sit curam emolumenti sui iudici esse, nequaquam tantum agro intercipiendo adquiratur, quantum amittatur alienandis iniuria sociorum animis. (3) nam famae quidem ac fidei damna maiora esse quam quae aestimari possent: hoc legatos referre domum, hoc volgari, hoc socios audire, hoc hostes, quo cum dolore hos, quo cum gaudio illos? (4) Scaptione hoc, comptionali seni, adsignaturos putarent finitimos populos? clarum hac fore imagine Scaptium; sed po-

Gebiet der Coriolaner gehört und sei nach der Einnahme von Corioli gemäß Kriegsrecht Gemeingut des römischen Volkes geworden. Er wundere sich, mit welcher Dreistigkeit denn Ardeaten und Ariciner das Land, dessen Besitzrecht sie niemals *beansprucht* hätten, als der Staat von Corioli noch bestand, dem römischen Volk zu entreißen hofften, das sie zum Richter genommen hätten, obwohl es der Eigentümer sei. (8) Ihm bleibe nur noch wenig Zeit zu leben; dennoch habe es ihm nicht in den Kopf gewollt, ein Land, das er als Soldat nach besten Kräften mit tapferer Hand erobert habe, nicht auch als Greis mit der einzig ihm verbliebenen Waffe, seiner Stimme, in Anspruch zu nehmen. Er rate dem Volk eindringlich, nicht durch unnütze Skrupel selbst seine eigenen Interessen zu schädigen.

72 (1) Nachdem die Konsuln wahrgenommen hatten, dass Scaptius nicht bloß stillschweigend, sondern sogar zustimmend angehört wurde, riefen sie Götter und Menschen zu Zeugen an, dass eine ungeheure Niedertracht im Schwange sei, und ließen die ersten Männer unter den Vätern zu sich kommen. (2) Gemeinsam mit ihnen suchten sie die Stimmbezirke auf, baten, sie sollten eine üble Schandtat nicht zu einem noch übleren Beispiel werden lassen, indem sie als Richter die Streitsache in ihren Besitz überführten; zumal ja, selbst wenn es gerechtfertigt sei, wenn ein Richter Vorteil aus seiner Tätigkeit ziehe, keinesfalls so viel durch Landraub gewonnen, wie dadurch verloren werde, dass man sich die Bundesgenossen durch ein Unrecht entfremde. (3) Denn der Verlust von gutem Ruf und Glaubwürdigkeit sei schwerwiegender, als sie abschätzen könnten: Das berichteten Gesandte in ihre Heimat, das verbreite sich in der Öffentlichkeit, davon hörten Bundesgenossen und Feinde – wie würden diese verbittert, jene erfreut sein! (4) Glaubten sie, die benachbarten Völker würden das einem Scaptius, diesem alten Marktredner, zuschreiben? Scaptius werde noch berühmt werden und ein Ahnenbild da-

pulum Romanum quadruplatoris et interceptoris litis alienae personam laturum. (5) quem enim hoc privatae rei iudicem fecisse ut sibi controversiosam adiudicaret rem? Scaptium ipsum id quidem, etsi praemortui iam sit pudoris, non facturum.

(6) Haec consules, haec patres vociferantur; sed plus cupiditas et auctor cupiditatis Scaptius valet. Vocatae tribus iudicaverunt agrum publicum populi Romani esse. (7) Nec abnuitur ita fuisse, si ad iudices alios itum foret; nunc haud sane quicquam bono causae levatur dedecus iudicii; idque non Aricinis Ardeatibusque quam patribus Romanis foedius atque acerbius visum. Reliquum anni quietum ab urbanis motibus et ab externis mansit.

für bekommen, doch das römische Volk habe die Maske eines bestechlichen Richters und eines Unterschlagers fremder Streitsache zu tragen. (5) Welcher Richter habe es nämlich in einem Zivilprozess unternommen, den Gegenstand des Verfahrens sich selbst zuzusprechen? Nicht einmal Scaptius selbst werde so etwas tun, auch wenn sein Ehrgefühl schon längst vor ihm gestorben sei.

(6) So riefen die Konsuln, so die Väter; doch mehr vermochte die Habgier und der Anstifter zur Habsucht – Scaptius. Die Stimmbezirke wurden aufgerufen und entschieden, das Land sei Gemeingut des römischen Volkes. (7) Es ist auch nicht zu leugnen, dass es so ausgegangen wäre, wenn man sich an andere Richter gewandt hätte; nun wird aber die Schande des Urteilsspruches in keiner Weise durch die Rechtlichkeit der Sache gemildert; und den Aricinern und Ardeaten erschien das Urteil nicht weniger schmählich und grausam als den Vätern Roms.[67] Das restliche Jahr blieb von inneren und äußeren Erschütterungen frei.

Liber IV

1 (1) Hos secuti M. Genucius et C. Curiatius consules. Fuit annus domi forisque infestus. Nam principio anni et de conubio patrum et plebis C. Canuleius tribunus plebis rogationem promulgavit, (2) qua contaminari sanguinem suum patres confundique iura gentium rebantur, et mentio primo sensim inlata a tribunis ut alterum ex plebe consulem liceret fieri, eo processit deinde ut rogationem novem tribuni promulgarent, ut populo potestas esset, seu de plebe seu de patribus vellet, consules faciendi. (3) Id vero si fieret, non volgari modo cum infimis, sed prorsus auferri a primoribus ad plebem summum imperium credebant. (4) Laeti ergo audiere patres Ardeatium populum ob iniuriam agri abiudicati descisse, et Veientes depopulatos extrema agri Romani, et Volscos Aequosque ob communitam Verruginem fremere; (5) adeo vel infelix bellum ignominiosae paci praeferebant. His itaque in maius etiam acceptis, ut inter strepitum tot bellorum conticescerent actiones tribuniciae, dilectus haberi, bellum armaque vi summa apparari iubent, si quo intentius possit quam T. Quinctio consule apparatum sit. (6) Tum C. Canuleius, pauca in senatu vociferatus, nequiquam territando consules avertere plebem a cura novarum legum, nunquam eos se vivo dilectum habituros, ante-

4. Buch

1 (1) Es folgten M. Genucius und C. Curiatius im Konsulat nach [446]. Es war ein Jahr zu Hause wie auch auswärts voller Unruhe. Denn zu Jahresbeginn machte der Volkstribun C. Canuleius einen Gesetzesvorschlag über die Mischehe[1] zwischen Adels- und Bürgerstand bekannt, (2) durch den die Väter den Adel ihres Blutes befleckt und die Rechte der vornehmen Geschlechter beseitigt glaubten; und auch die zuerst nur vorsichtige Anregung der Tribunen, es müsste doch einer der Konsuln aus dem Bürgerstand gewählt werden können, gedieh in der Folge so weit, dass neun Tribunen ein Gesetz vorschlugen, nach dem das Gesamtvolk berechtigt sein sollte, die Konsuln nach eigenem Willen entweder aus dem Bürgerstand oder aus den Vätern zu wählen. (3) Wenn das aber tatsächlich geschehe, meinten die Väter, würde die höchste staatliche Gewalt nicht nur dem Pöbel zugänglich gemacht, sondern vom Adel endgültig auf das gewöhnliche Volk übertragen werden. (4) Sie waren also froh, als ihnen zu Ohren kam, die Bevölkerung von Ardea sei wegen des widerrechtlich abgesprochenen Landstriches abtrünnig geworden, die Vejenter hätten römische Grenzgebiete verwüstet, Volsker und Aequer seien erbost über die starke Befestigung von Verrugo; (5) so sehr zogen sie selbst einen unseligen Krieg dem ehrlosen Frieden vor. Deshalb legten sie diese Nachrichten sogar noch schlimmer aus, und damit unter dem Lärm so vieler Kriege die Reden der Tribunen verstummten, befahlen sie, Truppen auszuheben, Krieg und Rüstung mit größter Energie voranzutreiben, wenn möglich sogar noch entschlossener vorzugehen als unter dem Konsul T. Quinctius [Capitolinus]. (6) Da erhob C. Canuleius im Senat seine Stimme und sagte knapp, die Konsuln würden mit ihren Einschüchterungen den Bürgerstand vergeblich von der Sorge um die neuen Gesetze ablenken und, solange er lebe, niemals

quam ea quae promulgata ab se collegisque essent plebes scivisset, confestim ad contionem advocavit.

2 (1) Eodem tempore et consules senatum in tribunum et tribunus populum in consules incitabat. Negabant consules iam ultra ferri posse furores tribunicios; ventum iam ad finem esse; domi plus belli concitari quam foris. id adeo non plebis quam patrum neque tribunorum magis quam consulum culpa accidere. (2) cuius rei praemium sit in civitate, eam maximis semper auctibus crescere; sic pace bonos, sic bello fieri. (3) maximum Romae praemium seditionum esse; seditiones singulis universisque semper honori fuisse. (4) reminiscerentur quam maiestatem senatus ipsi a patribus accepissent, quam liberis tradituri essent deminutam, dum plebs gloriari posset auctiorem amplioremque esse. finem ergo non fieri, nec futuram donec quam felices seditiones tam honorati seditionum auctores essent. (5) quas quantasque res C. Canuleium adgressum! conluvionem gentium, perturbationem auspiciorum publicorum privatorumque adferre, ne quid sinceri, ne quid incontaminati sit, ut discrimine omni sublato nec se quisquam nec suos noverit. (6) quam enim aliam vim conubia promiscua habere nisi ut ferarum prope ritu volgentur concubitus plebis patrumque? ut qui natus sit ignoret, cuius sanguinis, quorum sacrorum sit; dimidius patrum sit, dimidius plebis, ne secum quidem ipse concors. (7) parum id videri quod omnia divina humanaque

eine Truppenaushebung vornehmen können, bevor nicht das Volk die von ihm und seinen Kollegen vorgeschlagenen Gesetze gebilligt habe; dann berief er unverzüglich die Volksversammlung ein.

2 (1) Gleichzeitig hetzten die Konsuln den Senat gegen den Tribunen, der Tribun das Volk gegen die Konsuln auf. Die Konsuln sagten, das Wüten der Tribunen sei nicht mehr länger zu ertragen; man habe bereits die Grenze erreicht, schüre eher zum Krieg gegen Bürger als gegen Feinde. An diesem Zustand trügen Volk wie Väter, Tribunen wie Konsuln gleich große Schuld. (2) Was in einem Staat Gewinn einbringe, das wachse stets und nehme gewaltig zu; so entstünden im Frieden, so im Krieg fähige Männer. (3) Den größten Gewinn aber ziehe man in Rom aus den Parteikämpfen, die einzelnen Personen und der Menge immer Ehre eingebracht hätten. (4) Sie sollten sich daran erinnern, wie angesehen der Senat war, als sie selbst ihn von ihren Vätern ererbten, und wie geschmälert in seiner Würde sie ihn ihren Kindern vererben würden, während der Bürgerstand sich rühmen könne, größer und angesehener geworden zu sein. Es gebe also kein Ende und es werde keines geben, solange Parteienkämpfe ebenso erfolgreich, wie deren Anstifter geachtet seien. (5) An welche folgenschweren Pläne habe sich C. Canuleius gemacht! Die Verschmelzung der Sippen, die Verkehrung öffentlicher und privater Auspizien schleppe er ein, auf dass nichts mehr rein, nichts unbefleckt sei und nach Beseitigung jeglichen Unterschiedes keiner mehr sich selbst oder die Seinen erkenne. (6) Welch andere Wirkung zeigten denn Mischehen, als dass sich fast in der Art von wilden Tieren Bürgerliche und Adelige dem Beischlaf ergeben, dass der Sohn nicht mehr wisse, von welchem Blut er stamme, welchen Hausgöttern er angehöre; halb Adeliger, halb Bürgerlicher, sei er nicht einmal eins mit sich selbst. (7) Zu gering scheine es noch, dass alle göttlichen und menschlichen Nor-

turbentur: iam ad consulatum volgi turbatores accingi. et primo ut alter consul ex plebe fieret, id modo sermonibus temptasse; nunc rogari ut seu ex patribus seu ex plebe velit populus consules creet. et creaturos haud dubie ex plebe seditiosissimum quemque: Canuleios igitur Iciliosque consules fore. (8) ne id Iuppiter optimus maximus sineret regiae maiestatis imperium eo recidere; et se miliens morituros potius quam ut tantum dedecoris admitti patiantur. (9) certum habere maiores quoque, si divinassent concedendo omnia non mitiorem in se plebem, sed asperiorem alia ex aliis iniquiora postulando cum prima impetrasset futuram, (10) primo quamlibet dimicationem subituros fuisse potius quam eas leges sibi imponi paterentur. quia tum concessum sit de tribunis, iterum concessum esse. (11) finem non fieri posse si in eadem civitate tribuni plebis et patres essent; aut hunc ordinem aut illum magistratum tollendum esse, potiusque sero quam nunquam obviam eundum audaciae temeritatique. (12) illine ut impune primo discordias serentes concitent finitima bella, deinde adversus ea quae concitaverint armari civitatem defendique prohibeant, et cum hostes tantum non arcessierint, exercitus conscribi adversus hostes non patiantur, (13) sed audeat Canuleius in senatu proloqui se nisi suas leges tamquam victoris patres accipi

men verkehrt würden – nein, die Aufwiegler des Pöbels rüsteten sich bereits zum Konsulat. Zuerst hätten sie nur in Gesprächen vorgefühlt, ob nicht einer der beiden Konsuln aus dem Bürgerstand kommen sollte; jetzt stellten sie schon den Antrag, dass das Volk die Konsuln nach seinem Willen entweder aus den Vätern oder aus dem Bürgerstand wählen dürfe; und dabei würden sie ohne Zweifel gerade die Aufsässigsten unter den Bürgerlichen auswählen: Leute wie Canuleius und Icilius seien also ihre künftigen Konsuln. (8) Möge Iuppiter Optimus Maximus doch nicht zusehen, wie ein Amt von königlicher Würde so tief sinke! Sie selbst wollten lieber tausend Tode sterben, als solche Schande zulassen. (9) Sie hielten es für sicher, dass auch ihre Vorfahren bereits am Anfang lieber jeden Kampf auf sich genommen hätten, als sich diese Gesetze aufbürden zu lassen, wenn sie geahnt hätten, dass der Bürgerstand trotz aller Zugeständnisse ihnen gegenüber nicht wohlwollender, sondern nur noch widerspenstiger werden (10) und, wenn er die ersten Forderungen durchgesetzt habe, sofort andere, noch ungerechtere erheben würde. Weil man damals bezüglich der Tribunen nachgegeben habe, habe man es ein zweites Mal tun müssen. (11) Es sei eben eine Lösung unmöglich, wenn in ein und demselben Gemeinwesen Volkstribunen und Väter lebten; entweder müsse dieser Stand oder jenes Amt abgeschafft werden, und besser spät als niemals habe man frecher Dreistigkeit die Stirn zu bieten. (12) Dürfe man denn durchgehen lassen, dass die Volkstribunen zuerst ungestraft Zwietracht säend Kriege mit Nachbarn vom Zaun brächen, dann die Bürgerschaft daran hinderten, sich gegen ebendie von ihnen herbeigeführten Gefahren zu rüsten und zu verteidigen, und dass sie, obwohl sie die Feinde beinahe herbeigerufen hätten, es nicht zuließen, gegen diese Feinde Heere auszuheben? (13) Dass vielmehr ein Canuleius es wage, im Senat zu verkünden, er werde die Durchführung der Truppenaus-

sinant dilectum haberi prohibiturum? quid esse aliud quam minari se proditurum patriam, oppugnari atque capi passurum? quid eam vocem animorum, non plebi Romanae, sed Volscis et Aequis et Veientibus allaturam? (14) nonne Canuleio duce se speraturos Capitolium atque arcem scandere posse? si patribus tribuni cum iure ac maiestate adempta animos etiam eripuerint, consules paratos esse duces prius adversus scelus civium quam adversus hostium arma.

3 (1) Cum maxime haec in senatu agerentur, Canuleius pro legibus suis et adversus consules ita disseruit: (2) »Quanto opere vos, Quirites, contemnerent patres, quam indignos ducerent qui una secum urbe intra eadem moenia viveretis, saepe equidem et ante videor animadvertisse, (3) nunc tamen maxime quod adeo atroces in has rogationes nostras coorti sunt, quibus quid aliud quam admonemus cives nos eorum esse et, si non easdem opes habere, eandem tamen patriam incolere? (4) Altera conubium petimus, quod finitimis externisque dari solet; nos quidem civitatem, quae plus quam conubium est, hostibus etiam victis dedimus: (5) altera nihil novi ferimus, sed id quod populi est repetimus atque usurpamus, ut quibus velit populus Romanus honores mandet. (6) Quid tandem est cur caelum ac terras misceant, cur in me impetus modo paene in senatu sit factus, negent se manibus temperaturos, violaturos-

hebung behindern, falls die Väter die Annahme seiner Gesetze nicht zuließen, gleichsam als ob es die Gesetze eines Siegers wären? Womit drohe er denn sonst, als das Vaterland zu verraten, dessen Belagerung und Eroberung hinnehmen zu wollen? Welchen Mut werde sein Wort nicht dem Bürgervolk Roms, sondern den Volskern, den Aequern und Vejentern einflößen? (14) Würden sie nicht hoffen, unter Canuleius' Führung Kapitol und Burg ersteigen zu können? Wenn die Tribunen neben Recht und Ansehen den Vätern auch die mutige Gesinnung geraubt hätten, seien die Konsuln bereit, lieber Führer gegen das Verbrechertum der Bürger als gegen die Waffen der Feinde zu sein.

3 (1) Als im Senat leidenschaftlich darüber verhandelt wurde, sprach Canuleius für seine Gesetze und gegen die Konsuln folgendermaßen: (2) »Wie sehr euch, Bürger, die Väter verachten, für wie unwürdig sie euch halten, gemeinsam mit ihnen in der Stadt, innerhalb derselben Mauern zu leben, glaube ich freilich oftmals und auch schon früher bemerkt zu haben. (3) Jetzt aber ist es mir ganz deutlich bewusst, weil sie sich so heftig gegen die Anträge empört haben, durch die wir doch nichts anderes zum Ausdruck bringen, als dass wir Mitbürger sind und, wenn wir schon nicht dieselben Reichtümer besitzen, doch dasselbe Vaterland bewohnen. (4) Mit dem ersten Gesetzesvorschlag wollen wir die Mischehe durchsetzen, die gewöhnlich sogar Nachbarn und Fremden gewährt wird; wir unsererseits haben sogar besiegten Feinden das Bürgerrecht geschenkt, das mehr zählt als die Mischehe. (5) Mit dem zweiten bringen wir nicht Neues vor, sondern fordern zurück und machen das geltend, was das Recht des römischen Volkes ist – wem es will, die Ehrenämter übertragen zu dürfen. (6) Was gibt es also für einen Grund, dass sie Himmel und Erde aufrühren, dass man mich im Senat fast tätlich angegriffen hätte, dass sie lauthals verkünden, sie würden auch vor Handgreiflichkeiten nicht zurück-

que denuntient sacrosanctam potestatem? (7) Si populo Romano liberum suffragium datur, ut quibus velit consulatum mandet, et non praeciditur spes plebeio quoque, si dignus summo honore erit, apiscendi summi honoris, stare urbs haec non poterit? de imperio actum est? et perinde hoc valet, plebeiusne consul fiat, tamquam servum aut libertinum aliquis consulem futurum dicat? (8) Ecquid sentitis in quanto contemptu vivatis? Lucis vobis huius partem, si liceat, adimant; quod spiratis, quod vocem mittitis, quod formas hominum habetis, indignantur. (9) Quin etiam, si dis placet, nefas aiunt esse consulem plebeium fieri. Obsecro vos, si non ad fastos, non ad commentarios pontificum admittimur, ne ea quidem scimus quae omnes peregrini etiam sciunt, consules in locum regum successisse nec aut iuris aut maiestatis quicquam habere quod non in regibus ante fuerit? (10) Enunquam creditis fando auditum esse, Numam Pompilium, non modo non patricium sed ne civem quidem Romanum, ex Sabino agro accitum, populi iussu, patribus auctoribus Romae regnasse? (11) L. deinde Tarquinium, non Romanae modo sed ne Italicae quidem gentis, Demarati Corinthii filium, incolam ab Tarquiniis, vivis liberis Anci, regem factum? (12) Ser. Tullium post hunc, captiva Corniculana natum, patre nullo, matre serva, ingenio, virtute regnum tenuisse? Quid enim de T. Tatio Sabino dicam, quem

schrecken, und drohen, dem Träger eines unverletzlichen Amtes Gewalt anzutun? (7) Wenn dem römischen Volk die freie Wahl gegeben wird, wem es das Konsulat übertragen will, und auch einem Bürgerlichen nicht die Aussicht abgeschlagen wird, das höchste Amt zu erreichen, falls er dieses höchsten Amtes würdig ist – wird diese Stadt dann nicht mehr bestehen können? Ist es um das Reich geschehen? Und ist es dasselbe, ob ein Bürgerlicher Konsul wird, wie wenn jemand sagte, ein Sklave oder Freigelassener würde Konsul werden? (8) Fühlt ihr denn nicht, unter welcher Verachtung ihr lebt? Wenn sie könnten, würden sie euch euren Anteil an diesem Licht nehmen; dass ihr atmet, dass ihr eine Stimme habt, dass ihr Menschengestalt besitzt, empfinden sie als anstößig. (9) Ja, sie behaupten sogar – man sollte es bei Gott kaum für möglich halten –, es sei Gottesfrevel, einen Bürgerlichen zum Konsul zu machen. Hört mich an: Wenn wir zu den Konsularlisten und den Aufzeichnungen der Priester auch keinen Zutritt haben, wissen wir dann nicht einmal das, was sogar jeder Ausländer weiß, dass die Konsuln an die Stelle der Könige gerückt sind und kein Vorrecht, keine Würde besitzen, die vorher nicht in den Händen der Könige gelegen hat? (10) Glaubt ihr, es sei vom Hörensagen nicht bekannt, dass Numa Pompilius ohne Patrizier, geschweige denn römischer Bürger gewesen zu sein, aus dem Sabinerland herbeigerufen wurde und auf Geheiß des Volkes und mit Zustimmung der Väter in Rom als König regiert hat? (11) Dass später L. Tarquinius als Sohn des Korinthers Demaratus nicht von römischer, nicht einmal von italischer Abstammung, ein Einwanderer aus Tarquinii, zum König gemacht wurde, obwohl die Söhne des Ancus noch lebten? (12) Dass nach diesem Ser. Tullius, der von einer Gefangenen aus Corniculum zur Welt gebracht, einen Unbekannten zum Vater und eine Sklavin zur Mutter hatte, kraft seiner Begabung und Tüchtigkeit die Königswürde innegehabt hat? Was soll ich

ipse Romulus, parens urbis, in societatem regni accepit? (13) Ergo dum nullum fastiditur genus in quo eniteret virtus, crevit imperium Romanum. Paeniteat nunc vos plebeii consulis, cum maiores nostri advenas reges non fastidierint, et ne regibus quidem exactis clausa urbs fuerit peregrinae virtuti? (14) Claudiam certe gentem post reges exactos ex Sabinis non in civitatem modo accepimus sed etiam in patriciorum numerum. (15) Ex peregrinone patricius, deinde consul fiat, civis Romanus si sit ex plebe, praecisa consulatus spes erit? (16) Utrum tandem non credimus fieri posse, ut vir fortis ac strenuus, pace belloque bonus, ex plebe sit, (17) Numae, L. Tarquinio, Ser. Tullio similis, an, ne si sit quidem, ad gubernacula rei publicae accedere eum patiemur, potiusque decemviris, taeterrimis mortalium, qui tum omnes ex patribus erant, quam optimis regum, novis hominibus, similes consules sumus habituri?

4 (1) At enim nemo post reges exactos de plebe consul fuit. Quid postea? Nullane res nova institui debet? et quod nondum est factum – multa enim nondum sunt facta in novo populo – ea ne si utilia quidem sunt fieri oportet? (2) Pontifices, augures Romulo regnante nulli erant; ab Numa Pompilio creati sunt. Census in civitate et descriptio centuriarum classiumque non

denn noch über den Sabiner T. Tatius sagen, den Romulus selbst, der Vater dieser Stadt, teilhaben ließ an seiner Königsherrschaft? (13) Während man also kein Geschlecht verschmähte, in dem die Tugend erstrahlte, wuchs das römische Reich. Solltet ihr jetzt einen Konsul aus dem Bürgerstand ablehnen, obwohl unsere Vorfahren eingewanderte Könige nicht zurückwiesen und nicht einmal nach Vertreibung der Könige die Stadt für fremde Tüchtigkeit verschlossen blieb? (14) Als die Könige verjagt waren, haben wir – so viel ist gewiss – das Geschlecht der Claudier vom Sabinerland nicht nur in die Bürgerschaft, sondern sogar in den Kreis der Patrizier aufgenommen. (15) Mag jemand vom Einwanderer zum Patrizier, danach zum Konsul aufsteigen – wenn ein römischer Bürger aus dem einfachen Volk stammt, soll ihm die Hoffnung auf das Konsulat abgeschnitten sein? (16) Halten wir es also für unmöglich, dass ein tapferer und beherzter Mann, der sich in Krieg und Frieden tüchtig zeigt, bürgerlicher Abstammung ist, (17) ähnlich einem Numa, L. Tarquinius, Ser. Tullius; ferner, dass wir ihn, selbst wenn er nicht einmal Bürger ist, nicht an das Steuerruder des Staates treten lassen und Konsuln bevorzugen, die eher den Decemvirn, den verkommensten unter den Menschen, die damals allesamt aus der Reihe der Väter stammten, gleichen, als den besten Königen, Männern ohne Stammbaum?

4 (1) Freilich war niemand aus dem Bürgerstand nach der Vertreibung der Könige Konsul. Was soll daraus folgen? Darf man denn überhaupt keine Neuerungen einführen? Und darf das, was bislang noch nicht geschehen ist – denn gar vieles gibt es in einem jungen Volk noch nicht –, auch dann nicht geschehen, wenn es nützlich ist? (2) Zur Zeit des Königs Romulus gab es überhaupt keine Priester und Vogelschauer; und doch wurden sie von Numa Pompilius geschaffen. Es gab in der Bürgerschaft keine Volkszählung und keine Gliederung in Hundert-

erat; ab Ser. Tullio est facta. (3) Consules nunquam fuerant; regibus exactis creati sunt. Dictatoris nec imperium nec nomen fuerat; apud patres esse coepit. Tribuni plebi, aediles, quaestores nulli erant; institutum est ut fierent. Decemviros legibus scribendis intra decem hos annos et creavimus et e re publica sustulimus. (4) Quis dubitat quin in aeternum urbe condita, in immensum crescente nova imperia, sacerdotia, iura gentium hominumque instituantur? (5) Hoc ipsum, ne conubium patribus cum plebe esset, non decemviri tulerunt paucis his annis pessimo exemplo cum summa iniuria plebis? An esse ulla maior aut insignitior contumelia potest quam partem civitatis velut contaminatam indignam conubio haberi? (6) Quid est aliud quam exsilium intra eadem moenia, quam relegationem pati? Ne adfinitatibus, ne propinquitatibus immisceamur cavent, ne societur sanguis. (7) Quid? hoc si polluit nobilitatem istam vestram, quam plerique oriundi ex Albanis et Sabinis non genere nec sanguine sed per cooptationem in patres habetis, aut ab regibus lecti aut post reges exactos iussu populi, sinceram servare privatis consiliis non poteratis, nec ducendo ex plebe neque vestras filias sororesque enubere sinendo e patribus? (8) Nemo plebeius patriciae virgini vim adferret; patri-

schaften und Vermögensklassen; und doch hat Ser. Tullius das eingeführt. (3) Niemals hatte es Konsuln gegeben; nach Vertreibung der Könige wurden welche gewählt. Weder Amt noch Titel eines Diktators hatte man gekannt; zur Zeit unserer Väter gab es ihn zum ersten Mal. Tribunen für das Volk, Ädilen und Quästoren fehlten völlig; man kam überein, welche zu wählen: Innerhalb der vergangenen zehn Jahre haben wir Decemvirn zur Abfassung von Gesetzen bestimmt und sie auch wieder aus dem Gemeinwesen entfernt. (4) Wer bezweifelt, dass in einer Stadt, die auf Ewigkeit hin gegründet wurde und die ins Unendliche wächst, neue Ämter, Priestertümer sowie Rechtssatzungen zwischen Volksgruppen und Einzelnen eingerichtet werden müssen? (5) Haben die Decemvirn nicht ebendiese Bestimmung, dass es keine Ehe zwischen Adel und Bürgertum geben solle, erst im Verlauf dieser wenigen Jahre erlassen – ein unwürdiges Beispiel, eine furchtbare Kränkung des Bürgerstandes? Kann denn irgendeine Beleidigung größer und offenkundiger sein, als einen Teil der Bürgerschaft wie einen Unreinen einer vollgültigen Ehe für unwürdig zu halten? (6) Was bedeutet das schon anderes, als innerhalb derselben Mauern Exil, als Verbannung zu dulden? Dass wir uns in ihre Verwandtschaften und Sippen nicht einreihen, dafür sorgen sie, und dass sich Blut ja nicht mit Blut mischt. (7) Was also? Wenn das euren hohen Adel entehrt, den ihr, großteils Nachkommen von Albanern und Sabinern, weder durch Abstammung noch durch Blutsbande besitzt, sondern kraft einer nachträglichen Aufnahme in den Adelsstand oder weil ihr entweder von den Königen oder nach deren Vertreibung auf Geheiß des Volkes dazu ausersehen worden wart – konntet ihr diesen euren Adel denn nicht aus eigenen Stücken reinhalten, indem ihr weder Frauen aus dem gewöhnlichen Volk heiratetet noch euren Töchtern und Schwestern erlaubtet, aus dem Adel wegzuheiraten? (8) Kein Plebejer würde einem patrizischen

ciorum ista libido est; nemo invitum pactionem nuptialem quemquam facere coegisset. (9) Verum enimvero lege id prohiberi et conubium tolli patrum ac plebis, id demum contumeliosum plebi est. Cur enim non fertis, ne sit conubium divitibus ac pauperibus? (10) Quod privatorum consiliorum ubique semper fuit, ut in quam cuique feminae convenisset domum nuberet, ex qua pactus esset vir domo, in matrimonium duceret, id vos sub legis superbissimae vincula conicitis, qua dirimatis societatem civilem duasque ex una civitate faciatis. (11) Cur non sancitis ne vicinus patricio sit plebeius nec eodem itinere eat, ne idem convivium ineat, ne in foro eodem consistat? Quid enim in re est aliud, si plebeiam patricius duxerit, si patriciam plebeius? Quid iuris tandem immutatur? (12) Nempe patrem sequuntur liberi. Nec quod nos ex conubio vestro petamus quicquam est, praeterquam ut hominum, ut civium numero simus, nec vos, nisi in contumeliam ignominiamque nostram certare iuvat, quod contendatis quicquam est.

5 (1) Denique utrum tandem populi Romani an vestrum summum imperium est? Regibus exactis utrum vobis dominatio an omnibus aequa libertas parta est? (2) Oportet licere populo Romano, si velit, iubere legem, an ut quaeque rogatio promulgata erit vos dilectum pro poena decernetis, et simul

Mädchen Gewalt antun, diese Begierde bleibt Vorrecht der Patrizier;[2] keiner hätte irgendjemanden gegen seinen Willen gezwungen, einen Ehevertrag zu schließen. (9) Aber dies gesetzlich zu verbieten und die Mischehe zwischen Adel und Bürgerstand aufzuheben, das erst macht es für das Volk so schmachvoll. Warum ertragt ihr es denn nicht, dass eine Ehe zwischen Reichen und Armen gültig sein kann? (10) Was immer und überall persönlicher Entscheidung überlassen blieb, dass jede Frau in das Haus heiratete, das zu ihr passte, und jeder Mann seine Frau aus der Familie heiratete, mit der er sich über den Ehekontrakt geeinigt hatte, das unterwerft ihr den Beschränkungen eines überstrengen Gesetzes, um mit ihm die Gemeinschaft der Bürger zu entzweien und aus einem Staat zwei zu machen. (11) Warum verbietet ihr nicht bei Strafe, dass ein Plebejer Nachbar eines Patriziers ist, dass er denselben Weg benützt, dass er am selben Gastmahl teilnimmt, dass er sich am selben Platz aufhält? Welcher Unterschied besteht denn tatsächlich zwischen der Ehe eines Patriziers mit einer Plebejerin und der eines Plebejers mit einer Patrizierin? Wo in aller Welt wird denn da ein Recht verändert? (12) Denn die Kinder folgen doch ihrem Vater. So fordern wir nur das eine aus einem Eherecht mit euch, dass wir zu Menschen, dass wir zu Bürgern gerechnet werden, und sonst gibt es nichts, was ihr bekämpfen könntet – außer es liegt euch etwas daran, uns gewaltsam Schimpf und Schande zu bereiten.

5 (1) Und weiter – gehört die oberste Macht im Staat dem römischen Volk oder euch? Wurde nach der Vertreibung der Könige für euch die Herrschaft oder für alle Gleichheit und Freiheit geboren? (2) Muss nicht das römische Volk das Recht haben, nach eigenem Willen ein Gesetz einzubringen, oder werdet ihr, sobald irgendein Gesetzesantrag bekanntgemacht wurde, zur Vergeltung eine Aushebung beschließen; und wirst du als Konsul sofort die wehrpflichtige Jugend unter Eid neh-

ego tribunus vocare tribus in suffragium coepero, tu statim consul sacramento iuniores adiges et in castra educes, et minaberis plebi, minaberis tribuno? (3) Quid si non quantum istae minae adversus plebis consensum valerent bis iam experti essetis? Scilicet quia nobis consultum volebatis, certamine abstinuistis; an ideo non est dimicatum, quod quae pars firmior eadem modestior fuit? (4) Nec nunc erit certamen, Quirites; animos vestros illi temptabunt semper, vires non experientur. (5) Itaque ad bella ista, seu falsa seu vera sunt, consules, parata vobis plebes est, si conubiis redditis unam hanc civitatem tandem facitis, si coalescere, si iungi miscerique vobis privatis necessitudinibus possunt, si spes, si aditus ad honores viris strenuis et fortibus datur, si in consortio, si in societate rei publicae esse, si, quod aequandae libertatis est, in vicem annuis magistratibus parere atque imperitare licet. (6) Si haec impediet aliquis, ferte sermonibus et multiplicate fama bella; nemo est nomen daturus, nemo arma capturus, nemo dimicaturus pro superbis dominis, cum quibus nec in re publica honorum nec in privata conubii societas est.«

6 (1) Cum in contionem et consules processissent et res a perpetuis orationibus in altercationem vertisset, interroganti tribuno cur plebeium consulem fieri non oporteret, (2) ut fortasse vere, sic parum utiliter in praesens certamen respon-

men, sie ins Heerlager führen, dem Bürgervolk und seinem Tribunen drohen, wenn ich, der Tribun, die Stimmbezirke zur Wahl aufgerufen habe? (3) Was wäre erst, wenn ihr nicht schon zweimal zu spüren bekommen hättet, wie viel Drohungen dieser Art gegen einen einträchtigen Bürgerstand wiegen? Natürlich habt ihr euch vom Kampf zurückgehalten, weil ihr nur unser Bestes wolltet! Oder ist es in Wirklichkeit nicht deshalb zu keinem offenen Kampf gekommen, weil die stärkere Partei auch die besonnenere war? (4) So wird es, Bürger, auch jetzt keinen Kampf geben; jene werden eure Standhaftigkeit immer auf die Probe stellen, eure Macht aber nicht an sich erfahren wollen. (5) Daher steht das Bürgervolk euch, Konsuln, für diese Kriege, mögen sie wirklich oder erfunden sein, zur Verfügung, wenn ihr uns das Eherecht zurückgebt und so die Bürger endlich zu einer Gemeinschaft eint, wenn es uns möglich ist, mit euch zusammenzuwachsen und feste und verwandtschaftliche Beziehungen einzugehen, wenn tüchtigen und ehrgeizigen Männern die Ämter in Aussicht gestellt und eröffnet werden, wenn es uns erlaubt ist, am Staat teilzuhaben und mit ihm verbunden zu sein und, was im Sinne einer gerechten Verteilung der Freiheit ist, jährlich wechselnden Beamten zu gehorchen und zu befehlen. (6) Wenn sich irgendeiner dem widersetzt, dann führt eure Kriege mit Worten und vervielfacht sie durch eure Schauermärchen; kein einziger wird sich melden, keiner wird Waffen tragen und für hochmütige Despoten kämpfen, mit denen weder im öffentlichen Leben die Macht, noch im privaten die Ehe gemeinsames Gut ist.«[3]

6 (1) Nachdem auch die Konsuln vor die Volksversammlung getreten waren und sich die Parteien nach den langen Reden auf Wortwechsel verlegt hatten, fragte der Tribun, warum ein Plebejer nicht Konsul werden dürfe; (2) einer der Konsuln gab ihm darauf die vielleicht auch korrekte, aber angesichts des gegenwärtigen Streites nicht sehr hilfreiche Antwort, dass kein

dit, quod nemo plebeius auspicia haberet, ideoque decemviros conubium diremisse ne incerta prole auspicia turbarentur. (3) Plebes ad id maxime indignatione exarsit, quod auspicari, tamquam invisi dis immortalibus, negarentur posse; nec ante finis contentionum fuit, cum et tribunum acerrimum auctorem plebes nacta esset et ipsa cum eo pertinacia certaret, quam victi tandem patres ut de conubio ferretur concessere, (4) ita maxime rati contentionem de plebeiis consulibus tribunos aut totam deposituros aut post bellum dilaturos esse, contentamque interim conubio plebem paratam dilectui fore.

(5) Cum Canuleius victoria de patribus et plebis favore ingens esset, accensi alii tribuni ad certamen pro rogatione sua summa vi pugnant et crescente in dies fama belli dilectum impediunt. (6) Consules, cum per senatum intercedentibus tribunis nihil agi posset, consilia principum domi habebant. Apparebat aut hostibus aut civibus de victoria concedendum esse. (7) Soli ex consularibus Valerius atque Horatius non intererant consiliis. C. Claudi sententia consules armabat in tribunos, Quinctiorum Cincinnatique et Capitolini sententiae abhorrebant a caede violandisque quos foedere icto cum plebe sacrosanctos accepissent. (8) Per haec consilia eo deducta est res, ut

Plebejer die Auspizien leiten könne und dass deshalb die Decemvirn die Mischehe aufgehoben hätten, damit die Auspizien nicht durch Männer unsicherer Herkunft gestört würden. (3) Besonders darüber entbrannten die einfachen Bürger in Empörung, dass man ihnen die Fähigkeit abspreche, Auspizien durchzuführen, gleichsam als ob sie den unsterblichen Göttern verhasst wären; weil nun der Bürgerstand im Tribunen einen leidenschaftlichen Fürsprecher gewonnen hatte und selbst zusammen mit ihm hartnäckig kämpfte, kam es nicht eher zu einem Ende der Auseinandersetzungen, bis die Väter schließlich doch als Verlierer den Gesetzesantrag über das Eherecht gestatteten. (4) Sie glaubten nämlich, die Tribunen würden so ihren Kampf für plebejische Konsuln am ehesten ganz aufgeben oder bis nach dem Feldzug verschieben, und das mit dem Eherecht vorläufig zufriedengestellte Bürgervolk werde sich der Aushebung fügen.

(5) Während Canuleius wegen seines Sieges über die Väter und der Gunst der Menge auf dem Höhepunkt seiner Macht war, entbrannten die übrigen Tribunen vor Ehrgeiz, setzten sich mit allem Nachdruck für ihren Antrag ein und behinderten die Truppenaushebung, obwohl die Gerüchte von einem Krieg sich von Tag zu Tag mehrten. (6) Da der Senat wegen des Einspruchs der Tribunen handlungsunfähig war, hielten die Konsuln zu Hause einen Rat der führenden Männer ab: Dabei wurde klar, dass man entweder den Feinden oder den eigenen Bürgern den Sieg lassen müsse. (7) Von den ehemaligen Konsuln nahmen allein Valerius und Horatius nicht an den Beratungen teil. Nach dem Willen des C. Claudius sollten sich die Konsuln gegen die Tribunen waffnen, die Quinctier Cincinnatus und Capitolinus drückten ihren Abscheu vor Mord und Gewalt jenen gegenüber aus, die sie durch einen Vertrag mit dem Bürgerstand als unverletzlich anerkannt hätten. (8) Im Verlaufe dieser Beratungen kam man zum Ergebnis, dass eine

tribunos militum consulari potestate promisce ex patribus ac plebe creari sinerent, de consulibus creandis nihil mutaretur; eoque contenti tribuni, contenta plebs fuit. (9) Comitia tribunis consulari potestate tribus creandis indicuntur. Quibus indictis, extemplo quicumque aliquid seditiose dixerat aut fecerat unquam, maxime tribunicii, et prensare homines et concursare toto foro candidati coepere, (10) ut patricios desperatio primo inritata plebe adipiscendi honoris, deinde indignatio, si cum his gerendus esset honos, deterreret. Postremo coacti tamen a primoribus petiere, ne cessisse possessione rei publicae viderentur. (11) Eventus eorum comitiorum docuit alios animos in contentione libertatis dignitatisque, alios secundum deposita certamina incorrupto iudicio esse; tribunos enim omnes patricios creavit populus, contentus eo quod ratio habita plebeiorum esset. (12) Hanc modestiam aequitatemque et altitudinem animi ubi nunc in uno inveneris, quae tum populi universi fuit?

7 (1) Anno trecentesimo decimo quam urbs Roma condita erat primum tribuni militum pro consulibus magistratum ineunt, A. Sempronius Atratinus, L. Atilius, T. Cluilius, quorum in magistratu concordia domi pacem etiam foris praebuit. (2) Sunt qui propter adiectum Aequorum Volscorumque bello et Ardeatium defectioni Veiens bellum, quia duo consules

gemeinsame Wahl von Militärtribunen mit konsularischer Amtsgewalt aus Adel und Bürgerstand gestattet sein solle, sich aber bei der Bestellung von Konsuln nichts ändern dürfe; damit waren die Tribunen, damit war das Volk zufrieden. (9) Es wurde eine Volksversammlung zur Wahl von drei Tribunen mit konsularischer Befugnis angesetzt. Nach der Ankündigung begannen sofort alle, die irgendwann einmal etwas Aufrührerisches gesagt oder getan hatten, vor allem aber die ehemaligen Volkstribunen, den Menschen die Hände zu schütteln und auf dem ganzen Forum als Wahlbewerber in der weißen Toga umherzulaufen, (10) so dass angesichts der erregten Menge die Patrizier zuerst die Aussichtslosigkeit, ein Amt zu erlangen, dann der Unwille, mit diesen Leuten ein Amt führen zu müssen, abschreckte. Von den ersten Männern gedrängt, bewarben sie sich schließlich doch, um nicht den Anschein zu erwecken, vom Besitzanspruch auf den Staat zurückgetreten zu sein. (11) Der Ausgang dieser Wahlen zeigte, dass die Gesinnung während des Kampfes um Freiheit und Würde eine andere war als nach Beilegung der Auseinandersetzungen, wo man gerecht urteilte; das Volk wählte nämlich ausschließlich Patrizier zu Tribunen, zufrieden damit, dass man auch Plebejer habe berücksichtigen dürfen. (12) Wo könnte man heutzutage auch nur bei *einem* Menschen diese Mäßigung, Gerechtigkeit und Größe des Herzens finden, die damals Art des ganzen Volkes war?

7 (1) Im 310. Jahr nach der Gründung Roms übernahmen zum ersten Mal Militärtribunen an Stelle von Konsuln das Amt; es waren dies A. Sempronius Atratinus, L. Atilius und T. Cluilius, deren Eintracht bei der Amtsführung im Innern auch den äußeren Frieden gewährleistete. (2) Manche berichten, ohne das angekündigte Gesetz über die Wahl von Konsuln aus dem Bürgerstand zu erwähnen, dass wegen des Krieges gegen Veji, der zum Feldzug gegen Aequer und Volsker und dem Abfall der Ardeaten hinzugekommen war, sowie auf-

obire tot simul bella nequirent, tribunos militum tres creatos dicant, sine mentione promulgatae legis de consulibus creandis ex plebe. Et imperio et insignibus consularibus usi sunt. (3) Non tamen pro firmato iam stetit magistratus eius ius, quia tertio mense quam inierunt, augurum decreto perinde ac vitio creati, honore abiere, quod C. Curiatius qui comitiis eorum praefuerat parum recte tabernaculum cepisset.

(4) Legati ab Ardea Romam venerunt, ita de iniuria querentes ut si demeretur ea in foedere atque amicitia mansuros restituto agro appareret. (5) Ab senatu responsum est iudicium populi rescindi ab senatu non posse, praeterquam quod nullo nec exemplo nec iure fieret, concordiae etiam ordinum causa: (6) si Ardeates sua tempora exspectare velint arbitriumque senatui levandae iniuriae suae permittant, fore ut postmodo gaudeant se irae moderatos, sciantque patribus aeque curae fuisse ne qua iniuria in eos oreretur ac ne orta diuturna esset. (7) Ita legati cum se rem integram relaturos dixissent, comiter dimissi.

Patricii cum sine curuli magistratu res publica esset, coiere et interregem creavere. Contentio consulesne an tribuni militum crearentur in interregno rem dies complures tenuit. (8) Interrex ac senatus, consulum comitia, tribuni plebis et plebs,

grund des Umstandes, dass zwei Konsuln nicht in der Lage gewesen waren, gleichzeitig so viele Kriege zu führen, die drei Militärtribunen gewählt worden seien. Diese besaßen Macht und Ehrenzeichen von Konsuln. (3) Dennoch blieben die Befugnisse dieses Amtes nicht lange aufrecht, weil sie wegen eines Entscheides der Auguren, demzufolge sie trotz eines Formfehlers gewählt worden seien – der Leiter der Wahlversammlung C. Curatius habe sein Beobachtungszelt[4] nicht richtig aufgestellt –, drei Monate nach der Amtsübernahme die Verantwortung niederlegen mussten.

(4) Aus Ardea trafen in Rom Gesandte ein, um sich über ihr erlittenes Unrecht zu beklagen, wobei der Eindruck entstand, sie würden Bundesgenossen und Freunde bleiben, wenn die Rechtsverletzung beseitigt und das Land zurückgegeben würde. (5) Der Senat gab zur Antwort, ein Volksbeschluss könne vom Senat nicht aufgehoben werden, abgesehen davon gäbe es dafür weder einen Präzedenzfall noch eine rechtliche Grundlage, und überhaupt gehe es dabei um die Eintracht der Stände: (6) Wenn die Bürger von Ardea ihre Zeit abwarten wollten und dem Senat die freie Entscheidung bei der Behebung ihres Schadens überließen, würden sie später Genugtuung darüber empfinden, ihre Erbitterung gemäßigt zu haben, und sie würden verstehen, dass der Senat ebenso bemüht war, Unrecht an ihnen nicht entstehen, wie entstandenes nicht lange währen zu lassen. (7) So wurden die Gesandten aus Ardea wohlwollend entlassen, nachdem sie versichert hatten, diesen Sachverhalt unverändert zu übermitteln.

Da der Staat ohne kurulische Beamte war, traten die Patrizier zusammen und wählten einen Zwischenkönig. Die Auseinandersetzung darüber, ob während des Interregnums Konsuln oder Militärtribunen gewählt werden sollten, beschäftigte das Gemeinwesen einige Tage lang. (8) Zwischenkönig und Senat strebten Konsulwahlen, Volkstribunen und Bürgerstand die

tribunorum militum ut habeantur, tendunt. Vicere patres, quia et plebs, patriciis seu hunc seu illum delatura honorem, frustra certare supersedit, (9) et principes plebis ea comitia malebant, quibus non haberetur ratio sua, quam quibus ut indigni praeterirentur. Tribuni quoque plebi certamen sine effectu in beneficio apud primores patrum reliquere. (10) T. Quinctius Barbatus interrex consules creat L. Papirium Mugillanum L. Sempronium Atratinum. His consulibus cum Ardeatibus foedus renovatum est; idque monumenti est consules eos illo anno fuisse, qui neque in annalibus priscis neque in libris magistratuum inveniuntur. (11) Credo, quod tribuni militum initio anni fuerunt, eo perinde ac totum annum in imperio fuerint, suffectis iis consulibus praetermissa [nomina]. Nomina consulum horum Licinius Macer auctor est (12) et in foedere Ardeatino et in linteis libris ad Monetae inventa. Et foris, cum tot terrores a finitimis ostentati essent, et domi otium fuit.

8 (1) Hunc annum, seu tribunos modo seu tribunis suffectos consules quoque habuit, sequitur annus haud dubiis consulibus, M. Geganio Macerino iterum T. Quinctio Capitolino quintum. (2) Idem hic annus censurae initium fuit, rei a parva origine ortae, quae deinde tanto incremento aucta est, ut morum disciplinaeque Romanae penes eam regimen, senatui equitumque centuriis decoris dedecorisque discrimen, sub

Wahl von Militärtribunen an. Die Oberhand behielten die Väter, weil sich einerseits das Bürgervolk den vergeblichen Streit ersparen wollte, ob man den Patriziern dieses oder jenes Amt übertragen solle, und (9) andererseits die Führer des Bürgerstandes Wahlen, in denen man nicht mit ihnen rechnete, solchen vorzog, in denen sie als unwürdig übergangen werden könnten. Die Tribunen überließen den Bürgern den aussichtslosen Kampf auch deshalb, um bei den ersten Männern der Väter gut dazustehen. (10) So wählte der Zwischenkönig T. Quinctius Barbatus L. Papirius Mugillanus und L. Sempronius Atratinus zu Konsuln [Suffektkonsuln 444]. In ihrer Amtsperiode wurde das Abkommen mit den Bürgern von Ardea erneuert; das ist ein Beweis, dass sie, die weder in den alten Jahrbüchern noch in den Listen der Beamten aufscheinen, in jenem Jahr Konsuln waren. (11) Grund dafür war, so glaube ich, dass es am Anfang des Jahres Militärtribunen gab, wodurch, so als ob sie das ganze Jahr die Regierung ausgeübt hätten, die Namen der ihnen nachgerückten Konsuln übergangen wurden: Licinius Macer überliefert, die Namen dieser Konsuln (12) fänden sich im Vertrag mit den Bürgern von Ardea und in den auf Leinen verfassten Chroniken im Tempel der Juno Moneta. Obwohl die Grenznachbarn sich drohend gebärdeten, herrschte auswärts wie auch zu Hause Ruhe.

8 (1) Auf dieses Jahr, mag es lediglich Tribunen oder nach ihnen auch Konsuln gegeben haben, folgte ein anderes mit unzweifelhaft überlieferten Konsuln, mit M. Geganius Macerinus zum zweiten Mal und T. Quinctius Capitolinus zum fünften Mal [443]. (2) Das war genau das Jahr, in dem die Censur ihren Anfang nahm, eine Einrichtung, die, von bescheidenen Ursprüngen ausgehend, später zu so großer Bedeutung aufstieg, dass bei ihr die Leitung römischer Sitte und Zucht, die Entscheidung über Ehre und Ehrverlust im Senat und in den Rittercenturien lag, dass unter der Gewalt dieses Amtes die

dicione eius magistratus publicorum ius privatorumque locorum, vectigalia populi Romani sub nutu atque arbitrio essent. (3) Ortum autem initium est rei, quod in populo per multos annos incenso neque differri census poterat neque consulibus, cum tot populorum bella imminerent, operae erat id negotium agere. (4) Mentio inlata ad senatum est rem operosam ac minime consularem suo proprio magistratu egere, cui scribarum ministerium custodiaeque tabularum cura, cui arbitrium formulae censendi subiceretur. (5) Et patres quamquam rem parvam, tamen quo plures patricii magistratus in re publica essent, laeti accepere, id quod evenit futurum, credo, etiam rati, ut mox opes eorum qui praeessent ipsi honori ius maiestatemque adicerent, et tribuni, id quod tunc erat, (6) magis necessarii quam speciosi ministerii procurationem intuentes, ne in parvis quoque rebus incommode adversarentur, haud sane tetendere. (7) Cum a primoribus civitatis spretus honor esset, Papirium Semproniumque, quorum de consulatu dubitabatur, ut eo magistratu parum solidum consulatum explerent, censui agendo populus suffragiis praefecit. Censores ab re appellati sunt.

9 (1) Dum haec Romae geruntur, legati ab Ardea veniunt, pro veterrima societate renovatoque foedere recenti auxilium prope eversae urbi implorantes. (2) Frui namque pace optimo con-

Aufsicht über die öffentlichen und privaten Ländereien lag und die Steuern des römischen Volkes nach seinem Willen und Geheiß bestimmt wurden. (3) Grund für die Neueinführung des Amtes war, dass die Zählung des Volkes, das viele Jahre hindurch ungeschätzt geblieben war, nicht mehr aufgeschoben werden konnte, und die Konsuln wegen der von so vielen Völkern drohenden Kriege keine Möglichkeiten hatten, dieser Aufgabe nachzukommen. (4) So wurde im Senat darauf hingewiesen, dass die mühevolle und keineswegs konsularische Tätigkeit ein ihr entsprechendes Amt erfordere, dem die Arbeit der Schreiber unterstellt und die Verantwortung über die Bewahrung der Register sowie die Entscheidung über das Verfahren bei der Vermögensschätzung zufallen solle.[5] (5) Obwohl das Amt unbedeutend war, stimmten die Väter dennoch gern zu, weil dadurch die Zahl der patrizischen Beamten im Staat erhöht werde, wobei sie sich, wie ich glaube, bereits damals überlegten, dass, was dann ja auch eintrat, der Einfluss der Amtsinhaber bald dem Ehrenamt selbst Macht und Ansehen verschaffen würde; andererseits betrachteten die Tribunen das Amt und seine Ausübung (6) entsprechend seiner damaligen Bedeutung eher als notwendig denn als glanzvoll und kämpften überhaupt nicht dagegen an, um nicht auch bei unwichtigen Fragen lästigen Widerstand zu leisten. (7) Da das Amt von den ersten Männern des Gemeinwesens zurückgewiesen wurde, beauftragte das Volk in einer Abstimmung Papirius und Sempronius mit der Durchführung der Volkszählung, damit sie, deren Konsulat ja umstritten war, durch diese Aufgabe die Kürze ihres Konsulates wettmachten. Nach ihrer Tätigkeit [*census*] bekamen sie den Namen Censoren.

9 (1) Während dieser Ereignisse in Rom trafen Gesandte aus Ardea ein, die im Namen des uralten Bundes und des eben jüngst erneuerten Vertrages um Hilfe für ihre beinahe vernichtete Stadt flehten. (2) Wegen innerer Zwistigkeiten war es ih-

silio cum populo Romano servata per intestina arma non licuit; quorum causa atque initium traditur ex certamine factionum ortum, (3) quae fuerunt eruntque pluribus populis magis exitio quam bella externa, quam fames morbive quaeque alia in deum iras velut ultima publicorum malorum vertunt. (4) Virginem plebeii generis maxime forma notam petiere iuvenes, alter virgini genere par, tutoribus fretus, qui et ipsi eiusdem corporis erant, nobilis alter, nulla re praeterquam forma captus. (5) Adiuvabant eum optimatium studia, per quae in domum quoque puellae certamen partium penetravit. Nobilis superior iudicio matris esse, quae quam splendidissimis nuptiis iungi puellam volebat: tutores in ea quoque re partium memores ad suum tendere. (6) Cum res peragi intra parietes nequisset, ventum in ius est. Postulatu audito matris tutorumque, magistratus secundum parentis arbitrium dant ius nuptiarum. (7) Sed vis potentior fuit; namque tutores, inter suae partis homines de iniuria decreti in foro contionati, manu facta virginem ex domo matris rapiunt; (8) adversus quos infestior coorta optimatium acies sequitur accensum iniuria iuvenem. Fit proelium atrox. Pulsa plebs, nihil Romanae plebi similis, ar-

nen nämlich nicht möglich, sich des Friedens, den sie nach kluger Entscheidung mit dem römischen Volk bewahrt hatten, zu erfreuen; deren Ursache und Anfang lagen der Überlieferung nach im Streit der Parteien, (3) der viele Völker eher ins Verderben geführt hat und führen wird als Kriege gegen äußere Feinde, als Hunger oder Krankheit und all die anderen Dinge, welche man als die schlimmsten öffentlichen Katastrophen auf den Zorn der Götter schiebt. (4) Ein junges Mädchen plebejischer Herkunft, das durch seine Schönheit in aller Munde war, begehrten zwei Jünglinge; der eine, seinem Stande nach dem Mädchen gleich, baute auf die Vormünder[6], die auch selbst der gleichen Schicht angehörten, der andere, ein Adliger, fühlte sich von nichts anderem als von ihrer Schönheit gefesselt. (5) Ihn unterstützte die Gunst der Optimaten, wodurch der Parteienhader sogar in das Haus des Mädchens drang. Der Edelmann lag im Urteil der Mutter voran, die das Mädchen so glänzend wie möglich verheiraten wollte. Die Vormünder neigten, auch in dieser Angelegenheit auf Standeszugehörigkeit bedacht, ihrem Parteigänger zu. (6) Da die Sache in den eigenen vier Wänden nicht gelöst werden konnte, ging man vor Gericht. Nachdem man die Forderungen der Mutter und der Vormünder angehört hatte, erkannten die Beamten die Erlaubnis, über die Hochzeit zu bestimmen, der Entscheidung des Elternteiles zu. (7) Aber rohe Gewalt erwies sich als stärker; die Vormünder sprachen nämlich öffentlich auf dem Forum zu den versammelten Anhängern ihrer Partei über die Ungerechtigkeit des Urteils, scharten eine Handvoll Leute um sich und entführten das junge Mädchen aus dem Haus seiner Mutter; (8) gegen diese Leute rottete sich noch bedrohlicher der Klüngel der Optimaten zusammen und folgte dem über den Rechtsbruch erzürnten Jüngling. Es kam zum erbitterten Kampf. Geschlagen wich die Bürgerpartei, in nichts dem römischen Bürgerstand ähnlich, mit ihren Waffen aus der Stadt, be-

mata ex urbe profecta, colle quodam capto, in agros optimatium cum ferro ignique excursiones facit; (9) urbem quoque, omnis etiam expertem ante certaminis, multitudine opificum ad spem praedae evocata, obsidere parat; (10) nec ulla species cladesque belli abest, velut contacta civitate rabie duorum iuvenum funestas nuptias ex occasu patriae petentium. (11) Parum parti utrique domi armorum bellique est visum; optimates Romanos ad auxilium urbis obsessae, plebs ad expugnandam secum Ardeam Volscos excivere. (12) Priores Volsci duce Aequo Cluilio Ardeam venere et moenibus hostium vallum obiecere. (13) Quod ubi Romam est nuntiatum, extemplo M. Geganius consul cum exercitu profectus tria milia passuum ab hoste locum castris cepit, praecipitique iam die curare corpora milites iubet. Quarta deinde vigilia signa profert; coeptumque opus adeo adproperatum est, ut sole orto Volsci firmiore se munimento ab Romanis circumvallatos quam a se urbem viderent; (14) et alia parte consul muro Ardeae brachium iniunxerat, qua ex oppido sui commeare possent.

10 (1) Volscus imperator, qui ad eam diem non commeatu praeparato sed ex populatione agrorum rapto in diem frumento aluisset militem, postquam saeptus vallo repente inops omnium rerum erat, ad conloquium consule evocato, si solvendae

setzte einen bestimmten Hügel und unternahm mit Feuer und Schwert Überfälle auf die Ländereien der Optimaten; (9) nachdem eine große Zahl von Handwerkern durch die Aussicht auf Beute herausgelockt worden war, bereitete sie sich sogar auf die Belagerung der Stadt vor, die zuvor von jedem Kampf unberührt geblieben war; (10) und kein Schreckbild des Krieges fehlte da; es war, als ob die Bürger von der rasenden Wut der beiden Jünglinge befallen worden wären, die auf den Trümmern ihrer Vaterstadt unselige Hochzeit halten wollten. (11) Jeder der Parteien schien es, es gebe in der Heimat noch zu wenig Waffen und Krieg. Die Optimaten riefen die Römer zur Unterstützung ihrer belagerten Stadt herbei, die Bürgerpartei die Volsker, die mit ihnen Ardea erobern sollten: (12) Zuerst kamen die Volsker unter Führung des Aequers Cluilius nach Ardea und warfen vor den Mauern der Feinde einen Wall auf. (13) Als diese Kunde nach Rom drang, setzte sich der Konsul M. Geganius unverzüglich mit einem Heer in Marsch, bezog drei Meilen vom Feind in einem Lager Stellung und gab den Soldaten angesichts des vorgerückten Tages die Möglichkeit, sich zu erholen. In der vierten Nachtwache rückte er dann vor, begann mit der Verschanzung und beeilte sich damit derart, dass die Volsker bei Sonnenaufgang bemerken mussten, dass die Römer sie mit einem Bollwerk eingeschlossen hatten, das fester war als ihres vor der Stadt; (14) und auf der anderen Seite hatte der Konsul einen Verbindungswall zur Mauer von Ardea hergestellt, damit seine Leute aus der Stadt dort hinein und hinaus konnten.

10 (1) Als der volskische Feldherr, der sich ja bis zu dem Tag nicht um Nachschub gekümmert, sondern die Truppe mit dem bei der täglichen Plünderung des offenen Landes geraubten Getreide versorgt hatte, unversehens von einem Wall umgeben und daher bar aller Güter war, lud er den Konsul zu einer Unterredung, in der er den Rückzug der Volsker anbot, wenn

obsidionis causa venerit Romanus, abducturum se inde Volscos ait. (2) Adversus ea consul victis condiciones accipiendas esse, non ferendas respondit, neque ut venerint ad oppugnandos socios populi Romani suo arbitrio, ita abituros Volscos esse. (3) Dedi imperatorem, arma poni iubet, fatentes victos se esse et imperio parere; aliter tam abeuntibus quam manentibus se hostem infensum victoriam potius ex Volscis quam pacem infidam Romam relaturum. (4) Volsci exiguam spem in armis alia undique abscisa cum temptassent, praeter cetera adversa loco quoque iniquo ad pugnam congressi, iniquiore ad fugam, cum ab omni parte caederentur, ad preces a certamine versi, dedito imperatore traditisque armis sub iugum missi, cum singulis vestimentis ignominiae cladisque pleni dimittuntur; (5) et cum haud procul urbe Tusculo consedissent, vetere Tusculanorum odio inermes oppressi dederunt poenas, vix nuntiis caedis relictis. (6) Romanus Ardeae turbatas seditione res principibus eius motus securi percussis bonisque eorum in publicum Ardeatium redactis composuit; demptamque iniuriam iudicii tanto beneficio populi Romani Ardeates credebant; senatui superesse aliquid ad delendum publicae avaritiae monumentum videbatur. (7) Consul triumphans in urbem redit, Cluilio duce Volscorum ante currum ducto praelatisque

die Römer nur gekommen wären, um die Belagerung aufzuheben. (2) Dagegen antwortete der Konsul, Besiegten käme es zu, Bedingungen hinzunehmen, nicht aber, welche zu stellen, auch könnten die Volsker nicht so, wie sie aus eigener Entscheidung ausgezogen seien, Bundesgenossen des römischen Volkes zu belagern, wieder abziehen. (3) Er forderte, sie sollten ihren Feldherrn ausliefern, die Waffen niederlegen, ferner sich als besiegt erklären und seinem Befehl gehorchen; ansonsten würde er ihnen, ob sie abzögen oder blieben, ein unerbittlicher Feind sein und lieber einen Sieg über die Volsker, als einen ungewissen Frieden nach Rom zurückbringen. (4) Da ihnen jede andere Aussicht genommen war, versuchten die Volsker es mit Waffengewalt, ihrer letzten schwachen Hoffnung. Als sie, von anderen Widrigkeiten abgesehen, auch noch an einem Ort aufeinanderstießen, der ungünstig für die Schlacht, ungünstiger noch für die Flucht war, und sie auf allen Seiten niedergehauen waren, da verlegten sie sich vom Kämpfen aufs Bitten, lieferten ihren Feldherrn aus und übergaben die Waffen. Schließlich wurden sie unter das Joch geschickt und entlassen, jeder nur mit einem Kleidungsstück, voll von Schande und Weh; (5) und als sie sich unweit der Stadt Tusculum gelagert hatten, wurden sie, waffenlos, vom alten Hass der Tusculaner ereilt und verfielen ihrer Rache; kaum einer blieb übrig, der vom Morden hätte künden können. (6) Der römische Konsul ordnete die durch den Parteikampf erschütterten Verhältnisse in Ardea, indem er die Anführer dieser Bewegung mit dem Beil hinrichten und ihre Güter in den Staatsbesitz Ardeas überführen ließ; die Ardeaten meinten, das römische Volk habe durch diese großartige Freundestat die Ungerechtigkeit seines [früheren] Urteils getilgt; doch dem Senat schien, es fehle noch etwas, um die Erinnerung an die Habsucht des Volkes zu löschen. (7) Der Konsul kehrte im Triumph nach Rom zurück, Cluilius, der Führer der Volsker, wurde vor dem Wagen mitgeführt, und voran trug

spoliis quibus dearmatum exercitum hostium sub iugum miserat.

(8) Aequavit, quod haud facile est, Quinctius consul togatus armati gloriam collegae, quia concordiae pacisque domesticae curam iura infimis summisque moderando ita tenuit ut eum et patres severum consulem et plebs satis comem crediderint. (9) Et adversus tribunos auctoritate plura quam certamine tenuit; quinque consulatus eodem tenore gesti vitaque omnis consulariter acta verendum paene ipsum magis quam honorem faciebat. Eo tribunorum militarium nulla mentio his consulibus fuit; 11 (1) consules creantur M. Fabius Vibulanus Postumus Aebutius Cornicen. Fabius et Aebutius consules, (2) quo maiori gloriae rerum domi forisque gestarum succedere se cernebant, maxime autem memorabilem annum apud finitimos socios hostesque esse quod Ardeatibus in re praecipiti tanta foret cura subventum, (3) eo impensius ut delerent prorsus ex animis hominum infamiam iudicii, senatus consultum fecerunt ut, quoniam civitas Ardeatium intestino tumultu redacta ad paucos esset, coloni eo praesidii causa adversus Volscos scriberentur. (4) Hoc palam relatum in tabulas, ut plebem tribunosque falleret iudicii rescindendi consilium initum; consenserant autem ut, multo maiore parte Rutulorum colonorum quam Romanorum scripta, nec ager ullus divideretur nisi is, qui interceptus iudicio infami erat, nec ulli prius Ro-

man die Waffen, die man dem feindlichen Heer abgenommen hatte, bevor es unter das Joch geschickt worden war.

(8) Den Ruhm seines Kollegen im Krieg erreichte, was keineswegs leicht ist, der Konsul Quinctius im zivilen Dienst, weil er durch den Ausgleich der Rechte für arm und reich solche Sorge auf Eintracht und inneren Frieden verwendete, dass ihn die Väter für einen gestrengen, der Bürgerstand für einen recht umgänglichen Konsul hielten. (9) Auch gegenüber den Tribunen erreichte er mehr durch sein Ansehen als im Streit; fünf Konsulate, die er mit dieser Grundhaltung ausgeübt hatte, und ein Leben, ganz im Stil eines Konsuls geführt, brachten seiner Person fast mehr Achtung ein als dem Amt. Daher dachte man unter diesen Konsuln gar nicht mehr an Militärtribunen. **11** (1) Zu Konsuln wurden nun M. Fabius Vibulanus und Postumus Aebutius Cornicen gewählt [442]. Je klarer die Konsuln Fabius und Aebutius erkannten, (2) welchen Ruhmestaten zu Hause und in der Fremde sie nachfolgten, dass aber dieses Jahr bei den benachbarten Bundesgenossen am denkwürdigsten war, weil man den Ardeaten in einer aussichtslosen Lage mit großem Einsatz zu Hilfe gekommen war, (3) desto nachdrücklicher erwirkten sie mit dem Ziel, aus den Herzen der Menschen die Schande des Urteils völlig zu tilgen, folgenden Senatsbeschluss: Aufgrund der nach innerem Zwist erfolgten Verminderung der ardeatischen Bürgerschaft auf wenige Personen sollten dorthin Kolonisten zum Schutz gegen die Volsker ausgehoben werden. (4) Diese Bestimmung wurde in die öffentlichen Urkunden eingetragen, damit Bürgern und Tribunen verborgen bleibe, dass der Beschluss nur gefasst worden war, um ihr Urteil aufzuheben; man war aber übereingekommen, die Kolonisten in weit höherer Zahl unter Rutulern[7] als unter Römern zu rekrutieren, und nur dieses Land aufzuteilen, das infolge des ruchlosen Urteils damals geraubt worden war, und keinem Römer dort auch nur eine Scholle Acker-

mano ibi quam omnibus Rutulis divisus esset, gleba ulla agri adsignaretur. (5) Sic ager ad Ardeates rediit. Triumviri ad coloniam Ardeam deducendam creati Agrippa Menenius, T. Cluilius Siculus, M. Aebutius Helva. (6) Qui praeter minime populare ministerium agro adsignando sociis quem populus Romanus suum iudicasset cum plebem offendissent, ne primoribus quidem patrum satis accepti, quod nihil gratiae cuiusquam dederant, (7) vexationes ad populum iam die dicta ab tribunis, remanendo in colonia quam testem integritatis iustitiaeque habebant, vitavere.

12 (1) Pax domi forisque fuit et hoc et insequente anno, C. Furio Pacilo et M. Papirio Crasso consulibus. (2) Ludi ab decemviris per secessionem plebis a patribus ex senatus consulto voti eo anno facti sunt. (3) Causa seditionum nequiquam a Poetelio quaesita, qui tribunus plebis iterum ea ipsa denuntiando factus, (4) neque ut de agris dividendis plebi referrent consules ad senatum pervincere potuit, et cum magno certamine obtinuisset ut consulerentur patres, consulum an tribunorum placeret comitia haberi, consules creari iussi sunt; (5) ludibrioque erant minae tribuni denuntiantis se dilectum impediturum, cum quietis finitimis neque bello neque belli apparatu opus esset.

(6) Sequitur hanc tranquillitatem rerum annus Proculo Geganio Macerino L. Menenio Lanato consulibus multiplici clade

land zuzuweisen, bevor nicht der Boden auf alle Rutuler aufgeteilt sei. (5) So kamen die Ardeaten wieder zu ihrem Land. Als Dreierrat zur Gründung einer Kolonie in Ardea wurden Agrippa Menenius, T. Cluilius Siculus und M. Aebutius Helva gewählt. (6) Weil diese von der Unbeliebtheit ihres Amtes abgesehen durch Zuweisung des Ackerlandes an Bundesgenossen, welches das römische Volk sich selbst zugesprochen hatte, die Bürgerlichen vor den Kopf gestoßen hatten, weil sie auch bei den ersten Männern unter den Vätern nicht so recht anerkannt waren, da sie niemandem aus Gefälligkeit etwas zugeteilt hatten, (7) blieben sie, von den Tribunen bereits vor ein Volksgericht geladen, in der Kolonie zurück, in der sie den Beweis für ihre Uneigennützigkeit und Gerechtigkeit hatten, und vermieden so jede Anfeindung.

12 (1) Friede herrschte zu Hause und auswärts sowohl in diesem wie auch im nächsten Jahr, in dem C. Furius Pacilus und M. Papirius Crassus Konsuln waren [441]. (2) Die Spiele, welche die Decemvirn bei der Abspaltung des Bürgervolkes von den Vätern auf Senatsbeschluss gelobt hatten, wurden in diesem Jahr veranstaltet. (3) Vergeblich suchte Poetelius einen Anlass zur Zwietracht. Er wurde zwar zum zweiten Mal Volkstribun, weil er große Worte um diese Dinge machte, (4) konnte aber nicht durchsetzen, dass die Konsuln im Senat einen Antrag auf die Zuteilung von Ackerland an das Volk stellten, und obwohl er nach heftigem Kampf erwirkt hatte, dass die Väter befragt wurden, ob sie Wahlen für Konsuln oder für Tribunen zustimmten, wurde entschieden, es müssten Konsuln gewählt werden; (5) auch die Drohungen des Tribunen, der ankündigte, er werde die Truppenaushebung behindern, brachten ihm nur Spott ein, weil sich die Nachbarn friedvoll verhielten und so weder Krieg noch Kriegsrüstung vonnöten waren.

(6) Auf diese Friedenszeit im Staat folgte ein Jahr unter den Konsuln Proculus Geganius Macerinus und L. Menenius Lana-

ac periculo insignis, seditionibus, fame, regno prope per largitionis dulcedinem in cervices accepto; (7) unum afuit bellum externum; quo si adgravatae res essent, vix ope deorum omnium resisti potuisset. Coepere a fame mala, seu adversus annus frugibus fuit, seu dulcedine contionum et urbis deserto agrorum cultu; nam utrumque traditur. Et patres plebem desidem et tribuni plebis nunc fraudem, nunc neglegentiam consulum accusabant. (8) Postremo perpulere plebem, haud adversante senatu, ut L. Minucius praefectus annonae crearetur, felicior in eo magistratu ad custodiam libertatis futurus quam ad curationem ministerii sui, quamquam postremo annonae quoque levatae haud immeritam et gratiam et gloriam tulit. (9) Qui cum multis circa finitimos populos legationibus terra marique nequiquam missis, nisi quod ex Etruria haud ita multum frumenti advectum est, nullum momentum annonae fecisset, et revolutus ad dispensationem inopiae, (10) profiteri cogendo frumentum et vendere quod usui menstruo superesset, fraudandoque parte diurni cibi servitia, criminando inde et obiciendo irae populi frumentarios, (11) acerba inquisitione aperiret magis quam levaret inopiam, multi ex plebe, spe amissa, potius quam ut cruciarentur trahendo animam, capitibus obvolutis se in Tiberim praecipitaverunt.

tus [440], das von vielerlei Unglück und Gefahr geprägt war, von Parteienstreit, Hungersnot und von der Gefahr des Königtums, das man sich um der süßen Wohltätigkeit willen beinahe aufgehalst hätte; (7) nur eines fehlte, ein auswärtiger Krieg; wäre der Staat auch noch damit belastet worden, so hätte man sich kaum mit Hilfe aller Götter erwehren können. Das Unheil nahm seinen Ausgang von einer schlimmen Hungersnot; mag das Jahr einer guten Ernte abträglich gewesen sein, mag man über dem Reiz der Versammlungen und der Großstadt die Pflege der Äcker aufgegeben haben – beides wird nämlich berichtet. Hier beschuldigten die Väter das Volk der Faulheit, dort klagten die Volkstribunen bald die bösen Absichten[8], bald die Untätigkeit der Konsuln an. (8) Schließlich brachten sie das Bürgervolk ohne Widerstand des Senats dazu, L. Minucius zum Vorsteher der Getreideversorgung zu wählen, der in diesem Amt bei der Bewahrung der Freiheit erfolgreicher sein sollte als bei der Ausübung seiner eigentlichen Aufgaben, obwohl er letztlich nicht unverdient für den herabgesetzten Getreidepreis Dank und Ruhm davontrug. (9) Nachdem er vergeblich zahlreiche Gesandtschaften zu Land und zu Wasser zu den ringsum benachbarten Völkerschaften geschickt hatte – nur aus Etrurien wurde eine geringe Menge Getreide eingeführt – und er keine ausschlaggebende Veränderung in der Getreideversorgung erreicht hatte, kam er darauf zurück, den Mangel zu verteilen; (10) er gebot also, den Besitz von Getreide zu melden, zu verkaufen, was über den Monatsbedarf hinausgehe, enthielt auch der Sklavenschaft einen Teil der Tagesration vor und stellte weiterhin die Getreidehändler an den Pranger und lieferte sie dem Volkszorn aus; (11) da er durch diese schmerzhaften Maßnahmen die Not eher offenbar machte als linderte, verloren viele aus dem Volk die Hoffnung und stürzten sich lieber mit verhülltem Haupt [als ein Selbstopfer] in den Tiber, als ein Leben in Qual zu fristen.

13 (1) Tum Sp. Maelius ex equestri ordine, ut illis temporibus praedives, rem utilem pessimo exemplo, peiore consilio est adgressus. (2) Frumento namque ex Etruria privata pecunia per hospitum clientiumque ministeria coempto, quae, credo, ipsa res ad levandam publica cura annonam impedimento fuerat, largitiones frumenti facere instituit; (3) plebemque hoc munere delenitam, quacumque incederet, conspectus elatusque supra modum hominis privati, secum trahere, haud dubium consulatum plebeio favore ac spe sibi despondente. (4) Ipse, ut est humanus animus insatiabilis eo quod fortuna spondet, ad altiora et non concessa tendere et, quoniam consulatus quoque eripiendus invitis patribus esset, de regno agitare: id unum dignum tanto apparatu consiliorum et certamine quod ingens exsudandum esset praemium fore. (5) Iam comitia consularia instabant; quae res necdum compositis eum maturisve satis consiliis oppressit. (6) Consul sextum creatus T. Quinctius Capitolinus, minime opportunus vir novanti res; collega additur ei Agrippa Menenius cui Lanato erat cognomen; (7) et L. Minucius praefectus annonae seu refectus seu, quoad res posceret, in incertum creatus; nihil enim constat, nisi in libros linteos utroque anno relatum inter magistratus praefecti nomen. (8) Hic Minucius eandem publice curationem agens quam

13 (1) Da schritt Sp. Maelius, ein für die damalige Zeit sehr reicher Mann aus dem Ritterstand, zu einer Tat, die an sich nützlich war, aber von äußerst schlechtem Beispiel und noch schlechterer Absicht. (2) Er kaufte nämlich mit Hilfe von Gastfreunden und Gefolgsleuten Getreide aus Etrurien mit seinem eigenen Geld auf – genau diese Maßnahme war meiner Ansicht nach dabei hinderlich, den Getreidepreis mit staatlichen Mitteln zu senken – und begann, Getreidespenden zu veranstalten; (3) wo immer er auch auftrat, erregte er Aufsehen, und über das Maß eines gewöhnlichen Bürgers hochmütig, zog er das durch diese Schenkung geköderte Volk hinter sich her, wobei ihm die Gunst und Hoffnung des Bürgerstandes unzweifelhaft das Konsulat verbürgten. (4) Er selbst strebte, wie sich ja die menschliche Natur nicht mit dem zufriedengibt, was das Glück verheißt, nach höherem, nach nicht mehr Erlaubtem, und weil er auch das Konsulat gegen den Willen der Väter hätte an sich reißen müssen, dachte er an die Königswürde: Das allein werde würdiger Lohn für die gewaltigen und aufwendigen Vorkehrungen und den heftigen Kampf sein, der ihn noch viel Schweiß kosten werde. (5) Schon standen die Konsulwahlen bevor; diese Tatsache zwang ihn zum Handeln, da seine Pläne noch nicht abgeschlossen oder ausgereift waren. (6) Zum sechsten Mal wurde T. Quinctius Capitolinus Konsul, ein Mann, so gar nicht zugänglich für jemand, der Bestehendes verändern wollte; als Amtskollege wurde ihm Menenius Agrippa mit dem Beinamen Lanatus zur Seite gestellt [439]; (7) und L. Minucius wurde zum Vorsteher der Getreideversorgung entweder wiedergewählt oder auf unbestimmte Zeit ernannt, solange es eben die Lage erforderte; als sicher steht nämlich lediglich fest, dass der Name des Vorstehers für beide Jahre in die auf Leinen geschriebenen Chroniken unter die Amtsträger eingetragen wurde. (8) Dieser Minucius, der dieselbe Tätigkeit offiziell ausübte, die Maelius als Privatmann auf

Maelius privatim agendam susceperat, cum in utraque domo genus idem hominum versaretur, rem compertam ad senatum defert: tela in domum Maeli conferri, (9) eumque contiones domi habere, ac non dubia regni consilia esse. tempus agendae rei nondum stare: cetera iam convenisse: tribunos mercede emptos ad prodendam libertatem et partita ducibus multitudinis ministeria esse. serius se paene quam tutum fuerit, ne cuius incerti vanique auctor esset, ea deferre. (10) Quae postquam sunt audita, cum undique primores patrum et prioris anni consules increparent quod eas largitiones coetusque plebis in privata domo passi essent fieri, et novos consules quod exspectassent donec a praefecto annonae tanta res ad senatum deferretur, quae consulem non auctorem solum desideraret sed etiam vindicem, (11) tum Quinctius consules immerito increpari ait, qui constricti legibus de provocatione ad dissolvendum imperium latis, nequaquam tantum virium in magistratu ad eam rem pro atrocitate vindicandam quantum animi haberent. opus esse non forti solum viro sed etiam libero exsolutoque legum vinclis. (12) itaque se dictatorem L. Quinctium dicturum; ibi animum parem tantae potestati esse. Adprobantibus cunctis, Quinctius primo abnuere et quid sibi vellent rogitare qui se aetate exacta tantae dimicationi obicerent. (13) Dein cum undique plus in illo senili animo non consilii modo sed etiam virtu-

sich genommen hatte, erfuhr den Plan, weil in beiden Häusern derselbe Personenkreis verkehrte, und meldete ihn dem Senat: Waffen würden in das Haus des Maelius geschafft, (9) er halte dort Versammlungen ab, und eindeutig seien seine Absichten bezüglich einer Königsherrschaft. Der Zeitpunkt des Anschlags stehe noch nicht fest, das übrige habe man bereits vereinbart: Die Tribunen seien mit Geld gekauft worden, die Freiheit zu verraten, und die Führer der Menge hätten ihre Aufgaben zugeteilt bekommen. Er melde das beinahe später, als es mit der Sicherheit zu vereinbaren gewesen sei, um aber nicht als Verbreiter von unzuverlässigem Geschwätz dazustehen. (10) Als man das vernommen hatte und die führenden Männer der Väter von allen Seiten die Konsuln des Vorjahres schalten, weil sie diese Spenden und die Versammlungen der Bürgerlichen in einem Privathaus zugelassen hätten, aber auch den neuen Konsuln vorwarfen, sie hätten gewartet, bis ein Vorsteher der Getreideversorgung eine so bedeutende Sache vor den Senat bringe, die nicht nur den Bericht, sondern vielmehr das Einschreiten eines Konsuls verlange, (11) da sagte Quinctius, die Konsuln würden zu Unrecht angegriffen, weil sie an die Gesetze des Berufungsrechtes gebunden wären, die man zur Zersetzung ihrer Amtsgewalt eingebracht habe, so dass sie in ihrem Amt für ein der Bedrohlichkeit des Vorfalls angemessenes Einschreiten nicht so viel Macht wie gute Absichten besäßen. Nicht nur ein entschlossener Mann sei nötig, er müsse auch frei und ungebunden sein von den Banden der Gesetze. (12) Daher werde er L. Quinctius [Cincinnatus] zum Diktator ernennen; in ihm finde man einen Charakter, der diesem bedeutenden Amt gewachsen sei. Alle stimmten zu, doch Quinctius winkte anfänglich ab und fragte, was sie sich denn vorstellten, wenn sie ihn am Ende seines Lebens einem so harten Konflikt aussetzten. (13) Weil dann von allen Seiten erklärt wurde, in jenem alten Herzen finde man nicht bloß mehr

tis esse quam in omnibus aliis dicerent laudibusque haud immeritis onerarent, et consul nihil remitteret, (14) precatus tandem deos immortales Cincinnatus ne senectus sua in tam trepidis rebus damno dedecorive rei publicae esset, dictator a consule dicitur. Ipse deinde C. Servilium Ahalam magistrum equitum dicit.

14 (1) Postero die, dispositis praesidiis cum in forum descendisset conversaque in eum plebs novitate rei ac miraculo esset, et Maeliani atque ipse dux eorum in se intentam vim tanti imperii cernerent, (2) expertes consiliorum regni qui tumultus, quod bellum repens aut dictatoriam maiestatem aut Quinctium post octogesimum annum rectorem rei publicae quaesisset rogitarent, (3) missus ab dictatore Servilius magister equitum ad Maelium »Vocat te« inquit »dictator«. Cum pavidus ille quid vellet quaereret, Serviliusque causam dicendam esse proponeret crimenque a Minucio delatum ad senatum diluendum, (4) tunc Maelius recipere se in catervam suorum, et primum circumspectans tergiversari, postremo cum apparitor iussu magistri equitum duceret, ereptus a circumstantibus fugiensque fidem plebis Romanae implorare, (5) et opprimi se consensu patrum dicere, quod plebi benigne fecisset; orare ut opem sibi ultimo in discrimine ferrent neve ante oculos suos trucidari sinerent. (6) Haec eum vociferantem adsecutus Ahala Servi-

Klugheit, sondern auch mehr Tatkraft als bei allen anderen, und man ihn mit nicht unverdienten Lobsprüchen überhäufte und der Konsul nicht nachgab, (14) da betete Cincinnatus zu guter Letzt zu den unsterblichen Göttern, dass sein Greisenalter in derart unruhigen Zeiten dem Staat nicht Schaden oder Schande bringen möge; dann wurde er vom Konsul zum Diktator ernannt. Er selbst bestimmte daraufhin C. Servilius Ahala zum Reiterobersten.

14 (1) Als er am nächsten Tag Wachtposten verteilt hatte und aufs Forum gekommen war, wandte sich das Bürgervolk wegen des neuartigen unerklärlichen Ereignisses ihm zu, die Parteigänger des Maelius und ihr Anführer selbst erkannten, dass die Macht eines Amtes mit so gewaltiger Machtfülle gegen sie gerichtet war; (2) jene, die über die monarchischen Umtriebe nichts wussten, fragten wiederholt, welcher Aufstand, welcher unvorhergesehene Krieg entweder die Hoheitsgewalt der Diktatur oder den über achtzig Jahre alten Quinctius als Lenker des Gemeinwesens notwendig gemacht habe. (3) Da sprach der vom Diktator entsandte Reiteroberst Servilius zu Maelius: »Der Diktator lädt dich vor!« Als Servilius auf dessen erschrockene Antwort, was er denn wolle, öffentlich verkündete, er müsse sich vor Gericht verteidigen und die von Minucius dem Senat vorgebrachte Anschuldigung widerlegen, da zog sich Maelius in die Gruppe seiner Anhänger zurück, machte zuerst, sich nach allen Seiten hin umblickend, Ausflüchte (4) und wandte sich schließlich, als ihn ein Amtsdiener auf Befehl des Reiterobersten verhaften wollte, von den Umstehenden gewaltsam befreit, zur Flucht, wobei er das Bürgervolk Roms um Schutz anflehte und behauptete, (5) er erliege einem Komplott der Väter, weil er der Wohltäter des einfachen Volkes gewesen sei; er bitte sie, ihm in seiner höchsten Not zu helfen und nicht zuzulassen, dass er vor ihren Augen ermordet werde. (6) Während er so mit lauter Stimme rief, holte ihn Ahala Servilius ein

lius obtruncat; respersusque cruore obtruncati, stipatus caterva patriciorum iuvenum, dictatori renuntiat vocatum ad eum Maelium, repulso apparitore concitantem multitudinem, poenam meritam habere. (7) Tum dictator »Macte virtute«, inquit, »C. Servili, esto liberata re publica«.

15 (1) Tumultuantem deinde multitudinem incerta existimatione facti ad contionem vocari iussit, et Maelium iure caesum pronuntiavit etiamsi regni crimine insons fuerit, qui vocatus a magistro equitum ad dictatorem non venisset. (2) se ad causam cognoscendam consedisse, qua cognita habiturum fuisse Maelium similem causae fortunam; vim parantem ne iudicio se committeret, vi coercitum esse. (3) nec cum eo tamquam cum cive agendum fuisse, qui natus in libero populo inter iura legesque, ex qua urbe reges exactos sciret eodemque anno sororis filios regis et liberos consulis, liberatoris patriae, propter pactionem indicatam recipiendorum in urbem regum a patre securi esse percussos, (4) ex qua Collatinum Tarquinium consulem nominis odio abdicare se magistratu atque exsulare iussum, in qua de Sp. Cassio post aliquot annos propter consilia inita de regno supplicium sumptum, in qua nuper decemviros bonis, exsilio, capite multatos ob superbiam regiam, in ea Sp.

und hieb ihn nieder; bespritzt vom Blut des Getöteten, umringt von einer Schar junger Patrizier, meldete er dem Diktator, Maelius sei zwar zu ihm vorgeladen worden, habe aber den Amtsdiener zurückgestoßen und als Aufwiegler der Menge die verdiente Strafe erhalten. (7) Da rief der Diktator: »Heil dir ob deines Heldenmutes, C. Servilius, du hast den Staat befreit!«

15 (1) Dann ließ er die Menge, deren Urteil über den Vorfall noch unklar war und die Unruhe zeigte, zur Versammlung einberufen und verkündete dort, Maelius sei rechtens getötet worden, selbst wenn er schuldlos des Strebens nach dem Königtum bezichtigt sein sollte, weil er trotz Vorladung durch den Reiterobersten sich dem Diktator nicht gestellt habe. (2) Er, Servilius, habe zu Gericht gesessen, um den Fall zu untersuchen, nach der Untersuchung hätte Maelius ein dem Sachverhalt entsprechendes Schicksal erwartet; da er zur Gewalt gegriffen habe, um sich dem Gericht zu entziehen, sei er durch Gewalt gemaßregelt worden. (3) Auch hätte man mit ihm nicht wie mit einem Bürger verfahren können, da er in einem freien Volk, unter Recht und Gesetz in einer Stadt geboren sei, aus der, wie er wusste, das Königsgeschlecht vertrieben worden und in der im selben Jahr die Neffen des Königs und zugleich Söhne des Konsuls, der das Vaterland befreit habe, wegen ihres bekanntgewordenen Komplotts, das Königsgeschlecht wieder in die Stadt aufzunehmen, vom Vater mit dem Beil getötet worden waren, (4) in einer Stadt, in der Collatinus Tarquinius als Konsul gezwungen war, wegen des Hasses auf seinen bloßen Namen von seinem Amt zurückzutreten und ins Exil zu gehen, in der man etliche Jahre später über Sp. Cassius wegen seines Trachtens nach der Königswürde die Todesstrafe verhängt hatte, in einer Stadt, in der neulich die Decemvirn für ihren, einem König ähnlichen Stolz mit Enteignung, Verbannung und Hinrichtung bestraft worden waren,[9] in dieser Stadt also habe Sp. Maelius die Hoffnung auf das Königtum

Maelius spem regni conceperit. (5) et quis homo? quamquam nullam nobilitatem, nullos honores, nulla merita cuiquam ad dominationem pandere viam; sed tamen Claudios, Cassios consulatibus, decemviratibus, suis maiorumque honoribus, splendore familiarum sustulisse animos quo nefas fuerit: (6) Sp. Maelium, cui tribunatus plebis magis optandus quam sperandus fuerit, frumentarium divitem, bilibris farris sperasse libertatem se civium suorum emisse, ciboque obiciendo ratum victorem finitimorum omnium populum in servitutem perlici posse, (7) ut quem senatorem concoquere civitas vix posset regem ferret, Romuli conditoris, ab dis orti, recepti ad deos, insignia atque imperium habentem. non pro scelere id magis quam pro monstro habendum, nec satis esse sanguine eius expiatum, (8) nisi tecta parietesque intra quae tantum amentiae conceptum esset dissiparentur bonaque contacta pretiis regni mercandi publicarentur. iubere itaque quaestores vendere ea bona atque in publicum redigere.

16 (1) Domum deinde, ut monumento area esset oppressae nefariae spei, dirui extemplo iussit. Id Aequimaelium appellatum est. (2) L. Minucius bove aurato extra portam Trigeminam est donatus, ne plebe quidem invita, quia frumentum Maelianum assibus in modios aestimatum plebi divisit. (3) Hunc Minucium apud quosdam auctores transisse a patribus ad ple-

genährt.[10] (5) Und was sei das überhaupt für ein Mensch? Obwohl kein Adel, keine Ehren, keine Verdienste irgendjemandem den Weg zur Tyrannei öffnen dürften, so hätten dennoch Männer wie Ap. Claudius, wie Sp. Cassius durch Konsulate, Decemvirate, eigene Ämter und solche der Vorfahren, durch den Glanz ihrer Geschlechter das gehofft, was zu hoffen Frevel war: (6) Sp. Maelius aber, der das Volkstribunat eher ersehnen als erwarten durfte, ein reicher Getreidehändler, habe gemeint, er hätte um zwei Pfund Spelt die Freiheit seiner Mitbürger gekauft, und damit gerechnet, dass er mit dem Vorsetzen einer Mahlzeit ein über alle Nachbarn siegreiches Volk in die Sklaverei locken könne, (7) damit die Bürgerschaft einen, den sie als Senator kaum hätte verdauen können, als König erdulde, wenn er dann Ehrenzeichen und Rang des Romulus trage, des gottgeborenen und zu den Göttern aufgefahrenen Gründers. Weniger als Verbrechen, vielmehr als abartige Ungeheuerlichkeit habe man diese Tat zu betrachten, die durch dessen Blut auch nicht völlig ausgemerzt sei, (8) wenn nicht Haus und Wände, zwischen denen ein derartiger Wahnsinn ausgebrütet worden sei, niedergerissen und seine Güter, die vom Bestechungsgeld zum Kauf des Königtums befleckt seien, konfisziert würden. Daher gab er den Quästoren den Befehl, die genannten Besitzungen zu verkaufen und den Gewinn der Staatskasse zuzuführen.

16 (1) Hierauf ließ er auf der Stelle das Haus abbrechen, damit das freie Areal ein Mahnmal des vereitelten, ruchlosen Trachtens sei. Die Gegend wurde Aequimaelium[11] genannt. (2) L. Minucius wurde außerhalb der Porta Trigemina mit einem Denkmal beschenkt,[12] einem vergoldeten Ochsen, was nicht einmal gegen den Willen des Bürgerstandes geschah, weil er das Getreide des Maelius für ein As pro Scheffel im Volk verteilen ließ. (3) Bei einigen Historikern lese ich, dass dieser Minucius von dem Adels- in den Bürgerstand übergetreten sei und dass

bem, undecimumque tribunum plebis cooptatum seditionem motam ex Maeliana caede sedasse invenio; (4) ceterum vix credibile est numerum tribunorum patres augeri passos, idque potissimum exemplum a patricio homine introductum, nec deinde id plebem concessum semel obtinuisse aut certe temptasse. Sed ante omnia refellit falsum imaginis titulum paucis ante annis lege cautum ne tribunis collegam cooptare liceret.

(5) Q. Caecilius, Q. Iunius, Sex. Titinius soli ex collegio tribunorum neque tulerant de honoribus Minuci legem et criminari nunc Minucium, nunc Servilium apud plebem querique indignam necem Maeli non destiterant. (6) Pervicerant igitur ut tribunorum militum potius quam consulum comitia haberentur, haud dubii quin sex locis – tot enim iam creari licebat – et plebeii aliqui, profitendo se ultores fore Maelianae caedis, crearentur. (7) Plebs quamquam agitata multis eo anno et variis motibus erat, nec plures quam tres tribunos consulari potestate creavit et in iis L. Quinctium Cincinnati filium, ex cuius dictaturae invidia tumultus quaerebatur. (8) Praelatus suffragiis Quinctio Mamercus Aemilius, vir summae dignitatis; L. Iulium tertium creant.

17 (1) In horum magistratu Fidenae, colonia Romana, ad Lartem Tolumnium Veientium regem defecere. (2) Maius additum defectioni scelus: C. Fulcinium, Cloelium Tullum, Sp. Nauti-

er, zusätzlich zum elften Volkstribun gewählt, die nach der Ermordung des Maelius ausgebrochene Empörung beschwichtigt habe; (4) im übrigen ist es aber kaum glaubhaft, dass die Väter eine Erhöhung der Zahl der Tribunen geduldet hätten, dass gerade diese beispielhafte Maßnahme von einem Mann von patrizischer Herkunft eingeführt worden wäre und der Bürgerstand das einmal gewährte Vorrecht nicht behalten oder es wenigstens zu behalten versucht hätte. Der wichtigste Beweis gegen die Echtheit der Inschrift unter seinem Ahnenbild ist aber die wenige Jahre vorher erlassene Verfügung, die den Tribunen die Nachwahl eines Kollegen untersagte.

(5) Q. Caecilius, Q. Iunius und Sex. Titinius hatten als einzige aus dem Kollegium der Tribunen keinen Antrag auf Ehrungen für Minucius gestellt und auch nicht aufgehört, bald Minucius, bald Servilius beim Bürgervolk zu verunglimpfen und die Hinrichtung des Maelius als ungerecht zu beklagen. (6) So setzten sie es durch, dass man anstelle von Konsulatswahlen Wahlen zum Militärtribunat vorzog, wobei sie nicht daran zweifelten, dass für die sechs Stellen – so viele durften nämlich schon gewählt werden – auch etliche Plebejer bestimmt würden, wenn diese sich als Rächer des ermordeten Maelius anböten. (7) Obwohl das Volk in dem Jahr durch so viele verschiedene Zusammenstöße aufgereizt war, wählte es nicht mehr als drei Tribunen mit konsularischer Machtbefugnis, unter ihnen auch L. Quinctius, einen Sohn des Cincinnatus, seit dessen angefeindeter Diktatur manche nach Aufruhr trachteten. (8) In den Abstimmungen zog man dem Quinctius noch Mamercus Aemilius vor, einen Mann von höchster Würde; als dritten wählten sie L. Iulius.

17 (1) Während ihrer Amtszeit wurde die römische Kolonie Fidenae abtrünnig und ging zu Lars Tolumnius, dem König von Veji, über. (2) Dem Verrat schloss sich ein noch größeres Verbrechen an: Sie töteten auf Befehl des Tolumnius die römi-

um, L. Roscium, legatos Romanos, causam novi consilii quaerentes, iussu Tolumni interfecerunt. (3) Levant quidam regis facinus; in tesserarum prospero iactu vocem eius ambiguam, ut occidi iussisse videretur, a Fidenatibus exceptam causam mortis legatis fuisse (4) – rem incredibilem, interventu Fidenatium, novorum sociorum, consulentium de caede ruptura ius gentium, non aversum ab intentione lusus animum nec deinde in errorem versum facinus. Propius est (5) fidem obstringi Fidenatium populum ne respicere spem ullam ab Romanis posset conscientia tanti sceleris voluisse. (6) Legatorum qui Fidenis caesi erant statuae publice in Rostris positae sunt.

Cum Veientibus Fidenatibusque, praeterquam finitimis populis, ab causa etiam tam nefanda bellum exorsis atrox dimicatio instabat. (7) Itaque ad curam summae rerum quieta plebe tribunisque eius [anni], nihil controversiae fuit quin consules crearentur M. Geganius Macerinus tertium et L. Sergius Fidenas. (8) A bello credo quod deinde gessit appellatum; hic enim primus cis Anienem cum rege Veientium secundo proelio conflixit, nec incruentam victoriam rettulit. Maior itaque ex civibus amissis dolor quam laetitia fusis hostibus fuit; et senatus, ut in trepidis rebus, dictatorem dici Mam. Aemilium iussit. (9) Is magistrum equitum ex collegio prioris anni, quo simul

schen Gesandten C. Fulcinius, Cloelius Tullus, Sp. Nautius und L. Roscius, die den Grund des unerhörten Vorgehens erfahren wollten. (3) Manche sprechen dem König eine verbrecherische Absicht ab; nachdem seine Würfel im Spiel glücklich gefallen waren, hätten die Fidenaten einen missverständlichen Ausruf, der den Eindruck erweckte, er habe zu »stechen« befohlen[13], gehört und zum Anlass der Ermordung genommen; (4) doch es ist unglaubhaft, dass der König trotz des Dazutretens der Fidenaten, neuer Bundesgenossen, die ihn wegen eines Mordes befragten, der das Völkerrecht brechen würde, seine Aufmerksamkeit vom Spiel nicht abgelenkt und danach die Untat nicht einem Irrtum zugeschrieben hätte. Eher wahrscheinlich ist es, (5) dass er das Volk von Fidenae durch die Mitwisserschaft eines solchen Verbrechens an sich binden wollte, damit es von den Römern nichts mehr erwarte. (6) Von den in Fidenae erschlagenen Gesandten wurden im Namen des Staates auf der Rednerbühne Standbilder aufgestellt.

Gegen die Bewohner von Veji und Fidenae, die, gleichwohl benachbarte Völker, durch einen so furchtbaren Vorfall einen Krieg angezettelt hatten, stand ein erbitterter Kampf bevor. (7) Daher wurden mit dem stillschweigenden Einverständnis des Bürgerstandes und der Tribunen dieses Jahres im Hinblick auf die Interessen des Gesamtstaates ohne Widerspruch M. Geganius zum dritten Mal und L. Sergius Fidenas zu Konsuln gewählt [437]. (8) Ich glaube, dass er nach dem Krieg, den er später führte, so genannt wurde; er war nämlich der erste, der diesseits des Anio in erfolgreicher Schlacht mit dem König von Veji zusammenstieß, doch brachte er keinen unblutigen Sieg nach Hause. Daher war der Schmerz über die Verluste an Bürgern größer als der Jubel über die Vertreibung der Feinde; und der Senat befahl, wie in allen unruhigen Zeiten, einen Diktator zu bestimmen – es war Mamercus Aemilius. (9) Dieser ernannte aus dem Kollegium des Vorjahres, in dem sie zusam-

tribuni militum consulari potestate fuerant, L. Quinctium Cincinnatum, dignum parente iuvenem, dixit. (10) Ad dilectum a consulibus habitum centuriones veteres belli periti adiecti et numerus amissorum proxima pugna expletus. Legatos [T.] Quinctium Capitolinum et M. Fabium Vibulanum sequi se dictator iussit. (11) Cum potestas maior tum vir quoque potestati par hostes ex agro Romano trans Anienem submovere; collesque inter Fidenas atque Anienem ceperunt referentes castra, nec ante in campos degressi sunt quam legiones Faliscorum auxilio venerunt. (12) Tum demum castra Etruscorum pro moenibus Fidenarum posita. Et dictator Romanus haud procul inde ad confluentes consedit in utriusque ripis amnis, qua sequi munimento † poterat vallo interposito. Postero die in aciem eduxit.

18 (1) Inter hostes variae fuere sententiae. Faliscus procul ab domo militiam aegre patiens satisque fidens sibi, poscere pugnam: Veienti Fidenatique plus spei in trahendo bello esse. (2) Tolumnius, quamquam suorum magis placebant consilia, ne longinquam militiam non paterentur Falisci, postero die se pugnaturum edicit. (3) Dictatori ac Romanis, quod detractasset pugnam hostis, animi accessere; posteroque die iam militibus castra urbemque se oppugnaturos frementibus ni copia pugnae

men Militärtribunen mit konsularischer Gewalt gewesen waren, L. Quinctius Cincinnatus zum Reiterobersten, einen jungen Mann, der seines Vaters würdig war. (10) An die von den Konsuln ausgehobene Truppe wurden alte, kriegserfahrene Centurionen abkommandiert und die in der letzten Schlacht Gefallenen vollzählig ersetzt. Der Diktator befahl T. Quinctius Capitolinus und M. Fabius Vibulanus, ihm als Unterfeldherren zu folgen. (11) Sowohl die außergewöhnliche Amtsgewalt als auch der Mann, der diesem Amt gewachsen war, veranlasste die Feinde, sich aus dem Römerland über den Anio zurückzuziehen; sie besetzten die Hügel zwischen Fidenae und Anio, während sie ihr Lager nach hinten verlegten, und stiegen nicht eher ins offene Land hinab, als bis die Legionen der Falisker zu Hilfe gekommen waren. (12) Erst zu diesem Zeitpunkt errichteten die Etrusker ihr Lager vor den Mauern von Fidenae. Der römische Diktator lagerte nicht fern von dort an den Ufern beim Zusammenfluss beider Ströme[14], nachdem er, soweit er mit einer Befestigung folgen konnte, zwischen ihnen einen Wall errichtet hatte. Am nächsten Tag führte er die Truppe in Schlachtordnung aus dem Lager.

18 (1) Unter den Feinden herrschten verschiedene Auffassungen vor. Die Falisker, die fern der Heimat den Kriegsdienst nur widerwillig ertrugen und genügend Vertrauen auf sich selbst setzten, forderten die Schlacht. Die Hoffnung der Fidenaten und Vejenter bestand eher in der Verschleppung des Krieges. (2) Obwohl Tolumnius die Vorschläge seiner eigenen Leute besser gefielen, verkündete er aus Furcht, die Falisker würden einen langen Feldzug nicht durchhalten, er werde am nächsten Tag in die Schlacht ziehen. (3) Dem Diktator und den Römern wuchs der Mut, weil sich der Feind dem Kampf entzogen habe; und als am nächsten Tag die Soldaten schon wutentbrannt riefen, sie würden Lager und Stadt stürmen, wenn ihnen nicht die Gelegenheit zur Feldschlacht gegeben werde,

fiat, utrimque acies inter bina castra in medium campi procedunt. (4) Veiens multitudine abundans, qui inter dimicationem castra Romana adgrederentur post montes circummisit. Trium populorum exercitus ita stetit instructus ut dextrum cornu Veientes, sinistrum Falisci tenerent, medii Fidenates essent. (5) Dictator dextro cornu adversus Faliscos, sinistro contra Veientem Capitolinus Quinctius intulit signa; ante mediam aciem cum equitatu magister equitum processit. (6) Parumper silentium et quies fuit, nec Etruscis nisi cogerentur pugnam inituris et dictatore arcem Romanam respectante, ut ex [ea ab] auguribus, simul aves rite admisissent, ex composito tolleretur signum. (7) Quod simul ubi conspexit, primos equites clamore sublato in hostem emisit; secuta peditum acies ingenti vi conflixit. Nulla parte legiones Etruscae sustinuere impetum Romanorum; (8) eques maxime resistebat, equitumque longe fortissimus ipse rex ab omni parte effuse sequentibus obequitans Romanis trahebat certamen.

19 (1) Erat tum inter equites tribunus militum A. Cornelius Cossus, eximia pulchritudine corporis, animo ac viribus par memorque generis, quod amplissimum acceptum maius auctiusque reliquit posteris. (2) Is cum ad impetum Tolumni, quacumque se intendisset, trepidantes Romanas videret turmas insignemque eum regio habitu volitantem tota acie cognosset, (3) »Hicine est« inquit »ruptor foederis humani violatorque gen-

rückten die Schlachtreihen von beiden Seiten zwischen den zwei Lagern in die Mitte der Ebene vor. (4) Die Vejenter, zahlenmäßig überlegen, schickten Truppen hinter die Bergketten herum, die während des Kampfes das römische Lager angreifen sollten. Das Dreivölkerheer stand nun so aufgestellt, dass die Vejenter den rechten, die Falisker den linken Flügel einnahmen und im Zentrum die Fidenaten standen. (5) An der rechten Flanke marschierte der Diktator gegen die Falisker, an der linken gegen die Vejenter Capitolinus Quinctius, vor dem Zentrum rückte zusammen mit der Reiterei der Reiteroberst vor. (6) Eine Zeitlang herrschte Totenstille, da die Etrusker nur gezwungen die Schlacht beginnen wollten und der Diktator nach der Burg ausspähte, von der die Auguren, sobald es die Auspizien erlaubt hätten, das vereinbarte Zeichen geben sollten. (7) Als er dies erblickte, ließ er sofort die ersten Reiterabteilungen den Schlachtruf anstimmen und gegen die Feinde stürmen; ihnen folgte die Reihe der Fußtruppen und stürzte sich mit ungeheurer Macht in den Kampf. In keinem Abschnitt hielten die etruskischen Legionen dem Ansturm der Römer stand; (8) den heftigsten Widerstand leisteten noch die Reiter, und der bei weitem Tapferste unter ihnen, der König selbst, galoppierte auf die auf breiter Front nachsetzenden Römer los und zog so den Kampf in die Länge.

19 (1) Damals befand sich unter den Reitern der Militärtribun A. Cornelius Cossus, ein Mann von herausragend schöner Gestalt, in Geistesart und Kraft Abbild und Muster seines Geschlechtes, das er als äußerst mächtiges übernahm und das er seinen Nachkommen noch größer und einflussreicher hinterließ. (2) Als er beim Ansturm des Tolumnius, wohin der sich auch richtete, die römischen Schwadronen wanken sah und er ihn an seiner königlichen Kleidung erkannte, wie er über das ganze Schlachtfeld jagte, rief er: (3) »Ist er's, der menschliche Übereinkunft gebrochen, der das Völkerrecht geschändet hat?

tium iuris? Iam ego hanc mactatam victimam, si modo sancti quicquam in terris esse di volunt, legatorum manibus dabo.« (4) Calcaribus subditis infesta cuspide in unum fertur hostem; quem cum ictum equo deiecisset, confestim et ipse hasta innixus se in pedes excepit. (5) Adsurgentem ibi regem umbone resupinat, repetitumque saepius cuspide ad terram adfixit. Tum exsangui detracta spolia caputque abscisum victor spiculo gerens terrore caesi regis hostes fundit. Ita equitum quoque fusa acies, quae una fecerat anceps certamen. (6) Dictator legionibus fugatis instat et ad castra compulsos caedit. Fidenatium plurimi locorum notitia effugere in montes. Cossus Tiberim cum equitatu transvectus ex agro Veientano ingentem detulit praedam ad urbem. (7) Inter proelium et ad castra Romana pugnatum est adversus partem copiarum ab Tolumnio, ut ante dictum est, ad castra missam. (8) Fabius Vibulanus corona primum vallum defendit; intentos deinde hostes in vallum, egressus dextra principali cum triariis, repente invadit. Quo pavore iniecto caedes minor, quia pauciores erant, fuga non minus trepida quam in acie fuit.

20 (1) Omnibus locis re bene gesta, dictator senatus consulto iussuque populi triumphans in urbem rediit. (2) Longe maximum triumphi spectaculum fuit Cossus, spolia opima regis

Jetzt will ich ihn als Schlachtopfer, wenn es nach der Götter Willen auf der Welt überhaupt noch etwas Heiliges geben soll, den Seelen der toten Gesandten opfern!« (4) Er gab seinem Pferd die Sporen und warf sich mit drohender Lanze gegen den einen Feind; nachdem er ihn getroffen und vom Pferd gestoßen hatte, schwang er sich sogleich selbst auf seine Lanze gestützt zu Boden. (5) Gerade als sich nun der König erheben wollte, stieß er ihn mit dem Schildbuckel zurück, ging wieder und wieder mit dem Speer auf ihn los und heftete ihn an die Erde. Dann beraubte er den leblosen Körper seiner Rüstung und, das abgetrennte Haupt siegreich auf seiner Lanzenspitze tragend, schlug die Feinde mit dem Entsetzen über ihren abgeschlachteten König in die Flucht. So wurde auch die Reitertruppe vertrieben, die als einzige den Kampf noch offengehalten hatte. (6) Der Diktator setzte den versprengten Legionen nach und trieb sie bei ihrem Lager zusammen und hieb sie nieder. Von den Fidenaten entkamen die meisten aufgrund ihrer Ortskenntnis in die Berge. Cossus, der mit der Reiterei den Tiber überquert hatte, brachte aus dem Land von Veji gewaltige Beute hinab nach Rom. (7) Während der Schlacht wurde auch beim römischen Lager gegen die Truppenabteilung gekämpft, die Tolumnius, wie oben berichtet, zu dem Lager entsandt hatte. (8) Fabius Vibulanus verteidigte zuerst mit einer Truppenkette den Wall; da sich daraufhin die Feinde auf ihn konzentrierten, machte er mit den Triariern durch das rechte Haupttor[15] einen Ausfall aus dem Lager und griff sie dann unversehens an. Damit verursachte er eine Panik, doch gab es nicht so viele Gefallene, weil ihre Zahl geringer war, die Flucht ging aber genauso wirr vor sich wie in der Feldschlacht.

20 (1) Da der Diktator seine Aufgabe in allen Punkten erfolgreich erfüllt hatte, kehrte er auf Senatsbeschluss und Geheiß des Volkes im Triumph in die Stadt zurück. (2) Das weitaus größte Schauspiel im Triumphzug stellte Cossus dar, während

interfecti gerens; in eum milites carmina incondita aequantes eum Romulo canere. (3) Spolia in aede Iovis Feretri prope Romuli spolia quae, prima opima appellata, sola ea tempestate erant, cum sollemni dedicatione dono fixit; averteratque in se a curru dictatoris civium ora et celebritatis eius diei fructum prope solus tulerat. (4) Dictator coronam auream, libram pondo, ex publica pecunia populi iussu in Capitolio Iovi donum posuit.

(5) Omnes ante me auctores secutus, A. Cornelium Cossum tribunum militum secunda spolia opima Iovis Feretri templo intulisse exposui; (6) ceterum, praeterquam quod ea rite opima spolia habentur, quae dux duci detraxit, nec ducem novimus nisi cuius auspicio bellum geritur, titulus ipse spoliis inscriptus illos meque arguit consulem ea Cossum cepisse. (7) Hoc ego cum Augustum Caesarem, templorum omnium conditorem ac restitutorem, ingressum aedem Feretri Iovis quam vetustate dilapsam refecit, se ipsum in thorace linteo scriptum legisse audissem, prope sacrilegium ratus sum Cosso spoliorum suorum Caesarem, ipsius templi auctorem, subtrahere testem. (8) Quis ea in re sit error quod tam veteres annales quodque magistratuum libri, quos linteos in aede repositos Monetae Macer Licinius citat identidem auctores, decimo post demum anno cum T. Quinctio Poeno A. Cornelium

er die Feldherrnrüstung[16] des getöteten Königs trug; zu seiner Ehre stimmten die Soldaten einfache Lieder an, in denen sie ihn dem Romulus gleichstellten. (3) In feierlicher Weihe hängte er die erbeutete Feldherrenrüstung im Tempel des Iuppiter Feretrius neben der Beute des Romulus als Opfergabe auf, die als erste »Beuterüstung« genannt worden und zu der Zeit noch die einzige war; die Blicke der Bürger hatte er damit vom Wagen des Diktators auf sich gelenkt und die Ernte vom Ruhm dieses Tages fast allein eingebracht. (4) Der Diktator legte einen goldenen Kranz von einem Pfund Gewicht auf Staatskosten und Geheiß des Volkes auf dem Kapitol als Weihgeschenk für Iuppiter nieder.

(5) In Übereinstimmung mit allen Historikern vor mir habe ich dargelegt, wie A. Cornelius Cossus als Militärtribun zum zweiten Mal eine Beuterüstung in den Tempel des Iuppiter Feretrius gebracht hat; (6) im übrigen hat sie und mich der Umstand, dass den Normen nach nur die als Beuterüstung anerkannt wird, welche ein Heerführer einem anderen Heerführer raubte, und wir dabei nur den als Heerführer bezeichnen, unter dessen Auspizien ein Krieg geführt wird, die auf der Beuterüstung angebrachte Inschrift selbst dahingehend widerlegt, dass nämlich Cossus diese als Konsul erobert habe. (7) Da ich nun gehört hatte, Augustus Caesar, der Gründer und Wiederhersteller aller Tempel[17], habe beim Betreten des Tempels des Iuppiter Feretrius, der durch sein Alter eingestürzt war und den er erneuerte, auf einem linnenen Brustpanzer die Inschrift persönlich gelesen, hielt ich es fast für einen Frevel, dem Cossus die Zeugenschaft des Caesar Augustus, des Neubegründers dieses Tempels, für seine Beuterüstung vorzuenthalten. (8) Welcher Fehler in dem Umstand liegt, dass die derart alten Jahrbücher und die im Heiligtum der Moneta aufbewahrten Leinentafeln der Beamten, welche Licinius Macer so oft als Quellen zitiert, erst neun Jahre danach A. Cornelius

Cossum consulem habeant, existimatio communis omnibus est. (9) Nam etiam illud accedit, ne tam clara pugna in eum annum transferri posset, quod imbelle triennium ferme pestilentia inopiaque frugum circa A. Cornelium consulem fuit, adeo ut quidam annales velut funesti nihil praeter nomina consulum suggerant. (10) Tertius ab consulatu Cossi annus tribunum eum militum consulari potestate habet, eodem anno magistrum equitum; quo in imperio alteram insignem edidit pugnam equestrem. (11) Ea libera coniectura est sed, ut ego arbitror, vana. Versare in omnes opiniones licet, cum auctor pugnae, recentibus spoliis in sacra sede positis, Iovem prope ipsum, cui vota erant, Romulumque intuens, haud spernendos falsi tituli testes, se A. Cornelium Cossum consulem scripserit.

21 (1) M. Cornelio Maluginense L. Papirio Crasso consulibus exercitus in agrum Veientem ac Faliscum ducti. Praedae abactae hominum pecorumque; (2) hostis in agris nusquam inventus neque pugnandi copia facta; urbes tamen non oppugnatae quia pestilentia populum invasit. (3) Et seditiones domi quaesitae sunt, nec motae tamen, ab Sp. Maelio tribuno plebis, qui favore nominis moturum se aliquid ratus et Minucio diem dixerat et rogationem de publicandis bonis Servili Ahalae tulerat, (4) falsis criminibus a Minucio circumventum Maelium

Cossus zusammen mit T. Quinctius Poenus als Konsul angeben [428], kann jeder selbst abschätzen. (9) Es kommt nämlich auch noch hinzu, dass eine so berühmte Schlacht nicht auf dieses Jahr verlegt werden kann, weil etwa drei Jahre lang vor und nach dem Konsulat des A. Cornelius aufgrund von Seuchen und Getreidemangel ein Kriegführen überhaupt nicht möglich war, so dass manche Jahrbücher gleichsam im Zeichen der Trauer nichts außer dem Namen der Konsuln überliefern. (10) Im dritten Jahr nach seinem Konsulat erscheint Cossus wieder als Militärtribun mit konsularischer Vollmacht und noch im selben Jahr als Reiteroberst; in diesem Kommando schlug er eine andere bedeutende Reiterschlacht. (11) Eine Folgerung daraus ist möglich, aber, wie ich finde, irreführend. Es steht frei, sich allen möglichen Mutmaßungen anzuschließen; allein, der Held der Schlacht hat sich, nachdem er die eben erworbene Beuterüstung in dem heiligen Aufbewahrungsort niedergelegt hatte, Iuppiter selbst nahe, dem sie geweiht war, und Romulus vor Augen, beide nicht zu übergehende Zeugen im Falle einer gefälschten Inschrift, darin als Konsul A. Cornelius Cossus bezeichnet.[18]

21 (1) Im Konsulatsjahr des M. Cornelius Maluginensis und des L. Papirius Crassus [436] wurden die Heere in die Länder der Vejenter und Falisker geführt. Beute an Mensch und Vieh wurde weggetrieben; (2) ein Feind fand sich nirgends auf offenem Land, keine Gelegenheit auch zu einer Schlacht; dennoch wurden die Städte nicht belagert, weil eine Seuche das Kriegsvolk befiel. (3) Und im Inneren wurden Unruhen zwar geschürt, trotz allem aber nicht entfacht: der Volkstribun Sp. Maelius, der meinte, er könne durch den guten Klang seines Namens etwas in Gang setzen und der Minucius vor Gericht geladen sowie einen Gesetzvorschlag zur Enteignung der Güter des Servilius Ahala eingebracht hatte, (4) behauptete, Minucius habe den Maelius mit falschen Anschuldigungen unter

arguens, Servilio caedem civis indemnati obiciens. Quae vaniora ad populum ipso auctore fuere. (5) Ceterum magis vis morbi ingravescens curae erat terroresque ac prodigia, maxime quod crebris motibus terrae ruere in agris nuntiabantur tecta. Obsecratio itaque a populo duumviris praeeuntibus est facta.

(6) Pestilentior inde annus C. Iulio iterum et L. Verginio consulibus tantum metum vastitatis in urbe agrisque fecit, ut non modo praedandi causa quisquam ex agro Romano exiret bellive inferendi (7) memoria patribus aut plebi esset, sed ultro Fidenates, qui se primo aut montibus aut muris tenuerant, populabundi descenderent in agrum Romanum. (8) Deinde Veientium exercitu accito – nam Falisci perpelli ad instaurandum bellum neque clade Romanorum neque sociorum precibus potuere – duo populi transiere Anienem atque haud procul Collina porta signa habuere. (9) Trepidatum itaque non in agris magis quam in urbe est. Iulius consul in aggere murisque explicat copias, a Verginio senatus in aede Quirini consulitur. (10) Dictatorem dici Q. Servilium placet, cui Prisco alii, alii Structo fuisse cognomen tradunt. Verginius dum collegam consuleret moratus, permittente eo nocte dictatorem dixit; is sibi magistrum equitum Postumum Aebutium Helvam dicit.

22 (1) Dictator omnes luce prima extra portam Collinam

Druck gesetzt, und warf Servilius die Ermordung eines unverurteilten Bürgers vor. All diese Dinge glaubte aber das Volk noch weniger als ihr Erfinder. (5) Im übrigen bereitete die sich verschlimmernde Macht der Seuche mehr Sorge, dazu noch schreckenerregende Vorzeichen, vor allem, dass Meldungen zufolge nach heftigen Erdstößen auf dem Land Häuser einstürzten. Daher wurde vom Volk unter Führung des Priesterkollegiums der Duumvirn eine Sühnefeier abgehalten.

(6) Das nächste Jahr, in dem C. Iulius zum zweiten Mal und L. Verginius Konsuln waren [435], war noch verpesteter und bewirkte in Stadt und Land eine so große Furcht vor völliger Verödung des Landes, dass nicht nur keiner vom Römerland auf Beutezug ausging, (7) und Väter und Volk nicht daran dachten, einen Krieg zu beginnen, sondern dass überdies die Fidenaten, die sich anfänglich entweder in den Bergen oder hinter ihren Mauern versteckt hatten, plündernd herabstiegen in das Land der Römer. (8) Hierauf zogen die Fidenaten noch ein Heer der Vejenter an sich – die Falisker waren nämlich weder durch das Unglück der Römer noch durch die Bitten der Bundesgenossen zu einer Wiederaufnahme des Feldzuges zu bewegen –, und dann überschritten die beiden Völker den Anio und bezogen unweit der Porta Collina Position. (9) Aufgrund dessen war das Zittern und Zagen in der Stadt nicht geringer als auf dem Land. Der Konsul Iulius ließ Truppen auf dem Wall und den Mauern aufmarschieren, Verginius hielt im Tempel des Quirinus eine Senatssitzung ab. (10) Man beschloss, Q. Servilius zum Diktator zu ernennen, dessen Beinamen die einen mit Priscus, die anderen mit Structus angeben. Verginius, der wartete, bis er sich mit seinem Amtskollegen beraten konnte, ernannte mit dessen Einverständnis noch in der Nacht den Diktator: Dieser bestimmte Postumus Aebutius Helva zum Reiterobersten.

22 (1) Der Diktator gab allen den Befehl, sich bei Tagesan-

adesse iubet. Quibuscumque vires suppetebant ad arma ferenda praesto fuere. Signa ex aerario prompta feruntur ad dictatorem. (2) Quae cum agerentur, hostes in loca altiora concessere. Eo dictator agmine infesto subiit; nec procul Nomento signis conlatis fudit Etruscas legiones. Compulit inde in urbem Fidenas valloque circumdedit; (3) sed neque scalis capi poterat urbs alta et munita neque in obsidione vis ulla erat, quia frumentum non necessitati modo satis, sed copiae quoque abunde ex ante convecto sufficiebat. (4) Ita expugnandi pariter cogendique ad deditionem spe amissa, dictator in locis propter propinquitatem notis ab aversa parte urbis, maxime neglecta quia suapte natura tutissima erat, agere in arcem cuniculum instituit. (5) Ipse diversissimis locis subeundo ad moenia quadrifariam diviso exercitu qui alii aliis succederent ad pugnam, continenti die ac nocte proelio ab sensu operis hostes avertebat, (6) donec perfosso a castris monte erecta in arcem via est, intentisque Etruscis ad vanas a certo periculo minas clamor supra caput hostilis captam urbem ostendit.

(7) Eo anno C. Furius Paculus et M. Geganius Macerinus censores villam publicam in campo Martio probaverunt, ibique primum census populi est actus.

23 (1) Eosdem consules insequenti anno refectos, Iulium tertium, Verginium iterum, apud Macrum Licinium invenio: Va-

bruch vor der Porta Collina bereitzuhalten. Alle, die stark genug waren, Waffen zu tragen, waren zur Stelle. Man holte die Feldzeichen aus dem Arsenal und brachte sie zum Diktator. (2) Unterdessen rückten die Feinde auf höhergelegene Plätze ab. Dorthin kam ihnen der Diktator mit kampfbereitem Heerbann nach; nicht weit von Nomentum kam es zur Schlacht, in der er die etruskischen Legionen in die Flucht schlug. Von dort trieb er sie gegen die Stadt Fidenae und umschloss sie mit einem Wall; (3) doch war die hohe und befestigte Stadt weder mit Sturmleitern zu nehmen, noch ging von der Belagerung Wirkung aus, weil aufgrund vorheriger Einlagerung das Getreide nicht bloß für die Notlage ausreichte, sondern sogar im Überfluss zur Verfügung stand. (4) Als man daher die Hoffnung auf Eroberung wie auf erzwungene Kapitulation aufgeben musste, begann der Diktator an Stellen, die er wegen der Nachbarschaft kannte, von der Rückseite der Stadt, die durch ihre Geländeform sehr geschützt war und deshalb fast unbeachtet blieb, einen unterirdischen Gang zur Festung zu treiben. (5) Er selbst rückte von einander gegenüberliegenden Punkten aus mit dem in vier Sturmtrupps geteilten Heer, die einander im Kampf ablösen sollten, gegen die Mauer vor und lenkte durch den Tag und Nacht währenden Angriff die Aufmerksamkeit der Feinde von der Schanzarbeit ab, (6) bis nach Untergrabung des Berges vom Lager aus ein Weg zur Festung emporführte und den Etruskern, die sich statt der wirklichen Gefahr den Scheinangriffen zugewandt hatten, der Kriegslärm zu ihren Häuptern die Einnahme ihrer Stadt anzeigte.

(7) Im selben Jahr übernahmen die Censoren C. Furius Paculus und M. Geganius Macerinus ein staatliches Amtsgebäude auf dem Marsfeld, und dort wurde zum ersten Mal die Volksschätzung durchgeführt.

23 (1) Bei Licinius Macer lese ich, dass im folgenden Jahr [434] dieselben Konsuln, Iulius zum dritten Mal, Verginius zum

lerius Antias et Q. Tubero M. Manlium et Q. Sulpicium consules in eum annum edunt. (2) Ceterum in tam discrepanti editione et Tubero et Macer libros linteos auctores profitentur; neuter tribunos militum eo anno fuisse traditum a scriptoribus antiquis dissimulat. (3) Licinio libros haud dubie sequi linteos placet: Tubero incertus veri est. Sit inter cetera vetustate cooperta hoc quoque in incerto positum.

(4) Trepidatum in Etruria est post Fidenas captas, non Veientibus solum exterritis metu similis excidii, sed etiam Faliscis memoria initi primo cum iis belli, quamquam rebellantibus non adfuerant. (5) Igitur cum duae civitates legatis circa duodecim populos missis impetrassent ut ad Voltumnae fanum indiceretur omni Etruriae concilium, velut magno inde tumultu imminente, senatus Mam. Aemilium dictatorem iterum dici iussit. (6) Ab eo A. Postumius Tubertus magister equitum est dictus; bellumque tanto maiore quam proximo conatu apparatum est quanto plus erat ab omni Etruria periculi quam ab duobus populis fuerat.

24 (1) Ea res aliquanto exspectatione omnium tranquillior fuit. (2) Itaque cum renuntiatum a mercatoribus esset negata Veientibus auxilia, iussosque suo consilio bellum initum suis viribus exsequi nec adversarum rerum quaerere socios, (3) cum quibus spem integram communicare noluerint, tum dictator,

zweiten Mal, gewählt worden sind: Valerius Antias und Q.[L.] Tubero geben für dieses Jahr M. Manlius und Q. Sulpicius als Konsuln an. (2) Übrigens führen trotz der so widersprüchlichen Überlieferung sowohl Aelius Tubero als auch Macer die leinenen Bücher als Quellen an; keiner von beiden verschweigt, dass die alten Schriftsteller für dieses Jahr von Militärtribunen berichtet haben. (3) Licinius ist bereit, sich den leinenen Büchern ohne Bedenken anzuschließen: Tubero ist sich, was die Wahrheit betrifft, unsicher. So soll denn unter anderen vom Alter verdunkelten Dingen auch dies unentschieden bleiben.

(4) Angstvolle Unruhe herrschte nach der Eroberung von Fidenae in Etrurien, da nicht nur die Vejenter aus Furcht vor einer ähnlichen Zerstörung, sondern auch die Falisker in Panik geraten waren, die sich daran erinnerten, dass sie anfangs zusammen mit diesen den Krieg begonnen hatten, obschon sie ihnen dann bei der Wiederaufnahme des Kampfes nicht beigestanden hatten. (5) Als daher die beiden Städte durch Gesandte, die sie zu den umliegenden zwölf Völkerschaften geschickt hatten, erreichten, dass beim Voltumnaheiligtum[19] für ganz Etrurien ein Landtag einberufen werde, ließ der Senat, so als drohe von dort gewaltiger Aufruhr, Mam. Aemilius abermals zum Diktator bestimmen. (6) Von diesem wurde A. Postumius Tubertus zum Reiterobersten bestellt; und die Vorbereitungen für den Krieg übertrafen die für die letzten Unternehmungen umso mehr, je größer die Gefahr war, die von ganz Etrurien ausging, als die, welche früher von zwei Völkern gedroht hatte.

24 (1) Doch war die Sache beträchtlich harmloser, als alle erwartet hatten. (2) Kaufleute hatten berichtet, man habe den Vejentern Hilfstruppen verweigert und sie aufgefordert, den auf ihren Beschluss hin begonnenen Krieg auch mit ihren Kräften zu Ende zu führen, ohne im Unglück Bundesgenossen zu suchen, (3) mit denen sie die noch ungeschmälerte Hoffnung

ne nequiquam creatus esset, materia quaerendae bello gloriae adempta, in pace aliquid operis edere quod monumentum esset dictaturae cupiens, censuram minuere parat, seu nimiam potestatem ratus seu non tam magnitudine honoris quam diuturnitate offensus. (4) Contione itaque advocata, rem publicam foris gerendam ait tutaque omnia praestanda deos immortales suscepisse: se, quod intra muros agendum esset, libertati populi Romani consulturum. maximam autem eius custodiam esse, si magna imperia diuturna non essent et temporis modus imponeretur, quibus iuris imponi non posset. (5) alios magistratus annuos esse, quinquennalem censuram; grave esse iisdem per tot annos, magnam partem vitae, obnoxios vivere. se legem laturum ne plus quam annua ac semestris censura esset. (6) Ingenti consensu populi legem postero die pertulit et »Ut re ipsa« inquit »sciatis, Quirites, quam mihi diuturna non placeant imperia, dictatura me abdico«. (7) Deposito suo magistratu, imposito fine alteri, cum gratulatione ac favore ingenti populi domum est reductus. Censores aegre passi Mamercum quod magistratum populi Romani minuisset tribu moverunt octiplicatoque censu aerarium fecerunt. (8) Quam rem ipsum ingenti animo tulisse ferunt, causam potius ignominiae intuentem

nicht hatten teilen wollen. Der Diktator aber, da ihm die Gelegenheit, Kriegsruhm zu erwerben, genommen war, wünschte sich, um nicht vergeblich gewählt worden zu sein, im Frieden irgendein Werk zu vollbringen, das an seine Diktatur erinnerte. So ging er daran, das Censorenamt zu schwächen; vielleicht hielt er dessen Macht für allzu groß, vielleicht störte ihn nicht so sehr die Bedeutung als vielmehr die Dauer des Amtes. (4) So sagte er auf der einberufenen Volksversammlung, die unsterblichen Götter hätten die Lenkung des Staates in den auswärtigen Angelegenheiten auf sich genommen und allgemeine Sicherheit gewährleistet: Er werde bei dem, was innerhalb der Stadtmauern zu geschehen habe, die Freiheit des römischen Volkes im Auge haben. Dessen mächtigster Schutz aber sei es, wenn hohe Ämter nicht lange dauerten und ihnen eine zeitliche Begrenzung auferlegt werde, wenn ihnen keine rechtliche auferlegt werden könne. (5) Die anderen Ämter dauerten ein Jahr, fünf Jahre die Censur; hart sei es, so viele Jahre, ein gut Teil des Lebens, von ein und denselben Männern abhängig zu leben. Er werde ein Gesetz einbringen, wonach die Censur nicht länger als ein Jahr und sechs Monate dauern dürfe. (6) Unter gewaltigem Beifall des Volkes brachte er am nächsten Tag das Gesetz durch und sprach: »Damit ihr, Quiriten, an der Tat selbst erkennt, wie wenig mir Ämter von langer Dauer behagen, trete ich von der Diktatur zurück!« (7) Nachdem er das eigene Amt niedergelegt und einem anderen eine Grenze auferlegt hatte, wurde er unter Glückwünschen und lauten Beifallskundgebungen des Volkes nach Hause geleitet. Die Censoren duldeten es nur widerwillig, dass Mamercus ein Amt des römischen Volkes geschmälert hatte, stießen ihn aus seinem Stimmbezirk aus und machten ihn durch eine um das Achtfache höhere Vermögenseinschätzung zu einem Ärarbürger.[20] (8) Er selbst soll dies mit großer Charakterfestigkeit ertragen haben und eher den Grund dieser Schande, als die Schande

quam ignominiam; primores patrum, quamquam deminutum censurae ius noluissent, exemplo acerbitatis censoriae offensos, quippe cum se quisque diutius ac saepius subiectum censoribus fore cerneret quam censuram gesturum: (9) populi certe tanta indignatio coorta dicitur ut vis a censoribus nullius auctoritate praeterquam ipsius Mamerci deterreri quiverit.

25 (1) Tribuni plebi adsiduis contentionibus prohibendo consularia comitia cum res prope ad interregnum perducta esset, evicere tandem ut tribuni militum consulari potestate crearentur. (2) Victoriae praemium quod petebatur ut plebeius crearetur nullum fuit: omnes patricii creati sunt, M. Fabius Vibulanus, M. Folius, L. Sergius Fidenas. (3) Pestilentia eo anno aliarum rerum otium praebuit. Aedes Apollini pro valetudine populi vota est. Multa duumviri ex libris placandae deum irae avertendaeque a populo pestis causa fecere; (4) magna tamen clades in urbe agrisque promisce hominum pecorumque pernicie accepta. Famem quoque ex pestilentia morbo implicitis cultoribus agrorum timentes in Etruriam Pomptinumque agrum et Cumas, postremo in Siciliam quoque frumenti causa misere. (5) Consularium comitiorum nulla mentio habita est; tribuni militum consulari potestate omnes patricii creati sunt, L. Pinarius Mamercus, L. Furius Medullinus, Sp. Postumius Albus. (6) Eo anno vis morbi levata neque a penuria frumenti, quia ante provisum erat, periculum fuit. (7) Consilia ad movenda bella in Volscorum Aequorumque conciliis et in Etruria

selbst bedacht haben; obwohl die vornehmsten unter den Vätern eine Schwächung des Censorenrechtes abgelehnt hätten, seien sie über dieses Beispiel censorischer Härte empört gewesen, weil jeder erkannt habe, dass er länger und öfter den Censoren untertan sein als selbst die Censur führen werde: (9) Beim Volk sei freilich die Wut dermaßen gestiegen, dass keine Autorität mehr die Censoren vor Gewalttaten habe schützen können, als nur die des Mamercus selbst.

25 (1) Die Volkstribunen, die durch ständigen Widerstand Konsulwahlen verhinderten, setzten schließlich [433/432] die Wahl von Militärtribunen mit konsularischer Amtsgewalt durch, nachdem es beinahe zu einem Interregnum gekommen wäre. (2) Der erstrebte Preis des Sieges, die Wahl eines Plebejers, blieb aus: Ausschließlich Patrizier wurden gewählt: M. Fabius Vibulanus, M. Folius, L. Sergius Fidenas. (3) In dem Jahr bot eine Seuche Ruhe von anderen Fährnissen. Apollo wurde für die Genesung des Volkes ein Tempel gelobt. Vieles unternahmen die Duumvirn gemäß ihren Büchern, um den Zorn der Götter zu besänftigen und die Seuche vom Volk abzuwehren; (4) zahlreich dennoch waren die Verluste in Stadt und Land, das Verderben war ohne Unterschied über Mensch und Tier gekommen. Da man im Gefolge der Seuche eine Hungersnot fürchtete, weil ja die Pfleger der Äcker von der Krankheit befallen waren, schickte man nach Etrurien, ins pomptinische Land, nach Cumae und schließlich sogar nach Sizilien, um Getreide zu beschaffen. (5) An Konsulwahlen dachte man gar nicht mehr; zu Militärtribunen mit konsularischer Amtsgewalt wurden ausschließlich Patrizier gewählt: L. Pinarius Mamercus, L. Furius Medullinus und Sp. Postumius Albus. (6) In dem Jahr ließ die Macht der Seuche nach, und weil man früh vorgesorgt hatte, bestand auch nicht die Gefahr eines Getreidemangels. (7) Pläne, um Kriegszüge zu beginnen, wurden auf den Landtagen der Volsker und Aequer sowie in Etrurien beim

ad fanum Voltumnae agitata. (8) Ibi prolatae in annum res decretoque cautum ne quod ante concilium fieret, nequiquam Veiente populo querente eandem qua Fidenae deletae sint imminere Veiis fortunam.

(9) Interim Romae principes plebis, iam diu nequiquam imminentes spei maioris honoris, dum foris otium esset, coetus indicere in domos tribunorum plebis; (10) ibi secreta consilia agitare; queri se a plebe adeo spretos, ut cum per tot annos tribuni militum consulari potestate creentur, nulli unquam plebeio ad eum honorem aditus fuerit. (11) multum providisse suos maiores qui caverint ne cui patricio plebeii magistratus paterent; aut patricios habendos fuisse tribunos plebi; adeo se suis etiam sordere nec a plebe minus quam a patribus contemni. (12) Alii purgare plebem, culpam in patres vertere: eorum ambitione artibusque fieri ut obsaeptum plebi sit ad honorem iter; si plebi respirare ab eorum mixtis precibus minisque liceat, memorem eam suorum inituram suffragia esse et parto auxilio imperium quoque adscituram.

(13) Placet tollendae ambitionis causa tribunos legem promulgare ne cui album in vestimentum addere petitionis causa liceret. Parva nunc res et vix serio agenda videri possit, quae tunc ingenti certamine patres ac plebem accendit. (14) Vicere

Voltumnaheiligtum besprochen. (8) Dort verschob man die Sache um ein Jahr und sah in einem Beschluss bis dahin keine andere Versammlung vor, auch wenn das Volk von Veji klagte, das gleiche Schicksal, durch das Fidenae untergegangen sei, drohe auch ihrer Stadt.

(9) Währenddessen beriefen in Rom die Führer des Bürgerstandes, die sich schon lange vergeblich Hoffnung auf höhere Ämter machten, solange auswärts Frieden herrsche, Versammlungen in die Häuser der Volkstribunen ein; (10) dort hielten sie geheime Beratungen ab; sie klagten, sie seien beim Volk derart unbeliebt, dass zwar all die vielen Jahre hindurch Militärtribunen mit konsularischer Vollmacht gewählt würden, aber dennoch niemals ein Plebejer den Zugang zu diesem Ehrenamt gefunden habe. (11) Weise Voraussicht hätten ihre Vorfahren bewiesen, als sie verhinderten, dass einem Patrizier das Amt eines Plebejers offenstehen könne. Andernfalls hätte man Patrizier zu Volkstribunen haben müssen; derart verabscheut würden sie von den eigenen Leuten, und vom Bürgerstand nicht weniger verachtet als von den Vätern. (12) Andere wuschen das Volk von Vorwürfen rein und schoben die Schuld auf die Väter: Durch deren Wahlintrigen komme es dazu, dass dem Bürgerstand der Weg zur Macht verschlossen bleibe; wenn es dem Volk möglich sei, frei von ihren Einschüchterungen, die sie mit Lockungen paarten, aufzuatmen, werde es beim Gang zu den Wahlen an seine Leute denken und durch den daraus gewonnenen Beistand auch die Macht an sich ziehen.

(13) Man beschloss, die Tribunen sollten zur Beseitigung von Popularitätshascherei einen Gesetzesantrag bekanntmachen, demgemäß es jedem verboten sein solle, für eine Kandidatur seine Kleidung mit Kreide weiß zu färben. Heutzutage eine Kleinigkeit und scheinbar keiner ernsten Behandlung wert[21] ist es etwas, das damals Väter und Bürgervolk zu gewaltigem Streit entbrennen ließ. (14) Dennoch gewannen die Tribunen

tamen tribuni ut legem perferrent; apparebatque inritatis animis plebem ad suos studia inclinaturam. Quae ne libera essent, senatus consultum factum est ut consularia comitia haberentur.

26 (1) Tumultus causa fuit, quem ab Aequis et Volscis Latini atque Hernici nuntiarant. (2) T. Quinctius L. f. Cincinnatus – eidem et Poeno cognomen additur – et C. Iulius Mento consules facti; nec ultra terror belli est dilatus. (3) Lege sacrata, quae maxima apud eos vis cogendae militiae erat, dilectu habito, utrimque validi exercitus profecti in Algidum convenere, (4) ibique seorsum Aequi, seorsum Volsci castra communivere, intentiorque quam unquam antea muniendi exercendique militem cura ducibus erat. Eo plus nuntii terroris Romam attulere. (5) Senatui dictatorem dici placuit, quia etsi saepe victi populi maiore tamen conatu quam alias unquam rebellarant; et aliquantum Romanae iuventutis morbo absumptum erat. (6) Ante omnia pravitas consulum discordiaque inter ipsos et certamina in consiliis omnibus terrebant. Sunt qui male pugnatum ab his consulibus in Algido auctores sint eamque causam dictatoris creandi fuisse. (7) Illud satis constat ad alia discordes in uno adversus patrum voluntatem consensisse ne dicerent dictatorem, donec cum alia aliis terribiliora adferrentur nec in auctoritate senatus consules essent, Q. Servilius Priscus,

und brachten das Gesetz durch; und es schien, dass angesichts der erhitzten Stimmung der Bürgerstand seine Gunst den eigenen Kandidaten zuwenden würde. Um dem Einhalt zu gebieten, wurde ein Senatsbeschluss gefasst, dass Konsulwahlen abgehalten werden sollten.

26 (1) Anlass war eine Erhebung der Aequer und Volsker, von der Herniker und Latiner berichtet hatten. (2) T. Quinctius Cincinnatus, der Sohn des Lucius, dem man auch den Beinamen Poenus gibt, und C. Iulius Mento wurden Konsuln [430]; und der Schrecken des Krieges ließ nicht länger auf sich warten. (3) Kraft eines mit einem Bannfluch verbundenen Gesetzes, das bei diesen Völkern die größte Macht hatte, den Kriegsdienst zu erzwingen, nahmen sie eine Truppenaushebung vor; von beiden Seiten zogen starke Heere ins Feld; sie vereinigten sich am Algidus, (4) wo die Aequer und Volsker ihre Lager getrennt errichteten; und aufmerksamer als je zuvor kümmerten sich die Heerführer um die Schanzarbeit und den Drill der Soldaten. Umso größeren Schrecken verursachten diese Nachrichten in Rom. (5) Der Senat beschloss, einen Diktator zu ernennen, weil die Völkerschaften, obschon oft unterlegen, dennoch mit größerem Einsatz als je zuvor den Krieg wieder aufgenommen hatten; zudem war ein beträchtlicher Teil der römischen Jungmannschaft von der Krankheit dahingerafft worden. (6) Besonders das Versagen der Konsuln, die gegenseitige Zwietracht und ihre Rivalitäten bei allen Entscheidungen gaben Grund zur Furcht. Es gibt Quellen, die von einem erfolglosen Kampf der Konsuln am Algidus wissen und das als den Grund für die Bestellung eines Diktators angeben. (7) Dies steht sicher fest, dass sie, in allem uneins, nur in dem einen Punkt gegen den Willen der Väter übereinstimmten, keinen Diktator zu ernennen, bis endlich, als eine Schreckensnachricht die andere übertraf und sich die Konsuln nicht mehr der Macht des Senates beugten, Q. Servilius Priscus, der höchste

summis honoribus egregie usus, (8) »Vos«, inquit, »tribuni plebis, quoniam ad extrema ventum est, senatus appellat ut in tanto discrimine rei publicae dictatorem dicere consules pro potestate vestra cogatis.« (9) Qua voce audita occasionem oblatam rati tribuni augendae potestatis secedunt proque collegio pronuntiant placere consules senatui dicto audientes esse; si adversus consensum amplissimi ordinis ultra tendant, in vincla se duci eos iussuros. (10) Consules ab tribunis quam ab senatu vinci maluerunt, proditum a patribus summi imperii ius datumque sub iugum tribuniciae potestati consulatum memorantes, si quidem cogi aliquid pro potestate ab tribuno consules et – quo quid ulterius privato timendum foret? – in vincla etiam duci possent. (11) Sors ut dictatorem diceret – nam ne id quidem inter collegas convenerat – T. Quinctio evenit. Is A. Postumium Tubertum, socerum suum, severissimi imperii virum, dictatorem dixit; ab eo L. Iulius magister equitum est dictus. (12) Dilectus simul edicitur et iustitium, neque aliud tota urbe agi quam bellum apparari. Cognitio vacantium militiae munere post bellum differtur; ita dubii quoque inclinant ad nomina danda. Et Hernicis Latinisque milites imperati; utrimque enixe oboeditum dictatori est.

27 (1) Haec omnia celeritate ingenti acta; relictoque C. Iulio

Ehrenämter mit Auszeichnung innegehabt hatte, sprach: (8) »Weil es zum äußersten gekommen ist, fordert der Senat euch, die Volkstribunen, auf, angesichts der Schicksalsstunde für den Staat mit dem Einsatz eurer Macht die Konsuln zu zwingen, einen Diktator zu ernennen.« (9) Die Tribunen hörten es wohl und hielten die Gelegenheit für gekommen, ihre Macht zu vermehren; sie zogen sich zurück und verkündeten im Namen ihres Kollegiums, es sei ihr Wunsch, dass die Konsuln dem Senat aufs Wort gehorchten; wenn sie sich weiterhin gegen den einmütigen Wunsch des so erhabenen Standes stellten, würden sie sie gefangen nehmen lassen. (10) Die Konsuln zogen es vor, sich eher den Tribunen als dem Senat unterzuordnen, wiesen jedoch darauf hin, dass die Väter die Rechte des obersten Staatsamtes in dem Augenblick verraten und das Konsulat unter das Joch tribunizischer Macht gebeugt hätten, wenn erst einmal ein Tribun einen Konsul kraft seiner Amtsgewalt zu etwas zwingen und ihn – habe denn ein Privatmann etwas Schlimmeres zu fürchten als dies? – sogar verhaften lassen könne. (11) Das Los, einen Diktator zu bestimmen – denn nicht einmal darin waren sich die beiden Amtsinhaber einig –, fiel auf T. Quinctius. Er ernannte seinen Schwiegervater A. Postumius Tubertus, einen Mann, äußerst streng als Befehlshaber, zum Diktator; von ihm wurde L. Iulius zum Reiterobersten bestellt. (12) Gleichzeitig wurden eine Truppenaushebung und der Gerichtstillstand kundgemacht, und nichts anderes betrieb man in der ganzen Stadt als die Rüstung zum Krieg. Die Überprüfung der vom Kriegsdienst Befreiten wurde bis nach dem Krieg verschoben; so neigten auch die Unschlüssigen dazu, sich namentlich zu melden. Den Hernikern und Latinern befahl man ebenfalls die Stellung von Truppen; von beiden Seiten wurde dem Diktator eifrig Gehorsam geleistet.

27 (1) All das ging mit ungeheurer Eile vor sich; dann wurde

consule ad praesidium urbis et L. Iulio magistro equitum ad subita belli ministeria, ne qua res qua eguissent in castris moraretur, dictator, praeeunte A. Cornelio pontifice maximo, ludos magnos tumultus causa vovit, (2) profectusque ab urbe, diviso cum Quinctio consule exercitu, ad hostes pervenit. (3) Sicut bina castra hostium parvo inter se spatio distantia viderant, ipsi quoque mille ferme passus ab hoste dictator Tusculo, consul Lanuvio propiorem locum castris ceperunt. (4) Ita quattuor exercitus, totidem munimenta planitiem in medio non parvis modo excursionibus ad proelia, sed vel ad explicandas utrimque acies satis patentem habebant. (5) Nec ex quo castris castra conlata sunt cessatum a levibus proeliis est, facile patiente dictatore conferendo vires spem universae victoriae temptato paulatim eventu certaminum suos praecipere. (6) Itaque hostes nulla in proelio iusto relicta spe, noctu adorti castra consulis rem in casum ancipitis eventus committunt. Clamor subito ortus non consulis modo vigiles, exercitum deinde omnem, sed dictatorem quoque ex somno excivit. (7) Ubi praesenti ope res egebant, consul nec animo defecit nec consilio; pars militum portarum stationes firmat, pars corona vallum cingunt. (8) In alteris apud dictatorem castris quo minus tumultus est, eo plus animadvertitur quid opus facto sit. Missum extemplo ad castra subsidium, cui Sp. Postumius Albus legatus praeficitur: ipse

der Konsul C. Iulius zum Schutz der Stadt und der Reiteroberst L. Iulius für unvorhergesehene Kriegsleistungen zurückgelassen, damit nichts, was man im Lager brauchen könnte, ausbleibe. Der Diktator gelobte in einer vom Pontifex Maximus A. Cornelius vorgesprochenen Eidesformel wegen der Kriegsereignisse festliche Spiele; (2) er marschierte von der Stadt ab, nachdem er das Heer mit dem Konsul Quinctius geteilt hatte, und gelangte in Feindesnähe. (3) Sobald sie die feindlichen Lager in geringem Abstand voneinander erblickt hatten, bezogen auch sie ungefähr eine Meile von den Feinden entfernt Lagerplätze, der Diktator in Richtung Tusculum, der Konsul gegen Lanuvium hin. (4) Also umschlossen vier Heere und ebenso viele Befestigungen in ihrer Mitte eine Ebene, die nicht bloß für kleine Vorstöße zu Scharmützeln, sondern auch für die Aufstellung beider Schlachtreihen hinreichend Raum bot. (5) Seitdem Lager an Lager gereiht war, hörten leichtere Gefechte nicht mehr auf, weil der Diktator es gerne zuließ, dass seine Männer im Messen ihrer Kräfte bei allmählicher Erprobung ihrer kämpferischen Erfolge die Hoffnung auf einen Gesamtsieg fassten. (6) So griffen die Feinde, da ihnen keine Aussicht auf eine richtige Schlacht geblieben war, in der Nacht das Lager des Konsuls an und vertrauten ihre Sache einem zweifelhaften Ausgang an. Der plötzlich entstandene Lärm scheuchte nicht nur die Wachtposten des Konsuls und darauf das ganze Heer aus dem Schlaf, sondern auch den Diktator. (7) Wo die Lage rasche Hilfe erforderte, ließ es der Konsul weder an Mut noch an Umsicht fehlen; ein Teil der Soldaten verstärkte die Torposten, ein Teil umgab den Wall ringsum mit einer Verteidigungslinie. (8) Im anderen Lager beim Diktator erkannte man umso besser, was zu tun war, je weniger Kampfeslärm dort herrschte. Sofort schickte man ein Hilfskorps, das der Unterfeldherr Sp. Postumius Albus kommandierte, zu dem Lager: Der Diktator selbst marschierte mit einem Teil der

parte copiarum parvo circuitu locum maxime secretum ab tumultu petit, unde ex necopinato aversum hostem invadat. (9) Q. Sulpicium legatum praeficit castris; M. Fabio legato adsignat equites, nec ante lucem movere iubet manum inter nocturnos tumultus moderatu difficilem. Omnia quae vel alius imperator prudens et impiger in tali re praeciperet ageretque, praecipit ordine atque agit: (10) illud eximium consilii animique specimen et neutiquam volgatae laudis, quod ultro ad oppugnanda castra hostium, unde maiore agmine profectos exploratum fuerat, M. Geganium cum cohortibus delectis misit. (11) Qui postquam intentos homines in eventum periculi alieni, pro se incautos neglectis vigiliis stationibusque est adortus, prius paene cepit castra quam oppugnari hostes satis scirent. (12) Inde fumo, ut convenerat, datum signum ubi conspectum ab dictatore est, exclamat capta hostium castra nuntiarique passim iubet.

28 (1) Et iam lucescebat omniaque sub oculis erant. Et Fabius cum equitatu impetum dederat et consul eruptionem e castris in trepidos iam hostes fecerat; (2) dictator autem parte altera subsidia et secundam aciem adortus, circumagenti se ad dissonos clamores ac subitos tumultus hosti undique obiecerat victorem peditem equitemque. (3) Circumventi igitur iam in medio ad unum omnes poenas rebellionis dedissent, ni Vettius Messius ex Volscis, nobilior vir factis quam genere, iam orbem

Truppen in leichtem Schwenk zu einem vom Kampfgetümmel möglichst weit entfernten Punkt, um von dort aus völlig unvermutet den Feind im Rücken angreifen zu können. (9) Dem Unterfeldherrn Q. Sulpicius übertrug er das Kommando über das Lager; die Reiterei wies er dem Unterfeldherrn M. Fabius zu und befahl ihm, die im nächtlichen Tumult schwer zu lenkende Truppe keinesfalls vor Tagesanbruch in Marsch zu setzen. Alles, was überhaupt ein kluger und tatkräftiger Feldherr in einer solchen Lage anordnen und tun hätte können, befahl und tat er nach Gebühr. (10) Herausragender Beweis seiner Umsicht, seines Mutes und keineswegs gewöhnlichen Lobes würdig aber war, dass er von sich aus M. Geganius mit auserwählten Kohorten zur Eroberung des feindlichen Lagers ausschickte, von dem Kundschaftern zufolge der größere Teil der Soldaten abgezogen war. (11) Nachdem dieser die Männer, die den Ausgang der Gefahr anderer gespannt verfolgten, selbst sorglos waren und ihre Wachtposten vernachlässigten, angegriffen hatte, nahm er ihr Lager beinahe früher ein, als die Feinde überhaupt so recht von einer Belagerung wussten. (12) Als der Diktator dann das vereinbarte Rauchzeichen erblickte, rief er, das Lager der Feinde sei erobert, und ließ die Nachricht überall verbreiten.

28 (1) Schon wurde es hell, und alles lag vor Augen. Fabius hatte mit der Reiterei einen Angriff vorgetragen und der Konsul aus dem Lager einen Ausfall gegen die bereits verängstigten Feinde unternommen; (2) auf der anderen Seite war der Diktator gegen die Hilfstruppen und die zweite Schlachtreihe losgestürmt und hatte dem Feind, der sich dem verworrenen Getöse ringsum und dem unerwarteten Kriegslärm zuwandte, die Fuß- und Reitertruppe siegreich entgegengeworfen. (3) Von allen Seiten bereits umzingelt, hätten sie bis auf den letzten Mann für den Aufstand gebüßt, wenn nicht Vettius Messius aus dem Stamm der Volsker, ein Mann edler an Taten als an

volventes suos increpans clara voce (4) »Hic praebituri« inquit, »vos telis hostium estis indefensi, inulti? Quid igitur arma habetis, aut quid ultro bellum intulistis, in otio tumultuosi, in bello segnes? Quid hic stantibus spei est? An deum aliquem protecturum vos rapturumque hinc putatis? Ferro via facienda est. (5) Hac qua me praegressum videritis, agite, qui visuri domos parentes coniuges liberos estis, ite mecum. Non murus nec vallum sed armati armatis obstant. Virtute pares, necessitate, quae ultimum ac maximum telum est, superiores estis.« (6) Haec locutum exsequentemque dicta redintegrato clamore secuti dant impressionem qua Postumius Albus cohortes obiecerat; et moverunt victorem, donec dictator pedem iam referentibus suis advenit eoque omne proelium versum est. (7) Uni viro Messio fortuna hostium innititur. Multa utrimque volnera, multa passim caedes est; iam ne duces quidem Romani incruenti pugnant. (8) Unus [Sp.] Postumius ictus saxo, perfracto capite acie excessit; non dictatorem umerus volneratus, non Fabium prope adfixum equo femur, non brachium abscisum consulem ex tam ancipiti proelio submovit.

29 (1) Messium impetus per stratos caede hostes cum globo fortissimorum iuvenum extulit ad castra Volscorum, quae

Herkunft, seine Leute, die sich bereits im Karree aufstellten, mit lauter Stimme hart angefahren hätte: (4) »Hier wollt ihr euch«, rief er, »den Geschossen der Feinde darbieten, ohne euch zu verteidigen, ohne euch zu rächen? Wozu tragt ihr denn Waffen, und warum habt ihr von euch aus den Krieg begonnen, wenn ihr im Frieden rebellisch, im Krieg träge seid? Was habt ihr zu hoffen, wenn ihr hier stehen bleibt? Oder meint ihr etwa, ein Gott würde euch schützen und von hier wegheben? Mit dem Schwert gilt es, den Weg zu bahnen! (5) Wohin ihr mich vorangehen seht, vorwärts, folgt mir nach, wenn ihr eure Häuser, Eltern, Frauen und Kinder wiedersehen wollt. Keine Mauer, kein Wall, sondern Bewaffnete stehen gegen Bewaffnete. An Tapferkeit ebenbürtig, seid ihr durch die Not der Verhältnisse, die letzte und schärfste Waffe, überlegen.« (6) Als er so gesprochen hatte und seinen Worten Taten folgen ließ, erhoben sie von neuem das Feldgeschrei, folgten ihm und drangen dorthin vor, wo Postumius Albus seine Kohorten aufgezogen hatte; und sie brachten den Sieger wirklich ins Wanken, bis der Diktator seinen sich Schritt für Schritt zurückziehenden Leuten zu Hilfe kam und sich das ganze Kampfgeschehen dorthin verlagerte. (7) Das Glück der Feinde hing an einem Mann, an Messius. Viele Verletzte gab es auf beiden Seiten, viele Erschlagene ringsum; nicht einmal die römischen Heerführer fochten da noch unverwundet. (8) Doch einzig Sp. Postumius verließ, von einem Stein getroffen, mit zerschmettertem Haupt die Schlachtlinie; weder die Verletzung seiner Schulter konnte den Diktator, noch ein beinahe ans Pferd gehefteter Schenkel den Fabius, noch ein abgetrennter Arm den Konsul aus der so völlig unentschiedenen Schlacht vertreiben.[22]

29 (1) Die Angriffswut trieb Messius mit einer Schar der tapfersten jungen Krieger über die in ihrem Blut liegenden Feinde hinweg bis zum Lager der Volsker, das noch nicht erobert war.

nondum capta erant. (2) Eodem omnis acies inclinatur. Consul effusos usque ad vallum persecutus ipsa castra vallumque adgreditur; eodem et dictator alia parte copias admovet. (3) Non segnior oppugnatio est quam pugna fuerat. Consulem signum quoque intra vallum iniecisse ferunt, quo milites acrius subirent, repetendoque signo primam impressionem factam. Et dictator proruto vallo iam in castra proelium intulerat. (4) Tum abici passim arma ac dedi hostes coepti, castrisque et his captis, hostes praeter senatores omnes venum dati sunt. Praedae pars sua cognoscentibus Latinis atque Hernicis reddita, partem sub hasta dictator vendidit; praepositoque consule castris, ipse triumphans invectus urbem dictatura se abdicavit. (5) Egregiae dictaturae tristem memoriam faciunt, qui filium ab A. Postumio, quod occasione bene pugnandi captus iniussu decesserit praesidio, victorem securi percussum tradunt. (6) Nec libet credere, et licet in variis opinionibus; et argumento est quod imperia Manliana, non Postumiana appellata sunt, cum qui prior auctor tam saevi exempli foret, occupaturus insignem titulum crudelitatis fuerit. Imperioso quoque Manlio cognomen inditum; Postumius nulla tristi nota est insignitus.

(7) C. Iulius consul aedem Apollinis absente collega sine sor-

(2) Dort konzentrierte sich die ganze Schlacht. Der Konsul, der den ungeordnet Dahinstürmenden bis zum Wall gefolgt war, griff das Lager selbst und den Wall an; dorthin verlegte auch der Diktator von der anderen Seite seine Truppen. (3) Sein Sturmangriff verlief nicht weniger hart, als es die Schlacht gewesen war. Man erzählt, der Konsul habe sogar ein Feldzeichen über den Wall geworfen, damit die Soldaten mutiger nachrückten, und durch das Bergen der Standarte sei der erste Durchbruch erzielt worden. Auch der Diktator hatte nach Zerstörung des Walles den Kampf bereits ins Lagerinnere getragen. (4) Da begannen die Feinde allenthalben, ihre Waffen wegzuwerfen und sich zu ergeben; als man das Lager erobert und sie selbst gefangen genommen hatte, wurden sie alle, die Senatoren ausgenommen, als Sklaven verkauft. Von der Beute wurde den Latinern und Hernikern ihr Besitzanteil zurückgegeben, soweit sie ihn wiedererkannten, den Rest ließ der Diktator öffentlich versteigern; dann beauftragte er den Konsul mit dem Kommando über das Lager, zog im Triumph in die Stadt ein und legte die Diktatur nieder. (5) Eine bittere Erinnerung an die Diktatur knüpfen jene, die überliefern, A. Postumius habe seinen eigenen Sohn, obwohl er siegreich geblieben sei, mit dem Beil köpfen lassen, weil er sich von einer Gelegenheit, erfolgreich zu kämpfen, verführt, ohne Befehl von seinem Posten entfernt habe. (6) Das will man gar nicht glauben und muss es auch nicht angesichts der verschiedenen Meinungen; Beweis dagegen ist auch, dass es den Begriff »Manlianische Befehle«, nicht aber »Postumianische Befehle« gibt, wogegen der Urheber eines solchen Beispiels der Härte doch als der Frühere einen seine Grausamkeit bezeichnenden Titel bekommen haben würde. Manlius wurde ja auch der Beiname »der Herrische« gegeben; Postumius hingegen brandmarkte man mit keiner schimpflichen Benennung.[23]

(7) Der Konsul C. Julius weihte den Apollotempel[24] in Ab-

te dedicavit. Aegre id passus Quinctius cum dimisso exercitu in urbem redisset, nequiquam in senatu est conquestus.

(8) Insigni magnis rebus anno additur, nihil tum ad rem Romanam pertinere visum, quod Carthaginienses, tanti hostes futuri, tum primum per seditiones Siculorum ad partis alterius auxilium in Siciliam exercitum traiecere.

30 (1) Agitatum in urbe ab tribunis plebis ut tribuni militum consulari potestate crearentur nec obtineri potuit. Consules fiunt L. Papirius Crassus L. Iulius. Aequorum legati foedus ab senatu cum petissent et pro foedere deditio ostentaretur, indutias annorum octo impetraverunt: (2) Volscorum res, super acceptam in Algido cladem, pertinaci certamine inter pacis bellique auctores in iurgia et seditiones versa: undique otium fuit Romanis. (3) Legem de multarum aestimatione pergratam populo cum ab tribunis parari consules unius ex collegio proditione excepissent, ipsi praeoccupaverunt ferre.

(4) Consules L. Sergius Fidenas iterum Hostus Lucretius Tricipitinus. Nihil dignum dictu actum his consulibus. Secuti eos consules A. Cornelius Cossus T. Quinctius Poenus iterum. (5) Veientes in agrum Romanum excursiones fecerunt. Fama fuit quosdam ex Fidenatium iuventute participes eius popula-

wesenheit seines Kollegen ohne, wie sonst üblich, das Los zu werfen. Quinctius nahm das verärgert auf, als er sein Heer entlassen und in die Stadt zurückgekehrt war, doch seine Klagen im Senat waren vergeblich.

(8) In dem an großen Ereignissen bemerkenswerten Jahr geschah es zudem – damals schien es keinen Bezug zum römischen Staat zu haben –, dass die Karthager, die großen Feinde der Zukunft, jetzt zum ersten Mal wegen Zwistigkeiten der Sikuler ein Heer zur Unterstützung einer der Parteien nach Sizilien sandten.

30 (1) In der Stadt betrieben die Volkstribunen zwar die Wahl von Militärtribunen mit konsularischer Amtsgewalt, konnten sich aber nicht durchsetzen. L. Papirius Crassus und L. Iulius wurden Konsuln [430]. Nachdem die Gesandten der Aequer im Senat um einen Bündnisvertrag gebeten hatten und ihnen stattdessen eindringlich zur Kapitulation geraten worden war, erwirkten sie einen achtjährigen Waffenstillstand: (2) Der Stamm der Volsker stürzte sich, von der am Algidus erlittenen Niederlage abgesehen, wegen des unablässigen Streites zwischen Friedens- und Kriegsbefürwortern in Zank und Parteienstreit; die Römer genossen Frieden von allen Seiten. (3) Als die Konsuln durch den Verrat eines Mitglieds des Tribunenkollegiums erfahren hatten, dass diese ein dem Volk höchst willkommenes Gesetz über die Umrechnung von Strafen in eine Geldbuße[25] vorbereiteten, beeilten sie sich, den Antrag selbst einzubringen.

(4) Konsuln waren L. Sergius Fidenas zum zweiten Mal und Hostius Lucretius Tricipitinus [429]. Nichts Erwähnenswertes geschah unter diesen Konsuln. Ihnen folgten [428] als Konsuln A. Cornelius Cossus und zum zweiten Mal T. Quinctius Poenus [Cincinnatus]. (5) Die Vejenter unternahmen Vorstöße auf römisches Gebiet. Es ging das Gerücht, einige junge Krieger der Fidenaten hätten an diesen Plünderungen teilgenommen,

tionis fuisse, cognitioque eius rei L. Sergio et Q. Servilio et Mam. Aemilio permissa. (6) Quidam Ostiam relegati, quod cur per eos dies a Fidenis afuissent parum constabat; colonorum additus numerus, agerque iis bello interemptorum adsignatus. (7) Siccitate eo anno plurimum laboratum est, nec caelestes modo defuerunt aquae, sed terra quoque ingenito umore egens vix ad perennes suffecit amnes. (8) Defectus alibi aquarum circa torridos fontes rivosque stragem siti pecorum morientum dedit; scabie alia absumpta, volgatique contactu in homines morbi. Et primo in agrestes ingruerant servitiaque; urbs deinde impletur. (9) Nec corpora modo adfecta tabo, sed animos quoque multiplex religio et pleraque externa invasit, novos ritus sacrificandi vaticinando inferentibus in domos quibus quaestui sunt capti superstitione animi, (10) donec publicus iam pudor ad primores civitatis pervenit, cernentes in omnibus vicis sacellisque peregrina atque insolita piacula pacis deum exposcendae. (11) Datum inde negotium aedilibus, ut animadverterent ne qui nisi Romani di neu quo alio more quam patrio colerentur.

(12) Irae adversus Veientes in insequentem annum, C. Servilium Ahalam L. Papirium Mugillanum consules, dilatae sunt. (13) Tunc quoque ne confestim bellum indiceretur neve exercitus mitterentur, religio obstitit; fetiales prius mittendos ad res

woraufhin die Überprüfung dieses Sachverhalts L. Sergius, Q. Servilius und Mam. Aemilius anvertraut wurde. (6) Einige wurden nach Ostia verbannt, weil ihre Abwesenheit von Fidenae während der fraglichen Tage nicht genau geklärt werden konnte; die Zahl der Kolonisten wurde erhöht und ihnen das Land der im Krieg Gefallenen zugewiesen. (7) In dem Jahr litt man am meisten unter der Trockenheit, und nicht nur Regenwasser blieb aus, sondern auch das Erdreich, eigener Feuchtigkeit bar, speiste kaum noch die sonst nie versiegenden Flüsse. (8) An manchen Orten bewirkte der Wassermangel, dass das Vieh verdurstete und um ausgetrocknete Quellen und Bäche sterbend niedersank; anderswo ging es an der Räude zugrunde, und die Krankheiten verbreiteten sich durch Ansteckung unter den Menschen. Zuerst waren sie unter den Landbewohnern und Sklaven ausgebrochen; dann wurde auch die Stadt befallen. (9) Aber nicht nur die Leiber wurden von der Seuche infiziert, sondern vielgestaltiger und zumeist fremder Aberglaube befiel auch die Seelen, indem Leute, die mit den im Irrglauben befangenen Gemütern ein Geschäft machten, als Propheten neue Opferriten in die Familien einführten, (10) bis diese bereits allgemeine Schande zu den ersten Männern der Bürgerschaft vordrang, die in allen Gassen und Heiligtümern ausländische und ungewohnte Kulte sahen, durch die der Götterfriede erfleht werden sollte. (11) Hierauf bekamen die Ädilen den Auftrag, darauf achtzugeben, dass keine Götter außer denen Roms verehrt würden und auf keine andere Art als auf die der Väter.[26]

(12) Die Rache an den Vejentern wurde auf das folgende Jahr verschoben, in dem C. Servilius Ahala und L. Papirius Mugillanus Konsuln waren [427]. (13) Doch auch dann verhinderte religiöser Brauch[27] eine rasche Kriegserklärung und die Entsendung von Heeren; man beschloss, zuvor Bundespriester (Fetialen) auszusenden, welche Wiedergutmachung fordern

repentendas censuere. (14) Cum Veientibus nuper acie dimicatum ad Nomentum et Fidenas fuerat, indutiaeque inde, non pax facta, quarum et dies exierat, et ante diem rebellaverant. Missi tamen fetiales, nec eorum, cum more patrum iurati repeterent res, verba sunt audita. (15) Controversia inde fuit utrum populi iussu indiceretur bellum an satis esset senatus consultum. Pervicere tribuni, denuntiando impedituros se dilectum, ut Quinctius consul de bello ad populum ferret. Omnes centuriae iussere. (16) In eo quoque plebs superior fuit, quod tenuit ne consules in proximum annum crearentur.

31 (1) Tribuni militum consulari potestate quattuor creati sunt, T. Quinctius Poenus ex consulatu, C. Furius, M. Postumius, A. Cornelius Cossus. (2) Ex his Cossus praefuit urbi, tres dilectu habito profecti sunt Veios, documentoque fuere quam plurium imperium bello inutile esset. Tendendo ad sua quisque consilia, cum aliud alii videretur, aperuerunt ad occasionem locum hosti; (3) incertam namque aciem, signum aliis dari, receptui aliis cani iubentibus, invasere opportune Veientes. Castra propinqua turbatos ac terga dantes accepere; (4) plus itaque ignominiae quam cladis est acceptum. Maesta civitas fuit vinci insueta; odisse tribunos, poscere dictatorem: in eo verti spes civitatis. Et cum ibi quoque religio obstaret ne non

sollten. (14) Gegen die Vejenter war neulich in offener Feldschlacht bei Nomentum und Fidenae gekämpft und darauf Waffenstillstand, nicht Friede geschlossen worden; dafür war der Termin schon abgelaufen, und außerdem hatten sie vor der Frist mit der Wiederaufnahme der Kämpfe begonnen. Dennoch wurden Bundespriester ausgesandt, deren Worte man aber gar nicht anhörte, als sie nach Väterart eidlich Wiedergutmachung forderten. (15) Hierauf kam es zu einem Rechtsstreit, ob ein Krieg auf Geheiß des Volkes erklärt werden müsse, oder ob ein Senatsbeschluss genüge. Mit der Ankündigung, sie würden eine Truppenaushebung verhindern, setzten die Tribunen es durch, dass der Konsul Quinctius den Krieg vor dem Volk beantragte. Alle Centurien stimmten dafür. (16) Auch erwies sich der Bürgerstand insofern als stärker, als er erreichte, dass für das nächste Jahr keine Konsuln mehr gewählt wurden.

31 (1) Es wurden vier Militärtribunen mit konsularischer Amtsgewalt gewählt, T. Quinctius Poenus nach seinem Konsulat, sodann C. Furius, M. Postumius und A. Cornelius Cossus [426–424]. (2) Von ihnen hatte Cossus das Kommando über die Stadt inne, drei marschierten nach abgeschlossener Rekrutierung gegen Veji und gaben ein warnendes Beispiel dafür ab, wie nutzlos im Krieg die Befehlsgewalt mehrerer Männer ist. Indem jeder seine eigenen Pläne verfolgte und weil dem einen dies, dem anderen jenes richtig schien, eröffneten sie dem Feind die Möglichkeit zu einem Handstreich; (3) als die einen den Angriff befahlen, die anderen zum Rückzug blasen ließen, drangen nämlich die Vejenter im richtigen Moment auf die verunsicherte Schlachtreihe ein. Das nahe Lager nahm die ziellos flüchtende Truppe auf; (4) so erlitten sie eher Schmach als eine Niederlage. Bedrückt war die Bürgerschaft, die es nicht gewohnt war zu unterliegen; man hasste die Tribunen, verlangte einen Diktator: Ihm wandte sich die ganze Hoffnung des Gemeinwesens zu. Und als auch hier religiöse Bedenken es

posset nisi ab consule dici dictator, augures consulti eam religionem exemere. (5) A. Cornelius dictatorem Mam. Aemilium dixit et ipse ab eo magister equitum est dictus; adeo, simul fortuna civitatis virtute vera eguit, nihil censoria animadversio effecit, quo minus regimen rerum ex notata indigne domo peteretur.

(6) Veientes re secunda elati, missis circum Etruriae populos legatis, iactando tres duces Romanos ab se uno proelio fusos, cum tamen nullam publici consilii societatem movissent, voluntarios undique ad spem praedae adsciverunt. (7) Uni Fidenatium populo rebellare placuit; et tamquam nisi ab scelere bellum ordiri nefas esset, sicut legatorum ante, ita tum novorum colonorum caede imbutis armis, (8) Veientibus sese coniungunt. Consultare inde principes duorum populorum, Veios an Fidenas sedem belli caperent. Fidenae visae opportuniores; itaque traiecto Tiberi Veientes Fidenas transtulerunt bellum. (9) Romae terror ingens erat. Accito exercitu a Veiis, eoque ipso ab re male gesta perculso, castra locantur ante portam Collinam, et in muris armati dispositi, et iustitium in foro tabernaeque clausae, fiuntque omnia castris quam urbi similiora,

32 (1) cum trepidam civitatem praeconibus per vicos dimissis dictator ad contionem advocatam increpuit (2) quod animos ex

verboten, dass jemand anderer als der Konsul einen Diktator ernennen könne, beseitigten die um Rat befragten Auguren diesen frommen Zweifel. (5) A. Cornelius [Cossus] ernannte Mam. Aemilius zum Diktator und wurde seinerseits von ihm zum Reiterobersten bestimmt; da nun einmal das Schicksal des Staates wahrer Tüchtigkeit bedurfte, konnte auch die von den Censoren verhängte Strafe nicht verhindern, dass man sich um die Lenkung des Staates an eine unverdient gerügte Familie wandte.[28]

(6) Im Überschwang des Erfolges schickten die Vejenter Gesandte zu den ringsum benachbarten Völkern und lockten auf ihr Geprahle, drei römische Heerführer seien von ihnen in einer einzigen Schlacht geschlagen worden, von überallher Freiwillige in der Hoffnung auf Beute heran, obwohl sie kein öffentlich geschlossenes Bündnis bewerkstelligt hatten. (7) Nur das Volk der Fidenaten beschloss, den Kampf wieder aufzunehmen; und als ob es ein Frevel wäre, einen Krieg anders als mit einem Verbrechen zu beginnen, besudelten sie ihre Waffen jetzt mit dem Blut der neuen Siedler, wie früher mit dem der Gesandten, (8) und schlossen sich den Vejentern an. Danach berieten die Führer beider Völker, ob sie Veji oder Fidenae zur Ausgangsbasis für den Feldzug nehmen sollten. Fidenae schien günstiger gelegen; daher setzten die Vejenter über den Tiber und trugen den Krieg nach Fidenae. (9) In Rom war die Angst ungeheuer groß. Man zog das durch seine Misserfolge selbst verunsicherte Heer von Veji ab, errichtete vor der Porta Collina ein Lager, verteilte Bewaffnete auf den Mauern, verkündete auf dem Forum den Gerichtsstillstand und die Schließung der Läden; und alles glich eher einem Heerlager als einer Stadt.

32 (1) Da berief der Diktator durch Herolde, die er in alle Stadtviertel ausgesandt hatte, die furchtsamen Bürger zur Versammlung, in der er sie hart schalt, (2) dass sie eine Gesinnung

tam levibus momentis fortunae suspensos gererent ut parva iactura accepta, quae ipsa non virtute hostium nec ignavia Romani exercitus sed discordia imperatorum accepta sit, Veientem hostem sexiens victum pertimescant Fidenasque prope saepius captas quam oppugnatas. (3) eosdem et Romanos et hostes esse qui per tot saecula fuerint; eosdem animos, easdem corporis vires, eadem arma gerere. se quoque eundem dictatorem Mam. Aemilium esse qui antea Veientium Fidenatiumque adiunctis Faliscis ad Nomentum exercitus fuderit, (4) et magistrum equitum A. Cornelium eundem in acie fore qui priore bello tribunus militum, Larte Tolumnio rege Veientium in conspectu duorum exercituum occiso, spolia opima Iovis Feretri templo intulerit. (5) proinde memores secum triumphos, secum spolia, secum victoriam esse, cum hostibus scelus legatorum contra ius gentium interfectorum, caedem in pace Fidenatium colonorum, indutias ruptas, septimam infelicem defectionem, arma caperent. (6) simul castra castris coniunxissent, satis confidere nec sceleratissimis hostibus diuturnum ex ignominia exercitus Romani gaudium fore, (7) et populum Romanum intellecturum quanto melius de re publica meriti sint qui se dictatorem tertium dixerint quam qui ob ereptum censurae regnum labem secundae dictaturae suae imposuerint. (8) Votis deinde nuncupatis profectus mille et quin-

zeigten, die derart von leichten Schwankungen des Schicksals abhängig sei, dass sie nach unbedeutendem Verlust, den sie weder durch die Tapferkeit der Feinde noch die Feigheit des Römerheeres, sondern aufgrund der Zwietracht ihrer Feldherren erlitten hätten, von dem sechsmal besiegten Feind aus Veji und auch von Fidenae sich einschüchtern ließen, das sie beinahe öfter erobert als belagert hätten. (3) Römer und Feinde seien noch dieselben, die sie so viele Menschenalter hindurch gewesen seien; den gleichen Mut, die gleiche Körperkraft trügen sie in sich, die gleichen Waffen führten sie noch. Auch er sei der gleiche geblieben, eben der Diktator Mamercus Aemilius, der einst bei Nomentum die Heere der Vejenter und Fidenaten sowie die mit ihnen verbündeten Falisker in die Flucht geschlagen habe, (4) und der Reiteroberst A. Cornelius Cossus werde in der Feldschlacht derselbe Mann sein, der im früheren Krieg als Militärtribun Lars Tolumnius, den König von Veji, vor den Augen zweier Heere getötet und die Beuterüstung in den Tempel des Iuppiter Feretrius gebracht habe. (5) Demnach sollten sie im Bewusstsein zu den Waffen greifen, dass ihnen der Triumph, ihnen die Beute, ihnen der Sieg gehöre, auf der Seite der Feinde aber das Verbrechen stehe, gegen das Völkerrecht Gesandte ermordet zu haben, ferner die im Frieden verübte Bluttat an den Siedlern in Fidenae und der Bruch des Waffenstillstands, ihr siebenter zum Scheitern verurteilter Aufstand. (6) Hätten sie erst einmal Lager gegen Lager aufgeschlagen, habe er die volle Zuversicht, dass die verruchten Feinde über die Schmach des römischen Heeres keine lange Freude haben würden (7) und dass das römische Volk verstehen werde, wie viel besser diese dem Staat gedient hätten, die ihn [Mamercus] das dritte Mal zum Diktator bestimmten, als jene, die damals Schande über seine zweite Diktatur gebracht hatten, weil er der Censur ihre despotische Macht genommen habe. (8) Hierauf brachte er die Gelübde dar, zog ab und errichtete anderthalb

gentos passus citra Fidenas castra locat, dextra montibus, laeva Tiberi amne saeptus. (9) T. Quinctium Poenum legatum occupare montes iubet occultumque id iugum capere, quod ab tergo hostibus foret.

(10) Ipse postero die cum Etrusci pleni animorum ab pristini diei meliore occasione quam pugna in aciem processissent, cunctatus parumper dum speculatores referrent Quinctium evasisse in iugum propinquum arci Fidenarum, signa profert peditumque aciem instructam pleno gradu in hostem inducit; (11) magistro equitum praecipit ne iniussu pugnam incipiat: se cum opus sit equestri auxilio signum daturum; tum ut memor regiae pugnae, memor opimi doni Romulique ac Iovis Feretri rem gereret. Legiones impetu ingenti confligunt. (12) Romanus odio accensus impium Fidenatem, praedonem Veientem, ruptores indutiarum, cruentos legatorum infanda caede, respersos sanguine colonorum suorum, perfidos socios, imbelles hostes compellans, factis simul dictisque odium explet.

33 (1) Concusserat primo statim congressu hostem cum repente patefactis Fidenarum portis nova erumpit acies, inaudita ante id tempus invisitataque. (2) Ignibus armata ingens multitudo facibusque ardentibus tota conlucens, velut fanatico instincta cursu in hostem ruit, formaque insolitae pugnae Romanos parumper exterruit. (3) Tum dictator, magistro equitum equitibusque, tum ex montibus Quinctio accito, proelium

Meilen vor Fidenae das Lager, rechts von den Bergen, linkerhand vom Tiber gedeckt. (9) Dem Unterfeldherrn T. Quinctius Poenus befahl er, die Bergkette zu besetzen und die verdeckte Anhöhe einzunehmen, die im Rücken des Feindes liege.

(10) Als am nächsten Tag die Etrusker aufgrund der Schlacht oder richtiger ihres erfolgreichen Handstreichs vom Vortag voll Mut in Schlachtordnung vorgerückt waren, wartete der Diktator kurz ab, bis ihm die Kundschafter meldeten, Quinctius sei zu dem der Burg von Fidenae nahen Bergkamm aufgestiegen, setzte dann das Heer in Marsch und führte die in Kampfordnung aufgestellte Infanterie im Sturmschritt gegen den Feind; (11) dem Reiterobersten verbot er, ohne Befehl in das Gefecht einzugreifen: Wenn die Hilfe der Kavallerie nötig sei, werde er ein Signal geben; dann solle er in Erinnerung an die Schlacht gegen den König, an die Beutegabe für Romulus und Iuppiter Feretrius seine Pflicht tun. Die Legionen kämpften mit ungeheurer Wucht. (12) Die Römer, in Hass entbrannt, beschimpften die Fidenaten als Frevler, die Vejenter als Plünderer, Vertragsbrüchige, die befleckt seien vom ruchlosen Mord an Gesandten und sich mit dem Blut ihrer Landsleute und Siedler besudelt hätten, als treulose Bundesgenossen und Feiglinge im Krieg, und sättigten dann ihren Hass in Wort und Tat zugleich.

33 (1) Sie hatten den Feind unmittelbar beim ersten Zusammenstoß ins Wanken gebracht, als sich plötzlich die Tore von Fidenae öffneten und eine ungewöhnliche Schlachtreihe hervorstürmte, wie man sie bis zu dem Zeitpunkt weder gehört noch gesehen hatte. (2) Eine riesige, mit Feuerbränden bewaffnete und von ihren Fackeln ganz hell erleuchtete Menge stürzte gleichsam von einem Dämon zu wildem Lauf getrieben auf den Feind los und versetzte die Römer durch die ungewohnte Form des Kampfes für einen Augenblick in Panik. (3) Da rief der Diktator den Reiterobersten mit der Kavallerie, rief Quinc-

ciens ipse in sinistrum cornu, quod, incendio similius quam proelio, territum cesserat flammis, (4) accurrit claraque voce »Fumone victi«, inquit, »velut examen apum, loco vestro exacti inermi cedetis hosti? Non ferro exstinguitis ignes? Non faces has ipsas pro se quisque, si igni, non telis pugnandum est, ereptas ultro inferetis? (5) Agite, nominis Romani ac virtutis patrum vestraeque memores vertite incendium hoc in hostium urbem, et suis flammis delete Fidenas, quas vestris beneficiis placare non potuistis. Legatorum hoc vos vestrorum colonorumque sanguis vastatique fines monent.« (6) Ad imperium dictatoris mota cuncta acies. Faces partim emissae excipiuntur, partim vi eripiuntur: utraque acies armatur igni. (7) Magister equitum et ipse novat pugnam equestrem; frenos ut detrahant equis imperat, et ipse princeps calcaribus subditis evectus effreno equo in medios ignes infertur, et alii concitati equi libero cursu ferunt equitem in hostem. (8) Pulvis elatus mixtusque fumo lucem ex oculis virorum equorumque aufert. Ea quae militem terruerat species nihil terruit equos; ruinae igitur similem stragem eques quacumque pervaserat dedit. (9) Clamor deinde accidit novus; qui cum utramque mirabundam in se aciem vertisset, dictator exclamat Quinctium lega-

tius von den Bergen herbei, brachte persönlich die Schlacht wieder in Gang und eilte zum linken Flügel, der, einer Feuersbrunst ähnlicher als einer Schlacht, panikartig vor den Flammen gewichen war, (4) und brüllte mit lauter Stimme: »Wollt ihr euch wie ein Bienenschwarm dem Rauch geschlagen geben und, von eurem Posten verjagt, vor einem waffenlosen Feind weichen? Schlagt ihr das Feuer nicht aus mit dem Schwert? Wird nicht jeder, so gut er es kann, diese Fackeln an sich reißen und sie, wenn es mit Feuer und nicht mit Waffen zu kämpfen gilt, von sich aus zum Angriff vorantragen? (5) Vorwärts, denkt an Rom, an eure und eurer Väter Tapferkeit, lenkt dieses Feuermeer gegen die Stadt der Feinde und zerstört mit seinem eigenen Feuer Fidenae, das ihr durch eure Wohltaten nicht besänftigen konntet. Dazu mahnen euch das Blut eurer Gesandten und Siedler und euer verwüstetes Land.« (6) Auf den Befehl des Diktators setzte sich die ganze Schlachtreihe in Bewegung. Einen Teil der abgeschleuderten Fackeln fingen sie auf, andere rissen sie mit Gewalt an sich: Beide Heere wappneten sich mit Feuer. (7) Der Reiteroberst wandte auch selbst eine neue Taktik in der Reiterschlacht an; er befahl, den Pferden die Zügel abzunehmen,[29] sprengte dann selbst mit eingesetzten Sporen nach vorne und ließ sich von seinem abgezäumten Ross als erster mitten ins Feuermeer tragen; auch die anderen Pferde trugen ihre Reiter, zu wildem Galopp angespornt, in freiem Lauf gegen den Feind. (8) Staub erhob sich, vermengte sich mit dem Rauch und raubte Männern und Pferden die Sicht. Die Unheilsbilder, die noch den Soldaten erschreckt hatten, erschreckten die Pferde in keiner Weise; überall, wohin sie gekommen war, bereitete die Reiterei Verderben, das einer völligen Vernichtung gleichkam. (9) Da erhob sich neues Geschrei; und weil dies die Aufmerksamkeit der beiden verwunderten Heere auf sich gelenkt hatte, rief der Diktator, der Unterfeldherr Quinctius und seine eigenen Truppen hätten den Feind im

tum et suos ab tergo hostem adortos; ipse redintegrato clamore infert acrius signa. (10) Cum duae acies, duo diversa proelia circumventos Etruscos et a fronte et ab tergo urgerent, neque in castra retro neque in montes, unde se novus hostis obiecerat, iter fugae esset, et equitem passim liberis frenis distulissent equi, Veientium maxima pars Tiberim effusi petunt, Fidenatium qui supersunt ad urbem Fidenas tendunt. (11) Infert pavidos fuga in mediam caedem; obtruncantur in ripis; alios in aquam compulsos gurgites ferunt; etiam peritos nandi lassitudo et volnera et pavor degravant; pauci ex multis tranant. (12) Alterum agmen fertur per castra in urbem. Eadem et Romanos sequentes impetus rapit, Quinctium maxime et cum eo degressos modo de montibus, recentissimum ad laborem militem, quia ultimo proelio advenerat.

34 (1) Hi postquam mixti hostibus portam intravere, in muros evadunt, suisque capti oppidi signum ex muro tollunt. (2) Quod ubi dictator conspexit – iam enim et ipse in deserta hostium castra penetraverat – cupientem militem discurrere ad praedam, spe iniecta maioris in urbe praedae, ad portam ducit, receptusque intra muros in arcem quo ruere fugientium turbam videbat pergit; (3) nec minor caedes in urbe quam in proelio fuit donec abiectis armis nihil praeter vitam petentes

Rücken angegriffen; er selbst ließ von neuem den Schlachtruf anstimmen und rückte noch entschlossener zum Angriff vor. (10) Als zwei Schlachtreihen und zwei Fronten an gegenüberliegenden Stellen die eingeschlossenen Etrusker von vorne wie von hinten bedrängten, als es weder zurück zum Lager noch in die Berge, von denen sich ihnen der neue Feind entgegengestellt hatte, einen Fluchtweg gab, und die ungezügelten Pferde die Reiter überallhin gebracht hatten, drängte der größte Teil der Vejenter in aufgelöster Ordnung zum Tiber, die Fidenaten, so viele noch am Leben waren, wandten sich ihrer Stadt Fidenae zu. (11) Ihre Flucht brachte die Verängstigten mitten ins Gemetzel; sie wurden an den Flussufern niedergemacht; andere trieb man ins Wasser, wo die reißende Strömung sie davontrug; auch solche, die schwimmen konnten, wurden von Erschöpfung, Verwundung und Angst in die Tiefe gezogen; von den vielen gelangten nur wenige schwimmend ans andere Ufer. (12) Der zweite Heerhaufen hastete über das Lager auf die Stadt zu. Dorthin folgten ihnen die von Angriffswut mitgerissenen Römer nach, am eifrigsten Quinctius und jene, die mit ihm von den Bergen herabgestiegen waren – eine Truppe, die noch von keinen Strapazen erschöpft war, weil sie erst gegen Ende der Schlacht eingetroffen war.

34 (1) Nachdem diese gleichzeitig mit den Feinden durch das Stadttor eingedrungen waren, stiegen sie auf die Mauern und gaben von dort ihren Kameraden ein Signal, dass die Stadt genommen sei. (2) Als der Diktator dies erblickt hatte – er selbst war nämlich bereits ins verlassene Lager der Feinde vorgerückt –, führte er seine Soldaten, die sich hier zerstreuen wollten, um zu plündern, in der Hoffnung auf reichere Beute in der Stadt zum Tor und marschierte, in die Stadt eingelassen, in Richtung Burg, wohin er die flüchtenden Scharen davonstürzen sah; (3) in der Stadt wurde nicht weniger Blut vergossen als in der Schlacht, bis die Feinde die Waffen wegwarfen und sich

dictatori deduntur. Urbs castraque diripiuntur. (4) Postero die singulis captivis ab equite ac centurionibus sorte ductis et, quorum eximia virtus fuerat, binis, aliis sub corona venundatis, exercitum victorem opulentumque praeda triumphans dictator Romam reduxit; (5) iussoque magistro equitum abdicare se magistratu, ipse deinde abdicavit, die sexto decimo reddito in pace imperio quod in bello trepidisque rebus acceperat. (6) Classi quoque ad Fidenas pugnatum cum Veientibus quidam in annales rettulere, rem aeque difficilem atque incredibilem, nec nunc lato satis ad hoc amne et tum aliquanto, ut a veteribus accepimus, artiore, (7) nisi in traiectu forte fluminis prohibendo aliquarum navium concursum in maius, ut fit, celebrantes navalis victoriae vanum titulum appetivere.

35 (1) Insequens annus tribunos militares consulari potestate habuit A. Sempronium Atratinum, L. Quinctium Cincinnatum, L. Furium Medullinum, L. Horatium Barbatum. (2) Veientibus annorum viginti indutiae datae et Aequis triennii, cum plurium annorum petissent; et ab seditionibus urbanis otium fuit.

(3) Annum insequentem neque bello foris neque domi seditione insignem ludi bello voti celebrem et tribunorum militum apparatu et finitimorum concursu fecere. (4) Tribuni consulari potestate erant [Ap.] Claudius Crassus, Sp. Naevius Rutilus, L. Sergius Fidenas, Sex. Iulius Iulus. Spectaculum comitate

um nichts anderes als um ihr Leben bittend dem Diktator ergaben. Stadt und Lager wurden geplündert. (4) Am nächsten Tag erhielt jeder Reiter und Centurio durch Loswurf einen Gefangenen; jene, deren Tapferkeit außergewöhnlich groß gewesen war, zwei; und nachdem die anderen in die Sklaverei verkauft worden waren, führte der Diktator das siegreiche und beutebeladene Heer im Triumph nach Rom zurück. (5) Er befahl dem Reiterobersten, von seinem Amt zurückzutreten, und trat dann selbst zurück, gab also das Amt, das er in Krieg und Unsicherheit übernommen hatte, nach 15 Tagen im Frieden zurück. (6) Manche berichteten in ihren Jahrbüchern, bei Fidenae habe auch eine Flotte gekämpft, was ein ebenso schwieriges wie unglaubhaftes Unterfangen darstellt, weil nicht einmal heute der Fluss dafür breit genug ist und damals sogar noch deutlich schmäler war, wie wir von den Alten hörten; (7) vielleicht hat man das Manövrieren irgendwelcher Schiffe, die gerade die Überquerung des Flusses verhindern wollten, wie es eben geschieht, groß aufgebauscht und unbegründet nach dem Schlagwort »Flottensieg« gegriffen.[30]

35 (1) Das folgende Jahr brachte als Militärtribunen mit konsularischer Amtsgewalt A. Sempronius Atratinus, L. Quinctius Cincinnatus, L. Furius Medullinus und L. Horatius Barbatus. (2) Den Vejentern wurde ein zwanzigjähriger Waffenstillstand gewährt, den Aequern ein dreijähriger, obwohl sie ihn für mehr Jahre erbeten hatten; auch von städtischen Zwistigkeiten blieb man unbehelligt.

(3) Das folgende Jahr war weder durch einen auswärtigen Krieg noch durch innere Zwietracht auffallend; die im Krieg gelobten Spiele aber gaben ihm sowohl durch den Aufwand der Tribunen als auch durch das Zusammenströmen der Nachbarn einen feierlichen Charakter. (4) Tribunen mit konsularischer Amtsgewalt waren Ap. Claudius Crassus, Sp. Naevius Rutilus, L. Sergius Fidenas, Sex. Iulius Iulus. Das Schauspiel

etiam hospitum, ad quam publice consenserant, advenis gratius fuit.

(5) Post ludos contiones seditiosae tribunorum plebi fuerunt, obiurgantium multitudinem quod admiratione eorum quos odisset, stupens in aeterno se ipsa teneret servitio, (6) et non modo ad spem consulatus in partem revocandi adspirare non auderet, sed ne in tribunis quidem militum creandis, quae communia essent comitia patrum ac plebis, aut sui aut suorum meminisset. (7) desineret ergo mirari cur nemo de commodis plebis ageret; eo impendi laborem ac periculum unde emolumentum atque honos speretur; nihil non adgressuros homines si magna conatis magna praemia proponantur; (8) ut quidem aliquis tribunus plebis ruat caecus in certamina periculo ingenti, fructu nullo, ex quibus pro certo habeat, patres, adversus quos tenderet, bello inexpiabili se persecuturos, apud plebem, pro qua dimicaverit, nihilo se honoratiorem fore, neque sperandum neque postulandum esse. (9) magnos animos magnis honoribus fieri. neminem se plebeium contempturum ubi contemni desissent. experiundam rem denique in uno aut altero esse sitne aliqui plebeius ferendo magno honori an portento simile miraculoque sit fortem ac strenuum virum aliquem exsistere ortum ex plebe. (10) summa vi expugnatum esse ut tribuni militum consulari potestate et ex plebe crearentur. petisse viros domi militiaeque spectatos; primis annis suggillatos,

war den Fremden wegen der Freundlichkeit der Gastgeber, zu der alle beigetragen hatten, noch willkommener.

(5) Nach den Spielen hielten die Volkstribunen aufrührerische Versammlungen ab, in denen sie der Menge vorwarfen, sie würde starr vor Bewunderung jenen gegenüber, die sie doch hasste, sich selbst in ewiger Sklaverei gefangen halten (6) und es nicht nur an Mut fehlen lassen, um die Hoffnung auf einen Anteil am Konsulat wiederzugewinnen, sondern sie hätte nicht einmal bei den Wahlen der Militärtribunen, die für Väter und Bürgerstand offen seien, an sich selbst oder an ihre Vertrauensleute gedacht. (7) Sie sollten also aufhören, sich darüber zu wundern, dass niemand für Interessen des Bürgerstandes tätig werde; nur dort setze man sich Mühen und Gefahr aus, wo Vorteil und Ehre zu erhoffen seien; auf alles würden sich die Menschen einlassen, wenn ihnen für hohes Risiko hoher Lohn vor Augen stehe; (8) dass sich freilich irgendein Volkstribun unter gewaltiger Gefahr, aber ohne Gewinn blind in Streitigkeiten stürze, aufgrund deren er sicher annehmen könne, dass die Väter, gegen die er gekämpft habe, ihn in unversöhnlichem Krieg verfolgen würden, er aber beim Bürgerstand, für den er gerungen habe, keineswegs mehr Ansehen genießen werde –, das dürfe man weder erwarten noch fordern. (9) Nur große Erfolgsaussichten machten auch den Mut groß. Niemand mehr würde sich als Plebejer verachten, wenn nur sein Stand aufgehört hätte, sich verachten zu lassen. Schließlich müsse man bei dem einen oder andern erproben, ob es einen Plebejer gebe, der ein hohes Ehrenamt bekleiden könne, oder ob es einer Utopie gleichkomme, wenn ein wackerer und entschlossener Mann existiere, der aus dem einfachen Volk komme. (10) Mit größtem Einsatz habe man erkämpft, dass Militärtribunen mit konsularischer Amtsgewalt auch aus dem Bürgerstand gewählt werden könnten. Männer, in Krieg und Frieden angesehen, hätten danach gestrebt; in den ersten

repulsos, risui patribus fuisse; desisse postremo praebere ad contumeliam os. (11) nec se videre cur non lex quoque abrogetur, qua id liceat quod nunquam futurum sit; minorem quippe ruborem fore in iuris iniquitate, quam si per indignitatem ipsorum praetereantur.

36 (1) Huius generis orationes cum adsensu auditae incitavere quosdam ad petendum tribunatum militum, alium alia de commodis plebis laturum se in magistratu profitentem. (2) Agri publici dividendi coloniarumque deducendarum ostentatae spes et vectigali possessoribus agrorum imposito in stipendium militum erogandi aeris. (3) Captatum deinde tempus ab tribunis militum, quo per discessum hominum ab urbe, cum patres clandestina denuntiatione revocati ad diem certam essent, senatus consultum fieret absentibus tribunis plebi (4) ut quoniam Volscos in Hernicorum agros praedatum exisse fama esset, ad rem inspiciendam tribuni militum proficiscerentur consulariaque comitia haberentur. (5) Profecti Ap. Claudium, decemviri filium, praefectum urbis relinquunt, impigrum iuvenem et iam inde ab incunabulis imbutum odio tribunorum plebisque. Tribuni plebi nec cum absentibus iis qui senatus consultum fecerant, nec cum Appio, transacta re, quod contenderent, fuit.

37 (1) Creati consules sunt C. Sempronius Atratinus Q. Fabius Vibulanus. Peregrina res, sed memoria digna traditur eo an-

Jahren kleingeschlagen und abgewiesen, hätten sie den Vätern zum Gespött gedient; am Ende hätten sie aufgehört, sich Beleidigungen auszusetzen und ihr Gesicht zu verlieren. (11) Sie selbst sähen auch nicht ein, warum man das Gesetz nicht abschaffe, das etwas erlaube, was niemals wirklich sein würde; geringer sei nämlich die Schmach, aufgrund der Ungleichheit des Rechtes als durch die Zurücksetzung der eigenen Leute übergangen zu werden.

36 (1) Beifällig aufgenommene Reden dieser Art spornten manche an, nach dem Militärtribunat zu streben, wobei jeder andere Dinge versprach, die er während seiner Amtsführung zum Wohl des einfachen Volkes vorbringen werde. (2) Die Aufteilung des Staatslandes sowie die Gründung von Kolonien wurden als Möglichkeit in Aussicht gestellt und dass man den Pächtern von Staatsland Steuern auferlegen und dieses Geld dann für die Besoldung der Soldaten ausgeben werde. (3) Darauf ergriffen die Militärtribunen einen günstigen Zeitpunkt, zu dem viele Menschen die Stadt verlassen hatten – die Väter, die sie durch heimliche Verständigung zurückgerufen hatten, waren aber auf den Tag genau zur Stelle – und in Abwesenheit der Volkstribunen ein Senatsbeschluss gefasst werden konnte, (4) wonach aufgrund von Gerüchten über Raubzüge der Volsker die Militärtribunen ins Hernikerland aufbrechen sollten, um die Lage zu erkunden; ebenso sollten Konsulatswahlen abgehalten werden. (5) Bei ihrem Aufbruch ließen sie Ap. Claudius, den Sohn des Decemvirn, als Stadtkommandanten zurück, einen tüchtigen jungen Mann, dem der Hass auf Tribunen und Bürgerstand schon in der Wiege eingeflößt war. Die Volkstribunen konnten weder gegen jene, die den Senatsbeschluss erwirkt hatten und abwesend waren, noch gegen Appius Schritte unternehmen, da die Sache schon entschieden war.

37 (1) Zu Konsuln wurden C. Sempronius Atratinus und Q. Fabius Vibulanus gewählt [423]. Von auswärts wird für das Jahr

no facta, Volturnum, Etruscorum urbem, quae nunc Capua est, ab Samnitibus captam, Capuamque ab duce eorum Capye vel, quod propius vero est, a campestri agro appellatam. (2) Cepere autem, prius bello fatigatis Etruscis, in societatem urbis agrorumque accepti, deinde festo die graves somno epulisque incolas veteres novi coloni nocturna caede adorti.

(3) His rebus actis, consules ii, quos diximus, idibus Decembribus magistratum occepere. Iam non solum qui ad id missi erant rettulerant imminere Volscum bellum, (4) sed legati quoque ab Latinis et Hernicis nuntiabant non ante unquam Volscos nec ducibus legendis nec exercitui scribendo intentiores fuisse; (5) volgo fremere aut in perpetuum arma bellumque oblivioni danda iugumque accipiendum, aut iis cum quibus de imperio certetur, nec virtute nec patientia nec disciplina rei militaris cedendum esse. (6) Haud vana attulere; sed nec perinde patres moti sunt, et C. Sempronius cui ea provincia sorti evenit tamquam constantissimae rei fortunae fretus, quod victoris populi adversus victos dux esset omnia temere ac neglegenter egit, (7) adeo ut disciplinae Romanae plus in Volsco exercitu quam in Romano esset. Ergo fortuna, ut saepe alias, virtutem est secuta. (8) Primo proelio, quod ab Sempronio incaute inconsulteque commissum est, non subsidiis firmata

ein gleichwohl berichtenswertes Ereignis überliefert: Volturnum, eine Stadt der Etrusker, die heute Capua heißt, soll von den Samniten erobert und nach deren Anführer Capys oder, was der Wahrheit näherkommt, nach ihrer Lage auf dem flachen Land Capua [*campestris*] benannt worden sein. (2) Sie nahmen die Stadt aber ein, nachdem sie zuerst von den Etruskern, die nach einem Kriegszug hart mitgenommen waren, einen Teil der Stadt und des offenen Landes bekommen hatten; dann griffen sie als neue Siedler nach einem Festtag die von Schlaf und Gelagen beschwerten alten Bewohner in der Nacht an und töteten sie.

(3) Nach diesen Begebenheiten übernahmen die oben erwähnten Konsuln am 13. Dezember ihr Amt. Nicht nur die eigens damit Betrauten hatten bereits von einem drohenden Feldzug der Volsker berichtet, (4) sondern auch die Gesandten der Latiner und Herniker meldeten wiederholt, die Volsker hätten niemals zuvor bei der Auswahl ihrer Heerführer oder bei der Aushebung eines Heeres größeren Einsatz gezeigt; (5) vor aller Welt täten sie kund, dass sie entweder auf ewig Waffentaten und Krieg vergessen und das Joch auf sich nehmen müssten, oder dass sie jenen, mit denen sie um die Vorherrschaft kämpften, weder an Tüchtigkeit noch an Beharrlichkeit und militärischer Disziplin unterlegen sein dürften. (6) Diese Nachrichten waren keineswegs erfunden; aber die Väter kümmerte das nicht sonderlich, und C. Sempronius, dem das Los den Einsatzbereich zuwies, vertraute auf das Glück, als ob es das Beständigste überhaupt sei, weil er ja ein siegreiches Volk gegen Besiegte führe, und betrieb alle Maßnahmen unbedacht und aufs Geratewohl, (7) so dass von römischer Disziplin mehr im volskischen als im römischen Heer zu finden war. So folgte denn, wie auch sonst oft, das Glück der Tüchtigkeit. (8) In der ersten Schlacht, die Sempronius unvorsichtig und unüberlegt begann, kam es zum feindlichen Zu-

acie, non equite apte locato concursum est. (9) Clamor indicium primum fuit qua res inclinatura esset, excitatior crebriorque ab hoste sublatus, ab Romanis dissonus, impar, segnius saepe iteratus. [Ita exercitus] incerto clamore prodidit pavorem animorum. (10) Eo ferocior inlatus hostis urgere scutis, micare gladiis. Altera ex parte nutant circumspectantibus galeae, et incerti trepidant applicantque se turbae; (11) signa nunc resistentia deseruntur ab antesignanis, nunc inter suos manipulos recipiuntur. Nondum fuga certa, nondum victoria erat; tegi magis Romanus quam pugnare; Volscus inferre signa, urgere aciem, plus caedis hostium videre quam fugae.

38 (1) Iam omnibus locis ceditur, nequiquam Sempronio consule obiurgante atque hortante. Nihil nec imperium nec maiestas valebat, (2) dataque mox terga hostibus forent, ni Sex. Tempanius, decurio equitum, labante iam re praesenti animo subvenisset. Qui cum magna voce exclamasset ut equites, qui salvam rem publicam vellent esse, ex equis desilirent, (3) omnium turmarum equitibus velut ad consulis imperium motis, »Nisi haec« inquit »parmata cohors sistit impetum hostium, actum de imperio est. Sequimini pro vexillo cuspidem meam; ostendite Romanis Volscisque neque equitibus vobis ullos equites nec peditibus esse pedites pares.« (4) Cum clamore

sammenstoß, ohne dass er die Schlachtreihe durch Reservetruppen verstärkt und die Reiterei passend aufgestellt hätte. (9) Der Schlachtruf war der erste Hinweis darauf, wie sich die Dinge entwickeln würden: Beherzter und häufiger erhob ihn der Feind, von den Römern kam er nur misstönend, ungleich und oft lustlos wiederholt. So verriet das Heer durch den unsicheren Kriegsruf seine innere Angst. (10) Umso tapferer stürmte der Feind vor, drängte mit den Schilden, ließ seine Schwerter aufblitzen. Auf der anderen Seite blickten sie sich ängstlich um, wobei ihnen die Helme schwankten, rannten ziellos durcheinander und fügten sich zu einer wirren Menge; (11) bald wurden die Feldzeichen, die noch standhielten, von den Kämpfern der vordersten Linie verlassen, bald wurden sie in die eigenen Manipel zurückgenommen. Noch war es keine offene Flucht, noch kein Sieg; die Römer hielten sich lieber bedeckt, als dass sie kämpften; die Volsker griffen an, drangen auf die Schlachtreihe ein und sahen mehr gefallene als geflohene Feinde.

38 (1) Schon weicht man auf allen Linien zurück, und vergeblich schilt und mahnt Sempronius, der Konsul. Nichts vermochten Macht und Ansehen seiner hohen Stellung, (2) und bald hätte man sich vor dem Feind zur Flucht gewandt, wenn nicht der Reiterdecurio Sex. Tempanius, als alles schon in Auflösung begriffen war, entschlossenen Sinnes zu Hilfe gekommen wäre. Er rief nämlich mit lauter Stimme, die Reiter, die den Staat gerettet haben wollten, sollten von ihren Pferden absitzen, (3) und als die Reiter jeder Schwadron wie auf Befehl des Konsuls gehorcht hatten, sprach er: »Wenn diese mit Rundschilden bewaffnete Kohorte den Angriff der Feinde nicht aufhält, ist es um unsere Herrschaft geschehen. Folgt der Spitze meiner Lanze wie einer Standarte; zeigt Römern und Volskern, dass euch als Reiterei kein Reiter und als Fußtruppe kein Infanterist gewachsen ist!« (4) Nachdem seine anfeuern-

comprobata adhortatio esset, vadit alte cuspidem gerens. Quacumque incedunt, vi viam faciunt; eo se inferunt obiectis parmis, ubi suorum plurimum laborem vident. (5) Restituitur omnibus locis pugna, in quae eos impetus tulit; nec dubium erat quin, si tam pauci simul obire omnia possent, terga daturi hostes fuerint.

39 (1) Et cum iam parte nulla sustinerentur, dat signum Volscus imperator, ut parmatis, novae cohorti hostium, locus detur donec impetu inlati ab suis excludantur. (2) Quod ubi est factum, interclusi equites nec perrumpere eadem qua transierant posse, (3) ibi maxime confertis hostibus qua viam fecerant, et consul legionesque Romanae cum quod tegumen modo omnis exercitus fuerat nusquam viderent, ne tot fortissimos viros interclusos opprimeret hostis, tendunt in quemcumque casum. (4) Diversi Volsci hinc consulem ac legiones sustinere, altera fronte instare Tempanio atque equitibus; qui cum saepe conati nequissent perrumpere ad suos, tumulo quodam occupato in orbem se tutabantur, nequaquam inulti; nec pugnae finis ante noctem fuit. (5) Consul quoque nusquam remisso certamine dum quicquam superfuit lucis hostem tenuit. (6) Nox incertos diremit; tantusque ab imprudentia eventus utraque castra tenuit pavor ut relictis sauciis et magna parte

den Worte mit Beifallsrufen aufgenommen worden waren, ging er mit gewaltigem Schritt voran, seine Lanzenspitze hoch empor gerichtet. Wohin sie sich auch wendeten, bahnten sie sich mit Macht ihren Weg; mit vorgehaltenen Schilden drangen sie dorthin vor, wo sie ihre Kameraden am schwersten bedrängt sahen. (5) In allen Frontabschnitten, zu denen sie ihr Angriff brachte, wurde die Schlacht wiederhergestellt; es bestand auch kein Zweifel: Wenn so wenige in der Lage gewesen wären, überall gleichzeitig zur Stelle zu sein, so würden sich die Feinde zur Flucht gewendet haben.

39 (1) Weil seine Leute bereits nirgends mehr standhielten, gab der Feldherr der Volsker ein Zeichen, den Schildträgern, dieser neu entstandenen Kohorte der Feinde, Platz zu machen, bis sie, durch den Schwung ihres Angriffs fortgerissen, von ihren Leuten abgeschnitten seien. (2) Als dies der Fall war, konnten die umzingelten Reiter nicht mehr auf demselben Weg ausbrechen, auf dem sie vorgestürmt waren, (3) da die Feinde dort am gedrängtesten standen, wo sie sich ihren Weg gebahnt hatten; als dann der Konsul und die römischen Legionen nirgends mehr die sahen, die eben erst der Schutz des ganzen Heeres gewesen waren, gingen sie jedes Risiko ein, damit der Feind nicht so viele tapfere Männer umzingele und aufreibe. (4) Nach entgegengesetzten Seiten gewandt, hielten die Volsker hier dem Konsul und den Legionen stand und bedrängten in einer zweiten Linie Tempanius und die Reiter; da diese trotz oftmaliger Versuche den Durchbruch zu den eigenen Leuten nicht geschafft hatten, besetzten sie einen Hügel, verteidigten sich im Karree und vergalten Gleiches mit Gleichem.[31] So endete die Schlacht erst bei Einbruch der Nacht. (5) Auch der Konsul ließ im Kampf nirgends nach und hielt den Feind unter Druck, solange man noch etwas sehen konnte. (6) Die Nacht trennte die Heere und beließ sie im Ungewissen; so große, von der Unkenntnis des Ausganges herrührende Angst hielt beide

impedimentorum ambo pro victis exercitus se in montes proximos reciperent. (7) Tumulus tamen circumsessus ultra mediam noctem est; quo cum circumsedentibus nuntiatum esset castra deserta esse, victos rati suos et ipsi, qua quemque in tenebris pavor tulit, fugerunt. (8) Tempanius metu insidiarum suos ad lucem tenuit. Digressus deinde ipse cum paucis speculatum, cum ab sauciis hostibus sciscitando comperisset castra Volscorum deserta esse, laetus ab tumulo suos devocat et in castra Romana penetrat. (9) Ubi cum vasta desertaque omnia atque eandem quam apud hostes foeditatem invenisset, priusquam Volscos cognitus error reduceret, quibus poterat sauciis ductis secum, ignarus quam regionem consul petisset, ad urbem proximis itineribus pergit.

40 (1) Iam eo fama pugnae adversae castrorumque desertorum perlata erat, et ante omnia deplorati erant equites non privato magis quam publico luctu, (2) Fabiusque consul terrore urbi quoque iniecto stationem ante portas agebat, cum equites procul visi non sine terrore ab dubiis quinam essent, mox cogniti tantam ex metu laetitiam fecere, ut clamor urbem pervaderet gratulantium salvos victoresque redisse equites, et ex maestis paulo ante domibus quae conclamaverant suos, procurreretur in vias, (3) pavidaeque matres ac coniuges, oblitae prae gaudio decoris, obviam agmini occurrerent, in suos quae-

Lager gefangen, dass die beiden Heere ihre Verwundeten und einen großen Teil des Trosses zurückließen und sich im Glauben, sie wären die Besiegten, in die nahegelegenen Berge zurückzogen. (7) Der Hügel blieb dennoch bis weit nach Mitternacht umzingelt; als die Belagerer dort die Meldung von der Aufgabe ihres Lagers erhalten hatten, schlossen sie daraus, dass die Ihren besiegt seien, und flüchteten selbst, wohin einen jeden in der Finsternis seine Angst trug. (8) Tempanius hielt seine Leute aus Furcht vor einem Hinterhalt bis zum Tagesanbruch zusammen. Dann entfernte er sich selbst mit wenigen Männern, um sich auf Spähtrupp zu begeben. Nachdem er aus Verhören verwundeter Feinde erfahren hatte, dass das Lager der Volsker aufgegeben sei, zog er seine Leute erleichtert vom Hügel ab und gelangte zum römischen Lager. (9) Als er dort alles wüst und verlassen und dieselbe Öde wie bei den Feinden vorfand, nahm er, bevor die Volsker ihren Irrtum erkennen und zurückkehren konnten, so viele Verwundete als möglich mit sich und brach, über die Marschrichtung des Konsuls im Ungewissen, auf nächstem Wege zur Stadt auf.

40 (1) Dort hatte man bereits die Nachricht von der verlorenen Schlacht und der Aufgabe des Lagers empfangen und besonders die Reiter in privater und öffentlicher Klage betrauert. (2) Der Konsul Fabius hielt gerade vor den Stadttoren Wache, weil sich auch in der Stadt Angst und Schrecken verbreitet hatten, als man in der Ferne Reiter sah, und wegen der Ungewissheit, wer sie denn seien, gewaltig erschrak; doch bald wurden sie erkannt, was nach der Niedergeschlagenheit solch überschäumende Freude aufkommen ließ, dass die Jubelrufe jener, die über Rettung und Sieg der Reiter frohlockten, die Stadt durchdrangen, dass man aus eben noch trauernden Häusern, in denen man Angehörige beklagt hatte, auf die Straße stürzte, (3) und ängstliche Mütter und verheiratete Frauen, die vor Freude den Anstand vergessen hatten, dem Heereszug entge-

que simul corpore atque animo, vix prae gaudio compotes, effusae. (4) Tribunis plebi qui M. Postumio et T. Quinctio diem dixerant, quod ad Veios eorum opera male pugnatum esset, occasio visa est per recens odium Semproni consulis renovandae in eos invidiae. (5) Itaque advocata contione cum proditam Veiis rem publicam esse ab ducibus, proditum deinde, quia illis impune fuerit, in Volscis ab consule exercitum, traditos ad caedem fortissimos equites, deserta foede castra vociferati essent, (6) C. Iunius, unus ex tribunis, Tempanium equitem vocari iussit coramque ei »Sex. Tempani«, inquit, »quaero de te arbitrerisne C. Sempronium consulem aut in tempore pugnam inisse aut firmasse subsidiis aciem aut ullo boni consulis functum officio; (7) et tune ipse, victis legionibus Romanis, tuo consilio equitem ad pedes deduxeris restituerisque pugnam; excluso deinde ab acie nostra tibi atque equitibus num aut consul ipse subvenerit aut miserit praesidium; (8) postero denique die ecquid praesidii usquam habueris, an tu cohorsque in castra vestra virtute perruperitis; ecquem in castris consulem, ecquem exercitum inveneritis an deserta castra, relictos saucios milites. (9) Haec pro virtute tua fideque, qua una hoc bello res publica stetit, dicenda tibi sunt hodie; denique ubi C. Sempronius, ubi legiones nostrae sint; desertus sis an

genliefen und jede ihrem Mann in die Arme sank, vor Freude ihrer Glieder und Sinne kaum noch mächtig. (4) Den Volkstribunen, die M. Postumius und T. Quinctius vor Gericht geladen hatten, weil durch ihre Schuld der Kampf vor Veji so schlecht ausgegangen sei, schien die Gelegenheit gekommen, mit Hilfe des noch frischen Hasses auf den Konsul Sempronius auch die Feindschaft gegen die beiden wieder aufleben zu lassen. (5) Daher beriefen sie die Volksversammlung ein und schrien dort laut, bei Veji sei der Staat von seinen Heerführern verraten worden, und weil diese unbestraft geblieben seien, sei jetzt das Heer im Volskerland vom Konsul preisgegeben worden, seien die tapfersten Reiter dem Untergang ausgeliefert und das Lager schnöde verlassen worden; (6) daraufhin ließ C. Iunius, einer der Tribunen, den Reiter Tempanius aufrufen und sagte vor aller Augen zu ihm: »Sex. Tempanius, ich befrage dich, ob du der Meinung bist, dass der Konsul C. Sempronius erstens rechtzeitig die Schlacht begonnen, zweitens die Schlachtreihe durch Reservetruppen unterstützt und drittens auch nur irgendwie die Pflicht eines guten Konsuls erfüllt hat; (7) ferner, ob du selbst nach der Niederlage der Legionen auf deinen Entschluss hin die Reiterei hast absitzen lassen und die Schlacht wiederhergestellt hast; ob weiterhin, nachdem du von unserem Heer abgeschnitten warst, der Konsul dir oder der Reiterei entweder persönlich zu Hilfe kam oder Unterstützung schickte; (8) ob du schlussendlich bei irgendeiner Gelegenheit am nächsten Tag Hilfe erhalten hast oder ob du dich nicht vielmehr mit deiner Kohorte durch heldenhaften Einsatz zu eurem Lager durchgeschlagen hast; ob ihr im Lager einen Konsul, etwa ein Heer oder ein aufgegebenes Lager, im Stich gelassene und verwundete Soldaten vorgefunden habt. (9) Das alles musst du heute bei deiner Tapferkeit und Treue, durch die allein der Staat im Krieg Bestand hatte, erklären; und überhaupt, wo C. Sempronius, wo unsere Legionen sind; ob du verlassen

deserveris consulem exercitumque; victi denique simus an vicerimus.«

41 (1) Adversus haec Tempani oratio incompta fuisse dicitur, ceterum militariter gravis, non suis vana laudibus, non crimine alieno laeta: (2) quanta prudentia rei bellicae in C. Sempronio esset, non militis de imperatore existimationem esse, sed populi Romani fuisse, cum eum comitiis consulem legeret. (3) itaque ne ab se imperatoria consilia neu consulares artes exquirerent, quae pensitanda quoque magnis animis atque ingeniis essent; sed quod viderit referre posse. (4) vidisse autem se priusquam ab acie intercluderetur consulem in prima acie pugnantem, adhortantem, inter signa Romana telaque hostium versantem. (5) postea se a conspectu suorum ablatum ex strepitu tamen et clamore sensisse usque ad noctem extractum certamen; nec ad tumulum quem ipse tenuerat prae multitudine hostium credere perrumpi potuisse. (6) exercitus ubi esset se nescire; arbitrari, velut ipse in re trepida loci praesidio se suosque sit tutatus, sic consulem servandi exercitus causa loca tutiora castris cepisse; (7) nec Volscorum meliores res esse credere quam populi Romani; fortunam noctemque omnia erroris mutui implesse. Precantemque deinde ne se fessum labore ac volneribus tenerent, cum ingenti laude non virtutis magis

wurdest oder ob du selbst Konsul und Heer verlassen hast; und endlich, ob wir besiegt wurden oder gesiegt haben.«

41 (1) Demgegenüber soll Tempanius' Antwort schlicht, aber doch in festem Ton nach Soldatenart gewesen sein, nicht durch Eigenlob weitschweifig, nicht froh über die Anklage gegen einen anderen: (2) Welch große Kenntnis des Kriegswesens C. Sempronius besitze, liege nicht im Ermessen eines Soldaten gegenüber seinem Oberbefehlshaber, sondern sei Sache des römischen Volkes gewesen, als es ihn bei Wahlen zum Konsul bestimmt habe. (3) Daher sollte man von ihm weder die taktischen Überlegungen eines Feldherren noch das Fachwissen eines Konsuls erfragen wollen, Dinge, die auch von großen und begabten Geistern sorgfältig abgewogen werden müssten; aber was er gesehen habe, könne er berichten. (4) Gesehen habe er nun, noch bevor er selbst von der Schlachtreihe abgeschnitten worden sei, wie der Konsul in vorderster Linie kämpfte, anfeuerte und sich zwischen gegnerischen und römischen Einheiten befand. (5) Nachher habe er seine Kameraden zwar aus den Augen verloren, aber dennoch am Kampfgetöse und an den Rufen gemerkt, dass die Schlacht bis in die Nacht fortgesetzt wurde; auch nehme er nicht an, dass in Anbetracht der Masse der Feinde ein Durchbruch zu dem von ihm besetzten Hügel möglich gewesen wäre. (6) Wo das Heer stehe, wisse er nicht; so wie er selbst in gefährlicher Lage sich und seine Leute unter Einbeziehung des Geländes geschützt habe, dürfte seiner Ansicht nach der Konsul, um das Heer zu retten, Positionen eingenommen haben, die sicherer waren als das Lager; (7) auch glaube er nicht, dass die Sache der Volsker besser stände als die des römischen Volkes; Schicksal und Nacht hätten auf beiden Seiten alles mit beidseitigem Irrtum erfüllt. Auf seine Bitte, sie mögen ihn, da er von seinen Strapazen und Verwundungen erschöpft sei, nicht länger mehr festhalten, wurde er mit großem Lob für seine Tapferkeit wie auch für seine Zu-

quam moderationis dimissum […]. (8) Cum haec agerentur, iam consul via Labicana ad fanum Quietis erat. Eo missa plaustra iumentaque alia ab urbe exercitum adfectum proelio ac via nocturna excepere. (9) Paulo post in urbem est ingressus consul, non ab se magis enixe amovens culpam quam Tempanium meritis laudibus ferens. (10) Maestae civitati ab re male gesta et iratae ducibus M. Postumius reus obiectus, qui tribunus militum pro consule ad Veios fuerat, decem milibus aeris gravis damnatur. (11) T. Quinctium collegam eius, quia et in Volscis consul auspicio dictatoris Postumi Tuberti et ad Fidenas legatus dictatoris alterius Mam. Aemili res prospere gesserat, totam culpam eius temporis in praedamnatum collegam transferentem omnes tribus absolverunt. (12) Profuisse ei Cincinnati patris memoria dicitur, venerabilis viri, et exactae iam aetatis Capitolinus Quinctius, suppliciter orans ne se, brevi reliquo vitae spatio, tam tristem nuntium ferre ad Cincinnatum paterentur.

42 (1) Plebs tribunos plebi absentes Sex. Tempanium, [M.] Asellium, Ti. Antistium, et Sp. Pullium fecit, quos et pro centurionibus sibi praefecerant Tempanio auctore equites. (2) Senatus cum odio Semproni consulare nomen offenderet, tribunos militum consulari potestate creari iussit. Creati sunt L. Manlius Capitolinus, Q. Antonius Merenda, L. Papirius Mugillanus. (3) Principio statim anni L. Hortensius tribunus plebis C.

rückhaltung bedacht und entlassen.[32] (8) Zur gleichen Zeit befand sich der Konsul schon auf der Via Labicana beim Heiligtum der Quies.[33] Dorthin schickte man aus der Stadt Fuhrwerke und daneben Tragtiere, um das von der Schlacht und dem Nachtmarsch erschöpfte Heer aufzunehmen. (9) Kurz danach betrat der Konsul die Stadt und war nicht weniger bemüht, Tempanius mit dem gebührenden Lob hervorzuheben, als die Schuld von sich abzulenken. (10) Der über den Misserfolg betrübten und gegen ihre Heerführer erzürnten Bürgerschaft wurde M. Postumius, der bei Veji an Konsuls Statt Militärtribun gewesen war, als Angeklagter vorgeschoben und zu 10 000 As schwerer Münze[34] verurteilt. (11) Seinen Kollegen T. Quinctius sprachen alle Stimmbezirke frei, weil er die ganze Schuld an den gegenwärtigen Umständen auf seinen bereits verurteilten Kollegen schob und sowohl im Volskerkrieg als Konsul unter Leitung des Diktators Postumius Tubertus als auch vor Fidenae als Unterfeldherr des anderen Diktators Mam. Aemilius seine Aufgaben erfolgreich erledigt hatte. (12) Man sagt, ihm habe die Erinnerung an seinen Vater Cincinnatus, einen achtbaren Mann, und der bereits hochbetagte Capitolinus Quinctius geholfen, der demütig bat, man möge nicht zulassen, dass er, dem nur noch eine kurze Spanne Zeit zum Leben bliebe, eine derart bittere Nachricht dem Cincinnatus überbringen müsse.[35]

42 (1) Der Bürgerstand machte in ihrer Abwesenheit Sex. Tempanius, M. Asellius, Ti. Antistius und Sp. Pullius zu Volkstribunen, die auf Anraten des Tempanius die Ritter sich zu ihren Centurionen gewählt hatten. (2) Der Senat ließ Militärtribunen mit konsularischer Amtsgewalt wählen, da durch den Hass auf Sempronius der Name »Konsul« Anstoß erregen würde. Es wurden L. Manlius Capitolinus, Q. Antonius Merenda und L. Papirius Mugillanus gewählt. (3) Gleich zu Jahresbeginn [422] lud der Volkstribun L. Hortensius den Konsul des

Sempronio, consuli anni prioris, diem dixit. Quem cum quattuor collegae inspectante populo Romano orarent ne imperatorem suum innoxium, in quo nihil praeter fortunam reprehendi posset, vexaret, aegre Hortensius pati, (4) temptationem eam credens esse perseverantiae suae, nec precibus tribunorum, quae in speciem modo iactentur, sed auxilio confidere reum. (5) Itaque modo ad eum conversus, ubi illi patricii spiritus, ubi subnixus et fidens innocentiae animus esset quaerebat; sub tribunicia umbra consularem virum delituisse; (6) modo ad collegas: »Vos autem, si reum perago, quid acturi estis? An erepturi ius populo et eversuri tribuniciam potestatem?« (7) Cum illi et de Sempronio et de omnibus summam populi Romani potestatem esse dicerent, nec se iudicium populi tollere aut velle aut posse, sed si preces suae pro imperatore, qui sibi parentis esset loco, non valuissent, se vestem cum eo mutaturos, tum Hortensius (8) »Non videbit« inquit »plebs Romana sordidatos tribunos suos. C. Sempronium nihil moror, quando hoc est in imperio consecutus ut tam carus esset militibus.« (9) Nec pietas quattuor tribunorum quam Hortensi tam placabile ad iustas preces ingenium pariter plebi patribusque gratius fuit.

(10) Non diutius fortuna Aequis indulsit, qui ambiguam victoriam Volscorum pro sua amplexi fuerant.

43 (1) Proximo anno, Cn. Fabio Vibulano T. Quinctio Capito-

Vorjahres, C. Sempronius, vor Gericht. Als ihn vor den Augen des römischen Volkes vier seiner Kollegen baten, er solle ihren schuldlosen Feldherrn, an dem man nur sein Unglück tadeln könne, nicht peinigen, wollte sich Hortensius das nicht gefallen lassen, (4) weil er meinte, es handle sich dabei nur um eine Erprobung seiner Beharrlichkeit, und der Angeklagte vertraue nicht auf die Bitten der Tribunen, die lediglich zum Schein vorgebracht würden, sondern auf ihren tatsächlichen Beistand. (5) Daher wandte er sich zunächst an diesen und fragte ihn, wo jener berühmte Patriziergeist, wo die zuversichtliche und auf Rechtschaffenheit bauende Gesinnung geblieben sei; ein Mann von konsularischem Rang halte sich unter dem Schutzmantel von Tribunen verborgen;[36] (6) dann richtete er sich an seine Kollegen: »Ihr aber, was werdet ihr unternehmen, wenn ich den Angeklagten weiter verfolge? Wollt ihr dem Volk sein Recht entreißen und die tribunizische Amtsgewalt zugrunde richten?« (7) Jene erklärten, die oberste Gewalt über Sempronius wie auch über alle liege beim römischen Volk, sie seien weder willens noch in der Lage, einen Volksentscheid aufzuheben; sie würden aber, sollten ihre Bitten für einen Feldherrn, der ihnen wie ein Vater sei, nichts ausrichten, mit ihm Trauerkleider anlegen. Da sprach Hortensius: (8) »Das römische Bürgervolk wird seine Tribunen nicht im Büßergewand sehen. C. Sempronius entlasse ich, da er während seines Kommandos einen großen Erfolg erreicht hat – von seinen Soldaten so geliebt zu werden.« (9) Die versöhnliche Gesinnung des Hortensius gegenüber gerechtfertigten Bitten war Volk und Vätern nicht weniger willkommen als die Treue der vier Tribunen.

(10) Nicht länger war das Schicksal den Aequern gewogen, die sich an den unsicheren Sieg der Volsker wie an ihren eigenen geklammert hatten.

43 (1) Im nächsten Jahr, als Cn. Fabius Vibulanus und T. Quinctius Capitolinus, der Sohn des Capitolinus, Konsuln wa-

lini filio Capitolino consulibus, ductu Fabi, cui sorte ea provincia evenerat, nihil dignum memoratu actum; (2) cum trepidam tantum ostendissent aciem Aequi, turpi fuga funduntur, haud magno consulis decore. Itaque triumphus negatus, ceterum ob Sempronianae cladis levatam ignominiam ut ovans urbem intraret concessum est.

(3) Quemadmodum bellum minore quam timuerant dimicatione erat perfectum, sic in urbe ex tranquillo necopinata moles discordiarum inter plebem ac patres exorta est, coepta ab duplicando quaestorum numero. (4) Quam rem, praeter duos urbanos quaestores [ut alii crearentur] duo qui consulibus ad ministeria belli praesto essent, a consulibus relatam cum et patres summa ope adprobassent, tribuni plebi certamen intulerunt ut pars quaestorum – nam ad id tempus patricii creati erant – ex plebe fieret. (5) Adversus quam actionem primo et consules et patres summa ope adnisi sunt: concedendo deinde ut quemadmodum in tribunis consulari potestate creandis, aeque in quaestoribus liberum esset arbitrium populi, cum parum proficerent, totam rem de augendo quaestorum numero omittunt. (6) Excipiunt omissam tribuni, aliaeque subinde, inter quas et agrariae legis, seditiosae actiones exsistunt; propter quos motus cum senatus consules quam tribunos creari mallet, neque posset per intercessiones tribunicias senatus consul-

ren [421], geschah unter der Führung des Fabius, dem dieser Einsatzbereich durch das Los zugefallen war, nichts, was einer Erzählung würdig wäre; (2) kaum hatten die Aequer ihre verunsicherte Schlachtreihe sehen lassen, wurden sie in schändlicher Flucht vertrieben, was dem Konsul keinen großen Ruhm einbrachte. Daher wurde ihm ein Triumph verweigert, doch weil er die Schmach der Niederlage des Sempronius getilgt hatte, erhielt er die Erlaubnis, in einem kleinen Triumph die Stadt zu betreten.

(3) Wie der Krieg durch einen Kampf, der harmloser war als befürchtet, beendet war, so unerwartet brach in der Stadt nach einer Zeit inneren Friedens mit voller Wucht die Zwietracht zwischen Volk und Vätern aus, die von der Frage der Verdoppelung der Quästorenzahl ihren Ausgang nahm. (4) Diesen von den Konsuln vorgebrachten Antrag, dass außer den beiden städtischen Quästoren zwei weitere gewählt werden sollten, die im Kriegsfall den Konsuln zur Verfügung stehen müssten, hatten die Väter bereits einstimmig gebilligt; die Volkstribunen jedoch erhoben die streitbare Forderung, dass ein Teil der Quästoren – bis zu dieser Zeit waren nämlich nur Patrizier gewählt worden – aus dem Bürgerstand kommen solle. (5) Gegen diese Bestrebungen setzten sich Konsuln und Väter sofort mit aller Entschiedenheit zur Wehr. Als sie dann trotz ihres Zugeständnisses, dass ebenso wie bei den Wahlen der Tribunen mit konsularischer Amtsgewalt auch bei den Quästoren das Volk frei entscheiden dürfe, wenig ausrichteten, ließen sie ihren Antrag auf Erhöhung der Quästorenzahl überhaupt fallen. (6) Die Tribunen griffen die fallengelassene Sache auf, woraufhin gleich andere aufrührerische Anträge eingebracht wurden, unter denen auch solche für ein Ackergesetz waren; weil der Senat aufgrund dieser Unruhen lieber Konsuln als Tribunen gewählt sehen wollte, wegen des Einschreitens der Tribunen aber kein Senatsbeschluss gefasst werden konnte, (7) kam es

tum fieri, (7) res publica a consulibus ad interregnum, neque id ipsum – nam coire patricios tribuni prohibebant – sine certamine ingenti, redit. (8) Cum pars maior insequentis anni per novos tribunos plebi et aliquot interreges certaminibus extracta esset, modo prohibentibus tribunis patricios coire ad prodendum interregem, modo interregem interpellantibus ne senatus consultum de comitiis consularibus faceret, (9) postremo L. Papirius Mugillanus proditus interrex, castigando nunc patres, nunc tribunos plebi, desertam omissamque ab hominibus rem publicam, deorum providentia curaque exceptam memorabat Veientibus indutiis et cunctatione Aequorum stare. (10) unde si quid increpet terroris, sine patricio magistratu placere rem publicam opprimi? non exercitum, non ducem scribendo exercitui esse? an bello intestino bellum externum propulsaturos? (11) quae si in unum conveniant, vix deorum opibus quin obruatur Romana res resisti posse. quin illi, remittendo de summa quisque iuris, mediis copularent concordiam, (12) patres patiendo tribunos militum pro consulibus fieri, tribuni plebi non intercedendo quo minus quattuor quaestores promisce de plebe ac patribus libero suffragio populi fierent?

44 (1) Tribunicia primum comitia sunt habita. Creati tribuni consulari potestate omnes patricii, L. Quinctius Cincinnatus tertium, Sex. Furius Medullinus iterum, M. Manlius, A. Sem-

nach der Regierung der Konsuln zu einem Interregnum, wobei selbst das nicht ohne furchtbaren Streit vor sich ging – die Tribunen hinderten die Patrizier nämlich daran, die dazu nötige Versammlung abzuhalten. (8) Nachdem ein großer Teil des folgenden Jahres von den neuen Volkstribunen und einigen Zwischenkönigen mit Zwistigkeiten nutzlos verschleppt worden war – dabei hinderten die Tribunen bald die Patrizier an Zusammenkünften für die Wahl eines Zwischenkönigs (Interrex), bald erhoben sie gegen den Zwischenkönig Einspruch, wenn er einen Senatsbeschluss über Konsulwahlen durchbringen wollte –, (9) wurde schließlich doch L. Papirius Mugillanus zum Interrex gewählt; er rügte sowohl Väter als auch Volkstribunen und erinnerte daran, dass das Gemeinwesen von den Menschen verraten und aufgegeben, durch die Vorsehung und das Walten der Götter noch gestützt, sich nur aufgrund des Waffenstillstandes mit Veji und des Zögerns der Aequer halte. (10) Wolle man, dass der Staat überfallen werde und man dann keine patrizische Obrigkeit besitze, wenn sich von dort irgendeine Bedrohung rege? Dass es kein Heer, keinen Feldherrn gebe, um ein Heer aufzustellen? Oder dass man inmitten eines Bürgerkriegs einen Krieg von außen abwehre? (11) Wenn all das auf einmal eintreffe, würde es sich kaum mit Unterstützung der Götter verhindern lassen, dass der römische Staat zugrunde gehe. Warum könnten sich die Betroffenen nicht dadurch, dass jeder auf einen Teil seiner gesamten Rechte verzichte, einträchtig in der Mitte treffen, (12) wobei die Väter die Wahl von Militärtribunen anstelle von Konsuln gestatten und die Volkstribunen nicht dagegen Einspruch erheben sollten, dass in freier Wahl des Volkes vier Quästoren ohne Unterschied aus dem Bürgerstand und den Vätern bestimmt würden?

44 (1) Die Tribunenwahl hielt man zuerst ab. Zu Tribunen mit konsularischer Amtsgewalt wurden L. Quinctius Cincinnatus zum dritten Mal, Sex. Furius Medullinus zum zweiten

pronius Atratinus. (2) Hoc tribuno comitia quaestorum habente, petentibusque inter aliquot plebeios filio [A.] Antisti tribuni plebis et fratre alterius tribuni plebis Sex. † Polli, nec potestas nec suffragatio horum valuit quin quorum patres avosque consules viderant eos nobilitate praeferrent. (3) Furere omnes tribuni plebi, ante omnes † Pollius Antistiusque, repulsa suorum accensi. (4) Quidnam id rei esset [quaerebant]. non suis beneficiis, non patrum iniuriis, non denique ius usurpandi libidine, cum liceat quod ante non licuerit, si non tribunum militarem, ne quaestorem quidem quemquam ex plebe factum. non valuisse patres pro filio, fratris pro fratre preces, (5) tribunorum plebis, potestatis sacrosanctae, ad auxilium libertatis creatae. fraudem profecto in re esse, et A. Sempronium comitiis plus artis adhibuisse quam fidei. eius iniuria queri suos honore deiectos. (6) Itaque cum in ipsum, et innocentia tutum et magistratu, in quo tunc erat, impetus fieri non posset, flexere iras in C. Sempronium, patruelem Atratini, eique ob ignominiam Volsci belli adiutore collega M. Canuleio diem dixere. (7) Subinde ab iisdem tribunis mentio in senatu de agris dividendis inlata est, cui actioni semper acerrime C. Sempronius restiterat, ratis, id quod erat, aut deposita causa leviorem futu-

Mal, M. Manlius und A. Sempronius Atratinus, allesamt Patrizier, gewählt [420–414 Militärtribunen mit konsularischer Vollmacht]. (2) Als der letztgenannte Tribun die Wahlen zum Quästorenamt abhielt, kandidierten mit einigen anderen Plebejern auch der Sohn des Volkstribunen A. Antistius und der Bruder des Sex. Pollius, des anderen Volkstribunen, doch weder deren Macht noch deren Fürsprache konnten verhindern, dass man Männer, deren Väter und Großväter man schon als Konsuln erlebt hatte, aufgrund ihres Adels vorzog. (3) Die Volkstribunen tobten alle vor Zorn, besonders Pollius und Antistius waren aufgebracht über die Ablehnung ihrer Verwandten. (4) Was denn das solle, fragten sie. Trotz ihrer Verdienste, trotz der Rechtsverstöße der Väter und sogar trotz der Freiheit, sein Recht geltend machen zu können – jetzt sei ja erlaubt, was vorher nicht erlaubt gewesen –, sei wenn schon kein Militärtribun, so nicht einmal ein einziger Quästor aus dem Bürgerstand bestimmt worden. Die Bitten eines Vaters für seinen Sohn, eines Bruders für seinen Bruder, (5) von Volkstribunen also mit unverletzlicher Amtsgewalt, die zum Schutz der Freiheit geschaffen worden sei, hätten keinen Wert gehabt. Ganz sicher stecke Betrug dahinter, und A. Sempronius habe bei den Wahlen mehr Hinterlist als Ehrlichkeit bewiesen. Durch seine Schuld, so klagten sie, seien ihre Leute um das Amt gebracht worden. (6) Weil sie ihn, der ja durch seine Lauterkeit und sein Amt geschützt war, das er damals bekleidete, persönlich nicht angreifen konnten, richteten sie ihre Wut auf C. Sempronius, einen Vetter des Atratinus, und zogen ihn mit Unterstützung ihres Kollegen M. Canuleius wegen der Schmach des Volskerkrieges vor Gericht. (7) Gleich danach brachten dieselben Volkstribunen im Senat eine Landverteilung zur Sprache, eine Maßnahme, gegen die sich C. Sempronius stets heftigst zur Wehr gesetzt hatte; sie rechneten sich dabei nämlich aus – was ja auch stimmte –, dass der Angeklagte die Sache entweder auf-

rum apud patres reum aut perseverantem sub iudicii tempus plebem offensurum. (8) Adversae invidiae obici maluit et suae nocere causae quam publicae deesse, (9) stetitque in eadem sententia ne qua largitio, cessura in trium gratiam tribunorum, fieret; nec tum agrum plebi, sed sibi invidiam quaeri; se quoque subiturum eam tempestatem forti animo; nec senatui tanti se civem aut quemquam alium debere esse, ut in parcendo uni malum publicum fiat. (10) Nihilo demissiore animo, cum dies venit causa ipse pro se dicta, nequiquam omnia expertis patribus ut mitigarent plebem, quindecim milibus aeris damnatur.

(11) Eodem anno Postumia virgo Vestalis de incestu causam dixit, crimine innoxia, ab suspicione propter cultum amoeniorem ingeniumque liberius quam virginem decet parum abhorrens. (12) Eam ampliatam, deinde absolutam pro collegii sententia pontifex maximus abstinere iocis colique sancte potius quam scite iussit. Eodem anno a Campanis Cumae, quam Graeci tum urbem tenebant, capiuntur.

(13) Insequens annus tribunos militum consulari potestate habuit Agrippam Menenium Lanatum, P. Lucretium Tricipitinum, Sp. Nautium Rutilum.

45 (1) annus [fuit] felicitate populi Romani, periculo potius ingenti quam clade insignis. Servitia urbem ut incenderent di-

geben und dadurch bei den Vätern an Gewicht verlieren würde oder, wenn er bis zum Zeitpunkt der Urteilsverkündung hart bleibe, das Volk vor den Kopf stoßen werde. (8) Er aber zog es vor, sich lieber den Anschuldigungen seiner Widersacher auszusetzen und seiner eigenen Sache zu schaden, als die der Allgemeinheit zu verraten; (9) so beharrte er auf seiner Ansicht, es dürfe keine Landschenkung erfolgen, die zum Vorteil der drei Tribunen ausschlagen würde; man suche jetzt ja nicht nach Land für das einfache Volk, sondern wolle ihn persönlich verhasst machen; doch er werde auch diese stürmische Zeit mit tapferer Gesinnung durchstehen; aber dem Senat dürften weder er noch ein anderer Bürger so viel wert sein, dass durch die Rücksicht auf einen allen Schlechtes widerfahre. (10) Als der Tag des Gerichtes gekommen war, vertrat er selbst, ohne etwas von seinem Stolz aufzugeben, die eigene Sache und wurde, nachdem die Väter vergeblich alles versucht hatten, den Bürgerstand versöhnlich zu stimmen, zu einer Geldstrafe von 15 000 Assen verurteilt.

(11) Im selben Jahr musste sich die Vestalin Postumia gegen die Anklage der Unkeuschheit verteidigen; sie war keines Verbrechens schuldig, jedoch wegen ihrer für das Ansehen einer Jungfrau allzu attraktiven Kleidung und ihres freimütigen Geistes nicht frei von Verdacht geblieben. (12) Ihr Prozess wurde vertagt, dann erhielt sie einen Freispruch, doch befahl ihr der Pontifex Maximus nach dem Spruch des Kollegiums, sich loser Reden zu enthalten und sich besser fromm als elegant zu kleiden. Im selben Jahr wurde Cumae, eine Stadt, die damals noch die Griechen besaßen, von den Kampanern erobert.

(13) Im folgenden Jahr [419] waren Agrippa Menenius Lanatus, P. Lucretius Tricipitinus und Sp. Nautius Rutilus Militärtribunen mit konsularischer Amtsgewalt.

45 (1) Das günstige Geschick des römischen Volkes machte das Jahr eher durch große Gefahr als durch großes Unheil be-

stantibus locis coniurarunt, populoque ad opem passim ferendam tectis intento ut arcem Capitoliumque armati occuparent. (2) Avertit nefanda consilia Iuppiter, indicioque duorum comprehensi sontes poenas dederunt. Indicibus dena milia gravis aeris, quae tum divitiae habebantur, ex aerario numerata et libertas praemium fuit.

(3) Bellum inde ab Aequis reparari coeptum; et novos hostes Labicanos consilia cum veteribus iungere, haud incertis auctoribus Romam est allatum. (4) Aequorum iam velut anniversariis armis adsueverat civitas; Labicos legati missi cum responsa inde rettulissent dubia, quibus nec tum bellum parari nec diuturnam pacem fore appareret, Tusculanis negotium datum, adverterent animos ne quid novi tumultus Labicis oreretur.

(5) Ad insequentis anni tribunos militum consulari potestate, inito magistratu, legati ab Tusculo venerunt, L. Sergium Fidenatem, M. Papirium Mugillanum, C. Servilium Prisci filium, quo dictatore Fidenae captae fuerant. (6) Nuntiabant legati Labicanos arma cepisse et cum Aequorum exercitu depopulatos agrum Tusculanum castra in Algido posuisse. (7) Tum Labicanis bellum indictum; factoque senatus consulto ut duo ex tribunis ad bellum proficiscerentur, unus res Romae curaret, certamen subito inter tribunos exortum; se quisque belli ducem potiorem ferre, curam urbis ut ingratam ignobilemque asper-

merkenswert. Sklavenbanden hatten sich verschworen, die Stadt an voneinander entfernten Punkten anzuzünden, um, während die Bevölkerung überall damit beschäftigt wäre, ihre Häuser zu retten, bewaffnet Burg und Kapitol zu besetzen. (2) Den ruchlosen Plan verhinderte Iuppiter, die Schuldigen wurden durch die Anzeigen von zwei Mitwissern verhaftet und bestraft. Die es angezeigt hatten, erhielten jeder aus der Staatskasse 10 000 As schwerer Münze, was damals noch als ein Vermögen galt, ausbezahlt und die Freiheit zum Lohn.

(3) Dann begannen die Aequer wieder, zum Krieg zu rüsten; und von sicherer Quelle wurde nach Rom gemeldet, dass neue Feinde, die Labicaner, mit den alten gemeinsame Sache machten. (4) Die Bürgerschaft hatte sich an den gleichsam alljährlichen Waffengang gegen die Aequer schon gewöhnt; nach Labici schickte man Gesandte, doch als sie von dort mit unklaren Antworten zurückgekommen waren, aus denen hervorging, dass zwar gerade kein Feldzug vorbereitet, es aber auch keinen dauerhaften Frieden geben werde, da erteilte man den Tusculanern den Auftrag, darauf zu achten, dass in Labici keine neue Aufstandsbewegung entstehe.

(5) Zu den Militärtribunen mit konsularischer Vollmacht des folgenden Jahres, L. Sergius Fidenas, M. Papirius Mugillanus und C. Servilius, dem Sohn des Priscus, unter dessen Diktatur Fidenae erobert worden war, kamen nach ihrem Amtsantritt Gesandte aus Tusculum. (6) Diese berichteten, die Labicaner hätten zu den Waffen gegriffen, mit dem Heer der Aequer das Land von Tusculum völlig geplündert und auf dem Algidus ein Lager errichtet. (7) Daraufhin wurde den Labicanern der Krieg erklärt; nach dem Senatsbeschluss – demzufolge zwei der drei Tribunen zum Krieg ausrücken sollten, während sich einer um die Dinge in der Stadt kümmerte – erhob sich sofort Streit unter den Tribunen; jeder gab sich als der fähigere Heerführer aus und wies die Verwaltung der Stadt als eine undankbare und ge-

nari. (8) Cum parum decorum inter collegas certamen mirabundi patres conspicerent, Q. Servilius »Quando nec ordinis huius ulla« inquit »nec rei publicae est verecundia, patria maiestas altercationem istam dirimet. Filius meus extra sortem urbi praeerit. Bellum utinam, qui adpetunt, consideratius concordiusque quam cupiunt gerant.«

46 (1) Dilectum haberi non ex toto passim populo placuit; decem tribus sorte ductae sunt; ex iis scriptos iuniores duo tribuni ad bellum duxere. (2) Coepta inter eos in urbe certamina cupiditate eadem imperii multo impensius in castris accendi; nihil sentire idem, pro sententia pugnare; sua consilia velle, sua imperia sola rata esse; contemnere in vicem et contemni, (3) donec castigantibus legatis tandem ita comparatum est ut alternis diebus summam imperii haberent. (4) Quae cum allata Romam essent, dicitur Q. Servilius, aetate et usu doctus, precatus ab dis immortalibus ne discordia tribunorum damnosior rei publicae esset quam ad Veios fuisset, et velut haud dubia clade imminente, institisse filio ut milites scriberet et arma pararet. Nec falsus vates fuit. (5) Nam ductu L. Sergi, cuius dies imperii erat, loco iniquo sub hostium castris, cum quia simulato metu receperat se hostis ad vallum, spes vana expugnandi

wöhnliche Aufgabe zurück. (8) Während die Väter den unter Kollegen so gar nicht passenden Streit mit Befremden verfolgten, sagte Q. Servilius: »Da ihr weder diesem Stand noch dem Staat Achtung zollt, wird die Autorität eines Vaters diesen Zank beenden. Mein Sohn wird, ohne vom Los bestimmt zu sein, der Stadt vorstehen. Es bleibt zu wünschen, dass jene, die sich für den Krieg bewerben, ihn klüger und einträchtiger führen, als sie ihn erstreben!«

46 (1) Man beschloss, die Rekrutierung nicht unterschiedslos aus dem Gesamtvolk vorzunehmen; zehn Bezirke wurden durch das Los dafür bestimmt; von diesen wurden die jüngeren Jahrgänge aufgestellt und von zwei Tribunen in den Krieg geführt. (2) Die Streitigkeiten, die unter den beiden aufgrund ihrer gleichen Gier nach Macht in der Stadt schon begonnen hatten, loderten im Lager noch heftiger auf; alles sahen sie anders, jeder kämpfte für seine Anschauung; die eigenen Entscheidungen unterstützten sie, hielten die eigenen Befehle für die einzig richtigen; sie verachteten sich gegenseitig und wurden verachtet, (3) bis auf die Vorwürfe der Unterfeldherren hin endlich ein Ausgleich in der Weise zustande kam, dass jeder jeweils einen um den anderen Tag den Oberbefehl innehaben sollte. (4) Als dies nach Rom gedrungen war, soll Q. Servilius, ein an Alter und Erfahrung kluger Mann, nach einem Gebet an die unsterblichen Götter, dass die Zwietracht unter den Tribunen dem Staat nicht mehr schade, als sie es vor Veji getan hatte, so als ob ganz unzweifelhaft eine Katastrophe drohe, seinem Sohn zugesetzt haben, Soldaten auszuheben und die Rüstung vorzubereiten. Und er war kein falscher Prophet. (5) Denn als sich unter Führung des L. Sergius, der an dem Tag den Oberbefehl führte, die Römer in der eitlen Hoffnung, das Lager erobern zu können, an einen ungünstigen Geländepunkt unterhalb des feindlichen Lagers begeben hatten – die Feinde hatten sich nämlich in geheuchelter Flucht zum Wall zurückgezo-

castra eo traxisset, repentino impetu Aequorum per supinam vallem fusi sunt, multique in ruina maiore quam fuga oppressi obtruncatique; (6) castraque eo die aegre retenta, postero die circumfusis iam magna ex parte hostibus per aversam portam fuga turpi deseruntur. Duces legatique et quod circa signa roboris de exercitu fuit Tusculum petiere: (7) palati alii per agros passim multis itineribus maioris quam accepta erat cladis nuntii Romam contenderunt. (8) Minus trepidationis fuit, quod eventus timori hominum congruens fuerat, et quod subsidia quae respicerent in re trepida praeparata erant ab tribuno militum. (9) Iussuque eiusdem per minores magistratus sedato in urbe tumultu, speculatores propere missi nuntiavere Tusculi duces exercitumque esse, hostem castra loco non movisse. (10) Et quod plurimum animorum fecit, dictator ex senatus consulto dictus Q. Servilius Priscus, vir cuius providentiam in re publica cum multis aliis tempestatibus ante experta civitas erat, tum eventu eius belli, quod uni certamen tribunorum suspectum ante rem male gestam fuerat. (11) Magistro equitum creato, a quo ipse tribuno militum dictator erat dictus, filio suo – ut tradidere quidam; (12) nam alii Ahalam Servilium magistrum equitum eo anno fuisse scribunt – novo exercitu profectus ad bellum, accitis qui Tusculi erant, duo milia passuum ab hoste locum castris cepit.

gen –, da wurden sie durch einen unerwarteten Angriff der Aequer in die hinter ihnen liegende Schlucht hinabgetrieben, wobei viele bei der Flucht, die eher einem Sturz gleichkam, zertrampelt und massakriert wurden; (6) das Lager, an diesem Tag nur mit Mühe gehalten, wurde am nächsten, als die Feinde es schon großteils umzingelt hatten, in schändlicher Flucht durch das hintere Tor verlassen. Die Heerführer und Unterfeldherren zogen mit den Kerntruppen des Heeres, die sich um die Feldzeichen geschart hatten, nach Tusculum zurück. (7) Die anderen irrten auf dem offenen Land weit umher und strebten auf verschiedenen Wegen nach Rom, von einer größeren Niederlage als der wirklich erlittenen kündend. (8) Die Ratlosigkeit war nicht allzu groß, weil es so gekommen war, wie die Menschen es befürchtet hatten, und weil der Militärtribun Maßnahmen getroffen hatte, auf die man in der unsicheren Situation zurückgreifen konnte. (9) Auf seinen Befehl beschwichtigten die unteren Beamten in der Stadt die Unruhe, wurden rasch Kundschafter ausgesandt, die meldeten, Heerführer und Heer stünden in Tusculum, der Feind habe sein Lager nicht von der Stelle bewegt. (10) Was aber die Stimmung am meisten hob, war die auf Senatsbeschluss erfolgte Ernennung des Q. Servilius Priscus zum Diktator, eines Mannes, dessen Weitblick im Staatswesen die Bürgerschaft schon in vielen anderen Krisenzeiten vorher, besonders aber im Verlauf dieses Krieges erfahren hatte, da ihm als einzigem der Streit unter den Tribunen Bedenken erregt hatte, noch bevor der Misserfolg eingetreten war. (11) Er wählte seinen eigenen Sohn, der ihn selbst als Militärtribun zum Diktator ernannt hatte, zum Reiterobersten – so haben es einige überliefert; (12) andere schreiben nämlich, in dem Jahr sei Ahala Servilius Reiterobersten gewesen –, zog mit einem neuen Heer in den Krieg, beorderte die Truppen aus Tusculum zu sich und wählte zwei Meilen vom Feind entfernt seinen Lagerplatz.

47 (1) Transierat ex re bene gesta superbia neglegentiaque ad Aequos, quae in Romanis ducibus fuerat. (2) Itaque primo statim proelio cum dictator equitatu immisso antesignanos hostium turbasset, legionum inde signa inferri propere iussit signiferumque ex suis unum cunctantem occidit. (3) Tantus ardor ad dimicandum fuit ut impetum Aequi non tulerint; victique acie cum fuga effusa petissent castra, brevior tempore et certamine minor castrorum oppugnatio fuit quam proelium fuerat. (4) Captis direptisque castris cum praedam dictator militi concessisset, secutique fugientem ex castris hostem equites renuntiassent omnes Labicanos victos, magnam partem Aequorum Labicos confugisse, (5) postero die ad Labicos ductus exercitus oppidumque corona circumdata scalis captum ac direptum est. (6) Dictator exercitu victore Romam reducto, die octavo quam creatus erat, magistratu se abdicavit; et opportune senatus priusquam ab tribunis plebi agrariae seditiones mentione inlata de agro Labicano dividendo fierent, censuit frequens coloniam Labicos deducendam. (7) Coloni ab urbe mille et quingenti missi bina iugera acceperunt.

Captis Labicis, ac deinde tribunis militum consulari potestate Agrippa Menenio Lanato et C. Servilio Structo et P. Lucretio Tricipitino, iterum omnibus his, et Sp. Rutilio Crasso, (8) et insequente anno A. Sempronio Atratino tertium, et duobus iterum, M. Papirio Mugillano et Sp. Nautio Rutilo, biennium tranquillae externae res, discordia domi ex agrariis legibus fuit.

47 (1) Nach ihrem Erfolg waren Hochmut und Nachlässigkeit der römischen Heerführer auf die Aequer übergegangen. (2) Als daher der Diktator gleich im ersten Treffen nach einem Reiterangriff die Vorkämpfer der Feinde vertrieben hatte, befahl er den raschen Angriff der Legionen, und als einer seiner Bannerträger zögerte, erschlug er ihn. (3) So groß war die Kampfeswut, dass die Aequer dem Aufeinanderprall nicht standhielten; in offener Feldschlacht besiegt, erreichten sie in wirrer Flucht ihr Lager, dessen Belagerung weniger Zeit und Kampf erforderte als die Schlacht. (4) Nach Eroberung und Plünderung des Lagers überließ der Diktator die Beute den Soldaten, und auf die Meldung der Reiter, welche die aus dem Lager fliehenden Feinde verfolgten, alle besiegten Labicaner und ein Großteil der Aequer wären nach Labici geflüchtet, (5) führte er am nächsten Tag das Heer nach Labici; dann umzingelte er die ringsum bestürmte Stadt mit einer Truppenkette und eroberte sie mit Hilfe von Sturmleitern und zerstörte sie. (6) Der Diktator führte das siegreiche Heer nach Rom zurück und trat am achten Tag nach der Wahl von seinem Amt zurück; noch rechtzeitig, bevor die Volkstribunen durch eine Debatte über die Verteilung des Labicanerlandes Aufruhr wegen der Bodenpolitik entfachen konnten, beschloss der fast vollzählig versammelte Senat die Gründung einer Kolonie in Labici. (7) 1500 Siedler wurden aus der Stadt entsandt und bekamen jeweils zwei Joch Land.[37]

Nach der Einnahme von Labici waren Agrippa Menenius Lanatus, C. Servilius Structus, P. Lucretius Tricipitinus – sie alle waren es zum zweiten Mal – und Sp. Rutilius Crassus Militärtribunen mit konsularischer Vollmacht, (8) im folgenden Jahr A. Sempronius Atratinus zum dritten Mal, M. Papirius Mugillanus und Sp. Nautius Rutilus, diese beiden zum zweiten Mal; zwei Jahre lang blieb es auswärts ruhig, es herrschte im Inneren aufgrund der Ackergesetze Zwietracht.[38]

48 (1) Turbatores volgi erant Sp. Maecilius quartum et [M.] Metilius tertium tribuni plebis, ambo absentes creati. (2) Et cum rogationem promulgassent ut ager ex hostibus captus viritim divideretur, magnaeque partis nobilium eo plebiscito publicarentur fortunae (3) – nec enim ferme quicquam agri, ut in urbe alieno solo posita, non armis partum erat, nec quod venisset adsignatumve publice esset † unquam plebs habebat – (4) atrox plebi patribusque propositum videbatur certamen. Nec tribuni militum, nunc in senatu, nunc conciliis privatis principum cogendis, viam consilii inveniebant, (5) cum Ap. Claudius, nepos eius qui decemvir legibus scribendis fuerat, minimus natu ex patrum concilio, dicitur dixisse (6) vetus se ac familiare consilium domo adferre; proavum enim suum Ap. Claudium ostendisse patribus viam unam dissolvendae tribuniciae potestatis per collegarum intercessionem. (7) facile homines novos auctoritate principum de sententia deduci, si temporum interdum potius quam maiestatis memor adhibeatur oratio. (8) pro fortuna illis animos esse; ubi videant collegas principes agendae rei gratiam omnem ad plebem praeoccupasse nec locum in ea relictum sibi, (9) haud gravate acclinaturos se ad causam senatus, per quam cum universo ordini, tum

48 (1) Die Aufwiegler des Pöbels waren die beiden in Abwesenheit gewählten Volkstribunen Sp. Maecilius, er war es zum vierten Mal, und M. Metilius, er war es zum dritten Mal. (2) Nachdem sie einen Antrag vorgebracht hatten, demzufolge das den Feinden abgenommene Land einzeln auf die Bürger verteilt und kraft dieses Volksbeschlusses ein Großteil der Adelsbesitzungen enteignet werden sollte (3) – in einer Stadt, die gleichsam auf fremdem Boden gegründet war, gab es nämlich beinahe keinen Grund, den man nicht mit Waffengewalt genommen hatte, auch besaß der Bürgerstand nichts, was nicht öffentlich verkauft oder zugewiesen worden war –, (4) schien ein harter Kampf zwischen Bürgerstand und Vätern bevorzustehen. Auch die Militärtribunen fanden weder im Senat noch durch die Einberufung von inoffiziellen Versammlungen der vornehmsten Männer einen Lösungsweg, (5) bis Ap. Claudius, der Enkel dessen, der Decemvir für die Aufzeichnung der Gesetze gewesen war, der Jüngste in der Versammlung der Väter, gesagt haben soll, (6) er könne von zu Hause über eine alte Taktik seiner Familie berichten: Sein Urgroßvater Ap. Claudius habe nämlich den Vätern den einzigen Weg gezeigt, wie man die Macht der Tribunen mit Hilfe des Einspruchsrechtes ihrer Kollegen zersplittern könne. (7) Leicht würden Emporkömmlinge durch das Ansehen vornehmer Männer von ihrem Standpunkt abgebracht, wenn man mit ihnen einen Umgangston pflege, der bisweilen eher auf die Zeitumstände als auf die eigene Würde Bezug nehme. (8) Ihr Sinn richte sich nach den jeweiligen Verhältnissen; sobald sie sähen, wie Kollegen, welche sich bei der Verwirklichung eines Planes hervortaten, die ganze Beliebtheit im einfachen Volk für sich im voraus gewonnen hätten und dass für sie selbst kein Platz mehr wäre, (9) dann würden sie sich ohne viel Umstände der Sache des Senats anschließen, um sich dadurch den ganzen Stand, besonders aber die ersten unter den Vätern gewogen zu

primoribus se patrum concilient. (10) Adprobantibus cunctis et ante omnes Q. Servilio Prisco, quod non degenerasset ab stirpe Claudia, conlaudante iuvenem, negotium datur ut quos quisque posset ex collegio tribunorum ad intercessionem perlicerent. (11) Misso senatu, prensantur ab principibus tribuni. Suadendo monendo pollicendoque, gratum id singulis privatim, gratum universo senatui fore, sex ad intercessionem comparavere. (12) Posteroque die cum ex composito relatum ad senatum esset de seditione quam Maecilius Metiliusque largitione pessimi exempli concirent, (13) eae orationes a primoribus patrum habitae sunt ut pro se quisque iam nec consilium sibi suppetere diceret, nec se ullam opem cernere aliam usquam praeterquam in tribunicio auxilio; in eius potestatis fidem circumventam rem publicam, tamquam privatum inopem, confugere; (14) praeclarum ipsis potestatique esse, non ad vexandum senatum discordiamque ordinum movendam plus in tribunatu virium esse quam ad resistendum improbis collegis. (15) Fremitus deinde universi senatus ortus, cum ex omnibus partibus curiae tribuni appellarentur. Tum silentio facto ii qui praeparati erant gratia principum, quam rogationem a collegis promulgatam senatus censeat dissolvendae rei publicae esse, ei se intercessuros ostendunt. Gratiae intercessoribus ab senatu actae. (16) Latores rogationis contione advocata proditores plebis commodorum ac servos consularium

machen. (10) Weil alle zustimmten und ganz besonders Q. Servilius Priscus den jungen Mann dafür lobte, dass er nicht aus der Art des Claudiergeschlechtes geschlagen sei, machte man sich an die Aufgabe, je nach Möglichkeit diesen oder jenen aus dem Tribunenkollegium zum Einspruch zu verführen. (11) Nach dem Ende der Senatssitzung wurden die Tribunen von den Vornehmsten in Empfang genommen. Durch Zureden, Mahnen, Versprechen, dass ihre Tat den einzelnen Privatleuten und dem ganzen Volk willkommen sein werde, gewannen sie sechs Tribunen für den Einspruch. (12) Als am nächsten Tag wie vereinbart dem Senat der Bericht über den Aufruhr vorgelegt worden war, den Maecilius und Metilius durch Wohltätigkeit übelster Art schürten, (13) waren die Reden der ersten unter den Vätern so gehalten, dass jeder sagte, er wisse für seinen Teil keinen Rat mehr und sehe nirgends mehr Rettung außer im Beistand der Tribunen; wie ein schutzbedürftiger Privatmann flüchte sich die bedrängte Bürgerschaft in den Schutz dieses Amtes; (14) für die Tribunen selbst und ihre Stellung sei es sehr rühmlich, wenn im Tribunat nicht nur die Macht begründet sei, dem Senat zuzusetzen und Zwietracht unter den Ständen zu säen, als vielmehr maßlosen Kollegen Widerstand entgegenzusetzen. (15) Hierauf erhob sich im ganzen Senat lebhaftes Geschrei, während man von allen Seiten der Kurie an die Tribunen um Hilfe appellierte. Dann, als Stille geboten war, erklärten jene, die sich von der Überzeugungskraft der Vornehmen auf ihre Rolle hatten vorbereiten lassen, sie würden gegen den von ihren Kollegen bekanntgemachten Antrag, von dem der Senat meine, er werde die Bürgerschaft spalten, Einspruch erheben. Auf diesen Einspruch hin sprach ihnen der Senat seinen Dank aus. (16) Die Urheber des Gesetzesvorschlags beriefen eine Volksversammlung ein, auf der sie ihre Kollegen als Verräter an den Interessen des Bürgertums und als Knechte ehemaliger Konsuln bezeichneten, und

appellantes aliaque truci oratione in collegas invecti, actionem deposuere.

49 (1) At duo bella insequens annus habuisset, quo P. Cornelius Cossus, C. Valerius Potitus, Q. Quinctius Cincinnatus, Cn. Fabius Vibulanus tribuni militum consulari potestate fuerunt, ni Veiens bellum religio principum distulisset, (2) quorum agros Tiberis super ripas effusus maxime ruinis villarum vastavit. (3) Simul Aequos triennio ante accepta clades prohibuit Bolanis, suae gentis populo, praesidium ferre. (4) Excursiones inde in confinem agrum Labicanum factae erant novisque colonis bellum inlatum. (5) Quam noxam cum se consensu omnium Aequorum defensuros sperassent, deserti ab suis, ne memorabili quidem bello, per obsidionem levemque unam pugnam et oppidum et fines amisere. (6) Temptatum ab L. Decio tribuno plebis ut rogationem ferret qua Bolas quoque, sicut Labicos, coloni mitterentur, per intercessionem collegarum qui nullum plebi scitum nisi ex auctoritate senatus passuros se perferri ostenderunt, discussum est.

(7) Bolis insequente anno receptis Aequi coloniaque eo deducta novis viribus oppidum firmarunt, tribunis militum Romae consulari potestate Cn. Cornelio Cosso, L. Valerio Potito, Q. Fabio Vibulano iterum, M. Postumio Regillensi. (8) Huic bellum adversus Aequos permissum est, pravae mentis homi-

ließen dann nach manch anderer wilder Rede gegen sie ihren Plan fallen.

49 (1) Im folgenden Jahr [415], in dem P. Cornelius Cossus, C. Valerius Potitus, Q. Quinctius Cincinnatus und Cn. Fabius Vibulanus Militärtribunen mit konsularischer Amtsgewalt waren, hätte es nun doch zwei Kriege gegeben, wenn nicht die Fürsten von Veji, (2) deren Äcker der über die Ufer getretene Tiber unter weitgehender Zerstörung der Landhäuser verwüstet hatte, aus religiösen Bedenken wegen böser Vorzeichen den Krieg verschoben hätten. (3) Gleichzeitig hinderte die vor drei Jahren erlittene Niederlage die Aequer daran, den Bolanern, einem Volk ihres Stammes, Hilfe zu bringen. (4) Diese hatten von dort feindliche Einfälle ins angrenzende Labicanerland unternommen, und man hatte gegen die neuen Siedler den Krieg begonnen. (5) Obwohl sie gehofft hatten, sich durch den Zusammenhalt mit allen Aequern gegen die daraus entstehenden Beschuldigungen rechtfertigen zu können, wurden sie von ihren Leuten verlassen und verloren in einem nicht einmal denkwürdigen Krieg nach leichter Belagerung und einer einzigen Schlacht Stadt und Feldmark. (6) Der Versuch des Volkstribunen L. Decius, einen Antrag einzubringen, wonach Siedler auch nach Bolae, wie früher nach Labici, geschickt werden sollten, wurde durch den Einspruch seiner Kollegen, die klarstellten, sie würden ohne Empfehlung des Senats keinen Volksbeschluss gestatten, vereitelt.

(7) Im folgenden Jahr [414] eroberten die Aequer Bolae zurück und gründeten dort eine neue Kolonie, wodurch sie die Stadt mit neuen Kräften verstärkten: Das geschah, als in Rom Cn. Cornelius Cossus, L. Valerius Potitus, Q. Fabius Vibulanus zum zweiten Mal und M. Postumius Regillensis Militärtribunen mit konsularischer Vollmacht waren. (8) Dem Letztgenannten wurde der Feldzug gegen die Aequer übertragen, einem Mann von übler Gesinnung, die jedoch eher sein Sieg als

ni, quam tamen victoria magis quam bellum ostendit. (9) Nam exercitu impigre scripto ductoque ad Bolas cum levibus proeliis Aequorum animos fregisset, postremo in oppidum inrupit. Deinde ab hostibus in cives certamen vertit et cum inter oppugnationem praedam militis fore edixisset, capto oppido fidem mutavit. (10) Eam magis adducor ut credam irae causam exercitui fuisse, quam quod in urbe nuper direpta coloniaque nova minus praedicatione tribuni praedae fuerit. (11) Auxit eam iram, postquam ab collegis arcessitus propter seditiones tribunicias in urbem revertit, audita vox eius in contione stolida ac prope vecors, qua M. Sextio tribuno plebis legem agrariam ferenti, simul Bolas quoque ut mitterentur coloni laturum se dicenti – dignum enim esse qui armis cepissent, eorum urbem agrumque Bolanum esse – »Malum quidem militibus meis«, inquit, »nisi quieverint.« Quod auditum non contionem magis quam mox patres offendit. (12) Et tribunus plebis, vir acer nec infacundus, nactus inter adversarios superbum ingenium immodicamque linguam, quam inritando agitandoque in eas impelleret voces quae invidiae non ipsi tantum sed causae atque universo ordini essent, neminem ex collegio tribunorum militum saepius quam Postumium in disceptationem trahebat. (13) Tum vero secundum tam saevum atque inhumanum dictum »Auditis«, inquit, »Quirites, sicut servis malum minantem

der Krieg ans Licht brachte. (9) Denn nachdem er das rasch ausgehobene Heer vor Bolae geführt und nach leichten Gefechten den Mut der Aequer gebrochen hatte, drang er schließlich in die befestigte Stadt ein. Doch dann richtete er den Kampf von den Feinden gegen seine Mitbürger und änderte, obwohl er während der Belagerung den Soldaten die Beute versprochen hatte, nach der Eroberung der Stadt seine Zusage. (10) Das, so muss ich glauben, war eher der Grund für den Zorn im Heer, als dass es in einer erst jüngst zerstörten Stadt, in einer neugegründeten Kolonie weniger Beute gab, als vom Tribunen versprochen. (11) Diese Erbitterung steigerte sich noch – Postumius war, von seinen Kollegen wegen der Umtriebe der Volkstribunen zu Hilfe geholt, in die Stadt zurückgekehrt – durch einen dummen und beinahe aberwitzigen Ausspruch, den man von ihm während einer Volksversammlung zu hören bekam. Als nämlich der Volkstribun M. Sextius, der ein Ackergesetz einbrachte, erklärte, er würde eine Entsendung von Siedlern auch nach Bolae beantragen – Stadt und Feldmark von Bolae gehörten ja gerechterweise denen, die sie mit Waffengewalt gewonnen hätten –, da sagte Postumius: »Zum Henker mit meinen Soldaten, wenn sie nicht Ruhe geben!« Dieses Wort beleidigte die Volksversammlung jetzt ebenso wie bald auch die Väter. (12) Der Volkstribun [M. Sextius], ein temperamentvoller und beredter Mann, der unter seinen Gegnern [mit Postumus] einen Menschen mit hochmütigem Charakter und anmaßender Zunge gefunden hatte, den er durch provokantes Verhalten zu Worten veranlassen konnte, die nicht nur dem Mann selbst, sondern seiner Sache und dem gesamten Stand Feindschaft einbringen würden, zog auch niemand aus dem Kollegium der Militärtribunen öfter in ein Streitgespräch als Postumius. (13) Jetzt aber sagte er im Anschluss an dessen so unmenschlichen und harten Ausspruch: »Hört ihr, Römer, wie er Soldaten gleich wie Sklaven mit Strafen droht? (14) Werdet

militibus? (14) Tamen haec belua dignior vobis tanto honore videbitur quam qui vos urbe agrisque donatos in colonias mittunt, qui sedem senectuti vestrae prospiciunt, qui pro vestris commodis adversus tam crudeles superbosque adversarios depugnant? (15) Incipite deinde mirari cur pauci iam vestram suscipiant causam. Quid ut a vobis sperent? An honores, quos adversariis vestris potius quam populi Romani propugnatoribus datis? (16) Ingemuistis modo voce huius audita. Quid id refert? Iam si suffragium detur, hunc qui malum vobis minatur, iis qui agros sedesque ac fortunas stabilire volunt praeferetis.«

50 (1) Perlata haec vox Postumi ad milites multo in castris maiorem indignationem movit: praedaene interceptorem fraudatoremque etiam malum minari militibus? (2) Itaque cum fremitus aperte esset, et quaestor P. Sextius eadem violentia coerceri putaret seditionem posse qua mota erat, misso ad vociferantem quendam militem lictore cum inde clamor et iurgium oreretur, saxo ictus turba excedit, (3) insuper increpante qui volneraverat habere quaestorem quod imperator esset militibus minatus. (4) Ad hunc tumultum accitus Postumius asperiora omnia fecit acerbis quaestionibus, crudelibus suppliciis. Postremo cum modum irae nullum faceret, ad vociferationem eorum quos necari sub crate iusserat concursu facto, ipse ad interpellantes poenam vecors de tribunali decurrit.

ihr trotzdem dieses Ungeheuer für ein so wichtiges Ehrenamt für würdiger erachten als jene, die euch mit einer Stadt und Ländereien beschenken und in Kolonien senden, die sich um einen Alterswohnsitz für euch kümmern, die für eure Interessen gegen so grausame und hochmütige Gegner wie diesen entschlossen den Kampf ausfechten? (15) Was braucht ihr euch dann noch zu wundern, dass jetzt so wenige für eure Sache eintreten. Was könnten sie von euch erhoffen? Die Ehrenstellen etwa, die ihr lieber euren Widersachern als den Vorkämpfern des römischen Volkes gebt? (16) Eben erst habt ihr aufgestöhnt, als ihr ein Wort dieses Mannes hörtet. Was soll's? Wenn ihr demnächst eure Stimme abgebt, werdet ihr ihn, der euch mit Strafen droht, doch jenen vorziehen, die euch Land, Wohnstatt und Besitz sichern wollen.«

50 (1) Dieser Ausspruch des Postumius gelangte auch zu den Soldaten und verursachte im Lager noch größere Erbitterung: Er, der ihre Beute geraubt und sie betrogen habe, drohe den Soldaten auch noch mit Strafen? (2) Da bereits offen gemurrt wurde, meinte der Quästor P. Sextius, die Empörung könne mit der gleichen Härte, durch die sie hervorgerufen worden war, unterdrückt werden, und schickte daher den Liktor gegen einen protestierenden Soldaten vor; daraufhin erhob sich lautes Geschrei und Gezänk, und er selbst musste sich, von einem Stein getroffen, aus der Menge zurückziehen, (3) während derjenige, der ihn verwundet hatte, obendrein noch rief, der Quästor habe bekommen, was der Feldherr seinen Soldaten angedroht habe. (4) Der auf diese Unruhen hin herbeigerufene Postumius machte alles noch schlimmer mit seinen strengen Verhören und grausamen Strafen. Weil er seinem Zorn keine Grenze setzte, und auf das Wehgeschrei derer, die er unter Flechtwerk[39] zu ertränken befohlen hatte, ein Auflauf entstanden war, stürmte er schließlich vom Tribunal herab und rasend vor Wut auf jene zu, die gegen die Strafe Einspruch erhoben.

(5) Ibi cum submoventes passim lictores centurionesque vexarent turbam, eo indignatio erupit ut tribunus militum ab exercitu suo lapidibus cooperiretur. (6) Quod tam atrox facinus postquam est Romam nuntiatum, tribunis militum de morte collegae per senatum quaestiones decernentibus tribuni plebis intercedebant. (7) Sed ea contentio ex certamine alio pendebat quod cura incesserat patres ne metu quaestionum plebs iraque tribunos militum ex plebe crearet, tendebantque summa ope ut consules crearentur. (8) Cum senatus consultum fieri tribuni plebis non paterentur, iidem intercederent consularibus comitiis, res ad interregnum rediit.

51 (1) Victoria deinde penes patres fuit. Q. Fabio Vibulano interrege comitia habente consules creati sunt A. Cornelius Cossus L. Furius Medullinus.

(2) His consulibus principio anni senatus consultum factum est, ut de quaestione Postumianae caedis tribuni primo quoque tempore ad plebem ferrent, plebesque praeficeret quaestioni quem vellet. (3) A plebe consensu populi consulibus negotium mandatur; qui, summa moderatione ac lenitate per paucorum supplicium, quos sibimet ipsos conscisse mortem satis creditum est, transacta re, nequivere tamen consequi ut non aegerrime id plebs ferret: (4) iacere tam diu inritas actiones quae de suis commodis ferrentur, cum interim de sanguine ac

(5) Als dort die Liktoren und Centurionen nach allen Seiten Platz machen wollten und die Menge wegstießen, kochte die Empörung über, und der Militärtribun wurde vom eigenen Heer gesteinigt. (6) Nachdem diese grässliche Tat in Rom bekannt geworden war, wollten die Militärtribunen über den Senat Untersuchungen wegen des Todes ihres Kollegen durchführen lassen, doch die Volkstribunen erhoben Einspruch. (7) Diese Auseinandersetzung stand aber noch mit einer anderen strittigen Frage in Zusammenhang: Weil sich unter den Vätern die Sorge breitgemacht hatte, das Volk könnte aus Angst vor Untersuchungen und auch in seiner Erbitterung Militärtribunen aus dem Bürgerstand wählen, strebten sie mit größtem Einsatz die Wahl von Konsuln an. (8) Da nun die Tribunen das Zustandekommen eines Senatsbeschlusses verhinderten und sie zugleich auch gegen Konsulwahlen Einspruch erhoben, kam es im Staat zu einem Interregnum.

51 (1) Zuletzt fiel der Sieg den Vätern zu. Bei den Wahlen, die der Interrex Q. Fabius Vibulanus abhielt, wurden A. Cornelius Cossus und L. Furius Medullinus zu Konsuln gewählt.

(2) Unter diesen Konsuln wurde zu Jahresbeginn [413] im Senat beschlossen, die Tribunen sollten zum frühestmöglichen Zeitpunkt beim Bürgerstand eine Untersuchung über die Ermordung des Postumius beantragen, und die Bürger sollten mit der Untersuchung einen Mann ihrer Wahl bestimmen. (3) In Übereinstimmung mit dem Gesamtvolk erteilte der Bürgerstand dazu den Konsuln den Auftrag; obwohl die Sache von ihnen mit größter Mäßigung und Milde durch die Verurteilung einiger weniger abgeschlossen worden war, die sich, wie man als fast sicher annimmt, selbst den Tod gaben, konnten sie dennoch den Unwillen des Volkes darüber nicht verhindern: (4) Anträge, die für ihre Interessen eingebracht würden, blieben ungeheuer lange wirkungslos liegen, während jedoch ein Gesetz, das erlassen sei, um unter den Ihren Blut zu vergießen

supplicio suo latam legem confestim exerceri et tantam vim habere. (5) Aptissimum tempus fuerat, vindicatis seditionibus, delenimentum animis Bolani agri divisionem obici, quo facto minuissent desiderium agrariae legis quae possesso per iniuriam agro publico patres pellebat; (6) tunc haec ipsa indignitas angebat animos: non in retinendis modo publicis agris quos vi teneret pertinacem nobilitatem esse, sed ne vacuum quidem agrum, nuper ex hostibus captum, plebi dividere, mox paucis, ut cetera, futurum praedae.

(7) Eodem anno adversus Volscos populantes Hernicorum fines legiones ductae a Furio consule cum hostem ibi non invenissent, Ferentinum quo magna multitudo Volscorum se contulerat cepere. (8) Minus praedae quam speraverant fuit, quod Volsci postquam spes tuendi exigua erat sublatis rebus nocte oppidum reliquerunt; postero die prope desertum capitur. Hernicis ipsum agerque dono datus.

52 (1) Annum modestia tribunorum quietum excepit tribunus plebis L. Icilius, Q. Fabio Ambusto C. Furio Pacilo consulibus. (2) Is cum principio statim anni, velut pensum nominis familiaeque, seditiones agrariis legibus promulgandis cieret, (3) pestilentia coorta, minacior tamen quam perniciosior, cogitationes hominum a foro certaminibusque publicis ad domum curamque corporum nutriendorum avertit; minusque eam damnosam fuisse quam seditio futura fuerit

und sie hinzurichten, sofort ausgeführt werde und große Wirkung zeige. (5) Nach der Niederschlagung der Aufstände wäre das die beste Zeit gewesen, zur Besänftigung der Gemüter die Aufteilung des Bolanerlandes anzubieten, wodurch man den Wunsch nach einem Ackergesetz, das die Väter von dem zu Unrecht in Besitz genommenen Staatsland vertreiben wollte, gemäßigt hätte. (6) So aber schuf ebendieses unwürdige Verhalten nun Verdruss: Der Adel sei nicht nur bei der Bewahrung der mit Gewalt angeeigneten staatlichen Ländereien unnachgiebig, sondern teile dem Volk nicht einmal das neulich den Feinden abgerungene, herrenlose Land zu, das, wie alles andere, bald Beute sein werde für einige wenige.

(7) Im selben Jahr wurden die Legionen vom Konsul Furius gegen die Volsker geführt, die das Gebiet der Herniker plünderten; als sie den Feind dort nicht vorgefunden hatten, eroberten sie Ferentinum, wohin sich eine große Zahl von Volskern begeben hatte. (8) Die Beute fiel geringer aus als erwartet, weil die Volsker ihre Habe mit sich nahmen und des Nachts die Stadt verließen, sobald sie in der Verteidigung kaum mehr Hoffnung sahen; am nächsten Tag wurde die beinahe verlassene Stadt erobert und zusammen mit ihrem Gebiet den Hernikern übergeben.

52 (1) Auf ein Jahr, das durch die Mäßigung der Tribunen ruhig geblieben war, folgte unter dem Konsulat des Q. Fabius Ambustus und des C. Furius Pacilus [412] der Volkstribun L. Icilius. (2) Als er sofort nach Jahresbeginn, gleichsam aus Verpflichtung seinem Namen und seiner Familie gegenüber[40], durch die Bekanntmachung von Ackergesetzen Unruhen hervorrief, (3) brach eine Seuche aus, die bedrohlicher schien, als sie es war, und die die Gedanken der Menschen vom Forum und den politischen Zwistigkeiten auf das Heim und die Sorge um das körperliche Wohlergehen lenkte; man glaubt auch, sie habe weniger Schaden bereitet als ein möglicher Parteienstreit.

credunt. (4) Defuncta civitate plurimorum morbis, perpaucis funeribus, pestilentem annum inopia frugum, neglecto cultu agrorum, ut plerumque fit, excepit, M. Papirio Atratino C. Nautio Rutilo consulibus. (5) Iam fames quam pestilentia tristior erat, ni, dimissis circa omnes populos legatis qui Etruscum mare quique Tiberim accolunt ad frumentum mercandum, annonae foret subventum. (6) Superbe ab Samnitibus qui Capuam habebant Cumasque legati prohibiti commercio sunt, contra ea benigne ab Siculorum tyrannis adiuti; maximos commeatus summo Etruriae studio Tiberis devexit. (7) Solitudinem in civitate aegra experti consules sunt, cum in legationes non plus singulis senatoribus invenientes coacti sunt binos equites adicere. (8) Praeterquam ab morbo annonaque nihil eo biennio intestini externive incommodi fuit. At ubi eae sollicitudines discessere, omnia, quibus turbari solita erat civitas, domi discordia, foris bellum exortum.

53 (1) M'. Aemilio C. Valerio Potito consulibus bellum Aequi parabant, Volscis, quamquam non publico consilio capessentibus arma, voluntariis mercede secutis militiam. (2) Ad quorum famam hostium – iam enim in Latinum Hernicumque transcenderant agrum – dilectum habentem Valerium consulem M. Menenius tribunus plebis legis agrariae lator cum impediret auxilioque tribuni nemo invitus sacramento diceret, (3) repen-

(4) Auf das Seuchenjahr, in dem sehr viele in der Bürgerschaft von der Krankheit befallen, aber nur wenige gestorben waren, folgte im Konsulat des M. Papirius Atratinus und des C. Nautius Rutilus [411] wegen der in solchen Fällen üblichen Vernachlässigung des Ackerbaues ein Getreidemangel. (5) Die Hungersnot war fast schon schlimmer als die Seuche, wenn man nicht zu allen Völkern, die am Tyrrhenischen Meer und am Tiber wohnten, Unterhändler zum Kauf von Getreide gesandt und damit dem Getreidemangel abgeholfen hätte. (6) Die Gesandten wurden von den Samniten, die Capua und Cumae innehatten, auf arrogante Weise am Kauf gehindert, dagegen von den Tyrannen Siziliens wohlwollend unterstützt; die größten Transporte gelangten durch die eifrige Unterstützung Etruriens den Tiber hinab.[41] (7) Den Bevölkerungsrückgang in der krankheitsgeschwächten Stadt bekamen die Konsuln zu spüren, als sie für die Gesandtschaften nicht mehr als jeweils einen Senator fanden und gezwungen waren, zwei Ritter beizustellen. (8) Von der Seuche und der Getreideknappheit abgesehen, gab es in diesen zwei Jahren keine inneren oder äußeren Schwierigkeiten. Doch sobald diese Sorgen gewichen waren, brach all das wieder hervor, wovon die Bürgerschaft gewöhnlich erschüttert wurde, zu Hause Zwietracht, auswärts Krieg.

53 (1) Unter dem Konsulat des M.' Aemilius und des C. Valerius Potitus [410] rüsteten die Aequer zum Krieg, wobei die Volsker zwar nicht nach offiziellem Beschluss zu den Waffen griffen, sich aber als Freiwillige gegen Sold dem Feldzug anschlossen. (2) Auf die Berichte über diese Feinde hin – sie waren bereits auf Latiner- und Hernikerland übergegangen – nahm der Konsul Valerius eine Truppenaushebung vor; während ihn nun der Volkstribun M. Menenius, einer der Antragsteller für ein Ackergesetz, daran hinderte, und sich durch die Unterstützung der Tribunen niemand zwingen ließ, den Fah-

te nuntiatur arcem Carventanam ab hostibus occupatam esse. (4) Ea ignominia accepta cum apud patres invidiae Menenio fuit, tum ceteris tribunis, iam ante praeparatis intercessoribus legis agrariae, praebuit iustiorem causam resistendi collegae. (5) Itaque cum res diu ducta per altercationem esset, consulibus deos hominesque testantibus quidquid ab hostibus cladis ignominiaeque aut iam acceptum esset aut immineret culpam penes Menenium fore qui dilectum impediret, (6) Menenio contra vociferante, si iniusti domini possessione agri publici cederent, se moram dilectui non facere, decreto interposito novem tribuni sustulerunt certamen pronuntiaveruntque ex collegii sententia: (7) C. Valerio consuli se, damnum aliamque coercitionem adversus intercessionem collegae dilectus causa detractantibus militiam inhibenti, auxilio futuros esse. (8) Hoc decreto consul armatus cum paucis appellantibus tribunum collum torsisset, metu ceteri sacramento dixere. (9) Ductus exercitus ad Carventanam arcem, quamquam invisus infestusque consuli erat, impigre primo statim adventu deiectis qui in praesidio erant arcem recepit; praedatores ex praesidio per neglegentiam dilapsi occasionem aperuere ad invadendum. (10) Praedae ex adsiduis populationibus, quod omnia in locum tutum congesta erant, fuit aliquantum. Venditum sub hasta consul in aerarium redigere quaestores iussit, tum praedicans

neneid zu schwören, (3) da kam plötzlich die Meldung, die Festung von Carventum sei von den Feinden besetzt worden. (4) Diese erlittene Schmach machte Menenius bei den Vätern verhasst und bot auch den übrigen Tribunen, die schon früher darauf vorbereitet worden waren, gegen das Ackergesetz Einspruch zu erheben, erst recht einen Grund, sich ihrem Kollegen zu widersetzen. (5) Als sich daher ein langer Wortwechsel darüber entspann, wobei die Konsuln Götter und Menschen zu Zeugen anriefen, dass für jede von den Feinden erlittene oder noch bevorstehende Niederlage und Schmach die Schuld bei Menenius liege, der ja die Truppenaushebung verhindere, (6) und Menenius dagegen laut rief, er werde die Rekrutierung nicht verzögern, wenn die unrechtmäßigen Eigentümer vom Besitz des Staatslandes zurückträten, da trafen die neun Tribunen eine Entscheidung, die den Streit beendete, und verkündeten gemäß dem Urteil ihres Kollegiums: (7) Sie würden den Konsul C. Valerius unterstützen, wenn er trotz des Einspruchs ihres Kollegen im Interesse der Truppenaushebung Geldstrafen und andere Zwangsmaßnahmen gegen jene verhänge, die den Kriegsdienst verweigerten. (8) Durch diesen Beschluss geschützt, ließ der Konsul einige wenige, die den Tribun um Hilfe anriefen, mit dem Halseisen packen und sie abführen, woraufhin die übrigen aus Angst den Fahneneid ablegten. (9) Das Heer wurde zur Festung von Carventum geführt, und obwohl es dem Konsul verhasst und umgekehrt auch ihm feindlich gesinnt war, vertrieb es gleich nach der Ankunft unverdrossen die Besatzung und eroberte die Burg zurück; Plünderer, die sich aus Sorglosigkeit von ihrem Posten weggestohlen hatten, eröffneten die Gelegenheit, einzudringen. (10) Die Beute aus diesen ständigen Plünderungen war beträchtlich, weil alle Güter an diesen einen sicheren Ort geschafft worden waren. Der Konsul ließ sie öffentlich versteigern und befahl den Quästoren, den Ertrag der Staatskasse zuzuführen, wobei er

participem praedae fore exercitum cum militiam non abnuisset. (11) Auctae inde plebis ac militum in consulem irae. Itaque cum ex senatus consulto urbem ovans introiret, alternis inconditi versus militari licentia iactati quibus consul increpitus, Meneni celebre nomen laudibus fuit, (12) cum ad omnem mentionem tribuni favor circumstantis populi plausuque et adsensu cum vocibus militum certaret. (13) Plusque ea res quam prope sollemnis militum lascivia in consulem curae patribus iniecit; et tamquam haud dubius inter tribunos militum honos Meneni si peteret consularibus comitiis est exclusus.

54 (1) Creati consules sunt Cn. Cornelius Cossus L. Furius Medullinus iterum. (2) Non alias aegrius plebs tulit tribunicia comitia sibi non commissa. Eum dolorem quaestoriis comitiis simul ostendit et ulta est tunc primum plebeiis quaestoribus creatis, ita ut in quattuor creandis uni patricio, K. Fabio Ambusto, relinqueretur locus, (3) tres plebeii, Q. Silius, P. Aelius, C. Papius, clarissimarum familiarum iuvenibus praeferrentur. (4) Auctores fuisse tam liberi populo suffragii Icilios accipio, ex familia infestissima patribus tres in eum annum tribunos plebis creatos, multarum magnarumque rerum molem avidissimo ad ea populo ostentantes, (5) cum adfirmassent nihil se moturos si ne quaestoriis quidem comitiis,

hierauf noch erklärte, das Heer könne an der Beute erst dann teilhaben, wenn es den Kriegsdienst nicht verweigere. (11) Von da an verstärkte sich der Zorn von Volk und Soldaten noch gegen den Konsul. Als er daher auf Senatsbeschluss in einem kleinen Triumph in die Stadt einzog, wurden in soldatischer Ausgelassenheit einfache Verse gesungen, in denen der Konsul verhöhnt, des Menenius Name gelobt und gefeiert wurde, (12) wobei auf jede Erwähnung des Tribunen das umstehende Volk in seiner Zuneigung auf die Gesänge der Soldaten wie im Wettstreit mit Beifall und Zustimmung antwortete. (13) Dieser Umstand bereitete den Vätern größere Sorge als der fast schon gewohnte Übermut der Soldaten gegenüber dem Konsul; und da eine Wahl des Menenius in den Kreis der Militärtribunen unzweifelhaft schien, falls er sie anstrebte, wurde sie durch die Wahl von Konsuln unmöglich gemacht.

54 (1) C. Cornelius Cossus und zum zweiten Mal L. Furius Medullinus wurden zu Konsuln gewählt [409]. (2) Zu keiner anderen Zeit hatte das Volk mehr darunter gelitten, dass ihm Wahlen zum Tribunat nicht gestattet waren. Diesen Groll ließ es sofort bei den Quästorenwahlen offenkundig werden, wo es sich durch die erstmalige Wahl von Bürgerlichen zu Quästoren rächte, so dass von vier Posten nur einer einem Patrizier, K. Fabius Ambustus, überlassen wurde, (3) und drei Plebejer, Q. Silius, P. Aelius und C. Papius, jungen Männern aus den vornehmsten Familien vorgezogen wurden. (4) Die Urheber dieser für das Volk so selbstbewussten Abstimmung sollen, so lese ich in den Quellen, die Icilier gewesen sein, Abkömmlinge einer Familie voll Hass auf die Patrizier, von denen in diesem Jahr drei zu Volkstribunen gewählt worden waren, die dem danach höchst begierigen Volk die grundlegende Neuordnung der meisten und wichtigsten Verhältnisse in Aussicht stellten. (5) Sie versicherten dabei, sie würden nichts verändern, wenn das Volk nicht einmal bei den Quästorenwahlen, die der Senat

quae sola promiscua plebei patribusque reliquisset senatus, satis animi populo esset ad id quod tam diu vellent et per leges liceret.

(6) Pro ingenti itaque victoria id fuit plebi, quaesturamque eam non honoris ipsius fine aestimabant, sed patefactus ad consulatum ac triumphos locus novis hominibus videbatur. (7) Patres contra non pro communicatis sed pro amissis honoribus fremere; negare, si ea ita sint, liberos tollendos esse, qui pulsi maiorum loco cernentesque alios in possessione dignitatis suae, salii flaminesque nusquam alio quam ad sacrificandum pro populo sine imperiis ac potestatibus relinquantur. (8) Inritatis utriusque partis animis cum et spiritus plebs sumpsisset et tres ad popularem causam celeberrimi nominis haberet duces, patres omnia quaestoriis comitiis ubi utrumque plebi liceret similia fore cernentes, tendere ad consulum comitia quae nondum promiscua essent: (9) Icilii contra tribunos militum creandos dicere et tandem aliquando impertiendos plebi honores.

55 (1) Sed nulla erat consularis actio quam impediendo id quod petebant exprimerent, cum mira opportunitate Volscos et Aequos praedatum extra fines exisse in agrum Latinum Hernicumque adfertur. (2) Ad quod bellum ubi ex senatus consulto consules dilectum habere occipiunt, obstare tunc enixe tribuni, sibi plebique eam fortunam oblatam memorantes. (3) Tres erant, et omnes acerrimi viri generosique iam, ut inter

als einzige für Volk und Väter offengehalten hätte, genug Mut für das aufbrächte, was es so lange wollte und nach den Gesetzen dürfte.

(6) Das war also für das Bürgertum ein ungeheurer Sieg, und man beurteilte diese Quästur nicht nach den beschränkten Möglichkeiten des Amtes als solchem, sondern sah für Männer ohne Adel den Weg zu Konsulat und Triumphen geöffnet. (7) Dagegen schäumten die Väter, als ob sie Ämter nicht geteilt, sondern verloren hätten; wenn sich das so verhalte, sagten sie, dürften sie keine Kinder mehr aufziehen, die ja, vom Platz ihrer Vorfahren vertrieben, andere im Besitz ihrer Würde erleben müssten und als Salier und Flamines[42] ohne Befehlsgewalt und Macht zu keinem anderen Zweck weiterlebten als dem, für das Volk Opfer darzubringen. (8) Auf beiden Seiten war die Erregung groß, und da der Bürgerstand Mut gefasst hatte und drei Anführer besaß, deren Namen in der Bewegung der Volkspartei einen hervorragenden Klang hatte, erkannten die Väter, dass alle Wahlen, in denen die Bürger aus beiden Ständen wählen könnten, ähnlich wie die Quästorenwahlen enden würden, und strebten daher die Wahl von Konsuln an, die ja noch nicht allgemein zugänglich war. (9) Die Icilier dagegen forderten die Wahl von Militärtribunen und die endlich fällige Zuteilung von Staatsämtern an das Bürgertum.

55 (1) Es gab jedoch keine Amtshandlung von Seiten der Konsuln, durch deren Behinderung die Tribunen ihre Pläne hätten erzwingen können; da wurde plötzlich – welch wunderbar passender Zufall – gemeldet, die Volsker und Aequer seien aus ihren Gebieten ins Latiner- und Hernikerland gekommen, um zu plündern. (2) Als die Konsuln auf Senatsbeschluss für diesen Krieg eine Truppenaushebung vorzunehmen begannen, wehrten sich die Tribunen heftig dagegen und sagten, für sie und das Bürgervolk sei das doch ein Glücksfall. (3) Sie waren zu dritt, allesamt energische und für Plebejer be-

plebeios. Duo singuli singulos sibi consules adservandos adsidua opera desumunt; uni contionibus data nunc detinenda, nunc concienda plebs. (4) Nec dilectum consules nec comitia quae petebant tribuni expediebant. Inclinante deinde se fortuna ad causam plebis, nuntii veniunt arcem Carventanam, dilapsis ad praedam militibus qui in praesidio erant, Aequos interfectis paucis custodibus arcis invasisse; alios recurrentes ad arcem, alios palantes in agris caesos. (5) Ea adversa civitatis res vires tribuniciae actioni adiecit. Nequiquam enim temptati ut tum denique desisterent impediendo bello, postquam non cessere nec publicae tempestati nec suae invidiae, pervincunt ut senatus consultum fiat de tribunis militum creandis, (6) certo tamen pacto ne cuius ratio haberetur qui eo anno tribunus plebis esset, neve quis reficeretur in annum tribunus plebis, (7) haud dubie Icilios denotante senatu, quos mercedem seditiosi tribunatus petere consulatum insimulabant. Tum dilectus haberi bellumque omnium ordinum consensu apparari coeptum. (8) Consules ambo profecti sint ad arcem Carventanam, an alter ad comitia habenda substiterit, incertum diversi auctores faciunt; illa pro certo habenda, in quibus non dissentiunt, ab arce Carventana, cum diu nequiquam oppugnata esset, recessum, Verruginem in Volscis eodem exercitu receptam, po-

reits vornehme Männer. Zwei übernahmen es, ohne Unterlass jeweils einen Konsul zu beobachten; einer musste in der Versammlung das Volk bald zurückhalten, bald in Aufruhr versetzen. (4) So konnten weder die Konsuln die Truppenaushebung, noch die Tribunen ihre angestrebten Wahlen abhalten. Da neigte sich denn das Glück der Sache des Bürgerstandes zu, und es kam die Meldung, die Aequer hätten die spärlichen Wachtposten getötet und seien in die Festung von Carventum eingedrungen, nachdem sich die Soldaten davongestohlen hatten, um Beute zu machen; die einen seien erschlagen worden, als sie zur Festung zurückeilten, die anderen, als sie auf dem offenen Land umherstreiften. (5) Dieser für die gesamte Bürgerschaft unglückliche Vorfall stärkte die Politik der Tribunen. Denn nachdem man vergeblich versucht hatte, sie wenigstens jetzt von ihrem Widerstand gegen eine Rekrutierung abzubringen, und sie weder vor der Krise des Staates noch angesichts ihrer Unpopularität nachgegeben hatten, setzten sie einen Senatsbeschluss zugunsten der Wahl von Militärtribunen durch, (6) allerdings unter der Bedingung, dass kein Volkstribun dieses Jahres berücksichtigt werde und dass keiner für das folgende Jahr wiedergewählt werden dürfe; (7) damit zielte der Senat zweifellos auf die Icilier, denen man den Vorwurf machte, sie strebten als Lohn für ihr kämpferisches Tribunat das Amt des Konsuls an. Nun begann man, die Truppenaushebung vorzunehmen und mit dem Einverständnis aller Stände zum Krieg zu rüsten. (8) Ob beide Konsuln gegen die Festung von Carventum aufbrachen oder ob einer zur Durchführung der Wahlen zurückblieb, lassen gegensätzliche Quellenangaben unbeantwortet; als sicher kann nur angenommen werden, worin sie einander nicht widersprechen, dass man sich nämlich nach langer vergeblicher Belagerung von der Festung von Carventum zurückzog, dass dasselbe Heer Verrugo im Volskerland wiedereroberte und dass ausgedehnte Raubzüge und

pulationesque et praedas et in Aequis et in Volsco agro ingentes factas.

56 (1) Romae sicut plebis victoria fuit in eo ut quae mallent comitia haberent, ita eventu comitiorum patres vicere; (2) namque tribuni militum consulari potestate contra spem omnium tres patricii creati sunt, C. Iulius Iulus, P. Cornelius Cossus, C. Servilius Ahala. (3) Artem adhibitam ferunt a patriciis, cuius eos Icilii tum quoque insimulabant, quod turbam indignorum candidatorum intermiscendo dignis taedio sordium in quibusdam insignium populum a plebeiis avertissent. (4) Volscos deinde et Aequos, seu Carventana arx retenta in spem seu Verrugine amissum praesidium ad iram cum impulisset, fama adfertur summa vi ad bellum coortos; (5) caput rerum Antiates esse; eorum legatos utriusque gentis populos circumisse, castigantes ignaviam quod abditi intra muros populabundos in agris vagari Romanos priore anno et opprimi Verruginis praesidium passi essent. (6) iam non exercitus modo armatos sed colonias etiam in suos fines mitti; nec ipsos modo Romanos sua divisa habere, sed Ferentinum etiam de se captum Hernicis donasse. (7) Ad haec cum inflammarentur animi, ut ad quosque ventum erat, numerus iuniorum conscribebatur. Ita omnium populorum iuventus Antium contracta ibi castris positis hostem opperiebantur. (8) Quae ubi tumultu maiore etiam quam res erat nuntiantur Romam, senatus ex-

Plünderungen im Aequerland und auf dem Gebiet der Volsker unternommen wurden.

56 (1) Wie in Rom der Sieg des Bürgertums darin bestand, dass es seine angestrebten Wahlen bekam, so blieben die Väter durch den Ausgang der Wahlen siegreich [408]; (2) denn wider das Erwarten aller wurden drei Patrizier, C. Iulius Iulus, P. Cornelius Cossus und C. Servilius Ahala zu Militärtribunen mit konsularischer Amtsgewalt bestellt. (3) Die Patrizier sollen dabei ein raffiniertes Verfahren angewandt haben, weswegen die Icilier sie damals auch beschuldigten: Sie hätten eine große Zahl von unwürdigen Kandidaten unter die würdigen gemischt und durch den Abscheu vor dem auffallend pöbelhaften Benehmen einiger das Volk von den Plebejern abgebracht. (4) Hierauf kam die Nachricht, Volsker und Aequer hätten sich mit aller Macht zum Krieg erhoben, sei es, dass ihnen die Behauptung der Festung von Carventum Hoffnung gab, sei es, dass sie über den Verlust der Besatzung in Verrugo aufgebracht waren; (5) an der Spitze der Umtriebe stünden die Bewohner von Antium; ihre Gesandten hätten die Stämme beider Völker aufgesucht und ihre Untätigkeit gescholten, weil sie hinter ihre Mauern zurückgezogen geduldet hätten, dass im Jahr zuvor die Römer plündernd das Land durchstreiften und die Besatzung von Verrugo überwältigten. (6) Jetzt würden nicht mehr nur bewaffnete Heere, sondern bereits Siedler in ihr Gebiet geführt; die Römer selbst hätten ihr Land nicht nur aufgeteilt und in Besitz genommen, sondern sogar das von ihnen eroberte Ferentinum den Hernikern geschenkt. (7) Solche Worte entflammten die Gemüter, und wohin die Gesandten auch kamen, ließ sich eine Anzahl von jungen Männern aufstellen. So sammelten sich die jungen Krieger aller Völker in Antium, errichteten ein Lager und erwarteten den Feind. (8) Als man davon mit größerer Aufregung, als sie der Sache entsprach, nach Rom berichtete, befahl der Senat unverzüglich – es war

templo, quod in rebus trepidis ultimum consilium erat, dictatorem dici iussit. (9) Quam rem aegre passos Iulium Corneliumque ferunt, (10) magnoque certamine animorum rem actam, cum primores patrum, nequiquam conquesti non esse in auctoritate senatus tribunos militum, postremo etiam tribunos plebi appellarent et consulibus quoque ab ea potestate vim super tali re inhibitam referrent, tribuni plebi, laeti discordia patrum, (11) nihil esse in [se] iis auxilii dicerent, quibus non civium, non denique hominum numero essent: (12) si quando promiscui honores, communicata res publica esset, tum se animadversuros ne qua superbia magistratuum inrita senatus consulta essent: (13) interim patricii soluti legum magistratuumque † verecundia, per se tribuniciam quoque potestatem agerent.

57 (1) Haec contentio minime idoneo tempore, cum tantum belli in manibus esset, (2) occupaverat cogitationes hominum, donec ubi diu alternis Iulius Corneliusque cum ad id bellum ipsi satis idonei duces essent, non esse aequum mandatum sibi a populo eripi honorem disseruere, (3) tum Ahala Servilius, tribunus militum, tacuisse se tam diu ait, non quia incertus sententiae fuerit – quem enim bonum civem secernere sua a publicis consilia? – sed quia maluerit collegas sua sponte cedere auctoritati senatus quam tribuniciam potestatem adversus se implorari paterentur. (4) tum quoque si res sineret, libenter se daturum tempus iis fuisse ad receptum nimis pertinacis

das letzte Mittel in Krisenzeiten –, einen Diktator zu ernennen. (9) Den Beschluss sollen Iulius und Cornelius nur widerwillig angenommen haben, (10) und der Streit sei erbittert und leidenschaftlich ausgetragen worden; dabei sollen die angesehensten Väter nach vergeblichen Klagen über die Militärtribunen, sie fügten sich nicht der Würde des Senats, zuletzt sogar die Volkstribunen um Hilfe angerufen und erklärt haben, auch die Konsuln würden in einer solchen Situation von diesem Amt in ihrer Macht beschnitten, woraufhin die Volkstribunen, froh über die Zwietracht unter den Vätern, (11) gesagt hätten, von ihnen sei für jene keine Hilfe zu erwarten, in deren Augen sie keine Bürger, nicht einmal Menschen wären: (12) erst dann, wenn die Staatsämter allen zugänglich, der Staat die Sache aller wäre, würden sie sich dafür einsetzen, dass die Beschlüsse des Senats nicht schutzlos dem Hochmut von Amtsträgern preisgegeben würden: (13) Bis dahin müssten die Patrizier, die sich von der Achtung vor Gesetzen und Beamten gelöst hätten, auch die Amtsbefugnisse von Tribunen bei sich selber suchen.

57 (1) Dieser Streit zur völlig falschen Zeit, als die Größe des Krieges allen gegenwärtig war, (2) nahm die ganze Aufmerksamkeit der Menschen in Anspruch, bis der Militärtribun Ahala Servilius, während sich Iulius und Cornelius abwechselnd in langen Gesprächen darüber ergingen, wie ungerecht es sei, wenn ihnen ein vom Volk übertragenes Ehrenamt entrissen würde, da sie für den Krieg selbst hinreichend erprobte Heerführer seien, (3) schließlich sagte: Er habe so lange geschwiegen, nicht weil er keine eigene Meinung gehabt habe – welcher anständige Bürger trenne denn seine Interessen von denen des Staates –, sondern weil es ihm lieber gewesen sei, wenn sich seine Kollegen aus eigenem Antrieb dem Willen des Senats fügten, als dass sie zuließen, wie man die Macht der Tribunen gegen sie um Schutz anrufe. (4) Würde es die Situation erlauben, hätte er ihnen auch jetzt gerne Zeit gelassen, von ihrer all-

sententiae; sed cum belli necessitates non exspectent humana consilia, potiorem sibi collegarum gratia rem publicam fore, (5) et si maneat in sententia senatus, dictatorem nocte proxima dicturum; ac si quis intercedat senatus consulto, auctoritate se fore contentum. (6) Quo facto cum haud immeritam laudem gratiamque apud omnes tulisset, dictatore P. Cornelio dicto ipse ab eo magister equitum creatus exemplo fuit collegas eumque intuentibus, quam gratia atque honos opportuniora interdum non cupientibus essent. (7) Bellum haud memorabile fuit. Uno atque eo facili proelio caesi ad Antium hostes; victor exercitus depopulatus Volscum agrum. Castellum ad lacum Fucinum vi expugnatum, atque in eo tria milia hominum capta, ceteris Volscis intra moenia compulsis nec defendentibus agros. (8) Dictator bello ita gesto ut tantum non defuisse fortunae videretur, felicitate quam gloria maior in urbem rediit magistratuque se abdicavit. (9) Tribuni militum, mentione nulla comitiorum consularium habita, credo, ob iram dictatoris creati, tribunorum militum comitia edixerunt. (10) Tum vero gravior cura patribus incessit, quippe cum prodi causam ab suis cernerent. (11) Itaque sicut priore anno per indignissimos ex plebeiis candidatos omnium, etiam dignorum, taedium fecerant, sic tum primoribus patrum splendore gratiaque ad petendum praeparatis omnia loca obtinuere, ne cui plebeio aditus

zu trotzigen Haltung Abstand zu nehmen; da aber die Zwänge des Krieges nicht auf menschliche Einsicht warteten, werde er die Sache der Allgemeinheit der Sympathie der Kollegen vorziehen und, (5) so der Senat bei seiner Entscheidung bleibe, in der kommenden Nacht einen Diktator ernennen; und sollte jemand gegen den Beschluss des Senats Einspruch erheben, so genüge ihm dessen verbürgtes Gutachten. (6) Als er durch dieses Vorgehen nicht unverdient bei allen Lob und Dank geerntet hatte, ernannte er P. Cornelius zum Diktator und war, nun selbst von diesem zum Reiteroberst gewählt, allen, die seine Kollegen und ihn vor Augen sahen, ein Beispiel dafür, wie leicht Anerkennung und Ehre zuweilen jenen zufallen, die gar nicht danach verlangen. (7) Der Kriegszug war nicht der Rede wert. In einer einzigen und noch dazu leichten Schlacht wurden die Feinde bei Antium geschlagen; das siegreiche Heer plünderte das Gebiet der Volsker. Eine Festung am Fucinersee wurde im Handstreich genommen und in ihr 3000 Menschen gefangen, die restlichen Volsker wurden hinter ihre Mauern getrieben, ohne dass sie ihr Land verteidigten. (8) Der Diktator, der den Krieg so geführt hatte, dass er nicht den Anschein erweckte, er habe eine günstige Gelegenheit verpasst, kehrte eher groß an Glück als an Ruhm in die Stadt zurück und legte sein Amt nieder. (9) Ohne Konsulatswahlen auch nur zu erwähnen, legten die Militärtribunen – ich glaube aus Zorn über die Bestellung eines Diktators – Wahlen für das Militärtribunat fest. (10) Jetzt aber machte sich unter den Vätern größere Sorge breit, weil sie erkannten, dass ihre Sache von den eigenen Leuten preisgegeben wurde. (11) Wie sie daher im Vorjahr mit Hilfe der unwürdigsten Kandidaten unter den Plebejern vor allen, auch vor den würdigen, Abscheu erzeugt hatten, so bereiteten sie jetzt die an Ruhm und Ansehen hervorragenden Väter auf ihre Kandidatur vor und gewannen dadurch alle Posten, damit nur ja kein Plebejer Zugang zu ihnen habe.

esset. (12) Quattuor creati sunt, omnes iam functi eo honore, L. Furius Medullinus, C. Valerius Potitus, Cn. Fabius Vibulanus, C. Servilius Ahala, hic refectus continuato honore cum ob alias virtutes, tum ob recentem favorem unica moderatione partum.

58 (1) Eo anno quia tempus indutiarum cum Veiente populo exierat, per legatos fetialesque res repeti coeptae. Quibus venientibus ad finem legatio Veientium obvia fuit. (2) Petiere ne priusquam ipsi senatum Romanum adissent, Veios iretur. Ab senatu impetratum, quia discordia intestina laborarent Veientes, ne res ab iis repeterentur; tantum afuit ut ex incommodo alieno sua occasio peteretur. (3) Et in Volscis accepta clades amisso Verrugine praesidio; ubi tantum in tempore fuit momenti ut cum precantibus opem militibus, qui ibi a Volscis obsidebantur, succurri si maturatum esset potuisset, ad id venerit exercitus subsidio missus ut ab recenti caede palati ad praedandum hostes opprimerentur. (4) Tarditatis causa [non] in senatu magis fuit quam tribunis qui, quia summa vi restari nuntiabatur, parum cogitaverunt nulla virtute superari humanarum virium modum. (5) Fortissimi milites non tamen nec vivi nec post mortem inulti fuere.

(6) Insequenti anno, P. et Cn. Corneliis Cossis, Cn. Fabio Ambusto, L. Valerio Potito tribunis militum consulari potestate, Veiens bellum motum ob superbum responsum Veientis

(12) Vier Männer wurden gewählt, die dieses Amt alle schon einmal bekleidet hatten: L. Furius Medullinus, C. Valerius Potitus, Cn. Fabius Vibulanus und C. Servilius Ahala; der letztere wurde ohne Unterbrechung im Amt wiedergewählt, teilweise wegen seiner anderen Tugenden, vor allem aber wegen der noch ungebrochenen Beliebtheit, die er sich durch seine einzigartige Mäßigung erworben hatte.

58 (1) Weil in dem Jahr [407] die Zeit des Waffenstillstands mit dem Volk von Veji ausgelaufen war, begann man, über Gesandte und Bundespriester (Fetialen) Wiedergutmachung zu fordern.[43] Als diese zur Grenze kamen, trafen sie auf eine Gesandtschaft der Vejenter. (2) Von ihnen wurden sie ersucht, nicht früher nach Veji zu ziehen, ehe sie selbst vor den Senat in Rom getreten wären. Im Senat setzten die Vejenter es durch, dass man von ihnen keine Wiedergutmachung forderte, weil sie an innerer Zwietracht litten; so sehr war man damals davon entfernt, aus Schwierigkeiten anderer eigenen Vorteil zu ziehen. (3) Im Gebiet der Volsker erlitt man eine Niederlage durch den Verlust der Festung Verrugo; dort spielte die Zeit die ausschlaggebende Rolle: Obwohl man den von Volskern belagerten Soldaten, die um Hilfe baten, beistehen hätte können, wenn man sich beeilt hätte, kam das Entsatzheer nur mehr dazu, die nach dem Gemetzel plündernd umherziehenden Feinde zu vernichten. (4) Der Grund für die Verzögerung lag nicht so sehr beim Senat als bei den Tribunen, die auf die Meldung, die Besatzung leiste mit aller Macht Widerstand, zu wenig daran dachten, dass keine Tapferkeit das Maß menschlicher Kraft zu überschreiten vermag. (5) Dennoch blieben die ungeheuer tapferen Soldaten im Leben und auch im Tod nicht ungerächt.

(6) Im folgenden Jahr [406], in dem P. und Cn. Cornelius Cossus, Cn. Fabius Ambustus und L. Valerius Potitus Militärtribunen mit konsularischer Amtsgewalt waren, kam der Krieg gegen Veji zum Ausbruch. Grund war die hochmütige Antwort

senatus, (7) qui legatis repetentibus res, ni facesserent propere ex urbe finibusque, daturos quod Lars Tolumnius dedisset responderi iussit. (8) Id patres aegre passi decrevere ut tribuni militum de bello indicendo Veientibus primo quoque die ad populum ferrent. (9) Quod ubi primo promulgatum est, fremere iuventus nondum debellatum cum Volscis esse; modo duo praesidia occidione occisa, castra cum periculo retineri; (10) nullum annum esse quo non acie dimicetur; et tamquam paeniteat laboris, novum bellum cum finitimo populo et potentissimo parari qui omnem Etruriam sit concitaturus.

(11) Haec sua sponte agitata insuper tribuni plebis accendunt; maximum bellum patribus cum plebe esse dictitant; (12) eam de industria vexandam militia trucidandamque hostibus obici; eam procul urbe haberi atque ablegari, ne domi per otium memor libertatis coloniarumque aut agri publici aut suffragii libere ferendi consilia agitet. (13) Prensantesque veteranos stipendia cuiusque et volnera ac cicatrices numerabant; quid iam integri esse in corpore loci ad nova volnera accipienda, quid super sanguinis quod dari pro re publica posset rogitantes. (14) Haec cum in sermonibus contionibusque interdum agitantes avertissent plebem ab suscipiendo bello, profertur tempus

des Ältestenrates von Veji, (7) der den Wiedergutmachung fordernden Gesandten ausrichten ließ, sie würden das bekommen, was Lars Tolumnius einst gegeben habe,[44] wenn sie sich nicht sofort aus der Stadt und ihrem Gebiet fortmachten. (8) Dies nahmen die Väter mit großer Empörung auf und beschlossen, die Militärtribunen sollten zum erstmöglichen Termin vor dem Volk den Antrag auf eine Kriegserklärung an Veji stellen. (9) Unmittelbar nach dieser Ankündigung murrten die jüngeren Bürger, der Krieg gegen die Volsker sei noch nicht zu Ende gekämpft; erst vor kurzem seien zwei Besatzungen aufgerieben worden,[45] die befestigten Lager würden nur unter Gefahr gehalten; (10) es gebe kein Jahr ohne Kampf in offener Feldschlacht; so als ob man noch nicht Mühen genug habe, werde ein neuer Krieg gegen ein benachbartes und äußerst mächtiges Volk vorbereitet, das ganz Etrurien in Aufruhr versetzen werde.

(11) Solche von selbst entstandenen Unruhen schürten darüber hinaus noch die Volkstribunen; der größte Krieg, so ihre Parolen, werde von den Vätern gegen das Bürgertum geführt; (12) dies solle vorsätzlich mit Kriegsdienst gepeinigt und den Feinden als Schlachtopfer vorgeworfen werden; es werde von der Stadt ferngehalten und abkommandiert, damit es während einer Friedenszeit zu Hause nicht an seine Freiheit und Kolonien zurückdenken und keine Bestrebungen bezüglich des Staatslandes oder frei abzuhaltender Wahlen verfolgen könne. (13) Danach gingen sie die Veteranen um Unterstützung an und zählten die Dienstjahre eines jeden, seine Verwundungen und Narben auf; beharrlich fragten sie sie, welche Stelle an ihrem Körper noch unverletzt sei, um neue Hiebe zu empfangen, wie viel Blut übrig, das sie dem Staat noch opfern könnten. (14) Nachdem sie durch solche Reden in persönlichen Gesprächen und zuweilen in Versammlungen das Volk von dem Wagnis eines Krieges abgebracht hatten, wurde der Termin für den

ferundae legis quam si subiecta invidiae esset antiquari apparebat.

59 (1) Interim tribunos militum in Volscum agrum ducere exercitum placuit; Cn. Cornelius unus Romae relictus. (2) Tres tribuni, postquam nullo loco castra Volscorum esse nec commissuros se proelio apparuit, tripertito ad devastandos fines discessere. Valerius Antium petit, Cornelius Ecetras; (3) quacumque incessere, late populati sunt tecta agrosque, ut distinerent Volscos; Fabius, quod maxime petebatur, ad Anxur oppugnandum sine ulla populatione accessit. (4) Anxur fuit, quae nunc Tarracinae sunt, urbs prona in paludes. Ab ea parte Fabius oppugnationem ostendit; (5) circummissae quattuor cohortes cum C. Servilio Ahala cum imminentem urbi collem cepissent, ex loco altiore, qua nullum erat praesidium, ingenti clamore ac tumultu moenia invasere. (6) Ad quem tumultum obstupefacti qui adversus Fabium urbem infimam tuebantur locum dedere scalas admovendi, plenaque hostium cuncta erant, et immitis diu caedes pariter fugientium ac resistentium, armatorum atque inermium fuit. (7) Cogebantur itaque victi, quia cedentibus spei nihil erat, pugnam inire, cum pronuntiatum repente ne quis praeter armatos violaretur, reliquam omnem multitudinem voluntariam exuit armis, quorum ad duo milia et quingenti vivi capiuntur. (8) A cetera praeda Fabius mi-

Antrag einer Kriegserklärung verschoben, der, wie klar war, abgelehnt werden würde, wenn er dieser erbitterten Stimmung ausgesetzt sei.

59 (1) Inzwischen beschloss man, dass die Militärtribunen das Heer in das Gebiet der Volsker führen sollten; lediglich Cn. Cornelius wurde in Rom zurückgelassen. (2) Nachdem offenkundig geworden war, dass die Volsker nirgends ein Feldlager hatten und sie sich dem Kampf nicht stellen würden, trennten sich die drei Tribunen, um in drei Abteilungen das Land zu verwüsten. Valerius marschierte nach Antium, Cornelius nach Ecetrae; (3) wohin sie auch vordrangen, verheerten sie Gehöfte und Landstriche in weitem Umkreis, um die Volsker zur Zersplitterung ihrer Kräfte zu zwingen; Fabius machte sich, was ja das Hauptziel war, ohne jede Plünderung an die Belagerung von Anxur. (4) Anxur war eine Stadt – jetzt heißt sie Tarracinae –, die sich steil über den [pomptinischen] Sümpfen erhebt. Von dieser Seite täuschte Fabius einen Angriff vor; (5) doch vier Kohorten unter C. Servilius Ahala hatten nach einem Umgehungsmarsch den die Stadt überragenden Hügel eingenommen und drangen dann von dieser Anhöhe aus, wo es keine Wachen gab, mit lautem Geschrei und Lärm gegen die Stadtmauern vor. (6) Auf diesen Tumult hin wie vom Donner gerührt, boten jene, die gegen Fabius die Unterstadt verteidigen wollten, ihm die Gelegenheit, Sturmleitern anzubringen, und auf einmal war alles voll von Feinden, und lange dauerte das furchtbare Morden gleich unter Fliehenden und sich Wehrenden, unter Bewaffneten und Unbewaffneten. (7) So waren die Besiegten gezwungen, weil sie auch bei einem Rückzug nichts zu erwarten hatten, sich zum Kampf zu stellen; doch als plötzlich verkündet wurde, den Unbewaffneten werde kein Leid geschehen, legte die ganze übrige Menge freiwillig die Waffen nieder, 2500 von ihnen wurden lebend gefangen genommen. (8) Fabius hielt die Soldaten vor weiterer Plünderung zurück,

litem abstinuit, donec collegae venirent, (9) ab illis quoque exercitibus captum Anxur dictitans esse, qui ceteros Volscos a praesidio eius loci avertissent. (10) Qui ubi venerunt, oppidum vetere fortuna opulentum tres exercitus diripuere; eaque primum benignitas imperatorum plebem patribus conciliavit. Additum deinde (11) omnium maxime tempestivo principum in multitudinem munere, ut ante mentionem ullam plebis tribunorumve decerneret senatus, ut stipendium miles de publico acciperet, cum ante id tempus de suo quisque functus eo munere esset.

60 (1) Nihil acceptum unquam a plebe tanto gaudio traditur. Concursum itaque ad curiam esse prensatasque exeuntium manus et patres vere appellatos, effectum esse fatentibus ut nemo pro tam munifica patria, donec quicquam virium superesset, corpori aut sanguini suo parceret. (2) Cum commoditas iuvaret rem familiarem saltem adquiescere eo tempore quo corpus addictum atque operatum rei publicae esset, tum quod ultro sibi oblatum esset, non a tribunis plebis unquam agitatum, non suis sermonibus efflagitatum, id efficiebat multiplex gaudium cumulatioremque gratiam rei. (3) Tribuni plebis, communis ordinum laetitiae concordiaeque soli expertes, negare tam id laetum patribus universis nec prosperum fore quam ipsi crederent; consilium specie prima melius fuisse quam usu appariturum. unde enim eam pecuniam confici posse (4) nisi tributo populo indicto? ex alieno igitur aliis largitos;

bis seine Kollegen einträfen, (9) weil, wie er betonte, Anxur auch von jenen Heeren erobert worden sei, die die restlichen Volsker von der Verteidigung dieses Platzes abgehalten hätten. (10) Als diese angekommen waren, plünderten und zerstörten die drei Heere die durch ihren alten Reichtum wohlhabende Stadt; in erster Linie versöhnte diese Großzügigkeit der Feldherren das Volk mit den Vätern. Dazu kam (11) genau zum richtigen Zeitpunkt ein Zugeständnis aller Vornehmen an die Menge: Der Senat beschloss nämlich, noch bevor der Bürgerstand oder ein Tribun es zur Sprache brachte, dass die Soldaten aus öffentlichen Mitteln einen Sold erhalten sollten, während sie bis zu diesem Zeitpunkt ihren Wehrdienst aus eigenen Mitteln bestritten hatten.

60 (1) Nichts soll vom Bürgerstand jemals mit so großer Freude aufgenommen worden sein. Alles sei also zur Kurie geströmt, man habe die Hände der Herauskommenden gedrückt und sie wahre Väter genannt und bekannt, dass nach dieser Tat niemand mehr, solange es in seinen Kräften stehe, Leib und Leben für ein so freigebiges Vaterland schonen werde. (2) Freute sie bereits der Vorteil, dass man wenigstens für die Zeit, in der sie mit ihrer Person dem Staat gehörten und ihm dienten, ihren Privatbesitz in Ruhe lasse,[46] so vervielfachte sich ihre Freude und ließ ihren Dank darüber ungeheuer zunehmen, dass ihnen sogar freiwillig zugestanden worden sei, was weder die Volkstribunen betrieben, noch sie in ihren privaten Gesprächen gefordert hätten. (3) Die Volkstribunen, die allein von der freudigen Eintracht aller Stände ausgeschlossen blieben, meinten, der Beschluss werde nicht für alle Väter so erfreulich und günstig bleiben, wie sie selbst glaubten; er sei auf den ersten Blick besser gewesen, als er sich in der Praxis zeigen werde. Woher könne man denn dieses Geld beschaffen, (4) wenn nicht durch die Besteuerung des ganzen Volkes? Mit fremdem Gut also hätten sie andere beschenkt; und selbst wenn alle üb-

neque id etiamsi ceteri ferant passuros eos, quibus iam emerita stipendia essent, meliore condicione alios militare quam ipsi militassent, et eosdem in sua stipendia impensas fecisse et in aliorum facere. (5) His vocibus moverunt partem plebis; postremo, indicto iam tributo, edixerunt etiam tribuni auxilio se futuros si quis in militare stipendium tributum non contulisset. (6) Patres bene coeptam rem perseveranter tueri; conferre ipsi primi; et quia nondum argentum signatum erat, aes grave plaustris quidam ad aerarium convehentes speciosam etiam conlationem faciebant. (7) Cum senatus summa fide ex censu contulisset, primores plebis, nobilium amici, ex composito conferre incipiunt. (8) Quos cum et a patribus conlaudari et a militari aetate tamquam bonos cives conspici volgus hominum vidit, repente, spreto tribunicio auxilio, certamen conferendi est ortum. (9) Et lege perlata de indicendo Veientibus bello, exercitum magna ex parte voluntarium novi tribuni militum consulari potestate Veios duxere.

61 (1) Fuere autem tribuni T. Quinctius Capitolinus, Q. Quinctius Cincinnatus, C. Iulius Iulus iterum, A. Manlius, L. Furius Medullinus tertium, M'. Aemilius Mamercus. (2) Ab iis primum circumsessi Veii sunt; sub cuius initium obsidionis cum Etruscorum concilium ad fanum Voltumnae frequenter

rigen zustimmten, würden jene, die ihre Wehrpflicht schon erfüllt hätten, nicht zusehen, wie andere zu besseren Bedingungen Soldaten würden, als sie selbst es waren, und dass sie, die für ihren Kriegsdienst die Kosten getragen hätten, auch den von anderen nun bezahlen müssten. (5) Mit solchen Reden beeinflussten sie einen Teil des Volkes; zuletzt, als die Steuer schon angesagt war, verkündeten die Tribunen sogar, sie würden den Bürgern beistehen, die ihre Steuer für den Sold der Soldaten nicht ablieferten. (6) Doch die Väter nahmen sich des gut begonnenen Unternehmens beharrlich an; sie selbst leisteten als erste die Abgaben; und weil es noch kein geprägtes Silbergeld gab, brachten manche ihre schweren Kupfermünzen auf Fuhrwerken zur Schatzkammer, wodurch sie aus der Steuerzahlung sogar ein sehenswertes Schauspiel machten. (7) Nachdem der Senat seinem Vermögen genauestens entsprechende Abgaben geleistet hatte, begannen auch die Vornehmsten aus dem Bürgerstand, die Freunde der Adligen, wie vereinbart zu bezahlen. (8) Als die Leute aus dem Volk sahen, dass diese von den Vätern sehr gelobt und von den Wehrpflichtigen als wertvolle Bürger angesehen wurden, verachteten sie auf einmal das Unterstützungsangebot der Tribunen und begannen mit einem Wettlauf, die Steuern zu zahlen. (9) Danach wurde der Gesetzesantrag über eine Kriegserklärung an die Vejenter angenommen, und die neuen Militärtribunen mit konsularischer Vollmacht führten das großenteils aus Freiwilligen bestehende Heer gegen Veji.

61 (1) Die Tribunen aber waren T. Quinctius Capitolinus, Q. Quinctius Cincinnatus, C. Iulius Iulus zum zweiten Mal, A. Manlius, L. Furius Medullinus zum dritten Mal und M.' Aemilius Mamercus. (2) Von ihnen wurde Veji zum ersten Mal eingeschlossen; obwohl die Etrusker unmittelbar beim Beginn dieser Belagerung einen zahlreich besuchten Landtag beim Voltumnaheiligtum abgehalten hatten, war man sich nicht

habitum esset, parum constitit bellone publico gentis universae tuendi Veientes essent. (3) Ea oppugnatio segnior insequenti anno fuit, parte tribunorum exercitusque ad Volscum avocata bellum. (4) Tribunos militum consulari potestate is annus habuit C. Valerium Potitum tertium, M'. Sergium Fidenatem, P. Cornelium Maluginensem, Cn. Cornelium Cossum, K. Fabium Ambustum, Sp. Nautium Rutilum iterum. (5) Cum Volscis inter Ferentinum atque Ecetram signis conlatis dimicatum; Romanis secunda fortuna pugnae fuit. (6) Artena inde, Volscorum oppidum, ab tribunis obsideri coepta. Inde inter eruptionem temptatam compulso in urbem hoste, occasio data est Romanis inrumpendi, praeterque arcem cetera capta; in arcem munitam natura globus armatorum concessit; (7) infra arcem caesi captique multi mortales. Arx deinde obsidebatur; nec aut vi capi poterat, quia pro spatio loci satis praesidii habebat, aut spem dabat deditionis, omni publico frumento priusquam urbs caperetur in arcem convecto; (8) taedioque recessum inde foret ni servus arcem Romanis prodidisset. Ab eo milites per locum arduum accepti cepere; a quibus cum custodes trucidarentur, cetera multitudo repentino pavore oppressa in deditionem venit. (9) Diruta et arce et urbe Artena, reductae legiones ex Volscis, omnisque vis Romana Veios conversa est. (10) Proditori praeter libertatem duarum familiarum bona in

klar, ob man die Vejenter durch einen allgemeinen Krieg des Gesamtvolkes unterstützen solle.[47] (3) Diese Belagerung wurde im folgenden Jahr weniger energisch betrieben, da ein Teil der Tribunen und des Heeres für den Volskerkrieg abgezogen worden war. (4) Dieses Jahr [404] hatte als Militärtribunen mit konsularischer Amtsgewalt C. Valerius Potitus zum dritten Mal, M.' Sergius Fidenas, P. Cornelius Maluginensis, Cn. Cornelius Cossus, K. Fabius Ambustus und zum zweiten Mal Sp. Nautius Rutilus. (5) Mit den Volskern kam es zwischen Ferentinum und Ecetra zum Zusammenstoß der Heere; das Glück in der Schlacht war den Römern hold. (6) Danach begannen die Tribunen mit der Belagerung von Artena, einer befestigten Stadt der Volsker. Als der Feind im Zuge eines Ausbruchversuches in die Stadt zurückgedrängt werden konnte, bot sich den Römern die günstige Gelegenheit, ins Innere vorzudringen und bis auf die Burg alles übrige zu erobern; ein Trupp von Bewaffneten konnte sich in die durch ihre natürliche Lage geschützte Festung zurückziehen; (7) am Fuße des Burgberges aber wurden viele Menschen erschlagen und auch gefangen genommen. Danach ging man an die Belagerung der Festung; sie aber war weder mit Gewalt zu erobern, weil sie im Verhältnis zu ihrer Ausdehnung eine ausreichend starke Garnison besaß, noch ließ sie auf eine Kapitulation hoffen, weil das ganze Getreide der Bürgerschaft, bevor die Stadt erobert werden konnte, in die Festung gebracht worden war; (8) die Römer wären überdrüssig von dort abgezogen, wenn ihnen nicht ein Sklave die Burg durch Verrat preigegeben hätte. Von ihm an einer schwer zugänglichen Stelle eingelassen, eroberten die Soldaten die Burg; als sie die Wachtposten niedermetzelten, ergab sich die übrige, von plötzlicher Panik ergriffene Bevölkerung. (9) Burg und Stadt Artena wurden geschleift, die Legionen aus dem Volskerland zurückgeführt, und Rom wandte sich mit ganzer Macht gegen Veji. (10) Der Verräter erhielt außer der

praemium data; Servius Romanus vocatus. Sunt qui Artenam Veientium, non Volscorum fuisse credant. (11) Praebet errorem quod eiusdem nominis urbs inter Caere atque Veios fuit; sed eam reges Romani delevere, Caeretumque, non Veientium fuerat; altera haec nomine eodem in Volsco agro fuit, cuius excidium est dictum.

Freiheit den Besitz zweier Familien zum Lohn und wurde Servius Romanus genannt. Manche glauben, Artena habe den Vejentern, nicht den Volskern gehört. (11) Der Irrtum geht auf den Umstand zurück, dass eine Stadt desselben Namens zwischen Caere und Veji lag; diese zerstörten aber die römischen Könige, und sie war im Besitz von Caere, nicht von Veji gewesen; die zweite Stadt mit demselben Namen lag im Gebiet der Volsker, über ihren Fall ist nun berichtet worden.

Liber V

1 (1) Pace alibi parta Romani Veiique in armis erant tanta ira odioque ut victis finem adesse appareret. Comitia utriusque populi longe diversa ratione facta sunt. (2) Romani auxere tribunorum militum consulari potestate numerum; octo, quot numquam antea, creati, M'. Aemilius Mamercus iterum, L. Valerius Potitus tertium, Ap. Claudius Crassus, M. Quinctilius Varus, L. Iulius Iulus, M. Postumius, M. Furius Camillus, M. Postumius Albinus. (3) Veientes contra, taedio annuae ambitionis quae interdum discordiarum causa erat, regem creavere. Offendit ea res populorum Etruriae animos, non maiore odio regni quam ipsius regis. (4) Gravis iam is antea genti fuerat opibus superbiaque, quia sollemnia ludorum quos intermitti nefas est violenter diremisset, cum ob iram repulsae, (5) quod suffragio duodecim populorum alius sacerdos ei praelatus esset, artifices, quorum magna pars ipsius servi erant, ex medio ludicro repente abduxit. (6) Gens itaque ante omnes alias eo magis dedita religionibus quod excelleret arte colendi eas, auxilium Veientibus negandum donec sub rege essent decrevit; (7) cuius decreti suppressa fama est Veiis propter metum regis qui a quo tale, quid dictum, referretur, pro seditionis eum principe, non vani sermonis auctore habebat. (8) Romanis etsi quietae res ex Etruria nuntiabantur, tamen quia omnibus con-

5. Buch

1 (1) Anderswo war Friede gewonnen [403], doch Römer und Veji standen unter Waffen und waren so erbitterte Feinde, dass den Besiegten der Untergang gewiss schien. Die Versammlungen der beiden Völker verliefen völlig verschieden. (2) Die Römer erhöhten die Zahl der Militärtribunen mit konsularischer Machtbefugnis; acht, so viele wie nie zuvor, wurden gewählt, und zwar M.' Aemilius Mamercus zum zweiten Mal, L. Valerius Potitus zum dritten Mal, Ap. Claudius Crassus, M. Quinctilius Varus, L. Iulius Iulus, M. Postumius, M. Furius Camillus und M. Postumius Albinus. (3) Dagegen wählten die Vejenter aus Verdruss über den jährlichen Wahlkampf, der bisweilen Ursache von Zwistigkeiten war, einen König. Das bedeutete einen Affront gegen die Völker Etruriens, hegten sie doch gegen das Königtum nicht weniger Hass als gegen diesen König selbst. (4) Er war schon vorher durch seinen Reichtum und seinen Hochmut dem Volk zur Last geworden, weil er heilige Spiele, die zu unterbrechen als Frevel gilt, brüsk dadurch vereitelt hatte, dass er aus Zorn über seine Wahlniederlage – (5) in einer Abstimmung der zwölf Völkerschaften war ihm nämlich ein anderer als Oberpriester vorgezogen worden – die Künstler[1], die großenteils seine Sklaven waren, plötzlich mitten aus dem Spiel abzog. (6) So beschloss das Volk, das vor allen anderen seinen religiösen Gebräuchen gerade deshalb so ergeben war, weil es in ihrer feierlichen Ausgestaltung hervorragte, den Vejentern so lange die Unterstützung zu verweigern, als sie einem König unterstünden; (7) in Veji wurde die Nachricht von dieser Entscheidung aus Angst vor dem König unterdrückt, der den für den Anstifter einer Verschwörung und nicht für den Urheber nichtigen Geschwätzes gehalten hätte, der ein solches Wort überbrachte. (8) Die Römer erhielten zwar aus Etrurien Meldungen, es verhalte sich alles ruhig, doch weil ihnen zu

ciliis eam rem agitari adferebatur, (9) ita muniebant ut ancipitia munimenta essent: alia in urbem et contra oppidanorum eruptiones versa, aliis frons in Etruriam spectans auxiliis si qua forte inde venirent obstruebatur.

2 (1) Cum spes maior imperatoribus Romanis in obsidione quam in oppugnatione esset, hibernacula etiam, res nova militi Romano, aedificari coepta, consiliumque erat hiemando continuare bellum. (2) Quod postquam tribunis plebis, iam diu nullam novandi res causam invenientibus, Romam est allatum, in contionem prosiliunt, (3) sollicitant plebis animos, hoc illud esse dictitantes quod aera militibus sint constituta; nec se fefellisse id donum inimicorum veneno inlitum fore. (4) venisse libertatem plebis; remotam in perpetuum et ablegatam ab urbe et ab re publica iuventutem iam ne hiemi quidem aut tempori anni cedere ac domos ac res invisere suas. quam putarent continuatae militiae causam esse? (5) nullam profecto aliam inventuros quam ne quid per frequentiam iuvenum eorum in quibus vires omnes plebis essent agi de commodis eorum posset. (6) vexari praeterea et subigi multo acrius quam Veientes; quippe illos hiemem sub tectis suis agere, (7) egregiis muris situque naturali urbem tutantes, militem Romanum in opere ac labore, nivibus pruinisque obrutum, sub pellibus du-

Ohren kam, dass man dieses Thema in allen Versammlungen erörtere, legten sie ihre Befestigungen so an, (9) dass sie nach zwei Seiten ausgerichtet waren: Die einen waren gegen die Stadt [Veji] und die Vorstöße ihrer Bewohner gewandt, die nach Etrurien blickende Front wurde gegen andere, eventuell von dort kommende Entsatztruppen abgeriegelt.

2 (1) Da die römischen Feldherren eine Belagerung für erfolgversprechender hielten als einen Sturmangriff, begannen sie sogar mit dem Bau eines Winterlagers, was für den römischen Soldaten neu war, und beabsichtigten, den Krieg im Winter fortzusetzen.[2] (2) Nachdem davon in Rom die Volkstribunen gehört hatten, die schon seit langem keinen Vorwand fanden, um Unruhen zu schüren, stürzten sie vor die Volksversammlung (3) und wiegelten das Volk auf, indem sie immer wieder sagten, das sei der Grund, warum man für die Soldaten einen Sold beschlossen habe; aber sie hätten sich nicht getäuscht, dass dieses Geschenk ihrer Feinde von Gift durchtränkt sein würde.[3] (4) Verkauft habe man die Freiheit des Bürgerstandes; auf Dauer entfernt und abberufen von Stadt und Staat, entgingen die jungen Bürger nicht einmal dem Winter oder überhaupt einer Jahreszeit und könnten nicht mehr nach Haus und Habe sehen. Was würden sie denn für den Grund des verlängerten Kriegsdienstes halten? (5) Ganz sicher lasse sich kein anderer finden als die Angst, dass durch die Anwesenheit vieler junger Bürger, in denen die ganze Kraft des Bürgerstandes liege, etwas zu deren Vorteil [und zum Nachteil der Väter] unternommen werden könnte. (6) Außerdem würden sie viel härter mitgenommen als die Vejenter; denn jene verbrächten den Winter unter dem eigenen Dach (7) und sicherten ihre Stadt mit Hilfe hervorragender Mauern sowie durch die natürliche Lage, während der römische Soldat in mühevollen Strapazen, von Schnee und Eis begraben, unter fellbedeckten Zelten ausharre und nicht einmal zur Winterzeit, in

rare, ne hiemis quidem spatio quae omnium bellorum terra marique sit quies arma deponentem. (8) hoc neque reges neque ante tribuniciam potestatem creatam superbos illos consules neque triste dictatoris imperium neque importunos decemviros iniunxisse servitutis, ut perennem militiam facerent, quod tribuni militum in plebe Romana regnum exercerent. (9) quidnam illi consules dictatoresve facturi essent, qui proconsularem imaginem tam saevam ac trucem fecerint? sed id accidere haud immerito. non fuisse ne in octo quidem tribunis militum locum ulli plebeio. (10) antea trina loca cum contentione summa patricios explere solitos: nunc iam octoiuges ad imperia obtinenda ire, (11) et ne in turba quidem haerere plebeium quemquam qui, si nihil aliud, admoneat collegas, liberos et cives eorum, non servos militare, quos hieme saltem in domos ac tecta reduci oporteat et aliquo tempore anni parentes liberosque ac coniuges invisere (12) et usurpare libertatem et creare magistratus.

(13) Haec taliaque vociferantes adversarium haud imparem nacti sunt Ap. Claudium, relictum a collegis ad tribunicias seditiones comprimendas, virum imbutum iam ab iuventa certaminibus plebeiis, (14) quem auctorem aliquot annis ante fuisse memoratum est per collegarum intercessionem tribuniciae potestatis dissolvendae.

3 (1) Is tum iam non promptus ingenio tantum, sed usu etiam exercitatus, talem orationem habuit: (2) »Si unquam dubi-

der alle Kriege zu Land und zu Wasser ruhten, seine Waffen niederlegen dürfe. (8) Eine solch harte Sklaverei, wie sie die Militärtribunen gleich einer Königsherrschaft gegenüber dem römischen Volk nun übten, hätten ihnen weder die Könige, noch vor der Schaffung des Tribunenamtes jene hochmütigen Konsuln, noch die gnadenlose Herrschaft eines Diktators, noch die rücksichtslosen Decemvirn aufgebürdet, dass sie den Kriegsdienst auf das ganze Jahr ausdehnten. (9) Was würden jene erst als Konsuln oder Diktatoren unternehmen, die sich schon als konsularische Stellvertreter so viel Grausamkeit und Härte erlaubt hätten? Aber das geschehe nicht unverdient. Nicht einmal unter acht Militärtribunen sei Platz für auch nur einen Plebejer gewesen. (10) Vorher seien die Patrizier gewohnt gewesen, mit höchstem Einsatz je drei Stellen zu besetzen: Nun machten sich schon acht Mann hoch daran, die Staatsämter zu besetzen, (11) und doch könne sich auch in einem solchen Schwarm kein Plebejer halten, um, wenn schon nichts anderes, so doch seine Kollegen darauf hinzuweisen, dass Freie und Mitbürger, nicht Sklaven Kriegsdienste leisteten, denen es gestattet sein müsste, wenigstens im Winter heim nach Hause geführt zu werden, irgendwann einmal im Jahr Eltern, Kinder und Ehefrauen wiederzusehen, von ihrer Freiheit Gebrauch zu machen und Beamte zu wählen.

(13) Während sie dies und ähnliches lauthals kundtaten, bekamen sie in Ap. Claudius einen durchaus gleichwertigen Gegner. Er war von seinen Kollegen zur Unterdrückung tribunizischer Umtriebe zurückgelassen worden, ein Mann, der den Kampf gegen den Bürgerstand mit der Muttermilch eingesogen hatte (14) und, wie berichtet,[4] einige Jahre zuvor mit Hilfe des Einspruchsrechtes von Kollegen die Zerstörung der Macht der Tribunen betrieben hatte.

3 (1) Dieser nicht mehr nur seinem Naturell nach schlagfertige, sondern auch durch Erfahrung gestählte Mann hielt damals

tatum est, Quirites, utrum tribuni plebis vestra an sua causa seditionum semper auctores fuerint, id ego hoc anno desisse dubitari certum habeo; (3) et cum laetor tandem longi erroris vobis finem factum esse, tum, quod secundis potissimum vestris rebus hic error est sublatus, et vobis et propter vos rei publicae gratulor. (4) An est quisquam qui dubitet nullis iniuriis vestris, si quae forte aliquando fuerunt, unquam aeque quam munere patrum in plebem, cum aera militantibus constituta sunt, tribunos plebis offensos ac concitatos esse? (5) Quid illos aliud aut tum timuisse creditis aut hodie turbare velle nisi concordiam ordinum, quam dissolvendae maxime tribuniciae potestatis rentur esse? (6) Sic hercule, tamquam artifices improbi, opus quaerunt et semper aegri aliquid esse in re publica volunt, ut sit ad cuius curationem a vobis adhibeantur. Utrum enim defenditis an impugnatis plebem? (7) Utrum militantium adversarii estis an causam agitis? Nisi forte hoc dicitis: ›Quidquid patres faciunt displicet, sive illud pro plebe sive contra plebem est‹, (8) et quemadmodum servis suis vetant domini quicquam rei cum alienis hominibus esse pariterque in iis beneficio ac maleficio abstineri aequum censent, sic vos interdicitis patribus commercio plebis, ne nos comitate ac munificentia nostra provocemus plebem, nec plebs nobis dicto audiens atque oboediens sit. (9) Quanto tandem, si quicquam in vobis, non dico civilis, sed humani esset, favere vos magis et

eine Rede folgender Art: (2) »Wenn man jemals, ihr Bürger, gezweifelt hat, ob die Volkstribunen für ihren oder für euren Vorteil in einem fort Unruhen angestiftet haben, so bin ich mir gewiss, dass sich dieser Zweifel seit diesem Jahr gelegt hat; (3) und ich freue mich, dass eurer langen Ungewissheit endlich ein Ende bereitet wurde, gratuliere ganz besonders euch und euretwegen dem Staat, dass diese Ungewissheit aus der Welt geschafft wurde, als es mit eurer Sache gerade am besten stand. (4) Oder ist jemand da, der bezweifelt, dass bei keiner der Benachteiligungen eurerseits, so es solche überhaupt je gegeben hat, irgendwann einmal die Volkstribunen sich so vor den Kopf gestoßen und gereizt fühlten wie durch die Leistung der Väter für den Bürgerstand, als sie für die Soldaten einen Sold gewährten? (5) Was, glaubt ihr, haben jene damals anderes gefürchtet oder jetzt stören wollen, wenn nicht die Eintracht der Stände, deren Zweck ihrer Ansicht nach vor allem in der Zerstörung tribunizischer Macht besteht? (6) Beim Hercules, wie schurkische Quacksalber suchen sie nach einem Betätigungsfeld und wollen, dass immer irgendetwas im Staat krank sei, dass es etwas gebe, zu dessen Heilung sie von euch gebraucht werden. Verteidigt ihr also den Bürgerstand oder bekämpft ihr ihn? (7) Seid ihr die Gegner der Soldaten oder ihr Anwalt? Es fehlt nur noch, dass ihr sagt: ›Was auch immer die Väter tun, missfällt, einerlei ob es für oder gegen das Bürgervolk ist‹. (8) Und wie die Herren es ihren eigenen Sklaven untersagen, mit fremden Leuten Umgang zu haben, und es in gleicher Weise für richtig halten, dass andere diesen gegenüber von Belohnung und Strafe absehen, so verbietet ihr den Vätern den Umgang mit dem Bürgerstand, damit wir nicht durch unsere Güte und Freigebigkeit das einfache Volk abspenstig machen, damit der Bürgerstand uns nicht gehorsam und untertänig werde. (9) Um wieviel eher müsstet ihr eigentlich, wenn in euch, ich will nicht sagen Bürger-, so doch Menschengesin-

quantum in vobis esset indulgere potius comitati patrum atque obsequio plebis oportuit? (10) Quae si perpetua concordia sit, quis non spondere ausit maximum hoc imperium inter finitimos brevi futurum esse?

4 (1) Atque ego, quam hoc consilium collegarum meorum, quod abducere infecta re a Veiis exercitum noluerunt, non utile solum sed etiam necessarium fuerit, postea disseram: (2) nunc de ipsa condicione dicere militantium libet; quam orationem non apud vos solum sed etiam in castris si habeatur, ipso exercitu disceptante, aequam arbitror videri posse. In qua si mihi ipsi nihil quod dicerem in mentem venire posset, adversariorum certe orationibus contentus essem. (3) Negabant nuper danda esse aera militibus, quia nunquam data essent. Quonam modo igitur nunc indignari possunt, quibus aliquid novi adiectum commodi sit, eis laborem etiam novum pro portione iniungi? (4) Nusquam nec opera sine emolumento nec emolumentum ferme sine impensa opera est. Labor voluptasque, dissimillima natura, societate quadam inter se naturali sunt iuncta. (5) Moleste antea ferebat miles se suo sumptu operam rei publicae praebere; gaudebat idem partem anni se agrum suum colere, quaerere unde domi militiaeque se ac suos tueri posset: (6) gaudet nunc fructui sibi rem publicam esse, et laetus stipendium accipit; aequo igitur animo patiatur se ab domo ac re familiari, cui gravis impensa non est, paulo diutius abesse. (7) An si ad calculos eum res publica vocet, non merito dicat:

nung steckte, mit allem Einsatz die Milde der Väter und die Gefolgschaft des Bürgerstandes fördern und unterstützen! (10) Wenn diese Eintracht Bestand haben könnte, wer würde dann nicht wagen zu schwören, dass dieses Reich unter den Nachbarn bald das größte sein werde?

4 (1) Weiterhin werde ich später erörtern, wie diese Entscheidung meiner Kollegen, dass sie das Heer nicht unverrichteter Dinge von Veji abziehen wollten, nicht nur nützlich, sondern auch notwendig war: (2) Nun will ich über die Lage der Soldaten selbst sprechen; wenn diese Rede nicht nur vor euch, sondern auch im Lager gehalten würde und das Heer selbst darüber urteilte, könnte sie, so glaube ich, als recht und billig angesehen werden. Würde mir dabei selbst nichts einfallen, was ich sagen könnte, brauchte ich mich nur an die Reden meiner Gegner zu halten. (3) Neulich erst sagten sie, den Soldaten dürfe kein Geld gegeben werden, weil ihnen noch nie welches gegeben worden sei. Wie können sie sich also nun darüber empören, dass denen, die eine neue Vergünstigung erhalten haben, auch eine ihr entsprechende neue Leistung auferlegt wird? (4) Nirgendwo bleibt Arbeit ohne Gewinn, und nur ausnahmsweise gibt es Gewinn ohne geleistete Arbeit. Anstrengung und Genuss, der Natur nach große Gegensätze, sind doch in natürlicher Allianz miteinander verbunden. (5) Früher war der Soldat unwillig, wenn er auf eigene Kosten Dienst für den Staat tun musste; er freute sich aber auch, wenn er einen Teil des Jahres hindurch seinen Acker bestellte und etwas erwarb, womit er in Krieg und Frieden sich und die Seinen erhalten konnte: (6) Jetzt freut er sich, dass der Staat ihm Gewinn bringt, und gerne nimmt er den Sold an; ruhigen Gemütes könnte er es also geschehen lassen, von Haus und Wirtschaft, für die ihn keine hohen Kosten belasten, etwas länger fern zu sein. (7) Oder könnte der Staat, wenn er mit ihm genau abrechnet, nicht zu Recht sagen: ›Du hast deinen jährlichen Sold, leis-

›Annua aera habes, annuam operam ede: an tu aequum censes militia semestri solidum te stipendium accipere?‹ (8) Invitus in hac parte orationis, Quirites, moror; sic enim agere debent qui mercennario milite utuntur; nos tamquam cum civibus agere volumus, agique tamquam cum patria nobiscum aequum censemus. (9) Aut non suscipi bellum oportuit, aut geri pro dignitate populi Romani et perfici quam primum oportet. (10) Perficietur autem si urgemus obsessos, si non ante abscedimus quam spei nostrae finem captis Veiis imposuerimus. Si hercules nulla alia causa, ipsa indignitas perseverantiam imponere debuit. (11) Decem quondam annos urbs oppugnata est ob unam mulierem ab universa Graecia, quam procul ab domo? quot terras, quot maria distans? (12) nos intra vicesimum lapidem, in conspectu prope urbis nostrae, annuam oppugnationem perferre piget. Scilicet quia levis causa belli est nec satis quicquam iusti doloris est quod nos ad perseverandum stimulet. (13) Septiens rebellarunt; in pace nunquam fida fuerunt; agros nostros miliens depopulati sunt; Fidenates deficere a nobis coegerunt; colonos nostros ibi interfecerunt; (14) auctores fuere contra ius caedis impiae legatorum nostrorum; Etruriam omnem adversus nos concitare voluerunt; hodieque id moliuntur; res repetentes legatos nostros haud procul afuit quin violarent.

te auch die Arbeit eines Jahres; oder hältst du es für gerecht, wenn du für einen halbjährlichen Kriegsdienst die volle Löhnung bekommst?‹ (8) Ungern, ihr Bürger, verweile ich bei diesem Punkt der Rede; so müssen nämlich die reden, die sich angeworbener Söldner bedienen; wir wollen mit euch wie mit Bürgern umgehen und erachten es für gerecht, dass ihr zu uns so sprecht, wie man auch zum Vaterland sprechen muss. (9) Entweder hätte man den Krieg nicht auf sich nehmen dürfen, oder er muss der Würde des römischen Volkes entsprechend geführt und so rasch als möglich beendet werden. (10) Beendet aber wird er werden, wenn wir die Belagerten in die Enge treiben, wenn wir nicht eher weichen, bis wir mit dem Fall Vejis das Ziel unserer Hoffnung erreicht haben. Beim Hercules, wenn kein einziger anderer Grund, so musste uns doch Ehrverletzung schon Beharrlichkeit auferlegen. (11) Vor langer Zeit wurde eine Stadt wegen einer einzigen Frau [Helena] zehn Jahre lang von ganz Griechenland belagert, und wie fern lag sie der Heimat! Wie viele Länder, wie viele Meere lagen dazwischen? (12) Uns aber verdrießt es, weniger als zwanzig Meilen entfernt, beinahe in Sichtweite unserer Stadt, eine Belagerung auch nur ein Jahr durchzuhalten. Aber selbstverständlich: Der Grund für den Feldzug ist geringfügig, und wir haben kein Motiv für einen gerechten Groll, das uns zum Durchhalten anstacheln könnte. (13) Siebenmal haben sie einen Aufstand unternommen; niemals kannten sie treu gehaltenen Frieden; unsere Äcker haben sie tausendmal verwüstet; die Fidenaten haben sie zum Abfall von uns gezwungen; unsere Kolonisten dort getötet; (14) sie waren die Schuldigen am rechtswidrigen und gottlosen Mord an unseren Gesandten; ganz Etrurien wollten sie gegen uns aufwiegeln; auch jetzt noch arbeiten sie darauf hin; als unsere Gesandten Wiedergutmachung forderten, fehlte nicht viel, dass sie ihnen Gewalt angetan hätten.

5 (1) Cum his molliter et per dilationes bellum geri oportet? Si nos tam iustum odium nihil movet, ne illa quidem, oro vos, movent? (2) Operibus ingentibus saepta urbs est quibus intra muros coercetur hostis; agrum non coluit, et culta evastata sunt bello; (3) si reducimus exercitum, quis est qui dubitet illos non a cupiditate solum ulciscendi sed etiam necessitate imposita ex alieno praedandi cum sua amiserint agrum nostrum invasuros? Non differimus igitur bellum isto consilio, sed intra fines nostros accipimus. (4) Quid? illud, quod proprie ad milites pertinet, quibus boni tribuni plebis tum stipendium extorquere voluerunt, nunc consultum repente volunt, quale est? (5) Vallum fossamque, ingentis utramque rem operis, per tantum spatii duxere; castella primo pauca, postea exercitu aucto creberrima fecerunt; munitiones non in urbem modo sed in Etruriam etiam spectantes si qua inde auxilia veniant, opposuere; (6) quid turres, quid vineas testudinesque et alium oppugnandarum urbium apparatum loquar? Cum tantum laboris exhaustum sit et ad finem iam operis tandem perventum, relinquendane haec censetis, ut ad aestatem rursus novus de integro his instituendis exsudetur labor? (7) Quanto est minus ⟨operis⟩ opera tueri facta et instare ac perseverare defungique certamine. Brevis enim profecto res est, si uno tenore peragitur nec ipsi per intermissiones has intervallaque lentiorem spem

5 (1) Gegen solche Leute soll man schonend und hinhaltend Krieg führen? Wenn uns eine so begründete Feindschaft nicht antreibt, vermag es, ich bitte euch, nicht einmal folgendes? (2) Die Stadt ist von gewaltigen Befestigungsanlagen umgeben, von denen der Feind innerhalb der Mauern eingeschlossen ist; das Feld hat er nicht bebaut, was angebaut war, ist vom Krieg verwüstet worden; (3) ziehen wir unser Heer zurück, wer könnte dann noch daran zweifeln, dass jene, nicht nur aus Rachgier, sondern aufgrund der unbedingten Notwendigkeit, nach dem Verlust der eigenen Habe fremde zu plündern, in unser Land einfallen werden? Mit einer solchen Entscheidung halten wir also den Krieg nicht fern, sondern öffnen ihm Tür und Tor in unser Land. (4) Und weiter! Was in erster Linie die Soldaten angeht, denen die netten Tribunen damals den Sold entreißen wollten und denen sie jetzt plötzlich helfen möchten – was steckt da dahinter? (5) Wall und Graben, beides Leistungen ungeheuren Einsatzes, hat man über eine gewaltige Strecke geführt; Kastelle hat man zuerst nur wenige, später nach Vergrößerung des Heeres in großer Zahl errichtet; Befestigungen hat man nicht nur zur Stadt hin angelegt, sondern auch gegen Etrurien für den Fall, dass von dort Entsatztruppen kämen; (6) was soll ich noch von den Belagerungstürmen, den Kampfunterständen, den Schutzdächern und dem sonstigen Kriegsgerät zum Angriff auf Städte sprechen? Da man solche Strapazen durchgestanden und nun endlich das Ziel der Mühe erreicht hat, wollt ihr, dass all das aufgegeben werde, um bei Sommerbeginn abermals im Schweiße unsres Angesichtes diese Dinge von vorne zu betreiben? (7) Wie viel geringer ist dagegen der Aufwand, die erbauten Bastionen zu verteidigen, sich festzusetzen und auszuharren und so den Kampf bis zum Ende durchzustehen. Denn es wird wirklich rasch gehen, wenn man die Sache in einem Zug durchführt und wir selbst nicht durch solche Unterbrechungen und Pausen das Ziel un-

nostram facimus. (8) Loquor de operae et de temporis iactura; quid? periculi, quod differendo bello adimus, num oblivisci nos haec tam crebra Etruriae concilia de mittendis Veios auxiliis patiuntur? (9) Ut nunc res se habet, irati sunt, oderunt, negant missuros; quantum in illis est, capere Veios licet. Quis est qui spondeat eundem, si differtur bellum, animum postea fore, (10) cum si laxamentum dederis, maior frequentiorque legatio itura sit, cum id quod nunc offendit Etruscos, rex creatus Veiis, mutari spatio interposito possit vel consensu civitatis ut eo reconcilient Etruriae animos, vel ipsius voluntate regis qui obstare regnum suum saluti civium nolit? (11) Videte, quot res, quam inutiles sequantur illam viam consilii, iactura operum tanto labore factorum, vastatio imminens finium nostrorum, Etruscum bellum pro Veiente concitatum. (12) Haec sunt, tribuni, consilia vestra, non hercule dissimilia ac si quis aegro qui curari se fortiter passus extemplo convalescere possit, cibi gratia praesentis aut potionis longinquum et forsitan insanabilem morbum efficiat.

6 (1) Si, mediusfidius, ad hoc bellum nihil pertineret, ad disciplinam certe militiae plurimum intererat, insuescere militem nostrum non solum parta victoria frui, sed si etiam res lentior sit, (2) pati taedium et quamvis serae spei exitum exspectare et

serer Hoffnung hinauszögern. (8) Ich spreche über den Verlust an Zeit und Energie; weiterhin: Lassen uns die so häufigen Landtage Etruriens über die Entsendung von Entsatztruppen nach Veji etwa die Gefahr vergessen, der wir uns durch die Verzögerung des Krieges nähern? (9) Wie sich die Sache jetzt verhält, so sind die anderen erbost, voll Hass und lehnen eine solche Entsendung ab; was sie angeht, so kann man Veji ruhig erobern. Wer aber könnte versprechen, dass im Fall einer Verzögerung des Kriegszuges später ihre Haltung noch die gleiche sein wird, (10) wenn etwa, sobald ihr die Zügel gelockert habt, bedeutendere und häufigere Gesandtschaften unternommen werden, wenn sich nach Ablauf einer gewissen Zeit das ändert, was die Etrusker jetzt noch provoziert – der in Veji gewählte König –, entweder durch den gemeinsamen Beschluss der Bürgerschaft, um so die Sympathien Etruriens wiederzugewinnen, oder aufgrund des Willens des Königs selbst, der vielleicht nicht will, dass seine Monarchie dem Wohl der Bürger entgegensteht? (11) Seht, wie viele nachteilige Folgen sich aus jener Politik ergeben: der Verlust der mit gewaltigem Aufwand errichteten Festungen, die drohende Verwüstung unseres Gebietes, der Ausbruch eines Krieges gegen die Etrusker und nicht mehr bloß gegen Veji. (12) Das also, Tribunen, ist eure Politik, beim Hercules, und sie ist ganz so, als wenn jemand einem Kranken, der nach tapfer ertragener Behandlung unverzüglich genesen könnte, nun eine Speise oder ein Getränk bewilligen würde und dadurch eine langwierige und vielleicht unheilbare Krankheit verursacht.

6 (1) Und bei Gott, auch wenn es für diesen Krieg nichts bedeutete, so liegt es doch gewiss im Interesse der militärischen Disziplin, wenn sich unsere Soldaten daran gewöhnen, nicht nur im gewonnenen Sieg zu schwelgen, sondern auch die Enttäuschung zu ertragen, falls etwas nicht so rasch geht, (2) sowie einer späteren Erfüllung ihrer Hoffnung entgegenzusehen und

si non sit aestate perfectum bellum, hiemem opperiri nec sicut aestivas aves statim autumno tecta ac recessus circumspicere. (3) Obsecro vos, venandi studium ac voluptas homines per nives ac pruinas in montes silvasque rapit: belli necessitatibus eam patientiam non adhibebimus quam vel lusus ac voluptas elicere solet? (4) Adeone effeminata corpora militum nostrorum esse putamus, adeo molles animos, ut hiemem unam durare in castris, abesse ab domo non possint? ut, tamquam navale bellum tempestatibus captandis et observando tempore anni gerant, non aestus, non frigora pati possint? (5) Erubescant profecto, si quis eis haec obiciat, contendantque et animis et corporibus suis virilem patientiam inesse, et se iuxta hieme atque aestate bella gerere posse, nec se patrocinium mollitiae inertiaeque mandasse tribunis, et meminisse hanc ipsam potestatem non in umbra nec in tectis maiores suos creasse. (6) Haec virtute militum vestrorum, haec Romano nomine sunt digna, non Veios tantum nec hoc bellum intueri quod instat, sed famam et ad alia bella et ad ceteros populos in posterum quaerere. (7) An mediocre discrimen opinionis secuturum ex hac re putatis, utrum tandem finitimi populum Romanum eum esse putent cuius si qua urbs primum illum brevissimi temporis sustinuerit impetum, nihil deinde timeat, (8) an hic sit terror nominis nostri ut exercitum Romanum non taedium longinquae oppugnationis, non vis hiemis ab urbe circumsessa

den Winter abzuwarten, wenn ein Krieg im Sommer nicht abgeschlossen wurde, und nicht wie die Zugvögel sofort im Herbst nach einem geschützten Schlupfwinkel Ausschau zu halten. (3) Ich beschwöre euch – wenn Jagdlust und -leidenschaft die Menschen über Schnee und Eis in Gebirge und Wälder treibt –, werden wir dann nicht auch für die Notwendigkeiten des Krieges eine Beharrlichkeit aufbringen, wie sie oft bei Spiel und Unterhaltung geweckt wird? (4) Glauben wir, unsere Soldaten seien körperlich derart verweichlicht, hätten so zarte Gemüter, dass sie nicht in der Lage wären, einen einzigen Winter lang im Feldlager auszuharren und von zu Hause fern zu sein? Dass sie, so als ob sie einen Seekrieg mit dem Warten auf die richtige Witterung und mit der Beachtung der Jahreszeit führten, nicht Hitze noch Kälte ertragen könnten? (5) Sie würden sicherlich richtig rot werden, sollte ihnen jemand so etwas vorwerfen, und darauf bestehen, dass sie in ihrem Denken und Tun mannhafte Ausdauer bewahrten, dass sie im Winter ebenso wie im Sommer Kriege führen könnten, und den Tribunen keineswegs die Verteidigung von Trägheit und Müßiggang aufgetragen hätten, und sie würden sich erinnern, dass ihre Vorfahren diese ihre Macht nicht im Schatten ihrer Häuser geschaffen hätten. (6) Das ist der Tapferkeit eurer Soldaten, das des Römertums würdig, nicht nur Veji und den anstehenden Krieg im Auge zu behalten, sondern im Hinblick auf andere Kriege und andere Völker sich für die Nachwelt einen Namen zu machen. (7) Oder haltet ihr die verschiedenen Ansichten über euch für unwesentlich, die aber davon abhängen werden, ob die Nachbarn das römische Volk schließlich so einschätzen, dass entweder keine Stadt später etwas zu fürchten hat, wenn sie den ersten Angriff nur für kürzeste Zeit ausgehalten hat, (8) oder ob ein solcher Schrecken von unserem Namen ausgeht, dass weder Enttäuschung über eine lange Belagerung noch die Macht des Winters das römische Heer von

semel amovere possit, nec finem ullum alium belli quam victoriam noverit, nec impetu potius bella quam perseverantia gerat? (9) Quae in omni quidem genere militiae, maxime tamen in obsidendis urbibus necessaria est, quarum plerasque munitionibus ac naturali situ inexpugnabiles fame sitique tempus ipsum vincit atque expugnat – (10) sicut Veios expugnabit, nisi auxilio hostibus tribuni plebis fuerint, et Romae invenerint praesidia Veientes quae nequiquam in Etruria quaerunt. (11) An est quicquam quod Veientibus optatum aeque contingere possit quam ut seditionibus primum urbs Romana, deinde velut ex contagione castra impleantur? (12) At hercule apud hostes tanta modestia est ut non obsidionis taedio, non denique regni, quicquam apud eos novatum sit, non negata auxilia ab Etruscis inritaverint animos; (13) morietur enim extemplo quicumque erit seditionis auctor, nec cuiquam dicere ea licebit quae apud vos impune dicuntur. (14) Fustuarium meretur, qui signa relinquit aut praesidio decedit: auctores signa relinquendi et deserendi castra non uni aut alteri militi sed universis exercitibus palam in contione audiuntur; (15) adeo, quidquid tribunus plebi loquitur, etsi prodendae patriae dissolvendaeque rei publicae est, adsuestis, Quirites, audire et dulcedine potestatis eius capti quaelibet sub ea scelera latere sinitis. (16) Reliquum est ut quae hic vociferantur, eadem in castris et apud milites agant et exercitus corrumpant ducibusque

einer einmal eingeschlossenen Stadt abziehen können, dass es kein anderes Ende eines Krieges kennt als den Sieg und Kriege nicht so sehr mit kämpferischem Angriff als mit Beharrlichkeit führt? (9) Sie ist freilich in jedem Bereich des Kriegswesens, besonders aber bei der Belagerung von Städten notwendig, die, großenteils durch Befestigungen und ihre natürliche Lage uneinnehmbar, die Zeit selbst mit Hunger und Durst besiegt und erobert – (10) genau so, wie sie auch Veji erobern wird, wenn nicht die Volkstribunen den Feinden Unterstützung liefern und die Vejenter in Rom die Hilfe finden, die sie in Etrurien vergeblich suchen. (11) Kann denn den Vejentern überhaupt etwas Willkommeneres widerfahren, als dass von Aufruhr und Zwietracht zuerst die Stadt Rom und dann, gleichsam davon angesteckt, auch das Lager erfüllt wird? (12) Bei den Feinden dagegen herrscht beim Hercules eine so große Besonnenheit, dass es weder aus Verdruss über die Belagerung oder die Königsherrschaft überhaupt bei ihnen irgendwelche Unruhen gab und dass auch die Verweigerung von Militärhilfe durch die Etrusker sie nicht verzagen ließ; (13) denn unverzüglich ist dort dem Tod verfallen, wer auch immer einen Aufruhr schürt, und keinem wird das zu sagen erlaubt sein, was bei euch straflos gesagt werden kann. (14) Zu Tode geprügelt wird bei uns mit Recht, wer Fahnenflucht begeht oder seinen Posten verlässt: Die aber nicht nur den einen oder andern Soldaten, sondern das ganze Heer zur Fahnenflucht und zum Verlassen des Lagers aufrufen, werden bei uns öffentlich in der Versammlung angehört; (15) so sehr habt ihr euch, ihr Bürger, gewöhnt, alles, was ein Volkstribun sagt, auch wenn es auf Hochverrat und Zersetzung des Staates abzielt, anzuhören, und vom süßen Reiz dieses Amtes bestrickt, duldet ihr, dass sich unter seinem Mantel jedes beliebige Verbrechen verbirgt. (16) Es fehlt nur noch, dass sie das, wonach sie hier rufen, auch im Lager und vor den Soldaten verkünden, die Truppen unterwandern und ihnen nicht

parere non patiantur, (17) quoniam ea demum Romae libertas est, non senatum, non magistratus, non leges, non mores maiorum, non instituta patrum, non disciplinam vereri militiae.«

7 (1) Par iam etiam in contionibus erat Appius tribunis plebis, cum subito unde minime quis crederet, accepta calamitas apud Veios et superiorem Appium in causa et concordiam ordinum maiorem ardoremque ad obsidendos pertinacius Veios fecit. (2) Nam cum agger promotus ad urbem vineaeque tantum non iam iniunctae moenibus essent, dum opera interdiu fiunt intentius quam nocte custodiuntur, patefacta repente porta ingens multitudo facibus maxime armata ignes coniecit, horaeque momento simul aggerem ac vineas, tam longi temporis opus, incendium hausit; (3) multique ibi mortales nequiquam opem ferentes ferro ignique absumpti sunt. (4) Quod ubi Romam est nuntiatum, maestitiam omnibus, senatui curam metumque iniecit, ne tum vero sustineri nec in urbe seditio nec in castris posset et tribuni plebis velut ab se victae rei publicae insultarent, (5) cum repente quibus census equester erat, equi publici non erant adsignati, concilio prius inter sese habito, senatum adeunt factaque dicendi potestate, equis se suis stipendia facturos promittunt. (6) Quibus cum amplissimis verbis gratiae ab senatu actae essent famaque ea forum atque urbem pervasisset, subito ad curiam concursus fit plebis; (7) pedestris ordinis se aiunt nunc esse operamque rei publicae

gestatten, ihren Feldherren zu gehorchen, (17) weil ja Freiheit in Rom gerade darin besteht, Senat, Beamte, Gesetze, die Sitten der Vorfahren, die Einrichtungen der Väter und soldatische Disziplin *nicht* zu achten.«[5]

7 (1) Sogar in den Versammlungen war Appius den Volkstribunen jetzt schon ebenbürtig, als es plötzlich vor Veji dort, wo man es am wenigsten für möglich gehalten hätte, zu einer Katastrophe kam, die dem Appius in der Sache zum Sieg verhalf, eine größere Eintracht der Stände schuf und den brennenden Wunsch weckte, Veji noch härter zu belagern. (2) Denn als man die Rampe zur Stadt hin vorgeschoben und die Kampfunterstände schon fast an die Mauern herangeführt hatte, wurde plötzlich, während die Schanzen eifriger am Tag gebaut als in der Nacht bewacht wurden, ein Stadttor aufgerissen, dann schoss eine ungeheure, großenteils mit Fackeln bewaffnete Schar Feuerbrände ab, und innerhalb einer Stunde verzehrte der Brand zugleich Rampe und Kampfunterstände, das Werk, das sie so viel Zeit gekostet hatte; (3) und viele Menschen, die vergeblich zu retten versuchten, wurden dort von Feuer und Schwert dahingerafft. (4) Sobald die Kunde davon nach Rom gekommen war, befiel alle Niedergeschlagenheit, den Senat aber Angst und Sorge, dass der Aufstand jetzt weder in der Stadt noch im Lager zu verhindern sei und die Tribunen mit dem Staat machen könnten, was sie wollten, so als hätten sie ihn besiegt; (5) da traten unerwartet die Männer aus der Vermögensklasse der Ritter, denen kein Staatspferd zugewiesen war, nach einer Beratung untereinander vor den Senat, und nachdem man ihnen das Wort erteilt hatte, versprachen sie, den Kriegsdienst mit ihren eigenen Pferden zu leisten.[6] (6) Als der Senat ihnen mit vielen ehrenden Worten den Dank ausgesprochen und die Nachricht davon Forum und Stadt durcheilt hatte, strömte plötzlich eine Menge Volk vor der Kurie zusammen; (7) sie seien nun das Fußvolk, sagten sie, und würden den

extra ordinem polliceri, seu Veios seu quo alio ducere velint; si Veios ducti sint, negant se inde prius quam capta urbe hostium redituros esse. (8) Tum vero iam superfundenti se laetitiae vix temperatum est; non enim, sicut equites, dato magistratibus negotio laudari iussi, (9) neque aut in curiam vocati quibus responsum daretur, aut limine curiae continebatur senatus; sed pro se quisque ex superiore loco ad multitudinem in comitio stantem voce manibusque significare publicam laetitiam, (10) beatam urbem Romanam et invictam et aeternam illa concordia dicere, laudare equites, laudare plebem, diem ipsum laudibus ferre, victam esse fateri comitatem benignitatemque senatus. (11) Certatim patribus plebique manare gaudio lacrimae; deinde revocatis in curiam patribus senatus consultum factum est (12) ut tribuni militares contione advocata peditibus equitibusque gratias agerent, memorem pietatis eorum erga patriam dicerent senatum fore; placere autem omnibus his voluntariam extra ordinem professis militiam aera procedere; et equiti certus numerus aeris est adsignatus. (13) Tum primum equis suis merere equites coeperunt. Voluntarius ductus exercitus Veios non amissa modo restituit opera, sed nova etiam instituit. Ab urbe commeatus intentiore quam antea subvehi cura, ne quid tam bene merito exercitui ad usum deesset.

Dienst für den Staat auch ohne dazu beordert zu sein geloben, ob man sie gegen Veji oder sonstwohin führen wolle; würden sie nach Veji geführt, versicherten sie, nicht vor der Einnahme der feindlichen Stadt zurückzukehren. (8) Jetzt aber fand man kaum mehr ein Maß in der sich überschlagenden Freude; sie mussten nämlich nicht wie die Ritter ihr Lob von damit beauftragten Beamten entgegennehmen, (9) ebenso wenig wurden ihre Vertreter in die Kurie geladen, um eine Entscheidung entgegenzunehmen, und auch der Senat blieb nicht an der Schwelle der Kurie stehen; vielmehr brachte jeder der Senatoren von dem höheren Platz aus vor dem auf dem Komitium stehenden Volk durch Rufe und Gesten die allgemeine Freude zum Ausdruck, (10) nannte die Römerstadt glücklich und unbesiegbar und ewig durch jene Eintracht, rühmte weiterhin Ritter und Bürgervolk, hob den Tag selbst im Lob hervor und bekannte, dass Milde und Güte des Senats noch übertroffen seien. (11) Einander überbietend vergossen Väter und Bürgervolk Freudentränen; dann wurden die Väter wieder in die Kurie zurückgerufen, und es erging ein Senatsbeschluss, (12) die Militärtribunen sollten auf einer dazu einberufenen Volksversammlung den Fußtruppen und der Reiterei den Dank aussprechen und darauf hinweisen, dass der Senat ihre Treue gegenüber dem Vaterland in Erinnerung behalten werde; ferner sei beschlossen, all denen, die sich ohne Verpflichtung freiwillig zum Kriegsdienst gemeldet hätten, die zusätzliche Dienstzeit anzurechnen; auch den Rittern wurde ein bestimmter Betrag als Sold zuerkannt. (13) Damals begannen die Ritter zum ersten Mal mit ihren eigenen Pferden Kriegsdienst zu leisten. Das Freiwilligenheer wurde nach Veji geführt und stellte nicht nur die verlorenen Befestigungsanlagen wieder her, sondern errichtete sogar neue. Von der Stadt wurde mit größerer Energie als bisher Nachschub herangeschafft, damit es dem so verdienstvollen Heer an nichts Notwendigem fehle.

8 (1) Insequens annus tribunos militum consulari potestate habuit C. Servilium Ahalam tertium, Q. Servilium, L. Verginium, Q. Sulpicium, A. Manlium iterum, M'. Sergium iterum. (2) His tribunis, dum cura omnium in Veiens bellum intenta est, neglectum Anxuri praesidium vacationibus militum et Volscos mercatores volgo receptando, proditis repente portarum custodibus oppressum est. (3) Minus militum periit, quia praeter aegros lixarum in modum omnes per agros vicinasque urbes negotiabantur. (4) Nec Veiis melius gesta res, quod tum caput omnium curarum publicarum erat; nam et duces Romani plus inter se irarum quam adversus hostes animi habuerunt, et auctum est bellum adventu repentino Capenatium atque Faliscorum. (5) Hi duo Etruriae populi, quia proximi regione erant, devictis Veiis bello quoque Romano se proximos fore credentes, (6) Falisci propria etiam causa infesti quod Fidenati bello se iam antea immiscuerant, per legatos ultro citroque missos iure iurando inter se obligati, cum exercitibus necopinato ad Veios accessere. (7) Forte ea regione qua M'. Sergius tribunus militum praeerat castra adorti sunt ingentemque terrorem intulere, quia Etruriam omnem excitam sedibus magna mole adesse Romani crediderant. Eadem opinio Veientes in urbe concitavit. (8) Ita ancipiti proelio castra Romana oppugnabantur; concursantesque cum huc atque illuc signa trans-

8 (1) Das folgende Jahr [402] brachte als Militärtribunen mit konsularischer Amtsgewalt C. Servilius Ahala zum dritten Mal, Q. Servilius, L. Verginius, Q. Sulpicius, sowie zum zweiten Mal A. Manlius und M.' Sergius. (2) Während sich das allgemeine Interesse auf den Krieg gegen Veji richtete, wurde unter diesen Tribunen die Besatzung in Anxur durch Dienstfreistellungen der Soldaten vernachlässigt und dadurch, dass man häufig volskische Händler einließ, durch ein verräterisches Spiel mit den Torwachen plötzlich überwältigt. (3) Soldaten kamen wenige ums Leben, weil sie, die Kranken ausgenommen, alle in der Art von Marktfahrern auf dem ganzen Land und in den nahen Städten Handel trieben. (4) Auch in Veji, dem damals das Hauptinteresse der Öffentlichkeit galt, verlief die Sache nicht besser; denn einerseits war der Groll der römischen Heerführer gegeneinander größer als ihr Mut vor dem Feind, andererseits breitete sich der Krieg durch den plötzlichen Anmarsch der Capenaten und Falisker aus. (5) Diese beiden Völker Etruriens glaubten, sie würden nach der Niederlage Vejis die nächsten Opfer eines römischen Krieges sein, weil sie auch die nächsten im Umkreis waren, (6) wobei sich die Falisker speziell deshalb bedroht fühlten, weil sie sich schon vorher in den Krieg von Fidenae gegen Rom eingemischt hatten. So schlossen sie durch gegenseitige Gesandtschaften untereinander einen Eidesbund und erschienen mit ihren Heeren unerwartet vor Veji. (7) Sie griffen gerade in dem Bereich, wo der Militärtribun M.' Sergius das Kommando hatte, das Lager an und verursachten ungeheuren Schrecken, weil die Römer nun der Meinung waren, ganz Etrurien stehe, aus seinen Wohnsitzen aufgescheucht, in all seiner Macht vor ihnen. Dieselbe Mutmaßung spornte in der Stadt die Vejenter an. (8) So wurde das römische Lager von zwei Seiten berannt; da die an verschiedenen Stellen angreifenden Römer ihre Truppen bald hierhin, bald dorthin verlagerten, konnten sie weder die Vejen-

ferrent, nec Veientem satis cohibere intra munitiones nec suis munimentis arcere vim ac tueri se ab exteriore poterant hoste. (9) Una spes erat, si ex maioribus castris subveniretur, ut diversae legiones aliae adversus Capenatem ac Faliscum, aliae contra eruptionem oppidanorum pugnarent; sed castris praeerat Verginius, privatim Sergio invisus infestusque. (10) Is cum pleraque castella oppugnata, superatas munitiones, utrimque invehi hostem nuntiaretur, in armis milites tenuit, si opus foret auxilio collegam dictitans ad se missurum. (11) Huius adrogantiam pertinacia alterius aequabat, qui, ne quam opem ab inimico videretur petisse, vinci ab hoste quam vincere per civem maluit. (12) Diu in medio caesi milites; postremo desertis munitionibus, perpauci in maiora castra, pars maxima atque ipse Sergius Romam pertenderunt. Ubi cum omnem culpam in collegam inclinaret, acciri Verginium ex castris, interea praeesse legatos placuit. (13) Acta deinde in senatu res est certatumque inter collegas maledictis. Pauci rei publicae, ⟨plerique⟩ huic atque illi ut quosque studium privatim aut gratia occupaverat adsunt.

9 (1) Primores patrum sive culpa sive infelicitate imperatorum tam ignominiosa clades accepta esset censuere non exspectandum iustum tempus comitiorum, sed extemplo novos

ter völlig innerhalb der Befestigungen einschließen noch die Angriffe von ihren eigenen Bollwerken fernhalten und sich so vor dem Feind draußen schützen. (9) Die einzige Hoffnung bestand darin, dass aus dem Hauptlager Hilfe käme, damit die Legionen in verschiedenen Richtungen einmal gegen Capenaten und Falisker, einmal gegen einen Ausfall der Stadtbewohner kämpften; das Lager befehligte aber Verginius, persönlich dem Sergius verhasst und feindselig gesinnt. (10) Obwohl er die Meldung erhalten hatte, dass die meisten Kastelle angegriffen, die Bollwerke überrannt wurden und der Feind von beiden Seiten vorstoße, hielt er die Soldaten nur in Bereitschaft und sagte, wenn sein Kollege Hilfe brauche, werde er schon nach ihm schicken lassen. (11) Dem Hochmut des einen kam der Starrsinn des anderen gleich, der lieber vom Feind besiegt werden, als durch einen Mitbürger siegen wollte, um nicht den Anschein zu erwecken, er hätte seinen persönlichen Widersacher um irgendeine Unterstützung gebeten. (12) Lange dauerte zwischen den Fronten das Gemetzel an den Soldaten; schließlich gaben sie die Verschanzungen auf, ganz wenige nur eilten ins Hauptlager, der größte Teil und Sergius selbst zog nach Rom. Da er dort die ganze Verantwortung auf seinen Kollegen abwälzte, beschloss man, Verginius aus dem Lager abzuberufen und einstweilen Unterfeldherren das Kommando zu geben. (13) Daraufhin wurde die Sache im Senat verhandelt und der Streit zwischen den Kollegen mit Schmähreden ausgefochten. Wenige traten für den Staat ein, die meisten für den einen oder den anderen, je nachdem wie sie persönlich von Parteilichkeit oder Freundschaft voreingenommen waren.

9 (1) Die ersten Männer aus dem Kreise der Väter stellten den Antrag, dass ohne Rücksicht darauf, ob man die so schändliche Niederlage durch Schuld oder Unglück der Feldherren erlitten hätte, nicht die vorgesehene Zeit bis zu den Wahlen abgewartet werden dürfe, sondern dass unverzüglich neue Militärtri-

tribunos militum creandos esse, qui kalendis Octobribus magistratum occiperent. (2) In quam sententiam cum pedibus iretur, ceteri tribuni militum nihil contradicere; (3) at enimvero Sergius Verginiusque, propter quos paenitere magistratuum eius anni senatum apparebat, primo deprecari ignominiam, deinde intercedere senatus consulto, negare se ante idus Decembres, sollemnem ineundis magistratibus diem, honore abituros esse. (4) Inter haec tribuni plebis, cum in concordia hominum secundisque rebus civitatis inviti silentium tenuissent, feroces repente minari tribunis militum, nisi in auctoritate senatus essent, se in vincla eos duci iussuros esse. (5) Tum C. Servilius Ahala tribunus militum: »Quod ad vos attinet, tribuni plebis, minasque vestras, ne ego libenter experirer quam non plus in iis iuris quam in vobis animi esset. (6) Sed nefas est tendere adversus auctoritatem senatus. Proinde et vos desinite inter nostra certamina locum iniuriae quaerere, et collegae aut facient quod censet senatus, aut si pertinacius tendent, dictatorem extemplo dicam qui eos abire magistratu cogat.« (7) Cum omnium adsensu comprobata oratio esset, gauderentque patres sine tribuniciae potestatis terriculis inventam esse aliam vim maiorem ad coercendos magistratus, (8) victi consensu omnium comitia tribunorum militum habuere qui kalendis Octobribus magistratum occiperent, seque ante eam diem magistratu abdicavere.

bunen zu bestimmen seien, die ihr Amt am ersten Oktober übernehmen sollten. (2) Als man zur Abstimmung über diesen Antrag auseinandertrat, erhoben die übrigen Militärtribunen keinen Einwand; (3) da beklagten sich wahrhaftig Sergius und Verginius, derentwegen der Senat doch offenkundig mit den Beamten dieses Jahres unzufrieden war, zuerst über den Verlust ihres guten Namens, erhoben dann gegen den Senatsbeschluss Einspruch und sagten, sie würden nicht vor dem 13. Dezember, dem althergebrachten Tag für die Amtsübernahme, von ihrem Posten zurücktreten. (4) Dazu drohten die Volkstribunen, nachdem sie angesichts der öffentlichen Eintracht und des Gedeihens der Bürgerschaft nur widerwillig Ruhe gehalten hatten, auf einmal den Militärtribunen ganz wild, sie würden sie, wenn sie sich nicht dem Willen des Senats fügten, gefangen nehmen lassen. (5) Hierauf sprach der Militärtribun C. Servilius Ahala: »Was euch und eure Drohungen betrifft, Volkstribunen, fürwahr, ich möchte es gerne auf einen Versuch ankommen lassen, um zu zeigen, dass sie ebenso wenig Berechtigung haben, wie ihr Mut habt. (6) Aber es ist Frevel, dem Willen des Senats zu widerstreben. Hört daher auf, in unseren Streitigkeiten eine Möglichkeit für Rechtsübergriffe zu suchen, und andererseits mögen meine Kollegen entweder tun, was der Senat beschließt, oder ich werde, wenn sie sich allzu starrsinnig widersetzen, auf der Stelle einen Diktator ernennen, der sie dann zwingen kann, von ihrem Amt zurückzutreten.« (7) Nachdem seine Rede die einhellige Zustimmung aller gefunden hatte und die Väter glücklich darüber waren, ohne das Schreckgespenst der tribunizischen Macht ein anderes Druckmittel gefunden zu haben, das stark genug war, die Beamten in Schranken zu halten, (8) fügten sich diese dem Mehrheitswillen, leiteten die Wahlen der Militärtribunen, die ihr Amt am ersten Oktober übernehmen sollten, und traten selbst vor diesem Termin von ihrem Amt zurück.

10 (1) L. Valerio Potito quartum, M. Furio Camillo iterum, M'. Aemilio Mamerco tertium, Cn. Cornelio Cosso iterum, K. Fabio Ambusto, L. Iulio Iulo tribunis militum consulari potestate multa domi militiaeque gesta; (2) nam et bellum multiplex fuit eodem tempore, ad Veios et ad Capenam et ad Falerios et in Volscis ut Anxur ab hostibus reciperaretur, (3) et Romae simul dilectu simul tributo conferendo laboratum est, et de tribunis plebi cooptandis contentio fuit, et haud parvum motum duo iudicia eorum qui paulo ante consulari potestate fuerant excivere. (4) Omnium primum tribunis militum fuit, dilectum haberi; nec iuniores modo conscripti sed seniores etiam coacti nomina dare ut urbis custodiam agerent. (5) Quantum autem augebatur militum numerus, tanto maiore pecunia in stipendium opus erat, eaque tributo conferebatur, invitis conferentibus qui domi remanebant, quia tuentibus urbem opera quoque militari laborandum serviendumque rei publicae erat. (6) Haec per se gravia indigniora ut viderentur tribuni plebis seditiosis contionibus faciebant, ideo aera militibus constituta esse arguendo ut plebis partem militia partem tributo conficerent. (7) unum bellum annum iam tertium trahi et consulto male geri ut diutius gerant. in quattuor deinde bella uno dilectu exercitus scriptos, et pueros quoque ac senes extractos. (8) iam non

10 (1) Unter den Militärtribunen mit konsularischer Amtsgewalt [401]: L. Valerius Potitus zum vierten Mal, M. Furius Camillus zum zweiten Mal, M.' Aemilius Mamercus zum dritten Mal, Cn. Cornelius Cossus zum zweiten Mal, K. Fabius Ambustus und L. Iulius Iulus, ereignete sich vielerlei zu Hause wie auch auswärts; (2) denn einerseits führte man gleichzeitig einen Mehrfrontenkrieg vor Veji, vor Capena, vor Falerii und im Volskerland, um Anxur den Feinden wieder abzunehmen, (3) andererseits hatte man in Rom Mühe, die Truppenaushebung und zugleich die Kriegssteuer aufzubringen, zudem gab es eine Auseinandersetzung über die Nachwahl von Volkstribunen, und schließlich erregten die beiden Prozesse gegen diejenigen, die eben noch konsularische Amtsgewalt besessen hatten, beträchtliche Unruhe. (4) Für die Militärtribunen stand die Durchführung der Rekrutierung ganz im Vordergrund; es wurden dabei nicht nur die jüngeren Jahrgänge ausgehoben, sondern auch die älteren gezwungen, sich namentlich zu melden, um die Bewachung der Stadt zu übernehmen. (5) Je stärker aber die Zahl der Soldaten wuchs, umso mehr Geld war für die Soldzahlung erforderlich, das man über die Kriegssteuer aufbrachte; die aber zu Hause blieben und Steuer zahlten, waren unwillig, weil sie bei der Verteidigung der Stadt auch Kriegsdienst leisten und dem Staat dienen mussten. (6) Auf Protestversammlungen versuchten die Volkstribunen die an sich schon schwierige Lage noch empörender erscheinen zu lassen, indem sie behaupteten, den Soldaten sei nur deshalb eine Bezahlung bewilligt worden, um das Volk teils durch Kriegsdienst, teils durch Steuer aufzureiben. (7) Ein einziger Feldzug werde bereits drei Jahre verschleppt und absichtlich schlecht geführt, um ihn noch weiter verlängern zu können. Ferner habe man mit einer einzigen Rekrutierung Heere für vier Kriege ausgehoben und sogar Knaben und Greise hervorgeholt. (8) Man mache bereits keinen Unterschied mehr zwischen

aestatis nec hiemis discrimen esse, ne ulla quies unquam miserae plebi sit; (9) quae nunc etiam vectigalis ad ultimum facta sit, ut cum confecta labore volneribus postremo aetate corpora rettulerint incultaque omnia diutino dominorum desiderio domi invenerint, tributum ex adfecta re familiari pendant aeraque militaria, velut fenore accepta, multiplicia rei publicae reddant.

(10) Inter dilectum tributumque et occupatos animos maiorum rerum curis, comitiis tribunorum plebis numerus expleri nequiit. Pugnatum inde in loca vacua ut patricii cooptarentur. (11) Postquam obtineri non poterat, tamen labefactandae legis [tribuniciae] causa effectum est ut cooptarentur tribuni plebis C. Lacerius et M. Acutius, haud dubie patriciorum opibus.

11 (1) Fors ita tulit ut eo anno tribunus plebis Cn. Trebonius esset, qui nomini ac familiae debitum praestare videretur Treboniae legis patrocinium. (2) Is quod petissent patres quidam, primo incepto repulsi tamen ⟨per⟩ tribunos militum expugnassent, vociferans legem Treboniam sublatam et cooptatos tribunos plebis non suffragiis populi sed imperio patriciorum; et eo revolvi rem ut aut patricii aut patriciorum adseculae habendi tribuni plebis sint, (3) eripi sacratas leges, extorqueri tribuniciam potestatem: id fraude patriciorum, scelere ac proditione collegarum factum arguere.

Winter und Sommer, damit dem armseligen Volk niemals Erholung gegönnt sei; (9) jetzt seien am Ende die Leute sogar steuerpflichtig geworden, so dass sie, wenn sie sich mit ihren von Strapazen, Wunden und schließlich vom Alter ermatteten Leibern heimgeschleppt und zu Hause aufgrund der ständigen Abwesenheit der Eigentümer alles verödet vorgefunden hätten, die Steuer aus ihrem zerrütteten Vermögen bezahlen und den Sold so, als hätten sie ihn von einem Wucherer erhalten, mit Zins und Zinseszins dem Staat zurückzahlen müssten.

(10) Wegen der Truppenaushebung, der Steuerzahlung und der Sorgen, die die Herzen der Menschen viel mehr erfüllten, konnte bei den Wahlen die volle Zahl der Volkstribunen nicht erreicht werden. Daraufhin kam es zu einem Ringen um die Nachwahl von Patriziern für die freien Stellen. (11) Als man damit nicht durchdringen konnte, wurde, um wenigstens das tribunizische Gesetz zu schwächen, ohne Zweifel unter Mitwirkung der Patrizier erreicht, dass C. Lacerius und M. Acutius als Volkstribunen nachgewählt wurden.

11 (1) Das Schicksal fügte es, dass in diesem Jahr Cn. Trebonius Volkstribun war, der von sich glauben machen konnte, er beabsichtige, den seinem Namen und seiner Familie geschuldeten Schutz des trebonischen Gesetzes[7] zu übernehmen. (2) Worauf gewisse Väter abgezielt hätten, so rief er laut, das hätten sie, beim ersten Versuch zwar abgewiesen, dennoch durch die Militärtribunen erzwungen – das trebonische Gesetz sei aufgehoben und Volkstribunen nicht in freien Wahlen des Gesamtvolkes, sondern auf Befehl der Patrizier nachgewählt worden; und es sei schon wieder so weit gekommen, dass sie Patrizier oder doch Gefolgsleute der Patrizier als Volkstribunen anerkennen müssten, (3) dass ihnen die geheiligten Gesetze entrissen, das Amt des Tribunen entwunden werde: Das sei, wie er darlegte, durch die Tücke der Patrizier und durch den verbrecherischen Verrat seiner Kollegen geschehen.

(4) Cum arderent invidia non patres modo sed etiam tribuni plebis, cooptati pariter et qui cooptaverant, tum ex collegio tres, P. Curiatius, M. Metilius, M. Minucius, trepidi rerum suarum, in Sergium Verginiumque, prioris anni tribunos militares, incurrunt; in eos ab se iram plebis invidiamque die dicta avertunt. (5) Quibus dilectus, quibus tributum, quibus diutina militia longinquitasque belli sit gravis, qui clade accepta ad Veios doleant, qui amissis liberis, fratribus, propinquis, adfinibus lugubres domos habeant, his publici privatique doloris exsequendi ius potestatemque ex duobus noxiis capitibus datam ab se memorant. (6) omnium namque malorum in Sergio Verginioque causas esse; nec id accusatorem magis arguere quam fateri reos, qui noxii ambo alter in alterum causam conferant, fugam Sergi Verginius, Sergius proditionem increpans Vergini. (7) quorum adeo incredibilem amentiam fuisse ut multo veri similius sit compecto eam rem et communi fraude patriciorum actam. (8) ab his et prius datum locum Veientibus ad incendenda opera belli trahendi causa, et nunc proditum exercitum, tradita Faliscis Romana castra. (9) omnia fieri ut consenescat ad Veios iuventus, nec de agris nec de aliis commodis plebis ferre ad populum tribuni frequentiaque urbana celebrare actiones et resistere conspirationi patriciorum possint. (10) praeiudicium

(4) Da jetzt nicht nur die Väter Zielscheibe glühenden Hasses waren, sondern auch die Volkstribunen, die gewählten und ebenso die, von denen sie gewählt worden waren, attackierten drei aus der Körperschaft, P. Curiatius, M. Metilius und M. Minucius, die um ihr eigenes Schicksal bangten, Sergius und Verginius, die Militärtribunen des Vorjahres; sie luden sie vor Gericht und schoben damit Hass und Feindschaft des Bürgerstandes von sich auf sie ab. (5) Wen Truppenaushebungen, Steuer, ständiger Kriegsdienst und langwierige Kriege bedrückten, wen die Niederlage vor Veji schmerze, in wessen Häusern über den Verlust von Söhnen, Brüdern, Verwandten und Schwägern getrauert werde, denen hätten sie, so ihre Worte, das Recht und die Macht gegeben, an zwei Übeltätern für öffentliches und privates Unglück Rache zu nehmen. (6) Die Verantwortung für alles Unheil liege nämlich bei Sergius und Verginius; der Ankläger könne das nicht besser beweisen, als dass die Angeklagten selbst Zeugnis davon ablegten, die, beide schuldig, sich gegenseitig die Verantwortung zuschöben, wobei Verginius dem Sergius Flucht und Sergius dem Verginius Verrat vorwerfe. (7) Ihr kopfloses Vorgehen sei derart unglaublich gewesen, dass ihr Handeln viel wahrscheinlicher auf Verabredung und gemeinsamen Betrug der Patrizier zurückgehe. (8) Um den Krieg in die Länge zu ziehen, hätten diese zuerst den Vejentern die Gelegenheit gegeben, die Verschanzungen anzuzünden, und hätten jetzt das Heer verraten, das römische Lager den Faliskern ausgeliefert. (9) Alles geschehe, damit die jungen Bürger vor Veji alt und stumpf würden und die Tribunen nicht imstande wären, Anträge bezüglich der Landverteilung und anderer Erleichterungen für den Bürgerstand vor dem Volk einzubringen, unter zahlreicher Beteiligung der städtischen Bevölkerung Propaganda für ihre Pläne zu machen und sich den Machenschaften der Patrizier zu widersetzen. (10) Die Vorentscheidung über die Angeklagten sei

iam de reis et ab senatu et ab populo Romano et ab ipsorum collegis factum esse; (11) nam et senatus consulto eos ab re publica remotos esse, et recusantes abdicare se magistratu dictatoris metu ab collegis coercitos esse, et populum Romanum tribunos creasse qui non idibus Decembribus, die sollemni, sed extemplo kalendis Octobribus magistratum occiperent, quia stare diutius res publica his manentibus in magistratu non posset; (12) et tamen eos, tot iudiciis confossos praedamnatosque, venire ad populi iudicium et existimare defunctos se esse satisque poenarum dedisse quod duobus mensibus citius privati facti sint, (13) neque intellegere nocendi sibi diutius tum potestatem ereptam esse, non poenam inrogatam; quippe et collegis abrogatum imperium qui certe nihil deliquissent. (14) illos repeterent animos Quirites, quos recenti clade accepta habuissent, cum fuga ac pavore trepidum, plenum volnerum incidentem portis exercitum viderint, non fortunam aut quemquam deorum sed hos duces accusantem. (15) pro certo se habere neminem in contione stare qui illo die non caput domum fortunasque L. Vergini ac M'. Sergi sit exsecratus detestatusque. (16) minime convenire quibus iratos quisque deos precatus sit, in iis sua potestate, cum liceat et oporteat, non uti. nunquam deos ipsos admovere nocentibus manus; satis esse, si occasione ulciscendi laesos arment.

12 (1) His orationibus incitata plebs denis milibus aeris gravis

bereits vom Senat, dem römischen Volk und ihren eigenen Kollegen getroffen worden; (11) sie seien nämlich durch Senatsbeschluss von den Staatsgeschäften ausgeschlossen worden, und dann auf ihre Weigerung, das Amt niederzulegen, von ihren Kollegen durch die Furcht vor einem Diktator in Schranken gehalten worden; schließlich habe das römische Volk Tribunen gewählt, die nicht am 13. Dezember, dem althergebrachten Tag, sondern unverzüglich am ersten Oktober das Amt übernahmen, weil der Staat nicht mehr weiter existieren könnte, wären diese im Amt geblieben. (12) Und dennoch kämen sie, durch so viele Beschlüsse erledigt und im voraus verurteilt, vor ein Gericht des Volkes und meinten, sie hätten alles überstanden und genug gebüßt, weil sie zwei Monate früher Privatleute wurden; (13) sie verstünden allerdings nicht, dass man ihnen damals die Möglichkeit, weiter Schaden anzurichten, nur früher genommen, nicht aber eine Strafe auferlegt habe; auch ihren Kollegen, die doch sicher nichts verbrochen hätten, habe man die Befehlsgewalt entzogen. (14) Die Bürger sollten sich in die Stimmung zurückversetzen, in der sie sich nach der jüngsten Niederlage befunden hätten, als sie sahen, wie das nach seiner panischen Flucht vor Angst zitternde und schwer verwundete Heer durch die Stadttore hereinstürzte und dabei nicht dem Schicksal oder irgendeinem Gott, sondern diesen Heerführern die Schuld gab. (15) Sie wüssten sicher, dass sich niemand in der Versammlung befinde, der an jenem Tag nicht Leben und Hab und Gut des L. Verginius und M.' Sergius verflucht und verwünscht habe. (16) Auf keinen Fall sei es richtig, die eigene Macht gegenüber Menschen, auf die man den Zorn der Götter herabgefleht habe, dann nicht anzuwenden, wenn es möglich und erforderlich sei. Niemals würden sich die Götter selbst an Schuldigen vergreifen; es reiche, wenn sie die Gekränkten mit der Gelegenheit zur Rache wappneten.

12 (1) Durch solche Reden aufgebracht, verurteilte der Bür-

reos condemnat, nequiquam Sergio Martem communem belli fortunamque accusante, Verginio deprecante ne infelicior domi quam militiae esset. (2) In hos versa ira populi cooptationis tribunorum fraudisque contra legem Treboniam factae memoriam obscuram fecit.

(3) Victores tribuni ut praesentem mercedem iudicii plebes haberet legem agrariam promulgant, tributumque conferri prohibent, (4) cum tot exercitibus stipendio opus esset resque militiae ita prospere gererentur ut nullo bello veniretur ad exitum rei. Namque Veiis castra quae amissa erant reciperata castellis praesidiisque firmantur; praeerant tribuni militum M'. Aemilius et K. Fabius. (5) A. M. Furio in Faliscis et Cn. Cornelio in Capenate agro hostes nulli extra moenia inventi; praedae actae incendiisque villarum ac frugum vastati fines; oppida ⟨nec⟩ oppugnata nec obsessa sunt. (6) At in Volscis depopulato agro Anxur nequiquam oppugnatum, loco alto situm; et, postquam vis inrita erat, vallo fossaque obsideri coeptum. Valerio Potito Volsci provincia evenerat. (7) Hoc statu militarium rerum, seditio intestina maiore mole coorta quam bella tractabantur; et cum tributum conferri per tribunos non posset nec stipendium imperatoribus mitteretur aeraque militaria flagitaret miles, haud procul erat quin castra quoque urbanae seditionis conta-

gerstand die Angeklagten zu je 10 000 As schwerer Münze, wobei Sergius vergeblich dem Krieg allgemein und seinen Wechselfällen die Schuld gab, Verginius um Gnade bat, da er im Frieden nicht bedauernswerter sein wolle als im Krieg. (2) Die Erbitterung des Volkes gegenüber diesen Männern verdunkelte die Erinnerung an die Nachwahl der Tribunen und an die Umtriebe gegen das trebonische Gesetz.

(3) Damit der Bürgerstand unmittelbaren Gewinn aus seinem Urteil ziehen könne, machten die siegreichen Tribunen den Entwurf eines Ackergesetzes bekannt und verhinderten die Steuerabgabe, (4) obgleich so viele Heere den Sold doch nötig brauchten und die militärischen Aktionen zwar nicht erfolglos waren, aber doch so verliefen, dass man noch bei keinem Krieg zum Ende gelangt war. Bei Veji wurde nämlich das verlorene Lager wiedererobert und mit Kastellen und Bollwerken verstärkt; das Kommando führten die Militärtribunen M.' Aemilius und K. Fabius. (5) Dem M. Furius im Faliskerland beziehungsweise dem Cn. Cornelius im Gebiet von Capena zeigten sich außerhalb ihrer Mauern keine Feinde; Beutevieh wurde weggetrieben und zur Verwüstung der Länder Gehöfte und Feldfrucht in Brand gesteckt; befestigte Städte wurden weder angegriffen noch belagert. (6) Allerdings griff man im Volskerland nach Verheerung der Feldmark Anxur an, vergeblich, lag es doch auf steiler Höhe; und als Waffengewalt nichts ausrichtete, begann man, die Stadt mit Wall und Graben zu umschließen. Der Oberbefehl im Volskerland war Valerius Potitus zugefallen. (7) Bei diesem Stand der Kriegführung verwandte man größere Mühe darauf, innere Unruhe zu schüren, als die Feldzüge voranzutreiben; und weil die Steuer wegen der Tribunen nicht aufgebracht werden konnte, den Feldherren daher der Betrag nicht geschickt wurde, die Soldaten aber doch ihren Sold forderten, fehlte nicht mehr viel, dass sogar das Lager von dem Parteikampf in der Stadt angesteckt und in Unruhe gera-

gione turbarentur. (8) Inter has iras plebis in patres cum tribuni plebi nunc illud tempus esse dicerent stabiliendae libertatis et ab Sergiis Verginiisque ad plebeios viros fortes ac strenuos transferendi summi honoris, (9) non tamen ultra processum est quam ut unus ex plebe, usurpandi iuris causa, P. Licinius Calvus tribunus militum consulari potestate crearetur: (10) ceteri patricii creati, P. Manlius, L. Titinius, P. Maelius, L. Furius Medullinus, L. Publilius Volscus. (11) Ipsa plebes mirabatur se tantam rem obtinuisse, non is modo qui creatus erat, vir nullis ante honoribus usus, vetus tantum senator et aetate iam gravis; (12) nec satis constat cur primus ac potissimus ad novum delibandum honorem sit habitus. Alii Cn. Corneli fratris, qui tribunus militum priore anno fuerat triplexque stipendium equitibus dederat, gratia extractum ad tantum honorem credunt, alii orationem ipsum tempestivam de concordia ordinum patribus plebique gratam habuisse. (13) Hac victoria comitiorum exsultantes tribuni plebis quod maxime rem publicam impediebat de tributo remiserunt. Conlatum oboedienter missumque ad exercitum est.

13 (1) Anxur in Volscis brevi receptum est, neglectis die festo custodiis urbis. Insignis annus hieme gelida ac nivosa fuit, adeo ut viae clausae, Tiberis innavigabilis fuerit. Annona ex ante convecta copia nihil mutavit. (2) Et quia P. Licinius ut ceperat

ten wäre. (8) Obwohl die Volkstribunen angesichts der Erbitterung des Volkes gegenüber den Vätern erklärten, nun sei der lang ersehnte Zeitpunkt gekommen, um die Freiheit fest zu verankern und die oberste Macht von Leuten wie Sergius und Verginius auf tapfere und wackere Plebejer zu übertragen, (9) ging man dennoch nicht weiter, als, um sein Recht geltend zu machen, einen einzigen Mann aus dem Bürgerstand, P. Licinius Calvus, zum Militärtribunen mit konsularischer Amtsgewalt zu wählen: (10) Außer ihm wurden nur Patrizier gewählt, es waren dies P. Manlius, L. Titinius, P. Maelius, L. Furius Medullinus und L. Publilius Volscus. (11) Die Bürgerlichen selbst wunderten sich, einen derart großen Erfolg erreicht zu haben, nicht nur der Gewählte, ein Mann, der zuvor keine Ämter bekleidet hatte und lediglich Senator war, alt und vom Leben schon beschwert; (12) es ist auch nicht hinreichend bekannt, warum gerade er als erster auserkoren wurde, um in den Genuss dieser Ehre zu kommen. Die einen meinen, er sei seines Bruders Cn. Cornelius wegen, der ein Jahr zuvor Militärtribun gewesen war und den Reitern dreifachen Sold gegeben hatte, in die so ehrenvolle Stelle befördert worden, die anderen, er habe zur rechten Zeit eine Rede über die Eintracht der Stände gehalten, die Vätern und Bürgervolk gleich willkommen gewesen sei. (13) In ihrer Begeisterung über diesen Wahlsieg gaben die Volkstribunen in der Steuerangelegenheit, welche die Regierung am meisten behinderte, nach. Die Steuer wurde willig aufgebracht und zum Heer geschickt.

13 (1) Anxur im Volskerland wurde bald wiedererobert, da man dort wegen eines Festtages die Bewachung der Stadt vernachlässigt hatte. Das Jahr war denkwürdig durch einen eisigen und schneereichen Winter, so dass Straßen unpassierbar wurden und der Tiber nicht schiffbar war. Dank der zuvor gesammelten Vorräte änderte sich der Getreidepreis nicht. (2) Und weil P. Licinius sein Amt auch so führte, wie er es, oh-

haud tumultuose magistratum maiore gaudio plebis quam indignatione patrum, ita etiam gessit, dulcedo invasit proximis comitiis tribunorum militum plebeios creandi. (3) Unus M. Veturius ex patriciis candidatis locum tenuit: plebeios alios tribunos militum consulari potestate omnes fere centuriae dixere, M. Pomponium, Cn. Duilium, Voleronem Publilium, Cn. Genucium, L. Atilium.

(4) Tristem hiemem sive ex intemperie caeli, raptim mutatione in contrarium facta, sive alia qua de causa gravis pestilensque omnibus animalibus aestas excepit; (5) cuius insanabili perniciei quando nec causa nec finis inveniebatur, libri Sibyllini ex senatus consulto aditi sunt. (6) Duumviri sacris faciundis, lectisternio tunc primum in urbe Romana facto, per dies octo Apollinem Latonamque, Herculem et Dianam, Mercurium atque Neptunum tribus quam amplissime tum apparari poterat stratis lectis placavere. (7) Privatim quoque id sacrum celebratum est. Tota urbe patentibus ianuis promiscuoque usu rerum omnium in propatulo posito, notos ignotosque passim advenas in hospitium ductos ferunt, et cum inimicis quoque benigne ac comiter sermones habitos; iurgiis ac litibus temperatum; (8) vinctis quoque dempta in eos dies vincula; religioni deinde fuisse quibus eam opem di tulissent vinciri.

(9) Interim ad Veios terror multiplex fuit tribus in unum bellis conlatis. Namque eodem quo antea modo circa munimenta

ne Unruhe zu stiften, unter größerer Begeisterung des Bürgerstandes als mit Unwillen der Väter übernommen hatte, bekamen sie Lust, bei den nächsten Wahlen als Militärtribunen Plebejer zu wählen. (3) Von den patrizischen Kandidaten erhielt nur M. Veturius eine Stelle: Beinahe alle Centurien wählten sonst die Plebejer M. Pomponius, Cn. Duilius, Volero Publilius, Cn. Genucius und L. Atilius zu Militärtribunen mit konsularischer Amtsbefugnis.

(4) Nach einem strengen Winter folgte ein Sommer, der vielleicht durch die rasche Änderung des Klimas, den jähen Umschlag der Temperatur ins Gegenteil, vielleicht aus irgendeinem anderen Grund für alle Lebewesen drückend und ungesund war; (5) da weder Ursache noch Ende dieser unheilbaren Seuche sich finden ließ, befragte man auf Senatsbeschluss die sibyllinischen Bücher. (6) Die Zweimänner für Opferhandlungen versuchten in den damals zum ersten Mal in Rom stattfindenden Götterspeisungen[8] acht Tage lang Apollo und Latona, Hercules und Diana sowie Merkur und Neptun zu versöhnen, wozu man drei Speisepolster für die damalige Zeit so aufwendig als möglich hergerichtet hatte. (7) Dieses Fest wurde auch privat gefeiert. In der ganzen Stadt waren die Haustore geöffnet, alles Hab und Gut stand im Freien zur allgemeinen Verfügung, Ankömmlinge, bekannte wie fremde, sollen ohne Unterschied gastlich eingeladen worden sein; auch mit persönlichen Feinden habe man in freundlichem und höflichem Ton Gespräche geführt; Zank und Streit sei Einhalt geboten worden; (8) sogar den Gefangenen habe man in diesen Tagen die Ketten abgenommen; und danach habe man religiöse Bedenken gehabt, jene wieder gefangen zu nehmen, denen die Götter solche Hilfe gebracht hätten.

(9) Unterdessen vervielfachte sich die drohende Gefahr vor Veji, da drei Kriege zu einem geworden waren. Denn so wie früher musste man auf beiden Seiten der Verschanzungen ge-

cum repente Capenates Faliscique subsidio venissent, adversus tres exercitus ancipiti proelio pugnatum est. (10) Ante omnia adiuvit memoria damnationis Sergi ac Vergini. Itaque ⟨e⟩ maioribus castris, unde antea cessatum fuerat, brevi spatio circumductae copiae Capenates in vallum Romanum versos ab tergo adgrediuntur; (11) inde pugna coepta et Faliscis intulit terrorem, trepidantesque eruptio ex castris opportune facta avertit. Repulsos deinde insecuti victores ingentem ediderunt caedem; (12) nec ita multo post iam palantes veluti forte oblati; populatores Capenatis agri reliquias pugnae absumpsere. (13) Et Veientium refugientes in urbem multi ante portas caesi, dum prae metu, ne simul Romanus inrumperet, obiectis foribus extremos suorum exclusere.

14 (1) Haec eo anno acta; et iam comitia tribunorum militum aderant, quorum prope maior patribus quam belli cura erat, quippe non communicatum modo cum plebe sed prope amissum cernentibus summum imperium. (2) Itaque clarissimis viris ex composito praeparatis ad petendum quos praetereundi verecundiam crederent fore, nihilo minus ipsi perinde ac si omnes candidati essent cuncta experientes non homines modo sed deos etiam exciebant, in religionem vertentes comitia biennio habita; (3) priore anno intolerandam hiemem prodigiisque divinis similem coortam, proximo non prodigia sed iam

gen drei Heere einen Zweifrontenkrieg führen, da plötzlich die Capenaten und Falisker zur Unterstützung herangerückt waren. (10) Vor allem sollte sich die Erinnerung an die Verurteilung des Sergius und Verginius als nützlich erweisen. Folglich umgingen die Truppen aus dem größeren Lager, wo man zuvor gezögert hatte, in leichtem Schwenk die gegen den römischen Wall gerichteten Capenaten und griffen sie im Rücken an; (11) dann begann die Schlacht, die auch unter den Faliskern gehörigen Schrecken verbreitete, und als sie schon wankten, schlug sie ein zur rechten Zeit aus dem Lager unternommener Ausbruch in die Flucht. Die Sieger setzten den Zurückgeschlagenen nach und richteten ein gewaltiges Blutbad an; (12) nicht viel später stießen die Truppen, die das Land von Capena plündernd durchzogen, wie zufällig auf die Überlebenden aus der Schlacht, die ziellos umherirrten, und vernichteten sie. (13) Von den Vejentern, die in die Stadt zurückflohen, wurden viele vor den Toren niedergemacht, indem man aus Angst vor zugleich eindringenden Römern die Türflügel schloss und die letzten der eigenen Leute aussperrte.

14 (1) So weit die Ereignisse dieses Jahres; schon standen die Wahlen der Militärtribunen bevor, die den Vätern beinahe mehr Sorgen bereiteten als der Krieg, weil sie sahen, dass sie die höchste Macht nicht nur mit dem Bürgerstand geteilt, sondern fast verloren hatten. (2) Daher bereiteten sie genau nach Plan die angesehensten Männer, die zu übergehen man – wie sie glaubten – nicht wagen würde, auf eine Kandidatur vor, wobei sie dennoch so, als ob sie alle selbst kandidierten, jedes Mittel versuchten, nicht nur die Menschen, sondern auch die Götter um Hilfe anriefen und die in den letzten zwei Jahren abgehaltenen Wahlen als Verletzung der religiösen Ordnung auslegten; (3) im vorletzten Jahr sei ein unerträglicher Winter gleich einem göttlichen Zeichen hereingebrochen, im letzten nicht mehr Vorzeichen, sondern bereits die Schrecknisse

eventus: (4) pestilentiam agris urbique inlatam haud dubia ira deum, quos pestis eius arcendae causa placandos esse in libris fatalibus inventum sit; comitiis auspicato quae fierent indignum dis visum honores volgari discriminaque gentium confundi. (5) Praeterquam maiestate petentium, religione etiam attoniti homines patricios omnes, partem magnam honoratissimum quemque, tribunos militum consulari potestate creavere, L. Valerium Potitum quintum, M. Valerium Maximum, M. Furium Camillum iterum, L. Furium Medullinum tertium, Q. Servilium Fidenatem iterum, Q. Sulpicium Camerinum iterum. (6) His tribunis ad Veios nihil admodum memorabile actum est; tota vis in populationibus fuit. (7) Duo summi imperatores, Potitus a Faleriis, Camillus a Capena praedas ingentes egere, nulla incolumi relicta re cui ferro aut igni noceri posset.

15 (1) Prodigia interim multa nuntiari, quorum pleraque et quia singuli auctores erant parum credita spretaque, et quia, hostibus Etruscis, per quos ea procurarent haruspices non erant: (2) in unum omnium curae versae sunt quod lacus in Albano nemore, sine ullis caelestibus aquis causave qua alia quae rem miraculo eximeret, in altitudinem insolitam crevit. (3) Quidnam eo di portenderent prodigio missi sciscitatum oratores ad Delphicum oraculum. (4) Sed propior interpres fatis oblatus senior quidam Veiens, qui inter cavillantes in statio-

selbst: (4) Krankheit habe sich aufgrund des unzweifelhaften Zornes der Götter über Stadt und Land gebreitet, die man, so habe man es in den Schicksalsbüchern[9] gefunden, gnädig stimmen müsste, um die Seuche abzuwehren; den Göttern sei es schändlich erschienen, dass in den unter Auspizien veranstalteten Wahlen Ehrenämter unter dem gemeinen Volk aufgeteilt und die Unterschiede der Geschlechter unkenntlich gemacht würden. (5) So wählten die Leute, nicht nur vom hohen Ansehen der Amtsbewerber, sondern auch von Götterfurcht wie betäubt, ausschließlich Patrizier, vorwiegend die angesehensten, zu Militärtribunen mit konsularischer Amtsgewalt: L. Valerius Potitus zum fünften Mal, M. Valerius Maximus, M. Furius Camillus zum zweiten Mal, L. Furius Medullinus zum dritten Mal, sowie Q. Servilius Fidenas und Q. Sulpicius Camerinus, beide zum zweiten Mal. (6) Unter diesen Tribunen geschah vor Veji nichts, was besonders erwähnenswert wäre; alle Energie wurde für Plünderungen verwendet. (7) Die beiden Oberkommandierenden Potitus und Camillus trieben von Falerii beziehungsweise Capena sehr viel Beutevieh weg, und nichts blieb ganz, was mit Feuer oder Schwert zu zerstören war.

15 (1) Indessen wurden viele Vorzeichen gemeldet, von denen die meisten kaum geglaubt, ja missachtet wurden, weil es immer nur einzelne als Zeugen und, da die Etrusker nun Feinde waren, auch keine Opferschauer gab, mit deren Hilfe man sie sühnen konnte: (2) Aller Sorge war ausschließlich auf das Phänomen gerichtet, dass der See im Albanerwald ohne Regenfälle oder irgendeinen anderen Grund, der das Ereignis des Wunderbaren entkleidet hätte, zu ungewohnter Höhe anschwoll.[10] (3) Um in Erfahrung zu bringen, was denn die Götter durch dieses Vorzeichen verkündeten, wurden Gesandte zum Orakel von Delphi gesandt. (4) Aber näher noch schenkte ihnen das Schicksal einen anderen Seher, einen Greis aus Veji,

nibus ac custodiis milites Romanos Etruscosque vaticinantis in modum cecinit priusquam ex lacu Albano aqua emissa foret nunquam potiturum Veiis Romanum. (5) Quod primo velut temere iactum sperni, agitari deinde sermonibus coeptum est donec unus ex statione Romana percontatus proximum oppidanorum, iam per longinquitatem belli commercio sermonum facto, quisnam is esset qui per ambages de lacu Albano iaceret, (6) postquam audivit haruspicem esse, vir haud intacti religione animi, causatus de privati portenti procuratione si operae illi esset consulere velle, ad conloquium vatem elicuit. (7) Cumque progressi ambo a suis longius essent inermes sine ullo metu, praevalens iuvenis Romanus senem infirmum in conspectu omnium raptum nequiquam tumultuantibus Etruscis ad suos transtulit. (8) Qui cum perductus ad imperatorem, inde Romam ad senatum missus esset, sciscitantibus quidnam id esset quod de lacu Albano docuisset, (9) respondit profecto iratos deos Veienti populo illo fuisse die quo sibi eam mentem obiecissent ut excidium patriae fatale proderet. (10) Itaque quae tum cecinerit divino spiritu instinctus, ea se nec ut indicta sint revocare posse, et tacendo forsitan quae di immortales volgari velint haud minus quam celanda effando nefas contrahi. (11) sic igitur libris fatalibus, sic disciplina Etrusca traditum esse, ut quando aqua Albana abundasset, tum si

der bei den Vorposten und den Wachen unter dem Gespött der römischen und etruskischen Soldaten in der Art eines Weissagers orakelte, ehe nicht aus dem Albanersee das Wasser abgeleitet wäre, würden die Römer nie die Herren von Veji werden. (5) Anfänglich missachtete man das als gedankenloses Geschwätz, begann darauf aber, es in Gesprächen zu erörtern, bis einer vom römischen Vorposten den nächsten Städter – durch die Länge des Krieges war es bereits zu gegenseitigen Unterredungen gekommen – aushorchte, wer denn der sei, der sich so rätselhaft über den Albanersee äußere: (6) Nachdem der Mann, dessen Herz für fromme Gefühle nicht unempfänglich war, gehört hatte, es handle sich um einen Haruspex, einen Opferschauer, lockte er unter dem Vorwand, er wolle ihn sprechen, wenn er dafür Zeit hätte, wegen der Sühnung eines Vorzeichens, das ihn persönlich betreffe, den Seher zu einem Zwiegespräch heraus. (7) Als sich die beiden, unbewaffnet und ohne Misstrauen, von den Ihren schon weit entfernt hatten, ergriff der junge und stärkere Römer vor aller Augen den kraftlosen Alten und brachte ihn, während die Etrusker vergeblich tobten, zu seinen Kameraden. (8) Zum Feldherrn geführt und dann nach Rom vor den Senat gebracht, antwortete er auf die Fragen, was denn das wäre, was er über den Albanersee verkündet hätte: (9) Wahrlich erzürnt über das Volk von Veji seien an dem Tag die Götter gewesen, als sie ihm eingegeben hätten, den vom Schicksal bestimmten Untergang seiner Heimat zu enthüllen. (10) Daher könne er das, was er damals, von göttlichem Geist geleitet, geweissagt habe, nicht widerrufen, als ob es ihm nie eingegeben worden wäre; vielleicht lade er durch Schweigen über Dinge, die die Götter bekannt machen wollten, nicht geringere Schuld auf sich als durch Preisgabe von Geheimnissen. (11) So also sei es in den Schicksalsbüchern, so in der Lehre der Etrusker überliefert, dass dann, wenn das Wasser des Albanersees über die Ufer trete und die Römer dieses den

eam Romanus rite emisisset victoriam de Veientibus dari; antequam id fiat deos moenia Veientium deserturos non esse. (12) Exsequebatur inde quae sollemnis derivatio esset; sed auctorem levem nec satis fidum super tanta re patres rati decrevere legatos sortesque oraculi Pythici exspectandas.

16 (1) Priusquam a Delphis oratores redirent Albanive prodigii piacula invenirentur, novi tribuni militum consulari potestate, L. Iulius Iulus, L. Furius Medullinus quartum, L. Sergius Fidenas, A. Postumius Regillensis, P. Cornelius Maluginensis, A. Manlius magistratum inierunt. (2) Eo anno Tarquinienses novi hostes exorti. Qui quia multis simul bellis, Volscorum ad Anxur, ubi praesidium obsidebatur, Aequorum ad Labicos, qui Romanam ibi coloniam oppugnabant, ad hoc Veientique et Falisco et Capenati bello occupatos videbant Romanos, nec intra muros quietiora negotia esse certaminibus patrum ac plebis, (3) inter haec locum iniuriae rati esse, praedatum in agrum Romanum cohortes expeditas mittunt: aut enim passuros inultam eam iniuriam Romanos ne novo bello se onerarent, aut exiguo eoque parum valido exercitu persecuturos. (4) Romanis indignitas maior quam cura populationis Tarquiniensium fuit; eo nec magno conatu suscepta nec in longum dilata res est. (5) A. Postumius et L. Iulius, non iusto dilectu – etenim ab tribunis plebis impediebantur – sed prope voluntariorum quos

heiligen Satzungen gemäß abließen, ihnen der Sieg über die Vejenter gegeben werde; bevor das nicht geschehe, würden die Götter die Mauern Vejis nicht verlassen. (12) Dann beschrieb er, welche Ableitung den Riten entspreche; die Väter aber hielten ihn in einer so wichtigen Sache für einen nicht ernstzunehmenden, unzuverlässigen Gewährsmann und beschlossen, die Gesandten und die Antwort des pythischen Orakels abzuwarten.

16 (1) Noch bevor die Gesandten von Delphi zurückkehrten oder man Sühnung für das albanische Wunderzeichen finden konnte, wurden neue Militärtribunen mit konsularischer Amtsgewalt gewählt [397]: L. Iulius Iulus, L. Furius Medullinus zum vierten Mal, L. Sergius Fidenas, A. Postumius Regillensis, P. Cornelius Maluginensis und A. Manlius übernahmen dieses Amt. (2) In diesem Jahr entstanden aus Tarquinii neue Feinde. Weil man dort sah, dass die Römer gleichzeitig in viele Kriege verstrickt waren – gegen die Volsker bei Anxur, wo ein Vorposten belagert wurde, gegen die Aequer vor Labici, die dort eine römische Kolonie angriffen, dazu noch in den Krieg gegen Veji, die Falisker und Capena – und dass es hinter ihren Mauern infolge der Streitigkeiten zwischen Vätern und Bürgerstand keinesfalls friedlicher zugehe, (3) rechneten sie sich eine Chance für Übergriffe aus und schickten leichtbewaffnete Verbände zur Plünderung ins römische Gebiet: Denn entweder würden die Römer eine solche Provokation straflos hinnehmen, um sich nicht mit einem zusätzlichen Krieg zu belasten, oder sie würden mit einem kleinen und daher zu schwachen Heer die Verfolgung aufnehmen. (4) Die Römer empfanden eher Empörung als Sorge über den Raubzug der Tarquinienser; so schritten sie ohne große Rüstung und langen Verzug zur Tat. (5) A. Postumius und L. Iulius gelang keine ordnungsgemäße Aushebung – die Volkstribunen hinderten sie nämlich daran –, sondern sie brachten eine kleine, fast nur aus Freiwilligen be-

adhortando incitaverant coacta manu, per agrum Caeretem obliquis tramitibus egressi, redeuntes a populationibus gravesque praeda Tarquinienses oppressere. (6) Multos mortales obtruncant, omnes exuunt impedimentis, et receptis agrorum suorum spoliis Romam revertuntur. (7) Biduum ad recognoscendas res datum dominis; tertio incognita – erant autem ea pleraque hostium ipsorum – sub hasta veniere quodque inde redactum militibus est divisum.

(8) Cetera bella maximeque Veiens incerti exitus erant. Iamque Romani desperata ope humana fata et deos spectabant, cum legati ab Delphis venerunt, sortem oraculi adferentes congruentem responso captivi vatis: (9) »Romane, aquam Albanam cave lacu contineri, cave in mare manare suo flumine sinas; emissam per agros rigabis dissipatamque rivis exstingues; (10) tum tu insiste audax hostium muris, memor quam per tot annos obsides urbem ex ea tibi his quae nunc panduntur fatis victoriam datam. (11) Bello perfecto donum amplum victor ad mea templa portato, sacraque patria, quorum omissa cura est, instaurata ut adsolet facito.«

17 (1) Ingens inde haberi captivus vates coeptus, eumque adhibere tribuni militum Cornelius Postumiusque ad prodigii Albani procurationem ac deos rite placandos coepere; (2) inventumque tandem est ubi neglectas caerimonias intermis-

stehende Mannschaft zusammen, die sie durch ihre Mahnreden gewonnen hatten; dann zogen sie auf Seitenpfaden durch das Gebiet von Caere und überfielen die von ihren Plünderungen zurückkehrenden, beutebeladenen Tarquinienser. (6) Sie machten da eine große Menge Menschen nieder, beraubten alle der Beute, eroberten die auf ihrem Gebiet geraubten Güter zurück und kehrten heim nach Rom. (7) Den Eigentümern wurden zwei Tage gegeben, um ihr Hab und Gut als Eigentum wiederzuerkennen; am dritten gelangten die von niemandem beanspruchten Gegenstände – sie gehörten großenteils den Feinden selbst – zur Versteigerung, der Erlös daraus wurde unter den Soldaten verteilt.

(8) Wie die übrigen Kriege, besonders der gegen Veji, enden würden, war ungewiss. Die Römer setzten auf menschliches Tun bereits keine Hoffnung mehr, blickten daher nur auf Schicksal und Götter, als die Gesandten aus Delphi eintrafen und einen Orakelspruch mitbrachten, der mit der Prophezeiung des gefangenen Sehers übereinstimmte: (9) »Römer, hüte dich, albanisches Gewässer im See zu stauen, hüte dich, es in eigenem Lauf zum Meer strömen zu lassen; das ausgelassene wirst du über die Felder leiten und es, in Kanäle verteilt, aufbrauchen; (10) du stelle dich dann kühn gegen der Feinde Mauern und denk daran, dass dir über die Stadt, welche du so viele Jahre belagerst, in den Schicksalssprüchen, die jetzt offenbar werden, der Sieg gegeben wurde. (11) Nach dem Ende des Krieges sollst du als Sieger reiche Gabe zu meinem Heiligtume bringen und die väterlichen Opfer, deren Pflege vernachlässigt wurde, wiederherstellen und darbringen, wie es Brauch ist.«

17 (1) Von da an begann man, den gefangenen Seher für ungeheuer bedeutend zu halten, und auch die Militärtribunen Cornelius und Postumius fingen an, ihn zur Sühnung des albanischen Wunderzeichens und zu den Riten für die Besänftigung der Götter beizuziehen. (2) Schließlich fand man heraus,

sumve sollemne di arguerent: nihil profecto aliud esse quam magistratus vitio creatos Latinas sacrumque in Albano monte non rite concepisse; (3) unam expiationem eorum esse ut tribuni militum abdicarent se magistratu, auspicia de integro repeterentur et interregnum iniretur. (4) Ea ita facta sunt ex senatus consulto. Interreges tres deinceps fuere, L. Valerius, Q. Servilius Fidenas, M. Furius Camillus. (5) Nunquam desitum interim turbari, comitia interpellantibus tribunis plebis donec convenisset prius ut maior pars tribunorum militum ex plebe crearetur.

(6) Quae dum aguntur, concilia Etruriae ad fanum Voltumnae habita, postulantibusque Capenatibus ac Faliscis ut (7) Veios communi animo consilioque omnes Etruriae populi ex obsidione eriperent, responsum est antea se id Veientibus negasse quia unde consilium non petissent super tanta re auxilium petere non deberent; (8) nunc iam pro se fortunam suam illis negare maxime. in ea parte Etruriae gentem invisitatam, novos accolas Gallos esse, cum quibus nec pax satis fida nec bellum pro certo sit. (9) sanguini tamen nominique et praesentibus periculis consanguineorum id dari ut si qui iuventutis suae voluntate ad id bellum eant non impediant. (10) Eum magnum advenisse hostium numerum fama Romae erat,

worauf die Vorwürfe der Götter, die Zeremonien seien missachtet und die heiligen Feste unterbrochen worden, zurückgehen möchten: Es sei in der Tat nichts anderes, als dass die unrechtmäßig gewählten Beamten das Latinerfest und das Opfer auf dem Albanerberg nicht den heiligen Satzungen entsprechend angesetzt hätten.[11] (3) Die einzige Möglichkeit, dies zu sühnen, bestehe darin, dass die Militärtribunen von ihrem Amt zurückträten, die Auspizien von neuem eingeholt und ein Interregnum eingeführt würde. (4) Und so geschah es auch auf Senatsbeschluss. Es gab dann nacheinander drei Zwischenkönige: L. Valerius, Q. Servilius Fidenas und M. Furius Camillus. (5) Die Unruhen hörten inzwischen keinen Augenblick auf, weil die Volkstribunen die Wahlen so lange vereitelten, bis man sich einigte, dass die Mehrzahl der Militärtribunen aus dem Bürgerstand gewählt werden solle.

(6) Währenddessen fand ein Landtag Etruriens beim Voltumnaheiligtum statt; dort erhielten die Capenaten und Falisker auf ihre Forderung, (7) alle Völker Etruriens sollten in einmütigem Entschluss Veji aus der Belagerung befreien, folgende Antwort: Früher habe man den Vejentern dies verwehrt, weil sie von Leuten, deren Rat sie über ein so wichtiges Unternehmen nicht eingeholt hätten, auch keine Hilfe verlangen durften; (8) jetzt aber verweigerten nicht mehr sie selbst, sondern vor allem ihre äußeren Verhältnisse jenen die Unterstützung. In ihrem Teil Etruriens sei ein noch nie gesehenes Volk und neuer Nachbar, die Gallier, erschienen, mit denen weder Friede sicher noch Krieg gewiss sei. (9) Dennoch könnten sie es der Stammes- und Volksgemeinschaft sowie den gegenwärtigen Gefahren der Blutsverwandten verdanken, dass sie Männer aus ihrer Jungmannschaft, die freiwillig in den Krieg gehen wollten, nicht daran hinderten. (10) In Rom sprach man davon, dass sich die Zahl der Feinde somit erheblich erhöht habe, und so begannen sich, wie es zu geschehen pflegt,

eoque mitescere discordiae intestinae metu communi, ut fit, coeptae.

18 (1) Haud invitis patribus P. Licinium Calvum praerogativae tribunum militum non petentem creant, moderationis expertae in priore magistratu virum, ceterum iam tum exactae aetatis; (2) omnesque deinceps ex collegio eiusdem anni refici apparebat, L. Titinium, P. Maenium, Cn. Genucium, L. Atilium. Qui priusquam renuntiarentur iure vocatis tribubus, permissu interregis P. Licinius Calvus ita verba fecit: (3) »Omen concordiae, Quirites, rei maxime in hoc tempus utilis, memoria nostri magistratus vos his comitiis petere in insequentem annum video. (4) Etsi collegas eosdem reficitis, etiam usu meliores factos, me iam non eundem sed umbram nomenque P. Licini relictum videtis. Vires corporis adfectae, sensus oculorum atque aurium hebetes, memoria labat, vigor animi obtunsus. (5) En vobis« inquit »iuvenem«, filium tenens, »effigiem atque imaginem eius quem vos antea tribunum militum ex plebe primum fecistis. Hunc ego institutum disciplina mea vicarium pro me rei publicae do dicoque, vosque quaeso, Quirites, delatum mihi ultro honorem huic petenti meisque pro eo adiectis precibus mandetis.« (6) Datum id petenti patri filiusque eius P. Licinius tribunus militum consulari potestate cum iis quos supra scripsimus declaratus.

die inneren Zwistigkeiten durch die allgemeine Angst abzuschwächen.

18 (1) Nicht gegen den Willen der Väter wählten die zuerst abstimmenden Centurien[12] P. Licinius Calvus, obwohl er sich nicht bewarb, zum Militärtribunen, einen Mann von erprobter Mäßigung in seinem früheren Amt, der im übrigen damals schon in vorgerücktem Alter stand; (2) und es schien klar, dass alle aus dem Kollegium ebendieses Jahres der Reihe nach wiedergewählt werden sollten: L. Titinius, P. Maenius, Cn. Genucius und L. Atilius. Bevor diese von den versammelten Stimmbezirken rechtmäßig bestätigt wurden, hielt P. Licinius Calvus mit Einverständnis des Zwischenkönigs eine Rede folgender Art: (3) »Ich sehe, ihr Bürger, dass ihr in Erinnerung an unsere Amtsführung aus diesen Wahlen ein Vorzeichen für die Eintracht im kommenden Jahr, eine für diese Zeit gerade höchst nützliche Sache, ableiten wollt. (4) Obschon ihr dieselben Amtskollegen wiederwählt, die durch ihre Erfahrung noch besser wurden, seht ihr in mir nicht mehr denselben Mann, sondern nur noch den Schatten des P. Licinius, dem nur sein Name geblieben ist. Die Kraft meines Körpers ist erschöpft, Seh- und Gehörsinn sind stumpf, das Gedächtnis lässt nach, und die Schärfe des Geistes ist matt geworden. (5) Aber seht euch hier den jungen Mann an«, sprach er und umarmte seinen Sohn, »Abbild und Ebenbild dessen, den ihr früher zum ersten Militärtribunen aus dem Bürgerstand gewählt habt. Ihn, den ich in meiner Schule erzogen habe, biete ich als Stellvertreter an meiner Statt dem Staat als Weihgeschenk dar und bitte euch, ihr Bürger, dass ihr das Amt, das ihr mir ohne meine Bitte gabt, ihm verleiht, da er danach strebt und ich zudem für ihn bitte.« (6) Die Bitten des Vaters fanden Gehör, und sein Sohn P. Licinius wurde zusammen mit den oben erwähnten Männern zum Militärtribun mit konsularischer Amtsgewalt erklärt [396].

(7) Titinius Genuciusque tribuni militum profecti adversus Faliscos Capenatesque, dum bellum maiore animo gerunt quam consilio, praecipitavere se in insidias. (8) Genucius morte honesta temeritatem luens ante signa inter primores cecidit; Titinius in editum tumulum ex multa trepidatione militibus collectis aciem restituit; nec se tamen aequo loco hosti commisit. (9) Plus ignominiae erat quam cladis acceptum, quae prope in cladem ingentem vertit; tantum inde terroris non Romae modo, quo multiplex fama pervenerat, sed in castris quoque fuit ad Veios. Aegre ibi miles retentus a fuga est (10) cum pervasisset castra rumor ducibus exercituque caeso victorem Capenatem ac Faliscum Etruriaeque omnem iuventutem haud procul inde abesse. (11) His tumultuosiora Romae, iam castra ad Veios oppugnari, iam partem hostium tendere ad urbem agmine infesto, crediderant; concursumque in muros est et matronarum, quas ex domo conciverat publicus pavor, obsecrationes in templis factae, (12) precibusque ab dis petitum ut exitium ab urbis tectis templisque ac moenibus Romanis arcerent Veiosque eum averterent terrorem, si sacra renovata rite, si procurata prodigia essent.

19 (1) Iam ludi Latinaeque instaurata erant, iam ex lacu Albano aqua emissa in agros, Veiosque fata adpetebant. (2) Igitur fatalis dux ad excidium illius urbis servandaeque patriae, M. Fu-

(7) Die Militärtribunen Titinius und Genucius setzten sich gegen die Falisker und Capenaten in Marsch, gerieten aber, während sie den Krieg mit mehr Herz als Verstand führten, in einen Hinterhalt. (8) Genucius sühnte mit einem ehrenhaften Tod seine Unbesonnenheit und fiel vor den Feldzeichen in vorderster Reihe; Titinius sammelte seine Soldaten nach einer Zeit völliger Verwirrung auf einer steilen Anhöhe und stellte die Schlachtreihe wieder her; aber dennoch wagte er sich auf ebenem Gelände nicht an den Feind. (9) Größer als die eigentlichen Verluste war die Schande, die man erlitten; aber auch sie schlug beinahe in schlimmes Unheil um; so groß war der Schrecken darüber nicht nur in Rom, wohin übertriebene Nachrichten davon gelangt waren, sondern auch im Lager vor Veji. Mit Mühe konnten dort die Soldaten von der Flucht abgehalten werden, (10) da das Gerücht das Lager durcheilt hatte, nach dem Fall der Feldherren und des Heeres stünden die siegreichen Capenaten und Falisker sowie das ganze Jungvolk der Etrusker nicht mehr weit entfernt. (11) Meldungen, schrecklicher noch als diese, hatten in Rom Glauben gefunden: Das Lager vor Veji werde bereits angegriffen, eine Abteilung der Feinde ziehe schon in drohendem Zug gegen die Stadt; alles strömte auf die Mauern, die Frauen, welche die allgemeine Panik aus ihren Häusern getrieben hatte, hielten in den Tempeln Sühnefeiern ab (12) und baten die Götter in ihren Gebeten, sie mögen den Untergang von Stadt, Häusern, Tempeln und Mauern Roms abwenden, dies Schrecknis gegen Veji lenken, wenn die Opfer den heiligen Satzungen entsprechend wiederhergestellt, wenn die Vorzeichen gesühnt wären.

19 (1) Nunmehr waren die Spiele und das Latinerfest erneuert, war das Wasser aus dem Albanersee auf die Felder geleitet worden, da wandte sich das Schicksal gegen Veji. (2) Also wurde der vom Schicksal bestimmte Führer, jene Stadt zu vernichten und das Vaterland zu retten, M. Furius Camillus, zum Dik-

rius Camillus, dictator dictus magistrum equitum P. Cornelium Scipionem dixit. (3) Omnia repente mutaverat imperator mutatus; alia spes, alius animus hominum, fortuna quoque alia urbis videri. (4) Omnium primum in eos qui a Veiis in illo pavore fugerant more militari animadvertit, effecitque ne hostis maxime timendus militi esset. Deinde indicto dilectu in diem certam, ipse interim Veios ad confirmandos militum animos intercurrit; (5) inde Romam ad scribendum novum exercitum redit, nullo detractante militiam. Peregrina etiam iuventus, Latini Hernicique, operam suam pollicentes ad id bellum venere; (6) quibus cum gratias in senatu egisset dictator, satis iam omnibus ad id bellum paratis, ludos magnos ex senatus consulto vovit Veiis captis se facturum aedemque Matutae Matris refectam dedicaturum, iam ante ab rege Ser. Tullio dedicatam. (7) Profectus cum exercitu ab urbe exspectatione hominum maiore quam spe, in agro primum Nepesino cum Faliscis et Capenatibus signa confert. (8) Omnia ibi summa ratione consilioque acta fortuna etiam, ut fit, secuta est. Non proelio tantum fudit hostes, sed castris quoque exuit ingentique praeda est potitus; cuius pars maxima ad quaestorem redacta est, haud ita multum militi datum. (9) Inde ad Veios exercitus ductus, densioraque castella facta, et a procursationibus quae multae temere inter murum ac vallum fiebant, edicto ne quis iniussu pugnaret, ad opus milites traducti. (10) Operum fuit om-

tator gewählt, der selbst P. Cornelius Scipio zum Reiterobersten ernannte.[13] (3) Alles verwandelt hatte mit einem Schlag der neue Feldherr; anders schien die Hoffnung, anders das Sinnen der Menschen, verändert auch das Schicksal der Stadt zu sein. (4) Zuallererst schritt er nach Kriegsrecht gegen jene ein, welche damals in Panik von Veji geflohen waren, und bewirkte damit, dass der Soldat nicht den Feind am meisten zu fürchten habe. Dann setzte er für einen bestimmten Tag die Truppenaushebung an und eilte unterdessen selbst nach Veji, um den Mut der Truppe zu stärken; (5) von dort kehrte er nach Rom zurück, um das neue Heer auszuheben, und niemand verweigerte den Kriegsdienst. Sogar junges Kriegsvolk von auswärts, Latiner und Herniker, versprachen ihre Hilfe und fanden sich zu dem Feldzug ein; (6) nachdem ihnen der Diktator im Senat seinen Dank ausgesprochen hatte und die Kriegsvorbereitungen schon recht weit gediehen waren, gelobte er auf Senatsbeschluss, nach Eroberung Vejis die Großen Spiele[14] zu veranstalten, den Tempel der Mater Matuta wiederherzustellen und zu weihen, der schon früher von König Servius Tullius geweiht worden war. (7) Bei seinem Aufbruch aus der Stadt mit dem Heer waren die Menschen eher von Spannung als von Hoffnung erfüllt; im Gebiet von Nepete stieß er zuerst mit den Faliskern und Capenaten zusammen. (8) Der planenden Voraussicht, mit der er dort in allem handelte, folgte, wie es zu geschehen pflegt, auch der Erfolg. Er schlug die Feinde nicht nur im Kampf, sondern raubte ihnen auch ihr Lager und bemächtigte sich gewaltiger Beute; den größten Teil davon übergab er dem Quästor[15], die Soldaten bekamen nicht so viel. (9) Hierauf führte er das Heer nach Veji, ließ die Verschanzungen in geringerem Abstand errichten und brachte durch den Befehl, niemand dürfe ohne Auftrag kämpfen, die Soldaten von dem häufigen und unbesonnenen Geplänkel zwischen Mauer und Wall wieder zur Schanzarbeit. (10) Von all den Arbeiten war die mit

nium longe maximum ac laboriosissimum cuniculus in arcem hostium agi coeptus. (11) Quod ne intermitteretur opus neu sub terra continuus labor eosdem conficeret, in partes sex munitorum numerum divisit; senae horae in orbem operi attributae sunt; nocte ac die nunquam ante omissum quam in arcem viam facerent.

20 (1) Dictator cum iam in manibus videret victoriam esse, urbem opulentissimam capi, tantumque praedae fore quantum non omnibus in unum conlatis ante bellis fuisset, (2) ne quam inde aut militum iram ex malignitate praedae partitae aut invidiam apud patres ex prodiga largitione caperet, litteras ad senatum misit, (3) deum immortalium benignitate suis consiliis patientia militum Veios iam fore in potestate populi Romani; quid de praeda faciendum censerent? (4) Duae senatum distinebant sententiae, senis P. Licini, quem primum dixisse a filio interrogatum ferunt, edici palam placere populo ut qui particeps esse praedae vellet in castra Veios iret, (5) altera Ap. Claudi, qui largitionem novam prodigam inaequalem inconsultam arguens, si semel nefas ducerent captam ex hostibus in aerario exhausto bellis pecuniam esse, auctor erat stipendii ex ea pecunia militi numerandi ut eo minus tributi plebes conferret; (6) eius enim doni societatem sensuras aequaliter omnium

Abstand größte und anstrengendste der Stollen, den sie unterirdisch gegen die feindliche Burg zu treiben begannen. (11) Um zu verhindern, dass diese Arbeit unterbrochen würde und die fortwährende Strapaze unter der Erde stets die gleichen Leute erschöpfte, teilte er die Zahl der Mineure in sechs Schichten ein; für die Schanzarbeit war ein Sechs-Stunden-Takt vorgesehen; Tag und Nacht gab es keine Pause, bis der Weg zur Burg gebahnt war.

20 (1) Als der Diktator sah, dass der Sieg schon greifbar nahe sei, die Einnahme einer ungeheuer reichen Stadt bevorstehe und die Beute so groß sein werde, wie sie es in allen Kriegen vorher zusammengenommen nicht gewesen war, sandte er, (2) um damit weder den Zorn der Soldaten über eine geizige Verteilung der Beute noch bei den Vätern Feindschaft über eine verschwenderische Vergabe zu erregen, einen Brief an den Senat: (3) Durch das Wohlwollen der unsterblichen Götter, eigene Klugheit und die Beharrlichkeit der Soldaten werde Veji bald in der Macht des römischen Volkes sein; was habe ihrer Ansicht nach mit der Beute zu geschehen? (4) Zwei Meinungen spalteten den Senat: die des alten P. Licinius, der, wie überliefert ist, von seinem Sohn befragt, als erster gesagt haben soll, dem Volk gefalle es, wenn ohne Vorbehalt verkündet werde, dass jeder, der einen Anteil an der Beute haben wolle, ins Lager nach Veji gehen solle; (5) der andere Vorschlag kam von Ap. Claudius, der diese Freigebigkeit als noch nie dagewesen, verschwenderisch, unangemessen und unüberlegt bezeichnete und den Antrag stellte, wenn sie es denn als Unrecht ansehen würden, dass ein den Feinden entrissenes Gut in der leeren Staatskasse für Kriege bereitstünde, dann sollten sie den Soldaten aus diesem Vermögen den Sold auszahlen, damit sich die Steuerleistung des Bürgerstandes verringere; (6) alle Familien würden nämlich in gleicher Weise in den gemeinsamen Genuss dieser Vergünstigung kommen, die nach Plünderung

domos, non avidas in direptiones manus otiosorum urbanorum praerepturas fortium bellatorum praemia esse, cum ita ferme eveniat ut segnior sit praedator ut quisque laboris periculique praecipuam petere partem soleat. (7) Licinius contra suspectam et invisam semper eam pecuniam fore aiebat, causasque criminum ad plebem, seditionum inde ac legum novarum praebituram; (8) satius igitur esse reconciliari eo dono plebis animos, exhaustis atque exinanitis tributo tot annorum succurri, et sentire praedae fructum ex eo bello in quo prope consenuerint. gratius id fore laetiusque quod quisque sua manu ex hoste captum domum rettulerit quam si multiplex alterius arbitrio accipiat. (9) ipsum dictatorem fugere invidiam ex eo criminaque; eo delegasse ad senatum; senatum quoque debere reiectam rem ad se permittere plebi ac pati habere quod cuique fors belli dederit. (10) Haec tutior visa sententia est quae popularem senatum faceret. Edictum itaque est ad praedam Veientem quibus videretur in castra ad dictatorem proficiscerentur.

21 (1) Ingens profecta multitudo replevit castra. Tum dictator auspicato egressus cum edixisset ut arma milites caperent, (2) »Tuo ductu«, inquit, »Pythice Apollo, tuoque numine instinctus pergo ad delendam urbem Veios, tibique hinc decimam partem praedae voveo. (3) Te simul, Iuno regina, quae nunc Veios colis, precor, ut nos victores in nostram tuamque mox

begierigen Hände fauler Städter könnten tapferen Kämpfern ihren Lohn nicht entreißen. Meistens sei es doch so, dass einer beim Beutemachen umso weniger eifrig sei, je mehr er bereit sei, den Löwenanteil an Mühe und Gefahr zu übernehmen. (7) Licinius wandte dagegen ein, dieses Geld werde immer zu Misstrauen und Neid führen und Vorwände für Anklagen vor dem Bürgerstand und in der Folge für Aufstände und umstürzlerische Gesetze bieten; (8) es sei also vorteilhafter, mit diesem Geschenk die Sympathien des Volkes wiederzugewinnen, den erschöpften und von langjähriger Steuerzahlung ausgelaugten Menschen unter die Arme zu greifen und sie nach einem Krieg, in dem sie beinahe alt und grau geworden wären, etwas vom Ertrag ihrer Beute spüren zu lassen. Was jemand eigenhändig dem Feind geraubt und nach Hause gebracht habe, bereite schließlich jedem mehr und größere Freude, als wenn er ein Vielfaches davon nach dem Gutdünken eines anderen erhalte. (9) Selbst der Diktator wolle daraus entstehenden Angriffen und Beschuldigungen entgehen; daher habe er an den Senat verwiesen; doch auch der Senat müsse eine ihm zugeschobene Sache dem Bürgerstand überlassen und dulden, dass jeder das besitze, was ihm das Schicksal im Krieg gegönnt habe. (10) Den letzten Vorschlag, der ja den Senat beim Volk beliebt machen würde, hielt man für weniger riskant. Es wurde daher kundgemacht, jeder, der wolle, könne sich für die Plünderung von Veji ins Lager zum Diktator begeben.

21 (1) Eine riesige Menschenmenge war aufgebrochen und füllte das Lager. Dann trat der Diktator nach Abhaltung der Auspizien hinaus, befahl den Soldaten, die Waffen aufzunehmen und sprach: (2) »Unter deiner Führung, pythischer Apollo, und von deinem göttlichen Auftrag geleitet, breche ich auf, die Stadt Veji zu zerstören, und gelobe dir von dort den zehnten Teil der Beute. (3) Ebenso bitte ich dich, Iuno Regina, die du jetzt Veji huldreich bewohnst, uns, den Siegern, in unsere und

futuram urbem sequare, ubi te dignum amplitudine tua templum accipiat.« (4) Haec precatus, superante multitudine ab omnibus locis urbem adgreditur, quo minor ab cuniculo ingruentis periculi sensus esset. (5) Veientes ignari se iam a suis vatibus, iam ab externis oraculis proditos, iam in partem praedae suae vocatos deos, alios votis ex urbe sua evocatos hostium templa novasque sedes spectare, seque ultimum illum diem agere, (6) nihil minus timentes quam subrutis cuniculo moenibus arcem iam plenam hostium esse, in muros pro se quisque armati discurrunt, (7) mirantes quidnam id esset quod cum tot per dies nemo se ab stationibus Romanus movisset, tum velut repentino icti furore improvidi currerent ad muros.

(8) Inseritur huic loco fabula: inmolante rege Veientium vocem haruspicis, dicentis qui eius hostiae exta prosecuisset, ei victoriam dari, exauditam in cuniculo movisse Romanos milites ut adaperto cuniculo exta raperent et ad dictatorem ferrent. (9) Sed in rebus tam antiquis si quae similia veris sint pro veris accipiantur, satis habeam; haec ad ostentationem scenae gaudentis miraculis aptiora quam ad fidem neque adfirmare neque refellere est operae pretium.

(10) Cuniculus delectis militibus eo tempore plenus, in aede Iunonis quae in Veientana arce erat armatos repente edidit, et

bald auch in deine Stadt zu folgen, wo dich ein deiner Größe würdiger Tempel aufnehmen soll.« (4) Nach diesem Gebet griff er mit seiner zahlenmäßig überlegenen Truppe die Stadt von allen Seiten an, damit so die vom unterirdischen Gang erwachsende Gefahr nicht so rasch wahrgenommen werden könne. (5) Die Vejenter wussten nicht, dass sie bereits von ihren eigenen Sehern und fremden Orakeln preisgegeben waren, dass man Götter bereits zur Teilhabe an dem ihnen entrissenen Gut geladen und andere mit Gelübden aus ihrer Stadt fortgerufen hatte, die nach den Tempeln der Feinde und neuer Wohnstatt Ausschau hielten, und dass jener Tag ihr letzter sein sollte; (6) alles fürchteten sie eher, als dass die Mauer durch einen Gang unterminiert und die Burg voll von Feinden sein könnte. Sie liefen, jeder für sich, bewaffnet auf die Schutzwehren, (7) wobei sie sich wunderten, warum denn die Römer, obwohl sie sich so viele Tage nicht von ihren Vorposten gerührt hatten, jetzt, gleichsam von plötzlichem Wahnsinn getrieben, blind gegen die Mauern anrannten.

(8) An der Stelle soll eine kleine Anekdote eingeflochten sein: Als der König von Veji opferte, sei die Stimme des Opferpriesters, der gerade sagte, dem werde der Sieg zuteil, der die Eingeweide dieses Opfertieres zerlegt habe, im unterirdischen Gang vernommen worden und habe die römischen Soldaten bewogen, den Schacht zu öffnen, die Eingeweide an sich zu reißen und sie dem Diktator zu bringen. (9) Bei derart alten Geschichten will ich aber schon zufrieden sein, wenn man das als wahr annimmt, was allenfalls wahrscheinlich ist; solche Dinge, die zum glänzenden Spiel auf der Bühne, die an Sensationen Gefallen findet, besser passen als in einen getreulichen Bericht, lohnt es sich weder zu beweisen noch zu widerlegen.[16]

(10) Der Gang, zu dem Zeitpunkt von ausgewählten Soldaten dicht besetzt, ließ im Tempel der Iuno, der auf dem Burghügel von Veji stand, mit einem Schlag die Bewaffneten frei,

pars aversos in muris invadunt hostes, pars claustra portarum revellunt, pars cum ex tectis saxa tegulaeque a mulieribus ac servitiis iacerentur, inferunt ignes. (11) Clamor omnia variis terrentium ac paventium vocibus mixto mulierum ac puerorum ploratu complet. (12) Momento temporis deiectis ex muro undique armatis patefactisque portis cum alii agmine inruerent, alii desertos scanderent muros, urbs hostibus impletur; omnibus locis pugnatur; (13) deinde multa iam edita caede senescit pugna, et dictator praecones edicere iubet ut ab inermi abstineatur. (14) Is finis sanguinis fuit. Dedi inde inermes coepti et ad praedam miles permissu dictatoris discurrit. Quae cum ante oculos eius aliquantum spe atque opinione maior maiorisque pretii rerum ferretur, dicitur manus ad caelum tollens precatus esse (15) ut si cui deorum hominumque nimia sua fortuna populique Romani videretur, ut eam invidiam lenire quam minimo suo privato incommodo publicoque populi Romani liceret. (16) Convertentem se inter hanc venerationem traditur memoriae prolapsum cecidisse; idque omen pertinuisse postea eventu rem coniectantibus visum ad damnationem ipsius Camilli, captae deinde urbis Romanae, quod post paucos accidit annos, cladem. (17) Atque ille dies caede hostium ac direptione urbis opulentissimae est consumptus.

22 (1) Postero die libera corpora dictator sub corona vendidit.

die teils von hinten gegen die Feinde auf den Mauern vordrangen, teilweise die Torriegel aufbrachen und teilweise auch Brände legten, während sie von Frauen und Sklaven von den Dächern herab mit Steinen und Ziegeln beworfen wurden. (11) Alles war erfüllt von lautem Geschrei und von den verschiedenen Rufen schrecklich drohender und schrecklich bedrohter Menschen, die sich mit dem Wehklagen der Frauen und Kinder mischten. (12) Im Nu wurden von allen Stellen der Mauer die Bewaffneten herabgestoßen, die Tore geöffnet, und die Stadt füllte sich mit Feinden, die zum Teil scharenweise ins Innere vordrangen, zum Teil die verlassenen Mauern erklommen; allerorts wurde gekämpft; (13) dann, als schon viel Blut geflossen war, erlahmte die Schlacht, und der Diktator ließ die Herolde verkünden, die Unbewaffneten seien zu verschonen. (14) So endete das Blutvergießen. Darauf begannen sich die Unbewaffneten zu ergeben, und die Soldaten strömten auf Erlaubnis des Diktators auseinander, um Beute zu machen. Als man diese vor den Augen des Diktators zusammentrug und sie ihrem Umfang und Wert nach auch zuversichtliche Erwartungen bedeutend übertraf, soll er, die Hände zum Himmel erhoben, gebetet haben: (15) Wenn irgendeinem der Götter und Menschen sein und des römischen Volkes Glück allzu groß erscheine, möge es ihm gestattet sein, diesen Neid mit dem geringsten Ungemach für sich persönlich und für das römische Volk zu besänftigen. (16) Es ist nun überliefert, er sei, während er sich bei diesem Gebet umwandte, gestrauchelt und gefallen; die den Sachverhalt später nach dem Ausgang beurteilten, meinten, dies Vorzeichen habe sich auf die Verurteilung des Camillus selbst und auf die Vernichtung der Stadt Rom bezogen, als sie erobert worden war, was wenige Jahre später geschah. (17) Jener Tag verging also mit der Tötung der Feinde und der Plünderung der ungeheuer reichen Stadt.

22 (1) Am nächsten Tag ließ der Diktator die Freien in die

Ea sola pecunia in publicum redigitur, haud sine ira plebis; et quod rettulere secum praedae, nec duci, quid ad senatum malignitatis auctores quaerendo rem arbitrii sui reiecisset, nec senatui, (2) sed Liciniae familiae, ex qua filius ad senatum rettulisset, pater tam popularis sententiae auctor fuisset, acceptum referebant.

(3) Cum iam humanae opes egestae a Veiis essent, amoliri tum deum dona ipsosque deos, sed colentium magis quam rapientium modo, coepere. (4) Namque delecti ex omni exercitu iuvenes, pure lautis corporibus, candida veste, quibus deportanda Romam regina Iuno adsignata erat, venerabundi templum iniere, (5) primo religiose admoventes manus, quod id signum more Etrusco nisi certae gentis sacerdos attractare non esset solitus. Dein cum quidam, seu spiritu divino tactus seu iuvenali ioco, »Visne Romam ire, Iuno?« dixisset, adnuisse ceteri deam conclamaverunt. (6) Inde fabulae adiectum est vocem quoque dicentis velle auditam; motam certe sede sua parvi molimenti adminiculis, sequentis modo accepimus levem ac facilem tralatu fuisse, (7) integramque in Aventinum aeternam sedem suam quo vota Romani dictatoris vocaverant perlatam, ubi templum ei postea idem qui voverat Camillus dedicavit. (8) Hic Veiorum occasus fuit, urbis opulentissimae Etrusci nominis, magnitudinem suam vel ultima clade indicantis, quod

Sklaverei verkaufen. Nur der daraus erzielte Gewinn wurde in das Staatseigentum übernommen, was nicht ohne Erbitterung des Volkes geschah: Was sie an Beute mit sich heimführten, verdankten sie weder ihrem Heerführer, der, nach Befürwortern für seine Knauserei suchend, seine Kompetenz an den Senat abgetreten habe, noch dem Senat, (2) sondern dem Geschlecht der Licinier, aus dem der Sohn ihre Sache im Senat beantragt, der Vater einen derart populären Beschluss erwirkt habe.

(3) Jetzt, als man bereits die Besitztümer der Menschen aus Veji fortgeschleppt hatte, begann man, die Weihegaben für die Götter und die Götterstatuen selbst wegzuschaffen, freilich eher in der Art von Gläubigen als von Räubern. (4) Denn aus dem gesamten Heer erwählte junge Männer, denen bestimmt war, die Göttin Iuno nach Rom zu überführen, betraten, rein gewaschen, in weißglänzendem Gewand, ehrfürchtig den Tempel und betasteten (5) zuerst mit ihren Händen in frommer Scheu das Götterbild, weil es etruskischem Brauche nach nur ein Priester aus einem bestimmten Geschlecht zu berühren pflegte. Dann, als einer, sei es von göttlicher Eingebung erfasst, sei es aus jugendlichem Spott, gesagt hatte: »Bist du willens, nach Rom zu gehen, Iuno?«, riefen die anderen alle, die Göttin habe genickt. (6) Zu der Legende wurde später noch erzählt, man habe auch ihre Stimme vernommen und sie habe gesagt, es sei ihr Wille; auf jeden Fall, so haben wir gehört, wurde sie ohne aufwendige Maschinen von ihrem Aufstellungsplatz entfernt und sei so, als ob sie nachfolge, leicht und einfach zu überführen gewesen. (7) Und sie sei unbeschadet auf den Aventin, ihre Wohnstatt auf ewig, wohin sie die Gelübde des römischen Diktators gerufen hatten, gebracht worden, wo ihr später Camillus den Tempel, den er gelobt hatte, auch weihte.[17] (8) Das war der Fall von Veji, einer der reichsten Städte des etruskischen Volkes, die ihre Größe noch in ihrem

decem aestates hiemesque continuas circumsessa cum plus aliquanto cladium intulisset quam accepisset, postremo iam fato quoque urgente, operibus tamen, non vi expugnata est.

23 (1) Romam ut nuntiatum est Veios captos, quamquam et prodigia procurata fuerant et vatum responsa et Pythicae sortes notae, et quantum humanis adiuvari consiliis potuerat res ducem M. Furium, maximum imperatorum omnium, legerant, (2) tamen quia tot annis varie ibi bellatum erat multaeque clades acceptae, velut ex insperato immensum gaudium fuit, (3) et priusquam senatus decerneret plena omnia templa Romanarum matrum grates dis agentium erant. Senatus in quadriduum, quot dierum nullo ante bello, supplicationes decernit. (4) Adventus quoque dictatoris omnibus ordinibus obviam effusis celebratior quam ullius unquam antea fuit, triumphusque omnem consuetum honorandi diei illius modum aliquantum excessit. (5) Maxime conspectus ipse est, curru equis albis iuncto urbem invectus, parumque id non civile modo sed humanum etiam visum. (6) Iovis Solisque equis aequiperatum dictatorem in religionem etiam trahebant, triumphusque ob eam unam maxime rem clarior quam gratior fuit. (7) Tum Iunoni reginae templum in Aventino locavit, dedicavitque Matutae Matris; atque his divinis humanisque rebus gestis dictatura se abdicavit.

(8) Agi deinde de Apollinis dono coeptum. Cui se decimam vovisse praedae partem cum diceret Camillus, pontifices sol-

letzten Unglück anzeigte, weil sie, zehn Sommer und Winter lang ununterbrochen belagert, wobei sie viel öfter Niederlagen bereitet als erlitten hatte, am Ende trotz des bereits bedrohlichen Schicksals nur durch Belagerungswerk, nicht mit Gewalt erobert wurde.

23 (1) In Rom löste die Kunde von der Einnahme Vejis ungeheuren Jubel aus, so als käme sie ganz unerwartet. Dabei hatte man ja die Vorzeichen gesühnt, man kannte die Vorhersagen der Seher und das pythische Orakel, und man hatte nach menschlichem Ermessen den besten Beitrag in eigener Sache geleistet und M. Furius [Camillus], den allergrößten Feldherren, zum Heerführer gewählt, (2) aber man hatte ja so viele Jahre lang dort mit wechselndem Kriegsglück gekämpft und viel Unheil erlitten. (3) Und noch bevor der Senat den Beschluss fassen konnte, füllten sich alle Tempel mit den römischen Müttern, die den Göttern Dank sagten. Der Senat beraumte die öffentlichen Dankfeste für vier Tage an, so lange wie bei keinem Krieg zuvor. (4) Auch der Einzug des Diktators, dem Bürger aller Stände entgegengeeilt waren, verlief in feierlicherer Form als jeder andere vor ihm, und der Triumphzug überschritt deutlich jedes gewohnte Maß, um einen solchen Tag zu ehren. (5) Am meisten Aufsehen erregte er selbst, wie er auf einem mit weißen Rossen bespannten Wagen in die Stadt einzog, was gar nicht mehr Bürger-, ja nicht einmal Menschenart zu sein schien. (6) Dass sich der Diktator mit seinen Pferden Iuppiter und Sol gleichstellte, legte man als Frevel aus, und vor allem aus diesem einen Grunde war der Triumphzug eher prunkvoll als willkommen.[18] (7) Dann legte er auf dem Aventin den Grundstein für einen Tempel der Iuno Regina und weihte den der Mater Matuta; nachdem er diese religiösen und bürgerlichen Pflichten erfüllt hatte, legte er die Diktatur nieder.

(8) Hierauf begann man, über die Weihegabe für Apollo zu verhandeln. Obschon Camillus sagte, er habe ihm den zehnten

vendum religione populum censerent, (9) haud facile inibatur ratio iubendi referre praedam populum, ut ex ea pars debita in sacrum secerneretur. (10) Tandem eo quod lenissimum videbatur decursum est, ut qui se domumque religione exsolvere vellet, cum sibimet ipse praedam aestimasset suam, decimae pretium partis in publicum deferret, (11) ut ex eo donum aureum, dignum amplitudine templi ac numine dei, ex dignitate populi Romani fieret. Ea quoque conlatio plebis animos a Camillo alienavit. (12) Inter haec pacificatum legati a Volscis et Aequis venerunt, impetrataque pax, magis ut fessa tam diutino bello adquiesceret civitas quam quod digni peterent.

24 (1) Veiis captis, sex tribunos militum consulari potestate insequens annus habuit, duos P. Cornelios, Cossum et Scipionem, M. Valerium Maximum iterum, K. Fabium Ambustum iterum, L. Furium Medullinum quintum, Q. Servilium tertium. (2) Corneliis Faliscum bellum, Valerio ac Servilio Capenas sorti evenit. Ab iis non urbes vi aut operibus temptatae, sed ager est depopulatus praedaeque rerum agrestium actae; nulla felix arbor, nihil frugiferum in agro relictum. (3) Ea clades Capenatem populum subegit; pax petentibus data; in Faliscis bellum restabat.

Teil der Beute gelobt, und die Priester die Ansicht vertraten, das Volk müsse seiner heiligen Pflicht nachkommen, (9) konnte man nur schwer einen Weg finden, wie das Volk zu veranlassen sei, seine Beute wieder zurückzubringen, damit aus ihr der geschuldete Anteil für den [delphischen] Tempel abgesondert werden könne. (10) Schließlich verfiel man auf eine Lösung, die am schonendsten erschien: Jeder, der den Wunsch habe, sich und sein Haus von der heiligen Verpflichtung zu lösen, solle persönlich sein Beutegut abschätzen und ein Zehntel seines Wertes der Staatskasse abliefern, (11) damit daraus ein goldenes Weihgeschenk hergestellt werde, das der Bedeutung des Heiligtums und der Macht des Gottes angemessen sei und der Würde des römischen Volkes entspreche. Auch diese Abgabe kostete Camillus Sympathien beim Volk. (12) Unterdessen kamen von den Volskern und Aequern Gesandte, um Frieden zu schließen; er wurde ihnen gewährt, aber wohl eher deshalb, damit die nach einem so langen Krieg erschöpfte Bürgerschaft zur Ruhe komme, als dass sie mit ihren Forderungen im Recht gewesen wären.

24 (1) Nach der Eroberung von Veji wies das folgende Jahr [395] sechs Militärtribunen mit konsularischer Amtsgewalt auf: Es waren dies die beiden P. Cornelii, nämlich Cossus und Scipio, M. Valerius Maximus und K. Fabius Ambustus zum zweiten Mal, L. Furius Medullinus zum fünften Mal und Q. Servilius zum dritten Mal. (2) Den Corneliern wurde der Krieg gegen die Falisker, Valerius und Servilius der gegen Capena zugelost. Sie griffen die Städte nicht mit Waffengewalt oder mit Hilfe von Belagerungswerken an, sondern verheerten das offene Land und schleppten die Güter des Landes als Beute mit sich; keinen fruchttragenden Baum gab es mehr, nichts blieb auf dem Feld zu ernten. (3) Solche Unbill unterwarf das Volk von Capena: Es bat um Frieden und bekam ihn; im Faliskerland hielt sich der Krieg.

(4) Romae interim multiplex seditio erat, cuius leniendae causa coloniam in Volscos, quo tria milia civium Romanorum scriberentur, deducendam censuerant, triumvirique ad id creati terna iugera et septunces viritim diviserant. (5) Ea largitio sperni coepta, quia spei maioris avertendae solacium obiectum censebant: cur enim relegari plebem in Volscos cum pulcherrima urbs Veii agerque Veientanus in conspectu sit, uberior ampliorque Romano agro? (6) Urbem quoque urbi Romae vel situ vel magnificentia publicorum privatorumque tectorum ac locorum praeponebant. (7) Quin illa quoque actio movebatur, quae post captam utique Romam a Gallis celebratior fuit, transmigrandi Veios. (8) Ceterum parti plebis, parti senatus habitandos destinabant Veios, duasque urbes communi re publica incoli a populo Romano posse. (9) Adversus quae cum optimates ita tenderunt ut morituros se citius dicerent in conspectu populi Romani quam quicquam earum rerum rogaretur; (10) quippe nunc in una urbe tantum dissensionum esse: quid in duabus urbibus fore? victamne ut quisquam victrici patriae praeferret sineretque maiorem fortunam captis esse Veiis quam incolumibus fuerit? (11) postremo se relinqui a civibus in patria posse: ut relinquant patriam atque cives nullam vim unquam subacturam, et T. Sicinium – is enim ex tribunis plebis rogationis eius lator erat – conditorem Veios se-

(4) In Rom herrschte inzwischen vielfache Unzufriedenheit, zu deren Besänftigung man die Gründung einer Kolonie im Volskerland beschloss, für die dreitausend römische Bürger aufgeboten werden sollten; der dazu gewählte Dreierrat hatte drei und sieben Zwölftel Joch pro Mann vorgesehen. (5) Diese Vergabe wurde bald abgelehnt, weil man sie für ein Tauschgeschäft hielt, das man angeboten habe, um von der Hoffnung auf Größeres abzulenken: Warum werde denn das Volk ins Volskerland verbannt, während die prächtige Stadt Veji und ihre Feldmark im Blickfeld lägen, ein Land, fruchtbarer und größer als das Roms? (6) Auch der Stadt gaben sie, sowohl was ihre Lage als auch was den Prunk der öffentlichen und privaten Häuser und Plätze betraf, vor Rom den Vorzug. (7) Ja es wurde sogar jener Vorschlag laut, der besonders nach der völligen Eroberung Roms durch die Gallier immer mehr Anklang fand: die Umsiedlung nach Veji. (8) Im übrigen sahen sie vor, dass Veji von einem Teil des Bürgerstandes und einem Teil des Senats bewohnt werden solle, womit zwei Städte vom römischen Gesamtvolk als einheitliches Staatswesen besiedelt werden könnten. (9) Dagegen wehrten sich die Optimaten nun dermaßen, dass sie sagten, sie würden eher vor den Augen des römischen Volkes sterben, als eine Abstimmung über so etwas dulden; (10) es gebe ja jetzt in einer Stadt schon so viele Auseinandersetzungen: Was würde sich erst in zwei Städten abspielen? Wäre es denn möglich, dass irgendjemand eine besiegte Stadt dem siegreichen Vaterland vorziehe und es dulde, dass in Veji nach seiner Eroberung größeres Glück herrsche als vor seinem Niedergang? (11) Kurz und gut, sie könnten von ihren Bürgern in der Vaterstadt zurückgelassen werden; aber keine Macht würde *sie* jemals zwingen, selbst Heimat und Mitbürger aufzugeben und einem T. Sicinius – dieser Volkstribun hatte nämlich den Antrag eingebracht – als Stadtgründer nach Veji zu folgen und vorher den Gott Romu-

quantur, relicto deo Romulo, dei filio, parente et auctore urbis Romae.

25 (1) Haec cum foedis certaminibus agerentur (nam partem tribunorum plebi patres in suam sententiam traxerant) (2) nulla res alia manibus temperare plebem cogebat quam quod, ubi rixae committendae causa clamor ortus esset, principes senatus primi turbae offerentes se peti feririque atque occidi iubebant. (3) Ab horum aetatibus dignitatibusque et honoribus violandis dum abstinebatur, et ad reliquos similes conatus verecundia irae obstabat.

(4) Camillus identidem omnibus locis contionabatur: haud mirum id quidem esse, furere civitatem quae damnata voti omnium rerum potiorem curam quam religione se exsolvendi habeat. (5) nihil de conlatione dicere, stipis verius quam decumae, quando ea se quisque privatim obligaverit, liberatus sit populus. (6) enimvero illud se tacere suam conscientiam non pati quod ex ea tantum praeda quae rerum moventium sit decuma designetur: urbis atque agri capti, quae et ipsa voto contineatur, mentionem nullam fieri. (7) Cum ea disceptatio, anceps senatui visa, delegata ad pontifices esset, adhibito Camillo visum collegio, quod eius ante conceptum votum Veientium fuisset et post votum in potestatem populi Romani venisset, eius partem decimam Apollini sacram esse. (8) Ita in aestimationem urbs agerque venit. Pecunia ex aerario prompta, et tri-

lus zu verlassen, den Sohn einer Gottheit, den Vater und Gründer der Stadt Rom.

25 (1) Während diese Debatten von hässlichen Streitigkeiten begleitet wurden – die Väter hatten nämlich einen Teil der Volkstribunen auf ihre Seite gezogen –, (2) veranlasste nichts anderes das Volk, von Handgreiflichkeiten abzusehen, als dass die Führer des Senats, jedes Mal wenn man lautes Geschrei erhob, um den Kampf zu beginnen, als erste dem Mob entgegentraten und ihn aufforderten, sie doch anzugreifen, zu schlagen und endlich umzubringen. (3) Indem man Alter, Würde und Ehre dieser Männer vor Gewalttaten verschonte, verhinderte dieser Respekt auch ähnliche Versuche, den Zorn an anderen auszulassen.

(4) Allerorts sprach Camillus zur Menge und wiederholte, es sei freilich nicht verwunderlich, wenn eine Bürgerschaft mit Wahnsinn geschlagen werde, die zwar zur Erfüllung ihres Gelübdes verpflichtet sei, sich aber um alle Dinge eher kümmere, als darum, ihr heiliges Versprechen einzulösen. (5) Über die Abgabe, die eher einem Almosen als dem zehnten Teil entsprochen habe, wolle er gar nichts sagen, weil das Volk von der Zahlung, zu der sich jeder als Privatmann verpflichtet habe, befreit sei. (6) Sein Gewissen könne es aber wahrlich nicht ertragen, wenn er verschweige, dass das Zehntel nur von der beweglichen Beute berechnet wurde: Kein Wort verliere man über die Stadt mit dem eroberten Land, die ihrerseits auch im Gelübde enthalten sei. (7) Nachdem diese der Ansicht des Senats nach schwierige Entscheidung den Priestern übertragen worden war, beschloss ihr Kollegium unter Beiziehung des Camillus, dass der zehnte Teil dessen, was vor der Ablegung des Gelübdes im Besitz der Vejenter gewesen und dann in die Gewalt des römischen Volkes übergegangen war, Apollo verfallen sei. (8) So kamen Stadt und Feldmark unter die Schätzung. Dem Staatsschatz wurde ein Geldbetrag entnommen, und den

bunis militum consularibus ut aurum ex ea coemerent negotium datum. Cuius cum copia non esset, matronae coetibus ad eam rem consultandam habitis communi decreto pollicitae tribunis militum aurum, et omnia ornamenta sua in aerarium detulerunt. (9) Grata ea res ut quae maxime senatui unquam fuit; honoremque ob eam munificentiam ferunt matronis habitum ut pilento ad sacra ludosque, carpentis festo profestoque uterentur. (10) Pondere ab singulis auri accepto aestimatoque ut pecuniae solverentur, crateram auream fieri placuit quae donum Apollini Delphos portaretur.

(11) Simul ab religione animos remiserunt, integrant seditionem tribuni plebis; incitatur multitudo in omnes principes, ante alios in Camillum: (12) eum praedam Veientanam publicando sacrandoque ad nihilum redegisse. Absentes ferociter increpant; praesentium, cum se ultro iratis offerrent, verecundiam habent. (13) Simul extrahi rem ex eo anno viderunt, tribunos plebis latores legis in annum eosdem reficiunt; et patres hoc idem de intercessoribus legis adnisi; ita tribuni plebis magna ex parte iidem refecti.

26 (1) Comitiis tribunorum militum patres summa ope evicerunt ut M. Furius Camillus crearetur. Propter bella simulabant parari ducem; sed largitioni tribuniciae adversarius

Konsulartribunen der Auftrag erteilt, damit Gold zu erwerben. Da dies nicht ausreichend vorhanden war, versprachen die römischen Frauen auf den Versammlungen, in denen sie über diese Frage berieten, aufgrund eines gemeinsamen Beschlusses den Militärtribunen das Gold und übergaben all ihren persönlichen Schmuck der Staatskasse. (9) Diese Tat war dem Senat willkommen wie keine andere je zuvor; ob ihrer Großzügigkeit soll den Frauen auch die Ehre zuerkannt worden sein, bei Opfern und Spielen im vierrädrigen Prunkwagen, an Fest- und Werktagen in der zweirädrigen Kutsche zu fahren.[19] (10) Als man von jeder einzelnen eine bestimmte Menge Gold bekommen und seinen Wert abgeschätzt hatte, um dafür bar zu bezahlen, beschloss man, einen goldenen Mischkrug anfertigen zu lassen, der als Weihgeschenk dem Apollo nach Delphi gebracht werden sollte.

(11) Die Menschen hatten sich nun ihrer religiösen Verpflichtung entledigt, und sofort erneuerten die Volkstribunen den Parteienkampf; sie wiegelten die Menge gegen alle führenden Männer, vor allem gegen Camillus auf: (12) Er habe die Beute aus Veji für Staat und Götter bestimmt und sie so auf ein Nichts reduziert. Gegen die Abwesenden zeterten sie wie wild; bei den Anwesenden, die sich ja aus freien Stücken ihrem Zorn stellten, übten sie Milde. (13) Sobald sie erkannten, dass die Angelegenheit in diesem Jahr verschleppt werde, wählten sie für das nächste die Befürworter des Gesetzes abermals zu Volkstribunen; auch die Väter hatten das gleiche Ziel, was die Gegner des Gesetzes betraf; so wurden großenteils dieselben Volkstribunen wiedergewählt.

26 (1) Bei den Wahlen für die Militärtribunen setzten die Väter mit größtem Einsatz die Wahl des M. Furius Camillus durch: Sie gaben vor, nur wegen der Kriegszüge werde ein Feldherr aufgestellt; tatsächlich suchten sie einen Gegenspieler für die sich freigebig zeigenden Volkstribunen. (2) Zusammen

quaerebatur. (2) Cum Camillo creati tribuni militum consulari potestate L. Furius Medullinus sextum, C. Aemilius, L. Valerius Publicola, Sp. Postumius, P. Cornelius iterum. (3) Principio anni tribuni plebis nihil moverunt, donec M. Furius Camillus in Faliscos, cui id bellum mandatum erat, proficisceretur. Differendo deinde elanguit res, et Camillo quem adversarium maxime metuerant gloria in Faliscis crevit. (4) Nam cum primo moenibus se hostes tenerent tutissimum id rati, populatione agrorum atque incendiis villarum coegit eos egredi urbe. (5) Sed timor longius progredi prohibuit; mille fere passuum ab oppido castra locant, nulla re alia fidentes ea satis tuta esse quam difficultate aditus, asperis confragosisque circa, et partim artis, partim arduis viis. (6) Ceterum Camillus, captivum indidem ex agris secutus ducem, castris multa nocte motis, prima luce aliquanto superioribus locis se ostendit. (7) Trifariam Romani muniebant; alius exercitus proelio intentus stabat. Ibi impedire opus conatos hostes fundit fugatque; tantumque inde pavoris Faliscis iniectum est, ut effusa fuga castra sua quae propiora erant praelati urbem peterent. (8) Multi caesi vulneratique priusquam paventes portis inciderent; castra capta; praeda ad quaestores redacta cum magna militum ira; sed severitate imperii victi eandem virtutem et oderant et mirabantur. (9) Obsidio inde urbis et munitiones, et interdum per

mit Camillus wurden L. Furius Medullinus zum sechsten Mal, C. Aemilius, L. Valerius Publicola, Sp. Postumius und P. Cornelius zum zweiten Mal zu Militärtribunen mit konsularischer Amtsbefugnis gewählt [394]. (3) Zu Jahresanfang verhielten sich die Volkstribunen friedlich, bis M. Furius Camillus endlich in den Faliskerkrieg, der ihm übertragen worden war, aufbrechen würde. Durch die Verzögerung verlor ihr Plan an Durchsetzungskraft, Camillus aber, den sie als Gegner am meisten gefürchtet hatten, gewann im Faliskerland an Ruhm. (4) Denn während sich die Feinde anfänglich hinter ihren Mauern bargen, weil sie das für das Sicherste hielten, zwang er sie durch die Verwüstung ihrer Äcker und Einäscherung der Gehöfte, die Stadt zu verlassen. (5) Allerdings hinderte sie die Furcht, allzu weit vorzurücken; ungefähr eine Meile von ihrer Siedlung entfernt errichteten sie ihr Lager, dessen Sicherheit sie vor allem durch den schwierigen Zugang, die mühseligen und holprigen, teils engen, teils steilen Wege ringsum, für ausreichend gewährleistet hielten. (6) Gleichwohl ließ sich Camillus von einem kriegsgefangenen Landmann aus der Gegend führen, brach tief in der Nacht das Lager ab und erschien bei Tagesanbruch an deutlich höherer Stelle. (7) Drei Abteilungen des römischen Heeres verrichteten die Schanzarbeit, die vierte stand in Kampfbereitschaft. Die Feinde, die dort die Schanzarbeit zu behindern versuchten, vertrieb und verjagte er; und solches Entsetzen verbreitete sich hierauf unter den Faliskern, dass sie in wilder Flucht an ihrem Lager vorbei, das näher lag, zur Stadt strebten. (8) Viele wurden erschlagen und verwundet, bevor sie angsterfüllt durch die Stadttore hineinstürzen konnten; das Lager war erobert; die Beute wurde zur großen Erbitterung der Soldaten den Quästoren übergeben; aber von der Strenge ihres Kommandanten beeindruckt, hassten und bewunderten sie zugleich diese Mannhaftigkeit. (9) Dann ging es mit der Anlage von Schanzen an die Belage-

occasionem impetus oppidanorum in Romanas stationes proeliaque parva fieri et teri tempus neutro inclinata spe, cum frumentum copiaeque aliae ex ante convecto (10) largius obsessis quam obsidentibus suppeterent. Videbaturque aeque diuturnus futurus labor ac Veiis fuisset, ni fortuna imperatori Romano simul et cognitae rebus bellicis virtutis specimen et maturam victoriam dedisset.

27 (1) Mos erat Faliscis eodem magistro liberorum et comite uti, simulque plures pueri, quod hodie quoque in Graecia manet, unius curae demandabantur. Principum liberos, sicut fere fit, qui scientia videbatur praecellere erudiebat. (2) Is cum in pace instituisset pueros ante urbem lusus exercendique causa producere, nihil eo more per belli tempus intermisso, [dum] modo brevioribus modo longioribus spatiis trahendo eos a porta, lusu sermonibusque variatis, longius solito ubi res dedit progressus, inter stationes eos hostium castraque inde Romana in praetorium ad Camillum perduxit. (3) Ibi scelesto facinori scelestiorem sermonem addit, (4) Falerios se in manus Romanis tradidisse, quando eos pueros quorum parentes capita ibi rerum sint in potestatem dediderit. (5) Quae ubi Camillus audivit, »Non ad similem« inquit »tui nec populum nec imperatorem scelestus ipse cum scelesto munere venisti. (6) Nobis cum Faliscis quae pacto fit humano societas non est: quam ingene-

rung der Stadt, zwischendurch kam es zu gelegentlichen Vorstößen der Stadtbewohner gegen die römischen Posten sowie zu kleinen Scharmützeln, ja die Zeit verstrich, und keinem von beiden winkte Siegeshoffnung, da Getreide und andere Güter, die man schon vorher zusammengebracht hatte, (10) den Belagerten reichlicher als den Belagerern zur Verfügung standen. Gleich lange Mühen wie vor Veji wären gewiss zu erwarten gewesen, wenn nicht das Schicksal dem römischen Feldherrn die Erprobung seiner im Kriege bekannten Trefflichkeit und damit einen frühzeitigen Sieg zugedacht hätte.

27 (1) Bei den Faliskern war es Brauch, dieselbe Person als Lehrer und Aufseher für ihre Kinder anzustellen,[20] und so wurden gleichzeitig mehrere Buben, wie es auch jetzt in Griechenland noch der Brauch ist, der Sorge eines einzelnen anvertraut. Die Kinder der Vornehmen wurden, wie es eben üblich war, von einem Mann unterrichtet, dem man besondere Gelehrsamkeit zutraute. (2) Da dieser noch im Frieden begonnen hatte, die Buben zu Spiel und Sport vor die Stadt zu führen, unterbrach er diese Gewohnheit auch in der Zeit des Krieges nicht, brachte sie bald auf kürzeren, bald auf längeren Spaziergängen vor das Stadttor, und als sich ihm, unter allerlei Spielen und Gesprächen, die Gelegenheit bot, einmal weiter als gewöhnlich zu gehen, führte er sie mitten in die Vorposten der Feinde, von da ins römische Lager und ins Feldherrnzelt vor Camillus. (3) Dort fügte er an seine frevelhafte Tat ein noch frevelhafteres Wort: (4) Er habe Falerii in die Hände der Römer gegeben, indem er ihnen die Knaben, deren Eltern dort die Häupter des Staates seien, ausgeliefert habe. (5) Als Camillus das hörte, sprach er: »Selbst ein Verbrecher, bist du mit deinem verbrecherischen Angebot weder an ein Volk, noch an einen Feldherrn geraten, die dir ähnlich sind. (6) Zwischen uns und den Faliskern gibt es keine Gemeinschaft, wie Menschen sie schließen; die aber die Natur uns beiden von Geburt an gege-

ravit natura utrisque est eritque. Sunt et belli, sicut pacis, iura, iusteque ea non minus quam fortiter didicimus gerere. (7) Arma habemus non adversus eam aetatem cui etiam captis urbibus parcitur, sed adversus armatos et ipsos qui, nec laesi nec lacessiti a nobis, castra Romana ad Veios oppugnarunt. (8) Eos tu quantum in te fuit novo scelere vicisti: ego Romanis artibus, virtute opere armis, sicut Veios vincam.« (9) Denudatum deinde eum manibus post tergum inligatis reducendum Falerios pueris tradidit, virgasque eis quibus proditorem agerent in urbem verberantes dedit. (10) Ad quod spectaculum concursu populi primum facto, deinde a magistratibus de re nova vocato senatu, tanta mutatio animis est iniecta ut qui modo efferati odio iraque Veientium exitum paene quam Capenatium pacem mallent, apud eos pacem universa posceret civitas. (11) Fides Romana, iustitia imperatoris in foro et curia celebrantur; consensuque omnium legati ad Camillum in castra, atque inde permissu Camilli Romam ad senatum, qui dederent Falerios proficiscuntur. (12) Introducti ad senatum ita locuti traduntur: »Patres conscripti, victoria cui nec deus nec homo quisquam invideat victi a vobis et imperatore vestro, dedimus nos vobis, rati, quo nihil victori pulchrius est, melius nos sub imperio vestro quam legibus nostris victuros. (13) Eventu huius belli duo salutaria exempla prodita humano generi sunt: vos fidem in

ben hat, existiert und wird existieren. Es gibt auch im Krieg wie im Frieden Gesetze, und wir haben gelernt, diese ebenso gerecht wie tapfer zu üben. (7) Wir waffnen uns nicht gegen ein Alter, das sogar in eroberten Städten verschont wird, sondern gegen solche, die selbst bewaffnet sind, die, ohne von uns gekränkt oder gereizt worden zu sein, das römische Lager vor Veji angegriffen haben. (8) Sie hast du, soweit es in deiner Macht lag, durch eine unerhörte Freveltat besiegt: Ich will wie gegen Veji nach Römerart siegen, mit Tapferkeit, Belagerungsarbeit und Waffengewalt!« (9) Entkleidet und die Hände hinter dem Rücken gebunden, ließ er ihn dann von den Buben nach Falerii bringen und gab ihnen Ruten, mit denen sie den Verräter unter Schlägen in die Stadt zurücktreiben sollten. (10) Auf dieses Schauspiel hin strömte sofort das Volk zusammen; dann berief die Obrigkeit angesichts dieses außergewöhnlichen Geschehens den Ältestenrat ein, und es machte sich ein derartiger Gesinnungswandel breit, dass die gesamte Bürgerschaft von denen einen Friedensschluss verlangen konnte, die gerade noch, ergrimmt vor Hass und Zorn, es fast vorgezogen hätten, wie die Vejenter unterzugehen, als wie die Capenaten Frieden zu schließen. (11) Die römische Redlichkeit, die Gerechtigkeit des Feldherrn pries man auf dem Forum und im Rathaus; und nach einmütigem Beschluss machten sich Gesandte zu Camillus ins Lager und von dort mit seinem Einverständnis nach Rom zum Senat auf, um die Übergabe von Falerii einzuleiten. (12) Vor den Senat geführt, sollen sie so gesprochen haben: »Versammelte Väter, von euch und eurem Feldherrn durch einen Sieg überwunden, den weder ein Gott noch ein Mensch missgönnen darf, haben wir vor euch kapituliert in der Zuversicht – und nichts Schöneres gibt es ja für den Sieger –, dass wir unter eurer Herrschaft besser leben werden als nach unseren Gesetzen. (13) Durch den Ausgang dieses Krieges sind dem Menschengeschlecht zwei heilsame Vorbilder geschenkt wor-

bello quam praesentem victoriam maluistis; nos fide provocati victoriam ultro detulimus. (14) Sub dicione vestra sumus; mittite qui arma, qui obsides, qui urbem patentibus portis accipiant. (15) Nec vos fidei nostrae nec nos imperii vestri paenitebit.« Camillo et ab hostibus et a civibus gratiae actae. Faliscis in stipendium militum eius anni, ut populus Romanus tributo vacaret, pecunia imperata. Pace data exercitus Romam reductus.

28 (1) Camillus meliore multo laude quam cum triumphantem albi per urbem vexerant equi insignis, iustitia fideque hostibus victis cum in urbem redisset, tacite eius verecundiam non tulit senatus quin sine mora voti liberaretur; (2) crateramque auream donum Apollini Delphos legati qui ferrent, L. Valerius, L. Sergius, A. Manlius, missi longa una nave, haud procul freto Siculo a piratis Liparensium excepti devehuntur Liparas. (3) Mos erat civitatis velut publico latrocinio partam praedam dividere. Forte eo anno in summo magistratu erat Timasitheus quidam, Romanis vir similior quam suis; (4) qui legatorum nomen donumque et deum cui mitteretur et doni causam veritus ipse multitudinem quoque, quae semper ferme regenti est similis, religionis iustae implevit, adductosque in publicum hospitium legatos cum praesidio etiam navium

den: Ihr habt im Krieg die Redlichkeit einem greifbaren Sieg vorgezogen; wir haben, durch eure Redlichkeit ermutigt, den Sieg euch freiwillig übertragen. (14) Wir stehen unter eurer Gewalt; entsendet Männer, um die Waffen, die Geiseln und die Stadt bei offenen Toren zu übernehmen. (15) Ihr werdet unsere Treue, wir eure Herrschaft nicht bereuen.« Dem Camillus wurde von den Feinden wie auch von den Bürgern der Dank ausgesprochen. Den Faliskern erlegte man eine Kontribution in der Höhe des diesjährigen Soldes für die Soldaten auf, damit das römische Volk von der Steuer frei blieb. Nach Friedensschluss wurde das römische Heer nach Rom zurückgeführt.

28 (1) Da Camillus die Feinde durch seine Gerechtigkeit und Redlichkeit besiegt hatte, kehrte er, von weit edlerem Ruhm verherrlicht als damals, als ihn weiße Pferde auf seinem Triumph durch die Stadt gezogen hatten, nach Rom zurück; jetzt ging der Senat nicht stillschweigend über seine fromme Haltung hinweg, sondern entband ihn sogleich von seinem Gelübde. (2) L. Valerius, L. Sergius und A. Manlius wurden als Gesandte auf einem einzelnen Kriegsschiff ausgeschickt, um einen goldenen Mischkrug dem Apollo als Weihegabe nach Delphi zu bringen. Sie wurden aber nicht weit von der Straße von Messina von liparischen Piraten gekapert und auf die Liparen geschafft. (3) Dieses Volk besaß die Gewohnheit, die Beute so aufzuteilen, als ob man sie durch Kaperzüge von Staatswegen gewonnen hätte. Zufällig bekleidete in dem Jahr gerade ein gewisser Timasitheus das oberste Amt, ein Mann, der Römern ähnlicher war als seinen Landsleuten; (4) dieser zeigte selbst Respekt vor dem Gesandtentitel, dem Weihgeschenk, dem Gott, dem es gesandt werden sollte, sowie dem Anlass der Gabe und erfüllte auch die Menge, die fast immer ihrem Herrn ähnlich ist, mit frommem Respekt; er ließ also die Gesandten in die öffentliche Herberge führen und brachte sie, nachdem er sie unter dem Schutz seiner Schiffe sogar bis nach Delphi gelei-

Delphos prosecutus, Romam inde sospites restituit. (5) Hospitium cum eo senatus consulto est factum donaque publice data.

Eodem anno in Aequis varie bellatum, adeo ut in incerto fuerit et apud ipsos exercitus et Romae vicissent victine essent. (6) Imperatores Romani fuere ex tribunis militum C. Aemilius Sp. Postumius. Primo rem communiter gesserunt; fusis inde acie hostibus, Aemilium praesidio Verruginem obtinere placuit, Postumium fines vastare. (7) Ibi eum incomposito agmine neglegentius ab re bene gesta euntem adorti Aequi terrore iniecto in proximos compulere tumulos; pavorque inde Verruginem etiam ad praesidium alterum est perlatus. (8) Postumius suis in tutum receptis cum contione advocata terrorem increparet ac fugam, fusos esse ab ignavissimo ac fugacissimo hoste, conclamat universus exercitus merito se ea audire et fateri admissum flagitium, sed eosdem correcturos esse neque diuturnum id gaudium hostibus fore. (9) Poscentes ut confestim inde ad castra hostium duceret – et in conspectu erant, posita in plano – nihil poenae recusabant ni ea ante noctem expugnassent. (10) Conlaudatos corpora curare paratosque esse quarta vigilia iubet. Et hostes nocturnam fugam ex tumulo Romanorum ut ab ea via quae ferebat Verruginem excluderent, fuere obvii; proeliumque ante lucem – sed luna pernox erat – commissum

tet hatte, von dort wohlbehalten nach Rom zurück. (5) Auf Senatsbeschluss bekam er das römische Gastrecht und im Namen des Staates übermittelte Geschenke.

Im selben Jahr wurde im Aequerland mit wechselndem Glück gekämpft, so dass sowohl bei den Heeren selbst als auch in Rom unklar blieb, ob man Sieger oder Besiegter war. (6) Die römischen Feldherren waren die Militärtribunen C. Aemilius und Sp. Postumius. Anfänglich operierten sie gemeinsam; als sie darauf die Feinde in der Feldschlacht verjagt hatten, beschloss man, Aemilius solle mit einem Vorposten Verrugo besetzen und Postumius das offene Land verwüsten. (7) Da dieser, wegen seines erfolgreichen Unternehmens zu leichtsinnig geworden, in ungeordnetem Zug marschierte, griffen ihn die Aequer an, verbreiteten Panik und trieben ihn auf die nächsten Hügel; von dort drang die Angst auch nach Verrugo zur anderen Garnison. (8) Als Postumius, der seine Leute in Sicherheit gebracht und eine Versammlung einberufen hatte, ihre feige Flucht schalt und schrie, sie hätten sich vom allerfeigsten und stets zur Flucht bereiten Feind verjagen lassen, rief das gesamte Heer, sie hörten dies zu Recht und würden auch die Verletzung ihrer Soldatenpflicht eingestehen; aber sie selbst wollten alles wieder in Ordnung bringen, und den Feinden würde ihr Lachen bald vergehen. (9) Sie forderten, er solle sie unverzüglich von hier zum feindlichen Lager führen – es lag in der Ebene und war in ihrem Blickfeld –, und sie erklärten, sich keiner Strafe zu widersetzen, wenn sie es nicht vor Einbruch der Nacht erobert hätten. (10) Postumius lobte sie alle und befahl ihnen, sich um ihre körperliche Erholung zu kümmern und um die vierte Nachtwache bereitzustehen. Um aber die Römer an einer nächtlichen Flucht von dem Hügel über die Straße, die nach Verrugo führte, zu hindern, stellten sich ihnen die Feinde entgegen; die Schlacht begann vor Tagesanbruch – doch die ganze Nacht über schien der Mond. (11) So konnte man das Kampf-

est. (11) Et haud incertius diurno proelium fuit; sed clamor Verruginem perlatus, cum castra Romana crederent oppugnari, tantum iniecit pavoris ut nequiquam retinente atque obsecrante Aemilio Tusculum palati fugerent. (12) Inde fama Romam perlata est Postumium exercitumque occisum. Qui ubi prima lux metum insidiarum effuse sequentibus sustulit, cum perequitasset aciem promissa repetens, tantum iniecit ardoris ut non ultra sustinuerint impetum Aequi. (13) Caedes inde fugientium, qualis ubi ira magis quam virtute res geritur, ad perniciem hostium facta est; tristemque ab Tusculo nuntium nequiquam exterrita civitate litterae a Postumio laureatae sequuntur, victoriam populi Romani esse, Aequorum exercitum deletum.

29 (1) Tribunorum plebis actiones quia nondum invenerant finem, et plebs continuare latoribus legis tribunatum et patres reficere intercessores legis adnisi sunt; sed plus suis comitiis plebs valuit; (2) quem dolorem ulti patres sunt senatus consulto facto ut consules, invisus plebi magistratus, crearentur. Annum post quintum decimum creati consules L. Lucretius Flavus, Ser. Sulpicius Camerinus. (3) Principio huius anni ferociter quia nemo ex collegio intercessurus erat coortis ad perferendam legem tribunis plebis nec segnius ob id ipsum con-

geschehen ebenso klar erkennen wie am Tage; der Kriegslärm drang jedoch nach Verrugo, und da man vermutete, das römische Lager werde angegriffen, rief er eine derartige Panik hervor, dass sich alle trotz der freilich zwecklosen Versuche des Aemilius, sie mit Bitten zurückzuhalten, zerstreuten und nach Tusculum flohen. (12) Von dort gelangte die Nachricht nach Rom, Postumius und sein Heer seien umgekommen. Dieser ritt, sobald der erste Lichtstrahl den Leuten die Furcht genommen hatte, bei einer ungeordneten Verfolgung in einen Hinterhalt zu geraten, die Front ab, wiederholte die Versprechungen der Soldaten und entflammte sie zu solcher Kampfeslust, dass die Aequer ihrem Angriff nicht länger standhielten. (13) Das Morden unter den Fliehenden wurde, wie eben dann, wenn der Kampf mehr mit Erbitterung als mit Tapferkeit ausgetragen wird, bis zur Vernichtung der Feinde geführt; so folgte auf die traurige Nachricht aus Tusculum, über welche die Bürgerschaft grundlos in Schrecken geraten war, ein mit Siegeslorbeer umkränzter Brief des Postumius: Der Sieg gehöre dem römischen Volk, das Heer der Aequer sei vernichtet.

29 (1) Weil die Umtriebe der Volkstribunen noch kein Ende gefunden hatten, strebten die Bürgerlichen danach, den Befürwortern des Antrags[21] ihr Tribunat zu verlängern, und ebenso waren die Väter bemüht, dessen Gegner wiederzuwählen; aber in den eigenen Wahlversammlungen behielt der Bürgerstand die Oberhand; (2) für diesen Verdruss rächten sich die Väter mit dem Senatsbeschluss, dass Konsuln, die dem Volk verhassten Beamten, gewählt werden sollten. Nach 15 Jahren wurden wieder Konsuln gewählt. Es waren dies L. Lucretius Flavus und Ser. Sulpicius Camerinus [393]. (3) Zu Beginn dieses Jahres machten sich die Volkstribunen energisch daran, ihren Gesetzesantrag durchzubringen, da von niemandem aus dem Kollegium ein Einspruch zu erwarten war, und gerade deswegen leisteten die Konsuln nicht weniger entschlossen Wider-

sulibus resistentibus omnique civitate in unam eam curam conversa, Vitelliam coloniam Romanam in suo agro Aequi expugnant. (4) Colonorum pars maxima incolumis, quia nocte proditione oppidum captum liberam per aversa urbis fugam dederat, Romam perfugere. (5) L. Lucretio consuli ea provincia evenit. Is cum exercitu profectus acie hostes vicit, victorque Romam ad maius aliquanto certamen rediit. (6) Dies dicta erat tribunis plebis biennii superioris A. Verginio et Q. Pomponio, quos defendi patrum consensu ad fidem senatus pertinebat; neque enim eos aut vitae ullo crimine alio aut gesti magistratus quisquam arguebat praeterquam quod gratificantes patribus rogationi tribuniciae intercessissent. (7) Vicit tamen gratiam senatus plebis ira et pessimo exemplo innoxii denis milibus gravis aeris condemnati sunt. Id aegre passi patres; (8) Camillus palam sceleris plebem arguere quae iam in suos versa non intellegeret se pravo iudicio de tribunis intercessionem sustulisse, intercessione sublata tribuniciam potestatem evertisse; (9) nam quod illi sperarent effrenatam licentiam eius magistratus patres laturos, falli eos. si tribunicia vis tribunicio auxilio repelli nequeat, aliud telum patres inventuros esse; (10) consulesque increpabat quod fide publica decipi tribunos eos taciti tulissent qui senatus auctoritatem secuti essent.

stand, so dass sich die gesamte Bürgerschaft ausschließlich dieser Frage zuwandte und die Aequer inzwischen Vitellia, eine römische Kolonie auf ihrem Gebiet, eroberten. (4) Der größte Teil der Siedler rettete sich unversehrt nach Rom, weil bei der in der Nacht durch Verrat erfolgten Einnahme der Ansiedlung ein Fluchtweg durch die rückwärtigen Bezirke der Stadt offengeblieben war. (5) Dieser Einsatzbereich fiel dem Konsul L. Lucretius zu. Nachdem er sich mit dem Heer in Marsch gesetzt und die Feinde in offener Schlacht besiegt hatte, kehrte er als Sieger nach Rom und zu einem bedeutend schwierigeren Kampf zurück. (6) A. Verginius und Q. Pomponius, den Volkstribunen der vergangenen zwei Jahre, hatte man den Prozess gemacht, und ihre Verteidigung war nach einmütiger Ansicht der Väter Ehrensache des Senats, denn niemand bezichtigte sie in Leben oder Amtsführung irgendeines anderen Verbrechens, als aus Gefälligkeit gegenüber den Vätern Einspruch gegen den tribunizischen Antrag eingelegt zu haben. (7) Dennoch blieb der Groll der Menge Sieger über den Einfluss des Senats, und beide wurden, was ein höchst ärgerliches Beispiel gab, unschuldig zu 10 000 As schwerer Münze verurteilt. Das nahmen die Väter nur widerwillig hin; (8) Camillus prangerte offen die frevelhafte Haltung des Bürgerstandes an: Dieser, nunmehr gegen seine eigenen Leute gewandt, könne nicht verstehen, dass er mit dem ungerechten Urteil über die Tribunen das Einspruchsrecht aufgehoben und damit auch die Amtsgewalt der Tribunen zunichte gemacht habe; (9) denn wenn jene hofften, die Väter würden die hemmungslose Willkür dieses Amtes dulden, täuschten sie sich. Falls tribunizische Tyrannei nicht durch tribunizischen Schutz gebannt werden könne, würden die Väter eine andere Waffe finden; (10) auch die Konsuln schalt er, weil sie ruhig zugesehen hätten, wie diese Tribunen, die dem Willen des Senats gefolgt waren, durch offizielle Sicherheitsgarantien getäuscht worden seien.

Haec propalam contionabundus in dies magis augebat iras hominum.

30 (1) Senatum vero incitare adversus legem haud desistebat: ne aliter descenderent in forum, cum dies ferendae legis venisset, quam ut qui meminissent sibi pro aris focisque et deum templis ac solo in quo nati essent dimicandum fore. (2) nam quod ad se privatim attineat, si suae gloriae sibi inter dimicationem patriae meminisse sit fas, sibi amplum quoque esse urbem ab se captam frequentari, cottidie se frui monumento gloriae suae et ante oculos habere urbem latam in triumpho suo, insistere omnes vestigiis laudum suarum; (3) sed nefas ducere desertam ac relictam ab dis immortalibus incoli urbem, et in captivo solo habitare populum Romanum et victrice patria victam mutari.

(4) His adhortationibus principes concitati, patres, senes iuvenesque, cum ferretur lex, agmine facto in forum venerunt, dissipatique per tribus, suos quisque tribules prensantes, (5) orare cum lacrimis coepere ne eam patriam pro qua fortissime felicissimeque ipsi ac patres eorum dimicassent desererent, Capitolium, aedem Vestae, cetera circa templa deorum ostentantes; (6) ne exsulem, extorrem populum Romanum ab solo patrio ac dis penatibus in hostium urbem agerent, eoque rem

Indem er solche Reden ganz öffentlich hören ließ, steigerte er von Tag zu Tag mehr die Erbitterung in der Bevölkerung.

30 (1) Er ließ aber nicht davon ab, den Senat gegen den Antrag aufzubringen: Wenn der Tag gekommen sei, um über den Gesetzesvorschlag abzustimmen, sollten sie mit dem Bewusstsein eines Mannes auf das Forum kommen, der daran denke, dass er für die Altäre der Heiligtümer und Häuser, für die Tempel der Götter und den Boden, auf dem er geboren war, kämpfen müsse. (2) Denn was ihn persönlich angehe – sollte es recht sein, sich eigenen Ruhmes zu erinnern, wenn das Vaterland um seine Existenz kämpfe –, so sei es auch für ihn eine Auszeichnung, wenn eine von ihm eroberte Stadt häufig besucht werde, wenn er sich täglich am Denkmal seiner Ehre erfreuen könne und eine Stadt vor Augen habe, deren Bild er im Triumph mit sich geführt habe, und wenn alle auf Schritt und Tritt auf den Spuren seiner Ruhmestaten wandelten; (3) für Frevel aber halte er es, dass eine von den unsterblichen Göttern preisgegebene und verlassene Stadt bewohnt werde, wenn das römische Volk auf erobertem Gebiet siedle und das siegreiche Heimatland zugunsten des besiegten eingetauscht werde.

(4) Von diesen Appellen ließen sich die Vornehmen beeindrucken, und als über das Gesetz abgestimmt werden sollte, kamen Väter, Greise und junge Männer in geschlossenem Zug auf das Forum und, jeweils auf die Stimmbezirke verteilt, fassten sie ihre Mitbürger am Arm (5) und begannen unter Tränen zu flehen, sie sollten doch dieses Vaterland, für das sie selbst und ihre Väter so tapfer und erfolgreich gekämpft hätten, nicht im Stich lassen, und wiesen dabei auf das Kapitol, den Vestatempel und die übrigen Göttertempel ringsum; (6) sie sollten das römische Volk nicht wie einen Verbannten und Heimatlosen vom Boden seiner Väter und den Hausgöttern in die Stadt seiner Feinde verjagen und es nicht so weit bringen, dass

adducerent ut melius fuerit non capi Veios, ne Roma desereretur. (7) Quia non vi agebant sed precibus, et inter preces multa deorum mentio erat, religiosum parti maximae fuit, et legem una plures tribus antiquarunt quam iusserunt. (8) Adeoque ea victoria laeta patribus fuit, ut postero die referentibus consulibus senatus consultum fieret ut agri Veientani septena iugera plebi dividerentur, nec patribus familiae tantum, sed ut omnium in domo liberorum capitum ratio haberetur, (9) vellentque in eam spem liberos tollere.

31 (1) Eo munere delenita plebe nihil certatum est quo minus consularia comitia haberentur. (2) Creati consules L. Valerius Potitus, M. Manlius, cui postea Capitolino fuit cognomen. Hi consules magnos ludos fecere, quos M. Furius dictator voverat Veienti bello. (3) Eodem anno aedes Iunonis reginae ab eodem dictatore eodemque bello vota dedicatur, celebratamque dedicationem ingenti matronarum studio tradunt. (4) Bellum haud memorabile in Algido cum Aequis gestum est, fusis hostibus prius paene quam manus consererent. Valerio quod perseverantius caedem iis in fuga fecit, triumphus, Manlio ut ovans ingrederetur urbem decretum est. (5) Eodem anno novum bellum cum Volsiniensibus exortum; quo propter famem pestilentiamque in agro Romano ex siccitate caloribusque nimiis ortam exercitus duci nequivit. Ob quae Volsinienses Sapiena-

es besser gewesen wäre, Veji nicht zu erobern, um Roms Verödung zu verhindern. (7) Weil sie nicht drohend, sondern bittend auftraten und in ihren Bitten auch oft der Götter gedacht wurde, war es für die meisten eine Gewissensfrage, und die Mehrheit der Bezirke verwarf mit der Mehrheit eines Stimmbezirks den Gesetzesantrag. (8) So willkommen war dieser Sieg den Vätern, dass am nächsten Tag auf Antrag der Konsuln hin der Senatsbeschluss erging, dem Bürgervolk sollten je sieben Joch aus dem Staatsgebiet von Veji zugeteilt werden, wobei nicht nur die Vorstände der Familien, sondern alle freien Personen in einem Hausstand zu berücksichtigen seien, (9) und mit dieser Aussicht sollten sie auch bereit sein, Kinder aufzuziehen.

31 (1) Da sich der Bürgerstand durch dieses Geschenk hatte besänftigen lassen, wurden keine Versuche mehr unternommen, die Konsulatswahlen zu behindern: (2) Zu Konsuln wurden L. Valerius Potitus und M. Manlius gewählt, der später den Beinamen Capitolinus trug [392]. Diese Konsuln veranstalteten die Großen Spiele, die M. Furius [Camillus] als Diktator im Krieg gegen Veji gelobt hatte. (3) Im selben Jahr wurde auch der Tempel für Iuno Regina geweiht, der vom selben Diktator im selben Krieg gelobt worden war; das Weihefest soll unter großer eifriger Beteiligung der Frauen feierlich begangen worden sein. (4) Ein keineswegs denkwürdiger Krieg wurde am Algidus gegen die Aequer geführt, die Feinde wurden verjagt, fast bevor man handgemein wurde. Dem Valerius wurde ein Triumph bewilligt, weil er so beharrlich den Feinden auf der Flucht nachgesetzt hatte, Manlius konnte im kleinen Triumph in die Stadt einziehen. (5) Im selben Jahr brach ein anderer Krieg aus, und zwar gegen die Volsinier; wegen einer Hungersnot und Seuche, die auf dem römischen Gebiet aufgrund der Dürre und der übergroßen Hitze entstanden waren, konnten die Heere nicht dorthin geführt werden. Deswegen fielen die

tibus adiunctis superbia inflati ultro agros incursavere; bellum inde duobus populis indictum. (6) C. Iulius censor decessit; in eius locum M. Cornelius suffectus – quae res postea religioni fuit quia eo lustro Roma est capta; (7) nec deinde unquam in demortui locum censor sufficitur – consulibusque morbo implicitis, placuit per interregnum renovari auspicia. (8) Itaque cum ex senatus consulto consules magistratu se abdicassent, interrex creatur M. Furius Camillus, qui P. Cornelium Scipionem, is deinde L. Valerium Potitum interregem prodidit. (9) Ab eo creati sex tribuni militum consulari potestate ut etiamsi cui eorum incommoda valetudo fuisset, copia magistratuum rei publicae esset.

32 (1) Kalendis Quintilibus magistratum occepere L. Lucretius, Ser. Sulpicius, M. Aemilius, L. Furius Medullinus septimum, Agrippa Furius, C. Aemilius iterum. (2) Ex his L. Lucretio et C. Aemilio Volsinienses provincia evenit, Sapienates Agrippae Furio et Ser. Sulpicio. Prius cum Volsiniensibus pugnatum est. (3) Bellum numero hostium ingens, certamine haud sane asperum fuit. Fusa primo concursu acies; in fugam versa milia octo armatorum ab equitibus interclusa positis armis in deditionem venerunt. (4) Eius belli fama effecit ne se pugnae committerent Sapienates; moenibus armati se tutabantur. Romani praedas passim et ex Sapienati agro et ex Volsiniensi,

mit den Sapienaten verbündeten Volsinier, dadurch übermütig geworden, ihrerseits ins Land ein; daraufhin wurde beiden Völkern der Krieg erklärt. (6) Der Censor C. Iulius starb; an seine Stelle wurde M. Cornelius nachgewählt – diese Handlung sah man später als religiös bedenklich an, weil in ebendiesem Lustrum Rom erobert wurde; (7) seit damals wird auch an die Stelle eines verstorbenen Censors kein neuer nachgewählt – da auch die Konsuln von der Krankheit befallen waren, beschloss man, mittels eines Interregnums die Einholung der Auspizien zu gewährleisten. (8) Nachdem die Konsuln auf Senatsbeschluss von ihrem Amt zurückgetreten waren, wurde daher M. Furius Camillus zum Zwischenkönig gewählt, der dann dem P. Cornelius Scipio das Amt übergab, und der machte darauf L. Valerius Potitus zum Zwischenkönig. (9) Von ihm wurden sechs Militärtribunen mit konsularischer Amtsgewalt gewählt, damit dem Staat auch dann eine große Zahl von Beamten zur Verfügung stehe, wenn einer von ihnen gesundheitlich beeinträchtigt sein sollte.

32 (1) Am ersten Juli [391] übernahmen L. Lucretius, Ser. Sulpicius, M. Aemilius, L. Furius Medullinus zum siebenten Mal, Agrippa Furius und C. Aemilius zum zweiten Mal dieses Amt. (2) Von ihnen erhielten L. Lucretius und C. Aemilius die Volsinier, Agrippa Furius und Ser. Sulpicius die Sapienaten als Einsatzgebiet. Zuerst kämpfte man gegen die Volsinier. (3) Der Zahl der Feinde nach handelte es sich um einen gewaltigen Krieg, gekämpft wurde freilich nicht sonderlich hart. Beim ersten Zusammenstoß wurde ihre Schlachtreihe geschlagen; achttausend Bewaffnete, auf der Flucht von den Reitern umzingelt, legten ihre Waffen nieder und kapitulierten. (4) Die Kunde von diesem Krieg bewirkte, dass sich die Sapienaten keiner Schlacht stellten; von ihren Mauern geschützt, blieben sie in Deckung. Die Römer trieben überall aus dem Land der Sapienaten und der Volsinier Beutevieh weg, ohne dass sich je-

nullo eam vim arcente, egerunt; (5) donec Volsiniensibus fessis bello, ea condicione ut res populo Romano redderent stipendiumque eius anni exercitui praestarent, in viginti annos indutiae datae.

(6) Eodem anno M. Caedicius de plebe nuntiavit tribunis se in Nova via, ubi nunc sacellum est supra aedem Vestae, vocem noctis silentio audisse clariorem humana, quae magistratibus dici iuberet Gallos adventare. (7) Id ut fit propter auctoris humilitatem spretum et quod longinqua eoque ignotior gens erat. Neque deorum modo monita ingruente fato spreta, sed humanam quoque opem, quae una erat, M. Furium ab urbe amovere. (8) Qui die dicta ab L. Apuleio tribuno plebis propter praedam Veientanam, filio quoque adulescente per idem tempus orbatus, cum accitis domum tribulibus clientibusque, quae magna pars plebis erat, percontatus animos eorum responsum tulisset se conlaturos quanti damnatus esset, absolvere eum non posse, (9) in exsilium abiit, precatus ab dis immortalibus si innoxio sibi ea iniuria fieret, primo quoque tempore desiderium sui civitati ingratae facerent. Absens quindecim milibus gravis aeris damnatur.

33 (1) Expulso cive quo manente, si quicquam humanorum certi est, capi Roma non potuerat, adventante fatali urbi clade

mand gegen diese Gewalttat wehrte; (5) das ging so weiter, bis den kriegsmüden Volsiniern unter der Bedingung, dass sie dem römischen Volk seinen Besitz zurückerstatteten und dem Heer den Jahressold zahlten, ein Waffenstillstand auf zwanzig Jahre gewährt wurde.

(6) Im selben Jahr meldete der Plebejer M. Caedicius den Tribunen, er habe auf der Neuen Straße, wo heute das kleine Heiligtum über dem Tempel der Vesta steht, in der Stille der Nacht eine Stimme vernommen, lauter als die eines Menschen, die ihm befohlen habe, den Beamten zu verkünden, dass die Gallier nahten.[22] (7) Wegen des niederen Standes des Zeugen und weil das Volk so weit entfernt und daher umso unbekannter war, nahm man das, wie üblich, nicht ernst. Aber nicht nur die Mahnungen der Götter blieben angesichts des drohenden Schicksals unbeachtet, sondern man vertrieb auch M. Furius [Camillus] aus der Stadt, den einzigen Menschen, der noch hätte helfen können. (8) Nachdem ihm vom Volkstribun L. Apuleius wegen der Beute von Veji der Prozess gemacht worden war,[23] rief er, der gerade zu der Zeit auch noch seinen jungen Sohn verloren hatte, seine Bezirksgenossen und Gefolgsleute, die einen beträchtlichen Teil des Bürgerstandes ausmachten, in sein Haus und erkundigte sich nach ihrer Ansicht; er erhielt die Antwort, sie würden den Betrag aufbringen, zu dem er verurteilt werde, freisprechen könnten sie ihn nicht; (9) daraufhin ging er in die Verbannung, nicht ohne die unsterblichen Götter gebeten zu haben, wenn ihn dies Unrecht schuldlos treffe, sollten sie bei erstbester Gelegenheit die undankbare Bürgerschaft sein Fehlen spüren lassen. In Abwesenheit wurde er zu 15 000 As schwerer Münze verurteilt.

33 (1) *Der* Bürger war vertrieben, durch dessen Bleiben – wenn es überhaupt etwas Sicheres gibt in den menschlichen Verhältnissen – Rom uneinnehmbar gewesen wäre, und während der schicksalhafte Untergang der Stadt immer näher kam,

legati ab Clusinis veniunt auxilium adversus Gallos petentes. (2) Eam gentem traditur fama dulcedine frugum maximeque vini nova tum voluptate captam Alpes transisse agrosque ab Etruscis ante cultos possedisse; (3) et invexisse in Galliam vinum inliciendae gentis causa Arruntem Clusinum ira corruptae uxoris ab Lucumone cui tutor ipse fuerat, praepotente iuvene et a quo expeti poena, nisi externa vis quaesita esset, nequiret; (4) hunc transeuntibus Alpes ducem auctoremque Clusium oppugnandi fuisse. Equidem haud abnuerim Clusium Gallos ab Arrunte seu quo alio Clusino adductos; (5) sed eos qui oppugnaverint Clusium non fuisse qui primi Alpes transierint satis constat. Ducentis quippe annis ante quam Clusium oppugnarent urbemque Romam caperent, in Italiam Galli transcendere; (6) nec cum his primum Etruscorum sed multo ante cum iis qui inter Appenninum Alpesque incolebant saepe exercitus Gallici pugnavere.

(7) Tuscorum ante Romanum imperium late terra marique opes patuere. Mari supero inferoque quibus Italia insulae modo cingitur, quantum potuerint nomina sunt argumento, (8) quod alterum Tuscum communi vocabulo gentis, alterum Atriaticum mare ab Atria, Tuscorum colonia, vocavere Italicae gentes, Graeci eadem Tyrrhenum atque Adriaticum vocant. (9) Et in utrumque mare vergentes incoluere urbibus duodenis

trafen Gesandte aus Clusium ein, um Hilfe gegen die Gallier zu erbitten. (2) Der Überlieferung nach soll dieses Volk, gepackt vom Verlangen nach köstlicher Feldfrucht und vor allem nach Wein[24], ein damals für sie noch neuer Genuss, die Alpen überschritten und zuvor von Etruskern bebaute Ländereien in Besitz genommen haben; (3) und zwar habe angeblich Arruns aus Clusium den Wein nach Gallien gebracht, um das Volk anzulocken, da er erzürnt war über die Verführung seiner Gattin durch Lucumo, dessen Vormund er selbst gewesen war, einen sehr mächtigen jungen Mann, von dem er nur dann Rechenschaft fordern konnte, wenn er eine fremde Macht zu Hilfe holte; (4) beim Übergang über die Alpen sei er ihr Führer gewesen und habe ihnen geraten, Clusium anzugreifen. Ich möchte freilich nicht leugnen, dass die Gallier von Arruns oder irgendeinem anderen Clusiner nach Clusium geführt worden sind; (5) dass allerdings die Belagerer von Clusium nicht die ersten waren, welche die Alpen überschritten, steht hinlänglich fest. Denn schon zweihundert Jahre bevor sie Clusium angriffen und die Stadt Rom einnahmen, sind Gallier nach Italien eingewandert; (6) auch kämpften zuerst gallische Heere nicht gegen die oben genannten Etrusker, sondern viel früher schon oftmals gegen jene, die zwischen Apennin und Alpen siedelten.

(7) Die Macht der Etrusker breitete sich vor der römischen Herrschaft weithin zu Land und zu Wasser aus. Wie weit ihre Macht auf dem oberen und unteren Meer reichte, von denen Italien wie eine Insel umgeben wird, das beweisen schon die Namen, (8) weil nämlich die italischen Völkerschaften das eine nach der allgemeinen Bezeichnung des Volkes das Tuscische, das andere nach Atria, einer Kolonie der Etrusker, Atriatisches Meer nannten und die Griechen beide als Tyrrhenisches und Adriatisches Meer bezeichnen. (9) Und dazu bewohnten sie in insgesamt zwölf Städten die an jedem der beiden Meere lie-

terras, prius cis Appenninum ad inferum mare, postea trans Appenninum totidem, quot capita originis erant, (10) coloniis missis, quae trans Padum omnia loca – excepto Venetorum angulo qui sinum circumcolunt maris – usque ad Alpes tenuere. (11) Alpinis quoque ea gentibus haud dubie origo est, maxime Raetis, quos loca ipsa efferarunt ne quid ex antiquo praeter sonum linguae nec eum incorruptum retinerent.

34 (1) De transitu in Italiam Gallorum haec accepimus: Prisco Tarquinio Romae regnante, Celtarum quae pars Galliae tertia est penes Bituriges summa imperii fuit; ii regem Celtico dabant. (2) Ambigatus is fuit, virtute fortunaque cum sua, tum publica praepollens, quod in imperio eius Gallia adeo frugum hominumque fertilis fuit ut abundans multitudo vix regi videretur posse. (3) Hic magno natu ipse iam exonerare praegravante turba regnum cupiens, Bellovesum ac Segovesum sororis filios impigros iuvenes missurum se esse in quas di dedissent auguriis sedes ostendit; (4) quantum ipsi vellent numerum hominum excirent ne qua gens arcere advenientes posset. Tum Segoveso sortibus dati Hercynei saltus; Belloveso haud paulo laetiorem in Italiam viam di dabant. (5) Is quod eius ex populis abundabat, Bituriges, Arvernos, Senones, Aeduos, Ambarros, Carnutes, Aulercos excivit. Profectus ingentibus peditum equitumque copiis in Tricastinos venit. (6) Alpes inde oppositae erant; quas inexsuperabiles visas haud equidem mi-

genden Länder, zuerst diesseits des Apennin bis zum unteren Meer, später jenseits des Apennin, wo sie gleich viele Kolonien gegründet hatten, wie es Hauptstämme in ihrem Mutterland gab; (10) diese Kolonien nahmen das ganze Gebiet jenseits des Po – ausgenommen den Abschnitt der Veneter, die um die Meeresbucht wohnen – bis zu den Alpen ein. (11) Auch die Alpenstämme gehen ohne Zweifel auf diesen Ursprung zurück, besonders die Raeter, welche die Gegend selbst zu Wilden gemacht hat, so dass sie aus der Vorzeit nur den Klang der Sprache, und auch diesen nicht unverfälscht, bewahrt haben.

34 (1) Über die Wanderung der Gallier nach Italien haben wir folgendes erfahren:[25] Zur Zeit der Herrschaft des Tarquinius Priscus in Rom lag die Vormacht über die Kelten, die ein Drittel Galliens ausmachen, bei den Biturigen; sie gaben den keltischen Völkern den König. (2) Es war dies Ambigatus, mächtig durch Tapferkeit, eigenen und des Volkes Reichtum, weil unter seiner Herrschaft Gallien derart gesegnet war mit Fruchtbarkeit und Menschen, dass die überbordende Bevölkerung kaum mehr regierbar schien. (3) Da er selbst schon bejahrt war und sein Königreich von der Last der Überbevölkerung befreien wollte, erklärte er, er werde die Söhne seiner Schwester, Bellovesus und Segovesus, tüchtige junge Männer, in Länder entsenden, die ihnen die Götter durch Vorzeichen zuweisen würden; (4) sie sollten so viele Menschen aufbieten, wie sie wollten, damit sich kein Volk ihrer Einwanderung widersetzen könne. Dann bestimmte das Los für Segovesus den hercynischen Wald; dem Bellovesus gaben die Götter den weit verheißungsvolleren Weg nach Italien. (5) Er rief diejenigen, die bei ihren Völkern überzählig waren, Biturigen, Arverner, Senonen, Aeduer, Ambarrer, Carnuten und Aulercer, zur Wanderung auf. Mit einer gewaltigen Zahl an Fußtruppen und Reitern brach er auf und kam ins Gebiet der Tricastiner. (6) Von dort an stellten sich ihnen die Alpen entgegen; dass sie als un-

ror, nulladum via, quod quidem continens memoria sit, nisi de Hercule fabulis credere libet, superatas. (7) Ibi cum velut saeptos montium altitudo teneret Gallos, circumspectarentque quanam per iuncta caelo iuga in alium orbem terrarum transirent, religio etiam tenuit quod allatum est advenas quaerentes agrum ab Salvum gente oppugnari. (8) Massilienses erant ii, navibus a Phocaea profecti. Id Galli fortunae suae omen rati, adiuvere ut quem primum in terram egressi occupaverant locum patientibus Salvis communirent. Ipsi per Taurinos saltusque Iuliae Alpis transcenderunt; (9) fusisque acie Tuscis haud procul Ticino flumine, cum in quo consederant agrum Insubrium appellari audissent cognominem Insubribus pago Aeduorum, ibi omen sequentes loci condidere urbem; Mediolanium appellarunt.

35 (1) Alia subinde manus Cenomanorum Elitovio duce vestigia priorum secuta eodem saltu favente Belloveso cum transcendisset Alpes, ubi nunc Brixia ac Verona urbes sunt, locos tenuere. (2) Libui considunt post hos Salvique, prope antiquam gentem Laevos Ligures incolentes circa Ticinum amnem. Poenino deinde Boii Lingonesque transgressi cum iam inter Padum atque Alpes omnia tenerentur, Pado ratibus traiecto non Etruscos modo sed etiam Umbros agro pellunt; intra Ap-

überwindlich galten, wundert mich freilich nicht, da sie noch auf keinem Wege, soweit es davon eine ungebrochene Überlieferung gibt, wenn man den Sagen über Hercules nicht glauben will,[26] bezwungen worden waren. (7) Als sich die Gallier dort, von den hohen Bergen gleichsam eingezäunt, rings umsahen, wie sie denn durch die an den Himmel grenzenden Pässe in eine andere Welt ziehen sollten, ließ sie ihr Gespür für religiöse Vorbedeutung haltmachen; sie hatten nämlich erfahren, landsuchende Einwanderer würden vom Volk der Salvier angegriffen. (8) Es handelte sich um Massilienser, die mit Schiffen aus Phocaea ausgewandert waren. Die Gallier sahen darin eine Vorbedeutung für ihr eigenes Schicksal und halfen ihnen, mit Duldung der Salvier den Platz zu befestigen, den sie unmittelbar nach ihrer Landung besetzt hatten. Sie selbst durchquerten das Gebiet der Tauriner und stiegen über die iulischen Alpen; (9) sie schlugen die Etrusker im offenem Feld nicht weit vom Fluss Ticinus, und da sie gehört hatten, dass das Land, auf dem sie sich jetzt befanden, als Insubrerland bezeichnet werde, aber auch ein Stamm der Aeduer Insubrer hieß, gründeten sie dort im Vertrauen auf die Bedeutung des Ortes eine Stadt; sie nannten sie Mediolanium.

35 (1) Gleich darauf überschritt eine andere, aus Cenomanen bestehende Schar, die unter ihrem Führer Elitovius den Spuren ihrer Vorgänger gefolgt war, mit Unterstützung des Bellovesus auf demselben Pass die Alpen und nahm das Land in Besitz, wo heute die Städte Brixia und Verona liegen. (2) Nach ihnen wurden die Libuer und Salvier in der Nähe des alten Volkes der Ligurer, der Laever, sesshaft, die dies- und jenseits des Flusses Ticinus lebten. Da bereits das ganze Gebiet zwischen Po und den Alpen besetzt war, überquerten dann die Boier und Lingonen nach ihrem Weg über den Poeninus mit Flößen den Po und vertrieben nicht nur Etrusker, sondern auch Umbrer von ihrem Land; dennoch gingen sie über den Apennin nicht

penninum tamen sese tenuere. (3) Tum Senones, recentissimi advenarum, ab Utente flumine usque ad Aesim fines habuere. Hanc gentem Clusium Romamque inde venisse comperio: id parum certum est, solamne an ab omnibus Cisalpinorum Gallorum populis adiutam.

(4) Clusini novo bello exterriti, cum multitudinem, cum formas hominum invisitatas cernerent et genus armorum, audirentque saepe ab iis cis Padum ultraque legiones Etruscorum fusas, quamquam adversus Romanos nullum eis ius societatis amicitiaeve erat, nisi quod Veientes consanguineos adversus populum Romanum non defendissent, legatos Romam qui auxilium ab senatu peterent misere. (5) De auxilio nihil impetratum; legati tres M. Fabi Ambusti filii missi, qui senatus populique Romani nomine agerent cum Gallis ne a quibus nullam iniuriam accepissent socios populi Romani atque amicos oppugnarent. (6) Romanis eos bello quoque si res cogat tuendos esse; sed melius visum bellum ipsum amoveri si posset, et Gallos novam gentem pace potius cognosci quam armis.

36 (1) Mitis legatio, ni praeferoces legatos Gallisque magis quam Romanis similes habuisset. Quibus postquam mandata ediderunt in concilio Gallorum datur responsum, (2) etsi novum nomen audiant Romanorum, tamen credere viros fortes

hinaus. (3) Danach übernahmen die Senonen, die letzten Einwanderer, das Gebiet zwischen den Flüssen Utens und Aesis. Ich weiß aus sicherer Quelle, dass genau dieses Volk nach Clusium und von dort nach Rom gekommen ist: Ungewiss ist lediglich, ob es allein war oder von allen gallischen Völkern diesseits der Alpen unterstützt wurde.

(4) Die Clusiner waren von dem beispiellosen Krieg entsetzt, und als sie die große Zahl, als sie den ungewöhnlich hohen Wuchs der Menschen sahen und die Art der Bewaffnung und dazu hörten, diesseits des Po und jenseits seien von ihnen die Legionen der Etrusker oftmals geschlagen worden, schickten sie Gesandte nach Rom, die den Senat um Unterstützung bitten sollten, obwohl sie den Römern gegenüber rechtlich durch keinen Freundschaftsvertrag gebunden waren, außer dass sie die stammesverwandten Vejenter nicht gegen das römische Volk verteidigt hatten. (5) Bezüglich einer Unterstützung erreichten sie nichts; aber als Unterhändler wurden die drei Söhne des M. Fabius Ambustus entsandt, um im Namen des Senats und des römischen Volkes mit den Galliern darüber zu verhandeln, dass sie die Bundesgenossen und Freunde des römischen Volkes, von denen sie kein Unrecht erlitten hätten, nicht angreifen sollten. (6) Die Römer würden sich sonst, wenn es die Umstände erforderten, gezwungen sehen, sie auch durch Krieg zu schützen; es scheine ihnen aber besser, einen Krieg selbst nach Möglichkeit auszuschließen und das unbekannte Volk der Gallier lieber im Frieden als unter Waffen kennenzulernen.

36 (1) Die Botschaft war eigentlich friedlich, wenn sie nicht allzu ungestüme Botschafter, die Galliern ähnlicher waren als Römern, übernommen hätten. Nachdem diese ihre Aufträge in der Versammlung der Gallier überbracht hatten, gab man ihnen zur Antwort, (2) man höre zwar den Namen Römer zum ersten Mal, halte sie aber dennoch für tapfere Männer, wenn

esse quorum auxilium a Clusinis in re trepida sit imploratum; (3) et quoniam legatione adversus se maluerint quam armis tueri socios, ne se quidem pacem quam illi adferant aspernari, si Gallis egentibus agro, quem latius possideant quam colant Clusini, partem finium concedant; aliter pacem impetrari non posse. (4) Et responsum coram Romanis accipere velle et si negetur ager, coram iisdem Romanis dimicaturos, ut nuntiare domum possent quantum Galli virtute ceteros mortales praestarent. (5) Quodnam id ius esset agrum a possessoribus petere aut minari arma Romanis quaerentibus et quid in Etruria rei Gallis esset, cum illi se in armis ius ferre et omnia fortium virorum esse ferociter dicerent, accensis utrimque animis ad arma discurritur et proelium conseritur. (6) Ibi iam urgentibus Romanam urbem fatis legati contra ius gentium arma capiunt. Nec id clam esse potuit cum ante signa Etruscorum tres nobilissimi fortissimique Romanae iuventutis pugnarent; tantum eminebat peregrina virtus. (7) Quin etiam Q. Fabius, evectus extra aciem equo, ducem Gallorum, ferociter in ipsa signa Etruscorum incursantem, per latus transfixum hasta occidit; spoliaque eius legentem Galli agnovere, perque totam aciem Romanum legatum esse signum datum est. (8) Omissa inde in Clusinos ira, receptui canunt minantes Romanis. Erant qui extemplo Romam eundum censerent; vicere seniores, ut legati

sie von den Clusinern in schwieriger Lage um Unterstützung gebeten worden seien; (3) und da die Römer ihre Bundesgenossen lieber durch eine Botschaft an sie als durch Waffengewalt schützen wollten, würden auch sie das Friedensangebot, das jene übermittelten, nicht verschmähen, wenn die Clusiner einen Teil ihres Gebietes, von dem sie mehr besäßen als bebauten, den landlosen Galliern überließen; sonst könne Frieden nicht gewonnen werden. (4) Sie wollten deren Antwort in Gegenwart der Römer hören und würden auch in Gegenwart derselben Römer kämpfen, wenn ihnen das Land verweigert werde, damit diese zu Hause berichten könnten, wie sehr die Gallier die übrigen Sterblichen an Tapferkeit überragten. (5) Als die Römer fragten, was für eine Art von Recht es denn sei, den Besitzern ihr Land abzufordern oder Waffengewalt anzudrohen, und was die Gallier in Etrurien zu schaffen hätten, und jene trotzig erwiderten, sie trügen ihr Recht in ihren Waffen und tapferen Männern gehöre alles, da erregten sich die Gemüter auf beiden Seiten; man lief zu den Waffen und begann den Kampf. (6) Da griffen die Gesandten – während das Schicksal bereits die Römerstadt bedrohte – gegen das Völkerrecht zu den Waffen. Diese Tat konnte auch nicht verborgen bleiben, weil die drei edelsten und tapfersten jungen Römer in den ersten Reihen der Etrusker kämpften; so sehr ragte fremde Tapferkeit hervor. (7) Q. Fabius preschte sogar mit seinem Pferd vor die Schlachtreihe, durchbohrte mit seiner Lanze die Seite eines gallischen Anführers, der in wildem Kampfeseifer in die vorderen Reihen der Etrusker eindrang, und tötete ihn; während er ihm die Rüstung abnahm, erkannten ihn die Gallier und machten im ganzen Heer bekannt, dies sei ein römischer Gesandter. (8) Sie ließen daraufhin ihren Zorn auf die Clusiner fahren und bliesen zum Rückzug, wobei sie den Römern drohten. Manche meinten, man müsse unverzüglich gegen Rom ziehen; doch setzten die Älteren durch, dass zuvor Unterhänd-

prius mitterentur questum iniurias postulatumque ut pro iure gentium violato Fabii dederentur. (9) Legati Gallorum cum ea sicut erant mandata exposuissent, senatui nec factum placebat Fabiorum et ius postulare barbari videbantur; sed ne id quod placebat decerneret in tantae nobilitatis viris ambitio obstabat. (10) Itaque ne penes ipsos culpa esset cladis forte Gallico bello acceptae, cognitionem de postulatis Gallorum ad populum reiciunt; ubi tanto plus gratia atque opes valuere ut quorum de poena agebatur tribuni militum consulari potestate in insequentem annum crearentur. (11) Quo facto haud secus quam dignum erat infensi Galli bellum propalam minantes ad suos redeunt. Tribuni militum cum tribus Fabiis creati Q. Sulpicius Longus, Q. Servilius quartum, P. Cornelius Maluginensis.

37 (1) Cum tanta moles mali instaret – adeo occaecat animos fortuna, ubi vim suam ingruentem refringi non volt – civitas quae adversus Fidenatem ac Veientem hostem aliosque finitimos populos ultima experiens auxilia dictatorem multis tempestatibus dixisset, (2) ea tunc invisitato atque inaudito hoste ab Oceano terrarumque ultimis oris bellum ciente, nihil extraordinarii imperii aut auxilii quaesivit. (3) Tribuni quorum temeritate bellum contractum erat summae rerum praeerant, dilectumque nihilo accuratiorem quam ad media bella haberi

ler entsandt würden, die über den Rechtsbruch Klage führen und wegen der Verletzung des Völkerrechts die Auslieferung der Fabier fordern sollten. (9) Nachdem die Gesandten der Gallier dies, wie es ihnen aufgetragen worden war, dargelegt hatten, missbilligte der Senat die Tat der Fabier, und es schien, als ob die Barbaren nur ihr Recht forderten; doch die Liebedienerei gegenüber Männern von höchstem Adel verhinderte, dass man das auch beschloss, was man für richtig erkannt hatte. (10) Damit also die Schuld im Falle einer Niederlage in einem Krieg gegen die Gallier nicht bei ihnen läge, schoben sie die Entscheidung über die gallischen Forderungen dem Volk zu; dort wogen Macht und Einfluss derart viel, dass jene, über deren Bestrafung verhandelt wurde,[27] für das nächste Jahr zu Militärtribunen mit konsularischer Amtsgewalt gewählt wurden. (11) Darüber waren die Gallier mehr als zu Recht empört und kehrten, ganz offen mit Krieg drohend, zu den Ihren zurück. Zusammen mit den drei Fabiern wurden Q. Sulpicius Longus, Q. Servilius zum vierten Mal und P. Cornelius Maluginensis zu Militärtribunen gewählt [390].

37 (1) Obwohl das Unheil in seiner ganzen Schwere unmittelbar bevorstand – so sehr verblendet das Schicksal die Menschenherzen, wenn es will, dass seine hereinbrechende Macht nicht gehemmt wird[28] –, suchte die Bürgerschaft, die gegen die feindlichen Fidenaten und Vejenter sowie andere Nachbarvölker in vielen stürmischen Zeiten als letzten Rettungsversuch einen Diktator ernannt hatte, (2) damals angesichts eines Feindes, den man noch nie gesehen, von dem man noch nie gehört hatte, der vom Ozean und dem Ende der Welt zum Kriege rief, suchte diese Bürgerschaft also nicht nach außergewöhnlicher Befehlsgewalt oder Unterstützung. (3) Die Tribunen, durch deren Unbesonnenheit man sich den Krieg aufgeladen hatte, standen an der Spitze der Regierung und nahmen die Truppenaushebung keineswegs entschlossener vor, als es bei ge-

solitus erat, extenuantes etiam famam belli, habebant. (4) Interim Galli postquam accepere ultro honorem habitum violatoribus iuris humani elusamque legationem suam esse, flagrantes ira cuius impotens est gens, confestim signis convolsis citato agmine iter ingrediuntur. (5) Ad quorum praetereuntium raptim tumultum cum exterritae urbes ad arma concurrerent fugaque agrestium fieret, Romam se ire magno clamore significabant quacumque ibant, equis virisque longe ac late fuso agmine immensum obtinentes loci. (6) Sed antecedente fama nuntiisque Clusinorum, deinceps inde aliorum populorum, plurimum terroris Romam celeritas hostium tulit, (7) quippe quibus velut tumultuario exercitu raptim ducto aegre ad undecimum lapidem occursum est, qua flumen Allia, Crustuminis montibus praealto defluens alveo, haud multum infra viam Tiberino amni miscetur. (8) Iam omnia contra circaque hostium plena erant et nata in vanos tumultus gens truci cantu clamoribusque variis horrendo cuncta compleverant sono.

38 (1) Ibi tribuni militum non loco castris ante capto, non praemunito vallo quo receptus esset, non deorum saltem si non hominum memores, nec auspicato nec litato, instruunt aciem, diductam in cornua ne circumveniri multitudine hostium possent; (2) nec tamen aequari frontes poterant cum ex-

wöhnlichen Feldzügen üblich war, wobei sie die Nachrichten über den Krieg sogar abschwächten. (4) Nachdem die Gallier unterdessen gehört hatten, dass man denen, die das Völkerrecht geschändet hatten, obendrein ein Ehrenamt verliehen und somit ihre eigene Gesandtschaft noch verspottet habe, brachen sie, glühend vor Zorn, den dieses Volk nicht zu beherrschen weiß, auf der Stelle ihre Zelte ab und machten sich in Eilmärschen auf die Wanderung. (5) Als sie durch ihr rasches Heranrücken ein Chaos auslösten, man in den Städten in Panik zu den Waffen strömte und die Landbewohner die Flucht ergriffen, gaben sie, wohin sie auch kamen, mit lautem Geschrei zu verstehen, nur Rom sei ihr Ziel, wobei sie mit dem weit auseinandergezogenen Heerbann ihrer Pferde und Krieger eine unermessliche Fläche des Landes bedeckten. (6) Die Schnelligkeit der Feinde, denen zwar ihr Ruf und zuerst die Boten der Clusiner, dann der Reihe nach die von anderen Völkern vorauseilten, verursachte in Rom ungeheures Entsetzen, (7) zumal man mit einem gleichsam im Chaos und in aller Eile aufgebotenen Heer kaum bis zum elften Meilenstein kam, wo man ihnen schon begegnete, dort, wo der Fluss Allia[29], der von den crustuminischen Bergen in sehr tiefem Bett herabströmt, nicht weit unterhalb der Straße in den Tiberstrom mündet. (8) Schon war alles vorne und ringsum von den Feinden besetzt, und das Volk, für leeres Geprahle wie geschaffen, hatte mit wildem Sang und wirrem Geheul die ganze Gegend mit schreckenerregendem Lärm erfüllt.

38 (1) Ohne einen Platz für ein Lager bestimmt, ohne vorher einen Wall für den Rückzug befestigt zu haben, ohne, wenn schon nicht an die Menschen, so doch an die Götter zu denken, richteten dort die Militärtribunen ohne Auspizien[30] und Opfer die Schlachtreihe ein, die sie zu den Flügeln hin auseinanderzogen, um von der Überzahl der Feinde nicht umgangen werden zu können; (2) und dennoch konnten sie keine gleich lange

tenuando infirmam et vix cohaerentem mediam aciem haberent. Paulum erat ab dextera editi loci quem subsidiariis repleri placuit, eaque res ut initium pavoris ac fugae, sic una salus fugientibus fuit. (3) Nam Brennus regulus Gallorum in paucitate hostium artem maxime timens, ratus ad id captum superiorem locum ut ubi Galli cum acie legionum recta fronte concucurrissent subsidia in aversos transversosque impetum darent, ad subsidiarios signa convertit, (4) si eos loco depulisset haud dubius facilem in aequo campi tantum superanti multitudini victoriam fore. Adeo non fortuna modo sed ratio etiam cum barbaris stabat. (5) In altera acie nihil simile Romanis, non apud duces, non apud milites erat. Pavor fugaque occupaverat animos et tanta omnium oblivio, ut multo maior pars Veios in hostium urbem, cum Tiberis arceret, quam recto itinere Romam ad coniuges ac liberos fugerent. (6) Parumper subsidiarios tutatus est locus; in reliqua acie simul est clamor proximis ab latere, ultimis ab tergo auditus, ignotum hostem prius paene quam viderent, non modo non temptato certamine sed ne clamore quidem reddito integri intactique fugerunt; (7) nec ulla caedes pugnantium fuit; terga caesa suomet ipsorum certamine in turba impedientium fugam. (8) Circa ripam Tiberis quo

Front herstellen, obwohl sie das Zentrum ausdünnten und dort eine schwache und kaum zusammenhängende Schlachtreihe erhielten. Zur Rechten befand sich eine kleine Anhöhe, die man mit Reservetruppen zu besetzen beschloss, und wie diese Taktik Panik und Flucht auslösen sollte, so wurde sie auch die einzige Rettung für die Fliehenden. (3) Brennus, der Stammesfürst der Gallier, hatte angesichts der geringen Zahl der Feinde große Angst vor einer Kriegslist und glaubte, die Anhöhe sei deshalb besetzt worden, damit die Reservetruppen nach dem in gerader Front erfolgten Zusammenprall der Gallier mit der Schlachtreihe der Legionen ihren Angriff von hinten und von der Flanke vortragen könnten. Daher richtete er seinen Angriff gegen die Reserve, (4) weil er nicht daran zweifelte, dass im ebenen Gelände seiner großen Übermacht ein leichter Sieg zufallen werde, wenn er diese erst aus ihrer Stellung vertrieben hätte. So sehr war nicht nur das Glück, sondern auch die vernünftige Überlegung auf der Seite der Barbaren. (5) Auf der anderen Seite glich nichts römischer Art, weder bei den Feldherren, noch bei den Soldaten. Angst und Flucht beherrschten die Gemüter der Menschen und eine so völlige Kopflosigkeit, dass der weitaus größere Teil nach Veji, in die Stadt der Feinde, floh, obwohl sie der Tiber hinderte, anstatt geraden Weges nach Rom, zu Frau und Kindern. (6) Nur kurz schützte ihre Stellung die Reserve; im übrigen Heer hörten die Vordersten von der Flanke und die Hinteren gleichzeitig vom Rücken her den Schlachtruf, und fast bevor sie den unbekannten Feind überhaupt sehen konnten, ergriffen sie unversehrt und unverletzt die Flucht, nachdem sie nicht nur den Kampf nicht gewagt, sondern nicht einmal den Kriegsruf erwidert hatten; (7) so gab es in der Schlacht auch keine Gefallenen; der Tod kam von hinten durch den Kampf der eigenen Leute gegeneinander, die sich im Gewühl bei der Flucht behinderten. (8) Am Ufer des Tibers, zu dem der ganze linke Flügel, der sei-

armis abiectis totum sinistrum cornu defugit, magna strages facta est, multosque imperitos nandi aut invalidos, graves loricis aliisque tegminibus, hausere gurgites; (9) maxima tamen pars incolumis Veios perfugit, unde non modo praesidii quicquam sed ne nuntius quidem cladis Romam est missus. (10) Ab dextro cornu quod procul a flumine et magis sub monte steterat, Romam omnes petiere et ne clausis quidem portis urbis in arcem confugerunt.

39 (1) Gallos quoque velut obstupefactos miraculum victoriae tam repentinae tenuit, et ipsi pavore defixi primum steterunt, velut ignari quid accidisset; deinde insidias vereri; postremo caesorum spolia legere armorumque cumulos, ut mos eis est, coacervare; (2) tum demum postquam nihil usquam hostile cernebatur viam ingressi, haud multo ante solis occasum ad urbem Romam perveniunt. Ubi cum praegressi equites non portas clausas, non stationem pro portis excubare, non armatos esse in muris rettulissent, aliud priori simile miraculum eos sustinuit; (3) noctemque veriti et ignotae situm urbis, inter Romam atque Anienem consedere, exploratoribus missis circa moenia aliasque portas quaenam hostibus in perdita re consilia essent. (4) Romani cum pars maior ex acie Veios petisset quam Romam, nemo superesse quemquam praeter eos qui Romam refugerant crederet, complorati omnes pariter vivi mortuique

ne Waffen weggeworfen hatte, hinab geflohen war, kam es zum großen Gemetzel, und viele, die nicht schwimmen konnten oder geschwächt waren, beschwert von ihren Brustpanzern und der sonstigen Rüstung, verschlang die reißende Strömung; (9) dennoch kam der größte Teil unverletzt auf der Flucht nach Veji, von wo man nicht nur keine Hilfe, sondern nicht einmal eine Nachricht von der Niederlage nach Rom schickte. (10) Vom rechten Flügel, der vom Fluss entfernt und mehr am Fuß des Berges aufgestellt war, strebten alle nach Rom und flüchteten sich, ohne dass man auch nur die Stadttore verschlossen hätte, auf die Burg.

39 (1) Auch die Gallier hatte das Wunder dieses Blitzsieges gleichsam betäubt, und sie blieben zuerst selbst vor Angst wie angewurzelt stehen, so, als ob sie sich des Geschehenen gar nicht bewusst wären; dann fürchteten sie einen Hinterhalt; schließlich sammelten sie die Rüstungen der Erschlagenen und schichteten die Waffen, wie es bei ihnen Sitte ist, zu Haufen auf; (2) jetzt erst, als vom Feind noch immer nichts zu sehen war, machten sie sich auf den Weg und gelangten knapp vor Sonnenuntergang vor die Stadt Rom. Als die Vorhut der Reiter gemeldet hatte, weder seien die Tore verschlossen, noch vor den Toren Wachtposten aufgestellt, noch befänden sich auf den Mauern Bewaffnete, ließ sie dieser neue wundersame Vorfall, der dem ersten glich, dort innehalten; (3) die Nacht und die Lage der unbekannten Stadt fürchtend, bezogen sie ihre Stellung zwischen Rom und dem Anio, nachdem sie Kundschafter um die Mauer herum und zu den anderen Toren geschickt hatten, um die Pläne der Feinde in ihrer aussichtslosen Lage zu erkunden. (4) Da der größere Teil des Heeres nach Veji und nicht nach Rom gezogen war, glaubte keiner von den Römern, dass es außer denen, die zurück nach Rom geflohen waren, noch Überlebende gebe; so wurden alle, gleich ob sie tot waren oder lebten, betrauert, und fast die ganze Stadt war er-

totam prope urbem lamentis impleverunt. (5) Privatos deinde luctus stupefecit publicus pavor, postquam hostes adesse nuntiatum est; mox ululatus cantusque dissonos vagantibus circa moenia turmatim barbaris audiebant. (6) Omne inde tempus suspensos ita tenuit animos usque ad lucem alteram ut identidem iam in urbem futurus videretur impetus; primo adventu, quia accesserant ad urbem –; mansuros enim ad Alliam fuisse nisi hoc consilii foret – (7) deinde sub occasum solis, quia haud multum diei supererat – ante noctem certe invasuros –; tum in noctem dilatum consilium esse, quo plus pavoris inferrent. (8) Postremo lux appropinquans exanimare, timorique perpetuo ipsum malum continens fuit cum signa infesta portis sunt inlata. Nequaquam tamen ea nocte neque insequenti die similis illi quae ad Alliam tam pavide fugerat civitas fuit. (9) Nam cum defendi posse urbem tam parva relicta manu spes nulla esset, placuit cum coniugibus ac liberis iuventutem militarem senatusque robur in arcem Capitoliumque concedere, (10) armisque et frumento conlato, ex loco inde munito deos hominesque et Romanum nomen defendere; (11) flaminem sacerdotesque Vestales sacra publica a caede, ab incendiis procul auferre, nec ante deseri cultum deorum quam non superessent qui colerent. (12) si arx Capitoliumque, sedes deorum, si senatus, caput publici consilii, si militiaris iuventus superfue-

füllt von Wehklagen. (5) Dann aber, nachdem die Meldung gekommen war, die Feinde seien da, war die Trauer jedes einzelnen von der allgemeinen Angst wie betäubt; bald darauf konnte man das Geheul und die misstönenden Laute der Barbaren vernehmen, die hordenweise um die Mauer streiften. (6) Von da an waren sie bis zum nächsten Morgen jeden Augenblick lang in einer derartigen Spannung, dass sie immer wieder von neuem den Eindruck hatten, der Angriff auf die Stadt stünde eben bevor; zuerst glaubten sie dies gleich nach dem Anmarsch der Feinde, weil sie bis an die Stadt vorgerückt waren – sie hätten ja an der Allia bleiben können, wenn das nicht ihr Plan wäre –; (7) dann erwarteten sie ihn in der Abenddämmerung, weil der Tag nicht mehr lange dauerte – sie würden sicher vor der Nacht angreifen –; hierauf, sie hätten ihren Plan auf die Nacht verschoben, um so noch größere Panik verbreiten zu können. (8) Schließlich brachte sie der anbrechende Morgen völlig außer Fassung, und der ständigen Angst folgte das Unheil selbst auf dem Fuß, als der feindliche Heerbann durch die Tore einmarschierte. Dennoch glichen in dieser Nacht und am darauffolgenden Tag die Bürger keinesfalls jenen Menschen, die an der Allia so ängstlich geflohen waren. (9) Denn da es keine Hoffnung gab, mit der so zusammengeschmolzenen Schar die Stadt verteidigen zu können, so beschloss man, dass die kriegstaugliche Jugend und die kräftigeren Senatoren zusammen mit den Frauen und Kindern auf Burg und Kapitol ziehen (10) und nach der Bereitstellung von Waffen und Proviant von diesem befestigten Platz aus Götter, Menschen und Roms Namen verteidigen sollten; (11) der Flamen[31] und die Priesterinnen der Vesta sollten die staatlichen Heiligtümer von Brand und Verderben weit fortschaffen, und die Verehrung der Götter sei erst dann aufzugeben, wenn niemand mehr lebe, der sie verehren könne. (12) Wenn Burg und Kapitol, die Wohnstatt der Götter, wenn der Senat, das Haupt staatlicher Regierung,

rit imminenti ruinae urbis, facilem iacturam esse seniorum relictae in urbe utique periturae turbae. (13) Et quo id aequiore animo de plebe multitudo ferret, senes triumphales consularesque simul se cum illis palam dicere obituros, nec his corporibus, quibus non arma ferre, non tueri patriam possent, oneraturos inopiam armatorum.

40 (1) Haec inter seniores morti destinatos iactata solacia. Versae inde adhortationes ad agmen iuvenum quos in Capitolium atque in arcem prosequebantur, commendantes virtuti eorum iuventaeque urbis per trecentos sexaginta annos omnibus bellis victricis quaecumque reliqua esset fortuna. (2) Digredientibus qui spem omnem atque opem secum ferebant ab iis qui captae urbis non superesse statuerant exitio, cum ipsa res speciesque miserabilis erat, (3) tum muliebris fletus et concursatio incerta nunc hos, nunc illos sequentium rogitantiumque viros natosque cui se fato darent, nihil quod humani superesset mali relinquebant. (4) Magna pars tamen earum in arcem suos persecutae sunt, nec prohibente ullo nec vocante, quia quod utile obsessis ad minuendam imbellem multitudinem, id parum humanum erat. (5) Alia maxime plebis turba, quam nec capere tam exiguus collis nec alere in tanta inopia frumenti poterat, ex urbe effusa velut agmine iam uno petiit Ianiculum. (6) Inde pars per agros dilapsi, pars urbes petunt finitimas, sine

wenn die wehrfähige Jugend die drohende Vernichtung der Stadt überlebten, sei der Verlust einer Schar von Alten, die man in der Stadt zurückgelassen habe und die auf jeden Fall dem Tod geweiht seien, leicht zu ertragen. (13) Und damit die Menge des Bürgerstandes ein solches Schicksal gelassener hinnehme, erklärten die Alten, die Triumphe gewonnen und Konsulate bekleidet hatten, öffentlich, sie wollten zugleich mit jenen[32] in den Tod gehen und mit ihren Leibern, mit denen sie keine Waffen mehr tragen und die Heimat nicht verteidigen könnten, die Not der Kämpfer nicht vergrößern.

40 (1) Das waren die Trostworte, die unter den todgeweihten Alten vorgebracht wurden. Hierauf richteten sie ihre Ermahnungen an den Trupp der jungen Männer, den sie auf das Kapitol und auf die Burg geleiteten: Ihrer jugendlichen Tatkraft vertraue man das künftige Schicksal der seit 360 Jahren aus allen Kriegen siegreich hervorgegangenen Stadt an. (2) Als nun diejenigen, die alle Hoffnung und Kraft verkörperten, von den anderen schieden, die beschlossen hatten, den Untergang der eroberten Stadt nicht zu überleben – als Ereignis selbst und wie als Schauspiel mitleiderregend –, (3) da schöpfte das Weinen der Frauen, ihr unstetes Herumirren, während sie bald diesen, bald jenen nachgingen und Männer und Söhne ständig fragten, welches Schicksal sie nun teilen sollten, alles Leid der Menschen aus. (4) Ein großer Teil der Frauen folgte dennoch ihren Männern bis in die Burg, ohne dass sie jemand hinderte oder dazu aufforderte, weil das, was den Belagerten dazu hätte dienen können, die zum Krieg untaugliche Menge zu verringern, keineswegs der Menschlichkeit entsprach. (5) Eine andere Schar, großenteils Plebejer, die ein derart kleiner Hügel weder aufnehmen noch angesichts des drückenden Mangels an Proviant ernähren konnte, strömte aus der Stadt und strebte nun fast in geschlossenem Zug zum Ianiculum. (6) Von dort zerstreuten sie sich teils über das flache Land, teilweise suchten sie

ullo duce aut consensu, suam quisque spem, sua consilia communibus deploratis exsequentes. (7) Flamen interim Quirinalis virginesque Vestales omissa rerum suarum cura, quae sacrorum secum ferenda, quae quia vires ad omnia ferenda deerant relinquenda essent consultantes, quisve ea locus fideli adservaturus custodia esset, (8) optimum ducunt condita in doliolis sacello proximo aedibus flaminis Quirinalis, ubi nunc despui religio est, defodere; cetera inter se onere partito ferunt via quae sublicio ponte ducit ad Ianiculum. (9) In eo clivo eas cum L. Albinius de plebe homo conspexisset plaustro coniugem ac liberos avehens inter ceteram turbam quae inutilis bello urbe excedebat, (10) salvo etiam tum discrimine divinarum humanarumque rerum religiosum ratus sacerdotes publicos sacraque populi Romani pedibus ire ferrique, se ac suos in vehiculo conspici, descendere uxorem ac pueros iussit, virgines sacraque in plaustrum imposuit et Caere quo iter sacerdotibus erat pervexit.

41 (1) Romae interim satis iam omnibus, ut in tali re, ad tuendam arcem compositis, turba seniorum domos regressi adventum hostium obstinato ad mortem animo exspectabant. (2) Qui eorum curules gesserant magistratus, ut in fortunae pristinae honorumque ac virtutis insignibus morerentur, quae

benachbarte Städte auf, ohne irgendeinen Führer oder eine Vereinbarung, da jeder dem eigenen Hoffen, den eigenen Plänen nachging und die der Allgemeinheit schon verloren gegeben hatte. (7) Unterdessen berieten der Flamen des Quirinus und die vestalischen Jungfrauen, ohne an ihren persönlichen Besitz zu denken, welche Kultgegenstände sie mit sich nehmen, welche sie, da ihnen die Kräfte fehlten, alles zu tragen, zurücklassen müssten oder welcher Platz die Dinge treulich behütend aufbewahren könne; (8) sie hielten es für das beste, sie in irdenen Krügen zu verbergen und in dem kleinen Heiligtum nahe beim Hause des Flamen des Quirinus dort, wo es heute als Sakrileg gilt, wenn man ausspuckt, zu vergraben; die übrigen Lasten verteilten sie untereinander und trugen sie auf der Straße weg, die über die Pfahlbrücke zum Ianiculum führt. (9) Auf diesem steilen Pfad erblickte sie L. Albinius, ein Mann aus dem Bürgerstand, der auf einem Fuhrwerk Frau und Kinder fortbrachte, mitten in der übrigen Menge, die, für den Krieg nicht tauglich, die Stadt verließ. (10) Da hielt er es für einen Frevel – damals war der Unterschied zwischen Göttlichem und Menschlichem noch lebendig –, wenn die Priester des Staates zu Fuß gehen und die Heiligtümer des römischen Volkes getragen werden müssten, während er und die Seinen sich in einem Gefährt sehen ließen; er befahl also Frau und Kindern abzusitzen, ließ die Jungfrauen mit den Heiligtümern auf den Wagen steigen und führte sie nach Caere, dem Ziel der Priesterinnen.

41 (1) In Rom, wo man indessen schon alles, so gut es in einer solchen Lage möglich ist, zum Schutz der Burg vorbereitet hatte, erwartete die Schar der Alten, die wieder in ihre Häuser zurückgekehrt waren, todbereiten Herzens die Ankunft der Feinde. (2) Die von ihnen kurulische Ämter innegehabt hatten,[33] bekleideten sich mit dem Gewand, das für Beamte, die vor den Wagen mit den Götterbildern oder im Triumph ein-

augustissima vestis est tensas ducentibus triumphantibusve, ea vestiti medio aedium eburneis sellis sedere. (3) Sunt qui M. Folio pontifice maximo praefante carmen devovisse eos se pro patria Quiritibusque Romanis tradant. (4) Galli et quia interposita nocte a contentione pugnae remiserant animos et quod nec in acie ancipiti usquam certaverant proelio nec tum impetu aut vi capiebant urbem, sine ira, sine ardore animorum ingressi postero die urbem patente Collina porta in forum perveniunt, circumferentes oculos ad templa deum arcemque solam belli speciem tenentem. (5) Inde, modico relicto praesidio ne quis in dissipatos ex arce aut Capitolio impetus fieret, dilapsi ad praedam vacuis occursu hominum viis, pars in proxima quaeque tectorum agmine ruunt, pars ultima, velut ea demum intacta et referta praeda, petunt; (6) inde rursus ipsa solitudine absterriti, ne qua fraus hostilis vagos exciperet, in forum ac propinqua foro loca conglobati redibant; (7) ubi eos, plebis aedificiis obseratis, patentibus atriis principum, maior prope cunctatio tenebat aperta quam clausa invadendi; (8) adeo haud secus quam venerabundi intuebantur in aedium vestibulis sedentes viros, praeter ornatum habitumque humano augustiorem, maiestate etiam quam voltus gravitasque oris prae se ferebat simillimos

herziehen, das feierlichste ist, um mit den Symbolen ihres früheren Glückes, ihrer Ehren und Tapferkeit zu sterben, und nahmen mitten in ihren Häusern auf elfenbeinernen Stühlen Platz.[34] (3) Der Überlieferung nach soll ihnen der Oberpriester M. Folius eine Eidesformel vorgesprochen haben, in der sie sich für das Vaterland und die römischen Bürger dem Tode weihten.[35] (4) Nun nahmen die Gallier die Stadt ein, ohne Angriff, ohne Gewalt auch jetzt, weil sie sich während der vergangenen Nacht von der Anspannung des Kampfes befreit und auch noch nirgends in offener Schlacht mit gefährlichem Ausgang gekämpft hatten; ohne Erbitterung, ohne Kampfeswut zogen sie am folgenden Tag durch die offene Porta Collina in die Stadt ein und gelangten auf das Forum, wo sie ringsum die Tempel der Götter schauten und die Burg, die allein ein kriegerisches Aussehen bewahrte. (5) Dann – eine angemessene Besatzung blieb zurück, um einen etwaigen Angriff von Burg oder Kapitol zu verhindern, wenn sie sich verteilt hätten – stürzten sie zum Beutemachen durch die menschenleeren Straßen, wobei die einen wie eine Meute ins Innere der nächstbesten Häuser einbrachen, die anderen auf die entferntesten zuhielten, so als ob gerade diese völlig unversehrt und vollgestopft mit Beute wären; (6) von dort wiederum kehrten sie, von der Verlassenheit selbst abgeschreckt, in der Angst, sie könnten bei ihren Streifzügen Opfer eines feindlichen Hinterhalts werden, rottenweise auf das Forum und die ihm benachbarten Plätze zurück; (7) hier fanden sie die Häuser des einfachen Volkes verschlossen, die Säle der Vornehmen offen vor, so dass sie beinahe länger zögerten, in die offenen als in die versperrten Gebäude einzudringen; (8) nicht anders als mit dem Gefühl der Ehrfurcht gewahrten sie so die in den Vorhallen ihrer Häuser sitzenden Männer, die abgesehen von ihrer über alles Irdische erhabenen feierlichen Gewandung auch durch die Würde, welche sich in ihren ernsten Mienen und Bli-

dis. (9) Ad eos velut ad simulacra versi cum starent, M. Papirius, unus ex iis, dicitur Gallo barbam suam, ut tum omnibus promissa erat, permulcenti scipione eburneo in caput incusso iram movisse, atque ab eo initium caedis ortum, ceteros in sedibus suis trucidatos; (10) post principum caedem nulli deinde mortalium parci, diripi tecta, exhaustis inici ignes.

42 (1) Ceterum, seu non omnibus delendi urbem libido erat, seu ita placuerat principibus Gallorum et ostentari quaedam incendia terroris causa, si compelli ad deditionem caritate sedum suarum obsessi possent, (2) et non omnia concremari tecta ut quodcumque superesset urbis, id pignus ad flectendos hostium animos haberent, nequaquam perinde atque in capta urbe primo die aut passim aut late vagatus est ignis. (3) Romani ex arce plenam hostium urbem cernentes vagosque per vias omnes cursus, cum alia atque alia parte nova aliqua clades oreretur, non mentibus solum concipere sed ne auribus quidem atque oculis satis constare poterant. (4) Quocumque clamor hostium, mulierum puerorumque ploratus, sonitus flammae et fragor ruentium tectorum avertisset, paventes ad omnia animos oraque et oculos flectebant, velut ad spectaculum a fortuna positi occidentis patriae nec ullius rerum suarum relicti praeterquam corporum vindices, (5) tanto ante alios miserandi magis qui unquam obsessi sunt quod interclusi a patria obside-

cken spiegelte, den Göttern ganz ähnlich waren. (9) Vor ihnen standen also die Gallier wie vor Götterbildern, als M. Papirius, einer von ihnen, sein elfenbeinernes Szepter einem Gallier, der ihn an seinem wie damals üblich lang herabhängenden Bart zupfte, auf den Kopf geschlagen und so dessen Zorn erregt haben soll; und dadurch habe das Morden seinen Anfang genommen, seien die übrigen auf ihren Sitzen niedergemetzelt worden; (10) nach der Ermordung der Vornehmen wurde dann keiner mehr verschont, wurden die Häuser geplündert und in Brand gesteckt, wenn sie leer waren.

42 (1) Gleichwohl verbreitete sich am ersten Tag das Feuer nicht so wie in einer eroberten Stadt überall oder über weite Flächen; vielleicht verspürten nicht alle Lust an der Zerstörung der Stadt, vielleicht hatten die Fürsten der Gallier beschlossen, zur Einschüchterung zwar einige Brände sehen zu lassen und zu warten, ob denn die Belagerten nicht durch die Liebe zu ihrem Wohnort zur Kapitulation veranlasst werden könnten, (2) aber nicht alle Häuser anzuzünden, damit sie das, was von der Stadt übrig bliebe, als Faustpfand besäßen, um die Feinde umzustimmen. (3) Die Römer blickten von der Burg auf die Stadt, die voll von Feinden war, auf deren zielloses Herumirren durch alle Straßen, und immer, wenn sich bald hier, bald dort irgendein neues Unheil abzeichnete, konnten sie es nicht nur mit dem Verstand nicht fassen, sondern nicht einmal ihren Augen und Ohren recht trauen. (4) Wohin sie auch das Geschrei der Feinde, das Klagen der Frauen und Kinder, das Prasseln des Feuers und das Krachen der einstürzenden Dächer gelenkt hatte, dorthin richteten sie, vor allem erschaudernd, ihre Herzen, Augen und Blicke, so als ob das Schicksal sie bestimmt hätte, das Schauspiel ihrer untergehenden Heimat mitzuerleben, nicht mehr fähig, von all ihrem Eigentum irgendetwas zu retten außer ihrem Leben, das ihnen allein geblieben, (5) weitaus beklagenswerter als alle Belagerten vor ihnen, weil sie da-

bantur, omnia sua cernentes in hostium potestate. (6) Nec tranquillior nox diem tam foede actum excepit; lux deinde noctem inquietam insecuta est, nec ullum erat tempus quod a novae semper cladis alicuius spectaculo cessaret. (7) Nihil tamen tot onerati atque obruti malis flexerunt animos quin etsi omnia flammis ac ruinis aequata vidissent, quamvis inopem parvumque quem tenebant collem libertati relictum virtute defenderent; (8) et iam cum eadem cottidie acciderent, velut adsueti malis abalienaverant ab sensu rerum suarum animos, arma tantum ferrumque in dextris velut solas reliquias spei suae intuentes.

43 (1) Galli quoque per aliquot dies in tecta modo urbis nequiquam bello gesto cum inter incendia ac ruinas captae urbis nihil superesse praeter armatos hostes viderent, nec quicquam tot cladibus territos nec flexuros ad deditionem animos ni vis adhiberetur, experiri ultima et impetum facere in arcem statuunt. (2) Prima luce signo dato multitudo omnis in foro instruitur; inde clamore sublato ac testudine facta subeunt. Adversus quos Romani nihil temere nec trepide; ad omnes aditus stationibus firmatis, qua signa ferri videbant ea robore virorum opposito scandere hostem sinunt, quo successerit magis in arduum eo pelli posse per proclive facilius rati. (3) Medio fere clivo

bei von ihrer Heimatstadt abgeschnitten waren und all ihren Besitz in der Gewalt der Feinde sehen mussten. (6) Und auf den so grässlich verlaufenen Tag folgte keine Nacht, die friedlicher war; die unruhige Nacht ging dann in das Morgengrauen über, und es gab keinen Augenblick, der das stete Schauspiel von immer neuen Schreckensereignissen unterbrochen hätte. (7) Beladen und niedergedrückt von so viel Leid, ließen sie sich doch nicht davon abbringen, selbst wenn sie gesehen hätten, wie durch Feuer und Zerstörung alles dem Erdboden gleichgemacht worden wäre, den Hügel, den sie hielten, wie armselig und klein er auch war, diesen Rest der Freiheit mannhaft zu verteidigen; (8) und da nun schon dieselben Dinge täglich passierten, hatten sie sich an das Unheil fast gewöhnt, waren gefühllos geworden für ihr eigenes Elend und sahen nur noch auf die Waffen und das Schwert in ihrer Rechten, gleichsam die einzig ihnen verbliebene Hoffnung.

43 (1) Auch die Gallier, die etliche Tage bloß gegen die Häuser der Stadt einen vergeblichen Krieg geführt hatten, gingen nun aufs Ganze und beschlossen, den Sturm auf die Burg zu unternehmen, da sie inmitten der Brände und Ruinen der eroberten Stadt nur dort noch bewaffnete Feinde übrig sahen, die trotz mannigfachen Unheils nicht eingeschüchtert und nur durch Gewalt zur Kapitulation zu bewegen waren. (2) Beim Morgengrauen wurde das ganze Volk auf ein gegebenes Zeichen am Forum in Schlachtordnung aufgestellt; hierauf erhoben sie ihren Schlachtruf und rückten unter Schilddeckung den Berg empor. Die Römer verhielten sich gegen sie keineswegs unbesonnen oder ängstlich; sie sicherten alle Zugänge mit Wachtposten, und nachdem sie ihre Kerntruppen jeweils dorthin verlegt hatten, wo sie einen Angriff ausmachten, ließen sie den Feind emporklimmen, weil sie zum Schluss kamen, er könne umso leichter in den Abgrund gestoßen werden, je weiter er hinaufgestiegen sei. (3) Ungefähr auf halber Anhöhe begannen

restitere; atque inde ex loco superiore qui prope sua sponte in hostem inferebat impetu facto, strage ac ruina fudere Gallos; ut nunquam postea nec pars nec universi temptaverint tale pugnae genus. (4) Omissa itaque spe per vim atque arma subeundi obsidionem parant; cuius ad id tempus immemores et quod in urbe fuerat frumentum incendiis urbis absumpserant, et ex agris per eos ipsos dies raptum omne Veios erat. (5) Igitur exercitu diviso partim per finitimos populos praedari placuit, partim obsideri arcem, ut obsidentibus frumentum populatores agrorum praeberent.

(6) Proficiscentes Gallos ab urbe ad Romanam experiendam virtutem fortuna ipsa Ardeam ubi Camillus exsulabat duxit; (7) qui maestior ibi fortuna publica quam sua cum dis hominibusque accusandis senesceret, indignando mirandoque ubi illi viri essent qui secum Veios Faleriosque cepissent, qui alia bella fortius semper quam felicius gessissent, (8) repente audit Gallorum exercitum adventare atque de eo pavidos Ardeates consultare. Nec secus quam divino spiritu tactus cum se in mediam contionem intulisset, abstinere suetus ante talibus conciliis.

44 (1) »Ardeates« inquit, »veteres amici, novi etiam cives mei, quando et vestrum beneficium ita tulit et fortuna hoc eguit

sie mit dem Widerstand; und als sie von dem weiter oben gelegenen Platz aus, der beinahe schon durch seine Beschaffenheit den Feind zurückdrängte, vorgestürmt waren, rissen sie die Gallier im blutigen Gemetzel mit sich und zersprengten sie; weder als einzelner Trupp noch alle zusammen sollten sie daher später diese Kampftaktik jemals wieder wagen. (4) Da sie folglich die Hoffnung aufgegeben hatten, mit Waffengewalt nach oben zu kommen, bereiteten sie die Belagerung vor; darum hatten sie sich bis zu diesem Zeitpunkt gar nicht gekümmert; sie hatten ja die in der Stadt befindlichen Nahrungsmittel durch Brandstiftung vernichtet, und das, was auf dem Land vorhanden war, hatte man dieser Tage erst schnell nach Veji fortgeschafft. (5) Also teilten sie ihr Heer und beschlossen, mit dem einen Teil Beutezüge zu den benachbarten Völkern zu unternehmen und mit dem anderen die Burg zu belagern, so dass die im Land plündernden Truppen den Belagerern Proviant liefern könnten.

(6) Die Gallier, die sich von der Stadt entfernten, wollte das Schicksal selbst römische Tapferkeit erfahren lassen und führte sie nach Ardea, wo Camillus in der Verbannung lebte. (7) Als er nun, trauriger über den Zustand des Staates als über seinen eigenen, mit Gott und der Welt haderte und sich abhärmte – er fragte sich dabei voll Empörung und Verwunderung, wo denn jene Männer seien, die mit ihm zusammen Veji und Falerii eingenommen, die auch andere Kriege stets mehr mit Tapferkeit als mit der Gunst des Glücks geführt hätten –, (8) da hörte er auf einmal, ein Heer der Gallier nähere sich, und die Ardeaten berieten ängstlich darüber. Nachdem er, der doch vorher gewohnt war, solche Beratungen zu meiden, sich mitten in ihre Versammlung begeben hatte, sprach er, wie von göttlicher Eingebung erfasst:

44 (1) »Ardeaten, ihr alten Gefährten und jetzt, seit es eure Hilfsbereitschaft so gefügt hat und mein Schicksal ihrer be-

mea, nemo vestrum condicionis meae oblitum me huc processisse putet; sed res ac commune periculum cogit quod quisque possit in re trepida praesidii in medium conferre. (2) Et quando ego vobis pro tantis vestris in me meritis gratiam referam, si nunc cessavero? aut ubi usus erit mei vobis, si in bello non fuerit? Hac arte in patria steti et invictus bello, in pace ab ingratis civibus pulsus sum. (3) Vobis autem, Ardeates, fortuna oblata est et pro tantis populi Romani beneficiis quanta ipsi meministis – nec enim exprobranda apud memores sunt – gratiae referendae et huic urbi decus ingens belli ex hoste communi pariendi, qui effuso agmine adventat. (4) Gens est cui natura corpora animosque magna magis quam firma dederit; eo in certamen omne plus terroris quam virium ferunt. Argumento sit clades Romana. (5) Patentem cepere urbem: ex arce Capitolioque iis exigua resistitur manu: iam obsidionis taedio victi abscedunt vagique per agros palantur. (6) Cibo vinoque raptim hausto repleti, ubi nox adpetit, prope rivos aquarum sine munimento, sine stationibus ac custodiis passim ferarum ritu sternuntur, nunc ab secundis rebus magis etiam solito incauti. (7) Si vobis in animo est tueri moenia vestra nec pati haec omnia Gallorum fieri, prima vigilia capite arma frequentesque me sequimini ad caedem, non ad pugnam. Nisi vinctos somno vel-

durfte, sogar meine neuen Mitbürger, niemand von euch soll glauben, ich sei hier vor euch hingetreten, ohne mich meiner Lage zu erinnern; doch die Verhältnisse und die allgemeine Gefahr zwingen jeden dazu, in einer angstvollen Lage den anderen entsprechend seinen Möglichkeiten zu Hilfe zu kommen. (2) Und wann soll ich euch für eure so großen Verdienste mir gegenüber Dank abstatten, wenn ich jetzt untätig bleibe? Oder wo werde ich euch nützlich sein können, wenn nicht im Krieg? In der Kriegskunst hatte ich im Vaterland Bestand und wurde, unbesiegbar im Krieg, im Frieden von undankbaren Bürgern vertrieben. (3) Ihr aber, Ardeaten, habt die Gelegenheit, euch für die großen Wohltaten des römischen Volkes,[36] an die ihr euch selbst erinnert – wie groß sie waren, muss ich euch nicht vorhalten, denn ihr erinnert euch ja –, dankbar zu erweisen und dieser Stadt hier mit dem Krieg gegen einen gemeinsamen Feind, der in aufgelöstem Heereszug naht, ungeheuren Ruhm zu verschaffen. (4) Es ist eine Rasse, der die Natur eher großen Körperwuchs und große Kühnheit als Ausdauer geschenkt hat; so verbreiten sie in jeder Schlacht mehr Schrecken, als es ihrer Stärke entspricht. Zum Beweis möge die Niederlage Roms dienen. (5) Die Stadt stand offen, und so haben sie sie genommen: Von Burg und Kapitol aus aber leistet ihnen eine kleine Schar Widerstand: Jetzt machen sie sich, besiegt vom Verdruss über die Belagerung, bereits davon und schweifen ziellos durch die Lande. (6) Gesättigt von Speisen und gierig geschlürftem Wein, legen sie sich nach Einbruch der Nacht in der Art wilder Tiere an Wasserläufen nieder, ohne Ordnung, ohne festes Lager, ohne Vorposten und Wachen, jetzt nach ihren Erfolgen sogar noch unvorsichtiger als gewöhnlich. (7) Wenn ihr vorhabt, eure Mauern zu schützen und nicht zu dulden, dass all dies hier gallisch wird, dann greift bei der ersten Nachtwache zu den Waffen und folgt mir in großer Zahl nach zum Schlachten, nicht zur Schlacht. Sollte ich sie

ut pecudes trucidandos tradidero, non recuso eundem Ardeae rerum mearum exitum quem Romae habui.«

45 (1) Aequis iniquisque persuasum erat tantum bello virum neminem usquam ea tempestate esse. Contione dimissa, corpora curant, intenti quam mox signum daretur. Quo dato, primo silentio noctis ad portas Camillo praesto fuere. (2) Egressi haud procul urbe, sicut praedictum erat, castra Gallorum intuta neglectaque ab omni parte nacti cum ingenti clamore invadunt. (3) Nusquam proelium, omnibus locis caedes est; nuda corpora et soluta somno trucidantur. Extremos tamen pavor cubilibus suis excitos, quae aut unde vis esset ignaros, in fugam et quosdam in hostem ipsum improvidos tulit. Magna pars in agrum Antiatem delati excursione ab oppidanis facta circumveniuntur.

(4) Similis in agro Veienti Tuscorum facta strages est, qui urbis iam prope quadringentensimum annum vicinae, oppressae ab hoste invisitato, inaudito, adeo nihil miseriti sunt ut in agrum Romanum eo tempore incursiones facerent, plenique praedae Veios etiam praesidiumque, spem ultimam Romani nominis, in animo habuerint oppugnare. (5) Viderant eos milites Romani vagantes per agros et congregato agmine praedam prae se agentes, et castra cernebant haud procul Veiis posita. (6) Inde primum miseratio sui, deinde indignitas atque ex ea ira

euch nicht, wenn sie im Schlaf gefesselt sind, wie das Vieh zur Schlachtbank übergeben, will ich in Ardea das gleiche Schicksal nicht zurückweisen, das ich in Rom erlitten habe.«

45 (1) Freund und Feind waren überzeugt, nirgends gebe es zur Zeit einen ebenso kriegsmächtigen Mann. Die Versammlung wurde aufgelöst, man kümmerte sich ums eigene Wohl und wartete gespannt, ob nicht bald der Befehl erteilt werde. Als das Signal ertönt war, unterstellten sie sich in der Stille der frühen Nacht bei den Stadttoren dem Kommando des Camillus. (2) Sie waren noch nicht weit von der Stadt entfernt, da trafen sie, wie vorhergesagt, auf das Lager der Gallier, auf allen Seiten ungeschützt und nachlässig angelegt, in das sie mit lautem Gebrüll eindrangen. (3) Nirgends gab es einen Kampf, überall ein Morden nur; unter den nackten, noch schlaftrunkenen Leibern kam es zum Gemetzel. Dennoch hatte die Panik die etwas entfernter Lagernden von ihren Plätzen aufgescheucht und sie, die nicht wussten, wie und woher der Überfall kam, fliehen lassen, manche aber auch unversehens dem Feind direkt in die Arme geführt. Ein großer Teil wurde in das Gebiet von Antium verschlagen und durch einen Angriff der Stadtbewohner aufgerieben.

(4) Eine ähnliche Katastrophe erlitten im Land von Veji die Etrusker, die sich einer nun fast schon vierhundert Jahre lang benachbarten Stadt, die von einem Feind bedrängt wurde, den man nie zuvor gesehen, dessen Namen man nie gehört hatte, keinesfalls erbarmten, sondern vielmehr gleichzeitige Einfälle in das römische Land unternahmen und, mit Beute beladen, sogar planten, Veji und seine Garnison, die letzte Hoffnung des römischen Volkes, anzugreifen. (5) Römische Soldaten hatten gesehen, wie sie durch das Land schweiften und, zu größeren Scharen vereint, Beutevieh vor sich hertrieben; zudem bemerkten sie ihr unweit von Veji aufgeschlagenes Lager. (6) Daraufhin ergriff sie zuerst Mitleid mit sich selbst, dann Empörung

animos cepit: Etruscisne etiam, a quibus bellum Gallicum in se avertissent, ludibrio esse clades suas? (7) Vix temperavere animis quin extemplo impetum facerent; compressi a Q. Caedicio centurione quem sibimet ipsi praefecerant, rem in noctem sustinuere. (8) Tantum par Camillo defuit auctor: cetera eodem ordine eodemque fortunae eventu gesta. Quin etiam ducibus captivis qui caedi nocturnae superfuerant, ad aliam manum Tuscorum ad Salinas profecti, nocte insequenti ex improviso maiorem caedem edidere, duplicique victoria ovantes Veios redeunt.

46 (1) Romae interim plerumque obsidio segnis et utrimque silentium esse, ad id tantum intentis Gallis ne quis hostium evadere inter stationes posset, cum repente iuvenis Romanus admiratione in se cives hostesque convertit. (2) Sacrificium erat statum in Quirinali colle genti Fabiae. Ad id faciendum C. Fabius Dorsuo Gabino cinctu sacra manibus gerens cum de Capitolio descendisset, per medias hostium stationes egressus nihil ad vocem cuiusquam terroremve motus in Quirinalem collem pervenit; (3) ibique omnibus sollemniter peractis, eadem revertens similiter constanti voltu graduque, satis sperans propitios esse deos quorum cultum ne mortis quidem metu prohibitus deseruisset, in Capitolium ad suos rediit, seu atto-

und schließlich Zorn: Würden sogar die Etrusker, von denen sie den Feldzug der Gallier abgelenkt und auf sich gezogen hatten, ihre Niederlagen verhöhnen? (7) Mit Mühe ließen sie sich davon abbringen, auf der Stelle anzugreifen; nur weil sie vom Centurio Q. Caedicius, den sie selbst zu ihrem Kommandanten ernannt hatten, im Zaum gehalten wurden, warteten sie damit bis zur Nacht. (8) Es fehlte lediglich ein Anführer, der dem Camillus gleich war: Sonst wurde die Operation nach demselben Ablauf und mit demselben glücklichen Ende durchgeführt. Ja, sie marschierten sogar unter Führung von Gefangenen, die dem nächtlichen Morden entronnen waren, zum anderen Heer der Etrusker bei den Salzpfannen,[37] richteten in der folgenden Nacht unvermutet ein noch größeres Blutbad an und kehrten im Triumph über den zweifachen Sieg nach Veji zurück.

46 (1) In Rom ging unterdessen die Belagerung recht zäh voran, und auf beiden Seiten verhielt man sich ruhig, weil die Gallier nur daran interessiert waren, keinen Feind durch ihre Vorposten hindurch entkommen zu lassen, als plötzlich ein junger Römer die Bewunderung der Kameraden und Feinde auf sich lenkte. (2) Dem Geschlecht der Fabier oblag es, auf dem Quirinal an einem bestimmten Tag ein Opfer darzubringen. Zu diesem Zweck hatte sich C. Fabius Dorsuo auf die in Gabii übliche Art mit der Toga umgürtet[38] und stieg mit den heiligen Gerätschaften in den Händen vom Kapitol herab, schritt dann mitten durch die Posten der Feinde, ohne sich von irgendwelchen Zurufen oder Einschüchterungen beeindrucken zu lassen, und gelangte schließlich auf den Quirinal; (3) nachdem er dort alles den Bräuchen entsprechend verrichtet hatte, kehrte er auf demselben Wege, in Blick und Schritt gleich sicher, wieder zurück. Und mit der festen Zuversicht, die Götter, von deren Verehrung er sich nicht einmal durch Todesfurcht habe abbringen lassen, würden ihm gewogen sein, erreichte er das Kapitol und

nitis Gallis miraculo audaciae seu religione etiam motis cuius haudquaquam neglegens gens est.

(4) Veiis interim non animi tantum in dies sed numerus etiam viresque crescebant. Nec Romanis solum eo convenientibus ex agris qui aut proelio adverso aut clade captae urbis palati fuerant, sed etiam ex Latio voluntariis confluentibus ut in parte praedae essent, (5) maturum iam videbatur repeti patriam eripique ex hostium manibus; sed corpori valido caput deerat. (6) Locus ipse admonebat Camilli, et magna pars militum erat qui ductu auspicioque eius res prospere gesserant; et Caedicius negare se commissurum cur sibi aut deorum aut hominum quisquam imperium finiret potius quam ipse memor ordinis sui posceret imperatorem. Consensu omnium placuit ab Ardea Camillum acciri, (7) sed antea consulto senatu qui Romae esset: adeo regebat omnia pudor discriminaque rerum prope perditis rebus servabant. (8) Ingenti periculo transeundum per hostium custodias erat. Ad eam rem Pontius Cominius impiger iuvenis operam pollicitus, incubans cortici secundo Tiberi ad urbem defertur. (9) Inde qua proximum fuit a ripa, per praeruptum eoque neglectum hostium custodia saxum in Capitolium evadit, et ad magistratus ductus mandata exercitus edit. (10) Accepto inde senatus consulto ut comitiis curiatis revoca-

die Seinen, vielleicht, weil die Gallier von seiner wunderbaren Kühnheit wie betäubt waren, vielleicht, weil sie fromme Scheu ergriffen hatte, wofür dieses Volk ja keineswegs unempfänglich ist.

(4) In Veji wuchs inzwischen nicht nur der Mut, sondern Tag für Tag auch die Stärke der Truppen. Nicht allein Römer, die sich entweder bei der verlorenen Schlacht oder bei der Zerstörung der eroberten Stadt in alle Winde zerstreut hatten, kamen aus dem Umland dorthin, sondern auch aus Latium strömten Freiwillige zusammen, um an der Beute beteiligt zu werden, (5) so dass der Zeitpunkt nun gekommen schien, die Heimatstadt zurückzuerobern und sie den Händen der Feinde zu entreißen; doch fehlte dem starken Körper ein Haupt. (6) Der Ort selbst ließ sie immer wieder an Camillus denken, und es gab auch viele Soldaten, die unter Führung und Auspizien dieses Mannes erfolgreich gekämpft hatten; dazu sagte Caedicius, er werde nicht zulassen, dass ihm irgendein Gott oder Mensch seine Kommandogewalt nehme, bevor er nicht selbst, im Bewusstsein seines niederen Ranges, einen Oberbefehlshaber fordere. Einmütig beschloss man, Camillus aus Ardea herbeizurufen, (7) aber nicht ohne vorher den Senat befragt zu haben, obwohl der sich in Rom befand: So sehr war alles von Pflichtgefühl bestimmt, und man hielt sich noch an die Ordnungen des staatlichen Lebens, als der Staat schon fast verloren war. (8) Es galt, unter größter Gefahr die feindlichen Wachtposten zu passieren. Pontius Cominius, ein tüchtiger junger Krieger, erbot sich zu dieser Aufgabe; er legte sich auf Korkrinde und ließ sich den Tiber abwärts zur Stadt treiben. (9) Dann stieg er an einer Stelle, wo es vom Ufer aus am nächsten war, über einen schroffen und deshalb von den feindlichen Wachen nicht beachteten Felsen zum Kapitol empor, wurde vor die Beamten geführt und überbrachte die Botschaft des Heeres. (10) Nachdem er hierauf den Senatsbeschluss vernommen hatte, dass

tus de exsilio iussu populi Camillus dictator extemplo diceretur militesque haberent imperatorem quem vellent, eadem degressus nuntius Veios contendit; (11) missique Ardeam legati ad Camillum Veios eum perduxere, seu, quod magis credere libet, non prius profectum ab Ardea quam compererit legem latam, quod nec iniussu populi mutari finibus posset nec nisi dictator dictus auspicia in exercitu habere. Lex curiata lata est dictatorque absens dictus.

47 (1) Dum haec Veiis agebantur, interim arx Romae Capitoliumque in ingenti periculo fuit. (2) Namque Galli, seu vestigio notato humano qua nuntius a Veiis pervenerat seu sua sponte animadverso ad Carmentis saxo adscensu aequo, nocte sublustri cum primo inermem qui temptaret viam praemisissent, tradentes inde arma ubi quid iniqui esset, alterni innixi sublevantesque in vicem et trahentes alii alios, prout postularet locus, tanto silentio in summum evasere (3) ut non custodes solum fallerent, sed ne canes quidem, sollicitum animal ad nocturnos strepitus, excitarent. (4) Anseres non fefellere quibus sacris Iunonis in summa inopia cibi tamen abstinebatur. Quae res saluti fuit; namque clangore eorum alarumque crepitu excitus M. Manlius qui triennio ante consul fuerat, vir bello egre-

der auf Geheiß des Volkes aus der Verbannung zurückgerufene Camillus in den Kuriatkomitien auf der Stelle zum Diktator zu bestimmen sei und dass die Soldaten den Oberbefehlshaber bekommen sollten, den sie sich wünschten, stieg der Bote auf dem gleichen Weg hinab und gelangte nach Veji; (11) es wurden nun nach Ardea zu Camillus Gesandte geschickt, die ihn nach Veji geleiteten, oder, was ich lieber glauben will, er brach nicht eher von Ardea auf, als bis er vom Beschluss des Gesetzes erfuhr, weil er weder ohne Geheiß des Volkes das Exil verlassen, noch ohne zum Diktator ernannt zu sein die Auspizien im Heer vornehmen konnte. Das Gesetz wurde in den Kuriatkomitien beschlossen, und er in Abwesenheit zum Diktator bestimmt.

47 (1) Während dieser Ereignisse in Veji waren nun in Rom Burg und Kapitol in größter Gefahr. (2) Die Gallier nämlich – vielleicht hatten sie dort, wo der Bote aus Veji durchgekommen war, die Spur eines Menschen wahrgenommen,[39] vielleicht hatten sie von selbst beim Carmentisheiligtum einen Felsen entdeckt, der flacher emporführte – stiegen in einer hellen Nacht, nachdem sie zuerst einen Unbewaffneten vorausgeschickt hatten, der den Weg erkunden sollte, in so völliger Stille zum Gipfel empor, wobei sie an steilen Stellen die Waffen weiterreichten, sich, einer auf den anderen gestützt, gegenseitig emporhoben und je nach Erfordernis des Geländes einander hochzogen, (3) dass sie nicht nur den Wächtern verborgen blieben, sondern nicht einmal die Hunde, Tiere, die auf Geräusche in der Nacht wachsam reagieren, aufschreckten. (4) Aber die Gänse hintergingen sie nicht, die man ungeachtet des großen Mangels an Nahrung nicht antastete, weil sie der Iuno heilig waren. Das war ihre Rettung; denn von ihrem Geschnatter und dem Lärm ihres Flügelschlagens wurde M. Manlius aufgeweckt, der drei Jahre vorher Konsul gewesen war, ein im Krieg hervorragender Mann; er riss die Waffen an sich, stürm-

gius, armis arreptis simul ad arma ceteros ciens vadit et dum ceteri trepidant, Gallum qui iam in summo constiterat umbone ictum deturbat. (5) Cuius casus prolapsi cum proximos sterneret, trepidantes alios armisque omissis saxa quibus adhaerebant manibus amplexos trucidat. Iamque et alii congregati telis missilibusque saxis proturbare hostes, ruinaque tota prolapsa acies in praeceps deferri. (6) Sedato deinde tumultu reliquum noctis, quantum in turbatis mentibus poterat cum praeteritum quoque periculum sollicitaret, quieti datum est. (7) Luce orta vocatis classico ad concilium militibus ad tribunos, cum et recte et perperam facto pretium deberetur, Manlius primum ob virtutem laudatus donatusque non ab tribunis solum militum sed consensu etiam militari; (8) cui universi selibras farris et quartarios vini ad aedes eius quae in arce erant contulerunt – rem dictu parvam, ceterum inopia fecerat eam argumentum ingens caritatis, cum se quisque victu suo fraudans detractum corpori atque usibus necessariis ad honorem unius viri conferret. (9) Tum vigiles eius loci qua fefellerat adscendens hostis citati; et cum in omnes more militari se animadversurum Q. Sulpicius tribunus militum pronuntiasset, (10) consentiente clamore militum in unum vigilem conicientium culpam deterritus, a ceteris abstinuit, reum haud dubium

te, gleichzeitig die anderen alarmierend, los und schleuderte, während die übrigen noch verwirrt umherliefen, einen Gallier, der schon auf dem Gipfel Fuß gefasst hatte, durch einen Stoß seines Schildbuckels in die Tiefe. (5) Während dieser nun das Gleichgewicht verlor und im Fallen die Nächststehenden umwarf, metzelte Manlius die übrigen nieder, die in ihrer Panik die Waffen hatten fallen lassen und mit ihren Händen die Felsen, an denen sie hingen, umklammerten. Und schon hatten sich auch die anderen gesammelt, die mit Wurfgeschossen und Steinsalven die Feinde zurückdrängten, woraufhin ihre ganze Schar strauchelnd und stolpernd in den Abgrund stürzte. (6) Als sich der Aufruhr dann gelegt hatte, gönnten sie sich für den Rest der Nacht Ruhe, soweit das angesichts der inneren Erregung möglich war, da sie die Gefahr, auch wenn sie überstanden war, heftig erschütterte. (7) Bei Sonnenaufgang wurden die Soldaten von der Fanfare zur Versammlung vor die Tribunen gerufen, und weil richtigem wie auch fehlerhaftem Verhalten Vergeltung gebührt, wurde zuerst Manlius ob seiner Tapferkeit belobigt und nicht bloß von den Militärtribunen, sondern auch von den Soldaten einträchtig beschenkt; (8) sie brachten ihm alle ein halbes Pfund Spelt und einen viertel Krug Wein in sein auf der Burg gelegenes Haus – eine geringfügige Menge, wenn man sie so nennt, doch der Hunger hatte sie zu einem großartigen Symbol der Zuneigung gemacht, da jeder dem einen Mann zur Ehre das darbrachte, was er sich vom Munde abgespart und seinen nötigsten Bedürfnissen entzogen hatte. (9) Danach wurden die Wachen dieser Stelle, wo der Feind unbemerkt emporgestiegen war, vorgeführt; und obwohl der Militärtribun Q. Sulpicius verkündet hatte, er werde allen nach Kriegsrecht den Prozess machen, (10) ließ er sich vom einstimmigen Ruf der Soldaten, die die Schuld auf einen einzelnen Wächter schoben, davon abbringen und verschonte die übrigen; den Angeklagten, dessen Schuld unzweifelhaft

eius noxae adprobantibus cunctis de saxo deiecit. (11) Inde intentiores utrimque custodiae esse, et apud Gallos, quia volgatum erat inter Veios Romamque nuntios commeare, et apud Romanos ab nocturni periculi memoria.

48 (1) Sed ante omnia obsidionis bellique mala fames utrimque exercitum urgebat, Gallos pestilentia etiam, (2) cum loco iacente inter tumulos castra habentes, tum ab incendiis torrido et vaporis pleno cineremque non pulverem modo ferente cum quid venti motum esset. (3) Quorum intolerantissima gens umorique ac frigori adsueta cum aestu et angore vexati volgatis velut in pecua morbis morerentur, iam pigritia singulos sepeliendi promisce acervatos cumulos hominum urebant, bustorumque inde Gallicorum nomine insignem locum fecere. (4) Indutiae deinde cum Romanis factae et conloquia permissu imperatorum habita; in quibus cum identidem Galli famem obicerent eaque necessitate ad deditionem vocarent, dicitur avertendae eius opinionis causa multis locis panis de Capitolio iactatus esse in hostium stationes. (5) Sed iam neque dissimulari neque ferri ultra fames poterat. Itaque dum dictator dilectum per se Ardeae habet, magistrum equitum L. Valerium a Veiis adducere exercitum iubet, parat instruitque quibus haud impar adoriatur hostes, (6) interim Capitolinus exercitus, stationibus vigiliisque fessus, superatis tamen humanis omnibus

war, ließ er mit der Zustimmung aller vom Felsen in die Tiefe stürzen. (11) Danach hielten beide Seiten aufmerksamer Wache, die Gallier, weil bekanntgeworden war, dass zwischen Veji und Rom Boten ausgetauscht wurden, die Römer in Erinnerung an die Gefahr dieser Nacht.

48 (1) Vor allem anderen Leid der Belagerung und des Krieges setzte beiden Heeren der Hunger hart zu, den Galliern überdies eine Seuche, (2) weil sie in einer Niederung zwischen den Hügeln lagerten, die zudem von den Bränden ausgetrocknet und raucherfüllt war, wobei bei jedem Windstoß nicht nur Staub, sondern auch Asche aufstieg. (3) Das Volk, das, an Feuchtigkeit und Kälte gewohnt, diese Zustände ganz und gar nicht ertragen konnte, wurde von beklemmender Sonnenglut gequält und starb an Krankheiten, die sich wie eine Viehseuche verbreiteten; aus Verdruss, die Leichen einzeln zu bestatten, schichteten sie diese bald schon ungesondert zu Scheiterhaufen auf und verbrannten sie, wodurch sie dem Platz den bezeichnenden Namen *Busta Gallica*[40] gaben. (4) Danach wurde mit den Römern Waffenstillstand geschlossen, und mit Erlaubnis der Befehlshaber durften einzelne Gespräche geführt werden; als in deren Verlaufe die Gallier immer wieder den Hunger zur Sprache brachten und wegen dieser aussichtslosen Lage zur Kapitulation aufforderten, habe man, so erzählt man sich, von vielen Stellen des Kapitols aus Brot auf die feindlichen Posten geworfen, um sie von dieser Meinung abzubringen. (5) Doch bald konnte der Hunger weder verheimlicht noch weiter ertragen werden. Während der Diktator von sich aus in Ardea die Truppenaushebung vornahm, dem Reiterobersten L. Valerius befahl, das Heer aus Veji heranzuführen, und während er die nötigen Vorkehrungen traf, um dem Feind nicht als Unterlegener begegnen zu müssen, (6) blickte also das Heer auf dem Kapitol, das vom Wachehalten am Tag und in der Nacht erschöpft war und dennoch alles Leid der Menschen überwun-

malis cum famem unam natura vinci non sineret, diem de die prospectans ecquod auxilium ab dictatore appareret, (7) postremo spe quoque iam non solum cibo deficiente et cum stationes procederent prope obruentibus infirmum corpus armis, vel dedi vel redimi se quacumque pactione possent iussit, iactantibus non obscure Gallis haud magna mercede se adduci posse ut obsidionem relinquant. (8) Tum senatus habitus tribunisque militum negotium datum ut paciscerentur. Inde inter Q. Sulpicium tribunum militum et Brennum regulum Gallorum conloquio transacta res est, et mille pondo auri pretium populi gentibus mox imperaturi factum. (9) Rei foedissimae per se adiecta indignitas est: pondera ab Gallis allata iniqua et tribuno recusante additus ab insolente Gallo ponderi gladius, auditaque intoleranda Romanis vox, Vae victis.

49 (1) Sed dique et homines prohibuere redemptos vivere Romanos. Nam forte quadam priusquam infanda merces perficeretur, per altercationem nondum omni auro adpenso, dictator intervenit, auferrique aurum de medio et Gallos submoveri iubet. (2) Cum illi renitentes pactos dicerent sese, negat eam pactionem ratam esse quae postquam ipse dictator creatus esset iniussu suo ab inferioris iuris magistratu facta esset, denuntiatque Gallis ut se ad proelium expediant. (3) Suos in

den hatte, dem aber die Natur allein den Sieg über den Hunger nicht vergönnte, unterdessen Tag für Tag sehnsüchtig in die Ferne, ob sich nicht irgendeine Unterstützung vom Diktator zeige. (7) Als ihnen am Ende nicht nur die Nahrung, sondern auch die Hoffnung schwand, und der Wachtdienst immer fortging, obwohl sie mit ihren geschwächten Leibern von den Waffen fast zu Boden gedrückt wurden, wollte man sich entweder ergeben oder unter jeder möglichen Bedingung loskaufen, da die Gallier ganz offen zu verstehen gaben, dass sie bereit wären, zu einem keineswegs hohen Preis die Belagerung aufzugeben.[41] (8) Hierauf wurde eine Senatssitzung abgehalten und den Militärtribunen der Auftrag gegeben, eine Übereinkunft zu erzielen. In einer Verhandlung zwischen dem Militärtribunen Q. Sulpicius und Brennus, dem Stammeskönig der Gallier, wurde dann der Vertrag geschlossen, und das Lösegeld für ein Volk, dem bestimmt war, bald über die Völker zu herrschen, auf tausend Pfund Gold veranschlagt. (9) Dem an sich schon schmählichen Handel folgte eine andere Kränkung: Da die Gallier falsche Gewichte mitgebracht hatten und der Tribun dagegen protestierte, legte der unverschämte Gallier sein Schwert mit zum Gewicht und ließ den Ausspruch hören, der für Römer unerträglich ist: »Wehe den Besiegten!«

49 (1) Aber Götter und Menschen ersparten es den Römern, als Freigekaufte leben zu müssen. Denn bevor das Schandgeld vollständig ausbezahlt werden konnte – das Gold war aufgrund des Wortwechsels noch nicht ganz abgewogen –, trat durch Schicksalsfügung der Diktator dazwischen und befahl, das Gold beiseite zu legen und die Gallier wegzuschicken. (2) Als die sich aber sträubten und sagten, sie hätten einen Vertrag geschlossen, antwortete er, dieser Pakt sei nicht beglaubigt, da er nach seiner Wahl zum Diktator ohne seinen Befehl von Amtsträgern mit geringerer Befugnis geschlossen worden sei, und erklärte den Galliern, sie sollten sich zum Kampf bereitma-

acervum conicere sarcinas et arma aptare ferroque non auro reciperare patriam iubet, in conspectu habentes fana deum et coniuges et liberos et solum patriae deforme belli malis et omnia quae defendi repetique et ulcisci fas sit. (4) Instruit deinde aciem, ut loci natura patiebatur, in semirutae solo urbis et natura inaequali, et omnia quae arte belli secunda suis eligi praepararive poterant providit. (5) Galli nova re trepidi arma capiunt iraque magis quam consilio in Romanos incurrunt. Iam verterat fortuna, iam deorum opes humanaque consilia rem Romanam adiuvabant. Igitur primo concursu haud maiore momento fusi Galli sunt quam ad Alliam vicerant. (6) Iustiore altero deinde proelio ad octavum lapidem Gabina via, quo se ex fuga contulerant, eiusdem ductu auspicioque Camilli vincuntur. Ibi caedes omnia obtinuit; castra capiuntur et ne nuntius quidem cladis relictus. (7) Dictator reciperata ex hostibus patria triumphans in urbem redit, interque iocos militares quos inconditos iaciunt, Romulus ac parens patriae conditorque alter urbis haud vanis laudibus appellabatur.

(8) Servatam deinde bello patriam iterum in pace haud dubie servavit cum prohibuit migrari Veios, et tribunis rem intentius agentibus post incensam urbem et per se inclinata magis plebe

chen. (3) Seinen Leuten befahl er, ihr Gepäck auf einen Haufen zusammenzutragen, die Waffen anzulegen und im Angesicht der Göttertempel, der Frauen und Kinder, des durch die Unbill des Krieges geschändeten heimatlichen Landes und all der Dinge, die zu verteidigen, wiederzugewinnen und zu rächen heiliges Gebot sei, mit dem Schwert, nicht mit dem Gold das Vaterland zurückzuerobern. (4) Hierauf richtete er, so gut es die Beschaffenheit des Geländes zuließ, auf dem Boden der halb zerstörten Stadt, der noch dazu von Natur aus uneben war, die Schlachtlinie ein und berücksichtigte alle Vorteile, die er durch die Kriegskunst für seine Leute im voraus bestimmen oder einrichten konnte. (5) Von der neuen Situation verunsichert, griffen die Gallier zu den Waffen und stürmten eher mit Wut als nach Plan gegen die Römer an. Nun hatte sich das Glück plötzlich gewendet, nun unterstützten die Macht der Götter und menschliche Einsicht die Sache Roms. So wurden also die Gallier beim ersten Aufeinanderprall mit ebenso wenig Einsatz vertrieben, wie sie an der Allia gesiegt hatten. (6) Auch in einer zweiten, eher regulären Schlacht wurden sie beim achten Meilenstein an der Via Gabina, wohin sie sich nach ihrer Flucht gesammelt hatten, unter Führung und Auspizien des Camillus besiegt. Dort fiel alles der Vernichtung anheim; das Lager wurde erobert und nicht einmal einer blieb übrig, um vom Gemetzel zu künden. (7) Als das Vaterland von den Feinden zurückerobert war, kehrte der Diktator im Triumph in die Stadt zurück und wurde von den Soldaten in den kunstlosen Versen, die sie dabei singen, als Romulus, als Vater des Vaterlandes und zweiter Gründer der Stadt bezeichnet, ein Lob, das nicht unverdient war.[42]

(8) Die Heimat, die er im Krieg gerettet hatte, rettete er später zweifellos ein zweites Mal, indem er die Auswanderung nach Veji verhinderte, obwohl einerseits die Tribunen sich nach dem Brand der Stadt eifrig für das Vorhaben einsetzten,

ad id consilium; (9) eaque causa fuit non abdicandae post triumphum dictaturae, senatu obsecrante ne rem publicam in incerto relinqueret statu. **50** (1) Omnium primum, ut erat diligentissimus religionum cultor, quae ad deos immortales pertinebant rettulit et senatus consultum facit: (2) fana omnia, quod ea hostis possedisset, restituerentur terminarentur expiarenturque, expiatioque eorum in libris per duumviros quaereretur; (3) cum Caeretibus hospitium publice fieret quod sacra populi Romani ac sacerdotes recepissent beneficioque eius populi non intermissus honos deum immortalium esset; ludi Capitolini fierent (4) quod Iuppiter optimus maximus suam sedem atque arcem populi Romani in re trepida tutatus esset; collegiumque ad eam rem M. Furius dictator constitueret ex iis qui in Capitolio atque arce habitarent. (5) Expiandae etiam vocis nocturnae quae nuntia cladis ante bellum Gallicum audita neglectaque esset mentio inlata, iussumque templum in Nova via Aio Locutio fieri. (6) Aurum quod Gallis ereptum erat quodque ex aliis templis inter trepidationem in Iovis cellam conlatum cum in quae referri oporteret confusa memoria esset, sacrum omne iudicatum et sub Iovis sella poni iussum. (7) Iam ante in eo religio civitatis apparuerat quod cum in pu-

aber auch das Volk von sich aus eher diesem Plan zuneigte;[43] (9) das war auch der Grund, warum er nach dem Triumph die Diktatur nicht niederlegte; denn der Senat beschwor ihn, den Staat in unsicherer Lage ja nicht im Stich zu lassen. **50** (1) Zuerst brachte er, ganz der sorgsame Verehrer heiliger Bräuche, alle Fragen, die sich auf die unsterblichen Götter bezogen, im Senat zur Sprache, und der beschloss: (2) Sämtliche Heiligtümer müssten, da sie in der Gewalt des Feindes gewesen wären, wiederhergestellt, in ihren Grenzen neu festgelegt und entsühnt werden, und der Ritus für ihre Entsühnung sei über die Zweierkommission von den sibyllinischen Büchern zu erfragen. (3) Mit den Bürgern von Caere solle auf staatlicher Ebene Gastfreundschaft geschlossen werden, weil sie die heiligen Geräte des römischen Volkes und die Priesterinnen aufgenommen hätten und durch die Hilfe dieses Volkes die Verehrung der unsterblichen Götter nicht unterbrochen worden sei; es sollten die kapitolinischen Spiele veranstaltet werden, (4) weil Iuppiter Optimus Maximus seine Wohnstatt und die Burg des römischen Volkes in gefährlicher Lage geschützt habe; weiterhin solle der Diktator M. Furius [Camillus] für diesen Zweck aus den auf Burg und Kapitol wohnenden Bürgern ein Kollegium bilden. (5) Es wurde auch der Vorschlag gemacht, die nächtliche Stimme, die vor dem gallischen Krieg das Unglück verkündet hatte, aber missachtet worden war, zu besänftigen, und man beschloss, an der Via Nova für Aius Locutius einen Tempel zu errichten. (6) Das Gold, das man den Galliern entrissen, und jenes, das man während der Drangsal aus anderen Tempeln in die Cella Iuppiters gebracht hatte, wurde gänzlich zum Eigentum der Götter erklärt und seine Aufbewahrung unter dem Thron Iuppiters angeordnet, da man sich nur mehr verworren erinnerte, wohin es jeweils zurückzubringen sei. (7) Schon zuvor war die Ehrfurcht der Bürgerschaft vor den Göttern dadurch offenkundig geworden, dass man das Gold,

blico deesset aurum ex quo summa pactae mercedis Gallis confieret, a matronis conlatum acceperant ut sacro auro abstineretur. Matronis gratiae actae honosque additus ut earum sicut virorum post mortem sollemnis laudatio esset. (8) His peractis quae ad deos pertinebant quaeque per senatum agi poterant, tum demum agitantibus tribunis plebem adsiduis contionibus ut relictis ruinis in urbem paratam Veios transmigrarent, in contionem universo senatu prosequente escendit atque ita verba fecit.

51 (1) »Adeo mihi acerbae sunt, Quirites, contentiones cum tribunis plebis, ut nec tristissimi exsilii solacium aliud habuerim, quoad Ardeae vixi, quam quod procul ab his certaminibus eram, et ob eadem haec non si miliens senatus consulto populique iussu revocaretis, rediturus unquam fuerim. (2) Nec nunc me ut redirem mea voluntas mutata sed vestra fortuna perpulit; quippe ut in sua sede maneret patria, id agebatur, non ut ego utique in patria essem. Et nunc quiescerem ac tacerem libenter nisi haec quoque pro patria dimicatio esset; cui deesse, quoad vita suppetat, aliis turpe, Camillo etiam nefas est. (3) Quid enim repetimus, quid obsessam ex hostium manibus eripuimus, si reciperatam ipsi deserimus? Et cum victoribus Gallis capta tota urbe Capitolium tamen atque arcem dique et homines Romani tenuerint et habitaverint, victoribus Roma-

mit dem der vereinbarte Betrag für die Gallier aufgebracht werden sollte, weil es in der Staatskasse nicht vorhanden war, als Gabe der Frauen entgegengenommen hatte, um das den Göttern eigene Gold nicht antasten zu müssen. Den Frauen wurde der Dank ausgesprochen und das Ehrenrecht verliehen, nach dem Tod – ebenso wie die Männer – eine Leichenrede zu bekommen. (8) Jetzt erst, nachdem alles geklärt war, was die Götter betraf und vom Senat allein entschieden werden konnte, trat Camillus, da die Tribunen das Volk in ihren Reden unablässig anstachelten, die Ruinen zu verlassen und nach Veji, in eine aufnahmebereite Stadt überzusiedeln, in Begleitung des gesamten Senats vor die Volksversammlung und hielt eine Rede folgender Art.

51 (1) »So verhasst sind mir, Bürger, die Streitigkeiten mit den Volkstribunen, dass ich, solange ich in Ardea lebte, keinen anderen Trost über die so bittere Verbannung empfand, als diesen Kämpfen fern zu sein, und genau deshalb wäre ich niemals zurückgekehrt, auch wenn ihr mich tausendmal mit Senatsbeschlüssen und auf Weisung des Volkes zurückgerufen hättet. (2) Auch jetzt hat sich mein Standpunkt dazu nicht geändert, sondern euer Schicksal hat mich gezwungen, zurückzukehren; denn es ging ja darum, dass das Vaterland an seinem Ort blieb, nicht, dass ich auf jeden Fall im Vaterland lebte. Sogar jetzt würde ich gern Ruhe halten und schweigen, wenn dieser Kampf nicht für das Vaterland gefochten würde; es im Stich zu lassen, solange noch Leben in einem steckt, ist für andere eine Schande, für Camillus sogar Frevel. (3) Wozu haben wir denn die Heimat zurückgewonnen, wozu haben wir sie den Klauen der Feinde entrissen, als sie belagert war, wenn wir selbst sie jetzt verlassen, da sie zurückerobert ist? Und während nach dem Sieg der Gallier und der Eroberung der ganzen Stadt dennoch Götter und Bevölkerung Roms Kapitol und Burg hielten und bewohnten, sollen nach dem Sieg der Römer und der

nis reciperata urbe arx quoque et Capitolium deseretur et plus vastitatis huic urbi secunda nostra fortuna faciet quam adversa fecit? (4) Equidem si nobis cum urbe simul conditae traditaeque per manus religiones nullae essent, tamen tam evidens numen hac tempestate rebus adfuit Romanis ut omnem neglegentiam divini cultus exemptam hominibus putem. (5) Intuemini enim horum deinceps annorum vel secundas res vel adversas; invenietis omnia prospera evenisse sequentibus deos, adversa spernentibus. (6) Iam omnium primum, Veiens bellum – per quot annos, quanto labore gestum! – non ante cepit finem, quam monitu deorum aqua ex lacu Albano emissa est. (7) Quid haec tandem urbis nostrae clades nova? Num ante exorta est quam spreta vox caelo emissa de adventu Gallorum, quam gentium ius ab legatis nostris violatum, quam a nobis cum vindicari deberet eadem neglegentia deorum praetermissum? (8) Igitur victi captique ac redempti tantum poenarum dis hominibusque dedimus ut terrarum orbi documento essemus. Adversae deinde res admonuerunt religionum. (9) Confugimus in Capitolium ad deos, ad sedem Iovis optimi maximi; sacra in ruina rerum nostrarum alia terra celavimus, alia avecta in finitimas urbes amovimus ab hostium oculis; deorum cultum deserti ab dis hominibusque tamen non intermi-

Wiedergewinnung der Stadt Burg und auch Kapitol verlassen werden, und soll unser Glück größere Verwüstung über diese Stadt bringen, als unser Unglück es tat? (4) Auch wenn wir keine gleichzeitig mit der Stadt begründeten und von einer Generation auf die andere weitergegebenen Kulte besäßen, so half das Walten der Götter in dieser Unglückszeit der Sache Roms doch derart offenkundig, dass ich persönlich glaube, den Menschen sei jede Neigung zur Missachtung der Götterverehrung genommen worden. (5) Blickt also der Reihe nach auf die glücklichen und unglücklichen Ereignisse der letzten Jahre zurück; ihr werdet erkennen, dass alles Glück denen zuteil wurde, die den Göttern ergeben waren, alles Leid denen, die sie verachteten.[44] (6) Ganz am Anfang stand der Krieg gegen Veji – wie viele Jahre und mit welch gewaltigem Einsatz wurde er geführt! – Nicht eher hat er ein Ende genommen, bis auf Weisung der Götter das Wasser aus dem Albanersee abgeleitet wurde. (7) Und wie war es dann schließlich mit dem jüngsten Unheil unserer Stadt? Ist es etwa losgebrochen, bevor wir die vom Himmel gesandte Stimme über das Nahen der Gallier missachtet, bevor unsere Gesandten das Völkerrecht gebrochen, bevor wir in derselben Geringschätzung den Göttern gegenüber die Rechtsverletzung zu bestrafen verabsäumt hatten, obwohl es unsere Pflicht gewesen wäre? (8) Besiegt, erobert und freigekauft, wurden wir daher von den Göttern so hart bestraft, dass wir dem ganzen Erdkreis ein warnendes Beispiel waren. Dann ließ uns das Unglück wieder an unsere heilige Verpflichtung denken. (9) Alle sind wir auf das Kapitol zu den Göttern geflohen, zur Wohnstatt des Iuppiter Optimus Maximus; während des Untergangs unserer Welt haben wir die heiligen Geräte unter der Erde verborgen, andere in benachbarte Städte geschafft und sie den Blicken der Feinde entzogen; von Göttern und Menschen preisgegeben, haben wir dennoch die Verehrung der Götter nicht unterbrochen. (10) Daher schenk-

simus. (10) Reddidere igitur patriam et victoriam et antiquum belli decus amissum, et in hostes qui caeci avaritia in pondere auri foedus ac fidem fefellerunt, verterunt terrorem fugamque et caedem.

52 (1) Haec culti neglectique numinis tanta monumenta in rebus humanis cernentes ecquid sentitis, Quirites, quantum vixdum e naufragiis prioris culpae cladisque emergentes paremus nefas? (2) Urbem auspicato inauguratoque conditam habemus; nullus locus in ea non religionum deorumque est plenus; sacrificiis sollemnibus non dies magis stati quam loca sunt in quibus fiant. (3) Hos omnes deos publicos privatosque, Quirites, deserturi estis? Quam par vestrum factum ⟨illi facto⟩ est quod in obsidione nuper in egregio adulescente, C. Fabio, non minore hostium admiratione quam vestra conspectum est, cum inter Gallica tela degressus ex arce sollemne Fabiae gentis in colle Quirinali obiit? (4) An gentilicia sacra ne in bello quidem intermitti, publica sacra et Romanos deos etiam in pace deseri placet, et pontifices flaminesque neglegentiores publicarum religionum esse quam privatus in sollemni gentis fuerit? (5) Forsitan aliquis dicat aut Veiis ea nos facturos aut huc inde missuros sacerdotes nostros qui faciant; quorum neutrum fieri salvis caerimoniis potest. (6) Et ne omnia generatim sacra omnesque percenseam deos, in Iovis epulo num alibi

ten sie uns das Vaterland wieder, den Sieg und den alten, verlorenen Kriegsruhm, und gegen die Feinde, die, blind vor Habsucht, beim Abwägen des Goldes Vertrauen und Vertrag verletzten, wandten sie Schrecken, Flucht und Tod.

52 (1) Wenn ihr, Bürger, die große Bedeutung von Verehrung und Missachtung göttlicher Macht für die Belange der Menschen erkennt, bemerkt ihr wohl auch, auf welch ungeheuren Frevel wir uns einlassen, die wir kaum aus den Ruinen unserer Schuld und der ihr folgenden Verheerung aufgetaucht sind? (2) Wir besitzen eine Stadt, die nach Auspizien und mit Zustimmung der Götter gegründet wurde; kein Flecken in ihr ist nicht erfüllt von Heiligem, von Göttern; für die feierlichen Opferhandlungen sind die Tage ebenso festgelegt wie die Orte, an denen sie stattzufinden haben. (3) Alle diese Götter des Staates und der einzelnen Familien wollt ihr, Bürger, verlassen? Wie ist euer Verhalten mit jenem vergleichbar, das neulich während der Belagerung bei C. Fabius, einem ganz außergewöhnlichen jungen Mann, Aufsehen erregte und von den Feinden nicht weniger bewundert wurde als von euch: wie er mitten durch die Geschosse der Gallier von der Burg herabstieg, um das alljährliche Opfer des fabischen Geschlechtes am Quirinal zu begehen? (4) Oder scheint es euch richtig, wenn Kulte von Familien nicht einmal im Krieg unterbrochen, die Kulte des Staates aber und die der Götter Roms sogar im Frieden preisgegeben werden und Pontifices sowie Flamines bei staatlichen Zeremonien nachlässiger sind, als es ein Privatmann beim Opfer seines Geschlechtes war? (5) Vielleicht wird jemand sagen, wir könnten dies entweder in Veji begehen oder für diesen Zweck von dort Priester hierher entsenden; nichts davon kann geschehen, ohne dass die heiligen Riten verletzt würden. (6) Ich will dazu nicht alle Arten von Opferhandlungen und alle Götter anführen, aber kann denn etwa beim Festmahl für Iuppiter das Götterlager[45] anderswo als auf dem Kapi-

quam in Capitolio pulvinar suscipi potest? (7) Quid de aeternis Vestae ignibus signoque quod imperii pignus custodia eius templi tenetur loquar? quid de ancilibus vestris, Mars Gradive tuque, Quirine pater? Haec omnia in profano deseri placet sacra, aequalia urbi, quaedam vetustiora origine urbis?

(8) Et videte quid inter nos ac maiores intersit. Illi sacra quaedam in monte Albano Laviniique nobis facienda tradiderunt. An ex hostium urbibus Romam ad nos transferri sacra religiosum fuit, hinc sine piaculo in hostium urbem Veios transferemus? (9) Recordamini, agitedum, quotiens sacra instaurentur, quia aliquid ex patrio ritu neglegentia casuve praetermissum est. Modo quae res post prodigium Albani lacus nisi instauratio sacrorum auspiciorumque renovatio adfectae Veienti bello rei publicae remedio fuit? (10) At etiam, tamquam veterum religionum memores, et peregrinos deos transtulimus Romam et instituimus novos. Iuno regina transvecta a Veiis nuper in Aventino quam insigni ob excellens matronarum studium celebrique dedicata est die! (11) Aio Locutio templum propter caelestem vocem exauditam in Nova via iussimus fieri; Capitolinos ludos sollemnibus aliis addidimus collegiumque ad id novum auctore senatu condidimus; (12) quid horum opus fuit suscipi, si una cum Gallis urbem Romanam relicturi fuimus, si

tol bereitet werden? (7) Wozu soll ich das ewige Feuer der Vesta und das Götterbild[46] erwähnen, das als Unterpfand der Herrschaft in der Obhut dieses Tempels aufbewahrt wird? Wozu eure heiligen Schilde, Mars Gradivus und du, Vater Quirinus?[47] All diese Heiligtümer sollen auf weihelosem Boden zurückgelassen werden, obwohl sie gleich alt sind wie die Stadt und manche noch älter sind als deren Ursprung?

(8) Betrachtet weiter den Unterschied zwischen uns und unseren Vorfahren. Jene haben uns die Feier bestimmter Opfer auf dem Albanerberg und in Lavinium als Erbe hinterlassen. Wenn es nun schon religiös bedenklich war, Zeremonien aus feindlichen Städten nach Rom zu übertragen, werden wir dann welche von hier in die Stadt der Feinde, nach Veji, führen, ohne schuldig zu werden? (9) Erinnert euch nur, wie viele Opferhandlungen wiederhergestellt werden müssen, weil man einen Teil des althergebrachten Zeremoniells durch Nachlässigkeit oder aus Zufall missachtete. Was hat denn eben erst nach dem Wunderzeichen beim Albanersee die Rettung für den im Krieg gegen Veji geschwächten Staat gebracht, wenn nicht die Wiedereinsetzung der Opfer und die Erneuerung der Auspizien? (10) Aber damit nicht genug: Wir haben wie Menschen, die altehrwürdige religiöse Bräuche respektieren, fremde Gottheiten nach Rom gebracht und auch neue eingesetzt. Iuno Regina ist vor kurzem erst aus Veji zu uns gebracht und ihr auf dem Aventin ein Tempel geweiht worden – was war das für ein bemerkenswerter und aufgrund der überschäumenden Begeisterung der Frauen für ein feierlicher Tag! (11) Dem Aius Locutius haben wir wegen einer himmlischen Stimme auf der Via Nova einen Tempel errichten lassen; die kapitolinischen Spiele haben wir den anderen Festen hinzugefügt und dafür auf Weisung des Senats ein neues Kollegium gegründet; (12) was für einen Zweck hatte das alles, wenn wir zusammen mit den Galliern Rom verlassen wollten, wenn wir während der vielen

non voluntate mansimus in Capitolio per tot menses obsidionis, sed ab hostibus metu retenti sumus? (13) De sacris loquimur et de templis; quid tandem de sacerdotibus? Nonne in mentem venit quantum piaculi committatur? Vestalibus nempe una illa sedes est, ex qua eas nihil unquam praeterquam urbs capta movit; flamini Diali noctem unam manere extra urbem nefas est. (14) Hos Veientes pro Romanis facturi estis sacerdotes, et Vestales tuae te deserent, Vesta, et flamen peregre habitando in singulas noctes tantum sibi reique publicae piaculi contrahet? (15) Quid alia quae auspicato agimus omnia fere intra pomerium, cui oblivioni aut cui neglegentiae damus? (16) Comitia curiata, quae rem militarem continent, comitia centuriata, quibus consules tribunosque militares creatis, ubi auspicato, nisi ubi adsolent, fieri possunt? (17) Veiosne haec transferemus? an comitiorum causa populus tanto incommodo in desertam hanc ab dis hominibusque urbem conveniet?

53 (1) At enim apparet quidem pollui omnia nec ullis piaculis expiari posse; sed res ipsa cogit vastam incendiis ruinisque relinquere urbem et ad integra omnia Veios migrare nec hic aedificando inopem plebem vexare. (2) Hanc autem iactari magis causam quam veram esse, ut ego non dicam, apparere vobis, Quirites, puto, qui meministis ante Gallorum adventum, sal-

Monate der Belagerung nicht aus freiem Willen auf dem Kapitol geblieben sind, sondern uns nur aus Furcht vor den Feinden festhalten ließen? (13) Wir sprechen nur von den Zeremonien und Tempeln; was sollen wir erst über die Priester sagen? Seid ihr euch denn nicht bewusst, was für einen Frevel ihr begeht? In Wahrheit ist dies hier der einzige Sitz der Vestalinnen, aus dem sie noch nie etwas anderes vertrieb als die Eroberung der Stadt; dem Flamen Dialis, dem Iuppiterpriester, ist es untersagt, eine einzige Nacht außerhalb der Stadt zu verbringen. (14) Diese Priester wollt ihr aus Römern zu Vejentern machen, und dich, Vesta, werden deine Vestalinnen verlassen, und der Flamen, der auswärts lebt, wird jede einzelne Nacht solch eine Schuld auf sich und den Staat laden? (15) Und die anderen Zeremonien, die wir unter Einholung von Auspizien fast alle innerhalb des Stadtgebietes begehen – welchem Vergessen oder welcher Missachtung geben wir sie preis? (16) Wo, wenn nicht an den gewohnten Orten können nach den Auspizien die Kuriatkomitien, die mit dem Kriegswesen befasst sind, wo die Centuriatkomitien, in denen ihr Konsuln und Militärtribunen wählt, abgehalten werden? (17) Können wir sie nach Veji verlagern? Oder wird sich das Volk etwa der Wahlen wegen unter beträchtlichen Mühen in dieser von Göttern und Menschen verlassenen Stadt einfinden?

53 (1) Aber, so höre ich euch sagen, es ist zwar klar, dass alles entweiht wird und durch keine Buße gesühnt werden kann, doch die Situation selbst zwingt uns, die durch Feuer und Verwüstung verödete Stadt zu verlassen und nach Veji auszuwandern, das ganz verschont blieb, ohne hier das mittellose Volk mit dem Wiederaufbau zu quälen. (2) Dass dies mehr als Vorwand denn als wirklicher Grund zur Sprache gebracht wird, ist euch, glaube ich, ihr Bürger, klar, ohne dass ich es selbst sagen müsste: Ihr erinnert euch doch, dass vor der Ankunft der Gallier, als die öffentlichen und privaten Gebäude unbeschädigt

vis tectis publicis privatisque stante incolumi urbe, hanc eandem rem actam esse ut Veios transmigraremus. (3) Et videte quantum inter meam sententiam vestramque intersit, tribuni. Vos, etiamsi tunc faciendum non fuerit, nunc utique faciendum putatis; ego contra – nec id mirati sitis, priusquam quale sit audieritis – etiamsi tum migrandum fuisset incolumi urbe, nunc has ruinas relinquendas non censerem. (4) Quippe tum causa nobis in urbem captam migrandi victoria esset, gloriosa nobis ac posteris nostris; nunc haec migratio nobis misera ac turpis, Gallis gloriosa est. (5) Non enim reliquisse victores, sed amisisse victi patriam videbimur: hoc ad Alliam fuga, hoc capta urbs, hoc circumsessum Capitolium necessitatis imposuisse ut desereremus penates nostros exsiliumque ac fugam nobis ex eo loco conscisceremus quem tueri non possemus. Et Galli evertere potuerunt Romam quam Romani restituere non videbuntur potuisse? (6) Quid restat nisi ut, si iam novis copiis veniant – constat enim vix credibilem multitudinem esse – et habitare in capta ab se, deserta a vobis hac urbe velint, sinatis? (7) Quid? si non Galli hoc sed veteres hostes vestri, Aequi Volscive, faciant ut commigrent Romam, velitisne illos Romanos, vos Veientes esse? an malitis hanc solitudinem vestram quam urbem hostium esse? Non equidem video quid magis nefas sit. Haec scelera, quia piget aedificare, haec dedecora pati parati estis? (8) Si tota urbe nullum melius ampliusve tectum

waren und die Stadt noch unversehrt stand, genau dieselbe Sache betrieben wurde – unsere Auswanderung nach Veji. (3) Seht also, Tribunen, wie sehr sich meine und eure Auffassung unterscheiden. Ihr meint, auch was damals nicht getan werden durfte, müsse jetzt auf jeden Fall getan werden; ich dagegen – seid nicht überrascht, bevor ihr nicht gehört habt, wie ich dazu komme –, ich also würde, selbst wenn man damals, als die Stadt unversehrt stand, hätte auswandern müssen, nicht dafür stimmen, jetzt ihre Ruinen zu verlassen. (4) Früher freilich wäre der Sieg für uns ein Grund gewesen, in die eroberte Stadt zu ziehen, ruhmvoll für uns und unsere Nachkommen; jetzt aber ist diese Auswanderung erbärmlich und schändlich für uns, für die Gallier dagegen ruhmvoll. (5) Denn wir werden den Anschein erwecken, nicht als Sieger das Vaterland zu verlassen, sondern es als Besiegte verloren zu haben: Die Flucht an der Allia, die Eroberung der Stadt, die Belagerung des Kapitols hätten uns gezwungen, unsere Hausgötter zu verlassen sowie Verbannung und Flucht aus dem Ort auf uns zu nehmen, den wir nicht verteidigen konnten. Die Gallier vermochten also Rom zugrunde zu richten, das Römer anscheinend nicht wiederherstellen konnten? (6) Was bleibt euch übrig, wenn sie nun mit neuen Truppen kommen – wie bekannt, ist ihre Zahl schier unglaublich – und in der von ihnen eroberten, von euch preisgegebenen Stadt siedeln wollen, als es ihnen zu erlauben? (7) Was heißt das weiter? Wenn nicht die Gallier, sondern eure Erbfeinde, die Aequer oder Volsker, es unternähmen, nach Rom auszuwandern, wollt ihr, dass sie die Römer, ihr selbst Vejenter seid? Oder ist es euch lieber, dass es eure eigene Wüstenei ist, als eine Stadt im Besitz der Feinde? Ich freilich weiß nicht, was der größere Frevel ist. Seid ihr bereit, diese Verbrechen geschehen zu lassen, diese Schande auf euch zu nehmen, weil ihr zu faul seid, um wieder aufzubauen? (8) Selbst wenn in der ganzen Stadt keine bessere oder

fieri possit quam casa illa conditoris est nostri, non in casis ritu pastorum agrestiumque habitare est satius inter sacra penatesque nostros quam exsulatum publice ire? (9) Maiores nostri, convenae pastoresque, cum in his locis nihil praeter silvas paludesque esset, novam urbem tam brevi aedificarunt: nos Capitolio atque arce incolumi, stantibus templis deorum, aedificare incensa piget? et, quod singuli facturi fuimus si aedes nostrae deflagrassent, hoc in publico incendio universi recusamus facere?

54 (1) Quid tandem? si fraude, si casu Veiis incendium ortum sit, ventoque ut fieri potest diffusa flamma magnam partem urbis absumat, Fidenas inde aut Gabios aliamve quam urbem quaesituri sumus quo transmigremus? (2) Adeo nihil tenet solum patriae nec haec terra quam matrem appellamus, sed in superficie tignisque caritas nobis patriae pendet? (3) Equidem fatebor vobis, etsi minus iniuriae vestrae quam meae calamitatis meminisse iuvat: cum abessem, quotienscumque patria in mentem veniret, haec omnia occurrebant, colles campique et Tiberis et adsueta oculis regio et hoc caelum sub quo natus educatusque essem; quae vos, Quirites, nunc moveant potius caritate sua ut maneatis in sede vestra quam postea, cum reliqueritis eam, macerent desiderio. (4) Non sine causa di hominesque hunc urbi condendae locum elegerunt – saluberrimos

geräumigere Behausung errichtet werden könnte als jene Strohhütte unseres Gründers[48], wäre es nicht besser, in Hütten nach der Art von Hirten und Landleuten umgeben von unseren Heiligtümern und Hausgöttern zu leben, denn als ganzes Volk in die Verbannung zu gehen? (9) Unsere Vorfahren, Einwanderer und Hirten, haben in unglaublich kurzer Zeit eine neue Stadt gebaut, als es in dieser Gegend außer Wäldern und Sümpfen nichts gab: Wir sind zu faul, obwohl Kapitol und Burg unversehrt sind, die Tempel der Götter noch stehen, das Niedergebrannte wieder herzustellen? Und was jeder einzelne bereitwillig getan hätte, wenn sein Haus in Flammen aufgegangen wäre, das lehnen wir als Gesamtheit angesichts eines Brandes ab, der das Ganze betroffen hat?

54 (1) Was weiter? Angenommen, in Veji bricht, sei es durch Brandstiftung, sei es aus Zufall, ein Feuer aus und die Flammen breiten sich, wie es geschehen kann, im Wind aus und verzehren einen Großteil der Stadt – werden wir dann Fidenae, Gabii oder irgendeine andere Stadt suchen, um dorthin auszuwandern? (2) So wenig hält uns der Heimatboden und diese Erde, die wir Mutter nennen,[49] indes unsere Vaterlandsliebe von den Gebäuden und Balken über ihr abhängt? (3) Ich aber will euch gestehen – auch wenn es nicht gerade erfreulich ist, an eure Ungerechtigkeit wie an mein Leid zu denken –: Während ich in der Fremde war, erinnerte ich mich, sooft mir die Heimat in den Sinn kam, immer wieder an all die Dinge hier, an die Hügel und Felder, an den Tiber, an die meinen Augen vertraute Landschaft und an diesen Himmel, unter dem ich geboren worden und aufgewachsen war; ach, könnten sie euch, ihr Bürger, durch die Liebe, die all das hervorruft, eher jetzt bewegen, in eurer Heimat zu bleiben, als dass ihr euch später, wenn ihr sie verlassen habt, in Sehnsucht verzehrt! (4) Nicht ohne Grund haben Götter und Menschen diesen Platz für die Gründung einer Stadt auserkoren[50] – gesunde Hügel, einen gut

colles, flumen opportunum, quo ex mediterraneis locis fruges devehantur, quo maritimi commeatus accipiantur, mare vicinum ad commoditates nec expositum nimia propinquitate ad pericula classium externarum, regionem Italiae mediam – ad incrementum urbis natum unice locum. (5) Argumento est ipsa magnitudo tam novae urbis. Trecentesimus sexagesimus quintus annus urbis, Quirites, agitur; inter tot veterrimos populos tam diu bella geritis, cum interea, ne singulas loquar urbes, non coniuncti cum Aequis Volsci, tot tam valida oppida, non universa Etruria, tantum terra marique pollens atque inter duo maria latitudinem obtinens Italiae, bello vobis par est. (6) Quod cum ita sit quae, malum, ratio est expertis ⟨talia⟩ alia experiri, cum iam ut virtus vestra transire alio possit, fortuna certe loci huius transferri non possit? (7) Hic Capitolium est, ubi quondam capite humano invento responsum est eo loco caput rerum summamque imperii fore; hic cum augurato liberaretur Capitolium, Iuventas Terminusque maximo gaudio patrum vestrorum moveri se non passi; hic Vestae ignes, hic ancilia caelo demissa, hic omnes propitii manentibus vobis di.«

55 (1) Movisse eos Camillus cum alia oratione, tum ea quae ad religiones pertinebat maxime dicitur; sed rem dubiam decrevit vox opportune emissa, quod cum senatus post paulo de

schiffbaren Fluss, um aus dem Landesinneren die Früchte stromabwärts einzuführen und die Güter der See in Empfang zu nehmen, ein Meer, nahe genug für unsere Bedürfnisse, ohne aber durch allzu große Nähe waghalsigen Unternehmungen ausländischer Flotten ausgesetzt zu sein, ein Gebiet im Herzen Italiens – einen Platz also, der für das Wachstum einer Stadt in einzigartiger Weise geschaffen ist. (5) Als Beweis gelte die Größe der noch so jungen Stadt selbst. Wir schreiben, Bürger, das 365. Jahr der Geschichte der Stadt [388/87]; so lange schon führt ihr mitten unter so vielen alteingesessenen Völkern Kriege, während doch, um von einzelnen Städten gar nicht zu sprechen, nicht einmal der Bund der Aequer und Volsker, nicht die große Zahl so starker Festungen, nicht das ganze vereinte Etrurien, das zu Land und zu Wasser überaus mächtig ist und von Meer zu Meer die ganze Breite Italiens umfasst, euch im Krieg gewachsen sind. (6) Da sich die Dinge nun so verhalten, was für einen Grund habt ihr, zum Henker, nachdem ihr hier so gute Erfahrungen gemacht habt, euer Glück anderswo zu versuchen, weil sich doch, auch wenn eure Tapferkeit verpflanzt werden kann, die Vorteile dieses Platzes keinesfalls anderswohin übertragen lassen? (7) Vor euch liegt das Kapitol, wo ihr einst, als man ein menschliches Haupt gefunden hatte,[51] die Vorhersage erhalten habt, an *der* Stelle werde die Hauptstadt und der Sitz der obersten Herrschaft erstehen; hier ließen sich, als das Kapitol gemäß den Augurien kultisch gereinigt wurde,[52] Iuventas und Terminus zur größten Freude eurer Väter nicht entfernen; hier findet ihr Vestas Feuer, hier die vom Himmel gefallenen heiligen Schilde, hier die Götter, die euch alle gewogen sind, wenn ihr bleibt.«

55 (1) Camillus soll die Bürger mit seiner ganzen Rede, besonders aber mit dem Teil, der sich auf die Religion bezog, sehr beeindruckt haben; doch die noch ungewisse Sache entschied ein Ausspruch, der gerade zur rechten Zeit kam: Als nämlich

his rebus in curia Hostilia haberetur cohortesque ex praesidiis revertentes forte agmine forum transirent, centurio in comitio exclamavit: (2) »Signifer, statue signum; hic manebimus optime.« Qua voce audita, et senatus accipere se omen ex curia egressus conclamavit et plebs circumfusa adprobavit. Antiquata deinde lege, promisce urbs aedificari coepta. (3) Tegula publice praebita est; saxi materiaeque caedendae unde quisque vellet ius factum, praedibus acceptis eo anno aedificia perfecturos. (4) Festinatio curam exemit vicos derigendi, dum omisso sui alienique discrimine in vacuo aedificant. (5) Ea est causa quod veteres cloacae, primo per publicum ductae, nunc privata passim subeant tecta, formaque urbis sit occupatae magis quam divisae similis.

wenig später in der Curia Hostilia eine Senatssitzung zu diesem Thema abgehalten wurde und die von ihrem Wachtdienst zurückkehrenden Kohorten gerade in Marschordnung das Forum überquerten, rief ein Centurio auf dem Komitium: (2) »Fahnenträger, stell die Standarte auf; wir bleiben am besten hier!«[53] Als man dies Wort vernommen hatte, verließ der Senat die Kurie und rief freudig, er deute das als ein Vorzeichen, und auch das Bürgervolk strömte herbei und gab seine Zustimmung. Der Gesetzesantrag wurde daraufhin verworfen, und man begann, die Stadt ohne Planung wieder aufzubauen. (3) Gebrannte Ziegel stellte der Staat zur Verfügung; jeder erhielt die Erlaubnis, wo er wollte Steine und Bauholz zu hauen, wenn er dafür bürgte, das Bauwerk noch in diesem Jahr fertigzustellen. (4) In ihrer Eile verwandten sie keine Sorgfalt darauf, die Häuserreihen gerade auszurichten, während sie, ohne zwischen eigenem und fremdem Grund zu unterscheiden, auf dem freien Areal bauten. (5) Dies ist auch der Grund, warum die alten Abwasserkanäle, die vormals durch Gemeindebesitz führten, nun auf weite Strecken unter Privatgebäuden laufen und die Stadt ihrem Bilde nach mehr einer hastig in Besitz genommenen als einer planmäßig angelegten gleicht.

Anhang

Zu dieser Ausgabe

Der lateinische Text folgt der Ausgabe: Titi Livi Ab urbe condita. Rec. et adnot. crit. instr. R. M. Ogilvie. T. 1. Oxford: Oxford University Press, 1974.

Die Karten auf den Seiten 1079 f. sind der Ausgabe entnommen: Titi Livi Ab urbe condita. Rec. et adnot. crit. instr. R. S. Conway et C. F. Walters et S. K. Johnson. T. 1. Oxford: Oxford University Press, 1955.

Die Übersetzungen stammen von R. Feger (Buch 1), M. Giebel (Buch 2) und L. Fladerer (Bücher 3–5). In den entsprechenden Einzelbänden, erschienen in den Jahren 1981–1993 (Reclams Universal-Bibliothek 2031–2035), findet sich eine detaillierte Kommentierung der Einzelbücher.

Anmerkungen

Anmerkungen zur Vorrede

1 *Facturusne operae pretium sim:* Der Textbeginn stellt den Anfang eines Hexameters dar, eine stilistische Form, wie bei Tacitus am Anfang seiner *Annalen*. Vgl. Quint. inst. 9,4,74.

2 Vor allem die sog. jüngeren Annalisten, Geschichtsschreiber des 1. Jh.s v. Chr., deren Prinzip, die historischen Ereignisse Jahr für Jahr zu berichten, Livius übernimmt. Für seine Darstellung der Frühgeschichte sind vor allem Fabius Pictor (um 200 v. Chr.) und Calpurnius Piso (um 130 v. Chr.) als die älteren Annalisten zu nennen im Gegensatz zu Autoren wie Licinius Macer und Valerius Antias im 1. Jh. v. Chr. (zu ihnen vgl. das Verzeichnis der Eigennamen). Dazu noch L. Aelius Tubero und Claudius Quadrigarius. Vgl. M. von Albrecht (1994) Bd. 1, S. 309 ff.; 662 f.

3 Die in Anm. 2 genannten Autoren hatten in der Mehrzahl – im Unterschied zu Livius selbst – hohe Staatsämter innegehabt.

4 Vgl. Enn. ann. 500 V.: *Moribus antiquis res stat Romana virisque.*

5 *Artes:* die Leitprinzipien des Zusammenlebens in der Gemeinschaft (*concordia*), wie sie sich vor allem im Gegensatz der Bevölkerungsgruppen, im Ständekampf, zu bewähren hatten.

6 Diese eher resignative Äußerung (ähnlich auch bei Tac. Agr. 3 und Plin. epist. 4,25,5) zeigt, dass Livius keineswegs als Parteigänger des Augustus anzusehen ist. Dieser habe ihn scherzhaft als einen Pompeianer bezeichnet, d. h. einen Anhänger der alten republikanischen Ordnung (Tac. ann. 4,34,3).

7 Das Epochenjahr für den Einbruch des moralischen Verfalls im staatlichen wie im privaten Leben wird meist auf 146 v. Chr. verlegt, so von Sallust (Cat. 10–13: Bell. Jug. 41,2–7) und Velleius Paterculus (2,1,1): die Zerstörung von Karthago und Korinth und das darauf folgende Einfließen von Reichtum und Luxus. Für Livius (39,6 f.) beginnt der allgemeine Sittenverfall mit den Siegen über die östliche Mittelmeerwelt, seit mit dem prunkvollen Triumph des Cn. Malius Vulso 187 v. Chr. ungeheurer Luxus zur Schau gestellt und dann eingeführt wurde.

Anmerkungen zu Buch 1

1 Vgl. jeweils das Verzeichnis der Eigennamen. – Der antiken Chronologie folgend setzt Livius den Untergang Troias 1184/83 an. 753 als Gründungsdatum Roms entspricht der Zählung des Varro.

2 Vgl. zur Tradition von Kulten und zu den archäologischen Zeugnissen in Lavinium: J. W. Mayer / Chr. Winkle (2010) S. 147 ff.

3 Eine Kultstätte des Aeneas ist hier durch einen Cippus mit der Inschrift LARE AINEIA bezeugt, vgl. Anm. 2. Aeneas wurde auch als Flussgott Thybris oder Tiberinus verehrt.

4 Für Livius typische Zurückhaltung in quellenkritischen Fragen.

5 Livius spricht einerseits die Entstehung Roms einer göttlichen Schicksalsmacht zu, andererseits zieht er die göttliche Abkunft seiner Gründer in Zweifel (*incerta stirps*), lässt die Kinder aber wiederum durch eine gottgewollte Schicksalsfügung (1,4,4: *forte divinitus*) dem Tod im Tiber entrinnen. Eine Überlieferung, nach der Amulius der Vestalin Rea Silvia Gewalt angetan habe und der Vater der Kinder sei, bei Plut. Rom. 4; hier auch der Name Lupa, »Dirne«, s. auch Plut. mor. 320B–E [Über das Glück der Römer]. Es kann auch Mars, als der Vater der Kinder, die Wölfin, sein heiliges Tier, geschickt haben. Die Kindheits- und Frühgeschichte auch bei Enn. Ann. und Cic. rep. 2,1 ff.

6 Altes Hirtenfest am 15. Februar. Vermutlich eine Selbstfeier der Hirten als Wolfsabwehrer (*luperci*), dann zum Fruchtbarkeitsritus umgedeutet. Vgl. Val. Max. 2,2,9.

7 *Auguria, augurium:* der Brauch, aus dem Vogelflug den Willen der Götter zu deuten. Der dafür zuständige Priester, *augur*, bezeichnete mit seinem Stab einen begrenzten Bezirk am Himmel (*templum*), wo sich die Vögel (meist Geier oder Adler) zeigen sollten. Vgl. Liv. 1,18,6–10. Vor allen wichtigen staatlichen Entscheidungen wurde später eine Vogelschau abgehalten; die Augurien sollten offenbaren, ob die Götter einem Vorhaben günstig gesonnen waren oder nicht. Das Ergebnis wurde von den Auguren gedeutet und aufgezeichnet.

8 Der listige Rinderdiebstahl wird im Hermeshymnus 65 ff. als eine Kindheitsgeschichte des Gottes Hermes erzählt. – Zu Cacus vgl. N. Holzberg, *Der »Böse« und die Augusteer. Cacus bei Livius, Vergil [Aen.*

8,190–267], Properz [4,9,1–20] und Ovid [fast. 1,543–578], In: Gymnasium 119 (2012) S. 449–462.

9 Nach Tacitus (ann. 11,14) habe Euander das lateinische Alphabet eingeführt; diese lateinischen Buchstaben hätten die Gestalt der älteren griechischen gehabt. Frühe Inschriften zeigen, dass die Italiker ihr Alphabet aus dem griechischen abgeleitet hatten, wie es in Cumae, der Kolonie Euböas, verwendet wurde.

10 Amtsdiener als Begleiter der Magistrate bei deren Amtshandlungen. Sie trugen als Abzeichen der Straf- und Gerichtshoheit die *fasces*, Rutenbündel mit der Doppelaxt darin, Symbol der Strafgewalt. Innerhalb des Stadtgebiets wurden die Beile herausgenommen, da hier das Volk der Souverän war. Während der Ständekämpfe kam es darüber zum Streit, vgl. das 3. Buch. Die Liktoren wie auch die *sella curulis*, der Amtssessel der höheren Beamten, stammten aus dem etruskischen Bereich (was Wandmalereien belegen), ebenso wie die Toga, das offizielle Gewand der römischen Bürger, das von Knaben, Beamten und Priestern als *toga praetexta*, mit einem Purpursaum verziert, getragen wurde.

11 Das Kapitol besteht aus zwei Kuppen, von denen eigtl. nur die südliche *Capitolium* heißt, während die nördliche *arx*, die »Burg«, genannt wurde. Hier in der Senke befand sich auch das Asyl des Romulus. Die Einrichtung kam aus dem Griechischen, *asylon* war ein Bezirk für Fremde und Verfolgte, oft im Schutz eines Heiligtums gelegen. Vgl. Liv. 3,15,5 ff.

12 Sie sollten Väter heißen, weil sie sich wie Väter um den Staat kümmerten. Vgl. Plut. Rom. 13; Cic. rep. 2,14. Abschätzig hieß es, es seien nicht mehr als hundert dagewesen, die wussten, wer ihr Vater war.

13 Fest, später am 21.8. und 15.12. gefeiert, zu Ehren des Consus, der die Feldfrüchte birgt. Vgl. Plut. Rom. 14: Romulus habe überall erzählen lassen, er habe den unterirdischen Altar eines Gottes gefunden, den man *Consus* nannte, sei es nun, dass man darunter den Gott des Ratgebens verstand, nach *consilium*, oder dass damit der *Neptunus Equestris* gemeint war, weil der Altar in der großen Rennbahn steht, wo die Pferderennen abgehalten werden.

14 Nach Plut. Rom. 15 hieß er Talasius, ein angesehener und recht-

schaffener junger Mann, der mit der Sabinerin eine glückliche Ehe führte, weshalb sein Name zum Hochzeitsruf wurde. Auch die Gewohnheit, die Braut über die Schwelle zu tragen, soll auf den Frauenraub zurückgehen.

15 Die Waffenstücke, die ein römischer Imperiumsträger einem feindlichen Führer abgenommen hatte, hießen *spolia opima* (»fette Beute«) und waren die ruhmvollsten Beutestücke, vgl. Plut. Rom. 16. Zu Iuppiter Feretrius s. auch Properz 4,10 und das Verzeichnis der Eigennamen.

16 Von A. Cornelius Cossus 437 im Zweikampf mit dem Vejenterkönig Lars Tolumnius (Liv. 4,19 f.) und von M. Claudius Marcellus i. J. 222 im Kampf gegen den König der Gallier (Plut. Marc. 7 f.).

17 Offenbar war sie eine der Vestalinnen, zu deren Pflichten es gehörte, täglich zu kultischen Zwecken Wasser zu holen. Auch die Vestalin Rea Silvia war bei dieser Gelegenheit von Mars überwältigt worden. Vgl. das Verzeichnis der Eigennamen unter *Vesta*.

18 *Curiae:* evtl. abgeleitet von *co-viria,* »Nachbarschaft«. Die Kurien waren die Basis der altrömischen politischen und militärischen Organisation. Jede Kurie hatte ihren eigenen Versammlungsort, daher die Bezeichnung Kurie (Rathaus) für das heute noch vorhandene Sitzungsgebäude des Senats auf dem Forum Romanum.

19 Vgl. Plut. Rom. 27 ff.; Numa 2; Cic. rep. 2,17–20; Cic. Tusc. 1,28 zitiert Ennius; Ov. fast. 2,475 ff.; Met. 14,806 ff.; Val. Max. 5,3,1. Vgl. W. Burkert: *Caesar und Romulus – Quirinus,* in: Historia 11 (1962) S. 356–376; D. Engels: *Wetterzauber und Königsmord: Zu den Hintergründen der Vergöttlichung frührömischer Könige,* in: Gymnasium 114 (2007) S. 103–130. Vgl. auch R. von den Hoff / W. Stroh / M. Zimmermann (2014) S. 162 f.; J. von Ungern-Sternberg: *Romulus-Bilder. Die Begründung der Republik im Mythos,* in: F. Graf (Hrsg.): *Mythos in mythenloser Gesellschaft* (Colloquium Rauricum Bd. 3), Stuttgart/Leipzig 1993, S. 88–108.

20 Nach Caesars Ermordung 44 v. Chr. sah man hierin eine Parallele. Vgl. Val. Max. 5,3,1; 1,6,13. Eine Anspielung von Cicero schon im Mai 45 (Att. 12,53 [45,3]).

21 Vgl. Enn. ann. 99 V; Cic. rep. 2,20. – Auch nach dem Tod des Augustus habe sich ein Mann vom Range eines Prätors gefunden, der

schwor, er habe gesehen, wie das Abbild des Verstorbenen in den Himmel aufgestiegen sei (Suet. Aug. 100,4).

22 Z. B. beim Tod eines Konsuls wurde bis zur Neuwahl vom Senat ein *interrex* eingesetzt.

23 Die rituelle Gebets- und Glückwunschformel: *quod bonum, faustum, felix fortunatumque sit:* »was gut, von günstiger Vorbedeutung, von Glück und Segen begleitet sei«. Vgl. Liv. 3,54,8.

24 Vgl. Plut. Numa 7: Es seien glückbedeutende Vögel zur rechten Seite erschienen, die die Wahl bestätigten.

25 Octavian erhielt den Augustustitel i. J. 27; er schloss den Ianusbogen jedoch zweimal, 29 und 27. Dies mag Rückschlüsse auf die Abfassung von Livius' 1. Buch erlauben.

26 Diese »fromme Täuschung« (*pia fraus*), wie sie Numa anwandte, wird auch von Platon (rep. 414bc) und Polybios (6,56,6 ff.) gebilligt, da das Staatswesen nicht aus Weisen bestehe und die Masse zu ihrem eigenen Besten gelenkt werden müsse.

27 Vor Numa war das Romulische Jahr mit zehn Monaten (304 Tagen) und dem März als Jahresanfang in Gebrauch gewesen.

28 *Dies fastus:* ein Tag, an dem Amtsgeschäfte durchgeführt werden durften (Gerichtstage, Volksversammlungen, Wahlen); *dies nefastus:* ein Tag, an dem solches nicht gestattet war.

29 Hier spielt Livius wohl auf die Vestalin Rea Silvia an, die Mutter des Romulus, und die Ahnenreihe der albanischen Könige, die den Zeitraum von Aeneas bis Romulus überbrückten.

30 Salier: »Tanzpriester«, die in altertümlicher Tracht und Bewaffnung zu Beginn der Kriegssaison Anfang März Waffentänze aufführten und das *carmen Saliare* sangen. Die Ancilien, die heiligen Schilde, die vom Himmel gefallen sein sollten, hatten eine Achtform (in der Mitte eingebuchtet), wie sie schon aus mykenischer Zeit bekannt ist. Nach Plut. Numa 13 sei nur ein Schild vom Himmel gefallen; Numa habe neun andere, ganz gleiche anfertigen lassen, damit kein Dieb sicher sein könne, den echten zu rauben, der ein Unterpfand für das Heil des Staates sei.

31 Ableitung strittig: von *pontem facere*: »Brückenbauer«, »Wegbereiter«, oder indogerm.: »Zurüster des Opfers«. Plut. Numa 9 erklärt *pontifex* aus *potens*, »mächtig«, weil die *pontifices* den Göttern die-

nen, die über alles Macht und Gewalt haben. Häufig werde *pontifex* auch von Brückenmacher im Sinne von »Brückenbeauftragter« hergeleitet, weil sie alte und besonders ehrwürdige Opfer auf einer Brücke verrichten mussten und weil ihnen die Erhaltung einer besonderen Brücke, des *Pons Sublicius* (vgl. Liv. 1,33,6; 2,10,2 ff.) aufgetragen war.

32 Kapellen der einzelnen Stadtbezirke, an denen bestimmte Feierlichkeiten stattfanden.

33 Die *fetiales* (Vertrags-, Zeremonienpriester) regelten Bündnisschluss und Kriegserklärung und gaben Gutachten über den Rechtsverkehr zwischen Völkern ab. Vgl. Liv. 1,32,5 ff. – Die Albaner hatten eine den römischen Fetialen vergleichbare Einrichtung. Der Wortführer, Vertragspriester, hieß *pater patratus* (von *patrare*, »durchführen«, »vollstrecken«). Der Flamen, »Eigenpriester«, war Priester nur einer bestimmten Gottheit; der ranghöchste war der für Iuppiter zuständige Flamen Dialis.

34 *Sagmina*, heiliges Gras, *verbenae*, heilige Zweige, wurden unter besonderen Riten von der *arx*, der römischen Burg, geholt. Das Grasbüschel mit Wurzeln und Erde daran (*pura herba*) wurde mitgenommen, als Symbol der Heimaterde, mit den Zweigen bekränzten sich die Vertragschließenden. Vgl. Liv. 30,43,9; Plin. nat. 22,5. Der formelhafte Vollzug lässt sich nicht auf einen originalen Vertragstext beziehen. Vgl. auch Liv. 1,32,5.

35 Iuppiter als Schützer der Eide und Verträge, die bei diesem Opfer geschlossen wurden, hieß auch I. Lapis oder Silex. Der Stein war vielleicht ursprünglich ein Symbol für den Donnerkeil des I., den er auf die Eidbrüchigen herabsandte. 1,24,9 *saxo silice*: vgl. das Sprichwort: *inter sacrum saxumque*, wörtl. »zwischen Opfer und dem Kieselstein«, mit dem der Fetiale das Opfertier tötete, zwischen Block und Beil, d. h. auf Messers Schneide stehend (Georges: *sacer*).

36 Das sog. Grabmal der Horatier und Curiatier an der Via Appia in Albano Laziale s. J. W. Mayer / Chr. Winkle (2010) S. 58 f. Vgl. auch Val. Max. 6,3,6.

37 *Perduellio* ist eigtl. Hoch- und Landesverrat; die Tat des Horatiers war *parricidium*, »Verwandtenmord«.

38 Das Provokationsrecht (*provocatio*) gab es offiziell erst später. Vgl. Liv. 2,8,2.

39 D. h. falls sich die Zweimänner mit ihrer Anklage auch vor dem Volk durchgesetzt haben.

40 Mit der Verhüllung des Hauptes war der Verurteilte den Göttern der Unterwelt übergeben, zu ihnen gehörte auch der Schandpfahl, das Unglücksholz (*infelix arbor*).

41 Das Joch als symbolischer Ersatz für eine Hinrichtung, beschrieben bei Liv. 3,28,11. Vgl. Liv. 9,4–6, das caudinische Joch: die schmachvolle Niederlage des römischen Heeres im 2. Samnitenkrieg 321.

42 Vgl. Anm. 62.

43 Die folgende harte Behandlung der Stadt Alba lässt diese Behauptung in zweifelhaftem Licht erscheinen.

44 Laren: (ähnlich wie die Penaten) die Schutzgottheiten jeder Familie, die am Herd des Hauses verehrt wurden. Die emotionale Schilderung wird noch gesteigert, indem die Vertriebenen nicht einmal – wie bekanntermaßen Aeneas – versuchen, die Schutzgötter aus der zerstörten Stadt mit sich zu nehmen – oder ist es ihnen nicht erlaubt?

45 Die Curia Hostilia, in der noch der Senat unter Cicero tagte; sie brannte 52 v. Chr. während der Tumulte nach dem Tod des P. Clodius ab; Caesar erbaute später die Curia Iulia.

46 Sie hatten wohl im Hain der Feronia die Freilassung erhalten, waren aber dann dennoch wie Sklaven behandelt worden.

47 Die anderen etruskischen Völker waren nicht so nahe an Rom und auch nicht so erbittert wie die schon mehrmals von den Römern geschlagenen Bewohner von Veji.

48 *Haruspices*, die Priester, die aus den Eingeweiden der Opfertiere den Willen der Götter offenbarten.

49 So Plin. nat. 28,14, nach Calpurnius Piso, vgl. auch Cic. rep. 2,32 und Anm. 19.

50 Die Wolle, besonders von geopferten Schafen, hatte eine magische Bedeutung. Bei den genannten Forderungen und Formeln herrscht die Dreizahl vor, auch diese von magischer, bindender Kraft.

51 Livius erwähnt nicht, dass Caesar Octavian als Fetiale dieses Ritual ausführte, um den Krieg gegen Antonius bzw. gegen Kleopatra fei-

erlich zu erklären (32 v. Chr.), vgl. Cass. Dio 50,4,5. Bei einem Krieg gegen einen überseeischen Feind (wie hier gegen Ägypten) wurde ein Platz in Rom vor dem Tempel der Kriegsgöttin Bellona als symbolisches Feindesland angesehen, auf das die Lanze geschleudert wurde.

52 Vgl. Anm. 31. Die aus Holz ohne Nägel bestehende Brücke bildete einen sehr alten Tiberübergang nördlich vom Aventin, wohl auch zum Salztransport aus Ostia genutzt. Außerdem wurde dieser Übergang nicht von den Etruskern kontrolliert.

53 Das heute noch vorhandene Tullianum, ein unterirdisches Gewölbe, urspr. Brunnenhaus (*tullus,* »Quell«), am Osthang des Kapitols, in dem die Catilinarier hingerichtet wurden. Der Legende nach auch das Gefängnis der Apostel Petrus und Paulus.

54 Wie noch aus den archäologischen Zeugnissen zu sehen, hatten die Frauen bei den Etruskern eine stärkere Stellung als im frühen Rom.

55 Eine spitze Filzhaube, wie sie die etruskischen Priester trugen.

56 Worauf der Name Servius hindeuten könnte. Vgl. Liv. 4,3,11 f.; Plin. nat. 36,204, wo die Mutter, eine Magd der Königin Tanaquil, Ocresia heißt.

57 Nach diesem Beispiel wurde auch später noch von Frauen am Hofe der Tod des Herrschers verheimlicht, um die Nachfolge in ihrem Sinne zu regeln: Livia für Tiberius (Tac. ann. 1,5); Agrippina für Nero (Tac. ann. 12,68 f.); Plotina für Hadrian (Hist. Aug. Spart. Hadrianus 4,10).

58 Die Censussummen bedeuteten den Gegenwert in Grundbesitz. Vgl. das Lob für die servianische Verfassung bei Tac. ann. 3,26: »Namentlich aber wurde Servius Tullius der Gesetzgeber, nach dessen Verfassung sich sogar die Könige richteten.« Ein demagogisches Zerrbild bei Liv. 1,47,11.

59 Den Auf- und Abbau und Transport der Belagerungs- und Wurfmaschinen.

60 Das sog. *aes hordearium,* »Gerstengeld«. Der Unterhalt der Staatspferde durch eine Witwensteuer auch bei Cic. rep. 2,36. Es wurden begüterte Erbinnen herangezogen. Da das Pferd auf Staatskosten unterhalten wurde, hieß es *equus publicus.*

61 Die vier städtischen *tribus* (Steuerbezirke) waren: *Suburana, Esquilina, Collatina, Palatina. Tributum* stellte eine nicht regelmäßig, sondern den aktuellen Bedürfnissen des Staates entsprechend eingeforderte Abgabe (z. B. Kriegssteuer) dar.

62 Dieses Opfer, *suovetaurilium*, aus drei Tieren (Schwein, Schaf und Stier) wurde gewöhnlich nach einem Feldzug zur *lustratio*, Reinigung und Entsühnung des Heeres von der Blutschuld, dem Mars dargebracht. Die Tiere wurden vor der Opferung in einer Prozession dreimal rundherum geführt: ein magischer, unheilabwehrender Ritus. Hier wurde die *lustratio* als Gründungsakt der neuen Verfassung abgehalten, wie später alle fünf Jahre (= ein *lustrum*) nach dem *census*, der Schätzung der Bürgerschaft, durch die Censoren. Eine *lustratio* fand auch zu besonderen Anlässen statt, um den Segen der Götter für die Bürger zu erbitten. Vgl. Liv. 1,28,1 und Val. Max. 4,1,10.

63 *Pomerium:* aus *post* und *moerus* (= *murus*); möglicherweise auch ursprünglich ein etruskischer Begriff.

64 List und Betrug bezeichnet Livius (obwohl sie bisweilen angewendet werden) als eine ganz und gar nicht römische Kunst (1,53,4).

65 Erobertes Gebiet wurde als Ackerland, *ager publicus*, ursprünglich nur den Patriziern zugewiesen. Da diese keine Handels- und Geldgeschäfte tätigen durften und die Ausgaben für die Staatsämter selbst tragen mussten (z. B. die Veranstaltung von Spielen), waren sie auf die Einkünfte aus ihren Ländereien angewiesen. Das erklärt vielleicht, warum sich der Senatorenstand so hartnäckig gegen jede Landreform und Landverteilung sträubte.

66 Einer Überlieferung zufolge (Dion. Hal. 4,28–39) hat Tullia die Ältere zusammen mit ihrem Schwager Tarquinius (später T. Superbus) ihren Gemahl Arruns und ihre Schwester Tullia die Jüngere getötet und Tarquinius geheiratet.

67 In Ciceros Diskussion über den Staat und seine Leitung ist Tarquinius Superbus das Beispiel dafür, wie das an sich positiv zu bewertende Königtum zur Tyrannis absinken kann (rep. 2,43–49).

68 Vgl. Hdt. 5,92: Der Tyrann Periander von Korinth (615–585 v. Chr.) lässt durch einen Herold bei Thrasybulos, dem Alleinherrscher von Milet, anfragen, wie er aufs beste regieren könne. Thrasybu-

los ging mit dem Boten über ein Getreidefeld und riss wortlos immer jeweils die höchste der Ähren aus. Periander verstand den Rat und ging gewaltsam gegen die Vornehmen in Korinth vor.

69 Der Tempel war im etruskisch-dorischen Stil erbaut und mit Terrakotten verziert. Die hohe Kunst der Etrusker bezeugt der erhaltene Tempeldachschmuck aus Veji, Cerveteri und Tarquinia (dort auch die später entstandenen Flügelpferde). Die Einweihung (vgl. Liv. 2,8,6–9) erfolgte nach antiker Chronologie am 13. September 509, dies galt als ein Eckdatum der römischen Geschichte und Ausgangspunkt der römischen Jahreszählung.

70 Dieser Hauptkanal, *Cloaca maxima*, leitete das Wasser von Esquilin, Viminal und Quirinal vom Argiletum an durch das Forum, war ursprünglich ein offener Graben und wurde erst im 3. Jh. geschlossen. Der Kanal lief unter dem Forum Romanum bis zum Forum Boarium (Rindermarkt) und mündete unterhalb des *Pons Aemilius* in den Tiber. Der archäologische Befund lässt an eine Erstdränage zwischen etwa 620–570 v. Chr. denken (Feger). Plinius der Ältere rühmt die Abzugskanäle, die Agrippa zur Zeit des Augustus noch weiter ausgebaut hatte, als das großartigste Bauwerk, das seit fast 700 Jahren unzerstörbar fest steht. Er schreibt sie dem König Tarquinius Priscus zu, erwähnt aber auch, dass die Römer unwillig über diese Arbeit waren und sich ihr zu entziehen suchten, worauf der König drakonische Strafen erließ (nat. 36,104–108). Vgl. Liv. 1,57,2; 1,59,9.

71 Die Schlange, die im Königshause erscheint, ist eine Verkörperung des Genius, des Schutzgeistes des Hausherrn, und scheint diesen auf eine Gefahr hinzuweisen.

72 *Brutus:* »dumm«, »stumpfsinnig«; *bruta:* »das stumme Vieh«. Die vorgetäuschte geistige Beschränktheit, *stultitia* (Liv. 1,56,8), ist wohl nicht als Schwachsinn, sondern nur als Einfältigkeit zu verstehen (»Einfaltspinsel«).

73 Livius berichtet nichts vom Spruch des Orakels; zudem erinnert die Szenerie (eine Höhle, aus der die Stimme der Seherin ertönt) mehr an die Orakelstätte der Sibylle von Cumae als an Delphi. Es geht ihm nur darum, die Aufmerksamkeit des Lesers auf Brutus zu lenken.

Die Erde zu küssen, um sich ihrer zu bemächtigen, auch bei Caesar, vgl. Suet. Div. Iul. 7.

74 Im Atrium, dem Hauptaufenthaltsraum. Die Hausfrau, mit Wollarbeit beschäftigt (Spinnen und Weben, Herstellung der Kleidung), stellt das Idealbild einer römischen Matrone dar. *Domum servavit, lanam fecit* heißt es exemplarisch auf einem Grabstein: »Sie hütete das Haus, spann Wolle« (CIL VI 15 346, 2. Jh. v. Chr.). Die Römerin leistete damit einen wichtigen Beitrag zum Familienleben und war auch dementsprechend geachtet. Vgl. U. Blank-Sangmeister: *Römische Frauen. Ausgewählte Texte*, Lat./Dt., Stuttgart 2001, S. 35; 71–77 (Reclams Universal-Bibliothek 18128).

75 Alte Grußformel: »Geht's dir gut?« Zu *salve* (adverbial) ist *agis* zu ergänzen. Vgl. auch Liv. 3,26,9.

76 Dieses Argument gebraucht noch Augustinus angesichts der Gewissensnot vergewaltigter Christinnen. Den Freitod der Lucretia lehnt er ab: Keusch und schuldlos brauchte sie sich nicht mit dem Tod zu bestrafen (civ. 1,16–20).

77 Die *Celeres* (schnelle Truppe) wurden von Romulus als Leibwache von 300 Mann aufgestellt (Liv. 1,15,8), später auch Bezeichnung der berittenen Gardetruppen im Stadtbereich. Dass Brutus, der sich als einfältig gebärdete, ein solches Amt innehatte, weckt Zweifel, vgl. aber Anm. 72. Der König mag sich bei der erwiesenen Loyalität des Brutus und seinem beschränkten Geist einigermaßen sicher gewesen sein, dass er sich nicht den immer lauter werdenden Kritikern seiner Regierung anschließen werde. Bei Cic. rep. 2,46 f. ist Brutus Privatmann; beim Schutz der Freiheit der Bürger sei jedoch niemand Privatmann.

78 Der *praefectus urbis* (*urbi*) war in Abwesenheit des Königs bzw. der obersten Magistrate Leiter der Staatsgeschäfte. Das Amt geriet im 4. Jh. in Vergessenheit und wurde von Augustus erneuert. Seit 36 v. Chr. übte Maecenas das Amt mehrere Jahre lang erfolgreich aus.

79 Bei 753 als Gründungsdatum der Stadt bis 509, dem für das erste Konsulat angenommenen Jahr, sind es 244 Jahre.

Anmerkungen zu Buch 2

1 Hinweise auf die Ständekämpfe zwischen der *plebs* und den Patriziern, die ab Kap. 23 berichtet werden. Vgl. W. Suerbaum (1997).

2 Vor allem unter Numa und Servius Tullius.

3 Solche geschichtsphilosophischen Reflexionen sind nach Annahme von U. Schindel (Ders., *Livius philosophus?* In: Lefèvre, E. / Olshausen, E. [Hrsg.] 1983, S. 411–419) gemeint mit dem bekannten Hinweis Senecas (epist. 100,9) auf *philosophiam continentis libros* (»Bücher mit philosophischem Inhalt«) des Livius – und nicht etwa verlorene philosophische Frühschriften. Sen. epist. 46,1 deutet freilich eher auf ein Buch. Einen Brief des Livius an seinen Sohn mit Lektürevorschlägen erwähnt Quint. inst. 10,1,39.

4 Die Konsuln leiteten die Staatsgeschäfte: Gerichtshoheit, Einberufung des Senats und der Volksversammlung, Einbringen von Gesetzesanträgen, Abhaltung von Wahlen, Rekrutierungen sowie die Führung im Kriege. Zu den im folgenden genannten *fasces* vgl. Anm. 10 zu B. 1. Die beiden Konsuln führten die Amtsgeschäfte in monatlichem Wechsel, und nur der gerade amtierende Konsul ließ sich von den zwölf Liktoren die *fasces* voraustragen.

5 *Conscripti:* wörtl. die zusammengeschriebenen, d. h. die später eingetragenen Mitglieder, also solche Adelssippen, die nicht aus den ältesten Gründerfamilien stammten, sondern zugewandert waren, oder auch vermögende Plebejer. Vgl. die spätere Anrede an die Senatoren: *Patres conscripti.*

6 *Rex sacrificulus*, sonst meist *rex sacrorum* genannt, mit Amtssitz in der Regia auf dem Forum (Baureste dort aus dem Ende des 6. Jh.s v. Chr.). Er hatte Opfer und Gebete zu verrichten und auch jeweils die Festtage des Monats zu verkünden.

7 *Litterae:* der »Brief« (*littera:* der »Buchstabe«); nach Dionysios von Halikarnass 5,7 und 8 handelte es sich um mehrere Briefe (*epistolai*), die von den einzelnen Verschwörern unterschrieben waren und dann als Schuldbeweise vor dem Volk verlesen wurden.

8 Nach Dion. Hal. 5,13,2 f. war das Feld schon vorher dem Mars geweiht und von den Tarquiniern unrechtmäßig als Ackerland benutzt worden. Auf dieser Tiberinsel befand sich später der Tempel des Heil-

gottes Asklepios (Aeskulap). Sie war (wie heute noch) durch zwei Brücken mit der Stadt und mit dem Ianiculum verbunden. Vgl. Plut. Publ. 8.

9 Nach der Quelle, der Dion. Hal. 5,8 und Plut. Publ. 6,3 folgen, habe Brutus keinerlei Gemütsbewegung erkennen lassen. »Er legte seine Rolle als Vater ab, um als Konsul handeln zu können« (Val. Max. 5,8,1). Livius will die Größe des Brutus gerade daran zeigen, dass er trotz seines deutlich sichtbaren Vaterschmerzes den Gesetzen ihren Lauf lässt, so wie er auch trotz seiner Freundschaft zu Tarquinius Collatinus dessen Verbannung durchgesetzt hatte. Vgl. auch Verg. Aen. 6,817–823.

10 *Vindicta:* »Rute«, »Stab«. Beim Freilassungsverfahren eines Sklaven wurde der Betreffende mit diesem Stab berührt, zum Zeichen, dass nun die Verfügungsgewalt über ihn endete. *Vindicta* wie auch im folgenden der Name *Vindicius* sind von *vindex* und *vim dicere* abgeleitet: »etwas gerichtlich in Anspruch nehmen«.

11 Valerius Publicola hatte angeblich sein Haus gerade dort zu bauen begonnen, wo früher König Servius Tullius gewohnt hatte. Plut. Publ.1 f. berichtet, man habe Valerius auch schon früher verdächtigt, aus Groll über eine Zurücksetzung Verbindungen zu den Tarquiniern geknüpft zu haben.

12 Auch *Poplicola,* »Volksfreund«. – In der *lex Valeria de provocatione* erhielten alle Bürger das Recht, gegen Urteile der Magistrate die Entscheidung des Volkes anzurufen, das dann zu einem Volksgericht zusammentrat (Berufungs- oder Appellationsrecht, vgl. Liv. 1,26,8). Zu diesem Gesetz und zu Publicola vgl. Cic. rep. 2,55 und die Vita Plutarchs.

13 Nicht die gesamte Plebs – die ja auch einen Personenkreis in gehobenen Verhältnissen umfasste – wurde von Steuern befreit, sondern nur die Ärmeren, die keinen Grundbesitz hatten und kein Gewerbe ausübten, lediglich ihre Nachkommenschaft (*proles*) besaßen und daher *proletarii* genannt wurden.

14 Pfahlbrücke: Der *Pons Sublicius,* vgl. Anm. 31 und 52 zu B. 1. – Horatius Cocles: vgl. auch Val. Max. 3,2,1.

15 Vgl. Plut. Publ. 17: Mucius verkleidete sich als Etrusker; er sprach auch deren Sprache.

16 Bei Plutarch sagt Mucius noch, er zürne seinem Schicksal nicht, da er einen Mann verfehlt habe, der eher ein Freund als ein Feind der Römer zu sein verdiene. Daher war Porsenna eher geneigt zur Aussöhnung, nicht so sehr aus Furcht vor den 300 Attentätern, als vielmehr aus Großmut und Bewunderung für den Edelmut der Römer (Publ. 17,5). Die Großmut Porsennas zeigt Livius angesichts der Tat der Cloelia und des unbedingten Freiheitswillens der Römer (Liv. 2, 13,8 f.; 15,5 f.).

17 Man erfährt bei Livius nichts davon, dass sich Rom Porsenna ergeben musste, wie es u. a. aus Tac. hist. 3,72,1 hervorgeht (*dedita urbe*). Da aber die Ereignisse von Dion. Hal. (5,31 f.) und Plutarch (Publ. 18) in gleicher Weise geschildert werden, muss eine Quelle vorgelegen haben, die nichts von einer Eroberung berichtete.

18 Sie bat die Wächter, sich ein wenig zurückzuziehen, da sie und die Mädchen ein Bad nehmen wollten. Sie erhielt dann von Porsenna als Anerkennung ihres Mutes eines der prächtig geschmückten königlichen Pferde zum Geschenk, mit dem sie nach Rom zurückkehrte. Daher habe man sie in einer Reiterstatue verewigt, die Plutarch noch an der Heiligen Straße stehen sah. Vgl. Plut. Publ. 19; Dion Hal. 5,34,3; Plin. nat. 34,28 f.

19 So auch Plut. Publ. 19.

20 Vgl. die Würdigung Plutarchs in Publ. 23 und in seiner Gegenüberstellung des Solon mit Publicola sowie Dion. Hal. 5,48 und Cic. rep. 2,55.

21 Also sämtliche Städte des Latinerbundes, die mit Tarquinius Superbus einen Vertrag geschlossen hatten. Aufgrund dieses mit ihm persönlich geschlossenen Vertrages brachte Tarquinius, unterstützt von seinem Schwiegersohn Mamilius Octavius (Octavius Mamilius), die Städte auf seine Seite.

22 Oberster Beamter mit außerordentlichen Vollmachten für Krisenzeiten, nicht vom Volk gewählt, sondern von einem der Konsuln ernannt. Der Diktator war allen anderen Magistraten übergeordnet; es gab kein Berufungsrecht gegen ihn. Als seinen Gehilfen und Stellvertreter ernannte er den *magister equitum*, den Reiteroberst. Beide konnten auch in der Stadt die militärische Gewalt ausüben. 24 Liktoren mit den *fasces* gingen dem Diktator voraus. Seine

Amtszeit war ursprünglich auf sechs Monate beschränkt, die durchschnittliche Dauer eines Feldzugs.

23 Fabius Pictor und Calpurnius Piso, vgl. auch Anm. 2 zur Vorrede.

24 *Antesignani:* die erste Schlachtreihe, die beim Angriff *ante signa*, »vor die Feldzeichen«, trat.

25 Die Dioskuren Castor und Pollux sollen während der Schlacht erschienen sein und den Kampfgeist der Römer beflügelt haben, vgl. Dion. Hal. 6,13; Plut. Cor. 3; Cic. nat. deor. 2,2,6. Reste des Tempels und einer Marmorgruppe der Dioskuren sind noch erhalten. Zum Fehlen der Göttererscheinung bei Livius s. im Nachwort, S. 1085 ff.

26 Wer ein Darlehen aufgenommen hatte, etwa weil er seine Steuern und Grundabgaben nicht fristgemäß entrichten konnte, haftete zunächst mit seinem Besitz, dann sogar mit seiner Person für die Schuld, die er wie ein Leibeigener abarbeiten musste. Er wurde *nexus* genannt (»der Gebundene«), solange er sich in der Schuldknechtschaft befand. Endgültig abgeschafft wurde die Schuldknechtschaft erst 326 v. Chr., vgl. Liv. 6,14 ff.; 8,28; Cic. rep. 2,59.

27 *Ergastulum:* Berüchtigte gefängnisartige Behausungen, wo Sklaven und Kriegsgefangene, die in der Landwirtschaft und im Bergbau arbeiteten, nachts angekettet untergebracht waren. Als Sklave in einem Haushalt zu dienen war ein vergleichsweise angenehmeres Los.

28 Gemeint ist das Gebiet von Pometia und Ecetra. Die Aurunker sind hier Bundesgenossen der Volsker.

29 *Primi pili: primipilus*, Rangbezeichnung für einen Centurio (Hauptmann) der ersten Kompanie der Triarier. Diese waren erfahrene und angesehene Soldaten, die das dritte Treffen, eine kampferprobte Reserve, bildeten.

30 Auf dem Forum mussten sie befürchten, dass ihre Versammlung von den Konsuln als nicht ordnungsgemäß aufgelöst würde. Der Aventin gehörte (wie der Südhang des Esquilin) damals noch nicht zum eigentlichen Stadtgebiet, dort herrschte Versammlungsfreiheit.

31 Eine allgemeine Schuldentilgung (*tabulae novae*) könnte dazu führen, dass niemand mehr Geld verleihen würde. Eine solche Forderung war in der Zeit der ausgehenden Republik ein beliebtes Agitationsmittel.

32 *Sella curulis:* der Amtssessel der höheren Beamten. Bei den Spielen durfte sonst nur der Flamen Dialis, der Iuppiterpriester, auf einem solchen Ehrensitz Platz nehmen.

33 *Mediusfidius: ita me Dius Fidius iuvet:* »so wahr mir der Gott der Treue und der Eide [Iuppiter] helfe«, Beteuerungs- und Bekräftigungsformel.

34 Der Aventin war von Plebejern bewohnt. Livius berichtet (3,50,13. 52,1) von einem erneuten Auszug der *plebs*, und zwar zunächst zum Aventin und dann zum heiligen Berg, einem Hügel an der Via Nomentana, etwa 4 km nordöstlich von Rom, am rechten Ufer des Anio. Der Name vielleicht nach der *lex sacrata*, vgl. Anm. 36. Die beiden Fälle von *secessio plebis* werden datiert auf 494 und 449.

35 Vgl. die Erzählung bei Dion. Hal. 6,86, bei dem mehrere Unterhändler Reden halten. Die Fabel stammt aus dem griechischen Raum und ist in ihrer Nutzanwendung vom Gedanken der Stoa geprägt, dass die Menschen von Natur aus auf eine Gemeinschaft angewiesen sind. Vgl. Cic. off. 3,21 f.; ins Christliche gewendet bei Paulus, 1. Kor. 12,12 ff. Vgl. W. Nestle, *Die Fabel des Menenius Agrippa*, in: H. Kloft (Hrsg.): *Ideologie und Herrschaft in der Antike*, Darmstadt 1979, S. 191–204.

36 Die Tribunen, *tribuni plebei* (alter Genitiv statt *plebis*), durften Plebejer gegen Anordnungen und Gerichtsentscheidungen der Magistrate in Schutz nehmen, wenn jemand an sie appelliert hatte, und gegen den Vollzug von Strafen ihr Veto einlegen. Auch konnten sie von sich aus jeden Bürger zur Verantwortung ziehen und vor Gericht stellen. – Die *lex sacrata* (oder *leges sacratae*) bestand in der eidlich bekräftigten, also religiös fundierten Verpflichtung, jeden mit dem Tod zu bestrafen (*sacrare:* das Haupt eines Schuldigen der Strafe der Götter anheimgeben), der sich gegen die Einrichtung des Volkstribunats wandte oder einen Tribunen tätlich angriff. Das Gesetz mit dem Appellations- und Einspruchsrecht wurde als *lex Valeria Horatia* i. J. 449 erneuert und im staatlichen Recht verankert. Vgl. Liv. 3,55.

37 Das sog. *foedus Cassianum* (493 oder erst 358), ein *foedus aequum*, Vertrag zu gleichem Recht, trat an die Stelle des einst von König Tarquinius Superbus persönlich mit den Latinerstädten geschlossenen Bündnisses. Vgl. A. Alföldi (1977) S. 110 ff.

38 Dazu vgl. Plut. Cor. 10 f. und Dion. Hal. 6,94.

39 Von der Tibermündung aus gesehen.

40 Die Volsker verdächtigten sie als Spione, vgl. Dion. Hal. 7,2,2.

41 Wörtl. »unters Joch geschickt«, vgl. Anm. 41 zu Bd. 1. Coriolan sieht die Einrichtung des Volkstribunats als eine erniedrigende, nur unter Zwang erfolgte Abtretung von Rechten an.

42 Man beschuldigte ihn, mit seiner Forderung, kein Getreide an die Plebs auszugeben, deren Tod oder aber einen Bürgerkrieg billigend in Kauf genommen zu haben. Außerdem habe er sich für die Aufhebung des Volkstribunats ausgesprochen, sich geweigert, vor Gericht zu erscheinen, und habe Gewalt ausgeübt gegen die plebejischen Beamten, die kamen, um ihn zu holen, ja er habe die Tribunen selbst tätlich angreifen wollen. Er war damit der Anklage wegen *perduellio* (»Aufruhr« und »Hochverrat«) sowie der *lex sacrata* (vgl. Anm. 36) verfallen. Wie Plut. Cor. 18 und Dion. Hal. 7,35 berichten, sei zunächst sein Todesurteil ergangen, was die Patrizier nicht dulden wollten. In einer erneuten Verhandlung sei er zu lebenslangem Exil verurteilt worden.

43 Von den vornehmen Familien abhängige Kleinbürger, zu dieser Zeit vor allem die bäuerlichen Siedler auf dem Großgrundbesitz eines Patriziers, die von diesem als ihrem Patron finanzielle Unterstützung und Hilfe u. a. bei Rechtsangelegenheiten erhielten. Dafür gaben sie für ihren Patron ihre Stimme ab.

44 Bei den *Ludi Magni* (vgl. Liv. 1,35,7–9) oder *Romani* gab es sportlich-militärische Wettkämpfe, früher zu Ehren des Mars, dann des Iuppiter. Dem religiösen Charakter entsprechend musste der Ablauf in genau festgelegter ritueller Form gewährleistet sein. Die hier erzählte Geschichte auch bei Plut. Cor. 24 f. (der die ängstliche Gewissenhaftigkeit der Römer bei ihrer Kultausübung hervorhebt); Cic. div. 1,55; Val. Max. 1,7,4.

45 Das Gabelkreuz: von der Wagendeichsel, das der Delinquent auf den Hals nehmen und damit in die Öffentlichkeit gehen musste.

46 Vgl. Liv. 2,18,1. 9 f.

47 Die erstgenannten Städte lagen westlich der späteren Via Appia, während sie hier weiter östlich an der Via Latina lokalisiert werden. Die später genannten Ortschaften lagen östlich von Rom an der

Grenze zu den Aequern und Hernikern. Bei Plut. Cor. 28 und 31 unternahm Coriolan zwei Eroberungszüge, die hier wie eine Kampagne erscheinen.

48 Letzteres glauben Plut. Cor. 27 und Dion. Hal. 8,12,3 f.

49 Nach Plut. Cor. 33 und Dion. Hal. 8,39,2 ist es Valeria, die Schwester des Publicola, die sich, durch eine göttliche Eingebung bestärkt, zu den Frauen begibt und ihnen zu der Gesandtschaft rät.

50 Auf eine besonders enge Bindung des früh vaterlosen Coriolan an seine Mutter verweist Plut. Cor. 4,5: »Andere machen den Ruhm zum Ziel ihrer Tapferkeit, aber für ihn war das Ziel des Ruhmes die Freude seiner Mutter.« Vgl. auch Val. Max. 5,4,1; 5,2,1.

51 Bei Plut. Cor. 39 heißt es, Attius Tullius habe aus Neid das Volk gegen Coriolan aufgewiegelt, so dass man ihn als Verräter anklagte. Der entfesselte Mob tötete ihn in der Volksversammlung. Doch ein großer Teil des Volkes trug ihn ehrenvoll zu Grabe. Es heißt auch, er habe Selbstmord begangen (Cic. Lael. 42). Vgl. auch Shakespeare, *Coriolan*.

52 *Provincia:* hier noch Aufgabenbereich eines Magistrats. Erst nach der Übernahme Siziliens als erstem außeritalischem Besitz (242 v. Chr.) in der Bedeutung »Provinz«.

53 D. h. ein Gesetzesantrag zur Verteilung von Ackerland, das entweder aus siegreichen Feldzügen stammte oder aber enteignet wurde. Livius denkt bei den Unruhen vor allem an die Gracchen und ihre Gesetze zur Landreform (133–121 v. Chr.) sowie an die Landverteilung zur Veteranenversorgung durch Caesar und Octavian (59 bzw. 40 und 30 v. Chr.).

54 *Familia:* hier in altertümlichem Sinn als Hab und Gut. Vgl. Liv. 3,55,7. – Zu Sp. Cassius vgl. Cic. rep. 2,60.

55 Die Quästoren waren damals als Untersuchungsrichter tätig. Erst nach dem Erlass des Zwölftafelgesetzes (um 450 v. Chr.) übertrug man ihnen die Finanzverwaltung.

56 Mitglied eines Zweimännerkollegiums, hier zur Durchführung religiöser Zeremonien.

57 Ein Volkstribun konnte sein Veto auch gegen einen Antrag seines Kollegen einlegen.

58 Möglicherweise denkt Livius hier an Caesar. Eine angebliche kriti-

sche Äußerung von Livius über ihn wird zitiert von Sen. nat. quaest. 5,18,4. Vgl. dazu E. Badian, *Livy and Augustus* in W. Schuller (1993) S. 36 Anm. 51.

59 Vgl. Anm. 29.

60 Der Torbogen hieß später *Porta scelerata*, »Unglückstor«. Ob es Unglück brachte, durch den rechten Bogen zu ziehen, während nach etruskisch-altrömischem Glauben die linke Seite die glückliche ist, und man sich so das Unglück der Fabier erklären wollte, ist unsicher. Vgl. Ov. fast. 2,195–242; F. Bömer, *Interpretationen zu den Fasti des Ovid*, In: Gymnasium 64 (1957) S. 112–135, bes. S. 113–120.

61 Die Fabier wollten Veji von seinem Brückenkopf Fidenae auf dem linken Tiberufer abschneiden.

62 Die Schilderung erinnert an die Schlacht am Thermopylenpass und den Untergang der 300 Spartaner unter Leonidas im Perserkrieg 480 v. Chr., was freilich nichts gegen die Historizität einer Fehde der Fabier gegen Veji aussagt. Vgl. Ov. fast. 2,235 f.: *Una dies Fabios ad bellum miserat omnes, / ad bellum missos perdidit una dies* (»Ein einziger Tag hatte alle Fabier in den Krieg entsandt; den Ausgesandten brachte ein einziger Tag das Verderben«). Der Schicksalstag am Cremera galt zusammen mit dem Tag der Niederlage gegen die Gallier an der Allia (387) als *dies ater*, »Unglückstag«. Vgl. Liv. 6,1,11; Tac. hist. 2,91,1.

63 Der berühmteste Nachkomme war Q. Fabius Maximus, Diktator im Zweiten Punischen Krieg, der mit seiner Hinhaltetaktik (daher sein Beiname *Cunctator*, »der Zögerer«) gegen Hannibal erfolgreich war. Vgl. auch Liv. 3,1.

64 Sie schlossen damit die Römer von der Getreidezufuhr aus Latium ab.

65 Der Gegenwert von zwanzig Rindern. Die Strafe scheint gering im Gegensatz zu anderen Geldstrafen. Dion. Hal. 9,27,3 erklärt sie aber für die damalige Zeit als hoch, zumal da Menenius aus keiner begüterten Familie stammte. Man verdächtigte ihn, er sei aus Neid oder Missgunst den Fabiern nicht zu Hilfe gekommen (Dion. Hal. 9,23,1 f.).

66 Im gleichen Jahr (474) war die Etruskermacht durch die Niederlage in der Seeschlacht von Cumae gegen Hieron I. von Syrakus ent-

scheidend geschwächt worden. Dies war wohl ein Grund des für die Römer so günstigen Friedensschlusses.

67 Es war noch zur Zeit des Livius Sitte, als Angeklagter in dunkler oder ärmlicher Kleidung und mit ungestutztem Haupt- und Barthaar, wie bei einem Trauerfall, in der Öffentlichkeit an das Mitleid der Bürger zu appellieren und auch so vor Gericht zu erscheinen.

68 Im Gegensatz zu den Zenturiatkomitien waren die Tributkomitien eine Versammlung der Plebejer unter Leitung der Volkstribunen; Patrizier waren ausgeschlossen, ebenso die besitzlosen Plebejer, aus denen sich die Klienten rekrutierten (vgl. Anm. 43). Die Beschlüsse der Tributkomitien waren für Patrizier wie Plebejer bindend (allerdings erst seit 287 v. Chr., vorher als verbindliche Empfehlung).

69 Die Rednertribüne (*rostra*) wird hier *templum*, d.h. abgesonderter, geweihter Bezirk, genannt, da vor Wahlen hier jeweils die Auspizien eingeholt wurden, die Beobachtungen des Vogelflugs zur Deutung des Götterwillens, vgl. Anm. 7 zu B. 1.

70 Was die Uneinigkeit in Rom verstärken und dessen Macht schwächen würde.

71 Vgl. Liv. 2, 43.

72 *Duplicarii*, »Doppellöhner«, waren Soldaten, die wegen besonderer Tapferkeit vor dem Feind doppelte Löhnung bzw. Getreidezuteilung erhielten.

73 Die auch in der neueren Zeit noch übliche Strafe: das sog. Dezimieren.

74 Der Wahlgang fand ohne Auspizien statt, die nur von den Vätern eingeholt werden konnten. Außerdem wäre es ein Prestigegewinn für einen Volkstribunen gewesen, wenn er auch mit den Stimmen der Väter, also vom Gesamtvolk, gewählt worden wäre.

75 Nach anderen Berichten beging er Selbstmord, und seine Familie gab eine Krankheit als Todesursache an. Vgl. Dion. Hal. 9,54,4 f. – Zum negativen Bild der Claudier vgl. Alföldi (1977) S. 154 ff. Die Claudier als Ahnherren des Kaisers Tiberius vgl. Suet. Tib. 1.

76 Man sah bereits das Unwetter selbst als *prodigium* an, als ein von den Göttern gesandtes Zeichen. Die *prodigia* und ihre Beachtung oder Vernachlässigung dienen Livius jeweils als Anzeichen für den inneren Zustand des römischen Staates. Vgl. auch die Prodigien in Liv. 24,10.

Anmerkungen zu Buch 3

1 Vgl. Liv. 2,50,11 und Anm. 63 zu B. 2 sowie das Eigennamenverzeichnis.

2 Um dem Diktat strenger annalistischer Geschichtsschreibung zu entgehen und die Handlungseinheiten nicht durch Jahreseinschnitte aufzusplittern, bindet Livius die Übernahme des Konsulats zu Jahresbeginn als organischen Teil in den Ablauf homogener historischer Prozesse ein (Liv. 3,2,1; 3,2,2; 3,8,2; dazu E. Burck 1964, S. 9 f.). (L. Fladerer)

3 Durchs Los oder nach gegenseitiger Vereinbarung.

4 Das *iustitium* war eine Notstandsmaßnahme, mit der die Einstellung der Gerichtsverhandlungen, der Senatssitzungen und aller öffentlichen Geschäfte verfügt wurde. Vgl. Liv. 3,27,2.

5 Vgl. Liv. 1,43 f.: der *census* unter König Servius Tullius und das Reinigungsopfer. Damals sollten 80 000 Bürger gezählt worden sein, doch evtl. waren dies nur die waffenfähigen Männer.

6 Rhotazismus: ein s zwischen Vokalen wird zu r. Vgl. auch Liv. 3,8,2: Vetusius – Veturius.

7 Das *senatus consultum ultimum*, der Notstandsbeschluss, der in dieser Form freilich erst im Jahr 121 gegen C. Gracchus bezeugt ist. Er gab den obersten Magistraten das Recht, ohne Rücksicht auf bestehende Gesetze Maßnahmen zur Sicherung des Staates durchzuführen (wie 63 v. Chr. gegen Catilina).

8 Auf der anderen, dem Feind abgewandten Seite.

9 Vgl. Thuk. 2,47–54: die Pest in Athen 430 v. Chr., eine Seuche, die sich auch durch das enge Zusammenleben von Stadt- und Landbewohnern ausbreiten konnte. Zum Bericht des Thukydides und Livius vgl. Grant (1981) S. 189.

10 Mit *fortuna* (so im lat. Text) ist wohl nicht nur die *Fortuna publica populi Romani* gemeint, der als Hüterin der Nation auf dem Quirinal ein Tempel geweiht war; Livius meint hier wie oft mit *fortuna* auch das Glück der Römer, das er – wie in 2,40,13; 3,5,8; 3,8,11 u. ö. – als konstitutiv für den Aufstieg Roms ansieht: frz. *fortune*, wie in Liv. 4,61,5. Vgl. auch Cic. rep. 2,30. Zu seinem ambivalenten Verhältnis zu göttlichem Eingreifen vgl. Grant (1981) S. 203 f.

11 Die Haare gelöst als Zeichen der Trauer, vgl. Prop. 2,15,45 f.: Roma löst ihr Haar aus Trauer um die Toten der vielen Kriege. – Es galt, die *pax deum* (*deorum*), die Verbindung zu den Göttern, wiederherzustellen.

12 Es ist wieder an Valerius Antias zu denken, dessen Zahlenangaben Livius mit einigem Misstrauen nennt, vgl. 38,23,8.

13 D. h. über deren Beschränkung bzw. Kontrolle.

14 In der *ovatio* zog der Feldherr zu Fuß, nur mit einem Myrtenkranz, auf das Kapitol. Diese Ehre war oft ein Kompromiss oder sollte Rivalitäten ausschalten.

15 Bekannt sind die sibyllinischen Bücher (vgl. Liv. 5,13,5; 5,50,2), eine Sammlung von Orakeln und Ritualvorschriften zur Abwendung ungünstiger Vorzeichen, angeblich von der Sibylle von Cumae, der weissagenden Priesterin (vgl. deren dortige Grotte), dem König Tarquinius Superbus angeboten. Es gab auch die etruskischen *libri fatales*, die »Schicksalsbücher«, die von den *haruspices*, den Opferschauern, d. h. Priestern, die aus den Eingeweiden der Opfertiere weissagten, eingesehen wurden. Die *haruspices* kamen zu dieser Zeit noch aus Etrurien (vgl. Liv. 5,14,4; 5,15,1).

16 Die Tribunen konnten gegen die Truppenaushebung ihr Veto einlegen.

17 Am ersten und letzten Tag eines *nundinum* (Woche von acht Tagen, eigtl. neun: Inklusivzählung) wurden Gerichtstage und Bürgerversammlungen abgehalten. – *discedere*, »auseinandertreten«: da sich die Bürger jeweils in ihren Abstimmungsbezirk, ihre Tribus, begeben mussten.

18 Die gegen die sakrosankten Tribunen ausgeübte Gewalt (Liv. 3,11,8) war strafbar.

19 Damit er nicht, wie Coriolan, als Verbannter zu den Feinden ginge.

20 Dass Cincinnatus später als Konsular vom Pfluge weg zum Diktator berufen wurde (vgl. Liv. 3,26,7 ff.), sah man freilich allgemein nicht als Folge dieser Verarmung an, sondern als Beispiel für altrömische *virtus*, Einfachheit und Bodenständigkeit. Cincinnatus als Vorbildgestalt vgl. Cic. Cato 55; Plin. nat. 18,20; M. Giebel, *Rosen und Reben*, Darmstadt 2011, S. 33.

21 Die nördliche Anhöhe des Kapitolhügels wurde *arx*, die »Burg«, ge-

nannt. Dort befand sich in einer Senke das von Romulus eingerichtete Asyl (vgl. Liv. 1,8,5 f.), und hierher hatten sich Verbannte und Sklaven als Schutzflehende geflüchtet.

22 Das vielfach, so von Alkaios und Horaz, gebrauchte Bild vom Staatsschiff, das unterzugehen droht.

23 Nämlich diejenigen Sklaven auf der *arx*, die sich der Revolte nicht angeschlossen hatten.

24 Vgl. Liv. 1,11,5–9.

25 P. Valerius Poplicola war am Sturz der Tarquinier beteiligt, verteidigte die Republik.

26 Römische Bürger wurden mit dem Beil enthauptet, Sklaven gekreuzigt.

27 Da ein Fahneneid (*sacramentum*) nur für die Dauer eines Feldzugs Gültigkeit hatte, nach der Niederlage der Aufständischen die Kampagne aber beendet war, waren die Einwände der Tribunen formal gesehen berechtigt.

28 Zur Zeitkritik des Livius, der offenbar die Erneuerungsmaßnahmen des Augustus nicht oder noch nicht für wirksam hält, vgl. auch hier 3,26,7 sowie 3,20,5; 4,6,12; 10,9,6.

29 Anklang an die *Praefatio* 9 (Ende).

30 Vgl. Liv. 3,3,9.

31 *Cocti cibi:* ein Weizenbrei als die gewöhnliche Nahrung des Soldaten auf dem Marsch.

32 Vgl. Anm. 41 zu B. 1.

33 Bei Streitfällen zwischen einzelnen Bürgern konnte eine außergerichtliche Einigung erfolgen. Durch Leistung einer Bürgschaft (*sponsio*) verpflichtete man sich zur Einhaltung des Urteils.

34 Die Eiche war dem Iuppiter heilig; er wird zum Zeugen und Rächer des Vertragsbruchs.

35 Vgl. Liv. 3,13,10 und Anm. 20.

36 Auf dem *ager Vaticanus* am rechten Tiberufer. Livius verortet seine Erzählungen gerne, um ihnen mehr Anschaulichkeit und Geltung zu verschaffen, vgl. u.a. 2,41,11; 3,54,15; 3,63,7; 5,40,8.

37 Vgl. Anm. 75 zu B. 1.

38 Die Spottverse, das »Kleinreden«, sollten ursprünglich den Triumphator vor dem Neid der Götter schützen und auch ihn selbst vor

Hochmut bewahren (»Gedenke, dass du ein Mensch bist!«). Später nahmen sie satirischen Charakter an, wie bei Caesar (Suet. Div. Iul. 49,4; 51).

39 Bezeugt von Plin. epist. 8,24,4: »Athen hat uns Gesetze gegeben, auf unsere Bitten hin.« Positiv beurteilt diese Überlieferung auch Heuß (1976) S. 18; 545.

40 Vgl. Liv. 3,31,1. Zu Icilius vgl. das Verzeichnis der Eigennamen.

41 Mit einem Duumvir als oberstem Gerichtsherrn hätte der Angeklagte kein Recht zur Berufung an das Volk (*provocatio*) gehabt. So tritt C. Iulius nur als Ankläger auf, um dem Angeklagten das Berufungsrecht einzuräumen.

42 Eine allgemeine Lesefähigkeit ist für die damalige Zeit nicht vorauszusetzen; es ging wohl so wie in Athen beim *Ostrakismós*, dem Scherbengericht, wo einer, der nicht schreiben konnte, einen anderen bat, für ihn den gewünschten Namen auf das Täfelchen zu setzen. Vgl. Plut. Arist. 7,7.

43 *Corpus iuris:* die übliche Bezeichnung römischer Gesetzessammlungen, vgl. das *Corpus iuris civilis*, die im 6. Jh. im Auftrag Kaiser Justinians zusammengestellte Sammlung des römischen Rechts, die noch späterhin in Geltung war. – Die zwölf Tafeln schufen kein neues Recht, sondern machten das bestehende verbindlich und vor allem öffentlich zugänglich.

44 Es ist wohl nur das Amt der Decemvirn gemeint, vgl. Liv. 3,6,1: der Amtsantritt der Konsuln am 1. Sextilis (August). Erst 153 v. Chr. wurde durch den Konsul M. Fulvius Nobilior der erste Januar festgesetzt.

45 Damit setzten sie sich in Widerspruch zu früheren Abmachungen, vgl. Liv. 3,34,8.

46 Hier ist an die Proskriptionen, besonders unter Sulla, zu denken, bei denen sich der junge Catilina 82 v. Chr. durch Grausamkeit hervortat (Cic. pet. cons. 9 f.).

47 Unentschuldigtes Fehlen bei einer Senatssitzung wurde mit einer Geldbuße belegt.

48 Textkritisch schwierige Stelle. Lies: *nemini videri posse maiore cura occupatis animis verum esse praeiudicium rei tantae fieri* (so im App. der Textausgabe von Ogilvie [Oxfordausgabe] zu 3,40,11).

49 Offiziell: *quirito* – zum Schutz an die Bürgerschaft appellieren, vgl. Liv. 3,44,7.

50 Bis der Fall entschieden war.

51 Von Elementarschulen (*ludi*) bei den Läden auf dem Forum wird auch in Liv. 6,25,9 berichtet; ob damals auch für Mädchen, ist ungewiss. Bei Martial wird ein *ludi magister* erwähnt, der *pueris virginibusque* mit seinen rauhen Methoden verhasst ist (epigr. 9,68,1 f.). Aus der Zeit um 250 sind öffentliche Schulen bezeugt (Livius Andronicus, Spurius Carvilius).

52 Mit dem »Handauflegen« (*manus iniectio*) versicherte sich der Kläger der Person, die Gegenstand des Rechtsstreits war. – Appius ist *amore amens*, sein *amor* wandelt sich zu *amentia* (3,44,4; 3,47,4): An der Redewendung *amans – amens*, der Liebende ist von Sinnen, wird hier die bedrohliche Seite gezeigt.

53 Livius lässt Verginia nie selbst zu Wort kommen, sie ist, mehr als Lucretia (die er in 3,44,1 erwähnt), nur das Opfer von Willkür und Gewalt. Privates und politisches Schicksal verbindet Lessing in *Emilia Galotti*, die ihren Vater durch das Beispiel des Verginius dazu bringt, sie durch den Tod vor der Schandtat eines Fürsten zu retten.

54 Appius tritt scheinbar unverändert in 3,54,3 f. und 3,56,1–58,6 wieder auf, wo er sich als Angeklagter schließlich den Tod gibt.

55 Vgl. Anm. 36 zu B. 2. – *sacrum sanciri: sacrare*, »der Gottheit etwas zusprechen«, positiv oder negativ, weihen oder verfluchen, hier jemanden der Rache der Gottheit anheimstellen. – *familia:* Vgl. Anm. 54 zu B. 2.

56 Er war bestraft worden, weil er sich nicht zum Dienst gestellt hatte, war aber nach so langer Dienstzeit nicht mehr verpflichtet.

57 Vgl. Liv. 2,20,10 f.

58 Die Feldherren durften die Stadtgrenze, das *pomerium*, nicht überschreiten, um nicht ihr militärisches *imperium* und damit das Anrecht auf den Triumph zu verlieren.

59 Da Duilius die Stimmen der Bezirke, die für die alten Tribunen votierten, für ungültig erklärte, war eine Mehrheitsbildung der anderen Tribunen nicht möglich. (L. Fladerer)

60 Also keine *cooptatio*, Nachwahl aus dem Kollegium selbst, wobei Einflussnahme der Väter möglich gewesen wäre.

61 Livius interpretiert hier mit Hilfe der Historie das Hauptproblem der ausgehenden Republik (*nobis*!), den nicht bewältigten Gegensatz zwischen Staats- und Einzelinteresse. (L. Fladerer)

62 Anspielung auf die von einer Wölfin genährten Gründer Roms. (L. Fladerer)

63 Diese zum *genus deliberativum* (beratende Staatsrede) zählende Rede gehört zu den umfangreichsten der 1. Pentade und bildet einen markanten Abschluss des Buches. Der Aufbau entspricht dem Schema rhetorischer Technik. A: *exordium* (3,67,1–3); B: *narratio* (3,67,4–5); C: *propositio* (3,67,6); D: *argumentatio* (3,67,7–3,68,8); E: *peroratio* (3,68,9–13). (L. Fladerer)

64 Vgl. Ciceros Programm einer *concordia ordinum*, erweitert zur *concordia omnium*, bes. in der Rede für Sestius.

65 D. h. dass Konsuln als Plebejerfreunde agierten. Dass der Plebs der Weg zum Konsulat erst später offenstand (mit den Licinisch-Sextischen Gesetzen von 367), wusste Livius zweifellos; er zeigt, dass auch Quinctius, trotz seiner scheinbar vernünftigen Argumentation, nicht frei ist von der Voreingenommenheit seines Standes, der in jeder volksfreundlichen Politik eine Schmälerung seiner Rechte sieht.

66 Er meint, die Tribunen stifteten fortwährend Zwietracht im Staat, um sich dadurch der Plebs unentbehrlich zu machen. (L. Fladerer)

67 Vgl. Liv. 4,10,6; 11.

Anmerkungen zu Buch 4

1 *Conubium*: das Recht zum Eingehen einer Ehe, die von der römischen Bürgerordnung anerkannt ist, auch zwischen Patriziern und Plebejern. Dieses Recht hatten die Decemvirn beschränkt bzw. aufgehoben. In der *lex Canuleia* 445 wurde das *conubium* wieder bestätigt.

2 Erinnerung an das gewalttätige Vorgehen des Appius Claudius gegen Verginia, Liv. 3,44 ff.

3 Die Canuleius-Rede ruft zu *modestia* und *moderatio*, zu »Mäßigung« und »Kompromissbereitschaft«, auf; es wird damit das bisherige Thema weitergeführt, die Bemühungen um eine *concordia ordinum*. Vgl. Anm. 64 zu B. 3.

4 Für den Vogelflug, das *augurium*, das für die Wahl unabdingbar war.

5 Register: die Listen der in Tribus und Centurien eingeteilten Bürger, ihres Vermögens und des Staatseigentums. Die beiden Censoren gaben beim Amtsantritt in der *formula census* die Normen an, nach denen sie die Vermögensschätzung vornehmen wollten. (L. Fladerer) – Der berühmteste Censor war M. Porcius Cato (Cato der Ältere), 234–149 v. Chr., 195 Konsul, 194 Censor, der von seiner strengen und gewissenhaften Amtsführung den Beinamen Censorius erhielt.

6 Das Mädchen hatte also keinen Vater mehr, daher traten nach dem Zwölftafelgesetz die nächsten männlichen Verwandten als Vormünder auf. Freilich hätte auch die Mutter bei einem Rechtsstreit einem Vormund unterstellt sein müssen.

7 Ardea war die Hauptstadt der Rutuler. – Ihr Urteil: Liv. 3,72.

8 D. h. das Volk durch Hunger zu zähmen.

9 Die Beispiele: die Söhne des Konsuls Brutus, Liv. 1,56,7; Collatinus Tarquinius, der Kollege des Brutus, Liv. 2,2,10; Sp. Cassius, wollte Ackerland verteilen, Liv. 2,41; die Decemvirn, vor allem Ap. Claudius, Liv. 3,48.

10 Ob Sp. Maelius wirklich nach dem seit Jahrhunderten abgeschafften Königtum strebte oder ob die von Livius in 2,2,2 angemerkte Hypersensibilität in diesem Punkt zum Tragen kam, scheint beides fraglich. Eher glaubhaft ist eine spätere Ausgestaltung in der Zeit der Gracchen, als Vorbild für die Ermordung des Ti. Gracchus 133 v. Chr. durch Scipio Nasica, die als Heldentat zur Errettung des Staates stilisiert wurde. Vgl. Cic. Lael. 28;36; Cato 56 sowie Liv. 6,11–20: die Erhebung des M. Manlius Capitolinus (dazu E. Burck (1966) S. 94–100).

11 Platz an der Südseite des Kapitols, wo das Haus des Sp. Maelius gestanden haben sollte (*aequare,* »dem Erdboden gleichmachen«). Später als *aequimelium* Ort, wo Opfertiere untergebracht wurden, vgl. Cic. div. 2,39.

12 Eine Statue oder Bildsäule sei für Minucius vom Volk aus gesammelten Beiträgen errichtet worden, vgl. Plin. nat. 18,15.

13 Wohl ein Ausdruck bei einem Brettspiel ähnlich wie »schachmatt«.

14 Des Anio und des Tiber.

15 Zum Angriff aus dem Lager rückte das Heer gewöhnlich aus der dem Feind zugewandten *Porta praetoria* aus. Zu den Triariern vgl. Anm. 29 zu B. 2.

16 Vgl. Anm. 15 zu B. 1.

17 In seinem Tatenbericht erklärt Augustus, er habe insgesamt 82 Tempel wiederhergestellt, darunter den des Iuppiter Feretrius (Res gestae 19 f.). Hinter der gewundenen Ausdrucksweise und Beweisführung des Livius steht wohl eine aktuelle Diskussion: Octavian (seit d. J. 27: Augustus) hatte i. J. 29 dem Prokonsul M. Licinius Crassus die *spolia opima* verweigert, obwohl dieser einen feindlichen König getötet hatte, mit der Begründung, er sei kein Konsul oder oberster Imperiumsträger gewesen. Vgl. Cass. Dio 51,24,4 sowie D. Kienast (1982) S. 84; 220; E. Badian, *Livy and Augustus*, in: W. Schuller (1993) S. 13 ff. Augustus erlaubte später auch nicht, dass ein siegreicher Feldherr im eigenen Namen einen Triumph feierte.

18 Wenn dort wirklich *cos.*, »Konsul«, zu lesen war, so wird dies aus späterer Zeit stammen; auch wird sich ein leinener Brustpanzer nicht so lange erhalten haben, zumal da auch der Tempel selbst schon stark beschädigt war. »Seine persönliche Lesart der Inschrift [als *cos.*] bot dem Princeps Argumentationshilfe gegen einen Konkurrenten.« (L. Fladerer) Livius nennt Cossus in 4,32,4 weiterhin *tribunus militum.*

19 Die Etrusker waren in einem Zwölfstädtebund zusammengeschlossen, der hier bei Volsinii sein sakrales und politisches Zentrum hatte.

20 *Aerarius:* eine Klasse, in die Bürger höherer Klassen von den Censoren zur Strafe versetzt wurden, wobei sie ihr Stimmrecht verloren, aber ein Vielfaches an Steuern zu zahlen hatten.

21 Das Gesetz blieb wirkungslos; Livius bemerkt selbst, dass sich i. J. 184 ausnahmsweise ein Kandidat *sine toga candida* um das Präturenamt bewarb (39,39,1).

22 Livius wertet die Kämpfer auf durch einen Vergleich mit den homerischen Griechenhelden, die vor Troia ähnliche Verletzungen erleiden, vgl. Ogilvie (1984) S. 579.

23 Der Konsul T. Manlius Torquatus ließ seinen Sohn wegen einer

ähnlichen Insubordination hinrichten, vgl. Liv. 8,7. Gellius erörtert die Frage, ob man von einem Auftrag abweichen dürfe, wenn dem Auftraggeber dadurch ein größerer Vorteil erwachse, und nennt dabei *Postumiana imperia et Manliana* (1,13,7; L. Fladerer). Die Frage trat im Militärreglement immer wieder auf, vgl. Kleists *Prinz von Homburg*.

24 Die Weihung und Erbauung des Apollinare 433/431, in dem Apollon als Heilgott verehrt wurde, sollte dem religiösen Bedürfnis der Römer in einem einheimischen Kult Rechnung tragen.

25 *Multa*: ursprünglich eine in Vieh (Schafe oder Rinder) zu entrichtende Strafe, die mit fortschreitender Geldwirtschaft dann in eine Geldbuße umgewandelt wurde.

26 Der Götterfriede, *pax deum* bzw. *deorum*, wurde nur durch den römischen Kult gewährleistet, der zugleich die soziale Ordnung aufrechterhielt. Fremde Kulte, die meist mit Sektierertum verbunden waren, stellten eine Bedrohung dar, vgl. den sog. Bacchanalienskandal i. J. 186, bei Liv. 39,8–19.

27 Vgl. Liv. 1,32,5: *bellicae ceremoniae*. Die Fetialen, die Bundes- bzw. Vertragspriester, gingen zunächst als Gesandte, *legati fetiales*, zu dem betreffenden Volk und forderten offiziell Wiedergutmachung. Erst wenn diese abgelehnt worden war, erfolgte die Kriegserklärung.

28 Mamercus, vgl. Liv. 4,24,7 ff.

29 Als ursprüngliche Steppentiere laufen Pferde durch eine Feuerwand hindurch, um sich zu retten, da sie einem großflächigen Steppenbrand nicht entkommen könnten. Bei den Pferden, denen man das Zaumzeug abgenommen hatte, wirkte dieser Instinkt.

30 Es waren wohl in Livius' Quelle keine Seestreitkräfte gemeint; bei Fabius Pictor ist *classis* die Heeresmacht allgemein, das Landheer (Georges).

31 Die militärischen Aktionen der Römer: das Absitzen der Reiter, um das Fußvolk zu stärken, und ihr Durchbruch erinnern an die Schlacht am See Regillus und den Zug der Fabier (Liv. 2,20,10 ff.; 2,49 f.).

32 Tempanius zeigt in seiner Rede die Bürgertugend der *moderatio*, der »Mäßigung« und des Ausgleichs (4,41,7).

33 *Quies:* Gottheit der (Kampfes-) Ruhe.
34 *Aes grave:* »Schwerkupfer«, gegossene Bronzemünzen, die seit den Decemvirn 451 (oder erst 338 oder 289) in Umlauf waren. Vgl. Liv. 4,60,6.
35 Die Botschaft von der Verurteilung würde er in der Unterwelt zu überbringen haben.
36 D. h. er verlasse sich darauf, dass die Tribunen ihr Veto einlegten.
37 Ein Joch = ein Morgen, ca. 2500 qm.
38 Es waren weiterhin (420–414) statt Konsuln Militärtribunen mit konsularischer Vollmacht im Amt.
39 Vgl. Liv. 1,51,9.
40 Sein Vater Icilius, mehrfach Volkstribun, war der Verlobte der Verginia gewesen und hatte zum Sturz des Decemvirats beigetragen. Vgl. Liv. 3,44–54.
41 Bei den Samniten zeichnet sich die spätere Feindschaft ab. – Die Herrscher von Sizilien, wie Dionysios I. von Syrakus, wollten sich Roms Wohlwollen im Falle einer Auseinandersetzung mit Karthago sichern. – Die Feindschaft Roms mit Veji schloss nicht aus, dass andere Etruskerstädte, schon des Handels wegen, gute Beziehungen zu Rom suchten. Vgl. auch Liv. 4,12,9; 5,1.
42 Die Priesterschaften der Salier und die der *flamines* waren Patriziern vorbehalten.
43 Vgl. Liv. 1,32,5 ff.
44 Er hatte die römischen Gesandten ermorden lassen, vgl. Liv. 4,17.
45 Bei Carventum und Verrugo.
46 D. h. dass die Soldaten bei ihrer Heimkehr nicht wegen Abgabenzahlungen in die Schuldknechtschaft gerieten, vgl. Liv. 2,23,5 f.
47 Vgl. Liv. 4,52,6 sowie 5,1.

Anmerkungen zu Buch 5

1 Die Künstler waren wohl Theaterschauspieler. Livius erwähnt in 7,2 Bühnenspiele, mit religiösem Hintergrund, die aus Etrurien stammten und um 365 in Rom eingeführt wurden. Vgl. auch Val. Max. 2,4,4.
2 Vgl. Plut. Cam. 2.

3 Vgl. Liv. 4,60,3 f.
4 Liv. 4,48,5 ff., i. J. 416.
5 Reminiszenz an die bekannte Stelle bei Plat. rep. 8,563 f.: Freiheit als Willkür, Auflösung des Gemeinwesens durch ein unbeschränktes Streben nach Freiheit. Ap. Claudius wird nach seinen konstruktiven Ausführungen zum Krieg wieder polemisch; Eintracht besteht für ihn ja in Gehorsam und Unterordnung der Bürger (5,3,8).
6 Sie wollten also keine Mittel aus der Staatskasse in Anspruch nehmen.
7 Vgl. Liv. 3,65,3 f. Der Volkstribun L. Trebonius hatte 448 ein Gesetz eingebracht, wonach bei der Wahl von Volkstribunen der Wahlgang so lange fortgesetzt werden müsse, bis zehn bestimmt seien. Dadurch sollte eine zwischenzeitliche Einflussnahme der Patrizier auf einzelne Kandidaten verhindert werden.
8 *Lectisternia:* Speisesofas mit Götterfiguren, die in rituellen Zeremonien bewirtet wurden. Der Brauch geht auf das Etruskische zurück. Die Götter sind wohl nach ihrem Heils- und Schutzcharakter ausgewählt: Apollo mit seiner Mutter Latona als Apollo Medicus, Hercules als Besieger von Ungeheuern wie der pestilenzartigen Hydra, Diana als Göttin der freien Natur, Merkur als Schützer des Handels, hier besonders der Getreidezufuhr, und Neptun als Herr aller Wasserquellen.
9 Vgl. Anm. 15 zu B. 3.
10 Ein Kratersee, bis zu 170 m tief und von ca. 10 km Umfang, bei der Stadt Alba Longa, heute Lago di Albano. Vgl. Plut. Cam. 3 f.; Cic. div. 1,100; 2,69. Noch heute ist der Ableitungskanal, *emissario*, am Westufer zu sehen, der den Wasserspiegel konstant hält (Abb. in J. W. Mayer / Chr. Winkle (2010) S. 49; s. dort auch zu Veji S. 142–147). Überschüssiges Wasser wird durch diesen 1,20 m breiten, 1,60 m tiefen und ca. 2,5 km langen Kanal zum Tiber geleitet. Die Anlage soll auf die römische vom Jahr 397 zurückgehen. Der Bau dieses technischen Meisterwerks wird nicht beschrieben, Livius schildert stattdessen die Unterminierung von Veji unter der Führung des Camillus. Zu ihm vgl. E. Burck, »Die Gestalt des Camillus«, in: Ders. (Hrsg.): *Wege zu Livius*, Darmstadt [2]1977, S. 310–328.
11 Das Bundesfest aller latinischen Städte unter der Führung Roms (*fe-*

riae Latinae) wurde für Iuppiter Latiaris auf dem Albanerberg begangen und musste von den Konsuln sogleich nach ihrem Amtsantritt angesetzt und gefeiert werden.

12 *Centuria praerogativa:* die in den Centuriatskomitien durchs Los aus der ersten Klasse ausgewählte Centurie, die zuerst abstimmen durfte und nach der sich oft die anderen richteten. Hatte sie einen günstigen Namen, wie Valeria, galt dies als gutes Omen.

13 Nicht zufällig steht hier neben dem Namen des Camillus der eines Scipio. Auch P. Cornelius Scipio, den späteren Africanus Maior, sieht Livius als *fatalis dux*, vom Schicksal bestimmten Führer, der in einer schier ausweglosen Lage nach der Schlacht von Cannae den Römern neue Zuversicht verleiht (Liv. 22,53,6).

14 Vgl. Liv. 2,36,1 und Anm. 44 zu B. 2.

15 Die *quaestores aerarii* waren die Verwalter des Staatsschatzes, die Schatzmeister. Nicht durch Geschenke, sondern kraft seiner Persönlichkeit und seiner *disciplina* bringt Camillus die Soldaten dazu, in mühevoller Arbeit den Unterminierungsstollen zu graben. Dieser wurde wohl mit einem der unterirdischen Entwässerungskanäle verbunden, die es in Veji gab.

16 Ähnlich Plut. Cam.5. Vgl. Grant (1981) S. 200 f.

17 Als ehemalige Schutzgöttin der Feinde bekam sie ihren Tempel außerhalb des engeren Stadtgebiets, auf dem Aventin. Vergil stellt in der *Aeneis* Iuno in ähnlicher Rolle dar: Obwohl Hauptgegnerin der Troianer im Krieg um Troia und Stadtgöttin Karthagos, das die Nachfahren der Troianer zerstören werden, lässt sie sich bewegen, ihren Groll aufzugeben und Gottheit des späteren Römervolks zu werden (Aen. 12,835–842, vgl. auch Hor. carm. 3,3).

18 Da der triumphierende Feldherr als Stellvertreter Iuppiters zu dessen Tempel hinaufzieht, scheint die Kritik nicht berechtigt, vgl. aber auch Plut. Cam. 7 und Liv. 5,28,1.

19 In der Not des Zweiten Punischen Krieges wurde 215 diese Vergünstigung wieder zurückgenommen, im Antiluxusgesetz des C. Oppius. Im Jahr 195 sollte diese Beschränkung wieder rückgängig gemacht und die *lex Oppia* aufgehoben werden, was zu heftigen Diskussionen pro und contra führte, vgl. Liv. 34,1 ff.

20 *Paidagogós*, der »Kinderbegleiter«, führte nicht nur das Kind zur

Schule, er kümmerte sich auch um dessen Erziehung; so wurde daraus der Pädagoge, der Lehrer. Vgl. Plut. Cam. 10.

21 Eine Kolonie in Veji zu gründen oder gar dorthin auszuwandern, vgl. Liv. 5,53,2. Eine solche Auswanderung war nicht völlig abwegig. Im 6. Buch wird geschildert, wie die Bürger durch die Kosten des Wiederaufbaus – Kapitalaufnahme und Zinszahlung – in die Schuldknechtschaft gerieten. Hier fand Manlius Capitolinus seine Agitationsbasis (Liv. 6,14–20; 34 f.; Plut. Cam. 36). – Plut. Cam. 7 zufolge hatten die Volkstribunen eine Teilung der Bürgerschaft beantragt, so dass die Römer nun zwei Städte bewohnen sollten, was vom Volk mit Zustimmung aufgenommen worden war.

22 Vgl. Liv. 5,50,5 (*Aius Locutius*). Bei Cic. div. 1,101; 2,69 heißt es, die Stimme habe verkündet, man solle Mauern und Tore instand setzen, sonst werde Rom von den Galliern erobert werden. Eine Überlieferung ebd. (1,100) besagt: Der Seher aus Veji, der das Wahrzeichen vom Albanersee kündete (Liv. 5,15), habe es nicht gewagt, dem Senat die gesamten Schicksalssprüche zu eröffnen, dass nämlich Rom in Kürze von den Galliern erobert werde.

23 Plut. Cam. 11 f. zufolge wurde Camillus wegen Unterschlagung von Beute aus Veji vor Gericht gestellt; die Soldaten aber hätten ihn als einen Volksfeind beim Volk angeklagt, da er ihnen nicht erlaubt hatte, Falerii zu plündern (Liv. 5,27,15). Camillus ging nach Ardea in die Verbannung. Vgl. Plut. Cam. 13.

24 Das Gelage mit griechischem und italischem Wein gehörte zum geselligen Leben des Adels; kunstvoll verzierte Trinkgefäße wurden in den keltischen Fürstengräbern gefunden, ebenso zahlreiche Amphoren für Weinimporte aus Etrurien oder dem griechischen Unteritalien. Im Volk wollte man sich offenbar nicht mehr auf die üblichen Getränke Honigmet und Bier beschränken, der Wein galt auch als Statussymbol. Auch Plut. Cam. 15 nennt die Begierde nach Wein als einen der Gründe für den Aufbruch der Gallier.

25 Aus der griechischen Ethnographie, vor allem bei Poseidonios, Polybios und Strabon (daher hier der im Griechischen gebräuchliche Name Kelten statt wie sonst Gallier). Vgl. Caesar (Gall. 1,1,1): »diese Stämme, die in ihrer eigenen Sprache Kelten (*Celtae*) heißen, von uns aber Gallier (*Galli*) genannt werden.« Die Namen der einzelnen

Stämme entnahm Livius wohl Caesars Werk. Vgl. A. Demandt, *Die Kelten*, München 1998, auch zu den Wanderungsbewegungen.

26 Der Sage nach kam Hercules, nachdem er den Riesen Geryon getötet hatte, mit dessen Rindern (s. *Cacus* im Verzeichnis der Eigennamen) in das Land der Kelten, wo er mit der Tochter des dortigen Königs den Sohn Galates zeugte, der alle an Tapferkeit übertraf und seine Untertanen nach sich selbst Galater nannte, daher heißt das Land Galatia (Gallien). So Poseidonios bei Diodor 5,24, vgl. K. E. Müller, *Geschichte der antiken Ethnologie*, Reinbek 1997, S. 297 f.

27 Livius berichtet in 6,1,6, dass Q. Fabius vom Volkstribunen C. Marcius i. J. 389, nach der Niederlegung seines Amtes, wegen des Verstoßes gegen das Völkerrecht angeklagt worden sei; er starb aber vor dem Verhandlungstermin. Gesandtschafts- und Völkerrecht werden allgemein von den Römern geachtet, vgl. 2,4,7; 4,17,4; 4,19,3.

28 Die aus der griechischen Tragödie bekannte Auffassung, zum Sprichwort geworden: *Quos deus perdere vult, dementat prius.* – »Die, welche die Gottheit verderben will, verblendet sie vorher«. Vgl. Liv. 5,22,8: *fato urgente*; 5,36,6: *urgentibus fatis*, das drohende Schicksal, auch bei Tac. Germ. 33.

29 Der *dies Alliensis*, der Tag einer der schwersten Niederlagen Roms, wurde zum *dies ater*, zum sprichwörtlichen Unglückstag, vgl. auch Anm. 62 zu B. 2.

30 Zur Bedeutung der Auspizien vgl. Liv. 10,40 (im Samnitenkrieg). Als Erklärung für römische Niederlagen galt mehrfach, dass Auspizien nicht eingeholt, die Rituale nicht beachtet oder gar missachtet worden waren. So hatte der Konsul und Feldherr P. Clodius Pulcher 249 v. Chr. vor der Seeschlacht bei Drepanon im Ersten Punischen Krieg das *auspicium* (*ex tripudiis*) der heiligen Hühner einzuholen, die in einem Käfig mitgeführt wurden. Wenn sie eifrig fraßen, waren die Zeichen günstig. Als die Hühner das nicht taten, warf er sie ins Wasser: Nun sollten sie wenigstens trinken, wenn sie schon nicht hatten fressen wollen (Cic. nat. deor. 2,7). Die Flotte wurde vernichtend geschlagen, Clodius wurde verurteilt. Auch eine der größten Niederlagen Roms, 53 v. Chr. im Partherkrieg, die des Crassus bei Carrhae, erfolgte nach einer Missachtung der Vorzeichen.

Diris cum ominibus, »unter unheilvollen Vorzeichen«, zog Crassus aus, vergebens wollten ihn die Volkstribunen zurückhalten (Vell. Pat. 2,46,3).

31 Der Sonderpriester einer Gottheit, hier der Priester des Romulus Quirinus, vgl. Liv. 5,40,7.

32 D. h. mit den in der Stadt zurückbleibenden Plebejern.

33 Hohe Beamte, die Anspruch auf die *sella curulis* hatten, den elfenbeinverzierten Stuhl, also Konsul, Prätor, Diktator, Militärtribun, vgl. Liv. 1,8,3: *sella curulis* und *toga praetexta*, die purpurverbrämte Toga als Amtstracht der Magistrate.

34 Das ehrfurchtgebietende Schauspiel der vor ihren Häusern (bei Plut. Cam. 21 auf dem Forum) sitzenden Greise u.a. auch bei Val. Max. 3,2,7.

35 Der Ritus der *devotio*, der Todesweihe: die Formel bei Liv. 8,9, wo sich der Feldherr P. Decius den ober- und unterirdischen Göttern weiht und mit seinem Opfertod den Sieg für sein Heer erbittet. Sein Sohn folgt diesem Beispiel, Liv. 10,28. Vgl. auch Cic. de fin. 2,61; Cato de sen. 43; 75.

36 In Ardea hatten innere Zwistigkeiten zu einem Angriff der Volsker geführt, den die Römer abwehrten. Vgl. Liv. 4,9 f.

37 An der Tibermündung.

38 *Cinctus Gabinus,* aus der Zeit, als die Toga das einzige Kleidungsstück der Römer war. Sie wurde dabei zu den Hüften hochgezogen und gegürtet, die Arme blieben frei.

39 So bei Plut. Cam. 26, hier auch die heiligen Gänse als Warner. Diese wurden wohl gehalten wegen des *auspicium ex tripudiis* (vgl. Anm. 30). Vgl. Ail. nat. 12,33: »Die Hunde wurden still, als die Gallier ihnen Futter hinwarfen. Doch Gänse haben die Eigenart, bei der Fütterung nicht Ruhe zu halten, sondern laut zu schnattern. So weckten sie die römischen Wachtposten.« – Zum Erzählstil des Livius hier vgl. P. G. Walsh (1977) S. 516 ff.

40 Gallische Brandgräber.

41 Nach anderen Berichten wurden die Gallier durch Angriffe auf ihre Stammesgenossen, die Senonen, durch die Veneter oder aus Caere zum Abzug aus Rom gezwungen. So bei Polybios 2,18,3, der nichts vom rettenden Eingreifen des Camillus berichtet. Vgl. aber Plut.

Cam. 22,4, der sich auf ein Zeugnis des Aristoteles bezieht, der von der Eroberung Roms durch die Kelten sowie von ihrer Rettung durch einen Lucius gewusst habe, womit Camillus gemeint sei. Vgl. dazu Alföldi (1977) S. 316 f. mit Anm. 70.

42 Die Rettung der Stadt aus einer geschichtlich einmaligen, so außergewöhnlichen Bedrohung rechtfertigt dieses Lob; aus solchen Tituläturen eine direkte Beziehung zu Augustus und seiner Herrschaft herzustellen, erscheint nicht zwingend. Vgl. den Nachruf des Livius auf den an der Pest gestorbenen Camillus 7,1,9 f.

43 Vgl. Anm. 21. Der Gedanke an eine Auswanderung nach Veji blieb in Erinnerung: Ein Spottvers auf die gewaltige Ausdehnung von Neros Goldenem Haus lautete: »Rom wird zu einem einzigen Haus: Wandert aus, ihr Bürger, nach Veji, / Wenn nicht dieses Haus auch noch Veji vereinnahmt!« (Suet. Nero 39,2). Vgl. auch Prop. 4,10,27 ff.

44 Vgl. Hor. carm. 3,6,5.

45 Das *lectisternium*, ein Speisesofa mit den Statuen der Götter, die hier bewirtet wurden, vgl. Anm. 8.

46 Das Götterbild im Vestatempel: das Palladium, Kultbild der Pallas Athene, von Aeneas aus Troia mitgebracht, das als Unterpfand der Herrschaft auf Rom überging.

47 Die heiligen Schilde, von König Numa, vgl. Liv. 1,20,4 und Anm. 30 zu B. 1. – Mars Gradivus vgl. das Verzeichnis der Eigennamen. – Quirinus: Romulus.

48 Eine strohgedeckte Rundhütte wurde auf dem Kapitol als Behausung des Romulus verehrt, vgl. Verg. Aen. 8,652 ff.; bei Grabungen fanden sich auf dem Palatin Siedlungsspuren solcher Häuser aus der Mitte des 8. Jh., auch Aschenurnen in Form einer solchen Rundhütte (Abb. bei H. Kähler, *Rom und seine Welt*, München 1958, Taf. 3).

49 Vgl. die Saturnia Tellus an der Ara Pacis. – Das Empfinden für die Heimat auch bei Cic. leg. 2 Anfang.

50 Rom hat die ideale Lage einer Stadt, vgl. Cic. rep. 2,10 ff.

51 Man fand ein Haupt mit unverwestem Antlitz, vgl. Liv. 1,55,5.

52 Vgl. Liv. 1,55,2–6.

53 Vgl. Val. Max. 1,5,1.

Verzeichnis der Eigennamen[1]

Aborigines: Ureinwohner von Latium zur Zeit der Troianerlandung, aus dem Gebiet von Reate stammend. Die Deutung des Namens ist strittig.

Acca Larentia: die Frau des Faustulus und Adoptivmutter des Romulus und Remus; sie wird auch gleichgesetzt mit der die aufgefundenen Zwillinge säugenden Wölfin, dem Totemtier des Mars, das dieser zu seinen Kindern gesandt habe. *Lupa* bedeutete auch »Dirne«. Ihr Grab ist am Velabrum, das Totenfest der Larentalia erst spätere Verbindung.

Achivi (Achaei): ursprünglich nur die Bewohner der Nordküste der Peloponnes, dann Sammelname für die Griechen überhaupt; hier: die vor Troia kämpfenden Griechen.

Actium: am Golf von Ambrakia gelegenes Vorgebirge von Akarnanien in Mittelgriechenland. 31 Schauplatz des Seesieges Octavians über Antonius und Kleopatra.

M. Acutius: kooptierter Volkstribun des Jahres 401.

L. Aebutius Helva: Konsul des Jahres 463, im Amt verstorben.

M. Aebutius Helva: Mitglied der Dreierkommission zur Koloniegründung in Ardea.

Postumus Aebutius Helva Cornicen: Konsul des Jahres 442, Reiteroberst 435; förderte als Konsul die Rückgabe des Landes an die Ardeaten.

Aedui: an der Einwanderung nach Italien beteiligtes gallisches Volk mit dem späteren Hauptort Bibracte.

Publius Aelius: Plebejer und Quästor des Jahres 409.

L. Aelius Tubero: (nicht sein Sohn Q. Aelius Tubero) 1. Jh. v. Chr.; mit Cicero befreundet, philosophisch interessiert, behandelte die rö-

1 Wo nicht anders angegeben, beziehen sich die Jahreszahlen auf die Zeit vor Christi Geburt. Sie entsprechen der von Livius angenommenen Jahreszählung seit Gründung der Stadt (753). – Vornamen sind wie im lat. und dt. Text in üblicher Form abgekürzt: z. B. A. = Aulus, Ap. = Appius, C. = Gaius, Cn. = Gnaeus, L. = Lucius, M. = Marcus, M.' = Manlius, P. = Publius, Q. = Quintus, S. = Sextus, Ser. = Servius, Sp. = Spurius, T. = Titus, Ti. = Tiberius.

mische Geschichte, gehört zu den jüngeren Annalisten, Quelle für Livius.

C. Aemilius: Konsulartribun der Jahre 394 und 391.

M.' Aemilius Mamercinus: Konsul des Jahres 410, Konsulartribun 405, 403 und 401.

Mamercus Aemilius: bekleidete neben der Quästur (446) und dem Konsulartribunat (438) zweimal die Diktatur (437, 434), beschränkte die Maximaldauer der Censur auf 18 Monate.

Ti. Aemilius Mamercus: Konsul der Jahre 470 und 467, unterstützte die Politik der Landverteilung an die Plebs.

Aeneas (griech. *Aineias*): nach der *Ilias* Sohn des Anchises und der Aphrodite, entstammt der jüngeren Linie des troianischen Königshauses. Die Fahrt des Aeneas in den Westen zuerst bei Stesichoros (Lyriker um 640–555, lebte auf Sizilien, verknüpfte die Etrusker mit den Troianern). Etruskische Terrakottastatuen des Aeneas mit Anchises. Die vor allem von Vergil ausgebildete Sage lässt A. nach Epirus, Sizilien und Italien kommen, wo er nach Kämpfen Lavinium gründet und zum Ahnherrn der Römer wird.

Aeneas Silvius: s. *Silvii.*

Aequi: oskisches Bergvolk östlich von Rom, zwischen Sabinern und Volskern, das sich nach Latium ausbreitete und dabei mit Rom und den Latinern in Konflikt kam. Die Aequer wurden im 5. Jh. von Cincinnatus, im 4. Jh. von Camillus besiegt und erhielten nach 304 das römische Bürgerrecht.

Aequicoli: abgesprengt wohnender Teil der Aequi, möglicherweise auch Wortspiel: *Aequum colere* – »das, was recht und billig ist, pflegen«.

Aequimaelium: an der Südseite des Kapitols gelegener Platz, an dem früher das Haus des Sp. Maelius gestanden haben soll.

Aesis: bei Sinigaglia in die Adria mündender Fluss, der das Gebiet der gallischen Senonen begrenzte.

Agrippa (Silvius): Praenomen der Silvii, das auch in historischer Zeit als Praenomen bzw. Cognomen vorkommt. Ableitung evtl. aus dem belegten Ort Akrota, der mit *arx* in Zusammenhang zu bringen ist (wie Capetys mit *Capitolium*). Der bekannteste Namensträger ist M. Vipsanius Agrippa, Freund und Feldherr des Augustus (62–12).

Agrippa Furius: Konsul 446, Feldherr gegen die Volsker.

Agrippa Menenius: s. *Menenius Agrippa.*

Ahala Servilius: s. *Servilius Ahala.*

Aius Locutius: als Gottheit verehrte Stimme, die vor den nahenden Galliern gewarnt haben soll.

Alba Longa: italische Stadt, der Sage nach gegründet von Ascanius, dem Sohn des Aeneas, am Albaner See südöstlich von Rom, alte Hauptstadt des Latinerbundes, zerstört von Tullus Hostilius; Umsiedlung der Einwohner nach Rom, aber noch von kultischer Bedeutung. Aus den patrizischen *gentes* kamen nach Rom: die Cloelii, Curiatii, Geganii, Iulii, Metilii, Quinctilii, Servilii. Reste beim heutigen Castelgandolfo.

Alba Silvius: s. *Silvii.*

Albani: Bewohner von Alba Longa.

Albanus lacus: Kratersee in den Albanerbergen, der auf Götterweisung durch einen Kanal reguliert wurde.

Albanus mons: Albanerberg, 940 m hoher Berg bzw. Bergmassiv südöstlich von Rom, heute Monte Cavo (Cavi), Stätte des Latinerfestes und der Iuppiterverehrung (später eines Iuppitertempels).

L. *Albinius:* Plebejer, der beim Galliersturm die Priesterinnen mit den römischen Heiligtümern nach Caere rettete.

Albula: mehrfach vorkommender Flussname (»Bergfluss«), vgl. das deutsche Wort »Alb« oder »weißer Fluss«; früherer Name für den Tiber.

Algidus: von einem Einschnitt unterbrochener Teil des Kraterringes der Albanerberge (ca. 540 m über dem Meeresspiegel) südöstlich von Rom; als wichtige Verkehrsroute (Via Latina) in den Kriegen gegen Aequer und Volsker als deren Verteidigungsstellung heftig umkämpft.

L. *Alienus:* plebejischer Ädil, klagte C. Veturius Cicurinus (455 Konsul) an, weil dieser Kriegsbeute zugunsten der Staatskasse verkauft hatte, anstatt sie den Soldaten zu überlassen.

Allia: Fluss, der die *Via Salaria* beim elften Meilenstein kreuzte und Schauplatz der Gallierschlacht war. *Alliensis clades, dies Alliensis*, ein Unglückstag.

Alpes: die Alpen, das höchste Gebirge Europas, schon vorgeschichtlich erschlossen, in der römischen Antike wichtig für die Beherrschung der nördlichen und südlichen Großräume des Reiches.

Alpes Iuliae: die Julischen Alpen zwischen Tergeste (Triest) und Emona (Laibach).

Ambarri: an der Einwanderung nach Italien beteiligter gallischer Volksstamm.

Ambigatus: König der Biturigen, der die Auswanderung der Gallier nach Italien veranlasst haben soll.

Ameriola: latinische Stadt, wohl im Nordosten von Rom, südlich des Tiber.

Amulius: Sohn des Königs Procas von Alba Longa. Er verdrängt seinen älteren Bruder Numitor von der Herrschaft, bringt dessen Sohn um und macht dessen Tochter Rea Silvia zur Vestalin; von Romulus getötet. Vgl. auch *Silvii.*

Anchises: Troerfürst, Vetter des Priamus, Vater des Aeneas, von diesem als Gelähmter mit den Penaten (s. d.) aus dem brennenden Troia getragen.

Ancus: s. *Marcius (Ancus Marcius).*

Anio: Grenzfluss zwischen Latium und dem Sabinerland, mündet ca. 6 km nördlich von Rom in den Tiber (heute: Aniene).

Antemnates: Bewohner der sabinischen Stadt Antemnae, einer an der Aniomündung (*ante amnem*) gelegenen Stadt, älter als Rom.

Antenor: nach der *Ilias* vornehmer Troianer von betonter Friedensbereitschaft, setzte sich für die Rückgabe der Helena ein (Il. 7,347). Nach römischer Tradition gründete er zusammen mit den Enetern Patavium, Padua, die Geburtsstadt des Livius (Verg. Aen. 1,242 ff.).

A. Antistius: Volkstribun des Jahres 420, Gegner der Postumier, vielleicht mit Ti. Antistius identisch.

Ti. Antistius: Volkstribun des Jahres 422.

Antium: heute Anzio, etwa 45 km südlich von Rom, Hafenstadt an der latinischen Küste, seit 500 im Besitz der Volsker, denen das Küstengebiet als südliche Einfallspforte nach Latium diente. Im ersten Krieg gegen die Volsker 469/468 von Rom erobert, fiel es zehn Jahre später wieder ab. Nach mehreren Feldzügen gelang Rom 338 die endgültige Unterwerfung der Stadt sowie die Anlage einer Kolonie.

Q. Antonius Merenda: Konsulartribun des Jahres 422.

T. Antonius Merenda: Mitglied des zweite Decemvirats, Niederlage gegen die Aequer am Algidus.

Anxur: volskischer Name für Tarracina, Stadt an der späteren Via Appia ca. 100 km südöstlich von Rom; zwischen den Pontinischen Sümpfen und dem Meer gelegen, besaß die Siedlung große strategische Bedeutung für den Zugang durch die Küstenebene nach Latium. 406 von den Römern erobert. Bedeutende Baureste vom Tempel des Iuppiter Anxur heute noch weithin sichtbar.

Apiolae: westlich des Albanergebirges gelegene latinische, von Tarquinius Priscus zerstörte Stadt.

Apollinare: s. *Apollo.*

Apollo: Sohn des Zeus und der Leto, doch urspr. ein nichtgriechischer Gott (vermutlich aus Kleinasien). Von seinen verschiedenen Wesenszügen (Seher-, Heil-, Musik- und Lichtgott) dürfte die heilende, unheilabwehrende Kraft zur ältesten Schicht gehören (als Heilgott später von seinem Sohn Asklepios abgelöst). Sein Orakel in Delphi hatte auch Ansehen in Rom. Hier wurde er verehrt als Heilgott, besonders bei Seuchen; auf den Prata Flaminia wurde ihm als *Apollo Medicus* 431 das *Apollinare pro valetudine populi* erbaut. Augustus verehrte Apollo als seinen Schutzgott (Tempel auf dem Palatin).

Appenninus: zuerst bei Polybios genannt als der die eigentliche italische Halbinsel von der Poebene trennende Gebirgsrücken, bei Strabon ein Italien in seiner ganzen Länge von Norden nach Süden durchgehender und am sizilischen Meer endender Gebirgszug.

Appius Claudius: s. *Claudius.*

C. Apronius: Volkstribun 449.

L. Apuleius: Volkstribun des Jahres 391 und Ankläger des Camillus.

Aquilii: Neffen des Konsuls Collatinus; sie waren an der Verschwörung zur Wiedereinsetzung der Tarquinier beteiligt und wurden hingerichtet.

Arcadica, Arcadia: Arkadien, das zentrale Hochland der Peloponnes, mit hohen Gebirgszügen und Weideland. Galt als Heimat des Euander (s. d.). Urtümliche staatliche und religiöse Zustände erhielten sich sehr lange; Stadtstaaten, darunter im Osten Pallantion (Pallanteum, s. d.).

Ardea: Stadt der Rutuler in Latium unter König Turnus, angeblich gegründet von Siedlern aus Argos; heute Ardea; im Prozess gegen Aricia um strittiges Land von der römischen Plebs übervorteilt. Die

Siedlung wurde um 442 latinische Kolonie und war Exilort des Camillus.

Argiletum: Gegend der Stadt Rom nordöstlich vom Forum, unten am A. stand der Ianusbogen.

Aricia: latinische Stadt in den Albanerbergen, südöstlich von Rom an der späteren Via Appia, Versammlungsort des Latinerbundes, der am nahegelegenen Nemisee beim dortigen Dianatempel, dem Bundesheiligtum, tagte. In der Schlacht von Aricia besiegten die Aricier Arruns, den Sohn des Königs Porsenna (504). Heute Ariccia, mit archäologischer Zone.

Aristodemos: griechischer Herrscher von Cumae, siegte 542 bei Cumae und 504 bei Aricia über die Etrusker, gewährte Tarquinius Superbus Exil.

Arruns, Aruns: häufiger etruskischer Name. (1) Sohn des Etruskerkönigs Porsenna, wird in der Schlacht von Aricia von den Ariciern und ihren Verbündeten aus Latium und Cumae geschlagen (504). (2) Bürger von Clusium, der die Gallier nach Italien gelockt haben soll.

Arruns Tarquinius: Sohn des Tarquinius Superbus, tötete Brutus in der Schlacht (509).

Arsia: Der Wald von Arsia lag am Tiberufer zwischen Veji und Rom.

Artemis: s. *Diana.*

Artena: Volskerstadt bei Ecetra, von dem Sklaven Servius an die römischen Belagerer verraten und 404 erobert.

Arverni: gallisches Volk, das sich an der Einwanderung nach Italien beteiligte und später in der Auvergne siedelte.

Ascanius: Sohn des Aeneas und der Kreusa, kommt nach Troias Fall mit seinem Vater in den Westen. Nach dem Tod des Aeneas König in Latium, Gründer von Alba Longa. Von den Römern auch Ilus oder Iulus genannt und gilt als Stammvater der *gens Iulia.* Wird auch als Sohn der Lavinia angesehen, der bei Vergil aber Silvius heißt.

M. Asellius: Volkstribun des Jahres 422.

A. Aternius Varus: Konsul 454; da der Name in den *Fasti* nicht zu finden ist, vermutlich Spross eines früh ausgestorbenen Geschlechtes. Aufgrund eines volksfreundlichen Gesetzes gleichen Namens später irrtümlich als Volkstribun angesehen.

Athena (griech. *Athene*): griechische Göttin, Tochter des Zeus, aus seinem Haupt entsprungen. Als kämpferische Göttin ist sie Helferin der Helden in der Schlacht, beschützt Städte wie ihr Athen, ist auch Patronin des Handwerks und der Künste, s. auch *Minerva*.

L. Atilius: Plebejer und einer der ersten 444 eingesetzten Konsulartribune, im Jahr 399 und 396.

Atria: ursprünglich venetische, später von Etruskern und Griechen besiedelte und zeitweilig von den gallischen Boiern eroberte Handels- und Hafenstadt zwischen Po und Etsch; namensgebend für das adriatische Meer.

Attius Tullius: auch Attus Tullus, Führer der Volsker, Gastfreund des verbannten Coriolanus, mit diesem zusammen Befehlshaber beim Feldzug gegen Rom (489/488).

Attus Navius: einflussreicher Vogelschauer unter L. Tarquinius Priscus, weihte den Tempel auf dem Kapitol; Statue auf dem Comitium.

Atys (Silvius): Freund des jungen Ascanius/Iulus, s. *Silvii*.

Augustus Caesar: (63 v. Chr. – 14 n. Chr.) Adoptivsohn und Erbe des C. Iulius Caesar, übernahm nach dessen Ermordung zusammen mit Marcus Antonius die Verfolgung und Vernichtung der Caesarmörder (bei Philippi 42). Nach abermaligem Bürgerkrieg gegen Marcus Antonius (Sieg bei Actium 31, Schließung des Ianusbogens) Neuordnung des Reiches und Einführung der Monarchie (Prinzipat, seit 27 Ehrenname A.) unter Beibehaltung republikanischer Formen. Rückbesinnung auf altrömische Werte. Berühmt ist sein Tatenbericht (*Res gestae*).

Aulerci: an der Einwanderung nach Italien beteiligtes gallisches Volk, das später zwischen Loire und Seine siedelte.

Aurunci: oskischer Stamm, griech. *Ausones*, davon abgeleitet *Ausonia* für Italien, wohnte im südlichen Latium bis nach Kampanien hin. Die Aurunker schlossen sich nach dem Latinerkrieg an Rom an. Hauptorte: Suessa Aurunca, Interamna, Sinuessa, Minturnae, später Ausonia.

Aventinus mons, Aventin: der südlichste der sieben Hügel Roms, der erst um 200 in die Stadtbefestigung einbezogen und vorwiegend von Plebejern bewohnt wurde. Ziel der Plebs bei ihren *secessiones*, den Auszügen aus der Stadt zur Durchsetzung ihrer Forderungen, 494 und 449. Begräbnisort des Aventinus Silvius, eines Latinerkönigs

(namengebend?), des Remus und des Titus Tatius. Schon seit der Frühzeit mit verschiedenen Kulten (Tempel der Ceres und der Iuno Regina) und religiösen Riten verbunden.

Bellovesus: Führer der Gallier nach Italien.

Bituriges: mächtigstes Volk der Gallier zur Zeit ihres Zuges nach Italien, ihr Hauptort in Gallien war Avaricum.

Boi: gallischer Stamm, der nach Livius um 400 über den Großen St. Bernhard nach Italien zog, die Umbrer und Etrusker zurückdrängte und Bononia (Bologna) zu seiner Hauptstadt machte. Am Anfang des 2. Jh.s von den Römern besiegt, zogen die B. über die Alpen und ließen sich im heutigen Böhmen (*Boihaemum*, d. h. Bojerland) nieder.

Bola: Stadt der Aequer, aufgrund der strategisch günstigen Lage in den Albanerbergen heftig umkämpft, von Camillus erobert.

Brennus: Führer der Gallier bei ihrem Sturm auf Rom, der Name bedeutet wohl »Herzog«.

Brixia: Hauptort der gallischen Cenomanen (heute: Brescia).

L. *Iunius Brutus:* führte den Sturz des Königs Tarquinius Superbus herbei und begründete die römische Republik. Erster Konsul Roms (509), entdeckte die Verschwörung der Tarquinier, fiel im Krieg gegen die Vejenter und Tarquinier. Seine Söhne Titus und Tiberius wurden als Mitverschworene der Tarquinier unter ihrem Vater als Konsul hingerichtet.

Cacus: feuerspeiender Riese, Sohn des Volcanus, hauste in einer Höhle am Abhang des Aventin, stahl Rinder (s. *Geryon*) aus der Herde des Hercules, von diesem getötet. Zur Erinnerung daran soll die Ara Maxima, der riesige Altar für Hercules auf dem Forum Boarium, dem Rindermarkt, in Rom errichtet worden sein.

Q. *Caecilius:* Volkstribun des Jahres 439. Nur bei Livius greifbar.

M. *Caedicius:* Plebejer, der im Jahr 391 die vor den Galliern warnende Götterstimme (s. *Aius Locutius*) gehört haben soll.

Q. *Caedicius:* Centurio, der die nach Veji geflüchteten Römer zu einem Sieg gegen die Etrusker führte und Camillus als Führer forderte.

Caelius mons: einer der sieben Hügel Roms, im Südosten, etwa 50 m

hoch, von Leuten aus Alba Longa besiedelt, erst im 4. Jh. in die Stadt einbezogen.

Caenina (Caeninenses): im Norden Roms nah gelegene Sabinerstadt, rüstete nach dem Raub der Sabinerinnen gegen Rom, von Romulus besiegt.

Caeno: die Hafenstadt Antiums, heute Porto d'Anzio, volskischer Ort, 469 von den Römern erobert.

Caere: heute Cerveteri; Stadt Südetruriens, die mit Rom in enger Verbindung stand (Aufnahme der vertriebenen Tarquinier, aber auch Hilfe beim Galliersturm). Während des 5. Jh.s wirtschaftliche Interessengemeinschaft mit Rom gegen Veji, 353 Unterwerfung unter Rom, seitdem politisch unbedeutend, heute sehenswert als etruskische Nekropole.

Caesar Augustus: s. *Augustus Caesar.*

C. Calvius Cicero: Volkstribun 454, klagte den Konsul T. Romilius Rocus an (s. d.).

Camenae: schon in römischer Frühzeit verehrte Quellnymphen, später – wohl über die von den Musen bevorzugte Quelle Hippokrene – mit Musen gleichgesetzt. Aus dem Hain der C. in Rom (nahe der Porta Capena) holten die Vestalinnen das Wasser für den Tempeldienst. Hier soll die Begegnung von Mars und der Vestalin Rea Silvia stattgefunden haben. Die Camenen wurden auch im Dianahain von Aricia verehrt.

Cameria: alte Sabinerstadt in Latium. Das Cognomen Camerinus der Sulpicier rührt von C. her.

Camillus: s. *M. Furius* C.

Campani: aus der Assimilierung der einwandernden Samniten und der autochthonen, nicht-etruskischen Einwohner entstandene Mischbevölkerung Kampaniens.

Campania: die südöstlich an Latium anschließende fruchtbare Landschaft, von Oskern und Samniten bewohnt, mit Capua (s. d.), Cumae, Neapolis.

C. Canuleius: Als Volkstribun des Jahres 445 brachte er die nach ihm benannte *lex Canuleia* zur Einführung der Mischehe (*conubium*) zwischen Patriziern und Plebejern ein.

M. Canuleius: klagte als Volkstribun des Jahres 420 den C. Sempronius Atratinus an.

Capena: strategisch günstig gelegene Stadt des südlichen Etrurien, die aus wirtschaftlichen Gründen mit Veji gegen Rom verbündet war und nach dessen Fall selbst unterworfen wurde.

Capena porta: Stadttor in der servianischen Mauer unterhalb des Caelius; Name bezieht sich vermutlich nicht auf Capena, sondern auf Capua.

Capetus (Silvius): s. *Silvii*.

Capitolinus: s. *T. Quinctius Capitolinus Barbatus*.

Capitolium: Burghügel Roms, westlich vom Forum, mit zwei Kuppen. Auf der südlichen stand der Tempel des Iuppiter. Rechts davon schloss sich der Tempel der Minerva an. Auf der nördlichen Kuppe, *arx* (»Burg«) genannt, befand sich eine Zitadelle sowie das Heiligtum der Iuno Moneta. Die drei Gottheiten bildeten die kapitolinische Trias. Clivus Capitolinus hieß die Fahrstraße vom Forum zum C.

Caprae palus: Ziegensumpf, versumpfte Senke im Marsfeld (s. *Martius campus*).

Capua: alter Name *Volturnum*; der Name *Capua* wird von der etruskischen *gens Capia* hergeleitet, oder von ihrem sagenhaften Gründer, dem Troianer Kapys (Capys), oder hängt Livius zufolge mit *campana*, »flaches Land«, zusammen. Um 800 von Etruskern gegründete reiche Stadt des nördlichen Kampanien, bis ins 5. Jh. unter der Herrschaft der Etrusker, 424 im Besitz der Samniten. Etwa seit 300 unter römischem Einfluss, fiel die Stadt im Zweiten Punischen Krieg ab, unterstützte Hannibal, wurde von Rom 211 zurückerobert und als Gemeinde aufgelöst, der *Campanus ager* gebietsweise enteignet.

Capys: s. *Capua* und *Silvii*.

Carmenta, auch *Carmentis*: altrömische Gottheit, ursprünglich wohl Quellnymphe oder Geburtsgöttin mit eigenem *flamen*, von prophetischer Begabung (Name bedeutet: »voll von Wahrsprüchen«); später mit der Mutter des Euander gleichgesetzt. Ihr Grab beim Kapitol gab der Porta Carmentalis den Namen, dem Stadttor südwestlich des Kapitols zum Marsfeld hin. Ihr Fest waren die *Carmentalia*.

Carnutes: an dem Zug nach Italien beteiligtes gallisches Volk, das später zwischen Seine und Loire siedelte.

Carthago: im 9. Jh. vom phönizischen Tyros aus auf einer Halbinsel nördlich des heutigen Tunis gegründete Stadt, reich durch Seehan-

del. Der starke Expansionsdrang führte im 6. Jh. zu einem Bündnis mit den Etruskern gegen die griechischen Phokaier (535 Seesieg bei Alalia). Im ersten, allerdings umstrittenen Vertrag mit Rom (509) erhielt Rom Latium und das westliche Mittelmeer; Sizilien und Sardinien wurden den Karthagern als Herrschaftsgebiet zugewiesen. Nach der direkten Konfrontation mit Rom, ausgehend vom Streit um den Besitz von Sizilien, in den drei Punischen Kriegen wurde die Stadt 146 zerstört und zur Kolonie. Neugründung unter Caesar und Augustus, später kulturell und wirtschaftlich bedeutend.

Carventum: Stadt in Latium, wohl nahe dem Algidus (s. d.), daher von Aequern und Römern umkämpft.

Sp. Cassius Vecellinus: Konsul 502, 493, 486, *magister equitum* (Reiteroberst) des ersten römischen Diktators. Unter seinem 2. Konsulat war die Plebs auf den heiligen Berg ausgezogen. Er soll 493 das sog. *foedus Cassianum* geschlossen haben, ein Bündnis zwischen Rom und den latinischen Städten. Man beschuldigte ihn, nach der Königsherrschaft zu streben, und verurteilte ihn 485 zum Tode.

Castor (und Pollux): die Dioskuren, Söhne des Iuppiter, Schutzgötter der Reiterei mit altem Kult in Tusculum und Lavinium. Der Castortempel, von dem spätere Bauelemente auf dem Forum Romanum noch zu sehen sind, wurde 484 zum Andenken an die Hilfe der Dioskuren bei der Schlacht am See Regillus geweiht. Reste einer Statuengruppe der Dioskuren aus dem 5. Jh. sind noch erhalten.

Celtae: s. *Gallier.*

Cenomani: gallisches Volk, das sich an der Einwanderung nach Italien beteiligte; Hauptorte Brixia (Brescia) und Verona.

Ceres: altitalische Gottheit mit fruchtbarkeitsförderndem und chthonischem Charakter, gleichgesetzt mit griech. Demeter, Göttin der Ernte. Als Garantin der Getreidezufuhr vor allem von der Plebs verehrt. 493 wurde ihr zusammen mit Liber und Libera zwischen Aventin und Circus Maximus ein Tempel geweiht, der sich zum sakralen Zentrum der Plebs entwickelte (Archiv und Kasse der Plebs, Asylrecht). Wer sich an plebejischen Beamten vergriff, wurde zum Tode verurteilt, seine Habe wurde am Cerestempel versteigert.

Cincinnatus: s. *L. Quinctius Cincinnatus.*

Circe (Kirke): Tochter des Helios und der Perseis, zaubermächtige Göt-

tin auf der Insel Aiaia (im Osten lokalisiert, später im Westen, vgl. *Circei*); Odysseus (s. *Ulixes*) kommt auf seinen Irrfahrten auf die Insel, C. verwandelt seine Gefährten zeitweise in Schweine. Odysseus lebt ein Jahr lang bei C. und hat der Sage nach Söhne von ihr. Die *Mamilia gens* betonte ihre Abstammung von C. und Odysseus.

Circei: Hafenstadt im südlichen Latium, nach der Zauberin Circe benannt, etwa 100 km südlich von Rom beim heutigen Terracina am Kap Circeo, im 6. Jh. volskisch, dann römisch, von Coriolanus für die Volsker zurückerobert.

Claudia gens: ein angeblich um 504 aus der Sabinerstadt Regillum (daher Beiname Inregillensis) unter Führung des Atta (oder Attius) Clausus nach Rom eingewandertes und sofort in den Kreis der Patrizier aufgenommenes Geschlecht, aus dem in der Republik führende Politiker hervorgingen, wie Appius Claudius Caecus, Censor 312, Erbauer der Via Appia. Stamm der julisch-claudischen Kaiserdynastie (Tiberius). In der Geschichtsschreibung wurden sie als adelsstolze, plebejerfeindliche Aristokraten dargestellt.

Ap. Claudius Crassus Inregillensis (Appius Claudius): Konsul 471 und Decemvir von 451–449 (bei Livius fälschlich Sohn des Konsuls von 471; tatsächlich sind Konsul und Decemvir identisch). In wilder Leidenschaft entbrannt, wollte er die Bürgertochter Verginia über einen Gefolgsmann zur Sklavin und damit zu seinem Eigentum machen. Doch als deren Vater sie tötete, um die Entehrung seiner Tochter zu verhindern, löste er seinen eigenen Sturz aus und schied freiwillig aus dem Leben. Die Historizität dieser Ereignisse ist nicht beweisbar.

Ap. Claudius Crassus: (1) Konsulartribun des Jahres 424, Sohn des Decemvirn. (2) Konsulartribun des Jahres 403, der sich für den Winterfeldzug gegen Veji und die Einführung des Soldes einsetzte.

Ap. Claudius: (1) auch Attius Clausus, Ahnherr der *gens Claudia*, aus Regillum, kam 504 mit 5000 Gefolgsleuten nach Rom, wurde 495 Konsul, harter Gegner der Plebs am Beginn der Ständekämpfe. – (2) Sohn des vorigen, 471 Konsul, Führer der Patrizier gegen die Plebs.

C. Claudius Inregillensis: Konsul 460, Bruder des Decemvirn Ap. Claudius (bei Livius fälschlich dessen Onkel). Als Vertreter der *gens Claudia* harter, aber fairer Gegner der Plebejer.

M. Claudius: Gefolgsmann des Ap. Claudius.

Cloaca maxima: der Hauptkanal des stadtrömischen unterirdischen Abwassersystems, aus Tuffquadern gewölbt, 190 m lang, 4 m breit, mit großer Bogenöffnung in den Tiber mündend. Galt immer als außerordentliches Bauwerk und ist noch erhalten.

Cloacina: frühes Heiligtum der Venus an der späteren Einmündung der *Cloaca maxima* in das Forum. Soll »die Reinigende« bedeuten, da sich dort Römer und Sabiner bei der Versöhnung nach dem Mädchenraub mit der Venus heiligen Myrtenzweigen reinigten.

Cloelia: adliges junges Mädchen aus Rom, durchschwamm den Tiber und befreite sich und ihre Mitgefangenen aus der Geiselhaft des Königs Porsenna.

Cloelii: eine Adelsfamilie aus Alba Longa, führte ihren Ursprung auf einen Gefährten des Aeneas zurück; in Rom *Cloelia gens.*

Tullus Cloelius: Gesandter an den Vejenterkönig Lars Tolumnius, von ihm ermordet.

Cluilius: als Aequer Feldherr der Volsker 443, bei Ardea geschlagen.

C. Cluilius: König von Alba Longa, Heerführer gegen Rom zur Zeit des dritten römischen Königs Tullus Hostilius, errichtet ein grabengesichertes Lager auf römischem Gebiet, Übertragung des Namens auf ein späteres Entwässerungs- und Grenzgrabensystem (*Cluiliae fossae*).

T. Cluilius Siculus: Konsulartribun des Jahres 444, Mitglied der Dreierkommission von 442 zur Koloniegründung in Ardea.

Clusium: etruskische Stadt, heute Chiusi, etwa 150 km nördlich von Rom an der *Via Cassia* gelegen. Porsenna, der König von Clusium, versuchte die vertriebenen Tarquinier nach Rom zurückzuführen. Arruns, ein Bürger der Stadt, soll die Gallier gegen einen Rivalen zu Hilfe geholt und damit den Galliersturm auf Rom ausgelöst haben. Gesandte aus C. melden als erste die Galliergefahr.

Collatia: alte sabinische Stadt in Latium, östlich von Rom; durch die Via Collatina mit Rom verbunden.

Collatinus: L. Tarquinius Collatinus, aus Collatia, Gatte der vom Sohn des Tarquinius Superbus entehrten Lucretia, vertrieb mit Brutus und anderen zusammen den König und seine Familie. Mit Brutus erster Konsul Roms (510/509), musste dann sein Konsulat niederlegen und in die Verbannung gehen.

Collina porta: Collinisches Tor, Stadttor im Norden Roms, an der nordöstlichen Spitze der Stadtmauer, oberhalb des Esquilinischen Tores, Ausgangspunkt für die Via Salaria und die Via Nomentana.

Columen: Heute Colonna bei Tusculum.

Pontius Cominius: leistete Kurierdienste zwischen dem in Veji sich sammelnden römischen Heer und dem von den Galliern belagerten Rom, durchschwamm dabei den Tiber und erstieg das belagerte Kapitol.

Comitium: Ort der Volksversammlungen in Rom, unmittelbar östlich an den *Capitolinus mons* anschließend, von den Straßen Argiletum und Clivus Argentarius sowie vom Forum aus erreichbar. Im Norden des Platzes das alte Rathaus (Curia Hostilia), in seiner Südostecke die Rostra.

Cora: heute Cori, südöstlich von Rom, alte Latinerstadt, dann im Besitz der Volsker, später latinische Kolonie im Grenzgebiet zwischen Latinern und Volskern.

Corbio: Stadt der Aequer, heute Rocca Priora östlich der Albanerberge, wegen der Nähe zum strategisch wichtigen Algidus (s. d.) in den Kriegen gegen Aequer und Volsker oft umkämpft, 457 vom Konsul Horatius Pulvillus zerstört.

Cn. Marcius Coriolanus: Coriolan, bei Dionysios von Halikarnass und Plutarch: Gaius, bei Livius Gnaeus Marcius C. genannt. Römischer Feldherr, erhielt seinen Beinamen durch seinen Einsatz bei der Eroberung von Corioli, wurde später als unversöhnlicher Gegner der Plebs verbannt (491), ging zu den Volskern über und zog gegen Rom (489/488). Vgl. die Lebensbeschreibung bei Plutarch und das Drama von Shakespeare.

Corioli: Volskerstadt, etwa 25 km südlich von Rom, 493 von den Römern erobert.

A. Cornelius: Quästor 459, vielleicht fehlerhaft für Ser. Cornelius Maluginensis, den Konsul des Jahres 485.

M. Cornelius: kooptierter Censor des Jahres 392.

P. Cornelius: das *cognomen* ist nicht rekonstruierbar (Cossus, Maluginensis oder Scipio), Konsulartribun des Jahres 394.

A. Cornelius Cossus: Pontifex Maximus, Konsul und Konsulartribun (428, 426), besiegte im Zweikampf den Vejenterkönig Lars Tolumnius und gewann als zweiter Römer (nach Romulus) die *spolia opima.*

Cn. Cornelius Cossus: vermutlich Sohn des A. Cornelius Cossus, mehrfacher Konsulartribun (414, 406, 404).

P. Cornelius Cossus: vermutlich auch Sohn des A. Cornelius Cossus, mehrfacher Konsulartribun (415, 408, 406, 404) und Diktator des Jahres 408.

L. Cornelius Maluginensis: Konsul 459, Sohn des Ser. Cornelius und Vater (in der Annalistik irrtümlich Bruder) des Decemvirn M. Cornelius. Er führte ein konsularisches Heer zur Eroberung von Antium, am Sturz der Decemvirn beteiligt.

M. Cornelius Maluginensis: (1) Decemvir 450; (2) Konsul des Jahres 436.

P. Cornelius Maluginensis: Konsulartribun der Jahre 397 und 390.

Ser. Cornelius Maluginensis: Konsul 485, starb als *flamen Quirinalis* an der Seuche von 453.

P. Cornelius Scipio: der erste Scipione wurde angeblich vom Diktator Camillus im Jahre 396 zum Reiteroberst im Krieg gegen Veji bestellt und war Konsulartribun des Jahres 395.

Corniculum: Heimatort der Ocrisia, der Mutter des Königs Servius Tullius, nordöstlich von Rom. Sie kommt von dort als Kriegsgefangene ins Haus des Königs Tarquinius Priscus.

Cremera: heute Valchetta, rechtes Nebenflüsschen des Tiber, an welchem Veji liegt, s. *Fabia gens.*

Creusa: Tochter des Priamus und der Hecuba, Gattin des Aeneas, Mutter des Iulus/Ascanius, wurde auf der Flucht aus Troia von einer Göttin (Aphrodite oder Kybele) entrückt.

Croton: griechische Stadt an der Ostküste von Bruttium, politisch aufstrebend zur Zeit der Ankunft des Pythagoras (s. d.); später Vertreibung der Pythagoräer von dort.

Crustumeria, Crustumerium, Crustumini: Stadt der Etrusker oder der Prisci Latini, etwa 12 km nördlich von Rom, mit Veji verbündet, beherrschte die Via Salaria (Salzstraße). Die crustuminische Ebene wurde nach der Einnahme der Stadt (499) mit dem römischen Staatsland, dem *ager Romanus,* vereinigt.

Crustumini montes: Berge im Sabinerland, in denen die Allia entspringt.

Cumae: bei Neapel gelegene, älteste und nördlichste griechische Kolonie in Italien (Kyme), um 750 gegründet; stand als Handelsmacht in

Kampanien in Rivalität zu den Etruskern. 420 von den Samniten erobert, seit 338 römisch. Bekannt durch sein Sibyllenorakel.

C. Curatius (Curtius?) Philo: Konsul des Jahres 445, Gegner der Politik des C. Canuleius (s. d.).

Cures: sabinische Stadt (eigtl. Cures Sabini) im Norden Roms. Wohnsitz des Königs T. Tatius und Heimat des Numa Pompilius.

Curia Hostilia: von König Tullus Hostilius auf dem Forum errichtetes Rathaus (*comitium*).

Curiatii: Die *gens* war verbunden mit der Sage vom Kampf der Drillingsbrüder der Curatier aus Alba Longa gegen die drei Horatier aus Rom. Die Überlieferung gehört zum Grundbestand der römischen Frühgeschichte.

P. Curiatius: mit M. Metilius und M. Minucius Volkstribun des Jahres 401, sie sollen die Konsulartribunen des Vorjahres wegen der Misserfolge in Veji angeklagt haben.

P. Curiatus Trigeminus: im Unterschied zu den übrigen Vertretern dieses Geschlechts Patrizier, Konsul 453 und Decemvir.

Curtius (Mettius Curtius): sabinischer Heerführer, der im Kampf gegen Romulus in einen Sumpf geriet, der angeblich nach ihm *lacus Curtius* hieß.

Cyprius (Ciprius) vicus: vom Argiletum in Richtung Esquilin ziehender Weg, der sich im oberen Teil nach rechts wandte (heute Via del Cerdello und Via del Colosseo).

L. Decius: bei Livius Volkstribun des Jahres 415, vermutlich aber unhistorisch.

Delphi: phokische Stadt am Abhang des Parnass, mit dem berühmten Heiligtum des Apollon, in dem eine Priesterin auf vorgelegte Fragen den Spruch des Gottes kundtat. Die Verbindungen zwischen Rom und Delphi reichen bis in die frühe Etruskerzeit zurück.

Demaratus: s. *Lucumo.*

Diana: italische Mondgottheit, Schützerin der Frauen und als Herrin des Wildes auch Jagdgöttin. Als eine der ersten in Rom eingeführten Gottheiten wurde sie mit der griechischen Artemis gleichgesetzt und bekam ein Heiligtum auf dem Aventin als Bundesheiligtum der Latiner (Diana Aventina).

Diana Nemorensis: italische Göttin (s. *Diana* und *Aricia*) mit Kultzentrum am Lacus Nemorensis, Nemisee, südöstlich von Rom, »der Spiegel der Diana« genannt. Der Dianahain (*nemus Dianae*) scheint eine Freistatt für entlaufene Sklaven gewesen zu sein.

Cn. Duilius: Plebejer und Konsulartribun des Jahres 399.

K. Duilius: Der Überlieferung zufolge Mitglied im zweiten Decemvirat.

M. Duilius: Volkstribun 471 und 449, initiierte 449 die zweite *secessio plebis*, den Auszug vom Aventin auf den heiligen Berg.

Ecetra: bedeutende Volskerstadt im Grenzgebiet zu den Aequern, die neben Antium im 5. Jh. eine wichtige Rolle im Kampf gegen Rom spielte, 378 zerstört.

Egeria: Quellgöttin im Dianahain bei Aricia, Ratgeberin (auch Gattin) König Numas, die sich ihm zufolge im heiligen Hain mit den Camenen traf (s. d.). Sie weissagte aus dem Wasser (*egerere*, »ausströmen«, von Gewässern).

Egerius: Sohn des Ar(r)uns, nach dessen Tod geboren; nachdem sein Bruder Lucumo (s. *L. Tarquinius Priscus*) König geworden war, regierte E. das eroberte Collatia (daher Cognomen: Collatinus). Vater des L. Tarquinius Collatinus, des Gatten der Lucretia.

Elitovius: Führer der gallischen Cenomanen, die sich im Zuge der Einwanderung bei Brescia und Verona ansiedelten.

Eneti: s. *Veneti.*

Ephesus (Ephesos): Stadt an der Küste von Karien, mit dem berühmten Tempel der Artemis, einem der sieben Weltwunder, war Bundesheiligtum der zwölf ionischen Städte. Noch zur Zeit des Paulus bedeutendes Pilgerzentrum.

Eretum: sabinischer Ort an der Via Salaria, dort Kämpfe der Römer gegen die Sabiner.

Esquiliae: Sammelname für die römischen Hügel Oppius und Cispius, im Osten Roms, zum Anio hin auslaufend.

Esquilina porta: Esquilinisches Tor, im Osten der Stadt, am Esquilinhügel gelegenes Stadttor, Ausgangspunkt der Via Gabina (Straße nach Gabii).

Esquilius mons: Esquilin, einer der sieben Hügel Roms, im Osten der Stadt gelegen.

Etruria: Landschaft in Mittelitalien, begrenzt im Westen vom Tyrrhenischen Meer, im Norden vom Apennin, im Osten und Süden vom Tiber; Land der Etrusker (s. d.), die heutige Toscana. Hauptorte: Arretium, Caere, Cortona, Perusia, Tarquinii, Veji, Vetulonia, Volsinii.

Etrusci, auch *Tusci:* Die kulturell hochentwickelten Etrusker, im 7./6. Jh. die führende Macht in Italien, waren in einem Bund von zwölf Städten organisiert (Bundestag in Volsinii, Bolsena) und dehnten ihre Vormachtstellung auf politischem, wirtschaftlichem und kulturellem Gebiet über Latium bis nach Kampanien hin aus. Auch zur See waren sie führend. Sie vermittelten Rom viele staatliche, kulturelle und religiöse Einrichtungen sowie technische Errungenschaften (u. a. Drainagetechnik, Bauwesen). S. auch *Roma, Tarquinii.*

Euander: Sohn des Hermes und einer Flussnymphe, aus dem Umkreis der arkadischen Stadt Pallanteum; galt seit dem 3. Jh. als erster Siedler, schon vor der Einwanderung der Troianer, im Gebiet des späteren Rom; besondere Ausgestaltung in Vergils *Aeneis*; Kultstelle auf dem Aventin.

Euganei: altes Volk im Osten von Oberitalien zwischen Alpen und Adriatischem Meer, von den Venetern vertrieben. Die Städte Aquileia, Patavium und Verona sollen euganeische Gründungen gewesen sein. Vgl. die Euganeischen Hügel in der Region Venetien.

Fabia gens, Fabii: angesehenes römisches Patriziergeschlecht, das zahlreiche Konsuln und Feldherrn stellte, wie Q. Fabius Maximus Cunctator (der Zögerer), ca. 280–203, Feldherr gegen Hannibal. 477 kämpfte ein Clan der Fabier an dem Fluss Cremera als Vorposten gegen Veji und wurde völlig aufgerieben.

Q. *Fabius:* Sohn des M. Fabius Ambustus. Wurde mit seinen beiden Brüdern in das von Galliern bedrohte *Clusium* als Gesandter geschickt. Als es zum Kampf kam, griff er ein und tötete den gallischen Feldherrn. Trotz dieses Rechtsbruchs wurde er 390 zum Konsulartribunen gewählt, was die Gallier zum Anlass nahmen, gegen Rom zu ziehen.

Cn. *Fabius Ambustus:* Konsulartribun der Jahre 406 und 390.

K. (Kaeso) Fabius Ambustus: Quästor des Jahres 409, mehrfacher Konsulartribun (404, 401, 395).

M. Fabius Ambustus: Vater der drei nach Clusium zu den Galliern gesandten Fabier. Die *gens* hatte inschriftlich bezeugte Verbindungen zu Clusium.

Q. Fabius Ambustus Vibulanus: Konsul des Jahres 412, vielleicht mit dem Konsul des Jahres 423 identisch.

C. Fabius Dorsuo: Er soll den Belagerungsring der Gallier durchbrochen und auf dem Quirinal das seiner Familientradition entsprechende Opfer dargebracht haben und, von den Galliern respektiert, heil wieder zurückgekehrt sein.

Q. Fabius Pictor: römischer Senator und Politiker, schrieb um 200 ein Geschichtswerk in griechischer Sprache, um romfeindlichen griechischen Historikern entgegenzutreten. Er behandelte die Geschichte Roms von der Gründung bis zu seiner Zeit (Ende des Zweiten Punischen Krieges). Sein Werk, das eine der Hauptquellen des Livius bildet, gehört zur sog. älteren Annalistik. Es ist nach dem Schema der Annalen verfasst, der von den Pontifices geführten Kalender bzw. Jahreschroniken, die neben den Beamtenlisten kurze Angaben zu besonderen Ereignissen jedes Jahres enthielten, wie Vorzeichen, Naturkatastrophen, Sühneopfer, Krieg und Frieden. 216 wurde er nach der Schlacht bei Cannae zum Delphischen Orakel gesandt.

Cn. Fabius Vibulanus: Konsul des Jahres 421, Kriegstribun 415.

M. Fabius Vibulanus: Konsul des Jahres 442, versuchte, den übervorteilten Ardeaten wieder zu ihrem Land zu verhelfen.

Q. Fabius Vibulanus: (1) Dreifacher Konsul (467, 465, 459). (s. *Fabia gens*). Während seines Konsulates von 467 befürwortete er die Landzuteilung an die Plebs. Nahm 458 an der Gesandtschaft zu den Aequern teil. (2) Sohn von (1), Konsul des Jahres 423, Konsulartribun 416.

Falerii, Falisci: Hauptstadt der Falisker, heute: Cività Castellana; alte, an die Etrusker assimilierte Stadt des südlichen Etrurien, deren wohl latinische Bevölkerung (*Falisci*) an der Seite von Veji und Fidenae gegen Rom kämpfte und sich Camillus ergeben musste. Aufgrund einer Erhebung nach dem Ersten Punischen Krieg wurde die Stadt zerstört, die Bewohner umgesiedelt.

Faunus: s. *Silvanus.*

Faustulus: Hirt des Amulius (s. d.) am *Palatinus mons*, nimmt die ausgesetzten Zwillinge Romulus und Remus zu sich und zieht sie auf.

Ferentinae lucus (Ferentinae aquae): Hain mit Quelle der latinischen Göttin Ferentina, vermutlich beim heutigen Ariccia bzw. bei Marino; Versammlungsort des latinischen Bundes.

Ferentinum: auch *Ferentum*, Ort an der Via Latina im Gebiet der Herniker.

Feronia: alte sabinische Göttin der Vegetation, mit bedeutendem Heiligtum in einem heiligen Hain: Lucus Feroniae, ein vielbesuchter Handelsplatz; Freigelassene hatten Beziehung zu ihr. Archäologische Zone beim heutigen Fiano Romano.

Ficana: latinische Stadt südwestlich von Rom an der Straße nach Ostia.

Ficulea: hier Alt-Ficulea genannt, weil man die Gründung dieser latinischen Stadt auf die Aborigines (s. d.) zurückführte; nordöstlich von Rom auf etwa halbem Weg zwischen Rom und Nomentum an der (späteren) Via Nomentana (hieß früher Via Ficulensis, nahm ihren Ausgang von der Porta Collina).

Fidenae: alte Latinerstadt nördlich Roms an der Via Salaria, wichtig für den Salzhandel, kämpfte gegen Romulus, später von den Etruskern von Veji als Ausgangsbasis für ihre Operationen gegen Rom verwendet (daher die Fidenaten als Etrusker bezeichnet), s. auch *C. Fulcinius.* Wegen ihres Aufstands nach dem Galliereinfall von den Römern um 426 zerstört.

Fides: Göttin der Vertragstreue; Personifikation eines Begriffs, schon sehr früh verehrt; ein Überlieferungszweig lässt ihren Tempel auf dem Palatin von Rhome, der Enkelin des Aeneas, gestiftet sein.

Flaminia prata: Dieses Land gehörte entweder einst der *gens Flaminia*, oder es erhielt den Namen nachträglich vom nahen Circus Flaminius.

M. Folius: Konsulartribun des Jahres 433, blieb als Pontifex Maximus beim Galliersturm in Rom und wurde 390 getötet.

Fucinus lacus: im Gebiet der Marser gelegener See mit wechselndem Wasserstand, im 19. Jh. trockengelegt.

Fufetius, Mettius F.: der Sage nach letzter Herrscher von Alba Longa; veranlasst den Zweikampf zwischen Curiatiern und Horatiern. Er wurde als treuloser Bundesgenosse von Tullus Hostilius umgebracht.

C. *Fulcinius:* wurde 438 als Gesandter in die römische Kolonie Fidenae geschickt, die zu König Lars Tolumnius von Veji abgefallen war, und auf Befehl des Königs ermordet.

Furius Agrippa: Praenomen unsicher (Sextus?), Konsulartribun des Jahres 391.

C. *Furius Pacilus (Paculus):* (1) Konsul des Jahres 441 und Mitglied im ersten Censorenkollegium von 435; (2) Sohn von (1), bekleidete dieses Amt selbst im Jahre 412.

L. *Furius Medullinus:* (1) Konsulartribun der Jahre 432 und 425; (2) Konsul der Jahre 413 und 409; Konsulartribun der Jahre 407, 405, 400, 398, 397, 395, 394, 391.

M. *Furius Camillus:* bedeutender Römer des beginnenden 4. Jh.s, Censor des Jahres 403 (bei Liv. 5,1,2 auch Konsulartribun), sechsfacher Konsulartribun (401, 398, 394, 386, 384, 381) und angeblich fünfmal Diktator, mit vier Triumphen, und dreimal Interrex. Eroberte nach zehnjähriger Belagerung 396 Veji, musste wegen angeblicher Unterschlagung eines Teils der Beute 391 ins Exil gehen. Nach dem Galliersturm 387 soll C. zurückgekehrt sein, die abziehenden Gallier geschlagen und ihnen das Lösegeld abgenommen haben. Er soll auch die Römer von einer Auswanderung nach Veji abgehalten haben.

P. *Furius Medullinus Fusus:* Konsul 472, Mitglied der Dreierkommission für die Landverteilung an die Plebs, fiel 464 im Aequerkrieg.

Sex. *Furius Medullinus:* Konsulartribun des Jahres 420.

Sp. *Furius Medullinus Fusus:* Bruder des P. Furius, als Konsul 464 von den Aequern umzingelt und von T. Quinctius befreit.

Sp. *Fusius:* F. ist eine ältere Form für Furius. Sp. F. als Person legendär, eine aus Tusculum stammende patrizische *gens* scheint nachweisbar.

Gabii: latinische Stadt östlich von Rom an der Straße nach Praeneste, gegründet von Sikulern oder von Alba Longa. Stellte sich gegen Rom, von Sextus Tarquinius durch List eingenommen.

Gabina Via: Die Gabinische Straße führte aus dem Esquilinischen Tor im Osten der Stadt nach der alten Latinerstadt Gabii, 20 km östlich von Rom.

Galli: indogermanisches Volk, in viele Stämme geteilt, von denen einige seit dem 6. Jh. in Italien einwanderten. Nach dem Angriff auf Rom

(Galliersturm, der Vorstoß wohl vom Stamm der Senonen unter Brennus 390/387) wurden die Hauptstämme in der Poebene sesshaft.

M. Geganius Macerinus: aus einer alten patrizischen *gens* (Geganii) aus Alba Longa, dreifacher Konsul (447, 443, 437), Censor 435 und Sieger über die Volsker von 443.

Proculus Geganius Macerinus: Bruder des M. Geganius Macerinus, Konsul des Jahres 440.

Cn. Genucius: Plebejer und Konsulartribun der Jahre 399 und 396.

M. Genucius Augurinus: angeblich Konsul des Jahres 445, obwohl die *gens Genucia* plebejisch war.

T. Genucius: Volkstribun 476, Beteiligung am ersten Decemvirat ungewiss.

Geryon: sagenhafter Riese mit drei Leibern; Hercules tötet ihn und raubt seine Rinder (s. *Cacus*).

Gracchus Cloelius: Führer der Aequer (458).

Graecia: Die Italiker leiteten den Namen von *Grai* ab, einem westgriechischen Stamm, den sie als Mitbegründer der ältesten griechischen Kolonie in Italien, Kyme/Cumae, kennenlernten.

Hadriaticum mare (auch mare superum): ursprünglich Name für den nördlichen Teil des Adriatischen Meeres (namengebend ist die venetische Stadt Atria (s. d.) zwischen den Mündungen des Atesis und Padus).

Heilige Straße: s. *Sacra via.*

Heiliger Berg: s. *Sacer mons.*

Helena: nach Homer Tochter des Zeus und der Leda, galt als die schönste Frau ihrer Zeit. Von Theseus entführt, dann mit Menelaos, dem König von Sparta, vermählt, wird sie von dem Priamossohn Paris nach Troia entführt und Anlass zum Troianischen Krieg. Danach kehrt sie mit Menelaos nach Sparta zurück.

Heraclea: von Griechen gegründete Stadt am Golf von Tarent, zu Lukanien gehörend.

Hercules (griech. *Herakles*): Sohn des Zeus und der Alkmene, schon als Kind von Hera angefeindet. Als Sühne für Gewalttaten muss H. zwölf Arbeiten verrichten, später als Wohltaten für die Menschen angese-

hen. Er soll auf seinen Zügen Gallien erreicht und über Ligurien nach Italien gekommen sein; dort hat er sehr früh schon zahlreiche Kulte und Heiligtümer gehabt – wie die Ara Maxima, deren Gründung (s. *Cacus*) in Vergils *Aeneis* ausführlich beschrieben wird – in Rom in der Gegend des Forum Boarium.

Hercyneus saltus: generelle Bezeichnung für die Waldgebirgszüge Mitteleuropas.

Ap. Herdonius: Sabiner, nützte der Überlieferung zufolge 460 den Parteienstreit in Rom aus, um mit Verbannten und Sklaven das Kapitol zu besetzen; mit Hilfe der Tusculaner geschlagen.

Turnus Herdonius: aus Aricia (s. d.). Wegen Widerspruchs gegen Tarquinius Superbus ermordet. Der Name ist sabinisch.

Sp. (Lars?) Herminius: Konsul 448.

T. Herminius: Kamerad des Horatius Cocles auf dem *pons sublicius*, Konsul 506, soll in der Schlacht am See Regillus gefallen sein.

Hernici: oskisches Bergvolk südöstlich von Rom, dessen Land sich keilförmig zwischen den Gebieten der Volsker und Aequer erstreckte. Rom schloss 486 mit den Hernikern ein Bündnis, um damit die Volsker von den Aequern zu trennen.

Hersilia: eine der geraubten Sabinerinnen. Gattin des Romulus, Großmutter des Tullus Hostilius, trat als Friedensstifterin auf.

Horatia: Schwester der Drillinge der Horatier, einer patrizischen *gens*, Verlobte eines der Curiatii (s. d.), von ihrem siegreichen Bruder P. (M.) Horatius getötet.

L. Horatius Barbatus: Konsulartribun des Jahres 425, Sohn des M. Horatius Barbatus.

M. Horatius Barbatus: Konsul 449. In der Historiographie als Plebejerfreund dargestellt; Gegner der Decemvirn. Nach deren Sturz soll er die Zwölftafelgesetze öffentlich aufgestellt haben.

P. Horatius Cocles (der Einäugige): verteidigte den *pons sublicius*, die Pfahlbrücke zum Ianiculum, heldenhaft gegen das Heer des Porsenna.

C. (M.?) Horatius Pulvillus: Konsul 477 und 457, starb als Augur an der Seuche von 453.

M. Horatius Pulvillus: nach der Abdankung des ersten Konsuls L. Tarquinius Collatinus war er *consul suffectus* (509), zusammen mit P.

Valerius Publicola; weihte den Tempel des Iuppiter auf dem Kapitol ein, wohl zweites Konsulat 507.

L. Hortensius: verzichtete nach dem Widerstand seiner Kollegen als Volkstribun 422 auf die Anklage gegen C. Sempronius.

Host(i)us Hostilius: römischer Anführer im Krieg der Sabiner gegen Rom, fällt im Kampf auf dem Forum.

Tullus Hostilius: dritter König von Rom, Nachfolger Numas, Enkel des Hostius Hostilius (s. d.). Erobert Alba Longa und siedelt die Bewohner auf dem Caelius an; das Sitzungsgebäude des Senats, die *Curia Hostilia*, ist nach ihm genannt. Im Eroberungsdrang an Romulus, in Neuordnungen staatlicher und sakralrechtlicher Art (Bau von *Comitium* und *Curia Hostilia*; Fetialrecht) an Numa anknüpfend. Tod durch Blitzschlag.

Ianiculum: Janusberg, rechts des Tiber in einer südostwärts ausgreifenden Flussschleife gelegener Hügel Roms, heute Gianicolo. Seiner strategischen Bedeutung wegen früh ins Stadtgebiet einbezogen und durch Brücken angeschlossen.

Ianus: altitalischer Gott des Anfangs (Januar) und des Ein- und Ausgangs, der öffentlichen Tore. Auch Ianus Quirinus. Dargestellt als doppelgesichtig. Wichtig der I. gewidmete Torweg *Ianus geminus*, Ianusbogen genannt (zwei sich kreuzende, an den Ecken verbundene Torbögen), am Durchgang zu Argiletum und Quirinal. Im Frieden wurden seine Tore geschlossen.

L. Icilius: (1) mehrfacher Volkstribun, angeblich Initiator des Gesetzes für die Freigabe des Aventin an die Plebs (*Lex sacrata Icilia de Aventino publicando*, 456). Verlobter der Verginia, maßgeblich an der zweiten *secessio plebis* beteiligt; wird auf dem Aventin (s. *Aventinus mons*) zum Volkstribunen gewählt. (2) Volkstribun des Jahres 412, vermutlich Sohn von (1).

Ilium: s. *Troia*.

Insubres: gallisches Volk, das nach der Einwanderung in Italien Mediolanum (Mailand) gründete.

Inuus: Herdengott, häufig mit Faunus oder Pan gleichgesetzt. Ihm soll ursprünglich das Fest der *Lupercalia* gegolten haben.

Italia: angeblich nach einem König Italos genannt. Zuerst wohl nur

Name für den Süden des heutigen Italien, war der Begriff im 4. Jh. deckungsgleich mit der *Magna Graecia* und umfasste zur Zeit des Ersten Punischen Krieges die Halbinsel bis zu den Alpen.

Iulia gens, Iulii: aus Alba Longa stammendes, politisch hervorragendes patrizisches Geschlecht, nannte sich nach Iulus/Ascanius, dem Sohn des Aeneas. Die Betonung der Abstammung von den Göttern (über Aeneas' Mutter Venus) gehörte zu Iulius Caesars politischer Propaganda.

C. Iulius Iul(l)us: (1) Konsul 489, Mitglied des ersten Decemvirates und Vermittler zwischen Senat und Plebs; (2) dreifacher Konsul 447, 435, 434; (3) Konsulartribun der Jahre 408 und 405, starb 392 als Censor.

L. Iulius Iullus: (1) Konsulartribun 438, 432/431, Reiteroberst des Diktators A. Postumius Tubertus. Konsul des Jahres 430. Auf ihn geht das Gesetz über die Umwandlung der Strafen von Vieh auf Geld zurück; (2) Konsulartribun der Jahre 403, 401 und 397.

Sex. Iulius Iullus: Konsulartribun des Jahres 424, Bruder des Konsuls von 430.

C. (oder Cn.) Iulius Mento: Konsul des Jahres 431, weihte den ersten Apollotempel Roms.

Iulius Proculus, Proculus Iulius: soll als Zeuge für die Vergöttlichung des Romulus aufgetreten sein (schon bei Ennius).

C. Iunius: Volkstribun des Jahres 423, Gegner der Postumier.

Q. Iunius: Volkstribun des Jahres 439, Anhänger des Sp. Maelius.

L. Iunius Brutus: s. *Brutus.*

Iuno: Himmels- und Mondgöttin, dann Gefährtin des Iuppiter, Name mit *iu-venis* zusammenhängend gedeutet, daher Begleiterin des Frauenlebens als Ehe- und Geburtsgöttin. In Mittelitalien mit zahlreichen lokalen Kulten. Viele Wesenszüge aus italischen Lokalgottheiten abgeleitet, später mit Hera gleichgesetzt und als Gattin Iuppiters (*Iuno Regina*) mit ihm und Minerva (s. d.) auf dem Kapitol verehrt (kapitolinische Trias).

Iuno Regina: auch die Stadtgöttin Vejis, die von Camillus im Ritus der *evocatio* evoziert (»herausgebetet«, ausgebürgert) und 392 auf dem Aventin angesiedelt wurde.

Iuno Moneta: als die »Mahnerin« hatte Iuno einen Tempel auf der *arx*, der nordöstlichen Höhe des Kapitolinischen Hügels. Von dort hatte

sich der Überlieferung zufolge nach einem Erdbeben eine Stimme vernehmen lassen, die zu einem Sühneopfer mahnte. Man mag auch an die der Iuno heiligen Gänse denken, die durch ihr Schnattern »gemahnt« und damit das Kapitol vor dem Angriff der Gallier gerettet haben sollten. In der Nähe befand sich die Geldprägestätte, daher »Münze«, »Moneten«. Da in diesem Tempel auch die *libri lintei* aufbewahrt wurden, die »leinenen Bücher«, auf Leinwand geschriebene alte Chroniken, wurde Iuno auch mit *memoria, mnemosýne*, Erinnerung, Gedächtnis, zusammengebracht.

Iuppiter: ältester und oberster Gott der römischen Religion, gleichzusetzen mit dem griechischen Zeus. Der Name (*dieu-pater*) bedeutet wohl »Vater des Himmelslichts«. An zahlreichen Orten verehrt. Heilige Tage: die Iden, d. h. die ursprünglichen Vollmondtage. Als I. Optimus Maximus der Staatsgott Roms. Haupttempel auf dem *Capitolinus mons*, dem Mittelpunkt des gesamten römischen Staatskultes, wo I. zusammen mit Iuno und Minerva verehrt wurde. Ihm zu Ehren auch *ludi Capitolini.*

Iuppiter Elicius: von *elicio*, »hervorlocken«. Mit dem Beinamen ist in der Auguralsprache das Entsenden des Blitzes durch Iuppiter gemeint, als Antwort auf das Gebet eines Priesters, der dieses Zeichen dann deutet.

Iuppiter Feretrius: Ableitung des Namens von *ferire*: »schlagen« (der römische Feldherr erschlägt den feindlichen Führer und weiht I. F. die *spolia opima*) – oder vom »Schlagen« bzw. »Schlachten« des Schweins beim Schließen von Verträgen: *foedus ferire*, ein Bündnis, einen Vertrag schließen, I. als Gott der Eide und Verträge.

Iuppiter Stator: Iuppiter, der das weichende Heer zum Stehen bringt, der ihm Standfestigkeit verleiht. I. S. hatte zwei Tempel in Rom: beim Palatium und beim Circus Flaminius auf dem Marsfeld.

Iuventas: Göttin (»Jugend«), im kapitolinischen Tempel verehrt, aus dem sie sich der Legende nach nicht hatte entfernen lassen. Man opferte ihr beim Erreichen des Erwachsenenalters, beim Anlegen der *toga virilis.*

Labici: Ort in Latium, etwa 25 km südöstlich von Rom, Ziel der *Via Labicana*, seit 418 römische Kolonie, das Gebiet sollte als Abwehrzone gegen die Aequer und Volsker dienen.

C. Lacerius: kooptierter Volkstribun des Jahres 401.

C. Laetorius: Volkstribun 471.

M. Laetorius: Centurio, dem 495 die Weihe des Merkurtempels übertragen war.

Laevi Ligures: alter Stamm der Ligurer am Ticinus, Gründer von Ticinum (Pavia).

Lanuvium: Latinerstadt am Südhang der Albanerberge, dem Mythos zufolge von Diomedes gegründet, Kolonie von Alba Longa, seit 338 römisches *municipium*, Gemeinde mit vollem Bürgerrecht, mit Tempel und Hain der Iuno Sospita (Fürsprecherin), heute Lanuvio bei Genzano (archäologische Zone).

Lar, Lars: ein etruskischer Vorname (Larth), auch als Herrschertitel gebraucht (Lars Porsenna).

Sp. Larcius Rufus: Bruder des T. L., Konsul 506 und 490, Helfer des Horatius Cocles auf dem *pons sublicius*, 488 Gesandter zu Coriolan, 482 Interrex.

T. Larcius Flavus: Konsul 501, 498 und erster Diktator Roms 501 (oder 498).

Larentia: s. *Acca Larentia.*

Lars Tolumnius: König von Veji, veranlasste in Fidenae die Ermordung der römischen Gesandten, wurde im Krieg gegen Rom von A. Cornelius Cossus im Zweikampf getötet, seine Rüstung wurde als *spolia opima* dem Iuppiter Feretrius geweiht.

Latina Via: Straße von Rom ins südliche Latium und weiter nach Kampanien bis Capua, wo sie in die Via Appia mündet.

Latini: Bewohner von Latium, der mittelitalischen Küstenlandschaft südlich und südöstlich von Rom. Nach dem Mythos Nachkommen des Königs Latinus. Die Latiner waren in einem Städtebund organisiert (Latinerbund, bis 338). Wichtigste Städte: Alba Longa, Tibur, Gabii, Tusculum, Aricia, Lanuvium, Lavinium. Nach dem Ende der etruskischen Vorherrschaft Kampf der Latiner gegen Rom, das nach dem Sieg am See Regillus mit ihnen ein Bündnis schließt (496) und in der Folgezeit die Hegemonie im Latinerbund gewinnt.

Latinus Silvius: s. *Silvii.*

Latinus: letzter König des Urvolks von Latium (*Aborigines*), der Name wird auch mit Latinos, dem Sohn des Odysseus und der Circe (Kir-

ke), in Zusammenhang gebracht. Schließt ein Bündnis mit Aeneas und den Troianern und gibt ihm seine Tochter Lavinia zur Frau.

T. Latinius: von Iuppiter gemahnt wegen der Großen Spiele.

Latium (s. *Latini*): Landschaft um Rom. Ausdehnung: von den Sabiner-, Aequer- und Hernikerbergen umschlossen.

Latona: lat. Name für Leto, die Mutter des Apollo, die in Rom im Tempel des Apollo Medicus verehrt wurde und auch im *lectisternium* (»Götterbewirtung«) von 399 gemeinsam mit ihm einen Platz bekam.

Laurens ager, Laurentes: Mark der Laurenter im Süden von Rom, küstennah.

Lavinia: Tochter des Latinerkönigs Latinus, erst dem Rutulerkönig Turnus versprochen, dann Gattin des Aeneas.

Lavinium: latinische Küstenstadt südlich von Rom, neben Alba Longa eine der Mutterstädte Roms. Nach dem Mythos von Aeneas gegründet und nach seiner Gattin Lavinia benannt. Heiliger Bezirk mit den dreizehn Altären, dem ursprünglichen Bundesheiligtum des Latinerbundes, und dem Heroon des Aeneas mit den Penaten (s. d.). Archäologische Zone bei Pratica del Mare / Pomezia.

Liber, Libera: altitalische Vegetationsgottheiten, Namen mit *libare* (»gießen«), *liberare* (»befreien«) oder *liberi,* »Kinder« der Erdgöttin Ceres, erklärt. Durch frühe Angleichung an Dionysos genuine Wesenszüge unklar, mit seiner Gattin (Schwester) Libera und Ceres (s. d.) als Trias verehrt, Tempeleinweihung 493; Fest der Liberalia am 17. März.

Libui (sonst *Libici*): gallisch-ligurisches Volk Oberitaliens.

C. Licinius: einer der ersten Volkstribunen.

P. Licinius Calvus: die *gens* der Licinier möglicherweise etruskischen Ursprungs, L. C. war Livius zufolge 400 und 396 als erster Plebejer Konsulartribun.

C. Licinius Macer: Plebejer, bekleidete im 1. Jh. hohe Ämter, Gegner der Optimaten. Gehört zur sog. jüngeren Annalistik. Verfasser von nur fragmentarisch erhaltenen *Annales,* mit popularer Tendenz, in denen er sich zur genaueren Datierung auf die *libri lintei* stützt, ein auf Leinwand geschriebenes Verzeichnis römischer Beamter, das im Tempel der Iuno Moneta aufbewahrt wurde. Er war eine Quelle für Livius' erste Dekade und für Dionysios von Halikarnass.

Lingones: gallisches Volk, das nach Mittelitalien einwanderte.

Lipara: heute Lipari, die größte Insel der gleichnamigen vulkanischen Inselgruppe (Stromboli), 575 von den Griechen kolonisiert. L. schuf sich im Kampf mit den Etruskern eine bedeutende Seemacht, Besitz war im 4. Jh. zwischen Karthagern und Griechen strittig, ab 252 römisch.

Longa Alba: s. *Alba Longa.*

Longula: volskische Stadt bei Corioli, von den Römern eingenommen, von Coriolanus für die Volsker zurückerobert.

Luceres: die dritte der patrizischen Ur-Tribus. Der Name ist etruskisch, die Deutung ungewiss (Lucumo? Lucerus? *lucus*?).

Lucretia: Gattin des L. Tarquinius Collatinus; vom Königssohn Sex. Tarquinius vergewaltigt, verübte sie Selbstmord und gab damit den Anlass zum Sturz des Königtums.

Lucretius Tricipitinus (Hostus L. T.): Konsul des Jahres 429. Der Beiname wahrscheinlich nicht im Zusammenhang mit einer dreiköpfigen urtümlichen Gottheit, sondern einem Ort Tricipitium »Dreihaupt«.

L. Lucretius Tricipitinus Flavus: Konsul des Jahres 393, war Konsulartribun 391, 388, 383 und 381, kämpfte gegen die Aequer.

L. Lucretius Tricipitinus: Konsul 462, Triumph über Aequer und Volsker, Stadtpräfekt, angeblich Gegner der Decemvirn.

P. Lucretius Tricipitinus: Konsulartribun der Jahre 419 und 417, deckte eine Sklavenverschwörung auf.

Sp. Lucretius (Tricipitinus): Vater der Lucretia, Nachfolger des gefallenen Brutus als Konsul 509, starb nach kurzer Zeit.

T. Lucretius: Konsul 508 mit P. Valerius, kämpfte gegen Porsenna.

Lucumo: etruskischer Titel und auch Eigenname. (1) ursprünglicher Name des Sohnes des aus Korinth geflohenen Demaratus, der sich in Tarquinii niedergelassen hatte. Lucumo wanderte nach Rom aus und nannte sich dort L. Tarquinius Priscus, s. d. (2) s. *Clusium.*

Macedonia: vielfach gegliederte Landschaft im Norden von Thessalien – östlich an Thrakien, westlich an Illyrien grenzend. Die führenden Geschlechter sind griechisch, wohl aus Thessalien gekommen. Seit 146 römische Provinz.

Sp. Maecilius: Volkstribun 417/416, legte ein Ackergesetz vor, betrieb die Gründung einer Kolonie in Labici (s. d.).

P. Maelius: Konsulartribun des Jahres 400.

Sp. Maelius: (1) reicher Plebejer, der nach der Überlieferung während einer Hungersnot das Volk durch Getreidespenden unterstützte und daraufhin verdächtigt wurde, nach der Königswürde zu streben. Unter der Diktatur des L. Quinctius Cincinnatus 439 vom Reiterobersten C. Servilius Ahala erschlagen. (2) Gleichnamiger Verwandter, agitierte erfolglos in dessen Sinne.

P. Maenius: Konsulartribun des Jahres 396.

Maesia Silva: waldiges Küstengebiet im Umkreis von Ostia; Ancus Marcius nahm es Veji ab, um die Tibermündung zu beherrschen.

Mamilia gens: frühes Fürstengeschlecht aus Tusculum, leitete sich von Mamilia her, der Tochter des Telegonus, des Sohnes des Ulixes (Odysseus) und der Circe.

L. Mamilius: sandte als Diktator von Tusculum 460 Rom Hilfe gegen Ap. Herdonius (s. d.), bekam dafür das römische Bürgerrecht.

Octavius Mamilius: erster bekannter Angehöriger der *Mamilia gens*, Fürst in Tusculum (s. d.), Parteigänger und Schwiegersohn des L. Tarquinius Superbus, nahm den vertriebenen Schwiegervater auf, mobilisierte den Latinerbund gegen Rom; in der Schlacht am See Regillus (499 oder 496) als Führer der Latiner gefallen.

Sex. Mamilius: anlässlich der zweiten *secessio plebis* zum Kriegstribunen gewählt.

Manen: Totengeister, Seelen der Verstorbenen, die man durch Verehrung und Grabkult günstig stimmen musste, auch allg. für den Toten gebraucht: seine Manen.

A. Manlius: Konsulartribun der Jahre 405, 402, 397.

M. Manlius: Konsulartribun des Jahres 420.

P. Manlius: Konsulartribun des Jahres 400.

M. Manlius Capitolinus: Konsul des Jahres 392; als Verteidiger des Kapitols soll er, von Gänsen geweckt, die Gallier in die Flucht geschlagen haben. Der Überlieferung nach versuchte er durch plebejerfreundliche Politik die Alleinherrschaft zu erwerben und wurde deshalb 384 zum Tode verurteilt und vom Tarpeischen Felsen gestürzt.

T. Manlius Imperiosus Torquatus: Diktator 353, 349; Konsul 347, 344, 340, berühmt durch seinen sieghaften Zweikampf mit einem Gallier, dem er die Halskette (*torques*) abnahm. Ließ seinen Sohn wegen befehlswidrigen Kampfes hinrichten. Errang auch einen entscheidenden Sieg über die Latiner.

T. Manlius Torquatus: Konsul 235, 224, Diktator 208, eroberte Sardinien, schloss den Ianusbogen.

A. Manlius Vulso: Konsul 474, gehörte dem ersten Decemvirat an, zum Studium der solonischen Gesetze nach Athen geschickt.

Ancus Marcius: der vierte König Roms und Enkel des Numa Pompilius. Er erweiterte Stadt und Feldmark Roms, gründete Ostia und weihte den Tempel des Iuppiter Feretrius. Unter seiner Regierung sollen die Tarquinier nach Rom gekommen sein.

Cn. Marcius: s. *Coriolanus.*

Mars: alter italischer Bauerngott (urspr. Schützer der Grenzen der Feldflur), nach Angleichung an griech. Ares Kriegsgott: Stammvater des Romulus und Remus, daher auch Roms: Ihm waren das Marsfeld und der März geweiht, er hatte einen Eigenpriester (*flamen Martialis*), die Priesterschaften der Salier trugen in seinem Kult zu ihren Tänzen altertümliche Rüstungen und die heiligen Schilde. Beinamen: Gradivus (»der im Kampf Voranschreitende«) und Quirinus (Speergott?). Ihm wird auf dem Marsfeld das Opfer der Suovetaurilien dargebracht (Stier, Schaf und Schwein). Der ihm geweihte Monat März war in früherer Zeit der römische Jahresanfang (mit Beginn der Ackerbestellung und der Feldzüge).

Martius campus: auch *Martius ager*, östlich vom Tiber, dem *Vaticanus ager* gegenüber gelegenes Areal mit Kultstätten des Mars. Im Osten begrenzt durch die Via Flaminia, im Süden durch das Kapitol. Das Gelände war von den Tarquiniern als Ackerland genutzt, nach ihrer Vertreibung enteignet und dem Mars geweiht worden. Platz für sportlich-militärische Übungen und Zusammenkünfte.

Massilienses: Bewohner von Massilia (Marseille), einer von Phokaiern um 600 gegründeten Kolonie, die den Galliern griechische Kultur vermittelte.

Matuta Mater: italische Fruchtbarkeitsgöttin, deren Tempel von Camillus erneuert wurde; Fest: *Matronalia.*

Mediolanum: auch *Mediolanium,* heute Mailand, Milano, von den gallischen Insubrern gegründete Stadt, die seit 194 unter römischer Herrschaft stand.

Medullia: Stadt im Norden von Rom, vermutlich in der Nähe von Nomentum.

M. Menenius: Volkstribun des Jahres 410, soll ein Ackergesetz beantragt haben.

Menenius Agrippa: Konsul 503, besiegte die Aurunker, bekannt durch seine Vermittlerrolle 494 beim Auszug der Plebs auf den heiligen Berg. Er erzählt die Fabel vom Magen und den Gliedern.

Agrippa Menenius Lanatus: Konsul des Jahres 439, in dem Sp. Maelius getötet wurde. Zweifacher Konsulartribun (419, 417).

T. Menenius Lanatus: Sohn des Menenius Agrippa, Konsul 477, wegen seines unglücklichen Kampfes gegen die Etrusker 476 angeklagt und verurteilt.

Mercurius: römischer Schutzgott des Handels und der Kaufleute (volkstüml. Herleitung von *merx* »die Ware«), gleichgesetzt mit griech. Hermes. Sein 495 geweihter Tempel befand sich nahe beim Circus Maximus, 399 im *lectisternium* verehrt; Merkur war eine Gottheit der Plebejer, die daher das Recht der Tempelweihe für sich in Anspruch nahmen.

Metapontum: Stadt am Golf von Tarent, in Lukanien, von Griechen gegründet; s. *Pythagoras.*

M. Metilius: (1) s. *P. Curiatius;* (2) soll 416 mit Sp. Maecilius Volkstribun gewesen sein und ein Ackergesetz eingebracht haben.

Mettius Curtius: sabinischer Heerführer.

Mettius Fufetius: s. *Fufetius.*

Mezentius: etruskischer König von Caere, kämpfte gegen Aeneas und die Troianer (vgl. Vergils *Aeneis*).

Minerva: sabinische Gottheit, frühzeitig mit Athene gleichgesetzt, mit Iuppiter und Iuno auf dem Kapitol verehrt (kapitolinische Trias) und auf dem Aventin, wo sie Schirmherrin der Handwerker, Lehrer und Künstler war.

M. Minucius: s. *P. Curiatius.*

L. Minucius Esquilinus Augurinus: Consul suffectus (nachgewählter Konsul) des Jahres 458, als Mitglied im zweiten Decemvirat soll er

440 und 439 während einer Hungersnot *praefectus annonae* gewesen sein und Sp. Maelius angeklagt haben.

Q. Minucius Esquilinus Augurinus: Konsul des Jahres 457, Bruder des L. Minucius.

Moneta: s. *Iuno.*

C. Mucius Scaevola (Linkshand): erreichte durch seinen mutigen Auftritt beim etruskischen König Porsenna die Aufhebung der Belagerung Roms.

Murciae (zu erg. *ara*): angeblich ein Altar der Murcia (Venus Myrtea nach einem Myrtenhain) im Tal des Circus Flaminius.

Naevia porta: Naevisches Tor, südliches Stadttor Roms, an der Südostseite des Aventin, Ausgangspunkt der Via Ardeatina.

Sp. Naevius Rutilus: angeblich Konsulartribun des Jahres 424.

Sp. Nautius: als Gesandter nach Fidenae 438 von König Lars Tolumnius getötet (s. *C. Fulcinius*).

C. Nautius Rutilus: (1) zweifacher Konsul (475, 458), er regte die Wahl des L. Quinctius Cincinnatus zum Diktator an; (2) Konsul des Jahres 411.

Sp. Nautius Rutilus: Konsulartribun der Jahre 419 und 404.

Attus Navius: Name etruskisch, einflussreicher Vogelschauer (Augur) unter L. Tarquinius Priscus, weihte den Iuppitertempel auf dem Kapitol; seine Statue stand auf dem Comitium.

Nepete (auch: *Nepet, Nepe*): etruskische Nachbarstadt von Sutrium und Veji. Nach dem Galliersturm von Camillus erobert.

Neptunus equester: Sein Fest, die *Consualia*, galt eigtl. dem altrömischen Consus, dem Gott der Ernte (Condus, Berger der Feldfrüchte). An seinem Fest fanden Pferde- und Wagenrennen statt; dies wird hier auf Neptun übertragen, d. h. Poseidon Hippios, dem Rosseliebenden und in Pferdegestalt Auftretenden.

Nomentana Via: Straße im Nordosten Roms, die von der *porta Collina* ihren Ausgang nahm.

Nomentum: latinische oder sabinische Stadt nordöstlich Roms an der späteren Via Nomentana; heute (La) Mentana.

Norba: auf einem Hügel am Westrand des Volskergebirges gelegen, latinische, dann römische Kolonie als Bollwerk gegen die Volsker, hielt zu Rom gegen Hannibal (heute Norma, archäologische Zone).

Nova Via: Straße am Südrand des Forums, an der eine göttliche Stimme vor den Galliern gewarnt haben soll (s. *Aius Locutius*).

Numa Marcius Marci filius: von König Numa (sein Verwandter?) zum Pontifex ernannt.

Numa Pompilius: zweiter König von Rom, angeblich Schüler des Pythagoras (wohl wegen Ähnlichkeit seiner Kultvorschriften mit denen der Pythagoräer), gliederte und ordnete Land und Staat und regelte die Kultangelegenheiten aufs genaueste (Priester, Spiele, Götterbilder, Kalender), vor allem in den dann unter Ancus Marcius veröffentlichten Kultvorschriften. Galt als der große Einiger des römischen Volkes und durch seine Friedensherrschaft als Vorbild.

Numicus fluvius: Küstenflüsschen in Latium, aus den Albanerbergen, Mündung zwischen Ardea und Lavinium; heute Rio Torto.

Numitor: Sohn des Proca(s), König von Alba Longa, Vater der Rea Silvia, von seinem jüngeren Bruder Amulius gestürzt, von seinen Enkeln Romulus und Remus wieder eingesetzt. Eine der Herkunft nach etruskische *Numitoria gens* ist bekannt.

P. Numitorius: avus, auch *avunculus,* hier Großonkel der Verginia (s. d.), für die er zusammen mit Icilius gegen Ap. Claudius eintrat. Angeblich 449 Volkstribun. Sein gleichnamiger Sohn holt Verginias Vater aus dem Feldlager.

Oceanus: Ursprungsgegend der Gallier, als Synonym für unbekannte Ferne verwendet: Ende der Welt.

Octavius Mamilius: s. *Mamilius Octavius.*

Oppia: eine Vestalin (s. d.).

C. Oppius: Nach dem Sturz der Decemvirn 449 Volkstribun.

M. Oppius: Nach dem Tod der Verginia Militärtribun.

Sp. Oppius Cornicinus (Cornicen): Mitglied des zweiten Decemvirates, nach dessen Sturz er angeklagt wurde und Selbstmord beging.

Ortona: latinische Ortschaft zwischen Praeneste und Tusculum, von den Aequern eingenommen, von Rom erobert.

Ostia: angeblich schon von Ancus Marcius an der Tibermündung gegründete Stadt mit Hafen, später Bürgerkolonie. In der Frühzeit noch kein ausgebauter Hafen, aber wegen des Salzhandels wichtig (Salinen an der Tibermündung). Später bedeutende Hafen- und Handelsstadt.

Padus: der Po, größter und längster Fluss Italiens.

Palatium (Palatinus mons): der mittlere der sieben Hügel Roms, Stelle der ältesten Besiedlung, bis zu 35 m über den umgebenden, einst von Bächen durchflossenen Tälern erhoben, gegenüber der ostwärts vorbiegenden Tiberschleife. In der Kaiserzeit Palastbauten. Ort vieler Kulte und Heiligtümer. Namengebend soll der arkadische Ort Pallenteum (s. d.) gewesen sein oder die Hirtengottheit Pales.

Pallenteum: Stadt in Arkadien. Verknüpft mit der Auswanderung Euanders (s. d.) nach Latium bzw. mit dem namensähnlichen Palatium.

Pan: Fruchtbarkeits- und Herdengott, besonders in Arkadien. Sohn des Hermes und einer Nymphe. Dargestellt in Bocksgestalt oder bocksfüßig. Beiname Lycaeus nach dem Berg Lykaios bei Megalopolis in Westarkadien, angeglichen an Faunus, Lupercus, Inuus.

Paphlagonia: Land an der Südküste des Pontos Euxeinos (Schwarzes Meer).

M. (oder L.) Papirius Mugillanus: vielleicht der Konsul des Jahres 411, der bei der Gallierinvasion mit anderen älteren Patriziern in Rom geblieben war und die Würde der Senatoren verkörperte. Als erster von ihnen von den Galliern getötet.

M. Papirius Atratinus: angeblich Konsul des Jahres 411; da das Cognomen *Atratinus* sonst nur für die *gens Sempronia* belegt ist, liegt wohl eine Verwechslung mit L. Papirius Mugillanus vor.

L. Papirius Crassus: Konsul der Jahre 436 und 430, unternahm Kriegszüge gegen Veji und unterstützte die Umwandlung der Strafzahlungen von Vieh auf Geld.

M. Papirius Crassus: Konsul des Jahres 441.

L. Papirius Mugillanus: war 444 nach Abdankung der Konsulartribunen Suffektkonsul, 427 Konsul und 443 Mitglied im ersten Censorenkollegium. (2) Sohn des L. Papirius Mugillanus, zweifacher Konsulartribun (418, 416) und Konsul des Jahres 411.

C. Papius: angeblich einer der ersten, 409 zu Quästoren gewählten Plebejer.

Peloponnesus: griechische Halbinsel. Hauptlandschaften: Arkadien (zentral), Korinth und Achaia im Norden, Elis und Messenien im Westen, Lakonis und Argolis im Osten. Name nach Pelops, dem Stammvater der Atriden.

Penates: Haus- und Herdgötter im griechischen wie im römischen Bereich. Aeneas und sein Vater Anchises bringen die troischen Penaten als Schutzgötter mit (s. *Lavinium*).

Phocaea: im 8. Jh. gegründete ionische Küstenstadt Kleinasiens, die ihrerseits zur Mutterstadt von Massilia (Marseille) wurde.

Pinarii: patrizische *gens* in Rom, hatte den Hercules-Kult in zweiter Instanz zu versehen (s. *Potitii*). Während die Potitii bald ausstarben, waren die Pinarii in der Republik wie in der Kaiserzeit noch aktiv.

L. Pinarius Mamercus (Mamercinus): Konsulartribun des Jahres 432.

L. Calpurnius Piso Frugi: Konsul 133, verfasste ein historisches Werk *Annales*, das die römische Geschichte bis zu Pisos Zeit umfasste und von Livius als Quelle benutzt wurde. Piso gehörte zur sog. älteren Annalistik (s. auch *Fabius Pictor*).

Poeninus: ein schon in vorrömischer Zeit begangener Alpenpass (heute: Großer St. Bernhard).

Poetelius: Volkstribun des Jahres 441, scheiterte mit dem Antrag auf ein Ackergesetz.

Q. Poetelius: der Überlieferung nach im zweiten Decemviratskollegium vertreten, aber historisch kaum fassbar.

Politorium: Stadt in Latium, südlich von Rom, etwa auf der Höhe von Ostia.

Sex. (?) Pollius: vielleicht richtig Sp. Pullius oder Spurillius. Volkstribun des Jahres 418, Ankläger des C. Sempronius Atratinus.

Pometia, auch *Suessa Pometia:* südlich der Albanerberge gelegene Stadt im Grenzgebiet zwischen Latinern und Volskern, an ihrem Nordrand die nach ihr benannten *Pomptinae paludes* (Pontinische Sümpfe); ursprünglich Latinerstadt, ging sie zu den Aurunkern über und wurde von Rom erobert (503/502); 495 im Besitz der Volsker, dann von Rom zurückgewonnen.

Pompilius: s. *Numa Pompilius*.

M. Pomponius: (1) Volkstribun 449; (2) Plebejer und Konsulartribun des Jahres 399.

Q. Pomponius: wurde als Volkstribun 393 wegen seiner patrizierfreundlichen Politik verurteilt.

Pomptinus ager: Pomptinisches Gebiet, Ebene südlich der Albanerberge bis zum Tyrrhenischen Meer, unter den Volskern fruchtbares Kultur-

land, 358 von den Römern besetzt, später versumpft: *Pomptinae paludes*, Pontinische Sümpfe, erst im 20. Jh. vollständig trockengelegt (Pontinische Ebene, neue Hauptstadt Latina).

Pontifex [maximus]: Oberhaupt des wichtigsten Priesterkollegiums, der *pontifices*. Das Amt hatte auch politische Bedeutung (Caesar war P. maximus, nach ihm alle römischen Kaiser).

Pontius Cominius: s. *Cominius*.

Porsenna: Lars P., etruskischer Herrscher von Clusium, war wohl Oberbefehlshaber der etruskischen Bundesstädte, wollte seinen Herrschaftsbereich bis nach Kampanien ausdehnen und unternahm daher einen Vorstoß gegen Rom, das sich ihm – entgegen der von Livius vertretenen Meinung – ergeben musste. Seine Expansion wurde beendet, als sein Sohn 504 bei Aricia von einem Heer aus Griechen und Latinern geschlagen wurde. Dadurch konnte Rom seine Unabhängigkeit zurückgewinnen.

Postumia: 420 schuldlos der Unkeuschheit angeklagte und freigesprochene Vestalin.

A. *Postumius Albinus*: Diktator i. J. 499 oder 496 in der Schlacht am See Regillus gegen die Latiner (daher in seiner *gens* der Beiname Regillensis), gelobte den Castortempel. 495 Feldherr gegen die Sabiner.

M. *Postumius*: Konsulartribun des Jahres 426, wegen der Niederlage vor Veji angeklagt und verurteilt.

Sp. *Postumius*: Konsulartribun des Jahres 394.

M. *Postumius Albinus*: Konsulartribun des Jahres 403.

A. *Postumius Albus Regillensis*: Konsul 464, nahm 458 an der Gesandtschaft zu den Aequern teil, wurde nach Athen gesandt, um die Gesetze Solons zu studieren.

Sp. *Postumius Albus*: Konsulartribun des Jahres 432, fiel als Legat 431 im Kampf gegen die Aequer.

M. *Postumius Regillensis*: Konsulartribun des Jahres 414, wegen unmenschlicher Härte gegenüber seinen Soldaten von diesen zu Tode gesteinigt.

A. *Postumius Tubertus*: Reiteroberst des Jahres 434 unter dem Diktator Mam. Aemilius, tötete 431, nun selbst Diktator, seinen Sohn wegen Ungehorsams in der Schlacht gegen die Aequer.

Potitii: patrizische *gens* in Rom, hatte den Hercules-Kult zu versehen

(Ara Maxima am Forum Boarium, s. *Pinarii*), sie übertrugen ihr Amt später an Staatssklaven. Daraufhin soll die gesamte *gens* ausgestorben sein.

Praeneste: heute Palestrina, etwa 30 km östlich von Rom gelegene Stadt, ursprünglich etruskisch, dann latinisch; geht zu den Römern über (499), ist später auf der Seite der Aequer und Volsker. 338 endgültig von Rom besiegt, bleibt sie auch als Bundesgenossenstadt autonom, bekannt durch ihr Fortuna-Heiligtum.

Prisci Latini: angeblich von einem albanischen König gegründeter altlatinischer Städtebund zwischen Anio und Tiber; der Name schon bei Ennius für die italischen Ureinwohner, könnte später auch zusammenfassend als die ethnische Bezeichnung im Gegensatz zu dem völkerrechtlichen Begriff Latini gebraucht worden sein.

Priscus: s. *Tarquinius Priscus.*

Proca (Silvius): s. *Silvii.* Der Name ist etymologisch verwandt mit *proceres* und bedeutet »hervorragend, Führer«.

Publicola: s. *Valerius Publicola.*

L. Publilius Volscus: Konsulartribun des Jahres 400.

Volero Publilius: Plebejer und Konsulartribun des Jahres 399.

Sp. Pullius: Volkstribun 422.

Punicum bellum: Der Erste Punische Krieg (264–241) wurde vor allem als Seekrieg geführt, endete mit der Abtretung Siziliens an Rom und mit der Besetzung von Sardinien und Korsika durch Rom (die ersten Provinzen).

Pylaemenes: Anführer der Paphlagonier vor Troia, dort gefallen.

Pythagoras: griechischer Philosoph, Astronom und Mathematiker (Satz des P.) aus Samos; gründete um 530 in Kroton eine reformerische Lebensgemeinschaft mit sittlich-religiöser Grundeinstellung zum Zweck philosophischer Erkenntnis, die wiederum Erhöhung des Menschen bewirkt; Lehre von der Wiedergeburt (Seelenwanderung). P. und seine Anhänger wurden aus Kroton vertrieben; er starb in Metapontion um 496. Die Römer kamen in Unteritalien mit pythagoreischen Lehren in Berührung und nahmen sie als »italische Philosophie« (Cicero) für sich in Anspruch.

Pythia: die Priesterin des Apollon Pythios in Delphi, die auf Befragung des Gottes die Orakel gab (s. *Delphi*).

Quinctii: alte patrizische *gens*, im 5. und 4. Jh. von Einfluss.

M. Quinctilius Varus: Konsulartribun des Jahres 403.

Sex. Quinctilius: Konsul 453, fiel im selben Jahr der Seuche zum Opfer.

Caeso (Kaeso) Quinctius: Sohn des Diktators L. Quinctius Cincinnatus. Vom Volkstribunen A. Verginius 461 in einem Kapitalprozess angeklagt (Verletzung der tribunizischen *sacrosanctitas*), ging er vor dem Urteil ins Exil.

T. Quinctius Capitolinus Barbatus: (1) sechsmaliger Konsul (471, 468, 465, 446, 443, 439); nach seinem Sieg über die Volsker und Antiaten Mitglied der Dreierkommission zur Koloniegründung im Gebiet von Antium; 446 einte er das Volk zum abermaligen Krieg gegen die Aequer. In seinem letzten Konsulat betrieb er zur Ausschaltung des Sp. Maelius die Wahl seines Bruders L. Quinctius Cincinnatus zum Diktator; (2) Sohn des sechsfachen Konsuls, er war 421 Konsul und 405 Konsulartribun.

L. Quinctius Cincinnatus: (1) der berühmte »Cincinnatus« der römischen Geschichte. Consul suffectus 460. Zwei Jahre später wurde er vom Pflug weg zum Diktator berufen, um den Aequerkrieg zu leiten. Nach dessen siegreichem Ende legte er sein Amt nieder und kehrte auf sein Landgut zurück. Vorbild römischer Einfachheit und Sittenstrenge als *vir vere Romanus.* Hatte drei Söhne. Als Greis bekleidete er 439 seine zweite Diktatur, um Sp. Maelius auszuschalten; (2) Sohn des Diktators, mehrfacher Konsulartribun (438, 425, 420), 437 Reiteroberst.

Q. Quinctius Cincinnatus: Sohn des Diktators, Konsulartribun der Jahre 415 und 405.

T. Quinctius Cincinnatus Poenus (Pennus): Sohn des Diktators, in seinem ersten Konsulat 431 Sieg über Volsker und Aequer am Algidus, 428 abermals Konsul, 423 wegen der Niederlage vor Veji angeklagt und freigesprochen, mehrfacher Konsulartribun (426, vielleicht auch 420 statt L. Quinctius).

Quirinalis collis: die nordöstliche Fortsetzung des Capitolium, östlich wenig vom *Viminalis collis* abgesetzt, im Norden bis zur Porta Collina gehend, in verschiedene Hügel unterteilt, reich mit Heiligtümern aus der Frühzeit besetzt. Name von Quirinus (s. d.).

Quirinus: kriegerischer Stammesgott der ältesten Besiedler des Quiri-

nals, der später mit Mars verbunden wurde, als Symbol der Verschmelzung von Römern und Sabinern. Dann auch Beiname des Romulus und des Ianus. Ursprünglich gehörte er mit Iuppiter und Mars zur obersten Göttertrias Roms, die dann durch die kapitolinische Dreiheit Iuppiter – Iuno – Minerva abgelöst wurde. Q. besaß einen Eigenpriester (*flamen Quirinalis*) und ein Heiligtum auf dem Quirinal, das von Augustus grundlegend erneuert wurde. Fest (*Quirinalia*) am 17. Februar.

Quirites: Anrede an die Bürger in der Volksversammlung, auch bei der Berufung an das Volk (*provocatio*). Etymologie umstritten; nach Livius vom Namen der alten Sabinerstadt Cures abgeleitet. Man habe ursprünglich die mit den Römern vereinigten Sabiner so benannt. Die alte Formel lautete: *populus Romanus Quiritesque. Quirites* wird später für das gesamte Römervolk gebraucht. Möglich ist auch eine Ableitung von *co-virites*: Mitglieder der Wehrgemeinschaft.

Manlius Rabuleius: Gehörte dem zweiten Decemvirat an, 449 von den Sabinern bei Eretum geschlagen.

Racilia: Gattin des L. Quinctius Cincinnatus.

Raeti: Volk in den südwestlichen Alpentälern, das ein dem etruskischen verwandtes Alphabet benützte, ethnisch aber nicht sicher einzuordnen ist.

Ramnenses (Ramnes): mit den *Titienses* und *Luceres* eine der drei patrizischen Ur-Tribus. Der Name ist etruskisch.

Rea Silvia: Tochter des Königs Numitor von Alba Longa, wurde von dessen Bruder Amulius gezwungen, Vestalin zu werden; durch Mars Mutter des Romulus und Remus; vor der Ertränkungsstrafe vom Flussgott Tiber gerettet (s. *Tiberis*). Zusammenhang mit Troia: Rea, die Mutter vom Berge Ida, ist Schutzgöttin der Troer (Synonym für Rea: Ilia) bzw. der Aeneas-Nachkommen.

Regillum, auch *Inregillum* und *Regilli:* sabinischer Ort, Heimat der *gens Claudia* und während des Decemvirates Exil des C. Claudius.

Regillus lacus: im Gebiet der latinischen Stadt Tusculum, Schauplatz der Entscheidungsschlacht 499/496 zwischen Römern und Sabinern; heute der Krater Pantano Secco (»trockener Sumpf«) nördl. Frascati.

Remus: Zwillingsbruder des Romulus, Sohn der Rea Silvia von Mars; von Romulus wegen Missachtung seiner Stadtmauer erschlagen. Die Namen Roma, Romulus, Remus gehen wohl auf das Etruskische zurück (Ruma: etrusk. *gens*).

Roma: Eine Besiedlung im Stadtgebiet ist seit dem 10. Jh. nachweisbar. Eine latinische Urbevölkerung wohnte auf dem Palatin, Sabiner auf dem Kapitol, dem Esquilin und Quirinal. Die Vereinigung dieser Hirtendörfer zu einer Kult- und Wehrgemeinschaft kann um die Mitte des 8. Jh.s erfolgt sein. Das legendäre Gründungsdatum Roms, 753, wurde von M. Terentius Varro als Grundlage einer römischen Chronologie benutzt. Um 650/600 etruskische Kolonie, erlebte Rom seine erste Blüte der Urbanisierung unter den Etruskerkönigen (Entwässerung des Forums). Um 510 schüttelte Rom die etruskische Königsherrschaft ab (509 Einweihung des Iuppitertempels auf dem Kapitol) und musste dann lange Zeit mit den Nachbarvölkern um seine Unabhängigkeit kämpfen.

T. Romilius Rocus Vaticanus: aus patrizischer Familie, Konsul 455; wegen des Verkaufs der Kriegsbeute mit seinem Kollegen zu einer Geldstrafe verurteilt (s. *L. Alienus*).

Romulus: legendärer Gründer und erster König von Rom. Die ältere Tradition sieht ihn als Sohn des Aeneas oder des Latinus an; Livius folgt der jüngeren Tradition seit der Annalistik (Fabius Pictor): Danach ist R. der Sohn des Mars und der Rea Silvia (Ilia) wie sein Zwilling Remus. Die ausgesetzten Kinder werden durch eine Wölfin gerettet und von Faustulus und Acca Larentia aufgezogen. Vgl. *Numitor*. R. gründet Rom, tötet Remus, richtet Kulte ein, ordnet das Staatswesen (Senat, drei *tribus*, 30 Kurien). Während eines Unwetters getötet und einer Überlieferung nach (schon bei Ennius) zum Himmel entrückt, dann mit dem Gott Quirinus identifiziert. Nach anderer Überlieferung von Senatoren getötet.

L. Roscius: als Gesandter nach Fidenae 438 auf Befehl von König Lars Tolumnius von Veji getötet.

Ruminalis ficus: Der Feigenbaum am Tiber, an dem die Wanne mit den ausgesetzten Kindern Romulus und Remus hängenblieb. Ableitung von *ruma*, Mutterbrust, weil die Wölfin dorthin kam und die Kinder säugte, oder nach einer dort verehrten nährenden Gottheit Rumina.

An diesem später auf das Comitium versetzten Baum stand die erste Darstellung der Wölfin mit den Zwillingen.

Sp. Rutilius Crassus: von Livius fälschlich als Konsulartribun des Jahres 417 angegeben, da die Rutilier erst 250 Jahre später in den *Fasten* erscheinen.

Rutuli: latinisches Volk, das unter seinem König Turnus den eindringenden Troern Widerstand leistete. Sitze im Süden von Rom, um den Hauptort Ardea.

Sabini: als Ureinwohner angesehenes Volk in Mittelitalien, im Gebirgsland nördlich von Rom zwischen Tiber, Umbrien, Picenum, Vestinern und Aequern ansässig. Ein Teil war bereits in der Königszeit in Rom sesshaft geworden (Geschichte vom Raub der Sabinerinnen und der folgenden Verschmelzung von Römern und Sabinern). Seit frühester Zeit mit Rom durch das Doppelkönigtum verbunden (T. Tatius – Romulus), siedelten sie auf dem Quirinal. Seit 268 hatten sie das volle römische Bürgerrecht. Wichtige Orte: Amiternum, Aquae Cutiliae, Nursia, Reate.

Sacer mons: der heilige Berg, Hügel etwa 5 km nördlich von Rom, jenseits des Flusses Anio, an der Via Nomantana, Zufluchtsort der Plebs bei ihrem Auszug aus Rom 494, vgl. *Menenius Agrippa.*

Sacra via: Die Heilige Straße verläuft vom Titusbogen übers Forum und von dort im Bogen als *Clivus Capitolinus* auf das Kapitol, der Weg für die Opferprozessionen und den Triumphzug des siegreichen Feldherrn zum Iuppitertempel hinauf.

Salvi (auch *Salves, Salluvii*): keltischer Volksstamm, der sich zwischen Brescia und Verona niederließ.

Samnites: kriegerisches Volk Süditaliens mit oskischer Sprache, das historisch zum ersten Mal durch die Eroberung Capuas 424 fassbar wird. Im 4. Jh. Konsolidierung des Bundes der Samniten, der von der tyrrhenischen bis zur adriatischen Küste reichte. Drei schwere Kriege Roms gegen die Samniten endeten mit deren Niederlage (343–341, 328–304, 298–290).

Sapienates: Bewohner von Sappinum, einer kleinen etruskischen Stadt bei Bolsena.

Satricum: östlich von Antium gelegene, ursprünglich latinische Bundesstadt, dann im Besitz der Volsker, später römische Kolonie.

Saturnalia: die Saturnalien, Fest des Gottes Saturn am 17. Dezember (später 17.–23. Dezember) im Anschluss an die Beendigung der Herbstaussaat. Herren und Sklaven feierten dabei – wie im Goldenen Zeitalter des Saturn – ohne Standesunterschiede und beschenkten sich mit Glücksbringern.

Saturnus: ursprünglich Satres, ein etruskischer Gott; die Römer leiteten den Namen von *satus* die Saat, ab. Saturn war Gott der Aussaat und Abwehrer von Seuchen, er wurde auch mit dem griechischen Gott Kronos gleichgesetzt. Der Tempel auf dem Forum am Fuß des Kapitols (der heutige Bau ist aus späterer Zeit) wurde 497 an der Stelle eines alten Altars errichtet. Dort befand sich auch das Aerarium, der Staatsschatz mit dem Staatsarchiv.

Saxa Rubra (Rote Felsen): Ort an der Via Flaminia, etwa 10 km von Rom entfernt.

Scaevola: s. *Mucius.*

P. Scaptius: soll durch eine falsche Zeugenaussage (unklar, in wessen speziellem Auftrag) im Grenzstreit zwischen Ardea und Aricia die Inbesitznahme des Landes durch Rom bewirkt haben.

Sceleratus vicus: »Frevelgasse«, benannt nach dem Verbrechen der Tullia (s. d.) an ihrem Vater Servius Tullius.

Segovesus: Führer der in das hercynische Gebirge auswandernden Gallier, Bruder des Bellovesus, beide wurden von König Ambigatus wegen Übervölkerung ausgesandt.

A. Sempronius Atratinus: (1) Mitglied im ersten Kollegium von Konsulartribunen 444, das wegen eines Fehlers bei der Wahl zurückgetreten sein soll; (2) mehrfacher Konsulartribun (425, 420, 416), löste durch parteiische Leitung von Wahlen die Verfolgung seines Vetters C. Sempronius durch die Volkstribunen aus.

C. Sempronius Atratinus: Konsul des Jahres 423, wurde 420 von M. Canuleius wegen Pflichtverletzung als Feldherr angeklagt und verurteilt.

L. Sempronius Atratinus: soll nach dem Rücktritt der ersten Konsulartribunen 444 zum Konsul gewählt worden sein, 443 Mitglied im ersten Censorenkollegium.

Senones: am letzten Einwanderungsschub nach Italien beteiligtes gallisches Volk, das unter seinem Führer Brennus Rom eroberte. Nach

ihrem Abzug siedelten sie an der Ostküste Italiens bei Ariminum (Rimini), Gebiet der späteren Provinz Gallia cisalpina.

M. Sergius: Patrizier, Mitglied im zweiten Decemvirat, 449 von den Aequern am Algidus geschlagen.

L. Sergius Fidenas: (1) zweifacher Konsul (437, 429), er erreichte in seinem ersten Konsulat einen hart errungenen Sieg über die Fidenaten, nach dem er Livius zufolge seinen Beinamen erhielt. Mehrfacher Konsulartribun (433, 424, 418), zuletzt schwere Niederlage gegen die Aequer und Labicaner; (2) Konsulartribun des Jahres 397, wurde 394 nach Delphi gesandt mit einem Weihgeschenk aus der Beute von Veji.

M.' Sergius Fidenas: Militärtribun von 404 und 402, wurde für eine Niederlage vor Veji mit einer hohen Geldbuße bestraft.

Servilii: alte, aus Alba Longa nach Rom verpflanzte *gens*, die später dort politisch sehr hervortrat.

P. Servilius: Konsul 495, vertrat zu Beginn der Ständekämpfe eine ausgleichende Position.

C. Servilius Ahala: (1) der jüngeren annalistischen Tradition nach 439 Reiteroberst, der den Sp. Maelius erschlug. Die Geschichtlichkeit ist durch die Tendenz der Annalisten, zeitgenössische Fragen der Politik (wie die der Gracchen) in die ältere Geschichte rückzuprojizieren, beeinträchtigt; (2) Konsulartribun der Jahre 408 (erzwang damals die Wahl eines Diktators), 407 und 402.

Q. Servilius Fidenas: Konsulartribun der Jahre 402, 398, 395, 390, 388, 386.

P. Servilius Priscus: Konsul 463, starb im selben Jahr an der Seuche.

Q. Servilius Priscus: zweifacher Konsul (468, 466). Begann 466 den Krieg gegen die Aequer; ein Jahr später Stadtpräfekt; 459 klagte er den M. Volscius des Meineides an.

Q. Servilius Priscus Fidenas: Diktator der Jahre 435 und 418. Eroberte Fidenae und besiegte die Aequer und Labicaner.

C. Servilius Structus Ahala: den *Fasten* zufolge identisch mit C. Servilius Ahala (2), wurde er in der Annalistik von diesem unterschieden und als Konsulartribun der Jahre 418 und 417 überliefert.

Servius Romanus: Sklave, der 404 die Stadt Artena an Rom verraten und dafür mit dem römischen Bürgerrecht beschenkt worden sein

soll. Die Geschichte beruht auf mündlicher Familientradition und ist wahrscheinlich unhistorisch.

Servius Tullius: s. *S. Tullius.*

L. Sestius: 451 wegen Mordes angeklagt; obwohl der Fall in die Kompetenz der Decemvirn gehört hätte, überließen sie die Entscheidung dem Volk, so dass der Angeklagte ein Berufungsrecht hatte.

P. Sestius Capito Vaticanus: Konsul des Jahres 452, Mitglied des ersten Decemvirates.

M. Sextius: Volkstribun des Jahres 414, Gegner des M. Postumius, beantragte ein Ackergesetz. Die Gestalt ist wahrscheinlich unhistorisch und trägt Züge des Sp. Maelius und des Volkstribuns L. Sextius, der den Zugang der Plebejer zum Konsulat durchsetzte und 366 erster plebejischer Konsul war.

P. Sextius: Quästor des Jahres 418.

Sibyllini libri: Sammlung von Ritualvorschriften griechischer Provenienz, die König Tarquinius Priscus einer Fremden (der Sibylle von Cumae?) abgekauft haben soll; im kapitolinischen Tempel aufbewahrt und in Krisenzeiten, bei Seuchen und unheilvollen Vorzeichen, zur Versöhnung der Götter auf Senatsbeschluss befragt.

L. Siccius Dentatus: plebejischer Kriegsheld (»römischer Achill«), anlässlich der Wirren um den Tod der Verginia auf Befehl der Decemvirn 449 meuchlings ermordet.

Sicilia: als größte und zentral gelegene Mittelmeerinsel von Griechen und Karthagern heftig umkämpft; nach dem Sieg des Gelon von Syrakus über die Karthager bei Himera (480) vorwiegend griechisch, bereits im 5. Jh. wichtige Kornkammer für Rom. Nach dem Ersten Punischen Krieg wurde S. die erste Provinz Roms (241).

C. Sicinius: Volkstribun nach dem Sturz der Decemvirn.

C. Sicinius Bellutus: Anführer der Plebs beim Auszug auf den heiligen Berg, einer der ersten Volkstribunen (493).

T. Sicinius: stellte als Volkstribun den Antrag, nach der Gallierkatastrophe aus Rom nach Veji zu ziehen.

Siculum fretum: Die Siculi, ein alter Volksstamm Siziliens, saßen im größeren Ostteil der Insel, unterschieden von den im Westen wohnenden Sikanern. Nach den Siculi als den zunächst Wohnenden ist hier die Meerenge von Messina benannt.

Signia: latinische Kolonie südöstlich von Rom, zwischen Hernikern und Volskern, heute Segni (archäologische Zone).

Q. Silius: gehörte 409 zu den ersten plebejischen Quästoren.

Silvanus: von *silva* ›Wald‹, der latinische Gott des Waldes, dem Faunus ähnlich. Wie der griechische Hirtengott Pan ließ er weissagende Rufe ertönen.

Silvii: mythische Könige von Alba Longa; ihre Ahnenreihe sollte den Zeitraum zwischen Aeneas und Romulus überbrücken. Die Vornamen sollen die latinische Herkunft mit der troianischen ideologisch verknüpfen. Silvius vielleicht nach dem waldigen Landschaftscharakter des frühen Latium. Oder: im Wald verborgen wegen Nachstellungen.

Silvius (Postumus): nachgeborener Sohn des Aeneas und der Lavinia, Stammvater der Könige von Alba Longa, Nachfolger sein Sohn Aeneas Silvius als einer der Könige von Alba Longa. Aeneas Silvius latinisierter Name des Enea Silvio de' Piccolomini, 1404–1464, Humanist, späterer Papst Pius II.

Sizilien: s. *Sicilia.*

Sol: Sonnengott, mit dem griechischen Helios gleichgesetzt, Führer des Sonnenwagens (vgl. Ovid, Met. 1,750 ff.); die ihm geweihte Quadriga stand auf dem palatinischen Apollotempel. Ein Sol Indiges (»eingeborener Gott«) wurde in Lavinium verehrt. Als Sol Invictus in der Spätantike Reichsgott.

Solon aus Athen: Einer der sieben Weisen des Altertums, Staatsmann und Dichter. Im Konflikt zwischen Großgrundbesitzern und Kleinbauern zum Schiedsrichter gewählt, setzte er die allgemeine Schuldentilgung durch und kodifizierte Rechtswesen wie Verfassung (Veröffentlichung der Gesetze auf drehbaren Holztafeln) Danach verließ er Athen (Geschichte vom Besuch beim Lyderkönig Kroisos), musste aber noch den Beginn der Tyrannei des Peisistratos erleben. Als Elegiendichter reflektierte er über staatliche Eintracht und Gerechtigkeit. Seine Gesetze galten als vorbildhaft.

Spes: Göttin der Hoffnung. Ihr Tempel lag am *Forum Holitorium* (Kohlmarkt) vor dem carmentalischen Tor.

Subura: Ärmliches Stadtviertel der vierten Region zwischen Oppius und Viminal.

Suessa Pometia: s. *Pometia.*

Q. Sulpicius: Konsul des Jahres 434 und Legat im Feldzug gegen Aequer und Volsker von 431.

Q. Sulpicius Camerinus: Konsulartribun der Jahre 402 und 398.

Ser. Sulpicius Camerinus: Suffektkonsul des Jahres 393 und Konsulartribun des Jahres 391.

Ser. Sulpicius Camerinus Cornutus: (1) Konsul 500, starb 463 als *curio maximus* (oberster Priester sämtlicher Kurien) an der Seuche; (2) wohl Sohn von (1), Konsul 461, nahm an der Gesandtschaft nach Athen teil und gehörte dem ersten Decemvirat an, war wohl 449 der Unterhändler mit der Plebs, die auf den Aventin ausgezogen war, und kämpfte 446 gegen die Volsker.

Q. Sulpicius Longus: Konsulartribun des Jahres 390, der Roms Abwehrkampf gegen die Gallier leitete, die Verhandlungen mit Brennus führte und erst in der späteren Historiographie hinter Camillus zurücktrat.

Tanaquil: Name etruskisch, stammte aus der Aristokratie von Tarquinii; Frau des Tarquinius Priscus, dem sie in Rom zur Herrschaft verhilft wie nach ihm ihrem Schwiegersohn Servius Tullius.

Tarpeia: Tochter des Sp. Tarpeius, des Burgkommandanten auf dem Kapitol im Krieg gegen die Sabiner. Wohl Vestalin, lässt sich bestechen, den Sabinern ein Tor zu öffnen.

Sp. Tarpeius: (1) Vater der Tarpeia, Kommandant der römischen Burg (Kapitol) im Krieg mit Tatius, dem Sabinerkönig; (2) Mitglied einer im 5. Jh. ausgestorbenen Familie; unsicherer Überlieferung nach Konsul des Jahres 454. Anlässlich der zweiten *secessio plebis* 449 (s. *Ser. Sulpicius Camerinus Cornutus*) gehörte er der Gesandtschaft des Senats an.

Tarpeius mons: Abhang am Kapitol; an seinem Steilabfall im Südosten (*Tarpeium saxum*) fanden Hinrichtungen durch Hinabstürzen statt.

Tarquinia: Schwester des Königs L. Tarquinius Superbus.

Tarquinienses: Bewohner von Tarquinii, einer der wichtigsten südetruskischen Städte, nach der sich die letzte römische Königsdynastie nannte, greifen in den Krieg Roms gegen Veji ein.

Tarquinii: (1) etruskisches Herrschergeschlecht, Name latinisiert aus

etruskisch *tarquna*. Aus dieser Dynastie stammten der Überlieferung nach der fünfte (L. Tarquinius Priscus) und siebte (L. Tarquinius Superbus) König Roms; (2) heute Tarquinia, 70 km nordwestlich von Rom, bedeutende Etruskerstadt, religiöse Metropole des etruskischen Städtebundes, Heimat der Tarquinierdynastie, ab 358 mit Rom im Krieg, seit etwa 300 Bundesgenossenschaft. Nekropole, archäologische Zone.

Arruntius, Arruns Tarquinius: (1) jüngerer Bruder des L. Tarquinius Superbus; (2) Sohn des L. Tarquinius Superbus.

L. Tarquinius Collatinus: Gatte der Lucretia, aus Collatia, nahm an der Verschwörung gegen L. Tarquinius Superbus teil und wurde mit Brutus erster Konsul (509), musste aber abdanken und in die Verbannung gehen.

L. Tarquinius Flaccus: 458 Reiteroberst (*magister equitum*) des Diktators Cincinnatus (in den *Fasti* Tarquitius genannt).

L. Tarquinius Priscus: eigentlich *Lucumo* (s. d.), wurde als Vormund der Söhne des Ancus Marcius fünfter König Roms (616–578) und begründete die Dynastie der Tarquinier. Er begann den Bau des kapitolinischen Tempels und führte den Triumph, Opferriten, Spiele und *fasces* ein. Kriege gegen Sabiner und Latiner.

L. Tarquinius Superbus (der Hochmütige): siebter und letzter König Roms, führte ein tyrannisches Regiment und wurde, nach der Gewalttat seines Sohnes an der Römerin Lucretia, gestürzt und vertrieben. Er versuchte mehrfach vergebens, den Thron wiederzugewinnen. 495 im Exil in Cumae gestorben.

Sextus Tarquinius: jüngster Sohn des L. Tarquinius Superbus, beging die Untat an Lucretia, gewann die Stadt Gabii für seinen Vater, wurde dort in der Verbannung getötet.

Titus Tarquinius: Sohn des L. Tarquinius Superbus, kämpfte am See Regillus gegen die Römer.

T. Tatius: König der Sabiner in Cures zur Zeit des Mädchenraubs, bekriegt Rom, schließt aber ein Bündnis mit Romulus und regiert gemeinsam mit ihm; in Lavinium ermordet. Gilt als Einführer sabinischer Kulte in Rom (Ianus, Volcanus).

Taurini: keltischer, vielleicht auch ligurischer Volksstamm im Gebiet des heutigen Piemont.

Tellenae: Stadt der Tellii, in Latium, südlich von Rom, in der Nähe von Lavinium und Aricia.

Tellus: auch *Terra Mater*, Mutter Erde, römische Erdgöttin, mit Ceres gemeinsam verehrt, vgl. das bekannte Relief an der Ara Pacis in Rom.

Sex. Tempanius: nur bei Livius überliefert; er soll sich als Reiterdecurio 423 vor Verrugo in den Volskerkriegen ausgezeichnet und durch seine Aussage den in der Schlacht unglücklichen Konsul C. Sempronius Atratinus vor Verurteilung bewahrt haben. Als Volkstribun brachte er 422 eine neue Klage gegen den Konsul zu Fall.

C. Terentilius Harsa: Volkstribun, der 462 den Antrag einbrachte, »fünf Männer mit konsularischer Befugnis zur Abfassung von Gesetzen« zu wählen.

Terminus: ursprünglich der Grenzstein, dann der die Marksteine schützende Grenzgott. Sein Fest Terminalia war am 23. Februar. Der unbehauene Stein, in dem man T. verehrte, ließ sich beim Bau des Iuppitertempels nicht vom Platz bewegen und wurde in diesen einbezogen.

Thalassius: junger Römer, dem beim Raub der Sabinerinnen ein besonders schönes Mädchen zugeführt worden sein soll; später soll daraus der Hochzeitsruf »Talassio« entstanden sein.

Tiberis: ursprünglicher Name Albula, wurde Thybris oder Tiberinus genannt, nachdem ein König Tiberinus von Alba Longa dort ertrunken war. Tiberinus Flussgott, als *Tiberinus pater* Gatte der Rea Silvia. Zweitgrößter Fluss Italiens; Quelle bei Arretium im Apennin, Mündung ins Meer bei Ostia; scheidet das Gebiet der Etrusker (daher auch *amnis Etruscus*) (westlich) vom umbrischen, sabinischen und latinischen (östlich). Wichtig für den Salzhandel aus den Salinen.

Ticinus: mündet bei Ticinum (Pavia) in den Po, heute Ticino, Schauplatz einer Niederlage der Etrusker gegen die Gallier.

Timasitheus: oberster Beamter von Lipara (s. d.), bot 393 den nach Delphi gesandten Römern Gastfreundschaft.

Titienses (Tities): eine der drei patrizischen Ur-Tribus.

L. Titinius: Konsulartribun der Jahre 400 und 396.

M. Titinius: 449 nach dem Sturz der Decemvirn Volkstribun.

Sex. Titinius: Volkstribun des Jahres 437, Gegner des M. Minucius, s. *P. Curiatius.*

Torquatus: berühmt durch seinen Zweikampf mit dem Gallier, s. *Manlius Imperiosus T.*

L. Trebonius Asper: brachte als Volkstribun 448 ein Gesetz ein, das die Wahl von zehn Tribunen vorschrieb (Verbot der *cooptatio*, der Nachwahl durch das Gremium). Das trebonische Gesetz wurde vom Volkstribunen Cn. Trebonius 401 verteidigt.

Tricastini: gallischer Stamm in der Gallia Narbonensis.

Tricipitinus: Beiname wohl nach einem Ort (Dreiwegehaupt), s. *Lucretius T.*

Trigemina porta: Stadttor der servianischen Mauer zwischen Aventin und Tiber.

Troia (oder Ilion): (1) eine Hauptstadt der Troas, an der nordwestlichen Küste Kleinasiens, südlich des Hellesponts, in der Skamander- und Simoeis-Ebene, von den Griechen im Troianischen Krieg belagert und zerstört; Sitz des Königs Priamus; Ausgrabung durch H. Schliemann 1870–94 (Hissarlik); (2) eine von Aeneas im Gebiet von Laurentum in Latium gegründete Stadt.

Tullia: Tochter des Servius Tullius, ermordete zusammen mit L. Tarquinius Superbus ihren Mann und ihre Schwester, die Frau des L. Tarquinius Superbus; heiratete diesen und brachte ihn dazu, ihren Vater zu stürzen und zu töten. Sie fuhr mit dem Wagen über seine Leiche.

Servius Tullius: sechster König von Rom. Das Gentilnomen Tullius weist evtl. auf einen Zusammenhang mit dem volskischen Geschlecht der Tullii. Livius schreibt ihm die Vergrößerung der Stadt um Quirinalis, Viminalis und Esquilinus zu. Teilt Stadt und Volk neu ein: Ablösung der Kurien durch die Klassen- und Centurienordnung. Gründung verschiedener Tempel, die mit den niederen Schichten in Beziehung standen (nach antiker Ansicht kann der Vorname S. auf eigene niedere Abstammung des S. T. hinweisen, s. *Corniculum*). Zur religiös-politischen Verbindung Roms mit den Latinern erbaute er das Bundesheiligtum der Diana auf dem Aventin. Die Überlieferung schreibt ihm die servianische Verfassung und die servianische Mauer zu und macht ihn zum Gönner der Plebs gegenüber den Patriziern.

Turnus: König der latinischen Rutuler zur Zeit der Ankunft des Aeneas,

kämpft gegen die Troianer. Bei Vergil Gegenfigur zu Aeneas, bekämpft ihn als fremden Eindringling und Rivalen um die Hand Lavinias.

Tusci: s. *Etrusci.*

Tusculum: beim heutigen Frascati gelegene latinische Stadt, 20 km südöstlich von Rom am Nordrand der Albanerberge; nach der Schlacht am See Regillus mit Rom verbündet, seit 381 Teil des römischen Staatsgebiets. Archäologische Zone.

Tuscum mare: das Tyrrhenische Meer.

Ulixes: griech. Odysseus, Name wohl vom etruskischen Uluxe, oder Oulixes. Held der griechischen Sage und des Epos (*Ilias, Odyssee*), Fürst auf Ithaka, Sohn des Laertes und der Antikleia, ersinnt als Teilnehmer am Krieg um Troia die List des Troianischen Pferdes, nach Troias Fall zehnjährige Irrfahrt, tötet bei seiner Rückkehr die seine Frau Penelope umwerbenden Freier. Klug und listenreich, zahlreiche Abenteuer, darunter auch Aufenthalt bei Kirke (s. *Circe*), wird so auch Ahnherr der Latiner.

Umbri: italisches Volk, Umbrien Landschaft in Mittelitalien, von den Etruskern zurückgedrängt, Bündnis mit Rom gegen die Etrusker, später im Kampf gegen Rom (Schlacht bei Sentinum 295), dann mit Rom verbunden, auch im Zweiten Punischen Krieg gegen Hannibal. Bedeutende Städte: Camerinum, Iguvium (Schrifttafeln), Asisium, Tifernum Tiberinum.

Urbius (auch *Orbius* oder *Virbius* [*clivus*]): vom *Cyprius vicus* abbiegende, in Richtung Esquilin führende Steige. Etymologie des Namens unsicher.

Utens: heute: Uso, Grenzfluss der Senonen zwischen Ariminum und Rubico.

M. Valerius: Angehöriger einer nach Rom eingewanderten, in der Republik bedeutenden patrizischen *gens*; (urspr. Volusus) tritt als erster Fetiale (Vertrags-, Zeremonienpriester) unter König Tullus Hostilius auf.

Valerius Antias: Historiker der sullanischen Epoche (»Jüngere Annalistik«), Verfasser von nur mehr fragmentarisch erhaltenen *Annales*, die von der Gründung Roms bis zum Tod Sullas (78) reichten. Vorwie-

gend um effektvolle Schilderung bemüht, wurde er von Livius wegen seiner fehlerhaften Zahlenangaben kritisiert, gleichwohl häufig als Quelle herangezogen.

M. Valerius Maximus: (1) Text verdorben für M'. Diktator 494, feierte einen Triumph über die Sabiner, dankte nach dem Scheitern seiner Reformvorschläge für die Plebs, als *concordiae auctor*, ab, sein Tod während der Seuche von 463 ist späte Rekonstruktion; (2) Sohn des M'. Valerius, Quästor 458, Konsul 456; (3) Konsulartribun der Jahre 398 und 395.

C. Valerius Potitus: mehrfacher Konsulartribun (415, 407, 404), eroberte als Konsul des Jahres 410 die Burg von Carventum und feierte eine *ovatio* (kleiner Triumph).

L. Valerius Potitus: Konsulartribun der Jahre 414, 406, 403, 401, 398. Er griff 406 Antium an, verwüstete 398 Falerii und ging als Gesandter nach Delphi, aufgrund einer Krankheit legte er 392 das Konsulat nieder.

L. Valerius Publicola: Konsulartribun der Jahre 394, 389, 387, 383, 380.

P. Valerius Volesi filius Publicola, auch *Poplicola* (Volksfreund): berühmtester der Valerii, Sohn des Valerius Volesi; an der Vertreibung des Tarquinius Superbus beteiligt, war er 509 Konsul (mit Brutus), dann abermals 508, 507, 504 (503 gestorben); erfolgreicher Politiker und Feldherr (Kriege gegen Veji, die Tarquinier und Porsenna). Er brachte wichtige Gesetze ein wie die *lex Valeria de provocatione*, das Recht eines Angeklagten, Berufung einzulegen und an das Volk zu appellieren. Erhielt ein Staatsbegräbnis. Plutarch stellt ihn in seiner Lebensbeschreibung dem athenischen Gesetzgeber Solon gegenüber.

L. Valerius Publicola Potitus: Enkel des P. Valerius. Wie alle Valerier sehr volksfreundlich, soll er in seinem Konsulat von 449 die während des Decemvirates beschnittenen Rechte der Plebs und der Volkstribunen wieder gestärkt haben. Feierte einen Triumph über die Aequer.

Vecilius mons: Nicht näher lokalisierbarer Hügel, wohl ein Teil des Algidus, s. d.

Veji: beim heutigen Isola Farnese, 15 km nördlich von Rom; neben Tarquinii die reichste und mächtigste Etruskerstadt, deren Territorium im Süden bis an die Tibermündung reichte; mit Rom lange im Krieg um die Vorherrschaft, auch im Salzhandel, 396 unter Camillus bela-

gert, erobert und zerstört (nach anderen Quellen 392/391). Auf dem *ager Veiens* wurden vier neue römische Tribus eingerichtet. Nach dem Galliersturm erwog man in Rom, nach Veji umzuziehen. Kulturell bedeutend: Statue des Apoll von Veji (Rom, Museum Villa Giulia). In Veji archäologische Zone mit Portonacciotempel.

Velia: eine inzwischen abgeflachte Erhebung in Rom zwischen Palatin und Esquilin, an der östlichen Seite des Forums, dort Grabplatz der Valerier.

Velitrae: heute Velletri, 30 km von Rom entfernte Stadt am Südrand der Albanerberge, ursprünglich latinisch, dann unter etruskischem Einfluss, später Volskerstadt, Kämpfe mit Rom, seit 494 römische Kolonie, aber erst 338 endgültig unterworfen.

Veneti: zwischen Unterlauf des Po und Alpenrand siedelndes Volk, angeblich aus eingewanderten Troianern und Enetern bestehend, gelten als Gründer von Patavium (Padua). Die V. waren nicht betroffen vom Galliereinfall und sollen sogar durch einen Angriff auf die Einwanderer deren Abzug aus Rom bewirkt haben.

Venus: italisch-römische Göttin, mit örtlichen Kulten als Göttin der Liebe, der Fruchtbarkeit und der Gärten (s. *Murciae*). Durch den Kult der Aphrodite auf dem Berg Eryx in Sizilien mit dieser verbunden (Venus Erycina), ebenso mit dem Mythos als Mutter des Aeneas. Stammmutter der *gens Iulia*.

Verginia: Tochter des L. Verginius; von ihrer Schönheit geblendet, befahl der Decemvir Ap. Claudius einem Gefolgsmann, sie als Sklavin zu beanspruchen. Appius, selbst der Richter in diesem Streitfall, erklärte das Mädchen zur Sklavin seines Klienten, um sie selbst besitzen zu können. Daraufhin erstach der Vater seine Tochter, um sie vor Schande zu bewahren; vgl. *L. Verginius.* Die Geschichte scheint eine Doublette zur Tragödie der Lucretia zu sein, Gewalt gegen Frauen blieb jedoch auch später ein Thema.

A. Verginius: (1) Volkstribun von 461–457, trieb Caeso Quinctius (s. d.) durch seine Anklage aus dem Jahr 461 ins Exil. (2) wurde als Volkstribun 393 wegen seiner patrizierfreundlichen Politik verurteilt.

L. Verginius: (1) Konsulartribun des Jahres 402; wurde wie M.' Sergius Fidenas wegen der Niederlage vor Veji bestraft; (2) plebejischer Centurio um 451, Vater der von Ap. Claudius begehrten Verginia; als der

Decemvir das Mädchen seinem Gefolgsmann als Sklavin zuerkannte, tötete er seine Tochter, um ihre Ehre zu retten. Danach wiegelte er das Heer zum Aufstand gegen die Decemvirn auf und wurde zum Volkstribun gewählt.

Opiter Verginius Tricostus: Konsul 502, kämpfte gegen die Aurunker bei Pometia.

L. Verginius Tricostus: Konsul 435, 434.

Sp. Verginius Tricostus Caeli(o)montanus: unter seinem Konsulat von 456 wurde der Aventin für die allgemeine Besiedlung freigegeben.

T. Verginius Tricostus Caelimontanus: kämpfte in der Schlacht am See Regillus.

T. Verginius Tricostus Caelimontanus: Konsul 448 mit Sp. (Lars) Herminius.

T. Verginius Tricostus Rutilus: erlitt 479 als Konsul eine Niederlage gegen Veji und starb als Augur an der Seuche des Jahres 463.

Verona: angeblich von den Galliern gegründete Stadt an der Etsch.

Verrugo: Name von *verruca* (»Warze«), Befestigung auf den Albanerbergen, die den Weg über die Via Latina durch den Algidus kontrollierte, strategisch bedeutend.

Vesta: latinische Gottheit (ähnlich der griechischen Hestia), in Lavinium zusammen mit den Penaten verehrt, Göttin des häuslichen Herdes, besonders des staatlichen Herdfeuers; ihr Rundtempel (von Numa eingerichtet) am Forum Romanum beherbergte anstelle einer Götterstatue das ewige Feuer, den *penus,* »Vorrat«, d. h. Ritualobjekte wie *mola salsa,* das Opfermehl, und das aus Troia gerettete Palladium, das heilige Bild der Pallas Athene. Beim Galliersturm waren die Heiligtümer nach Caere evakuiert worden. Fest (Vestalia) am 9. Juni.

Vestalis: Vestalin, Priesterin der Vesta, der Göttin des häuslichen Herdes und des Herdfeuers. Zu ihren Aufgaben gehörte das Wasserholen aus einer heiligen Quelle, das Hüten des *penus* (s. *Vesta*), besonders aber die Bewahrung des ewigen Feuers, das die Wohlfahrt des römischen Staates garantierte. Die Priesterinnen genossen hohe Ehren; sie waren zur Keuschheit verpflichtet und wurden bei Verletzung ihres Gelübdes oder beim Erlöschen des Feuers, was als böses Omen für den Staat galt, lebendig begraben. Rea, die Mutter von Romulus und Remus, war Vestalin.

Vettius Messius: Volsker, kämpfte 431 zusammen mit den Aequern gegen die Römer.

Veturia: Mutter des römischen Feldherrn Coriolanus, ging mit einer Bittgesandtschaft von Frauen ins Lager ihres Sohnes und bewog ihn zum Abzug von Rom.

M. Veturius: Konsulartribun des Jahres 399.

C. Veturius Cicurinus: Konsul 455, Augur 453; weil er die Beute aus dem Aequerkrieg verkauft hatte, wurde er vom Volksädil L. Alienus (s. d.) angeklagt und auch verurteilt.

T. Veturius Geminus Cicurinus: 462 nach einem Interregnum zum Konsul gewählt, gelang ihm ein Sieg über die Aequer, wofür man ihm die *ovatio* gewährte (»kleiner Triumph«); Mitglied des ersten Decemvirats.

Vetusius: ältere Schreibform für Veturius.

Vica Pota: altrömische Göttin des Sieges, später mit Victoria gleichgesetzt.

Vicus Tuscus: Etruskerviertel bzw. -straße, das Viertel zwischen Palatin und Kapitol und die Straße vom Forum zum Circus Maximus.

Ap. Villius: 449 nach dem Sturz der Decemvirn Volkstribun.

Viminalis collis: Hügelformation südöstlich vom Quirinal, von Servius Tullius ins Stadtgebiet einbezogen.

Vitellia, Vetelia: römische Kolonie in Latium auf dem Gebiet der Aequer, von diesen für kurze Zeit zurückerobert.

Vitellii: Verwandte des Brutus; sie waren an der Verschwörung zur Rückführung der Tarquinier beteiligt und wurden hingerichtet.

Volcanus: alter römischer Gott des Feuers und der Schmiede, besaß schon früh eine Kultstätte auf dem Volcanal (beim Comitium), hatte eigenen *flamen* (Sonder-, Eigenpriester). Fest (Volcanalia) am 23. August.

Volero Publilius: s. *Publilius.*

Volsci: Bergvolk im Süden von Rom, das sich nach dem Zusammenbruch der Tarquinierherrschaft in die Ebene von Latium auszubreiten begann und dort in Konflikt mit Rom geriet. Mehrere Kriege, 338 endgültig unterworfen. Hauptorte der Volsker waren Antium, Cora, (Suessa) Pometia, Velitrae, Tarracina-Anxur.

M. Volscius Fictor: Volkstribun, beschuldigte 461 durch seine Zeugen-

aussagen den Caeso Quinctius des Mordes; wurde aber 458 wegen Meineides verurteilt und ging in die Verbannung.

Volsinii: eine der bedeutendsten Etruskerstädte, entweder nördlich des Bolsenasees zu lokalisieren oder eher das heutige Orvieto. Im Territorium von V. lag vermutlich das Bundesheiligtum der Etrusker (s. *Voltumna*). Die Kämpfe mit Rom beginnen 392/391 und enden mit der Zerstörung und Umsiedlung der Stadt 264.

Voltumna: etruskische Gottheit, die mit dem obersten Gott *Tin* in Zusammenhang stehen dürfte. Am Voltumnaheiligtum fand alljährlich der Landtag des etruskischen Zwölfstädtebundes statt.

Volturnum: s. *Capua.*

Volumnia: Gattin des Feldherrn Coriolanus, begab sich mit dessen Mutter Veturia auf eine Bittgesandtschaft ins Lager ihres Mannes.

P. Volumnius Amintinus Gallus: Konsul 461. Ein Jahr danach übernahm er das Kommando des beim Angriff gegen Ap. Herdonius gefallenen P. Valerius. 458 nahm er an der Gesandtschaft zu den Aequern teil.

Zeittafel

(Ereignisse in den Büchern 1–5 des Livius; alle Daten v. Chr.)

ca 9. Jh.	Besiedelung durch Latiner auf dem Palatin nachweisbar (Rundhütten)
seit 800	Besiedelung durch Sabiner auf dem Quirinal, dann auch auf dem Esquilin und den übrigen Hügeln
um 750	Zusammenschluss der Latiner und Sabiner
753	Gründung Roms durch Romulus (Datum bei Varro, von Livius übernommen)
753–510	nach der Überlieferung Herrschaft der sieben Könige Roms: Romulus, Numa Pompilius, Tullus Hostilius, Ancus Marcius, Tarquinius Priscus, Servius Tullius, Tarquinius Superbus (nach Livius 244 Jahre). Beginn der Vormachtstellung in Latium
seit etwa 625	Ausdehnung der etruskischen Herrschaft auf Rom
616–578	König Tarquinius Priscus
578–534	König Servius Tullius. Servianische Heeres- und Verfassungsreform
534–510	König Tarquinius Superbus
510/509	Vertreibung der Tarquinier nach der Untat an Lucretia. L. Brutus und L. Tarquinius Collatinus erste Konsuln der römischen Republik
	Vertrag zwischen der römischen Republik und Karthago, Abgrenzung der Machtsphären
509	Verschwörung der Tarquinierpartei wird entdeckt. Brutus fällt in der Schlacht gegen die Tarquinier. P. Valerius Konsul. *Lex Valeria de provocatione*: Recht der Bürger, Berufung einzulegen
	Weihe des Iuppitertempels auf dem Kapitol
508–506	Der Etruskerkönig Porsenna belagert Rom. Mucius Scaevola
504	Sieg der Latiner bei Aricia über die Etrusker
501 (?)	Wahl des ersten römischen Diktators
499 (496)	Schlacht am See Regillus. Sieg der Römer über die Latiner

494/493	Auszug der Plebs auf den Aventin und den heiligen Berg. Wahl der ersten Volkstribunen; diese sind unverletzlich (sakrosankt), haben das Vetorecht gegen Beschlüsse der Magistrate
493 (?)	*Foedus Cassianum*. Bündnis Roms mit den Latinern
484	Einweihung des Castortempels
491	Der aus Rom verbannte Feldherr Coriolan rückt mit den Volskern gegen Rom, lässt sich von seiner Mutter zum Abzug bewegen
um 480	Kriege Roms gegen Vejenter, Volsker, Aequer und Sabiner
477	Untergang der Fabier am Fluss Cremera (*dies ater*)
474	Schwächung der Etruskermacht: Niederlage durch Hieron I. von Syrakus. Waffenstillstand Roms mit Veji
471	Weitere Auseinandersetzungen der Patrizier und Plebejer, Ständekampf. *Lex Publilia*: Wahl von plebejischen Beamten in den Tributkomitien. Anhaltender Streit um Ackergesetze: Verteilung von Siedlungsland an die Plebs. Kampf der Plebejer um die Zulassung zu den Ämtern
458	L. Quinctius Cincinnatus wird zum Diktator bestimmt, siegt gegen die Aequer, 439 abermals Diktator, verhindert einen Staatsstreich durch Sp. Maelius
451	Wahl eines Zehnmännerkollegiums (Decemvirat) zur Kodifizierung des Rechts
um 450	Veröffentlichung des Zwölftafelgesetzes: Privat-, Straf- und Prozessrecht, Staats- und Sakralrecht
449	Zweiter Auszug der Plebs (*secessio*) wegen der Beseitigung des Volkstribunats durch die Decemvirn
406–396	zehnjähriger Krieg gegen Veji, Camillus erobert die Stadt (nach anderen Quellen 392/391)
um 400	Einfall der Kelten (Gallier) in Italien und Ansiedlung in der Poebene und an der Adriaküste
390	erster Zusammenstoß Roms mit den Galliern bei Clusium
387	Gallierkatastrophe (Keltensturm): Vernichtende Niederlage der Römer an der Allia (*dies ater*). Unter Brennus, dem Führer der Gallier (Senonen), wird Rom eingenommen, geplündert und niedergebrannt. Auf dem Kapitol

leisten die Römer Widerstand unter Manlius Capitolinus. Die Erstürmung wird verhindert (in der Überlieferung mit Hilfe der warnenden Gänse). Nach Zahlung eines Lösegelds (»Vae victis!«) Abzug der Gallier. Einer Überlieferung zufolge greift der aus der Verbannung zurückgekehrte Camillus ein, nimmt den Galliern das Lösegeld wieder ab und vertreibt sie. Er gilt als zweiter Gründer Roms, zumal da er auch durchsetzte, dass die Römer die zerstörte Stadt wieder aufbauten, anstatt sie zu verlassen und nach Veji zu ziehen.

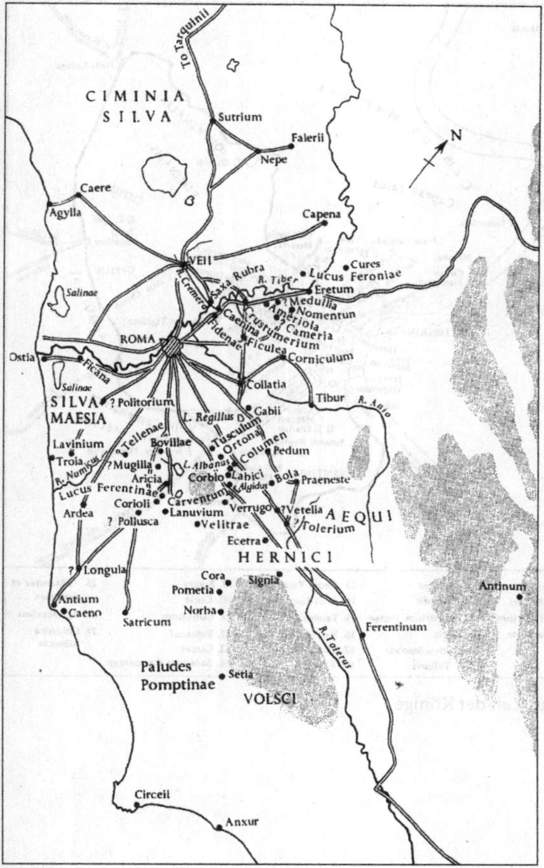

Die Campagna

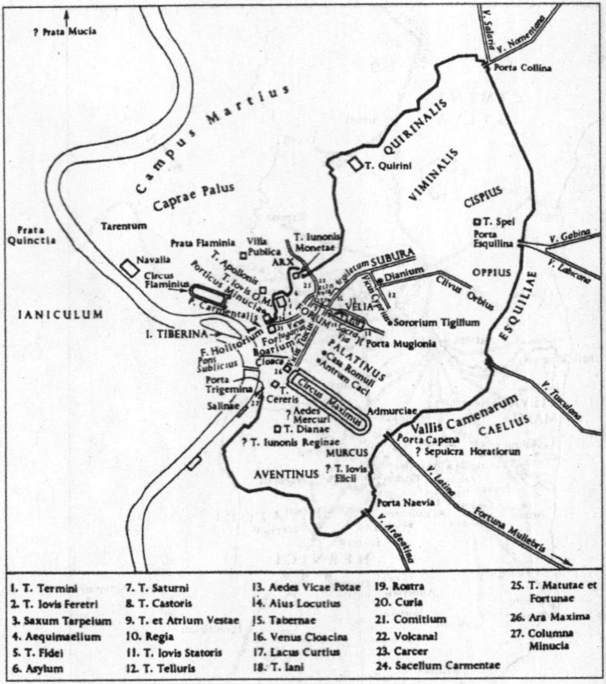

Rom zur Zeit der Könige

Literaturhinweise

Textausgaben, Übersetzungen, Kommentar, Konkordanz

Titi Livi Ab urbe condita. Rec. et adnot. crit. instr. R. S. Conway / C. F. Walters / S. K. Johnson. T. 1. Oxford: Oxford University Press 1955/1969.

Titi Livi Ab urbe condita. Rec. et adnot. crit. instr. R. M. Ogilvie. Tomus I: Libri I–V. Oxford: Oxford University Press 1974.

Titus Livius. Römische Geschichte. Übers. von K. Heusinger / O. Güthling. 4 Bde. Leipzig: Reclam o. J.

Storie di Tito Livio. La prima deca. A cura di L. Perelli. Turin 1953.

Titi Livi Ab urbe condita libri. W. Weissenborns erklärende Ausgabe. Bd. 1–2: Buch 1–5. Bearb. von H. J. Müller. Berlin [12]1966.

Livy. History of Rome (Ab urbe condita) [lat. Text m. engl. Übers.] Vol. 1–5 transl. by B. O. Foster. Cambridge: Harvard Univ. Press/London: Heinemann, 1967 (Loeb Classical Library).

Titus Livius: Römische Geschichte seit Gründung der Stadt. Übers. von H. Dittrich. Bd. 1: 1–5. Buch. Berlin 1978.

Livius. Römische Geschichte. Lat.-dt. hrsg. von H. J. Hillen (Tusculum). Bd. 1 und 2. München-Zürich/Darmstadt [2]1997.

Ogilvie, R. M.: A Commentary on Livy. Books 1–5. Oxford [4]1984.

Packard, D. W.: A Concordance to Livy. 4 Bde. Cambridge (Mass.) 1968.

Weiterführende Literatur

Albrecht, M. v.: Geschichte der römischen Literatur Bd. 1. München 1994 (zu Livius: S. 659–686, mit Lit.).

Alföldi, A.: Römische Frühgeschichte. Kritik und Forschung seit 1964. Heidelberg 1975.

– Das frühe Rom und die Latiner. Darmstadt 1977.

Badian, E.: Livy and Augustus. In: W. Schuller (Hrsg.): Livius. Aspekte seines Werkes. Konstanz (1993) S. 9–38.

Beck, H. / Walter, U.: Die Frühen Römischen Historiker. Griech., lat. u. dt. Hrsg. u. komm. 2 Bde. Darmstadt 2004/2005.

Bleicken, J.: Die Römische Republik. München 2012.

Burck, E.: Die Erzählungskunst des T. Livius. Berlin [2]1964.

– Das Geschichtswerk des Titus Livius. Heidelberg 1992.

– (Hrsg.): Wege zu Livius, Darmstadt [2]1977. (Wege der Forschung 132.)

– Livius als augusteischer Historiker. In: Ders. (Hrsg.): Wege zu Livius, Darmstadt [2]1977. S. 96–143.

– Die Gestalt des Camillus. In: Ders. (Hrsg.): Wege zu Livius, Darmstadt [2]1977. S. 310–328.

– Wahl und Anordnung des Stoffes. In: Ders. (Hrsg.): Wege zu Livius, Darmstadt [2]1977. S. 331–351.

– Das Bild der Revolution bei römischen Historikern. In: Gymnasium 73 (1966) S. 86–109.

– Die Frühgeschichte Roms bei Livius im Lichte der Denkmäler. In: Gymnasium 75 (1968) S. 74–110.

Burton, P. J.: The last republican historian: A new date for the composition of Livy's first pentad. In: Historia 49 (2000) S. 429–446.

Chaplin, J. D.: Livy's Exemplary History. Oxford 2000.

Chaplin, J. D. / Kraus, C. S. (Hrsg.): Livy. Oxford Readings in Classical Studies. Oxford / New York 2009.

Dorey, T. A. (Hrsg.): Livy. London 1971.

Dupont, F.: Stadt ohne Ursprung. Gründungsmythos und römische Identität. Darmstadt 2013.

Eigler, U. / Gotter, U. / Luraghi, N. / Walter, U.: Formen römischer Geschichtsschreibung von den Anfängen bis Livius. Darmstadt 2003.

Flach, D.: Einführung in die römische Geschichtsschreibung. Darmstadt 1985, [4]2012. [Livius: S. 135–158.]

Forsythe, G.: Livy and Early Rom. A Study in Historical Method and Judgement. Stuttgart 1999. (Historia Einzelschriften 132.)

Fuhrmann, M. / Schmidt, P. L.: Art. »T. Livius«. In: Der Neue Pauly. Enzyklopädie der Antike. Bd. 7. Stuttgart / Weimar 1999. Sp. 377–382 (s. Fuhrmann, M.: Titus Livius. In: Geschichte der römischen Literatur. Stuttgart 1999, S. 244–248).

Gall, D.: Die Literatur in der Zeit des Augustus. Darmstadt 2005. (Klassische Philologie kompakt.) (Zu Livius: S. 91–100.)

Grant, M.: Livius. In: Klassiker der antiken Geschichtsschreibung. München 1981, S. 182–204; 336–339.

Gruber, J. (Hrsg.): Livius-Interpretationen. Bamberg 1995.

Haehling, R. v.: Zeitbezüge des Titus Livius in der 1. Dekade seines Geschichtswerkes: Nec vitia nostra nec remedia pati possumus. Stuttgart 1989.

Heuß, A.: Römische Geschichte. Braunschweig [5]1983. [NA Paderborn 2003.]

Hoff, R. von den / Stroh, W. / Zimmermann, M.: Divus Augustus. Der erste römische Kaiser und seine Welt. München 2014.

Hoffmann, W.: Livius und die römische Geschichtsschreibung. In: Burck, E. (Hrsg.): Wege zu Livius, Darmstadt [2]1977. S. 68–95.

Holzberg, N. / Klaus, K. / Städele, A.: Die großen römischen Historiker. Livius – Sallust – Tacitus. Bamberg 1996.

Jaeger, M: Livy's Written Rome. Ann Arbor 1998. [Rez. U. Walter in Gymnasium 107/2000, S. 338–340.]

Jehne, M.: Die römische Republik. Von der Gründung bis Caesar. München [2]2008 [Vorgeschichte und frühe Republik: S. 6–36.]

Junkelmann, M.: Augustus und seine Zeit. Die 101 wichtigsten Fragen. München 2014.

Klingner, F.: Livius. In: Burck, E. (Hrsg.): Wege zu Livius, Darmstadt [2]1977. S. 48–67.

Kowalewski, B.: Frauengestalten im Geschichtswerk des T. Livius. München/Leipzig 2002. (Beiträge zur Altertumskunde 170.)

Lefèvre, E. / Olshausen, E. (Hrsg.): Livius. Werk und Rezeption. Festschrift E. Burck. München 1983. [S. 421–433: der Brief Petrarcas an Livius 1351.]

Luce, T. J.: Livy: The rise of Rome. Books 1–5. Oxford / New York 1998.

Mayer, J. W. / Winkle, Chr.: Umland der Stadt Rom. Kulturführer zur Geschichte und Archäologie. Mainz 2010.

Mehl, A.: Römische Geschichte. Grundlagen und Entwicklung. Stuttgart 2001.

Mette, H. J: Livius und Augustus. In: Gymnasium 68 (1961) S. 269–285 (auch in: Burck, E. (Hrsg.): Wege zu Livius, Darmstadt [2]1977. S. 156–166).

Miles, G. B.: Livy. Reconstructing Early Rome. Ithaca / New York / London 1995.

Mineo, B. (Hrsg.): A Companion to Livy. Malden u. a. 2015.

Ogilvie, R. M.: Das frühe Rom und die Etrusker. München 1983 [vgl. dazu Rez. von E. Ferenczy in: Gymnasium 93 (1986) S. 307].

Pausch, D.: Livius und der Leser. Narrative Strukturen in *Ab urbe condita*. München 2011.

Petzold, K.-E.: Zur Geschichte der römischen Annalistik. In: W. Schuller (1993) S. 151–188.

Schuller, W. (Hrsg.): Livius. Aspekte seines Werkes. Konstanz 1993.

Sehlmeyer, M.: Livius und seine annalistischen Quellen für das frühe Rom (bibliograph.) In: Gymnasium 105 (1998) S. 553–561.

Suerbaum, W.: Am Scheideweg zur Zukunft. Alternative Geschehensverläufe bei römischen Historikern. In: Gymnasium 104 (1997) S. 36–54 [zu Livius B. 2,1: S. 42 f].

– Römische Geschichtsschreibung. In: Ders. (Hrsg.): Handbuch der lateinischen Literatur der Antike. Erster Band: Die archaische Literatur von den Anfängen bis Sullas Tod. München 2002, S. 345–369 [Lit. zu Livius S. 350].

Thraede, K.: Außerwissenschaftliche Faktoren im Liviusbild der neueren Forschung. In: G. Binder (Hrsg.): Saeculum Augustum. Bd. II. Darmstadt 1988. S. 394–425.

Tränkle, H.: Livius und Polybios. Basel/Stuttgart 1977.

Walsh, P. G.: Livy. His Historical Aims and Methods. Cambridge [2]1970.

– Livy. Oxford 1974.

– Die Vorrede des Livius. In: Burck, E. (Hrsg.): Wege zu Livius, Darmstadt [2]1977. S. 181–199.

Walter, U.: Memoria und res publica. Zur Geschichtskultur der römischen Republik. Frankfurt a. M. 2004.

Werner, R.: Die Auseinandersetzung der frührömischen Republik mit ihren Nachbarn in quellenkritischer Sicht. In: Gymnasium 75 (1968) S. 45–73; 505–519.

Nachwort

»Hast Du nie die Geschichte von dem Mann aus Gades gelesen, der sich, von dem glorreichen Namen des Titus Livius angezogen, vom Ende der Welt aufmachte, um ihn zu sehen, und dann sofort, als er ihn gesehen hatte, wieder abreiste?« Eine erstaunliche Geschichte: Aus dem heutigen Cadiz im Süden Spaniens, von den Säulen des Herakles, der Straße von Gibraltar, kam der Mann, aus einer reichen Hafen- und Handelsstadt, und er gehörte sicher zu den wohlhabenden und gebildeten Bürgern, die genügend Geld und eine genügend große Bibliothek hatten, um das umfangreiche Werk des Livius anzuschaffen und unterzubringen: 142 Bücher – Von der Gründung der Stadt, *Ab urbe condita*, das heißt eigentlich schon von der Ankunft des Aeneas in Latium, bis zum Tod des Drusus, des Stiefsohnes des Augustus, 9 v. Chr. Da hier von *nomen* und *gloria*, Namen und Ruhm, des Autors die Rede ist, nehmen wir an, dass sein Werk schon ganz oder zu großen Teilen veröffentlicht war, also etwa in den Jahren um 10 n. Chr. Sicher hatte der Bürger von Gades mit besonderem Interesse die Partien des Geschichtswerks gelesen, die in Spanien spielten, die Ereignisse des Zweiten Punischen Krieges, etwa als Hasdrubal, der Bruder Hannibals, in Gades stand. Aber nicht nur geschichtliche Fakten müssen ihn begeistert haben, sondern die Persönlichkeit des Livius, und damit seine Kunst, eine Weltbühne zu schaffen, auf der Personen agieren, die, obwohl durch große Zeiträume von uns getrennt, unter ganz anderen Verhältnissen lebend, uns dennoch etwas zu sagen haben, unser Interesse, unsere Anteilnahme erwecken. Solche Gestalten findet der Liviusleser reichlich in der Frühgeschichte, in den ersten fünf Büchern. In der Gestaltung durch Livius sind sie in den Schulunterricht, ins allgemeine Bewusstsein eingegangen: Romulus und Remus, Lucretia, Mucius Scaevola, Corio-

lan, Camillus. Der Besucher aus Gades hat Livius in Rom getroffen – hat er mit ihm gesprochen, in seinem Haus, oder hat er ihn bei einer Lesung gehört und gesehen? Nachdem er ihn gesehen, erlebt hatte, reist er *statim*, sofort, wieder ab. Ohne Rom zu besichtigen, das Rom, von dem Augustus zu Recht gesagt hatte, dass er es aus einer Ziegelstadt zu einer Marmorstadt gemacht habe, mit prächtigen Bauten, Tempeln, Säulenhallen und Plätzen, mit Statuen all der berühmten Römer, wie sie sich bei Livius finden. Der Mann reist wieder heim, wohl um sich mit neuem Eifer in die Lektüre seines Autors zu versenken.

Die Geschichte ist uns vom jüngeren Plinius überliefert,[1] und dieser hat eine noch erstaunlichere Beziehung zu Livius. In den beiden Briefen über den Vesuvausbruch, die er an seinen Freund, den Geschichtsschreiber Tacitus, sendet,[2] erzählt er folgendes: Sein Onkel, Plinius der Ältere, Verfasser der monumentalen *Naturgeschichte* (*Naturalis historia*), wollte das interessante Naturphänomen untersuchen, das sich da am 24. August 79 n. Chr. bot: eine seltsame Wolke, die sich in Form einer Pinie über dem Vesuv erhob. Der Onkel ließ einen Schnellsegler bereitmachen – er war Flottenkommandant in Misenum am Golf von Neapel – und forderte seinen Neffen auf, mitzukommen. Dieser lehnte ab, er wolle lieber bei seinen Studien bleiben, der Onkel hatte ihm zufällig gerade etwas zum Ausarbeiten gegeben. Wir erfahren später: Es handelte sich um Livius. Als der ältere Plinius das Haus verlassen will, erhält er den Brief einer Frau, die am Fuße des Vesuvs dringend um Hilfe bittet: Die Straßen sind durch Erdrutsche verschüttet. Daraufhin rüstet der Onkel Schiffe aus zu einer Evakuierungsaktion, von der er bekanntlich nicht zurückkommen sollte. Der junge

1 Plin. epist. 2,3,8.

2 6,16.20.

Plinius, 18 Jahre ist er damals, widmet sich seinen Studien, er liest Livius und macht sich Auszüge, obwohl die Erde bebt, eine schwarze Wolke heranzieht und das Meer brandet. Ein Freund des Onkels kommt und macht ihm Vorwürfe, dass er sich nicht in Sicherheit bringt.[3] Doch Plinius beschäftigt sich weiterhin mit seinem Buch, bis das Geschehen so bedrohlich wird, dass er sich endlich mit seiner Mutter auf die Flucht begibt.

Ein junger Mann, der nicht sein Buch beiseite legt und mit einem Schiff der römischen Flotte zu einer Exkursion aufbricht, ja der angesichts von Erderschütterungen und finsteren Wolken bei der Lektüre des Livius bleibt – ebenfalls eine erstaunliche Geschichte, zumal wenn man bedenkt, dass er als Begleiter des Onkels mit diesem zusammen das Leben eingebüßt hätte. Livius als Lebensretter – welches Buch las er –, was fand er so spannend, was machte er sich für Auszüge, etwa im Stil heutiger Schulkommentare: Wie sind die Reden bei Livius aufgebaut? Oder einfach: Welche Passage beeindruckt mich besonders und warum?

Der Mann aus Gades und der junge Plinius bei der Liviuslektüre angesichts des Vesuvausbruchs sind vielleicht Wegbegleiter für die Beschäftigung mit dem Geschichtsschreiber in heutiger Zeit, eher als Historiker, die ihm penibel nachrechnen, dass dieses Gesetz erst aus späterer Zeit stammt, jene Person unhistorisch sei, dass der Krieg de facto etwas anders verlief oder dass Livius kritiklos auf phantasievolle Erfindungen seiner Vorgänger zurückgreift. Von der Vorstellung, der Historiker könne sagen, wie es eigentlich gewesen ist,[4] haben wir uns verabschiedet, auch die Muse der Geschichtsschreibung, auch

3 Vgl. das Gemälde von Angelika Kauffmann: Plinius der Jüngere mit seiner Mutter beim Ausbruch des Vesuvs in Misenum, 1785.
4 Leopold von Ranke, 1824.

Klio, dichtet,[5] jeder Autor bringt seine eigenen Vorstellungen ein, und selbst die modernen Naturwissenschaftler verbürgen sich nicht für eine absolute, unumstößliche Objektivität ihrer Forschungsergebnisse: Es ist, so heißt es, alles eine Frage der Versuchsanordnung.

Titus Livius ist (nach den Angaben des Hieronymus) 59 v. Chr., im schicksalhaften Konsulatsjahr Caesars, geboren. Er stammt aus Patavium, Padua, und verbrachte nach seiner rhetorisch-philosophischen Studienzeit in Rom viele Jahre seines Lebens in seiner Heimatstadt, wo er, wieder nach der Angabe des Hieronymus, 17 n. Chr. gestorben ist. Patavium rühmte sich seines hohen Alters: Antenor, einer der Gefährten des Aeneas, soll es gegründet haben. Die Stadt pflegte ihre heroische Tradition; sie war stolz darauf, ein Hort althergebrachter Tugenden und Gebräuche zu sein.[6] Den Blick zurück auf Ursprung und Geschichte mag Livius also schon in seiner Vaterstadt gewonnen haben. Doch zum Plan eines Geschichtswerkes gehört auch der Anstoß durch die Probleme der Gegenwart. »Über Geschichte kann niemand urteilen, als wer an sich selbst Geschichte erlebt hat.«[7] Livius hatte erleben müssen, wie sich seine oberitalische Heimat in eine Aufmarschbasis und ein

5 H. White, *Auch Klio dichtet oder Die Fiktion des Faktischen*, Stuttgart 1986.

6 Vgl. Plin. epist. 1,14,6. Asinius Pollio glaubte bei Livius eine *patavinitas* zu bemerken (Quint. inst.1,5,56; 8,1,3), was vielleicht nicht so sehr auf eine gewisse großstadtferne Diktion geht, als auf die Betonung sittlicher Grundsätze. Vgl. P. G. Walsh, *Die Latinität des Livius*, in: E. Burck (Hrsg.), *Wege zu Livius*, Darmstadt ²1977, S. 535–539. – Zu heutigen Spuren des Livius in Padua vgl. G. Binder, *Im Land der hundert Hügel (Colli Eugenei)*, in: ANTIKE WELT 4, 2013, S. 43–46.

7 Goethe, *Wilhelm Meisters Wanderjahre*, Zweites Buch, Betrachtungen im Sinne der Wanderer.

Schlachtfeld der Bürgerkriege verwandelte. Mit den Menschen schienen auch die altbewährten Tugenden, die Grundlagen menschlichen Zusammenlebens, für immer zugrunde zu gehen. Wie ein unerwartetes Glück erschien Livius und seinen Zeitgenossen dann die *Pax Augusta.* Man hoffte auf ein Ende der inneren und äußeren Zerstörung, ein Ende der schuldbeladenen Zeit des Bruderkriegs. Es ist verständlich, dass man damals auf der Suche nach einer geistigen Neuorientierung an die Frühzeit anknüpfte, als Rom noch, wie das berühmte Wort des Dichters Ennius lautete, durch seine alten Sitten und seine Männer groß war.[8]

Augustus selbst stellte die Göttertempel wieder her und schmückte sein Forum mit den Statuen der berühmten Männer aus Roms Geschichte. Vergil wählte zum Helden seines Epos den römischen Gründerheros Aeneas – an zwei signifikanten Stellen verweist er auf die Gestalten der Frühgeschichte[9] –, und mit Aeneas beginnt auch Livius sein Geschichtswerk. Von den Anfängen bis zur Gegenwart will er berichten, ein gewaltiges Unternehmen, für das er, wie die Dichter, den Segen der Götter erbittet.

Von den 142 Bänden (die sukzessive veröffentlicht wurden) sind die Bücher 1–10, 21 bis 45 (41 und 43 unvollständig), außerdem einige Fragmente sowie die sogenannten *periochae*, kurze Zusammenfassungen des Inhalts der einzelnen Bücher, oder *epitomae*, Auszüge, erhalten. Solche Auszüge scheinen aus praktischen Gründen beliebt gewesen zu sein; um das Jahr 100 erklärt der Dichter Martial, dass seine Bibliothek nicht ausreiche, um den gesamten Livius aufzunehmen.[10]

8 *Moribus antiquis res stat Romana virisque* (ann. 500 V).

9 Heldenschau in der Unterwelt und Schildbeschreibung: Aen. 6,756–825; 8,625–666.

10 »Auf winzigen Häuten zusammengedrängt ist der gewaltige Livius (*Livius ingens*), / den meine Bibliothek nicht in seiner Gesamtheit

Die Bücher 1–5 (wohl als Einheit, als Pentade veröffentlicht) behandeln Roms Frühzeit, die Stadtgründung, die Königszeit und die frühe Republik, die Auseinandersetzungen mit den Nachbarvölkern, mit Latinern und Etruskern, bis zur Eroberung von Veji und der Einnahme Roms durch die Gallier. In den Büchern 6–15 (Buch 6 setzt mit einer neuen Vorrede ein) geht es um die Vorherrschaft in Italien, mit den Samnitenkriegen. In 16–30 folgen der Erste und der Zweite Punische Krieg in den Jahren 264–201 v. Chr. Die Bücher 21–30 enthalten den Kampf gegen Hannibal, 31–45 die Kriege im hellenistischen Osten, bis zum Jahr 167 v. Chr., dem siegreichen Abschluss der drei Makedonischen Kriege. Die nicht erhaltenen Bücher beschrieben die Bundesgenossenkriege, Sulla, Caesars Gallischen Krieg, den Bürgerkrieg bis zu Caesars Ermordung 44 v. Chr., dann den abermaligen Bürgerkrieg und die folgende Regierungszeit des Augustus bis 9 v. Chr.

Ob Livius hier bewusst den Schlusspunkt seines Werkes setzte, mit dem Tod von Augustus' Stiefsohn Drusus, der angeblich, wenn er in die Lage käme, die republikanische Verfassung habe wiederherstellen wollen – Drusus als der letzte Republikaner? Oder wollte Livius das Werk bis zum Tod des Augustus 14 n. Chr. führen, oder starb er selbst vorher – all dies bleibt ungeklärt.[11] Nicht genau nachvollziehbar ist auch, wie er in den die Gegenwart behandelnden Büchern mit dem gewaltsamen Aufstieg des späteren Friedenskaisers Augustus umging. Offenbar hat er aber keinen Anstoß erregt, oder Augustus war klug genug, einen solchen zu vermeiden. Bei Tacitus heißt es (allerdings nicht von ihm selbst geäußert), der

fassen kann.« Mart. epigr. 14,190, Übers. von N. Holzberg. – Vgl. dazu P. L. Schmidt, *Livius-Rezeption und kaiserzeitliche Historiographie*, in: W. Schuller (1993) S. 192–194.

11 Vgl. R. Syme, *Lebenszeit des Livius*, in: E. Burck (Hrsg.), *Wege zu Livius*, Darmstadt ²1977, S. 39–47. – Drusus: Suet. Claud. 1,4.

Princeps habe Livius scherzhaft einen Pompeianer, also einen Republikaner genannt.[12] Ein Geschichtsschreiber, der die Taten des römischen Volkes darstellen wollte und die großen Persönlichkeiten, wie einen Camillus, als Repräsentanten dieses Volkes sah, musste auf Distanz gehen zu dem sich immer mehr zur Alleinherrschaft entwickelnden Prinzipat des Augustus, vor allem seit seiner dezidierten Nachfolgeregelung.[13] Auch in den Jahren, als Livius die ersten fünf Bücher verfasste, nach 31 v. Chr., nach Augustus' Sieg bei Actium – er hat sie wohl 27/25 v. Chr. veröffentlicht –, hatte sich eine abwartende Haltung der Distanz von selbst ergeben. Davon kündet auch die Vorrede zum Gesamtwerk, die in ihrem düsteren Ton eher an spätere Autoren wie den jüngeren Plinius und Tacitus erinnert[14] als an Vergil oder Horaz, die an Augustus als Verkörperung des neuen glücklichen Zeitalters glaubten. Falls Livius im Verlauf seines Schreibens zu einer optimistischeren Sicht gekommen wäre, hätte er, was auch buchtechnisch leicht möglich gewesen wäre, diese *Praefatio* ändern können. Er hat es nicht getan, man findet vielmehr in seinem Werk häufig Kritik an seiner Zeit: Der Lobpreis der früheren Zeit enthält oft einen Tadel der jetzigen.[15] Wenn sich Livius auch den Glauben an die Bestimmung Roms erhalten hat, so wird man doch Zurückhaltung üben gegenüber dem Gedanken einer Präfiguration oder gar Gleichsetzung mit Augustus und dessen Regierungsakten im

12 Tac. ann. 4,34,3, aus der Verteidigungsrede des Cremutius Cordus, der, wegen Majestätsbeleidigung unter Tiberius angeklagt, Beispiele brachte, wie hohe Herren großzügig mit Kritik umgingen.

13 Vgl. H. J. Mette, *Livius und Augustus*, in: Gymnasium 68, 1961, S. 269–285; Burck, E. (Hrsg.): *Wege zu Livius*, Darmstadt ²1977, S. 156–166, bes. S. 165; dazu ebd., S. 326 f.

14 Praef. 5 und 12. Vgl. Tac. Agr. 3; Plin. epist. 4,25,5.

15 Vgl. 3,20,5; 3,26,7; 3,65,11; 4,6,12; 4,58,2; 5,40,10; 5,46,7 und 43,13.

Werk des Livius.[16] Wo war hier noch Raum für das von Livius thematisierte Handeln der Bürgerschaft im Sinne von *concordia* und *moderatio*? Augustus betont zwar mehrfach, dass er sich vom *consensus omnium*, von allgemeiner Zustimmung, getragen fühlte,[17] doch war seine Rolle als Princeps grundlegend verschieden von der eines »ersten Mannes der Bürgerschaft«, wie *princeps* (und *principes*) im Sinne von Cicero und Livius. Freilich stimmen Livius und Augustus darin überein, dass sie eine innere Erneuerung nur im Rückgriff auf die alten Werte sehen, die Rom einst groß gemacht haben. Allerdings hätte Augustus nicht zugegeben, dass der römische Staat an seiner eigenen Größe leide.[18] Und wie reagierte er wohl auf die folgende Äußerung des Livius: »Wo könnte man heutzutage auch nur bei einem einzigen Menschen diese Mäßigung, Gerechtigkeit und Hochherzigkeit finden, die damals dem ganzen Volk eigen war« (4,6,12)? Augustus erhielt 27 v. Chr. einen Ehrenschild, der in der Curia Iulia aufgestellt wurde, für seine Tugenden der Tapferkeit, Milde, Gerechtigkeit und Ehrfurcht gegenüber Göttern und Vaterland (*Res gestae – Tatenbericht* 34,3). Hätte Livius als »Augusteer« hier nicht flugs eine Änderung

16 »Tibull und Ovid haben sich von ihm [Augustus] nicht vereinnahmen lassen, und das gilt auch für den großen Geschichtsschreiber der Zeit, Titus Livius«: W. Stroh, *Latein ist tot, es lebe Latein. Kleine Geschichte einer großen Sprache*, Berlin 2007, S. 91; vgl. auch W. Stroh in R. von den Hoff / W. Stroh / M. Zimmermann (2014) S. 160–164. – Zum folgenden vgl. D. Kienast, *Augustus. Prinzeps und Monarch*, Darmstadt 1982, [5]2014, S. 221: »Die ausführliche Darstellung der römischen Vorgeschichte [durch Livius] musste den restaurativen Tendenzen des Augustus entgegenkommen.«

17 Vgl. den Tatenbericht des Augustus, Res gestae 25; 34: Suet. Aug. 58,2.

18 Praef. 4, vgl. Res gestae 26.

anbringen können: »bei keinem außer bei Caesar Augustus findet man heutzutage …«?

In seiner Vorrede sagt Livius auch, was der Leser von seinem Werk zu erwarten hat. Das Heilsame und Nützliche an der Geschichte ist ihr Beispielcharakter. Sie bietet exemplarische Fälle menschlich-politischen Handelns, an denen man – *du*, sagt Livius – ablesen kann, was man im privaten wie im öffentlichen Leben nachahmen oder meiden soll.[19] Es geht um die *mores*, die Sitten und Wertvorstellungen, zu denen auch die religiösen Pflichten gehören, und um die *artes*, »Künste«, Leitprinzipien des menschlichen und staatlichen Zusammenlebens, die von dem jungen Volk Roms erst erlernt werden müssen. In der mit so viel Freiheitswillen errungenen Republik brechen bald die Interessenkonflikte auf zwischen Adel und Volk, zwischen den Ständen der Patrizier und Plebejer. Es geht um das Recht der Plebs auf eine eigene Vertretung, das Volkstribunat, um Landzuweisung und schließlich um die Gleichberechtigung beim Zugang zu den Ämtern, bis hin zum Konsulat. *Concordia – discordia* ist geradezu das übergreifende Thema seit dem 2. Buch: »Kaum herrschte Frieden nach außen, begannen die Kämpfe im Innern«, heißt es oft (2,54,2). Ja die Furcht vor einem auswärtigen Feind erweist sich als das stärkste Band der *concordia* (2,39,7). Stehen die feindlichen Heere vor den Toren, vergisst (oder vertagt) man den Streit. Ein Konsul und Feldherr sagt resigniert: »Ich weiß nicht, durch welche Schicksalsbestimmung uns die Götter im Krieg gewogener sind als im Frieden« (3,19,12).

Livius folgt dem annalistischen Prinzip der Geschichtsschreibung, das die Geschehnisse nach Jahren aneinanderreiht wie in den Annalen, den alten Chroniken und Jahrbüchern. Anhand dieses Schemas kann er den Prozess des steten

19 Praef. 10.

Ringens zwischen den Parteien deutlich hervortreten lassen. Mit ebenso eindringlicher wie ermüdender Ausführlichkeit stellt Livius dar, wie die Halsstarrigkeit der Patrizier jede Einigung verhindert, da sie in jedem Zugeständnis eine Schmälerung ihrer Vorrechte, ja eine Herabsetzung ihrer Person sehen. Doch er missbilligt es auch, wenn die Gegenseite lebenswichtige Maßnahmen unterbindet, um ihre Macht zu zeigen. Umso mehr lobt er die *concordiae auctores*, wie einen Menenius Agrippa, der durch die Erzählung der Fabel vom Magen und den Gliedern das aus dem Stadtgebiet ausgewanderte Volk zur Rückkehr bewegt (2,32,8 ff.). Die höchste Anerkennung zollt er Männern wie Valerius Poplicola: Er war als Feldherr, Staatsmann und Gesetzgeber nach allgemeiner Überzeugung *princeps belli pacisque artibus*, der Erste in den Künsten des Krieges wie des Friedens (2,16,7). Als Mann des Ausgleichs, der durch sein Wirken das Gemeinwesen stabilisiert, wird Poplicola auch bei Cicero lobend hervorgehoben, für den, ganz wie für Livius, der Princeps der erste Mann der Bürgerschaft ist, der uneigennützig zum Wohl des Staates wirkt.[20]

Zum Wohl des Staates gehört auch die Sorge um die Götterverehrung, mit den kultischen Verpflichtungen. »Wenn du dich den Göttern unterordnest, wirst du herrschen. Von daher nimm allen Anfang und Ausgang! Die Götter haben, missachtet, Hesperiens Land viel Unheil gebracht.« Dieses Wort des Horaz[21] gilt auch für Livius. Er lässt den Feldherrn Camillus sagen: »Wenn ihr zurückblickt auf die glücklichen und unglücklichen Ereignisse der letzten Jahre, dann werdet ihr erkennen,

20 Cic. rep. 2,55–57. Die Darstellung der frühen römischen Geschichte im 2. Buch von *De re publica* zeigt die gleiche Staatsgesinnung (Betonung der *concordia*, gleiche Rechte und Pflichten für die Bürgerschaft) wie bei Livius.

21 Carm. 3,6,5 ff. Vgl. auch Liv. 3,20,5.

dass uns alles glückte, wenn wir auf die Götter hörten, aber Unglück hatten, wenn wir sie missachteten« (5,51,5).

Zwar ist Livius skeptisch gegenüber manchen Wunderzeichen, die das Volk erregen, ja sogar auch gegenüber mythischen Überlieferungen, die als geschichtlich galten,[22] aber er besteht auf der *religio*, das heißt der römischen Kulttradition, die politische Identität stiftet und als soziales Band unverzichtbar ist. Wer anders garantiert die Werteordnung, mit der Unverletzlichkeit der Eide und Verträge, als die Götter? So findet er es richtig, wenn nach Schicksalsschlägen die Magistrate Sühnefeiern anordnen, um die *pax deum* (*deorum*), das gute Einvernehmen mit den Göttern, wiederherzustellen. Andererseits verzichtet er bei der Schilderung der Schlacht am See Regillus auf die hilfreiche Erscheinung der Dioskuren Castor und Pollux. Diese wird von anderen Schriftstellern erwähnt; der Castortempel in Rom ist das sichtbare Zeugnis dieses Glaubens. Doch bei Livius sind es keine Götterjünglinge zu Pferde, die das Schlachtenglück wenden, sondern die jungen Männer des Adels, die vom hohen Ross steigen, um das ermattete Fußvolk mit ihren Schilden zu decken: Sogleich schöpften die Soldaten wieder Mut, als sie sahen, wie die vornehmen jungen Männer mit ihnen die Gefahr teilten. Da endlich brachten sie die Feinde zum Weichen, und die Schlacht war zugunsten der Römer entschieden (2,20,10 ff.). Ein einprägsames Bild der *concordia* scheint Livius hier wichtiger als die religiöse Tradition (die er jedoch nicht unerwähnt lässt).

Solche wirkungsvollen Bilder von Personen oder Ereignissen zeichnet Livius mit Meisterschaft. Freilich führte die Frage, ob denn etwa eine Gestalt wie Mucius Scaevola historisch sei oder eine Erfindung des Livius oder seiner Vorgänger, dazu

22 Vgl. 3,8,1 und 1,4,2: Die Zwillinge Romulus und Remus werden als *incerta stirps*, »ungewisse Nachkommenschaft«, bezeichnet.

(wie schon angesprochen), ihn als Historiker abzuwerten und eher als Literaten anzuerkennen. Doch wir sprechen heute vom kulturellen und kollektiven Gedächtnis: Auch wie sich ein Volk darstellt, wie es sich im Spiegel seiner vielfältigen Traditionen empfindet und gesehen werden will, gehört als Erinnerungskultur zur Geschichte und hat seine Wirkung,[23] bis in unsere Zeit. So ist, trotz mancher Einwände und Bedenken von Historikern und Religionswissenschaftlern, die Geburt Jesu Christi in Bethlehem ebenso wie der Thesenanschlag Luthers in Wittenberg ein Faktum sui generis.

Livius erwähnt selbst die unsichere Quellenlage für die Geschichte der Frühzeit, wie im Prooemium zum 1. und dann zum 6. Buch, wo er feststellt, dass die Einäscherung der Stadt durch die Gallier noch viele der an sich schon raren Zeugnisse vernichtet hat. So spricht er auch öfters im Wortlaut des *dicitur*: »etwas soll passiert sein«, »man sagt, dass ...« und folgt damit dem altbewährten Grundsatz: *relata refero*,[24] wiedergeben, was man erkundet hat, und das Urteil dem Leser überlassen und einer Nachwelt, die vielleicht mehr darüber in Erfahrung bringen kann.[25]

Trotz dieser Problematik stellt Livius eine Wirklichkeit her, die mit Goethe als das »Grundwahre« bezeichnet werden kann. Mit seiner Erzählkunst vergegenwärtigt er geschichtliche Abläufe und setzt sie in anschauliche, oft dramatische Situationen

23 Cicero und Seneca und viele nach ihnen fühlen sich ermutigt und gestärkt durch das Beispiel eines Mucius Scaevola und der anderen Vorbildgestalten aus Roms geschichtlicher Überlieferung.

24 Nach Hdt. 7,152: *légein tà legómena*: »Ich fühle mich verpflichtet zu erzählen, was erzählt wird, aber ich bin nicht immer verpflichtet, es zu glauben.« Vgl. auch Val. Max. 1,8,7. – Zur schwierigen Ermittlung von Daten vgl. u. a. Liv. 2,21,3 f.

25 So wie heute durch Bodenfunde bei archäologischen oder bautechnischen Grabungen.

um.[26] So wie die bedrängte Lage der Plebs durch die Schuldknechtschaft: Auf dem Forum wird diskutiert – da stürzt ein Mann herbei, aus einem der berüchtigten Schuldgefängnisse entflohen, ausgemergelt, von Wunden und Striemen bedeckt, und erzählt, wie er, als römischer Bürger und Soldat, in diese Lage gekommen ist. Es entsteht ein großer Aufruhr, und schließlich wird Abhilfe in Aussicht gestellt (2,23).

Das 5. Buch bringt eine Fülle solcher Situationen, wie der beklemmende Eindruck der eroberten und geplünderten Stadt, gesehen mit den Augen der ohnmächtigen Zuschauer auf dem Kapitol, bis hin zum sprichwörtlich gewordenen und bis heute gültigen Ausspruch des Gallierhäuptlings: »*Vae victis*« – »Wehe den Besiegten!« (Wenn der Leser zuvor erfahren hat, wie die scheinbar wilden Barbaren so penibel auf dem Gesandtschaftsrecht bestehen, wird er auch glauben, dass Brennus lateinisch sprach.) In der Gestalt des Camillus verbinden sich die beiden Teile des 5. Buches: die Eroberung Vejis, die wie der Krieg um Troia zehn Jahre gedauert haben soll, dann sein rettendes Eingreifen nach der Gallierkatastrophe, und schließlich seine programmatische Rede, in der er zum zweiten Gründer Roms wird. So viel Glanz ihn auch umstrahlt, so will Livius ihn doch nicht herausheben in die gefährlichen Höhen der großen Einzelpersönlichkeiten, wie sie seine eigene Zeit erlebt und erlitten hat. Den Ausschlag dafür, nicht nach Veji auszuwandern, sondern das zerstörte Rom wieder aufzubauen, gibt

26 In seiner Würdigung bemerkt Quintilian, dass bei Livius alles der Situation und den Personen angemessen ist, die seelischen Regungen habe kein Historiker besser getroffen als er (*inst.* 10,1,101). Der Kürze und Knappheit des Sallust (*brevitas*) stellt er die *lactea ubertas*, die wie Milch strömende Fülle des Livius, gegenüber (10,1,32). Negativ beurteilt Kaiser Caligula Livius als *verbosus in historia neglegensque*, »weitschweifig in seinem Geschichtswerk und ungenau« (Suet. Cal. 34,2).

letztlich nicht die Rede des Camillus, so überzeugend sie auch wirkte, sondern ein als Omen empfundener Ausspruch eines Soldaten: »Stell hier die Fahne auf, Fähnrich – wir bleiben am besten hier!« Das Werk, wie es sich Livius vorstellt, ist die Geschichte des *populus Romanus*.

Inhalt